Haumann • Geschichte Russlands

HEIKO HAUMANN

GESCHICHTE RUSSLANDS

CHRONOS

Umschlagbild: S. 271: Spielende Bauernkinder. Aufnahme von Schindler 1902. Fondation Herzog / Sammlung Ruth und Peter Herzog, Basel
© 2003 Chronos Verlag, Zürich
ISBN 3-0340-0638-1

Für Senta und Pera

Inhalt

Vorwort   11

ERSTER TEIL
Von den Anfängen der Geschichte
bis zur Ausbreitung der Leibeigenschaft

Menschen, Pferde, Landschaften   17
Frühe Reiche   20
Slawische Besiedlung   25
Die Entstehung des Kiever Reiches   28
Wirtschaft, Herrschaft, Stadt und Land   31
Ausdehnung und Festigung des Reiches   34
Die Christianisierung der Rus'   35
Seniorat und neue Kräfte   38
Letzter Höhepunkt und Auseinanderfallen des Kiever Reiches   41
Fürst und Gefolgschaft   42
Adelsrat und Landesversammlung   45
Wirtschaftliche Stellung des Adels   46
Die Kaufleute der Rus'   47
Handwerker in Stadt und Land   49
Freie und unfreie Bauern   50
Kirche und Kirchenleute   52
Die Volksversammlung: das *veče*   54
Der Knabe Onfim oder: Leben in der Rus'   57
Wohnen, Kleiden, Essen und Trinken   60
Geistiges Leben und schöne Künste   62
Teilfürstentümer als neue Zentren   66
Der «Mongolensturm»   70
Die Herrschaft der Mongolen   72
Vladimir – Tver' – Moskau   75
Der Aufstieg Moskaus   78
Gegen die Goldene Horde und Litauen   79
Die Herrschaftsverfassung ändert sich   82
Festigung des Reiches   84
«Drittes Rom», Kirche und Grossfürst   89
Ivan IV. als Reformer   92

Aussenpolitische Aktivitäten Ivans IV.   95
Schreckensherrschaft   97
Die «Zeit der Wirren»   99
Ein welthistorischer Augenblick   103
Eine neue Dynastie   106
Die Verfestigung der Leibeigenschaft   111
Das zarische Herrschaftssystem   113
Vom Erb- zum Dienstadel   116
«Schwarze» und «weisse» Bauern   117
Landwirtschaft im Wandel   120
Ländliches Gewerbe   121
Die Stadt   123
Handel und Geldwirtschaft   125
Ikonen und literarischer Wandel   127
Essen und Trinken   128
Die «Kunst der Haushaltung»: Ratschläge für das Alltagsleben   129
«Ein gutes Weib ist des Mannes Seligkeit»   131

ZWEITER TEIL
Die Autokratie zwischen Erstarrung und Reform

Das Zarenreich im Umbruch   135
Bäuerliches Leben und bäuerlicher Widerstand
     unter den neuen Rechtsbedingungen   140
Erste nichtrussische Nationalitäten   144
Die Volkserhebung unter Stepan Razin   146
Die Bojarin Morozova und die Atamanin Alena   148
Peter der Grosse   151
Der Aufstieg zur europäischen Grossmacht   154
St. Petersburg, das «Tor zum Westen» – Moskau,
     die «russische Hauptstadt»   156
Russlands «Wilder Osten»: Kolonisierung und
     handelspolitische Öffnung   162
Innenpolitische Reformen Peters des Grossen   166
Heiligster Synod und Geistliches Reglement: Kirche und Staat
     unter Peter I.   172
Widerstände gegen die Reformen   175
Stefan, der Gottesnarr, oder: Spiegel der sündigen Welt   177
Zarinnen und Palastrevolutionen   179
Kontinuität und Wende in der Aussenpolitik   184
Erweiterung des Russischen Reiches unter Katharina II.   186
Innenpolitische Reformen und Stärkung der Autokratie:
     Aufklärerische Absichten und Herrschaftslegitimierung   190
Gutsbauern und Staatsbauern   197
Der Volksaufstand unter Emel'jan Pugačev   199

Gewerbe und ihre Arbeitskräfte   202
Die Lebenswelt der Städte   205
Der Adel zwischen «bürgerlichen» Funktionen und
    «feudaler» Gesinnung   208
Kultur und Opposition   213
Absoluter Staat, Verwaltung, Kirche   216
Reformversuche unter Paul I. und Alexander I.   218
Russischer Messianismus und Heilige Allianz   221
Der Aufstand der Dekabristen   226
Erstarrung des politischen Systems   232
Die intellektuelle Opposition   236
Die bäuerliche Familie   243
Die Bauern in Turgenevs «Aufzeichnungen eines Jägers»   247
Aussenpolitik und Krimkrieg   249
Die Bauernbefreiung   251
Das Zeitalter der «Grossen Reformen»   256
Der Staat als Motor der Industrialisierung   258
Bauern, Arbeiter, Unternehmer   262
Vom Dorf in die Stadt   266
Die revolutionäre Bewegung   272
Das «moralische Gewissen»: Die Frauenbewegung in Russland   279
Pylmau und der letzte Schamane   281
Die Nationalitätenfrage   283
Das Zarenreich und die Juden   286
Die Selbstherrschaft im Wandel   289
Auf dem Weg zur Revolution   293

DRITTER TEIL
Das Jahrhundert der Revolutionen

Die Revolution von 1905   301
Das Zarenreich nach der ersten Revolution   305
Das Parteiensystem in der «eingeschränkten Autokratie»   313
Religiöse Philosophie, Volksfrömmigkeit, orthodoxe Kirche   317
Der Erste Weltkrieg   320
Die Februarrevolution von 1917   325
Konfrontiert mit den Grundproblemen des Volkes:
    Die «Doppelherrschaft» im Wandel   328
Die Oktoberrevolution   332
Alternativen der politischen Ordnung 1917/18   336
«Staatskapitalismus» oder «unmittelbarer Aufbau des Sozialismus»?   339
Bürgerkrieg und ausländische Intervention   346
Das Jahr 1920: Zwischen Krieg und Frieden   352
«Kommunismus – das ist Sowjetmacht plus Elektrifizierung
    des ganzen Landes»   357

Der Zusammenbruch aller Hoffnungen   362
Utopie und Gewalt   369
Die Neue Ökonomische Politik: Erfolge und Strukturprobleme   372
Konzeptionen und Praxis einer Nationalitätenpolitik   375
Die Wellen der Emigration   382
Zwischen traditioneller Rollenorientierung, steigendem
     Selbstbewusstsein und Disziplinierungsversuchen: Frauen
     und Frauenbewegung   385
«Hooligans», «Verwahrloste» und die «Jugendfrage»   387
Die Industrialisierungsdebatte und die Verschärfung
     innerparteilicher Auseinandersetzungen   393
Der Fall Rusakov   398
Das Ende der Neuen Ökonomischen Politik   400
Die Wende von 1929   402
Kollektivierung, Industrialisierung und Beginn des Stalinismus   406
Das stalinistische Machtsystem I: Gesellschaftlicher Umbruch
     und versuchte Einflussnahme auf alle Lebensbereiche   410
Ein Mord und die Rettung eines Kindes   414
Das stalinistische Machtsystem II: Terror und Aufstiegshoffnungen   418
Weltrevolution, kollektive Sicherheit, Hitler-Stalin-Pakt:
     Sowjetische Aussenpolitik   424
Der Zweite Weltkrieg   426
Liberalisierung und neuer Terror   431
Begrenzte Entstalinisierung   436
Widersprüchliche Reformen in der Ära Chruščev   440
Allmähliche Erstarrung   447
Opposition   451
Die überforderte Weltmacht   456
Eine ernüchternde Bilanz   458
Strukturprobleme des politischen Systems   463
Perestrojka und glasnost': Reformanläufe aus eigener Kraft   465
Eine Phalanx von Profiteuren und Kriminellen: Das Scheitern
     der Reformen   469
Die Sowjetunion zerbricht   473
Ein schwieriger Neuanfang   479
Geschichte und Gegenwart: Die Bedeutung der Erinnerung   482

Anmerkungen   487

Literaturhinweise   495

Sachwortregster   @

Personenregister   @

Verzeichnis der Abbildungen, Karten und Graphiken   @

Vorwort

«Der russische Adler, ohne Krone / gemahnt jetzt an eine Krähe. / Sein eben noch stolzer Schrei ist / nunmehr verwandelt in schnarrendes Krächzen. / Das ist – das Alter der Adler. Oder Stimme der Gier / verwandelt zur Folge, zum Echo von Macht. / Auch das Liebeslied ist nicht viel leiser. / Liebe ist ein imperiales Gefühl. Du aber / bist so, dass Russland, zu eigenem Vorteil, / mit dir auf andere Weise nicht sprechen kann.» Diese Zeilen aus Iosif Brodskijs Gedicht «Adieu, Mademoiselle Veronika» von 1967 lassen vielfältige Bilder aufleuchten. Der alternde russische Adler, krank und schwach geworden, nur noch ein Schatten seiner selbst, verwandelt in eine krächzende Krähe. Das Imperium: zerfallen, ein vorübergehender Aufschwung unter dem Symbol von Hammer und Sichel im Scheitern der Utopie einer neuen Gesellschaft gemündet. Machtgier beherrscht das Alter. Wo bleibt seine Weisheit? Und die Liebe? Lässt sie hoffen? Wird durch sie der Adler sich wieder verjüngen, oder wird er aussterben, wird etwas Neues entstehen?

Mit meinem Buch möchte ich dazu anregen, sich in die Geschichte Russlands zu vertiefen. Dabei habe ich nicht daran gedacht, eine Nationalgeschichte oder eine Geschichte der Russen zu schreiben. Vielmehr geht es mir um die Geschichte der Menschen in einem Raum, den wir – recht vage und lediglich als grober Orientierungsfaden gedacht – seit der Begründung der Rus' im 9. Jahrhundert mit dem Begriff Russland verbinden und der durchaus einen unterschiedlichen territorialen Umfang und verschiedenartige staatliche Ausprägungen angenommen hat.

Heute, nach dem Auseinanderbrechen der Sowjetunion, verfolgen wir die mit viel Leid verbundene Suche der Menschen in Russland nach einer neuen Identität, nach einer neuen Perspektive für ihr Leben. Wir erfahren aber auch, dass das alte antikommunistische Feindbild in neuen Klischees weiterwirkt. So hören wir von einflussreichen Politikern das Argument, Russland stehe ausserhalb der christlich-abendländischen Tradition und könne deshalb nicht Teil Europas und insofern nicht Mitglied seiner politischen Einrichtungen sein. Andere heben hervor, Russland sei ein «ewiges Konzentrationslager», immer bestimmt von Gewaltherrschern und geprägt von einer duldenden Bevölkerung, deren Passivität allerdings gelegentlich in brutale Grausamkeit umschlage. Demokratische Traditionen hätten sich nicht ausbilden können. Gegenüber dem Westen sei Russland rückständig und letztlich unzivilisiert geblieben, jeglicher Fortschritt durch Ausländer dorthin gekommen, und bestenfalls kurzfristig hätten Herrscherpersönlichkeiten mit blutiger Faust das Land vorwärtsgepeitscht. Dazwischen sei es wieder in Anarchie und Chaos versunken. Einen dauerhaften Fortschritt könne es nur erreichen, wenn es die westlichen Werte und Strukturen übernehme. Die Oktoberrevolution, diesen angeblich durch einen Putsch zustande gekommenen Zufall der Geschichte, vergesse man dabei am besten ebenso wie ihre Folgen.

Der Stand der Forschung erlaubt es, ein anderes Bild zu zeichnen. Ich möchte die Vielschichtigkeit der Entwicklungen und der Strukturen deutlich machen, die Prägungen der Bevölkerung, ihre Initiativen und Erfahrungen, nicht zuletzt mit der Selbstverwaltung, aber auch die Spannungen zwischen Dezentralisierung und Zentralismus. Die Eigenart Russlands, und nicht ein aus Vorgängen im Westen abgeleitetes Modell, bestimmt die Fragestellungen. Wenn dadurch ein paar Legenden und Vorurteile abgebaut werden könnten, wäre einiges erreicht. Vieles wird bei einem derart gedrängten Überblick notgedrungen nur skizziert und angedeutet, aber ich hoffe, dass die Art der Darstellung neugierig darauf macht, sich weiter mit den Themen zu beschäftigen, dass sie neue Fragestellungen aufwirft und weiterführende Forschungen auf den Weg bringt.

Gewiss ist es ein Wagnis, als einzelner eine Geschichte Russlands zu verfassen. Im Vorwort zur ersten Ausgabe, die 1996 erschienen ist, habe ich darauf verwiesen, dass ich nicht nur auf einer Vielzahl von Studien, sondern auch auf mehreren Gesamtdarstellungen und insbesondere auf dem Handbuch der Geschichte Russlands, an dem ich selbst mitgearbeitet habe, aufbauen konnte. Dennoch sind Unzulänglichkeiten und Fehler in Einzelfragen fast nicht zu vermeiden, über Proportionen und Interpretationen lässt sich streiten. Diese möglichen Schwächen versuche ich durch den Zugang auszugleichen, den ich den Leserinnen und Lesern zu dieser Geschichte ermöglichen möchte. Kurze Kapitel sollen die Einführung und auch den Einstieg an einer beliebigen, interessant erscheinenden Stelle erleichtern, die vielleicht zu weiterem Lesen anregt. Doch die Leserinnen und Leser werden schnell, vermutlich schon nach der Lektüre des Inhaltsverzeichnisses, merken, dass hinter der Kapitelfolge durchaus ein Gliederungsschema steckt. Ausführungen zu den politischen Geschehnissen, zu den sozialen und wirtschaftlichen Verhältnissen, zum geistigen Leben, zu Literatur und Kunst sowie nicht zuletzt zum Alltagsleben wiederholen sich in bestimmten Abständen. Hinzu treten Geschichten einzelner Lebensschicksale. Individuelle Lebenswelten und strukturelle Formen sollen sich auf diese Weise verbinden. Die Geschichten dienen nicht der Illustration und auch nicht allein der Anschaulichkeit und Lesbarkeit. Sie sollen verdeutlichen, dass die Perspektive des Menschen, des historischen Akteurs im Mittelpunkt dieses Buches steht, aus der sich die Vorgänge und Strukturen erschliessen. Vielleicht können sie bewusst machen, dass Geschichte aus Fragmenten besteht. Wir erfassen immer nur Teile der Erfahrungen, Denk- und Handlungsweisen von Menschen, ebenso nur Teile von Texten und Bildern. Die Erzählungen einzelner Schicksale sollen insofern auch der scheinbaren Geschlossenheit von Strukturen und historischen Entwicklungen entgegenwirken. Eine derartige Gesamtdarstellung mag dazu eine Orientierung und neue Anstösse geben.

Die Resonanz auf die erste Ausgabe, die seit einiger Zeit vergriffen ist, hat gezeigt, dass die Konzeption die Leserinnen und Leser angesprochen hat. Für die neue Auflage habe ich Anregungen aus Rezensionen, Briefen und Gesprächen berücksichtigt, den derzeitigen Forschungsstand versucht einzuarbeiten, einige Kapitel neu geschrieben und vor allem ein paar Geschichten hinzugefügt, um meinen Ansatz deutlicher zu machen.

Hans-Rudolf Wiedmer vom Zürcher Chronos Verlag danke ich, dass er das Risiko auf sich genommen hat, eine broschierte Ausgabe herauszugeben. Zudem war die Zusammenarbeit mit ihm eine höchst angenehme Erfahrung. Wie immer habe ich bei der Beschaffung von Quellen und Literatur sowie durch viele Gespräche und Hinweise eine wesentliche Unterstützung von meinen Mitarbeiterinnen und Mitarbeitern am Historischen Seminar der Universität Basel erhalten. Dafür danke ich herzlich. Namentlich erwähnen möchte ich nur Thomas Bürgisser und Daniela Tschudi für ihre Mithilfe bei der Überprüfung und Neuerstellung des Registers. Darüber hinaus standen mir zahlreiche Menschen durch Lektüre, Kritik, Rat und Zuspruch zur Seite, denen ich unschätzbar viel zu verdanken habe.

Basel, Ende Juli 2003   *Heiko Haumann*

Vorbemerkung zur Schreibweise russischer Wörter, zur Datierung sowie zu russischen Massen und Gewichten

Russische Wörter werden nach der im deutschsprachigen Raum üblichen wissenschaftlichen Umschrift wiedergegeben, soweit sich nicht eine andere Schreibweise allgemein eingebürgert hat (wie bei Wolga, Zar, Sowjet oder Bolschewik). Dabei sind auszusprechen:

ė als offenes, breites e (ähnlich ä)
c wie z
č wie tsch
s wie ss
šč wie schtsch
v wie w
z wie s in Rose
ž wie g in Passagier
y wie ein dumpfes i
Ein ' hinter einem Konsonanten bedeutet, dass dieser weich, ein – hinter einem Konsonanten, dass dieser hart gesprochen wird.

Russische Begriffe werden, soweit sie keine festen Begriffe im Deutschen geworden sind, im Text klein und kursiv geschrieben. In wörtlichen Quellenzitaten wird die jeweilige Schreibweise beibehalten.

Die Datierung richtet sich, wenn nicht anders vermerkt, nach dem jeweils gültigen Kalender. In Russland galt auch nach der Gregorianischen Kalenderreform von 1582, die auf den 4. gleich den 15. Oktober folgen liess, bis zum 1./14. Februar 1918 weiter der Julianische Kalender. Bei einer Umrechnung sind deshalb den russischen Daten in der Zeit von 1582–1700 10 Tage, im 18. Jahrhundert 11, im 19. Jahrhundert 12 und in den Jahren 1900–1918 13 Tage hinzuzuzählen.

Für die Umrechnung russischer Mass- und Gewichtseinheiten gilt:
1 Arschin *(aršin)* = 0,71 Meter
1 Desjatine *(desjatina)* = 1,09 Hektar
1 Pud *(pud)* = 16,38 Kilogramm
1 Werst *(versta)* = 1,067 Kilometer

ERSTER TEIL

Von den Anfängen der Geschichte bis zur Ausbreitung der Leibeigenschaft

Menschen, Pferde, Landschaften

Im riesigen Gebiet Russlands, wie es sich im Laufe der Zeit herausgebildet hat, sind Menschen in grösserer Anzahl seit etwa 100'000 Jahren nachgewiesen, namentlich für die Zeit ab 35'000 vor unserer Zeit in den weiträumigen Flussgebieten und klimatisch begünstigten Zonen. Die Jäger und Sammler wohnten in hütten- oder zeltartigen Behausungen sowie in Höhlen. Mit ihren Steinwaffen jagten sie vor allem das Mammut. Nach zahlreichen Entwicklungsstufen fanden sich besonders seit dem 6. Jahrtausend in einigen Gegenden Zeichen für einen Übergang zu bäuerlicher Kultur. Getreide wurde angebaut – Weizen, dann auch Hirse und Gerste –, als Haustiere hielt man Rinder und Schweine, später kamen Ziegen und Schafe hinzu. Die Menschen lebten jetzt bereits teilweise in Häusern, von denen einige sogar über Steinfundamente verfügten. In den weniger fruchtbaren Gebieten blieben Jagd und Fischerei vorherrschend.

Sehr früh, seit dem 6. und verstärkt seit dem 3. Jahrtausend, wurden Pferde gezähmt und gezüchtet. Die Menschen der Kurgan-Kultur – so genannt nach der Bezeichnung für Grabhügel –, die sich anscheinend von der unteren Wolga und dem Dnepr-Becken ausbreitete, nutzten das Pferd zum Reiten und zum Wagenziehen. Viele Nomadenstämme durchstreiften die weiten Steppen mit ihren Pferden. Deren grosse Bedeutung für die Menschen erschliesst sich, wenn man erfährt, dass in verschiedenen Kulturen den Gräbern nicht nur Waffen oder Schmuck, sondern auch Zaumzeug beigegeben oder gar Pferde selbst mitbestattet wurden.

In der Geschichte Russlands spielten Pferde eine wichtige Rolle, nicht nur in den zahlreichen kriegerischen Verwicklungen. In dem breiten Streifen, der sich vom Norden des Schwarzen Meeres über Mittelasien bis in das Amur-Tal zieht, waren Pferde bis in unser Jahrhundert für den Ackerbau der Sesshaften ebenso wertvoll wie für die Viehwirtschaft der Nomaden. Sehr früh wurde auch mit Pferden gehandelt, auf dem Balkan, in Kleinasien, ja in China waren sie sehr beliebt. So wird in einer chinesischen Chronik aus dem 2. Jahrtausend v. Chr. berichtet, dass im Lande Dawan, gelegen im mittelasiatischen Fergana-Tal, «das herrliche Argamak-Pferd, das einer himmlischen Rasse angehören soll», lebe. Der chinesische Herrscher sei so begierig auf diese Rasse gewesen, dass er viel Gold dafür geboten habe. Aber erst nach einem langen und blutigen Krieg sei «jährlich ein Pferdepaar» an den chinesischen Hof geschickt worden.[1] Bis heute geniesst die russische Pferdezucht überall in der Welt einen ausgezeichneten Ruf.

Russland scheint auf den ersten Blick unbegrenzte Möglichkeiten zu bieten, denkt man etwa an die reichen Vorkommen von Bodenschätzen oder an die Energievorräte. Doch sieht man genauer hin, fallen erhebliche Beschränkungen ins Auge. Fast die Hälfte der Bodenfläche ist ständig gefroren oder taut nur an wenigen Tagen teilweise auf. Dies erschwert den Abbau von Bodenschätzen gewaltig, ganz abgesehen von den Auswirkungen auf Besiedlung und landwirtschaftliche Nutzung. Aber auch der Rest ist überwiegend klimatisch stark benachteiligt. Die Fruchtbarkeitsperiode bleibt, mit beträchtlichen regionalen Schwankungen, kurz. Für den Ackerbau können im 20. Jahrhundert nur 10 Prozent des Territoriums genutzt werden, in früheren Zeiten waren es noch weniger. Gute Böden finden sich vor allem in der südlichen Waldzone und in der Steppenzone. Ihren Kern bildet der Schwarzerdegürtel. Und selbst hier sind weite Teile aufgrund ihrer offenen Lage von Dürren oder sommerlichen Nachtfrösten bedroht, die Saat und Ernte vernichten können. Missernten und daraus folgende Hungersnöte begleiten deshalb die Geschichte Russlands in wesentlich stärkerem Ausmass als diejenige Mittel- und Westeuropas. Die klimatischen Bedingungen sind auch dafür verantwortlich, dass im Frühjahr und Herbst weite Bereiche Russlands von der «Zeit der schlechten Wege» *(rasputica)* erfasst werden: Alles, was nicht ausreichend befestigt ist – und dafür fehlt es an Schottermaterial –, versinkt im Schlamm. Ausserordentlich hohe Summen müssen aufgebracht werden, um Strassen anzulegen. Oft machen Überschwemmungen und strenge Fröste alle Anstrengungen wieder zunichte. Ein reibungsloser Verkehr zwischen den einzelnen Regionen des Landes ist daher sehr erschwert. Der Warentransport litt darüber hinaus lange Zeit darunter, dass das Flusssystem im wesentlichen in nordsüdlicher Richtung verläuft. Erst der Eisenbahnbau seit der zweiten Hälfte des 19. Jahrhunderts erleichterte allmählich die Beziehungen zwischen den westlichen und östlichen Teilen.

Viele Jahrhunderte lang sah es so aus, als könnten alle Probleme, die sich aus Klima und naturräumlicher Gliederung ergaben, durch die Ausweitung der Anbaufläche gemildert werden. Eine intensivere Bewirtschaftung war nicht notwendig, technologischer Fortschritt wurde nicht erzwungen, weil die vorhandenen Möglichkeiten ausreichten, um den Bedarf der Bevölkerung zufriedenzustellen. Als der Druck durch die wachsende Einwohnerzahl im 18. und vor allem im 19. Jahrhundert zunahm und dann auch mehr Getreide exportiert werden sollte, um nicht zuletzt die Industrialisierung damit zu finanzieren, folgte man diesem traditionellen Weg und begann, den Steppengürtel in Südrussland zu kultivieren und umfangreiche Waldbestände zu roden. Weitere Waldverluste wurden durch den gestiegenen Brennholzbedarf, Bauholz, die gewerbliche Nutzung der Holzkohle und auch durch Holzexport verursacht. Seit Ende des 17. Jahrhunderts ging der Waldanteil im europäischen Russland von rund 53 Prozent bis auf etwa 33 Prozent in unseren Tagen zurück.

Diese Eingriffe in die Natur zeitigten ungeheure Schäden. Der Boden trocknete aus, die Landschaft wurde offener, so dass sich die Erosionsgefahr erhöhte, der gesteigerte Oberflächenabfluss der Niederschläge grub tiefe Kerbschluchten *(ovragi)* in die Erde. Ein beträchtlicher Teil der eigentlich fruchtbarsten Gebiete ist deshalb heute landwirtschaftlich nicht mehr nutzbar. Die Art und Weise der Industrialisierung im Zarenreich wie in der Sowjetunion tat ein übriges, um die Umwelt in Mitleidenschaft zu ziehen – man dachte, die Weite des Landes werde alle Schäden ausgleichen, und wenn ein Rest bleibe, könne man ihm durch den technischen Fortschritt beikommen. Die Folgen dieser Politik sind inzwischen unübersehbar.

Haben die Landschaften Russlands die Menschen und ihr geschichtliches Handeln geprägt? Die aufgrund des Naturraumes oft ungeheuer schwierigen wirt-

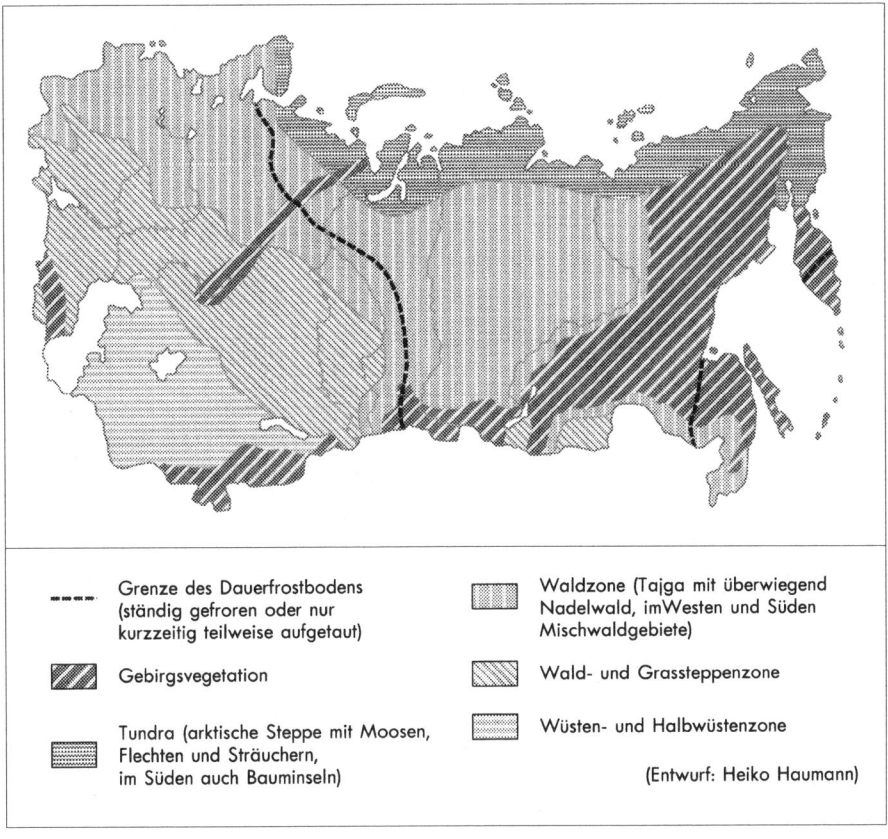

Naturräumliche Gliederung der ehemaligen Sowjetunion.

schaftlichen, politischen und verwaltungsmässigen Aufgaben, die Offenheit der Grenzen, die einen militärischen Einfall begünstigte, haben die Herausbildung einer starken Zentralgewalt zwar nicht zwingend gemacht, deren Begründung jedoch erleichtert. Zugleich ermöglichte und erforderte die Weite des Raumes immer wieder die Initiative und Entscheidung vor Ort. Versuche, diese «von oben» zu unterdrücken, wirkten sich letztlich nachteilig aus. Die Spannung zwischen Zentralismus und Dezentralisierung, zwischen Kompetenzkonzentration an der Spitze und Selbstverwaltung hat den Gang der Geschichte Russlands mitbestimmt und ist bis heute ungelöst geblieben.

Fassbar sind Prägungen durch die Landschaften am ehesten in den Regionen. Die unterschiedlichen Lebensweisen von Völkerschaften in ihren seit Jahrhunderten angestammten Gegenden, das den nordamerikanischen Indianern wie «Grenzern» vergleichbare Verhalten der Sibirjaken, die aus einer unmittelbaren Wechselwirkung von Raum und geschichtlichen Bedingungen hervorgegangene Lebensform der Kosaken, die Verschiedenartigkeit von Petersburgern und Moskauern sind nur einige Beispiele für regionale Besonderheiten, die auch mit der Landschaft zusammenhängen. Die Geschichtswissenschaft sollte sich ihnen stärker als bisher widmen: In der Region vollziehen sich nicht nur allgemeine Entwicklungen im kleinen, auch nicht lediglich Abweichungen, Behinderungen oder Verstärkungen. Die Region ist eine «sich in der Zeit wandelnde komplexe Einheit von Strukturen (Raum, Wirtschaft, Verwaltung, Kirchensystem usw.) und Lebenswelten [...], zu denen auch Mentalität, Bewusstsein, Sprache, Religion, Brauchtum der Bewohner gehören».[2]

Frühe Reiche

Seit dem späten 12. Jahrhundert und vor allem seit dem 8. und 7. Jahrhundert v. Chr. drangen immer wieder vom Kaukasus aus kriegerische Reiternomaden in die Steppen Russlands vor. Zum Teil legten sie befestigte Wallburgen *(gorodišča)* an und bildeten schliesslich auch frühe Grossreiche. Eine genaue stammesmässige Gliederung im gesamten Gebiet des späteren Russlands lässt sich für diese Zeit nicht aufschlüsseln. Sprachgeschichtlich ist noch keine Dominanz des Slawischen festzustellen. Wie jedoch der Wechsel der Namen für die Flüsse an deren einzelnen Abschnitten anzeigt, scheinen durchaus Beziehungen zwischen einzelnen Stämmen nicht nur in Süd-Nord-, sondern auch in West-Ost-Richtung entlang der Klimagrenzen bestanden zu haben. Dies deutet auf einen frühen Produktentausch hin, der vermutlich in manchen Fällen mit herrschaftlichen Abhängigkeiten verbunden war.

Nach 500 v. Chr. bildeten sich anscheinend festere Gemeinschaften heraus. Balten siedelten in Nordwest- sowie Mittelrussland und kamen in Kontakt zu den Wolgafinnen, die nach Westen vorstiessen. Nördlich des Schwarzen Meeres lebten offenbar auch germanische Stämme. Slawen sind am mittleren Dnepr, nördlich von Kiev, fassbar, und von dort dehnten sie sich nach Westen aus.

Vor dieser Periode hatten im Süden allerdings schon lange die Kimmerier sowie seit dem 7. und 6. Jahrhundert insbesondere die Skythen die bisherigen Kulturzusammenhänge durchbrochen und neue kulturelle Zentren geschaffen. Die nomadischen Skythen drangen in verschiedenen Stammeseinheiten bis in das Land westlich des Don, ja bis zu den Karpaten vor. Ein erstes Königtum bildete sich im 7. Jahrhundert im heutigen Aserbaidschan heraus, ein zweites im 6. Jahrhundert vor allem am Nordrand des Schwarzen Meeres und in der Waldsteppe. Mit der Zeit ging ein Teil der Skythen zum Ackerbau über. Auch wurde mit den seit etwa 700 v. Chr. bestehenden griechischen Schwarzmeerkolonien gehandelt. Einer der Stämme, die sogenannten Königsskythen, beherrschte die anderen; das Königtum war vermutlich erblich. Seit dem 4. Jahrhundert verlor es zugunsten einer Aristokratie an Bedeutung.

Durch Funde sind uns inzwischen grossartige Kunstwerke der Skythen bekannt. Die Gestaltung der Grabkammern und Grabbeigaben aus dem täglichen Leben deutet darauf hin, dass man sich das Leben im Jenseits ähnlich wie im Diesseits dachte. Die religiösen Vorstellungen waren stark von der Natur bestimmt. Ausser einem Kriegsgott scheinen die Skythen keine Götter verehrt zu haben. Ihm wurden Tiere, vor allem Pferde, aber auch Kriegsgefangene geopfert. Die Sklaverei war geringer ausgeprägt als im Mittelmeerraum, wo seinerseits skythische Sklaven sehr geschätzt wurden. Die Skythen lebten teilweise in Wohnhäusern aus Holz oder Stein, bei denen ein griechischer Einfluss nicht zu übersehen ist, sonst als Nomaden in Wagen und Jurten. Ihre Kleidung war, nach Darstellungen auf Vasen zu schliessen, recht differenziert. Das Gold für ihren reichen Schmuck erhielten sie wahrscheinlich aus dem Ural.

Mit welcher Vorsicht man die ersten schriftlichen Zeugnisse aus dieser Zeit aufnehmen muss, zeigt folgender Abschnitt aus dem Bericht des griechischen Historikers Herodot, der um die Mitte des 5. Jahrhunderts lebte: «Bis zum Gebiet dieser Skythen ist das ganze beschriebene Land eben und hat schweren Boden. Daran schliesst sich aber steiniges und rauhes Land. Nach langer Wanderung durch dieses steinharte Gebiet kommt man zum Vorland hoher Gebirge, wo kahlköpfige Menschen wohnen. Sie haben von Geburt an, wie es heisst, keine Haare, Männer wie Frauen. Ihre Nasen sollen eingedrückt und das Kinn breit sein. [...] Bis zu diesem Volksstamm kennt man alles Land; was aber jenseits von den Kahlköpfigen liegt, darüber kann niemand etwas Bestimmtes sagen. Denn hohe, unzugängliche Berge, die niemand übersteigen kann, trennen das Gebiet ab. Die Kahlköpfe aber behaupten – das glaube ich ihnen nicht –, auf diesen Bergen wohne ein ziegenfüssiges Volk, und wenn man durch dieses Gebiet gereist sei, wohne ein anderes Volk, das ein halbes Jahr lang schläft. Das nehme ich ihnen schon gar nicht ab.»[3]

Seit dem 3. Jahrhundert v. Chr. drängten die Sarmaten die Skythen auf die Krim und in das südliche Dnepr-Gebiet zurück. Diese waren zu jener Zeit bereits weitgehend sesshaft, trieben Ackerbau und hatten sich kulturell den Griechen genähert. In vielem unterschieden sich anscheinend die Sarmaten von den Skythen nicht wesentlich. Überwiegend wurden sie allerdings nicht sesshaft, sondern blieben Wanderhirten. Durch Funde weiss man, dass die Sarmaten den Kopf ihrer Kinder fest einbanden, so dass es zu künstlichen Schädelverformungen kam. Als neues Schmuckstück taucht die Fibel zum Schliessen des Gewandes auf.

Interessant ist die Stellung der Frauen. Herodot berichtet, dass die Sarmatinnen im Handeln selbständig waren, im Bogenspannen, Reiten und Jagen erzogen wurden und ihre Heiratsfähigkeit dadurch unter Beweis stellen mussten, dass sie einen Feind töteten. Er schliesst daraus, dass die Sarmaten aus einer Verbindung von Skythen und Amazonen stammten. Da er zugleich die Begräbnissitten der Skythen überliefert, bei denen die Frau – neben Dienern und Pferden – dem Mann in den Tod folgen musste, war die Forschung lange Zeit davon überzeugt, dass es sich bei den Skythen um eine patriarchalische, bei den Sarmaten hingegen um eine matriarchalische Gesellschaft gehandelt habe. Nach neueren Grabungsdeutungen muss man jedoch davon ausgehen, dass es auch skythische Kriegerinnen gegeben hat. Mit hoher Wahrscheinlichkeit waren bei den Reiternomaden Frauen von Kriegszügen und von der Jagd nicht ausgeschlossen, wohl weil sie sich ohnehin an der Sicherung von Herde und Weidegründen beteiligen mussten.

Ihre Ausdehnung stiess an die Grenzen des Bosporanischen Reiches, das sich seit dem 5. Jahrhundert v. Chr. aus einer der griechischen Schwarzmeer-kolonien entfaltet hatte. Dieses Reich, das einen wichtigen Handelspartner für Griechenland darstellte, geriet im 3. Jahrhundert in eine Krise und in deren Gefolge in Abhängigkeit von Skythen und Sarmaten. Zwischen 110 und 108 v. Chr. unterwarf König Mithridates VI. (um 132–63 v. Chr.) von Pontos das Gebiet und gliederte es in sein Grossreich ein. Nach dessen Nie-derlage gegen Rom erlebte das Bosporanische Reich noch einmal einen Auf-schwung, bis es kurz nach der Mitte des 3. Jahrhunderts n. Chr. von den Ost-goten erobert wurde. Diese waren, als Teil der Völkerwanderung, zusammen mit anderen Stämmen seit Beginn jenes Jahrhunderts von Nordwesten her vorgedrungen und hatten auch das Gebiet der Sarmaten weitgehend unter Kontrolle gebracht. Nach einer vernichtenden Niederlage gegen die Römer im Jahre 269 verzichteten sie auf weitere grössere Feldzüge und konsoli-dierten ihr nordpontisches Reich, das sich um 350 von der Ostsee bis zum Schwarzen Meer erstreckte. In ihm lebten finno-ugrische, baltische, slawi-sche, iranische und germanische Völker. Nach ganz Osteuropa und in den Mittelmeerraum hinein wurde ein umfangreicher Fernhandel organisiert. Kul-turell waren die Goten von den Skythen und Sarmaten beeinflusst. Im 4. Jahr-hundert wurden sie christianisiert. Dabei spielte Ulfilas (311–382/83) Über-setzung der Bibel ins Gotische eine wichtige Rolle. In dieser Zeit herrschte Er-manarich, der bedeutendste König der Ostgoten, an dessen Lebensende je-doch der Untergang des Reichs stand.

Schon seit einiger Zeit bedrohten die sarmatischen Alanen die Ostgrenze am Don. Diese wurden um 360 von den Hunnen unterworfen und teilweise in deren Heer eingegliedert. Eine Gruppe von ihnen zog sich in den Kaukasus zurück, wo sie bis heute als Osseten leben. Die Hunnen, ethnisch gemischte Reiternomaden, die ihren Ursprung wohl in China hatten, besiegten die Ostgoten um 375 und stiessen bis nach Westeuropa vor. Unter der Herrschaft Attilas zwischen 445/46 und 453 stand das hunnische Reich auf dem Höhe-punkt seiner Macht. Sein Zentrum lag dabei in der ungarischen Tiefebene. Nach dem Tode Attilas bestand in Russland bis etwa 470 ein kleineres Rest-gebiet.

Den Hunnen folgten weitere Nomadenvölker, insbesondere die Awaren. Sie waren möglicherweise ein Teil der Hunnen gewesen. Ihre Herkunft – vermut-lich aus verschiedenen Gebieten Asiens – ist im einzelnen noch nicht geklärt. Im Zusammenhang mit ihrem Vordringen in die Gebiete nördlich des Kau-kasus und des Schwarzen Meeres vermischte sich ein anderes Nomadenvolk, die Onoguren, mit hunnischen Stämmen. Daraus gingen die Bulgaren hervor. Die Awaren, deren Herrscher sich Khagan nannten und eine sakrale Stellung einnahmen, bildeten ebenfalls ein grosses Reich bis weit nach Westen. Gegen Ende des 6. Jahrhunderts unterwarfen sie zahlreiche slawische Stämme. Doch ihre Macht blieb nicht lange unumstritten. Um 623 erhoben sich in Mähren die Slawen unter Führung des fränkischen Kaufmanns Samo († um 660). In Südrussland entstand ein Grossbulgarisches Reich, das seit 650 von den Chaza-ren abgelöst wurde. Die Bulgaren wanderten an die mittlere Wolga, wo sie ein neues Reich mit Bulgar als Hauptstadt schufen, oder in die Gegend des

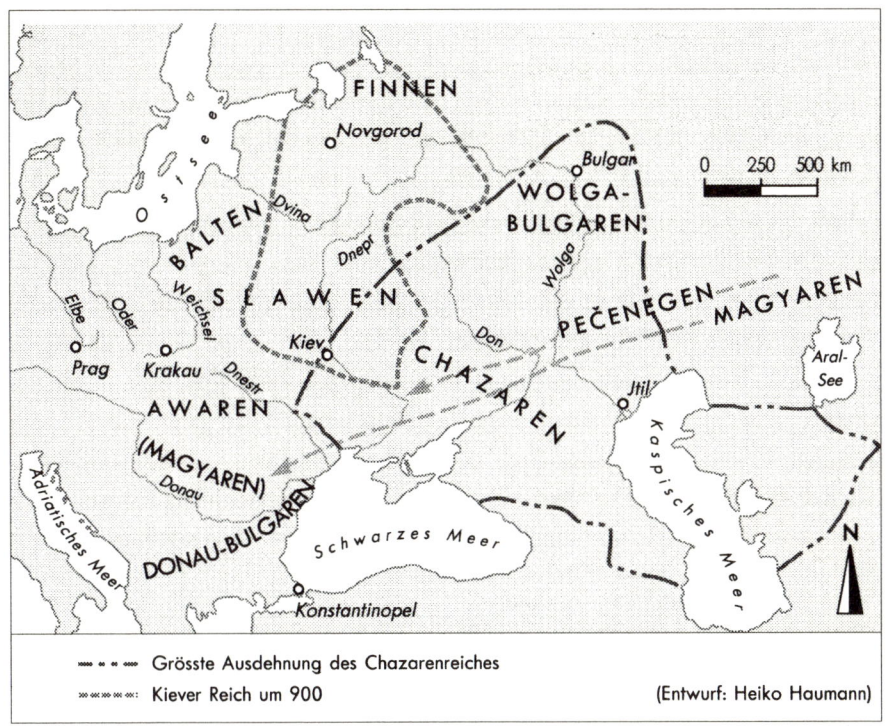

Das Chazarenreich (um 650 bis um 970).

heutigen Bulgariens. In diesem donaubulgarischen Reich mit der Hauptstadt Pliska mischte sich die eingedrungene Oberschicht allmählich mit den unterworfenen Slawen.

Die Chazaren, ein Turkstamm, dessen Ursprung im Iran, nach anderen Hypothesen in Innerasien lag, breiteten sich vom Nordrand des Kaukasus her aus. Anscheinend waren sie neben der Viehzucht auf eine gartenbauartige Landwirtschaft sowie auf Fischfang spezialisiert. Die günstige Lage ihres neuen Kernlandes an den Mündungen von Don und Wolga brachte es mit sich, dass der Handel eine wichtige Rolle zu spielen begann. Ihr riesiges Reich erlebte eine einzigartige wirtschaftliche Blüte und ein hohes kulturelles Niveau. Auch die Wolgabulgaren waren ihm vermutlich in lockerer Abhängigkeit angeschlossen. Für fast 300 Jahre herrschte hier nun einigermassen Ruhe vor kriegerischen Einfällen.

In ihrer Hauptstadt Itil' (Atil), die heute in den Fluten der Wolgamündung versunken ist, wohnten in getrennten Bezirken Kaufmannschaften aus zahlreichen Ländern. Daneben gab es weitere wichtige Handels- und Gewerbezentren, die in der Regel zugleich Verwaltungsmittelpunkte darstellten. Wichtige Aufschlüsse vermittelten Ausgrabungen der Stadt Sarkel am Don. Die Chazaren bildeten die Oberschicht, die über viele Völkerschaften mit verschiedenen Religionen herrschte. Sie scheinen selbst überwiegend keinen Handel betrieben, sondern Zoll – ein Zehntel des Güterwertes – erhoben zu haben.

Diese Geldmittel waren die wichtigste Voraussetzung ihrer Herrschaft. Kamen sie mit Stämmen in Berührung, die den Handel nicht kannten, verlangten sie Tribute in Form von Gütern. Wo es jedoch möglich war, forderten sie Geld. Die Tributabhängigkeit, die im übrigen auch für einige slawische Stämme galt, wirkte sich offenbar nicht besonders drückend aus. Die Handelsverbindungen der Chazaren erstreckten sich über weite Entfernungen, auch nach Westeuropa. Als begehrte «Ware» lieferten sie nicht zuletzt Sklaven.

Trotz des allgemeinen Wohlstandes lebten weite Teile der Bevölkerung, zumindest zeitweise, in erbärmlichen Verhältnissen. In der Oberschicht, die über erhebliches Grundbesitz verfügte und teilweise noch nomadisierte, gab es mehrere Gruppierungen, die offenbar unterschiedlichen Religionen angehörten. Das Reich war straff durchorganisiert. An der Spitze stand der Khagan, der anscheinend immer aus derselben Dynastie kam und auf dem das «Heil» der Chazaren ruhte. Im 9. und 10. Jahrhundert konzentrierte er sich stärker als früher auf sakrale Funktionen, während ihm ein Beg mit politischen Aufgaben zur Seite trat. Dieser gewann zwar an Macht, blieb jedoch letztlich vom Khagan abhängig. Eine solche Doppelherrschaft ist kein Einzelfall in der Geschichte der frühen Reiche, sie trägt aber durchaus eigenständige Züge. Auf den weiteren Gang der Entwicklung Russlands strahlten die chazarischen Organisationsformen beträchtlich aus.

Um 730/740 und dann endgültig um 800 nahmen der Khagan und die Führungsschicht, oder wenigstens ein Teil von ihr, den jüdischen Glauben an – ein seltener Fall in der Geschichte. Juden spielten wohl bereits seit langem als Händler eine wichtige Rolle in diesem Reich, auch wenn in den schriftlichen Quellen am häufigsten muslimische Kaufleute auftauchen. Für den Chazaren-Khagan Obadja gab um 800 möglicherweise ein aussenpolitischer Grund den Ausschlag für den Übertritt zum Judentum: nämlich gegenüber dem Byzantinischen Reich und dem arabischen Kalifat Unabhängigkeit und Gleichheit zu demonstrieren. Innenpolitisch mag die Absicht mitgespielt haben, die Oberschicht zu integrieren und sie gegenüber unteren Klassen abzugrenzen. Wie es genau zu diesem Ereignis kam, liegt weitgehend im Dunkeln. Interessant ist jedoch der Hinweis des Khagans Joseph in einem Brief an Hasdaj ibn Schaprut (um 915–970), den jüdischen Minister des Kalifen von Córdoba um die Mitte des 10. Jahrhunderts, dass am Hof eines seiner Vorgänger ein Streitgespräch zwischen Vertretern des Judentums, des Islams und des Christentums stattgefunden habe, aus dem der Jude als Sieger hervorgegangen sei. Auch der berühmte jüdische Gelehrte Jehuda Halevi (vor 1075–1141), der in Spanien lebte, berichtet in seinem Werk über die Chazaren «Kitab al Khazari» von einem Religionsgespräch, das die Entscheidung für den Übertritt zum Judentum begründet habe. Vermutlich ist der Entschluss in einem Prozess herangereift, aber es handelt sich hier um einen durchaus aufschlussreichen Erklärungsversuch.

Diese Nachricht vom Glaubenswechsel der Chazaren muss die umliegende Welt erschüttert haben. Dass man über weite Entfernungen, durch die Handelsverbindungen und sicher auch durch die Mitteilungen jüdischer Händler an ihre Glaubensbrüder, unterrichtet wurde – mehr, als wir uns aufgrund der spärlichen Quellen vorstellen können –, steht inzwischen fest. Ja, die Wirkung des Ereignisses reichte so weit, dass 838 der Alemanne Bodo, Pfalzdiakon am Hofe des fränkischen Kaisers Ludwig des Frommen, zum jüdischen Glauben übertrat. Dies war ein unerhörter Vorfall. Bodo ging dann an den Hof von Córdoba, lernte Hebräisch und diente dem dortigen Emir.

Am Ende des 9. und im 10. Jahrhundert gerieten die Herrschaftsverhältnisse in Südrussland wieder in Bewegung. Seit längerem drängten die turksprachigen Pečenegen von Osten her vor. Sie vertrieben die Magyaren, ein Volk der finno-ugrischen Sprachgruppe, aus dem südlichen Uralgebiet, in dem sie seit dem 8. Jahrhundert gelebt hatten, und dann aus den Steppen zwischen Don und Dnepr nach Westen. Dort, im späteren Ungarn, wirkten sie reichsbildend, beeinflusst von der Gesellschafts- und Herrschaftsstruktur der Chazaren. Die Chazaren konnten den Pečenegen zunächst standhalten, so dass diese ebenfalls nach Westen abzogen. Allerdings wurden Teile des Landes verwüstet, das ohnehin durch einen Bürgerkrieg geschwächt war. Svjatoslav, dem Fürsten eines neuen Nachbarreiches, der Kiever Rus', gelang es schliesslich in – wahrscheinlich – zwei Feldzügen 964 und 966, die Chazaren zu besiegen. Allerdings war es ihm noch nicht möglich, sich in diesem Raum festzusetzen. Statt dessen stiessen jetzt die Pečenegen in das entstehende Machtvakuum vor. Erst zu Beginn des 11. Jahrhunderts unterlagen auch sie den Truppen des Kiever Reiches.

Slawische Besiedlung

Slawen tauchen erst verhältnismässig spät in schriftlichen Quellen auf. Die Herkunft des Namens – ursprünglich *slověne* – ist bis heute nicht eindeutig geklärt. Am meisten Anklang haben die Ableitungen gefunden, die ihn auf eine frühere Bezeichnung des Dnepr-Oberlaufes, auf diejenigen, die «eine eigene Sprache sprechen», oder auf den «Stamm des Slov» als Keimzelle zurückführen. Slawische Siedlungen scheinen anfangs ein Gebiet vom mittleren und oberen Dnepr bis hin zum Nordhang des Karpatenbogens umfasst zu haben. Zumindest teilweise befanden sie sich offenbar lange Zeit in Abhängigkeit vom Gotenreich. Nach dessen Zerschlagung setzte eine Wanderungsbewegung ein, auch nach Norden und Nordosten. Die Slawen durchbrachen den Siedlungsgürtel der baltischen und finno-ugrischen Stämme, kolonisierten die Waldgegenden und nahmen den Raum um den Ilmensee in Besitz.

Um die Mitte des 9. Jahrhunderts hatten sich Slawen in der Waldsteppe beiderseits des Dnepr niedergelassen. Gegenüber den slawischen Stämmen, die nach Westen vorgedrungen waren, begann sich eine gemeinsame ostslawische Sprache herauszubilden – ein Vorgang, der sich am Ende des 10. Jahrhunderts dem Abschluss näherte. Zu einem spezifisch slawischen Siedlungswesen lässt sich für die Frühzeit wenig sagen, weil die archäologischen Funde in der Regel keine eindeutige Zuordnung zu ihrem slawischen, finnischen oder baltischen Ursprung erlauben. Über die politische und soziale Organisation wissen wir ebenfalls wenig. Vermutlich bildeten Sippengemeinschaften einen

Kern, aus dem nach und nach grössere Verbände – mit Stammesfürsten an der Spitze – entstanden. Aus der Mitteilung, dass im 9. Jahrhundert zumindest einige der ostslawischen Stämme etwa den Chazaren tributpflichtig waren, könnte man immerhin schliessen, dass es eine ansatzweise administrativ-herrschaftliche Organisation gegeben hat: Die Tribute mussten eingesammelt, die Lasten auf die Stammesangehörigen verteilt werden. Möglicherweise hatten die Stämme einen unterschiedlich hohen Organisationsgrad sowie eine ungleichartig ausgeprägte Sozialstruktur. Ebenso war ihr ethnischer, sprachlicher und kultureller Zusammenhalt keineswegs einheitlich. Im Sippenverband dürfte Gemeineigentum verbreitet gewesen sein, aber Expansion und Vergrösserung des Verbandes führten wahrscheinlich früh zu Privatbesitz, zusätzlich begünstigt durch neue Anbaumethoden. Die Tribute der Chazaren wurden pro «Rauchfang», das heisst pro Herdstätte, erhoben, also auf eine individuelle Einheit bezogen. Auch die archäologisch bekannten Siedlungen deuten auf Privatbesitz und individuelle Wirtschaft hin.

Diese Siedlungen lagen in «Nestern» 30 bis 40, manchmal 100 Kilometer voneinander entfernt. Meistens wurden, anderthalb Meter in der Erde eingelassen, Grubenhäuser in Blockbauweise errichtet. Mit durchschnittlich 12 Quadratmetern Grundfläche boten sie Platz für vier bis fünf Menschen. Das Dach wurde mit Reisig, Stroh, Schilf oder Erde abgedeckt. Im Norden gab es auch Holzhäuser, die wegen des hohen Grundwasserstandes nicht in die Erde eingegraben waren. Die Landwirtschaft überwog, in der Waldzone als Brand- oder Rodewirtschaft, in der Waldsteppe als Brachlandwirtschaft, bei der nur ein geringer Teil bearbeitet wurde. Dreifelderwirtschaft war bestenfalls die Ausnahme.

Zur Arbeit benutzte man sehr einfache Geräte wie den hölzernen Hakenpflug. «Modern» war schon die *socha,* seine zweizinkige Ausführung, die bis ins 20. Jahrhundert hinein Verwendung finden sollte. Als Zugkraft dienten Pferde, Rinder und die Menschen selbst. Geerntet wurde mit Sicheln, die Produkte kamen zur Aufbewahrung in Gruben. Hauptsächlich säte man Hirse, Weizen und Gerste an, in der Waldzone später dann auch Roggen und Hafer. Daneben betrieb man noch Viehzucht. Natürlich gingen die Slawen auch zur Jagd und fingen Fische. Nicht zu unterschätzen war die Waldbienenzucht. Honig galt als äusserst beliebter Handelsartikel, gerade im überregionalen Austausch, der namentlich mit den Chazaren stattfand.

Über Religion, Sitten und Bräuche finden wir nur spärliche Hinweise. Anscheinend waren Sonnenkult und Verehrung von Naturgöttern – namentlich Peruns, des Gewittergottes – weit verbreitet. Verschiedene Tiere, an erster Stelle das Pferd, genossen eine religiös eingebundene Achtung. Üblich waren, folgt man den Quellen, Blutrache und «Vielweiberei». Hier liegt aber möglicherweise eine Eindeutung des Mönchschronisten vor, der seine Wertvorstellungen verletzt sah. Ritualisierte sexuelle Beziehungen standen offenbar in Zusammenhang mit den Götterkulten.

Stämme im Osteuropa des 9./10. Jahrhunderts
(nach einer Vorlage in: Welt der Slawen. Geschichte, Gesellschaft, Kultur. Hg. von
Joachim Herrmann. München 1986, S. 50).

Die Entstehung des Kiever Reiches

Die «Erzählung von den vergangenen Jahren», die man nach dem vermutlichen Verfasser, einem Mönch des Kiever Höhlenklosters, die «Nestor-Chronik» genannt hat, ist unsere wichtigste schriftliche Quelle für die Entstehung des Kiever Reiches im 9. Jahrhundert. Allerdings werden wesentliche Aussagen der Chronik gerade für die Frühzeit immer wieder in Frage gestellt und bis heute kontrovers interpretiert. Dies liegt daran, dass das Werk erst Anfang des 12. Jahrhunderts, rund 250 Jahre nach den Ereignissen, im Umfeld des grossfürstlichen Hofes geschrieben wurde und wir es nicht mit zeitgenössischen Quellen vergleichen können. Darüber hinaus liegen uns lediglich spätere Abschriften des Originalmanuskriptes vor. Auch wird man bei der Beurteilung berücksichtigen müssen, dass die Sichtweise des damals herrschenden Fürsten und seines Geschlechtes ausschlaggebend war. Lassen wir die Quelle sprechen.

«Im Jahre 6367 (859). Die Waräger von jenseits des Meeres erhoben Zins von den Tschuden, den Slowenen, den Meren, den Wessen und von den Kriwitschen; die Chasaren aber nahmen Zins von den Poljanen, den Sewerjanen und den Wjatitschen, sie nahmen ein Eichhörnchenfell von jeglicher Herdstätte.

Im Jahre 6370 (862). Sie [die Zinspflichtigen] vertrieben die Waräger übers Meer und gaben ihnen keinen Zins. Und sie begannen, sich selbst zu regieren, und da war keine Gerechtigkeit unter ihnen, und es erhob sich Stamm wider Stamm, und Zwistigkeiten waren unter ihnen, und sie huben an, selbst einander zu bekriegen. Und sie sprachen bei sich: ‹Lasset uns einen Fürsten suchen, welcher uns regiere und gerecht richte.› Und sie gingen übers Meer zu den Warägern, zu den Rus. Denn diese Waräger nannten sich Rus, gleichwie andere sich Schweden nannten und andere Normannen und Angeln und noch andere Gotländer, also gaben auch sie sich den Namen. Die Tschuden, die Slowenen, die Kriwitschen und die Wessen sprachen zu den Rus: ‹Unser Land ist gross und reich, aber es ist keine Ordnung darinnen. Kommt, über uns als Fürsten zu walten und zu herrschen.›

Und es wurden drei Brüder samt ihren Sippen ausgesucht. Und sie nahmen mit sich alle Rus und kamen herüber. Der älteste, Rurik, liess sich in Nowgorod nieder, der andere, Sineus, in Bjelo-Osero und der dritte, Truwor, ins Isborsk. Und nach diesen Warägern wurde das russische Land benannt. Die Nowgoroder aber sind jene Leute aus warägischem Stamm, vorher aber waren sie Slowenen.

Nach zwei Jahren aber starben Sineus und sein Bruder Truwor. Und Rurik übernahm die ganze Herrschermacht, und er begann, die Städte an seine Mannen zu verteilen: diesem Polozk, jenem Rostow, einem anderen Bjelo-Osero. Die Waräger sind in diesen Städten Zugewanderte, die angestammten Besiedler aber sind in Nowgorod die Slowenen, in Polozk die Kriwitschen, in Rostow die Meren, in Bjelo-Osero die Wessen, in Murom die Muromer. Und Rurik herrschte über sie alle.

Und es waren bei ihm zwei Mannen, nicht aus seinem Geschlecht, sondern Bojaren. Sie nahmen Erlaubnis, mit ihren Familien nach der Kaiserstadt [Konstantinopel] zu ziehen. Sie fuhren den Djnepr abwärts, und im Vorbeifahren sahen sie auf einem Berge eine kleine Burg. Und sie fragten: ‹Wessen ist diese kleine Burg?›

Es wurde ihnen gesagt: ‹Es waren drei Brüder, Kij, Schtschek und Choriw, sie erbauten diese kleine Burg, und dann sind sie gestorben. Wir aber, ihre Nachkommen, wohnen hier und zahlen den Chasaren Zins.›

Askold und Dir aber blieben in dieser Stadt, sie sammelten viele Waräger um sich und begannen, über das Poljanenland zu herrschen. Zu jener Zeit war Rurik Fürst in Nowgorod.»[4]

Besonders heftige Auseinandersetzungen hat die Frage nach der Herkunft des Namens Rus' ausgelöst. Die verschiedensten Theorien wurden angeboten: ein Nebenfluss des Dnepr, ein alter russischer Volksname, ein Stammesname, der von einer nordrussischen Flussbezeichnung abgeleitet sei, doch überzeugen konnten sie bisher nicht. Am ehesten bestätigt hat sich die Auffassung Johann Thunmanns aus dem Jahre 1775, Rus' bedeute die Umsetzung des finnischen Namens für die Schweden – Ruotsi – ins Slawische.

Der Streit hängt damit zusammen, dass immer wieder versucht wurde, die Bildung des Kiever Reichs als eine eigenständige slawische und nicht als eine vorrangig von aussen, von den Warägern betriebene Entwicklung anzusehen. Doch dies ist wohl eine falsche Alternative: Wenn der Name Rus' so schnell für das Reich und seine Bewohner verwendet wurde, zeigte dies auch die rasche Slawisierung der Nordmänner um Rjurik, seine Brüder und deren Sippen an und sprach damit für den hohen Einfluss der Einheimischen.

Die Waräger, so lässt sich die moderne Forschung zusammenfassen, waren skandinavische Männerbünde, die als Schwurgemeinschaften und Bruderschaften zusammengehalten wurden. Im Lauf der Geschichte des Kiever Reichs erfuhr dieser Name einen allmählichen Bedeutungswandel. Als Waräger galten dann «privilegierte ausländische Kaufleute» oder eine «Expeditionsgemeinschaft», die als «Söldnertruppe» etwa im Dienst des Kiever Fürsten stand. Zunehmend wurden derartige Einheiten angeworben, um Machtkämpfe zu entscheiden, oder sie waren als bewaffnete Kaufmannsgesellschaften unterwegs, bis die Waräger schliesslich mit der Bezeichnung für Skandinavier verschmolzen.

Weitere namenphilologische Untersuchungen und archäologische Funde belegen, dass die Waräger oder Russlandnormannen schon vor der Kiever Reichsbildung als kriegerische Gemeinschaften mit Handelsinteressen bestanden. Offensichtlich benutzten sie das Flusssystem Russlands als Handelsrouten, namentlich die Wolga. Hier trafen sie auf die sozialökonomische und organisatorische Struktur der slawischen Stämme und kamen in engen Kontakt mit den Wolgabulgaren und Chazaren. Um ihre Handelswege abzusichern, errichteten sie von der Ostsee über Düna (Dvina) und Dnepr eine Art «Stützpunktsystem». Diese Siedlungen waren befestigte frühe Burgen (grady, daraus goroda, das spätere russische Wort für Städte). Als mutmasslicher Ausgangspunkt hat Alt-Ladoga zu gelten, das wohl schon im 7./8. Jahrhundert existierte. Novgorod, die «neue Stadt», entstand wahrscheinlich erst später. Weitere wichtige Orte dürften etwa Izborsk, Belo-Ozero, Plock, Smolensk und Suzdal'

gewesen sein, wobei sich die Waräger möglicherweise auf ältere Siedlungs-
kerne stützen konnten.

Bereits vor 839 lernten die Waräger Kiev kennen und legten offenbar auch
weiter südlich schon Niederlassungen an. In den «Annales Bertiniani» berichtet Bischof Prudentius von Troyes, dass am 18. Mai 839 eine Gesandtschaft
aus Konstantinopel Ludwig dem Frommen in seiner Pfalz Ingelheim am Rhein
ihre Aufwartung machte. Dieser Gesandtschaft gehörten nun einige Leute
an, die man «Rhos», also Russen, nannte. Ihr König heisse Khagan. Auf Bitten des byzantinischen Kaisers sollten sie Schutz geniessen, um in ihr Gebiet
heimreisen zu können. Auf Nachfrage stellte sich heraus, dass es sich um
«Schweden» handelte. Soweit die Quelle.

Natürlich sind hierüber wieder die vielfältigsten Interpretationen angestellt
worden, nicht zuletzt wegen des Khagan-Titels, der auf die Chazaren hin-
deutet. Um diese kann es sich aber nicht gehandelt haben: Rein geographisch
wäre der Umweg für die Heimreise unverständlich. Nach unserem gegenwärtigen Kenntnisstand dürften eher Normannen aus Kiev gemeint sein. Wahrscheinlich stiessen die Waräger nicht erst 862, wie es in der Nestor-Chronik
heisst, sondern schon früher bei ihren Zügen auf Kiev. Dieser Ort stellte
damals bereits – nach verschiedenen Anzeichen zu schliessen – einen höher
entwickelten Siedlungstypus dar, als ihn die Waräger bislang kannten. Er
dürfte ein bedeutender Handelsplatz gewesen sein, mit weiträumigen Verbindungen: Das Omajadenreich in Spanien, das Karolingerreich, der Donauraum
und das Kalifat von Bagdad waren wichtige Absatzmärkte für Waldprodukte
wie Honig, Wachs und Pelze. Die Muslime nahmen auch Sklaven ab. Interessanterweise verschmolzen im 10. Jahrhundert in Deutschland wie im arabischen Spanien die Bezeichnungen «Slawe» und «Sklave». Die Juden stellten
die wichtigsten Händler auf der Ost-West-Route und vermutlich auch, nicht
zuletzt aufgrund ihrer Bedeutung im Chazarenreich, auf der Nord-Süd-Route.
Da hier die Wege allerdings wegen der zunehmenden Nomadenangriffe immer gefährlicher wurden, übernahmen offenbar die kriegerischen Kaufleute
der Waräger nach und nach deren Funktion.

Als die Waräger vor 839 in Kiev Fuss fassten, nahm ihr Anführer anscheinend den chazarischen Khagan-Titel an. Werfen wir noch einmal einen Blick
in die Nestor-Chronik: Hier wird von Bojaren, also hohen Adligen, im Dienste des Warägerfürsten Rjurik († 878/79) gesprochen – Askol'd und Dir
(beide 881/82 ermordet) –, die von Kiev Besitz ergriffen. Es ist nicht
auszuschliessen, dass es sich um Nachfolger der ersten Waräger-Khagane
gehandelt hat, die in der Art der Chazaren eine Doppelherrschaft als Khagan
und Beg ausübten. Bei ihrem Vorstoss in Gebiete, in denen bisher die Chazaren Tribut einzogen, nutzten die Waräger, diese Annahme liegt nahe, die
bewährte politische Organisationsform ihrer Vorgänger. Dass es eine Tribut-
rivalität zwischen Chazaren und Warägern gab, berichtet im übrigen auch die
Nestor-Chronik für 859.

Die am Handel interessierten Waräger übernahmen demnach von Slawen
und Chazaren die vorgefundenen wirtschaftlichen und politischen Strukturen
und dehnten sich zugleich nach Süden und Osten aus. Das Handelssystem

wurde umfassender. Um genügend Pelze und Sklaven zu bekommen, benötigte man weite Räume. Dies ergibt ein Vergleich mit den riesigen, vom Fernhandel geprägten Reichen der Chazaren und Wolgabulgaren. 839, bei der Gesandtschaft in Ingelheim, waren die schwedischen Ruotsi aus Kiev bereits so sehr slawisiert, dass sie schon slawisch sprachen; im anderen Fall wären sie gleich als «Schweden» und nicht als «Russen» bezeichnet worden. Slawisch war die Sprache, in der man sich, auch im Handel, verständigen musste. Ausserdem hatten sich wahrscheinlich viele Waräger mit slawischen Frauen verbunden.

Die Analyse der Hintergründe jener kurzen Nachricht in der Nestor-Chronik, die natürlich mit vielen Unbekannten versehen ist, hat somit mehr Licht auf die vorhergehende Struktur des Landes geworfen, als zu hoffen war. Die Handels- und Waffenbrüderschaften der Waräger setzten sich im Norden – um Alt-Ladoga – endgültig durch. Vielleicht wurden sie wirklich, wie die Chronik erzählt, von slawischen Stämmen gerufen, um interne Zwistigkeiten zu beenden. Diese Erklärung könnte allerdings auch eine nachträgliche Legitimierung des nun herrschenden Geschlechtes sein. Möglicherweise war es so, dass sie ganz einfach die Kämpfe um die dortige Tributherrschaft für sich entschieden. Ob das wirklich 862 geschah, muss im Dunkeln bleiben. Die Zeitangabe dürfte jedoch ungefähr stimmen, weil die genannten altschwedischen Namensformen Rjurik, Sineus und Truvor erst im 9. Jahrhundert möglich wurden und das Jahr 900 nicht lange überdauerten. Im Süden, um Kiev, gab es bereits ein Waräger-Khaganat. Dieses wurde unter Rjuriks Nachfolger Oleg († 912/13), dem Regenten für dessen Sohn Igor' († 945), 882 erobert. Vermutlich um diese dynastische Tradition zu stützen, stellte die Nestor-Chronik Askol'd und Dir als bojarische Gefolgsleute Rjuriks hin. Die Waräger bildeten nur eine dünne Oberschicht, die sich schnell slawisierte. Sie brachte keineswegs eine neue Kultur, Lebensweise und Organisationsform von ausserhalb mit, sondern baute auf dem Vorhandenen auf. Aus einem Herrschaftssystem entlang der Handelsrouten mit Tributanspruch gegenüber weitgehend autonomen slawischen Stämmen entfaltete sich schrittweise eine festere politische Organisationsform.

Wirtschaft, Herrschaft, Stadt und Land

Vom Fernhandel ging die Dynamik der damaligen geschichtlichen Wandlungsprozesse aus, er bestimmte die wirtschaftlichen und die politischen Strukturen. Ergänzt wurde er allerdings durch das Interesse an Tributherrschaften, weil diese eine kräftige finanzielle Grundlage schufen.

Das Verhältnis von grossräumlichen Verbindungen und kleinräumlicher Durchdringung, das gewiss nicht spannungsfrei war, begünstigte eine interessante Herrschaftsform, die sich allerdings nicht geradlinig und nur selten in reiner Gestalt ausbildete. Die gesamte Macht konzentrierte sich in den Händen einer einzigen Sippe, die sie – zumindest im Grundsatz – als Seniorat organisierte. Das Regiment lag bei einer «Samtherrschaft», in der alle Brüder gemeinsam die Macht ausübten, wenn auch der Älteste als «Erster unter Gleichen» an der Spitze stand. Den Brüdern waren, abgestuft nach ihrem Alter, die einzelnen territorialen Untereinheiten des Reiches zugeteilt, die je nach Grösse und Ertrag einen unterschiedlichen Herrschaftswert darstellten. Starb der Ranghöchste, so sollte ihm nicht der älteste Sohn folgen, sondern der nächstjüngere Bruder. Falls der jüngste Bruder gestorben war, kam die Reihe an die Söhne des ältesten Bruders, dann an die des nächstjüngeren, und in dieser Art ging es fort. Die Nachkommen desjenigen Fürsten, der nicht die Ältestenwürde erreicht hatte, konnten keinen Anspruch auf den höchsten Thron mehr erheben.

Diese Herrschaftsform war von der Vorstellungswelt der Waräger beeinflusst, die – folgt man der Nestor-Chronik – unter der Führung von drei Brüdern ins Land gekommen waren. Allerdings stellte das Seniorat keineswegs eine germanische Besonderheit dar. Wir finden es auch in anderen Kultur- und Rechtskreisen. Insofern könnte die Ausformung in der Rus' aus mehreren Quellen gespeist worden sein. Offenbar liess man sich vom Scheitern früherer Ausbildungen der Brüdergemeinde – etwa im Frankenreich – nicht beeindrucken, sondern setzte, möglicherweise durch das traditionale Gefolgschaftsdenken beeinflusst, darauf, das Seniorat werde die Reichseinheit sichern und Machtkämpfe unter den Erben vermeiden. Zu diesem Zweck sah das System auch vor, dass der neu gewählte Älteste seinen Regierungssitz aus seinem bisherigen Territorium in die Hauptstadt verlegen und entsprechend die übrigen herrschenden Sippenangehörigen in die nächsthöhere Untereinheit wechseln mussten. Die Regenten sollten in ihren Machtgebieten keine Wurzeln schlagen und Partikularinteressen entwickeln, um auf diese Weise eine gewisse Stabilität der Herrschaft zu gewährleisten. Allerdings war für den Senior die Versuchung gross, seine Machtstellung auf Kosten der anderen Erben auszudehnen. Ebenso strebten jüngere Familienmitglieder immer wieder danach, die Nachfolgeregelungen zu ihren Gunsten zu verändern – vor allem dann, wenn sie keine Chancen sahen, auf «normalem» Weg jemals in einen der oberen Ränge vorzurücken.

Ein Kennzeichen der Rus' ist ihre ausgeprägte Städtelandschaft. In der damaligen Zeit kann man von einer Stadt sprechen, wenn sie ein regionales oder gar überregionales Zentrum darstellt, sich in ihr mehrere Funktionen verdichten und damit auch die Sozialstruktur differenziert ist.[5] Insofern waren die kleinen Burgen und Siedlungen des warägischen «Stützpunktsystems» und dann die Herrschaftssitze Keimzellen von Städten. In ihnen wurden der Fernhandel organisiert, die Einziehung der Tribute verwaltet und Massnahmen zur Abwehr gegen Feinde – oder auch zum Angriff auf sie – vorbereitet.

Viele Einzelheiten städtischer Frühformen sind noch nicht geklärt. Die alles überragende Grossiedlung war Kiev. Die Entstehung der dortigen Bergburg wird auf das 6. Jahrhundert datiert. Für das 9. und 10. Jahrhundert sind weitere Funde nachgewiesen. Im 10. Jahrhundert begann dann der Ausbau zu einer Residenzstadt mit einem differenzierten Häuser- und Strassensystem. Neben Kiev konnte sich auch Novgorod, das zweite städtische Zentrum des Reiches, im gesamteuropäischen Massstab sehen lassen. Es löste Alt-Ladoga ab, das die Waräger, möglicherweise auf Vorformen der Finnen aufbauend, in der zweiten Hälfte des 8. Jahrhunderts als ersten Mittelpunkt ihres Niederlassungsnetzes ausgebildet hatten. Die Funde aus Novgorod, welche die Archäologen bislang aufgespürt haben, lassen sich auf die erste Hälfte des 11. Jahrhunderts zurückführen. Bis zur Mitte des 11. Jahrhunderts war auch hier eine voll entwickelte Stadt entstanden.

Insgesamt fand vom 10. bis zur Mitte des 11. Jahrhunderts ein regelrechter Urbanisierungsprozess statt. Neben einer ganzen Reihe von Städten gab es zahlreiche Orte, die als Zwischenstufen zwischen Dorf und Stadt anzusehen sind. Das ist besonders zu betonen, weil diese Städtelandschaft eine gewisse Ähnlichkeit zu Westeuropa aufweist, die später wieder verlorenging. Obwohl die russische Stadtentwicklung später als im Westen einsetzte, erreichte sie zur selben Zeit ein vergleichbares Niveau, vollzog sich demnach in einem rascheren Tempo. In übergreifender Perspektive spiegelt sich darin, dass die geradezu weltumspannenden Wanderungsbewegungen – die «Völkerwanderung» – abgeschlossen waren, sich die neu entstandenen Wirtschafts-, Herrschafts- und Siedlungsformen konsolidierten und dies mit einem Bevölkerungsanstieg verbunden war. Zu den städtischen Funktionen für den Fernhandel sowie die politische Herrschaft und Verwaltung kamen in Russland die kirchliche Organisation sowie – in steigendem Masse – die Bedürfnisse des Nahhandels und des Stadt-Land-Verhältnisses hinzu.

Gerade im Verhältnis zwischen Stadt und Land ist allerdings ein entscheidender Unterschied zu vielen Regionen Westeuropas festzustellen. Dort sollte ein besonderes Stadtrecht dazu dienen, den städtischen Bürgern Schutz vor Privilegien zu gewähren, das heimische Gewerbe und den Handel zu fördern sowie das Sozialgefüge zu festigen. In der Rus' hingegen entfaltete sich keine Stadtbürgergemeinde, die sich gegenüber dem Land abschottete. Stadtluft machte ebenso frei oder unfrei wie die Landluft. Bauern konnten sich wie andere Schichten am Stadtleben beteiligen. Dörfliche Beziehungen reichten weit in die Stadt hinein. Die Grosskaufleute formierten sich ihrerseits nicht zu einem städtischen Patriziat, sondern blieben eng an den Fürsten von Kiev oder die Regenten der Untereinheiten gebunden. Für ihre Interessen erwies sich dies am günstigsten. Die übrigen Stadtbewohner mussten deshalb nach anderen Möglichkeiten suchen, sich als selbständige Kraft zu organisieren, wenn sich die fürstliche Herrschaft für sie ungünstig auswirkte.

Stellt auch das Verhältnis zwischen Stadt und Land eine Besonderheit Russlands dar, so ist es doch keineswegs eine einmalige Erscheinung. Interessante Parallelen bestehen etwa zur italienischen Kommune des 11. und 12. Jahrhunderts oder zu den islamischen Städten des Orients. Gängige Typologien, die im Anschluss an Max Weber die abendländische von der orientalischen Stadt unterscheiden und Russland dabei dem orientalischen Typus zurechnen, erweisen sich bei näherem Hinsehen als brüchig.

Ausdehnung und Festigung des Reiches

Die erste Entwicklung des Reiches war bestimmt von blutigen Kämpfen mit den Stämmen der Umgebung, um das neue Reich zu sichern und die Tributherrschaft zu gewährleisten. Wenngleich es durchaus Kontakte zu Westeuropa gab, standen die Beziehungen zur Byzanz im Mittelpunkt. Kriegerische Verwicklungen wechselten sich mit guten wirtschaftlichen und politischen Verbindungen ab. Früh setzten Missionierungsversuche seitens Byzanz ein.

957 besuchte Ol'ga († 969), die erste Frau auf dem Kiever Fürstenthron, Konstantinopel. Sie übte seit 945 die Regentschaft für ihren noch minderjährigen Sohn Svjatoslav (um 942–972) aus, nachdem ihr Mann Igor' im Kampf gegen den widerspenstigen Stamm der Derevljanen gefallen war und Ol'ga grausam Rache genommen hatte. Jetzt wollte sie persönlich die noch unsicheren Beziehungen zu Byzanz festigen und sich über die Kirchenorganisation ein Bild machen. Nach dem Bericht der Chronik taufte sie der Patriarch von Byzanz bei dieser Gelegenheit. Möglicherweise war sie jedoch schon zuvor in Kiev zum christlichen Glauben übergetreten. Sie liess sich auch nicht ohne weiteres in den byzantinischen Einflussbereich eingliedern. 959 schickte sie eine Gesandtschaft zu Kaiser Otto dem Grossen und bat um einen Bischof mit Priestern. Die Fürstin versuchte demnach, ihrem Reich eine unabhängige Stellung zwischen West und Ost zu schaffen. Die Abreise der Delegation von Ottos Hof unter Führung des Mönches Adalbert, des späteren Erzbischofs von Magdeburg, verzögerte sich jedoch. Als sie schliesslich in Kiev eintraf, war es zu spät: 962 übernahm Svjatoslav die Regierung, und er lehnte das Christentum ab. Der erste Christianisierungsversuch des Kiever Reiches war gescheitert.

Ol'ga war nicht nur auf aussenpolitischem Feld eine energische und zielbewusste Herrscherin. Auch im Innern strebte sie danach, ihre Machtgrundlage zu stärken. Bislang waren die Abgaben durch «Umfahrten» zu den Abgabepflichtigen – das *poljud'e*-System – eingetrieben worden. Die Beauftragten gingen dabei oft gewaltsam vor und setzten die Tribute willkürlich fest. Nun begann Ol'ga damit, feste Leistungen innerhalb von Abgabebezirken zu bestimmen. Die jeweils zuständigen Dienstleute sollten dabei von der Bevölkerung verköstigt werden; dieses *pogosti*-System leitete sich von *gost'*, also Gast her. Aus den *gosti,* die die eingezogenen Abgaben teilweise in das Handelsnetz eingaben und auch exportierten, entstand dann die Schicht der Grosskaufleute. Mit dem neuen Verfahren war ein erster Schritt getan von einer Personenverbandsordnung, die auf dem Gefolgschaftsdenken beruhte, zu einer territorialherrschaftlichen Organisation mit fürstlichen «Beamten».

Unter Ol'gas Sohn Svjatoslav kam es allerdings noch einmal zu einem Rückfall in alte Vorstellungswelten, die ohnehin noch lange weiterwirkten. Er sah offenbar sein Hauptbetätigungsfeld in der Kriegführung. Mit seinen siegreichen Feldzügen gegen die Chazaren wollte er die Tributherrschaft über einen Stamm sichern, der bislang von diesen abhängig gewesen war. Darüber hinaus mögen Handelsinteressen an der wichtigen Wolgaroute als Motiv eine Rolle gespielt haben.

967 besiegte Svjatoslav auch die Bulgaren an der Donau. Das Land wurde von seinen Einheiten geplündert. Sie mussten sich jedoch zurückziehen, als die Pečenegen, wohl von Chazaren unterstützt, 968 Kiev belagerten. Bereits ein Jahr später gelang es Svjatoslav, erneut nach Bulgarien vorzustossen, wo sich Byzanz festzusetzen versucht hatte. Offenbar wollte er sein Machtzentrum an die Donau verlegen, weil dort alle Fäden des Handels zusammenliefen. 971 wurde er von byzantinischen Truppen geschlagen, ein Jahr später fiel er im Kampf gegen die Pečenegen.

Im Zusammenhang mit der Belagerung Kievs 968 berichtet die Nestor-Chronik: «Und die Kiewer sandten zu Swjatoslaw und liessen ihm sagen: ‹Du trachtest nach einem fremden Land, Fürst, und um das kümmerst du dich, aber dein eigenes hast du im Stich gelassen. Und uns hätten die Petschenegen fast gefangengenommen, auch deine Mutter und deine Kinder. Kehrst du nicht zurück, uns zu schützen, dann fangen sie uns doch noch. Ist es dir denn gar nicht leid um dein Vätererbe, um deine hochbetagte Mutter und um deine Kinder?›»[6]

Mehreres wird aus dieser Quellenstelle deutlich. Svjatoslav steht noch ganz in der Tradition des warägischen Gefolgschaftsführers, der ständig in Beutezügen unterwegs ist. Dagegen haben sich jedoch Umrisse eines neuen Herrscherbildes geformt: Sein Hauptaugenmerk gilt der Sorge um das eigene Land, um die ihm untergebene Bevölkerung und um das «Vatererbe», die *otčina* oder *votčina*, von *otec*, dem Vater, abgeleitet. Die Beziehung zwischen Herrscher und Beherrschten wird dabei patrimonial verstanden. Die Herrschaft ist ein «Vatererbe», der Fürst herrscht wie über sein eigenes Haus. Doch ist dies keineswegs ein rein einseitiges Verhältnis. Zumindest nach dem Chronikbericht geht der Ruf an Svjatoslav nicht von seiner Mutter oder hochgestellten Gefolgsleuten aus, sondern von der Kiever Bevölkerung. Sie erinnert den Fürsten an seine Herrscherpflichten und an seine Funktion. Die Art der Herrschaft wird nicht in Frage gestellt, man fordert aber doch eine Gegenleistung. Zwischen den Zeilen schimmert die Drohung durch, dass man sich auch von ihm als Herrscher abwenden könne: ein Verständnis von Widerstand, der nicht nur auf die Grossen des Reichs beschränkt bleibt.

Die Christianisierung der Rus'

Nach Svjatoslavs Tod 972 kam es zu heftigen Brüderkämpfen unter seinen Söhnen, aus denen schliesslich Vladimir als Sieger hervorging. Er herrschte von 980 bis 1015. Mit Gewalt musste er die Zentralmacht erneut gegenüber verschiedenen Stämmen durchsetzen, die die Schwächeperiode an der Reichsspitze ausgenutzt hatten. In all diesen Kämpfen wurden übrigens immer wieder Waräger als Hilfstruppen eingesetzt, die jetzt deutlich als «Fremde» gekennzeichnet waren – ein Zeichen für die Slawisierung der Oberschicht in der Rus'. Bei seinen Feldzügen stiess Vladimir erstmals weiter nach Westen vor und eroberte dabei das – auch in der Folgezeit mehrfach umkämpfte – Gebiet der «Červenischen Burgen» sowie Peremyšl'.

Offensichtlich erkannte der Fürst, dass er ein Mittel benötigte, um sein Territorium dauerhaft zu stabilisieren sowie die einzelnen Stämme und Bevölkerungsgruppen enger aneinander zu binden. Er fand es in der einheitlichen Staatsreligion. Nachdem ein erster Versuch mit einem «heidnischen Glauben» gescheitert war, nahm Vladimir das Christentum an. Aus der Nestor-Chronik erfahren wir, dass er ausführliche Religionsgespräche geführt und Gesandte ausgeschickt haben soll, um die beste Religion für die Rus' herauszufinden. Die Muslime stellten ihm etwa, folgt man der Quelle, für die Zeit nach seinem Tode «70 schöne Frauen» in Aussicht. «Und noch viele andere Verlockungen, über die man aber aus Scham nicht schreiben kann. Und Vladimir hörte sie an, denn er selber liebte die Frauen und jegliche Unzucht; so hörte er ihnen genüsslich zu.» [7] Doch Vladimir, der offensichtlich kein Heiliger war, obwohl er später diesen Beinamen erhielt, widerstand der Versuchung, weil ihm die geforderte Beschneidung und das Alkoholverbot nicht gefielen. Er liess sich davon überzeugen, dass die Religionsausübung bei den griechisch-orthodoxen Christen am «schönsten» sei, schöner als bei den Juden, Muslimen und römischen Katholiken. Als weitere Gründe, zum Christentum überzutreten, nennt die Chronik die Einnahme von Cherson, für die Vladimir die Taufe gelobt habe, eine vorübergehende Augenkrankheit, die ihm als Strafe Gottes erschienen sei und von der ihn die Taufe geheilt habe, und schliesslich die Heirat mit Anna, der Schwester des byzantinischen Kaisers, für welche die Taufe die Voraussetzung gewesen sei.

Manches an dieser Erzählung ist gewiss Legende. Die Taufe kann nicht, wie es hier heisst, 987 in Cherson stattgefunden haben, zumal die Eroberung der Stadt erst 989 erfolgte. Mit grösster Wahrscheinlichkeit liess sich Vladimir vor Beginn des Feldzuges Anfang 988 in Kiev taufen. Vor seiner Entscheidung mag er sich mit seinem Gefolge beraten und auch Erkundigungen über die verschiedenen Religionen eingezogen haben. Doch dürfte sich dies kaum in der Form vollzogen haben, wie sie die Quelle beschreibt. Eher ist anzunehmen, dass dem Verfasser der Chronik die Darstellung, wie der Chazarenkhagan zum Judentum übergetreten war, als Vorbild diente. Die Vorgänge im Chazarenreich waren in Kiev bekannt. Eine Reihe Chazaren tauchte in russischen Diensten auf, so nach 1106 Ivan Kozarin – «der Chazar» – als Verteidiger Kievs gegen den Stamm der Polovcer. In Kiev lebten auch zahlreiche Juden, die sich vermutlich auf die Chazaren zurückführen lassen. Und wenn Ilarion, der 1051 der erste russische Metropolit von Kiev wurde, in seiner einige Jahre zuvor entstandenen «Predigt von Gesetz und Gnade» Vladimir als «grossen Khagan unseres Landes» bezeichnete,[8] so weist auch dies auf den nachhaltigen Einfluss hin, den das Chazarenreich auf die Kiever Rus' ausübte. Der Verfasser der Nestor-Chronik übernahm die Art und Weise, wie der Glaubenswechsel des Herrschers zu begründen sei.

Die Parallele bezog sich zunächst auf die Form, denn Vladimir konvertierte nicht zum Judentum, sondern zum Christentum. Doch gemeinsam war zugleich die Ursache für die Wahl des neuen Glaubens. Der Chazarenkhagan hatte mit seinem Entschluss vermutlich Unabhängigkeit von Byzanz und dem arabischen Kalifat demonstrieren wollen und einen Gleichheitsanspruch angemeldet. Ähnliche Überlegungen waren für Ol'ga bestimmend gewesen, als sie sich zwar in Byzanz taufen liess, dann jedoch nach Missionaren der römisch-katholischen Kirche schickte. Jetzt, rund 30 Jahre später, konnte der Kiever Fürst den erwünschten Rang unter den Mächten und zugleich die notwendige innere Konsolidierung des Landes nur erreichen, wenn er sich mit Byzanz verband. Er ordnete sich diesem Reich keineswegs unter, sondern half dem Kaiser aus militärischer Bedrängnis und heiratete dessen Schwester – ein Zeichen der Gleichberechtigung. Eine wichtige Überlegung dürfte auch gewesen sein, dass die byzantinische Kirche in der Lage war, die Rus' rasch mit einer straffen Organisation zu überziehen. Sie scheint von Anfang an dem Patriarchen von Konstantinopel unterstanden zu haben. Die ersten Metropoliten – vor Ilarion – waren Byzantiner.

In kurzer Zeit musste sich die Bevölkerung des Kiever Reichs einer Massentaufe unterziehen. Widerstrebende hatten mit harten Strafen zu rechnen. Heidnische Heiligtümer wurden zerstört. Allerdings: der Widerstand konnte nicht überall gebrochen werden. Noch lange Zeit deuten Quellen darauf hin, dass nichtchristliche Bräuche weiterbestanden. Vorstellungen von Magie und Zauberei blieben bis weit in die Neuzeit erhalten, um sich die Welt zu erklären, Böses abzuwehren oder eigene Wünsche zu verwirklichen. Für die Verbreitung des Christentums erwies es sich als ausserordentlich günstig, dass die entscheidenden Grundlagentexte des Glaubens durch die «Slawenapostel» Kyrill und Method Mitte des 9. Jahrhunderts in die slawische Kirchensprache, die von den Ostslawen verstanden werden konnte, übersetzt worden waren. Die materielle Grundlage der Kirchenorganisationen bildeten verschiedene Abgaben und insbesondere ein rasch anwachsender Grundbesitz.

Vladimirs Erwartungen, die er an den Glaubenswechsel geknüpft hatte, erfüllten sich. Die Beziehungen zum Westen wurden keineswegs schwächer, sondern intensivierten sich eher. Neben vielfältige wirtschaftliche und politische Kontakte traten religiöse, selbst nach dem Schisma von 1054 zwischen Rom und Byzanz. Auch dynastische Verbindungen wurden häufiger. Das Rjurikidenhaus war «ebenbürtig» geworden, es gehörte nun zur «christlichen ‹Familie der Könige› des Mittelalters».[9] Innenpolitisch stützte die Kirche die Herrschaft und legitimierte sie als Obrigkeit von Gott. Der Kiever Fürst galt als «Gesalbter des Herrn». Mit Predigten gegen die Heiden förderte sie ideologisch die kriegerische Ausweitung des Territoriums. Vor allem trug sie zum Zusammenwachsen der Stämme bei, damit zur Vereinheitlichung des Reiches. In den Quellen tritt uns Vladimir nach seiner Taufe als «Friedensfürst» entgegen, der dafür gesorgt habe, dass den Armen gegeben worden sei, und der um sich die Gefolgsleute versammelt habe, um den Berichten von den Heldentaten seiner Männer zu lauschen. Dabei muss man allerdings berücksichtigen, dass uns die Quellen in Fassungen aus einer späteren Zeit vorliegen. Zum Teil kann es sich deshalb auch um Eindeutungen handeln, die die Sehnsucht nach besseren Zeiten, wie es sie früher gegeben habe, ausdrückten.

Schon zu seinen Lebzeiten verteilte Vladimir die Rus' unter seinen Söhnen. Dies konnte nicht verhindern, dass nach seinem Tod 1015 erneut blutige

Machtkämpfe zwischen den Geschwistern ausbrachen. Sieger blieb Jaroslav (um 978–1054), der seine Basis in Novgorod gehabt hatte und von 1019 bis 1054 regierte. Er mischte sich wieder aktiv in die Verhältnisse in Polen ein, unternahm einen Feldzug gegen Byzanz – den einzigen der *christlichen* Rus' – und schlug 1036 die gefährlichen Pečenegen vernichtend. Innenpolitisch setzte er das Werk seines Vaters fort: Unter ihm begann die Kodifizierung der Rechtsnormen, der Verwaltungsapparat wurde ausgebaut, die Reichseinheit gefestigt, es kam zu einer kulturellen Blüte. Jaroslav, der den Beinamen «der Weise» erhielt, setzte in seinem Vermächtnis seine Söhne und Enkel als Herrscher über die einzelnen Gebiete des Reichs ein. Dabei richtete er sich nach dem Alter der Erben und nach dem Wert der Territorien. Das Prinzip des Seniorats wurde hier am deutlichsten formuliert: Die Herrschaft sollte gemeinsam ausgeübt werden, der Kiever Fürst war lediglich Primus inter pares, genoss einen Ehrenvorrang.

Seniorat und neue Kräfte

Doch schon bald zeigte sich, dass die traditionelle Herrschaftsform mehr und mehr in Frage gestellt wurde. 1068 erhielt der Fürst von Polock, Vseslav († 1101), ein entfernter Verwandter des Kiever Seniors Izjaslav (1024–1078), eine einmalige Gelegenheit, die Nachfolgeregelung zu umgehen. Ein Jahr zuvor war Vseslav trotz der Zusicherung freien Geleites gefangengenommen und in Kiev eingekerkert worden. Jetzt trat eine neue Situation ein. Izjaslav und seine mit ihm verbündeten Brüder erlitten gegen die Polovcer eine schwere Niederlage. Als Izjaslav zusammen mit einem Bruder wieder in die Hauptstadt zurückgekehrt war, hielten «die Kiewer Leute [...] auf dem Marktplatz eine Volksversammlung ab und liessen, als sie zu dem Fürsten geschickt hatten, sagen: ‹Siehe, die Polowzer sind über das Land ausgeschwärmt. Gib Waffen, Fürst und Pferde; wir werden nochmals mit ihnen kämpfen!› Doch Isjaslaw hörte nicht darauf.»[10]
Daraufhin erhoben sich die Kiever, plünderten den Hof, befreiten Vseslav aus dem Gefängnis und huldigten ihm. Izjaslav musste fliehen. Der mit Izjaslav verwandte polnische Herzog Bolesław II. stellte ihm Truppen zur Verfügung, denen die Kiever nichts entgegensetzen konnten. Sie hielten erneut eine Volksversammlung ab und baten die beiden Brüder Izjaslavs, in die Stadt zu kommen. Die Brüder vermittelten, Izjaslav versprach, Kiev zu schonen. Doch er hielt sein Wort nicht. Sein Sohn liess die «Rädelsführer» der Erhebung, 70 Mann an der Zahl – vermutlich aus der Oberschicht –, «niedermachen», andere wurden geblendet. Offenbar starben auch Unschuldige. Die Polen erhielten das Recht, sich in den umliegenden Gegenden «durchzufuttern». Dies dürfte die Sympathie für sie – aber auch die für Izjaslav – nicht gerade erhöht haben. In der Chronik ist zu lesen, dass man die Polen heimlich umbrachte und Bolesław in sein Land zurückkehren musste.
Die Kämpfe um die Herrschaft über die Kiever Rus' setzten sich noch jahrelang fort. Als Izjaslav 1073 erneut vertrieben wurde, suchte er – zunächst

vergeblich – Unterstützung bei den Polen, bei den Böhmen, bei Kaiser Heinrich IV. und schliesslich sogar bei Papst Gregor VII. Dieser gewährte die Schutzherrschaft des heiligen Petrus über das Kiever Reich. Obwohl eine solche Erklärung zwar den päpstlichen Anspruch ausdrückte, aber kaum konkrete Auswirkungen in der Rus' hatte, trug sie doch dazu bei, dass Izjaslav nun die Hilfe polnischer und wohl auch böhmischer Truppen bekam und nach Kiev zurückkehren konnte. 1078 fiel er dann im Kampf gegen rebellierende Verwandte, die sich mit den Polovcern verbündet hatten.

Unruhige Zeiten waren dies für die Bevölkerung. Die Kriege brachten Elend und Leid. Hungersnöte verschärften die Lage, und die soziale Unzufriedenheit führte in mehreren Gegenden zu Unruhen. Sie gab vermutlich auch den Nährboden ab für antikirchliche, «ketzerische» Bewegungen. «Zauberer», *volchvy*, traten auf, die den hungernden Menschen Abhilfe versprachen und deren Wut gegen Vornehme richteten, die verdächtigt wurden, Vorräte zurückzuhalten. Hier wirkten auch die Einflüsse der vorchristlichen Religion nach. Die «heidnischen» Spitzengötter scheinen bald nach Einführung des Christentums verschwunden zu sein: etwa Perun, der Gott des Gewitters, der als Gott des Fürsten und seiner Gefolgschaft galt, oder Volos (Velos), der Gott des Reichtums und des Handels, damit der Kaufleute, und zugleich Gott des Viehs und der Bauern. Aber viele Elemente der Mythologie blieben erhalten oder verschmolzen mit dem Christentum. So war die Vorstellung, Teufel und Dämonen lägen im Kampf mit Gott und den Heiligen, weit verbreitet. Die Obrigkeit ging mit aller Schärfe gegen die «Ketzer» vor.

All diese Ereignisse sind in mehrfacher Hinsicht bemerkenswert. Die Grenzen des Kiever Reichs mussten erneut verteidigt werden. Kaum waren die Pečenegen besiegt, stiessen seit der Mitte des 11. Jahrhunderts die Polovcer oder Kumanen, ein turksprachiges Nomadenvolk, aus dem Wolgagebiet vor. Wenn sie auf ihren schnellen Pferden überraschend in die Gebiete der Rus' einfielen, konnten ihnen die dortigen Einheiten oft nicht widerstehen. Vor allem die vortrefflichen Bogenschützen waren gefürchtet. Der russische Handel wurde durch die Kriegszüge der Polovcer erheblich behindert. Die Fürsten des Reichs versuchten, durch Heiratsverbindungen oder Bündnisse im innerrussischen Machtkampf einen Ausgleich mit ihnen zu finden, konnten aber keine dauerhaften Erfolge erzielen.

Auffallend sind die engen Beziehungen der Kiever Fürsten nach Westeuropa. Sie hatten sich nach der Einführung des Christentums beträchtlich intensiviert. Mit zahlreichen Herrscherhäusern bestanden inzwischen verwandtschaftliche Bindungen. Der Papst hatte die Hoffnung noch nicht aufgegeben, die Rus' für den römisch-katholischen Glauben zu gewinnen und damit seinem Einflussbereich einzugliedern. Die Kontakte nach Westen ergänzten die nach wie vor wichtigen Beziehungen zu Byzanz und auch zu Skandinavien. Diese wiederum spielten auch in den internen Thronkämpfen eine Rolle. Jaroslav etwa setzte warägische Hilfstruppen ein. Andererseits suchten skandinavische Fürsten mit ihren Gefolgschaften, die ihre Heimat hatten verlassen müssen, in der Rus' Schutz. Insgesamt nahm Skandinavien in mancher Hinsicht die Funktion eines Mittlers zwischen der Rus' und Westeuropa ein.

Die Bevölkerung verhielt sich keineswegs passiv in ihrer Not: Die Quelle erwähnt für 1068 eine Volksversammlung, ein *veče*, in Kiev. Diese Institution taucht in den Chroniken erstmals 997 auf, als die Pečenegen Belgorod belagert hatten und der Fürst abwesend gewesen war. Jetzt ging es um die Abwehr der Polovcer. Gerade die Grosskaufleute, die *gosti*, in der Stadt, die ihren Handel mit Byzanz gefährdet sahen, waren an einem entscheidenden Sieg über die Angreifer interessiert. Ob sich dieses Motiv mit sozialer Unzufriedenheit unter der Bevölkerung verband, ist umstritten. Möglicherweise hatte das Verhalten Izjaslavs scharfe Kritik hervorgerufen, der seinen Verwandten Vseslav eingekerkert hatte, trotz seines Schwures, ihm nichts Böses zu tun. Dass dann 1069 eine grosse Zahl von «Rädelsführern» hingerichtet wurde, könnte auf eine Oppositionsbewegung gegen das Herrschaftsgebaren Izjaslavs hindeuten. Welche Rolle die «Kiever Leute», die *ljud'e,* mit denen vermutlich die in der Stadt lebenden Freien – wohl unter Ausschluss der fürstlichen Gefolgschaft – gemeint sind, tatsächlich spielten, ist schwer zu fassen. Nicht ausschliessen kann man, dass das «Volk» von einigen Drahtziehern in die gewünschte Richtung gelenkt wurde. Aber festzuhalten bleibt, dass eine Volksversammlung möglich war und die Bevölkerung aktiv werden konnte. Von Kritik der «Leute» am Herrscher wird auch später immer wieder berichtet.

Die blutigen Kämpfe um die Vormacht im Kiever Reich zeigten an, dass die Regierungsform des Seniorats in eine Krise geraten war. Dies hing nicht zuletzt mit den eintretenden Handelsschwierigkeiten und dem nachlassenden Wert des Fernhandels zusammen. Mit der Zerstörung des Chazarenreichs war – Dialektik der Geschichte – ein «Ordnungsfaktor» vernichtet worden, eine Macht, die lange Zeit für Frieden in diesem Riesenraum gesorgt hatte. Jetzt wurden die Handelswege in den Süden und auch noch Osten immer unsicherer und gefährlicher. Um so stärker musste das Interesse der Regenten in den einzelnen Territorien werden, ihre dortige Macht vorrangig und dauerhaft – nicht nur ergänzend und vorübergehend – zu sichern. Das bedeutete, den Tributeinzug von den verschiedenen unterworfenen Stämmen zu festigen, die Landwirtschaft, das städtische Gewerbe und den Regionalhandel zu fördern sowie eine wirksame Landesherrschaft auszubauen. Gross- und kleinräumige Tendenzen, Reichs- und regionale Interessen gerieten nun zunehmend miteinander in Konflikt. Nicht zufällig kamen die Fürsten des Kiever Reichs 1097 überein, das jeweilige Teilreich als «Vatererbe» zu erklären. Dadurch unterhöhlten sie das Seniorat, das wechselnde Herrschaftssitze vorsah. Das Verfassungsrecht begann sich zu wandeln. Dennoch: die Idee des Seniorats verschwand keineswegs, und es wurde noch mehrfach versucht, sie mit Leben zu füllen.

Letzter Höhepunkt und Auseinanderfallen des Kiever Reiches

Die Tendenzen zur Landesherrschaft konnten zunächst noch einmal gebremst werden. Zwischen 1103 und 1111 wurden die Polovcer besiegt. Damit war der Handelsweg nach Byzanz wieder frei. Gleichzeitig verstärkten sich die Beziehungen nach Westen, so dass das Kiever Reich auch in diese Richtung wirtschaftlich und aussenpolitisch aktiver wurde. Die zunehmenden dynastischen Heiratsbindungen brachten das neue Gewicht des Reiches zum Ausdruck. Auf einen Höhepunkt der Macht gelangte die Rus' unter Vladimir Monomach (1053–1125), der von 1113 bis 1125 regierte. Sein Vorgänger Svjatopolk II. (1050–1113) hatte sich durch die Art seiner Verwaltung und insbesondere durch seine Finanzpolitik unbeliebt gemacht. Nach seinem Tod war es zu Unruhen gekommen, die sich auch gegen Juden in Kiev gewendet hatten. Diese Juden, möglicherweise Nachkommen der Chazaren, lebten vermutlich in einem besonderen Stadtviertel. Einige von ihnen hatte Svjatopolk mit seinen Geldgeschäften betraut. Durch die damals üblichen Wucherzinsen waren sie zu erheblichem Reichtum gekommen, hatten aber auch den Hass ihrer Schuldner auf sich gezogen.

Im Zusammenhang mit den Unruhen setzte sich der populäre Vladimir, offenbar ohne Gegenkandidaten, als Herrscher des Gesamtreiches durch, obwohl er nach den Regeln der Senioratserbfolge noch nicht an der Reihe gewesen wäre. Er senkte den Zinsfuss, milderte die Schuldknechtschaft und verbesserte die rechtliche Lage abhängiger Bauern. Auf diese Weise kam er den Ärmeren im Lande entgegen und sicherte zugleich Besitz und Ordnung, womit die Oberschicht zufrieden war. Nach der Nestor-Chronik zu urteilen, verband Vladimir in seinem politischen Handeln christliche Leitlinien mit einer sehr realitätsbezogenen Denk- und Verhaltensweise.

Aussenpolitisch stand das Reich unter Vladimir in hohem Ansehen. Verwandtschaftliche Verbindungen knüpfte er nach Skandinavien und Ungarn, nach Byzanz und zu den Polovcern. Die Chronik bezeichnete ihn betont als «Grossfürsten», um seine herausgehobene Stellung zu charakterisieren. Dieser Titel war in den Quellen noch keineswegs üblich für den Herrscher von Kiev. Dass er jetzt Vladimir zugesprochen wurde, mag Hoflyrik gewesen sein: Die Nestor-Chronik entstand zu dieser Zeit. Doch die tatsächliche innen- wie aussenpolitische Stellung wurde damit durchaus zutreffend beschrieben.

Bald nach seinem Tod 1125 war allerdings nicht mehr zu übersehen, dass die Kiever Rus' auseinanderfiel. Die Machtkämpfe nahmen wieder zu. 1136 vertrieben die Novgoroder ihren Fürsten, und damit begann hier eine autonom-republikanische Entwicklung. Das Kiever Kernland war immer weniger in der Lage, seine Stellung als wichtigstes Herrschaftsgebiet gegenüber den übrigen Teilfürstentümern zu behaupten. Die kleinräumliche, landesherrschaftliche Tendenz verstärkte sich zusehends. Erneut drangen die Polovcer im Süden vor und bedrohten die Handelswege. Der Fernhandel der Rus' bekam nun auch zu spüren, dass der byzantinische Seehandel seit 1082 in die Hände der Venezianer geraten war. 1204 sollten dann die politischen Beziehungen zu Byzanz vorübergehend ganz abbrechen, denn infolge des vierten

Kreuzzuges wurden dort das lateinische Kaisertum und das Patriarchat am Bosporus errichtet. Über die genauen wirtschaftlichen Auswirkungen dieser Veränderungen wissen wir noch viel zu wenig. Möglicherweise versuchte man einen Ausgleich über den Westhandel. Dennoch: auf jeden Fall war deutlich geworden, dass gerade aus wirtschaftlichen Gründen die Landesherrschaft ausgebaut werden musste.

In die Auseinandersetzungen und Kämpfe, die sich an diesem Wandel der Herrschaftsstruktur entzündeten, griff die Bevölkerung aktiv ein. Vor allem für Kiev verfügen wir über Quellenaussagen. Allerdings lässt sich oft nicht sagen, inwieweit sie aus eigenem Antrieb handelte oder von grossen Adligen, den Bojaren, und hohen Geistlichen für deren Interessen eingespannt wurde.

Das Seniorat verlor auf Reichsebene mehr und mehr an Bedeutung. Aber in den Teilfürstentümern wirkte es insofern weiter, als es mit Bestrebungen konkurrierte, das Erbe an einen Sohn zu geben oder an alle Söhne zu verteilen. Somit setzte sich auf dieser Ebene die Spannung zwischen «Samtherrschaft» – einheitliche Macht durch Einzelerbfolge – und kleinräumiger Aufgliederung fort. Die Festigung der Teilfürstentümer als «Vatererbe» minderte den Rang Kievs als Oberzentrum. Teilweise regierten die Grossfürsten jetzt nicht mehr in Kiev, sondern blieben in ihrem angestammten Fürstentum. Neue Machtzentren bildeten sich aus.

Fürst und Gefolgschaft

Der Adel, die politische Führungsschicht des Reiches, entstand erst mit der Zeit. Seine Wurzeln lagen in den Schwurgemeinschaften der Waräger, der Beute suchenden oder Handelsinteressen verfolgenden, gut bewaffneten Einheiten, sowie in den Sippen- und Stammesanführern der Slawen. Aus ihnen formte sich die Gefolgschaft der Fürsten, die *družina*. Daraus wiederum entwickelte sich, ohne dass wir die Schritte im einzelnen genau bestimmen können, eine mächtige, meist vermögende Oberschicht. Sie konzentrierte sich vor allem in der «älteren Gefolgschaft» *(staršaja družina)*: Darunter sind die grossen Adligen zu verstehen, die eigene Gefolgschaften und einen eigenen «Hof» ausbilden konnten sowie in der Regel ein Landgut besassen. Seit Mitte des 12. Jahrhunderts wurde für sie als soziale Gruppe der Begriff «Bojar» üblich. Um 1200 schlug er sich in der erweiterten Fassung des bedeutenden Gesetzgebungswerkes der *Russkaja pravda* nieder. Allmählich machte sich die «ältere Gefolgschaft» selbständig und erlangte eine gewisse Unabhängigkeit vom Fürsten. Um so wichtiger wurde für ihn die «jüngere Gefolgschaft» *(mladšaja družina)*. In ihr verdingten sich einzelne Krieger dem Fürsten, stellten den Kern seines Heeres und wurden im Gegenzug von ihm versorgt. Die Mitglieder dieser Gefolgschaft bezeichnete man mit unterschiedlichen Begriffen. Vor allem nannte man sie «Kinder» *(deti oder detskie)* oder dann «Bojarenkinder» *(deti oder detskie bojarskie)*, seit der zweiten Hälfte des 12. Jahrhunderts schliesslich auch «Hofleute» *(dvorjane)*. Wer vornehmer Herkunft war oder sich besonders verdient machte, konnte in die «ältere

Gefolgschaft» aufsteigen. Bei grösseren Kriegszügen erweiterte sich die Gefolgschaft um das Aufgebot aller freien Männer *(opolčenie)*. Seit dem 12. Jahrhundert verschmolzen die Begriffe *družina* und *opolčenie* nach und nach. Die Gefolgsleute konnten vom Fürsten mit bestimmten Diensten beauftragt werden. So vertraten die hohen Adligen den Fürsten in der Verwaltung – etwa als Statthalter *(posadnik)* in den Provinzstädten – oder als militärische Leiter, als «Tausendschaftsführer» *(tysjackie)* oder «Heerführer» *(voevody)*. Darüber hinaus gehörten sie dem Rat des Fürsten an. In der Rechtsordnung waren ältere und jüngere Gefolgschaft voneinander geschieden. Wer einen Bojaren erschlagen hatte, musste doppelt soviel Wergeld bezahlen, als wenn es sich um ein Mitglied der «jüngeren Gefolgschaft» gehandelt hätte. Fälle von Blutrache tauchten übrigens bis ins 11. Jahrhundert hinein auf. Ungewissheiten der rechtlichen Entscheidungen konnten durch die Feuer- und Wasserprobe und den Zweikampf gelöst werden. Zwischen den Adligen gab es eine gewisse Rangordnung, die sich verfestigte, wenn nicht gar vererbte, ohne dass uns die Quellen genauere oder gar systematische Aussagen erlaubten. Grundsätzlich war eine Mobilität zwischen den einzelnen Bevölkerungsgruppen möglich. Auch ein Bauer konnte zum Adligen aufsteigen. Ein solcher Wechsel dürfte aber zunehmend schwieriger geworden sein. Die Gelegenheiten, sich ständig im Waffengebrauch zu üben, die Ausbildung höfischer Sitten, die Notwendigkeit, das Innenleben des Hofes samt seiner Intrigen genau zu kennen, schränkten den Kreis derer, die neu in die Führungsschicht eintreten konnten, mehr und mehr ein.

Grundlage der Gefolgschaft war ein wechselseitiges, aber auch kündbares Treueverhältnis. Dieses wurde ursprünglich mündlich vereinbart, seit der Christianisierung dann durch einen Kreuzeskuss bestätigt. Die Gefolgschaft wechselte mit ihrem Fürsten den Herrschaftsbereich, wenn es im Rahmen des Seniorats zu einer Rotation kam. Starb der Fürst, übernahm sein Sohn die Gefolgschaft. Deren Mitglieder konnten allerdings jederzeit den Dienst verlassen und sich bei einem anderen Herrn verdingen. Diesen Anspruch versuchten manche Fürsten mit Waffengewalt zu verhindern oder, war er in die Tat umgesetzt worden, im nachhinein zu bestrafen. Das Verlassen eines Fürsten – als Wahrnehmung des Widerstandsrechtes oder als Folge von Machtkämpfen – fiel insofern verhältnismässig leicht, weil der Gefolgschaftsdienst nicht mit Landbesitz verknüpft wurde. Im Unterschied zu Westeuropa belohnte der Fürst seine Gefolgsleute nicht mit einem Gut, über das sie auf Lebenszeit verfügen konnten. Aus der Gefolgschaft entwickelte sich kein Lehnswesen, das Verhältnis blieb individualisiert. Zwar erhielten Adlige im Zuge des verwaltungsmässigen Ausbaus bestimmte Städte oder ländliche Bezirke zugewiesen, um dort Abgaben einzutreiben oder andere Leistungen zu erbringen. Damit war für sie das Recht verbunden, sich von der Bevölkerung «verköstigen» zu lassen *(kormlenie)*. Keineswegs aber wurde ihnen das Land als Lehen verliehen.

Wodurch zeichnete sich der Fürst vor den hohen Adligen seiner Gefolgschaft aus? Entscheidend war die Abstammung von Rjurik, dem ersten Herrscher der Rus', die Zugehörigkeit zur Dynastie. Von dieser Familie wurde nach traditionellem Verständnis das «Heil» des Reichs hergeleitet, ähnlich wie bei den Heerkönigen der Völkerwanderungszeit. Nach der Einführung des Christentums legitimierte die Kirche die Rjurikiden als Fürsten «von Gottes Gnaden». Sieg oder Niederlage im Kampf gegen den äusseren Feind oder bei den innerfamiliären Auseinandersetzungen um den Vorrang offenbarten in den Augen der Gefolgschaft und auch der Bevölkerung, ob der göttliche Segen auf einem Herrscher lag.

Über die Insignien der Fürsten des Reiches, die sinnfälligen Zeichen der Herrschaft, mit denen sie bei der Regierungsübernahme «bekleidet» wurden, sind wir nicht so gut unterrichtet wie über jene etwa der fränkischen Könige oder der Kaiser des Heiligen Römischen Reiches Deutscher Nation. Das Schwert scheint eine besondere Rolle gespielt zu haben, wohl auch der Herrschaftsstuhl, der Thron. Sicher trugen die Fürsten eine besondere Kopfbedeckung, eine Haube, ein Diadem, vielleicht eine Krone. Aus Byzanz kamen anscheinend Kronen als Geschenk. Vladimir liess nach seinem Übertritt zum Christentum eine Münze prägen, die auf der einen Seite Christus, auf der anderen Seite ihn im byzantinischen Kaiserornat, mit Krone und Kreuz, zeigte. Er folgte damit dem Vorbild der byzantinischen Herrscher angesichts des besonderen Ereignisses. Ein Anspruch auf die Stellung eines Kaisers dürfte sich darin nicht widergespiegelt haben, wohl aber der Hinweis auf die errungene Ebenbürtigkeit. Die berühmte «Mütze Monomachs», ein pelzverbrämter Goldhelm, der das Haupt der späteren Moskauer Zaren krönen sollte, stammte nicht aus der Zeit des Kiever Herrschers, sondern war eine ägyptische Arbeit und wurde in der ersten Hälfte des 14. Jahrhunderts dem Moskauer Grossfürsten vom Khan der Mongolen geschenkt. Neben den Herrschaftszeichen im engeren Sinn dienten der zur Schau gestellte Reichtum, der Schmuck und die kostbare Kleidung als Ausweis der Macht.

Da die Fürsten der Rus' in der Regel nicht gewählt wurden, bedurfte es dazu keiner besonderen Ordnungen, wie wir sie aus Westeuropa kennen. Auch der Krönungsvorgang scheint eine untergeordnete Funktion gehabt zu haben. Hin und wieder wird berichtet, der Fürst sei unter Zuruf des Volkes vom Metropoliten gekrönt worden. Dies sollte wohl die Legitimation des Herrschers unterstreichen, nicht zuletzt, wenn es zu harten Auseinandersetzungen um seinen Machtantritt gekommen war. Die Mitwirkung des Volkes entspräche der Akklamation nach der Wahl eines Königs oder im Rahmen der Einsetzungszeremonie in westeuropäischen Krönungsordnungen. Einen besonderen Titel trugen die Herrscher des Kiever Reichs lange Zeit nicht. In Urkunden und auf Siegeln finden wir häufig nur den Namen, dem sogar die Bezeichnung Fürst fehlt. Den in der Fürstenfamilie Herausgehobenen «Grossfürst» zu nennen hat sich eingebürgert, begegnet aber in den Quellen vor dem 12. Jahrhundert selten. Jedenfalls war es zunächst keine offizielle Amtsbezeichnung. Die tatsächliche Macht und die Stellung des Kiever Herrschers wird aber darin sichtbar, dass er in westlichen Quellen oft als Senior, als Ältester im Rahmen des Seniorats, oder als «rex», also als König bezeichnet wird. In anderen Aussagen taucht der Begriff «Khagan» auf, der schon bei den Awaren, Chazaren und Polovcern begegnet und auch bei anderen östlichen Stämmen galt.

Adelsrat und Landesversammlung

Von Vladimir, der in der Kiever Rus' das Christentum einführte, und seinem
Verhältnis zu seiner Gefolgschaft berichtet die Chronik folgendes: «Alle
Sonntage liess er in der Halle auf dem Fürstenhof ein Festmahl herrichten,
die Bojaren und seine Leute sowie die Hundertschafts- und Zehnerschafts-
führer und die vornehmen Fürsten und angesehenen Männer dazu einladen,
bei Anwesenheit des Fürsten und auch bei Abwesenheit des Fürsten. Es gab
eine Menge Fleisch, von Haustieren und vom Wild, und es gab alles in Fülle.
Wenn sie dann aber trunken waren, begannen sie über den Fürsten zu murren
und sagten: ‹Schlecht geht es unsereinem: Müssen wir doch mit hölzernen
Löffeln essen und nicht mit silbernen.›
Als Wladimir dies hörte, befahl er, für seine Drushina zum Essen silberne
Löffel zu schmieden, wobei er sagte: ‹Mit Silber und Gold werde ich keine
Drushina gewinnen, aber mit einer Drushina werde ich Silber und Gold
bekommen, wie auch mein Grossvater und mein Vater mit der Drushina
Gold und Silber erwarben.›
Denn Wladimir liebte die Drushina und beriet sich mit ihr über die Verwal-
tung des Landes, über Kriege und über die Gesetzgebung für das Land.»[11]
Hier zeigt sich die herausgehobene Stellung der Gefolgschaft, der *družina*, am
Fürstenhof ganz deutlich. Der Herrscher muss sie versorgen, ihr auch
regelmässig ein Festmahl ausrichten, sich ihr Wohlwollen erhalten. Besonders
wichtig ist der Hinweis, dass sich Vladimir mit seiner Gefolgschaft über Krieg
und Frieden sowie über die Regierungsprobleme beriet. Namentlich die Angehörigen der «älteren Gefolgschaft» hatten sich den Anspruch erworben,
zumindest bei wichtigen Fragen gehört zu werden. Wie wir auch in anderen
Hinweisen erfahren, fand die Ratsversammlung vielfach im Zusammenhang
mit Festmählern statt. Daraus entstand das, was man als «Bojarenduma» bezeichnet hat: der Rat der grossen Adligen. Eine verfassungsrechtlich fest-
geschriebene Einrichtung war dies nicht, ebensowenig fanden regelmässige
Sitzungen statt. Je nach Macht und persönlicher Einstellung des Herrschers
schwankte seine Bedeutung. Doch der gewohnheitsrechtlich festgefügte Anspruch stand fest. In einigen Fällen verliessen die Bojaren ihren Fürsten oder
verweigerten zumindest den Dienst, wenn er sie nicht hatte mitberaten lassen.
Die Zusammensetzung des Rates wechselte je nach Art des Beratungsgegen-
standes, auch nach Macht und Einfluss der Teilnehmenden.
Seit dem 12. Jahrhundert trat neben die Duma der «Sowjet» *(sovet)*, ebenfalls
ein Rat, der sich aus Mitgliedern der Bojarenduma zusammensetzte und
gegebenenfalls durch Vertreter der städtischen Oberschicht ergänzt wurde.
Hin und wieder wird im 12. und 13. Jahrhundert von einem *sobor* berichtet,
einer Art Landesversammlung, der nicht nur die hohen Adligen und Geistlichen, sondern auch Kaufleute und niedere Dienstmänner angehörten. Bezeichnenderweise berief Grossfürst Vsevolod III. (1154–1212) ein Jahr vor seinem
Tod eine solche Versammlung ein, um eine Abkehr von dem hergebrachten
Prinzip des Seniorats in der Erbfolge durchzusetzen – allerdings nur mit
vorübergehendem Erfolg.

Eine Folge der Senioratsverfassung waren hingegen die *snemy,* überregionale Treffen der Fürsten, an denen in der Regel auch ihre Gefolgschaften beteiligt waren. Dabei wurde etwa über gemeinsame Aktionen oder Abkommen zur Herrschaftsteilung beraten. Was als freundschaftlicher Ausfluss der Brüdergemeinschaft im Sinne der «Samtherrschaft» gedacht war, nahm jedoch häufig den Charakter einer sich misstrauisch beobachtenden Erbengemeinschaft an, bei der jeder den grösstmöglichen Anteil an der Herrschaft zu erringen suchte. Vielfach traf sich nur ein Teil der Fürsten, um Massnahmen gegen andere zu besprechen. Der Versuch, hausherrschaftliche und sippengemeinschaftliche Umgangsformen auf die Verwaltung eines Riesenreiches zu übertragen, deckte zugleich die Spannungen auf, die in dieser Einrichtung begründet lagen.

Wirtschaftliche Stellung des Adels

Aus der «Verköstigung» durch die Bevölkerung zogen die mit Diensten beauftragten Adligen häufig einträglichen Gewinn. Sie verlangten mehr, als für eine angemessene Versorgung notwendig gewesen wäre, und so wurde das Amt eine Quelle der Bereicherung. Die materielle Grundlage des adligen Lebens bildeten darüber hinaus Geschenke des Fürsten, Beute während der Kriegszüge, Anteile aus Tributen sowie Abgaben und ähnliche Einkünfte, die aus der Tätigkeit in der Gefolgschaft erwuchsen. In deren Tradition – denkt man an die Fahrten der Waräger – stand auch die Beteiligung am Handel. Teilweise führten die Adligen diese Geschäfte selbst, dann liessen sie mehr und mehr berufsmässige Händler für sich arbeiten. Manche Edelleute förderten auch die Fehden zwischen den Fürsten, um aus wechselnden Bündnissen Vorteile für sich persönlich zu erlangen. Gewiss widersprach dies der auch in Russland verbreiteten Ehrauffassung von Treue und Ruhm, die ähnlich wie in Westeuropa im Rittertum ihren Ausdruck fand. Literarisch schlug sie sich im berühmten Heldenepos des «Igor'liedes» nieder, das die Heerfahrt des Teilfürsten Igor' (1150–1202) gegen die Polovcer im Jahre 1185 behandelte. Mit der Wirklichkeit hatte dieses Ideal aber wenig gemein.

Landwirtschaftlicher Besitz war für den Adel hingegen zunächst von untergeordneter Bedeutung. Reichtum konnte leichter auf anderem Wege errungen werden. Darüber hinaus wirkte die Gewohnheit, dem Gefolgsherren beim Wechsel in ein neues Herrschaftsgebiet zu folgen, wenn es die Rotation im Rahmen des Seniorats erforderte, einer intensiveren Bewirtschaftung von Grund und Boden entgegen. Seit der zweiten Hälfte des 11. Jahrhunderts ist bojarischer, nichtfürstlicher Landbesitz nachweisbar; dies schliesst nicht aus, dass es ihn vereinzelt schon vorher gegeben hat. Vermutlich diente er als – wenn auch oft vorübergehender – Wohnort, daneben zur Versorgung der Familie und des eigenen Gefolges mit Lebensmitteln. Je mehr der Fernhandel in eine Krise geriet, beuteträchtige Feldzüge seltener wurden und sich die Teilfürstentümer zu verselbständigen begannen, desto stärker erhob sich der Wunsch nach Sesshaftigkeit, nach einer längerfristigen Bindung an das eigene

Territorium. Nicht zuletzt von den Gefolgschaften ging der Druck auf die Fürsten aus, die Regionen, die sie beherrschten, bei einer Erbfolge nicht mehr zu verlassen. Anscheinend gab es dabei vom 11. bis 13. Jahrhundert erhebliche Konflikte zwischen den noch «wandernden» Bojaren und dem schon sesshaften Adel.

Zustande kam der Grundbesitz durch fürstliche Schenkungen und durch Inbesitznahme herrenlosen Landes. Eine gewaltsame Unterwerfung freier Bauern bildete, soweit sich das heute sagen lässt, die Ausnahme. Der Boden wurde von rechtlich abhängigen Arbeitskräften bewirtschaftet, wobei der Ackerbau im wesentlichen noch zur Selbstversorgung diente. Bestenfalls lieferte der Grundbesitz Rohstoffe für den Handel, der Verkauf von Nahrungsmitteln spielte kaum eine Rolle. Insofern fehlte der Druck, der eine Entwicklung begünstigt hätte, das Lehnswesen auszuformen oder die freien Bauern in die Leibeigenschaft zu zwingen. Diese Besonderheit gegenüber Westeuropa muss bei einem Vergleich immer berücksichtigt werden.

Ob Bojarengüter die Immunität besassen, also aus der Gerichts- und Finanzhoheit der Fürsten ausgenommen waren, wissen wir nicht. Die Kirche genoss die Gerichtsimmunität über ihre «Kirchenleute», aber wahrscheinlich keine Finanzimmunität. Ähnlichkeiten mit dem westlichen Adel und dem Rittertum sind nicht zu übersehen, so bei der herausgehobenen Stellung als Oberschicht, in den Lebensformen, in der Abhaltung von Turnieren, in den Vorstellungen vom vorbildlichen Handeln. Unterschiedlich war insbesondere die städtische Orientierung des russischen Adels. Sie hing damit zusammen, dass die Fürsten in Städten residierten und deshalb die Gefolgschaft sich ebenfalls dort aufhalten musste. Darüber hinaus war die Beteiligung am Handel hierfür ausschlaggebend. Selbst der grundbesitzende Bojar hielt sich in der Regel in der Stadt auf, die Bindung an das Land war – hier zeigt es sich erneut – noch wenig ausgeprägt. Aus *gorod (grad)*, dem Begriff für Burg, dem Sitz von Fürst und Gefolgschaft, entwickelte sich die Bezeichnung für Stadt. Die Burg hiess dann *kreml'*. Allein diese andersartige sprachgeschichtliche Entwicklung als im Westen, wo das Wort Burg zunächst ebenfalls eine städtische Siedlung bedeutete, sich dann aber davon löste, deutet an, wie eng in der Rus' Fürst, Gefolgschaftsadel und Stadt verbunden waren. Wenn auch Bojaren oft gegen Fürsten vorgingen und deren Macht zu begrenzen versuchten, bildeten sie keine Gegenmacht in Form eines Adelsstandes aus.

Die Kaufleute der Rus'

Mit den Fürsten und Bojaren in enger Interessengemeinschaft standen die kapitalkräftigen Fernkaufleute, die *gosti* oder «Gäste». Bereits in Verträgen mit Byzanz aus dem 10. Jahrhundert fanden sie Erwähnung. Möglicherweise lag auch ihre Wurzel in den ursprünglichen Gefolgschaften, die in das spätere Kiever Reich kamen, um Handel zu treiben. Soweit die vorliegenden Quellen eine Aussage zulassen, wickelten sie, wohl in enger Verbindung mit der Abgabeneintreibung, von Anfang an den Fernhandel im Auftrag des Fürsten ab.

Daneben gab es den *kupec,* den Kaufmann. Dieses Wort zielte auf einen Oberbegriff für die gesamte Kaufmannschaft, im engeren Sinn verstand man darunter jedoch mehr und mehr den ortsansässigen Nahhändler. Die *gosti* lebten zunächst in der Burg des Fürsten, nicht in der städtischen Siedlung, die um diese herum entstand. Erst seit Mitte des 11. Jahrhunderts liessen sie sich auch dort nieder. Inzwischen hatte sich aus der Vorstadt, dem *posad,* oder der Talsiedlung, dem *podol,* die eigentliche Stadt entfaltet. Mit der Differenzierung und Spezialisierung städtischen Lebens waren auch die Aufgaben der Fernkaufleute vielfältiger geworden, so dass sie nun hier ihre Wohnung nahmen. Die Zentren der Rus' wuchsen zu Grossstädten im gesamteuropäischen Massstab heran. So hatte Pskov seit dem 11. Jahrhundert über 20'000 Einwohner, Novgorod Anfang des 11. Jahrhunderts 10'000–15'000, Anfang des 13. Jahrhunderts 20'000–30'000, Kiev dürfte bis zur Mitte des 13. Jahrhunderts sogar eine Bevölkerungszahl von 25'000–40'000 Personen erreicht haben – soviel wie London im 14. Jahrhundert. Die Fernkaufleute schlossen sich, wie uns hauptsächlich aus Novgorod bekannt ist, zumindest teilweise zu Bruderschaften, einer Art Gilde, zusammen. Dies erleichterte gewiss die Organisation des Handels und der weiten Reisen.

Der Fernhandel ging vor allem in drei Richtungen. Im Osten und Südosten tauschte man mit den Wolgabulgaren und Chazaren, dann mit der arabischen Welt. Das Fürstentum Suzdal'-Vladimir entwickelte sich dabei zu einem wichtigen Mittelpunkt. Von dort aus verlief die Route über die Wolga. Felle, Flachs oder Fischleim lieferte man gegen Seide, Juwelierarbeiten, Gold und Silber. Bedeutsamer noch war lange Zeit der Handel mit dem Schwarzmeerraum und Byzanz. Im Spätherbst sammelten der Fürst und seine Gefolgschaft oder die jeweiligen Beauftragten bei den tributpflichtigen Stämmen Waren ein. Im Winter mussten Angehörige dieser Stämme Boote herstellen und anschliessend nach Kiev bringen, damit sie dort beladen werden konnten. Im Frühjahr schifften sich die Kaufleute auf dem Dnepr ein, um nach Byzanz aufzubrechen. Wie sich der Handel im einzelnen abwickelte, wissen wir nicht genau. Jedenfalls galten die Russen, bevor die Venezianer und Genuesen den Byzanzhandel unter Kontrolle brachten, als besonders privilegiert. Seitdem sie Christen waren, durften sie sogar über Winter in Konstantinopel bleiben. Sie brachten Felle, Wachs, Honig und Sklaven mit und erhielten dafür Gold, Tuche, Wein und Früchte. Nach Westen vermittelten häufig Prag und Krakau den Austausch, doch zog man aus der Rus' auch unmittelbar nach Deutschland, Frankreich oder England. Wiederum waren Felle, namentlich von Hermelin und Zobel, besonders begehrt. In Deutschland wurde Regensburg der wichtigste Umschlagplatz, von dort entfaltete sich das Kürschnerhandwerk. Aber auch die sonst üblichen Produkte fanden Absatz. In Polen wünschte man vor allem Salz. In die Rus' eingeführt wurden nicht zuletzt Pferde aus Ungarn. In verschiedenen westlichen Städten, vor allem an der Ostsee, gab es feste Kaufmannshöfe für die Russen, in Riga gar ein «russisches Viertel». Allerdings konnte man dann nicht mit der Hanse konkurrieren, die seit Beginn des 13. Jahrhunderts in Novgorod eine bedeutende Niederlassung hatte. Über den Handel innerhalb der Rus' ist wesentlich weniger bekannt,

obwohl sicher zwischen den Landesteilen und Städten Gebrauchs- und Luxusgüter getauscht wurden. In den Städten gab es einen Marktplatz als Mittelpunkt des Lebens. Das Warenlager befand sich häufig in der Kirche. Die
Geistlichen besorgten die Aufsicht über Masse und Gewichte, zumindest seit
dem 12. Jahrhundert. Sie befassten sich teilweise auch mit Geschäften und
sogar – entgegen dem kanonischen Verbot – mit Geldverleih gegen Zins. Die
wichtigsten Massengüter im Binnenhandel waren Salz und Getreide. Die
Selbständigkeitsbestrebungen der Teilfürstentümer führten zu erhöhten Zöl-
len und damit – ebenso wie die zahlreichen Fehden – zu einer Beeinträchti-
gung des überregionalen Handels im Gesamtreich. Neben Geld wurde Vieh
als Zahlungsmittel verwendet, das in der Frühperiode ohnehin am häufigsten diesen Zweck erfüllte, daneben Kleintierfelle – namentlich von Mardern
und Eichhörnchen – und Metalle.

Handwerker in Stadt und Land

Das Bild der Handwerkerschaft als Teil der Sozialstruktur und des wirtschaftlichen Lebens ist verhältnismässig verschwommen. Aus den verschiedenen
Chroniken hat man 34 Spezialhandwerksberufe erschlossen, archäologische
Funde deuten auf weitere, in den grösseren Städten auf mindestens 60. Da
sich Stadt und Land rechtlich nicht voneinander abgrenzten und sich keine
besondere Stadtbürgergemeinde entwickelte, unterschieden sich auch die Handwerker in Stadt und Land nicht grundsätzlich. Insbesondere in den grösseren
Städten war es jedoch möglich, sich mehr zu spezialisieren, eine bessere
Technik gerade im metallverarbeitenden Bereich – für Waffen und Schmuck
– zu nutzen sowie für einen breiteren Markt zu produzieren. In den Dörfern
treten uns zunächst hauptsächlich Schmiede und Töpfer entgegen. Die Eisen-
erzförderung war weit verbreitet. Seit der zweiten Hälfte des 11. Jahrhunderts erzeugte man auch selbst Glas, bis dieses Handwerk durch die Mongolen wieder zum Erliegen gebracht wurde. Überhaupt waren seit dem 11. Jahrhundert deutliche Fortschritte in der Produktionstechnik zu verzeichnen. Für
den Export scheinen jedoch handwerkliche Gegenstände eine untergeordnete Rolle gespielt zu haben.
In den Städten siedelten die Handwerker häufig – und dies ist natürlich keine
Besonderheit der Rus' – in Vierteln, die sich für ihre jeweiligen beruflichen
Schwerpunkte als geeignet erwiesen: Wer viel Wasser benötigte, baute seine
Werkstatt am Bach oder Fluss, wer mit dem Feuer zu arbeiten hatte, dagegen
eher etwas ausserhalb, damit die Funken nicht so leicht überspringen und
dann die ganze Stadt in Brand stecken konnten. Handwerkerzünfte oder vergleichbare Korporationen hat es in der Kiever Rus' nicht gegeben, so lautet
jedenfalls die überwiegende Meinung der Forscher. Bestenfalls in Novgorod
bildeten sich gewisse Ansätze zu Vereinigungen. Zünfte waren im Grunde
nicht nötig, weil keine Scheidung zwischen Stadt und Land bestand. Anders
als im Westen zogen die Städte nicht die Bauern an, dort ihre Freiheit zu
erlangen und sich als Handwerker niederzulassen. Der Gefahr einer Über-

besetzung des Handwerks mit der Folge, dass die Einkünfte entschieden ge-
sunken wären, musste demnach nicht durch kooperative Zusammenschlüsse
begegnet werden, die Zugangsbeschränkungen zur Folge gehabt hätten. So
kristallisierte sich keine scharfe Arbeitsteilung zwischen Stadt und Land heraus. Das dörfliche Handwerk reichte in die Städte hinein, auch über die
Fürsten und Bojaren, die sich die Handwerker von ihren Landsitzen mitbrach-
ten. Diese Bediensteten waren oft rechtlich von ihrem Herrn abhängig, während die Masse der Handwerker aus Freien bestand.

Freie und unfreie Bauern

Die besondere wirtschaftliche und gesellschaftliche Entwicklung der Kiever
Rus' brachte es mit sich, dass – wiederum im Unterschied zu den meisten
Regionen Westeuropas – der grösste Teil der Bauern frei blieb. Seit dem
11. Jahrhundert findet sich für diese Freien in den Quellen der Begriff *smerdy*.
Dass mit diesem Wort später auch die abhängigen Bauern erfasst wurden und
dass die Rechtskodifikation der *Russkaja pravda* die *smerdy* im Wergeld nicht
vom Sklaven unterschied – wenngleich sie in anderen Bereichen wie Steuerzahlung und Rechtsfähigkeit überhaupt nicht miteinander zu vergleichen
waren –, hat immer wieder zu Vermutungen Anlass gegeben, letztlich sei
doch schon die Leibeigenschaft oder eine ähnliche Art der Abhängigkeit
vorherrschend gewesen. Ein Nachweis konnte jedoch bisher nicht erbracht
werden. Möglicherweise standen die *smerdy* in lockerer Abhängigkeit zum
Fürsten, die sich etwa darin ausdrückte, dass beim Fehlen eines männlichen
Erben der grösste Teil des Besitzes an diesen zurückfiel. Dahinter verbarg
sich die Auffassung, alles Land gehöre im Rahmen des «Vatererbes» dem
Fürsten. Doch war sie für das gesamte Bauernland noch keineswegs durchgesetzt, und für die Bojaren galt das in dieser Zeit schon gar nicht. Auszuschliessen ist nicht, dass die *smerdy* lediglich einen bestimmten Teil der freien
Bauernschaft darstellten, die einigen rechtlichen Beschränkungen unterworfen waren.
Freie Bauern leisteten Abgaben und unterstanden der fürstlichen Gerichtsbarkeit. Sie wohnten in Grubenhäusern oder Blockhütten, die im 12. und
13. Jahrhundert am meisten vorkamen. Typisch dürften kleine Weiler, Hof-
gruppen und Einzelhöfe gewesen sein, also eine Streusiedlung, häufig mit
einem Kirchdorf als Mittelpunkt *(selo* neben *derevnja)*. Im Rahmen des Verwaltungssystems war das Land in *pogosti* oder *volosti* – von *vlast':* die Macht –
eingeteilt. In der Dorfversammlung, der *verv'*, konnten die Bauern ihre Angelegenheiten selbst ordnen. Allerdings hafteten sie auch kollektiv bei Verbrechen, wenn der Täter nicht gefasst werden konnte. Ob auch eine Solidarhaftung bei Steuern und Abgaben eintrat, ist bislang nicht geklärt. Möglicherweise handelt es sich hier um eine Rückdeutung aus späteren Verhältnissen.
Wald und Gewässer, vielleicht auch Weideland – die Allmende – dürften
Gemeineigentum gewesen sein, nicht aber der gesamte Grund und Boden wie
in der Dorfgemeinde künftiger Jahrhunderte. Für die Angehörigen der Ge-

meinde bürgerte sich der Begriff des *mir* ein, das russische Wort für «Welt» und für «Frieden». Später, im Zusammenhang mit der periodischen Verteilung des Gemeindelandes, trat der Begriff der *obščina* hinzu. Die Begriffe werden bis heute nicht einheitlich verwendet, doch herrscht inzwischen ein synonymer Gebrauch vor, in den oft auch die *verv'* eingeschlossen ist.

Sieht man von regionalen Spezialitäten des Fischfangs, der Waldbienenzucht oder der Jagd ab, überwog in den Dörfern der Ackerbau – dies unterschied sie von den Herrensitzen. Der Schwerpunkt lag im Süden und Südwesten. Die nördlichen Gebiete, etwa um Novgorod, mussten Getreide einführen, teilweise sogar aus dem Ausland. Dürreperioden, Überschwemmungen und verheerender Frost gehörten zum gewohnten Leben. Nach den Chroniken traten zwischen 1024 und 1332 im Durchschnitt alle siebeneinhalb Jahre Hungerepidemien auf, die durch Missernten in verschiedenen Teilen der Rus' verursacht worden waren. Die durchschnittliche Lebenserwartung lag zwischen 30 und 40 Jahren, wenn die hohe Kindersterblichkeit unberücksichtigt bleibt.

Von Süden nach Norden drang allmählich die Zweifelderwirtschaft vor, in der die Hälfte des Bodens im regelmässigen Wechsel brach lag. Brand-, Rode- und Brachlandwirtschaft verloren dagegen an Bedeutung. Leichte Verbesserungen in der Technik führten ebenfalls zu einer gewissen Intensivierung, vor allem jedoch zu einer Ausweitung der Kulturfläche. Im Norden baute man hauptsächlich Sommergetreide an, im Süden auch Wintergetreide. Neben den Hauptsorten Weizen, Roggen, Gerste, im Süden dazu Hafer, waren Hanf, Flachs, Hirse, Linsen und Erbsen in der Waldsteppe verbreitet. Roggenbrot ass man täglich, Weizenbrot an Festtagen. Obst und Gemüse konnte man insbesondere in städtischen Gärten ernten. Vieh wurde in grösserem Umfang vermutlich nur auf den Herrengütern gezüchtet.

Wenn auch die freien Bauern die Mehrheit der Landbevölkerung stellten, befanden sich doch einige Gruppen in einer abhängigen wirtschaftlichen Lage oder in einem verminderten Rechtsstatus. Dies waren zunächst einmal die *zakupy* – von *kupa*, dem Kauf – und die *rjadoviči* – von *rjad*, dem Vertrag. Darunter sind wahrscheinlich ganz verschiedene Formen zu verstehen: gemietete Landarbeiter, Bauern, die ihre Schuld nicht bezahlen konnten und deshalb in Schuldknechtschaft gerieten, ruinierte Bauern, die sich in den «Schutz» eines Herren gegeben hatten, Kriegsgefangene oder Sklaven mit einem besonderen Vertrag, der ihnen manchmal langfristig die Freiheit in Aussicht stellte. Bei schweren Pflichtverletzungen hatte der Vertragsherr das Recht, den Abhängigen zum Sklaven zu machen. Solange sein Rechtsstatus jedoch lediglich vermindert war, konnte der Bauer seine Rechte vor Gericht vorbringen. Er verfügte wohl auch über eine individuelle Wirtschaft, allerdings ohne Eigentum an Produktionsmitteln.

Der Sklave – *čeljad'*, dann vor allem *cholop*, für die Frau *roba* – besass zwar eine gewisse Rechts- und Geschäftsfähigkeit, etwa als Zeuge vor Gericht, und stand insofern über dem Vieh, auch wenn er in den Quellen häufig damit gleichgesetzt wurde. Aber Sklaven konnte man ohne weiteres kaufen und verkaufen. Der Handel mit ihnen erlangte in der Kiever Rus' Bedeutung, da sie namentlich in Byzanz gut «abgesetzt» werden konnten. Kriegsgefangene bildeten die Hauptquelle. Mit der Ausdehnung der Herrengüter seit dem 11. Jahrhundert nahm auch die Sklavenarbeit zu. 1146 besass Fürst Svjatoslav von Černigov allein auf einem seiner Güter 700 Sklaven. Sie stellten bald die wichtigsten Arbeitskräfte auf den Landsitzen der Fürsten und Bojaren. Selbst nichtadlige Schichten durften Sklaven halten, ohne dass dies allerdings entsprechende Ausmasse erreichte. Kinder von Sklaveneltern blieben Sklaven; wer eine Sklavin heiratete, musste in der Regel ebenfalls Sklave werden. Trotz ihrer niedrigen Rechtsposition konnten Sklaven aufsteigen. In mehreren Fällen verwalteten sie die Wirtschaft hochstehender Personen oder tätigten Handelsgeschäfte im Auftrag der Kaufleute. Wie sehr ihr ökonomischer Wert gestiegen war, lässt sich daran ablesen, dass es seit 1072 im Unterschied zu vorher verboten war, einen Sklaven ohne Umstände zu töten, der seine Hand gegen einen freien Mann erhoben hatte. Bei aller Bedeutung, welche die Sklaven hatten, wurde die Rus' doch nicht zu einer Sklavenhaltergesellschaft – dazu war das Gewicht der freien Bauern zu gross.

Wurde ein Sklave freigelassen und fand nicht zu einem neuen Platz in der Gesellschaft, gehörte er ebenso wie andere deklassierte Personen zu den «Ausgestossenen», den *izgoi*. Sie liessen sich meistens ausserhalb der Siedlungen nieder oder begaben sich in den «Schutz» eines mächtigen Herrn, auch der Kirche.

Kirche und Kirchenleute

Der Metropolit und die Bischöfe der Kirche zählten zu den einflussreichsten Persönlichkeiten des Reiches. Zugleich standen aber auch die ärmsten Bettler und die *izgoi* unter dem Schutz dieser Organisation. Die «Kirchenleute» bildeten ungeachtet der zwischen ihnen bestehenden sozialen Unterschiede eine eigenständige gesellschaftliche Gruppe. Sie unterlagen nicht der fürstlichen Gerichtsbarkeit, sondern der bischöflichen. Die Kirche versuchte, diesen Bereich systematisch auszuweiten. Um ihre Besitzungen ordentlich bewirtschaften zu lassen, strebte sie an, die Bauern in der Umgebung nicht nur zu gelegentlichen Dienstleistungen heranzuziehen, sondern sie in ein dauerndes Abhängigkeitsverhältnis zu bringen. Hier steckten – vorerst stärker als im weltlichen Bereich – Wurzeln zu einer Hörigkeit oder gar Leibeigenschaft. Noch betraf dieser aber erst einen kleinen Teil der Bauernschaft. Ein sehr interessantes, allerdings letztlich noch nicht völlig geklärtes Zeichen ist der Bedeutungswandel des Wortes *krest'janin* – «Kreuzesmann», also Christ. Ursprünglich als Bezeichnung für den Rechtgläubigen verstanden, wurde es seit dem 13. Jahrhundert, in Absetzung gegen die mongolische Herrschaft, für alle russischen Menschen verwendet. Doch nur wenig später setzte eine Entwicklung ein, die die abhängigen und schliesslich alle Bauern unter jenen Begriff fasste. Eine Reihe von Wissenschaftlern leitet diese Terminologie vom «Klosterchristen» her, dem Bauern, der auf Klosterland arbeitete. Kirchenorganisatorisch war das Reich in verhältnismässig grosse Eparchien, bischöfliche Diözesen, unterteilt. Durch die Entwicklung der Teilfürstentümer veränderten sich auch deren Grenzen mehrfach. Die Metropolie lag in Kiev, Novgorod bekam 1165 ein Erzbistum. Hier wählte das Volk seinen geistlichen Hirten, während sonst der Metropolit die Bischöfe einsetzte. In ihren Sprengeln konnten die Bischöfe weitgehend selbständig handeln. So erteilten sie ihrem Klerus Anordnungen, überwachten die Lehre, sorgten für Verbreitung des Glaubens, übten die Gerichtsbarkeit aus und überwachten die Verwaltung des Vermögens der Gotteshäuser, Klöster und kirchlichen Einrichtungen.

Insgesamt orientierte sich die Kirchenorganisation stark am byzantinischen Vorbild. Doch lassen sich auch Einflüsse aus dem Westen beobachten. So ging das Recht auf den Zehnten vermutlich auf westliche Ursprünge zurück. Er wurde allerdings nicht als regelmässige Abgabe von der gesamten Bevölkerung erhoben, sondern vermittelt über den Fürsten zu bestimmten Zwecken zugestanden. 1051 setzte Fürst Jaroslav zum erstenmal einen Russen – Ilarion – zum Metropoliten von Kiev ein, ohne Genehmigung durch den Patriarchen von Konstantinopel. Wenngleich dies wahrscheinlich gar nicht als demonstrativer Akt gegen Byzanz gemeint war, scheint die Massnahme auf Widerstand gestossen zu sein. Schon kurz danach musste Ilarion wieder einem Griechen als Metropoliten weichen. Dafür durfte Jaroslavs Sohn eine byzantinische Prinzessin heiraten. Seitdem wurde bis ins 15. Jahrhundert die kirchliche Oberhoheit des Patriarchen nicht mehr in Frage gestellt, obwohl später häufiger auch Russen Metropoliten waren, oft auf Vorschlag des Grossfürsten. Sie mussten dann zur Bestätigung nach Konstantinopel reisen. Politisch ordnete sich die Rus' Byzanz nie unter, der dortige Kaiser konnte die Herrschaft über die «eine ungeteilte Welt» des Christentums nur in der Theorie beanspruchen.

Unmittelbare weltliche Macht – wie in Westeuropa – errang die Kirche nicht. Die Bischöfe und Äbte wurden keine «Reichsfürsten». Dennoch war insbesondere die hohe Geistlichkeit eng mit der Politik verbunden, und gewiss beeinflusste die Kirche alle Lebensbereiche. Nicht zuletzt strahlten die Klöster und ihre Mönche eine grosse Wirkung aus. Die ersten Klöster kennen wir aus Kiev. Sie entstanden hier als reiche fürstliche Stiftungen oder aus asketischer Wurzel: Das berühmte Höhlenkloster ging aus Eremitenhöhlen hervor. Zwei Stränge der russischen Kirchenentwicklung deuten sich bereits an. Das Höhlenkloster wurde mit seiner hohen geistlichen Kultur und seinem Gemeinschaftsleben Vorbild für viele weitere Klostergründungen. Mönchsorden kannte man in der Rus' ebensowenig wie in der griechisch-orthodoxen Kirche. Man orientierte sich an überragenden Persönlichkeiten wie dem 1074 gestorbenen und später heilig gesprochenen Abt Feodosij aus dem Höhlenkloster. Oft erschien in den Klöstern auch ein *starec*, eigentlich ein «ehrwürdiger Alter», unter dem man hier jedoch einen Mönch versteht, der ein vorbildliches Leben führte und damit erzieherisch wirken konnte, ja, dem auch prophetische Gaben zugeschrieben wurden. «Eine Gabe war ihm von Gott geschenkt – er konnte Künftiges voraussagen; und wenn er jemanden in schlimmen Gedanken antraf, sagte er es ihm in aller Stille ins Gesicht und bedeutete ihm, sich vor dem Teufel in acht zu nehmen. Und wenn irgendein

Bruder beabsichtigte, das Kloster zu verlassen, und er ihn durchschaute, ging er zu ihm hin, deckte sein Vorhaben auf und gewährte dem Bruder Trost. Wenn er zu jemandem etwas sagte, sei es Gutes oder Übles: das Wort des Starzen ging stets in Erfüllung.»[12]

Die Volksversammlung: das *věce*

Am besten erforscht ist die Volksversammlung in Novgorod; sie taucht am häufigsten in den uns bekannten Quellen auf. Deshalb soll sie hier beispielhaft dargestellt werden. Zunächst war Novgorod eng an Kiev gebunden. Doch seit der zweiten Hälfte des 11. Jahrhunderts regten sich verstärkt Selbständigkeitsbestrebungen. Sie waren bedingt durch einen Bevölkerungsanstieg und eine beträchtliche Ausdehnung des Hinterlandes, die zugleich die Rohstoffvorräte für den Handel – namentlich Pelze – vergrösserte. Die Bedeutung der Stadt als Handelszentrum wuchs, damit erhöhte sich das wirtschaftliche und politische Gewicht der Oberschicht. Novgorod wurde immer mächtiger, zusätzlich begünstigt durch die Wirren in den Machtkämpfen der Fürsten. 1096 vertrieben die Städter zum erstenmal ihren Fürsten, ohne dass dies grundsätzliche Folgen gehabt hätte. 1132 und 1136 jedoch kam es zu Aufständen gegen den Fürsten Vsevolod († 1138), die einen vollständigen Bruch mit der bisherigen Verfassungsordnung herbeiführten. Auf Beschluss der Volksversammlung wurde der Fürst aus der Stadt gejagt. Man warf ihm vor, er betrüge die Bauern, habe militärisch versagt und seine Verpflichtungen der Stadt gegenüber gebrochen. Als neuen Herrn beriefen die Städter mit Svjatoslav einen Gegner des Grossfürsten von Kiev und demonstrierten damit ihre Unabhängigkeit. Der neue Fürst Svjatoslav verlor wesentliche Rechte und musste seinen Sitz ausserhalb der Stadt nehmen. Auf diese Weise wurde erreicht, dass dessen Möglichkeiten, eine militärische Kontrolle auszuüben, beschränkt blieben und er Ländereien nicht mehr ohne Zustimmung des Bischofs und der Stadt vergeben konnte.
Seit 1136 wählte die Volksversammlung einen Statthalter *(posadnik)* als Stadtherren. Spätestens 1185 richtete man das Amt eines – ebenfalls gewählten – Tausendschaftsführers *(tysjackie)* ein und minderte die Gerichtsbefugnisse des Herrschers, wodurch die Stellung des Fürsten weiter geschwächt wurde. Für 1264 ist ein Vertrag zwischen der Stadt und dem Fürsten überliefert, der deutlich macht, dass dieser nicht mehr Herr der Stadt war, sondern in deren Auftrag handelte. Novgorod war eindeutig autonom geworden. Seit 1156 wählte die Stadt auch ihren Bischof, 1165 wurde das Erzbistum eingerichtet. Im 13. Jahrhundert begann sich Novgorod allmählich enger an den mächtigen Fürsten von Vladimir-Suzdal' anzulehnen und erkannte im weiteren Verlauf die Oberhoheit des jeweiligen Grossfürsten an. Gegen Ende des 15. Jahrhunderts verlor sie schliesslich ihre Selbständigkeit an den Moskauer Grossfürsten.
Kennzeichen der politischen und sozialen Struktur Novgorods war die enge Verbindung von Adel und Kaufmannschaft. Die Bojaren – ehemalige fürst-

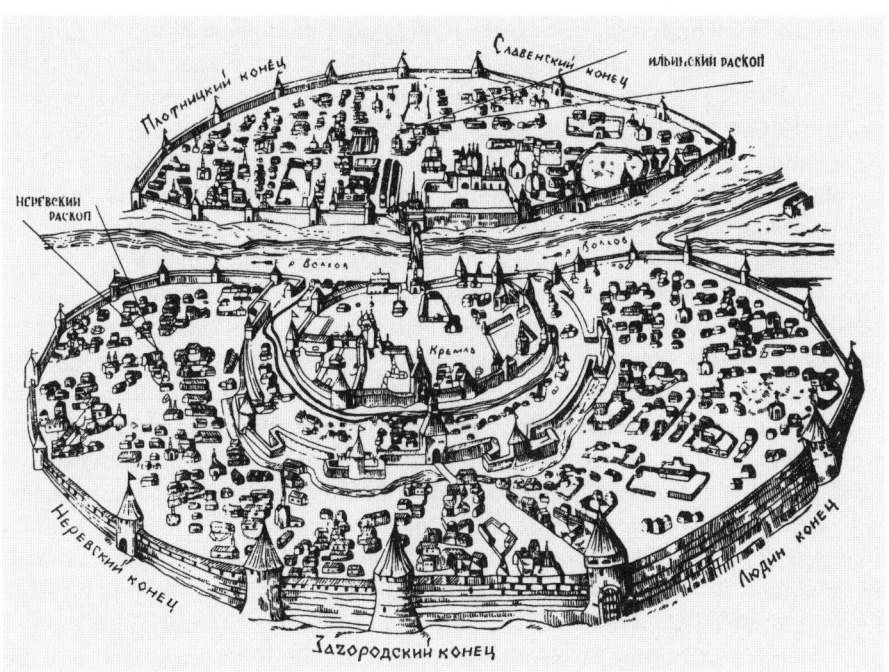

Rekonstruierter Stadtplan von Novgorod.

liche Gefolgs- und Kriegsleute, teilweise im Fernhandel tätig – bildeten den Stadtadel mit Grossgrundbesitz, das Patriziat. «Begüterte Leute» *(žit'i ljudi)* nannte man nicht amtsfähige Grundbesitzer, die nicht zuletzt aus der Kaufmannschaft hervorgegangen waren. Unter den Begriff Kaufleute fielen Nah- und Fernhändler, anscheinend zunächst aber auch Handwerker. Namentlich die reicheren dieser sozialen Gruppe waren in Bruderschaften organisiert, so in der Ivansgilde und – mit hoher Wahrscheinlichkeit – in der Gemeinschaft der «Überseekaufleute». Regelrechte Zunftordnungen für Handwerker gab es nicht, vielleicht hingegen lockere Vereinigungen in ihren jeweiligen Vierteln oder Strassen. Der ursprünglich recht hohe politische Einfluss der Kaufleute sank später zugunsten der Bojaren.

Die Masse der Bevölkerung stellten die «schwarzen Leute»: freie, dafür aber voll lastenpflichtige Personen, im wesentlichen kleinere Händler, Handwerker und Gewerbetreibende. Daneben lebten in der Stadt Dienstleute, «Kirchenleute» und Unfreie, ausserdem nach eigenem Recht die deutschen Kaufleute, seit dem Ende des 12. Jahrhunderts vor allem der Hanse. In dem ausgedehnten ländlichen Gebiet, das zu Novgorod gehörte, kamen die Bauern, die *smerdy,* hinzu, die allmählich in Abhängigkeit von den Grossgrundbesitzern gerieten. Sie behielten aber das Recht fortzuziehen, wie wir aus Birkenrindebriefen wissen.

Grundlegendes Element der Novgoroder Autonomie war das *veče,* die Volksversammlung. Anfangs muss man sich darunter einen Massenauflauf bei besonderen Gelegenheiten, ohne feste Regeln oder einen bestimmten Tagungsrhythmus, vorstellen. Die Entscheidungen fielen durch Zuruf, die Lautesten siegten. Darüber kam es oft zu Prügeleien. Mit der Ausbildung fester politischer Funktionen wie der Wahl der Amtsträger oder der Entscheidung über Krieg und Frieden zog auch eine gewisse Ordnung für dieses Organ ein. Doch es blieb charakteristisch, dass immer spontane Zusammenkünfte möglich waren. Jeder freie Novgoroder galt als berechtigt, am *veče* teilzunehmen. Diese Gesamtheit der Freien, von denen jeder vor Gericht gleich war, stellte sich noch im 15. Jahrhundert bezeichnenderweise als der «ganze Herr Gross-Novgorods»[13] gegen den patrimonialen Anspruch des Moskauer Grossfürsten. Das *veče* war für das gesamte Herrschaftsgebiet Novgorods zuständig, also nicht nur für die Stadt im engeren Sinn. Die Städter gaben jedoch auf den Versammlungen den Ausschlag, weil die Landbewohner sie verständlicherweise nicht zu allen Gelegenheiten beschicken konnten. Am ehesten dürften noch die adligen Grossgrundbesitzer, die ohnehin eine Stadtwohnung besassen, mehr oder weniger regelmässig teilgenommen haben. Selbstverständlich konnten freie Bauern, die in Novgorod anwesend waren, beim *veče* mitentscheiden. Festzuhalten ist auf jeden Fall auch hier, dass es keinen rechtlichen Unterschied zwischen Stadt und Land, zwischen Städtern und Bauern gab. Volksversammlungen fanden ebenfalls in Stadtvierteln statt, um die jeweils zuständigen Amtsträger zu wählen und sonstige Fragen der Selbstverwaltung auf dieser Ebene zu regeln. Wie sich dies in den Dörfern abspielte, wissen wir im einzelnen nicht.

Im Laufe der Zeit wurde das *veče*, trotz seines nach aussen weiter formulierten Anspruches, von einer oligarchischen Herrschaft der Bojaren, die allein amtsfähig waren, überlagert. Die Richtlinien der Politik bestimmte zumindest seit dem Ende des 13. Jahrhunderts ein «Rat der Herren» aus dieser Schicht, auf den das *veče* keinen Einfluss hatte. Immer deutlicher setzten einzelne oder Gruppen aus der Oligarchie die Volksversammlung als Mittel in den inneren Machtkämpfen ein. Es ist wohl kein Zufall, dass mit dem Niedergang dieses Verfassungsorgans auch die politische Kraft Novgorods abzunehmen begann. Trotz der häufigen Lenkung durch die Bojaren behielt das *veče* seine Bedeutung als Organisationsgrundlage der Freien: Häufig nahmen die Unruhen der «schwarzen Leute» gegen die Herrschenden von der Volksversammlung ihren Ausgang.

Insgesamt wird man Novgorod, auch wenn manches im einzelnen umstritten oder noch ungeklärt ist, als «eine auf einer ‹burgstädtischen Volksversammlung› gegründete Stadtrepublik mit demokratischen Verfassungselementen»[14] bezeichnen können. Trotz vielfältiger Behinderungen und Manipulationen durch die Oberschicht konnte die gesamte freie Bevölkerung an den wichtigen Entscheidungen mitwirken. Sichtbar wurde hier auch eine antizentralistische, föderalistisch-regionalistische Tendenz. Sie ist nicht gering zu schätzen, weil im allgemeinen der Zentralismus als Grundzug der Geschichte Russlands dargestellt wird. In der Selbstbestimmung gegenüber dem Fürsten, in ihrer Autonomie nahm Novgorod eine Zwischenstellung zwischen dem «Normalfall» in der Rus' und der westeuropäischen Stadt ein. In der Rolle der

Volksversammlung und in der politischen Herrschaft der Grossgrundbesitzer, auch in der rechtlichen Gleichheit von Stadt und Land, lassen sich Parallelen zu den Stadtstaaten Oberitaliens und Dalmatiens ziehen.

Pskov ging erst später als das mit ihr eng verbundene Novgorod, nämlich im 14. Jahrhundert, zu einer republikanischen Verfassung über und versuchte, zwischen Novgorod und Litauen eine selbständige Entwicklung einzuleiten. Die innere Organisation – mit der überragenden Bedeutung des *veče* – ähnelte derjenigen Novgorods. Vermutlich lag es an der ständig notwendigen Abwehrbereitschaft der Republik, dass sich ihr demokratischer Charakter besonders deutlich ausprägte, soziale Konflikte zunächst kaum ausbrachen und der Tendenz zur Oligarchisierung entgegengewirkt werden konnte, obwohl das Amt des *posadnik* nur von Bojaren besetzt werden durfte. In der zweiten Hälfte des 15. Jahrhunderts spaltete sich die Gesellschaft jedoch zunehmend, es kam zu schweren inneren Kämpfen. Diese Situation nutzte der Moskauer Grossfürst, um sich einzumischen, die Kluft zu vertiefen, die Selbständigkeit Pskovs zu schwächen und diese schliesslich Anfang des 16. Jahrhunderts gänzlich aufzuheben.

Auch aus anderen Städten der Rus' ist uns ein *veče* überliefert; einige Beispiele haben wir schon kennengelernt. Durchweg konnten alle freien Stadtbewohner – und das hiess eben auch: die hier lebenden Bauern – daran teilnehmen. Im Unterschied zu Novgorod und Pskov erlangten andere Volksversammlungen keine Unabhängigkeit gegenüber den Fürsten und ihren Gefolgschaften. Insofern vereinigten sie auch weniger Kompetenzen auf sich, wählten etwa nicht die höchsten Funktionsträger. Anscheinend schlossen aber auch ausserhalb Novgorods Städte Verträge mit ihren Fürsten, mit denen Willkür und Machtmissbrauch vorgebeugt sowie einzelne Rechte geregelt werden sollten. Die fürstliche Obergewalt und die Adelsherrschaft wurden allerdings nicht angetastet. In manchen Fällen legten die Fürsten Wert darauf, ihre Herrschaft durch ein *veče* legitimieren zu lassen, also durch eine Art nachträgliche «Wahl» eine Bestätigung einzuholen. Eine wichtige Aufgabe kam den Volksversammlungen in Notzeiten zu. Immer wieder zeigte sich, dass die Bevölkerung zu Initiative und Organisation in der Lage war. Daraus entstand jedoch keine dauerhafte, verfassungsmässige antifürstliche Einrichtung. Hin und wieder spielten Volksversammlungen eine Rolle in den Machtkämpfen, bei Vertreibung eines Fürsten und Berufung eines anderen, nicht zuletzt in Aufständen.

Der Knabe Onfim oder: Leben in der Rus'

Onfim, knapp über sechs Jahre alt, musste seine Schulaufgaben erledigen. In der einen Hand hielt er ein Stück Birkenrinde. Nun begann er, mit einem spitzen Gegenstand, einer Art Griffel, darauf Buchstaben einzuritzen: er übte das Alphabet. Nach zwei Reihen wurde es ihm langweilig. Lieber malte er Männchen, besonders ihr Gesicht und ihre Hände, ihre Finger hob er mit seinen Strichen hervor. Bald hatte er eine neue Idee. Auf ein anderes Stück

Birkenrinde ritzte er die Umrisse eines Pferdes – den Hals nur als langen Strich –, auf dem sich der Reiter emporreckte und mit seiner Lanze einen bereits am Boden liegenden Gegner durchbohrte. Ein drittes Stück Rinde zierte er mit einem wilden Tier und versah es mit einem Gruss an Danilo.

16 Birkenrindestücke haben sich finden lassen, die aus der Wende des 12. zum 13. Jahrhundert stammen und von einer Person beschriftet oder bemalt wurden, die sich mehrmals selbst nennt: nämlich Onfim. Durch dieses Material und weitere Funde sind wir darüber informiert, dass zumindest in Novgorod ein Schulwesen selbst für kleinere Kinder entwickelt war. Dabei wurde mit dem Alphabet gearbeitet, das im 9. Jahrhundert Kyrill und Method auf der Grundlage des Kirchenslawischen erarbeitet hatten. Vielleicht war in Novgorod die Schriftkundigkeit am weitesten verbreitet, vielleicht bestand dabei ein Zusammenhang mit der politisch-sozialen Struktur. Vermutlich war aber auch in den anderen Reichsteilen nicht nur eine hohe Gelehrsamkeit, wie sie etwa von Vladimir dem Heiligen und seinem Sohn Jaroslav dem Weisen gefördert wurde, sondern auch ein Bildungswesen für weite Kreise der Bevölkerung vorhanden. Über Novgorod wissen wir am besten Bescheid, weil seit 1951 die meisten Funde an Birkenrindeschriften von dort stammen. Auch in anderen Gegenden der Rus' hat man einige dieser Materialien ausgegraben. Doch nirgendwo wurden bisher so umfangreiche archäologische Forschungen angestellt wie in Novgorod, so dass sich nicht sagen lässt, in welchem Ausmass die Beschriftung von Birkenrinde ausserhalb dieser Stadt verbreitet war.

Moderne Methoden ermöglichen es, die gefundenen Birkenrindeschriften ziemlich genau zu datieren. Die frühesten stammen aus dem 11. Jahrhundert – Hinweise deuten darauf hin, dass auch zuvor schon diese Schreibart verwendet wurde –, die spätesten aus dem 15. Jahrhundert. Birkenrinde war für den täglichen Schreibgebrauch gedacht, um das wesentlich teurere Pergament zu ersetzen. Nach einigen Angaben zu schliessen, wurden sogar hin und wieder Bücher aus Sparsamkeitsgründen auf Birkenrinde geschrieben; sie haben sich allerdings bislang nicht finden lassen. Die Birkenrindestücke wurden weggeworfen, wenn sie ihren Zweck erfüllt hatten. Gelangten sie dabei in feuchte Erdschichten – und dies war in Novgorod und Umgebung leicht der Fall –, wurden sie konserviert, so dass sie sich heute noch in teilweise gutem Zustand befinden.

Die Verfasser der Birkenrindeschriften kamen aus allen Schichten der Bevölkerung, vom Adligen bis zum Bauern, überraschend viele Frauen waren darunter. Gewiss haben nicht alle selbst die Schriftzeichen in die Rinde geritzt, sondern berufsmässigen Schreibern ihre Aufträge erteilt. Die Funde lassen aber die Folgerung zu, dass die Schriftkundigkeit nicht nur auf wenige beschränkt war. Auch dies spricht für eine verhältnismässig hohe Differenziertheit der Gesellschaft. Da die Buchstaben geritzt werden mussten, können wir keine flüssige Schrift erwarten. In der Aussage konzentrierte man sich auf das Wesentliche. Inhaltlich ging es um Schulübungen, Ernte, Hungersnöte, Jagd und Fischfang, Todesanzeigen, Geschäfte, Schulden und Zinsen, körperliche Züchtigung, Liebe, Steuern und Kriege – um die Dinge des täglichen Lebens.

Schreibübung und Zeichnung des Knaben Onfim.

So bezeugten die aus dem 11. Jahrhundert stammenden Notizen eines Nov-goroder Wucherers, dass der Geldverleih keineswegs auf die Stadt beschränkt war, seine Schuldner fanden sich in einem Umkreis von 150 Kilometern. Dies ermöglichte wichtige Einblicke in die Wirtschaft der damaligen Zeit. Dorf-vorsteher legten ihren Grundherren Rechenschaft ab, sie selbst erhielten An-ordnungen für die Wirtschaft. Bauern beklagten sich über Vorgänge im Dorf oder reichten Bittschriften ein. Erbschaften wurden verhandelt, Kauf und Verkauf geregelt. Die soziale Gliederung der Gesellschaft, die Rechtsord-nung und die Lebensverhältnisse werden an einigen Punkten anschaulich. Erstaunlich ist die grosse Zahl von Schriftstücken, die von Frauen verfasst wurden und über ihre Stellung Auskunft geben. Eine Frau wendet sich an ihre Brüder, weil ihr Mann gestorben ist und sie nicht weiss, was mit ihr und den Kindern geschehen soll. Eine andere bittet um Hilfe, weil ihre Stiefsöhne sie geschlagen und vom Hof gejagt haben. Kochrezepte werden mitgeteilt, die Bereitstellung sauberer Wäsche gefordert. Auf das frühe 13. Jahrhundert ist ein Schriftstück datiert worden, das einen besonders interessanten Fall zum Gegenstand hat. Einer Familie war Geld für ein Wuchergeschäft überlassen worden. Der Geldbesitzer verdächtigte dann offenbar diese – und dabei insbesondere die Hausfrau –, mit seinem Eigentum unzulässig und leichtsin-nig umgegangen zu sein. Begleitet von wüsten Schimpfworten, forderte er die Frau vor Gericht. Der Ehemann der Beschuldigten wollte, als er von der An-klage erfuhr, seine Frau verstossen und sie sogar ermorden. In dem Schrift-stück beschreibt nun die Frau ihrem Bruder diesen Vorgang, beteuert ihre Unschuld und bittet um Schutz.
Nimmt man die Aussagen der Birkenrindeschriften und die Angaben im damaligen Rechtsbuch, der *Russkaja pravda,* zusammen, so ergibt sich, dass die Frau juristisch auf den ersten Blick eine untergeordnete Stellung ein-nahm. Bei Kränkung, Verletzung oder Tötung brauchte nur das halbe Wer-geld des Mannes gezahlt zu werden. Wurde eine Frau Witwe oder gebar sie ein uneheliches Kind, musste sie sich der Aufsicht der Kirche unterstellen. Der Mann durfte sich ohne weiteres scheiden lassen, wenn er seiner Frau nachweisen konnte, dass sie die Ehe gebrochen, einen Mordanschlag oder einen Raubüberfall auf ihn begangen, dass sie sich mit fremden Leuten ausser

Haus ohne seine Erlaubnis herumgetrieben hatte. Die Frau durfte hingegen die Scheidung nur verlangen, wenn ihr Mann sie fälschlich des Ehebruchs beschuldigt oder sie zu töten versucht hatte. In der Familie besass der Mann die alleinige Gewalt. Er konnte seine Frau und deren Angehörige, etwa die Schwiegermutter, aus dem Haus jagen. Die Prügelstrafe war üblich. Allerdings: die Frau durfte für ihren Mann die Geschäfte führen und dabei selbständig handeln. Für alles, was mit der Haushaltung zusammenhing, war sie voll verantwortlich. Sie erfüllte damit wichtige wirtschaftliche Aufgaben, wie es zunächst aus ihrer rein rechtlichen Situation nicht zu erwarten gewesen wäre. Seit dem 12. Jahrhundert begann sich für sie die Rechtslage zu bessern. Dies drückte sich etwa darin aus, dass unverheiratete Töchter jetzt beim Tod des Vaters neben den Brüdern erbberechtigt wurden.

Eine Kopfbedeckung war für Frauen in der Öffentlichkeit Pflicht. In einem Schriftstück vom Ende des 12. Jahrhunderts heisst es: «Wer einer fremden Frau oder einem Mädchen das Tuch vom Kopfe nimmt, so dass das blosse Haar sichtbar wird, büsst für das Vergehen mit sechs alten Griwnen.»[15] Wie in anderen Gesellschaften auch – etwa in der arabischen Welt oder bei den Juden – wurde offenbar den Haaren der Frau eine erotische Anziehungskraft zugeschrieben. Aus dem 13. Jahrhundert stammt der folgende berühmte Birkenrindetext: «Von Mikita an Ulianica. Heirate mich. Ich will Dich und Du willst mich. Aber dieses zum Zeugen Ignato […].»[16] Der weitere Inhalt ist leider nicht erhalten geblieben. Lange Zeit hat man hierin den ersten russischen Liebesbrief gesehen, geschrieben in einer einfachen und direkten Sprache. Da jedoch ein Zeuge angerufen wird, dürfte es sich um ein Heiratsversprechen handeln. Die sexuellen Beziehungen wurden im übrigen stark von kirchlichen Vorstellungen und Vorschriften beeinflusst, denen die weltliche Obrigkeit Nachdruck zu verleihen suchte.

Wohnen, Kleiden, Essen und Trinken

In der Stadt wie auf dem Land wohnte man im wesentlichen in Holzhäusern. Ausser Kirchen, Burgen und Palästen sind Steinhäuser erst aus dem 15. Jahrhundert bekannt. Aus den Forschungen zu Novgorod wissen wir, dass hier ein Entwässerungssystem angelegt wurde, um den Sumpfboden trockenzulegen. Wegen des hohen Grundwasserstandes mussten die Strassen und Hofplätze mit hölzernen Bohlen gepflastert werden. Allerdings: da man keine öffentliche Strassenreinigung kannte, wurden Abfall und Unrat aus den Häusern auf die Strasse geworfen. Die so entstehende dichte Schmutz- und Schlammschicht liess die Bohlen faulen, so dass sie in verhältnismässig kurzen Abständen ersetzt werden mussten. Dass bei solchen hygienischen Zuständen immer wieder Seuchen und Epidemien auftraten, überrascht nicht. Andererseits wird schon in der Nestor-Chronik von der saunaartigen Badestube im Dorf, der *banja*, berichtet. Die *izba*, das einfache Block- oder Grubenhaus in den Dörfern, war schlecht zu heizen, da sie in der Regel über keinen Rauchabzug verfügte. Die kleinen Schiebefenster erhellten die Hütte nur kärglich. Wurde die Dunkelheit zu gross, entzündete man den Kienspan. Die Herrenhäuser der reichen und vornehmen Leute konnten dagegen beheizt werden und liessen genügend Licht durch ihre grossen Fenster. Nach den Heldenliedern, den Bylinen, zu urteilen, lebten die Fürsten und Bojaren in grossen, prunkvollen Räumen mit bemalten Decken und Wänden.

Auch die Kleidung drückte die sozialen Unterschiede aus. Die Angehörigen der Oberschicht trugen kostbare Gewänder, der weite Mantel war für sie charakteristisch. Gegen die Kälte wappneten sie sich mit wertvollen Pelzen, während sich die einfachen Leute mit Bären- oder Schaffellen begnügten. So schrieb einmal ein Novgoroder Bischof an seine Kleriker: «Lauft nicht herum wie die armen Leute, auch nicht in Bärenfellen.»[17] Die Schuhe wurden aus Bast hergestellt, in den Städten auch aus Leder. Die Mädchen und Frauen in den Dörfern schmückten sich etwa mit Armbändern aus Kupfer, die Städterinnen hingegen bevorzugten farbiges Glas. Aus hausgewebten Leinen stellte man die Alltagskleidung her. Feinere Unterschiede zwischen Handwerkern, Händlern und reichen Kaufleuten sind anzunehmen, im einzelnen aber nicht bekannt. Auch Kleiderordnungen, die – wie etwa in Westeuropa – eine jeweils angemessene Kleidung für Berufe und Stände vorgeschrieben hätten, haben sich nicht überliefert.

In der Oberschicht waren Gelage üblich, doch hin und wieder fiel auch etwas für das Volk, für die Armen ab. Vladimir der Heilige, von dessen Festmählern für seine Gefolgschaft wir schon gehört haben, hatte einmal in einer bedrohlichen Situation während des Kampfes gegen die Pečenegen gelobt, eine Kirche zu errichten. «Nachdem Vladimir der Gefahr entronnen war, liess er die Kirche erbauen; und er richtete ein grosses Fest aus, wozu er 300 Mass Met hatte brauen lassen. Er lud seine Bojaren, die Statthalter und die Ältesten aus allen Städten und viel Volks ein und verteilte 300 Griwnen an die Armen. Nachdem der Fürst acht Tage hindurch gefeiert hatte, kehrte er am Tage der Himmelfahrt der heiligen Gottesmutter nach Kiew zurück und richtete hier wiederum ein grosses Fest aus, zu dem er eine zahllose Menge Volks lud. […] Aber er hatte auch Salomon gehört, der gesagt hat: ‹Wer dem Armen gibt, der leiht Gott.› Da er dies gehört hatte, hiess er jeden Bettler und Armen auf den Fürstenhof kommen und dort alles Notwendige in Empfang nehmen: Trinken und Essen sowie Kunen aus der Schatzkammer. Er legte noch folgendes fest und sagte: ‹Die Schwachen und Kranken können nicht bis zu meinem Hof kommen›, und er befahl, Wagen herzurichten und, nachdem er Brote und Fleisch und Fische, verschiedene Früchte, Met in Fässern und in anderen Kwass hatte aufladen lassen, sie durch die Stadt zu fahren und zu fragen: ‹Wo ist hier ein Kranker und Armer, der nicht gehen kann?› An diese verteilte man dann alles Nötige.»[18]

Die Armen und Bettler verstand man in der Vorstellungswelt der orthodoxen Kirche als Teil der göttlichen Weltordnung. Keineswegs blickte man auf sie verächtlich herab oder warf ihnen vor, sie hätten ihre Lage selbst verschuldet. Durch ihre Existenz ebneten sie den Wohlhabenderen einen Weg, die ewige Seligkeit zu erlangen. Almosen waren deshalb keine Ausnahme, sondern stellten eine regelmässige Gabe dar. Speisungen und Geschenke waren in einem solchen Ausmass wie in der Zeit Vladimirs allerdings nicht die Regel. Aus der Chronik erfahren wir bei dieser Gelegenheit einiges darüber, was damals gegessen und getrunken wurde. Brot bildete neben der Grütze das Grundnahrungsmittel; angebaut wurden hauptsächlich Weizen, Roggen, Gerste und Hirse. Das Fleisch stammte vom Rind, Schwein und Schaf, dazu gab es Geflügel. Die Jagd spielte eine nicht zu unterschätzende Rolle. Interessanterweise verbot die Kirche den einfachen Leuten den Genuss von Bärenfleisch und von Tieren, die in Schlingen oder Netzen gefangen oder von einem Hund erwürgt worden waren: also von Bibern, Wieseln, Birkhühnern oder Hasen. Anscheinend versuchte sie auf diese Weise, Vorrechte der Oberschicht auch in diesem Bereich durchzusetzen. Neben Fischen waren Milchprodukte weit verbreitet, als Gemüse ass man hauptsächlich Rüben und Kohl, aber auch Zwiebeln und Knoblauch. An Gewürzen waren Essig, Zimt, Nüsse, Pfefferminze, Anis und Pfeffer bekannt. Das äusserst beliebte Salz kam überwiegend aus galizischen Salzgruben. Teilweise kochte und briet man schon in Töpfen und Kesseln. Früchte, wie sie Vladimir an die Armen verteilen liess, gehörten regelmässig zur Mahlzeit der Vornehmen. Honig diente zum Süssen, der Honigwein – der Met – hatte eine stark berauschende Wirkung. Mehr zum Durststillen geeignet war der *kvas,* ein heute noch beliebtes, gegorenes Getränk aus Hopfen, Malz, Brot und Früchten. Wein wurde aus südlichen Ländern importiert – ihn konnten sich nur Reiche leisten. Rauschhaftes Trinken stellte schon damals ein Problem dar – nicht nur in der Rus' übrigens. Immer wieder finden wir kirchliche Klagen über die Trunksucht. Deshalb wirkt die Stelle in der Nestor-Chronik recht originell, als der Verfasser den später heilig gesprochenen Vladimir bei seiner Prüfung der verschiedenen Religionen die Ablehnung des Islams nicht zuletzt mit folgendem Satz begründen lässt: «Den Russen ist das Trinken eine Lust, ohne das können sie nicht sein.»[19]

Geistiges Leben und schöne Künste

Bei den Festen und Feiern trugen Sänger die berühmten Heldenlieder vor, dazumal eine gesamteuropäische Erscheinung. Sicher sang man auch Volkslieder. Schriftlich erhalten sind sie allerdings erst aus späteren Jahrhunderten, so dass man bei Rückdeutungen vorsichtig sein muss. Wahrscheinlich handelte es sich um Zauberlieder, um Lieder aus der bäuerlichen Tätigkeit, um Erinnerungen an Bräuche heidnischen Ursprungs. Dafür spricht, dass in kirchlichen Zeugnissen häufig von «Teufelsliedern» gesprochen wird. So verbot der Metropolit Johann II. (1076/77–1089) seinen Priestern, an Gastmählern teilzunehmen, wenn «Spiele, Tänze und Gudokmusik» veranstaltet würden.[20] Ausser der *gudok,* der Geige, kannte man, wohl schon aus vorchristlicher Zeit, weitere Streich- und Zupfinstrumente, Pfeifen, Flöten, Hörner sowie Schellentrommeln und die berühmte *gusli,* eine Art Harfe von vier Oktaven, deren Drahtsaiten mit den Fingern gerissen wurden. Die Kirche bezeichnete noch im 11. Jahrhundert das Spielen, Tanzen und Singen als «teuflisch» und

«satanisch», als sündhaft, konnte jedoch letztlich nichts dagegen ausrichten. Die Gusljare wurden zu beliebten Gästen an den Adels- und Fürstenhöfen, sie sangen oder begleiteten die Heldenlieder. Im berühmten Igor'lied wird Bojan, die «Nachtigall der alten Zeit», hervorgehoben, der im 11. Jahrhundert lebte und als der grösste Heldendichter der Kiever Zeit gilt.[21]
Spätestens seit dem 12. Jahrhundert wurden die Mahlzeiten der Vornehmen von Musik, aber auch von Auftritten der Gaukler und Spassmacher umrahmt. Waren die Gäste müde, erzählten ihnen die Bediensteten Märchen und lullten sie mit Musikstücken in den Schlaf. Die Spielleute, die *skomorochi* – ursprünglich im Rahmen der Naturreligionen wohl Schamanen –, gehörten im übrigen zu jedem Fest dazu, unabhängig von der sozialen Schicht. Oft führten sie kleine Theaterstücke auf. Sie wussten eine Menge zu erzählen und verarbeiteten häufig Einflüsse anderer Länder, denn viele von ihnen waren weit gereist. Das deutsche Rolandslied aus dem 12. Jahrhundert erwähnt einen russischen Bärenführer, und auch in den Chronikberichten tritt die Internationalität des fahrenden Volkes immer wieder hervor. Aus Novgorod erfahren wir, dass sich hier bereits zu dieser Zeit das Puppentheater mit Petruška, dem russischen Kasper, grosser Beliebtheit erfreute. In dieser Stadt standen die Skomorochen unter dem Schutz der ganzen Bevölkerung, ein Ausdruck der dortigen Verfassung. Der Komponist Nikolaj A. Rimskij-Korsakov (1844–1908) hat in seiner Oper «Sadko» einen Novgoroder Skomorochen verherrlicht, der zu einem reichen Kaufmann aufsteigt.
Die Kirche, die die Volksmusik als Teufelswerk anprangerte, kümmerte sich jedoch selbst um die Entwicklung einer künstlerisch hochstehenden sakralen Musik. Sie folgte genauen Regeln, deren Vorbilder zu einem grossen Teil in Byzanz zu suchen sind. So hiess es: mit byzantinischen Sängern «begann im russischen Land ein engelgleicher Gesang».[22] In der Tat vollzog sich die Kirchenmusik rein vokal, Instrumente kamen nicht zum Einsatz – anscheinend wirkte hier die Vorstellung des Teuflischen am meisten nach. Die Psalmodie, der religiöse Text, wurde ruhig-singend vorgetragen, die religiösen Lieder, die Hymnen, besassen dagegen einen stark emotional-expressiven Stil. Die Melodien galten zunächst aufgrund der strengen Regeln als unveränderlich. Später drangen allerdings immer wieder Elemente der Volksmusik in die Kirchenmusik ein.
Neben die Helden- und Volkslieder sowie die historischen Chroniken trat auch das geistliche Schrifttum als literarisches Zeugnis, insbesondere Heiligenlegenden, Predigten und theologische Werke. Zentren der Buchkunst waren einige bedeutende Klöster. Einzelne Bücher aus dem Westen, vor allem aber aus Byzanz waren als Übersetzungen verbreitet. Darunter befanden sich Reisebeschreibungen, die mit der Niederschrift des Abtes Daniil von Černigov zwischen 1106 und 1108 über seine Wallfahrt in das Heilige Land ein eindrückliches russisches Beispiel dieser Gattung erhielten. Gerade von kirchlicher Seite gingen Versuche aus, ein Tugendbild zu errichten. So belehrte Luka Židjata, der von 1034 bis 1054 und noch einmal von 1057 bis 1059 Bischof von Novgorod war, seine Brüder: «Fürchtet Gott, ehret den Fürsten; denn wir sind zuerst Knechte Gottes, dann des Herrschers. Morde nicht,

stiehl nicht, lüge nicht, vertraue nicht der Lüge, hasse nicht, sei nicht neidisch, verleumde nicht, treibe keine Unzucht, weder mit einer Cholopin, noch mit irgendeiner anderen [Frau], trinke nicht zur Unzeit, trinke mässig, niemals bis zur Trunkenheit. Sei nicht jähzornig und frech. Mit den Fröhlichen freue dich, mit den Traurigen sei traurig. Esst nichts Unreines.»²³

Auch unter den Fürsten fanden sich Bestrebungen, durch die Vorstellung eines Herrscherideals das Reich zu befrieden und zu festigen. Besonders bemerkenswert ist die «Belehrung für Kinder» des Grossfürsten Vladimir Monomach, die sich an die Fürsten des Landes richtet, allerdings den Zerfall des Reichs nicht aufhalten konnte. Deutlich wird das Vorbild des guten Hausvaters: «In eurem Hause seid nicht träge, sondern schauet nach allem; verlasset euch nicht auf den Verwalter oder Diener, damit die, die euch besuchen, nicht lachen über euer Haus und euer Gastmahl. Zieht ihr aus zum Krieg, seid nicht träge, verlasset euch nicht auf die Wojewoden; weder dem Trinken noch dem Essen sprechet eifrig zu, auch nicht dem Schlafen. [...] Hüte dich vor Lügen und Trunksucht und Unzucht, denn daran gehen die Seele und der Körper zugrunde. Zieht ihr in euren Landen irgendwo des Weges, so lasset eure oder fremde Diener nicht Schaden stiften in Dörfern oder auf Getreidefeldern, damit man euch nicht verfluche. Wohin ihr auch geht, wo ihr auch Halt macht, da tränket, nähret lieber andere. Vor allem ehret einen Kaufmann, woher er auch zu euch komme, ob er einfach oder angesehen oder ein Gesandter ist; könnt ihr ihn nicht mit einem Geschenk ehren, so mit Essen und Trinken; denn indem sie herumwandern, verbreiten sie über einen Menschen in allen Ländern guten oder schlechten Leumund. Besuchet den Kranken, begleitet die Toten, denn wir alle sind sterblich. Gehet nicht an einem Menschen vorüber, ohne ihn zu grüssen; gebet ihm ein gutes Wort. Euer Weib liebet, aber lasset es nicht über euch herrschen. Dies aber sei der Beschluss von allem: die Furcht Gottes stellet über alles.» Auch befürwortete Vladimir eine Orientierung des Rechtswesens an christlichen Gesichtspunkten – die Forderungen gingen dabei sogar weit über die Praxis hinaus, die während seiner eigenen Regierungszeit üblich war: «Vor allem aber vergesset der Armen nicht, sondern ernährt sie, soviel es in eurer Kraft ist, und seid freigebig gegen eine Waise, und über eine Witwe sprechet selbst Recht, und lasset die Mächtigen nicht den Menschen verderben. Tötet weder einen Gerechten noch einen Ungerechten, befehlet auch, ihn nicht zu töten. Mag er des Todes schuldig sein, verderbet keine christliche Seele.»²⁴

Die Todesstrafe wurde dadurch nicht abgeschafft, ebensowenig wie die zahlreichen Schriften, die den Gegensatz zwischen Arm und Reich anprangerten, eine grundlegende Verbesserung herbeiführten. In all diesen Werken widerspiegelte sich, dass die zunehmende herrschaftliche Durchdringung des Reiches von wachsenden sozialen Spannungen begleitet war und durchaus die Notwendigkeit gesehen wurde, die Verwaltung und Rechtsprechung den neuen Verhältnissen anzupassen. In dem «Sammelband» Svjatoslavs (1027–1076) von 1076, dem *Izbornik,* legten die Verfasser sehr deutlich die Unterschiede in der Lebensweise von Armen und Reichen offen: «Wenn du in einem mit einem guten Dach versehenen Raum liegst und mit deinen Ohren den starken

Regen hörst, dann denke an die Armen, wie sie jetzt liegen, von den Regentropfen wie von Pfeilen durchbohrt [...]. Wenn du im Winter im warmen Zimmer sitzt und ohne Sorgen deine Kleider abgelegt hast, so seufze bei dem Gedanken an die Armen, die sich über ein kleines Feuerchen beugen – ihre Augen leiden stark vom Rauch, sie können nur die Hände wärmen, der Rükken aber und der ganze Körper sind kalt vom Frost [...]. Oh, Kind, sättige den Hungernden [...], tränke den Durstigen, empfange den Wandernden, besuche den Kranken, besuche den Gefangenen, sieh ihre Not und seufze!» Die Armen wurden aufgefordert, sich ihrer Armut nicht zu schämen, die Reichen, den Bedürftigen zu helfen. Denn: «Es gibt zwei Arten von Raub; die eine ist dann gegeben, wenn man einen Armen entkleidet, die andere, wenn man einen Armen nicht bekleidet.»[25] In dieser wie in anderen Schriften prangerte man den Reichtum der Bojaren an, der oft zu Hochmut führte und damit einhergehe, dass die Ärmeren gar nicht mehr angehört würden. Aber auch der sich entfaltende Prunk der Kirche stiess hier und da auf herbe Kritik. Unterschiedliche Auffassungen über das Wesen der Kirche deuteten sich an.

Die Bücher waren vielfach mit wunderbaren Abbildungen versehen. Die Malerei stand in der Kiever Rus' auf hoher Stufe. Davon zeugen auch die Wandbemalungen und Fresken in Kirchen. Die reichhaltige Ikonenkunst ist seit dem 11. Jahrhundert überliefert. Das byzantinische Vorbild herrschte zunächst vor. Von Novgorod ging dann seit dem 13. Jahrhundert eine eigenständige Stilentwicklung aus.

Der byzantinische Einfluss überwog ebenfalls bei den mächtigen öffentlichen Bauten, den Kirchen, Klöstern und Palästen. Doch wurden auch stilistische Richtungen aus dem Westen verarbeitet, etwa die Romanik, oder auch aus Georgien, so dass sich ein durchaus selbständiger Stil ausformte. Beeindruckend müssen die frühen, leider nicht erhaltenen Holzkirchen aus dem 10. und 11. Jahrhundert gewesen sein – etwa in Novgorod und Kiev. Die Architektur mit pyramidalem Aufbau, äusseren Galerien oder Vieltürmigkeit griff ebenso wie die innere Gestaltung und Ornamentik auf eine interessante Symbolik zurück. Als erste steinerne Kirche ist die Zehntkirche in Kiev bekannt, die von 989 bis 996 errichtet und später von den Mongolen völlig zerstört wurde. Die damalige Pracht können wir noch an der nach 1037 entstandenen, allerdings inzwischen mehrfach umgebauten Sophien-Kathedrale bewundern. Der Kreuzkuppelkirche ist der Grundriss des gleicharmigen griechischen Kreuzes zugrunde gelegt. Fünf Schiffe und 13 Kuppeln machen das Ausmass der Kirche deutlich. Die Oberschicht sass auf der Empore, das Volk unten im Kirchenraum – Zeichen der scharf gegliederten Sozialschichtung. Der Novgoroder Stil, sichtbar an der nur wenig später gebauten dortigen Sophien-Kathedrale, hob sich vom Kiever als eher herb und nüchtern ab. Im Fürstentum Vladimir-Suzdal' lassen die Kirchen, Klöster und Paläste erkennen, dass sie zugleich als Festungen dienten. Dies weist auf die besondere Lage jenes Gebietes hin.

Teilfürstentümer als neue Zentren

Bis zum Beginn des 13. Jahrhunderts hatten sich fest voneinander abge-
grenzte Teilfürstentümer mit eigenen Dynastien herausgebildet, die sich aber
alle noch auf Rjurik zurückführten. Zu einem neuen Machtzentrum innerhalb
der gesamten Rus' stieg im 12. Jahrhundert das Fürstentum Vladimir-Suzdal'
im Nordosten auf. In diesem Gebiet gingen Suzdal' und Rostov auf alte
städtische Kerne zurück, während Vladimir etwas später entstanden war.
Seine politische und wirtschaftliche Kraft schöpfte das Fürstentum aus einer
Verbindung des Bojarenadels mit einer bedeutenden Händlerschicht, aber
auch aus einem ansehnlichen Bevölkerungszuwachs: In dieses «Land hinter
den Wäldern», das *zales'e*, flohen in dieser Zeit viele Menschen, um vor den
Kriegszügen der Steppennomaden und vor den blutigen Fehden in den anderen Teilen der Rus' Schutz zu finden.
Von 1157 bis 1174 herrschte Andrej Bogoljubskij (um 1111–1174), so genannt
nach seiner Residenz Bogoljubov bei Vladimir. Er hatte seinen Vater Jurij
Dolgorukij – «Langhand» – (um 1100–1157) abgelöst und beanspruchte den
Vorrang im Gesamtreich, ohne – und dies war eine bezeichnende Neuerung –
sich in Kiev niederlassen zu wollen. Er war auf einer Art Landesversammlung
von Bojaren und Kaufmannschaft gewählt worden – ein Zeichen dafür, dass
das Erbrecht bei der Nachfolge noch vielfältig gebrochen war und immer
wieder Selbstverwaltungselemente gesellschaftlicher Gruppen zum Tragen
kamen. Auch Volksversammlungen sind im übrigen aus diesem Gebiet überliefert. Andrej versuchte sich unabhängiger zu machen, indem er sich mit von
ihm abhängigen Dienstleuten – der «jüngeren» Gefolgschaft – umgab und
diese gegen die traditionelle Oberschicht ausspielte. Ein derartiges Verfahren, das auch anderswo bei Versuchen herrscherlicher Machtfestigung immer
wieder begegnet, stiess verständlicherweise bei den alten Eliten auf heftigen
Widerstand. Abwertend nannte man Andrej «Selbstherrscher», der Willkür
ausübe – *samovlastec*, im Unterschied zur späteren, ehrenvollen Titulatur des
Autokrators *samoderžec* –, um den offensichtlichen Bruch mit der Tradition
zu kennzeichnen. Der Metropolit von Kiev unterstützte die Opposition. Als
sich abzeichnete, dass der Fürst seine Hauptstadt Vladimir zur Metropolie
erheben wollte, liess das kirchliche Oberhaupt der Rus' den dafür vorgesehenen und von Andrej geförderten Geistlichen vor das Metropolitengericht
zitieren und zum Tode verurteilen. Kiev konnte ohnehin nicht als Mittelpunkt beseitigt werden. Es blieb ein geistiges und kulturelles Zentrum, ehr-
fürchtig sprach man nach wie vor von der «Mutter der Städte der Rus'».
Andrej gelang es nicht, die Bevölkerung – die städtischen Unterschichten und
die Bauern – gegen seine Widersacher zu mobilisieren. Möglicherweise unterstützt von seiner eigenen Frau, ermordeten ihn schliesslich bojarische Verschwörer.
In den Nachfolgekämpfen setzte sich sein Bruder Vsevolod III. durch, der
dann von 1176 bis 1212 regierte. Unter ihm erreichte das Fürstentum Vladimir-Suzdal' den Höhepunkt seiner Macht und zugleich seines Einflusses im
Gesamtreich. Zeitweise war sogar Novgorod unterworfen. Seit den 1190er

N

0 200 400 km

FINNLAND

Ladoga-
See Svir'

Nördl. Düna

Pečora

Ob'

Suchona

Čusovaja

Reval

Novgorod

Wolga

Vjatka

Kama

LIVLAND
Riga
Dorpal
Dvina
Pskov
Jlmen-
see

Rostov
Perejaslavl'
ČEREMISSEN
(MARI)

Ufa

LITAUEN

Memel

Polock

Vitebsk

Tver'

Suzdal'

Vladimir

Bulgar

Belaja

DT.
ORDEN

Smolensk

Murom

Brjansk

Rjazan'

Jaik

Pinsk

Turov

Novgorod-
Seversk

MORDVINEN

Volyn'

Peremyšl'

Černigov

Galič

Kiev

Perejaslavl'

Donec

Dnestr

Südl. Bug

Dnepr

Don

Wolga

Karpaten

Prut

Krim

Kuban'
Tmutorokan'

Terek

Kaspisches Meer

Schwarzes Meer

GEORGIEN

Kaukasus

Konstantinopel

ARMENIEN

Trapezunt

BYZANTINISCHES REICH

Araxes

*Die Entstehung der altrussischen Fürstentümer seit dem 11. Jahrhundert
(nach einer Vorlage im Handbuch der Geschichte Russlands, Bd. I/1, S. 325).*

Jahren wurde der Amtstitel «Grossfürst» systematisch verwendet. In zahlreichen, vor allem sakralen Bauten fand der umfassende Anspruch seinen äusseren Ausdruck. Jetzt war der Kiever Metropolit machtlos, wenn Vsevolod eigenmächtig Bischöfe einsetzte. Die Bojaren beteiligte er an der Herrschaft, versuchte jedoch zugleich, die Unterschicht vor diesen zu schützen, also eine Art gesellschaftlichen Ausgleich zu erreichen. Auf der Landesversammlung von 1211 wurde seine Forderung, die Nachfolge im Sinne einer einheitlichen Erbmonarchie zu regeln, anerkannt. Doch nach seinem Tod zerfiel diese Ordnung wieder, die Tendenzen des – wenngleich bereits gebrochenen – Senioratsprinzips erwiesen sich als stärker. Auch dieses mächtige Fürstentum erfuhr in den folgenden Kämpfen eine territoriale Zersplitterung.

Im Westen von Kiev kam es ebenfalls zu einer Ausbildung eines neuen Machtzentrums: Galič-Volyn', Galizien-Wolhynien. Dies war das Gebiet, in dem zum erstenmal die Kiever Rus' und Polen militärisch aufeinandertrafen, als es um den Streifen der Červenischen Burgen und Peremyšl' ging. Mitglieder des Fürstenhauses der Rjurikiden, die keinen Anspruch auf ein eigenes Territorium im ursprünglichen Bestand des Reichs besassen, setzten sich hier fest und bauten eine Herrschaftsorganisation auf. 1084 erlangte Galizien die Anerkennung als selbständiges Fürstentum. Eine recht dauerhafte Landesherrschaft bildete sich aus mit Galič als neuem städtischen Zentrum.

War die Landesherrschaft mit der Entstehung eines Regionalbewusstseins verbunden? Das würde bedeuten, dass es auf den Gebieten der Kultur, der ethnischen Zusammensetzung, der Sprache, der Mentalität, der Sitten und Bräuche, der Religion starke Gemeinsamkeiten gegeben hätte. Hier – wie auch für die anderen Teilbereiche der Rus' – steht die Forschung noch am Anfang. Gegen einen Regionalismus spricht, dass es in der Regel keine eindeutige Kontinuität früher ostslavischer Stämme zur späteren Bevölkerung der jeweiligen Herrschaftsgebiete gab. In denjenigen Teilbereichen, in denen als Grundsatz die Senioratsverfassung galt, wirkten der häufige Herrscherwechsel und die vielfache territoriale Aufsplitterung einer festen Bindung entgegen. Dennoch ist nicht auszuschliessen, dass unterhalb der Ebenen des Herrschaftsapparates ein Gefühl der Zusammengehörigkeit entstand.

Galizien betrieb eine eigenständige Aussenpolitik, um sich gegen Ansprüche der Kiever Grossfürsten und ihrer ausländischen Verbündeten, wie zeitweise der Polen und Ungarn, zur Wehr zu setzen. Innerhalb der galizischen Dynastie gab es weniger innere Kämpfe als anderswo, wohl aber musste sie oft blutig mit den eingesessenen Bojaren um die Macht ringen. Dass diese hier mächtiger waren als im Kern des Reichs, lag an der Situation des Grenzlandes und an der verhältnismässig späten Errichtung einer fürstlichen Herrschaft. Wolhynien – das nicht mit Vladimir-Suzdal' zu verwechselnde ursprüngliche Fürstentum Vladimir – blieb wesentlich länger an Kiev gebunden. Erst in der zweiten Hälfte des 12. Jahrhunderts errang es allmählich eine weitgehende Selbständigkeit. 1187 eroberte der wolhynische Fürst Roman Mstislavič Galizien, begünstigt durch Wirren nach dem Tod des dortigen Fürsten. Zunächst wechselte die Herrschaft jedoch noch mehrfach, vorübergehend setzten sich sogar die Ungarn hier fest. Der rechtmässige galizische Fürst, Vladimir, konnte diese dann 1189 vertreiben, nachdem er – so berichtet zumindest die Hypatius-Chronik – durch Vermittlung des deutschen Kaisers Friedrich I. Barbarossa die Unterstützung des Polenherzogs gewonnen hatte. Schlaglichtartig werden in dieser Konstellation – wie sie uns ähnlich schon einmal begegnet ist – die doch recht engen Beziehungen der Rus' zum Westen deutlich.

Nach dem Tod Vladimirs 1198 oder 1199 konnte Roman, ebenfalls mit polnischer Hilfe, ein zweites Mal – jetzt für sechs Jahre – die Fürstentümer Wolhynien und Galizien vereinen. Er wurde mit starken Widerständen der Bojaren fertig und behauptete sich militärisch gegen den Kiever Fürsten wie gegen die Polovcer. Aussenpolitisch knüpfte er nach Westen und nach Byzanz intensive Kontakte. Möglicherweise beabsichtigte er, sich in den staufisch-welfischen Thronstreit zwischen Philipp von Schwaben und Otto IV. einzumischen, als er 1205 im Kampf gegen seine früheren polnischen Bundesgenossen fiel. Vielleicht strebte er sogar nach einer Königserhebung und nach territorialer kirchlicher Autonomie, so wie es Bulgarien 1204 über eine ungarische Vermittlung vorgemacht hatte. Nach einem – allerdings umstrittenen – Hinweis soll Papst Innozenz III. in einer Gesandtschaft ein entsprechendes Angebot unterbreitet haben. Das Machtvakuum nach Romans Tod – sein Sohn Daniil war erst drei Jahre alt – nutzten nicht nur die Bojaren, sondern auch die Ungarn und Polen wiederum für sich aus.

Nach langen Jahren kriegerischer Auseinandersetzungen errang Daniil 1245 schliesslich doch einen endgültigen Sieg und erneuerte die Einheit von Galizien und Wolhynien. 1253 wurde er zum König gekrönt. Kirchlich unterstellte er das Land dem Papst. Nach aussen gelang es ihm, sein Reich gegen Polen, Litauen und Ungarn zu festigen. Auch im Innern schuf er eine stabile Ordnung, die sich etwa in der Gründung zahlreicher Städte widerspiegelte. Darunter befand sich L'vov (ukrainisch L'viv, polnisch Lwów, deutsch Lemberg). Nach Daniils Tod 1264 sank der überregionale Einfluss seines Reichs bald wieder. Der Königstitel konnte nicht gehalten werden. Seit der Mitte des 14. Jahrhunderts kam das Gebiet in mehreren Etappen an Polen-Litauen, der neuen Grossmacht Osteuropas.

Im Winter 1245/46 war Daniil, kurz nachdem er seine Herrschaft gesichert hatte, an den Hof des Mongolenkhans Batu (um 1205–1256) gereist und hatte ihm gehuldigt. Auf diese Weise geriet sein Land in eine – wenngleich lockere – Abhängigkeit von den Mongolen, dafür konnte jedoch ein Krieg vermieden werden. Von wenigen Ausnahmen abgesehen, waren die Belastungen für Galizien-Wolhynien offenbar nicht sehr drückend. Die freiwillige Unterwerfung Daniils deutet darauf hin, dass sich die Verhältnisse in der Kiever Rus' inzwischen grundlegend verändert hatten.

Der «Mongolensturm»

1206 wurde Temüdschin (um 1155–1227) zum Grosskhan der Mongolen ernannt und erhielt den Beinamen Tschinggis-Khan. Nach einem gescheiterten
Anlauf 1185/86 war es ihm in den Jahren zuvor gelungen, die verschiedenen
Stämme der Mongolen zu besiegen oder zu freiwilliger Unterwerfung zu
bewegen. Einer dieser vernichteten Stämme waren die Tataren, die als besonders kriegerisch galten. In seinen aussenpolitischen Beziehungen übernahm
Tschinggis-Khan nun diesen Stammesnamen als Bezeichnung für das Reichs-
volk. Bis heute werden deshalb die Namen Mongolen und Tataren nebeneinander verwendet.
Um einem baldigen Zerfall der Reichseinheit entgegenzuwirken, durchbrach
Tschinggis-Khan die überlieferte Stammes- und Sippenordnung durch eine
straffe Wehrverfassung. Abgesehen von einigen Privilegierten – namentlich
seiner eigenen Sippe –, wurden die Untertanen ohne Rücksicht auf ihre
Stammeszugehörigkeit in Zehn-, Hundert-, Tausend- und Zehntausendschaften
eingeteilt. Führungsstellungen erhielt man nach Verdienst und Leistung, nicht
nach seinem Platz in der alten Ordnung. War das Ziel der mongolischen
Reiternomaden bei ihren Kriegszügen bisher die Beute gewesen, so wurde es
nun der militärische Sieg und die Unterwerfung des Gegners. Die gesamte
Beute fiel an den Grosskhan, der mit ihr nach Belieben verfuhr und die nach
seiner Meinung Tüchtigsten belohnte. Eine ganz andere Form der militärischen Disziplin und Kampfweise war die Folge dieser Neuorganisation.
Damit sich die geschaffene Verfassung nicht verfestigte und dann neue Macht-
gruppen entstanden, welche die Herrschaft gefährdet hätten, war eine ständige Erneuerung notwendig. Vermutlich führte dies dazu, dass die Mongolen
von ihrem Zentrum südlich des Bajkal-Sees – dort lag ihre Hauptstadt Kara-
korum – immer wieder zu Eroberungen aufbrachen. In wenigen Jahrzehnten
schufen sie ein Weltreich, das im Süden China umfasste, im Südwesten bis
Kleinasien und im Westen bis weit nach Europa hinein reichte. Diese Ausdehnung geschah im wesentlichen unter den Nachfolgern Tschinggis-Khans,
der 1227, vermutlich 60jährig, starb.
Kurz zuvor, 1223, war es zu einem ersten kriegerischen Zusammentreffen mit
Gruppen der Rus' gekommen. Den Mongolen ging es dabei um einen Vergel-
tungsschlag gegen die Polovcer, die das Reich von Chorezm in Mittelasien und
Iran in seinem vergeblichen Kampf gegen die Eroberer aus dem Osten unterstützt hatten. Die Polovcer verbündeten sich mit einigen Fürsten der Rus', das
vereinigte Heer wurde jedoch nördlich des Azovschen Meeres vernichtend
geschlagen. Diese Niederlage blieb zunächst ohne Folgen. 1235 beschloss aber
eine Reichsversammlung der Mongolen unter Ögödei, der sich inzwischen
Khagan statt Khan nannte, erneut nach Westen vorzurücken. Den Oberbefehl
erhielt ein Enkel Tschinggis-Khans, Batu. 1236 wurde das wolgabulgarische
Reich unterworfen, 1237 dann als erstes der russischen Fürstentümer Rjazan'.
1238 waren Vladimir und Suzdal' sowie weitere Städte dieses Fürstentums,
darunter Moskau, an der Reihe. Der Grossfürst der Rus' fiel in einer dieser
Schlachten. Ende 1240 wurde schliesslich auch Kiev erobert und zerstört.

Die Fürstentümer der Rus' waren auf diesen Ansturm nicht vorbereitet. Man hatte versäumt, die Städte ausreichend zu befestigen. Nachteilig wirkten sich die inneren Kämpfe und die Aufsplitterung des Reichs aus, die eine Koordination der militärischen Massnahmen behinderten. Doch auch der Schlagkraft des mongolischen Heeres, das noch ebenso wie zu Zeiten Tschinggis-Khans organisiert war, jedoch inzwischen überwiegend aus Söldnern bestand, hatte man wenig entgegenzusetzen. Gewiss beruhte der militärische Vorteil der Mongolen zu einem erheblichen Teil auf ihren schnellen und robusten Pferden, die für diese mehr als nur ein Reittier darstellten: Ohne Pferd war der Mongole in den unwirtlichen Gegenden Zentralasiens verloren, das Pferd war Freund, Gefährte, Partner, ständiger Wegbegleiter. Darüber hinaus hatten die Mongolen eine vortreffliche Technik des Bogenschiessens entwickelt, mit der sie ihren Gegnern haushoch überlegen waren. Ein dichtes Kundschaftersystem, exakte Disziplin bei Angriff und Verteidigung, überraschende Kriegslisten, die mehr Truppen als vorhanden vortäuschten oder den Feind durch einen scheinbaren Rückzug in den Hinterhalt lockten, kamen hinzu. Die Ritterheere der Rus' waren demgegenüber viel zu schwerfällig.

1241 mussten sich auch die Ungarn den Mongolen geschlagen geben, im selben Jahr unterlag ein vereinigtes deutsches und polnisches Ritterheer in der Schlacht bei Liegnitz. Der Weg nach Westeuropa lag offen. Aufgrund der Streitigkeiten zwischen Kaiser und Papst war noch keine gemeinsame Verteidigungsfront zustande gekommen. 1242 brach Batu jedoch den Vormarsch ab und liess sich mit seinen Einheiten in den Steppen an der unteren Wolga nieder. Die Residenz schlug er in Saraj auf.

Unmittelbare Ursache dieser Wende war der Tod des Khagans Ögödei Ende 1241, dessen Nachfolge sich ausserordentlich schwierig gestaltete. Vielleicht scheute Batu auch noch die Risiken des Vorstosses zum Atlantik und wollte erst das eroberte Gebiet konsolidieren. Zwar benötigten die Mongolenheere keine gesicherten Nachschublinien bis zurück in ihr Kernland. Teilweise versorgten sie sich in den unterworfenen Gegenden selbst, Rinderherden führten sie mit. Ebenso nahmen Frauen und Kinder in Wagen an den Feldzügen teil. Doch bei der Weite des Raumes konnten Aufstände im Rücken der Krieger schnell gefährlich werden.

In der zweiten Hälfte des 13. Jahrhunderts zerfiel die Einheit des Mongolenreiches. Dass Tschinggis-Khan die Angehörigen seiner Sippe von der neuen Sozialordnung ausgenommen hatte, erwies sich nun als nachteilig. Innerhalb der Sippe kam es zu Auseinandersetzungen um die Nachfolgeregelungen. Schliesslich bildete man vier Khanate als Teilreiche. Dennoch blieb die Kiever Rus' unter mongolischer Gewalt. Sie lag im Machtbereich der «Goldenen Horde», dem westlichen Khanat, so genannt nach dem Goldbesatz des mongolischen Herrscherzeltes und dem Wort für Heerlager.

Nicht erobert worden war Novgorod. Dieses Teilreich hatte sich, gegen den Widerstand breiter Schichten der Stadtbevölkerung, freiwillig unterworfen. Es folgte damit der Linie des von 1252 bis 1263 als Grossfürst von Vladimir-Suzdal' herrschenden Aleksandr (1218–1283), der zuvor Fürst von Novgorod gewesen war und dessen Oberhoheit es anerkannt hatte. Er war von den

Mongolen ernannt worden und hatte sich entschlossen, mit diesen zusammenzuarbeiten, anstatt sie zu bekämpfen. Seine Politik wurde dadurch begünstigt, dass Papst Innozenz IV. danach strebte, eine antimongolische Koalition mit einer Kirchenunion unter römisch-katholischer Führung zu verbinden. Er rief deshalb Schweden und deutsche Ordensritter zu Kreuzzügen gegen heidnische Litauer, Kuren, Esten und Finnen wie gegen die orthodoxen Ostslaven, darunter auch die Russen, auf. Schon vor seiner Erhebung zum Grossfürsten besiegte Aleksandr die Schweden 1240 an der Neva – daher erhielt er den Beinamen Nevskij – und die Ordensritter 1242 in einer berühmt gewordenen Schlacht auf dem Eis des Peipus-Sees.

Die Herrschaft der Mongolen

Weite Teile der alten Kiever Rus' waren verwüstet, zahllose Menschen ums Leben gekommen. Städte, die sich nicht freiwillig ergeben hatten, waren zerstört, die Einwohner oft sämtlich umgebracht worden – und zwar nicht wie sonst nur die waffentragenden Männer. Auch das kulturelle Leben wurde stark beeinträchtigt.

Bis heute wird immer wieder hervorgehoben, die Herrschaft der Mongolen habe den einschneidenden Bruch in der Entwicklung Russlands bedeutet. Ein letztlich europäisches Land sei nun von asiatischen Herrschaftsformen sowie Gesellschafts- und Wirtschaftsstrukturen durchdrungen worden. Dies habe Tendenzen zur despotischen Herrschaft begünstigt und an die Stelle der feudalen die asiatische – oder mindestens «halbasiatische» – Produktionsweise gesetzt. Gewiss griffen die Niederlage gegen die Mongolen und die Eingliederung in deren Herrschaft tief in die Geschichte Russlands ein. Doch die Mongolen trafen keineswegs auf ein blühendes Reich, sondern auf ein auch in den meisten Teilfürstentümern zersplittertes Gebilde, das seinen politischen und ökonomischen Höhepunkt längst überschritten hatte und auf dem Weg zu einer neuen Gestalt war. Vieles, was an Wandlungsprozessen den Mongolen zugeschrieben wurde, hatte bereits vor deren «Sturm» eingesetzt und wurde jetzt höchstens beschleunigt.

Im übrigen erwies sich die Herrschaft der Mongolen als nicht derart drückend, wie vielfach angenommen wird. So galt im Khanat der Goldenen Horde – ebenso wie in den anderen mongolischen Teilreichen – die religiöse Toleranz, oder besser gesagt: dem Khan war die Religion der unterworfenen Völker gleichgültig. Unter den Mongolen der Goldenen Horde selbst hatte der Islam immer mehr Anhänger gewonnen, bis er sogar Anfang des 14. Jahrhunderts zur Staatsreligion erklärt wurde. Dies änderte jedoch nichts am Verhältnis zu den übrigen Religionen. Die orthodoxe Kirche blieb ebenso von Abgaben verschont, wie der russische Adel in seinen Funktionen belassen und mit Verwaltungsaufgaben betraut wurde. Die Mongolen bauten in der Rus' – sieht man von den kontrollierenden Beauftragten, den *baskaki*, ab, die auch die Tributeintreibung überwachten – kein eigenes Verwaltungssystem auf. Auch das erleichterte die Unterwerfung und Zusammenarbeit mit ihnen. Tribute und Abgaben mussten natürlich pünktlich geleistet werden. Die Fürsten hatten dem Khan zu huldigen, der Grossfürst wurde von ihm ernannt. Bei Unbotmässigkeiten zogen die Truppen der Goldenen Horde zu oft sehr grausam-blutigen Strafexpeditionen aus.

Bis zum Ende des 13. Jahrhunderts hatten die Teilreiche untereinander trotz aller Selbständigkeit noch lockere Verbindungen, so dass man von einem mongolischen Weltreich sprechen kann. Innerhalb seiner Grenzen wurde nicht der Versuch gemacht, die sprachlichen, rechtlichen, wirtschaftlichen, sozialen oder kulturellen Verhältnisse zu vereinheitlichen. Entgegen den lange Zeit überwiegenden Vorstellungen förderten die Bedingungen in diesem Reich den weiträumigen Handel, etwa zwischen den italienischen Stadtstaaten und China. Berichte westlicher Reisender, von denen derjenige Marco Polos (1254–1324) der berühmteste, wenngleich keineswegs der ergiebigste ist, zeugen von den Verbindungen zwischen West und Ost. Die Mongolenherrschaft zerstörte deshalb auch nicht die russischen Fernhandelswege. Russen tauchten übrigens gelegentlich nun als Handwerker oder Soldaten in mongolischen Diensten auf, nicht nur im Bereich der Goldenen Horde.

Das Bild, das man häufig von den Mongolen als einem «unzivilisierten», grausamen Volk machte, entsprach nicht der Wahrheit, sondern entsprang abendländischen Überlegenheits- und Rechtfertigungswünschen. Die Mongolen verfügten über eine reichhaltige, differenzierte Kultur. Agrarwirtschaft und Gewerbe befanden sich auf einem hohen Stand. Und Grausamkeit war gewiss keine Besonderheit asiatischer Völker.

Seit den Reformen Tschinggis-Khans wurden alle Führungspositionen vom Khan oder Grosskhan besetzt, er war Herr über Leben und Tod. Doch er herrschte nicht unumschränkt. Der Grund und Boden unterlag nicht seiner Verfügungsgewalt, sondern zählte als Gemeineigentum. Trotz des Zehnersystems als Grundlage der Zivil- und Militärorganisation behauptete sich die traditionelle Rolle der Familie. Ihr gehörte die Viehherde. Die Grossfamilie, die im Durchschnitt aus drei Generationen bestand, bildete mit fünf bis acht Jurten ein Aul (ajl) und zugleich eine Weidegemeinschaft. Sie war patriarchalisch organisiert. Der jüngste Sohn blieb in der Regel als einziger im Haushalt der Eltern, damit er nach dem Tod des Vaters das «Herdfeuer» erhalten konnte.

Das Pferd war nicht nur Bestandteil des Alltagslebens und kultischer Funktionen, sondern spielte auch eine Rolle, wenn die Kinder feierlich in die Gemeinschaft aufgenommen wurden: Im Alter zwischen drei und fünf Jahren, wenn die unsicherste Zeit – mit einer hohen Sterblichkeitsrate – überstanden war, wurden den Mädchen und Jungen in Anwesenheit vieler Besucher auf rituelle Weise die Haare geschnitten, und sie bekamen zum erstenmal neue Kleidung. Verbunden war dies mit Pferdewettkämpfen. Als Höhepunkt mussten die Kinder an allen Jurten vorbeireiten, wo sie von den Erwachsenen mit Geschenken begrüsst wurden.

Die Mongolen glaubten an die Welt der Geister und Dämonen, die in der Natur wirkten. Als Mittler zu dieser Welt dienten die Schamanen. Sie reisten im Trancezustand – erreicht über Alkohol, narkotisierende Kräuter und ekstatischen Tanz – ins Jenseits; oft entfernten sie sich dabei auf ihrem Pferd vom Aul. Im Kontakt mit den Mächten der anderen Welt konnten sie dann Empfehlungen abgeben, wie dem Bösen und Schädlichen zu begegnen sei, wie Krankheiten geheilt oder verlorengegangenes Vieh wieder gefunden werden konnte. Die Schamanen waren meist intelligente und hochsensible Frauen oder Männer mit künstlerischer Begabung. Erwählt wurden sie durch die Geister, wenn sich während der Pubertät Anzeichen von manisch-depressiven Erkrankungen, Alpträume, Zuckungen oder andere Symptome bemerkbar machten, die wieder abklangen. In einem besonderen Ritual weihten sie ältere Schamanen, wobei sie schwören mussten, allen ohne Ansehen der Personen helfen zu wollen. Missbrauch und Scharlatanerie waren in der Tat selten. Der Schamanismus hat sich – ebenso wie vieles andere in der Lebensweise der Mongolen – bis in unser Jahrhundert erhalten.

Im Laufe der Zeit setzten sich die Sippenverbindungen wieder durch, ausgehend von denjenigen Stämmen am Rande des Reichs, die von den Massnahmen Tschinggis-Khans noch nicht erfasst gewesen waren. Im Reich der Goldenen Horde kam hinzu, dass das türkische Element immer stärker wurde und sich mit dem mongolischen vermischte. Im 14. Jahrhundert geriet die Stabilität dieses Khanats ins Wanken, verschärft durch Machtkämpfe infolge der auch hier auftretenden Nachfolgeprobleme an der Spitze. Zwischen 1360 und 1380 schwächte ein Bürgerkrieg das Reich. Trotzdem blieb es noch eine ernstzunehmende Macht, bis es allmählich an Einfluss verlor und sich in Nachfolgekhanate auflöste. Am längsten bestand das Khanat der Krimtataren, nämlich bis 1783.

Wurde auch der Fernhandel durch die Mongolen keineswegs abgeschnitten, so wirkte sich deren Herrschaft doch nicht nur günstig auf die Wirtschaft Russlands aus. Die Verwüstungen durch die Feldzüge zogen Städtewesen, Handwerk und Nahhandel stark in Mitleidenschaft. Lange Zeit konnten sie sich von den schweren Schädigungen nicht erholen. Vor allem Kunsthandwerk und komplizierte Handwerkstechniken wurden erheblich geschwächt. Dadurch ebneten sich die Unterschiede zwischen Stadt und Land weiter ein, eine Tendenz zu einer eigenständigen, differenzierten städtischen Handwerkerschaft konnte sich noch weniger ausbilden als zuvor. Darüber hinaus erschwerten die hohen Tribute an die Mongolen den wirtschaftlichen Wiederaufbau.

Auch die Agrarproduktion litt unter den verheerenden Kriegsfolgen. Dies begünstigte eine gewaltige Bevölkerungsverschiebung. Aus den stark betroffenen Gebieten der südlichen Rus' um Kiev wanderten mehr und mehr Menschen in das sicherer Gebiet «jenseits der Wälder» in das Fürstentum Vladimir-Suzdal'. Diese Flucht verstärkte eine Bewegung, die längst vor den Mongolen begonnen und zugleich eine Machtverschiebung zugunsten des nordöstlichen Fürstentums bedeutet hatte. Wieder zeigt sich hier, dass die Mongolenherrschaft in vielen Fällen Entwicklungen beschleunigte, sie aber nicht neu schuf. Sie war auch nicht für die Zersplitterung der Rus' oder der einzelnen Teilreiche verantwortlich, wie vielfach behauptet wurde. Im Gegenteil wird man sagen können, dass die Khane der Goldenen Horde an einer stabilen Ordnung mit einer verhältnismässig starken Zentralgewalt interessiert waren: Auf diese Weise konnten die Tribute am besten eingetrieben und abgeliefert werden. Natürlich sollten die Grossfürsten nicht zu mächtig werden und eine politisch-militärische Gefahr für das Khanat darstellen. Deshalb wurden oft russische Fürsten gegeneinander ausgespielt. Das war aber keineswegs eine bewusste Zersplitterung im Sinne einer mongolischen Beherrschungskonzeption.

Da die Mongolen nicht unmittelbar in die inneren Verhältnisse der Rus' eingriffen, konnten sie auch nicht eine asiatische Produktionsweise einführen. Förderten sie sie vielleicht indirekt? Den Begriff dieser Produktionsweise verwendete Karl Marx, um darauf aufmerksam zu machen, dass die für Europa festgestellte Abfolge von Gesellschaftsformationen nicht überall gelte, dass es nicht zwingend eine unmittelbare Entwicklung vom Feudalismus zum Kapitalismus gebe. Innerhalb einer asiatischen Produktionsweise besteht Gemeineigentum an Grund und Boden, die Produktion wird zentralistisch vom Staat organisiert. Dies zeigt sich insbesondere bei umfangreichen öffentlichen Aufgaben, namentlich den Bewässerungsarbeiten. Dadurch nimmt der Staat die Form der orientalischen Despotie an. Aufgrund des Zentralismus des späteren russischen Staates und mancher despotischen Erscheinungsform an der Spitze wurde vielfach die Meinung gepflegt, dies sei von der Übernahme der asiatischen Produktionsweise verursacht worden. Einige Forscher gingen so weit, in der Mongolenherrschaft den Grund dafür zu sehen, dass die Russen «Asiaten» und gefügige Untertanen geworden seien, ja sich eine gerade Linie bis zum stalinistischen Machtsystem in unserem Jahrhundert durchziehe. Historisch berechtigt sind diese Annahmen nicht. Gegenüber der mächtigen Zentrale gab es immer wieder gegenläufige Tendenzen, durch regionale Strömungen, auch durch Widerstand innerhalb der Bevölkerung. Zwischengewalten, insbesondere der Adel, zeitweise aber auch die Kirche wirkten einer unmittelbaren Verbindung zwischen Herrscher und Volk entgegen, wie sie für die asiatische Produktionsweise charakteristisch war. Vor allem bestand kein Gemeineigentum an Boden. Die Kategorie der asiatischen Produktionsweise taugt zur Kennzeichnung Russlands nicht, auch nicht in Zwischenformen. Eher begann sich das Land in der folgenden Zeit westeuropäischen Strukturen anzunähern.

Vladimir – Tver' – Moskau

Moskau war ursprünglich ein kleiner, unbedeutender Ort im Fürstentum Vladimir-Suzdal'. In den schriftlichen Quellen taucht er zum erstenmal im 12. Jahrhundert auf. 1137/38 sollen sich hier verbündete Fürsten zu einem Gelage getroffen haben. 1147 liess Fürst Jurij Dolgorukij von Suzdal' dem Fürsten Svjatoslav von Černigov mitteilen: «Ich bin ungeduldig, dich wiederzusehen, Bruder; fremde Fürsten trachten nach russischem Land! Wir müssen wegen der Gefahren beraten, die uns bedrohen. Komm zu mir nach Moskau.»[26] Offensichtlich diente also die Ansiedlung bereits als Residenz. Wenige Jahre später, 1156, erfolgte eine wichtige Neuerung: «Fürst Jurij bestieg den Hügel, sah sich um, schaute nach allen Seiten, hierhin und dorthin, in beiden Richtungen den Moskau-Fluss und die Neglinnaja entlang; und er entzückte sich an ihren Dörfern und befahl, unverzüglich hier eine Stadt aus Holz zu errichten, und ihr Name sollte Moskau-Stadt sein.»[27] Aus der Siedlung wurde eine Befestigung, eben eine Stadt nach damaligem Sprachgebrauch. Die Lage bot einen gewissen Schutz: In die umfangreichen Wald- und Sumpfgebiete im Osten und Westen wagten sich so schnell keine Heere hinein, und der Fluss Oka im Süden konnte als Auffanglinie bei Angriffen dienen. Darüber hinaus war Moskau im Zentrum eines dichten Netzes kleinerer Flüsse angelegt worden, über die man rasch zu den Hauptwasserstrassen und damit Fernhandelswegen gelangen, vor allem aber den Nah- und Regionalhandel gut abwickeln konnte. Die Gründung Moskaus – der Siedlungsbeginn ist nach bisherigen Funden auf das Ende des 11. oder den Anfang des 12. Jahrhunderts zu datieren – war somit auch ein Zeichen für das zunehmende Gewicht von regionalen Handelszentren und Residenzstädten, denen zugleich die Aufgabe zukam, das Herrschaftsgebiet militärisch zu sichern und verwaltungsmässig zu durchdringen.

1237 erschienen die Mongolen vor der Stadt, und weil sie sich nicht freiwillig ergab, «erschlugen sie dort die Menschen von den Greisen bis zu den Säuglingen und nahmen viel Hab und Gut».[28] Schon bald scheint Moskau wieder aufgebaut und bevölkert gewesen zu sein, denn bereits 1263 gab Aleksandr Nevskij seinem jüngsten Sohn Daniil (1261–1303) Stadt und Umgebung als Fürstentum zum erblichen Eigentum. Immer mehr Siedler zogen in das jetzt aufstrebende Gebiet, das vorerst von weiteren Strafexpeditionen der Mongolen verschont blieb. In den innerfürstlichen Auseinandersetzungen wurde Moskau zunehmend wichtiger.

Dabei stiess der Moskauer Herrscher insbesondere mit einem anderen Teilerben des Fürstentums Vladimir-Suzdal' zusammen: dem Fürsten von Tver'. Die Stadt lag ähnlich günstig an Wasserwegen, war allerdings nicht so gut durch Wald und Sumpf geschützt. Eine erste schriftliche Erwähnung ist für 1209 überliefert. Tver' diente als Grenzfestung gegenüber Novgorod. 1238, ein Jahr später als Moskau, zerstört, wurde die Stadt ebenfalls rasch wieder aufgebaut. Für 1254 erfahren wir von einem dortigen Fürstensitz. Zu Beginn des 14. Jahrhunderts waren die Fürsten von Moskau und Tver' ungefähr gleich mächtig. Beide stritten um den Rang eines Grossfürsten.

Dabei befanden sie sich in einer besonderen, neuartigen Situation. Grossfürst Aleksandr Nevskij hatte im Rahmen seiner Politik, mit den Mongolen zusammenzuarbeiten, eine systematische Tributpflicht der Bevölkerung durchgesetzt, die durch eine «Volkszählung» ab 1257 eingeleitet worden war. Sie wurde im übrigen von Mongolen selbst durchgeführt. Das Vertrauen in die Russen ging offenbar nicht so weit, dass sie ihnen die Zählung überlassen hätten. Ebenso organisierten Mongolen das Erfassungssystem und die Steuereintreibung an den jeweiligen Fürstenhöfen. Die Steuer wurde überwiegend nach Häusern und Haushalten, daneben nach Besitzverhältnissen und Waren erhoben. Die Kirche war davon ausgenommen. Widerstand gegen die Steuer wurde – wie in Novgorod – blutig gebrochen. Der Wille des dortigen «schwarzen Volkes», der steuerpflichtigen Bevölkerung, weiterzukämpfen, scheiterte an der Kompromissbereitschaft der Oberschicht. Doch 1262 kam es, für Aleksandr überraschend, schliesslich zu einem grossen Aufstand im Gebiet von Vladimir-Suzdal'. Offenbar waren die Steuerpächter zu brutal mit der Bevölkerung umgegangen. Die anwesenden Mongolen wurden getötet und verjagt. Der Grossfürst war nicht in der Lage, die Erhebung niederzuschlagen. Um seine Unschuld zu beteuern, reiste er zum Khan nach Saraj, wo er etwa ein Jahr festgehalten wurde. Auf der Heimreise starb er am 14. November 1263.

Die Nachfolgeordnung nach den Regeln des Seniorats hielt nicht lange vor. In die bewaffneten Auseinandersetzungen der Teilfürsten schalteten sich immer wieder die Mongolen ein. Sie waren an stabilen Herrschaftsverhältnissen interessiert. Im Zuge dieser Konflikte erkannten aber auch die russischen Fürsten, dass sie sich bei entsprechend günstiger Konstellation innermongolische Differenzen zunutze machen konnten. Ein entscheidender Wandel trat ein, als sich die Mongolen um 1300 entschlossen, die Verantwortung für die Tributeintreibung dem jeweiligen Grossfürsten zu übertragen. Damit kam dieser Würde ein neuer Rang zu. Sie drückte nicht mehr nur die Stellung des Seniors in der herrschenden Sippe aus – mit dem Anspruch auf eine herausgehobene Machtstellung –, sondern bot nun auch eine kräftige Quelle zur Bereicherung und damit zur materiellen Grundlage der Macht. Wer sollte kontrollieren, in welchem Ausmass die eingetriebenen Tribute die an die Mongolen abgeführten überstiegen?

1304 erhob der Moskauer Fürst Jurij nach dem Tod des Grossfürsten von Vladimir Anspruch auf diesen Rang, obwohl nach den Regeln des Seniorats der Tver'er Fürst Michail an der Reihe gewesen wäre. Der Khan der Goldenen Horde sprach auch Michail 1305 den Titel zu, wahrscheinlich weil er einen höheren Tribut als der Moskauer versprochen hatte. Die Streitigkeiten hörten damit allerdings nicht auf, sondern gipfelten in blutigen Auseinandersetzungen. Die Gunst der Mongolen wechselte dabei. Ende 1318 wurde der Tver'er Fürst am Hof des Khans ermordet. 1324 fiel jedoch auch der Moskauer Fürst einem Mordanschlag zum Opfer, den der neue Fürst von Tver' in Auftrag gegeben hatte. Dieser wurde seinerseits wegen Eigenmächtigkeit von den Mongolen hingerichtet. Obwohl es unter diesen Umständen kaum noch verständlich erscheint, warum jemand Grossfürst werden wollte, strebte auch Fürst Ivan von Moskau nach diesem Titel. 1327 gelang es ihm, von den Mongolen mit einem Rachefeldzug gegen Tver' beauftragt zu werden. Dort hatte es einen Aufstand der Bevölkerung gegen eine mongolische Gesandtschaft, die anscheinend sehr hart aufgetreten war, gegeben. Ivan nahm die Stadt ein und zerstörte sie. 1331 ernannte der Mongolenkhan Ivan endlich zum alleinigen Grossfürsten «der ganzen Rus'», nachdem er sich diese Würde vorher noch mit dem Fürsten von Suzdal' hatte teilen müssen.

Fürst Aleksandr von Tver', der geflüchtet war, gab aber noch nicht auf. Er versicherte sich der Unterstützung Litauens. Die Eroberung der Rus' durch die Mongolen hatte einen Machtzuwachs für dieses Grossfürstentum bedeutet. Es stieg im 14. Jahrhundert zur beherrschenden Macht im östlichen Europa auf. Seine Ausdehnung nach Südosten bis zum Schwarzen Meer legte gewissermassen den Grund für die relative Eigenständigkeit Weissrusslands und der Ukraine gegenüber Russland. Eine Koalition mit Tver' schien zur Erweiterung des litauischen Einflusses günstig. Als es Aleksandr gelang, sich mit dem Khan zu versöhnen, deutete alles auf eine erneute Wende hin. 1337 konnte er wieder von seinem Fürstentum Besitz nehmen. Ivan von Moskau denunzierte jedoch seinen Konkurrenten beim Khan und dürfte auch erhebliche Geldgeschenke als politische Waffe eingesetzt haben. Jedenfalls musste 1339 Fürst Aleksandr von Tver' mit seinem Sohn am Mongolenhof in Saraj erscheinen, wo beide erschlagen wurden. Damit war Tver' als Gegner Moskaus ausgeschieden. Der neue Fürst Konstantin, ein Bruder Aleksandrs, ordnete sich Ivan unter und wurde dafür mit dessen Nichte verheiratet.

Der Aufstieg Moskaus

Ivan trägt den Beinamen «Kalita»: «Geldsack». Das deutet darauf hin, welche bedeutende Rolle die materiellen Möglichkeiten Moskaus, namentlich zur Bestechung, bei dem Machtkampf mit Tver' und beim Aufstieg des Fürstentums gespielt haben. Karl Marx hat dies einmal drastisch formuliert: «Die Politik des Iwan Kalita war einfach die folgende: er spielte das ergebene Werkzeug des Chans, um sich so dessen Macht bedienen zu können, die er dann gegen seine fürstlichen Rivalen und gegen seine Untertanen benutzte. [...] Aber er musste nicht nur eine bestimmte Rolle spielen, sondern damit diese gut aufgenommen würde, war Gold notwendig. Die dauernde Bestechung des Chans und seiner Würdenträger war die einzig sichere Basis für sein Gebäude aus Täuschung und Machtstreben. Aber wie sollte der Sklave genügend Geld zusammenbringen, um seinen Herrn zu bestechen? Er überredete den Chan, ihn im ganzen russischen Gebiet als seinen Steuereintreiber einzusetzen. Nachdem er einmal mit dieser Funktion betraut worden war, gelang es ihm, Geld unter falschen Vorwänden einzutreiben. Der Reichtum, den er ansammelte, indem er mit der Berufung auf die Macht der Tataren Schrecken erregte, musste dazu dienen, diese zu korrumpieren. Durch Bestechung brachte er auch den Metropoliten dazu, seinen Bischofssitz von Wladimir nach Moskau zu verlegen, wodurch Moskau zur Hauptstadt des Reiches wurde, weil es die religiöse Hauptstadt war und die Macht der Kirche mit der Macht des Thrones verband. Durch Bestechung brachte er die Bojaren der mit ihm rivalisierenden Fürsten zum Verrat an ihren Herren und machte sich selbst zu ihrem Herrn.»[29]
Die Unterstützung seitens der Kirche war ganz sicher von hohem Wert. Sie hatte sich schon vor der Herrschaft Ivans angekündigt, nachdem sich 1305 bei der Wahl eines neuen Metropoliten der Kandidat Tver's nicht hatte durchsetzen können. Das gewählte Kirchenoberhaupt bevorzugte deshalb Moskau und weilte auch meistens in dieser Stadt. Darauf konnte Ivan aufbauen. Zu seinen Gunsten schlug weiterhin aus, dass sich Tver' zu sehr an Litauen

anlehnte. In den Augen der Mongolen drohte damit die Gefahr, dass sich das Fürstentum aus der Abhängigkeit von ihnen lösen wollte. Hilfe erhielt Moskau schliesslich von Novgorod. Die Republik sah sich durch Moskau weniger bedroht als durch den unmittelbaren Nachbarn Tver' – eine Einschätzung, die sich als Irrtum herausstellen sollte.

Ivan Kalita ordnete sich bedingungslos den Mongolen unter und verstand es zugleich, diese für seine Interessen einzusetzen. Auf diese Weise erreichte er, dass das Land für längere Zeit von mongolischen Einfällen verschont blieb. Die Anziehungskraft der Stadt für siedlungswillige Zuwanderer wuchs auf diese Weise, und Ivan tat ein übriges, indem er ihnen steuerliche Erleichterungen versprach. Darüber hinaus sorgte er offenbar für mehr innere Sicherheit, denn er soll «das russische Land von Dieben und Räubern» befreit haben, die vermutlich infolge der vorhergehenden Kriegswirren durch die Gegend zogen.[30] Das Gewicht Moskaus stieg erheblich an. Auch wirtschaftlich überrundete die Stadt nun Tver'.

Ivan teilte sein Fürstentum gleichmässig unter seinen drei Söhnen auf, der älteste, Semen (1316–1353), sollte der Senior werden. Der Grossfürstentitel für die ganze Rus' wurde nicht vererbt, das «Vatererbe» beschränkte sich noch auf das Moskauer Gebiet. Vom Mongolenkhan erhielt Semen dennoch nach Ivans Tod 1341 ohne Schwierigkeiten den Rang des Grossfürsten. Allerdings musste er während seiner Regierungszeit, die bis 1353 dauerte, heftige Kämpfe bestehen, um ihn auch bei den übrigen Fürsten durchzusetzen. Nicht in allen Fällen hatte er damit Erfolg. Mit Litauen und Schweden waren ebenfalls bewaffnete Auseinandersetzungen auszufechten.

In der folgenden Zeit blieb die Position des Moskauer Grossfürsten innen- wie aussenpolitisch keineswegs unumstritten. Während der Wirren um die Mitte des 14. Jahrhunderts konnte sogar die Grossfürstenwürde nicht ständig erhalten werden. Machtkämpfe innerhalb der Goldenen Horde spielten mit. Noch einmal kam es zum Streit mit Tver'. 1375 unterlag dieses Fürstentum endgültig gegen Moskau. Der Tver'er Fürst musste Dmitrij (1350–1389) als «älteren Bruder» und damit dessen Vorrang anerkennen. Dmitrij herrschte als Grossfürst von Vladimir – womit der Anspruch auf die ganze Rus' verbunden war – von 1362 bis 1389. Ihm gelang es, gegen Tver', das mit Litauen koalierte, ein breites Bündnis verschiedener russischer Gebiete zusammenzubringen. Damit unterstrich er seine Führungsrolle.

Gegen die Goldene Horde und Litauen

Bereits 1371 machte Dmitrij gegenüber Litauen nicht nur Moskau, sondern auch das Grossfürstentum Vladimir als sein «Vatererbe» geltend. Damit knüpfte er an eine frühere staatsrechtliche Konstruktion an. Vorerst blieb dies noch ohne Folgen. Das Mongolenproblem rückte zunächst wieder in den Vordergrund. Nachdem die Goldene Horde in den vergangenen Jahren aufgrund interner Probleme einen Machtverlust erlitten hatte, konnte sie sich jetzt noch einmal stabilisieren. Unter Führung Mamajs († 1380) versuchte sie 1380, die alte Ordnung wiederherzustellen, und verbündete sich dabei mit Litauen. Dmitrij zog mit einem grossen Heer den Mongolen entgegen und zwang sie, bevor sie sich mit den litauischen Truppen vereinigen konnten, auf dem «Schnepfenfeld» am oberen Don zur Schlacht. Unter grossen Verlusten blieben die Russen Sieger – zum erstenmal in einer offenen Schlacht dieser Grössenordnung. Das Prestige Dmitrijs, der den ehrenden Beinamen «Donskoj» erhielt, und insgesamt des Moskauer Fürstentums stieg ungeheuer.

Unmittelbar zog der Sieg allerdings verheerende Wirkungen nach sich. 1382 führte die Horde, jetzt unter Tochtamyš († 1406/07), einen Überraschungsstoss gegen Moskau. Der Grossfürst musste fliehen, für eine Verteidigung war nicht gesorgt. Uneinigkeit unter den Fürsten, die anscheinend nicht alle den Aufstieg Dmitrijs guthiessen, verhinderte den Aufbau einer Gegenwehr. «[...] die Menschen waren verwirrt wie Schafe, die keinen Hirten haben. Denn die Bürger erregten sich, die einen wollten in der Stadt sitzen und sich einschliessen, andere gedachten zu fliehen. Und zwischen ihnen war grosser Zwist, die einen drängten mit ihrer beweglichen Habe in die Stadt, andere aber flohen beraubt aus der Stadt. Und sie veranstalteten wieder ein *Veče* und läuteten alle Glocken, und die Menschen standen im Handgemenge einander gegenüber. Die Aufrührer und Unruhestifter liessen die, welche die Stadt verlassen wollten, nicht nur nicht hinaus, sondern plünderten sie aus, nicht einmal vor dem Metropoliten selbst schämten sie sich, und [auch] vor den grossen Bojaren schämten sie sich nicht, sondern sie bedrohten alle und standen auf allen Stadttoren und warfen von oben mit Steinen, und unten auf der Erde standen sie mit entblössten Waffen und liessen niemanden die Stadt verlassen. Später einmal liessen sie sich mit Mühe erbitten und liessen sie aus der Stadt, und zwar nachdem sie sie ausgeplündert hatten. Die Stadt aber war noch immer erregt wie das Meer bei grossem Sturm, und von nirgends her fand sie Trost, sondern sie erwartete noch grössere Übel. Danach kam zu ihnen ein litauischer Fürst namens Ostej [...], der festigte die Menschen und beendete den Aufruhr in der Stadt, schloss sich mit ihnen in der Stadt ein und sass mit einer Menge Volks in der Belagerung.»

Die Bevölkerung Moskaus, in sich zerstritten, greift also wiederum zum Mittel einer Volksversammlung, um eine Entscheidung zu treffen. Diejenigen, die den Frieden wollen oder einen Kampf für sinnlos halten, werden bedroht und ausgeplündert. Erst danach können sie die Stadt verlassen. Sozialrevolutionäre Tendenzen sind nicht zu übersehen. Ein litauischer Fürst, militärisch erfahren, kann die Ordnung wiederherstellen und die Verteidigung organisieren. Bei der anschliessenden Belagerung durch die Mongolen zeichnen sich die Städter aus, die Chronik nennt ausdrücklich einen «Tuchhändler namens Adam». Der Sieg gelingt Tochtamyš erst, als er den Moskauern Gnade verspricht und die mit ihm verbündeten russischen Fürsten dies bestätigen. Die Stadttore öffnen sich, die Vornehmen ziehen dem Khan entgegen. Da brechen die Mongolen über sie herein, alle werden niedergemacht. Damit ist die Stadt verloren. Unzählige Bewohner werden getötet, Besitztümer geplündert, die Häuser angezündet.

«Man sah zu dieser Zeit in Moskau Weinen und Heulen und grosses Jammern, Tränen und untröstliches Schreien und viel Stöhnen, bittere Trauer und untröstliches Leid, unerträgliches Elend, schrecklichen Gram und tödlichen Kummer, Angst, Schrecken und Zittern. Dies alles geschah um der Vermehrung unserer Sünden. [...] Vorher war dies eine grossartige und wunderbare Stadt, eine grosse Menge Menschen lebte in ihr, sie quoll über von Reichtum und Ruhm, sie übertraf alle Städte im russischen Land an grosser Ehre, denn in ihr lebten Fürsten und Bischöfe, und nach ihrem Tode wurden sie dort bestattet. Zu dieser Zeit aber hatte sich ihre Schönheit gewandelt, ihr Ruhm war geschwunden, Erniedrigung war über sie gekommen, nichts gab es in ihr, was schön anzusehen gewesen wäre, sondern nur Rauch und [kahle] Erde und viele Leichen, die da lagen, und die steinernen Kirchen [waren] von aussen vom Feuer beschädigt, innen aber ganz ausgebrannt und geschwärzt und voller Christenblut und Leichen. Kein Gesang war in ihnen noch Läuten, und niemand kam zu ihnen, denn es war niemand in der Stadt übriggeblieben, sondern leer war es in ihr.»[31]

Nach dem Abzug der Mongolen kehrte Grossfürst Dmitrij zurück und nahm Rache an denen, die ihn nicht voll unterstützt hatten. Trotz ihres Erfolges erkannten die Mongolen, dass auf längere Sicht die Machtstellung Dmitrijs nicht zu erschüttern war. Sie wehrten den Versuch des Tver'er Fürsten ab, nun doch noch in den Genuss des höheren Ranges zu kommen, und einigten sich statt dessen mit Dmitrij. Allerdings musste er neben dem üblichen Tribut eine hohe Sondersteuer aufbringen und einen Sohn als Geisel stellen.

Eine weitere Entspannung trat für Moskau dadurch ein, dass Dmitrij eine gewisse Annäherung mit Litauen in die Wege leiten konnte. Eheprojekte wurden geschmiedet. Nachdem der litauische Grossfürst Władysław Jagiełło (1348–1434), statt Tver', die Heimat seiner Mutter, zu gewinnen, 1386 König von Polen geworden war, fasste man schliesslich die Heirat von Dmitrijs Sohn Vasilij (1371–1425) mit Sofija ins Auge. Sie war die Tochter von Jagiełłos Vetter Witowt (1350–1430), der 1392 selbst Grossfürst von Litauen werden sollte. Die 1391, schon nach Dmitrijs Tod, geschlossene Ehe war also politisch von grosser Bedeutung.

Die aussenpolitische Absicherung erlaubte es Dmitrij, seine Herrschaft zu stabilisieren und sie gegenüber den anderen russischen Fürstentümern zielstrebig auszuweiten. Deshalb war es nur folgerichtig, dass Dmitrij in seinem Testament von 1389, wie schon ein Jahr zuvor in einem Vertrag, seinem ältesten Sohn die Grossfürstenwürde und fast sein gesamtes Herrschaftsgebiet in Moskau und Vladimir vermachte. «[...] er gab ihm seine *Votčina*, das russische Land.»[32] Der Anspruch auf patrimoniale Herrschaft, wie des Vaters über sein Haus, war offenkundig. Der älteste Sohn sollte erben, die anderen Söhne erhielten lediglich kleinere Gebiete, so dass einer Opposition gegen den Grossfürsten die materielle Grundlage entzogen wurde. Die Prinzipien des Seniorats fanden hier keine Beachtung, wirkten aber doch noch nach: Dmitrij legte fest, dass Grossfürstenwürde und Herrschaftsgebiet ungeteilt beim Tode seines ältesten Sohnes auf dessen nächstjüngeren Bruder – also nicht an dessen Sohn – übergehen sollte.

Von einer Zustimmung durch die Mongolen war in dem Testament nicht die

Rede, an ihr wurde nicht mehr gezweifelt. In der Tat erhoben sie keine Ein-
wände. Vasilij I., der von 1389 bis 1425 regierte, wurde anerkannt, wenngleich
er sich nach einiger Zeit noch einmal nach Saraj begeben musste. Wie sehr sich
die Gewichte verschoben hatten, liess sich auch daran ablesen, dass sich jetzt
hohe mongolische Adlige taufen liessen und in Moskauer Dienste traten.
Trotz der engen verwandtschaftlichen Bindungen blieb es nicht aus, dass
Vasilij mit dem expandierenden Grossfürstentum Litauen zusammenstiess.
Witowt hatte die Hoffnung nicht aufgegeben, dass Litauen seinen Führungsanspruch auf die Rus' ausdehnen könne. Er eroberte Smolensk, ein weiterer Vorstoss in den Nordwesten konnte jedoch aufgehalten werden. Eine entscheidende Schwächung Litauens bedeutete es, dass es nicht zu einer Union
mit dem Fürstentum Tver', sondern mit Polen gekommen war und das Land in
diesem Zusammenhang – Witowt selbst hatte seinen Glauben mehrfach ge-
wechselt – den Übertritt zum Katholizismus vollzogen hatte. Damit verlor es
für die Bevölkerung der Rus' an Attraktivität, westrussische Teilfürsten und
Adlige flohen vor den Litauern nach Moskau. Darüber hinaus schmälerte eine
Niederlage Witowts gegen die Mongolen 1399 dessen Prestige.
Vasilij I. konnte seinen Machtbereich kaum ausweiten – insbesondere Nov-
gorod behauptete seine Unabhängigkeit –, festigte jedoch den grossfürstlichen
Anspruch. Dies drückte sich etwa darin aus, dass er 1395, als wieder einmal
ein mongolisches Heer vor Moskau stand, eine Ikone der Gottesmutter von
Vladimir nach Moskau holte und damit nach damaliger Überzeugung zur
Rettung der Stadt beitrug. Hierbei handelte es sich um die wundertätige
Ikone, die angeblich vom Evangelisten Lukas gemalt worden war und die
Andrej Bogoljubskij im 12. Jahrhundert von Kiev nach Vladimir hatte brin-
gen lassen, um die Verlagerung des Machtzentrums anzuzeigen. Jetzt wurde
symbolisiert, wo das neue Zentrum des Grossfürstentums lag.

Die Herrschaftsverfassung ändert sich

Als Vasilij I. 1425 starb, ging die Nachfolge keineswegs, wie es Dmitrij vorgesehen hatte, reibungslos auf seinen nächstjüngeren Bruder Jurij (1374–1434)
über. Seinen Rang streitig machte ihm Vasilij (1415–1462), der älteste Sohn
des verstorbenen Grossfürsten. Ein Schiedsspruch des Mongolenkhans wurde
nicht anerkannt, statt dessen kam es zu einem langen, blutigen Krieg, bei dem
das Grossfürstentum mehrfach den Herrscher wechselte. Eine vollständige
Vermischung von Seniorat und Erbnachfolge der Söhne bedeutete es, als nach
dem Tode Jurijs 1434 dessen Söhne Vasilij Kosoj, «der Schieler» († 1448), und
Dmitrij Šemjaka (1420–1453) den Kampf weiterführten. Unter den Macht-
konkurrenten erreichten die Grausamkeiten besondere Ausmasse. So liess
Vasilij II. 1436 Vasilij Kosoj blenden, Dmitrij Šemjaka rächte seinen Bruder,
indem er Vasilij II. zehn Jahre später dasselbe Schicksal bereitete. 1453 starb
Šemjaka, möglicherweise von Anhängern Vasilijs vergiftet.
Die Bevölkerung hatte in diesen dynastischen Kriegen furchtbar zu leiden.
Neben den Verlusten in den Kämpfen selbst musste sie Plünderungen, Brand-

stiftungen, mongolische Verwüstungsfeldzüge über sich ergehen lassen. Verstärkt wurde die Not durch eine grosse Pest zwischen 1417 und 1427 sowie durch Missernten und Hungersnöte. Weite Landstriche verödeten. Die Rolle einzelner Bevölkerungsgruppen in den Auseinandersetzungen macht zugleich wichtige Veränderungen in der Herrschaftsverfassung deutlich.

Sehen wir uns einige Chronikstellen genauer an. 1433 war Grossfürst Vasilij II. von Jurij aus Moskau vertrieben worden und nach Kolomna geflohen. «Als aber der Grossfürst nach Kolomna gekommen war, begannen viele Leute, sich um des Grossfürsten willen von Fürst Jurij loszusagen, und unaufhörlich gingen sie nach Kolomna [...].» 1445/46 heisst es in bezug auf Fürst Dmitrij Šemjaka und seine Anhänger: «[Auch] viele Moskauer waren im Einverständnis mit ihnen, Bojaren und Kaufleute, und auch von den Mönchen waren welche in diesem Einverständnis mit ihnen.» Nicht zuletzt aus diesem Grunde konnte Vasilij II., nachdem er gerade aus mongolischer Gefangenschaft zurückgekehrt war, festgesetzt und geblendet werden. Doch dann musste Dmitrij Šemjaka erleben, «dass ihn um des Grossfürsten willen viele Menschen verliessen». Als ein Jahr später Vasilij wieder frei war und zunächst in die Verbannung ging, trat gar folgendes ein: «Als dies die Bojaren des Grossfürsten und die Bojarenkinder und viele Leute hörten, flohen sie von Fürst Dmitrij und Fürst Ivan zum Grossfürsten.»[33] Dies bedeutete den Durchbruch für Vasilijs endgültigen Sieg.

Immerhin ergibt sich aus diesen Quellenstellen, dass die Anhängerschaft Vasilijs keineswegs stabil war. Offensichtlich gab es Unzufriedenheit mit seinem Herrschaftsverhalten. Er hatte die Bevölkerung durch hohe Abgabenforderungen auch nicht gerade freundlich gestimmt. Wer aber waren die «Leute», die mindestens zweimal Moskau verliessen und damit Jurij und Dmitrij Šemjaka empfindlich schwächten? Sicher sind damit nicht Angehörige sämtlicher Sozialschichten gemeint, vermutlich noch nicht einmal alle Freien. Ein Hinweis gibt die zweite Erwähnung: Bojaren, Bojarenkinder und viele Leute flohen zum Grossfürsten. Offensichtlich handelte es sich um die politische Oberschicht, um die höchsten Funktionsträger und wahrscheinlich um die übrigen wichtigsten Verwaltungsbeamten, die damit die Regierung des neuen Herrn entscheidend lähmten, weil Ersatz anscheinend nicht schnell genug beschafft werden konnte. Hier kündigt sich eine neue Entwicklung an. Spätestens seit dieser Zeit, der ersten Hälfte des 15. Jahrhunderts, zog der Grossfürst massenhaft «Dienstleute» heran, um die Kriegführung zu organisieren und mehr und mehr auch das grösser gewordene Reich zentral verwalten zu können. Zur Belohnung überliess er ihnen Land zur Nutzung. Damit waren sie an den Grossfürsten gebunden und mussten bei einem Herrscherwechsel befürchten, Position und Besitz zu verlieren, denn der neue Fürst würde seine eigenen Anhänger bedenken. Deshalb machten sie von ihrem Abzugsrecht Gebrauch.

In die Regierungszeit Vasilijs II. fielen weitere Vorgänge, die für die Stellung des neuen Reichs wesentlich waren. Es gelang ihm nicht nur, einige Teilfürstentümer dem Moskauer Gebiet einzuverleiben, 1455/56 musste sogar Novgorod seine Oberherrschaft anerkennen und Einschränkungen seiner Unabhängigkeit hinnehmen. Von der Goldenen Horde ging keine besondere Gefahr mehr aus, nachdem sie in mehrere eigenständige Herrschaften zerfallen war: Am bedeutendsten wurden zunächst die beiden 1445 gebildeten Khanate Kazan' und Astrachan' an der Wolgamündung. Um die Nachfolge eindeutig zu sichern, erhob Vasilij II. gegen Ende der vierziger Jahre bereits seinen 1440 geborenen Sohn Ivan ebenfalls zum Grossfürsten. Und um diese Zeit, nämlich 1447, tauchten Münzen auf, die Vasilij als «Herrscher der ganzen Rus'» oder «des ganzen russischen Landes» bezeichneten. Diese Titulatur hatte Dmitrij Šemjaka 1446, als Vasilij in seiner Gewalt gewesen war, zum erstenmal benutzt. Aus mehreren Zeugnissen lässt sich schliessen, dass ein «Herrscher» – ein *gospodar'* oder *gosudar'* – einen höheren Rang einnahm als ein «Grossfürst». Das Ausland erkannte deshalb diesen Titel erst später, seit Ende des 15. Jahrhunderts, an. Nimmt man Titel und patrimonialen Anspruch zusammen, so zeichnet sich ein neues Selbstverständnis ab. Gegenüber einem «Herrscher» war wohl auch eine Aufkündigung des Dienstes nicht mehr Recht wie früher im Gefolgschaftswesen gegenüber dem Fürsten, sondern strafbarer Verrat. Darin kam zugleich die zunehmende Organisiertheit des Reichs, gerade bezüglich der «Dienstleute», zum Ausdruck.

Festigung des Reiches

In der Herrschaftszeit Ivans III., den man auch den Grossen genannt hat, von 1462 bis 1505 erlebte das Moskauer Reich seine Festigung, ja seinen Höhepunkt. Das «Sammeln des russischen Landes», mit dem man die Wiedereingliederung der Fürstentümer des ehemaligen Kiever Reichs bezeichnete, wurde im wesentlichen abgeschlossen, mit Ausnahme der westlichen Gebiete, die zum Grossfürstentum Litauen gehörten. 1478 verlor Novgorod endgültig seine Autonomie. In zwei Feldzügen war die Republik 1471 und 1477 niedergeworfen worden. Zum Vorwand hatte gedient, dass Novgorod 1470 ein Bündnis mit Litauen eingegangen war. Dadurch habe es zu erkennen gegeben, dass es zum «Lateinertum» übergehen und von der Rechtgläubigkeit abfallen wolle. Novgorod musste den Herrschertitel des Grossfürsten anerkennen, der sich das Gebiet in seine *votčina* eingliederte. Im Sinne einer unbeschränkten Selbstherrschaft war Ivan nicht mehr bereit, Zusagen gegenüber den Novgorodern zu beschwören. Unmissverständlich hatte er seinen Anspruch offengelegt: «Eine *Veče*-Glocke darf es in unserem Vatererbe Novgorod nicht geben, keinen *posadnik*, und die Herrschaft wollen wir selbst ausüben.»[34] Als Zeichen der neuen Herrschaft wurde die *veče*-Glocke nach Moskau überführt. Bojaren und Kaufleute siedelte man zwangsweise um und schickte dafür Moskauer Dienstleute und Händler nach Novgorod. Widersetzlichkeiten liess Ivan durch harten Strafaktionen brechen. 1494 erfolgte die Schliessung des Hansekontors, um zur Kenntnis zu bringen, dass nun der Moskauer Grossfürst seine eigene Ostseepolitik betrieb. Nach demselben Muster wurde unter seinem Nachfolger Anfang 1510 Pskov eingegliedert.

Abtransport der veče-*Glocke aus Novgorod (Bildchronik aus dem 16. Jahrhundert).*

1484/85 fiel auch Tver' unter Einsatz von Waffengewalt an Moskau. Wieder nahm Ivan ein Bündnis mit Litauen zum Vorwand, erneut kam es zu Zwangsumsiedlungen, um die neuen Machtverhältnisse zu sichern. Viele Tver'er Bojaren hatten rechtzeitig die Zeichen der Zeit erkannt, von ihrem Abzugsrecht gegenüber dem Fürsten Gebrauch gemacht und sich dem sicheren Sieger angenähert. Mit den übrigen russischen Fürstentümern verband sich Ivan ebenfalls eng, sie fielen dann bald nach seinem Tod formell an den Moskauer Grossfürsten. Ausdruck dieses Prozesses, «das russische Land zu sammeln», war nicht zuletzt das Gesetzbuch, der *sudebnik,* von 1497, dem ersten seit der Kiever Zeit. Damit sollten Rechtsprechung und Verfahrensrecht für sämtliche Gebiete des Reiches, gerade auch der neuen, vereinheitlicht werden. Für die Zukunft erwies sich als besonders wichtig, dass das bäuerliche Abzugsrecht auf zwei Wochen im Jahr beschränkt wurde. Dies bedeutete einen entscheidenden Eingriff in die Agrarverfassung, dem bald weitere folgen sollten. Dahinter standen die Interessen der Dienstleute und des Grossfürsten: Blieben die Bauern auf ihrem Land, konnte die Versorgung der Dienstleute besser gewährleistet werden. Eine kontinuierliche Feldbestellung führte zudem zur Produktivitätssteigerung, die es dem Grossfürsten erlaubte, die Dienstgüter kleiner als bisher zu halten. Den Hochadel versuchte Ivan im übrigen nicht zuletzt dadurch enger an sich zu binden, dass er dessen einflussreichste Vertreter an seinen Hof zog.

Gefahr erwuchs noch einmal von Litauen. Hier erhob man nach wie vor den Anspruch auf die Führung der Rus' und erkannte den Titel «Grossfürst der ganzen Rus'» nicht an. Um einem Bündnis Litauens mit der Grossen Horde der Mongolen, dem Nachfolger der Goldenen Horde, zu begegnen, wurde Moskau seinerseits aktiv und verband sich mit den Krimtataren. Sie waren seit etwa 1475 abhängig von den Türken, die wiederum mit Polen – und damit auch mit Litauen – in Konflikt lagen. Eine Vereinigung der litauischen und mongolischen Heere gelang nicht, 1502 vernichteten dann die Krimtataren die Grosse Horde. Moskau förderte durch vielerlei Mittel den «Abzug» hoher Adliger aus litauischer Herrschaft nach Moskau. Schliesslich kam es zum Krieg, der 1494 in einem Friedensvertrag damit endete, dass Litauen den Grossfürstentitel für Moskau anerkannte und einige Gebiete abtrat. Grossfürst Alexander von Litauen (1461–1506) heiratete als Versöhnungsgeste Ivans Tochter Elena (1476–1513). Dies erwies sich allerdings als «Trojanisches Pferd». Alexander hatte schriftlich versprechen müssen, Elenas orthodoxen Glauben nicht anzutasten. Leicht liessen sich immer wieder Vorwände finden zu behaupten, dass dieser Vertrag verletzt worden sei, und somit hatte man einen Anlass für neue kriegerische Verwicklungen. Die Stossrichtung Moskaus zielte auf Smolensk, ein altes Kiever Gebiet. 1514 wurde es zum erstenmal erobert und konnte auch gehalten werden, obwohl die Krimtataren – jetzt mit Litauen verbündet – Moskau belagerten und das Land ringsherum verwüsteten.

Durch seine aussenpolitischen Aktivitäten wurde das Grossfürstentum Moskau in die gesamteuropäische Politik miteinbezogen, nicht zuletzt gegenüber dem Osmanischen Reich. Auch in die Rollenverteilung der Mächte im nord-

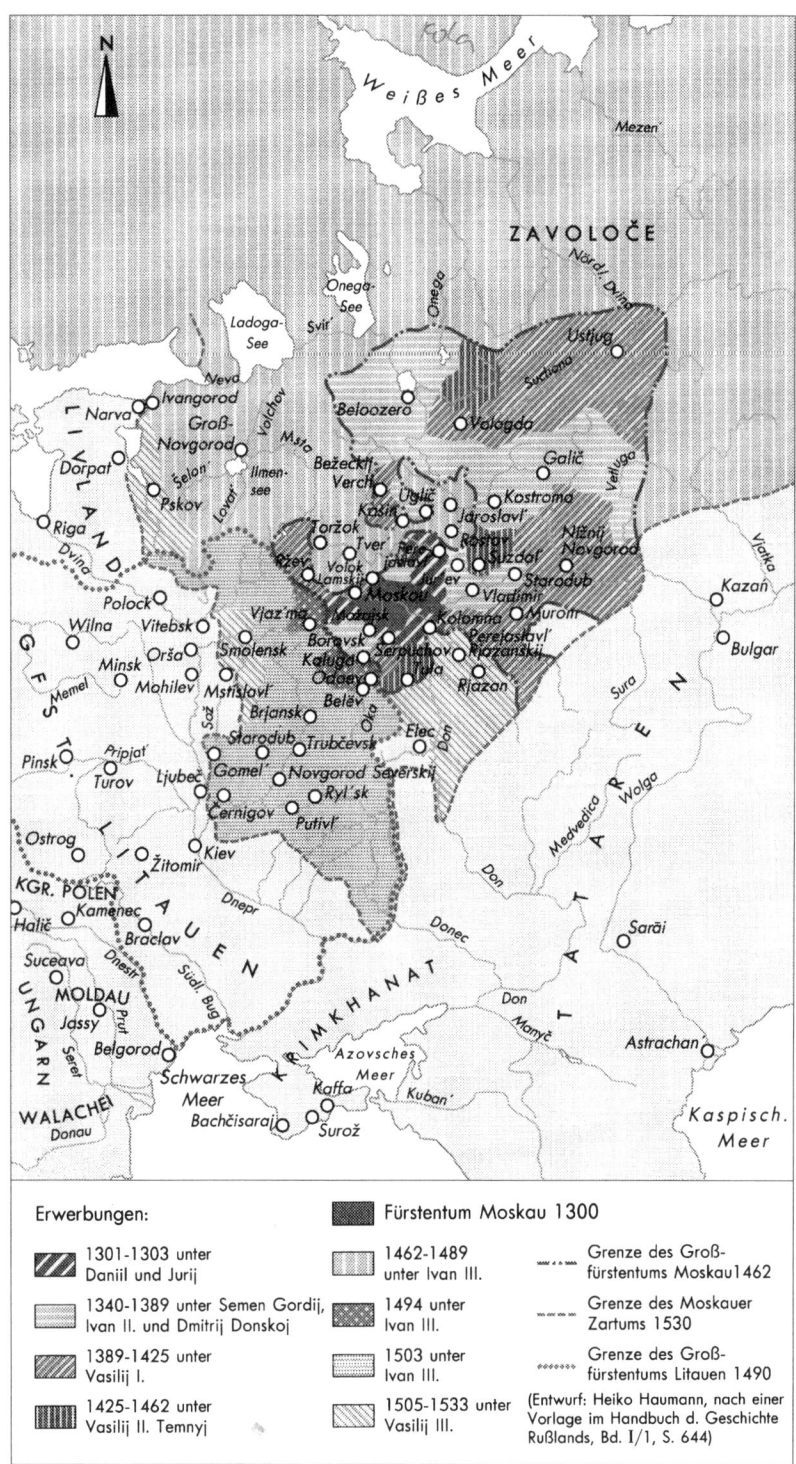

Erwerbungen:

- 1301–1303 unter Daniil und Jurij
- 1340–1389 unter Semen Gordij, Ivan II. und Dmitrij Donskoj
- 1389–1425 unter Vasilij I.
- 1425–1462 unter Vasilij II. Temnyj

Fürstentum Moskau 1300

- 1462–1489 unter Ivan III.
- 1494 unter Ivan III.
- 1503 unter Ivan III.
- 1505–1533 unter Vasilij III.

- Grenze des Großfürstentums Moskau 1462
- Grenze des Moskauer Zartums 1530
- Grenze des Großfürstentums Litauen 1490

(Entwurf: Heiko Haumann, nach einer Vorlage im Handbuch d. Geschichte Rußlands, Bd. I/1, S. 644)

Das Grossfürstentum Moskau.

und ostmitteleuropäischen Raum kam nun Bewegung. Erste Bündnisse mit Habsburg wurden geschlossen, wenngleich sich Moskau noch nicht in eine gemeinsame Frontstellung gegen die Türkei hineinziehen liess. Zweimal, 1517/18 und 1526/27, leitete Sigmund Freiherr von Herberstein (1486–1566) eine kaiserliche Gesandtschaft an den grossfürstlichen Hof. Sein veröffentlichter Reisebericht fand grosses Interesse und bestimmte das Bild von dem «fremden» Land im Osten nachhaltig. Westeuropa begann das Moskauer Reich zu entdecken.[35] Allerdings kam es dabei zu «kulturellen Missverständnissen», die bis heute nachwirken. So hatten Russen und Westeuropäer unterschiedliche Vorstellungen von «rein» und «unrein», von der Sexualität, vom «richtigen» Benehmen oder von der Art, ihre Gefühle zu zeigen. Das hing damit zusammen, dass sich die Auffassungen vom religiösen Glauben und insgesamt die kulturellen Traditionen auseinanderentwickelt hatten. In Russland wurden soziale Beziehungen und Verhaltensweisen noch sehr viel unmittelbarer ausgedrückt als im Westen. Die zahlreichen Beispiele der Klischees und Vorurteile in den neuen westöstlichen Begegnungen weisen darauf hin, wie sehr ein Blick zu falschen Bildern führt, der von einer höheren und niederen Wertigkeit, von Meinungen über Zivilisiertheit und Rückständigkeit ausgeht, statt ihn auf das Eigene der jeweiligen Kultur zu richten.

Ausdruck der neuen Stellung Moskowiens war auch, dass der Kaiser des Heiligen Römischen Reiches Deutscher Nation 1514 in einem Vertrag den Zarentitel des Moskauer Herrschers anerkannte. Davon konnte dieser seine Gleichberechtigung ableiten. Ivan III. hatte den Titel beansprucht, um den Rang des neuen Reiches zu betonen. Zum erstenmal war er 1474 in einem Vertrag mit Livland, 1482 dann mit Schweden verwendet worden. Jetzt konnte der internationale Durchbruch erreicht werden.

Die wachsenden Kontakte mit dem westlichen Ausland spiegelten sich auch darin wider, dass mehr und mehr Russen dorthin reisten, um ihre Kenntnisse zu erweitern. Ausserdem wurden zunehmend westliche Fachleute ins Land geholt. Als ökonomische Spezialisten, Diplomaten, Baumeister oder Waffentechniker nahmen sie Dienst und übten einen wichtigen Einfluss aus. Zwischen den Oberschichten Westeuropas und denen des Moskauer Reichs fand wieder ein kultureller Austausch statt.

1472 heiratete Ivan die Nichte des letzten byzantinischen Kaisers, Zoë (um 1448–1503), die als Grossfürstin dann Sofija hiess. Ihr 1479 geborener Sohn trat als Vasilij III. 1505 die Nachfolge des Zaren an. Ursprünglich hatte es gar nicht danach ausgesehen. 1490 war der zunächst vorgesehene Thronfolger unerwartet gestorben, und Ivan hatte sich für die Fortsetzung der Erstgeburtsthronfolge auf seinen Enkel entschieden. Dieser Entschluss musste jedoch wieder umgestossen werden. Vasilij blieb schliesslich 1502 als alleiniger Mitregent übrig. Um dennoch das neue Thronfolgeprinzip durchzusetzen, bestimmte Ivan in seinem Testament, dass nicht die Brüder Vasilijs, sondern dessen Kinder die weiteren Erben sein sollten. Zum erstenmal wurde damit offiziell die Abkehr vom Seniorat zugunsten der Primogenitur erklärt. Unumstritten war dies immer noch nicht. Offensichtlich geriet Vasilij darüber in Konflikt mit seinen Brüdern, und in diesem Zusammenhang spielte auch eine

Rolle, dass er den Bojaren und Bojarenkindern nicht mehr erlaubte, ihren Dienstherrn selbst zu wählen, sondern sie statt dessen auswechselte, wie er es für richtig hielt. Um seine Brüder nicht zur Macht kommen zu lassen, trennte sich Vasilij nach 20jähriger, kinderloser Ehe von seiner ersten Frau und heiratete 1526 Elena Glinskaja aus einem litauisch-westrussischen Adelsgeschlecht tatarischer Herkunft. Sie wurde die Mutter des Thronfolgers Ivan IV., der später den Beinamen *Groznyj* erhalten sollte: der Gestrenge oder – wie es meist übersetzt wird – der Grausame. Als Vasilij Ende 1533 überraschend starb, war Ivan gerade drei Jahre alt. Seine Zukunft und die der Selbstherrschaft konnte keineswegs als gesichert gelten.

«Drittes Rom», Kirche und Grossfürst

Der Aufstieg des Moskauer Grossfürsten zum «Herrscher» und Zaren war untrennbar mit der Loslösung der russisch-orthodoxen Kirche von Byzanz verbunden. Das von den Türken bedrohte Byzanz hatte mit Rom Verhandlungen über eine kirchliche Wiedervereinigung eingeleitet, um Bundesgenossen zu gewinnen. Als 1437 die russische Metropolie frei wurde, ernannte der Patriarch mit dem Griechen Isidor († 1462) einen Unionsbefürworter zum Metropoliten von Kiev und der ganzen Rus'. Isidor schloss auch für Russland die Union ab und zog 1441 als päpstlicher Legat in Moskau ein. Ein «lateinisches Kreuz» wurde ihm vorangetragen. Die Chronik fährt – fälschlicherweise für 1440 – fort: «Und so wollte er die Rechtgläubigkeit mit dem Latinertum vereinigen. Gott der Herr aber erlaubte diesem einen Wolf nicht, die zahllose Menge der Schafherde der rechtgläubigen Christenheit ins Verderben zu stürzen, und seine Tollheit wurde aufgedeckt.» Isidor wurde gefangengenommen und floh schliesslich «zu seinem gottlosen Papst, dem Teufel».[36] Die Empörung über das Verhalten Byzanz' und das Vorgehen Isidors war offenbar so gross – man bedenke: Vasilij befand sich noch mitten im Krieg gegen Šemjaka –, dass Vasilij die Verhaftung des Metropoliten wagen konnte. Einige Jahre blieben die Folgen dieses Schrittes in der Schwebe. Dann kam die grosse Wende: Ende 1448 wählten die russischen Bischöfe – wahrscheinlich ohne den Patriarchen um Erlaubnis zu fragen, ein zu diesem Zweck aufgesetzter Brief wurde vermutlich nie abgeschickt – einen Russen, nämlich Iona von Rjazan' († 1461) zum Metropoliten. Nachträglich versuchte man, die Zustimmung des Patriarchen und des byzantinischen Kaisers zu erlangen. Aber es war offenkundig, dass man sich aus der Unterordnung unter Byzanz zu lösen begann.

1453 eroberten die Türken Konstantinopel. Jetzt befand sich die griechisch-orthodoxe Kirche in Abhängigkeit von «Ungläubigen», der Patriarch erhielt seine Insignien vom Sultan. Dies gab den Ausschlag dafür, dass die Unabhängigkeit, die Autokephalie, der russisch-orthodoxen Kirche durchgesetzt wurde. Sie band zugleich Kirche und Grossfürsten noch enger als bisher zusammen. Die Kirche, die sich nicht mehr auf den fernen Patriarchen stützen konnte, wurde vom Wohlwollen des weltlichen Herrschers abhängiger als bisher. Durch die Rangerhöhung der Kirche stieg aber auch das Ansehen des Grossfürsten. Dies liess sich für die Legitimierung und für das Verständnis der Herrschaft trefflich nutzen.

Einen Anknüpfungspunkt bildete die Theorie des «Dritten Roms», die der Pskover Mönch Filofej in der ersten Hälfte des 16. Jahrhunderts entwickelte und die später als Grundlage des russischen Messianismus und der Auffassung vom «Heiligen Russland» dienen sollte. Lange Zeit hat man sie in Verbindung gebracht mit der Heirat Ivans III. und Zoës. Beides, Heirat wie religiöse Lehre, hätte dazu gedient, Moskau als Erbe des byzantinischen Reiches hinzustellen. Nach neueren Forschungen ist dieser Zusammenhang jedoch nicht ohne weiteres fassbar. Filofej meinte seinen berühmten Satz nicht in erster Linie machtpolitisch. «Denn wisse, Christusliebender und Gottliebender, dass alle christlichen Cartümer zu Ende gegangen sind und von dem einzigen Cartum unseres Herrschers aufgezehrt wurden, gemäss den prophetischen Büchern. Das ist das russische Cartum. Denn zwei Rome sind gefallen, aber das dritte steht, ein viertes wird es nicht geben.» Die früheren christlichen Reiche, Rom und Byzanz, seien wegen ihrer Sünden gescheitert. Moskau, das «dritte Rom», bilde nun das letzte rechtgläubige Land. Gehe auch dieses wegen seiner Sünden zugrunde, werde das Ende der Welt nahen. Dem Zaren und seinen Beauftragten kämen deshalb grosse Aufgaben zu. «Du allein bist auf der ganzen Erde der Car der Christen», doch daraus erwüchsen auch Pflichten: den rechten Glauben zu fördern, Gutes zu tun, die hohe Stellung nicht zu missbrauchen, Unrecht zu meiden, gerade der Armen zu gedenken, das Herz nicht an Reichtum, Gold und Ruhm zu hängen.[37]

Sollte diese Theorie wohl eher eine Mahnung an den Herrscher bedeuten, so konnte sie doch leicht als religiöse Rechtfertigung eines umfassenden Machtanspruchs der zarischen Autokratie benutzt werden, selbst auf Oberhoheit über die Kirche. Dazu trugen auch zwei Legenden bei, die in dieser Zeit Geltung erlangten: Rjurik, der Stammvater des Zarengeschlechts, sei ein Nachkomme des Bruders von Kaiser Augustus. Und die Reichsinsignien, namentlich die berühmte Krone – ein kostbarer Spitzhelm mit Zobelpelzrand –, seien vom byzantinischen Kaiser Konstantin Monomach († 1055) dem russischen Grossfürsten Vladimir II. (1053–1125) übertragen worden, der daraufhin dessen Beinamen übernommen habe. Ivan IV. liess 1552 diese Legende in die Mariä-Himmelfahrts-Kathedrale des *kreml'* einmeisseln. Auch der vermutlich von ihm erstmals benutzte Reichsapfel wurde auf Monomach zurückgeführt. Der Krönungsritus, von Ivan III. 1498 eingeführt, orientierte sich am byzantinischen Vorbild.

Die Abfolge der christlichen Zartümer von Rom über Byzanz nach Moskau wird deutlich. Von den Grossfürsten und Zaren dürfte sie dennoch eher als eine zusätzliche Legitimation verstanden worden sein denn als Begründung einer Rechtsnachfolge des byzantinischen Kaisers. Sie sahen ihr Recht aus Gottes Gnaden als Selbstherrscher in ihrem «Vatererbe». Eines ihrer Herrschaftszeichen, der zarische Doppeladler, wurde im übrigen nicht, wie lange angenommen, von einem byzantinischen Vorbild hergeleitet, sondern vom habsburgischen. Die Insignien, zu denen man als russische Besonderheit den

Langstab speziell hervorheben muss, symbolisieren demnach beides: den umfassenden Herrschaftsanspruch und die Legitimation.

Die Lehre vom «Dritten Rom» und ihre politische Wirkung müssen mit innerkirchlichen Richtungsstreitigkeiten zusammen gesehen werden. Eine Seite vertrat Iosif Volockij (1439/40–1515) nachhaltig, der Abt des Klosters von Volokolamsk bei Moskau. Er begründete besonders deutlich die göttliche Sendung des Herrschers. Dieser müsse die Kirche bei ihrer Aufgabe unterstützen, über die Rechtgläubigkeit zu wachen. Dafür sei ihm unbedingter Gehorsam zu leisten. In einem Fall billigte Iosif allerdings ein Recht auf Widerstand zu: «Wenn es aber ein König ist, der über die Menschen regiert, über sich aber Leidenschaften und Sünden, Geldliebe und Zorn, Hinterlist und Ungerechtigkeit, Stolz und Jähzorn und – am schlimmsten von allem – Ungläubigkeit und Gotteslästerung herrschen lässt –, ein solcher König ist nicht Diener Gottes, sondern des Teufels, und nicht ein König, sondern ein Peiniger. [...] Und du sollst also einem solchen König oder Fürsten nicht gehorchen, der dich zu unehrenhaftem Handeln und zum Bösen führt [...].»[38] Damit die Kirche gesellschaftlich attraktiv sein und ihre sozialen Aufgaben erfüllen könne, brauche sie Grundbesitz und Reichtum. Auf diese Weise werde sie sich auch eine starke Stellung im Staat wahren.

Der Wortführer der anderen Seite war der Mönch Nil Sorskij (ca. 1433–1508). Seine Reformbewegung der Starcen strebte eine Rückbesinnung auf das klösterliche Ideal mönchischen Zusammenlebens in Armut an. «Es ziemt sich nicht für uns, etwas Überflüssiges zu besitzen. [...] Mit Trank und Speise möge es jeder halten, wie es zur Kraft seines Körpers und der Nahrung der Seele nötig ist, wobei er Übersättigung und Gaumenkitzel meide. Wir dürfen kein Getränk trinken, um uns zu berauschen. Die Gesunden und Jungen sollen ihren Körper abtöten durch Fasten und Dürsten und Arbeit, die ihren Kräften entspricht; die Alten und Schwachen mögen sich ein wenig stärken. [...] Frauen dürfen nicht zu uns in die Einsiedelei hineinkommen [...].»[39]

Nil Sorskij und seine Schüler waren für eine tolerante Behandlung von «ketzerischen» Bewegungen eingetreten, die Ende des 15. und Anfang des 16. Jahrhunderts eine gewisse Wirkung erlangten und möglicherweise auch von innerkirchlichen Auseinandersetzungen um den Inhalt der Rechtgläubigkeit ausgingen. Wir wissen nur wenig über sie. Es scheint sich um eine Mischung von frühchristlichem und jüdisch-rationalistischem Gedankengut gehandelt zu haben, auch Anklänge humanistischen Denkens lassen sich feststellen. Man fasst sie unter dem Begriff der «Judaisierenden». Die orthodoxe Kirche hielten sie offenbar für verweltlicht und korrupt, deshalb habe sie kein Recht mehr, das Christentum zu vertreten. Ihre Auffassungen gewannen nicht zuletzt deshalb Resonanz, weil man weithin – nach dem Fall von Konstantinopel – für 1492 das Ende der Welt erwartete. Der Novgoroder Erzbischof Gennadij († 1505), unter dessen Leitung die Bibel zum erstenmal vollständig in die russische Sprache übersetzt wurde, bekämpfte diejenigen, die «Jüdisches erklügeln»,[40] erbarmungslos und forderte dazu auf, die Methoden der Inquisition anzuwenden. Die Abtrünnigen müssten verfolgt und getötet werden. 1490 verurteilte die Landessynode von Moskau die «Ketzerei» und schloss deren Anhänger aus der Kirche aus. Dennoch plädierten die Starcen für Milde und Gebet. Iosif und seine Anhänger hingegen griffen die Linie Gennadijs auf und verlangten eine strenge Bestrafung der «Judaisierenden» seitens der staatlichen Gewalt. Im anderen Fall werde sich die Ketzerei, die durch einen «schändlichen Juden» nach Novgorod gebracht worden sei, rasch ausbreiten und die «ganze rechtgläubige Christenheit» – das bedeutete eben: das «Dritte Rom» – vernichten. In einem Brief an einen Geistlichen forderte er: «Wenn nur der Herrscher sie ausrotten wollte, könnte er sie schnell ausrotten, indem er zwei oder drei Ketzer ergreift; diese werden dann alle angeben.»[41]

Die Härte der Argumentation Iosifs muss vor dem Hintergrund gesehen werden, dass die Lehren der Judaisierenden und der Starcen selbst in Teilen der grossfürstlichen Familie, ja vorübergehend bei den beiden Grossfürsten Ivan III. und Vasilij II. auf Zustimmung gestossen waren. Die Grossfürsten hatten natürlich auch daran gedacht, dass sie das Land der Kirche gut gebrauchen könnten, um ihre Dienstleute auszustatten. Ivans Plan, über eine Synode die Kirche zur Abgabe von Grundbesitz zu veranlassen, war jedoch 1503 gescheitert. Aufgrund der Machtverhältnisse an der Spitze hatte er dann mit der «reichen» Kirche zusammenarbeiten müssen. Die Judaisierenden wurden nun grausam verfolgt, 1505 gab es sie praktisch nicht mehr. Ebenso waren die anfänglichen Sympathien Vasilijs für die Starcen durch eine ständige Einflussnahme der Kirche zermürbt worden. Den Ausschlag hatte schliesslich wohl gegeben, dass der Metropolit im Unterschied zu den Starcen bei der Scheidung und Wiederverheiratung Vasilijs sehr entgegenkommend gewesen war. Nil Sorskijs Schüler Vassian Patrikeev, zunächst Vertrauter Vasilijs, wurde 1531 wegen Verderbung der Kirchenbücher und Verbreitung ketzerischer Ansichten – zu denen jetzt auch die Meinung gehörte, Klöster dürften kein Land besitzen – in das «feindliche» Kloster Volokolamsk verbannt, wo man ihn vermutlich umbrachte.

Das Bündnis zwischen «reicher» Kirche und Herrscher war geschmiedet: Der Grossfürst brauchte die Kirche, um seine Nachfolgeregelungen abzusichern und seine Herrschaft zu legitimieren – und dies geschah am eindrucksvollsten durch Iosifs Lehre –, die Kirche brauchte den Grossfürsten, um ihre Selbständigkeit zu stärken und sich gegen «Ketzer»- oder Sektenbewegungen zur Wehr setzen zu können. Jede Seite konnte auf diese Weise ihre Macht am besten festigen.

Ivan IV. als Reformer

Vasilij hatte bis zu Ivans Krönung eine Regentschaft eingesetzt, der auch der Onkel Elenas, Fürst Michail Glinskij († 1534), angehörte. Doch die Interessen prallten derart aufeinander, dass es zu harten und blutigen Kämpfen kam. Elena zeigte sich dabei entschlossener als erwartet, auch gegenüber ihrem Onkel. Selbst die Brüder Vasilijs wurden ausgeschaltet und starben im Kerker. Innenpolitisch sorgte Elena für eine Währungsreform, förderte den Städtebau und verbot, dass Klöster weiteren Grundbesitz erwerben durften.

Die Krönung Ivans IV. zum Zaren (aus einer Miniaturenserie).

Nach ihrem Tod 1538 wurden diese beachtlichen politischen Ansätze jedoch nicht fortgesetzt. Statt dessen brachen erneut Machtkämpfe zwischen rivalisierenden Bojarencliquen aus. Der Adel verspielte dabei seine Chance, ein Herrschaftssystem aufzubauen, das ihm die Beteiligung an der Macht institutionell gesichert hätte.

1547 wurde Ivan zum Zaren gekrönt. Zum erstenmal fand bei einer solchen Handlung dieser Titel Verwendung. Noch im selben Jahr entluden sich die aufgestauten Spannungen nach einer Brandkatastrophe, die weite Teile Moskaus verwüstete, in einem Aufstand. Er richtete sich gegen die Clique der

Glinskijs, die immer noch wichtige Positionen besetzt hielten, und endete in zahlreichen Morden, die Ivan mitansehen musste. In jenen Wirren empfand er den Dienstadel und die Verwaltung als Elemente der Kontinuität und als tragende Säulen des Reiches gegenüber den Clans des Hochadels. Ganz besonders aber musste er die Kirche schützen, welche die Autokratie, die Selbstherrschaft stützte. Sie förderte durch Heiligenlegenden und Reichschroniken sowie auf ihren Synoden die Vorstellung der nationalen russischen «Heiligkeit» und Grösse. Die Auffassung, Moskau sei das «Dritte Rom», wurde nun zur Erhöhung des Herrschers und zur Festigung der Verbindung zwischen ihm und der Kirche eingesetzt.

Metropolit Makarij (1481/82–1563) hatte Ivan ganz im Sinne der Lehren Iosifs erzogen. Er sah im Zaren den Erben Davids und im Moskauer Reich das «neue Israel», dessen Volk nun «auserwählt» sei. Dadurch dürfte er mehr als alle Moskauer Herrscher vor ihm von dem Gefühl durchdrungen gewesen sein, dass er nur Gott und sonst niemandem verantwortlich sei. Der Einfluss jener – immer lebendigen – Richtung innerhalb der orthodoxen Kirche, die den äusserlichen Prunk ablehnte und in ihrer Askese eher das «schlechte Gewissen» politischer Herrschaft sein wollte, wurde weiter zurückgedrängt. Statt dessen setzte Ivan IV. das Bündnis mit der «reichen» Kirche fort. Seine Krönung verstand er als Heiligung der Selbstherrschaft. Er umgab sich mit einem kleinen Beraterkreis aus Kirchenleuten und Adligen, die willens waren, den Zaren zu unterstützen, um den blutigen Machtkampf der Bojaren zu beenden. Die alte Tradition der Bojarenduma wurde in neuer Form aufgegriffen. Die Befriedung des Landes gelang denn auch verhältnismässig rasch zwischen 1549 und 1555. Sie äusserte sich in einer Vielzahl wegweisender Reformen.

1550 wurde ein neuer *sudebnik,* ein neues Gesetzbuch, in Kraft gesetzt. Im Vergleich zur letzten Rechtsniederschrift von 1497 fällt auf, dass das juristische Verfahren genauer geregelt wurde, um Missbräuche zu verhindern. Entscheidend griff eine Verwaltungsreform in das bisherige System ein. Die Beauftragten des Staates wurden von nun an zentral besoldet, das *kormlenie,* das «Durchfüttern» seitens der Bevölkerung, das zu vielerlei Auswüchsen geführt hatte, fiel weg. Ein wichtiger Schritt in Richtung Ausbildung einer Beamtenschaft war getan. Dazu trug auch bei, dass Ivan die Zentralverwaltung in mehrere Ämter mit Kompetenzabgrenzung aufteilte. Die verhältnismässig unabhängige Macht der bojarischen Statthalter, der *namestniki* – regelrechten Regionalfürsten –, wurde gebrochen. Ivan stärkte sogar die Selbstverwaltung, indem er den Städtern und den freien, den «schwarzen» Bauern Wahlrechte im lokalen Rahmen einräumte. Eine Heeresreform verpflichtete auch den bojarischen Erbadel zum Dienst und beschnitt seine herkömmlichen Rechte ebenso wie die Überprüfung seines Landes daraufhin, ob unrechtmässige Besitzvermehrungen vorgekommen seien. In diesem Fall wurden die entsprechenden Ländereien eingezogen und an den Dienstadel verteilt. Überhaupt zielten viele Massnahmen Ivans darauf ab, den Dienstadel wirtschaftlich besser zu stellen und ihn dadurch enger an sich zu binden.

Aussenpolitische Aktivitäten Ivans IV.

Auf der Grundlage der neu gewonnenen Stabilität konnte Ivan daran denken, sein Reich aussenpolitisch zu sichern und es zu erweitern. Dabei war er durchaus an einer Öffnung gegenüber dem Westen interessiert. So entsandte er 1547/48 Beauftragte nach Deutschland, die Fachleute und Gelehrte anwerben sollten. An seine Vorgänger knüpfte er an, indem er gegen die Mongolen wie gegen die Litauer vorging, um die jeweilige Bedrohung auszuschalten und zugleich die Macht der Autokratie zu stärken. Den ersten Stoss führten Ivans Truppen gegen die Mongolen, gegen die islamischen Khanate von Kazan' und Astrachan' an der Wolga. Über beide Khanate konnten die Krimtataren Moskau gefährlich werden. Begründet wurden die Feldzüge mit dem Argument, es gelte, die Ungläubigen zu vertreiben und das rechtgläubige Christentum zu verbreiten. Zwei Feldzüge gegen Kazan' schlugen fehl, erst 1552 fiel die Stadt. «Die Wasser der Flüsse mengten sich mit Blut, und die Menschen konnten sieben Tage aus den Flüssen kein Wasser trinken. Pferde und Menschen wateten bis zu den Knien im Blute. Jene grosse Metzelei währte von der ersten Morgenstunde bis zur zehnten.»[42] Zum Dank für diesen Sieg liess Ivan die berühmte Basilius-Kathedrale auf dem Roten Platz in Moskau – das russische Wort bedeutet zugleich «schöner Platz» – errichten, die in ihrer Formensprache die Eroberung des Khanats ausdrückt.
1556 ergab sich auch das Khanat Astrachan'. Damit lag der Weg nach Osten offen. Ein Jahr zuvor hatte bereits der Khan der westsibirischen Mongolen die Anerkennung der zarischen Oberhoheit angeboten. Dies blieb zunächst noch weitgehend folgenlos, doch Perspektiven für die Zukunft wurden sichtbar: 1582 eroberten schliesslich «freie Kosaken» dieses Khanat, und auch die Kaufmannsfamilie Stroganov begann, zunächst noch ohne Beteiligung des Staates, den wirtschaftlichen Reichtum Sibiriens zu nutzen. Mit dem Fall von Kazan' und Astrachan' war als zunächst wirksames Ergebnis die krimtatarische und osmanische Macht am Nordrand des Schwarzen Meeres erheblich geschwächt.
An den Feldzügen Ivans gegen die Mongolen ist mehreres bemerkenswert. Er inszenierte den Feldzug derart, dass symbolisch immer wieder an Dmitrij Donskoj, den Mongolenbezwinger, erinnert wurde. Damit sollte deutlich werden, dass Ivan in dessen Tradition stand und sie fortführte. Es handelte sich jetzt nicht mehr nur um einen Abwehrkampf mit dem Ziel, das mongolische Joch abzuschütteln, sondern um die Zurückdrängung der «Ungläubigen». Selbstverständlich erhöhte der Sieg das Prestige des Selbstherrschers. Im Urtext der «Historie vom Zartum Kazan'» wurde der dortige Khan auch als «Zar» bezeichnet. So nannte sich Ivan nun in seinem offiziellen Titel nicht nur Zar und Selbstherrscher von ganz Russland, sondern auch Zar von Kazan' und Astrachan', dann erst Grossfürst von Vladimir, Moskau usw. Er hatte seine kaiserliche Macht bewiesen. Schliesslich bedeutete der Erfolg, dass die Bedrohung von Osten und Südosten her gebrochen war. Zum erstenmal wurden jetzt Gebiete dem Reichsverband eingegliedert, die nie zur Kiever Rus' gehört hatten und auch nie von Russen besiedelt worden waren.

Viele Berater Ivans stimmten dafür, den Zug fortzusetzen und die Krimtataren zu unterwerfen. Der Zar entschied sich jedoch anders. Er erkannte offensichtlich genau, dass er dann notwendigerweise mit dem Osmanischen Reich, wahrscheinlich auch mit Polen, zusammenstossen werde und dafür das Reich noch zu schwach sei. Für vordringlicher hielt er es, zunächst die Bedrohung aus dem Westen, von Livland und Litauen her, auszuschalten. Im übrigen konnte man selbst diese Stossrichtung in die Tradition des Kampfes gegen die «Ungläubigen» stellen: Die Herrscher im Westen waren ja «gottlose Könige», mit dem Teufel im Bunde. Macht- und wirtschaftspolitisch war die Entscheidung Ivans konsequent: Litauen und Livland gefährdeten nicht nur die Machtstellung des neuen Reiches, sie behinderten auch erheblich den Handel Moskaus mit dem Westen. Internationalen Verwicklungen hoffte er bei diesem Vorhaben leichter begegnen zu können. Die Mehrheit des Dienstadels unterstützte den Plan. Sie erwartete, bereits kultiviertes Land in Besitz zu bekommen. Den Bojaren kam hingegen der neue Krieg nicht besonders gelegen, weil sie in mannigfacher Weise mit dem benachbarten Hochadel verbunden waren.

Die Einschätzungen des Zaren, so begründet sie gewesen sein mochten, erwiesen sich als falsch. Zwar gelangen gegen das vom Deutschen Orden beherrschte Livland zwischen 1558 und 1560 rasche Siege. Der Ordensstaat löste sich auf, doch an seine Stelle traten Polen, Litauen und Schweden. Dem energischen Widerstand dieser Grossmächte war Russland noch nicht gewachsen. Der Vorstoss des Reiches im Westen scheiterte vollkommen. In den Waffenstillstandsbeschlüssen von 1582 und 1583 mit Polen-Litauen und Schweden, die nicht zuletzt unter Vermittlung des Papstes zustande kamen, musste Russland alle Eroberungen wieder herausgeben, ja sogar einige Gebiete abtreten. Seine Idee, für sich oder einen seiner Söhne den polnischen Thron zu gewinnen, hatte Ivan bereits in den siebziger Jahren endgültig begraben müssen. Polen und Litauen waren unter dem Druck der russischen Bedrohung enger zusammengerückt und hatten 1569 die Union von Lublin geschlossen, die die bisherige Vereinigung vertiefte. Hierin lag sicher einer der Gründe für die Niederlage Russlands. Darüber hinaus musste das Land überraschend einen Zweifrontenkrieg führen. Die Türken und Krimtataren versuchten, die Konzentration der russischen Truppen im Westen dahingehend auszunutzen, die Gewinne der Moskauer Rus' wieder rückgängig zu machen. 1569 kamen sie bis vor Astrachan', 1571 standen sie vor Moskau und brannten die Stadt bis auf den *kreml'* nieder. Zahlreiche Gefangene wurden weggeführt. Ivan hatte fliehen müssen. Ein Jahr später gelang es den russischen Truppen dann, einen weiteren Angriff der Krimtataren abzuwehren und die Lage entlang der Grenzbefestigungen zu stabilisieren.

Schreckensherrschaft

Die wichtigste Ursache der Niederlage im Westen dürfte aber in der Innenpolitik zu suchen sein. Als Selbstherrscher besass Ivan auch das höchste
Richteramt. Insofern war er Ivan *Groznyj*, Ivan der Gestrenge. Dies konnte
heissen: der Fromme und Gerechte – und so wurde es etwa von der Kirche
aufgefasst. Aber es konnte auch heissen: der Schreckliche – und in diese
Richtung entwickelte sich seine Herrschaft nach der anfänglichen Reformperiode. Die Wurzeln dieser Veränderung sind vorab in Ivans Person zu
suchen. Er war selbstbewusst und hochgebildet durch seine Erziehung, aber
auch misstrauisch – vor allem gegenüber den Bojaren – aufgrund der blutigen
Auseinandersetzungen in seiner Kindheit und kurz nach seiner Krönung. Nie
verliess ihn die Angst, man könne mit ihm einmal ebenso umspringen, wie er
es damals mitangesehen hatte. Sein Selbstbewusstsein konnte deshalb leicht
in Bösartigkeit, Grausamkeit und Willkür umschlagen.
Hinzu kam, dass er 1553 schwer erkrankte und seine Nachfolgeregelung
zugunsten seines noch unmündigen Sohnes nicht ohne weiteres akzeptiert
wurde. Dies verstärkte sein Misstrauen. Der Tod ihm nahestehender Personen wie seiner Frau Anastasija (um 1530–1560) und des Metropoliten Makarij bewirkte ein übriges. Schliesslich ist zu vermuten, dass auch die Anzeichen, im Westen nicht weiterzukommen, die Linie des siegreichen Kaisers
nicht fortsetzen zu können, und die Brüskierung seiner Versuche, dynastische
Verbindungen nach Polen-Litauen und Schweden zu knüpfen, die innenpolitische Verhärtung des Zaren beeinflusst haben.
1560 verbannte er einige seiner engsten Ratgeber, gegen die wohl unberech-
tigte Vorwürfe erhoben worden waren. Diese überzogene Reaktion verbit-
terte hohe Würdenträger in der Umgebung des Zaren. 1564 trat nicht zuletzt
aus diesem Anlass der Feldherr Fürst Andrej Kurbskij (1528–1583), der ebenfalls der Duma angehörte, auf die Seite des litauischen Feindes über. Wir
kennen seine Begründung für diesen Schritt aus seinem Briefwechsel mit
Ivan, der zu den interessantesten Quellen dieser Zeit zählt. Kurbskij argumentierte moralisch im Sinne des «frommen und gerechten» Autokrators,
wie es Iosif Volockij ursprünglich gepredigt hatte. Ivan verstosse gegen gött-
liches und natürliches Recht, deshalb sei der Herrscherwechsel legitim. Damit allerdings stellte er die Selbstherrschaft, wie sie der Zar verstand, in
Frage. Für Ivan war das Verrat. Er bestand auf der unumschränkten Macht,
die von keinem Menschen zu kritisieren sei.
Nun sah er sich erst recht von Verrätern und Feinden umgeben. Seine
Gegenmassnahmen leiteten zur eigentlichen Willkürherrschaft über. Ende
1564 zog Ivan sich aus Moskau in eine Vorstadt zurück, trennte sich territorial
und verwaltungsmässig von seiner Herrschaft. Zurückkommen in sein «Zartum» wolle er nur, wenn er nach Belieben mit den «Verrätern» umspringen
dürfe und man ihm eine «Absonderung» zugestehe. Damit war die berüchtigte *opričnina* geboren. Eigentlich bedeutete dieser Begriff den für die Witwe abgesonderten Teil des Erbes. Ivan verstand darunter jedoch ein geson-
dertes Territorium – neben dem regulären Staat, der *zemščina* –, mit eigener

Duma, eigener Verwaltung und eigenem Heer, und zugleich einen besonderen Personenverband. Diese *opričnina* stellte einen Männerbund mit Ordensregeln nach klösterlichem Vorbild dar. Die *opričniki* trugen schwarze Kutten und als Abzeichen am Köcher einen Hundekopf und einen Besen. Der Zar wollte mit seinem Wegzug Verwirrung und Panik stiften, das Volk – oder zumindest Teile von ihm – gegen die verhassten Bojaren aufbringen. Er hatte Erfolg (und sollte 1575 dieses Mittel noch einmal nutzen, um seine Vorstellungen durchzusetzen). An sich verhielt sich Ivan damit widersprüchlich. Ein von sich überzeugter Autokrat, der seine Gewalt gottähnlich versteht, braucht keine Zustimmung, keine Bitten und Genehmigungen. Wenn man nicht bei der Erklärung stehenbleiben will, Ivan sei seelisch, vielleicht auch geistig krank gewesen, kann seine Massnahme nur heissen, dass entweder die Machtverhältnisse unsicher waren oder er sich in seinem Selbstverständnis verunsichert fühlte. Die Stellung des Selbstherrschers kann also noch keineswegs als vollständig unumstritten gelten.

Mit Hilfe der *opričnina* besiegte Ivan einen Grossteil des alten Hochadels. Viele der Bojaren wurden ermordet, zu Mönchen geschoren oder umgesiedelt. Die Angehörigen seiner neuen Garde waren hauptsächlich niedere Dienstleute oder kamen aus dem Ausland. Ihre Zahl wuchs rasch an, ebenso die der Spitzel. Versorgt wurden sie aus dem abgesonderten Territorium, in dem man die Bauern unterdrückte und auspresste. Eine Welle blutiger Grausamkeiten ging durch das Land. Militärisch zeigte sich die Truppe nicht gerade wirksam. Den Vorstoss der Krimtataren auf Moskau konnte sie nicht aufhalten. Schon bald wurden die *opričniki* selbst als «Verräter» betrachtet. Sie denunzierten sich gegenseitig und wurden schliesslich ebenfalls grossenteils ermordet. Die Übriggebliebenen wandelte der Zar in den 1570er Jahren verharmlosend in den Hof, den *dvor'*, um. Sprachlich verschmolzen die Dienstadligen dieser Zeit mit den *dvorjane,* den Hofadligen. Die «Absonderung» eines eigenständigen Territoriums hob Ivan wieder auf und gab das Land an seine rechtmässigen Besitzer zurück.

Die *opričnina* war nicht einfach nur ein schreckliches Zwischenspiel. Sie hatte zur Folge, dass der Dienstadel jetzt die mächtigste Schicht des Reichs darstellte. Das alte Bojarentum war zerschlagen, selbst wenn es noch einzelne einflussreiche Bojaren gab. Mit dem Aufstieg des Dienstadels wuchs das Interesse an einer allgemeinen, völligen Unterwerfung der Bauern. Insofern nimmt es nicht wunder, dass vermehrt Bauern, die sich nicht restlos in Abhängigkeit zwingen lassen wollten, aus Zentralrussland nach Süden flohen. Diese «Läuflinge» suchten Schutz bei den Kosaken in dem verhältnismässig herrschaftsfreien und unübersichtlichen Grenzgebiet zwischen Russen, Polen, Türken und Krimtataren. 1582 erliess Ivan deshalb die Verfügung, das verbriefte Recht der Bauern, am St. Georgstag im November den Grundherrn zu wechseln – bereits eine Einschränkung gegenüber dem Abzugsrecht früherer Zeiten –, solle in diesem Jahr nicht gelten. Es blieb nicht bei dem einmaligen Verbot, beinahe Jahr für Jahr wurde es wiederholt. Allerdings reichten die Machtmittel der Zentralgewalt noch nicht aus, eine solche Verfügung umfassend durchzusetzen. Die Flucht der Bauern ging weiter.

Die *opričnina* wütete während des schweren Krieges gegen Livland, Polen-Litauen und Schweden. Die Schwächung des Reiches, die sich auch militärisch auswirkte, konnte nicht ausbleiben. 1570 «säuberte» die *opričnina* unter persönlicher Leitung des Zaren, der hier «Verrat» vermutete, Novgorod. Auch die Kirche war ihr ausgesetzt. Als der neue Metropolit Filip (1507–1569), ein ehemaliger, sehr populärer asketischer Abt, die *opričnina* anprangerte und dem Zaren in der Kirche öffentlich den Segen verweigerte, liess dieser ihn von willfährigen Bischöfen auf einer Synode absetzen. In ein Kloster verbannt, wurde er 1569 von einem *opričnik* ermordet. Wie das Verhalten der Bischöfe zeigte, war die Kirche in eine tiefe Abhängigkeit geraten, wenngleich einzelne Männer immer wieder moralisch herausragten. Zahlreiche weitere Bischöfe und Geistliche, die sich beim Zaren unbeliebt gemacht hatten – und sei es nur durch Lappalien –, mussten ihr Leben lassen. Dabei war Ivan theologisch hochgebildet, führte gern entsprechende Dispute – auch mit ausländischen, katholischen Theologen – oder veranstaltete mit seinen Anhängern Bussübungen und Gottesdienste, die dann allerdings oft in «schwarze Messen», in Orgien und Blutbäder ausarteten.

Auch für die Dynastie endete Ivans Herrschaft im Schrecken. Als der Zar Ende 1582 einmal seine hochschwangere Schwiegertochter nicht protokollgerecht gekleidet antraf, prügelte er sie mit einem Stock. Seinen herbeieilenden Sohn, den Thronfolger Ivan (1554–1582), schlug er mit einer Eisenstange nieder. Die Schwiegertochter erlitt eine Fehlgeburt, der Sohn starb wenige Tage später. Zu spät bereute der Zar seine Tat. Er brach zusammen und sollte sich nicht mehr erholen. 1584 starb Zar Ivan IV. völlig ausgezehrt. Möglicherweise wurde er durch eine Verschwörung seiner Vertrauten ermordet, die eine Neuorientierung zu ihren Lasten befürchteten. Er hinterliess im Innern ein zerrüttetes, im Äusseren ein ungefestigtes Land und einen schwachsinnigen Thronfolger, Fedor (1557–1598), sowie einen weiteren Sohn, Dmitrij (1582–1591), der gerade anderthalb Jahre alt war.

Die «Zeit der Wirren»

Wie wenig gefestigt die zarische Autokratie als Staatswesen war, erwies sich in den folgenden 30 Jahren. Überwiegend wird diese Periode als «Zeit der Wirren», als *smuta*, bezeichnet, obwohl sie anfangs noch durch verhältnismässig stabile Zustände gekennzeichnet war. Als eigentlicher Herrscher setzte sich, in enger Abstimmung mit dem Metropoliten, Boris Godunov (um 1552–1605) durch. Er verdient es, nicht nur als Titelgestalt der Opfer von Modest P. Musorgskij (1839–1881) gewürdigt zu werden. Aus tatarischer Abstammung, war er als Dienstadliger in der *opričnina* hochgekommen und über seine Frau gar mit dem berüchtigsten *opričnik* – Maljuta Skuratov, jener, der den Metropoliten Filip umgebracht hatte – verwandt. Auf diese Weise hatte er die Machtverhältnisse genau kennenlernen können. Darüber hinaus war es ihm gelungen, für Fedor, der jetzt, obwohl offenkundig ungeeignet, zum Zaren gewählt und gekrönt wurde, seine Schwester als Frau auszuwählen. So hatte der Schwager des Zaren von Anfang an eine starke Stellung im Regent-schaftsrat. 1587 wurde Godunov, nach Ausschaltung seiner Konkurrenten, offiziell Regent, und 1598, als Fedor gestorben war, wählte ihn eine Landes-versammlung, ein *zemskij sobor,* sogar zum neuen Zaren. Der zweite Sohn Ivans IV., Dmitrij, hatte sich 1591 angeblich selbst während eines epilep-tischen Anfalls erdolcht. Gerüchte über eine Ermordung verstummten aller-dings nie. Damit war die Dynastie der Rjurikiden, zumindest in direkter Linie, ausgestorben.

Beliebt war Boris Godunov nicht, vor allem nicht wegen seiner Vergangen-heit. In seiner Politik zeigte er allerdings durchaus organisatorische Stärke, Geschick gegenüber den Gegnern im Äusseren, und er versuchte, das Land im Innern zu befrieden. Einen grossen Erfolg konnte er erzielen, als 1589 ein Moskauer Patriarchat für die russisch-orthodoxe Kirche errichtet und zum ersten Patriarchen Iov († 1607), der Godunov nahestand, gewählt wurde. Das Bündnis zwischen weltlicher Macht und Kirche hatte sich ein weiteres Mal bewährt. Diese erfuhr eine bedeutende Rangerhöhung, die zugleich neuen Glanz auf die Autokratie warf.

Mit der Sippe Godunovs war zunächst ein weiteres Dienstadelsgeschlecht, die Romanovs, verbunden, das mit Ivan IV. durch dessen erste Frau in verwandt-schaftliche Beziehungen getreten war. Gemeinsam standen sie gegen die alten Bojarenfamilien, die ihren früheren Einfluss zurückgewinnen wollten. Am bedeutendsten war dabei die Familie des Fürsten Šujskij. Anfangs sah es so aus, als werde ihr Streben aussichtslos bleiben. Doch die Ereignisse nah-men eine dramatische Wendung, nachdem Boris Godunov zum Zaren ge-wählt worden war. Die Romanovs fühlten sich benachteiligt und stellten sich jetzt gegen ihn. Diese neuen Umstände erhielten Gewicht, als zu Beginn des 17. Jahrhunderts Gerüchte laut wurden, Dmitrij, der Sohn Ivans IV., sei gar nicht – wie offiziell mitgeteilt – gestorben, sondern lebe und beanspruche seinen Thron. In Wirklichkeit war dieser Dmitrij ein Abenteurer, vermutlich ein entlaufener Mönch. Es ist nicht ausgeschlossen, dass die Romanovs zu ihm Verbindung hatten. Der falsche Dmitrij operierte von Polen aus: Hier sahen einige mächtige Politiker die Chance, das aufstrebende Russische Reich zu schwächen. 1604 trat Dmitrij zur katholischen Kirche über und heiratete Maryna Mniszech (um 1588 bis um 1614), die Tochter eines hohen polnischen Adligen. Trotz einiger militärischer Erfolge kam der Feldzug gegen Boris Godunov nicht recht voran. Innenpolitisch hatte der Zar rasch reagiert und wichtige Mitglieder der Familie Romanov ins Kloster geschickt und damit herrschaftsunfähig gemacht. 1605 starb Godunov jedoch überraschend. Der Übergang der Herrschaft auf seinen Sohn Fedor (1589–1605) vollzog sich reibungslos. Es hatte den Anschein, als sorge der Dienstadel, der von Godunov begünstigt worden war, für politische Stabilität. Doch die Bojaren nutzten die Gunst der Stunde. Sie gingen mit ihren Heeren zum falschen Dmitrij über und inszenierten in Moskau einen Aufstand, der zur Ermordung des Zaren Fedor und seiner Mutter führte. Fürst Vasilij Šujskij (1552–1612), der 1591 als Leiter der Untersuchungskommission beschworen hatte, der Thronfolger Dmitrij sei tot, schwor nun ebenfalls hoch und heilig, dieser lebe noch, er

Der falsche Dmitrij. Polnisches Flugblatt zu seiner Thronbesteigung 1605.

habe früher unter Druck aussagen müssen. Der angebliche Dmitrij wurde zum Zaren gekrönt. Bald schon machte er sich unbeliebt, vor allem sein katholischer Glaube und seine Bevorzugung der Polen konnten gegen ihn ausgenutzt werden. Eine Verschwörung der Bojaren gipfelte in einem weiteren Aufstand in Moskau Mitte 1606. Es kam zu einem Blutbad, auch Dmitrij war unter den Opfern. Fürst Šujskij wurde als Vasilij IV. zum Zaren ausgerufen. Allerdings mangelte es ihm an einer überzeugenden Legitimation in dieser schwierigen Situation: Kein *zemskij sobor,* keine Landesversammlung, hatte ihn gewählt. Seine Autorität minderte er weiter, indem er sich in einem Wahlmanifest zu Beschränkungen der selbstherrschaftlichen Gewalt bereit fand, hauptsächlich zugunsten der Bojaren.

In der Tat war das Land jetzt keineswegs befriedet. Gegen das neue Regime stand der Dienstadel, der keine Bojarenherrschaft wollte. Dagegen standen auch die Bauern, die sich gegen den Druck wehrten, an die Scholle – und das hiess zugleich: an einen Grundherren – gebunden zu werden. Immer mehr flohen sie nach Süden. Zwischen 1560 und 1620 entvölkerten diese Fluchtbewegungen, Hungersnöte zu Beginn des 17. Jahrhunderts und die militärischen Auseinandersetzungen das Reich um 25 bis 40 Prozent. Godunov verhielt sich dem Läuflingswesen gegenüber zwiespältig. Im Interesse des Dienstadels war er bestrebt, es einzuschränken, ohne jedoch allzu hart durchzugreifen. Dabei kam ein anderes Interesse zum Tragen, das für weite Kreise der Machtelite galt: Die bäuerliche Besiedlung konnte die Grenzgebiete im Süden gegenüber den Krimtataren und den Kosaken festigen; es eröffnete sich sogar die Möglichkeit, sie organisatorisch in das Reich einzubinden. Bis jetzt war daran nicht zu denken gewesen: Die Kosaken, ursprünglich Reiternomaden unterschiedlicher ethnischer Herkunft – hauptsächlich Turkvölker und Tataren –, hatten sich diese Räume gut gewählt. Vor allem grosse Bereiche an den Flüssen Dnepr, Don, Terek und Jaik waren schwer zugänglich und herrschaftlich kaum durchdrungen. Dort konnten sie frei leben, ihre Angelegenheiten in Selbstverwaltung regeln und ihre Anführer wählen: den Hetman oder Ataman. Beutezüge führten sie namentlich gegen Türken und Krimtataren. Seit dem 16. Jahrhundert wurden sie allmählich, nicht zuletzt unter dem Einfluss der entflohenen Bauern, «slawisiert» und sesshaft, der orthodoxe Glaube gewann an Boden. Aber ihre Unabhängigkeit und Freiheit wahrten sie nach wie vor mit aller Kraft gegenüber den umliegenden Mächten – den Osmanen wie den Krimtataren, den Polen wie den Russen.

Die Spannungen, die durch den wachsenden Druck des Moskauer Reiches hervorgerufen wurden, entluden sich nach den Hungerjahren zwischen 1601 und 1603, als zahllose Bauern durchs Land zogen, um sich durchzuschlagen. Sie weigerten sich, den staatlichen Ansprüchen nachzukommen. Verbreitet war unter ihnen der Glaube, ihr Elend rühre daher, dass kein «echter Zar» auf dem Thron sitze. Deshalb fand Dmitrij unter ihnen zahlreiche Anhänger, zumal er eine bauernfreundliche Politik zu betreiben schien. Die Suche nach einer erlösenden Vater- und Führerfigur, die der Zar gerade aufgrund seiner Legitimierung durch die Kirche darstellte, war typisch für diese Umbruchzeit, die grundlegende Veränderungen für die Menschen mit sich brachte. Auch Teile der Kosaken stellten sich auf die Seite Dmitrijs (neben ihm gab es im übrigen weitere «falsche» Thronanwärter). Nach seinem Sturz gingen folgerichtig Gerüchte um, er sei gar nicht tot und halte sich verborgen. Ein gewaltiger Bauern- und Kosakenaufstand griff rasch um sich. Geführt wurde er von dem Kosaken Ivan Bolotnikov, einem entlaufenen Bauern. Als Hetman des «rechtmässigen Zaren» wollte er diesen wieder auf den Thron setzen. Dabei verband er sich mit einem weiteren angeblichen Nachkommen des früheren Zarengeschlechts, der sich als Sohn Fedors I. ausgab. Der Aufstand richtete sich in erster Linie gegen die Bojaren, denen die Bauern hauptsächlich ihre Unterdrückung zuschrieben. Er hatte so lange Erfolg, wie er von Dienstadligen und deren Truppen unterstützt wurde. Dieses Bündnis war allerdings auf die Dauer widersinnig. Der Kampf gegen die Bojaren musste letztlich auch die Dienstadligen als Grundbesitzer treffen, die ein vorrangiges Interesse an der Schollenpflichtigkeit der Bauen hatten. Deren Sieg hätte sie ihrer Existenzgrundlage beraubt. Das Aufstandsheer kam bis vor Moskau. Dort verrieten die Adligen die Bauern Ende 1606. Bolotnikovs Truppen mussten sich zurückziehen. Tausende von gefangenen Bauern wurden öffentlich hingerichtet. Im Herbst 1607 fiel ihr letzter Stützpunkt. Bolotnikov selbst geriet in Gefangenschaft, wurde verbannt und 1608 ermordet. Eine Umkehrung in der Bauernpolitik war nun vorerst nicht mehr zu erwarten. Zwar verschärfte Zar Vasilij die Gesetzgebung nicht weiter, um die Bauern nicht zusätzlich zu reizen, aber die Stellung des grundbesitzenden Dienstadels wurde eindeutig gestärkt.

Ein welthistorischer Augenblick

Die Unruheherde waren jedoch mit der Niederschlagung des Aufstandes nicht beseitigt. Überall im Lande gärte es noch – unter den Bauern wie unter den Kosaken, unter städtischen Unterschichten wie unter Teilen des Dienstadels und der Bojaren. Vor diesem Hintergrund zog ein zweiter falscher Dmitrij mit Unterstützung polnischer Adliger und Kosaken gegen Moskau. Maryna, die Frau des ersten angeblichen Dmitrij, gab ihn als ihren Mann aus, der der versuchten Ermordung 1606 entronnen sei. Mitte 1608 standen die Truppen des neuen Dmitrij vor Moskau, weite Teile des Reiches waren unter seiner Kontrolle. Er bildete eine Gegenregierung. Zahlreiche Städte, vom Zaren allein gelassen, griffen zur Selbsthilfe. Sie bildeten eine Vereinigung, die von gewählten Vertretern geleitet wurde, und konnten auch durchaus Erfolge erzielen. In seiner Not rief Zar Vasilij schliesslich die Schweden zu Hilfe. Dies wiederum veranlasste den polnischen König Sigismund III. (1566–1632), der vorher die Aktionen polnisch-litauischer Adliger höchst misstrauisch beobachtet hatte, unmittelbar in den Krieg einzugreifen. Er verbündete sich mit den Romanovs, die ihm zusicherten, sein Sohn Władysław (1595–1648) werde zum Zaren gekrönt werden – ein Angebot, das Anfang 1606 während der Herrschaft des ersten falschen Dmitrij schon einmal von Bojaren unterbreitet worden war. Darüber hinaus waren jetzt eine gesetzgebende Körperschaft und ein oberstes Gericht vorgesehen. Die orthodoxe Kirche sollte unangetastet bleiben. Keineswegs wurde daran gedacht, die Schollenbindung der Bauern aufzuheben.
1610 schlug das polnische Heer unter seinem Hetman Stanisław Żółkiewski (1547–1620) die verbündeten Moskauer und schwedischen Truppen. Im Juli wurde Zar Vasilij Šujskij gestürzt und zum Mönch geschoren. Im Dezember

fiel auch der falsche Dmitrij einem Mordanschlag zum Opfer. Ein Rat von Bojaren brachte eine improvisierte Landesversammlung zusammen, wählte Władysław zum Zaren und schloss ein Abkommen mit Żółkiewski. Darin wurden die Vereinbarungen mit Sigismund aufgegriffen und leicht verändert. Eine Art Ständeverfassung sollte entstehen, die die polnischen Erfahrungen mit russischen Besonderheiten verband. Die Bojarenduma, dem polnischen Senat nachgebildet, hätte als Ständevertretung und oberstes Gericht gedient, die Landesversammlung – der *zemskij sobor* – als gesetzgebendes Organ wie der Sejm in Polen. Dass politisch ein enges Band zu Polen geflochten werden sollte, lag in der Natur der Wahl Władysławs. An einen Übertritt Russlands zum Katholizismus war aber keineswegs gedacht, im Gegenteil kam man überein, dass Władysław den orthodoxen Glauben annehmen werde. Juden, die in einigen Gebieten Polens einen beträchtlichen Bevölkerungsanteil stellten, sollten nicht nach Russland gelassen werden.

Für einen Augenblick schien es, als verlaufe von nun an die Geschichte Russlands, ja die Weltgeschichte in anderen Bahnen. Die autokratische Gewalt, wie sie Friedrich Schiller in seinem fragmentarischen Trauerspiel «Demetrius oder Die Bluthochzeit zu Moskau» beschrieben hat, wäre verändert worden: «Dort herrscht des Vaters heilige Gewalt, / Der Sklave dient mit leidendem Gehorsam, / Der Herr gebietet ohne Rechenschaft.» Zar und Adelsrepublik hätten gemeinsam eine neue Form des Herrschaftssystems schaffen müssen. An die Stelle erbitterter Kriege zwischen Polen und Russland um die Vormacht in Osteuropa wäre ein Bund mit herausragender internationaler Stellung getreten.

Aber es blieb bei dem Augenblick, in dem eine neue Entwicklung aufschien. König Sigismund lehnte kurzsichtig das Abkommen ab und beanspruchte, selbst zum Zaren gewählt zu werden. Er hielt sich durch den Sieg seiner Truppen für mächtig genug, sofort die Personalunion zu erzwingen und auf diese Weise im künftigen Gesamtreich sich selbst als absolutistischen Herrscher durchzusetzen. Damit hatte er jedoch das Mass überschritten. Die russischen Unterhändler, die nicht zu Unrecht auch befürchteten, Sigismund wolle darüber hinaus den Katholizismus stärken, stellten harte Gegenforderungen. Die Verhandlungen scheiterten. Der weitblickende Żółkiewski zog sich verbittert zurück.

Die Polen errichteten nun ein drückendes Besatzungsregime in Moskau. Dagegen formierte sich gewissermassen ein nationales Bündnis. Symbole des Widerstandes wurden das von den Polen belagerte Smolensk, der Moskauer Patriarch, der den Eid auf König Sigismund verweigerte, sowie die von dem polnischen König verhaftete russische Gesandtschaft. Trotz aller inneren Widersprüche, die auch immer wieder zu Konflikten führten, vereinigten sich Bojaren, Dienstadel und Bauern samt Kosaken zu einem grossen Heeresaufgebot. Zum erstenmal wurden dabei die Kosaken, gewonnen durch Zugeständnisse an ihre Führer, in die allgemeine Heeresorganisation eingeschlossen. Diese übte vorübergehend die oberste Herrschaftsgewalt aus. In Moskau brachen 1611 Unruhen aus. Als die entscheidende Auseinandersetzung mit dem polnischen Heer bevorstand, erwiesen sich weder Bojaren noch Dienst-

Sitzung des zemskij sobor. *Miniatur in der 1673 entstandenen Handschrift «Die Zarenwahl Michail Romanovs».*

adlige als führende Kraft, sondern die vereinigten Städte. Sie wählten den Gewerbetreibenden Kuz'ma Minin († 1616) zum Landesältesten, zum *starosta,* der damit an die Spitze der gesamten Organisation trat. Zum Heerführer wurde ein Bojar, Fürst Dmitrij M. Požarskij (1575 oder 78–1642), berufen. Der verhältnismässig demokratische Aufbau der Organisation machte deutlich, dass ausserhalb des Adels durchaus tatkräftige Initiativen vorhanden waren, selbst wenn man die Autokratie nicht grundsätzlich in Frage stellte. Das Landwehraufgebot, das *opolčenie,* hatte Erfolg: 1612 zog sich das polnische Heer ohne Schlacht zurück, wenige Monate später eroberten die Russen den von Polen besetzten Moskauer *kreml'.* Aufmüpfige Teile der Kosaken wurden ausgeschaltet und zogen sich zurück, zusammen mit Maryna, der Frau der beiden falschen Dmitrijs, und ihrem kleinen Sohn, den man als neuen Zarenanwärter aufbauen wollte. 1614 wurden die Führer dieser Kosakenabteilungen samt Maryna und Sohn ausgeliefert. Sie starben im Gefängnis oder wurden hingerichtet.

Ein neuer *zemskij sobor* trat Anfang 1613 zusammen. In ihm waren etwa 50 Städte vertreten, die Bojarenduma und die höchste Verwaltung, die Geistlichkeit, Dienstadlige und auch Kosaken, nicht dagegen die grundherrschaftlichen Bauern. Folgerichtig wählte man als Ergebnis der «Zeit der Wirren» einen führenden Repräsentanten des Dienstadels zum neuen Zaren: Michail F. Romanov (1597–1645), den Sohn des Metropoliten Filaret (um 1556–1637), der noch in polnischer Gefangenschaft sass.

Eine neue Dynastie

Mit den Romanovs kam eine Dynastie auf den Zarenthron, die bis 1917 herrschen sollte. Sie brachte zunächst in den folgenden Jahrzehnten eine Entwicklung zum vorläufigen Abschluss, die sich schon lange angekündigt hatte –
andere Entwicklungsrichtungen, wie sie in der «Zeit der Wirren» aufgeleuch-
tet waren, traten wieder in den Hintergrund.
Vom neuen Zaren Michail Romanov wissen wir wenig, er ist als Herrscher-
persönlichkeit kaum fassbar. Regiert hat von 1619 bis 1633 sein Vater, der
unter Boris Godunov zum Mönch geschorene Filaret. Er wurde nun Patriarch
und liess sich mit *gosudar',* als «Herr», anreden, fühlte sich also als geistlicher
und weltlicher Herrscher zugleich. Nach seinem Tod teilten sich Verwandte,
Günstlinge und hohe Beamte die Macht. Es zeigte sich erneut, dass die
Bürokratie unabhängig davon, wer an der Spitze den Ton angab, eine gewisse
Stabilität in der Verwaltung des Landes gewährleistete. Die Bojaren konnten
ihre frühere Stellung nicht mehr zurückgewinnen, auch wenn Einzelpersön-
lichkeiten nach wie vor – etwa in der Duma – über Einfluss verfügten. Es gab
keine geschlossene Gruppe mit gemeinsamen Interessen mehr, die die vielleicht ansatzweise vorhandenen Ständeformen hätten ausbilden können. Immerhin hielt sich zunächst der *zemskij sobor.* Er tagte nach der Wahlver-
sammlung von 1613 bis 1621 verhältnismässig häufig, übernahm Regierungs-
funktionen, fertigte Urkunden aus, zog Steuern ein. Somit löste er sich nach
beendetem Notstand nicht wieder auf, sondern führte seine Tätigkeit fort.
Doch allmählich sank seine Bedeutung, vor allem seit 1619, nach der Rückkehr Filarets aus polnischer Gefangenschaft. Nach 1622 wurde er nur noch
gelegentlich einberufen, bis er dann in einer Krise 1648/49 erneut eine wichtige Rolle spielen sollte. 1653 trat er schliesslich zum letztenmal zusammen. Die Dienstadligen als die stärkste Kraft im *zemskij sobor,* und mit ihnen
die Kaufleute, waren zu eng an den Zaren gebunden, um sich ihm gegenüber
zu profilieren. Zudem kam der neue Herrscher aus ihrer sozialen Gruppe,
und die Kirche stand mit ihrer ganzen Autorität hinter ihm. Insofern verwundert es nicht, dass sich keine festen Institutionen neben dem Zaren entwik-
keln konnten.
Die Probleme in der Innen- wie in der Aussenpolitik, vor denen man stand,
unterschieden sich zwar nicht wesentlich von denen der vorangegangenen
Zeit, spitzten sich allerdings erheblich zu. Mit Polen geriet Russland schon
bald erneut in militärische Konflikte. In einem Waffenstillstand von 1619
musste es alle früheren Eroberungen wieder zurückgeben, ohne dass Władysław
auf seinen Thronanspruch verzichtete. Schweden hatte wohl 1617 gegen Entschädigung einige besetzte Gebiete, darunter Novgorod, herausgegeben und
einen ebenfalls bestehenden Thronanspruch zurückgezogen, Russland verlor
jedoch einen zuvor eroberten Zugang zur Ostsee. Die innere Schwäche des
Reiches war so gross, dass eine expansive Aussenpolitik nicht in Frage kam.
Spürbar wurde eine wachsende Feindseligkeit gegenüber allem Westlichen,
allem Fremden, allem «von aussen Kommenden». Dies war auch verständlich: Die äussere Machtentfaltung und territoriale Ausdehnung des Moskauer

Michail Fedorovič, der erste Zar der Romanov-Dynastie (aus einer Reisebeschreibung des Adam Olearius von 1656).

Staates vollzog sich keineswegs, wie vielfach dargestellt, als geradliniger expansionistischer Prozess, sondern zumindest zeitweise auch als Reaktion auf Versuche der Nachbarn, sich auf Kosten Russlands zu bereichern.

Nur kurzfristig unterbrach die Regierung ihre defensive Haltung, als sich 1632 nach dem Tod König Sigismunds und im Zusammenhang mit den Ereignissen des Dreissigjährigen Krieges – Russland unterstützte übrigens Schwe-

Das Moskauer Reich im 16. und zu Beginn des 17. Jahrhunderts (nach einer Vorlage im Handbuch der Geschichte Russlands, Bd. I/2, S. 1073).

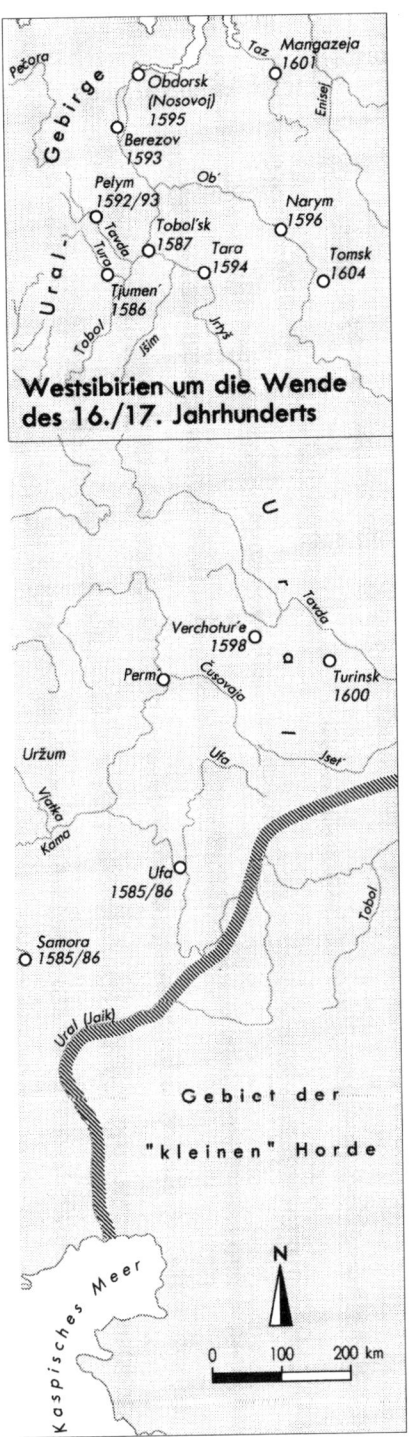

Westsibirien um die Wende des 16./17. Jahrhunderts

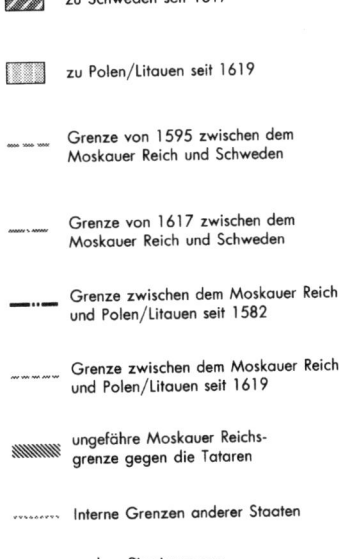

zu Schweden seit 1617

zu Polen/Litauen seit 1619

Grenze von 1595 zwischen dem Moskauer Reich und Schweden

Grenze von 1617 zwischen dem Moskauer Reich und Schweden

Grenze zwischen dem Moskauer Reich und Polen/Litauen seit 1582

Grenze zwischen dem Moskauer Reich und Polen/Litauen seit 1619

ungefähre Moskauer Reichs- grenze gegen die Tataren

Interne Grenzen anderer Staaten

andere Staatsgrenzen

den mit Getreidelieferungen – eine günstige Gelegenheit zu bieten schien, Smolensk zurückzuerobern und Polen-Litauen zu schwächen. Doch Sigismunds Sohn und Nachfolger Władysław konnte sich behaupten und den Angriff zurückschlagen. Im «Ewigen Frieden» von 1634 verzichtete er immerhin auf seine Thronansprüche. Aktiver wurde Russland in Richtung Osten, bei der Kolonisierung Sibiriens und bei der Anknüpfung diplomatischer wie wirtschaftlicher Beziehungen zu den Kalmücken, den Mongolen und den Chinesen.

Einen Wendepunkt in der aussenpolitischen Lage bildete das Jahr 1648. In diesem Jahr erhoben sich die Zaporoger Kosaken, die «hinter den Stromschnellen» des Dnepr – *Zaporož'e* – lebten, unter ihrem Hetman Bogdan Chmel'nickij (um 1595–1657) gegen die Polen. Schon seit längerem gärten hier Konflikte wegen der Versuche polnischer Magnaten, die Ukrainer zu kolonisieren. Die Kosaken wollten weder leibeigen noch katholisch werden. Jetzt entluden sich die Spannungen. Die dortigen Bauern schlossen sich dem Aufstand an. Das polnische Heer wurde vernichtend geschlagen. Den Hass auf die Gutsbesitzer bekamen auch ihre «Werkzeuge», die Juden, zu spüren. Sie, die als Steuereintreiber, Händler, Gutsverwalter, Pächter oder Schankwirte oft Partner im Wirtschaftskreislauf zwischen Gutshof, Dorf und Stadt, aber eben auch unmittelbare Gegner der Bauern gewesen waren, empfand man als Handlanger allen Übels und ermordete sie in blutigen Massakern ebenso wie die Polen.

Die Kämpfe zogen sich lange hin, auch die Krimtataren und das Osmanische Reich wurden hineingezogen. 1654 unterstellten sich die Kosaken – und damit auch ein Grossteil der Ukraine – dem russischen Zaren. Sie erhofften sich davon eine Garantie ihrer Freiheiten. Chmel'nickij hatte sogar daran gedacht, eine autonome Kosaken-Republik zu erreichen, föderiert mit Russland und dem Zaren als Oberhaupt in Personalunion verbunden. Der Zar – inzwischen Michails Sohn Aleksej (1629–1676) – betrachtete hingegen das hinzugewonnene Gebiet als seine *votčina*, als Teil seines «Vatererbes». Die dort lebenden Menschen galten ihm deshalb als ohne Einschränkungen unterworfene Untertanen. Er war Selbstherrscher, Zugeständnisse brauchte er ebensowenig zu machen wie irgend etwas zu geloben. In einem Gnadenbrief gewährte er den Kosaken gewisse Rechte, die den bisherigen Zustand weitgehend bestätigten, verweigerte ihnen jedoch die aussenpolitische Selbständigkeit und machte die Hetman-Wahl von seiner Bestätigung abhängig. Die Eingliederung der Kosaken in den russischen Staat war nur noch eine Frage der Zeit, und dies betraf natürlich auch die Freiheit der Bauern in den südlichen Grenzgebieten.

Der Zar und seine Regierung hatten längere Zeit gezögert, das Angebot der Kosaken anzunehmen. Erst die Zustimmung des *zemskij sobor* 1653 brachte die Entscheidung. Dann aber ergriff man die Gelegenheit, wieder eine aktive Aussenpolitik zu betreiben. Noch 1654 stiessen russische Truppen zusammen mit den Kosaken gegen Polen vor. Die Auseinandersetzung um die Macht in Osteuropa trat mit diesem Krieg in ihr entscheidendes Stadium. Rund 50 Jahre später sollte sie Russland als den endgültigen Sieger sehen.

Die Verfestigung der Leibeigenschaft

Einen Wendepunkt bedeutete das Jahr 1648 auch für die inneren Verhältnisse Russlands. Die erste Hälfte des 17. Jahrhunderts war davon bestimmt, wie sich die neue soziale Struktur nach dem Aufstieg des Dienstadels und der Einrichtung eines veränderten Verwaltungssystems ausprägen werde. Nach den Menschenverlusten in der Vergangenheit standen zu wenig Arbeitskräfte zur Verfügung. Um so mehr mussten grundbesitzender Adel jeglicher Art und Kirche an einer Bindung der Bauern an ihr Land interessiert sein. Auf der anderen Seite blieb die staatliche Politik zunächst schwankend, weil die Besiedlung der Grenzgebiete durch die «Läuflinge» nach wie vor erwünscht war. Die Gewaltsamkeit im Dorf nahm zu. Die Grundherren setzten eigene Machtmittel ein, um die Bauern in die Knechtschaft zu zwingen, ihre Flucht zu verhindern oder sie zurückzuholen, ja sie raubten sich sogar Arbeitskräfte aus anderen Gebieten. Die Bauern wehrten sich gegen die zunehmende Verknechtung durch Arbeitsverweigerung, durch Bittbriefe bis hin zum Zaren – die anfangs sogar manchmal Erfolg hatten –, durch gewaltsame Aktionen. Auch dass jetzt immer mehr Räuberbanden das Land unsicher machten, hing mit dieser Entwicklung zusammen.

Das Interesse an einer erhöhten Agrarproduktion und die Ansprüche der Adligen an ihren Lebensstandard verstärkten den Druck auf die Bauern. Die Zahl der freien, der «schwarzen» Bauern wurde immer kleiner, die adligen Grundbesitzer organisierten ihre eigenen Wirtschaften mit dem Bestreben, die volle Verfügungsgewalt über «ihre» Bauern zu erhalten. Abhängigkeitsverhältnisse wandelten sich in Formen der Leibeigenschaft um. Dies galt besonders für die agrarisch fruchtbaren Gebiete im Süden, während im Zentrum und in Nordrussland die Grundherren weniger Interesse an einer Fronarbeit der Bauern hatten, als von ihnen einen Geldzins zu erheben, um aus ihrer Gewerbe- und Handelstätigkeit Profit zu ziehen.

Der soziale Konfliktherd auf dem Land wurde ergänzt durch einen vergleichbaren in den Städten. Hier war es ebenfalls häufig zu Entvölkerung und Verarmung gekommen. Lediglich in einige Wirtschaftszentren wie Moskau oder das durch seine Eisengiessereien wichtige Tula und in Handelsstädte an der Wolga zogen Bauern auf der Suche nach Arbeit und Verdienst. Die Grenzen zwischen Stadt und Land blieben fliessend, so wie es auch rechtlich kaum Unterschiede gab: Parallel zur Entwicklung auf dem Land wurde den «freien» Stadtbewohnern ihr Abzugsrecht genommen. Zugleich hatten Adlige ihre «Leibeigenen» in den Städten. Allerdings bestanden Ausweichmöglichkeiten. Der Bedarf an Soldaten und die zahlreichen Kriege boten die Chance, ohne nachteilige Folgen einen ungeliebten Herrn zu verlassen, in die Armee einzutreten und durch persönliche Tapferkeit sogar in den niederen Adel aufzusteigen. Neben dem Läuflingswesen war dies die wichtigste Fluchtbewegung. Einigen wenigen Bauern gelang darüber hinaus der soziale Aufstieg über Handels- und Unternehmertätigkeit.

Das ganze Land befand sich in einem ungeheuren sozialen Umbruch. Überall gärte es. Die Unruhen entluden sich schliesslich in Moskau. Hier trafen die sozialen Gegensätze auf engstem Raum besonders heftig zusammen. Der anwesende Dienstadel, die gutsbesitzenden *pomeščiki,* war erbittert über einzelne Bojaren wie über die Angehörigen der Hofaristokratie, die als Folge der Günstlingswirtschaft Vorteile an sich zogen und sich am leichtesten bäuerliche Arbeitskräfte zu sichern wussten. Die Stadtbewohner waren verbittert, weil ihre Gemeinde, der *posad,* mehr und mehr wie die Dorfgemeinde, die *obščina,* behandelt wurde. Sie mussten kollektiv für die Steuerzahlung haften und zusätzliche Sonderverpflichtungen, etwa beim Festungsbau, übernehmen. Dagegen wurde es den reichen Grundherren nach wie vor erlaubt, am Stadtrand oder gar eingestreut in den *posad*-Bezirk Höfe zu unterhalten, die den Charakter von eigenen Vorstädten annahmen und auf denen ihre Abhängigen oft einträglichen Geschäften nachgingen. Diese Besitzungen waren von Abgaben befreit, hiessen deshalb «weisse Freiheiten» *(slobody).* Aufgrund ihrer wirtschaftlichen Anziehungskraft setzten sich viele Städter dorthin ab, wodurch immer weniger *posad*-Leute immer mehr Steuern zahlen mussten.

Nach dem Tod Michail Romanovs 1645 kam sein noch minderjähriger Sohn Aleksej an die Regierung. Für ihn übte vor allem der Bojar Boris I. Morozov (1590–1661) zunächst die Macht aus. Er trieb die Günstlingswirtschaft, Korruption und Belastung der Städter wie des Dienstadels derart auf die Spitze, dass am 1. Juni 1648 in Moskau ein Aufstand ausbrach. Ihm schlossen sich nicht nur das gerade anwesende Adelsaufgebot an, sondern auch Strelitzen-Regimenter. Diese Einheiten waren seit etwa 1550 als Infanteristen mit Schusswaffen, eben als Schützen – *strel'cy* –, angeworben worden, um in Garnisonen an der Grenze sowie als Garde in Moskau Dienst zu tun. Sie erhielten einen festen Sold und ein Stück Land, das sie ausserhalb ihres Dienstes bewirtschaften konnten; auch mit Handel und Gewerbe durften sie sich befassen. Ihre Dienstpflicht dauerte ein Leben lang und war erblich. Die Strelitzen bildeten die Keimzelle des stehenden Heeres und hatten in den verschiedenen Kriegen des 16. und 17. Jahrhunderts ihre Schlagkraft bewiesen. Jetzt erwies sich ihre Organisation allerdings als nicht mehr zeitgemäss. Eine Minderung ihrer Stellung wollten sie jedoch ebensowenig hinnehmen wie die als unzureichend empfundene Bezahlung. Während sich Morozov eben noch in die Verbannung retten konnte, wurden Angehörige der Regierung, vom Zaren dem Volk überlassen, buchstäblich zerrissen. Anhänger Morozovs steckten dafür Moskau in Brand, wodurch mindestens 2000 Menschen ums Leben kamen. Der Aufstand griff auf weitere Städte über und führte zu Massakern an verhassten Beamten.

Der Druck, der davon ausging, veranlasste den Zaren und seine neue Regierung, noch einmal einen *zemskij sobor* einzuberufen. Diese Landesversammlung tagte vom 1. September 1648 bis zum 29. Januar 1649. Zwar besass sie keine Gesetzgebungsbefugnis – diese blieb dem Zaren allein vorbehalten –, sie nahm aber auf die Formulierung eines der wichtigsten Gesetzbücher der russischen Geschichte entscheidenden Einfluss: das *uloženie* von 1649. Damit wurde nicht nur das Recht wieder einmal vereinheitlicht, sondern darüber hinaus eine Reihe tiefgreifender Neuerungen eingeführt, die den veränderten sozialen und politischen Verhältnissen Rechnung trugen. Der Dienstadel, unterstützt von Teilen der Bojaren und der Kirche, setzte durch, dass die Bauern nun ohne Abzugsmöglichkeit an die Scholle gebunden blieben, dass Grundherren keine fremden Bauern aufnehmen durften und dass die Rückführungsfrist von Läuflingen nicht erlosch – bisher waren sie nach einer gewissen Zeit frei oder Untertanen eines neuen Herrn geworden. Die Bauern durften sich jetzt nur noch in schweren kriminellen Fällen über ihren Herrn beschweren. Damit wurden der Willkür und der faktischen Leibeigenschaft Tür und Tor geöffnet, selbst wenn offiziell noch nicht von einer vollständigen persönlichen Verfügungsgewalt die Rede war. Die *pomeščiki* erhielten ihr Gut nun in der männlichen Linie als erblichen Besitz, der Zar behielt lediglich ein formelles Obereigentum. Die *posad*-Bewohner setzten durch, dass die «weissen Freiheiten» in die Steuergemeinde eingegliedert wurden. Diese Vorschrift sollte allerdings schon bald durch Ausnahmen und neue Immunitäten durchlöchert werden. Ebenso blieb ein langfristiger Erfolg einer Massnahme versagt, welche die Grosshändler, die *gosti*, gefordert hatten: Die Privilegien ausländischer Händler wurden eingeschränkt.

Verlierer bei diesem Gesetzbuch waren in gewisser Weise die Kirchen und Klöster, denen erneut verboten wurde, Land zu erwerben. Zugleich errichtete man ein Zentralamt *(prikaz)* für die Regelung kirchlicher Grundbesitzangelegenheiten. Damit verlor die Kirche ein Vorrecht, erste Ansätze einer Säkularisation wurden sichtbar, der weltliche Machtanspruch über die Kirche verstärkte sich. Die Hauptverlierer waren allerdings eindeutig die Bauern. Von jetzt an setzte der Staat in mehreren Rückführungsaktionen alle Machtmittel ein, um den Vorschriften Nachdruck zu verleihen. Die Bauern unterwarfen sich ihrer Verknechtung keineswegs widerstandslos. Noch für lange Zeit sollten gewaltige Bauernaufstände die neue Ordnung bedrohen. Verhindern konnten sie die veränderte Sozialverfassung, wie sie im *uloženie* von 1649 zum Ausdruck kam, nicht.

Das zarische Herrschaftssystem

Nach dem Aufstieg der Autokratie bis ins 16. Jahrhundert verfügte der Zar über sein Reich wie über eine «Hausherrschaft». Das «Vatererbe» des Hochadels näherte sich hingegen immer mehr einem (erblichen) Dienstgut an. Bojarenduma oder der *zemskij sobor* konnten gegenüber dem Zaren lediglich beratende Funktionen wahrnehmen. Die Wurzeln der Hofverwaltung lagen bei den «Schreibern», den *d'jaki*, die nicht nur die Kanzlei bildeten, sondern auch die engsten Mitarbeiter des Grossfürsten und Zaren stellten und als Vorform einer Regierung angesehen werden können. Statt Aufgaben je nach Fall zu verteilen, entstanden seit ungefähr 1500 nach und nach zentrale Verwaltungsbehörden *(prikazy)*. Die Bojarenduma verlor dadurch weiter an Bedeutung. Auf der mittleren und unteren Ebene führten Statthalter *(namestniki)* in einem bestimmten Gebiet *(uezd)* und Amtsleute *(volosteli)* in einem Bezirk *(volost')* die Verwaltung durch. Die Bevölkerung musste sie unterhalten *(kormlenie)*. Dadurch waren insbesondere die «schwarzen Bauern» belastet, den Amtsinhabern eröffneten sich vielfältige Möglichkeiten der Bereicherung. Das System spiegelte aber auch wider, dass noch nicht genügend Land zur Selbstversorgung der Dienstleute vorhanden war. Die dörfliche Gemeinde hatte wichtige Selbstverwaltungsrechte. Ihre Vollversammlung wählte den Dorfältesten *(starosta)* sowie weitere Funktionsträger; in den Quellen tauchen, vor allem dann im 17. Jahrhundert, etwa «Geldeinsammler», Gemeindeboten, Schreiber und Polizisten auf. Versammlung und Vorstand verteilten die Lasten auf die einzelnen Haushalte, verfügten über das in ihrem Besitz befindliche Land, die Wälder sowie Gewässer und schlichteten Landstreitigkeiten. Darüber hinaus regelten sie die inneren Angelegenheiten des Dorfes, bis hin zu familiären Konflikten. Vergleichbar damit waren Rechte und Pflichten des städtischen *posad*.

Dieses System änderte sich unter Ivan IV. Während die Selbstverwaltungsrechte erhalten blieben, ja eher verstärkt wurden, traten an die Stelle der Statthalter nach und nach Voevoden – eine ursprünglich militärisch geprägte Einrichtung der Grenzbezirke –, die verhältnismässig kurzfristig an einem Ort verweilen und deshalb keine Regionalmacht ausbilden konnten. Die Beamten – von einer geschlossenen Bürokratie kann man noch nicht sprechen – wurden nun vom Staat durch Geld oder Land entlohnt, die Abgaben der Bevölkerung zentral festgesetzt. Die vermehrt eingerichteten höchsten Ämter erhielten grössere Kompetenzen. Auf diese Weise schritt die Durchorganisierung des Reiches weiter voran. Dazu trug auch die Ausdehnung der Gutsherrschaft bei, welche die abhängigen Bauern viel unmittelbarer als früher in das zarische Herrschaftssystem einband.

Ein Zeichen für die Konsolidierung des Reiches und seiner wachsenden Organisiertheit stellte die «Platzordnung» *(mestničestvo)* dar, die sich seit dem späten 14. Jahrhundert allmählich ausgebildet hatte und im 17. Jahrhundert festgefügt war. Alle, die dem Grossfürsten und Zaren einen Dienst leisteten – vom untersten Dienstmann bis zum mächtigsten Bojaren –, wurden auf einen festen Platz, der sich immer an der Beziehung zum Herrscher ausrichtete, eingestuft. Als Kriterien galten Abstammung, Verdienste der Vorfahren und die eigenen Verdienste, also eine Mischung von Geburtsvorteilen und einem sehr frühen Leistungsprinzip. Diese Rangordnung war mitverantwortlich dafür, dass sich eine gesamtadlige Organisation nicht ausbilden konnte. Sie schränkte aber auch die Verfügungsgewalt des Zaren ein, weil er sich ebenfalls daran halten musste. Heiratsallianzen und Klientelverbindungen vor dem Hintergrund des *mestničestvo* dienten nicht zuletzt dem Schutz gegenüber dem Monarchen.

Regelrechte Selbstverwaltungs- oder Repräsentativorgane auf höherer Ebene konnten sich hingegen nicht verfestigen. Die Duma, in der die Vorsitzenden der Zentralämter und vom Zaren berufene Mitglieder der grossen Familien sassen, musste immerhin im 16. und 17. Jahrhundert – bis 1689 – allen zarischen Verordnungen zustimmen. Ein *veče* ist uns 1382 bei der Eroberung Moskaus durch die Mongolen begegnet. Möglicherweise organisierten 1445 die Moskauer, als Grossfürst Vasilij in mongolischer Gefangenschaft sass, erneut eine

Volksversammlung, obwohl sie nicht ausdrücklich genannt wird. Auch aus anderen Städten haben wir hin und wieder eine entsprechende Nachricht, doch die Mitteilungen werden immer spärlicher und versiegen bald ganz. Es scheint so, dass eine Volksversammlung nur noch selten tagte und nicht wie früher in Novgorod und Pskov für anfallende herrscherliche Entscheidungen herangezogen wurde. Lediglich in Notzeiten oder bei Unruhen konnte sie noch einmal zusammengerufen werden. Vergleichbares galt für den *zemskij sobor,* der ebenfalls nur vorübergehend zu einer einigermassen festen Einrichtung werden konnte. Als unterste Grundlage von Volksversammlungen, gleich welcher Art, dienten die Selbstverwaltungsorgane der Dorfgemeinde oder des städtischen *posad.* Hier gab es zwar keine Gesamtvertretung, keinen Magistrat und kein Rathaus, aber doch die Hundertschaften und die Ältesten der leistungspflichtigen Stadtviertel. Immer wieder kam es zu Initiativen von unten, wie die Chroniken zeigen, bis hin in die «Zeit der Wirren», als ein Stadtbürger zusammen mit einem Bojaren das «nationale Bündnis» gegen die Polen organisierte. Der Aufbau einer Gesamtvertretung war dadurch erschwert, dass in der Stadt Freie neben Unfreien lebten, steuerpflichtige und steuerfreie Gebiete nebeneinander lagen, sich hier ländliche und grundherrschaftliche Verhältnisse fortsetzten.

Die Durchlässigkeit zwischen Stadt und Land war nach wie vor ein Kennzeichen der russischen Gesellschaft. Dörfliche Handwerker und Bauern verkauften ihre Produkte grossenteils selbst in der Stadt, zu einer städtischen Absonderung kam es nicht. Festgefügte Gewerbeorganisationen wie Zünfte im westeuropäischen Sinn waren deshalb nicht möglich, aber auch nicht nötig. Allerdings erleichterte es dies dem Selbstherrscher, mit zentral erlassenen Vorschriften in alle Lebensbereiche regelnd einzugreifen. Wie schon in der Kiever Rus' wurde kein Stadtrecht eingeführt – mit Ausnahme Westrusslands, wo teilweise das Magdeburger Recht galt –, so dass die Stadtluft auch nicht rechtlich «frei» machte. Trotzdem zogen viele vom Land in die Stadt, insbesondere nach Moskau und glichen die hohen Bevölkerungsverluste durch Kriege, Seuchen und Hungersnöte schnell wieder aus. Es waren freie Bauern, die hier bessere Existenzmöglichkeiten suchten, aber auch Abhängige oder gar Unfreie, die jetzt untertauchten und schliesslich doch frei wurden, wenn man sie nicht entdeckte. Manche begaben sich in den Schutz eines mächtigen Herren oder der Kirche, wo sie sich günstigere Bedingungen als vorher versprachen.

Dass dem zarischen Selbstherrscher gemeinsam mit der Kirche immer mehr die Aufgabe zugeschrieben wurde, die unübersichtlichen Strukturen des Landes mit ihren fliessenden Grenzen zusammenzuhalten, zeigt auch ein Blick auf die einst so mächtigen Bojaren und auf die Bauern. Innerhalb des Hochadels war durchaus ein Bewusstsein gemeinsamer Interessen vorhanden. Die Klientelverbindungen besassen einen beinahe korporativen Charakter und konnten die Zarenmacht vielfach begrenzen, zumindest beeinflussen. Daraus bildete sich jedoch wiederum keine Stände- oder Repräsentativverfassung im westeuropäischen Sinne. Die Weite des Landes erschwerte sicher ebenso eine Organisierung wie die ursprüngliche Individualisierung der Bojaren, weil diese nicht in eine Lehensverfassung oder eine allgemeine Dienstpflicht eingebunden worden waren. Die Kirche förderte den Alleinherrschaftsanspruch des Zaren, dieser konnte den neuen, aufstrebenden Dienstadel gegen den alten Erbadel ausspielen. Hinzu kam ein traditionelles Verhältnis von Loyalität und wechselseitigem Leistungsverhältnis, das das Denken der Bojaren bis ins 16. Jahrhundert hinein prägte. Die gemeinsame soziale Basis von Bojaren und Zaren war unbestritten. Zudem hatte es der Hochadel in der Regel nicht nötig, sich fester zusammenzuschliessen, um sich gegen den Herrscher zu verteidigen: Sein Einfluss war gross genug. Zur Abwehr der Massnahmen Ivans IV. war er dann allerdings nicht fähig. Und in der «Zeit der Wirren» erwies sich, dass die grossen Adligen nach den Experimenten mit einer Bojarenherrschaft oder einer Repräsentativverfassung gemäss polnischem Vorbild doch der Autokratie den Vorzug gaben. Sie wollten die alte Ordnung wiederherstellen und glaubten, nur der Selbstherrscher könne die Zerrissenheit des Landes überwinden.

Ähnliches lässt sich für die Kaufleute, die Handwerker, ja selbst für die Bauern sagen. Auch sie begehrten häufig auf und verstanden es, sich zu organisieren. Die Dorfgemeinde als Einrichtung korporativer Selbstverwaltung bot ihnen dazu eine gute Grundlage. Aber immer wieder vertrauten sie auf den Zaren als Retter, als Führer- und Vaterfigur in einer erregten Umbruchzeit, die man schwer einordnen und durchschauen konnte. So wird deutlich: Die strukturelle Vielschichtigkeit des Landes ohne klare sozialökonomische Abgrenzungen ermöglicht durchaus Initiativen von unten und kann ungeheure Kräfte freisetzen, stärkt aber andererseits die Stellung einer Zentrale, die als einzige übergreifende Einrichtung regelnd eingreifen kann, was man von ihr immer wieder auch erwartet. Dieses Grundproblem der Geschichte Russlands setzt sich bis in unsere Tage fort.

Vom Erb- zum Dienstadel

In der sozialen Hierarchie standen nach wie vor die Bojaren an der Spitze. Der Begriff «Bojarenkinder» war hingegen, deutlich anders als in der Kiever Rus', dem niederen Adel vorbehalten: Namentlich Abkömmlinge verarmter Bojarenfamilien sowie die Hofleute der Fürsten und Bojaren wurden darunter verstanden. Mit dem Aufstieg des Dienstadels verschmolzen die verschiedenen Adelskategorien, die Geburtsadligen wurden nun zu «Dienstleuten von Geburt». Die Bojaren verloren nach und nach ihren erblichen Grundbesitz, die *votčina*, und erhielten ebenfalls ein Dienstgut, ein *pomest'e*. Zum erstenmal wurde ein Dienstgut unter Ivan Kalita in der ersten Hälfte des 14. Jahrhunderts erwähnt, vermehrt tauchten solche Besitzungen dann seit der Mitte des 15. Jahrhunderts auf. 1556 erliess der Zar eine «Verordnung über den Dienst»: Wer über 150 Desjatinen oder 15 bis 20 Bauernhöfe verfügte, hatte Heeresfolge zu leisten. Dabei waren Dienst- und Erbgüter gleichgestellt. 1562 wurde die freie Verfügung über Erbgüter eingeschränkt. Diese Entwicklung fand dann im 18. Jahrhundert ihren Abschluss.

Die adligen Grundbesitzer besassen zahlreiche Privilegien und waren weitgehend von Abgaben und Steuern befreit. Dennoch sind diese Verhältnisse nicht ohne weiteres mit dem westeuropäischen Feudalismus gleichzusetzen, denn die Güter blieben in die fürstliche Fiskal- und Verwaltungsorganisation eingebunden. Von einer Immunität kann man uneingeschränkt nur bei den fürstlichen Schenkungen an die Kirche sprechen. Auch dies versuchten die Grossfürsten und Zaren seit Beginn des 15. Jahrhunderts zu ändern und verboten immer wieder zusätzlichen Grunderwerb, ohne sich damit jedoch vollständig durchsetzen zu können.

Wenn nun auch die Bojaren zum Dienst verpflichtet wurden, musste zwangsläufig ihr ursprüngliches Recht, ihre Fürsten zu verlassen, in Frage gestellt und als «Verrat» angesehen werden. Wer sich widersetzte, hatte mit dem Einsatz aller Gewaltmittel zu rechnen, seine Güter wurden ihm entzogen. Die Bojaren konnten keine territoriale Hausmacht aufbauen. Der grösste Teil des Adels war ohnehin darauf angewiesen, vom Grossfürsten und Zaren unterhalten zu werden. Die Güter genügten dafür in der Regel nicht. In der Konkurrenz um die einträglichsten Belohnungen und um den besten «Platz» in der Rangordnung, im *mestničestvo,* kam es oft zu heftigen und blutigen Familienauseinandersetzungen. Vielfach rief man den Zaren als Schiedsrichter an – ein Beispiel für die Aufgabe des Selbstherrschers als integrierendes Bindeglied.

Der Adel stellte zunächst das Heeresaufgebot. Dies reichte schliesslich nicht mehr aus, so dass vor allem unter Ivan IV. und nach einer weiteren Heeresreform von 1630 neue Schichten von «Dienstleuten» aus der städtischen und ländlichen Bevölkerung rekrutiert werden mussten. In der Regel stammten diese nicht aus dem Adel, ein Aufstieg war jedoch möglich. Verdienste durch Leistung oder durch die Nähe zum Zaren förderten eine verhältnismässig hohe Mobilität innerhalb des Adels. Eine grundsätzliche Abschottung gegenüber anderen Schichten gab es nicht.

Land stand für die zunehmende Zahl der Adligen nur begrenzt zur Verfügung. Der Zar übereignete ihnen konfiszierte Bojarengüter, hin und wieder Kirchenländereien oder Grund und Boden in eroberten Gebieten, manchmal auch aus seinen eigenen Besitzungen. Dies war aber viel zu wenig. Deshalb mussten folgerichtig die freien Bauern in Abhängigkeit gebracht werden. Daran hatten auch die Bojaren Interesse, weil die Bewirtschaftung ihrer Güter durch Unfreie nicht mehr einträglich genug war.

«Schwarze» und «weisse» Bauern

Bis weit ins 15. Jahrhundert hinein stellten die freien, die «schwarzen» Bauern die Mehrheit in den Dörfern. Sie unterstanden nur dem Fürsten und waren lastenpflichtig. Dieses *tjaglo* beinhaltete Steuern, «Durchfüttern» der fürstlichen Beauftragten und bestimmte Leistungen wie Mitarbeit am Bau von Befestigungen, Brücken oder Wegen, Unterhalt von Post- und Reisedienst. Die Dorfgemeinde haftete im Rahmen ihrer Selbstverwaltungsaufgaben kollektiv für die Erfüllung der Lasten.

Doch allmählich zeichneten sich tiefgreifende Veränderungen ab. Der Mangel an Menschen aufgrund der Mongolenzüge, der zahlreichen Fürstenkriege sowie der Seuchen und Hungersnöte, die – weitgehend unrechtmässige – «Klosterkolonisation», illegale Landaneignungen und eben die fürstlichen Schenkungen an Adlige bildeten den Hintergrund dafür. Immer mehr «schwarze» wurden zu «weissen», also abhängigen Bauern. Dies geschah vielfach durch Gewalt, teilweise aber auch durch die Ausstattung der Bauern mit Privilegien, etwa einer Steuerbefreiung. Mit der Steuerfreiheit gegenüber dem Fürsten wurde man «weiss», geriet dafür aber in ein Schuldverhältnis gegenüber dem Grundherrn. Später sollte dann auch die Steuerfreiheit nicht mehr gelten. Anfangs leisteten diese Bauern ihrem Herrn einen Zins, einen *obrok,* in Naturalien, später zunehmend in Geld. Die *barščina,* die Fronarbeit mit Hand- und Spanndiensten, war zunächst nur auf intensiv betriebenen, grösseren Eigenwirtschaften verbreitet, die bis ins 15. Jahrhundert hauptsächlich Klöstern gehörten.

Die Unterstellung unter einen Grundherrn konnte für die Bauern durchaus materielle Vorteile mit sich bringen. Ihre Freizügigkeit wurde in der ersten Zeit auch nicht angetastet. Doch seit der zweiten Hälfte des 15. Jahrhunderts setzten, wie wir gesehen haben, Beschränkungen des Abzugsrechts ein. Ursprünglich war wohl noch nicht daran gedacht, die Bauern grundsätzlich an die Scholle zu binden, sondern man wollte eher eine kontinuierliche Feldbestellung in der Saat- und Erntezeit gewährleisten. Aber da immer höhere Anforderungen an die Dienstpflicht des Adels gestellt wurden, musste dieser an einer Produktivitätssteigerung der Bauern interessiert sein. Hinzu kam durch eine Steuerreform in der Mitte des 16. Jahrhunderts ein wachsender finanzieller Druck auf die Bauern, der sie zwang, mehr zu erzeugen, um durch Verkauf das benötigte Geld zu erhalten. Dies verstärkte indirekt die langfristige Bindung an den Boden. Allerdings waren viele Bauernhöfe den neuen Belastungen nicht gewachsen, zumal diese in eine Zeit zahlreicher Kriege, des *opričnina*-Terrors, von Epidemien und Hungersnöten fielen. Man spricht für die Jahre zwischen 1560 und 1620 von der «grossen Wüstungsperiode». Viele Bauernhöfe, aber auch Dienstgüter brachen zusammen, weite Landstriche verödeten. Die Schätzungen über Bevölkerungsverluste schwanken zwischen 25 und 40 Prozent. Um so stärker mussten nun die vorhandenen Arbeitskräfte unter Kontrolle gebracht werden. Die Abschaffung jeglicher Abzugsmöglichkeiten für die Bauern im *uloženie* von 1649 war die Folge.

Allerdings darf man auch dieses Gesetzbuch nicht mit der Wirklichkeit gleichsetzen. «Läuflinge», Bauern, die in unwegsame Grenzgebiete oder in der Hoffnung auf bessere Arbeitsbedingungen zu reichen Bojaren flohen, gab es noch für lange Zeit. Andererseits beschränkten manche Adlige ihre neuen Rechte keineswegs auf die Schollenpflichtigkeit für die Bauern, sondern verfügten nach ihrem Gutdünken über diese. Die Schollenpflichtigkeit bedeutete in zunehmendem Masse in Wirklichkeit Leibeigenschaft. Das war im Gesetzbuch nicht vorgesehen gewesen. So hiess es dort noch, dass bei einem vorsätzlichen Mord des Grundherrn an einem Bauern jener mit dem Tode bestraft werde. Ein Bauer allerdings wurde für einen Mord an seinem Herrn in jedem

Fall, auch ohne Vorsatz, zum Tode verurteilt. Auch sonst enthielt das *uloženie* verschiedene Schutzrechte. Bauern zu verkaufen war verboten, obwohl dies dann doch häufig vorkam. Selbst die vollständig Unfreien, die *cholopy*, durften nur verkauft werden, wenn sie ungetauft waren. Dass sie rechtlich gegen Mord und Ehebruch geschützt wurden, hat ihnen im Konfliktfall meist ebensowenig genützt.

Unfrei war man von Geburt an oder wurde es durch Heirat und als Kriegsgefangener. In der Regel setzte man die *cholopy* als Gesinde, Jäger, Köche, Handwerker oder Bauern auf den Gütern ein, um die Selbstversorgung sicherzustellen. Später, als dies nicht mehr ausreichte, kamen die Leistungen abhängiger Bauern hinzu. Damit veränderte sich aber auch die Wirtschaftsweise der Güter. Seit dem 17. Jahrhundert teilten die Gutsherren den Unfreien mehr und mehr eigene Höfe mit Landwirtschaft zu, so dass sich ihr Status allmählich dem der Vollbauern anglich. Aber genauso, wie die abhängigen Bauern über den Militärdienst oder über eine Tätigkeit in Handel und Gewerbe aufsteigen konnten, war selbst für die *cholopy* eine soziale Mobilität nicht ausgeschlossen: Sie konnten freigelassen werden.

Eine besondere Form der Unfreien stellten die «Schuldknechte» dar. Sie hatten sich, um ihre Schulden zu bezahlen, mehr oder weniger freiwillig in eine teilweise vorübergehende, vertraglich abgesicherte Verknechtung begeben, die mit Diensten verbunden war. Meistens dauerte die Unfreiheit jedoch wegen der komplizierten Regelungen ein Leben lang. Beide Arten der Unfreiheit begannen zu verschmelzen. Dem Zaren konnte dies gar nicht recht sein, denn er verlor dadurch Steuerzahler: Die *cholopy* waren von allen Pflichten und Lasten gegenüber dem Zaren befreit. In der Krise der 1560er Jahre unter Ivan IV. sanken viele Bauern zu Unfreien ab. Mancher hohe Herr kaufte einem Kleinadligen seine Bauern ab, indem er deren Schuld bezahlte. Im Gesetzbuch von 1597 wurden schliesslich die vollständig Unfreien und die Schuldknechte gleichgestellt. Wer einmal in Schuldknechtschaft geriet, konnte erst beim Tod seines Herrn daraus befreit werden. Zugleich versuchte der Zar – wie schon seine Vorgänger –, die Möglichkeit der Schuldknechtschaft einzuschränken. Dadurch ging die Zahl der *cholopy* allmählich zurück. Auch dies trug dazu bei, dass sich der Status des Bauern anglich.

Ein ähnlicher Prozess vollzog sich bei einer weiteren – hier aus einer Vielzahl von bäuerlichen Zwischenkategorien herausgegriffenen – Schicht: den *bobyli*. Sie besassen einen Hof, aber gar kein oder nur wenig Land. Meistens betrieben diese Häusler ein Gewerbe oder verdingten sich als Tagelöhner. Sie standen ausserhalb der Dorfgemeinde und der Kollektivhaftung und waren deshalb auch in geringerem Masse lastenpflichtig als die Vollbauern. Viele von ihnen fielen in den Status eines Unfreien. 1679 wurden die *bobyli* mit den Vollbauern rechtlich gleichgestellt, die Steuer orientierte sich nicht mehr am Pflug, sondern am Hof.

Landwirtschaft im Wandel

Wesentlich stärker als in der Kiever Rus' prägte inzwischen die Landwirtschaft samt dem dörflichen Hausgewerbe, der *kustar'*-Industrie, das Bild Russlands. Die Art der agrarischen Produktion hatte sich nur langsam verändert. Neue Böden in der Misch- und Nadelwaldzone wurden durch Brandrode- und Schwendwirtschaft erschlossen. Die Asche der abgebrannten Bäume diente als Dünger. Der Boden wurde mit der *socha*, dem hölzernen, bestenfalls mit Eisen beschlagenen Haken- oder Gabelpflug, umgepflügt. Nach drei bis vier Jahren zog man weiter. Die wachsende Bevölkerungszahl erzwang schliesslich eine dauerhafte Nutzung und damit eine Mehrfelderwirtschaft. Seit der zweiten Hälfte des 15. Jahrhunderts finden wir, ausgehend von Klöstern, eine Dreifelderwirtschaft mit einem Wechsel von Winter- und Sommergetreide sowie Brache. Oft war sie noch mit den alten Formen verbunden. Entsprechend lebten die Bauern überwiegend in Streu- und Weilersiedlungen, die Felder gliederten sich in Block- und zunehmend in Streifenfluren. Die Wüstungsperiode, die Verschärfung der Schollenbindung und der damit verbundene Leibeigenschaftsprozess brachten es mit sich, dass die Dörfer grösser und geschlossener wurden, ohne dass die Weiler verschwanden. Der Gutsherr und dann auch der Staat griffen regulierend in die Gestaltung der Dörfer ein, etwa mit Feuerschutzvorschriften. In der Wirtschaftsweise setzte sich nach und nach die Dreizelgenbrache durch. Ein Flurzwang scheint erst später damit einhergegangen zu sein: Dann durften die Bauern ihre Parzellen nicht mehr nach eigenem Gutdünken bearbeiten, sondern mussten sie in drei Feldschläge, eben Zelgen, einbinden. Alle Flurgenossen gemeinsam vollzogen die Fruchtfolge im Dreijahresrhythmus. Diese ökonomische Veränderung begünstigte den Prozess, dass die Dorfgemeinde das gesamte Land in Besitz nahm, um es regelmässig nach bestimmten Anteilen an die Bauern zu verteilen, wie es im 19. Jahrhundert für die russische Agrarverfassung typisch sein sollte. Die einzelnen Gewanne wurden dabei nach der Qualität des Bodens und der Entfernung zum Hof in Streifen eingeteilt.

Die Erträge lagen nicht besonders hoch. Selbst auf den Klosterwirtschaften wurde im 16. und 17. Jahrhundert bei Gerste und Roggen ein Verhältnis von 1 : 4–5 zwischen Aussaat und Ernte erzielt, bei Hafer von 1 : 3. Die Kolonisierung des südlichen Steppengürtels mit seinen guten Böden im 17. Jahrhundert verbesserte dann die Situation. Hauptursache für die niedrigen Erträge war der fehlende Dünger. Dies wiederum lag an der gering entwickelten Viehzucht. Nur die grossen geistlichen und weltlichen Güter hatten bedeutende Pferde-, Rinder- und Schafherden. Es standen viel zu wenig Wiesen für Heu zur Verfügung, so dass es an Winterfutter mangelte. Häufig sicherten sich die Gutsherren mit Gewalt fruchtbare Wiesen. Auch bei der Fronarbeit standen die Anlagen von Wiesen und Heuernte an oberster Stelle.

Die veränderte Wirtschaftsweise und der verstärkte finanzielle Druck durch die Steuerreform in der Mitte des 16. Jahrhunderts, die die Bauern zum Verkauf ihrer Erzeugnisse nötigte, förderten eine Produktion über die Selbstversorgung hinaus. Die Bauern übernahmen dabei oft selbst den Handel mit

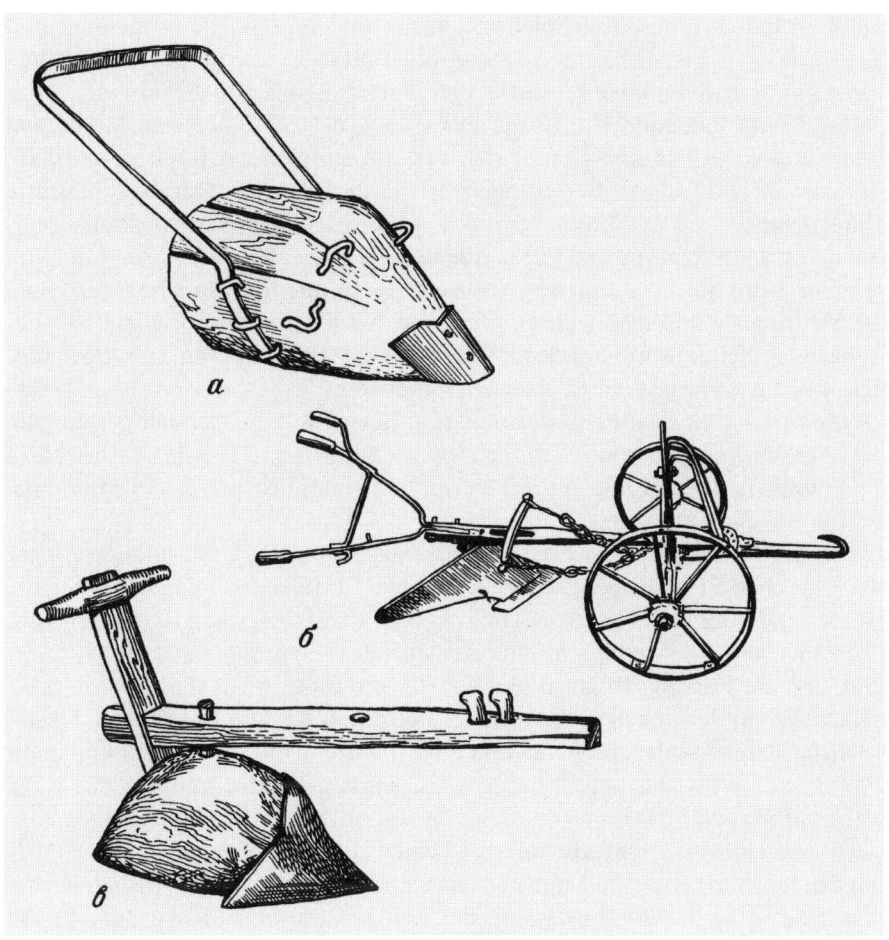

Verschiedene Formen der socha: *a) ohne Regulierung der Pflugtiefe, b) mit Tiefenregulierung, c) regionale Variante.*

ihren agrarischen wie gewerblichen Gütern.

Ländliches Gewerbe

Nach wie vor spielten Jagd, Fischfang und Bienenzucht eine wichtige Rolle. Bestimmte Tierarten blieben der Bejagung durch Fürsten und Adlige vorbehalten, auch wenn insgesamt die Jagd kein herrschaftliches Privileg darstellte. Auf fürstlichem und klösterlichem Besitz, aber auch von «schwarzen» Bauern wurden oft regelrechte Bienenweiden, mehrere Kilometer lang und breit angelegt. Seit dem 15. Jahrhundert betrieb man darüber hinaus Bienenzucht im engeren Sinn. Diesem Gewerbe entzog seit Mitte des 17. Jahrhunderts vielfach die Pottascheerzeugung seine Grundlage. Umfangreiche Laubwaldbestände wurden abgeholzt und verbrannt, ihre Asche ausgelaugt und der Extrakt in Eisenkesseln eingedampft. Pottasche diente der Herstellung von Glas und Schmierseife sowie der Vorreinigung von Schafwolle. Hier bestand eine lockende Nachfrage aus dem Ausland. Neben ausländischen Interessenten selbst engagierten sich deshalb zunehmend Bojaren und Klöster mit ihren riesigen Besitzungen in dieser Branche. Der bedeutendste Unternehmer war der Bojar Morozov, gegen den sich der Moskauer Aufstand von 1648 richtete. 1662/63 stellte seine Witwe allein 45 Prozent der von privater Seite an die Zaren abgeführten Gesamtmenge. Daneben betrieben die Morozovs zahlreiche weitere Gewerbe: Schmieden, Gerbereien, Leinenwebereien, Schnapsbrennereien, Ziegeleien, Mühlen, um nur einige zu nennen. Land besassen sie in 17 Kreisen, mindestens 300 Dörfer mit über 27'000 «Seelen» nannten sie ihr eigen. An diesem Beispiel zeigte sich schon sehr früh die enge Verbindung von Adel und Unternehmertum in Russland. 1668 starb die Familie in dieser Linie aus, ihr Vermögen einschliesslich der Produktionsstätten fiel an den Zaren.

Ein weiteres wichtiges Gewerbe war die Salzgewinnung. Ursprünglich konnte der Eigenbedarf nicht gedeckt werden, eine Einfuhr erfolgte etwa über die Hanse oder über die Mongolen. Die russischen Salzsiedereien lagen vornehmlich an Küsten oder an Flüssen. Je einträglicher sie wurden, um so stärker verdrängten die Fürsten, Bojaren und Klöster die Bauern aus diesem Gewerbe, namentlich in der ersten Hälfte des 15. Jahrhunderts. Die Bohrungen, Gerätschaften, Schachtanlagen, Siede- und Lagerhäuser erforderten mehr und mehr Mittel, die selbst die anteilmässigen Zusammenschlüsse von Bauern nicht mehr aufbringen konnten, so dass sie insbesondere den kapitalkräftigen Klöstern und einzelnen Unternehmern weichen mussten. Seit der ersten Hälfte des 16. Jahrhunderts stand neben verschiedenen Moskauer Grosshändlern – den *gosti* – die Kaufmannsfamilie der Stroganovs im Vordergrund. In der Mitte des 17. Jahrhunderts stellte sie nach dem Zaren und dem Bojaren Morozov den grössten Grundbesitzer Russlands. In der Salzproduktion nahm sie schliesslich fast das Monopol ein, bis sich dieses dann 1711 der Staat sicherte. Hier wird die enge Verzahnung von Staat und Wirtschaft deutlich.

In der Holzverarbeitung zeigten die russischen Bauern eine in Europa damals sonst nicht erreichte Meisterschaft. Im dörflichen Hausgewerbe wurde weiterhin Leinen in grober Qualität erzeugt, das teilweise sogar nach Asien, seit dem 16. Jahrhundert auch nach dem Westen exportiert werden konnte. Im Innern waren der Zarenhof und die Klöster Hauptabnehmer. Versuche, Tuch- und Seidenmanufakturen einzurichten, blieben überwiegend erfolglos. Ein in erster Linie ebenfalls bäuerliches Gewerbe stellten Metallgewinnung und -verarbeitung, namentlich von Eisen dar, trotz einer Reihe wichtiger ausländischer Unternehmer. Kleine Familien- oder Nachbarschaftsgemeinschaften bildeten sich zu diesem Zweck aus, hauptsächlich im Nordwesten und im Zentralgebiet. Die Grundherren scheinen bis ins 17. Jahrhundert hinein nicht in die Produktion eingegriffen zu haben. Soweit es sich nicht um «schwarze» Bauern handelte, erhielten jene natürliche Abgaben vom Gewinn. Der Produktionsvorgang begann nach der Ernte mit dem Ausgraben des Eisenerzes und setzte sich über die Wintermonate mit der Verhüttung fort. Teilweise belieferten die Bauern Schmiede in der Stadt, meistens geschah die Bearbeitung jedoch im Dorf selbst.

Die ausländischen Unternehmer und Fachkräfte wurden insbesondere für den Aufbau der zarischen Rüstungsindustrie, daneben für die Glockengiesserei sowie für das Gold- und Silberschmiedehandwerk verstärkt seit dem 17. Jahrhundert angeworben. Soweit es sich um Rüstung handelte, spielten dabei die Erfahrungen der Kriege mit Polen eine Rolle. Vielfach entstand nun unter Beteiligung von Bojaren eine regelrechte, modern ausgestattete Hüttenindustrie. Die bedeutendsten Unternehmerpersönlichkeiten dieser Zeit – seit den dreissiger Jahren des 17. Jahrhunderts – stellte die Familie Marselis aus Holland. 1690 fielen die Werke an den Onkel des Zaren, den Bojaren L. K. Narykin. Auch auf diesem Gebiet herrschte also eine enge Durchdringung von Bauern, Bojaren, Zaren und Früh-Unternehmern. Die Ausländer erhielten übrigens in der Regel Bauern als Arbeitskräfte «zugeschrieben». Die Bewohner ganzer Dörfer wurden auf diese Weise plötzlich Hüttenarbeiter. Im Grunde war dies Menschenhandel, eine Begleiterscheinung der Leibeigenschaft. Jedenfalls unterstützte der Staat auf diese Weise die Gründung von Manufakturen, ähnlich wie auch bei Glashütten sowie Pulver- und Papiermühlen. Aber es fehlte die dauerhafte Massennachfrage – zumindest ausserhalb des Rüstungsbereichs –, so dass viele grössere Betriebe wieder eingingen oder vom Staat selbst übernommen werden mussten.

Die Stadt

Die Gesamtstadt, der *gorod*, gliederte sich in den *kreml'*, die Burg, die ursprünglich einmal den Kern der Stadt gebildet hatte, und den *posad*, die Vorstadt, die dann die «eigentliche Stadt» ausmachte. Dazu kamen die *slobody*, die «Freiheiten»: Höfe des Zaren, der hohen Geistlichkeit und der reichen Bojaren, die verstreut im *posad* oder am Rand als «weisse» Bezirke ohne Abgabenpflicht und gemeinsame Steuerhaftung lagen. Die «Freiheiten» von Ausländern waren hingegen geschlossene Siedlungen ausserhalb der Stadt, die sich zu grösseren eigenständigen Vorstädten entwickelten. Die «schwarze» Bevölkerung des *posad*, die freien handel- und gewerbetreibenden Einwohner, hatte Steuern und Abgaben sowie Dienste zu entrichten und haftete dafür kollektiv. Ihre Freizügigkeit war dadurch ebenso beschränkt wie bei den Bauern, ein Wegzug belastete die Zurückbleibenden erheblich. Der *posad*, der einem zarischen Statthalter unterstand, besass eine Selbstverwaltung, die sich allerdings nicht so stark ausprägen konnte wie bei der Dorfgemeinde. Allein die Durchbrechung der Struktur durch die «weissen» Bezirke, die sich auch wirtschaftlich nachteilig bemerkbar machte, wirkte dem entgegen.

Einige Ämter wurden vom örtlichen Dienstadel besetzt und dienten als Bindeglied zwischen der *posad*-Einwohnerschaft und der Zentralverwaltung. Daneben wählte die Stadtgemeinde ihren Ältesten, den *starosta*, sowie eine Reihe von Hilfskräften. Dies waren meistens recht vermögende «schwarze»

Städter, da sie zunächst einmal stellvertretend für die Gesamtgemeinde steuerlich haften mussten. Sie verteilten auch die Dienstpflichten, die Fron bei Festungs-, Brücken- und Wegebau, bei Transportleistungen oder Verbrecherverfolgung. Zu ständigen Konflikten mit der zarischen Verwaltung kam es wegen der attraktiven «weissen» Gebiete, die immer wieder Einwohner anzogen, obwohl sie dort unfrei wurden. Dadurch erhöhte sich die Steuerlast für die «schwarzen» Städter. Der Zar unterstützte deren Bitten im Prinzip, denn er war an möglichst vielen Steuerzahlern interessiert. Trotz verschiedener Massnahmen konnte er sich jedoch gegen die mächtigen geistlichen und weltlichen Herren nicht durchsetzen. Erst mit dem *uloženie* von 1649 wurden alle *slobody,* ausser den zarischen, aufgehoben und sämtliche Einwohner der Steuer- und Lastenpflichtigkeit unterworfen, soweit es sich nicht um schollenpflichtige Bauern und vergleichbare soziale Kategorien handelte. Allerdings: zahlreiche Ausnahmen erhielten sich oder bildeten sich gar neu.

Die städtische Mittel- und Unterschicht bildeten die «schwarzen» Leute, die sich mit Handwerk, Kleingewerbe und Kleinhandel beschäftigten. Obwohl man noch keineswegs von einem ausgebildeten Binnenmarkt sprechen kann und nur wenige grössere Städte die Funktion von Handelszentren ausübten, herrschte immer eine gewisse Fluktuation zwischen Stadt und Land. Die Oberschicht, eine Übergangsstufe zwischen «schwarzen» und «weissen» Städtern, stellten die Kaufleute und Grosshändler. An der Spitze standen die *gosti,* die Fernkaufleute, mit der Sondergruppe der *surožane.* Diese hiessen so nach Surož auf der Krim, wo der Handel in südlicher und östlicher Richtung, von den Mongolen durchaus gefördert, umgeschlagen wurde. Hin und wieder reiht man auch Tuchhändler, die *sukonniki,* unter die *gosti* ein, weil sie die Wollstoffe aus dem Westen, vor allem aus Flandern beschafften. Im übrigen waren die Tuchhändler keineswegs nur Grosskaufleute, so dass man sie zu Recht meist als eigenständige Gruppierung fasst. Umstritten ist, ob diese beiden Kategorien, die Fernkaufleute und die Tuchhändler, Korporationen ausgebildet haben. Nach dem bisherigen Stand der Forschung scheint dies höchst zweifelhaft zu sein, zumal die enge Bindung der *gosti* an den Grossfürsten und Zaren bestehen blieb und sich die Sonderfälle in Novgorod und Pskov nach der Eingliederung dieser Gebiete in den Moskauer Machtbereich offenbar auflösten.

Die *gosti* handelten nicht nur oft im Auftrag und zum Nutzen des Grossfürsten und Zaren, sondern übernahmen auch hoheitliche Aufgaben: im Steuerbereich, als Ratgeber des Zaren in der Handelspolitik, auf diplomatischen Missionen, als Kontrollorgane gegenüber ausländischen Kaufleuten, in der Zoll- und Schankverwaltung, bei der Münze des Zaren, auf seinem Abgabenhof und in seiner «Zobelkammer». Darunter litten oft die eigenen Geschäfte. Trotz fliessender Grenzen sind die *gosti* zu unterscheiden von der «Gästehundertschaft», der *gostinaja sotnja,* einer Art Zwangsgilde. Sie war nicht von unten nach oben aufgebaut, in ihr spielte das genossenschaftliche Element vermutlich eine untergeordnete Rolle, während der herrscherliche Einfluss überwog. Auch sie hatte Dienste für den Zaren zu leisten, ebenso wie die Hundertschaft der Tuchhändler, die allerdings eindeutig in Dienst und Privileg darunter stand. Die *gosti* waren von den normalen Lasten der Städter befreit, durften frei zum Handel ins Ausland fahren, besassen das Recht, Bauern und ein Vatererbe – eine *votčina* – zu erwerben, und unterlagen unmittelbar der zarischen Gerichtsbarkeit. Darüber hinaus durften sie wahrscheinlich Brenn-, Brau- und Schankrechte wahrnehmen und brauchten keine Zölle und Abgaben zu zahlen. Hingegen war den beiden Hundertschaften das Recht auf eine *votčina* verwehrt, ebensowenig konnten sie selbständig im Ausland tätig sein. Für sie war nicht die Gerichtsbarkeit des Zaren, sondern die seines Statthalters zuständig.

Als Einteilungskriterien in die verschiedenen Kategorien der Kaufleute dienten schon im 16. Jahrhundert die Vermögensverhältnisse, jedoch weniger scharf als später. Die Mobilität zwischen diesen verschiedenen Gruppen war noch im 17. Jahrhundert recht hoch – wie allgemein in der russischen Gesellschaft, ein Zeichen ihrer strukturellen Vielschichtigkeit. Dies hing nicht zuletzt mit der engen Bindung an den Zaren zusammen, die zwar erhebliche Vorteile bieten konnte, aber auch oft zum geschäftlichen Ruin oder zum Einzug des Vermögens durch den Zaren führte, wenn dieser dadurch seine Interessen besser gewährleistet sah. Insgesamt erhöhte sich, ähnlich wie bei den ländlichen Verhältnissen, der Druck des zarischen Systems auf die Stadt.

Handel und Geldwirtschaft

Der Fernhandel in Richtung Westen wickelte sich bis zum Niedergang Novgorods über die Hanse ab. Eingeführt wurden Tuche, Tafelsalz, Silber, Schmuck, Bier, Wein, Heringe, teilweise auch Getreide. Als Gegenleistung exportierte man Pelze, Eichhörnchenfelle als Massenware, Wachs, Leder, dazu Seide, Gewürze und Arzneien aus dem Orient. Die Tauschbedingungen zwischen Hanse und Novgorod sind nur ansatzweise bekannt. Die Hanse nahm sicher eine starke Stellung ein, ihre Waren durften nicht geprüft und gewogen werden, im Unterschied zu denen der Novgoroder. Aber sie war auch auf diese angewiesen: Bis ins 15. Jahrhundert konnte sie nicht eigenständig mit anderen russischen Städten oder Fürsten handeln. Im Laufe der Zeit wuchs die Bedeutung von Pskov, Dorpat und Smolensk sowie anderer Städte dieser Gegend, allerdings oft behindert durch die kriegerischen Auseinandersetzungen zwischen Polen und Russland. Zu den genannten Tauschprodukten kamen noch Waffen und Pferde, dann auch Schiffsbauholz und Pottasche hinzu. Später tauschten die Russen Tran, Häute, Holz, Teer, Flachs, Hanf, Juchtenleder, Taue und Leinen gegen Salz, Buntmetalle, Schwefel, Salpeter und Eisenwaren ein. Im Grenzbereich zu Polen-Litauen entfaltete sich übrigens seit dem 16. Jahrhundert ein reger, auch gesamtvolkswirtschaftlich nicht unwichtiger Schmuggel, der sich meist in jüdischer Hand befand.

So wie der Westhandel durch die Nachbarstaaten behindert wurde, war auch der Handel in Richtung Süden und Südosten nicht frei von Hemmnissen. Gegenüber den Sperren, welche die Wolgabulgaren oder die zahlreichen gefährlichen Nomadenstämme errichtet hatten, stellte das Grossreich der Mongolen sogar eine Erleichterung dar. Nach seinem Zerfall ergaben sich wieder mehr Schwierigkeiten, nicht zuletzt durch das Khanat von Kazan'. Im Schwarzmeer- und Mittelmeerraum selbst konnten sich die *gosti-surožane,* die mit Kiev als Umschlagplatz den Handel vermittelten, ebenfalls nicht frei entfalten, weil hier Genua und Venedig die Vorherrschaft ausübten. Später erlegten das Osmanische Reich und die Krimtataren dem russischen Handel gewisse Schranken auf. Exportiert wurden Pelze – namentlich Zobel, Hermelin und Schwarzfuchs –, Wachse, Honig, Leinen, Leder, zu den Krimtataren auch Waffen, Jagdfalken und Walrosselfenbein, Kleidungsstücke sowie verschiedene Handwerkswaren. Nach Russland kamen Arzneien, kostbare Seide, wertvolle Waffen, Perlen, Edelsteine, Gewürze, Weine und sonstige Luxusgegenstände, von den Tataren auch Salz und Pferde.

Selbst nach der Eroberung der Khanate von Kazan' und Astrachan' verbesserte sich der Handel in Richtung Persien und Indien nur allmählich. Perspektiven für die Zukunft eröffnete der Sibirien- und Fernosthandel, der im 17. Jahrhundert einsetzte. Wie insgesamt beim Fernhandel ist auch hier die enge Verbindung der Interessen von privaten Kaufleuten und Zaren zu beobachten. Der Zar hatte etwa seine Hand völlig auf dem Handel mit Zobelpelzen und strebte überhaupt danach, die einträglichen Handelsgeschäfte zu monopolisieren: Dies galt für Branntwein, Salz, Tabak, Gold, Silber und Edelsteine, ja sogar Rhabarber, bis zum Ende des 17. Jahrhunderts schliesslich für den Karawanenhandel. Die Kaufleute blieben auch hinsichtlich des politischen Rückhalts, des Kapitals oder der Schiffe für den Transport weitgehend vom Zaren abhängig. Bei vielen Produkten hatten sie die Bedürfnisse des Hofes oder des Staates vorrangig zu berücksichtigen, so bei der Rüstung, bei Edelmetallen oder Luxusgütern. Darüber hinaus mussten sie noch aufpassen, dass die ausländischen Kaufleute, die vom Zaren Privilegien erhielten, keinen zu grossen Wettbewerbsvorsprung besassen. Trotz vielfacher Beschränkungen – nicht zuletzt auf Druck der einheimischen Händler – beherrschten westliche Ausländer die bedeutenden Märkte und Umschlagplätze ausser im Sibirienhandel, von dem sie ausgeschlossen waren. Der Hof konnte daraus über Abgaben erhebliche fiskalisch-finanzielle Vorteile ziehen. All diese Verhältnisse erschwerten es der Kaufmannschaft, Kapital zu bilden. Immer wieder betätigten sich deshalb Händler in illegalen Geschäften oder versuchten, ihr Kapital zu verheimlichen. Dies erwies sich nicht eben als förderlich für Investitionen in die Wirtschaft.

Ein weiterer Nachteil stellte die gestörte Entwicklung der Geldwirtschaft dar. Sie hatte seit dem 14. Jahrhundert begonnen, sich auszubreiten. Im 16. Jahrhundert war unter Elena Glinskaja und Ivan IV. das Geldwesen im Moskauer Reich vereinheitlicht worden. Der Nahhandel und der Binnenmarkt insgesamt konnten dadurch erheblich angeregt werden. Doch die inneren Wirren und die zahlreichen Kriege zerrütteten dann das Geldsystem. Staatliche Massnahmen verschlechterten die Lage eher, als dass sie sie verbessert hätten. Erst seit der Mitte des 17. Jahrhunderts trat allmählich eine Erholung ein.

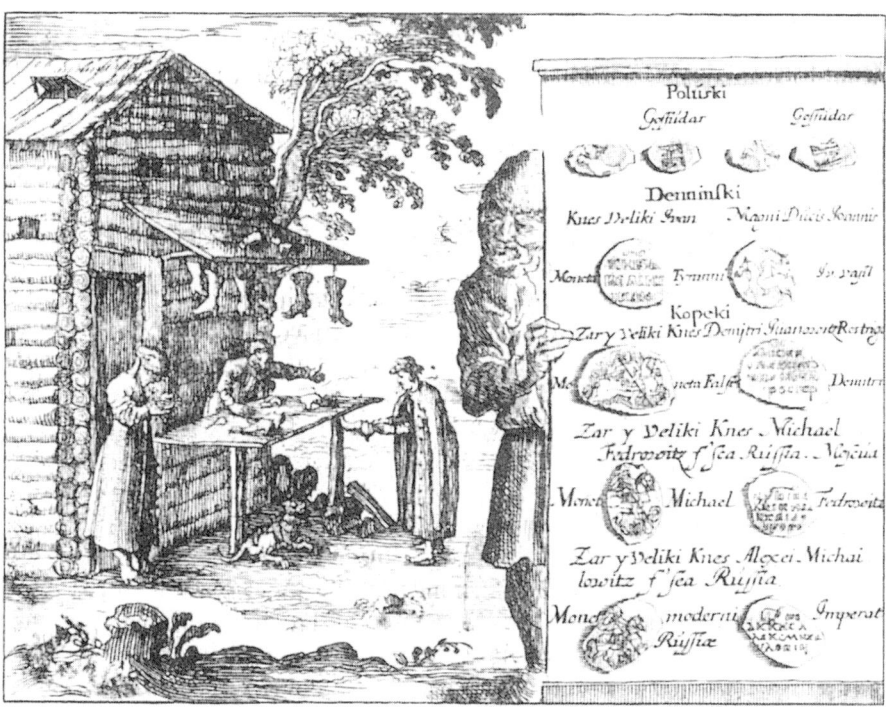

Handelsbude und Geldwesen im 17. Jahrhundert (aus einer Reisebeschreibung des
Adam Olearius von 1656).

Ikonen und literarischer Wandel

Der hohe Stand von Bildung und Kultur im Kiever Reich liess sich zunächst
nicht halten. Die vielen Kriege und insbesondere die Wüstungszeit, auch die
heftigen internen sozialen Umbrüche wirkten dem entgegen. Trotzdem hat
auch die Moskauer Periode kulturelle Glanzpunkte zu verzeichnen. Die Iko-
nenmalerei erlebte um die Wende vom 14. zum 15. Jahrhundert durch
Feofan Grek (erwähnt 1378–1405) – einen Griechen –, Danila Černyj und
Andrej Rublev (1360/70 bis um 1427/30) einen grossartigen Aufschwung.
Rublevs Dreifaltigkeitsbild zum Gedenken an den Heiligen Sergij wurde zur
berühmtesten Ikone überhaupt. Gemeinsam malten Rublev und Grek 1405
den Ikonastas – die Ikonenwand – der Mariä-Verkündigungs-Kathedrale in
Moskau.
Kirchlich beeinflusst wurde zunächst auch die Literatur, zumal sich erneut
zunächst Klöster zu den wichtigsten Buch- und Wissenzentren ausbildeten.
Bis zum 16. Jahrhundert waren Heiligenleben, anfangs stark nach byzantinischen Vorbildern, dann zunehmend selbständig gestaltet, die am meisten
verbreitete Gattung. Mehr und mehr traten dann Schriften zur Verherr-
lichung der russischen Kirche und des Moskauer Reichs in den Vordergrund.
Chroniken in traditioneller Art wurden ergänzt durch besondere geschicht-

liche Beschreibungen, so von Feldzügen und Eroberungen. Auch Memoiren und Tendenzschriften, etwa von emigrierten Kritikern der Autokratie, finden wir jetzt in wachsendem Ausmass, ebenso Lehrbücher. Eine neue literarische Zeit kündigten im 17. Jahrhundert erste Aufführungen von Musik- und Theaterstücken nach westlichem Vorbild, aber auch Gedichte sowie Novellen und Romane an. Prägungen einer volksnahen Dichtung sind dabei spürbar. Die Jahrhundertmitte bedeutete ebenfalls auf diesem Gebiet einen wichtigen Wendepunkt in der Öffnung zu neuen kulturellen Strömungen.

Essen und Trinken

Gegenüber der Spätphase des Kiever Reiches änderte sich für die breite Masse der Bevölkerung in den Lebensgewohnheiten – gerade auch beim Essen und Trinken – wenig. Brot und Grütze blieben die wichtigsten Nahrungsmittel. Salz hatte als Gewürz wie als Brotauflage eine ungeheure Bedeutung. Durch die Kolonisierung der fruchtbaren südlichen Gebiete wurde eine gewisse Verfeinerung der Ernährung möglich. Neben Kohl, Rüben, Knoblauch, Zwiebeln, Erbsen und Linsen traten Gurken, Möhren, Mangold, Rettich, Spargel, Wassermelonen und Obst, namentlich Äpfel, Kirschen, Pflaumen und Birnen. Auch Wein wurde nun, wenngleich in beschränktem Umfang, selbst angebaut.
Alkohol floss hauptsächlich beim gemeinsamen Feiern – aus familiärem Anlass, an einem Kirchenfest, zum Abschluss der Ernte oder bei einer anderen jahreszeitlichen Begebenheit. Auch «Bruderschaftsmähler» werden in den Quellen erwähnt. Nach wie vor spielten die Gaukler, *die skomorochi,* auf oder trieben ihre Spässe. Allgemein trank man zunehmend Bier und Wein, obwohl hauptsächlich immer noch Met und Kvas am meisten Zuspruch fanden. Allmählich gewann Branntwein an Beliebtheit. Seit dem 16. Jahrhundert wurden Getränke erwähnt, die wir heute Wodka nennen würden. Vermutungen, dass sie schon früher verbreitet waren, haben sich nicht mit Sicherheit erhärten lassen. Wahrscheinlich kamen sie aus dem Westen; nach anderer Auffassung brachten die Tataren den Russen die Kunst des Schnapsbrennens bei – jedenfalls scheinen diese sie nicht erfunden zu haben. Zunächst unterwarf die Regierung den Schnapsverbrauch strengen Beschränkungen. Doch ziemlich rasch drangen Wirtshäuser und Schänken vor, in denen offensichtlich Schnaps getrunken wurde. Der Staat hatte erkannt, welche Profitmöglichkeiten im Alkohol-, insbesondere im Schnapsverkauf lagen, und beanspruchte das Monopol dafür. Bis in die Gegenwart sollte er diese Einnahmequelle weidlich nutzen. Auf der anderen Seite kündigte sich der Tee als Leibgetränk der Russen an, nachdem seit Beginn des 17. Jahrhunderts der Weg nach Osten häufiger beschritten wurde. Seine weite Verbreitung erreichte er allerdings erst im 18. Jahrhundert.

Die «Kunst der Haushaltung»: Ratschläge für das Alltagsleben

Während der Regierungszeit Ivans IV. entstand, auf früheren Vorlagen fussend, ein Ratgeber für die Kunst der Haushaltung, der «*Domostroj*», der sich bis ins 19. Jahrhundert hinein grosser Beliebtheit erfreute. Der oder die Verfasser sind innerhalb der entstehenden Bürokratie sowie im Umkreis des Metropoliten Makarij und des Protopopen, des einem Propst vergleichbaren Oberpriesters, Sil'vestr zu suchen. Manche Forscher sehen in Sil'vestr sogar den Autor selbst. Er stand einem Haushalt vor, pflegte mit Händlern und Geschäftsleuten gute Beziehungen und entwickelte in einem Brief an seinen Sohn, der in dem Buch abgedruckt ist, ähnliche Gedankengänge, wie sie in den 63 Kapiteln ausführlich dargelegt wurden. Darüber hinaus konnte er als zeitweiliger Beichtvater und Berater des Zaren – bevor er nach dessen politischer Wende Ende der 1550er Jahre in ein Kloster verbannt wurde, wo er ungefähr 1566 starb – besonders prägnant die Meinung des Hofes ausdrükken. Vielleicht war Sil'vestr auch nur für die sogenannte zweite Redaktion verantwortlich, diejenige Fassung, die uns heute vorliegt. Jedenfalls tritt uns das Bild eines russischen Haushaltes vor Augen, wie ihn sich die gebildete Oberschicht zumindest für den Kreis der einigermassen wohlhabenden Leute vorstellte. Für seinen kleinen bescheidenen Wirkungsbereich war der Haushaltsvorstand zugleich ein Abbild des Zaren als eines patriarchalisch-frommgerechten Hausvaters in seinem Herrschaftsgebiet. Das Werk stellt in der Literaturgeschichte einen bedeutenden Markstein dar: Es ist in einer volkstümlichen und direkten Umgangssprache abgefasst, weil es einen breiten Kreis erreichen sollte, die Sprache hält sich weitgehend frei vom Schematismus der üblichen kirchlichen Schriften. Selbstverständlich entsprachen die Ratschläge nicht der Praxis. Wohlhabende Bauern, Kaufleute und Adlige verhielten sich keineswegs immer so «vernünftig». Dennoch können wir aus diesem Hausbuch, zumindest indirekt, Rückschlüsse auf das Alltagsleben ziehen.

Der geistlichen und weltlichen Obrigkeit ist ehrerbietiger Gehorsam zu leisten. «Fürchte den Zaren und diene ihm ergeben, bete allezeit für ihn und belüge ihn niemals, [...] sei ihm stets untertan.» Ein Widerstandsrecht wurde, ganz ähnlich wie in Westeuropa, unter Bezug auf die Bibel abgelehnt. «Es ist keine Obrigkeit ohne von Gott. Wer sich nun der Obrigkeit widersetzt, der widerstrebt Gottes Ordnung.» Entsprechend haben sich die Kinder gegenüber ihren Eltern zu verhalten: «Wer aber übel von seinen Eltern redet und sie kränkt, sie verwünscht oder beschimpft, der wird sündig vor Gott und vom Volk verdammt sein. Wer seinen Vater und seine Mutter schlägt, wird aus der Kirche und von jedweder heiligen Handlung verstossen und soll eines bösen Todes und durch weltliches Gericht sterben [...].» Die Erziehungsgewalt ist unbeschränkt. «So du eine Tochter hast, erziehe sie mit deiner ganzen Strenge und bewahre ihren Leib, so brauchst du dich nicht zu schämen. Sie wird dir gehorsam sein und wird nicht nach ihrem Willen tun [...]. Wenn du deinen Sohn liebst, so strafe ihn oft, und du wirst später Freude an ihm haben. Züchtige ihn von klein auf, und du wirst Wohlgefallen an ihm finden, wenn er zum Manne geworden ist.» Und der Ratgeber weiss auch: «Indem du seinen Körper mit Schlägen strafst, errettest du seine Seele vom Tode.»

Ähnlich väterlich streng, aber gerecht hat sich die Herrschaft gegenüber dem Gesinde zu verhalten und muss auch für dessen Wohlergehen sorgen. Dafür sind die Dienerinnen und Diener zu Gehorsam und Arbeitsamkeit verpflichtet. Die Anweisungen gehen bis in die kleinste Einzelheit, so etwa, wenn ein Diener «zu achtbaren Leuten geschickt» wird. «In der Diele, vor der Stube oder vor der Kammer soll er sich die schmutzigen Füsse abtreten, die Nase schneuzen, sich räuspern und ein geziemendes Gebet verrichten. [...] Wenn man ihn eingelassen hat, bohre er nicht mit dem Finger in der Nase, noch huste oder schneuze er sich, sondern er stehe ehrerbietig und schaue nicht umher, vielmehr richte er aus, was ihm aufgetragen ist.»

Besondere Aufmerksamkeit wird der Haushaltsführung gewidmet. Im Haus und in der Öffentlichkeit hat man sich anständig und tugendhaft zu benehmen, auch bei einem Gastmahl. «Wenn jemand garstige Reden führt und unzüchtige Worte spricht, Spott treibt und dumme Streiche verübt, die Gusli zupft oder zu tanzen beginnt, in die Hände klatscht und herumspringt, Unfug treibt oder teuflische Lieder singt, so fliehen die Engel Gottes das Mahl und solch ekelerregende Runde wie die Bienen den Rauch. Und die Teufel werden frohlocken [...].» Eine solche Denkart ist uns schon in der Kiever Zeit begegnet. Man soll in Massen essen und trinken, keinen Ausschweifungen frönen, nicht der Zauberei, Wahrsagerei, Hexerei und Sterndeuterei folgen, die Schwarze Kunst meiden.

Die Parallele zur sozialgeschichtlichen Entwicklung fällt ins Auge, wenn es heisst: «Wenn Missernte war und nichts zum Bezahlen vorhanden ist, übe Nachsicht, und wenn einem Nachbarn oder einem Bauern Saatgut fehlt oder Pferd oder Kuh oder er die Abgaben nicht zahlen kann, so leihe ihm und hilf ihm. Hast du aber selbst nur wenig, so borge, jedoch sorge für ihn aus ganzer Seele und schütze ihn redlich vor jeglichem Beleidiger. Du sollst mit deinen Leuten niemanden übervorteilen, weder an Ackerland noch an Grund und Boden, noch an häuslichem oder sonstigem Vorrat, noch an Vieh. Begehre kein unrecht Gut, sondern von gesegnetem Ertrag und rechtschaffenem Erwerb zu leben geziemt einem jeden Christen.»

Den Haushalt soll man sparsam, ja geradezu rationell unter Abwägung der Einnahmen und Ausgaben führen. Das Hausbuch gibt genaue Hilfen, wie man zuschneidet, die Reste nutzt, den Hausrat verwaltet, das Gesinde beaufsichtigt, für Sauberkeit und Ordnung sorgt, Vorräte anlegt, Käufe und Verkäufe tätigt, Mahlzeiten und Getränke zubereitet, sich um das Vieh kümmert, Gemüse- und Obstgarten bestellt, rechtzeitig Gebühren, Steuern und Abgaben zahlt.

Regelrechte Speisepläne liegen bei, so für das Gesinde: «[...] an den Fleischtagen Brot aus gebeuteltem Mehl, Kohlsuppe, Wasserkascha [eine Grütze] mit Schinken und bisweilen angedickte Kascha mit Speck vermischt, zu Mittag Fleisch, sooft es sich ergibt, und sonntags und zu Feiertagen einmal Piroggen, ein anderes Mal Kissel [eine süsse Mehlspeise], Plinsen [ein flacher Pfannkuchen] oder sonstige Speise. Zum Abend gibt es Kohlsuppe, Milch oder Kascha und an den Fastentagen Kohlsuppe und Wasserkascha, manchmal mit Saft, auch Erbsen, Dörrfisch oder Rübsen, des Abends bisweilen Kohlsuppe, Kohl oder Hafermehlbrei, dann wiederum Suppe mit sauren Gurken oder Botwinja [eine kalte Speise aus Kvas mit Rübenkraut, Zwiebeln und Fisch]. Sonntags und an Feiertagen reicht man zu Mittag Piroggen, wie man hat, oder dicke Gerstensuppe, Hirsebrei oder Heringskascha und was Gott gibt, und zum Abendessen Kohl, Suppe mit sauren Gurken, Botwinja oder Hafermehlsuppe. [...] Das Gesinde erhält Bier vom zweiten Bottich zu trinken und sonntags und an Feiertagen Dünnbier, die Handlungsgehilfen aber immer Dünnbier, und jegliches Getränke lässt der Hausherr ihnen reichen oder ausschenken, und zur Erfrischung auch Bier.»[43]

«Ein gutes Weib ist des Mannes Seligkeit»

Der «*Domostroj*» legt auch klar die Rolle von Mann und Frau fest. «Wem Gott ein tugendsam Weib beschert, die ist viel edler denn das köstlichste Edelgestein, sie wird ihres guten Gewinns nicht ledig werden. Sie tut ihrem Manne Liebes, geht mit Wolle und Flachs um und arbeitet gern mit ihren Händen. [...] Sie steht vor Tage auf und gibt Speise ihrem Hause und Arbeit ihren Dirnen. [...] Sie unterweist ihre Kinder und das Gesinde, und ihre Leuchte verlischt des Nachts nicht. [...] Sie breitet ihre Milde über die Armen und reichet ihre Gabe den Bedürftigen. Ihr Mann fürchtet für sein Haus nicht, vielerlei reichverzierte Kleidung fertigt sie für ihn und für sich, für die Kinder und für das Hausgesinde. Ihr Mann sitzt im Rat mit den Mächtigen und ist angesehen bei den Ältesten des Landes. Er tut seinen Mund auf mit Weisheit, und auch seine Zunge ist holdselige Lehre. [...] Ein gutes Weib ist des Mannes Seligkeit, und die Zahl seiner Tage verdoppelt sich. [...] Ein tugendsam Weib, arbeitsam und verschwiegen, ist die Krone ihres Mannes. Wer ein solches Weib gefunden, hat davon Reichtum in seinem Hause. Selig ist solchen Weibes Mann, denn es erfüllt seine Jahre mit Wohlstand und Frieden. Ein tugendsam Weib gereicht dem Manne zu Lob und Ehre.» Die Welt der Frau ist das Innere des Hauses. Hier hat sie für Ordnung zu sorgen – das Buch gibt ihr dazu bis ins einzelne gehende Richtlinien –, hier ist sie allein verantwortlich und kann selbständig handeln, auch bei der Geschäftsführung. So nimmt die Frau durchaus wichtige Aufgaben wahr, doch dass der Mann über ihr steht, darf sie nie vergessen.

Die Hausfrau hat das Recht, die Kinder und das Gesinde zu strafen und zu züchtigen. Wenn sie dabei erfolglos bleibt, das Haus in Unordnung gerät oder sie selbst sich nicht angemessen verhält, «kommt es dem Manne zu, sie unter vier Augen zu strafen und durch Furcht zu heilen. Nachdem er sie zurechtgewiesen hat, verzeihe er ihr und begegne ihr in Güte, und er vermahne und richte sie in Liebe. [...] Nur wenn Weib oder Sohn oder Tochter Worte und Ermahnungen nicht beachten und nicht hören wollen, sie nicht beherzigen, sich nicht fürchten, noch so handeln, wie es der Mann, der Vater oder die Mutter sie heissen, sollen sie je nach Schuld mit der Peitsche gestriegelt werden. Schlage sie nicht vor den Leuten, sondern wenn du mit ihnen allein bist, und begegne ihnen danach in Freundlichkeit und lass Milde walten. Niemals aber soll das Weib ihrem Mann oder der Mann seinem Weibe zürnen. Für welches Vergehen auch immer, niemals schlage auf das Ohr oder auf das Auge, auch nicht mit der Faust unter das Herz, und tritt nicht mit den Füssen, prügle weder mit einem Knüppel noch mit Eisen oder Holz. Wer im Zorn oder aus Ärger so zuschlägt, richtet viel Unheil an, davon können Blindheit und Taubheit herrühren, ausgerenkte Arme und Beine, gebrochene Finger, Kopfschmerzen und Zahnweh, und bei schwangeren Frauen kann das Kind im Mutterleibe Schaden nehmen. Mit der Knute züchtige behutsam und mit Vernunft, damit es schmerzt, Furcht einflösst und der Gesundheit nicht Abbruch tut. Nur bei grosser Schuld oder schlimmem Frevel, für grosse und schreckliche Unbotmässigkeit und Nachlässigkeit ziehe dem Missetäter das Hemd vom Leibe, halte ihm die Hände fest und schlage vorsichtig mit der Peitsche zu, je nach Schwere des Vergehens. Nachdem du dem Schuldigen eine Lehre erteilt hast, sage ihm ein freundliches Wort, hege jedoch keinen Zorn und lass die Leute nichts davon erfahren oder hören, und niemand soll Beschwerde führen.»[44]

Schlägen also wird ein besonderer Erziehungswert zugesprochen, das war in Westeuropa übrigens nicht anders. Wenn so genau aufgezählt wird, wie man nicht schlagen soll, so weist dies darauf hin, was alles üblich war. Die Anweisungen zur Erziehungsgewalt des Mannes auch gegenüber seiner Frau kommen uns heute roh vor, damals jedoch bedeuteten sie den Versuch, die noch grausameren Sitten zu mildern. Vielfach dürften sie trotzdem noch lange in Kraft geblieben sein. Zar Ivan IV. hat jedenfalls wenig aus diesem Hausbuch gelernt.

Die Willkür also soll in geregelte Bahnen gelenkt werden. Die Stellung der Frau wird genau umrissen. Ein Schlaglicht darauf wirft auch das Gesetzbuch von 1649. Hier gibt es umfangreiche Bestimmungen über die «Schimpfgelder», die Bussen bei Ehrenkränkungen. Dabei erkennen wir eine deutliche Abstufung in der sozialen Hierarchie: Die Beleidigung eines Metropoliten durch einen Bojaren kostete 400 Rubel, diejenige eines Bauern einen Rubel. Aber auch in der Familie wird differenziert. Der Sohn erhielt die Hälfte des Schimpfgeldes, das dem Vater zustand, die Ehefrau jedoch das Doppelte und die unverheiratete Tochter gar das Vierfache. Dies entsprach den Vorstellungen, die auch den «Domostroj» durchzogen: Die Ehre der Frau war verletzlicher als die des Mannes, für die Tochter konnte eine Kränkung nachteilige Folgen in ihrem weiteren Lebensweg nach sich ziehen. Deshalb musste über ihre Ehre und Tugend streng gewacht werden.

ZWEITER TEIL

Die Autokratie
zwischen Erstarrung und Reform

Das Zarenreich im Umbruch

Um die Mitte des 17. Jahrhunderts leiteten bedeutende innen- wie aussenpolitische Veränderungen einen neuen Abschnitt in der Geschichte Russlands
ein. Aus militärischen Vorstössen gegen Polen entwickelte sich, als sich auch
Schweden einschaltete, ein Krieg um die Vorrangstellung in Osteuropa, der
von 1655 bis 1667 dauerte. Ziel Russlands war es, die schwedische Grossmacht
zurückzudrängen und Polen entscheidend zu schlagen. Namentlich von Afanasij
L. Ordin-Naščokin (um 1605–1680), dem späteren Leiter des Aussenamtes,
vertreten, stand dahinter eine aussenpolitische Denkschule der Westexpansion,
die eine freie Ostseeverbindung erhalten und auf diesem Wege den Aussenhandel erweitern wollte. Der Ausgang des Krieges brachte noch keine endgültige Entscheidung. 1661 wurde mit Schweden Frieden geschlossen, 1667
dann mit Polen. Hier hatte das militärische Übergewicht mehrfach hin und
her geschwankt, nicht zuletzt durch Unruhen und Frontwechsel bei den Kosaken. 1663/64 waren die Polen sogar bis nach Moskau vorgestossen. Letztlich
konnte Russland aber doch aufgrund interner Konflikte in Polen einen Erfolg
verzeichnen: Polen gab alle Gebietsgewinne heraus, die es während der *smuta*
und im Vertrag von 1618 erreicht hatte – insbesondere Smolensk und das
Land um Černigov –, ja es musste der Teilung der Ukraine am Dnepr zustimmen und sogar Kiev als Brückenkopf dem Zarenreich überlassen. Das
Gebiet der Zaporoger Kosaken wurde einem polnisch-russischen Kondomi-
nium unterstellt. Polen ging aus diesem Krieg erheblich geschwächt hervor.
Mit dem Gewinn von Kiev und Umgebung war die «Sammlung der russischen
Erde» abgeschlossen, sieht man von einigen wenigen kleineren Gebieten ab.
Folgerichtig nannte sich der Zar jetzt «Selbstherrscher von ganz Gross-, Klein-
und Weissrussland»: Nach einigen Vorläufern tauchte diese Bezeichnung seit
1654 im Herrschertitel regelmässig auf. Man verstand sich nun als Russisches
Reich (Rossija), nicht mehr nur als Fürstentum Moskowien.
Schnell stellte sich heraus, dass man das aussenpolitische Augenmerk nicht
nur auf den Westen richten, und darüber die Südflanke, das Osmanische Reich
und das Krim-Khanat vernachlässigen durfte. 1670 musste Ordin-Naščokin
sein Amt an Artamon S. Matveev (1625–1682) abtreten, der den Ausgleich mit
Polen suchte, um eine möglichst geschlossene Front gegen die Türken herzustellen. Im Krieg mit der Türkei zwischen 1677 und 1681 blieb Russland jedoch
ohne Bundesgenossen. Frankreich hinderte dabei Polen an einem Engagement. Der Waffenstillstand zwischen Russland und der Türkei gab diesem
dann auch den Rücken frei für den Marsch auf Wien, von dem sich Frankreich
eine Schwächung der Habsburger Monarchie erhoffte. Nach dem Sieg über die
Türken 1683 vor Wien, an dem nun doch polnische Truppen unter König Jan
Sobieski (1629–1696) massgeblich beteiligt waren, kam es schliesslich zu einer
Annäherung zwischen Polen und Russland, allerdings nicht zu gemeinsamen
militärischen Aktionen. Zwei russische Feldzüge gegen das Krim-Khanat scheiterten. Dennoch blieb die Südrichtung der zarischen Aussenpolitik vorerst
bestimmend.
In der Ostpolitik war noch keine klare Konzeption zu erkennen. Dass sie

inzwischen ein unverzichtbarer Bestandteil der Aussenpolitik geworden war, zeigte der Vertrag von Nerčinsk 1689: Mit diesem ersten Vertrag eines europäischen Staates mit dem Kaiser von China, der Russland gewisse Verluste im Amur-Gebiet brachte, machte das Zarenreich deutlich, dass es hier an festen zwischenstaatlichen Ordnungen interessiert war.

Ein tiefgreifender Umbruch vollzog sich, teilweise unter dramatischen Umständen, in der inneren Situation des Landes. Ausdruck des gesellschaftlichen Wandels war nicht nur die von Unruhen begleitete Durchsetzung des Gesetzgebungswerkes von 1649, sondern auch die Kirchenspaltung. 1652 wurde Nikon (1605–1681) zum Patriarchen der russisch-orthodoxen Kirche gewählt. Er zählte zu den Reformern und wollte die kultische Sonderentwicklung Russlands wieder rückgängig machen. Anhand der byzantinischen Quellen sollten die inzwischen eingetretenen Veränderungen in der Liturgie und in den geistlichen Schriften überprüft und gegebenenfalls korrigiert werden. Dazu gehörte im übrigen auch, dass die musizierenden Gaukler – die *skomorochi* – aus dem Gottesdienst verbannt wurden. In den Verordnungen, die der Patriarch seit 1653 erliess, ging es um Verneigung statt Niederknien in der Kirche, um das Kreuzzeichen, um den Halleluja-Gesang, um die Schreibweise des Wortes Jesus und ähnliche Fragen.

Dies traf einen Teil der Gläubigen im Innersten. «[...] wir sahen, wie ein eisiger Winter heraufzog.»[1] Vor allem die Einführung des Kreuzzeichens mit drei Fingern, das die Dreifaltigkeit symbolisieren sollte, rief wütenden Protest hervor. Diese Form galt als Siegel des Antichristen. Bisher zeigten zwei Finger als die zwei Naturen Christi das Kreuz, und die übrigen drei bedeuteten die Trinität. Da im damaligen Denken Zeichen und Inhalte eine Einheit bildeten, wirkten die Neuerungen als Teil einer verkehrten, unreinen Welt. Selbst frühere Freunde Nikons, der «Kreis der Eiferer», wandten sich von ihm ab. Auch diese strebten Reformen an, dabei hatten sie allerdings eine Vertiefung der spezifisch russischen Frömmigkeit im Sinn. Zu ihrem Sprecher wurde der Protopope Avvakum (1621–1682). Er verfasste zahlreiche wichtige Schriften, darunter eine der ersten echten russischen Autobiographien statt einer traditionellen Vita. Auch wenn sie offenbar zu einem erheblichen Teil gefälscht wurden, geben sie die Vorstellungswelt dieser Glaubensrichtung eindrücklich wieder. Avvakum musste für seinen Widerstand schwere Strafen auf sich nehmen. Aus diesem Konflikt entwickelte sich das Altgläubigentum, das *staroverstvo*. Mit ihm setzte sich zugleich die Linie der fromm-asketischen, am Mönchtum orientierten Kirche fort. Deutliche Absetzungen von der «offiziellen» Kirche hatte es schon vor Nikon, in der ersten Jahrhunderthälfte, gegeben, als manche meinten, diese befinde sich in der Hand des Teufels. Weit verbreitet war die Erwartung, das Jüngste Gericht stehe unmittelbar bevor. Dies erklärt die Schärfe der Auseinandersetzungen. Nachdem Aussprachen zu keinem Ergebnis geführt hatten und auch gewaltsame Bekehrungsversuche gescheitert waren, exkommunizierten sich die Wortführer der beiden Richtungen gegenseitig. 1667 wurden schliesslich durch eine Kirchensynode alle Anhänger des alten Ritus exkommuniziert und verdammt. Dies bedeutete das Schisma, die Spaltung der russischen Kirche, den

Leinwandporträt des Zaren, Grossfürsten und Selbstherrschers von Gross-, Klein-
und Weissrussland, Aleksej Michajlovič.

raskol; danach bezeichnete man die Altgläubigen auch als *raskol'niki.* Avvakum, der nicht aufgab, sass am kürzeren Hebel: Nach Gefängnis und Verbannung wurde er 1682 auf dem Scheiterhaufen verbrannt. Die Altgläubigen verfolgte man zunächst mit ausserordentlicher Grausamkeit. Sie zogen sich teilweise in unwegsame Gebiete zurück oder verteidigten sich mit Waffengewalt, wo es möglich war. So hielten sich die Mönche des Solovki-Klosters im Weissen Meer von 1668 bis 1676 gegen alle Versuche, sie mit militärischen Mitteln zur neuen Ordnung, die eigentlich auch eine alte war, zu zwingen. Nur durch Verrat fiel das Kloster. Viele Mönche wurden hingerichtet, eine Anzahl konnte jedoch fliehen und verbreitete das Altgläubigentum über Russland.

Patriarch Nikon hatte sich nicht zuletzt deshalb durchsetzen können, weil er mit dem Zaren Aleksej befreundet gewesen war. Paradoxerweise bedeutete jedoch sein Sieg im Kirchenstreit keineswegs eine Festigung seiner Stellung. Er beanspruchte – und hierin war er mit Avvakum einer Meinung –, als Patriarch über dem Zaren zu stehen. Ein ähnlicher Konflikt wie zwischen Papsttum und Kaisertum im Mittelalter kündigte sich an. Der Zar war nicht bereit zurückzuweichen. Es kam zum Bruch zwischen ihm und Nikon, der Ende 1666 verbannt wurde. Die Synode, die diesen Spruch erliess, bald darauf jedoch die Nikonschen Reformen bestätigte und die Altgläubigen verdammte, erkannte 1667 auch die zarische Oberherrschaft im wesentlichen an. Zar Aleksej verdankte seinen Erfolg einem Bündnis mit dem Adel und Gegnern Nikons innerhalb der Kirche. Nikon selbst starb 1681 und wurde immerhin ein Jahr später rehabilitiert.

Dass sich die Kirche in einer tiefen Krise befand, die zugleich den gesellschaftlichen Umbruch widerspiegelte, belegt ein Blick auf die Anhängerschaft des Altgläubigentums. Sie ist sozial äusserst vielschichtig und reicht von Bauern über Kaufleute bis hin zu Bojaren. Eine Reihe von Hinweisen stärkt die Vermutung, dass gerade solche Menschen ihre überkommene Glaubenspraxis nicht aufgeben wollten, die durch die gesellschaftlichen Umwälzungen am meisten in ihren sozialen Positionen und in ihren Wertvorstellungen erschüttert waren. Sie wollten wenigstens diesen Haltepunkt bewahren. Insofern wundert es nicht, wenn wir immer wieder Altgläubige als aktiv Beteiligte in Bauernaufständen und anderen Unruhen finden. Die Zeit war erfüllt von Erhebungen, nicht nur auf dem Land, sondern auch in den Städten. Hier wirkten sich die hohen Belastungen, nicht zuletzt durch die vielen Kriege und die zu ihrer Finanzierung erhobenen Sondersteuern, sowie wirtschaftliche Schwierigkeiten aus. Hinzu kamen Missbräuche des Hochadels, die immer wieder zu Konflikten führten. Besondere Erregung rief die Prägung minderwertigen Kupfergeldes zur Deckung von Finanzlücken hervor, zumal als mehrere Korruptionsfälle bei den dafür verantwortlichen Beamten bekannt wurden. Der «Kupfergeld-Aufstand» von 1662, der in erster Linie in Moskau um sich griff und an dem sich Truppenangehörige, darunter erneut Strelitzen beteiligten, wurde blutig niedergeschlagen. Zahlreiche Teilnehmer mussten in die Verbannung gehen.

Am 29. Januar 1676 starb Zar Aleksej. Sein Sohn und Nachfolger Fedor III. war 14 Jahre alt und litt an Skorbut sowie weiteren Krankheiten. Obwohl somit an der Spitze der Autokratie keine starke Persönlichkeit stand, obwohl unerfreuliche Intrigen, Günstlingswirtschaft und Kampf rivalisierender Adelsgeschlechter charakteristisch waren, wurden in dieser Zeit entscheidende Reformen in Angriff genommen. Die Steuerreform der 1670er Jahre zog die Folgerungen aus der neuen Agrarverfassung. Auch die «weissen» Bauern waren nun nicht mehr steuerfrei, ausserdem nahm die Zahl von Hofbesitzern ohne Land zu. Deshalb wurden nun statt des Bodens die Höfe besteuert. Damit erfasste man mehr Menschen als früher. Zu diesem Zweck fanden im 17. Jahrhundert auch erste Zählungen der steuerpflichtigen Bevölkerung statt. Dennoch erwies sich diese Reform letztlich als falscher Weg: Wegen Verödung und Zusammenlegungen ging die Zahl der Höfe zurück, während die Bevölkerung anwuchs. 1724 entschloss man sich deshalb, die Kopfsteuer einzuführen.

Reformen im Bereich des Militärwesens verbesserten die Organisation durch ein Netz von Militärbezirken und verstärkten das stehende Heer, in das auch ein Teil der bisher selbständigen Truppen eingegliedert wurde. Dazu gehörten Kosaken und die Strelitzen ausserhalb Moskaus. Diese Aufhebung ihres Sonderstatus nahmen die ohnehin unzufriedenen Strelitzen nicht mehr hin. 1682 kam es nach dem Tod Fedors zu einer schwierigen Nachfolgesituation. Sein Bruder Ivan (1666–1696) war debil, sein Halbbruder Peter (1672–1725) erst zehn Jahre alt. Aus den Machtkämpfen schien zunächst die Mutter Peters samt ihres Anhanges als Siegerin hervorzugehen. Dagegen erhoben sich die Strelitzen, von der Gegenpartei gelenkt. Drei Tage lang dauerte das blutige Massaker im Moskauer *kreml'*, das der junge Peter mit ansehen musste – ein Bild, das ihn nie mehr loslassen sollte. Als Ergebnis wurden Ivan und Peter gemeinsam zu Zaren erhoben, ihre Schwester Sof'ja (1657–1704) erklärte sich zur Regentin. Sof'ja war eine ausserordentlich gebildete und energische Herrscherin. Ihr gelang es rasch, dem Wüten der Strelitzen ein Ende zu bereiten und diese zu befrieden. Als deren Sprecher Ivan A. Chovanskij weiterreichende Forderungen erhob und, da er zugleich nach dem Tod Avvakums zum Führer der Altgläubigen geworden war, politisch gefährlich zu werden drohte, wurde er kurzerhand hingerichtet. Nach ihm bezeichnete man die blutigen Ereignisse dieses Jahres, ein Widerhall des Umbruchs in jener Zeit, zusammenfassend als *chovanščina;* Modest Musorgskij wurde dadurch zu seiner gleichnamigen Oper – sie ist ein Fragment geblieben – angeregt. Die Strelitzen verloren neben verschiedenen Vorrechten jetzt ihre Funktion, als Hofwache im *kreml'* eingesetzt zu werden. An ihre Stelle traten Adelsregimenter – eine Voraussetzung für die «Palastrevolutionen» des 18. Jahrhunderts.

Noch unter Fedor war 1681/82 die alte «Platzordnung», das *mestničestvo,* abgeschafft worden. Diese Reform, die wichtige Änderungen in der Verwaltungsorganisation nach sich ziehen musste, wurde von Sof'ja fortgesetzt. Das traditionelle System, in dem die Ränge nach einer Mischung von Abstammungs- und Dienstleistungskriterien zugewiesen wurden, hatte sich mehr und mehr als zu schwerfällig erwiesen. Nicht zuletzt aufgestiegene Günstlinge, die wegen ihrer niederen Herkunft Schwierigkeiten mit ihrem «Platz» hatten, ergriffen die Initiative für eine neue Ordnung. Grundsätzlich bedeutete dies den Durchbruch des Leistungsprinzips. Theoretisch konnte nun niemand mehr allein aufgrund seiner Herkunft aus dem Hochadel bestimmte Positionen beanspruchen. Konservative Kräfte verhinderten allerdings eine allzu radikale Umgestaltung. Der Zar wurde jetzt noch mehr als bisher aus dem Adel herausgehoben, mit dem er natürlich dennoch eng verbunden blieb. Der absolutistische Beamtenstaat kündigte sich an.

All diese Reformen, selbst wenn sie zum grossen Teil scheiterten, signalisierten das Ende des Alten und öffneten den Weg zum Neuen. Dafür spricht auch die bewusste Förderung der Industrie, namentlich der Eisen- und Textilproduktion gerade unter Sof'ja und dem bedeutenden Staatsmann Vasilij V. Golicyn (1643–1714). Gezielt wurden zu diesem Zweck nicht zuletzt Ausländer angeworben.

Bäuerliches Leben und bäuerlicher Widerstand unter den neuen Rechtsbedingungen

«In den russischen Dörfern leben Eltern, Kinder und das Vieh in der gleichen Hütte, mit dem einzigen Unterschied, dass sich die Schafe und Schweine das ganze Jahr über auf dem Boden aufhalten, während die Menschen auf dem Ofen und auf aufgehängten Brettern oder Planen schlafen; aber dafür liegen die Hausherren, Hausherrinnen, Knechte, Mägde und Kinder vollständig durcheinander und ohne jegliches Bettzeug: In einer Hütte zählten wir vier Ehepaare, die zusammen in einem solchen Durcheinander schliefen.» Diese Beobachtung machte 1675 ein habsburgischer Diplomat auf dem Weg an den Zarenhof in Moskau. Die Armut sei gross gewesen, «denn in den Dörfern, wo hinter dem Wald drei, vier Hütten hervorlugen, kann man von den Bauern um kein Geld der Welt etwas anderes kaufen als Zwiebeln und Knoblauch».[2] Im allgemeinen waren die Lebensverhältnisse tatsächlich äusserst drückend. Auf dem Hof lebten meist neben Eltern und Kindern noch die Brüder des Haushaltsvorstandes samt ihren Familien. Als Durchschnitt werden sechs Personen geschätzt, die in einem kleinen Holzhaus, der *izba*, zusammenwohnten. Doch können es auch mehr gewesen sein, die Beispiele reichen für eine repräsentative Annahme noch nicht aus. Die Häuser waren in der Regel einfach ausgestattet, selbst Rauchabzüge kamen erst seit Ende des 17. Jahrhunderts allmählich auf. Ein Dorf bestand damals aus nur wenigen Höfen. Grosse Dörfer, die Hunderte von Höfen umfassten, bildeten die Ausnahme. Sie gehörten hauptsächlich reichen Bojaren wie Boris I. Morozov. Trotz der allmählich häufiger anzutreffenden regelmässigen Feldumteilung in der Dorfgemeinde, der *obščina*, gab es durchaus unterschiedliche Besitzverhältnisse. Dies hing von der Familiengrösse, der Möglichkeit, Einkünfte über ein Nebengewerbe zu erzielen, Besonderheiten bei den Verpflichtungen gegenüber der Herrschaft und vielen anderen Faktoren ab. In der verhältnismässig fruchtbaren Gegend nördlich von Voronež gehörten 1688 im Durchschnitt zu einem Hof ein Pferd, ein bis zwei Kühe, fünf bis zehn Schafe und drei bis sieben

Schweine. Wer nur etwas mehr Vieh oder Produktionsmittel besass, galt schon als «reich». Es lässt sich denken, dass dieser Reichtum schnell wieder verlorengehen konnte. Der soziale Auf- oder Abstieg vollzog sich ausserordentlich rasch, die Grenzen blieben fliessend. Die Mehrheit der Bauern musste hart wirtschaften, um ihre Ernährung sicherzustellen und die vorgeschriebenen Abgaben leisten zu können. In Zeiten schlechter Ernte drohte vielen die Verschuldung. Der Ertrag bei der inzwischen verbreiteten Dreifelderwirtschaft war bescheiden, er ging bei Getreide im Durchschnitt nicht über das Dreifache der Aussaat hinaus. Da die Viehwirtschaft wenig entwickelt war, stand Dünger nur in unzureichendem Masse zur Verfügung. Dennoch genügte die Ernte im Normalfall: Durch Rodungen konnte man immer wieder neuen Boden erschliessen, die Waldreserven schienen unerschöpflich zu sein. Man sah deshalb gar keine Notwendigkeit, die Wirtschaft zu intensivieren. Keineswegs war dies demnach – wie oft behauptet – ein Zeichen von «Rückständigkeit».

Durch das Gesetzbuch von 1649 verschlechterte sich die rechtliche Lage der bäuerlichen Bevölkerung erheblich. Nach einer sehr provisorischen Schätzung zählten 1678 bei einer Gesamtbevölkerung von 10,5 Millionen Menschen 9,6 Millionen zu den Bauern; andere Angaben gehen von höheren Zahlen aus. 83 Prozent der Bauern waren jetzt Leibeigene, 17 Prozent noch freie Bauern, auf die der Staat seinen Zugriff zu verstärken suchte: Zwischen einem Viertel und einem Drittel ihres Einkommens mussten sie an ihn abliefern. Die Leibeigenen gehörten zu rund 70 Prozent einem Gutsherrn, zu 20 Prozent der Kirche und zu 10 Prozent der Krone. Die Dienstadligen hatten die Masse der Leibeigenen, nämlich etwa 60 Prozent, unter Kontrolle, die Bojaren hingegen 10 Prozent. Deren Besitz war stark zersplittert, so dass sie keine Territorialmacht ausbilden konnten.

Die Gutsbauern unterstanden der niederen Gerichtsbarkeit ihres Herrn. Er konnte die Prügelstrafe über sie verhängen, sie zum Militärdienst oder auch in die Verbannung nach Sibirien schicken. Das Ausmass der Geld- oder Naturalabgaben (obrok) und der Frondienste (barščina) war nirgendwo rechtlich eindeutig geregelt. Viele Gutsherren nutzten diese Situation, um über eine Ausdehnung der Frondienste ihre Eigenwirtschaft zu erweitern. So war es kein Einzelfall, dass Bauern lediglich am Freitag und Samstag für sich arbeiten durften, den Rest der Woche – ausser am Sonntag, an dem es verboten war zu arbeiten – mussten sie die herrschaftlichen Felder bewirtschaften. Im Winter hatten sie als Fron zu flechten, zu spinnen und zu weben. Infolge der neuen rechtlichen Lage wurde die Mehrzahl der Bauern zu reinen Objekten, der Willkür ausgeliefert. Lediglich das Interesse des Gutsherrn oder des Staates, seine Bauern nicht vollständig zu ruinieren, gab diesen einen gewissen Schutz. Immerhin waren sie frei, privatrechtliche Verträge zu schliessen, zu kaufen und zu verkaufen, also Handel und Gewerbe zu treiben. Davon machte mancher Leibeigene Gebrauch, doch die Willkür des Gutsherrn konnte ihm jederzeit alle Vorteile und Einkünfte wieder wegnehmen. Im übrigen war es üblich, dass der Gutsherr ihn bei Bedarf verkaufte, eintauschte, verpfändete. Klagen konnte der Bauer gegen seinen Herrn nur im Ausnahmefall. Und allzu oft musste er erleben, dass dieser ihm gegen durchziehende Soldaten oder Überfälle benachbarter Gutsbesitzer nicht helfen konnte. Für viele Adlige und ihr Gefolge war es ein lustiger Zeitvertreib, Bauern in der Umgebung zu verprügeln, ihre Häuser zu plündern, ihre Frauen und Töchter zu vergewaltigen. Hin und wieder trugen die Gutsherren ihre Streitigkeiten auch auf dem Rücken der Bauern aus.

Allerdings liessen sich die Bauern die zunehmende Unterdrückung durch Gutsherren und Staat nicht widerstandslos gefallen. Die Vorstellung, dass das Land ihnen und nicht dem Adel gehörte, blieb immer lebendig. Wie Beschwerdebücher des Adels offenbaren, leisteten zahlreiche Bauern passiven Widerstand durch Arbeitsverweigerung und Ungehorsam. Vor allem die Ablehnung der unbeliebten Fuhrdienste scheint weit verbreitet gewesen zu sein. Weiterhin arbeiteten sie auf ihren eigenen Feldern besser als auf denen des Herrn, gleich, ob dies ein Adliger oder der Zar war. Trotz Verbotes wurde oft der Sonntag für die eigene Feldbewirtschaftung genutzt. Häufig gelang es, die angereisten und der Verhältnisse unkundigen Beamten zu täuschen, um die Steuerbelastung zu verringern. Bittschriften sollten die Obrigkeit auf Missstände aufmerksam machen. Immer wieder hofften Bauern, der Zar werde ihnen schon gegen Gutsherren oder Beamte helfen. Deshalb nahm man es auf sich, die lange und teure Reise nach Moskau anzutreten, wo die Bittschriften übergeben werden mussten, und die notwendigen Bestechungsgelder zu bezahlen, die überhaupt bei jeder Gelegenheit fällig waren. Die Beklagten versuchten oft, die Übermittlung der Bittschrift zu verhindern, indem sie die dörflichen Abgesandten überfielen: Manchmal zeitigte ein bäuerliches Gesuch damals nämlich noch Erfolg. Mehrfach gab es deshalb «Ärger» um solche Bittschriften, bis sie schliesslich ganz untersagt wurden.

Nicht verwundern kann es, dass nach 1649 das Läuflingswesen, die Flucht vor der Leibeigenschaft, noch einmal einen ungeheuren Aufschwung nahm. Es stellte den massenhaften Protest gegen die Veränderungen der Agrarverfassung dar. 1681 warben die Bauern eines Gebietes für die Flucht in herrschaftsfreie Räume mit den Worten: «Was sollen wir, Brüder, unter den Bojaren leben, lasst uns nach Palatov gehen, dort werden wir selber Bojaren sein.»[3] Den Anlass zur Flucht gaben in der Regel konkrete Umstände, meist tatsächliche oder vermutete Übergriffe des Gutsherrn oder des Staates. Den Hintergrund bildeten Hunger und schlechte materielle Lage, die Aussicht auf eine Verbesserung. Es waren nicht unbedingt die völlig Verarmten, sondern eher die bäuerlichen Mittelschichten, die mit einem gewissen Grundstock ausgestattet im Familienverband ihrem bisherigen Herrn entliefen. Oft spielte auch die gewünschte Heirat eine Rolle bei dem Entschluss: Dazu brauchte man die Erlaubnis des Gutsherrn, der sie sich nicht selten mit Ansprüchen entgelten liess, bis hin zum «Recht der ersten Nacht».

Im Unterschied zu früher unterstützte der Staat seit 1649 die Leibeigenenbesitzer konsequent darin, das Läuflingswesen zu unterbinden oder die Entflohenen zurückzubringen. Vielerorts waren Suchdienste am Werk, um der Flucht verdächtige Bauern aufzuspüren. Häufig musste dann die Dorfgemeinde dafür bürgen, dass der Verdächtige nicht entlaufen werde. In einer Bittschrift

an den Patriarchen Nikon von 1656 schilderten Bürgen, was mit ihnen geschah, als der Verdächtige samt seiner Familie dennoch geflohen war: «In
deinem herrscherlichen Schreiben stand geschrieben, dass wir jenen Boriska
suchen müssten, und sollten wir ihn nicht bald finden, sollte man uns wegen
jenes flüchtigen Bauern schonungslos an den Pranger stellen. Aber wir Waisen können jenen Boriska nirgends finden, und jetzt hat uns die Obrigkeit
[...] an den Pranger gestellt, und wir Waisen halten alle am Pranger unseren
Kopf hin, und unsere Häuser und Felder, alles liegt wüst und brach. Gütiger
grosser Herrscher, heiligster Nikon, Patriarch von Moskau und ganz Gross-
und Weissrussland, erbarme dich unser, deiner Waisen, erlasse für uns deinen, des Erleuchters, *ukaz,* damit wir Ärmsten nicht umkommen und uns in
alle Richtungen verstreuen. Grosser Herrscher, erbarme dich.»[4]
Doch es blieb nicht bei solchen indirekten Zwangsmitteln. Agenten und
bewaffnete Einheiten spürten den Flüchtigen nach und brachten die Entlaufenen, wenn sie sie gefunden hatten, mit Gewalt zurück. Zur Strafe wurden
ihnen häufig die Ohren abgeschnitten. Allerdings ging auch dies nicht ohne
Widerstand der Betroffenen ab, wobei sie meistens von ihren neuen Dorf-
genossen unterstützt wurden. Manchmal gelang es sogar, die Suchtrupps in
die Flucht zu schlagen. So garantierte nun zwar der Staat die Herrschaft der
Grundherren über deren Abhängige mit allem Nachdruck, ohne dies aber in
jedem Einzelfall durchsetzen zu können.
Auch bei anderen bäuerlichen Protestaktionen nahm in der zweiten Hälfte
des 17. Jahrhunderts – parallel zur verschärften Einbeziehung in das staat-
lich-grundherrschaftliche Organisationssystem – die Gewaltanwendung zu.
Gewaltsam versuchten Bauern, ihre Freilassung aus der Leibeigenschaft zu
erzwingen. Sie setzten sich zur Wehr, wenn der Grundherr zu viele Abgaben
forderte oder die Ernte wegnehmen wollte. Sie verteidigten sich gegen durchziehende Kriegsleute, sie überfielen staatliche Amtsträger, deren Verlangen
ihnen unberechtigt erschien. Sie verweigerten die «Verschreibung» an Manufakturen und mussten dazu gezwungen werden. Oft entstanden aus solchen
Konflikten lokale und regionale Unruhen. Hin und wieder kämpften Grundherr und Bauer gemeinsam gegen andere Grundherren samt deren Bauern,
wenn es etwa zu Streitigkeiten wegen der Landabgrenzung gekommen war.
Auffällig ist die Zunahme des Banditentums seit dem 16. Jahrhundert und
vor allem in der zweiten Hälfte des 17. Jahrhunderts, parallel zur Verschärfung der Schollenpflichtigkeit und Leibeigenschaft. Züge einer «Sozialrebel-
lion» (Eric Hobsbawm) sind nicht zu übersehen. Natürlich gab es unter den
Banditen zahlreiche Kriminelle, deren Handlungen keineswegs auf einen
sozialen Protest hindeuten. Aber die Ursache ihrer Räubereien lag in der
Regel doch in der sozialökonomischen Situation begründet: Neben entlaufenen Strelitzen, Kosaken, heruntergekommenen Adligen, «Hexern und Wahr-
sagern» finden wir ausserordentlich viele «Läuflinge» unter den Banditen.
Die Banden hatten durchschnittlich 30 Mitglieder, in ihrer Organisation mit
einem Ataman an der Spitze folgten sie dem kosakischen Vorbild. Gut ausge-
rüstet unternahmen sie ihre schnellen Raubzüge gegen Händler, Klöster,
Grundherren, staatliche Steuer- und Warentransporte. Einige Gruppen ver-

standen offenbar ihre Tätigkeit sogar als Kampf gegen den Staat: Sie vernichteten nicht nur Schriftstücke der zarischen Verwaltung, derer sie habhaft werden konnten, sondern befreiten gezielt Staatsgefangene. Allerdings sollte man sich hüten, die Banditen zu «edlen Räubern» zu idealisieren. Dies waren bestenfalls Ausnahmen. Oft hatten gerade auch Bauern unter den Überfällen der Banden zu leiden. Andererseits wird immer wieder berichtet, dass sich Banden lange gegen übermächtige Truppen halten konnten, weil sie von Bewohnern der umliegenden Dörfer – trotz grausamer Folterungen – nicht verraten, sondern sogar noch mit Lebensmitteln und Nachrichten versorgt wurden. Auf jeden Fall scheint «das Leben als Räuber im Wald oder in der Steppe eine Alternative zur Flucht an den Don» gewesen zu sein.[5]

Insgesamt lässt sich feststellen, dass die bäuerlichen Widerstandsaktionen keineswegs durchgängig, wie oft behauptet wird, spontan, brutal-gewaltsam, unorganisiert-kurzfristig waren. Vielfach wurden sie durchaus bedachtsam und gut geplant, auf Wirksamkeit ausgerichtet eingesetzt, selbst wenn sich dabei herausstellte, dass die Bauern die Situation falsch eingeschätzt hatten. Interessant ist dabei die Stellung des Dorfpopen. Manchmal war er als Werkzeug des Grundherrn Gegner der Bauern. In den meisten Fällen nahm er jedoch für diese Partei, stellte sich gar als Anführer zur Verfügung, weil er letztlich ebensoviel unter den neuen Verhältnissen zu leiden hatte. Darüber hinaus hielt er oft – wie viele Bauern und anders als die höhere Geistlichkeit – an den alten Glaubensformen fest. Gegen Eingriffe von «aussen» schloss sich das Dorf solidarisch zusammen. Letztlich konnte der Widerstand der Bauern nur wenig greifbare Erfolge erzielen. Aber er war wichtig, um zu zeigen, dass man nicht alles einfach hinnehmen wollte, und um unter den neuen Zuständen ein neues Selbstverständnis auszubilden.

Erste nichtrussische Nationalitäten

Die Angliederung des Khanats von Kazan' war die «Geburtsstunde des ‹multinationalen› russischen Reiches».[6] Diese Eroberung und das folgende territoriale Ausgreifen Moskaus brachten zum erstenmal eigenständige Völker mit entwickelter sozial-ökonomischer Struktur, hochstehender Kultur und eigener politischer Tradition in das Reich. Die zarische Politik gegenüber den neuen Einwohnern wechselte zwischen brutaler Unterdrückung, gewaltsamer Kolonisierung zugunsten von russischen Grundherren und Klöstern sowie harten Säuberungen einerseits und eher indirekter Herrschaft, ja Rücksichtnahme auf die vorhandenen Strukturen andererseits. Ausschlaggebend waren das Sicherheitsbedürfnis des Reiches und sein Interesse, die innere wie äussere Schlagkraft zu stärken, dabei insbesondere die Einnahmen zu erhöhen und die wirtschaftlichen Bedingungen zu verbessern. Während sich die alte Oberschicht anzupassen versuchte, änderte sich für die Mehrheit der Bevölkerung in ihrer Kultur, ihrer Religion und ihrer Lebensweise zunächst nicht allzu viel. Übergriffen, etwa der orthodoxen Kirche, begegnete sie allerdings mit heftigem Widerstand. So blieben die Tataren überwiegend muslimisch, die Čuvašen, die Mordvinen, die Udmoten oder Votjaken und die Mari oder Čeremisen bei ihren Naturreligionen. Soweit sie nicht zur Orthodoxie übertraten, waren die Nichtrussen diskriminiert: Sie durften nicht in Städten wohnen, und der Weg des sozialen Aufstiegs wurde ihnen versperrt. Sie hatten aber den Vorteil, als nichtrussische Bauern persönlich frei unmittelbar dem Zaren und seiner Verwaltung unterstellt zu sein. Von ihren Erzeugnissen aus Landwirtschaft und Waldgewerbe mussten sie dem Zaren eine Naturalabgabe, den *jasak,* abliefern. Wo es russische Grundherrschaft gab – auch Guts-, Kirchen- oder Klosterland –, wurden abhängige russische Bauern angesiedelt. Die Lebenswelten der Russen und Nichtrussen waren streng voneinander geschieden, sieht man von den assimilationswilligen Teilen der alten Oberschicht ab. Dazu trug bei, dass die neue russische wirtschaftliche Oberschicht vorwiegend städtischem Gewerbe und Fernhandel nachging, während sich die Nichtrussen nun auf den Regionalhandel, auf das Dorfhandwerk und die Agrarwirtschaft konzentrieren mussten. Diese Trennung zwischen Stadt und Land brachte es auch mit sich, dass sich die hochstehende tatarische Kultur von den städtischen Zentren in die Regionen verlagerte und damit auch verbreitete. Dadurch wurden die übrigen nichtrussischen Wolgavölker wesentlich intensiver als vor der Angliederung an das Moskauer Reich kulturell von den Tataren beeinflusst.

In der zweiten Hälfte des 17. Jahrhunderts hatte sich die Lage verändert. Schon vorher war es immer wieder zu Unruhen und Aufständen gekommen, die sich meist grundsätzlich gegen die zarische Herrschaft richteten und auf eine Wiederherstellung der alten Khanate abzielten. Die russische Politik hatte darauf letztlich vorsichtig-zurückhaltend reagiert, um die erreichten Erfolge bei der Eingliederung der neuen Gebiete nicht zu gefährden. Das Interesse an der inneren und äusseren Sicherung des territorialen Zugewinns stand im Vordergrund. Seit der Mitte des 17. Jahrhunderts gingen die Russen jedoch schärfer gegen die Wolgavölker vor. Zum erstenmal deuteten sich hier zwei Linien einer «Nationalitätenpolitik» an, die in der weiteren Geschichte Russlands immer wieder miteinander konkurrieren sollten: die grundsätzliche Anerkennung «fremder Sozial- und Wertsysteme»,[7] solange die Sicherheit und Macht des Staates nicht in Frage gestellt wurde, oder die notfalls gewaltsame Uniformierung des Reiches. Die orthodoxe Kirche weitete jetzt ihre Missionstätigkeit aus und schreckte dabei vor Zwangstaufen und ähnlichen Gewaltmassnahmen nicht zurück. Auch die Landkolonisation wurde vorangetrieben. Die Lasten für die nichtrussischen Bewohner erhöhten sich gewaltig. Die stärkere Organisiertheit der Verwaltung wurde nun mehr und mehr spürbar. Dieser Wandel in der Moskauer Politik, mit dem nicht nur die Gebiete fester in das Reich eingebunden, sondern auch der wirtschaftliche Gewinn vergrössert werden sollte, stiess keineswegs unbedingt auf Gegenliebe bei der regionalen russischen Oberschicht, da auch deren Interessen nachteilig berührt wurden. Vor allem aber die Wolgavölker selbst waren nicht bereit, die neue Politik widerstandslos hinzunehmen.

Die Volkserhebung unter Stepan Razin

1667 machte erstmals eine Abteilung der Don-Kosaken unter Führung Stepan oder Sten'ka Razins von sich reden. Die Kunde von ihren mutigen Raubzügen zur unteren Wolga und zur persischen Küste des Kaspischen Meeres, die reiche Beute eintrugen, verbreitete sich wie ein Lauffeuer unter der Bevölkerung an der Südgrenze des Russischen Reichs. Dabei wurden Tapferkeit, Entschlusskraft und Umsicht Razins besonders hervorgehoben. Aufsehen erregte, dass er nicht davor zurückschreckte, auch zarische Transporte zu überfallen und überhaupt gegen Anordnungen des Zaren zu verstossen. Immer wieder gelang es ihm, sich mit seinen Leuten den Häschern zu entziehen oder sich herauszureden.

Der kosakischen Oberschicht waren diese Banditenzüge gar nicht recht. Zwar standen sie in bester kosakischer Tradition, aber man wollte wegen der Übergriffe Razins keinen Konflikt mit dem Zaren riskieren. Man war ein Bündnis mit ihm eingegangen, erhielt Privilegien und gegebenenfalls auch Gehalt von Moskau. Die zarische Regierung war daran interessiert, die Kosakengebiete in das Reich einzugliedern, das Verwaltungssystem nach dort auszudehnen und die kämpferischen Kosaken selbst der Armee zuzuteilen. Razin hingegen machte sich zum Sprecher derjenigen, die die Kosakenautonomie erhalten wollten. Ganz bewusst weitete er seine Angriffe auf Einrichtungen oder Amtsträger des Zaren aus. Seine Anhängerschaft unter den Kosaken wuchs rasch an. Und es blieb nicht dabei: Auch aus Russland geflüchtete Bauern, «Läuflinge», die sich in den unwegsamen Gegenden am Don niedergelassen hatten und nun infolge des Gesetzbuches von 1649 eine gewaltsame Rückführung in die Leibeigenschaft befürchteten, schlossen sich ihm an. Der Konflikt mit der Kosaken-Oberschicht und zarischen Beauftragten verschärfte sich zusehends.

Seit Frühjahr 1670 stiess das Heer unter Führung seines Atamans Razin bis nach Astrachan' und Simbirsk vor. Die Erhebung griff schnell auf die Wolgagebiete über. Bis zu 20'000 Mann kämpften zeitweise gegen die zarischen Truppen. Das Programm der Aufständischen zielte darauf ab, das Vermögen der Reichen unter alle Einwohner gleichermassen zu verteilen und das kosakische Verwaltungssystem mit seinen demokratischen Versammlungen und gewählten Atamanen überall einzuführen. Die Leibeigenschaft sollte aufgehoben werden. In Astrachan' wurde dieses Programm für kurze Zeit verwirklicht. Den Eid leisteten die Aufständischen auf Razin – und auf den Zaren. Zur Verstärkung seiner Legitimation gab sich Razin auch als Stellvertreter des – in Wirklichkeit bereits verstorbenen – Thronfolgers Aleksej aus. Der Aufstand richtete sich also nicht – zumindest nicht vordergründig – gegen den Zaren als Person oder gegen die zarische Selbstherrschaft. Unmittelbare Gegner waren die Bojaren als Repräsentanten der Leibeigenschaft und Verwaltungsbeamte, deren missbräuchliches Regiment immer wieder Unmut hervorrief. Der Zar, so glaubte man, wisse davon nichts, im Grunde stehe er auf der Seite der Unterdrückten. Doch kann man bei dieser Interpretation nicht stehenbleiben. Dass man auf den Zaren, bar jeglicher Realität, als Führerfigur setzte, weist – wie so oft in der Geschichte – auf eine Umbruchsituation, eine allgemeine gesellschaftliche Verunsicherung hin. Man bedurfte eines festen Punktes, an dem man sich orientieren konnte.

Aus dieser Fixierung auf den Zaren, der Stossrichtung gegen die Bojaren und der grossen Beteiligung von Bauern hat die Forschung in Ost und West lange Zeit geschlossen, dass es sich hier im Kern um einen Bauernaufstand gegen die Verschärfung der Leibeigenschaft gehandelt habe. Dass dies ein wesentliches Element war, ist nicht zu bezweifeln, aber die Erhebung ging darüber hinaus. Ein Blick auf die Träger kann dies verdeutlichen. Zu den Gruppen der Kosaken und russischen Bauern stiessen nicht nur sich benachteiligt fühlende Strelitzen sowie viele Altgläubige und religiöse Rebellen; eine religiöse Legitimierung über sie scheiterte allerdings ebenso wie der Versuch, den verbannten Patriarchen Nikon zu gewinnen. Den grössten Zulauf erhielt Razins Armee von den nichtrussischen Wolgavölkern. Jetzt entlud sich ihr aufgestauter Zorn gegen die Moskauer Regierung und deren Helfershelfer unter der einheimischen Oberschicht. Da die Bauern der Wolgavölker persönlich frei waren, ging es ihnen nicht um die Leibeigenschaft. Im Kampf gegen die Reichen und gegen die Vertreter der Moskauer Verwaltung trafen sich alle Aufständischen. Ihr gemeinsamer Widerstand richtete sich somit nicht einfach gegen die Agrarverfassung, «sondern vielmehr allgemeiner gegen den Zugriff des nivellierenden, systematisierenden, immer grössere Forderungen stellenden Staates und die Willkür seiner regionalen Repräsentanten».[8]

Vasilij Šukšin (1929–1974) hat in seinem 1974 erschienenen Razin-Roman diese Stossrichtung literarisch gestaltet. Sten'ka Razin, der sich schon für den Krieg entschieden hat, wägt noch einmal seine Gründe: «Auf der russischen Erde war eine grosse finstere Kraft aufgewachsen. [...] Was für eine Kraft das war, mächtig und böse, konnten die Mushiks nicht erkennen. Sie sagten, sie hätten sich plötzlich in untilgbare Schulden und Verpflichtungen verstrickt gesehen ... doch das war noch zu begreifen. Diese Kraft hingegen blieb unklar, gewaltig, unabwendbar – was war sie? [...] Am kürzesten liess sich seine Wut in das Wort ‹Bojaren› fassen. Doch wenn er sich richtig hineindachte, ob es die Bojaren waren, erkannte er: um die ging es irgendwie nicht allein. [...] Solange es dort diese Kraft gab, würde es hier keine Ruhe geben, das erkannte Stepan mit dem Herzen. Er sagte ‹Bojaren›, und man verstand ihn, das genügte. [...] Die Hunde waren an so vielem schuld: Jegliche Scham hatten sie verloren, sie rasten vor Habgier ... aber nicht sie waren diese Kraft. Die Kraft, die die Mushiks nicht erkennen und nicht benennen konnten, hiess der STAAT.»[9]

Der soziale und politische Protest scheiterte an der Macht des Staates. Seit Ende 1670 drängten die Regierungstruppen die Aufständischen immer mehr zurück. Stepan Razin konnte schliesslich, von Angehörigen der Kosakenoberschicht verraten, gefangengenommen werden. Der Zar, aufgeschreckt durch das Ausmass der Volkserhebung, verhörte ihn persönlich. Am 6. Juni 1671 wurde er in Moskau hingerichtet. Als Ergebnis des Aufstandes stellte man einige besonders schlimme Missbräuche staatlicher Verwaltung ab. Doch zugleich schweisste er die sozialen Stützen der Selbstherrschaft enger zusam-

men und stärkte somit deren Macht. Der Druck auf die Bauern und auf die
«Fremdvölker» vergrösserte sich in der folgenden Zeit. Im Volk blieb der Auf-
stand lebendig. Zahlreiche Legenden und Volkslieder, die sich um Sten'ka
Razin rankten, hielten ihn im Bewusstsein wach. Bei der Herausbildung einer
Tradition des Widerstandes gegen den Staat nahm er einen besonderen Stel-
lenwert ein.

Die Bojarin Morozova und die Atamanin Alena

Im November 1671 wurde in Moskau die Bojarin Feodosija Prokof'evna Morozova verhaftet, vier Jahre später starb sie zusammen mit ihrer Schwester und
einer anderen Frau, eingegraben in ein Erdloch – eine damals beliebte Strafe
–, den Hungertod. Diese aussergewöhnliche Massnahme erregte allgemeines
Aufsehen. Die Bojarin, 1632 geboren, war die Schwägerin des Boris Morozov, der in den 1640er Jahren nicht nur ein führender Politiker im Umfeld
des Zaren Aleksej gewesen war, sondern es auch zu einem der grössten privaten Grundbesitzer und Unternehmer Russlands gebracht hatte. Die Familie
gehörte zu den bedeutendsten des Reichs. 1662 wurde Feodosija Morozova
Witwe. Sie übernahm die Verwaltung der Familiengüter. Doch sie entfaltete
nicht nur eine energische und rege wirtschaftliche Tätigkeit, sondern sorgte
sich auch intensiv um das Wohl der Armen in Moskau. Bei den Auseinandersetzungen um den richtigen Glauben nahm sie öffentlich Partei für die Altgläubigen. Zeitweise wohnte der Protopope Avvakum in ihrem Haus. Eine
aktive Altgläubigengemeinde scharte sich bald um sie. Heimlich liess sie sich
zur Nonne scheren. Schliesslich empfanden die Mächtigen in Staat und Kirche diese Verhältnisse als untragbar. An der Spitze der gegnerischen Partei
stand im übrigen ebenfalls eine Frau: Anna Rtiščeva, die Diskussionspartne-
rin und Beraterin des Patriarchen Nikon. Da die Bojarin nicht bereit war,
ihren Glauben und ihr Verhalten zu ändern, musste sie sterben.
Kurz vor ihrer Verhaftung hatte eine andere Frau für Beunruhigung gesorgt.
Kaum wollte man es glauben, als im Oktober 1670 Gerüchte laut wurden, im
Heer der Aufständischen unter Stepan Razin kämpfte auch eine tapfere Frau
an vorderster Stelle. Ein Gefangener bestätigte, dass diese Frau 600 «Räuber» um sich geschart habe, die ihr als Anführerin gehorchten. Im Dezember stellten die Regierungstruppen diese Einheit. Sie leistete erbitterten Widerstand, der Führerin blieb als letzter Zufluchtsort eine Kirche. Von dort
aus erschoss sie noch mehrere Soldaten mit ihrem Bogen, dann warf sie sich
unbewaffnet mit ausgestreckten Armen vor den Altar und liess sich gefan-
gennehmen. «Dies Mensch muss ungemeine Stärcke gehabt haben, weil in
der Dolhorukischen Armee niemand gefunden worden, der den Bogen so sie
geführet biss zum Ende anzuziehen vermögt», schrieb ein Zeitgenosse.[10] Im
Verhör stellte sich heraus, dass es sich bei dieser «Amazonin» um eine verwitwete Bäuerin namens Alena handelte. Nach dem Tod ihres Mannes war sie
Nonne geworden, hatte im Kloster Lesen und Schreiben gelernt und sich als
Kräuterheilkundige einen Namen gemacht. Dass ihr immer mehr Bauern

Vasilij I. Surikov: Die Bojarin Morozova (1887). Dass Surikov in derartiger Weise das Thema gerade 1887 behandelte – 1881 hatte eine Frau das Attentat auf Alexander II. mitorganisiert, und die Taten der Revolutionäre erschütterten die Gesellschaft –, musste als Nähe zu den Volksbewegungen und als Kritik an den herrschenden Verhältnissen aufgefasst werden.

selbst bei ihrer Beteiligung am Aufstand als «Atamanin» folgten und sie sogar im Heer Razins als Unterführerin anerkannt wurde, konnte sich die Obrigkeit nur mit «Hexerei» erklären. Unerschrocken ging sie 1671 in den Tod auf dem Scheiterhaufen.

Auf den ersten Blick scheint es, als stellten diese beiden herausragenden Frauengestalten Ausnahmefälle dar, die sich vielleicht mit der allgemeinen Umbruchzeit und der Erregung durch die Glaubensspaltung erklären liessen. Gerade Avvakum hatte aus dem Evangelium die Überzeugung gewonnen, dass alle Menschen, unabhängig von ihrem Geschlecht, vor Gott gleich seien. Doch schaut man genauer hin, wird deutlich, dass der gesellschaftliche Hintergrund, vor dem Frauen in dieser Zeit handelten, umfassender zu betrachten ist. Das Bild, das uns viele zeitgenössische Beobachter aus dem westlichen Ausland in ihren Reiseberichten von den zurückgezogen lebenden Frauen vermitteln und das uns auch als Ideal in dem weitverbreiteten Buch über die «Kunst der Haushaltung» entgegengetreten ist, stimmt mit der Wirklichkeit nur teilweise überein.

Trotz schlechter Quellenlage kann man nach neueren Forschungen mit gutem Grund vermuten, dass die Frau in Russland mehr Rechte und grössere Handlungsspielräume besass, als es in den westeuropäischen Ländern der Fall war. Während sich hier seit dem Hochmittelalter die Verhältnisse für die Frauen verschlechtert hatten, war dies in Russland keineswegs festzustellen, obwohl politische und kirchlich-frauenfeindliche Tendenzen in diese Richtung drängten. Selbstverständlich war rechtlich die Frau dem Manne untertan. Ihre güter- und erbrechtliche Stellung konnte sie jedoch im Laufe der Zeit verbessern. Nicht zuletzt hing dies mit dem wachsenden Drang zusammen, das

Vermögen nicht mehr zuerst im Sippenverband, sondern eher in der Klein-familie zu halten. Ende 1627 versuchte Zar Michail Romanov, die Erbrechte der Witwe wieder einzuschränken, weil er die Lage der männlichen Dienst-adligen stärken wollte. Dieses Gesetz scheiterte allerdings am «passiven Wi-derstand der Betroffenen».[11] Teilweise mussten die Bestimmungen wieder aufgehoben werden, darüber hinaus scheinen sich die Möglichkeiten der Witwe quasi gewohnheitsrechtlich sogar noch ausgeweitet zu haben.

Ein noch grösserer Unterschied zwischen Theorie und Praxis herrschte im täg-lichen Verhalten der Frauen. Für den abwesenden Ehemann übernahm seine Frau die Verwaltung des Vermögens und der Güter, führte die Geschäfte, vertrat ihn rechtlich und setzte sich – auch öffentlich – für die Interessen der Familie ein. Eine solche Handlungsfähigkeit schloss ein, dass die Frau auch dann, wenn der Mann zu Hause war, in die Geschäfte und andere wichtige Dinge eingeweiht wurde, selbst wenn sie nach aussen hin nichts mehr zu sagen hatte. Vielfach dürfte die gemeinsame Beratung der Regelfall gewesen sein. Der Witwe kam dann die Funktion des unumstrittenen Familienober-hauptes zu (worunter die Schwiegertochter, auch die verwitwete, allerdings oft zu leiden hatte).

Diese Stellung der Frauen war nicht nur auf die Oberschichten beschränkt. Gewiss haben wir von Fürstinnen und hohen Adligen die meisten Nachrich-ten: Immer wieder mischten sie sich – nicht nur als Regentinnen – in die Politik ein. Sie regelten häufig die Verwaltung der Güter, verheirateten die Bauern, liessen Entflohenen nachspüren. Manchmal musste der Ehemann auch seinen Gutsverwalter regelmässig berichten lassen, damit seine Frau nicht völlig unkontrolliert regierte. Andere Quellen lassen erkennen, dass sich adlige Frauen nachdrücklich für die Familienrechte einsetzten und ihren abwesenden Mann engagiert bei Behörden vertraten, Intrigen am Hof span-nen oder sonstige Wege nutzten. Offensichtlich war es aber in den anderen Schichten ähnlich. So wissen wir von Kaufmannswitwen, die auf dem Mos-kauer Markt Verkaufsstände führten. Auch die Geschäfte von Fernkaufleu-ten, den *gosti,* oder von Unternehmern konnten durch Frauen geführt wer-den. Witwen stellten hier das Familienoberhaupt ebenso wie unter den Bau-ern. Bei diesen wirkte sich allerdings die sich verschlechternde materielle Lage durch die Krisen seit Mitte des 16. Jahrhunderts nachteilig aus, und auch die sich verschärfende Leibeigenschaft dürfte es für Frauen schwieri-ger gemacht haben, selbständig einen Hof zu führen. Als Beispiel sei aus der Bittschrift einer Bäuerin zitiert, die diese 1672 an ihren Grundherrn richtete: «Durch Ratschluss Gottes ist mein Mann im vergangenen Jahr verstorben, und ich arme Waise bin mit drei Kinderlein zurückgeblieben, das Söhnchen erst sechs Jahre alt, und zu trinken, zu essen haben wir nichts, werden vom *Mir* durchgefüttert, und das Sommerfeld habe ich schon das zweite Jahr nicht eingesät, an Vieh ist nichts vorhanden, auch Hühner nicht, und an Land sind mir zugeteilt 3/4 Desjatinen und an Land, das mit einer Haftung belegt ist, 1/5 Desjatinen. Seid gnädig, ihr Herren […], begnadigt mich arme Waise mit dem Söhnlein, befehlt, ihr Herren, das Land von mir zu nehmen, bis mein Söhnlein herangewachsen ist, und wenn mein Söhnlein herangewachsen ist, dann werde ich auch wieder froh sein, ihr Herren, bei euch als Bäuerin zu leben.»[12] In solchen Fällen mussten die Frauen zusätzliche Abhängigkeiten auf sich nehmen, um zu überleben, oder zur Familie des Bruders überwechseln; vielfach vergrösserten sie auch die Schar der Bettlerinnen, die sich dem Schutz der Kirche unterstellten. Andererseits konnten Witwen anerkannte Mitglieder des *mir,* der Dorfgemeinde, sein, mit allen Rechten und Pflichten. Hier zeigt sich, dass bei allem Patriarchalismus der Bauern Frauen gleichberechtigte Rollen übernehmen konnten, wenn es die Lage erforderte. Der Fall der Atamanin und ihres Gefolges wirkt dann nicht mehr derart überraschend. Mit dem sozialökonomischen Umbruch um die Mitte des 17. Jahrhunderts kam allmählich zum traditionellen Selbstverständnis ein neues Lebensgefühl hinzu. Neue Aufgaben, aber wohl auch Einflüsse aus Westeuropa wirkten darauf hin. Anzeichen lassen sich in Briefen von vornehmen Damen erkennen, die überliefert worden sind. Der ursprünglich vollständig formalisierte Briefstil, der eine privat-persönliche Äusserung höchstens stark verklausuliert zuliess, wich zumindest ansatzweise einer intimeren Sprache. Nach wie vor gewannen natürlich die meisten Frauen ihre Identität im Rahmen der bestehenden Ordnung, also auch des Patriarchalismus, den sie nicht in Frage stellten. Doch hin und wieder durchbrachen Frauen – aber auch Männer – dieses System und beanspruchten öffentlich, dass Mann und Frau gleich seien. Die Bojarin Morozova und der Protopope Avvakum waren herausragende Beispiele. Alena dürfte zu diesem Kreis gehört haben. Dahinter stand die allgemein übliche Möglichkeit, dass Frauen in bestimmten Fällen öffentlich handeln konnten. Dies schloss mit ein, dass Konflikte mit anderen Personen oder Behörden auftraten, bis hin zur Opposition oder gar zum Widerstand gegen die Obrigkeit.

Peter der Grosse

1682 war es zu der verfassungsrechtlich neuen Konstruktion eines Doppelzartums der beiden Brüder Ivan und Peter gekommen, mit ihrer Schwester Sof'ja als Regentin. Der damals zehnjährige Peter kümmerte sich zunächst kaum um die Regierungsgeschäfte oder das Hofleben. Sof'ja und ihre Anhängerschaft konnten unbeschränkt handeln. Peter lebte meist ausserhalb des Moskauer *kreml'* in den Sommerresidenzen, übte mit «Spielregimentern» – aus denen später Garderegimenter hervorgehen sollten –, beschäftigte sich mit Handwerk, Technik und Naturwissenschaften. Erst als es Gerüchte um einen neuen Aufstand gab und Sof'jas Stellung durch zwei erfolglose Feldzüge auf der Krim gegen die Türkei 1687 und 1689 erheblich geschwächt worden war, drängten die Gegner der Regentin Peter zum Handeln. Im Spätsommer 1689, Peter hatte soeben mit 17 Jahren die Volljährigkeit erreicht, entmachtete die Partei Peters die Regentin und ihren Kreis, namentlich Vasilij V. Golicyn. Treibende Kräfte hinter dem Machtwechsel waren nicht zuletzt diejenigen, die von der Regierung Sof'jas eine zu starke Orientierung nach Westen, verbunden mit einer geistig-religiösen Öffnung, befürchteten – ein Paradox, wenn man bedenkt, was sie sich nun mit Peter einhandelten.

Allerdings liess sich Peter mit seinem persönlichen Regiment noch eine Weile Zeit. Zwar spielte der debile Ivan in dem bis zu seinem Tode 1696 formal weiterbestehenden Doppelzartum politisch keine Rolle, aber Peter hielt sich zunächst noch weitgehend von den Details der Regierungsarbeit und von der höfischen Repräsentation fern. Offenbar wollte er erst noch mehr lernen. Gerade das war das Neue, mit dem er Aufsehen erregte. Und er setzte ziemlich bald Akzente: Indem er intensive Kontakte mit Persönlichkeiten der Moskauer Ausländer-Vorstadt – der *nemeckaja sloboda* – pflegte, nutzte er nicht nur deren Kenntnisse, sondern machte zugleich deutlich, dass er gewillt war, die Orientierung nach Westen eher zu verstärken als abzubauen.

Nachdem er sich einen Überblick über die militärische Stärke Russlands verschafft hatte, schritt Peter zur ersten aussenpolitischen Offensive, die ebenfalls die Linie seiner Vorgänger fortsetzte: Er suchte die Auseinandersetzung mit dem Osmanischen Reich. Als klar wurde, dass die Bündnispartner in der «christlichen Kreuzzugsallianz» gegen die Türken, das Habsburger Reich und Polen, Russland bei den Verhandlungen mit der Türkei nicht besonders ernst nahmen, entschloss sich Peter Anfang 1695, eigenständig einen Krieg gegen die Krimtataren und die Türken zu führen. Sein Ziel war es, die Zufahrt zum Schwarzen Meer zu öffnen, zumindest die Festung Azov in seine Hand zu bringen. Der erste Feldzug schlug fehl, der zweite, ein Jahr später, besser geplant, führte tatsächlich zur Eroberung Azovs.

Peter wollte diesem Erfolg eine grossangelegte diplomatische Initiative im Westen folgen lassen, um die dortigen Mächte zu einer gemeinsamen Anstrengung gegen das Osmanische Reich zu veranlassen. Er tat dies wiederum auf eine völlig neuartige Weise: Der «Grossen Gesandtschaft» gehörte er lediglich inkognito an. Sie führte ihn 1697 und 1698 über das Baltikum und Brandenburg nach Holland, England, Sachsen und Österreich. Dabei lernte er nicht nur die wichtigsten westeuropäischen Herrscher und Politiker persönlich kennen, sondern er kümmerte sich auch erfolgreich darum, dass der sächsische Kurfürst August der Starke (1670–1733) König von Polen wurde, und er nutzte ausgiebig die Gelegenheit, um sich über den neuesten Stand der Technik, der Wirtschaft, des Schiffbaus zu informieren. In der Frage des Bündnisses gegen die Türkei war die Gesandtschaft allerdings nicht sonderlich erfolgreich.

Aussen- wie innenpolitisch knüpfte Peter somit an die Politik seiner Vorgänger an, liess aber einen sehr persönlichen Stil erkennen. Bald sollte sich erweisen, dass seine Regierungszeit, bei allen Kontinuitäten, eine entschiedene Zäsur in der Geschichte Russlands darstellte. Das Moskauer Zartum, ein nicht besonders mächtiger Staat unter vielen anderen, wurde endgültig abgelöst vom Russischen Reich mit Petersburg und Moskau als Zentren, das zu den europäischen Grossmächten zählte. Im Innern war die Zeit durch eine Vielzahl von Reformen gekennzeichnet, von denen viele scheiterten, die insgesamt aber doch das Gesicht Russlands veränderten. Peter wird in die Reihe der «Frühaufklärer» unter den Herrschern am Ende des 17. und zu

Beginn des 18. Jahrhunderts eingestuft: einer, der sich von zahlreichen überlieferten Traditionen lossagte, der lernbegierig war, experimentierte, das Ge-
lernte in die Praxis umzusetzen suchte, die Wissenschaften förderte.

Dagegen wird indessen häufig argumentiert, Peter sei im Grunde doch ein
«typischer Russe» geblieben, weil er die Aufklärung mit wenig aufklärerischen Methoden betrieben habe. Aus zahlreichen Beispielen seien hier zwei
aufgeführt, die sich unmittelbar nach Peters Rückkehr von seiner Reise in
den Westen abspielten. Als ihm die Bojaren und Dienstleute huldigten, liess
er ihnen trotz Protesten ihre Bärte abschneiden, die die Männer bisher nach
herkömmlicher Art zu tragen hatten. Damit wollte Peter ausdrücken, dass
sich Russland auch in der Tracht nicht mehr grundsätzlich vom Westen ab-
sondern dürfe und dass er von nun an nicht viel Federlesens machen werde.
Bärte waren jetzt nur noch Geistlichen und Bauern erlaubt. Ähnlich verfuhr
er bei der kurz darauf erlassenen Kleiderordnung: Die Städter mussten sich
an der westlichen Mode orientieren, Bauern und Kirchenleute konnten sich
wie bisher kleiden. Hier zeigte sich, dass Peter nicht geduldig genug war, um
langwierige «Überzeugungsarbeit» zu leisten, sondern er griff mit harter Reglementierung durch.

Eine weitere Massnahme rief allgemeinen Schrecken hervor. Nachdem vor
Peters Abreise eine Verschwörung von Bojaren, Strelitzen und Altgläubigen
entdeckt und mit der Hinrichtung der Anführer beendet worden war, hatten
sich während seiner Abwesenheit noch einmal die Strelitzen erhoben, um
ihre frühere soziale und militärische Position wiederzugewinnen. Als Peter
nach Moskau zurückkam, war der Aufstand bereits niedergeschlagen. Eine
intensive Untersuchung fand statt, und wohl nicht zuletzt wegen seiner Erinnerung an die blutigen Ereignisse von 1682 hielt der Zar ein fürchterliches
Strafgericht ab. Über 1000 Personen wurden öffentlich hingerichtet. Das
Ausmass dieser Brutalität und Grausamkeit hat nicht nur Russland, sondern
ganz Europa erschüttert und bis heute zu dem Urteil geführt, dass so etwas
eben nur in Russland möglich gewesen sei.

Das allerdings ist zu bestreiten. Natürlich steht auch ein Reformer wie Peter,
der sich stärker an anderen als an den Moskauer Überlieferungen orientiert,
in einer Tradition von Denk- und Verhaltensweisen, die er nicht ohne weiteres ablegen kann. Vergleicht man aber Peters Handlungen mit dem Despotismus westlicher Herrscher, mit der Behandlung unterworfener Völker, mit
der Deportation unerwünschter Personen, mit dem rücksichtslosen Men-
scheneinsatz beim Bau von Palästen, mit der brutalen Bestrafung von Aufständischen oder Oppositionsgruppen, mit dem Verkauf von Untertanen als
Soldaten in den verschiedensten europäischen Staaten, so zeigt sich: Aufklärung und grausame Machtausübung waren damals durchaus kein Widerspruch. Russland unter Peter I. bildete hier keine Ausnahme, aber auch keinen Sonderfall.

Der Aufstieg zur europäischen Grossmacht

Peters «Grosse Gesandtschaft» von 1697/98 in den Westen hatte ihr Ziel, ein umfassendes Bündnis gegen das Osmanische Reich zu schmieden, nicht erreicht. Westeuropa war ganz mit dem Hegemoniestreben Frankreichs unter Ludwig XIV. (1643–1715) beschäftigt. 1697 wurde der Frieden von Rijswijk geschlossen. Zwei Jahre später suchte Habsburg den Frieden mit der Türkei, um den Rücken gegen Frankreich frei zu haben. 1701 begann dann der Spanische Erbfolgekrieg, der bis 1714 dauerte und wiederum die Kräfte der europäischen Mächte voll in Anspruch nahm.

Peter I. zog die Konsequenzen und führte eine aussenpolitische Kehrtwendung durch. Jetzt wollte er die Entscheidung an der Ostsee suchen. Er wandte sich damit der anderen traditionellen Richtung zu, die nicht der Expansion im Süden den Vorrang gab, sondern der Sicherung der Handelswege nach Westen – mit einem freien Hafenzugang – sowie der Vormachtstellung im mittel- und nordosteuropäischen Raum.

Ausgangspunkt des nun folgenden Konfliktes stellte das Bestreben Schwedens unter seinem König Karl XII. (1682–1718) dar, die Autonomie der baltischen Staaten – zunächst ging es hier um Livland – weitgehend aufzulösen, um diese in eine einheitliche und finanziell gesicherte absolutistische Politik einbeziehen zu können. Auf die verwirrenden Einzelheiten der diplomatischen Aktivitäten, mit vielen kleinen Mächten und unterschiedlichen Interessen, soll hier nicht eingegangen werden. Peter hielt die Schweden einige Zeit in Verhandlungen hin, verhandelte aber auch mit deren Gegnern und versuchte vor allem, erst mit der Türkei Frieden zu schliessen. Diese Taktik glückte nicht ganz. In der Hoffnung auf russischen Beistand schlug das mit Sachsen in Personalunion verbundene Polen zu früh los. Man unterschätzte die Handlungsmöglichkeiten und -fähigkeiten der Schweden. Karl XII. konnte die Koalitionspartner nacheinander in raschen Feldzügen zum Nachgeben zwingen oder militärisch besiegen. Über diese Erfolge war man in Russland aufgrund der langwierigen Nachrichtenübermittlung nicht ausreichend informiert, als man am 19. August 1700 in den Krieg gegen Schweden eintrat; wenige Tage zuvor war die Mitteilung vom Friedensschluss mit der Türkei in Moskau eingetroffen. Deshalb folgte auf diesen Schritt zunächst eine vernichtende Niederlage. Erst nachdem die schwedische Hauptmacht gegen Polen gezogen war, konnte sich die russische Armee Ende 1701 in einem Waffengang behaupten.

In den folgenden Jahren wechselten die militärischen Vor- und Nachteile ständig. Eine Konföderation im besiegten Polen, die gegen Schweden weiterkämpfen wollte, suchte Peters Unterstützung und eröffnete damit für Russland die Möglichkeit, sich in die inneren Angelegenheiten der Polen einmischen zu können. Die Machtstellung des Reiches weitete sich aus, obwohl es an die Grenze seiner Leistungskraft geriet. Friedensbemühungen scheiterten. 1706 entschloss sich deshalb Karl XII., die endgültige Entscheidung zu suchen. Zunächst schlug er die Sachsen vernichtend. König August unterbreitete daraufhin Karl XII. ein Angebot, Polen aufzuteilen: Die späteren

Teilungen dieses Landes hatten also Tradition. 1707 begann Karl dann einen grossangelegten Feldzug gegen Russland. Ein Teil der ukrainischen Kosaken unter dem Hetman Ivan St. Mazepa (1644–1709) schloss sich ihm an. Noch kritischer wurde die Lage Peters dadurch, dass im Don-Gebiet 1707/08 ein Kosaken- und Bauernaufstand um sich griff. Doch der weite, anfangs durchaus siegreiche Vormarsch erschöpfte die Kräfte des schwedischen Heeres. Der russische Winter, Hunger und Krankheiten taten ein übriges. Im Juni 1709 konnten die Russen bei Poltava einen glänzenden Sieg über die Schweden erringen. Karl XII. und Mazepa flohen zu den Türken.

Allerdings war damit der Grosse Nordische Krieg keineswegs beendet. Russland eroberte Livland und Estland und gliederte sie seinem Reich ein. Überraschenderweise konnten diese Staaten ihre ständischen Rechte behalten, mussten also nicht das autokratische System übernehmen. Im Russischen Reich vergrösserte sich damit die strukturelle Vielschichtigkeit. Erst im 19. Jahrhundert setzte ein Russifizierungsdruck ein, der zu entsprechendem Widerstand im Baltikum führte. Im weiteren Verlauf des Krieges blieben die Russen nicht immer vom Erfolg begünstigt. 1710 griffen die Türkei, die Krimtataren und die Kosaken, unterstützt von Anhängern der Schweden in Polen, Russland an. 1711 mussten die russischen Truppen eine schwere Niederlage an der Prut hinnehmen. Sie konnten jedoch erstaunlich günstige Waffenstillstandsbedingungen aushandeln: Lediglich Azov musste an die Türken zurückgegeben werden, Karl XII. durfte frei nach Schweden reisen. Russland betrieb nun eine intensive diplomatische Westpolitik, auch unter Einsatz von Heiratsverbindungen, um seine Grossmachtrolle gegenüber Schweden zu sichern. In Polen trat Peter 1716/17 als Vermittler auf zwischen König August dem Starken, der absolutistisch regieren wollte, und den polnischen Adligen, die ihre «goldene Freiheit» zu bewahren suchten. Er setzte durch, dass die sächsischen Truppen fast vollständig abziehen mussten und das polnische Heer verringert wurde. Dieser Kompromiss gab Russland eine entscheidende Handhabe für zukünftige Interventionen. Die Furcht vor einem erstarkten Russland führte auf internationaler Ebene jedoch immer wieder zu partiellen Rückschlägen. Schweden entzog sich darüber hinaus nach wie vor den Friedenswünschen. Erst 1718 begannen endlich Verhandlungen. Bevor sie zum Abschluss gebracht werden konnten, fiel Karl XII. Ende dieses Jahres im Krieg gegen Norwegen oder wurde dort, wie man vielfach vermutet, von seinen innenpolitischen Gegnern ermordet. Die erreichten Verhandlungserfolge gerieten damit noch einmal in Gefahr. Erneut brachen Feindseligkeiten aus. Der zeitweise auch von Grossbritannien vorangetriebene Plan einer Anti-Russland-Koalition scheiterte aber. Es blieb dabei, dass Russland die Ergebnisse des Spanischen Erbfolgekriegs, die westeuropäischen Mächte dagegen die Erfolge Russlands im Nordischen Krieg anerkannten. Im diplomatischen Spiel zeigte sich dabei erstmals das Element der Zusammenarbeit der drei «Schwarzen Adler» – so genannt nach ihren Staatswappen –: Russland, Habsburg und Preussen. Sie sollte für lange Zeit die internationalen Beziehungen bestimmen. 1721 wurde schliesslich der Friede von Nystad geschlossen – vier Jahre vor Peters Tod, dem daher nur eine kurze Friedenszeit blieb. Anlässlich der Feierlichkeiten nahm er offiziell neben dem Titel eines Selbstherrschers und Zaren den des «Allrussischen Kaisers» an. Damit bekräftigte er sinnbildlich, dass das Russische Reich zu einem Imperium geworden war. Russlands Eroberungen wurden durch den Friedensschluss bestätigt; neben Livland und Estland musste Schweden Ingermanland und Teile Kareliens sowie einige Inseln abtreten. Die früheren Grossmächte Polen und Schweden waren durch das Ergebnis dieses Nordischen Kriegs in eine hintere Reihe gedrängt worden. Russland gehörte nun – neben Grossbritannien, Frankreich, Österreich und Preussen – zu den fünf Grossmächten Europas.

St. Petersburg, das «Tor zum Westen» –
Moskau, die «russische Hauptstadt»

Der Zugang zur Ostsee lag offen. Ein eisfreier Hafen konnte gebaut werden, dem Handel nach Westen – wie überhaupt den wechselseitigen Verbindungen – eröffneten sich neue Perspektiven. Schon in der Anfangsphase des Nordischen Krieges hatte der Zar entschieden, an der Mündung der Neva in die Ostsee eine Festung zu errichten, die dem Schutz vor schwedischen Angriffen dienen sollte. 1703 wurde mit dem Bau dieser Festung begonnen, die man nach Peter und Paul benannte, weil der erste Spatenstich für die Kirche in der Festung auf den Namenstag des Zaren fiel. Doch die Festung erfüllte ihre Funktion nur kurze Zeit. Um sie herum entfaltete sich bald eine Stadt, die zum Symbol der neuen Zeit in Russland, das «Tor zum Westen» wurde: St. Petersburg. Unter unzähligen Opfern der Arbeitskräfte entstand hier auf einem Sumpfgebiet eine prächtige Stadt, die sich, von Peter I. in persönlichen Plänen mitgestaltet, zur kaiserlichen Residenz und zu einem internationalen Handelszentrum entwickelte. Die Stadt wurde geprägt von den Häusern des Zaren, seines Gefolges und des Hochadels, aus denen der Winter- und der Sommerpalast sowie zahlreiche prächtige Adelshäuser herausragten, von der Admiralitätswerft am Ufer der Neva, die für den Bau der russischen Flotte grosse Bedeutung hatte, von der Börse und von grossen Handelsniederlassungen. 1712 verlegte Peter seine Hauptstadt dorthin. Unterstützung fand der Zar bei seiner Politik der «Öffnung nach Westen» im übrigen bei den kleineren und mittleren Kaufleuten. Sie gedachten am Zwischenhandel nach Petersburg zu verdienen und hofften auf den langfristig erweiterten Binnenmarkt. Zurückhaltend zeigten sich hingegen die reichen Fernhändler, die *gosti*. Sie waren an andere Handelswege gewohnt, konnten sich nur schwer umstellen und fürchteten, beim neuen Fernhandel der ausländischen Konkurrenz nicht gewachsen zu sein.

Planmässig ausgebaut wurde Petersburg erst nach dem Tode des Stadtgründers. Noch heute lässt sich im Stadtbild die damalige architektonisch-geometrische Gliederung erkennen. Bis zum Ende des 18. Jahrhunderts errichtete man unter der Leitung international führender Architekten grossartige Gebäude. Im 19. Jahrhundert folgte dann der flächendeckende Ausbau, der Petersburg endgültig zu einer der beiden Metropolen des Russischen Reichs

Gestochener Plan der Stadt Petersburg aus dem Jahre 1737.

machte. Nach den Zerstörungen im Zweiten Weltkrieg gemäss alten Plänen wiedererstanden, fasziniert Petersburg heute noch als weltoffene, «westlich» wirkende Stadt. Allerdings darf die «schöne» Innenstadt nicht darüber hinwegtäuschen, dass um sie herum seit dem 18. Jahrhundert riesige Fabrikanlagen, Arbeiterunterkünfte, Slums, Wohnblocks gewachsen sind. Gerade dieses Doppelgesicht der Stadt, ihre ganz besondere Atmosphäre hat immer wieder die Dichter Russlands zu Darstellungen gereizt. «Ich lieb dich, Peters Werk, vor allen, / Ich lieb dein Bild so streng und schlank», schreibt Aleksandr S. Puškin (1799–1837) in seiner Verserzählung «Der eherne Reiter», die um das Standbild Peters des Grossen kreist und die furchtbare Überschwemmung von 1824 zum Gegenstand hat.[13]
In den Augen Peters sollte Russland die «Drehscheibe des Handels zwischen Asien und Europa» werden.[14] In dieser Konzeption nahm Petersburg eine vorrangige Stellung ein. Der Zar scheute nicht davor zurück, Kaufleute mehr oder weniger zwangsweise nach Petersburg umzusiedeln, um deren Handelsfunktion gegenüber Moskau zu stärken. Der Bau einer Handelsflotte wurde vorangetrieben, um den Schiffahrtsweg über die Ostsee zu nutzen. Darüber hinaus begann man mit der Anlage von Kanälen in Richtung Ostsee. Ausländische Kaufleute, die von Peter begünstigt wurden, sollten den Handel fördern und das Zögern oder die noch nicht genügend entwickelte Fähigkeit der russischen *gosti,* den neuen Bahnen zu folgen, ebenso ausgleichen wie die unzureichende Kapitalausstattung des russischen Westhandels.

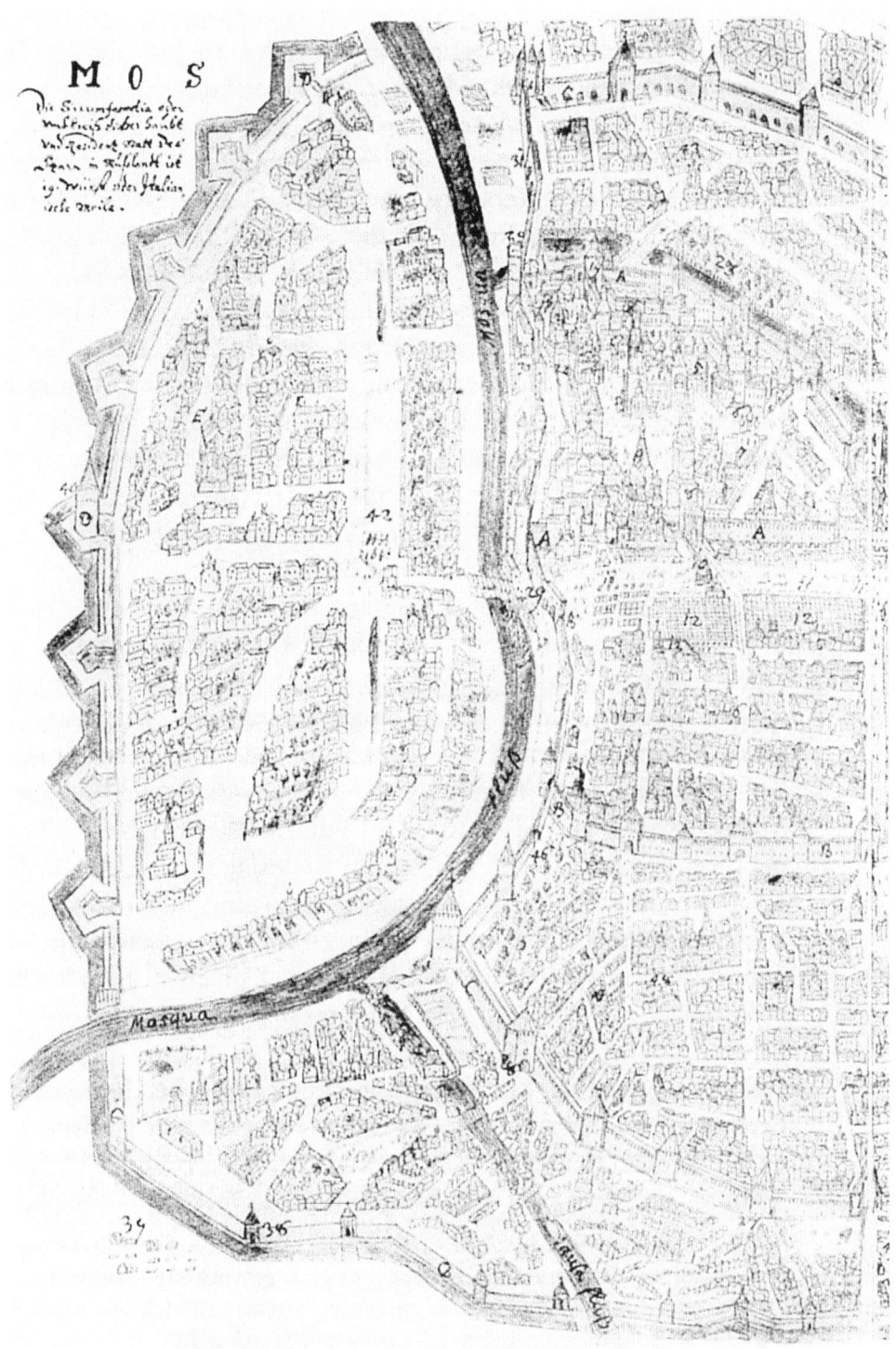

Moskau um die Mitte des 17. Jahrhunderts (Skizze Augustin v. Mayerberg 1661–1663).

Die Verlegung der Hauptstadt und der kaiserlichen Residenz nach Petersburg wurde keineswegs sofort von allen akzeptiert. Moskau galt vielen als Mittelpunkt des Reiches und symbolisierte zugleich die Verbindung mit dem echt «Russischen» gegenüber dem «westlichen» Petersburg. Auf diese Weise erhielt Russland zwei Hauptstädte, zwei Metropolen, unabhängig davon, wo sich jeweils der Regierungssitz formell befand. Der Moskauer *kreml'* blieb auch unter Peter und seinen Nachfolgern ein wichtiges Herrschaftszentrum der Autokratie. Ebensowenig ging die Bedeutung Moskaus als Handelsstadt zurück; davon zeugen Stadtausbau und Gebäudenutzung gerade im 18. Jahrhundert. Viel stärker als Petersburg prägten Kirchen und Klöster das Bild Moskaus und drückten aus, dass die Orthodoxie hier ihren Mittelpunkt sah. Zeichen der traditionell gewachsenen Stadt waren auch die zahlreichen Holzhäuser selbst in der Innenstadt – wo in Petersburg die Steingebäude vorherrschten – sowie die fliessenden Übergänge von städtischem und ländlichem Leben. Erst in der zweiten Hälfte des 18. Jahrhunderts begann eine planmässige Umgestaltung Moskaus nach aufklärerisch-rationalen Ideen, doch immer wieder war man bestrebt, den Charakter einer «russischen» Stadt zu erhalten. Bis heute gibt es darüber unter den Stadtplanern heftige Auseinandersetzungen, und für den Besucher ist der städtebauliche Gegensatz zwischen St. Petersburg und Moskau nach wie vor spürbar.

Die emotionale Beziehung, die die Russen mit Moskau verbindet, hat ebenfalls ihren vielfachen Niederschlag in der Literatur gefunden. Michail A. Bulgakov (1891–1940) drückt sie etwa in seinem «Panorama» der Stadt während der 1920er Jahre aus: «[...] ich kam in der Nacht in Moskau an. [...] Bis an mein Grab werde ich die blendende Laterne am Brjansker Bahnhof und die zwei Laternen an der Dorogomilow-Brücke nicht vergessen, die den Weg in die geliebte Stadt wiesen. Denn, was immer geschieht und was immer man sagt, Moskau ist die Mutter, Moskau ist die Heimatstadt.»[15]

Puškin hat nach dem Brand Moskaus 1812 und dem Wiederaufbau das Verhältnis der beiden Hauptstädte zueinander beschrieben: «Wenn ich heute das stille Moskau verlasse und mich auf ein prunkvolles Petersburg gefasst mache, bringt mich schon der Gedanke auf, mein ruhiges Leben gegen Wirbel und Getöse, die mich da erwarten, eingetauscht zu sehen; mir dreht es sich jetzt schon im Kopf [...]. Früher gab es wirklich einmal die Rivalität zwischen Moskau und Petersburg. Früher lebten in Moskau die reichen Bojaren, die nicht im Staatsdienst standen. Würdenträger, die den Hof verlassen hatten, unabhängige, sorglose Leute, die mit Hingabe eines harmlosen Klatsches und wohlfeiler Gastlichkeit pflogen; früher war Moskau ein Mittelpunkt für den gesamten russischen Adel, der über den Winter aus allen Provinzen dort zusammenkam. Aus Petersburg strömte die strahlende Gardejugend hierher. An allen Ecken der alten Hauptstadt erklang Musik, und überall war es voll. [...] Hier lernten sich die jungen Leute kennen: Heiraten bahnten sich an. [...] Wenn die Moskauer Modenärrinnen die Neuheiten aus Petersburg übernahmen, gaben sie auch ihnen ihre ganz besondere Note. Das hochfahrende Petersburg lachte aus der Ferne und liess dem greisen Moskau seine Spässe. Aber wo ist dieses geräuschvolle, müssige, sorglose Leben geblieben? [...] Im

Bebauung Moskaus im 17. Jahrhundert (aus einer Reisebeschreibung des Adam Olearius 1656).

still gewordenen Moskau stehen heute die gewaltigen Bojarenhäuser traurig zwischen dem weiten, grasbewachsenen Hof und dem vernachlässigten, verwilderten Garten. [...] Die Strassen sind tot; nur selten rattert eine Kutsche über das Pflaster [...].

Der Niedergang Moskaus ist eine unvermeidliche Folge des Aufstiegs von Petersburg. In einem Staat können nicht zwei Hauptstädte in gleichem Masse gedeihen, wie es ja im menschlichen Körper keine zwei Herzen geben kann. Aber die Verarmung Moskaus weist auch noch auf etwas anderes: auf die Verarmung des russischen Adels, die teils aus der Zersplitterung der Güter herrührt [...]. Aber nachdem nun Moskau seinen aristokratischen Glanz verloren hat, blüht es in anderer Beziehung auf: Stark gefördert hat sich die Industrie hier angesiedelt und mit ungewöhnlicher Intensität entwickelt. Die Kaufmannschaft wird reich und zieht in die Paläste ein, die der Adel verlässt. Andererseits liebt auch die Bildung diese Stadt [...] Gelehrsamkeit, Liebe zur Kunst und Begabung sind ohne Zweifel auf seiten Moskaus.»[16]

Russlands «Wilder Osten»:
Kolonisierung und handelspolitische Öffnung

Peter I. baute nicht nur die Öffnung nach Westen konsequent aus, der Blick richtete sich auch nach Osten. Der Zar setzte hier ebenfalls die Politik seiner Vorgänger nachdrücklich fort. Die Gebiete östlich des Ural waren bis ins 16. Jahrhundert hinein für die Russen völlig fremdes Land geblieben. Kleinere militärische Vorstösse oder Siedlungsversuche wurden ohne Kenntnisse durchgeführt und hatten deshalb keine dauerhaften Folgen. Die Karte eines Engländers von 1562 zeigte dort ein Reich von Fabelwesen, wo die «goldene Hexe» und verschiedene Baumgottheiten herrschten. Die traditionellen Handelswege nach China hatten diese Gegend nicht berührt. Mit der machtpolitischen Stärkung des Moskauer Zartums wuchs jedoch das Interesse an dem weitgehend unbekannten Land. Kontakte gab es mit dem Khanat Sibiŕ, einem der Nachfolgereiche der Goldenen Horde. Ivan IV. wurde die Tributherrschaft angeboten, wenige Jahre später jedoch wieder zurückgenommen. Wie so oft in dieser Zeit waren es unruhige Kosaken, die die Sache in Bewegung brachten. 1577 hatte der Kosakenanführer Ermak mit 540 Leuten auf der Wolga ein Regierungsschiff mit Staatsgeldern überfallen – einer der üblichen Raubzüge. Auf der Flucht vor den sie verfolgenden Soldaten fanden die Kosaken Schutz am Fuss des Uralgebirges auf den Besitzungen der Grosskaufleute Stroganov, die bäuerlicher Herkunft waren. Sie besassen riesige Ländereien und handelten mit Agrarprodukten, mit Salz und mit Pelzen, insbesondere mit Zobel und Hermelin. Deshalb lockte sie der Waldreichtum Sibiriens. Ivan IV. hatte ihnen 1558 ein entsprechendes Privileg für ihre Güter erteilt, das dort die Freiheit vor staatlichem Zugriff einschloss, 1574 erweiterte er es für die östlichen Gebiete, also Westsibirien, und gewährte dafür Steuerfreiheit. Die Stroganovs suchten nun nach einem Weg, es auch zu nutzen (im übrigen soll die grauenhafte Hinrichtung eines Vorfahren, der als Tatarenfürst zu den Russen übergewechselt, dann jedoch in die Hände seiner ehemaligen Stammesbrüder gefallen war, den Namen für das bei uns so beliebte Gericht mit in feine Streifen geschnittenen Filetstükken gegeben haben). Die Kosaken Ermaks kamen wie gerufen, auch wenn die Stroganovs eigentlich keine Räuber aufnehmen durften. Vermutlich 1581 brachen die 540 Kosaken, ergänzt durch 300 Söldner, auf. Ein Jahr später eroberten sie die Burg des Khans der Sibirischen Horde, einer Nachfolgeorganisation des Tatarenreiches der Goldenen Horde. Viele Pelze konnten als Tribut an die Stroganovs geschickt werden. Doch die Kämpfe hörten nicht auf. 1585 gelang den Tataren ein Überfall auf die Eindringlinge, dem bis auf 150 Mann alle zum Opfer fielen, auch Ermak. Jetzt aber traten reguläre russische Truppen auf den Plan. Der Zar hatte erkannt, welche Vorteile ihm die Räuber verschafften. Da im Westen gerade Frieden herrschte, konnten genügend Soldaten nach Osten in Marsch gesetzt werden. Westsibirien wurde nun regelrecht erobert, befestigt und mit einigen Stützpunkten besiedelt. 1598 war die Sibirische Horde endgültig geschlagen.
Die Erschliessung Sibiriens gleicht der Nordamerikas, dem dortigen «Wilden

Westen» entspricht hier der «Wilde Osten». Zunächst zogen die Pelztierjäger
in die Wildnis. Sie waren zugleich Kleinhändler und Kundschafter – wie die
Trapper in Nordamerika. Diesen *promyšlenniki* folgten das Militär und die
Verwaltungsbeamten. Sie kümmerten sich nicht nur um Jagd und Pelzhandel,
sondern machten die sibirischen Stämme – notfalls mit Gewalt – botmässig.
Diese mussten jetzt eine Pelzsteuer, den *jasak*, leisten. Holzforts und Block-
häuser in kleinen Ansiedlungen sicherten die Kontrolle über die Einheimischen. Nicht nur von den Naturalsteuern, sondern auch vom Tauschgeschäft
verhältnismässig wertloser russischer Waren gegen kostbare Pelze profitierte
der Zar: 10 Prozent der angebotenen Pelze – und selbstverständlich die besten – mussten an ihn geliefert werden. Im Laufe der Zeit versuchten die
Zaren, auf immer mehr Bereiche des Pelzhandels ein Monopol durchzusetzen. Damit hatten sie allerdings nur begrenzten Erfolg, weil die Anordnungen der Moskauer Zentrale immer wieder unterlaufen wurden. Dasselbe galt
für die Versuche, Missbräuche bei der *jasak*-Eintreibung und beim Tauschgeschäft, insbesondere persönliche Bereicherung, auszuschalten. Sibirien war
einfach viel zu weit vom Machtzentrum Russlands entfernt, um eine wirksame Überwachung zu ermöglichen.

Obwohl Regierung und Einsichtige an einem gewissen Schutz für die Einhei-
mischen interessiert waren, um deren Zahlungsfähigkeit zu erhalten, kam es
immer wieder zu Zwangsmassnahmen und schwerwiegenden Eingriffen in die
Lebensweise der dortigen Stämme. Diese wehrten sich. Eines ihrer Mittel war
die Bittschrift. Die folgende stammt von 1663: «An den Zaren, Herrscher und
Grossfürsten Alexei Michailowitsch richten sich mit einer untertänigen Bitte
Deine Waisen, Grosser Herrscher, aus dem fernen sibirischen Land, die im
Unteren Jassak-Winterlager an der Kolyma jassakpflichtigen Jukagiren vom
unteren und oberen Anjui [...]. In den vergangenen Jahren, Herrscher, als wir
begannen, Dir, Grosser Herrscher, für uns und die Menschen in unserem
Stammesgebiet Jassak zu zahlen, konnten wir Deinen Jassak mit Leichtigkeit
aufbringen und er war für uns keine grosse Last bis zum Jahr 170 [1661/62].
Seit dem Jahr 170 aber, Herrscher, werden wir, Deine Waisen, im Unteren
Jassak-Winterlager gezwungen, zusätzlich zu Deinem [Jassak] zu hohen Preisen Waren zu kaufen. [...] Wer aber keine Zobel und anderes Pelzwerk hat,
wird erbarmungslos mit Stöcken geschlagen und eingesperrt. Wenn die
Jukagiren dann in ihre Jurten entlassen werden, sendet man ihnen die gna-
denlosesten und grausamsten Männer dorthin nach [...]. Und als sie bei uns
waren, ritten sie von einer Jurte zur anderen, raubten gewaltsam mit eigenen
Händen aus den Speichern Rentierfelle und Winterkleider aus gegerbtem
Leder, aus Juchtenleder und Sämischleder und rissen die Zeltwände der
Jurten ab [...]. Unsere Töchter nehmen sie uns gewaltsam weg. Als der
Kleinbojar [ein ‹Bojarensohn›, also ein niederer Dienstadliger] Iwan Welikoi
Verwalter des Winterlagers war, nahmen sie Pensa eine Tochter weg und
verkauften sie unter sich weiter. [...] Jedesmal, wenn der Verwalter im Früh-
jahr den Jahrmarkt am Unterlauf der Kolyma besucht, ergeht an uns, Herr-
scher, Deine Waisen, der Befehl: ‹Bringt dem Verwalter anlässlich seiner
Ankunft gute Zobel als Gastgeschenk!› [...] Wir aber, Herrscher, erleiden

von den Trappern, die im Winterlager den Jassak einsammeln, grosse Bedrückung und Bedrängnis. [...] Ihre Nötigungen haben uns nackt und bloss,
arm und elend gemacht und ihre grossen Zwangsabgaben und Raubzüge
haben uns bis auf den Grund verelenden lassen; denn wir, Deine Waisen,
haben viele Jahre lang mit grösster Gewissenhaftigkeit den vollen Jassak für
Dich, Grosser Herrscher, gezahlt, über Deinen Jassak hinaus aber zahlen wir
für ihre aufgezwungene Ware und die Gastgeschenke für die Verwalter jedes
Jahr noch zusätzlich 2000 bis 2400 Zobel und mehr im Unteren Jassak-
Winterlager. Aus solch unmässiger Bedrückung, Herrscher, erwächst man-
cherlei Übel, wie es an anderen Flüssen und an der Jana geschehen ist [ge-
meint ist ein Überfall von Jukagiren auf ein dortiges Lager 1662/63, bei dem
die Besatzung getötet wurde]. [...]
Barmherziger Herrscher, Zar und Grossfürst Alexei Michailowitsch [...], erweise uns, Deinen Waisen, angesichts Deines weit entfernten Vatererbes
Gnade, lass es nicht zu, Herrscher, dass die Dienstleute und freiwilligen Trapper uns, Deine Waisen, weiterhin kränken, berauben, uns gewaltsam ihre
Waren aufzwingen und uns wegen dieser aufgezwungenen Ware mit Stöcken
schlagen und einsperren, oder dass sie unsere Jurten besuchen, mit Gewalt
unsere Kleider rauben, die Jurten abreissen, aus den Speichern mit eigenen
Händen Rentierfelle und Sämischleder rauben und uns unsere Frauen und
Kinder wegnehmen. Lass es nicht zu, Herrscher, dass sie uns auf jede Weise
verfolgen, damit wir, Deine Waisen, vor solch grosser Bedrückung nicht aus-
einandergehen und uns zerstreuen müssen oder etwas Übles anrichten, damit
wir nicht für Dich, Herrscher, keinen Jassak mehr entrichten können und
endgültig zugrunde gehen. Zar und Herrscher, erbarme Dich, sei gnädig!»[17]
Die entführten Mädchen und Frauen wurden im übrigen häufig zwangs-
getauft und dann verheiratet, da unter den Russen ein erheblicher Frauen-
mangel herrschte. Solche Bittschriften, selbst wenn sie den Zaren auf von ihm
nicht gewünschte Missstände aufmerksam machten, konnten nur selten Erfolg haben: Es dauerte viel zu lange, bis sie in Moskau ankamen und die
entsprechenden Anordnungen von dort wiederum Sibirien erreichten. Daher
brachen immer wieder Aufstände aus, so 1607, 1658, 1662/63 oder 1731.
Wie in Nordamerika gab es auch in Sibirien eine «wandernde Grenze». War
das Pelztiervorkommen in einer Gegend durch zu starke Bejagung erschöpft,
zogen die Trapper weiter. Auf diese Weise wurde das Land erschlossen und
Schritt für Schritt mit einer Infrastruktur überzogen. Insgesamt stellten die
sibirischen Pelze im 17. Jahrhundert einen wichtigen Gewinn für den zarischen
Staat dar. Sie machten vermutlich ungefähr 10 Prozent der staatlichen Einnahmen aus, waren gut geeignet für den Export oder als Zahlungsmittel für
Einfuhren, um namentlich das Fehlen von Edelmetallen auszugleichen, konnten als gerngesehene offizielle Geschenke verwendet werden und förderten
die wirtschaftlichen Aktivitäten von Privatkaufleuten wie vom Zaren, dem
grössten Pelzhändler. Gegen Ende dieses Jahrhunderts war allerdings absehbar, dass der Pelzreichtum sich seinem Ende entgegenneigte, besonders
die wertvollen Pelze, Zobel vor allem, gingen stark zurück. Da gleichzeitig
die Nachfrage in Westeuropa nachliess, verfielen die Preise. Die weitere

Erschliessung der Kolonie musste sich nun an anderen reichen Naturschätzen ausrichten.

Dem kam zugute, dass man im 17. Jahrhundert nicht nur begonnen hatte, in Sibirien Strafkolonien und Verbannungsorte anzulegen – eines der ersten Opfer wurde Avvakum, der Führer der Altgläubigen –, sondern auch die Erforschung dieses Landes voranzutreiben. Um die Mitte und in der zweiten Hälfte des Jahrhunderts fanden weitreichende Erkundungen statt. So erreichte der Kosak Semen I. Deznev (um 1600–1672/73) mit Kaufleuten 1648/49 das nach ihm benannte Kap an der Beringstrasse. Von 1649 bis 1653 zog ein Trupp unter Führung Erofej P. Chabarovs (um 1610 bis nach 1667) über die Lena, wo sich später Gold fand, und über den Amur in Richtung China. Da es in der folgenden Zeit hier zu Zusammenstössen mit Chinesen kam, war eine feste Regelung schliesslich unumgänglich. Der 1689 geschlossene Vertrag von Nerčinsk legte die Grenze auf der Wasserscheide zwischen Lena und Amur fest. So zielten die weiteren Expeditionen, verbunden mit staatlicher Expansion, gen Norden: 1711/21 und in der folgenden Zeit zu den Kurilen und zur Halbinsel Kamčatka. 1725 erteilte Peter I., angeregt von Gottfried Wilhelm Leibniz (1646–1716), kurz vor seinem Tod einen Auftrag an Vitus J. Bering (1680–1741): Sibirien, das Eismeer und den Nordpazifik wissenschaftlich zu erforschen, Verkehrswege für den Handel zu erschliessen und der russischen Kontrolle zu unterwerfen. Ende des 18. Jahrhunderts drangen die Russen dann nach Alaska und später sogar bis nach Kalifornien vor, das 1841 an den Schweizer Johann August Sutter (1803–1880), den «Kaiser von Kalifornien», verkauft wurde. In Alaska war der Seeotter die begehrte Beute. Für deren Bejagung wurde die einheimische Bevölkerung brutal versklavt. Da der russische Staat hier das Feld vollständig der privaten Russisch-Amerikanischen Kompanie überliess, waren die Stämme noch weniger geschützt als in Sibirien. Der überwiegende Teil der männlichen Einwohner ging zugrunde. Nachdem auch die Seeotter fast ausgerottet waren und es immer wieder zu internationalen Komplikationen kam, wurde diese Kolonie für das Russische Reich unattraktiv und 1867 an die USA verkauft – eine Entscheidung, die man später wohl bedauert haben mag.

In Sibirien erbeutete man jetzt neben den Pelztieren vor allem Walrosszähne, die wieder im wesentlichen der Staat kassierte, und zunehmend Rohstoffe: Kupfer, Blei, später auch Gold und Silber, daneben Getreide und andere Agrarprodukte in den südlicheren Gebieten. Neben der Deckung des eigenen Bedarfs waren all diese Waren für den Handel namentlich mit China ausserordentlich wichtig. Von dort importierte man Stoffe, Tee, Kräuter, Kleidung, Rhabarber – der gegen Skorbut eine wichtige Hilfe bedeutet –, Arzneien, Gewürze, Seide, Silber und Porzellan. Ein Teil dieser Einfuhren wurde von Russland in westliche Länder vermittelt, um von dort Edelmetalle zu erhalten. Der Vertrag von Nerčinsk begünstigte diese wirtschaftlichen Beziehungen: Russen durften nun in Peking selbst Handel treiben. Grosse Handelskarawanen der Moskauer *gosti* zogen von jetzt an in die chinesische Hauptstadt. Im Durchschnitt dauerte die Reise hin und zurück drei Jahre. Riesige Gewinne konnten erzielt werden. Peter I. unterstützte diesen Handel nachdrücklich, holte auch ausländische Kaufleute heran, die im staatlichen Auftrag Geschäfte abwickelten. Das Zollsystem wurde 1698 drastisch vereinheitlicht und vereinfacht. Misshelligkeiten mit den Chinesen suchte der Zar durch Verhandlungen beizulegen. Das Ergebnis bildete 1727, schon nach seinem Tod, der Vertrag von Kjachta.

Das Tor zum Osten war nun weit aufgestossen, wenngleich sich nicht alle Erwartungen erfüllen sollten. Aber auch nach Südosten entsandte die zarische Regierung Gesandtschaften und Handelsreisende, um die Routen und das Gelände zu erforschen. Hier ging die Hauptrichtung nach Persien, über das man Indien zu erreichen gedachte. 1717 konnte ein Handelsvertrag abgeschlossen werden. Bestärkt durch Berichte über die innere Schwäche dieses Reiches nutzte Peter 1722, nach Abschluss des Nordischen Kriegs, einen vordergründigen Anlass, um militärisch vorzustossen. Er wollte nicht zuletzt den Türken zuvorkommen, die ebenfalls ein Auge auf Persien geworfen hatten. 1723 wurde Baku am Kaspischen Meer, das spätere Ölzentrum, erobert. Der im gleichen Jahr erreichte Friedensvertrag brachte Russland einigen Landgewinn. Ein Plan, ganz Kaukasien vom Kaspischen bis zum Schwarzen Meer im Bündnis mit Georgien und Armenien in die Hand zu bekommen, liess sich zu dieser Zeit noch nicht verwirklichen: Hier war das Osmanische Reich, unterstützt von England, schneller, das seine eigenen Handelsinteressen in Gefahr sah.

Innenpolitische Reformen Peters des Grossen

Da die Regierungszeit Peters des Grossen wesentlich von der Kriegführung bestimmt wurde, bildeten die Militärreformen einen Mittelpunkt seiner innenpolitischen Massnahmen. Nach dem Aufstand der Strelitzen 1698 in Moskau wurden diese Regimenter, die insgesamt über 50'000, in Moskau allein über 20'000 Mann umfassten, nach und nach aufgelöst. Zum letztenmal erhoben sich die Strelitzen 1705/06 in Astrachan' gegen den Verlust ihrer sozialen Stellung. Auch hier folgte ein blutiges Strafgericht.

Peter führte für die Truppen ein strenges Reglement nach dem Vorbild der beiden Garderegimenter ein, der «Spielregimenter», mit denen er sich während der Regentschaft Sof'jas beschäftigt hatte. Die künftigen – adligen – Offiziere mussten sich einer besseren Schulung als bisher unterziehen. Durch angeworbene ausländische Militärfachleute, die zu Peters engstem Beraterkreis gehörten, wusste er, wie in den westlichen Staaten die Soldaten ausgebildet wurden. Aufgrund der Kriege vermehrten sich die regulären Truppen massenhaft. Zuletzt standen 130'000 Mann Feldeinheiten unter Waffen. Das war gegenüber früher viel, doch die Zahl relativiert sich, wenn man bedenkt, dass das beträchtlich kleinere Preussen unter dem «Soldatenkönig» Friedrich Wilhelm I. (1688–1740) 80'000, unter seinem Sohn Friedrich II. (1712–1786) gar 150'000 bis 200'000 Soldaten zählte. Der Zar sorgte weiterhin für den Aufbau einer Kriegsflotte, um auch auf diese Weise die Vormachtstellung im Ostseeraum zu sichern und zugleich im Schwarzen Meer wirksam gegen die Türken vorgehen zu können. Auf das Heeresreglement von 1716 folgte daher das Flottenreglement von 1720 mit Funktionsschema, Dienstordnung und Kriegsrecht.

Einen unlöslichen Zusammenhang mit den schweren Kriegen bildeten auch die Versuche zur Währungsstabilisierung und die fiskalischen Reformen, denn es wurde immer mehr Geld benötigt. Zwischen 1700 und 1704 führte die Regierung ein neues Münzsystem ein, das auf der Dezimalordnung beruhte – das erste dieser Art in Europa und Amerika. Weiterhin erhöhte sie den Salzpreis, über den sie aufgrund des Monopols Einnahmen erzielte, und erhob zahlreiche Sonderabgaben. Vorbereitet wurde eine grundlegende Steuerreform, nachdem sich die bisherige Hofsteuer als nicht mehr angemessen erwiesen hatte. Ziel war die allgemeine Kopf- oder Seelensteuer, die für jede lastenpflichtige, arbeitsfähige Person männlichen Geschlechts gelten sollte. 1724 wurde sie schliesslich eingeführt, kam dem Staat im Grunde also erst unter Peters Nachfolgern zugute. Doch schon die vorbereitenden Massnahmen brachten Einnahmeerhöhungen mit sich. Für eine Kopfsteuer war die statistische Erfassung der Bevölkerung unumgänglich. Ende 1718 ordnete der Zar die erste Volkszählung im Russischen Reich an. Insgesamt erfasste man bis 1722 rund 5 Millionen «Seelen». Nicht lastenpflichtig waren Adlige, Geistliche und Militärpersonen. Die noch freien oder halbfreien Bauern, darunter zahlreiche verarmte Adlige, galten von nun an als «Staatsbauern». Da für sie Abgaben an einen Grundherren wegfielen, mussten sie eine erhöhte Kopfsteuer zahlen. Aufgrund der Volkszählung schätzt man die Gesamtbevölkerung Russlands zu Beginn der 1720er Jahre auf etwa 15 Millionen Menschen. Damit hatte sie sich gegenüber den 6,5 bis 7 Millionen, die man für 1550 wie für 1650 annimmt – die Wüstungsperiode und die «Zeit der Wirren» hatten ihre Opfer gefordert und ein Wachstum verhindert –, mehr als verdoppelt.

Die Grundlage für die Kopfsteuer sollte durch regelmässige «Revisionen» der «Seelen» immer wieder auf den neuesten Stand gebracht werden. Eine entscheidende Funktion bei der Steuerverwaltung nahmen der Grundherr und die Gemeindeversammlung, der *mir,* ein, deren Stellung dadurch insgesamt gestärkt wurde. Durch Tricks und Manipulationen gelang es häufig, die Revisoren zu täuschen. Bald setzten Geschäftemachereien mit den «Seelen» ein, für die die Gutsbesitzer zu zahlen hatten. Nikolaj V. Gogol's (1809–1852) genialer Roman von 1842 geht von der durchaus realistischen Idee eines Schwindlers aus, Gutsherren zahlreiche «tote Seelen» abzukaufen, sie aber als lebende auszugeben. Auf diese Weise wollte er ein riesiges Vermögen vorspiegeln, um hohe Darlehen aufnehmen und sich damit aus dem Staube machen zu können.

Dies war 1724 so noch nicht vorauszusehen. Der steuerliche Vorteil für den Staat lag zunächst auf der Hand. Doch so ganz traute man schon damals den Verhältnissen vor Ort nicht. Bereits 1711 waren «Fiskalämter» eingerichtet worden, Geheimbehörden – wie später in Preussen –, die die Finanz- und Justizverwaltung sowie speziell die Steuereintreibung überwachen sollten. 1713 hatte die Regierung die Bevölkerung aufgerufen, Anzeige zu erstatten, wenn es zu «Unregelmässigkeiten» bei der Steuerzahlung oder in anderen

Finanzdingen komme; sie sollte dann am Gewinn beteiligt werden. So kämpfte man gegen Unterschlagung und Amtsmissbrauch mit Mitteln, die Eigenverantwortung, Initiative, Selbständigkeit und Rückgrat nicht eben förderten. Insgesamt hielten die Einnahmen des Staates mit seinen Ausgaben nicht mit: Während der Regierungszeit Peters verlor der Rubel, insbesondere durch die Kriege, mehr als die Hälfte seiner Kaufkraft.

Die Förderung der Wirtschaft, ein herausragender Reformbereich dieser Zeit, stand ebenfalls im Zeichen der Kriegsbedürfnisse, richtete sich aber auch am Ziel einer aktiven Handelsbilanz aus. Hier ordnete sich Russland durchaus in allgemeineuropäische wirtschaftpolitische Vorstellungen des Merkantilismus ein, Holland und später Frankreich galten als Vorbilder. Vom expandierenden Aussenhandel nach West und Ost war bereits die Rede. Hohe Produktionsleistungen, namentlich im Bergbau, in der Eisen- und in der Textilindustrie, ermöglichten einen beachtlichen Export, so wie sie auch den inneren Markt decken sollten. Gab es um 1690 21 ausschliesslich staatliche Manufakturen, so zählte man 1725 200 solcher Grossbetriebe, wovon sich 86 in staatlichem und 114 in privatem Besitz befanden. Die Zentren der Unternehmen lagen für die Eisengewinnung im Ural und für die Eisenverarbeitung hauptsächlich in der Gegend um Tula sowie in Petersburg. Die Moskauer Region wurde von der Textilindustrie geprägt. Rechtlich behandelte man die Manufakturen wie «Dienstgüter». Anfänglich bestand die Möglichkeit, sie bei schlechter Bewirtschaftung wieder seitens des Staates einzuziehen. Später wurden sie aber, wie die Landgüter, als erblich erklärt. Um vom ausländischen Markt unabhängig zu werden, förderte der Staat die Suche nach Rohstoffen intensiv.

Mit seinen Massnahmen ermutigte der Zar zu unternehmerischem Handeln, schränkte dieses jedoch andererseits oft wieder durch kleinliche Reglementierungen ein. Treffend hat der russische Historiker Vasilij O. Ključevskij (1841–1911) die russische Industrie zur Zeit Peters I. als «staatliche Mistbeetanlage» charakterisiert.[18] So gelang es zwar, die Eisenproduktion derart zu steigern, dass sie 1725 diejenige Englands, Frankreichs und Deutschlands übertraf, zugleich aber arbeiteten viele Manufakturen unrentabel, die Unternehmer riskierten zu wenig, weil sie sich auf staatliche Eingriffe verliessen, mit Staatsaufträgen rechneten oder ganz einfach die Überwachung fürchteten. Mancher Adlige war gegen seinen Willen, unter Druck des Zaren, zum Unternehmer geworden und nicht unbedingt engagiert oder sachkundig in seinem neuen Tätigkeitsfeld. Neben ihnen fanden sich kapitalkräftige Kaufleute, die der Staat mit der Aussicht auf Nobilitierung lockte, und viele Ausländer als Unternehmer.

Ausländer warb der Staat auch als Fachkräfte an. Für die sich rasch ausdehnende Industrie standen viel zu wenig Arbeiter bereit. Die Reserven, die im Kleingewerbe, aber auch unter Kriminellen, Bettlern oder stellungslosen Geistlichen aufgetrieben werden konnten, reichten bei weitem nicht aus. So griff der Staat auch hier wieder zu Zwangsmitteln. Gutsherrschaftliche und Staatsbauern wurden in ganzen Dörfern bestimmten Manufakturen «zugeschrieben» oder auch zum Kauf freigegeben. Selbstverständlich fragte niemand danach, ob die Bauern und ihre Familien zu diesem radikalen Wechsel ihrer Arbeit, ihrer Lebensweise, oft auch ihres Wohnortes bereit waren. Daneben konnten sich Leibeigene unter bestimmten Voraussetzungen als Lohnarbeiter verdingen – so wie sie als Händler oder sogar Unternehmer auftraten – und dadurch hin und wieder auch ihre Freiheit erlangen. Dies ist eine der hervorstechenden Besonderheiten des sich entfaltenden Kapitalismus in Russland.

Die stürmische Entwicklung der Industrie darf nicht darüber hinwegtäuschen, dass insgesamt in Russland nach wie vor das Kleingewerbe vorherrschte. In der Landwirtschaft waren kaum durchgreifende Reformen zu verzeichnen, sieht man von einigen Erlassen zum Schutz der bäuerlichen Arbeitskraft ab. Hier interessierte sich der Staat für die Sicherung des Steueraufkommens und wollte deshalb einer Ruinierung der Bauern vorbeugen.

Der Umbau des Staates, seine Anpassung an die Erfordernisse der neuen Zeit, war nicht möglich ohne eine grundlegende Reform der Staatsverwaltung. Ende 1708 begann eine Neueinteilung des Reiches in acht Gouvernements, die später auf 20 erhöht wurden. Diese wiederum gliederten sich in Provinzen und Landratsbezirke *(landsratskie doli)*. Erstmals war nun Russland administrativ vereinheitlicht. Nicht zuletzt hatte dafür das Interesse an einer besseren Organisation der Steuerverwaltung den Ausschlag gegeben. Anscheinend orientierte man sich dabei an schwedischen Vorbildern. Alle Beamten wurden nun besoldet. Dass sie ihren Unterhalt in der Form des *kormlenie* unmittelbar bei den Untertanen einsammelten, war nun vollständig abgeschafft: Der Staat wollte selbst erst einmal über alle Steuern verfügen. Einen Machtmissbrauch des Gouverneurs sollte ein gewählter Rat von adligen Landrichtern verhindern.

An der Spitze des Staates richtete der Zar 1711 den Regierenden Senat als höchste Zentralbehörde ein. Bei Abwesenheit des Herrschers, etwa im Krieg, übernahm dieser die Regentschaft mit genauen Kompetenzen und Aufgaben. Die rein personengebundenen Institutionen eines Feudalstaates waren damit auch in Russland überwunden. Zwischen 1716 und 1722 wurden dem Senat dann neun, später zwölf Kollegien zugeordnet. Dies bedeutete die Bildung einer regelrechten Reichsverwaltung in der Vorform von Ministerien. Die Vorüberlegungen hatten Gottfried Wilhelm Leibniz und der Hamburger Heinrich Fick, der die schwedischen Erfahrungen kannte, beeinflusst. Allein sechs Kollegien beschäftigten sich mit Wirtschafts- und Finanzfragen und machten damit deren Bedeutung offenkundig. Eine zweite Gouvernementsreform, 1719, sollte die dortige Struktur der neuen Kollegiumsverwaltung anpassen. An der Spitze der Kollegien standen jeweils Russen aus dem hohen Adel, unter denen dann oft Ausländer als Fachkräfte eingesetzt wurden. Die Darstellung, die Ausländer hätten im Staate Peters alles Wesentliche gemacht – wie man sie häufig lesen kann –, trifft allerdings nicht zu.

Unangetastet blieb das unterste Staatsorgan im Dorf, die Gemeinde mit ihren gewählten Vorstehern. Für sie liess sich kein Ersatz finden, um die Steuern und Abgaben in wirksamer Form einzutreiben. Ähnlich verhielt es sich in den Städten mit ihrer *posad*-Gemeinde. Hier bildete man jedoch zusätzlich nach einem Besitzzensus an städtischem Boden Gilden. Gewiss stand auch dabei das westliche Vorbild Pate, doch wurden in Russland die Gilden keineswegs zur Selbstorganisation eines Teils der Bürgerschaft, sondern blieben stark vom Staat bestimmt. Der *posad* und die Gilden wählten Vertreter in die städtischen Magistrate, die nach dem Muster des Baltikums 1718 in allen Städten Russlands eingerichtet worden waren. 1721 wurde in Petersburg ein «Hauptmagistrat» als übergeordnete Behörde gegründet. 1724 folgte die Instruktion für die Magistrate in den Provinzstädten. Die Gewählten ernannte man zu Beamten auf Lebenszeit, die vor allem die Gerichtsbarkeit wahrnahmen, aber auch Handel und Gewerbe fördern sowie sonstige städtische Aufgaben erledigen sollten. Teilweise kam es hier zu Kompetenzüberschneidungen mit den Kollegien. Die neue Institution des Magistrates führte die Städtereform von 1699 fort, mit der auch das Amt eines Bürgermeisters, eines *burmistr,* geschaffen worden war. Auf diese Weise erhielten die Städter eine eigenständige Verwaltung. In Moskau standen zunächst Fernkaufleute, *gosti,* an der Spitze, wodurch noch einmal der wirtschaftliche Hintergrund der Reformen deutlich wird. Ursprünglich sollte der Bürgermeister gewählt werden. Da mit der Übernahme dieses Amtes jedoch eine doppelte Steuerbelastung verbunden war, fanden sich nur unter Schwierigkeiten Kandidaten. Deshalb ersetzte man bald das Wahlprinzip durch eine Ernennung von oben. Hier zeigt sich besonders krass ein schwerwiegendes Dilemma im damaligen Russischen Reich: Das Bestreben, die Selbstverwaltung von unten zu stärken, stiess sich mit der staatlichen Reglementierung, die der Zar und seine Berater immer wieder für notwendig hielten, um die Entwicklung rasch voranzutreiben. Sie liessen der freien Initiative, der Eigenverantwortlichkeit und Selbständigkeit zu wenig Zeit und Raum, sich zu entfalten. So erschien die russische Gesellschaft in weiten Teilen als «staatliche Veranstaltung»,[19] selbst wenn es unterhalb dieser Oberfläche durchaus eigenständiges Handeln gab.

Zur Reform der Staatsverwaltung gehörte auch die Einführung der «Rangtabelle» 1722. Die alte «Platzordnung» war 1682 «verbrannt» worden, jetzt trat eine neue an ihre Stelle. Zwar bestätigte sie das Übergewicht des Adels, band den Rang aber an strenge Leistungs- und Dienstkriterien. Auch sozial Niedrigstehende konnten bei entsprechender Leistung aufrücken und damit zugleich adlig werden. Insgesamt wurden 14 Ränge eingerichtet, jeweils parallel für Zivil-, Hof- und Militärverwaltung. Im militärischen Bereich bevorzugte man dabei die Garderegimenter gegenüber der regulären Armee, um hier eine Elite heranzubilden. Dies erweiterte allerdings deren Möglichkeiten zur politischen Einflussnahme und begünstigte später die «Palastrevolutionen». Auch sonst wurde das Leistungsprinzip nicht konsequent durchgehalten, es blieben Elemente der Erblichkeit erhalten. Andere soziale Aufstiegsmöglichkeiten als über den Adel der Rangtabelle gab es institutionalisiert nicht, wenngleich sie in der Praxis – etwa bei Leibeigenen – durchaus gegeben waren.

Mit der Rangtabelle wurden die alte Gesellschaft rationalisiert und der Adel vereinheitlicht. Die früheren Gegensätze zwischen Erb- und Dienstadel fielen nun auch gesetzlich fast weg, obgleich nach wie vor der Erbadel die höchsten Rangstufen inne hatte. Gleichzeitig war der Adel jetzt zum Staatsdienst verpflichtet. Seit 1714 wurde der Dienst nicht mehr mit Land, sondern durchgängig mit Gehalt belohnt. Dadurch entstand in gewisser Weise doch wieder eine Zweiteilung des Adels: Neben den grundbesitzenden Adel trat der neue Adel des Staatsbeamten auf Lebenszeit, der über keine Landausstattung verfügte. Die bisherigen Dienstgüter wurden durch das Einerbengesetz mit Erbgütern gleichgestellt, der Landbesitz war nun überall Privateigentum. Bei den Bauern blieb allerdings das Rechtsbewusstsein, dass das Land eigentlich ihnen gehöre und dem Adel vom Staat nur geliehen war, bis weit ins 19. Jahrhundert bestehen und tauchte bei Unruhen immer wieder auf. Doch der Staat stand hier ganz eindeutig auf der Seite des Adels, der auf seinen Gütern unumschränkter Herrscher wurde und selbst durch die staatlichen Massnahmen zum Bauernschutz kaum eingeschränkt war.

In die allgemeine Reform von Staat und Gesellschaft ordnete sich schliesslich das Unterrichtswesen ein. Es wurde vom Elementarschulwesen bis zur Akademie der Wissenschaften mit grossen Anstrengungen ausgebaut. Die Akademie der Wissenschaften in Petersburg, durch Leibniz und Christian Wolff (1679–1754) gefördert, wurde kurz nach Peters Tod 1725 eröffnet. Die 16 erstberufenen Gelehrten kamen sämtlich aus dem Ausland. Im weiteren Verlauf des 18. Jahrhunderts wuchs die Zahl der Akademiemitglieder auf 111 Personen, davon waren 26 Russen und 85 Ausländer. In der Anfangszeit nahmen besonders die Schweizer eine starke Stellung namentlich in Mathematik und Naturwissenschaften ein. Ziel der Reformen im Unterrichtswesen war, der Gesamtanlage des staatlichen Umbaus folgend, die Heranbildung von Fachleuten. Deshalb förderte man auch hauptsächlich technisch orientierte Schulen. Die Elementarschulen entwickelten sich langsamer als erhofft. Der Staat blieb zunächst auf die kirchlichen Grundschulen angewiesen, versuchte aber immerhin, einen weltlichen Lehrplan einzuführen. Es konnte nicht erreicht werden, Elementarschulen flächendeckend zu errichten. Dazu mangelte es auch an Geld und an Lehrkräften. Im Zusammenhang mit der Schulreform mussten sich die Geistlichen einen Bildungszensus gefallen lassen: Ohne Schulabschluss durften sie nicht mehr ordiniert werden. Trotzdem blieb ihre Bildung noch lange unzureichend. Der Versuch, für die Oberschichten den Schulbesuch zur Pflicht zu machen, scheiterte: Der Adel weigerte sich, öffentliche Schulen zu besuchen, und engagierte lieber einen Hauslehrer, zog auch den Militärdienst vor. Die Kaufleute lehnten einen Schulbesuch ihrer Kinder ab, weil sie meinten, der Handel leide unter dieser «unnützen» Beschäftigung. Für bestimmte Ämter im Rahmen der Rangtabelle war eine Bildung allerdings nun erforderlich und Teil des Leistungsprinzips. So wurden immerhin die Grundlagen für eine Verbreiterung des Erziehungswesens in der Bevölkerung geschaffen.

Heiligster Synod und Geistliches Reglement:
Kirche und Staat unter Peter I.

Eine besondere Stellung in den Reformen Peters I. nahm die Kirche ein, die
er stärker staatlichem Einfluss unterwerfen wollte. 1700 starb Adrian, der
Patriarch der russisch-orthodoxen Kirche. Peter sorgte dafür, dass zunächst
kein Nachfolger gewählt wurde. Statt dessen setzte er den Metropoliten Stefan Javorskij (1658–1722) als Patriarchatsverweser ein. 1721 schuf er dann
den «Heiligsten Regierenden Synod» als Kollegialorgan und gliederte damit zugleich die Kirche in die allgemeine Staatsverwaltung ein. Folgerichtig
wurde sie ein Jahr später der Aufsicht durch den Oberprokuror, einen weltlichen Beamten, unterstellt. Dies sollte auch zum Ausdruck bringen, dass das
Russische Reich kein einkonfessionelles Land war – dafür wäre ein Patriarch
an der Spitze angemessen gewesen –, sondern in ihm zahlreiche Glaubensrichtungen lebten. Das Konzept der Frühaufklärung und seine Vorstellungen
über religiöse Toleranz schlugen sich in den Entscheidungen des Zaren nieder. So machte er Schluss mit der Verfolgung und harten Bestrafung der
Altgläubigen. Allerdings ging seine Toleranz nicht so weit, ihnen die vollständige Gleichberechtigung zu gewähren: Ihre Steuer wurde doppelt so
hoch veranlagt wie die der orthodoxen Christen.
Parallel zur Einrichtung des Synods erliess der Zar 1721 ein «Geistliches
Reglement» und leitete damit eine umfassende Kirchenreform ein. Ausgearbeitet hatte diese neue Ordnung Peters geistlicher Berater Feofan Prokopovič
(1681–1736). Diese bedeutende Persönlichkeit zählte zu den gelehrtesten
Männern Europas. Er hatte im Ausland studiert, sogar in Rom, und war dazu
vorübergehend katholisch geworden. Nach Begegnungen mit dem Zaren 1706
und 1709 begann sein rascher Aufstieg. 1720 wurde er Erzbischof von Novgorod.
Er vertrat eine grundlegende Umgestaltung der Kirchenverfassung und begründete in seinen Schriften die absolute Macht des Zaren aus dem Na-
turrecht und dem natürlichen Sittengesetz. In einer Art Gesellschaftsvertrag
habe das Volk auf ewig alle Rechte dem Zaren übertragen. Da der Wille
Gottes den Willen des Volkes lenke, sei die unbeschränkte Gewalt des Zaren Gottes Wille. Dies gelte gleichermassen für einen tyrannischen Zaren. Er
stelle eine Strafe Gottes dar, Widerstand gegen ihn bedeute Auflehnung
gegen Gottes Willen. Der Herrscher müsse jedoch auch Pflichten erfüllen,
etwa das Allgemeinwohl sichern, sonst versündige er sich gegen Gott. Zu
diesen Verantwortlichkeiten gehöre es, den geeignetsten Nachfolger für sich
auszuwählen.
Das Geistliche Reglement spiegelte die Reformvorstellungen Feofans wie
des Kreises um den Zaren wider und zugleich den inneren Zustand der
Kirche. Geregelt wurden die Pflichten der Bischöfe, deren Amtsführung offenbar viel zu wünschen übrigliess. Sie sollten ihren Bildungsstand verbessern und waren nun verpflichtet, in regelmässigen Abständen ihre Gemeinden und Klöster zu besuchen, um Missstände festzustellen und aufzuheben.
Die bisherige Macht der Bischöfe schränkte das Reglement erheblich ein.
Dies sollte sich auch auf ihre Bediensteten auswirken, «denn die bischöf-

lichen Diener sind gewöhnlich ein begehrliches Vieh. Wenn sie die Macht ihres Herrn sehen, so streben sie mit grosser Überheblichkeit und mit Schamlosigkeit wie die Tataren zum Raub». Besondere Aufmerksamkeit schenkte Feofan der «belehrenden Predigt» des Bischofs vor den Geistlichen und dem Volk, um diese über die wahre Busse, die Pflichten des jeweiligen Standes und die Verehrung der Obrigkeit, insbesondere des Zaren aufzuklären. Doch Feofan war auch Realist: «Da aber nicht jeder Bischof in der Lage ist, selbst eine Predigt zu machen, so soll im Geistlichen Kollegium eine solche Predigt für diesen Fall zusammengestellt werden, die die Bischöfe in den Kirchen, die sie besuchen, vorlesen.»

Eine wesentliche Aufgabe der Bischöfe wie der Priester im Dorf stellte die Bekämpfung des Aberglaubens dar. «[...] was mit dem Namen Aberglauben genannt werden kann, das ist überflüssig, zum Heil unnötig, von Heuchlern nur zu ihrem Vorteil erdacht und verführt das einfache Volk und hindert wie eine Schneeverwehung, den rechten Weg der Wahrheit zu gehen.» Feofan bezog sich dabei in erster Linie auf magische Praktiken und überlieferte Bräuche, die im Volk weit verbreitet waren und oft auch die Priester mit einbezogen. So verwies er auf die als Volksheilige verehrte *pjatnica*, die Personifizierung des Karfreitags, die als Beschützerin der Ehe, des Hauses, des Handels sowie der Schafschur galt. Sie verbiete es, am Freitag zu arbeiten, und dies dürfe nicht sein. Eine «sehr schändliche Gewohnheit» sei es auch, «fernwohnenden Menschen durch Boten, wie man sagt, Gebete ‹in die Mütze zu geben›». Damals war es in vielen Familien beliebt, sich einen professionellen Beter oder eine Beterin zu halten, um sich Gott geneigt zu machen. Feofan wollte wieder zurück zum echten Glauben, zum unmittelbaren Gespräch des Menschen mit Gott. Unsitten innerhalb der Kirche selbst sollten deshalb ebenfalls abgeschafft werden. So seien Heiligengeschichten auf ihren Inhalt durchzusehen oder Heiligenreliquien zu überprüfen. In Italien gebe es «eine Unmenge der Nägel vom Kreuz des Herrn und der Milch der heiligen Gottesmutter und anderes derartiges ohne Zahl». So etwas müsse in Russland verhindert werden.

Besonders wandte sich das Geistliche Reglement gegen Missbräuche beim Almosengeben und gegen das Bettlerwesen. «[...] gesunde und faule Bettler [sind] Gott widerwärtig, und wer solche mit Gaben versieht, der ist ein Helfer und Teilhaber ihrer Sünde.» Bezeichnenderweise begründete Feofan Prokopovič die Aufforderung, eine neue Almosenordnung auszuarbeiten, darüber hinaus aus dem Geist der Aufklärung und der Staatsnotwendigkeit. «Solch schlechtes Almosen bringt aber auch dem Vaterlande, wie wir schon gesagt haben, grossen Schaden. Von daher entstehen Armut und Teuerung. Es überlege jeder vernünftige Mensch, wie viele Tausende solcher fauler Bettler es in Russland gibt. Ebenso viele tausend beteiligen sich nicht am Broterwerb, und daher hat man von ihnen keine Einnahme. Durch Frechheit und schelmische Demut verbrauchen sie fremde Arbeit, daher kommt der grosse Verbrauch an Brot. Solche Bettler sollen überall ergriffen und zu allgemeinen Arbeiten angestellt werden. [...] Jene faulen und frechen Bettler dichten dazu noch sinnlose und schädliche Lieder und singen sie vor dem

Volk mit verstelltem Stöhnen, rühren einfältige Gemüter und empfangen dafür für sich die Belohnung. [...] Sie sind Anstifter zum Bösen, werden von Aufrührern und Verrätern zur Spionage gewonnen, sie sagen Böses über die Obrigkeit und verleiten das einfache Volk, die Obrigkeit zu verachten.» Deshalb müsse man gegen sie vorgehen. Wirklichen Armen solle man dagegen selbstverständlich helfen.[20]

Die Überzeugung, dass nur ein enges Zusammenwirken von Kirche und Staat dem Gemeinwohl nütze, bestimmte weiterhin die Massnahmen, die die Stellung des Priesters in der Gemeinde betrafen. Nicht nur, dass er im Dorf staatliche Aufgaben übernehmen musste, er verpflichtete sich auch zusätzlich bei seiner Amtseinsetzung schriftlich, diejenigen Gemeindemitglieder, die seit mehr als einem Jahr nicht gebeichtet oder kommuniziert hatten, sowie die Altgläubigen, die ihm bekannt wurden, anzugeben. Selbst den Bruch des Beichtgeheimnisses sollte er in Kauf nehmen, um jegliche Opposition gegen den Zaren zu denunzieren. Der Pope übernahm somit die Funktion, als verlängerter Arm der Steuerbehörde und insgesamt der politischen Ordnung zu dienen. Dies erleichterte ihm das Leben in der Gemeinde natürlich nicht gerade. Ohnehin genossen die Dorfgeistlichen in der Regel wenig Anerkennung. Die Bauern achteten ihr Amt, jedoch nur selten ihre menschliche Autorität. Dazu trug gewiss die Armut der Popen und ihr Lebenswandel bei, der häufig nicht den in der Kirche vertretenen Ansprüchen entsprach. Zahlreiche Berichte über Trunkenheit und Exzesse von Popen, besonders an kirchlichen Feiertagen, sind überliefert. Die Mehrzahl der Popen lebte wie die Bauern und war auch den adligen Grundherren faktisch wie Leibeigene ausgeliefert. Zugleich strebten sie danach, die Möglichkeiten ihrer Stellung auszunutzen, um sich zu bereichern. Feofan versuchte, dem entgegenzuwirken, indem er nicht nur Vorschriften über den Lebenswandel der Geistlichen erliess, sondern auch die Besoldung verbessern und das Bildungsniveau anheben wollte. Beides gelang jedoch nur unzureichend. Eigentlich strebte Feofan an, dass ein Amt erst nach Bestehen eines Examens – also nach dem Leistungsprinzip – besetzt werden dürfe. Er konnte jedoch nicht verhindern, dass sich immer mehr die Tendenz durchsetzte, das Popenamt – nicht zuletzt aus steuerlichen Erwägungen – an den Sohn weiterzugeben. Auf diese Weise begann sich eine Erbgeistlichkeit zu entwickeln.

Im Bereich des geistlichen Bildungswesens hatte Feofan ausserordentlich ehrgeizige Ziele. Hier sah er den Schlüssel zur Reform der Kirche, aber auch des gesamten Gemeinwesens. Das Bildungswesen sollte zwar der Kirche verwaltungsmässig unterstehen, aber inhaltlich sich völlig frei gestalten können. Der entworfene Lehrplan zeigt, dass Feofan daran dachte, die orthodoxe Theologie mit dem Stand der modernen Wissenschaft zu verbinden. Der Bruch mit der kirchlichen Tradition lag klar zutage. Selbst andersgläubige Autoren sollten gelesen werden. Die Schüler namentlich in den Seminaren wollte Feofan zu selbständigen, aufgeklärten Menschen erziehen. Dazu seien sie von der übrigen Gesellschaft zu isolieren und in eine strenge Disziplin einzuspannen. Aufgenommen werden sollten Kinder aus allen Schichten, Arme konnten Zuschüsse erhalten. Wenngleich das Bildungswesen in der Folge einen beachtlichen Aufschwung nahm, liess sich das Tempo nicht durchhalten. Die Geldmittel waren viel zu beschränkt. Mit der Zeit rissen in den Seminaren, die kaum noch unterhalten werden konnten, untragbare Zustände ein. Die Schüler wussten oft nicht, wie sie sich ernähren sollten. Hin und wieder musste man ihnen gar das Betteln erlauben. Ja, es kam vor, dass sich gefürchtete Banden von Dieben und Raufbolden bildeten. Erst seit der zweiten Jahrhunderthälfte besserte sich die Lage allmählich. So scheiterten die Vorstellungen Feofans im ersten Anlauf, entfalteten jedoch auf lange Sicht eine wichtige Wirkung.

Deutlich wird das Dilemma Feofans: Sein Ziel war der gebildete, vernünftige Mensch in einem aufgeklärt-zivilisierten Gemeinwesen. Um dieses Ziel unter den nach seiner Meinung höchst ungünstigen Bedingungen in Russland rasch zu erreichen, griff er zu wenig angemessenen Massnahmen und setzte auf die Unterstützung des Selbstherrschers, für den die Kirche auch mit nicht eben aufklärerischen Methoden wie den Denunziationen einzutreten hatte. Die Menschen mussten offenbar zu ihrem Glück und zum «richtigen» Glauben gezwungen werden. Die Aufklärung kam «von oben», die Menschen hatten sich deren Bild anzupassen, nicht umgekehrt.

Widerstände gegen die Reformen

Hinter den vielfältigen Reformen, die, selbst wenn sie Stückwerk blieben, tief in die Lebenswelten der Menschen eingriffen und das Gesicht Russlands grundlegend änderten, stand der Wille des Zaren. Die Macht Peters des Grossen stieg ungeheuer an. Für kurze Zeit wurde er tatsächlich zu einem unumschränkten Selbstherrscher, der patrimonial, wie ein Hausherr, mit seinem Staat umgehen konnte. Dies zeigte sich darin, dass er 1722 ein Thronfolgegesetz durchbringen konnte, das ihn von jeglicher Erbfolge unabhängig machte. «Daher beschlossen Wir eine Bestimmung zu treffen, der zufolge es immer im Willen des regierenden Herrschers liegen soll, das Erbe zu geben, wem er wolle, und es dem Ersehenen wieder zu nehmen, wenn er unfähig ist.»[21] Feofan Prokopovič legitimierte diese Abwendung vom Herkommen ganz folgerichtig: «Für die Zukunft sollte das Reich nicht durch Gewalt gestärkt werden, sondern durch die nützlichsten Bestimmungen über die freie Wahl des Nachfolgers und Ernennung zum Selbstherrscher nicht nach natürlichem Erbgang als fehlerhafter Regel, sondern aufgrund der Erkenntnis tugendhafter Überlegenheit.» Zugleich betonte der Berater des Zaren, dass dieser nun tatsächlich die Definition der Majestät, wie sie Hugo Grotius (1583–1645) gegeben habe, erfüllte: «[...] die höchste Macht, deren Taten keiner anderen Macht unterliegen.»[22]

Notwendig geworden war die neue Thronfolgeregelung jedoch nicht unbedingt aus Überlegungen der politischen Theorie, sondern aus ganz praktischen Gründen. Peters Sohn Aleksej (1690–1718) war seit 1710 zunehmend in Konflikt mit den Ansprüchen seines Vaters geraten. Auf ihn richteten sich die Augen all derjenigen weltlichen und geistlichen Kräfte, die in Opposition zu den Reformen des Zaren standen. In welchem Ausmass Aleksej in derartige Überlegungen verstrickt war, ist bis heute ungeklärt. Jedenfalls floh er 1716, als sich der Konflikt mit seinem Vater zuspitzte, nach Österreich und später weiter nach Italien. 1718 kehrte er nach Russland zurück, nachdem ihm in Verhandlungen Straflosigkeit zugesichert worden war. Peter erkannte ihm alle Thronfolgerechte ab und liess ihn, entgegen seinem Versprechen, in Haft nehmen. Der Verschwörung angeklagt, wurde er zum Tode verurteilt, starb jedoch bereits im Gefängnis an den Folgen der Folterung. Dieser Mord erregte grosses Aufsehen und hat immer wieder als Beweis dafür gedient, Russland sei eben trotz aller Reformen und Aufklärung nicht «zivilisiert» gewesen und auch der Zar letztlich ein «typischer Russe» geblieben. Ein Blick auf die Praxis in anderen europäischen Herrscherfamilien offenbart jedoch die Unhaltbarkeit dieses Klischees.

Der Bruch mit Aleksej und dessen Tod gaben Peter die Gelegenheit, 1722 das Thronfolgegesetz zu erlassen. Es zeigte Peter auf dem Höhepunkt der absoluten Machtvollkommenheit. Dies wird besonders deutlich, wenn man die Schwierigkeiten bedenkt, die in westeuropäischen absolutistischen Staaten bei Thronfolgeproblemen auftraten. Nur Ludwig XIV. gelang ein ähnliches Thronfolgegesetz, ohne dass sich jedoch das Pariser Parlament daran hielt. Peters Gesetz blieb bis 1799 in Kraft. Zwar wurde bei der Auswahl des Zaren die Verbindung zum Hause Romanov nicht aufgegeben, wohl aber das traditionelle Recht des Erstgeborenen durchbrochen. Peter hätte sicher einen Kandidaten seiner Wahl durchsetzen können, doch er fand keinen geeigneten. So mächtig dieser Selbstherrscher war, er starb am 28. Januar 1725, ohne diesen Ausdruck seiner Macht wahrgenommen und einen Nachfolger nominiert zu haben.

So hinterliess Peter ein zwiespältiges Erbe. Die Interpretation Feofans entsprach nicht der Wirklichkeit. Im übrigen kam der Widerstand gegen seine Politik nicht nur von den traditionellen Eliten in Adel, Geistlichkeit und Kaufmannschaft, die ihre bisherige Position gefährdet sahen. Ebensowenig blieb es bei individuellen Verweigerungen und Täuschungen – bis in die nächste Umgebung Peters hinein – oder bei resignativer Abwendung von der Politik wie bei vielen Geistlichen, die sich etwa durch Peters parodistisch-provozierende «Saufsynode» in ihrem Verständnis von einem rechtgläubigen Zaren irritiert fühlten, aber keine Änderungsmöglichkeit sahen. Vor allem die Altgläubigen reagierten darauf mit verstärkter Abwehr gegen den «Antichristen» auf dem Thron und liessen sich auch nicht durch dessen Andeutungen von religiöser Toleranz locken.

Offenen Widerstand leisteten manche «Fremdvölker» wie die Baschkiren, die ihre Freiheiten nicht verlieren wollten. Unruhen gab es unter freien Arbeitern in Manufakturen, vor allem der Moskauer Gegend, als man sie wie schollengebundene Bauern behandelte. Am Don kämpften 1707/08 Kosaken und Bauern, verstärkt durch Altgläubige, Fabriken zugeschriebene Bauern-Arbeiter, arme Stadtbewohner, niedere Geistliche und Deserteure, unter der Führung von Kondratij Bulavin (um 1660–1708) um ihre Unabhängigkeit, gegen das Vordringen der Schollenbildung und der Leibeigenschaft sowie gegen die zentralisierte Verwaltung. Die Resonanz blieb allerdings unter den Bauern, in den Städten oder unter den «Fremdvölkern» zu gering. Nach der Niederschlagung der Erhebung und der Ermordung Bulavins kamen die Don-Kosaken unter verstärkte staatliche Kontrolle. In der Regel waren erhebliche militärische Anstrengungen nötig, um der aufrührerischen Bewegungen Herr zu werden. Sie zeigten an, wie tief das Land erschüttert wurde von den Reformmassnahmen des Zaren wie von den langfristigen Umwälzungen der Sozial- und Wirtschaftsverfassung.

Stefan, der Gottesnarr, oder: Spiegel der sündigen Welt

In der zweiten Hälfte des 17. Jahrhunderts häufen sich Berichte über «Gottes-narren» *(jurodivye)*. Einer von ihnen war Stefan Trofimovič Nečaev aus Galič. In einem Brief an seine Mutter Evdokija und seine Frau Akilina legte er seine Motive dar, warum er ein heiliger Narr geworden war, und bat sie um Verständnis dafür, dass er nicht bei ihnen bleiben konnte. Bereits seit seiner Jugend hatte er den Drang zum Gottesnarren gespürt. Für ihn war die Welt «trügerisch» und «lüstern», sie mäste «den Körper den Würmern zum Frass» und verderbe die Seele. So hatte er schon einmal das Haus verlassen, war aber noch einmal zurückgekommen, nachdem seine Mutter ihm geschrieben hatte, wie sehr sie leide. Er wollte sie trösten und heiratete. Doch schliesslich konnte er es nicht mehr aushalten, ging für immer fort und lebte als Narr. Seine Mutter und seine Frau unterstellte er Gottes Schutz – bat in einem anderen Brief allerdings auch seinen Onkel, sich um die Familie zu kümmern –, weil dieser ein «besserer Hirte [sei], als ich einer bin». Er könne diese Welt nicht lieben und müsse sich deshalb aus ihr zurückziehen. Für die «vergäng-liche Welt» sei er gestorben. Seine Mutter und seine Frau forderte er auf, wie andere fromme Frauen zu leben und weltliche Vergnügungen zu verachten. Am 13. Mai 1667 starb er und wurde unter Teilnahme hoher Geistlicher und Adliger beigesetzt.[23]
Dieses einzigartige Dokument macht deutlich, dass ein Mensch, der sich zum Gottesnarren berufen fühlte, alle Verbindungen zu seiner bisherigen Welt abbrach und in eine neue eintrat. In der Regel erhielten die «Narren in Christo», wie sie auch genannt wurden, ihre Eingebung durch eine Vision, eine wunderbare Genesung oder ein besonderes Erlebnis. Ursprünglich wa-ren dies nur Männer, seit der ersten Hälfte des 18. Jahrhunderts wird auch von Frauen berichtet. Die Gottesnarren führten ein asketisches Leben, gin-gen in Lumpen, oft sogar nackt, wirkten wie wahnsinnig. Die «sündige» Welt verfluchten und beschimpften sie, hielten ihr alle Laster vor und provozierten sie mit ihren Blössen. Auch die Kirche wurde nicht verschont, der Ritus in als anstössig empfunden Verhaltensweisen verhöhnt. Zu diesen gehörten das Schweigen und das unverständliche Stammeln – im Innern sprachen sie dabei mit Gott –, die Obdachlosigkeit und Nacktheit oder auch das Anlegen von Ketten sowie das Verlachen der Welt durch «Possenreissen» und offenen Tadel gegenüber hochgestellten Personen, selbst gegenüber dem Zaren.

Quellen über einen Christusnarren sind erstmals für das Ende des 11. Jahrhunderts im Kiever Höhlenkloster überliefert, dann wieder seit dem 14. Jahrhundert. Lange Zeit galten diese Menschen aufgrund ihres Auftretens als geistig und körperlich Behinderte. Diese Ansicht ist inzwischen eindeutig widerlegt worden. Statt dessen werden sie heute von einigen Wissenschaftlern als Teil einer spezifisch russischen «Lachwelt» gedeutet, mit der sich das Volk eine Gegenkultur zur herrschenden geschaffen habe.[24] Über das Lachen würden die Mächtigen der Welt verächtlich gemacht, in den Ausdrucksformen entstehe eine «verkehrte» Welt. Neben den Gottesnarren stünden etwa die Gaukler, die *skomorochi,* oder die *balagury,* die mit den Worten spielen und dadurch verspotten, die Parodienschreiber und die Maler der Volksbilderbögen, der *lubki,* in dieser Tradition. Von der Kirche und den staatlichen Organen wurde all dies als Blasphemie und Herausforderung verstanden, selbst wenn die Gottesnarren vielfach doch als heilig und unantastbar galten, die Kirche nicht umhin kam, sich ihrer Verehrung anzuschliessen.

Um so mehr überrascht dann, dass sich gerade Ivan IV. auch Formen des Gottesnarrentums bediente. Er legte sich das Pseudonym «Parfenij der Gottesnarr» zu, beschimpfte andere in der Weise, wie es Gottesnarren taten, erniedrigte sich äusserlich und schuf sich mit der *opričnina* ein «verkehrtes» Reich mit vielen parodistischen Elementen, die allerdings zugleich von brutaler Grausamkeit begleitet waren. Ivan kannte die Volksbräuche, er liebte das Gaukel- und Theaterspiel. Aber lässt sich daraus folgern, dass er sich in die Gegenkultur der «Lachwelt» einordnete? Oder nutzte er diese Mittel nur – ähnlich wie später Peter I. mit seinen Parodien auf die traditionelle Welt –, um seine Gegner zu verspotten und sich gegen sie durchzusetzen, möglicherweise auch das Volk auf seine Seite zu ziehen? Vielleicht dachte er, dass die Gläubigen hinter seinem Handeln, wie bei einem Christusnarren, besondere Heiligkeit vermuteten.[25]

Überhaupt ist der Begriff der «Lachwelt» missverständlich. Im Lachen drückte sich ein Weinen über den Zustand der Welt aus, in den Parodien und Spielen ist oft Verzweiflung spürbar. Ebenso kann nicht alles einfach als «Gegenkultur» verstanden werden. In vielen Fällen setzten sich vorchristliche, magische Praktiken fort. Das anstössige, «verkehrte» Verhalten der Christusnarren spiegelte die Welt wider, die verändert werden sollte, war also kein Spiel und schon gar nicht «komisch». Die Magie, von der Kirche als Werk des Teufels angegriffen, konnte die Menschen mit der jenseitigen Welt in Verbindung bringen, das Lachen war nicht heiter, sondern oft schrecklich, konnte allerdings auch Trost spenden. Diese Linie führt, selbstverständlich in ganz anderem Rahmen, bis hin zu den Satiren und Grotesken russischer Dichter.[26] Auf jeden Fall wird hier etwas vom «Eigen-Sinn» vieler Menschen spürbar.

Viele Christusnarren entschieden sich dafür, sich zu den Altgläubigen zu bekennen. Manche wurden dazu eher gezwungen, weil sie keine Aufnahme in den orthodoxen Klöstern fanden, andere wählten diesen Weg aus Überzeugung, weil sich die offizielle Kirche immer weiter vom christlichen Ideal entferne. Damit gerieten sie aber in die politischen Wirren der Zeit. Am Hof der Bojarin Morozova bildete sich ein regelrechter Zirkel von Gottesnarren,

der wie sie den Herrschenden ein Dorn im Auge war, und auch in die Auseinandersetzungen am Hof wurden sie mit häufig tödlichen Folgen hineingezogen. Mehr und mehr hatten sie unter Verfolgungen zu leiden. «Träger härener
Hemden, Nackte und Kettenträger» waren festzunehmen. Ursprünglich ging
die Initiative dazu von der Kirche aus, doch zusehends wandte die weltliche
Obrigkeit ihre Aufmerksamkeit den Gottesnarren zu. Ermittlungen und Verhöre überliess sie aber nach wie vor geistlichen Institutionen. Auf diese Weise
sind wiederum einzigartige Selbstzeugnisse überliefert.

1733 wurde in der Uspenskij-Kathedrale im Moskauer *kreml'* ein solcher
Gottesnarr verhaftet. Erkannt hatte man ihn an der eisernen Kappe, die er
auf dem Kopf trug, an seinem Haar, das von Läusen verfilzt war, an seinem
Holzstock und – während des Verhörs – an den Ketten, die er unter der Kleidung angelegt hatte. Er gab an, Petr Sergeev zu heissen, 73 Jahre alt und
kopfsteuerpflichtig zu sein, als Bauer aus dem Dorf Deševicha im Kreis
Vologda zu stammen. Im Vergleich mit anderen in diesen Jahren Verhafteten
war er ziemlich alt. Seine Ausführungen zeigen, dass er von der Welt seiner
dörflichen Gemeinde sowie von christlichen Vorstellungen geprägt war. Die
historischen Umwälzungen während Peters Regierungszeit wurden hingegen
von ihm nicht erwähnt – abgesehen von der Kopfsteuer und, an anderer
Stelle, von der Kirchenreform, die er als schwere Eingriffe in sein Leben
empfand. Er war verheiratet, hatte aber keine Kinder. Eines Tages hatte er,
seinem Gelübde folgend, ohne Pass – also ohne Genehmigung – sein Dorf
verlassen, in Einsiedeleien und Klöstern gelebt, war jedoch dann noch einmal
nach Deševicha zurückgekehrt. Einmal sei er mit der Obrigkeit in Konflikt
gekommen, als man ihm seine verfilzten Haare geschoren habe; er liess sie
nachwachsen und neu verfilzen. Weder über seine Beweggründe zum Gottesnarren noch über seine Haltung zum Altgläubigentum gab er Auskunft.
Seine geschickte Verteidigungsstrategie hatte Erfolg: Er wurde mit der Auflage entlassen, dass man ihn in ein Kloster schicken solle, womit sich sein
Traum erfüllt hätte. Andere Gottesnarren dieser Zeit waren nicht so glücklich und wurden hart bestraft. Sergeev galt offenbar weder als religiöser
Dissident noch als Gegner des Zaren. Die Veränderung der Rolle der Gottesnarren zwischen adliger und Volks-Kultur harrt noch der Untersuchung.[27]

Zarinnen und Palastrevolutionen

Nach Peters Tod wurde in einer handstreichartigen Aktion Katharina I. (1684
bis 1727) zur Alleinherrscherin ausgerufen. Diese Litauerin – Pflegetochter
des evangelisch-lutherischen Pastors Ernst Glück in Livland, der von 1681 bis
1689 die Bibel ins Lettische übersetzt hatte – war von Fürst Aleksandr
D. Menšikov (1673–1729), dem Günstling Peters, während des Nordischen
Kriegs als «Beutegut» beschlagnahmt und später an den Zaren weitergereicht
worden. Dieser hatte sie offenbar wirklich geliebt, schliesslich auch geheiratet und 1724 zur Kaiserin gekrönt. Menšikov errang jetzt erneut eine starke
Stellung am Hofe. Um ihre eigene Position gegenüber den sie umgebenden

Gruppierungen zu festigen, verzichtete Katharina zunächst auf das Recht der Thronfolgeregelung, erliess allerdings später doch ein – umstrittenes – Testament. Sie liess die Einrichtung eines Obersten Geheimen Rates zu, der nun über dem Senat als Regierung stand und in dem die verschiedenen Hofparteien miteinander rivalisierten.

Hierin ist nicht einfach ein Schwächezeichen der Zarin zu sehen, die sich in ihrer Legitimität unsicher fühlte, sondern dies ist auch ein Ausdruck der unzureichenden institutionellen Abgrenzung zwischen Zar, Oberprokuror, Senat und Kollegien. Der neue Rat sollte als oberste Koordinierungsinstanz zwischen der Zarin und den übrigen Spitzengremien dienen. In ihm waren die engsten Mitarbeiter Peters vertreten, darunter Feofan Prokopovič oder Heinrich Ostermann (1687–1747). Entscheidungsbefugnisse erhielt er nicht, ausser in Zeiten der Regentschaft. Immerhin durfte der Senat jetzt nur noch über den Rat mit der Zarin in Verbindung treten, und dieser gewann durchaus an Gewicht. Insgesamt stand die Politik der Zarin, trotz Änderungen im einzelnen, im Zeichen der Kontinuität. Insbesondere ging es darum, die Verwaltung auf höchster wie auf regionaler und lokaler Ebene zu verbessern, um nicht zuletzt die Einnahmen des Staates zu erhöhen.

Der Zarin blieb kein langes Wirken vergönnt. Bereits 1727 starb sie, und der elfjährige Peter II. (1715–1730), der Sohn des ermordeten Thronfolgers Aleksej, folgte ihr nach. Die bisher im Zaume gehaltenen Parteikämpfe brachen nun offen aus. Altmoskauer Kräfte kamen vorübergehend an die Spitze, auch die Residenz wurde wieder nach Moskau verlegt. Menšikov musste nach Sibirien in die Verbannung gehen, Ostermann behielt hingegen einen gewissen Einfluss. Trotz der instabilen Lage an der Spitze des Reiches konnten einige Reformen vorangetrieben werden, vor allem im Ausbau des Postnetzes und im Handel, wo etwa 1729 durch ein Wechselgesetz die Rechtssicherheit im Geld- und Kreditverkehr gestärkt wurde.

Überraschend starb der junge Zar ebenfalls nach kurzer Zeit, nämlich 1730. Nun bestieg Anna (1693–1740), die Tochter Ivans V., Peters älterem Bruder, den Thron, die mit dem Herzog von Kurland verheiratet gewesen war. Im Zusammenhang mit ihrem Machtantritt wurde eine heftige Auseinandersetzung um das Ausmass der Selbstherrschaft und deren Beschränkung geführt. Der Reformer Dmitrij M. Golicyn (1665–1737), der schon unter Peter I. höchste Ämter innegehabt und unter Katharina I. im Rat gesessen hatte, erklärte das Testament Katharinas zur Fälschung, nach dem auf Peter II. die Töchter Peters I. folgen sollten, falls es keine männlichen Nachkommen gebe. Anna sei rechtmässig Herrscherin, solle aber nur mit einer Wahlkapitulation gewählt werden. Auf diese Weise wollte Golicyn konstitutionelle Elemente einführen: Er schlug vor, dass der Zar gemeinsam mit dem Obersten Geheimen Rat die Legislative darstellen solle, der Senat die Exekutive. Adel und Kaufmannschaft hätten nach diesem Plan zwei ständische Kammern gebildet. Anna zeigte sich bereit, darauf einzugehen.

Es kam jedoch zu einer regelrechten Verfassungsdiskussion, in der insbesondere Vasilij N. Tatiščev (1686–1750) die Forderung erhob, die Selbstherrschaft ohne konstitutionelle Einschränkung zu erhalten. Für den Fall einer

unklaren Herrschernachfolge wollte er die Wahl der Volkssouveränität überlassen. Der oder die auf diese Weise Gewählte sollte dann eine neue Reichs-
ordnung schaffen. Hier griff er wohl Gedanken Feofan Prokopovičs und
Einflüsse der deutschen Naturrechtslehre auf, dass das Volk in früher Zeit
seinen politischen Willen freiwillig an den Herrscher abgegeben habe. Der
Adel war gespalten. Er konnte nicht als homogene Kraft auftreten und dabei
an ständisch-libertäre Traditionen anknüpfen. Viele hatten die «Zeit der
Wirren» als abschreckendes Beispiel vor Augen und sahen in Golicyns Projekt die geplante Machtusurpation einer kleinen Clique, weniger einen ständischen Konstitutionalismus. So gelang es Anna, die einzelnen Gruppen gegeneinander auszuspielen – namentlich gestützt auf die Garde, deren Kom-
mandeuse sie war – und doch als Selbstherrscherin zu regieren. Die Wahlkapitulation zerriss sie.
Der Oberste Rat wurde wieder abgeschafft, die meisten seiner Mitglieder
kamen in Haft. Damit war der Senat erneut die höchste Institution der Exekutive. Die Residenz kehrte nach Petersburg zurück. Allerdings drückte sich
darin nicht einfach eine Kontinuität zu Peters Regierungszeit aus. Schon im
Herrscherstil sind wichtige Unterschiede nicht zu übersehen. Anna richtete
ein persönliches Beratergremium ein, eine Art Ministerkabinett, das den formell so mächtigen Senat zur politischen Bedeutungslosigkeit verurteilte. Unter den drei Mitgliedern gelangte noch einmal Ostermann in eine führende
Stellung. Seit 1735 verzichtete die Zarin zunehmend auf ihre eigenhändige
Unterschrift. Dann allerdings wurde dieses System abgelöst durch eine reine
Günstlingswirtschaft unter ihrem Favoriten Ernst Johann Biron (1690–1772),
genannt die *bironovščina*. Er schuf zunächst durch Artemij P. Volynskij (1689
bis 1740) ein Gegengewicht zu Ostermann. Als dieser jedoch durch Reformmassnahmen die Günstlingswirtschaft zu durchbrechen suchte, fanden Biron
und Ostermann zusammen. Volynskij wurde der Prozess gemacht, 1740 folgte
seine Hinrichtung. An Einfluss gewann der Oldenburger Graf Burkhard
v. Münnich (1683–1767), namentlich in der Orientpolitik. Es verwundert deshalb nicht, wenn Anna vorgeworfen wurde, unter ihr herrsche die «deutsche
Partei». Dieses Bild ist jedoch zu einfach. Die Mehrzahl der höchsten Stellen
wurde durchaus von Russen besetzt, die keineswegs im Gegensatz zu den
«Deutschen» standen.
Die «dunkle Ära» der *bironovščina* bietet ein höchst widerspruchsvolles Bild.
Das Steueraufkommen reichte nicht, um die staatlichen Ausgaben zu decken.
1734 flossen fast 72 Prozent der Staatsausgaben in den militärischen Bereich,
kurz darauf vermutlich noch mehr. Wider besseres Wissen versuchte man,
höhere Einnahmen bei den Bauern zu erzielen. Ostermann formulierte den
Zusammenhang deutlich: «Wenn die Armee so nötig ist, dass der Staat ohne
sie nicht bestehen kann, so muss man doch auch für die Bauern Sorge tragen,
da der Soldat mit dem Bauern verbunden ist wie die Seele mit dem Körper,
und wenn es keinen Bauern gibt, dann gibt es auch keine Soldaten.»[28] Dennoch setzte die Regierung Armeetruppen ein, um mit Gewalt Steuerrückstände
eintreiben zu lassen. Viele Bauern gerieten ins Elend, da ihre Erträge nur
selten zur Bezahlung der Steuerschulden ausreichten. Missernten in dieser

Zeit erschwerten die Lage zusätzlich. Die Zahl der «Läuflinge» schnellte wieder hoch. Zwischen 1728 und 1742 zählten die Behörden allein rund 327'000 Bauern, die nach ihrer Flucht wieder ausfindig gemacht und zurückgebracht werden konnten.

Trotz der finanziellen Schwierigkeiten leitete Münnich zwischen 1731 und 1735 eine Militärreform ein. Eine Heeresvergrösserung scheiterte zwar am fehlenden Geld, doch wurde immerhin die Flotte stabilisiert. Die Ausbildung der Soldaten im Heer vollzog sich nun nach dem preussischen Militärreglement. Während Peter I. noch das Hinaufdienen der Adligen vom gemeinen Soldaten zum Offizier für richtig und notwendig gehalten hatte, sollte jetzt die Gründung eines Kadettenkorps in St. Petersburg die standesgemässe Offiziersausbildung für Adlige gewährleisten. Im übrigen hob man die Besoldung der Offiziere an und vereinheitlichte sie, indem Ausländer nicht mehr höher bezahlt wurden.

Insgesamt lässt sich feststellen, dass der Adel, wohl als Folge der Vorgänge von 1730, seine Position erheblich stärken konnte. Schon im selben Jahr wurde die Erbteilung wieder gestattet. Peter I. hatte das Einerbenrecht vorgeschrieben, um der Besitzzersplitterung entgegenzuwirken. Ein grosser Teil des Adels war damit jedoch nicht einverstanden gewesen, es hatte Missbräuche gegeben, und auch die Bewirtschaftung der Güter hatte sich letztlich noch nicht verbessert. Anstatt aber auf diesem Weg weiterzugehen, warfen Anna und ihre Berater das Steuer wieder herum. 1736 lockerten sie auch die Dienstpflicht. Ein Sohn durfte auf dem Gut bleiben, um dessen Bewirtschaftung sicherzustellen – ein gewisser Widerspruch zur Abschaffung des Einerbenrechts. Allgemein wurde die Dienstpflicht auf 25 Jahre beschränkt. Als jedoch am Ende des Krieges mit der Türkei fast die Hälfte der russischen Offiziere um ihren Abschied bat, musste man die Bestimmungen noch einmal modifizieren und die Entlassung von einer Prüfung abhängig machen. Wie wenig populär die Dienstpflicht bei den Adligen war, zeigte auch ein weitverbreiteter Trick: Schon bei ihrer Geburt liess man die Söhne durch Beziehungen in die Liste der Dienstpflichtigen, etwa bei der Garde, eintragen, so dass sie bei ihrer Volljährigkeit schon fast wieder entlassungsfähig waren.

Die Widersprüchlichkeit der Zeit drückte sich darin aus, dass die Geheimpolizei immer mehr mit Willkür und harten Strafen gegen alle Verdächtigen vorging, zugleich aber die Kultur einen Aufschwung nahm. Die Akademie der Wissenschaften in Petersburg errang eine Spitzenstellung in Europa. Literatur und andere schöne Künste wurden gefördert. Die «Verwestlichung» verstärkte sich, neben deutschen und italienischen Einflüssen waren zunehmend französische zu beobachten. Doch auch eigenständige russische Ansätze entfalteten sich. Ähnlich wie anderswo in Europa kristallisierte sich eine höfische Kultur heraus.

Als Anna 1740 starb, wurde Biron für kurze Zeit sogar Regent für den erst zwei Monate alten Ivan VI., einen Grossneffen Annas. Bald schickte man ihn jedoch in die Verbannung; Münnich, dann noch einmal Ostermann gelangten zu neuer Macht. 1741 stürzte schliesslich Elisabeth (1709–1762), eine unverheiratete Tochter Peters des Grossen, mit Hilfe der Garde die bisher herrschende Hofpartei. Da diese in der Öffentlichkeit mit verhassten Ausländern identifiziert wurde, galt der Umsturz beinahe als «nationalrussische Revolution». Ostermann und Münnich wurden verbannt, Ivan VI. inhaftiert und 1764 bei einem Befreiungsversuch ermordet. Dass das Nationale für Elisabeth keine Rolle spielte, erwies sich spätestens dann, als sie ebenfalls zahlreiche Ausländer, vor allem Deutsche, heranzog.

Elisabeth belebte die petrinische Regierungsform wieder, deren Rationalität jedoch oft durch Intrigen am Hof durchkreuzt wurde. Dazu trug die Günstlingswirtschaft Elisabeths bei, die unverheiratet bleiben wollte. Sie versuchte, rechtzeitig die Nachfolge zu sichern, und wählte dazu ihren Neffen Peter (1728 bis 1762) aus, einen Sohn des Herzogs von Holstein-Gottorp und Annas (1708 bis 1728), einer weiteren Tochter Peters I. Als Urenkel Karls XII. von Schweden väterlicherseits wie Enkel Peters I. mütterlicherseits sollte er ursprünglich bereits einmal schwedischer Thronfolger werden. Da seine Schwächen für das Zarenamt offenkundig waren, wurden immer wieder andere Regelungen überlegt, aber nie ausgeführt. In der staatlichen Organisation löste Elisabeth das Ministerkabinett auf und setzte den Senat wieder in seine alten Rechte ein. Am einflussreichsten war allerdings ein Nebengremium mit unmittelbarem Zugang zur Zarin, in dem Aleksej P. Bestužev-Rjumin (1693–1766) für die Aussenpolitik und Petr I. Šuvalov (1710–1762) für die Innenpolitik dominierten. Innenpolitisch setzte sich die Tendenz fort, die Leibeigenschaft zu verschärfen und zugleich die Dienstpflicht für den Adel zu lockern.

Peter III., der 1762 auf den Thron gelangte, schaffte sie folgerichtig vollständig ab. Dies hatte eine schon länger arbeitende Kommission vorgeschlagen. Man hoffte darauf, dass genügend Adlige freiwillig in der Verwaltung oder im Militär dienen würden, zumal viele auf das Gehalt angewiesen waren. Vor allem ging es jedoch darum, die Stellung der Gutsherren auf dem Land in Wirtschaft und Verwaltung zu stärken. Auf diesem Wege wollte man die Steuerkraft verbessern und die staatlichen Massnahmen wirksamer durchsetzen. Während Peter I. bestrebt gewesen war, dem Adel durch Zwang und Unterordnung seinen Platz in der Gesellschaft zuzuweisen, sollten nun durch ein Bündnis zwischen Krone und Adel, das durch die Leibeigenschaft zusammengeklammert wurde, die Ziele erreicht werden. Jetzt ergab sich die Möglichkeit, adlige Korporationen – Gesellschaften – auf dem Land zu schaffen; vorher war ja eine kontinuierliche Anwesenheit der Edelleute nicht gesichert gewesen. Dadurch konnte der Adel in neuer Form in das staatliche System eingebunden werden. Erst die Befreiung von der Dienstpflicht und die Sicherung der Privilegien im Rahmen der Leibeigenschaft schufen die Voraussetzung für eine Staatsverwaltung auf regionaler und lokaler Ebene, die weder traditionelle Stände noch eine moderne Bürokratie kannte – eine wichtige Besonderheit Russlands.

Es blieb nicht bei dieser einen Massnahme. Peter ordnete zudem eine endgültige Säkularisation der Kirchengüter an und setzte damit einen Schlusspunkt unter die seit langem bestehenden Bestrebungen der Autokratie. Natürlich sollten dadurch auch die Einnahmen des Staates erhöht werden. Die kirchlichen «Ökonomiebauern» wurden nun zu einer Sonderform der Staatsbauern.

Weiterhin schaffte Peter die «Geheime Kanzlei», die berüchtigte Geheimpolizei, ab und schränkte damit die willkürlichen Verfolgungen, Folterungen
und ähnliche Vorgehensweisen ein. Allerdings konnte er seine Vorstellungen
nicht weiter entfalten: Noch 1762 stürzte ihn seine Gemahlin Katharina (1729
bis 1796), eine geborene Prinzessin von Anhalt-Zerbst, später «die Grosse»
genannt. Dass die ihr ergebenen Offiziere und das Gardekorps den Zaren
nicht nur absetzten, sondern auch ermordeten, hatte Katharina vermutlich
nicht geplant, nahm es aber dankbar in Kauf. Die Funktion der Garde in all
den «Palastrevolutionen» des 18. Jahrhunderts zeigte im übrigen an, dass der
Adel nicht mehr gegen die Autokratie, sondern um Einfluss innerhalb des
Systems kämpfte.

Kontinuität und Wende in der Aussenpolitik

Nach dem Tod Peters I. wurde die Persienfrage, ein Konfliktherd gegenüber
England und Österreich, zunächst entschärft, indem Russland nicht weiter
darauf drängte, am Kaspischen Meer und Kaukasus zu expandieren. Das
Reich zog sich sogar aus Gebieten zurück, die unter Peter I. erobert worden
waren. Dafür konnten ein Bündnis mit Persien gegen das Osmanische Reich
abgeschlossen und Handelsvorteile erzielt werden. Auch gegenüber China
gelang nach dem Vertrag von Kjachta von 1727 eine Ausweitung des Handels. Die Beziehungen blieben, trotz einiger Krisen, im wesentlichen stabil.
Dabei strukturierte sich der Handel um: An die Stelle von staatlichen Kara-
wanen und Staatsmonopolen auf einige Waren, besonders Pelze, trat mehr
und mehr der Privathandel. Durch verschiedene Expeditionen setzte man die
Erkundung des Fernen Ostens fort. Mit der Erschliessung Kamčatkas wurde
auch gegen den Widerstand der Einheimischen begonnen und 1731 ein Aufstand niedergeworfen. Unter Kontrolle geriet schliesslich Kasachstan. Bis
1740 stellten sich die dortigen Khans nicht wegen einer russischen Expansion,
sondern aufgrund innerer Spannungen unter den Schutz des Zaren. Eine
formelle Eingliederung in das Russische Reich erfolgte noch nicht – dies
dauerte bis zur Mitte des 19. Jahrhunderts –, doch die weitere Ausbreitung
Russlands nach Zentralasien war vorbereitet.
In der Westpolitik versuchte die russische Diplomatie nach dem Tod Peters I.
zunächst, defensiv zu handeln und in den Bündnissen mit den Grossmächten,
namentlich Österreich und Frankreich, die neu gewonnene Stellung an der
Ostsee und in Polen zu halten. Als sich das Reich dann doch im Ostseeraum
weiterengagierte – nicht zuletzt wegen verwandtschaftlicher Interessen –,
kam es zu schwerwiegenden Verwicklungen, die nur mühsam wieder aufgelöst werden konnten. Bis zum Beginn der 1730er Jahre bildete sich dabei
ein Verständigungssystem heraus, das auf einem Bündnis mit Preussen und
Österreich – hier spielte der gemeinsame Gegner Türkei eine Rolle – sowie
auf einem Ausgleich mit England aufgrund der gemeinsamen Handelsinteressen
beruhte.
Eine erste Krise dieses Systems brach 1733 im Konflikt um die Nachfolge

August II. auf dem polnischen Thron aus. Frankreich versuchte, den polnischen Adligen Stanisław Leszczyński (1677–1766) durchzusetzen. Russland, Österreich und Preussen – das Bündnis der drei «Schwarzen Adler» hinsichtlich Polens – einigten sich erst auf einen portugiesischen, dann wieder auf einen sächsischen Kandidaten. Ein Krieg, der sich bis 1736 hinzog, sollte das Problem lösen. Vor allem russische Truppen sorgten für den Sieg des Sachsen August III. (1696–1763). Als «Abfallprodukt» kam Kurland, auf das eigentlich Preussen ein Auge geworfen hatte, unter russischen Einfluss. Polen stimmte zu, dass dort der Günstling Annas, Ernst Johann Biron, 1737 zum Herzog gewählt wurde. Formell gelangte Kurland 1795 an das Russische Reich.

Als der Sieg in Polen feststand, fiel 1735 die Entscheidung zum Krieg gegen die Türkei. Vor allem Münnich hatte darauf gedrängt, da er das Osmanische Reich durch innere Zerfallserscheinungen für ausreichend geschwächt hielt. Die Notwendigkeit eines weiteren Vordringens Russlands am Kaukasus und am Schwarzen Meer, um sich strategische und handelspolitische Vorteile zu verschaffen, wurde letztlich von keinem führenden Politiker bestritten. Münnich und seine Anhänger hatten sich jedoch verschätzt: Militärisch nahm der Krieg einen wesentlich ungünstigeren Verlauf als erwartet. Selbst der Eintritt Österreichs auf seiten Russlands änderte daran nichts, da die Österreicher geschlagen wurden. Im Frieden von Belgrad musste Russland 1739 fast alle Eroberungen, die es gemacht hatte, wieder herausgeben. Der vierjährige Krieg war völlig sinnlos gewesen, hatte viele Tote gefordert und die materiellen Mittel des Reiches stark in Mitleidenschaft gezogen. Zudem stieg das Gewicht der französischen Diplomatie, die friedensvermittelnd in den Konflikt eingegriffen hatte.

Die Folgen zeigten sich sofort im Westen und Norden, als die Schweden unter Ausnutzung der russischen Schwäche Bündnisverträge mit der Türkei und Frankreich schlossen. Der Erste Schlesische Krieg von 1740 bis 1742 – der Überfall Friedrichs II. von Preussen – brachte weitere Nachteile für Russland: Preussen und Österreich standen sich nun feindlich gegenüber, Frankreich gewann weiteren aussenpolitischen Spielraum und näherte sich Preussen. Zarin Elisabeth nahm nach ihrem Staatsstreich 1741 einen Kurswechsel auf die Seite Frankreichs vor, das sie unterstützt hatte. Mit dieser Rückendeckung führte sie 1742/43 einen siegreichen Krieg gegen Schweden. Sie konnte ihren Kandidaten für den schwedischen Thron durchsetzen und damit eine dynastische Verbindung zu ihrem eigenen Nachfolgekandidaten Peter schaffen. Bis auf einen kleinen Teil wurde die Ausgliederung Finnlands aus Schweden noch einmal aufgeschoben.

Der neue führende Aussenpolitiker Bestužev-Rjumin versuchte, mit wechselnden Bündniskonstellationen das alte vorteilhafte System aus der Zeit vor 1741 wiederherzustellen. Damit wollte er die Macht Preussens beschränken, weil sonst die Aktionsfähigkeit Polens gegenüber Russland erweitert worden wäre. Der Siebenjährige Krieg von 1756 bis 1763 brachte hier eine Entscheidung. Russland, das vorübergehend durch englische Subsidiengelder subventioniert wurde, unterstützte Österreich und damit auch Frankreich militärisch. Dabei nahm das Reich in Kauf, dass die finanziellen Belastungen seine Kräfte und Möglichkeiten bei weitem überstiegen. Preussen geriet an den Rand einer vernichtenden Niederlage, bis der Tod Elisabeths und die – wenngleich kurze – Herrschaft des preussenfreundlichen Peters III. zum «Mirakel des Hauses Brandenburg» führte: Russland zog sich 1762 aus dem Krieg zurück und schloss Frieden mit Preussen. Dieser Grossmacht wurde in der nächsten Zeit klar, dass sie ihre Stellung nur halten konnte, wenn sie die Vorherrschaft des Russischen Reiches in Osteuropa anerkannte und mit ihm aussenpolitisch zusammenging. Die Wiederherstellung des Bündnisses der drei «Schwarzen Adler» kündigte sich an.

Erweiterung des Russischen Reiches unter Katharina II.

An die Ergebnisse des Siebenjährigen Krieges knüpfte Katharina II., die im Unterschied zu ihren Vorgängerinnen auch die Aussenpolitik selbst in die Hand nahm, an und förderte den Bund mit Preussen und Österreich. Die Durchführung lag bis 1783 bei Nikita I. Panin (1718–1783), der die vorsichtige Gleichgewichtspolitik Bestužev-Rjumins fortzusetzen suchte. Alle drei Staaten verband dabei das Interesse an einem schwachen Polen. Die russische Führung, der an einem sicheren Vorfeld gelegen war, dachte zunächst eher an den Erhalt eines eigenständigen polnischen Staates, der jedoch, wie es seit Peter I. immer stärker möglich gewesen war, ganz russischem Einfluss folgen sollte. Unverblümt mischte man sich in die inneren Angelegenheiten Polens ein und spielte die dortigen Adelsparteiungen gegeneinander aus. Schliesslich gab Katharina II. dem preussischen Drängen nach und beteiligte sich 1772 an der ersten Aufteilung Polens. Als dann jedoch im polnischen Reststaat eine nachdrückliche Reformpolitik begann, die in der Verfassung vom 3. Mai 1791 – der ersten in Europa – gipfelte, betrieb die Zarin selbst eine energische Zerschlagungspolitik. Sie sah in den Reformkräften eine Gefahr für das Russische Reich und betrachtete, ganz unter dem Eindruck der Französischen Revolution, die Verfassung als Produkt revolutionärer Ideen, die auch nach Russland hineinwirken könnten. Katharina förderte deshalb die zweite Teilung Polens 1793. Der Versuch der polnischen Freiheitsbewegung unter Führung Tadeusz Kościuszkos (1746–1817), durch einen Krieg die Unabhängigkeit ganz Polens wieder herzustellen, wurde nicht zuletzt durch russische Truppen 1794 niedergeschlagen. Ein Jahr später teilten Russland, Österreich und Preussen auch Restpolen vollständig unter sich auf. Bis 1918 sollte es keinen selbständigen Staat Polen mehr geben.

Im Zusammenhang mit der «Polenfrage» war die Bedeutung der Türkei immer deutlicher geworden. Katharina II. verfolgte hier wesentlich energischer, als es zuvor der Fall gewesen war, die traditionellen Ziele russischer Aussenpolitik. Der erste, von der Türkei 1768 provozierte Krieg kam ihr allerdings zu früh, weil die russische Armee und Flotte dafür noch keineswegs gerüstet waren. Trotzdem ging Russland offensiv vor. Durch eine kühne Aktion gelang 1770 die Vernichtung der türkischen Flotte, einer der mächtigsten in Europa. Auch auf dem Land stiessen die russischen Truppen vor

Die russische Expansion unter Katharina der Grossen (Entwurf: Heiko Haumann).

Die Provinzen des Russischen Reiches 1750.

Expansion 1762–1796

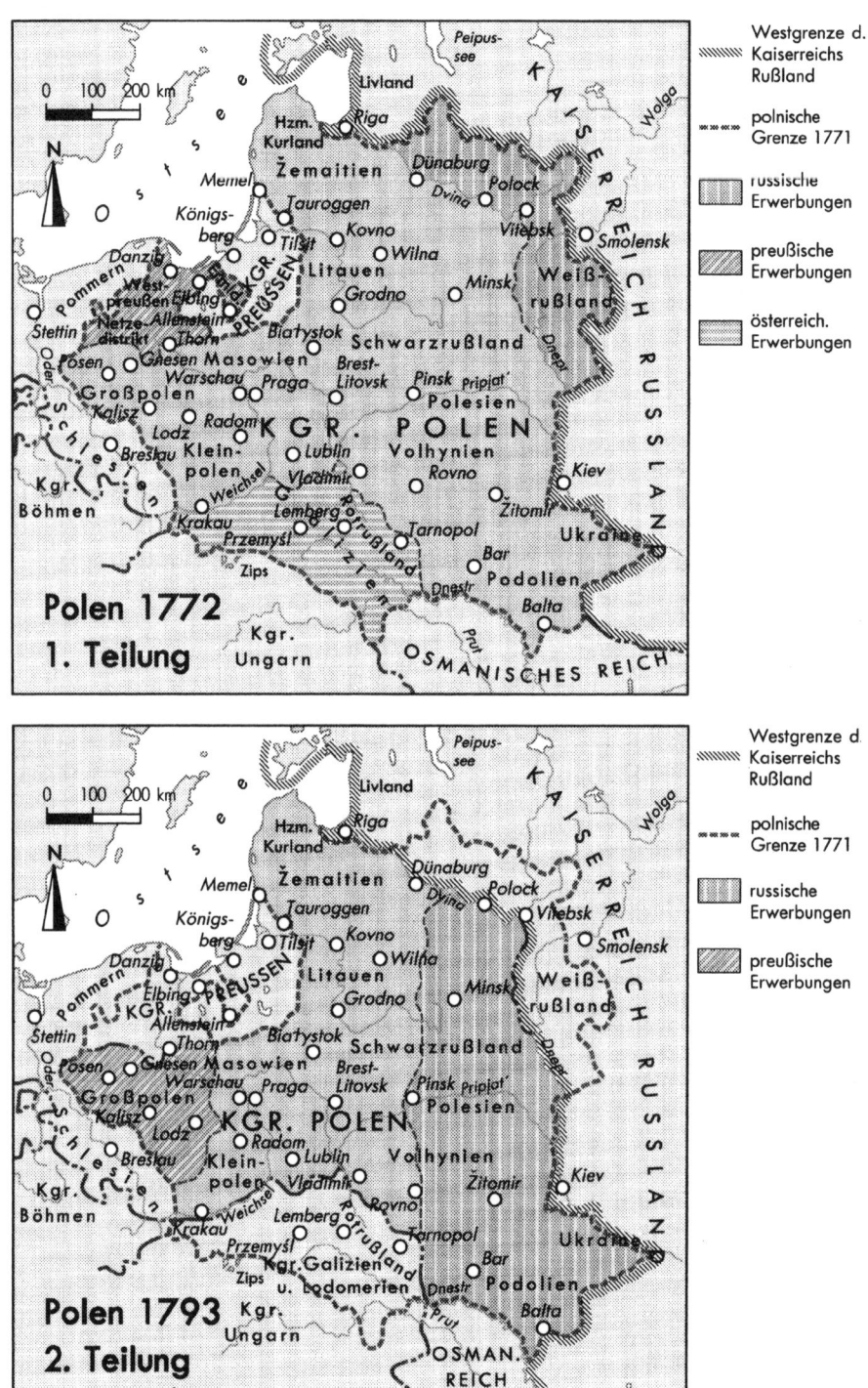

Die Teilungen Polens 1772–1815 (Entwurf: Heiko Haumann).

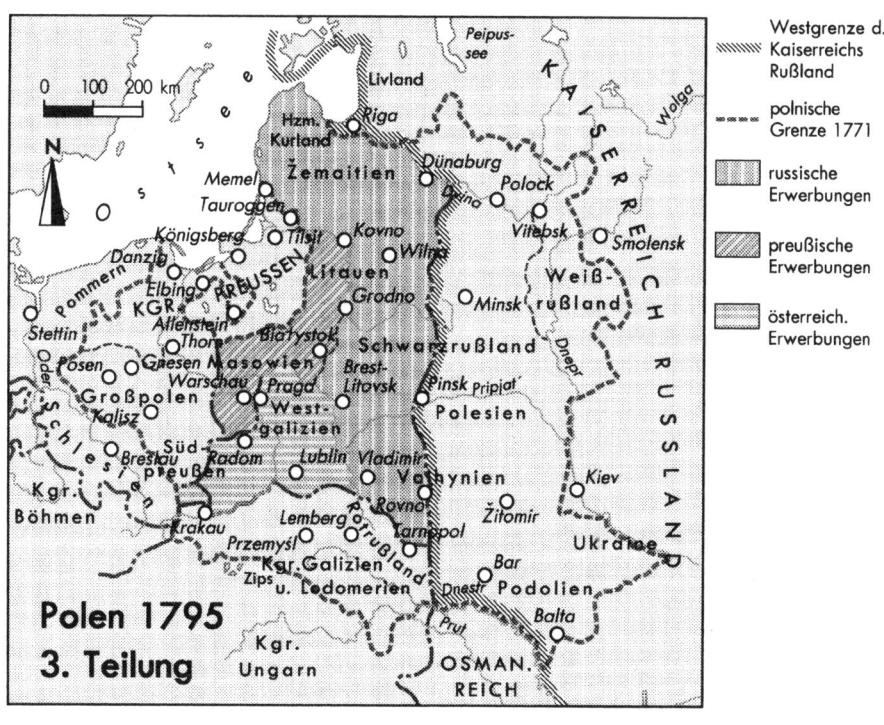

Westgrenze d. Kaiserreichs Rußland

polnische Grenze 1771

russische Erwerbungen

preußische Erwerbungen

österreich. Erwerbungen

Polen 1795
3. Teilung

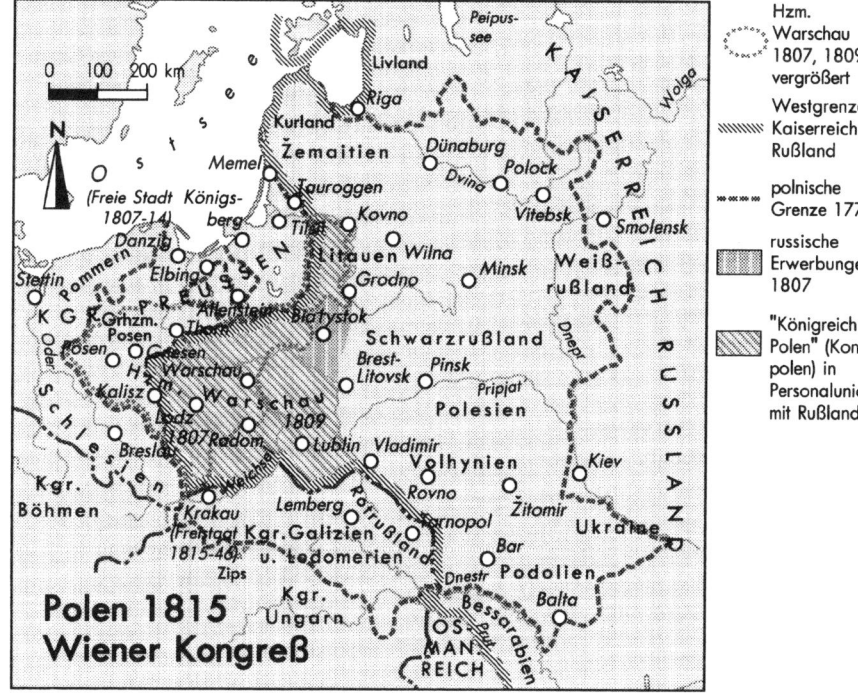

Hzm. Warschau 1807, 1809 vergrößert

Westgrenze d. Kaiserreichs Rußland

polnische Grenze 1771

russische Erwerbungen 1807

"Königreich Polen" (Kongreßpolen) in Personalunion mit Rußland

Polen 1815
Wiener Kongreß

und eroberten etwa die Donaufürstentümer Moldau und Walachei. Wegen Konflikten mit Österreich zogen sie sich allerdings wieder zurück. 1783 gliederte sich Russland dann die Krim ein. Bereits 1774 war in einem Friedensvertrag mit der Türkei ein anderes wichtiges Ziel erreicht worden, nämlich die ungehinderte Schiffahrt auf dem Schwarzen Meer und die freie Durchfahrt durch die Dardanellen. Dieses Problem sollte noch bis zum Ersten Weltkrieg für Konfliktstoff sorgen. In dem Vertrag deutete sich bereits das Bestreben Russlands an, für alle orthodoxen Christen, also auch für die griechisch-orthodoxen im Osmanischen Reich, zu sprechen. Der von Russland dominierte Panslawismus des 19. Jahrhunderts wurde vorbereitet.

Mit den Eroberungen gegen die Türkei entstand nun «Neurussland», das man in der folgenden Zeit systematisch kolonisierte. Für den Handel bedeutete dieser Landgewinn einen grossen Vorteil. Vieles geschah allerdings überstürzt, wie es sich in den «Potemkinschen Dörfern» symbolisierte: Der Gouverneur Neurusslands, Fürst Grigorij A. Potemkin (1739–1791), liess schöne Fassaden errichten, um der durchreisenden Zarin blühende Dörfer vorzutäuschen. 1787 fuhr Katharina II. gemeinsam mit Kaiser Joseph II. (1741–1790) zur Krim. Dies sollte die Bedeutung des neuen Gebietes sinnfällig machen, aber auch das Bündnis zwischen Russland und Österreich. Die Türkei versuchte im selben Jahr, durch einen neuen Krieg die Entwicklung noch einmal zu wenden. Trotz einer ungünstigen internationalen Lage konnte sich Russland jedoch durchsetzen, die Annexion der Krim wurde bestätigt, ja Russland konnte zusätzlich einige kleinere Gebiete gewinnen.

Im Westen wie im Süden erweiterte sich somit das Russische Reich unter Katharina II. beträchtlich. Wenngleich die Einverleibung eines Teils des polnischen Staates innenpolitisch Probleme mit sich brachte, errang Russland doch aussenpolitisch die unbestrittene Vormachtstellung im osteuropäischen Raum. Das Bündnis mit Preussen und Österreich dauerte trotz einiger Störungen und Konflikte bis weit ins 19. Jahrhundert hinein. Entscheidend geschwächt wurde das Osmanische Reich. Doch in den Erfolgen waren neue Konflikte angelegt: Mit Österreich stiess Russland nun auf dem Balkan zusammen, mit England im Mittelmeer und bei den Handelsinteressen.

Innenpolitische Reformen und Stärkung der Autokratie: Aufklärerische Absichten und Herrschaftslegitimierung

Ebenso widersprüchlich war das Bild in der Innenpolitik. Ein ausgeprägtes, ganz auf die Monarchin zugeschnittenes Klientel- und Patronagesystem trat immer mehr zutage. Adels-«Parteien», die sich namentlich um die Familien von Panin und Voroncov gruppierten, wirkten erheblich auf die Politik ein, ohne dass allerdings eine auf Dauer den Vorrang erzielte. Auch die zahlreichen Liebesbeziehungen der Zarin spielten eine wichtige Rolle. Anders als ihre Vorgängerinnen behielt Katharina aber die Fäden fest in der Hand, sie liess sich zwar durchaus beraten und beeinflussen, wurde aber nie zum Ausführungsobjekt der Vorstellungen eines ihrer Liebhaber. Für damalige Ver-

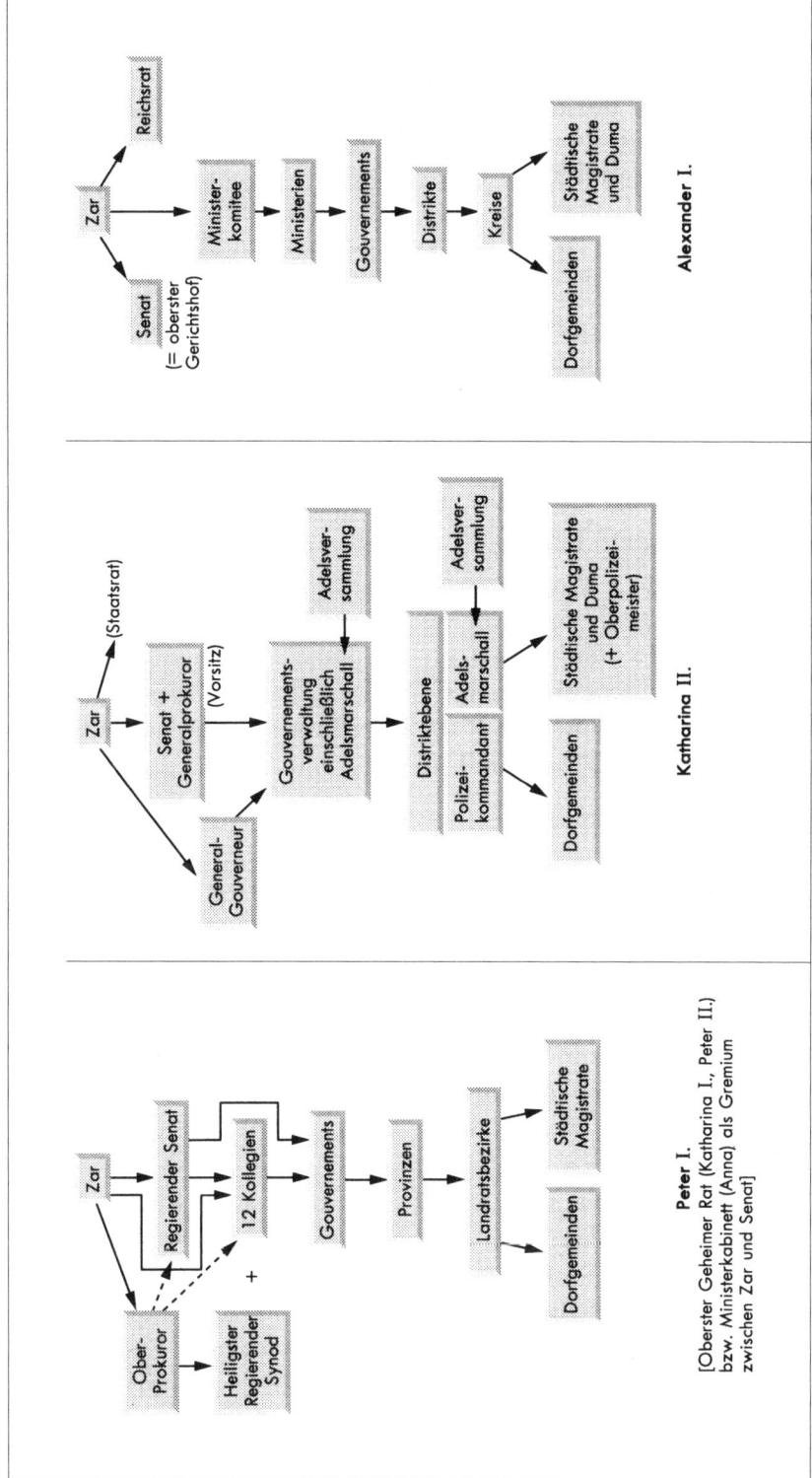

Alexander I.

Katharina II.

Peter I.
[Oberster Geheimer Rat (Katharina I., Peter II.)
bzw. Ministerkabinett (Anna) als Gremium
zwischen Zar und Senat]

Staatsaufbau in Russland.

hältnisse war sie ausserordentlich gebildet und belesen. Die 17 Ehejahre am
Zarenhof vor ihrer Thronbesteigung, in denen ihr Mann sie von Anfang an
vernachlässigte, sie sogar zu seiner erbitterten Feindin wurde, hatte sie nicht
nur zu Intrigen gegen ihn genutzt, sondern auch zu intensiver Lektüre und
Vorbereitung auf die Herrschaft. Über die inneren Zustände Russlands war
sie wesentlich besser als Peter informiert. Auch nach der Machtübernahme
bereiste sie noch das Land, um sich selbst ein Bild zu machen. Dies war für
Herrscher durchaus ungewöhnlich. Nach ihrer eigenen Aussage hatten sie die
französischen Aufklärer geistig am stärksten beeinflusst: François Voltaire
(1694–1778), Denis Diderot (1713–1784), Charles Montesquieu (1689–1755).
Mit einigen von ihnen trat sie in eine ausgedehnte Korrespondenz. Ihre
Massnahmen zeigten, dass sie das Gelesene auch anzuwenden suchte.
Ein zentraler Bereich für Reformen war die Staatsverwaltung. 1763 wurden
die einzelnen Ressorts und Abteilungen, die Departements und Kollegien des
Senats gestrafft und die Kompetenzen genauer abgegrenzt. Formal lehnte
sich Katharina an einen Vorschlag Panins an. Er wollte mit seinem «Kaiserlichen Rat» aus sechs bis acht Ressorts die Macht des Senats und wohl auch
die des Selbstherrschers einschränken und damit an das Projekt Golicyns
unter Zarin Anna anknüpfen. Soweit liess es Katharina allerdings nicht kommen. Vorsitzender des Senats wurde nun der Generalprokuror, der mit einem
Vetorecht ausgestattet war. Hierin kann man eine Vorstufe des Premier-
ministers sehen. 1768 setzte Katharina dann einen Staatsrat ein. Gedacht als
beratendes Gremium für die Zeit des Krieges mit der Türkei, wuchsen seine
Funktionen mit der Zeit an. Insofern stellte er einen Vorläufer des Reichs-
rates dar, den Zar Alexander I. nach der Jahrhundertwende als oberstes
Kontrollorgan einrichten sollte.
Die Gouvernementsreform von 1775 erweiterte die Zahl der Gouvernements.
Die damit verbundene territoriale Verkleinerung machte sie überschaubarer
und führte zu etwas mehr Dezentralisierung. An der Spitze stand zwar der
Generalgouverneur mit unumschränkter Macht, einige untergeordnete Verwaltungsaufgaben wie die Schiedsgerichte gingen jedoch in die Hände gewählter Vertreter von Adel, Städtern und nichtleibeigenen Bauern – bei
starker Bevorzugung des Adels – über. Ähnlich verfuhr man auf den nächst-
niederen staatlichen Ebenen.
Die Besoldung der Beamten dehnte Katharina II. wieder auf alle Schichten
aus und machte damit Einschränkungen unter Katharina I. rückgängig. Das
Gehalt blieb allerdings nach wie vor zu niedrig, die Versuchung für Korruption damit gross. In der Rangtabelle wurde 1764 die automatische Beförderung eingeführt, zugleich konnte man nun vom Militärrang in einen zivilen
überwechseln. Das Leistungsprinzip, etwa gemessen am Grad der Ausbildung, erhielt damit einen Rückschlag.
Seit 1764 dehnte sich die staatliche Regelverwaltung auf die ehemalige Kosakenautonomie aus. Dadurch waren auch diese Gebiete endgültig der Leibeigenschaft unterworfen. Katharina verschärfte im übrigen die Knechtung der
Bauern, indem sie ihnen 1767 das Recht nahm, gegen ihren Gutsherren zu
klagen, während dieser sie ohne besondere Beschränkungen nach Sibirien

oder ins Zuchthaus schicken konnte. Den Leibeigenen war damit eine wichtige Möglichkeit genommen, sich friedlich zu wehren. Diese Verschärfung trug wesentlich zu Bauern- und Kosakenaufständen bei.

Vermehrte Aufmerksamkeit widmete Katharina dem Bildungswesen. Sie wusste, dass eine wirksame Staatsverwaltung nicht aufgebaut werden konnte, solange der Bildungsstand derart verheerend war. 1764 veröffentlichte sie einen «Erziehungsplan», in dem sie die Bedeutung der Bildung hervorhob, vor allem für die Wirtschaft, die Verwaltung und das Militär. Dies war zunächst eine Absichtserklärung mit hohem Propagandawert, nicht zuletzt gegenüber Westeuropa. Insofern verwundert es nicht, dass 1774/75 Diderot im Auftrag der Zarin Pläne zur Schul- und Bildungsreform ausarbeitete. Sie sahen die Schaffung einer gebildeten, wohlhabenden Mittelklasse mit einem dreistufigen Bildungssystem von Volksschule über Gymnasium zur Universität vor. Als sie 1776 übergeben wurden, bezeichnete Katharina sie als verfrüht. In der Tat blieben ihre Massnahmen weit hinter allen Absichten zurück. Ein schon 1770 vorgelegter Plan für niedere Dorfschulen, die durch Gemeindemitglieder finanziert und unter Aufsicht der Kirche stehen sollten, wurde kaum verwirklicht. Der Adel war davon nicht eben begeistert, aber auch die Geistlichkeit wirkte eher bremsend. Aufgrund der Bauernunruhen verlor die Zarin dann ohnehin ihr Interesse. Kaum verwirklicht wurde auch das ebenfalls 1770 verkündigte Projekt niederer Stadtschulen mit allgemeiner Schulpflicht. Auf dem Papier war dies durchaus revolutionär, selbst wenn Knaben und Mädchen in unterschiedlichen Fächern unterrichtet werden sollten.

Reformen im mittleren Schulwesen scheiterten schliesslich wiederum am Widerstand von Adel und Geistlichkeit. Ein zusätzliches Hindernis dürfte die starke Belastung der steuerpflichtigen Bevölkerung durch die Kriege gewesen sein. Sie konnte keine neuen Mittel mehr aufbringen. So blieben alle Anläufe zur Gründung von Schulen bald stecken. Nach wie vor mangelte es auch an Lehrpersonal.

Am ehesten konnten noch Erfolge bei einigen Einzelmassnahmen erzielt werden. So funktionierten die Kadettenanstalten ebenso wie das Smol'nyj-Institut in Petersburg. Diese Einrichtung, ein Pensionat nach französischem Vorbild für adlige, später auch nichtadlige Mädchen, sollte eine neue Generation von Frauen heranbilden, die ihre Kinder besser erziehen könne. Dies war ein Zeichen für eine sich verändernde Rolle der Frau, obwohl sie selbstverständlich an die Familie gebunden blieb. Eine wichtige Aufgabe im Interesse der Wirtschaft erfüllte die 1774 gegründete Bergschule, deren Absolventen den Bergbau verbessern sollten. Ähnlich wichtig waren verschiedene medizinische Lehranstalten. Katharina legte auch Wert darauf, die Möglichkeit des Auslandsstudiums zu fördern. Damit wollte sie dazu beitragen, dass sich russische Wissenschaftler und Fachleute besser qualifizieren konnten. Mehr als ihr lieb war, gelangte dadurch allerdings auch aufklärerisches Gedankengut nach Russland.

Die 1755 gegründete Universität in Moskau führte ein Schattendasein und hatte kaum Studenten. Höhere Bildung genoss offensichtlich gesellschaftlich noch kein besonderes Ansehen, sie galt als Zeitverschwendung, zumal man damit keinen Rang erreichen konnte. Anders stand es um die Akademie der Wissenschaften, wo nach wie vor hochqualifizierte Gelehrte arbeiteten. In diesen Zusammenhang gehörte die Gründung der «Freien Ökonomischen Gesellschaft» 1765. Sie sollte die Erforschung der Produktivkräfte und der Naturwissenschaften fördern. Über «Preisfragen», die sich auch an ausländische Gelehrte richteten, wurden hier interessante Arbeiten vor allem zur Agrarfrage vorgelegt. Sie reichten bis zur Aufhebung der Leibeigenschaft und zur Landverteilung an Bauern. Allerdings verschwanden sie in Archiven. Immerhin deuteten sie ein verbreitetes Bewusstsein an, dass etwas geschehen müsse. Insgesamt klafften im Bildungswesen Absicht und Wirklichkeit weit auseinander. Erreicht wurde wenig. Am Ende von Katharinas Regierungszeit gab es etwas mehr als 300 Schulen mit rund 700 Lehrern und 17'000 Schülern. Eine bescheidene Grundlage war geschaffen.

Katharinas Politik wird besonders deutlich, wenn man sich mit ihrer «Instruktion für die zur Verfertigung des Entwurfs zu einem neuen Gesetzbuche verordnete Kommission» von 1767, der «Grossen Instruktion», sowie mit der Arbeit dieser Kommission beschäftigt. Das neue Gesetzbuch sollte das *uloženie* von 1649 ablösen und auf der Höhe der Zeit stehen. Insofern verwundert es nicht, dass wir in der Instruktion Katharinas aufklärerisches Selbstverständnis finden. So begründet sie die Selbstherrschaft nicht mehr theologisch mit dem Gottesgnadentum, sondern rational: mit der Weite des Raumes, mit der Notwendigkeit, schnell entscheiden zu müssen – hier lehnt sich die Zarin an Montesquieus «Geist der Gesetze» an. Die Gesetzlichkeit, bezeichnenderweise nicht eine Gewaltenteilung, soll Schutz gegen Willkür bieten; dabei greift Katharina weniger auf französische Aufklärer als auf deutsche Staatsrechtslehrer wie Johann Heinrich Justi (1717–1771) zurück. Eine klare ständische Ordnung der Gesellschaft sei notwendig, um eine vernünftige Ordnung zu garantieren. Die Möglichkeit, in der Zukunft die Leibeigenschaft aufzuheben, wird vage angedeutet. Katharina will mit dieser Instruktion ihre Herrschaft legitimieren und stabilisieren, da sie wegen des Staatsstreichs auf recht unsicherer Grundlage ruht. Zugleich geht es ihr darum, Vorschlägen zur Beschränkung der Selbstherrschaft den Boden unter den Füssen wegzuziehen. Dies richtet sich gegen Panin, selbst wenn dieser bei der Abfassung der Instruktion geholfen und vor allem die wesentlich liberalere Erstfassung stark zusammengestrichen hat. Schliesslich zielt die Zarin mit ihren Formulierungen auch auf den Westen, auf die Aufklärer: Sie will als fortschrittliche Monarchin gelten.

Die Kommission sollte, um das Gesetzbuch vorzubereiten, alle wichtigen Fragen erörtern, die den Zustand des Russischen Reichs betrafen, und zugleich alle Stände repräsentieren. Insofern nahm sie fast den Charakter einer Landesversammlung an. Von den 564 Deputierten kamen 28 aus dem zentralen Staatsapparat, 161 aus den Adelskorporationen, 208 aus den Städten und 167 aus der Landbevölkerung, die nicht der Leibeigenschaft unterlag. Formal wurden die meisten Abgesandten gewählt, doch in der Praxis waren sie vorwiegend von übergeordneten Stellen ausgesucht worden. Sie konnten also nicht als unabhängige und freie Ständevertreter bezeichnet werden. In

Die Zarin Katharina II. als Gesetzgeberin im Tempel der Göttin der Gerechtigkeit. Porträt von D. G. Levickij.

der Tat nutzte Katharina sie als Legitimierungsinstrument. Zwar kam es zu leidenschaftlichen und teilweise sehr qualifizierten Diskussionen, die wichtige Informationen über die Stimmung in der Bevölkerung und über mögliche Projekte vermittelten. Beschlüsse hingegen wurden nicht gefasst. Das Plenum erwies sich dafür als zu gross und zu schwerfällig, und auch die Ausschüsse brachten keine Ergebnisse. Am Ende stand ein einziger Beschluss: Der Zarin wurde der Titel «Katharina die Grosse, weiseste Mutter des Vaterlandes» angetragen. Bescheiden lehnte sie ab, aber ihr Ziel, ihre Herrschaft durch eine solche Versammlung absichern zu lassen, hatte sie erreicht. Mit dem Hinweis auf den Türkenkrieg wurden die Deputierten 1769 wieder nach Hause geschickt, die offizielle Auflösung erfolgte 1773. Einige Ausschüsse arbeiteten noch eine Zeitlang weiter.

Ganz folgenlos blieb die Arbeit der Kommission nicht. Katharina berücksichtigte sie durchaus bei ihren weiteren Massnahmen. Besondere Bedeutung erlangte die Gnadenurkunde von 1785 für den Adel. Sie stellte im Prinzip nichts Neues dar, sondern fasste die bisherigen Privilegien noch einmal zusammen. Die adlige Freiheit der Selbstverwaltung wurde bestärkt. Die Adelsgesellschaften konnten Adelsmarschälle wählen und gliederten sich in das staatliche Verwaltungssystem ein. Der adlige Amtsträger war zum Leitbild geworden, eine Dienstpflicht schien nicht mehr nötig zu sein. Wesentlich stärker als früher wurde der Adel nun von der Masse des Volkes abgegrenzt, die Mobilität zwischen sozialen Gruppen erheblich schwieriger. Dennoch darf man sich die Adligen nicht als homogene Gruppe vorstellen. Im Gegenteil: die innere soziale Differenzierung verschärfte sich.

Dieses System, eine Staatsverwaltung ohne flächendeckene Bürokratie mit Hilfe künstlich geschaffener ständischer Organe aufzubauen, versuchte die Monarchin auch auf die Städte auszudehnen. In ihrer entsprechenden Gnadenurkunde, ebenfalls von 1785, ordnete sie an, dass aus den Kaufleuten und Gewerbetreibenden, die sich seit 1775 je nach Kapital in drei Gilden und in Zünften zusammenschliessen mussten, die städtische Selbstverwaltung zu bilden war: mit dem Magistrat an der Spitze und mit einem neu eingerichteten Rat, der Duma. Dieser Versuch, einen «Bürger»-Stand zu dekretieren und Selbstverwaltung mit Staatsverwaltung zu vereinen, scheiterte. Die Organisationen waren zu künstlich aufgepfropft. Dadurch blieb die Selbstverwaltung formal. Ausserdem stand über dem Magistrat und dem Rat das Ordnungsamt als Kontrollinstanz: der Stadthauptmann oder der Oberpolizeimeister. Dieser, ein staatlich bediensteter Adliger, war der Zarin unmittelbar unterstellt. Der Entfaltung bürgerlicher Selbständigkeit diente eine solche Aufsicht nicht gerade. Die Duma etwa war völlig vom Stadthauptmann abhängig. Er entschied darüber, ob sie überhaupt tagen durfte, und konnte auch gewählte Vertreter ablehnen. Autonome Entscheidungsrechte besass sie ohnehin nicht. Nur formal selbständig blieb auch das Gerichtswesen, das unter Katharina aus der Verwaltung herausgegliedert wurde.

Dieser vergebliche Versuch, eine «bürgerliche» Ordnung in den Städten zu schaffen, wies eine bezeichnende Besonderheit auf. Wie bisher durften Bauern in den Städten selbst Handel treiben oder sich als Handwerker dort niederlassen. Frühere Anläufe, dies einzuschränken, hob Katharina wieder auf. Stadt und Land standen damit nach wie vor in engen Wechselbeziehungen, die Grenzen zwischen beiden Bereichen blieben fliessend, waren durchlässiger als in den meisten westlichen Regionen.

Die Herrschaft Katharinas II. zeichnete sich darüber hinaus durch eine grosszügige Förderung der Wirtschaft sowie durch eine intensive Kolonisierungs- und Peuplierungspolitik im neu gewonnenen Südrussland aus. So wurden hier 1775 23'000 «Wolgadeutsche» angesiedelt oder 1794 Odessa als wichtiger Schwarzmeerhafen gegründet. Überblickt man die gesamte Periode, hinterlässt sie ein zwiespältiges Bild. Es scheint so, als habe Katharina den Staat recht wirkungsvoll organisiert, die Selbstherrschaft gestärkt und dies durch aufklärerisches Vokabular und die halbwegs repräsentative Kommission legitimiert, aber zugleich bemäntelt. Die Grundprobleme der Gesellschaftsverfassung lagen offen zutage: die wechselseitige Abhängigkeit von Staat und Adel, die Sprengkraft des Leibeigenschaftssystems, das eng mit der Staatsverwaltung verbunden war. Wer an einen der Bereiche rührte – an der Stellung des Adels, an der Leibeigenschaft, an der Staatsverwaltung –, zog alle anderen in Mitleidenschaft. Dies musste jede Reform erheblich erschweren.

Der Zusammenstoss von aufklärerischen Ideen und der diesen oft wenig förderlichen Praxis setzte aber auch eine fortwirkende Diskussion in Gang. So brachte Michail M. Speranskij, der bedeutende Staatsmann zu Beginn des 19. Jahrhunderts, das Argument vor, Katharina II. habe mit der Kommission eine Institution eingesetzt, die 25 Jahre vor dem Zusammentritt der Stände in Frankreich die Dynamik zur Reform hätte entfalten können. Da die Deputierten jedoch politisch unreif gewesen seien, hätten sie ihre Chance nicht genutzt, so dass die Zarin sie enttäuscht wieder entlassen habe und in der folgenden Zeit, verstärkt durch Kriege und Aufstände, davon abgehalten worden sei, tiefgreifende Reformen in Angriff zu nehmen. Dies war der Versuch, die Kontinuität einer Reformtradition in Russland zu beanspruchen.

Gutsbauern und Staatsbauern

1724 wurde offiziell der Begriff des Staatsbauern eingeführt. Er umfasste die ursprünglich freien, die «schwarzen» Bauern, die «Einhöfer» (odnodvorcy) – sozial herabgesunkene, verarmte kleine Dienstadlige, die noch über einige gutsherrliche Privilegien verfügten –, Tribut zahlende «fremdstämmige» Bauern sowie all diejenigen, die nicht einem privaten Einzelbesitzer oder der Geistlichkeit gehörten. Sie wirtschafteten auf Staatsland. Begrifflich nicht ganz präzise rechnete man hin und wieder auch solche Bauern dazu, die auf Kronland lebten und damit Eigentum des Zaren waren. Die Staatsbauern zahlten die Kopfsteuer und zusätzlich eine Abgabe, einen obrok, an den Staat. Auch sonst unterstanden sie unmittelbar einem staatlichen Beauftragten, keinem privaten Herren. An sich war deshalb ihre Belastung in der Regel geringer als die der Gutsbauern. Faktisch näherte sich im Laufe der Zeit ihre Lage jedoch immer mehr an. Der Zar verschenkte oft Staatsbauern oder schrieb sie Manufakturen zu. Auch hing der Druck stark von der jeweiligen Aufsicht ab.

Ein grosses Kontingent der Staatsbauern stellten die ehemaligen Kirchenbauern dar, die infolge der Säkularisierung unter Peter III. und Katharina II. dieser Kategorie zugeordnet wurden, soweit sie die Zarin nicht privat an Günstlinge verschenkte. 1797 zählte man im Russischen Reich eine Gesamtbevölkerung von 36 Millionen Menschen, davon 34 Millionen Bauern. Von diesen wiederum galten 19,5 Millionen oder 57 Prozent als Gutsbauern und 14,5 Millionen oder 43 Prozent als Staatsbauern. In der folgenden Zeit vergrösserte sich der Anteil der Staatsbauern weiter, insbesondere aufgrund der Reichserweiterungen. Am Vorabend der Bauernbefreiung von 1861 machten sie ungefähr die Hälfte der Bauernschaft aus.

Die Abhängigkeit der Staatsbauern von Behörden wirkte sich oft nachteilig aus. Viele Beamte suchten sich zu bereichern, unternahmen nichts ohne reichhaltige Geschenke. Trotz aller Unterdrückung, unter der Staatsbauern wie Gutsbauern zu leiden hatten, blieb ihre Selbstverwaltung im Dorf weitgehend erhalten. Wegen des Prinzips der steuerlichen Solidarhaftung der Gemeinde und wegen ihres Nutzens für die Steuereintreibung war sie für den Staat und für den Gutsherrn nach wie vor unumgänglich. Sie ersparte den Aufbau eines riesigen bürokratischen Apparates. Um ihre Funktion im Staatsinteresse zu erfüllen, musste sie weitere Aufgaben über die Steuererfassung hinaus übernehmen. Bei dieser *obščina*-Verfassung, die im Kern des Russischen Reichs, nicht jedoch in den ehemals polnischen oder in den asiatischen Gebieten galt, war die Dorfversammlung, oft gesondert als *mir* bezeichnet, das Beschlussorgan. Ihm gehörten alle Männer der Gemeinde an; nur in manchen Gegenden nahmen auch Frauen daran teil. Die Dorfversammlung wählte den Dorfältesten und wies die Steuern zu. Um dabei die Haushalte einigermassen gerecht zu belasten, verteilte die Dorfversammlung in regelmässigen Abständen – meist zwischen 12 und 18 Jahren – das Land der Gemeinde immer wieder neu nach der Zahl der Haushaltsangehörigen oder nach einer Steuer- und Arbeitseinheit, dem *tjaglo*. Als eine solche Einheit rechnete man in der Regel eine Familie mit arbeitsfähigen Kindern und Alten, durchschnittlich 2,2 männliche «Seelen». Die Gemeinde verfügte somit über das gesamte Land. Dies bedeutete allerdings nicht – wie oft angenommen wurde –, dass es die Gemeindemitglieder auch kollektiv bewirtschafteten. Nach der Zuteilung ihres Anteillandes, des *nadel*, arbeiteten die Haushalte eigenverantwortlich bis zur nächsten Umteilung.

Obwohl die Bauern in Russland rechtlich schlechter standen als in Westeuropa, gelang ihnen eher ein sozialer Aufstieg. Besonders verblüfft immer wieder die Möglichkeit, als Leibeigene unter Zahlung einer festgesetzten Abgabe, des *obrok*, an den Gutsherrn oder an den Staat freie Verträge abschliessen zu können und gegebenenfalls Grosshändler oder Unternehmer zu werden. 1649 war es den Bauern verboten worden, in den Städten Läden und Vorratsräume zu halten oder den Marktplatz zu benutzen. Diese Anordnung hatte offensichtlich wenig bewirkt. Leibeigene Grosshändler handelten mit Getreide, Salz oder Fisch über weite Strecken. Ein solcher Händler, Antrop Leont'ev, dem schon erwähnten Bojaren Morozov leibeigen, bat diesen 1650 um ein Darlehen von 1000 Rubeln – und erhielt es! Sein Sohn bekam neun Jahre später sogar den doppelten Betrag. Zum Vergleich: ein Pferd kostete 1672 vier Rubel.

1769 wurde den Bauern offiziell das Recht zugesprochen, Webstühle zu betreiben, und 1773 besass ein leibeigener Bauer bereits die meisten Webstühle für Seide. Die grössten Textilunternehmer des 19. und 20. Jahrhunderts im Moskauer Raum kamen ursprünglich aus der leibeigenen Bauernschaft, oft zusätzlich aus dem Altgläubigentum. Sie tätigten Geschäfte im Auftrag des Gutsherrn, bis hin zum Erwerb eigener «Seelen» und Dörfer. Dies gab es hin und wieder im Westen auch, aber dort doch als Ausnahme, in Russland nahm dies einen viel grösseren Umfang an. Trotzdem bestand natürlich für die Bauern-Unternehmer eine unsichere Lage. Ihr Gutsherr konnte jederzeit ihr Vermögen einziehen, auch wenn es ihnen oft gelang, ihren tatsächlichen Stand zu verheimlichen. Kapitalistische Verhältnisse konnten sich in diesem Bereich also nicht ungehindert entfalten. Die Rolle der Bauern als Unternehmer – ebenso wie diejenige als Lohnarbeiter – beleuchtet die Widersprüchlichkeit und strukturelle Vielfalt der Entwicklung Russlands zwischen Feudalismus und Kapitalismus sehr drastisch.

Der Volksaufstand unter Emel'jan Pugačev

Das Eindringen des Staates in immer mehr Lebensgebiete der Menschen rief vielfachen, oft erbitterten Widerstand hervor. Dessen Formen, namentlich auf dem Land, ähnelten denen, die wir im 17. Jahrhundert kennengelernt haben. Der grösste Volksaufstand in der Geschichte Russlands brach 1772 im Gebiet der Jaik-Kosaken nördlich des Kaspischen Meeres aus. Nach der Niederschlagung der früheren Erhebungen hatte sich der Schwerpunkt nach Osten verschoben. Dennoch wirkte die alte Tradition nach, da sich an die Spitze ein Don-Kosak – Emel'jan I. Pugačev (1742–1775) – stellte. Er kam 1773 auf der Flucht vor der Obrigkeit an den Jaik, und es gelang ihm, bereits im Gang befindliche Unruhen unter den dortigen Kosaken weiter anzufachen. In seinem ersten Manifest, das er als Zar Peter III. unterzeichnete, versprach er den Kosaken ihre frühere Autonomie und ihre überlieferten Privilegien. Dass Pugačev die Identität des ermordeten Zaren annahm, kam nicht von ungefähr. Peter III. war gerade in den Unterschichten sehr populär. Seine Entscheidung, die Kirchengüter zu säkularisieren, hatte unter den Bauern Hoffnungen geweckt, ihre Befreiung aus der Leibeigenschaft stehe unmittelbar bevor. Darüber hinaus war er als Feind des Adels und als Verfechter der Selbstverwaltung angesehen worden. Und schliesslich konnte man die ungeliebte Zarin Katharina II. an die schwache Legitimation ihrer Herrschaft erinnern, wenn ihr als ermordet geltender Ehemann wieder auftauchte. In grossen Scharen gingen deshalb nicht nur Kosaken, sondern auch Bauern, die über ihre aus-

bleibende Befreiung enttäuscht waren, zu Pugačev über. Die Reihen wurden
verstärkt durch Arbeiter aus den Ural-Bergwerken – zugeschriebene «Fabrikbauern» –, durch Altgläubige, deren Abt Filaret sie unterstützte, durch niedere Geistliche und insbesondere durch Angehörige nichtrussischer Völker.
Die Lage dieser Völker an der mittleren Wolga hatte sich seit dem 17. Jahrhundert weiter verschlechtert. Die vor allem seit Peter I. um sich greifende
Tendenz zur staatlichen Zentralisierung und Modernisierung erfasste auch sie.
Die Abgaben und Dienstverpflichtungen wurden erhöht, Sonderrechte abgeschafft, der Status den Verhältnissen unter den Russen angeglichen. Besondere Empörung riefen die Versuche zur Zwangschristianisierung hervor, die
zwischen 1740 und 1755 ihren Höhepunkt erreichten. Viele Moscheen wurden
zerstört, Menschen unter Gewaltanwendung getauft. Damit brach die Autokratie mit ihrer bisherigen Politik, «fremde Sozial- und Wertsysteme grundsätzlich» zu respektieren, «ohne dabei die politische, militärische und wirtschaftliche Macht des Staates aufs Spiel zu setzen».[29] Statt dessen setzte sie,
gemäss den zwei Linien der russischen Nationalitätenpolitik, nun auf gewaltsame Kolonisierung. Die Wolgavölker reagierten mit Beschwerden gegen die
Verschärfung der Lasten und gegen den Christianisierungsdruck, etwa durch
Briefe an die Kommission von 1767/68. Daneben flammten immer wieder
bewaffnete Unruhen auf. Im Pugačev-Aufstand stellten die Wolgavölker, vorab die Baschkiren, einen zentralen Teil der Kämpfenden. Sie wandten sich
gegen die Willkür der Beamten und gegen die russisch-orthodoxe Kirche,
überhaupt gegen die regionale Repräsentanz des Staates, während die Gutsbesitzer und Fabrikanten für sie eine geringere Rolle spielten.
Wie schon zu Beginn des Jahrhunderts öffneten sich die Städte in der Regel
nicht friedlich den Aufständischen. Ihnen waren die Reformen eher zugute
gekommen als den Bauern, wirtschaftlich gab es durchaus Aufschwungsten-
denzen. Jedenfalls litten sie nicht unter einem derartigen Druck wie etwa die
Bauern oder die nichtrussischen Völker. Im Unterschied zu den Erhebungen
des 17. Jahrhunderts hielt sich der Dienstadel nun fast vollständig fern. Insofern waren die sozialen Trennlinien jetzt scharf gezogen. Weitsichtige Militärs und Adlige verstanden den Aufstand durchaus als einen Kampf der
Armen gegen die Reichen. Zum letztenmal für lange Zeit bäumten sich die
Unterschichten in einem solchen Ausmass gegen die Verschlechterung ihrer
ökonomischen, sozialen und rechtlichen Lage auf. Dass die Städte nicht mehr
auf ihrer Seite standen, deutete an, wie sich gesellschaftliche Strukturen
verschoben hatten und dadurch allmählich Barrieren zwischen Stadt und
Land aufgebaut wurden, obwohl die Bauern nach wie vor wesentliche Funktionen in den Städten wahrnahmen. Der Umbruchcharakter signalisierte auch
noch einmal die Resonanz, die die Zarenidentität Pugačevs in der Bevölkerung fand. In einer Zeit, in der sich alles veränderte, selbst die bisherigen
Werte, suchten viele nach einer väterlichen Führungsfigur als Orientierungs-
hilfe. Hinzu kamen messianistische Hoffnungen. Wie immer bei schweren
Erschütterungen waren apokalyptische Vorstellungen von der Endzeit und
von der Erlösung weit verbreitet. Namentlich die Altgläubigen taten sich hier
hervor, obwohl die Erhebung nicht religiös legitimiert wurde.

Im August 1774 erlitt die Aufstandsarmee eine vernichtende Niederlage. Pugačev konnte fliehen, wurde jedoch verraten, in Moskau zum Tode verurteilt und dort am 10. Januar 1775 zusammen mit anderen Führern öffentlich hingerichtet. Die Kosakenautonomie fand damit ihr Ende. Ein äusseres Symbol war die Umbenennung des Jaik-Flusses in Ural-Fluss. Entsprechend mussten auch die dortigen Kosaken ihren Namen wechseln. Die Wolgavölker wurden noch fester in den russischen Staat integriert. Mit ihnen und den Kosaken fielen zwei entscheidende Triebkräfte «für überregionale Volkserhebungen im vorindustriellen Russland weg».[30] Erst die spätere Bauern- und Arbeiterbewegung sollte ähnliche Stosskraft entfalten. An den Bauern nahm der Adel in blutigen Massakern Rache. Der Aufstand schweisste ihn mit der Zarin noch enger als zuvor zusammen. Die Leibeigenschaft verschärfte sich, die Unterdrückung nahm zu, Sozialverfassung, Agrarstruktur und Verwaltungsorganisation waren nun wechselseitig miteinander verbunden.

Mittel- und langfristig sind jedoch auch andere Wirkungen der Erhebung nicht zu übersehen. Trotz aller negativen Massnahmen setzten bald Versuche ein, die Lasten der Unterschichten zu begrenzen und die Elemente der Selbstverwaltung, vorab auf dem Land, zu stärken. Im Grunde rissen jetzt die Diskussionen über eine Agrarreform nicht mehr ab. Die «Bauernbefreiungen», die in dieser Zeit, wenngleich beschränkt, in einigen westlichen Ländern begannen, hinterliessen durchaus Eindruck. Allerdings erwiesen sich in Russland die Strukturen als derart verfestigt, dass hier eine solche «Befreiung» erst 1861 möglich wurde. Die grosse Volkserhebung, die *pugačevščina* zeitigte aber auch noch eine ganz andere Folge: Sie wurde zum Mythos. Nicht zuletzt, weil sich in ihr die Trennung zwischen «Gesellschaft» – Zar, Adel, in Ansätzen auch städtischer Oberschicht – und «Volk» – den Unterschichten – ankündigte, liess die Herrschenden von nun an die Angst nicht mehr los, es könne zu einer Wiederholung kommen. Gerade dies galt andererseits den Bauern und sonstigen unterdrückten Schichten als Hoffnung. Dieser Mythos zieht sich durch zahlreiche kleinere und grössere Aufstände des 19. und 20. Jahrhunderts. So hielten einige Mitglieder der Oberschicht noch am Vorabend der Revolution, als das alte System schon zerbröckelte, am Zaren als einziger Klammer fest, weil es, falle sie weg, zu einer neuen *pugačevščinaa* komme, die sie alle hinwegfegen werde. Die Bolschewiki sprachen nach dem Oktober 1917 anfangs hin und wieder von der «grossen Bauern-Revolution», um deutlich zu machen, dass ohne die Bauernbewegung der Umsturz nicht möglich gewesen wäre. Auf Razin und Pugačev beriefen sich teilweise die Bauern in ihren Aufständen gegen die bolschewistische Agrarpolitik 1920/21. Und sogar die Tradition des «guten Zaren» lebte fort – in Lenin! Nach seinem Tod verbreitete sich die Legende, er sei nicht gestorben, sondern steige jede Nacht aus seinem Grab und sehe nach dem Rechten. Im Bedarfsfall werde er eingreifen und den Bauern helfen. Als dann Ende der 1920er Jahre die Kollektivierung eingeleitet wurde, gab es zwar keinen Bauernaufstand unter Berufung auf Lenin, aber es wäre wert zu untersuchen, ob bei den damaligen Widerstandsaktionen doch nicht hin und wieder Lenin ins Spiel gebracht wurde.

Gewerbe und ihre Arbeitskräfte

Eine dynamische Entfaltung des Grossgewerbes, definiert als Betriebe mit mehr als 16 Beschäftigten, kennzeichnete Russland im 18. Jahrhundert. Die Produktion konnte sich im internationalen Massstab sehen lassen. Der Staat förderte aus militärischen und fiskalischen Gründen diese Entwicklung. Grossbetriebe, im allgemeinen Manufakturen, boten den Vorteil höherer Arbeitsproduktivität als Kleinbetriebe oder Verlage, bei denen der Unternehmer zahlreiche dezentrale Kleinhandwerker oder Hausindustrien mit der Erzeugung seiner Waren beauftragte. Man konnte Rohstoffe einsparen und die Herstellungskosten durch eine zentralisierte Massenproduktion senken. Eine bessere Koordination war ebenso möglich wie eine stärkere Antreibung der Arbeiter. Allerdings gilt dies nur idealtypisch. Kleinliche Reglementierungen und Eingriffe des Staates machten manche dieser Vorteile immer wieder zunichte. Damit durchkreuzte er seine eigenen Absichten, die sich in grosszügigen Privilegien, finanziellen Zuschüssen, Verbesserung der Infrastruktur und flankierenden politischen Massnahmen ausdrückten. Immerhin: waren unter Peter I. die Unternehmen noch eine Art Lehen, die wieder eingezogen werden konnten, so wurde unter Katharina II. das Privateigentum an ihnen ausdrücklich anerkannt.

Die Roheisenproduktion verdeutlicht am stärksten den wirtschaftlichen Aufschwung. Sie stieg von 150'000 Pud – ein Pud sind 16,3 Kilogramm – im Jahr 1700 über 800'000 Pud 1725 auf 9'908'000 Pud im Jahr 1800 und überholte damit im Laufe des 18. Jahrhunderts die bislang führende englische Roheisenproduktion. Russland wurde zum grössten Eisenexporteur Europas, und der Beginn der «Industriellen Revolution» in England ist ohne russisches Eisen nicht denkbar. Gegen Ende des 18. Jahrhunderts kündigte sich ein Umschwung an. In England begannen allmählich eine Umstellung auf Steinkohle bei der Erzverhüttung und der Einsatz von Dampfmaschinen. In Russland blieb es hingegen noch lange dabei, Holzkohle und Wasserkraft zu verwenden. Da hier das Holz noch nicht knapp wurde, fehlte der Anreiz, den Energieträger zu wechseln. Dadurch sollte Russland nach 1800 im internationalen Vergleich rasch zurückfallen.

Auch die übrigen gewerblichen Bereiche wuchsen kontinuierlich, namentlich die Herstellung von Textilien, hochwertigen Nahrungs- und Verbrauchsgütern sowie von Luxuswaren für den Bedarf des Hofes und des Adels. Nach neueren, methodisch allerdings umstrittenen Berechnungen erreichte das russische Pro-Kopf-Einkommen gegen Ende dieses Jahrhunderts fast das englische Niveau. Selbst wenn sich diese Daten nicht ganz halten liessen, unterstreichen sie doch auf jeden Fall, dass Russland eine wirtschaftliche Aufstiegsphase durchlief.

1725 gab es in Russland ungefähr 200 Grossbetriebe. In den 1760er Jahren war ihre Zahl bereits auf 650 angestiegen, in denen etwa 82'000 Arbeitskräfte beschäftigt waren und ein Produktionswert von rund 9'000'000 Rubeln erzielt wurde. Um 1800 sollen es gar 2000 Grossbetriebe mit über 200'000 Arbeitern und 18'000'000 Rubeln Produktionswert gewesen sein. Andere Schätzungen sind hier etwas vorsichtiger, die Tendenz geht aber eindeutig in dieselbe Richtung. Da sich der Mechanisierungsgrad jedoch nur zögernd erhöhte, geriet die russische Industrie insgesamt nach der Jahrhundertwende in einen Rückstand gegenüber westlichen Staaten. Dies wirkte sich zu einer Stagnation aus, weil die ausländische Nachfrage nach gewerblichen Erzeugnissen aus Russland aufgrund der gestiegenen Eigenproduktion zurückging. Statt dessen wurden mehr Rohstoffe und Getreide gewünscht; Russland übernahm hier Polens Rolle. Der russische Binnenmarkt war aber als Ersatz für die Nachfrage nach gewerblichen Produkten noch nicht aufnahmefähig genug. Der Staat sprang zunächst nicht in erforderlichem Umfang als Ausgleich ein. Neue Technologien wurden nur punktuell eingeführt: 1805 die erste Dampfmaschine, 1808 der erste mechanische Webstuhl, 1815 die erste Spinnmaschine. Seit der Mitte des 19. Jahrhunderts kam die neue Technik schliesslich auf breiter Grundlage zur Anwendung.

Bei den Arbeitskräften herrschte zunächst das Leibeigenschaftsrecht vor. Vorübergehend besassen auch nichtadlige Unternehmer das Recht, Dörfer mit Bauern zu kaufen und diese als Arbeiter einzusetzen. Ein Weiterverkauf oder eine Verpfändung waren ihnen im Unterschied zu Adligen verboten. Darüber hinaus verwendete man Läuflinge, Bettler, Vagabunden, Waisen, Soldatenfrauen und ähnliche Unterschichtangehörige, die nach und nach zu einer neuen Schicht von Unfreien verschmolzen und als «Possessionsbauern» bezeichnet wurden. Seit 1736 waren sie rechtlich «für ewig» an den Betrieb gebunden. 1762 gab dann Katharina II. dem Druck des Adels nach und gewährte ihm das Monopol auf den Besitz an Leibeigenen. Theoretisch mag sie dabei an eine klarere Scheidung von adliger und bürgerlicher Sphäre gedacht haben. Letztlich drückte sich jedoch darin aus, dass der Adel in Russland wesentliche bürgerliche Funktionen übernahm. Für Nichtadlige – mit der Ausnahme von Ausländern, die weiterhin Bauern kaufen durften – bestand die Notwendigkeit, entweder von Adligen Bauern als Arbeitskräfte auszuleihen oder «freie Lohnarbeiter» einzustellen: landlose Bauern oder städtische Unterschichten. Während zuvor dieser Anteil ziemlich gering gewesen war, stieg er nun rasch an. 1813/14 betrug er, nachdem zuvor das Verbot, Leibeigene zu besitzen, noch einmal kurzfristig gelockert worden war, fast 60 Prozent, in städtischen Grossbetrieben sogar über 80 Prozent. Possessionsbauern und Leibeigene privater Gutsbesitzer machten insgesamt jeweils etwa 20 Prozent aus. Hochburg bei der Einstellung von Leibeigenen blieb das Hüttenwesen im Ural, während in der Metallverarbeitung und in den Textilmanufakturen die freie Lohnarbeit vordrang. Als kapitalistisch sind aber auch die Betriebe mit Leibeigenen zu bezeichnen, da hier die Arbeitskräfte ebenfalls als variables Kapital verwendet wurden.

Die Arbeitsverhältnisse müssen durchgehend als sehr drückend angesehen werden. Nach den «Arbeiterregeln» einer offiziellen Kommission vom 2. September 1741 betrug die Arbeitszeit von März bis September 17 Stunden von morgens 4 Uhr bis abends 21 Uhr, unterbrochen von einer zweistündigen Mittagspause. Im Winter durfte man zwar 1 Stunde weniger arbeiten, erhielt dafür aber auch nur 1 Stunde Pause. Samstags wurde bis 12 Uhr gearbeitet, sonntags war frei. Diese Arbeitszeit galt im europäischen Massstab nicht als aussergewöhnlich, lag allerdings doch an der oberen Grenze. Saisonarbeit war verbreitet. So ruhten viele Betriebe mit hohem bäuerlichem Arbeiteranteil während der Erntezeit. Wo das Unternehmen eng mit der Gutswirtschaft verbunden war, kam es häufig vor, dass die Bauern in zwei Schichten eingeteilt wurden: die eine leistete an drei Tagen ihren gewerblichen Frondienst ab und hatte die nächsten drei Tage für die Feldarbeit zur Verfügung, die zweite hielt es umgekehrt. Die vollständige Trennung zwischen gewerblicher und landwirtschaftlicher Tätigkeit setzte sich jedoch immer mehr durch. Bei der Arbeitsdisziplin standen Freie nicht besser als Leibeigene. In einer Instruktion von 1706 hiess es: «Die Leute in der Werkstatt, die zu saufen beginnen oder faulenzen oder langsam und mit Verzögerung sich der Arbeit widmen, müssen Strafe erleiden: zuerst Stockschläge und Geldstrafe von 16 altyn, 14 den'gi; wer dann weiter so handelt, muss mit schweren Stockschlägen bestraft werden, Strafe zahlen, wie oben aufgeführt, und in Ketten im Kerker zwei oder drei Tage zubringen.» Und die «Arbeiterregeln» von 1741 bestimmten, dass Arbeiter zwar ihre Klagen ihrem Vertreter – dem *starosta*, dem Fabrikältesten, einem rudimentären Element von Selbstverwaltung – und, wenn dies nichts helfe, auch dem Fabrikinhaber mitteilen dürften. Aber: «Und wenn einer gegen seinen Vorgesetzten handgreiflich wird, dann ist er vor den Augen aller Fabrikangehörigen grausam mit Peitschenhieben zu bestrafen und hat ein halbes Jahr Brot mit Wasser zu bekommen.»[31] Schon zuvor war festgelegt worden, dass «Unverbesserliche» in ferne Gegenden verbannt werden konnten. Es sind Fälle überliefert, in denen auf Anordnung der Vorgesetzten Arbeiter lebendig in Hochöfen geworfen oder in Teichen ertränkt wurden. Beschwerden waren gefährlich und wurden 1767, parallel zum Verbot für die Gutsbauern, untersagt. Das Ineinandergreifen von Agrar- und Industrieverfassung zeigt sich hier besonders anschaulich. Zahlreiche Arbeiter reagierten mit Streiks und Unruhen, die dann in der Beteiligung am Pugačev-Aufstand gipfelten. In der Regel endeten die Proteste mit blutiger Unterdrückung. Als Beispiel mag ein Fall von 1816 dienen, als das Gericht die vom Gouverneur gegen aufmüpfige Arbeiter verhängte Todesstrafe aufhob und statt dessen anordnete: «Die drei Angeklagten, die am ehesten für die Frechheit und Aufwiegelung der Fabrikgesellen Anlass gegeben haben, sind auszuschliessen aus diesem Stand. Anstelle der Todesstrafe erhalten sie mit der Knute 25 Schläge. Ihnen sind die Nasen abzuschneiden, und danach werden sie verbannt. Die übrigen sechs Angeklagten sind mit Spiessruten sechsmal durch 1000 Menschen zu treiben und dann wegzuschicken nach Archangel'sk in die dortige Spinnerei.»[32]

Die Lebenswelt der Städte

Die meisten Unternehmen waren im 18. Jahrhundert auf dem Land angesiedelt. Hier wirkte auch nach wie vor das ausgedehnte *kustar'*-Gewerbe, dessen Geschichte noch zu schreiben ist. Die technisch und organisatorisch moderneren Betriebe scheinen allerdings bereits in Städten gelegen zu haben. Insofern bietet es sich an, jetzt einen Blick auf die Lebenswelt der Städte zu werfen. Die wehrpflichtige Stadtbevölkerung – Handwerker, Händler und Kaufleute – lebte im *posad*. Er war, daran sei hier erinnert, grundsätzlich wie die Dorfgemeinde, die *obščina*, organisiert. Städtische Privilegien, wie beim Stadtrecht im Westen, gab es nicht. *Posad*-Flüchtlinge waren, ähnlich wie bei den Verhältnissen auf dem Land, keine Seltenheit. Die Städter hatten zunächst einmal die Kopfsteuer zu zahlen, die doppelt so hoch angesetzt wurde wie für Bauern. Dann mussten sie – teilweise recht hohe – lokale Gemeindesteuern sowie Sonderabgaben für die Anlage von Wasserwegen oder Strassen und für ähnliche Aufgaben entrichten. Hinzu kamen Pflichten zur Arbeit an Befestigungsanlagen oder beim Wegebau sowie die «Quartiersteuer», die Pflicht, Offizieren und Soldaten entschädigungslos Quartier und Speise zu geben. Adlige Grundbesitzer erhielten hingegen eine Entschädigung. Der *posad* musste jährlich eine bestimmte Menge von Rekruten stellen und Rekrutensteuern bezahlen. Für die reichen Kaufleute und Fabrikbesitzer galten einige Ausnahmen, die 1775 verallgemeinert wurden. Sie brauchten von nun an lediglich eine verhältnismässig milde individuelle Steuer zu zahlen, die sich an der Einkommenshöhe orientierte: anfangs 1 Prozent, dann allmählich etwas mehr «auf das von ihnen auf Treu und Glauben erklärte Kapital».[33] Die Solidarhaftung für Steuern war damit durchbrochen, die städtischen Oberschichten wurden begünstigt.

Wie für die Bauern galt auch für die *posad*-Bewohner eine strenge Passordnung, damit die Solidarhaftung nicht unterlaufen werden konnte. Wer einen Pass und eine Reiseerlaubnis erhielt, musste im voraus für die gesamte Zeit seiner Abwesenheit seinen Steueranteil zahlen und einen Bürgen stellen. Auch ein Umzug in eine andere Stadt war nur sehr schwer möglich. Trotz persönlicher Freiheit stand die Stadtbevölkerung also in grosser Abhängigkeit vom Staat und von der Verwaltung. Immerhin war es für sie rechtlich leichter, den sozialen Aufstieg zu erreichen, als für Bauern. Die grundsätzliche Gleichbehandlung von Stadt und Land zeigte sich hingegen wieder darin, dass die Ländereien nicht den einzelnen Bürgern, sondern der Stadtgemeinde insgesamt gehörten.

Der Anteil der steuerpflichtigen Städter an der gesamten Bevölkerung lag im 18. Jahrhundert bei 3 bis 4 Prozent, obwohl Katharina II. sehr viele Städte neu gründete und Flecken das Stadtrecht verlieh, weil dies ihren Vorstellungen von einem Gemeinwesen entsprach. Daneben blieben einige Industriezentren Dörfer, weil die Grundherren ihre Leibeigenen nicht in persönlich freie Städter umtauschen wollten. In den Städten lebten die Kaufleute, die Handel treibenden «Kleinbürger» – die *meščane* –, die seit Katharina in Zünften zusammengeschlossenen Handwerker, daneben aber auch, ganz abgesehen von Verwaltungspersonal, Militär und Geistlichen, «ungelernte Arbeiter und Tagelöhner», Adlige und Bauern, die zwischen Dorf und Stadt hin und her pendelten. Teilweise liessen sich die bäuerlichen Händler am Stadtrand nieder, andere wohnten als freigelassene oder leibeigene Händler, Kaufleute und Unternehmer mitten in der Stadt. Die Bauern waren den städtischen Händlern insofern überlegen, als sie keine Gebühren zu zahlen brauchten. Ein städtisches Handwerk konnte sich nur schwach ausbilden, weil die Konkurrenz des Dorfhandwerks zu gross war und dadurch zugleich das Dorf als Absatzmarkt weitgehend ausfiel. Der städtische Kleinhändler übernahm Produkte von Bauern, verkaufte aber auch vielfach selbst hergestellte Waren, so wie der Dorfhandwerker seine Erzeugnisse oft selbst in den Handel brachte. Die Vielschichtigkeit der Strukturen und die fliessenden Übergänge zwischen Stadt und Land treten erneut deutlich hervor.

Die städtischen Händler verfügten meist nur über eine geringe Kapitalbasis, so dass sie in der Regel bei den Grosskaufleuten hoch verschuldet waren. Diese mussten sich seit Katharina II. in drei Gilden organisieren. Wer der ersten Gilde beitreten wollte, hatte gemäss der Reform von 1775 ein Kapital von 10'000 bis 50'000 Rubeln vorzuweisen. Für die zweite Gilde waren 5000 bis 10'000 Rubel notwendig, für die dritte 1000 bis 5000 Rubel. Die ersten beiden Gilden hatten verhältnismässig wenig Mitglieder, während die Angehörigen der dritten Gilde in der Praxis sich stark den Kleinbürgern annäherten und oft auf landwirtschaftliche Nebengewerbe angewiesen waren. Bei Verträgen mit dem Staat mussten die Kaufleute die Zustimmung des *posad* einholen, weil er bei Verlusten des Staates solidarisch haftete. Der Kaufmann hatte Bürgen zu stellen, die Verantwortung gegenüber dem *posad* trugen. Dies erleichterte den freien Handel nicht gerade. Die erste Gilde, teilweise auch die zweite, genoss beträchtliche Privilegien, da sie aus der Schicht der Fernkaufleute, der *gosti*, hervorgegangen war. Neben Handel betrieben diese Kaufleute häufig Geldgeschäfte, die ihnen Wucherzinsen einbrachten, und stellten somit einen Ersatz für das fehlende Bank- und Kreditwesen dar. Wer seine Schuld nicht zurückzahlen konnte, musste sie abarbeiten. Bei Widerstand wurde man zur Zwangsarbeit verbannt. In manchen Städten bildete sich gar eine Schicht von «Loskäufern» heraus, die für Schulden aufkamen und dafür die Betreffenden unter ihre Herrschaft stellten. Die städtische Oberschicht der Grosskaufleute und Manufakturbesitzer war vom Staatsdienst und von der Körperstrafe befreit, sie konnte sich vom Wehrdienst freikaufen und besass das Recht auf Eigentumserwerb, vor allem seit der Gesetzgebung Katharinas II. Ansatzweise wurde es jetzt auch möglich, dass sie sich aus der *posad*-Haftung befreien konnten.

Nach einer Umfrage, bei der eine Kommission 1764 Informationen über 202 Städte erhielt, beschäftigten sich in der «Beisassengemeinde» des *posad* etwa 43 Prozent der Bewohner mit Handel, 14 Prozent waren Handwerker. Arbeiter, Tagelöhner, Erwerbsunfähige und ähnliche Kategorien wurden zusammengefasst und machten 39 Prozent aus. Der Rest war offenbar nicht einzuordnen. Nach der Gildeneinteilung von 1775 stiegen viele Kaufleute der dritten Gilde ins Kleinbürgertum ab. 1776 gehörten 11,5 Prozent der Bürger

Ziegelwerk im adligen Landsitz. Gemälde von K. F. Knappe (1798).

zu einer der drei Kaufmannsgilden und zahlten 41 Prozent der Steuern, 88,5 Prozent waren Kleinbürger und trugen 59 Prozent des Steueraufkommens. Infolge der Reform drängten vermehrt Bauern in die Städte, vor allem Staatsbauern, die ein «kaufmännisches Gewerbe» betrieben und sich einen Aufstieg erhofften. Bei genügend Kapital konnten sie in eine der Gilden eintreten, auf jeden Fall Stadtbürger werden. Letztlich verstärkte sich dadurch jedoch der Pauperismus in den Städten. Immerhin zeigten diese Vorgänge die Durchlässigkeit der Stände, die es in der Praxis natürlich vorher auch schon gab. 1795 setzten Versuche ein, diese Anreize wieder einzuschränken, um dem Verarmungsprozess gegenzusteuern.

Seit 1771/72 war es verboten, Kopfsteuerpflichtigen einen Rang zu verleihen. Damit wurde der Aufstieg nach dem Leistungsprinzip erschwert; später sollte diese Bestimmung durch zahlreiche Ausnahmen durchlöchert werden. Die nichtkopfsteuerpflichtigen wohlhabenden Kaufleute konnten hingegen geadelt werden und damit eine sozial höhere Stufe erreichen. Viele traten sogar in den Zivildienst ein und durchliefen die Rangtabelle. Dies spricht, trotz der zunehmenden Abgrenzungen nach unten, für die verhältnismässig hohe Mobilität der russischen Gesellschaft, entzog jedoch wichtige Kräfte für einen «Mittelstand», ein starkes mittleres Bürgertum. Ein sozialer Abstieg war im übrigen ausgesprochen häufig. Von einem fest umrissenen Bürgerstand oder einer verhältnismässig geschlossenen bürgerlichen Schicht kann man somit für Russland nicht sprechen. Dafür übernahmen hier stärker als im Westen Adlige und Bauern bürgerliche Funktionen. Wir müssen uns deshalb vor Schematismus und der einfachen Wertung hüten, Russland sei «rückständig» gewesen. Ganz sicher ist aber die strukturelle Vielschichtigkeit ein wesentliches Kennzeichen der russischen Sozial- und Wirtschaftsverfassung.

Der Adel zwischen «bürgerlichen» Funktionen und «feudaler» Gesinnung

Im Unterschied zu Westeuropa rekrutierten sich so gut wie keine Unternehmer aus der städtischen Handwerkerschaft, eine Folge des erwähnten Stadt-Land-Verhältnisses. Dass Bauern – und damit auch dörfliche Handwerker –, Kaufleute und Ausländer Unternehmer wurden, ist uns schon mehrfach begegnet. Werfen wir noch einen Blick auf den Adel. Einige förderten gezielt das *kustar'*-Gewerbe, die Hausindustrie und das dörfliche Handwerk, vor allem in der Moskauer Region, im Gebiet von Ivanovo-Voznesensk. Daraus erwuchs später das Zentrum der russischen Textilindustrie. Daneben traten zunehmend und in einem grösseren Umfang als lange Zeit angenommen wurde, Adlige selbst als Unternehmer auf, zunächst hauptsächlich in denjenigen Industriezweigen, die mit ihrer agrarischen Grundlage verbunden waren: etwa in der Textilindustrie, den Branntweinbrennereien oder in der Zuckerrübenverarbeitung. Im wesentlichen waren dies ganz reiche Adlige, die mehr als 10'000 Leibeigene besassen und meistens zur politischen Führungsschicht gehörten. Unter ihnen befanden sich verhältnismässig viele aufgestiegene hohe Beamte und Militärs, Ausländer, Günstlinge und Favoriten oder bereits früher nobilitierte Unternehmer. Aufgrund der engen Interessenverbindung von Adel und Autokratie gelang es dieser Gruppe, ihre Interessen gegenüber der Kaufmannschaft durchzusetzen. Deren Hinweise, eine wirtschaftliche Betätigung des Hochadels sei – gemäss der im Westen vorherrschenden traditionellen Adelsideologie – nicht «standesgemäss», verfingen bei diesem überhaupt nicht. Der Adel in Russland hatte keine Bedenken, «bürgerliche» Funktionen zu übernehmen.

1754 erhielt der Adel das Monopol auf die Branntweinbrennerei. Die Gesamtproduktion von Alkohol übertraf damals die Nachfrage um mehr als das Doppelte, pendelte sich jetzt auf ein Gleichgewicht von Angebot und Nachfrage ein, um gegen Ende des Jahrhunderts erneut stark anzusteigen und sich neue Absatzmärkte zu erschliessen. Seit 1755 hatten die Adligen offiziell das Recht, Handel zu treiben; die entsprechenden Privilegien der Kaufleute wurden aufgehoben. 1762 kam das Monopol auf den Besitz und den Erwerb von Leibeigenen hinzu. Neben der Branntweinbrennerei waren adlige Unternehmer am stärksten in der Metallgewinnung und -verarbeitung vertreten, wo ihnen 85 bis 90 Prozent der Betriebe gehörten. 80 Prozent waren es in der Pottascheerzeugung, die für die Herstellung von Seife und Glas wichtig war, ungefähr 66 Prozent in der Glasproduktion und rund 50 Prozent in der Textilindustrie. Ihr sehr hoher Anteil an der Salzgewinnung ging allmählich zurück, da staatliche Salzreviere an Bedeutung gewannen. Das Kapital für dieses höchst bedeutsame wirtschaftliche Engagement kam aus Mitteln des Staates, der Staatsbetriebe an Adlige übergab oder Darlehen gewährte, aus Erträgen der Gutswirtschaft, aus Handelseinkünften – namentlich mit Branntwein – und aus den Gewerben selbst. Reinvestiert wurde allerdings durchaus nicht in jedem Fall. Viele Adlige verbanden ihre «bürgerliche» Funktion mit «feudaler» Mentalität und konsumierten in aufwendiger Lebenshaltung. Dass

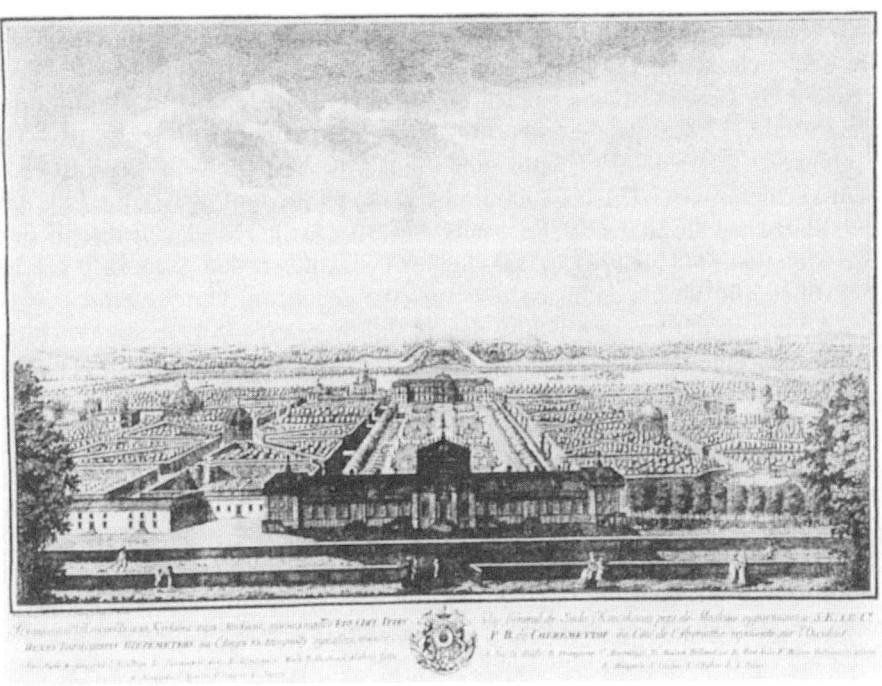

Vom Bojarenlandsitz des 16./17. Jahrhundert zum Adelspalast des 18. Jahrhunderts. Oben: Der Bojarenlandsitz Nikol'skoe bei Moskau. Federzeichnung von Storn. Unten: Aussicht vom Landsitz Kuskovo des Grafen P. B. Šeremetev nach Norden zum Labyrinth. Gravüre von P. Lorraine nach der Zeichnung von M. I. Machaev (um 1760).

Bankrotte nicht eben eine seltene Ausnahme darstellten, verwundert deshalb nicht. Doch eine stattliche Reihe von Adligen orientierte sich bereits an der kapitalistischen Profitmaximierung.

Gerade einige der adligen Betriebe zählten zu den Riesenunternehmen für die damalige Zeit. So waren in einem Viertel der adligen Textilmanufakturen jeweils über 500 Beschäftigte tätig, in manchen sogar zwischen 2500 und 10'000. Ähnlich verhielt es sich in der Metallindustrie. Da sich der Inlandsmarkt – als eigenständige Grösse zwischen Fernhandel und Lokalmarkt – nur allmählich entfaltete, war die russische Industrie auf den Staat, den Hof und nicht zuletzt das Ausland als Abnehmer angewiesen. Ins Ausland gingen vor allem Pottasche und Eisen. Der grösste Unternehmer in der Eisenproduktion, Demidov, exportierte gegen Ende des 18. Jahrhunderts die Hälfte seiner Erzeugnisse, davon allein 80 Prozent nach England, ein Fünftel erhielt der Staat, der Rest verteilte sich im Inland. Die Gewinne scheinen teilweise recht beachtlich gewesen zu sein. So entsprach der Profit Demidovs der jährlichen *obrok*-Leistung von über 110'000 Bauern. Gewiss war adliges Unternehmertum kein Sonderfall in Europa. Vom Umfang und von der Bedeutung her stand Russland jedoch einzigartig da. Allerdings sollte man sich durch diesen Befund nicht darin täuschen lassen, dass der russische Adel, der 1 bis 2 Prozent der Bevölkerung ausmachte, in sich ausserordentlich stark differenziert war. 1777 besassen 1,5 Prozent der adligen Gutsherren mehr als 1000 Leibeigene; ihnen gehörte damit rund die Hälfte dieser Schicht. Etwa 10 Prozent verfügten über 151 bis 1000 Leibeigene, 89 Prozent über 1 bis 150. An der Spitze lag Graf Petr B. Šeremetev (1713–1788), bei dem während der Revision von 1743 bis 1747 70'000 «Seelen» gezählt wurden. Seinerzeit gab es 14 Adlige mit jeweils mehr als 10'000 Leibeigenen. Im Durchschnitt besass ein Adliger in der zweiten Hälfte des 18. Jahrhunderts 75 Leibeigene. Doch bei der extremen Polarisierung zwischen Arm und Reich sind solche Durchschnittszahlen natürlich problematisch. Ein Grossteil der Adligen lebte unter erbärmlichen Bedingungen und unterschied sich kaum von einem Bauern.

Über ein Drittel des geschätzten gesamten Adelseinkommens wurde für importierte Luxusgüter, Erziehung und Reisen des reichen Adels verwendet. Dies war ein äusserer Ausdruck der «Verwestlichung», wie man diesen Prozess genannt hat. Er bestand in einer Kultivierung der Sitten, in höherer Bildung, in aufwendigem Konsum, in neuen Normen eines standesgemässen Lebenswandels, aber auch in der Modernisierung der Technologie, in der Entwicklung neuer Institutionen und einer wirksameren Verwaltung. All dies erforderte höhere Geldausgaben, so dass mehr Erträge erwünscht waren. Abgesehen vom Unternehmertum führte ein Weg dazu – ganz traditionell – über die Landwirtschaft. Im Unterschied zu Westeuropa, wo man dazu überging, auf verschiedene Weise die Produktion zu intensivieren, setzte man in Russland ganz auf eine verstärkte Leibeigenenarbeit und auf eine Ausdehnung der Nutzfläche. Die Dreifelderwirtschaft wurde noch nicht durch die Fruchtwechselwirtschaft abgelöst. Die Fortsetzung herkömmlicher Methoden reichte aber aus, um einen erheblichen Produktionszuwachs zu verzeichnen, der sich auch am steigenden Export von Agrarerzeugnissen ablesen liess.

Neu war indessen das erhöhte Interesse des Adels an seinen Gütern. Ihm konnte er nach der Befreiung von der Dienstpflicht besser nachkommen, und einige Folgen zeigten sich in der Umstellung auf ertragreichere Sorten, in der Ausdehnung des Weizenanbaus, in der Einführung der Kartoffel auf breiter Grundlage oder im Tabakanbau. Die reichen Adligen, die auch üblicherweise nach der Dienstbefreiung bei Hofe blieben, verbesserten darüber hinaus in der Regel die Verwaltung ihrer Güter. Der mittlere und kleinere Adel zog es oft vor, aus finanziellen Erwägungen weiterhin Staatsdienst auszuüben. Wer auf seine Besitzungen zurückkehrte, verfügte kaum über eine ökonomische Ausbildung, so dass er nur wenig zur Ertragssteigerung ausrichten konnte. Die «feudale», konsumorientierte Wirtschaftsgesinnung überwog noch gegenüber der kapitalistischen. In diese Richtung weist ebenfalls, dass im 18. Jahrhundert zunächst die Art des Renteneinkommens schwerpunktmässig von der *barščina* zum *obrok* wechselte. Ökonomisch war dies durchaus folgerichtig. Das Zentrum der landwirtschaftlichen Tätigkeit verlagerte sich mit der Ausdehnung des Russischen Reiches vom Gebiet um Moskau in das Zentrale Schwarzerdegebiet. Die Bauern wie die Güter im mittleren und nördlichen Russland waren vermehrt auf Nebengewerbe oder Handel angewiesen, der sich jetzt durch Lieferungen an die Bewohner im Süden und überhaupt durch eine Erweiterung des Marktes ausdehnte. Dadurch wurde die Geldabgabe, eben der *obrok,* für den Herrn günstiger. Darüber hinaus musste ihm dies allein schon deshalb lieber sein, weil er über den leicht einzuziehenden *obrok* seinen wachsenden Geldbedarf – anders als bei der Fronarbeit – ohne Umwege zufriedenstellen konnte. Insofern stellten auch immer mehr Adlige im Schwarzerdegebiet, wo es ökonomisch nicht zwingend war, auf die Geldabgabe um.

Gegen Ende des 18. Jahrhunderts begann sich die Tendenz wieder zu wandeln. Vor allem der mittlere Adel versuchte, durch verstärkte Fronarbeit seiner Bauern die eigene Existenz zu verbessern. Aber auch einige Grossadlige erkannten die Vorzüge der *barščina* gerade bei ausgedehnten Besitzungen, wenn sie dann selbst die Vermarktung bis hin zum Export übernahmen. Hier wirkten sich Einflüsse kapitalistischen, zumindest physiokratischen Denkens aus. Bei dieser Minderheit waren auch Ansätze zur Intensivierung, zur Düngung, zu besserem Inventar, sogar einige Experimente mit der Fruchtwechselwirtschaft festzustellen. Verhältnismässig erfolgreich wehrte sich der Adel dagegen, dass sich die Gesamtbelastung der Bauern erhöhte. Damit seine eigenen Einkünfte sichergestellt werden konnten, strebte er danach, dass der Anteil der staatlichen Steuern und Abgaben nicht drückender wurde.

Dass der Adel keine homogene Gruppe war, machte auch seine politische Orientierung deutlich. Drei Beispiele aus der Zeit Katharinas II. mögen dies veranschaulichen. Ein extremer Vertreter des alten Geburtsadels war Fürst Michail M. Ščerbatov (1733–1790), eine herausragende Persönlichkeit, die sich auch als Schriftsteller und Geschichtsschreiber betätigte. Da nach seiner Meinung die Privilegien des Adels aus seinen Leistungen für den Staat herrührten, wandte er sich gegen eine Nobilitierung als Regelfall im Rahmen der Ämterlaufbahn. Emporkömmlinge waren ihm verhasst. Scharf kritisierte er den Sittenverfall und die Zustände bei Hofe. Sollte die Leibeigenschaft aufgehoben werden, drohte er mit einem Adelsaufstand. Er meinte, dass sich ohne Leibeigenschaft die Lage der Bauern wie die der Landwirtschaft insgesamt verschlechtern werde. Ščerbatov sprach sich dafür aus, dass die Adligen Landwirtschaft und Industrie, die Kaufleute Handel betrieben. Den Staatsaufbau wollte er dahingehend ändern, dass der Senat, gebildet aus dem Erbadel, höchstes Organ werden und die Gewalt des Selbstherrschers beschränken sollte.

Dem trat Fürst Nikita I. Panin entgegen, von dem bereits die Rede war. Der Senat sei durch die Vielfalt seiner Aufgaben ohnehin schon überfordert, deshalb benötige man ein neues Exekutivorgan, den Kaiserlichen Rat. Er sollte auch Grundgesetze erlassen können. Hier lagen Ansätze für eine konstitutionelle Monarchie. Panin wollte ausserdem das Leistungsprinzip stärker berücksichtigen und eine qualifizierte Ausbildung des Adels sicherstellen. Im Grunde vertrat er eine kleine adlige Oberschicht, die er an der Spitze von Wirtschaft, Wissenschaft und Politik sehen wollte. Er schlug vor, die Leibeigenenfrage staatlich zu regeln, um Exzesse zu verhindern. Allerdings dachte Panin zu sehr in der Kategorie eines Günstlings bei Hofe, so dass er, um seine Stellung zu halten, immer wieder zu Kompromissen bereit war und deshalb auch kaum etwas durchsetzte, bis er schliesslich entmachtet wurde.

Wiederum aus ältestem Hochadel stammte Fürst Dmitrij A. Golicyn (1734 bis 1803), ein anerkannter Gelehrter auf geistes- wie naturwissenschaftlichem Gebiet. Als Anhänger der Physiokraten forderte er Verbesserungen in der Landwirtschaft bis hin zur Abschaffung der Leibeigenschaft. Er selbst praktizierte die Bauernbefreiung auf seinem Gut. Grund und Boden sollten im Eigentum des Adels bleiben, die Bauern als persönlich Freie Ländereien pachten. Politisch setzte er sich für einen Vorrang des Adels ein, zumal er den Kaufleuten aufgrund der – nach physiokratischer Anschauung – höheren Produktivität der Landwirtschaft keine grosse Bedeutung für Wirtschaft und Staat beimass. Um physiokratischen und sonstigen Reformideen zum Erfolg zu verhelfen, hielt Golicyn die uneingeschränkte Autokratie mit einem aufgeklärten Herrscher an der Spitze für die beste Staatsform. Lediglich das Gerichtswesen sollte von der rationalistisch begründeten Eingewalt unabhängig sein, um eine Entwicklung zum Despotismus zu verhindern.

Neben den Vertretern einer adligen Vorherrschaft in unterschiedlichen Schattierungen, für die diese drei Beispiele stehen, gab es auch einige Angehörige des Adelsstandes, die in grundsätzlicher Opposition zur Sozialverfassung des Russischen Reiches gerieten. Wir werden ihnen noch begegnen. Ein Grossteil des Adels war allerdings wegen seiner wirtschaftlichen Lage und seiner Bildung unfähig, sich überhaupt an einer öffentlichen Diskussion zu beteiligen.

Blickt man auf das adlige Familienleben, so lassen sich zwar auch einige Auflösungserscheinungen gegenüber den traditionellen Formen beobachten, doch waren sie weniger ausgeprägt als in westlichen Ländern. Nach wie vor erfolgte die Gattenwahl überwiegend nach dynastischen und ständischen Kriterien, sie wurde oft bereits bei der Geburt oder in der frühen Kindheit festgelegt. Das Familienleben war der Repräsentation im Rahmen der «repräsentativen Öffentlichkeit» untergeordnet. Mit der Kindererziehung hatten die Eltern selten etwas zu tun.

Kultur und Opposition

Das 18. Jahrhundert war in Russland wie anderswo in Europa davon gekennzeichnet, dass die Bildung immer wichtiger wurde, nicht zuletzt als Mittel des sozialen Aufstieges. In diesem Zusammenhang formte sich auch die nationale Hochsprache endgültig aus, die im wesentlichen vom Bürgertum und von demjenigen Teil des Adels gesprochen wurde, der bürgerliche Funktionen wahrnahm. Der höfische Adel orientierte sich noch am Vorbild der französischen Sprache, und die Dorfbewohner, die Handwerker sowie sonstige Gruppen, die weiter die «traditionale Kultur» pflegten, sprachen nach wie vor ihren überlieferten Dialekt. Ebenso behielten selbstverständlich die ethnischen Minderheiten ihre eigenständige Sprache bei. Neben die Regionalkulturen und die höfische Adelskultur trat deshalb nun allmählich eine Nationalkultur.

Deutlich wird dies etwa im Musikleben. Der zarische Hof strebte an, zu den Zentren des europäischen Musiklebens zu gehören. Ihren Höhepunkt erreichte diese Tendenz unter Katharina II., die selbst Opernlibretti verfasste. Zu dieser Zeit herrschten italienische Einflüsse vor. So wirkten Giovanni Paisiello (1740–1816) und Domenico Cimarosa (1749–1801) in Petersburg. Auch einer der ersten bedeutenden russischen Komponisten, Dmitrij St. Bortnianskij (1751–1825), war auf Wunsch Katharinas in Italien ausgebildet worden. Er erteilte dem Grossfürsten Paul Musikunterricht. Bekannt wurde er durch die Oper «Der Falke» und durch die Vertonung des Kirchenliedes «Ich bete an die Macht der Liebe». Doch neben den ausländischen Einflüssen sind in dieser Zeit zunehmend Musikwerke zu entdecken, in denen nichtadlige und nichthöfische, «bürgerliche» Elemente, ja auch solche des «niederen» Volkes durchschimmern. Einige Komponisten bildeten bereits einen eigenen «russischen» Stil aus, der stark mit der sogenannten Folklore verbunden war. Michail I. Glinka (1804–1857) sollte diese Ansätze dann weiterführen. Die neuen russischen Opern spielten häufig in der Welt des Kaufmanns oder überhaupt in bürgerlichen Kreisen. Am Rande sei nur darauf hingewiesen, dass sich die russische Sozialverfassung selbst in der Orchesterzusammensetzung widerspiegelte. Zahlreiche Adlige besassen eigene Kapellen, die aus Leibeigenen bestanden, von denen manche später zu Komponisten aufstiegen. Eine Spezialität waren die «Hornkapellen». Jeder Musiker spielte ein Horn, das jeweils lediglich einen Ton von sich geben konnte. Man benötigte also sehr viele Musiker. Das Orchester des Fürsten Potemkin umfasste 300 leibeigene Hornisten. Ein russischer Grossfürst «schenkte» 1821 dem Herzog von Coburg-Gotha eine leibeigene Hornkapelle.

Ähnliche Tendenzen können wir bei der Entwicklung einer Nationalliteratur

beobachten, die namentlich von Michail V. Lomonosov (1711–1765) – seine
«Russische Grammatik» von 1757 schuf die wissenschaftliche Grundlage der
russischen Literatursprache –, Aleksandr N. Radiščev (1749–1802), Nikolaj
M. Karamzin (1766–1826) oder Nikolaj I. Novikov (1744–1818) geprägt wurde. Auch sie konzentrierte sich im – begrifflich weit verstandenen – Bürgertum, das «Volk» wurde allerdings hier und da schon «entdeckt». Insofern
wundert es nicht, dass gerade in diesem Bereich Opposition gegen das Herrschaftssystem laut wurde. Einige Schriftsteller reflektierten genau, dass Aufklärung und Vernunft für die Spitzen des Staates lediglich Mittel zum Zweck
waren. Am weitesten ging Radiščev. Seine 1790 veröffentlichte «Reise von
Petersburg nach Moskau» legte schonungslos das Elend der Bauern und die
Mängel der Leibeigenschaftsverfassung offen. Das Buch stelle eine ungeheu-
erliche Anklage gegen die Autokratie dar. Radiščev wurde zum Tode verurteilt, dann jedoch zur Verbannung nach Sibirien begnadigt.
Novikov geriet wegen seiner Mitgliedschaft im Rosenkreuz-Orden mit Zarin
Katharina II. in Konflikt. Dies mag zunächst überraschen, weil es sich hier an
sich um einen antiaufklärerischen Geheimbund handelte. Er war entstanden
aus Verunsicherung über die Veränderungen in Religion, Gesellschaft und
Staat, suchte den Ausweg in Wunderglauben und Magie, hatte aber aus
aufklärerischen Schriften und Organisationsformen gelernt und zielte deutlich auf Herrschaft ab, um gegen die Aufklärung vorgehen zu können. In
Russland war der Orden jedoch nicht derart reaktionär. Die Mitglieder,
darunter viele Fürsten, wollten sich eher moralisch-persönlich vervollkommnen, nach Weisheit streben und dem Vaterland dienen. Novikov trat dem
Bund eher zufällig bei, nämlich über seine Bekanntschaft mit Professor Johann Georg Schwarz (1751–1784) von der Moskauer Universität. Dieser hielt
enge Verbindung zu Rosenkreuzlern in anderen Ländern, 1782 wurde Russland
zur «VIII. Unabhängigen Maurer-Provinz». Novikovs Druckerei bot die Möglichkeit zu Veröffentlichungen. Dies sah Katharina gar nicht gern. 1792 musste
die Druckerei – weil sie Radiščevs «Reise» publiziert hatte – sogar geschlossen werden. Novikov und einige Mit-Rosenkreuzler wurden verhaftet und
bestraft. Die Zarin hielt es offenbar für gefährlich, dass die Rosenkreuzler
versuchten, den Thronfolger Paul zu gewinnen, und dass sich einige adlige
Familien wegen der Mitgliedschaft finanziell ruinierten.
Eine politische Bewegung entstand aus diesen oppositionellen Ansätzen noch
nicht. Das Freimaurertum galt als geistige Haltung: Damit reagierte man auf
den reinen Rationalismus der Aufklärung. Die Abwendung von der Kirche
machte man zwar mit, wollte aber doch Raum für Gefühl, Intuition und Phantasie lassen. In dieser Form war das Freimaurertum in russischen Intellek-
tuellenkreisen weit verbreitet, bis hin zu Fürst Nikita Panin, ohne dass sie alle
Mitglieder in einem Orden wurden. Formen der politischen Kritik werden
uns noch begegnen.

Eine «Hornkapelle», wie sie noch Ende des 19. Jahrhunderts bestand.

Absoluter Staat, Verwaltung, Kirche

Im 18. Jahrhundert verfestigte sich systematisch der staatliche Einfluss auf die orthodoxe Kirche. Nachdem das Ökonomiekollegium zunächst immer stärker in die Verwaltung der kirchlichen und Klostergüter eingegriffen hatte, wurden diese dann unter Peter III. und Katharina II. säkularisiert. Dagegen gab es durchaus Widerstand innerhalb der Geistlichkeit. So wurde aus diesem Grund der Metropolit von Rostov unter Katharina abgesetzt, in ein Kloster verbannt und schliesslich sogar in der Festung Reval eingesperrt. Insgesamt war nun auch, nach der formellen Unterordnung der Kirche unter den Staat durch die Einrichtung des Heiligen Synods und des Oberprokurors sowie durch das «Geistliche Reglement» von 1721, die wirtschaftliche Grundlage der kirchlichen Macht gebrochen, selbst wenn in der folgenden Zeit die ökonomische Betätigung wieder ausgedehnt werden konnte.

Widerstand gegen den wachsenden Zugriff des Staates auf alle Lebensbereiche zeigte sich nicht zuletzt im Mönchtum, das für die Entwicklung der russischen Volksreligiosität von grosser Bedeutung war. Viele der staatskirchlich gesinnten Mönche, die einst der Autokratie das theologische Fundament gegeben hatten, waren nach den von ihnen abgelehnten Reformen Nikons in Gegensatz zum Staat geraten. Dieser reagierte darauf mit misstrauischer Beobachtung der Vorgänge in den Klöstern und mit dem Versuch, sie in das Verwaltungssystem einzubeziehen. Nach Ansätzen unter Peter I. erhielten etwa die meisten Klöster unter Katharina einen festen Etat, aus dem sie auch die Mönche besolden mussten. Nur einige Klöster lebten ausserhalb der staatlichen Abhängigkeit von milden Gaben der Bevölkerung und wurden zum Ausgangspunkt für mystisch-schwärmerische Bewegungen.

Noch schärfer bedrängt wurden die *skiti*, die kleinen Einsiedlerklöster, deren Mönche asketisch, von Besitz und weltlicher Macht abgewandt sowie missionarisch aktiv waren und grossen Anhang im einfachen Volk genossen. Sie galten als Hort der Opposition gegen die zarische Autokratie. Vor allem unter Anna hatten die Mönche unter harten Verfolgungen zu leiden. Die Behörden liessen zahlreiche von ihnen hinrichten, nach Sibirien verbannen oder in die Armee pressen. Später wurden viele dieser Klöster geschlossen oder in Bildungszentren umgewandelt, der Eintritt in sie streng reglementiert. So durften Militärangehörige, Beamte und andere Personen, die für den Staat nützlich waren, keine Mönche werden. Um das Ziel der Bevölkerungsvermehrung zu erreichen, wurden darüber hinaus junge Mädchen aus Nonnenklöstern entfernt und verheiratet.

Schaut man rückblickend noch einmal auf das zarische Verwaltungssystem im 18. Jahrhundert, so werden einige Besonderheiten Russlands im Vergleich zu Westeuropa deutlich. Wie allgemein in Europa wurde auch in Russland seit dem 17. Jahrhundert versucht, das Staatsleben rationalistisch zu lenken. Dadurch sollten Steuerkraft, Finanzen und Wirtschaftsentwicklung gefördert, die «Wohlfahrt» des Staates und die «Policey» – die gute Ordnung – begünstigt werden. Mit der Berufung auf diese Ziele griff der Staat samt seiner sich ausweitenden Bürokratie immer stärker in die Lebenswelten der Individuen ein. Zugleich entfernte er sich dabei vom Individuum, weil die Verwaltung scheinbar objektiv, genau geregelt, verlief. Dies wiederum begünstigte das Eigengewicht und die selbstherrliche Stellung der Bürokratie.

Die Zarinnen und Zaren griffen bei der Ausbildung des Verwaltungssystems wie bei den Vorschriften für die Beamten in hohem Masse auf deutsche und dann auf französische Vorbilder zurück. Anders als im Westen stand jedoch in Russland die soziale Basis für eine moderne Bürokratie zunächst nicht zur Verfügung, sondern musste erst geschaffen werden. Die Anläufe dazu haben uns mehrfach beschäftigt. Die künstliche, russische Traditionen oft wenig berücksichtigende Schaffung von Organisationen sowie die häufige Zwangs-rekrutierung neuer Staatsdiener führte zu einer übermässigen Bürokratisie-rung und zu einer Verstärkung der zentralistischen Staatskontrolle. Zwang und Reglementierung, die Autonomie und Selbstorganisation zu verhindern trachteten, zogen Widerwillen, Trägheit, mangelnde Initiative und fehlende Eigenverantwortlichkeit nach sich. Dadurch wurden eine dynamische Ent-wicklung behindert und die Ziele des Staates beeinträchtigt. Dieser reagierte mit erneuten Eingriffen und noch detaillierteren Anordnungen. So entstand ein Kreislauf, der immer wieder neu eine Überzentralisierung der staatlichen Verwaltung, eine schwerfällige Bürokratie sowie bis ins kleinste gehende Eingriffe in die Lebensverhältnisse und Sozialbeziehungen der Menschen hervorbrachte, allerdings auch Opposition, Widerstand und Ausbruchsver-suche erzeugte.

Typisch war weiterhin, dass die Militärverwaltung, die sich parallel zur all-gemeinen Entwicklung ebenfalls im 18. Jahrhundert ausbildete, Hilfsaufgaben im Rahmen der zivilen Bürokratie übernehmen musste. Unter Peter I. wurden etwa Truppenstäbe und Militärkommandos für die Steuereintreibung und ähnliche Funktionen eingesetzt. Auch nachdem dies wieder abgebaut worden war, blieben polizeiliche Tätigkeiten wie die Verfolgung von Räubern, Deser-teuren und aufständischen Bauern, ebenso ein möglicher Arbeitseinsatz von Soldaten für solche Zwecke wie Kanal- oder Strassenbau, die nicht nur mili-tärischen Zielen dienten. Hohe Offiziere bekleideten in der Regel zugleich hohe zivile Ämter, ohne dass sie dafür ausgebildet gewesen wären.

Fasst man das staatliche Bild, das Russland im späten 17. und im 18. Jahrhun-dert bot, zusammen und stellt es in den gesamteuropäischen Rahmen, so ist es bestenfalls unter Peter I. bedingt und kurzfristig zur reinen Form der absolu-ten Monarchie mit patrimonialer Herrschaft zu zählen. Dänemark, einige deutsche Kleinstaaten und zeitweise auch Schweden-Finnland gehören eher zu diesem Typus. Die zarische Autokratie war, obwohl Stände wie im Westen fehlten, doch durch Zwischengewalten – namentlich durch informelle Grup-pierungen des Adels, durch den Herrschaftskompromiss mit dem Adel, der diesem die absolute Gewalt auf seinen Gütern gab, sowie durch die beson-dere Ausformung des Herrschaftssystems – beschränkt. Dadurch konnte sie ihren Anspruch auf patrimoniale Gewalt in der Regel nicht erfüllen. Ähnlich erging es, in unterschiedlichen Formen, den meisten damaligen Staaten. Her-ausgefordert wurde dieses System von grundsätzlich anderen staatlichen Or-ganisationsformen, die es fraglich machen, ob die Bezeichnung «Zeitalter des

Absolutismus» tatsächlich angemessen ist: den libertär organisierten Staaten, in denen der König von traditionellen Ständen abhängig war – Polen, zeitweise Schweden-Finnland, einige deutsche Kleinstaaten oder das Deutsche Reich als Gesamtverfassung; den parlamentarischen Monarchien, in denen die Krone zum Staatsorgan sowie die Polarisierung von Krone und Ständen durch die Polarisierung von Mehrheit und Opposition im Parlament abgelöst wurden – Grossbritannien, Polen nach der Verfassung von 1791, Frankreich zwischen 1791 und 1793; schliesslich den oligarchischen Republiken in verschiedenartiger Ausprägung – die Vereinigten Niederlande, die Schweiz, italienische Stadtstaaten.

Reformversuche unter Paul I. und Alexander I.

Am 6. November 1796 starb überraschend die Zarin Katharina. Ihr ungeliebter, ja verhasster Sohn Paul I. (1754–1801) folgte ihr nach. Anlässlich seiner Krönung im April 1797 erliess er ein neues Thronfolgegesetz, das die männliche Linie der Romanovs eindeutig bevorzugte. Der älteste Sohn oder, wenn keine Söhne vorhanden waren, der älteste Bruder sollte jetzt automatisch Nachfolger werden. Nur falls überhaupt kein männlicher Anwärter zur Verfügung stand, konnte eine Frau Zarin werden. Paul beendete damit nicht nur die von Peter I. geschaffene Möglichkeit des Selbstherrschers, seinen Nachfolger selbst auszusuchen, und begründete ein Erbkaisertum, sondern er schloss Frauen faktisch von der Nachfolge aus. Was im 18. Jahrhundert so häufig eingetreten war, konnte sich nun nicht mehr wiederholen. Eine neue Auffassung der Autokratie drückte sich schliesslich darin aus, dass der Zar an dieses Gesetz gebunden wurde, nicht mehr frei entscheiden durfte.

Die kurze Regierungszeit Pauls bietet ein widersprüchliches Bild. Seine oft sprunghaften Entscheidungen und seine von Preussen beeinflusste, übersteigerte Vorliebe für das Militär stiessen vielfach auf Unverständnis und Widerstand. Namentlich der Adel fühlte sich zurückgesetzt. So wurden seine Korporationsrechte etwas eingeschränkt und versucht, ihn mit Steuern zu belegen. Darüber hinaus verbot Paul die Sonntagsarbeit für Leibeigene und bestimmte, dass die Fronarbeit auf dem Herrenacker, die *barščina*, nicht mehr als drei Tage in der Woche in Anspruch nehmen dürfe. In der Bauernschaft keimten Gerüchte auf, der Zar denke an die Abschaffung der Leibeigenschaft. Obwohl dieser ein solches Vorhaben offiziell zurückwies, deutete sich möglicherweise doch eine Abkehr von der adelsfreundlichen Politik der vorangehenden Jahrzehnte an. Paul kam allerdings nicht dazu, seiner Politik klarere Konturen zu geben und sein Negativbild bei den Zeitgenossen aufzubessern. In der Nacht vom 11. auf den 12. März 1801 brachten ihn Angehörige der Palastgarde um.

Sein Sohn und Nachfolger Alexander I. (1777–1825) hatte von dieser Adelsverschwörung gewusst und auch die Absetzung seines Vaters gebilligt. Dass er den Mord nicht verhindern konnte, belastete ihn schwer. Er versprach die Rückkehr zur Politik Katharinas und hob die meisten Massnahmen seines

Vaters wieder auf. Dennoch ruhten die Hoffnungen der Reformkräfte in Russland auf dem neuen Monarchen. Dieser war von dem Schweizer Frédéric César de LaHarpe (1754–1838), der während der Helvetischen Republik zwischen 1798 und 1803 die Ideen der Französischen Revolution in seinem Heimatland zu verwirklichen suchte, in liberalem Geiste erzogen worden. In der Tat strebte Alexander danach, sein Reich zu einem «freien Land» zu machen, schreckte jedoch oft vor den Konsequenzen seiner Pläne zurück und liess sich leicht von starken Persönlichkeiten beeinflussen, die Gegenpositionen vertraten. So holte er gleich nach seinem Regierungsantritt seinen Erzieher LaHarpe zurück an den Hof und berief auch den von Katharina verbannten Radiščev in eine Reformkommission. Als jedoch die radikalen Vorschläge der Erneuerer auf heftigen Widerstand konservativer Gegner stiessen, griff der Zar nicht eindeutig zu ihren Gunsten ein. Resigniert verliess LaHarpe im Mai 1802 wieder Russland, Radiščev wählte im September des gleichen Jahres enttäuscht den Freitod.

Ein Teil der Reformer gab allerdings nicht auf. Nach ihrer Überzeugung hing alles vom Einfluss auf den Selbstherrscher ab. Nur wenn der Autokrator mit seiner Autorität und seiner Macht die Umgestaltung Russlands einleite, habe sie eine Chance. Ideen einer zentralistischen Entwicklungsdiktatur, wie sie auch in unserem Jahrhundert eine Rolle spielen sollten, schimmern hier durch. Alexander blieb von dieser Fixierung auf seine Person nicht unbeeindruckt. Und in der Tat zeigten sich Ansätze eines Kurswechsels. In den baltischen Ländern kamen die Bauern aus der Leibeigenschaft frei, in ganz Russland gab es immerhin Verordnungen zum Schutz der Bauern. Freigelassenen Leibeigenen wurde das Recht gewährt, eine neue soziale Gruppe «freier Landbewohner» zu bilden. Schon 1802 begann eine Reform der Staatsspitze, durch welche die bisherigen Kollegialbehörden von zunächst acht Fachministerien abgelöst werden sollten. Der Senat wurde zum obersten Gerichtshof erklärt. Mit diesem Schritt durchkreuzte Alexander ein Projekt aus adligen Kreisen, die Senatsmitglieder durch den Adel wählen zu lassen, ihm gesetzgebende Funktionen zuzugestehen und auf diese Weise die Macht des Selbstherrschers zu beschränken. Mehrere Massnahmen förderten das Bildungswesen, insbesondere die Universitäten und bemühten sich um eine Modernisierung des Wirtschaftslebens. Weitergehende Vorhaben beriet Alexander in einem inoffiziellen «Geheimen Komitee», in dem er einen Freundeskreis um sich scharte. Dynamik gewann der Reformprozess durch die überragende Persönlichkeit Michail M. Speranskijs (1772–1839). Als Sohn eines Popen hatte er eine umfassende Bildung erfahren, war 1797 in den Staatsdienst eingetreten, ab 1802 im Innenministerium tätig und wurde 1807 sogar persönlicher Sekretär des Zaren – ein Beispiel für die erstaunlichen Möglichkeiten eines sozialen Aufstieges im damaligen Russland. Verdienste erwarb er sich um die Straffung der Staatsverwaltung, die Verbesserung des Bildungs- und Rechtswesens sowie um die Einleitung einer Sanierung der Staatsfinanzen. Was er wollte, zeigen namentlich seine 1803 und 1809 vorgelegten grossen Reformprojekte: Er strebte an, nicht nur die Bürokratie zu vervollkommnen, sondern auch die Menschenrechte zu sichern, die Freiheit der Person und des Eigentums zu schützen, ein am Code Napoléon orientiertes Zivilrecht einzuführen, eine gewählte Duma als parlamentarisch-beratendes Gremium zu schaffen, um auf diese Weise Russland in eine konstitutionelle, auf Gewaltenteilung beruhende Monarchie mit Rechtsstaatlichkeit zu verwandeln. Sogar eine Bauernbefreiung in Etappen, eine schrittweise Übertragung politischer Rechte an alle Bürger und eine Neueinteilung der Stände in Adel, einen Mittelstand und das «Arbeitsvolk» – wozu auch die meisten Gutsbauern gezählt hätten – schlug er vor. Gerade die Förderung einer kräftigen Mittelschicht aus Kaufleuten, Händlern, Handwerkern und Gewerbetreibenden sowie bessergestellten Bauern hätte Russland auf eine neue soziale und ökonomische, schliesslich auch politische Grundlage gestellt. Eine hohe Durchlässigkeit zwischen den Ständen sollte im übrigen gewährleistet werden.

Lediglich Teilaspekte von Speranskijs Vorhaben konnten verwirklicht werden. So griff Alexander zwar die Idee Speranskijs auf, mit dem 1810 neu gestalteten Staatsrat ein beratendes Organ einzurichten, das Gesetze entwerfen und ihre Durchführung überwachen konnte. Aber die eigentliche Absicht Speranskijs, über diesen Rat als Klammer die Gewaltenteilung in den Senat als obersten Gerichtshof, in die Ministerien als Exekutive und in die Duma als – vorerst beratende – gesetzgebende Institution wieder zu einer Einheit zusammenzuführen, wurde nicht umgesetzt: Die Duma berief der Zar ebensowenig wie vergleichbare Wahlkörperschaften auf den verschiedenen Ebenen der staatlichen Gliederung von den Gouvernements bis zu den Bezirken.

Den konservativen Gegnern Speranskijs gelang es, den Zaren davon zu überzeugen, dass eine Verwirklichung aller Vorstellungen den Kern der russischen Staatsverfassung – die wechselseitige Abhängigkeit von Krone, Adel, Bürokratie und Leibeigenschaft – zutiefst erschüttern werde und revolutionäre Unruhen nicht auszuschliessen seien. Im Frühjahr 1812 wurde Speranskij gestürzt und verbannt. Später hat er dann noch als Generalgouverneur Sibiriens von 1819 bis 1821 und durch weitere Tätigkeiten in der höchsten Staatsverwaltung, namentlich seit 1830 bei der umfassenden Kodifikation eines einheitlichen Gesetzbuches, wichtige Aufgaben erfüllt.

Trotz dieses Sieges der Reaktion und der insgesamt höchst wankelmütigen Politik des Zaren kann man nicht sagen, dass mit dem Sturz Speranskijs alle Reformversuche beendet gewesen seien. Die Verfassung für das Grossfürstentum Finnland von 1809, die diesem neu eroberten Landesteil eine gewisse ständische Autonomie, eine eigene Verwaltung, ein eigenes Recht und auch den Landtag – allerdings ohne Gesetzgebungsrecht – beliess, blieb ebenso in Kraft wie die 1815 erlassene Verfassung für das mit dem Zarenreich in Personalunion verbundene Königreich Polen. Dieses vom Wiener Kongress geschaffene Gebilde, auch «Kongress-Polen» genannt, erhielt eine eigene Verwaltung, eine eigene, diesmal sogar gesetzgebende Ständevertretung mit Senat und Sejm, ein eigenes Heer sowie Glaubens- und Pressefreiheit. Garantiert sein sollten die Unantastbarkeit der Person und Polnisch als Amtssprache. Vieles davon stand nur auf dem Papier, häufig regierten die Russen an der Verfassung vorbei, namentlich durch den Beauftragten des Zaren, den

Grafen Nikolaj N. Novosil'cev (1761–1836), der seinerzeit schon dem Geheimen Komitee angehört hatte. Dennoch glaubten viele, dass die beiden Verfassungen nicht zuletzt Experimente des Zaren darstellten, die eine Konstitution für das Gesamtreich vorbereiten sollten. Darüber hinaus gab es auch nach 1815 immer wieder Reformmassnahmen, so Verbesserungen im Strafvollzug – bereits 1801 war im übrigen die Folterung im Strafverfahren abgeschafft worden – oder im Bereich des Bildungswesens und der religiösen Toleranz.

Russischer Messianismus und Heilige Allianz

In der Morgendämmerung des 4. Juni 1815 weilte Zar Alexander allein in seinem Gemach in Heilbronn und grübelte über sein Schicksal nach. Napoleon (1769–1821), Kaiser der Franzosen, der 1812 in einem grossen Eroberungszug bis nach Moskau gekommen, dann jedoch – unter ungeheuren Verlusten – zum Rückzug gezwungen worden war, stand erneut im Krieg, nachdem die europäischen Mächte bereits in Wien begonnen hatten, eine neue Friedensordnung zu schaffen. Alexander dachte an die baltische Baronin Juliane v. Krüdener (1764–1824), die geweissagt hatte, Napoleon werde von Elba zurückkehren. Er würde sie gerne kennenlernen. In diesem Augenblick klopfte es, Frau v. Krüdener trat ein. In einem langen Gespräch öffneten sich ihre Seelen. Juliane v. Krüdener mahnte Alexander an sein bisheriges sündiges Leben, rief ihn zur Umkehr auf und liess ihn beichten. «Als ob sie in meiner Seele gelesen hätte, richtete sie starke und tröstende Worte an mich und beschwichtigte den Sturm, der seit langem in meinem Innern wütete.»[34] Frau v. Krüdener erinnerte Alexander an seine Mission, ernannte sich zu seiner von Gott gesandten Führerin und folgte ihm auf seinem Siegeszug nach Paris.

Diese mystische Begegnung fiel in eine Zeit, in der viele Menschen auf Russland als Hort der geistig-religiösen wie politischen Erlösung hofften und dabei den Blick auf Alexander, den strahlenden Sieger über Napoleon, als Befreier richteten. Zugleich war in Russland selbst die Vorstellung von der göttlichen Aufgabe des Reiches und seines Zaren zur Befreiung der Menschheit weit verbreitet. Ganz Europa befand sich nach der Französischen Revolution in einer tiefen Krise. Die überkommenen Normen und Werte waren in Frage gestellt. Gesellschaftliche Umwälzungen traten ein oder rückten zumindest in den Bereich des Möglichen. Die zahlreichen Kriege sowie anhaltende wirtschaftliche Schwierigkeiten brachten Elend über viele Menschen, namentlich der unteren sozialen Schichten. Ihre Lebenswelt geriet aus den Fugen. Unter diesen Umständen verstärkten sich Stimmungen, die die Endzeit herannahen fühlten. Gerade Menschen, die in einer Glaubenstradition standen und jetzt angesichts der gesellschaftlichen Krise nach einer neuen Orientierung suchten, nahmen ein Erklärungsangebot an, das ihrem Leben Sinn verleihen konnte. Dies war keineswegs nur eine kurzfristige, rückwärts gewandte Reaktion, sondern zielte zumindest teilweise durchaus auf neue Lebensformen. Die «gottlosen Zustände» wie die persönliche Sündhaftigkeit verlangten nach Umkehr – nach persönlicher Busse und der Bitte um die Gnade des Herrn, aber vielleicht auch nach Umkehr der gesellschaftlichen Verhältnisse, um «gottgefällig» dem Anbruch des Tausendjährigen Reiches entgegenzusehen.

So fand eine Auslegung der Apokalypse des Johannes (Kap. 12–20) grossen Anklang, wie sie schon länger insbesondere von pietistischen Strömungen und jetzt vor allem durch die Erweckungsbewegung um den bedeutenden Augenarzt, Professor für Kameral- und Staatswissenschaften sowie religiösen Sinnsucher Johann Heinrich Jung, genannt Stilling (1740–1817), vorgenommen wurde: Der Antichrist steigt aus dem Meer, erscheint demnach im Westen, während das «mit der Sonne bekleidete» Weib, das Christus gebärt, von Osten her leuchtet und vor dem Drachen auf den «zwei Flügeln des grossen Adlers» – dem Symbol für Russland – in die Wüste flieht, um die Stunde der Erlösung zu erwarten. Diesen Ort lokalisierte Jung-Stilling in Solyma bei Samarkand. Dort werde der Messias 1816 oder 1819 erscheinen, um den Beginn des Tausendjährigen Reiches zu verkünden; frühere Berechnungen hatten 1836 angenommen. Die Erfahrungen der Zeitereignisse schienen die biblischen Vorhersagen zu bestätigen. Mit den Befreiungskriegen, in denen sich vorab Frankreich und Russland, Napoleon und Alexander gegenüberstanden, erreichte diese Sichtweise ihren Höhepunkt. Für zahlreiche Menschen verkörperte Napoleon den Antichristen, Alexander hingegen den Vollstrekker des göttlichen Willens, den Auserwählten Gottes, den autokratischen «König aller Könige» der Offenbarung, der die Völker «mit Gerechtigkeit» und «mit eisernem Stabe» regiere. Russland wurde zum ersehnten «Land des Friedens und des Heils».[35] Eine Hungersnot in den Jahren 1816/17, die die materielle Not verstärkte, gab dann Tausenden in Südwestdeutschland und der Schweiz den letzten Anstoss, nach Südrussland aufzubrechen, um dort der Erlösung entgegenzusehen.

In Russland traf der Geist der Erweckung den Nerv der Gesellschaft. Seit 1805 wurden die Schriften Jung-Stillings übersetzt und weit verbreitet. Sie waren sogar dem Zaren selbst bekannt. Ebenso stiess eine katholische Erwecktengruppe auf Resonanz. Orientalische Kulte und mystisch-geheime Praktiken griffen um sich. Aufsehen erregten die Prophezeiungen der gebürtigen Deutschbaltin Ekaterina Tatarinova (1783–1856), die sie in mystischer Ekstase und während fiebriger, rauschhafter Kultfeiern von sich gab. Die von der russisch-orthodoxen Kirche abgespaltenen Altgläubigen verstärkten ihre Aktivitäten. Mitglieder einer Sekte der Geissler (chlysty) kasteiten sich, weil sie die Endzeit nahe fühlten. Die skopcy, Angehörige einer weiteren Sekte, kastrierten sich gar, um sündenfrei das Paradies zu erwarten. Ihr Führer Kondratij Selivanov (um 1720–1832) – ein Bauer aus dem Gouvernement Orel – scharte täglich 300 bis 400 Frauen und Männer aus allen Schichten um sich. Seine Anhänger hielten ihn für Zar Peter III., den Gatten Katharinas II., der seinen Mördern entkommen sei und ihnen die Erlösung bringen werde. Alexander habe ihm die Zarenkrone angeboten, er jedoch das Armenhaus vorgezogen. Unter den Bauern gärte es, Reformhoffnungen waren in allen gesellschaftlichen Kreisen verbreitet.

Die Spannung, die von dem gesellschaftlichen Schwebezustand und der gleichzeitigen Aufbruchsstimmung ausging, verfehlte nicht ihre Wirkung auf den Zaren. Darüber hinaus hatte ihn die Theorie vom rechtgläubigen Russland als dem «Dritten Rom» beeinflusst, zumal der Heilige Synod, das Leitungsorgan der orthodoxen Kirche, diese 1806, nicht zuletzt unter Berufung auf die Offenbarung des Johannes, den Ansprüchen des «falschen Messias» Napoleon entgegenstellte. Noch mehr beeindruckte Alexander allerdings eine neue Begründung des Gottesgnadentums, wie sie der Theosoph Louis Claude de Saint-Martin (1743–1803) geliefert hatte: Wer als Herrscher die Kraft zu besonderer Tugend, Weisheit und Gerechtigkeit besitze, über dem leuchte Gottes Gnade, und er sei auserwählt, die Menschen im Zeitalter ihres Sündenfalls zu leiten, bis der Urzustand wiederhergestellt sei, in dem es keine Herrschaft von Menschen über Menschen gebe. Noch verstärkt durch die bei den russischen Freimaurern vorherrschenden Ansprüche wurde diese Mischung aus göttlicher Erwähltheit, moralischer Rigorosität und sozialem Reformgeist von seinem Freundes- und Beraterkreis, namentlich von Oberhofmeister Rodion A. Košelev (1749–1827), dem Zaren nahegebracht.

Eine erste Koalition gegen Napoleon, die der russische Kaiser 1805 mit den Monarchen von England und Österreich eingegangen war und der sich der preussische König 1806 angeschlossen hatte, endete 1807 in einer schweren Niederlage. Alexander liess sich von Napoleon, der auch das Osmanische Reich gegen Russland hatte mobilisieren können, zu einem überraschenden Frontenwechsel bewegen: Er ging mit ihm anlässlich des Friedens von Tilsit im Juli 1807 ein von den Zeitgenossen als prinzipienlos kritisiertes Bündnis ein, mit dem sie gemeinsam die Geschicke der Welt lenken wollten und diese in Einflusssphären aufteilten. Dadurch abgesichert konnte sich das Zarenreich 1808/09 Finnland und 1812 Bessarabien einverleiben. Ebenso erkannte Persien nun die zwischen 1801 und 1811 erfolgte Eingliederung Georgiens sowie den Kaukasus und das Gebiet des Kaspischen Meeres als russische Interessenzonen an. Inzwischen hatte die anfängliche Begeisterung Alexanders für das Bündnis längst nachgelassen. Er sah, dass dies nicht der richtige Weg war, seine Ideen zu verwirklichen.

Der Einfall der Grande Armée Napoleons in Russland und namentlich der Brand von Moskau im September 1812 führten dann zu einem Schlüsselerlebnis. «Der Brand von Moskau hat meine Seele erleuchtet […]. Seit dieser Zeit bin ich ein anderer geworden; der Erlösung Europas vom Verderben verdanke ich meine Erlösung und Freimachung», äusserte Alexander später einmal.[36] Sein Jugendfreund und enger Berater Fürst Aleksandr N. Golicyn (1773–1844), den er 1805 zum Oberprokuror des Heiligen Synods und 1810 zusätzlich zum Leiter der Oberverwaltung der geistlichen Angelegenheiten fremder Konfessionen ernannt hatte, empfahl ihm, die Bibel zu lesen, als dieser die seelische Erschütterung des Zaren bemerkte. Alexander fühlte sich erweckt, den Weg des wahren Christen zu gehen und die ihm von Gott anvertraute Aufgabe zu übernehmen, die Menschheit zu befreien und auf den Tag der Erlösung vorzubereiten.

Auf seinem Siegeszug gegen Napoleon traf der Zar am 10. Juli 1814 in Bruchsal mit Jung-Stilling zusammen, der damals Berater des badischen Grossherzogs war. «Ich habe nie mit Jemand gesprochen, der in allen Punkten vom kleinsten bis zum grössten so einstimmig mit mir denkt als der Kayser Alexander, er ist ein wahrer Christ, im strengsten Sinn; [...] Dann schlossen wir einen Bund zusammen, dem Herrn treu zu seyn bis in den Tod. Er küste mich, und ich ihn. Dann schieden wir von einander», schilderte Jung-Stilling kurz darauf dieses Gespräch.[37] Dem Freundschaftsbund gehörte auch die Ehrendame der Zarin Roxandra Scarlatovna v. Stourdza (1796–1844) an, die sich ebenfalls zu den Erweckten zählte. Einen ähnlichen Dreierbund ging Alexander in Russland mit seinen Freunden Golicyn und Košelev ein. Es scheint so, als habe Alexander davon geträumt, kleine Freundschaftsbünde könnten die Keimzelle eines Menschheitsbundes bilden. Möglicherweise beeinflusste ihn dies bei der Idee eines Dreierbunds der Monarchen von Österreich, Preussen und Russland. Auf jeden Fall spielte das religiöse Sendungsbewusstsein Alexanders eine wesentliche Rolle bei der Entstehung der Heiligen Allianz in Paris. Seine Überlegungen besprach er regelmässig mit Juliane v. Krüdener und ihrem Kreis, die ganz erfüllt war von der Erwartung, von Russland werde in Kürze die Erlösung ausgehen und der Zar sei von Gott dazu erwählt, die Menschheit darauf vorzubereiten. Sie bestärkte ihn in seinem Bestreben, in der Politik stärker als bisher christliche Überzeugungen zur Geltung zu bringen und eine Weltfriedensordnung zu errichten. Alexanders Entwurf der Heiligen Allianz folgte bei einigen Passagen bis in die Wortwahl hinein Gedankengängen der Erweckten, die in manchem erstaunliche Querbezüge zu Jakobinern und Freimaurern aufwiesen. Die Menschen als Brüder stehen im Mittelpunkt. Quellen der Freiheit sind Brüderlichkeit, Zuneigung, Gerechtigkeit und Frieden, zusammengefasst in der gegenseitigen christlichen Liebe. Ziel der Allianz ist die einzige christliche, brüderlich geeinte Nation. In bewusster Abkehr vom Alten mit seinen Irrwegen sollte ein Bund für die bevorstehende Heilszeit geschaffen werden, der alle Menschen umfasste.

Der österreichische Aussenminister Fürst Metternich (1773–1859) beobachtete den Umgang des Zaren mit den Erweckten genau. Er hielt dessen Verstand für getrübt und seine Überlegungen für religiöse Spintisiererei. Den Vertragsentwurf betrachtete er nur nach entscheidenden Änderungen als annehmbar. So strich er einige aus dem Vokabular der Erweckten stammende Formulierungen, vor allem aber den von Alexander vorgesehenen brüderlichen Bund der Menschen. Übrig blieb in der am 26. September 1815 unterzeichneten Heiligen Allianz ein blosser Bund der Monarchen. Metternich zielte auf die Befestigung der bestehenden Ordnung. Es gelang ihm, den Zaren von der Gefahr sozial-revolutionärer Bestrebungen zu überzeugen, die auch von religiösen Fanatikern und vom Mystizismus ausgehe. Alexander, erschüttert durch einen Vertrauensbruch in der Umgebung Frau v. Krüdeners, liess sich davon beeindrucken. Obwohl er die christliche Befreiung der Menschheit ersehnte – und in Paris auch die Aufhebung der Leibeigenschaft in Russland ankündigte –, fürchtete er doch unkontrollierte soziale Umwälzungen. Auch sah er ein, dass er im Augenblick nicht mehr beim österreichischen und preussischen Monarchen durchsetzen könne.

Keineswegs bedeutete dieses Einlenken jedoch einen endgültigen Bruch mit seinen bisherigen Überzeugungen. In Russland förderte er die Bibelgesellschaft, deren Präsidenten Fürst Golicyn er 1816 noch zum Minister für Volksaufklärung und geistliche Angelegenheiten ernannte. Der Bibelgesellschaft gehörten Mitglieder aus verschiedenen Nationen und Glaubensrichtungen an, auch aus der russisch-orthodoxen Kirche. Die erweckten, wahren Christen kannten keine konfessionellen Schranken. Zahlreiche Freimaurer fanden sich ebenfalls in der Bibelgesellschaft oder in ihrem Umkreis. In Verbindung mit dieser Gesellschaft und unter dem Einfluss der Erweckungsbewegung entfalteten sich wichtige Reformansätze. Besonders hervorzuheben ist die Tätigkeit der 1819 mit Protektion des Zaren gegründeten Gefängnisgesellschaft, die in den folgenden Jahren wesentliche Verbesserungen im Strafvollzug erreichte.

Einige Massnahmen Golicyns bestätigten allerdings die Befürchtungen aufgeklärter Kreise, dass durch den immer mehr frömmelnd-einseitig werdenden Minister und die Bibelgesellschaft eine Einschränkung der Toleranz und der Meinungsfreiheit in Literatur, Kunst und Wissenschaft drohe. Zum Hauptgegner der Bibelgesellschaft wurden jedoch konservative Kräfte in der orthodoxen Kirche – sie störte der überkonfessionelle Charakter – und im Adel, die damit zugleich alle Ansätze zur grundlegenden Reform von Staat und Gesellschaft treffen wollten. Schon in der Vergangenheit war es ihnen immer wieder gelungen, liberale Ansätze beim Zaren zu durchkreuzen, wie es sich etwa beim Sturz Speranskijs gezeigt hatte. Grossen Einfluss am Hof besass der Kriegsminister des Zaren, Graf Aleksej A. Arakčeev (1769–1834), der in den Militärkolonien – eine Verbindung von Militärdienst und Landwirtschaft – ein Regime von brutaler Zucht und rücksichtsloser Unterordnung aufgebaut hatte. 1820 bildete sich die «Rechtgläubige Gefolgschaft», eine Art Verschwörerorganisation, die in einem Bündnis von reaktionären adligen Politikern und Geistlichen – an ihrer Spitze der zwielichtige Mönch Fotij (1792–1838) – ihr Ziel erreichen wollte. Die Zeit war günstig. Revolutionäre Umtriebe in Europa – Spanien, Neapel, später Piemont – und nicht zuletzt die Meuterei seines geliebten Garderegimentes 1820 sowie die Anzeichen einer geheimen politischen Opposition verunsicherten den Zaren. Metternichs mehrfach wiederholten Warnungen flössten ihm mehr und mehr Misstrauen gegenüber religiösen Strömungen ein, die Mystizismus mit sozialen Reformwünschen verbanden. 1820 verbot er die Jesuiten, 1822 die Freimaurer und alle «Geheim»–, das heisst: Privatgesellschaften. Immer stärker sah Alexander nun seine Sendung darin, im Bunde mit anderen Monarchen die bestehende, von Gott legitimierte Ordnung zu erhalten, bestenfalls vorsichtige Reformen auszuführen, um auf diese Weise das Wohl der Menschen, das Heil und den Frieden zu sichern, bis Gott die Zeit des Tausendjährigen Reiches anbrechen lasse.

Ins Schwanken kam der Zar noch einmal im Zusammenhang mit dem Aufstand der Griechen, die sich 1821 gegen die türkische Herrschaft erhoben. Anfang Mai 1822 wandte sich Frau v. Krüdener, mit der der Zar 1815 gebrochen hatte, brieflich an Alexander und bezeichnete ihn als Werkzeug Gottes gegen die türkischen Antichristen. In der Tat sympathisierte er mit den griechischen Glaubensbrüdern und wurde hierin von seinem aussenpolitischen Berater griechischer Herkunft Johannes Capo d'Istria (1776–1831) bestärkt, der im übrigen Kreisen der Erweckten nicht fern stand. Metternich überzeugte den Zaren jedoch von den revolutionären Gefahren, die ganz Europa von den Aufständischen drohten. Deshalb stützte dieser auf dem Kongress von Verona 1822 die Entscheidung der Heiligen Allianz, Bestrebungen zur Veränderung der bestehenden Ordnung zu bekämpfen und sich damit gegen den Aufstand auszusprechen. Zugleich bedeutete dies, dass Russlands Einfluss auf dem Balkan begrenzt wurde, während sich Österreich jetzt hier engagierte: Zukünftige Konflikte waren vorprogrammiert. Capo d'Istria musste zurücktreten. Später wurde er der erste Regent des freien Griechenland. Erst jetzt, unter dem Eindruck dieser Vorgänge, erzielten – offenbar gegen seine Gewissensüberzeugung – die Einflüsterungen bei Alexander eine Wirkung, dass Jung-Stilling ein «Lügenprophet» sei, der «gotteslästerliche», antichristliche Lehren verbreite, dass Frau v. Krüdener «eine Teufelstochter» und Ketzerin sei, dass Golicyn die Feinde des Christentums unterstütze. Am 15. Mai 1824 enthob der Zar Golicyn seines Amtes. 1825 setzte dessen Nachfolger das Verbot «schädlicher Bücher», darunter diejenigen Jung-Stillings, durch, 1826, nach dem Tod Alexanders, auch die Auflösung der Bibelgesellschaft.

Die Umstände des Zarentodes werfen noch einmal ein Licht auf die hier behandelten Zusammenhänge. In Begleitung der Fürstin Golicyna war Juliane v. Krüdener 1824 nach Südrussland gereist, um sich über die Gemeinschaften der Erweckten zu unterrichten. Dort starb sie am 13. Dezember 1824. Jetzt wurde deutlich, wie stark das Band noch war, das den Zaren mit ihr verknüpft hatte. Im Herbst 1825 fuhr Alexander zur Fürstin Golicyna und liess sich von den letzten Tagen Juliane v. Krüdeners berichten, besuchte dann deren Grabstätte und betete dort lange. Auf dem Rückweg hatte er einen Fieberanfall. Am 19. November 1825 starb er in Taganrog am Azovschen Meer. Bis heute nicht verstummt sind die Gerüchte, er habe sich in Wirklichkeit in den Mönch Fedor Kuz'mič verwandelt und, zurückgekehrt zu seinem mystischen Glauben, unerkannt bis 1864 in einer sibirischen Einsiedelei gelebt, um Busse für die Entfernung von seinen religiösen Überzeugungen zu tun.[38]

Der Aufstand der Dekabristen

«Ich kann keine Person nennen, die mir die ersten freidenkerischen und liberalen Gedanken eingeflösst hätte; es ist mir auch unmöglich, den genauen Zeitpunkt zu bestimmen, an dem sie in mir erwachten. Denn das geschah nicht etwa plötzlich, sondern ganz allmählich und anfangs für mich selbst unmerklich. Jedoch habe ich die Ehre, dem Komitee mit der rückhaltlosesten Offenheit folgendes zu vermelden: [...] Ich erkannte, dass Wohlergehen und Elend der Monarchien und Völker in starkem Masse von den Regierungen abhängen; [...] Während ich nun auf solche Weise weiterstudierte, überlegte ich mir nach einiger Zeit, ob wohl in der Struktur der russischen Regierung die Gesetze der politischen Wissenschaften beachtet würden. [...] Hierbei fand ich viele Widersprüche zu meiner Auffassung von den Gesetzen der politischen Wissenschaften, und ich überlegte mir, durch welche Bestimmungen sie ersetzt, vervollständigt oder vervollkommnet werden könnten. Auch wandte ich meine Aufmerksamkeit der Lage des Volkes zu, wobei die Versklavung der Bauern mir einen ebenso tiefen Eindruck machte wie die grossen Privilegien der Aristokratie. Letztere hielt ich sozusagen für eine Mauer, die zwischen Monarch und Volk steht und um des eigenen Vorteils willen die wahren Zustände im Volk vor ihm verborgen hält. Solche Überlegungen wurden im Laufe der Zeit ergänzt von anderen Erkenntnissen und Berichten, zum Beispiel über die Vorrechte verschiedener angegliederter Gebiete, den Gerüchten von den Militärsiedlungen, dem Verfall des Handels, der Industrie und des öffentlichen Eigentums, der Ungerechtigkeit und Bestechlichkeit der Richter und anderer Behörden, der Last des Militärdienstes für die Soldaten und vielen ähnlichen Faktoren, die nach meiner Auffassung das Volk empören mussten. In ihrer Gesamtheit boten sie meinem Geist und meiner Phantasie ein anschauliches Bild vom Elend des Volkes und erweckten in mir ein inneres Murren gegen die Regierung.»[39]

So schilderte Oberst Pavel I. Pestel' (1793–1826) der Kommission, die die Umstände des Aufstandes vom Dezember 1825 – nach *dekabr'*, dem russischen Wort für Dezember, allgemein Aufstand der Dekabristen genannt – untersuchte, seine Entwicklung vom loyalen Offizier zum Kritiker der Autokratie. Er wollte das Gute – und sah die erbärmliche Lage des Volkes, die Stagnation der Wirtschaft, die Korruption und Funktionsuntüchtigkeit weiter Teile der Bürokratie, die brutalen Unterdrückungsmassnahmen in den Militärkolonien Arakčeevs, die schwere Last, die der 25jährige Militärdienst für viele Männer und ihre Familien bedeutete. Beeinflusst wurde Pestel' von russischen Denkern wie Novikov und Radiščev, durch seine Beschäftigung mit der Rolle der Volksversammlung, des *veče*, im russischen Mittelalter und von den Wirkungen der Französischen Revolution.

Für Pestel' wie für viele andere junge adlige Offiziere war die Teilnahme an dem Befreiungskrieg gegen Napoleon besonders folgenreich; Lev N. Tolstoj (1828–1910) hat mit Pierre Besuchov in «Krieg und Frieden» eine solche Biographie – wohl nach einem realen Vorbild – gestaltet. Dabei lernten sie die Zustände im Ausland, den Staatsaufbau, die Gesetzgebung, die Reformvorhaben – namentlich zur Bauernbefreiung und zum Städtewesen in Preussen – und die dortigen politischen Ideen kennen. Darüber hinaus wurden sie von dem Schwung und der Aufbruchsstimmung mitgerissen, die weite Teile der um ihre Befreiung von der französischen Herrschaft kämpfenden Bevölkerung erfüllten und die sich mit nationalem Erwachen sowie dem Ziel verbanden, auch in der inneren Verfassung die Freiheit zu erreichen. Diese Vorstellungen liessen die russischen Truppen nicht unbeteiligt. Gerade bei den von nationalen Gedankengängen ergriffenen Gardeoffizieren riefen die universalen Ideen des Zaren Alexander, die bei dem Feldzug und bei den

Friedensverhandlungen zutage traten, ebenso Unmut hervor wie die zumindest scheinbare Bevorzugung der Polen vor den Russen durch den Selbstherrscher bei einigen öffentlichen Anlässen.

Dennoch richteten sich zunächst die Hoffnungen der liberalen Adligen auf den Zaren. Dass Russland dazu ausersehen sei, Europa, ja die ganze Menschheit zu erlösen, und Alexander als Werkzeug dieser Sendung auch die Menschen des Russischen Reichs befreien werde, war durchaus populär. Die verschiedenen Reformmassnahmen wurden als Zeichen angesehen, dass sich das ganze Reich auf dem Weg in eine freiheitliche Gesellschaft befinde und der Zar seine Versprechungen einlösen werde. Noch 1821 schrieb der später im Zusammenhang mit dem Dekabristen-Aufstand hingerichtete Kondratij F. Ryleev (1795–1826) in einem Gedicht: «[...] o Car! Die ganze Welt sieht auf uns, / Und erwartet entweder Knechtschaft oder Freiheit! / Nur Alexanders Stimme vermag / Vor Stürmen und Nöten die Völker zu retten [...].»[40] Das Gedicht deutet allerdings auch an, dass man sich des Zaren nicht mehr völlig sicher war. Einschränkungen der Meinungsfreiheit, die sich gegen das Gedankengut der Aufklärer richteten und 1820 in der Schliessung der Universität von Kazan' gipfelten – durchgeführt vor allem vom zuständigen Minister Michail L. Magnickij (1778–1855) und unterstützt von der Bibelgesellschaft –, sowie die grausamen Reaktionen der Monarchien Europas und nicht zuletzt der Heiligen Allianz auf freiheitliche Bestrebungen brachten immer mehr Liberale in Russland zu der Auffassung, dass nur durch eine grundlegende Änderung der Staatsordnung, notfalls durch eine Revolution, Wohlfahrt und Glück der Menschen zu erreichen seien.

Die Entwicklung der Vereinigten Staaten von Amerika und auch der schweizerischen Eidgenossenschaft galt vielen als vorbildlich. Bereits 1816 hatte sich in Petersburg eine Geheimgesellschaft – der «Rettungsbund» – gebildet, der mehrere der späteren Verschwörer, darunter Pestel', angehörten und die die Aufhebung der Leibeigenschaft sowie eine konstitutionelle Monarchie zum Ziel hatte. 1818 löste sie der «Wohlfahrtsbund» ab, eine nach aussen hin reformerische und auf Aufklärung sowie Wohltätigkeit ausgerichtete Organisation, die jedoch im geheimen einen inneren Zirkel mit Filialen in verschiedenen Orten des europäischen Russlands umfasste. Diese Geheimgesellschaft agitierte unter Offizieren und auch Soldaten im Sinne einer politischen Umgestaltung des Reichs, erörterte Modelle der künftigen Staatsordnung, nutzte Lesegesellschaften und literarische Gruppierungen. Überhaupt fällt der hohe Anteil von Dichtern und Künstlern unter den Verschwörern auf. Puškin gehörte ebenfalls einem dieser Zirkel an und wurde 1820 wegen der Verbreitung politischer Verse nach Südrussland verbannt. So hatte er schon die «Trümmer der Selbstherrschaft» vor sich gesehen, auf denen auch sein Name geschrieben werde.[41] Im Wohlfahrtsbund trug Pestel' Anfang 1820 erstmals sein Konzept einer radikalen Veränderung Russlands in eine bürgerliche Republik vor. Obwohl er dafür eine Mehrheit fand, formierte sich doch bald der Widerstand eines gemässigten Flügels um Nikita M. Murav'ev (1796–1843), der eine konstitutionelle Monarchie anstrebte.

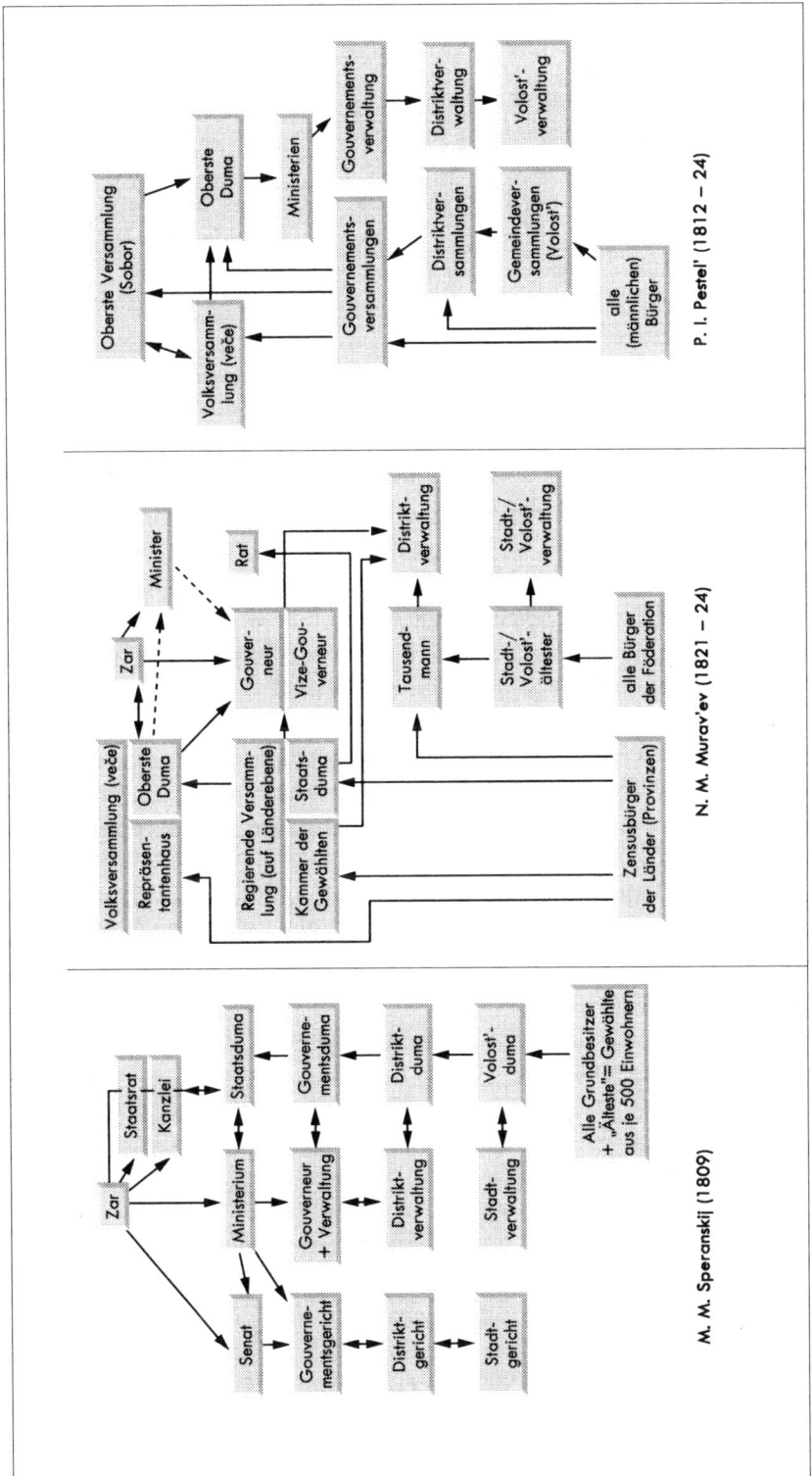

Reformpläne zum Staatsaufbau Russlands

M. M. Speranskij (1809)

Zar — Staatsrat / Kanzlei — Staatsduma

Ministerium — Gouverneur + Verwaltung — Distrikt-verwaltung — Stadt-verwaltung

Senat — Gouverne-mentsgericht — Distrikt-gericht — Stadt-gericht

Gouverne-mentsduma — Distrikt-duma — Volost'-duma

Alle Grundbesitzer + „Älteste" = Gewählte aus je 500 Einwohnern

N. M. Murav'ev (1821 – 24)

Minister — Zar — Rat

Gouverneur — Vize-Gou-verneur — Distrikt-verwaltung — Stadt-/Volost'-verwaltung

Volksversammlung (veče) — Oberste Duma

Repräsen-tantenhaus

Regierende Versamm-lung (auf Länderebene) — Kammer der Gewählten — Staats-duma

Tausend-mann — Stadt-/Volost'-ältester — alle Bürger der Föderation

Zensusbürger der Länder (Provinzen)

P. I. Pestel' (1812 – 24)

Oberste Versammlung (Sobor) — Oberste Duma — Ministerien — Gouvernements-verwaltung — Distriktver-waltung — Volost'-verwaltung

Volksversamm-lung (veče) — Gouvernements-versammlungen — Distriktver-sammlungen — Gemeindever-sammlungen (Volost')

alle (männlichen) Bürger

Aufgrund der Gegensätze löste sich 1821 der Wohlfahrtsbund auf. Im selben Jahr gründete Pestel' in seinem ukrainischen Standort Tul'cin den «Südbund», Murav'ev in Petersburg den «Nordbund». Trotz ihrer unterschiedlichen Vorstellungen von der künftigen Staatsform arbeiteten beide Verschwörergruppen eng zusammen. Im Südbund entwickelte Pestel' sein Programm der nach dem altrussischen Gesetzeskodex so genannten «Russischen Wahrheit». Nach dem Sturz des Zaren sollte eine diktatorische Übergangsregierung für acht bis zehn Jahre das Land verwalten und grundlegende Reformen verwirklichen, insbesondere die Abschaffung der Leibeigenschaft sowie der Vorrechte von Adel und Kirche, darüber hinaus eine grundlegende Reform der öffentlichen Verwaltung. Danach würde eine Volksversammlung, ein *veče*, die gesetzgebende Macht übernehmen. Sein Ziel war die zentralistisch-demokratische Republik auf der Basis der Gleichheit aller Bürger. Dieser Staat sollte mit einer grossen Machtfülle ausgestattet sein und auf einer einheitlichen nationalen Grundlage beruhen. Nichtrussische Nationalitäten hätten sich – mit Ausnahme der Polen – zu assimilieren. Wo dies unmöglich erscheine – wie bei den Juden –, sollten sie Russland verlassen und anderswo einen eigenen Staat gründen.

Murav'ev hingegen favorisierte einen förderativen Staat mit einem Monarchen ohne grössere Machtbefugnisse an der Spitze. Das Wahlrecht wollte er an einen verhältnismässig hohen Zensus binden. Dieses Programm war selbst im Nordbund vielen zu gemässigt. Radikalere Mitglieder drängten Murav'ev zur Aufnahme stärker demokratischer Elemente in die vorgesehene Verfassung und bereiteten zusammen mit dem Südbund einen revolutionären Umsturz vor.

Zu ihnen zählte auch der Dichter Ryleev. In seinen «Agitationsliedern» schrieb er nun 1823: «[…] Doch was uns raubte Gewalt, / holen wir wieder uns bald! / Ohne Sorgen / wollen wir morgen / leben wie früher so frei! [...] Gott wurde blind mit der Zeit. / Taub ist der Zar und weit. / Hoffen und Harren / macht uns zu Narren! / Mann, hilf dir selbst! – heisst es heut.»

Und 1824/25: «Da kommt der Schmied aus der Schmiede jetzt. / Bravo! / Drei lange Messer hat er gewetzt. / Bravo! / Mit dem ersten ersticht er den Herrn Gouverneur! / Bravo! / Mit dem zweiten den Popen, den Schwadroneur! / Bravo! / Und das dritte – geb's Gott – kriegt der Zar in den Bauch! / Bravo! / So oft er es rauszieht, so oft trifft er auch! / Bravo! / Jeder, den's trifft, tut den letzten Hauch! / Bravo!»[42]

Die im Südbund zur Tat entschlossenen Kräfte gewannen durch die Zusammenarbeit mit der 1823 gegründeten «Gesellschaft der vereinten Slawen», einer Organisation russischer und polnischer Offiziere, an Schlagkraft. Neben Pestel' spielten im Süden Michail P. Bestužev-Rjumin (1803–1826) und Sergej I. Murav'ev-Apostol (1796–1826) die führenden Rollen. Nach verschiedenen nicht ausgeführten Plänen zur Erhebung wurden die Verschwörer plötzlich zur Aktion gedrängt: Der Tod des Zaren Alexander I. am 19. November 1825 hinterliess zunächst ein Vakuum. Der Öffentlichkeit war nicht bekannt, dass sein an sich thronberechtigter ältester Bruder Konstantin (1779–1831) wegen einer nicht standesgemässen Heirat mit einer polnischen Gräfin auf die

Nachfolge verzichtet hatte. Der jüngere Bruder Nikolaus handelte zögernd und widersprüchlich, so dass er Zweifel an der Rechtmässigkeit seines Amtsantritts hervorrief. Die Verschwörer mussten diese Chance nutzen, zumal die Regierung von ihren Geheimorganisationen wusste und sie mit ihrer Verhaftung zu rechnen hatten. Den 14. Dezember 1825, den Tag, an dem die Armee auf den neuen Zaren Nikolaus ihren Eid ablegen sollte, sahen die Verschwörer als den günstigsten Zeitpunkt für den Aufstand an.

Doch als sich tatsächlich am 14. Dezember 3000 Soldaten unter der Führung aufständischer Offiziere auf dem Petersburger Senatsplatz einfanden, verharrten die Verschwörer unentschlossen. Weder liessen sie die Soldaten zum Angriff auf strategisch wichtige Einrichtungen antreten, noch bezogen sie die auf dem Platz wartende Menschenmenge in den Aufstand ein. Der Zar erhielt genügend Zeit, um loyale Truppen heranzuziehen und die Rebellen zusammenkartätschen zu lassen.

Eine gemeinsame Aktion mit dem Südbund kam nicht zustande. Pestel' war bereits am 13. Dezember verhaftet worden. Ein Aufstandsversuch gegen Ende des Monats wurde ebenfalls schnell niedergeschlagen. Zar Nikolaus ordnete an, die Hintergründe der Verschwörung genau zu untersuchen. Fast 600 Personen wurden streng verhört. Ein Denunziant gab dabei an, wo Pestel's «Russische Wahrheit» vergraben war. Die Regierung hielt das revolutionäre Programm bis 1906 unter Verschluss; erst dann konnte es veröffentlicht werden. Bulat Š. Okudžava (1924–1997) hat die Vorgänge um Pestel' in seinem historischen Roman «Der arme Awrosimow» gestaltet, so wie überhaupt der Dekabristen-Aufstand häufig das Interesse von Dichtern fand. Fünf Aufständische wurden hingerichtet: Pestel', Ryleev, Murav'ev-Apostol, Bestužev-Rjumin und Petr G. Kachovskij (1797–1826), der auf dem Senatsplatz den Petersburger Generalgouverneur erschossen hatte. Zahlreiche weitere erhielten langjährige Freiheitsstrafen oder mussten in die Verbannung zu harter Zwangsarbeit gehen, in die ihnen häufig ihre Frauen nachfolgten.

Die Revolutionäre scheiterten vordergründig an der zu hastigen Vorbereitung und unentschlossenen Durchführung des Aufstandes. Doch die Ursachen des Misserfolgs liegen tiefer. Nicht nur, dass sich die Verschwörer selbst nicht über ihre Ziele und die Art des Umsturzes einigen konnten, ihre Vorstellungen über die grundlegenden sozialen Reformen waren auch noch nicht ausgereift. Das galt namentlich für die Bauernbefreiung. Für die liberalen Adligen war das Eigentum eine zentrale Kategorie. Wie aber sollten sie den Bauern Eigentum geben, ohne es den adligen Gutsbesitzern zu nehmen? Und wenn diese einen Teil ihres Landes gegen Entschädigung abzugeben hätten: Wie sollten die Bauern das bezahlen? Verschiedene Lösungsmodelle wurden diskutiert, so eine stufenweise Ablösung, ein finanzielles Einspringen des Staates oder eine Entschädigung der adligen Gutsbesitzer aus Staatsländereien. Die Bauern wären mit all diesen Kompromissen nicht zufrieden gewesen, denn nach ihrem Rechtsdenken gehörte ihnen von alters her das Land, das der Adel ihnen widerrechtlich abgenommen hatte. Aber sie erfuhren ohnehin nichts von diesen Diskussionen. Von den Geheimgesellschaften konnte ihnen nichts bekannt sein, und während des Aufstandsversuches ergingen keine revolutionären Aufrufe. Nach den Vorstellungen der Verschwörer sollte das Volk erst nach gelungenem Putsch unterrichtet werden. In ihrem Denken spielte die Bevölkerung – auch die städtische – für den Ablauf des Aufstandes keine Rolle. Sie waren noch in den Formen der Palastrevolte des 18. Jahrhunderts befangen, obwohl sie doch keinen Elitentausch, sondern eine Revolution durchführen wollten.

Trotz ihrer Widersprüche und ihrer eingeschränkten Perspektive begründeten die Dekabristen neben den Bauernaufständen einen zweiten Traditionsstrang der russischen revolutionären Bewegung des 19. Jahrhunderts: den der intellektuellen Zirkel, die durch Aufklärung oder durch einen Putsch die gesellschaftlichen Verhältnisse ändern wollten. Die Tapferkeit, mit der die verurteilten Dekabristen in den Tod oder in die Verbannung gingen, erregte grossen Anklang im Volk. Die Dichtungen der Revolutionäre, ergänzt durch neue Werke der Verbannten und oft im geheimen handschriftlich verbreitet, beeindruckten viele Menschen und übten einen nachhaltigen Einfluss auf den Gang der russischen Literatur aus. Das Beispiel der Dekabristen sollte Nachfolger finden.

Wilhelm K. Küchelbecker (1797–1846), dessen Schicksal Jurij N. Tynjanov (1884–1943) in seinem 1925 erstmals erschienenen Roman «Wilhelm Küchelbecker, Dichter und Rebell» literarisch verarbeitete, schrieb 1827 in der Festung Schüsselburg das Gedicht «Ryleevs Schatten». Hier erscheint der hingerichtete Dichter dem in der Kerkerhaft grübelnden Dekabristen und zeigt ihm die Zukunft: «Wir opfern nicht umsonst uns, glaube mir! / Was wir gehofft, das wird sich einst erfüllen!»[43] Dieser «Schatten» begleitete die künftige revolutionäre Bewegung in Russland. Im selben Jahr verfasste Puškin sein «Sendschreiben nach Sibirien», in dem er den Verbannten zurief: «Die Ketten fallen, Stück um Stück, / Die Freiheit winkt – und Mauern weichen, – / Sie grüsst am Tor, und freudig reichen / Die Brüder euch das Schwert zurück.»[44] Darauf antwortete Aleksandr I. Odoevskij (1802–1839): «Sei ruhig, Barde, auch in Ketten / erheben lächelnd wir das Haupt, / die Freiheit hat man uns geraubt, / doch unsern Geist kann man nicht töten. / Was wir gewagt, wird nicht vergehn, / aus Funken werden Flammen schlagen, / [...].»[45] Unter Anspielung auf dieses Gedicht, das unter den Revolutionären grosse Popularität erhielt, nannte Lenin das im Dezember 1900 erstmals erscheinende Parteiorgan der russischen Sozialdemokratie *Iskra*, «Der Funke».

Erstarrung des politischen Systems

Seit der Niederschlagung des Aufstandes der Dekabristen beschäftigte sich Zar Nikolaus I. (1796–1855) intensiv mit den Folgerungen aus diesem Ereignis. Am 3. Juli 1826 richtete er in seiner Kanzlei die III. Abteilung ein, die als Geheimpolizei berühmt und berüchtigt werden sollte. Kurz darauf, am 6. Dezember desselben Jahre, bildete er ein geheimes Komitee, das an die Anfänge seines Vorgängers Alexander erinnerte, zumal eine der führenden Persönlichkeiten des damaligen Beraterkreises, Graf Viktor P. Kočubej (1768–1834), den Vorsitz übernahm und Speranskij mitarbeiten durfte. Das Komitee sollte in der Tat eine umfassende Reform von Staat und Gesellschaft, einschliesslich der Aufhebung der Leibeigenschaft, vorbereiten. Nikolaus beteiligte sich auch selbst an manchen Verhören und durchstöberte die Projekte der Dekabristen nach Ideen, deren Verwirklichung ihm sinnvoll erschien.

Anfang September 1826 liess der Zar Puškin aus seiner Verbannung an den Hof holen und führte ein langes Gespräch mit ihm. Als Ergebnis musste sich Puškin verpflichten, sich an keiner Verschwörung mehr zu beteiligen. Dafür hob Nikolaus seine Verbannung auf und erklärte sich selbst zum Zensor des Dichters. Allerdings kam es nicht zu einem regelmässigen Gedankenaustausch zwischen dem Zaren und Puškin, wie er vielleicht ursprünglich beabsichtigt war und von diesem erhofft wurde. Die Beziehung zwischen den beiden Persönlichkeiten blieb bis zu Puškins frühem Tod durch ein Duell im Januar 1837 ambivalent. Von weitreichenden Reformen war jedenfalls bald nicht mehr die Rede, alle Ansätze dazu blieben stecken. Und Puškins zunehmende Enttäuschung über die politische Entwicklung spiegelte sich in seinen Werken, in denen er verschiedene Möglichkeiten und Formen der Opposition und der Rebellion durchspielte: vom Protest des Intellektuellen bis hin zum grossen Volksaufstand. Allerdings war ihm auch bewusst, dass eine Revolte den an das Zartum geketteten Adel vernichten musste; davor schreckte er zurück. Die Ambivalenz seines Denkens kam etwa 1831 zum Ausdruck, als er sich mit seinen dichterischen Mitteln gegen die polnischen Aufständischen wandte und einem russischen Nationalismus das Wort redete. Anders als viele Kritiker des zarischen Systems unter Nikolaus, die sich von einer Analyse der Wirklichkeit entfernten und die Lösung aller Probleme im Westen suchten, blieb Puškins Denken und Schreiben immer auf Russland bezogen. Aufgrund der Kraft seiner Dichtungen machte ihn das zu einer Art «Gegenautorität zur zarischen Allgewalt»,[46] er drückte das «kollektive Gedächtnis der Nation»[47] aus. Damit begründete er eine bis in unsere Tage reichende Tradition, die dem Dichter und Schriftsteller eine wichtige Rolle bei der «Erinnerungsarbeit» und bei der Kritik der Verhältnisse zuweist. Schriften russischer Dichter sind deshalb oft eine einzigartige Quelle zum Verständnis auch historischer Vorgänge.

Wenn Puškin – auch im Bewusstsein zumindest eines Teils der Öffentlichkeit – die politische Gegenautorität verkörperte, so repräsentierte er ebenfalls eine Modeerscheinung, in der sich während Alexanders und Nikolaus' Herrschaftszeit durchaus gesellschaftspolitische Tendenzen ausdrückten: das Dandytum. Nach der Befreiung aus der Dienstpflicht waren für eine kleine Schicht der Aristokratie der Müssiggang wie die Ausbildung einer höfischen Gesellschaft nach französischem Muster möglich geworden. Aus Distanz zum Zarenhof und oppositioneller Haltung entwickelte sich eine anglophile Stimmung bei einer Reihe von Adligen, die dann die Übernahme der Dandy-Mode zur Folge hatte und breite Kreise erfasste. Puškin, der den Dandy selbst praktizierte, hat ihn in seinem später von Petr I. Čajkovskij

(1840–1893) vertonten Versroman «Eugen Onegin» beschrieben: Noch während er am Nachmittag zu Bett liegt, erhält er die Billette für Bälle und Feste am Abend, lässt sich dann frisieren und macht eine sorgfältige Toilette – die Dandy-Kleidung bestand vor allem aus Frack, Stehkragen, Halsbinde und Hut à la Bolivar –, flaniert anschliessend über die Boulevards, speist ausgiebig in Gesellschaft, besucht danach das Theater oder Ballett, zieht sich um, eilt – während die übrige Stadt bereits schläft – zum nächsten Fest, umwirbt die Damen und kehrt nach Hause zurück, wenn die Kaufleute, Gewerbetreibenden und Arbeiter gerade aufstehen oder längst aktiv sind: Die höhere Gesellschaft und das «Volk» sind räumlich und zeitlich scharf getrennt. Der Dandy kultiviert zugleich die Melancholie und den Weltschmerz, die kühle Distanz und die herablassende Langeweile. Indirekt, und bei einigen auch sehr bewusst, schimmerte dabei die Enttäuschung über ausbleibende politische Reformen und über die Unmöglichkeit einer Änderung aus eigener Kraft durch – verstärkt nach den Erfahrungen des Dekabristen-Aufstands. Und selbst die Dandys waren umgeben von Spioninnen und Spionen der Geheimpolizei, hatten sich mit der Zensur auseinanderzusetzen und mussten es sich gefallen lassen, dass ihre Briefe geöffnet wurden.

Von den grossen Reformvorhaben blieb allein die Kodifizierung des geltenden Rechts übrig – ein längst überfälliges Projekt, das schon unter Katharina II. und Alexander I. in Angriff genommen werden sollte. Mit der Federführung betraut wurde Speranskij, der seinerzeit unter Alexander ein eifriger Befürworter dieses Vorhabens gewesen war und dessen Fähigkeiten man nun noch einmal nutzen konnte. Schon 1830 erschienen die ersten 45 Bände der «Vollständigen Sammlung der Gesetze des Russischen Reichs» *(Polnoe sobranie zakonov)*, 1833 dann die 15bändige «Sammlung der (gültigen) Gesetze» *(Svod zakonov)*. Überhaupt unternahm Zar Nikolaus viel, um die Effizienz der Verwaltung zu verbessern. Vor allem Umwälzenden schreckte er jedoch zurück – aus Furcht vor einem neuen Umsturzversuch oder gar einer Revolution, aber auch aus Einsicht in die wechselseitige Abhängigkeit von Krone und Adel. Er wollte nicht die Stabilität des Regimes erschüttern und nahm dafür dessen Erstarrung in Kauf.

Liberale Ansätze, die Alexander eingeleitet hatte, wurden grossenteils wieder rückgängig gemacht. In Polen etwa trugen diese Bestrebungen zum Aufstand von 1830/31 bei, nach dessen Niederschlagung der Zar die Verfassung von 1815 vollends aufhob und damit auch dem Königreich Polen den autonomen Status nahm. Die Furcht vor einer Revolution, die auf Polen und andere Gebiete unter zarischer Herrschaft übergreifen könnte, spielte ebenfalls eine Rolle, als Nikolaus 1849 Truppen nach Ungarn schickte, die den Österreichern halfen, den dortigen Aufstand niederzuwerfen.

Das konservative Weltbild des Zaren beeinflusste weitere Bereiche. So gab es im Bildungswesen durchaus einen Aufschwung, denn man wusste an der Staatsspitze, wie nötig dessen Ausbreitung war. Die Zahl der Gymnasien, um dieses Beispiel herauszugreifen, stieg von 48 auf 74, die der Gymnasiasten von 7000 auf 18'000 während der Regierungszeit Nikolaus'. Doch zugleich vermehrten sich die Staatseingriffe. Die Autonomie der Universitäten wurde faktisch aufgehoben, «kritische» Lehrfächer – darunter die Statistik – fielen weg. Nach 1848 erfolgten weitere Einschränkungen: etwa ein Numerus clausus oder ein Verbot von Philosophie und Metaphysik zugunsten der Theologie. Zugleich sollten «positive Werte» vermittelt werden. Im Zentrum stand dabei die vom Minister für Volksaufklärung Sergej S. Uvarov (1785 bis 1855) entwickelte «Drei-Säulen-Theorie» des Reiches: Rechtgläubigkeit (Orthodoxie, *pravoslavie)*, Selbstherrschaft *(samoderžavie)* und Volksverbundenheit *(narodnost')*.

Auf dem Gebiet der Wirtschaft und Finanzen gelang es dem fähigen Finanzminister Egor F. Kankrin (1774–1845), durch Sparsamkeit und eine Geldreform die Währung zu stabilisieren und die Finanzen zu sanieren. Dabei konnte er auf den Vorarbeiten Speranskijs aufbauen. Durch den Krimkrieg wurden jedoch alle Erfolge bald wieder zunichte gemacht. Die Sparsamkeit hatte darüber hinaus den Nachteil, dass der Staat die Wirtschaft zu wenig förderte, keine antizyklische Politik betrieb, um es in unserer heutigen Begrifflichkeit zu sagen. Die eingetretenen Tendenzen zur wirtschaftlichen Stagnation wurden dadurch verschärft. Zu spät erkannte man an der Staatsspitze – oder fürchtete sich trotz richtiger Einsicht vor den Konsequenzen –, dass man Impulse geben musste, durch Aufträge, Kapitalbeschaffung, Markterschliessung, Schaffung einer besseren Infrastruktur oder durch eine Erhöhung der Kaufkraft. Bei alldem geschah viel zu wenig, obwohl es durchaus wichtige Anläufe gab. So wurde schon im Oktober 1837 die erste russische Eisenbahnlinie von St. Petersburg nach Carskoe Selo eröffnet, knapp zwei Jahre nach der ersten deutschen Linie.

Ähnlich halbherzig verliefen auch die Massnahmen zur Agrarreform. Seit 1835 stand Graf Pavel D. Kiselev (1788–1872) einem geheimen Komitee zur Lösung der Bauernfrage vor und wurde 1837 Minister für die staatlichen Domänen. Er versuchte, sich zum Motor der Reformen zu machen und Impulse zur Verwirklichung der Projekte zu geben, die trotz der Erstarrung des Systems intensiv diskutiert wurden. Die Meinung, dass etwas geschehen müsse, war weit verbreitet. Die maschinelle Produktion, die sich in der Industrie ankündigte, konnte – so die vorherrschende Überzeugung – nicht mit bäuerlichen Leibeigenen betrieben werden, und selbst in der Landwirtschaft erschien die Leibeigenschaft vielen inzwischen eher als hinderlich. Durch die wachsende ländliche Überbevölkerung drohte eine weitere Verarmung der Bauern, aber auch eine Überforderung der kleinen und mittleren Gutsherren. Die sozialen Spannungen auf dem Land stiegen unübersehbar an. Überall traf man auf hungernde Bauern. Allen Verboten zum Trotz fand ein schwungvoller Menschenhandel statt, um aus Leibeigenen Geld zu machen. Insgesamt wurden während der Regierungszeit Nikolaus' mindestens 556 bäuerliche Unruhen gezählt, die ein Kirchspiel oder mehr erfassten und in der Regel den Einsatz von Truppen erforderten, wenngleich sie bei weitem nicht mehr das Ausmass der früheren Aufstände erreichten. Selbst Adlige forderten die Aufhebung der Leibeigenschaft, selbstverständlich gegen entsprechende Entschädigung. Namentlich die Adligen in weniger fruchtbaren Gebieten wollten auf diese Weise Kapital für den Aufbau von Industrieunternehmen oder Gewerben erhalten.

Die staatlichen Pläne zur Agrarreform orientierten sich zunächst am Vorbild des Baltikums, wo eine Befreiung ohne Landzuteilung an die Bauern stattgefunden hatte. Ein schrittweises Vorgehen, das zunächst Verbesserungen innerhalb des alten Systems vorsah, sollte den Übergang erleichtern. Lähmend wirkte sich allerdings aus, dass man die Reaktion der Bauern fürchtete: Ihrer Rechtsvorstellung gemäss würde ihnen eine blosse persönliche Befreiung ohne Land kaum genügen. Wovon sollten die «befreiten» Bauern auch leben? Darüber hinaus war ein Massenelend in den Städten, in die viele Bauern möglicherweise nach der «Befreiung» abwandern würden, nicht eben eine anzustrebende Aussicht. Und schliesslich: wie würde sich der Adel verhalten? Seine Lage war ausserordentlich differenziert und konnte durch gesetzgeberische Normen kaum angemessen erfasst werden. So blieb es 1842 bei einer Verordnung, die eine Bestimmung von 1803 fortschrieb und es den Adligen erlaubte, ihre Bauern freizulassen und dafür von ihnen Gegenleistungen zu verlangen. Wie damals fand auch dieses Gesetz kaum Resonanz. Eine lediglich beschränkte Wirkung hatte ebenfalls die von Kiselev durchgeführte Reform der Staatsbauernschaft vom Dezember 1839. Sie sah erhebliche Erleichterungen für die Bauern vor und präzisierte die Dienst- und Abgabeverpflichtungen. Kiselev hatte gehofft, dass diese Regelungen von den Gutsbesitzern nachgeahmt würden. Die wenigsten jedoch sahen die Vorteile der Reform und warteten lieber auf staatliche Vorgaben, die für sie möglicherweise günstiger ausfallen könnten. Am Vorabend des Krimkrieges befand sich somit die russische Gesellschaft in einem Zustand gespannter Erwartungen, wie die Erstarrung des politischen Systems aufgelöst werden könne.

Die intellektuelle Opposition

Die Bauernfrage spielte bei den intensiven Diskussionen in kleinen Zirkeln von kritischen Beamten, Schriftstellern oder Wissenschaftlern eine zentrale Rolle. Eine starke Gegenbewegung zur Herrschaft Nikolaus I. formierte sich daraus zunächst nicht. Man musste erst einmal damit fertig werden, dass in Russland das erwartete Heil und die messianische Erlösung nicht eingetreten waren. Tiefe Ernüchterung hatte die Aufbruchstimmung abgelöst. In philosophischen Kreisen studierte man die Werke von Friedrich Wilhelm Schelling (1775–1854) und Johann Gottlieb Fichte (1762–1814) und dann besonders von Georg Wilhelm Friedrich Hegel (1770–1831), dies namentlich in der Gruppe um Nikolaj V. Stankevič (1813–1840). Hier sassen Männer zusammen, die später ganz unterschiedliche Wege gehen sollten: Die «Linken» Visarion G. Belinskij (1810–1848) und Michail A. Bakunin (1814–1876), der liberale Historiker Timofej N. Granovskij (1813–1855), die späteren Slawophilen Konstantin S. Aksakov (1817–1860) und Jurij F. Samarin (1819–1876) oder der spätere Nationalist Michail N. Katkov (1818–1887). Sie suchten nach einer Erklärung der Welt und nach einem Weg für Russland. Auch

Aleksandr I. Gercen (Herzen, 1812–1870) und Nikolaj P. Ogarev (1833–1877), die wegen ihrer Sympathie für die Dekabristen überwacht wurden, schlossen sich dieser Gruppe an. Mit Ausnahme Belinskijs, dessen Vater Arzt war, kamen alle Zirkelmitglieder aus adligen und teilweise sehr reichen Familien. Mehrere hatten im Ausland, vor allem in Deutschland studiert. Das Leibeigenschaftssystem, von dem sie lebten, kritisierten sie scharf. Sie wollten dieses Unrecht wiedergutmachen, indem sie den traditionellen Dienst an der Autokratie als Verpflichtung verstanden, die Zustände, in denen die Bevölkerung lebte, und insbesondere das Bildungssystem zu verbessern. Daraus entstand allmählich die Bereitschaft, statt der Selbstherrschaft dem Volk dienen zu wollen. So repräsentierten sie den Typus des «reumütigen Adligen».[48] Nur wenige gingen allerdings so weit wie Ogarev, der praktisch versuchte, mit dem System Schluss zu machen, seine Bauern freiwillig aus der Leibeigenschaft entliess und eine kommunistische Wirtschafts- und Lebensgemeinschaft aufbauen wollte. Die Bauern folgten ihm aber nicht auf diesem Weg, der isolierte Schritt schlug völlig fehl.

Immerhin erkannten nun zunehmend mehr Angehörige des Philosophenkreises in den 1840er Jahren, dass man nicht nur reden, sondern auch handeln müsse. Einflüsse der Frühsozialisten machten sich bemerkbar, namentlich von Charles Fourier (1772–1837), Pierre Joseph Proudhon (1809–1865) und Richard Owen (1771–1858). Genossenschaftliche Lebens- und Arbeitsgemeinschaften waren das Ziel, in denen das Geld und der Profit keine Bedeutung mehr haben sollten. Die Regierung griff ein, wenn ihr die gelehrten Diskussionen über den Rahmen der Petersburger Salons hinauszugreifen drohten. Die Intellektuellen erhielten in diesem Fall Publikationsverbot oder wurden verbannt: so Herzen und Ogarev 1847 – sie gaben dann in London von 1857 bis 1868 die berühmte Zeitschrift «*Kolokol*», «Die Glocke», heraus –, später auch Bakunin. Kaum Herr wurde die Regierung allerdings dem beliebten Mittel, über die Möglichkeiten der Literaturkritik Mängel der Autokratie blosszustellen. Insbesondere Belinskij beherrschte diese Waffe virtuos. Aber auch die Literatur selbst setzte die Tradition fort, verschlüsselt und von der Zensur bedroht, gesellschaftliche Probleme zu thematisieren. Das Spektrum reichte ausserordentlich weit: Leichte, parodistische Vaudevilles – Gassenhauer, Singspiele oder Unterhaltungskomödien – machten sich über irgendwelche Zustände lustig, die Fabeln Ivan A. Krylovs (1768–1844) personifizierten in den Geschichten von Schafen und Wölfen Bauern und Adlige, karikierten bekannte Personen und Ereignisse oder verspotteten im Adler den Zaren selbst. Aleksandr S. Griboedov (1795–1829) griff in seiner Verskomödie «Verstand schafft Leiden» oder «Bitternis durch Geist» (in der Übersetzung Rudolf Bächtolds) dieses Verfahren auf, wenn er einen Akteur sagen liess: «Wenn ich zum Zensor würd ernennt, / die Fabeldichter, die verfolgt ich konsequent, / weil sie respektlos über Leu'n und Adler lachen» (III, 21, Bächtold).[49] Das Stück wurde zwischen 1821 und 1824 geschrieben, 1831 öffentlich aufgeführt, ist ohne Streichungen jedoch erst 1860 erschienen. Das verwundert nicht, denn Griboedov kritisierte die Bürokratie sowie das Schmarotzertum und die Verschwendungssucht des Adels, aber auch die

Il'ja E. Repin: Wolgatreidler (1870/73).

Möchtegernrevolutionäre. Im Mittelpunkt stand der einsame Held, das Vorbild für die adligen Intellektuellen, die kritisch eingestellt waren, hingegen über keine Basis für eine Veränderung verfügten. Gogol' deckte in seinen Werken negative Zustände in der Bürokratie und im Leibeigenschaftssystem auf, fühlte sich allerdings als blosser Zeitkritiker missverstanden.

Neben diesen mehr oder weniger öffentlichen Äusserungsformen der Intellektuellen bildeten sich allmählich Verschwörerzirkel. Am bekanntesten wurden die *petraševcy* um den Beamten Michail V. Butaševič-Petraševskj (1821–1866). In naiver Lust an konspirativen Erörterungen beschäftigte man sich mit Reformmöglichkeiten und Modellen des Sozialismus. Obwohl weder ein Aufstand noch ein Attentat geplant war, wurden die meisten Mitglieder im April 1849 verhaftet und 15 von ihnen zum Tode verurteilt. Einer von ihnen war Fedor M. Dostoevskij (1821–1881). Unmittelbar vor der Hinrichtung, sie hatten be-

reits den Tod vor Augen, teilte man den Verurteilten die Begnadigung mit. Dostoevskij musste dann vier Jahre im Zuchthaus des sibirischen Omsk verbringen, anschliessend fünf Jahre in einer militärischen Strafeinheit. In dieser Zeit wandelte er sich politisch zu einem extremen Nationalisten. Seine Erinnerungen hat er in den «Aufzeichnungen aus einem Totenhaus» literarisch verarbeitet. Antisemitische und fremdenfeindliche Tendenzen sind nicht zu übersehen. Gefangen in eingefahrenen Klischeevorstellungen, war er andererseits doch beeindruckt von jüdischer Glaubenstreue und jüdischem Messianismus. So hoffte er auf ein zukünftiges Aufgehen der Juden in seinen Vorstellungen vom «Allmenschentum» – das allerdings unter russischen Vorzeichen stand – und trat für die Gleichberechtigung der Juden ein, vorausgesetzt, sie erwiesen sich als «würdig». Solch widerspruchsvolles Denken steigerte sich oft bis zum Paradox.

Ähnlich vielschichtige Tendenzen waren während des 19. Jahrhunderts überall im künstlerischen Bereich sichtbar. In der Musik, der Architektur, der bildenden Kunst und der Malerei entwickelten sich die Ansätze aus dem 18. Jahrhundert zu einer Nationalkultur weiter. Elemente der Volkskunst und eine Renaissance des byzantinischen Erbes flossen zu einem eigentümlichen «russischen» Stil zusammen. Er griff die traditionelle Kunst der Holzbauten und -schnitzereien ebenso auf wie die der Ikonen, der vorpetrinischen Kirchenbauten und der reichen Ornamentik. Zugleich wurde das Volk als Thema der Kunst entdeckt. Doch in der Art der Darstellung schieden sich die Geister: Die einen wollten Partei nehmen für das Volk und schufen Werke, aus denen sich auch eine Kritik der herrschenden Verhältnisse herauslesen liess – wie die Maler Il'ja E. Repin (1844–1930) und Vasilij I. Surikov (1848–1916) –, andere – so der Maler Viktor M. Vasnecov (1848–1926) – verklärten eher die nationalen Helden und das Volkstümliche. Auswirkungen dieses Stils sind bis hin zur russischen Avantgarde des 20. Jahrhunderts zu erkennen.

Wie die Oppositionsgruppen in Russland wurden auch sich formierende Nationalbewegungen innerhalb des Reiches unterdrückt. Als Beispiel sei die 1846 in Kiev entstandene Kyrill-Method-Gesellschaft erwähnt, die neben sozialen Veränderungen die nationale Befreiung der Ukraine in einer allslawischen Föderation verlangte. Zu ihr gehörte auch Taras Ševčenko (1814–1861), der – als Sohn eines leibeigenen Bauern geboren – zum ukrainischen Nationaldichter wurde. Als die russischen Behörden 1847 die Gesellschaft auflösten und ihre Mitglieder bestraften, hofften sie, damit die Keime des Unabhängigkeitsstrebens unterdrückt zu haben. Sie erreichten jedoch das Gegenteil: Die Verurteilten galten nun als Märtyrer, der Widerstandswille gegen die russische Herrschaft wurde erst recht angefacht, wenngleich sich feste Organisationen erst allmählich in der zweiten Hälfte des 19. Jahrhunderts ausbilden konnten.

Kennzeichnend für die meisten der oppositionellen Gruppierungen war, dass sich ihnen sehr viele Adlige anschlossen, die sich ihrem Stand entfremdet hatten, und «bürgerliche» Personen hinzustiessen: kleine Beamte, Publizisten, Professoren, Schriftsteller, Rechtsanwälte – alles Menschen, die aus der offiziellen Standesgliederung des Staates herausfielen und für die sich deshalb die Bezeichnung *raznočincy* – Leute aus verschiedenartigen Rängen – einbürgerte. Aus den Angehörigen dieser neuen sozialen Zwischenschicht rekrutierte sich dann die *intelligencija*. Dieser Begriff kam in den 1860er Jahren auf, und um eine präzise Definition wird bis heute gestritten. Ihr zugeordnet fühlten sich jedenfalls Intellektuelle, die ihre Bildung zum Dienst am Volk einsetzen wollten und von hohen moralischen Ansprüchen ausgingen. In der damaligen Gesellschaft hatten sie ihren festen sozialen Platz verloren, einen neuen noch nicht gefunden – sie bildeten den Typus des *izlišnij čelovek*, des «überflüssigen Menschen».

All diese kritischen Denker beschäftigten sich mit philosophischen Theorien, historischen Schriften, Staatsmodellen oder Utopien, die in Westeuropa entstanden waren. Teilweise versuchten sie – wie Herzen –, diese mit der Wirklichkeit in Russland in Beziehung zu setzen und so die Wirklichkeit zu verändern. Andere, die über den Zuständen in Russland resignierten, wählten das Extrem, die westlichen Modelle vollständig auf Russland zu übertragen, um so die «Rückständigkeit» radikal zu beseitigen. Den Anstoss für diese Richtung gab der Philosoph Petr Ja. Čaadaev (1794–1856). Ursprünglich von der messianistischen Bewegung während der Regierungszeit Alexanders I. beeinflusst, suchte er jetzt das Heil in einer Übernahme der westlichen Zivilisation und des Katholizismus. Zwischen 1828 und 1831 verfasste er acht «Philosophische Briefe», der erste erschien 1836, alle anderen erst nach seinem Tode. Darin übte er schonungslose Kritik an Russland. Der Zar liess ihn daraufhin für «verrückt» erklären und überwachen.

«Zuerst wilde Barbaren, dann grobe Unwissenheit, dann grausame und erniedrigende Fremdherrschaft, deren Geist sich später auf unsere nationale Regierung vererbte – solcher Art ist die traurige Geschichte unserer Jugend. [...] Werfen Sie einen Blick auf alle von uns durchlebten Jahrhunderte, auf den gesamten von uns eingenommenen Raum – Sie werden keine anziehende Erinnerung, kein würdiges Denkmal finden, das Ihnen deutlich von der Vergangenheit spräche, das sie vor Ihnen plastisch und bildhaft wieder erschüfe. Wir leben allein in der Gegenwart in ihren engsten Grenzen, ohne Vergangenheit und Zukunft, inmitten eines toten Stillstandes. [...] Von dem ersten Augenblick unseres sozialen Daseins an haben wir nichts für das Allgemeinwohl getan; kein einziger nützlicher Gedanke erwuchs auf dem unfruchtbaren Boden unserer Heimat – keine grosse Wahrheit ging aus unserer Mitte hervor; wir gaben uns keine Mühe, etwas selber auszudenken, und von dem, was andere ausgedacht, nahmen wir nur die trügende Oberfläche und den unnützen Tand herüber.»[50] In seiner 1837 geschriebenen und erst 1862 publizierten «Apologie eines Wahnsinnigen» milderte Čaadaev sein Urteil etwas, indem er vor allem auf die Fortschritte hinwies, die von Peter dem Grossen angestossen worden seien. Wenn das Volk diesen Weg weiterverfolge, werde es eine grosse Zukunft haben. Auf diesen Gedankengängen fussend, bildete sich eine regelrechte Schule von «Westlern» heraus, die auch unter den späteren Revolutionären zahlreiche Anhänger fand.

Die Gegenreaktion liess jedoch nicht auf sich warten. Herausgefordert von dem Widerspruch zwischen den im Westen vorhandenen Ideen, die man studiert hatte, und der russischen Wirklichkeit, wandte sich eine Gruppe gegen die extremen Westler und forderte, Russland vor einer weiteren Zerstörung durch die westliche, fremde Zivilisation zu bewahren und sich auf die Grundlagen der eigenständigen russischen Kultur zu besinnen. Einen wichtigen Kern dieses Denkens bildete die Idealisierung der *obščina*. Sie sei sittlich und sozial intakt, durch Gemeinschaftsgeist und Gemeinschaftswerk charakterisiert, die Basis für die Einheit des Volkes im christlichen Glauben. Bestätigt sah man sich dabei durch die Ergebnisse von Studien des deutschen Agrarexperten August Freiherr v. Haxthausen (1782–1866), die dieser zwischen 1847 und 1852 veröffentlichte. Bei allen hochinteressanten Einsichten, die heute noch eine erstrangige Quelle darstellen, harmonisierte Haxthausen jedoch die sozialen Beziehungen im Dorf zu sehr und kam dadurch zu falschen Schlüssen über die Dorfgemeinde. Im übrigen sollten sich später auch viele Sozialisten auf dieses Werk beziehen – ein Hinweis darauf, dass man die verschiedenen Richtungen in Russland nicht schematisch trennen darf. Die tragende Idee und Utopie der Slawophilen, wie sie genannt wurden, war die *sobornost'*, die Gemeinschaft. Indem man die doppelte Bedeutung von *sobor* aufgriff – Dom und Versammlung –, sollte die von der Kirche gestiftete *sobornost'* die Freiheit des Individuums bewirken, die nicht – wie im liberal-individualistischen Sinne – absolut zu verstehen sei, sondern eben eingebunden werde. Der Staat sichere die äussere Freiheit.

Keineswegs waren die Slawophilen von Anfang an reaktionäre Nationalisten. Ein solcher extremer Flügel entstand erst später, ebenso wie dann die zarische Regierung slawophile und panslawische Ideen zur Bemäntelung ihrer aussenpolitischen Ambitionen nutzte. Trotz einer überwiegend konservativen Grundhaltung traten viele – auf der Grundlage der skizzierten Vorstellungen, die durchaus demokratisch interpretiert werden konnten – für eine Beschränkung der Autokratie, für die Überwindung des Bürokratismus und für die Abschaffung der Leibeigenschaft ein. Als wichtige Vertreter sind neben Samarin und Konstantin Aksakov dessen Bruder Ivan (1823–1886), die Brüder Ivan (1806–1856) und Petr V. Kireevskij (1808–1856) sowie Aleksej S. Chomjakov (1804–1860) zu nennen.

Bei all diesen Richtungen, bei Westlern und Slawophilen, bei Nationalisten und Anarchisten, bei Konservativen und Sozialisten, schimmern immer wieder messianistische Ideen durch. Russland habe eine historische oder gar religiöse Mission, auf die Welt einzuwirken und diese letztlich zu befreien. Von Russland werde die Revolution ausgehen, die die alte Welt zerstören und eine neue hervorbringen werde. So wie die Westler und Slawophilen samt ihren Mischformen für die späteren politischen Strömungen grundlegend waren und noch in den heutigen Auseinandersetzungen eine Rolle spielen, zieht sich auch der messianistische Gedanke bis in die Gegenwart. Dies mag wenigstens an einem Strang angedeutet werden.

Dostoevskij glaubte, es sei «die Mission des russischen Menschen, [...] Bruder aller Menschen zu sein, Allmensch zu werden». Dafür sei er «ausersehen», und schliesslich würden die Russen alle Völker in diese «brüderliche Vereinigung» einschliessen.[51] In derartigen Vorstellungen war er stark von der «kosmischen Idee» des radikal-utopischen Denkers Nikolaj F. Fedorov (1829–1903) beeinflusst, der auch grosse Wirkung auf Tolstoj und viele russische Gelehrte ausübte. Fedorov ging davon aus, dass die menschliche Existenz unsittlich sei, solange sie nur Leben empfange, anstatt es selbst zu schaffen. Um nicht weiter schuldig zu bleiben, müssten die Menschen eine radikale Umkehr vollziehen und moralisch vollkommen werden. Dann sei es möglich, mit Hilfe der Vernunft und der Technik nicht nur die Natur zu bezwingen und sie in unvergänglich-«Künstliches» zu verwandeln, sondern auch den Tod zu überwinden und die Verstorbenen wieder aufzuwecken. So werde schliesslich die All-Einheit der Menschheit geschaffen. Unrecht und Leid seien dann aufgehoben, es gebe keine «Verdammte» und «Opfer der Geschichte» mehr. Dieser vollkommene Zustand sollte allumfassend gelten: Niemand werde sich ihm entziehen können. Im übrigen schrieb Fedorov den

Russen bei dieser Entwicklung eine wegweisende Funktion zu. Christlich-orthodoxe und russisch-slawophile Ideen mischten sich mit damals moderns-ten technischen Visionen, etwa zur Klimaregulierung, Zeitbeherrschung, Schaffung künstlicher Organe und Raumfahrt. Diese beeinflussten dann auch Utopien der frühen Sowjetzeit.

Daran anknüpfend diagnostizierte in der antibolschewistischen Emigration eine Gruppe um den Religionsphilosophen und Sprachwissenschaftler Fürst Nikolaj S. Trubeckoj (1890–1938), der Sieg der Oktoberrevolution sei eine Folge der Westorientierung Russlands gewesen, die nicht dem Wesen und der Kultur des Volkes entsprochen habe. Statt dessen sei von einem «eurasischen Kulturtyp» auszugehen, der Russland als Mittler zwischen Europa und Asien präge. Er kreise nicht um Individuum, Rechtsstaat und Demokratie, sondern um die Einheit von Person und Staat in der *sobornost'*. Als die stalinistische Sowjetunion ihren marxistischen und weltrevolutionären Ansatz immer mehr hinter einen grossrussischen Patriotismus zurückstellte und alle «fremden» westlichen Einflüsse bekämpfte, war es deshalb für eine Reihe von «Eura-siern» nur konsequent, ihren Frieden mit dem neuen Staat zu schliessen, ja sogar in manchen Fällen sich mit der stalinistischen Geheimpolizei zu verbün-den, um Gegner jenes Kurses auszuschalten.

Heute erleben die Ideen Fedorovs im Rahmen des «russischen Kosmismus», erlebt der «Eurasismus» eine Wiederentdeckung. An die Stelle differenzier-ter Überlegungen, die – zumindest teilweise – zwischen den Kulturen vermit-teln und versöhnen wollten, ist jedoch eine chauvinistisch-antiwestliche Be-gründung einer autoritär strukturierten Grossmacht Russland getreten. Das russische Volk sei auserwählt, die Welt zu erlösen – oder mit in den Unter-gang hineinzuziehen

Die bäuerliche Familie

Neuere Untersuchungen über das Leben auf dem Land in Russland während der ersten Hälfte des 19. Jahrhunderts sind sehr selten. Eine der wenigen Ausnahmen bilden Forschungen über die leibeigenen Haushalte im Gut Mi-šino, zu dem vier Dörfer im Gouvernement Rjazan', südöstlich von Moskau gelegen, gehörten, zwischen 1814 und 1858.[52] Bis 1830 mussten hier die Bau-ern Fronarbeit, die *barščina,* leisten, dann wurden sie allmählich auf den Geldzins, den *obrok,* umgestellt. Das Wohngebäude des Bauernhofes, die *izba,* umfasste in der Regel nur einen Raum zwischen 15 und 34 Quadrat-metern, davon nahm allein der grosse Ofen ein Viertel ein. In diesem Raum war eine Ecke zum Kochen bestimmt, eine Ecke zum Essen, eine weitere zum Schlafen und die letzte zur Gästebewirtung. Manchmal kam noch ein Vorraum oder gar – bei entsprechendem Vermögen – ein zweiter Wohnraum hinzu. Die Bevölkerung des Gutes blieb im wesentlichen stabil, es gab kaum Ab- oder Zuwanderung. Die Männer waren teilweise abwesend, neben dem 25jährigen Militärdienst handelten sie mit den Agrarprodukten in Moskau oder betätigten sich als umherziehende Handwerker. Es müssen zwei Kategorien von Leibeigenen unterschieden werden: die Bauern und das Hofgesinde. Letzteres war scharf von den Bauern getrennt und sorgte unmittelbar für den Unterhalt des Gutsherrn. Teilweise übte es Aufsichtsfunktionen aus. Mischheiraten zwischen Hofgesinde und Bauern kamen kaum vor. Die Dorfgemeinschaft, die *obščina* oder der *mir,* war für die Einhaltung der Verpflichtungen der Bauern gegenüber Gutsherrn und Staat verantwortlich, insbesondere haftete sie solidarisch für die Kopfsteuer.

Die Bauern heirateten normalerweise sehr früh, im Durchschnitt waren sie 20 Jahre alt, jünger als ihre Standesgenossen in Westeuropa zu dieser Zeit. Hierin drückte sich vermutlich aus, dass man zahlreichen Nachwuchs benötigte, um die hohe Kindersterblichkeit auszugleichen und durch eine hohe Kinderzahl einen grösseren Landanteil zu erhalten, darüber hinaus aber auch, dass man die Sexualität im Dorf unter Kontrolle behalten und kanalisieren wollte. Männer und Frauen waren in etwa gleichaltrig, ja die Frauen sogar oft etwas älter. Sie galten als vollwertige Arbeitskräfte. Dies war wichtig für die periodische Umverteilung des Ackerlandes, die in Mišino nach der Zahl der vorhandenen Arbeitskräfte vorgenommen wurde. Bei Erwartungen einer Bauernbefreiung stiegen interessanterweise Heiraten und Geburten. Die Partner erhofften sich Vorteile bei der Landaufteilung.

Die Dorfgemeinschaft und der Gutsherr hatten ein Mitspracherecht bei der Gründung oder Auflösung von Haushalten. Haushaltsteilungen waren seit etwa 1800 grundsätzlich verboten und bildeten Ausnahmen. Dies galt für ganz Russland, ohne dass wir genauere Daten besässen. In Mišino gab es Haushaltsteilungen etwa, wenn die Männer in den Haushalt ihrer Frauen zogen und verwitwete Elternteile und unverheiratete Geschwister mitnahmen. Normalerweise traten allerdings die Frauen in den Haushalt der Männer ein. Auch «fortwährender Streit» in der Grossfamilie, der zu gefährlichen Spannungen im Dorf führte, war ein Anlass für Haushaltsteilungen. Andernorts scheint es zusätzlich eine Rolle gespielt zu haben, wenn die Dorfgemeinschaft einen Haushalt als zu umfangreich empfand.

Die Haushalte waren in der Regel grösser als im Westen und umfassten maximal rund 20 Personen. Die mittlere Grösse lag bei acht bis zehn Personen. Die Mehrzahl der Haushalte, etwa drei Viertel, barg mindestens zwei Familieneinheiten in sich. So lebten in einem Haushalt von neun Personen ein Witwer als Vorstand, der verheiratete Sohn mit seiner Frau, eine unverheiratete Tochter sowie ein verheirateter Bruder mit Frau und Kindern. In einem anderen Haushalt mit 23 Personen wohnten der Vorstand mit seiner Frau und zwei verheirateten Kindern sowie Enkelkindern, ein lediger Sohn, ein verheirateter Bruder mit Frau und Kindern und schliesslich eine verwitwete Schwägerin mit ihren Kindern. Alleinstehende gab es kaum, sie waren fast immer in Verwandtenhaushalte integriert. Auch einfache Familienhaushalte blieben in der Minderheit. Diese fast ausschliessliche Zusammensetzung der Haushalte aus Verwandten ermöglichte eine flexiblere Arbeitsorganisation, als sie die Anwerbung von Knechten und Mägden gestattet hätte. Waren bei den Grossfamilien genügend Mittel vorhanden, baute man die Wohnung aus, da ein neuer Haushalt nicht ohne weiteres gebildet werden

Dorfälteste sitzen für ein Porträt Modell. Die Frauen schauen zu.

durfte. Die einräumige *izba* wurde beispielsweise dadurch verdoppelt. Jedes Haushaltsmitglied war am Gemeindebesitz erbberechtigt, dabei die Männer vor den Frauen. Immerhin galt nach wie vor, dass die Witwe den verstorbenen männlichen Haushaltsvorstand in der Leitung ablösen konnte. Meistens lebten drei oder mehr Generationen unter einem Dach. Dies lag auch an der durchschnittlichen Lebenserwartung von 31 Jahren bei Männern und 33 Jahren bei Frauen. Der Haushaltsvorstand war in der Regel über 40 Jahre alt. Auch aus anderen Untersuchungen geht hervor, dass der Haushaltsvorstand im allgemeinen bis zu seinem Tod in dieser Funktion verblieb. Der Patriarch hatte eine überaus starke Stellung. Sie ging so weit, dass er oft die Schwiegertochter in ein Konkubinat zwang – das *snochačestvo* –, vor allem wenn ihr Mann wesentlich jünger war als sie oder im Militär diente. Sexuelle Gewalt in der Familie scheint ohnehin weit verbreitet gewesen zu sein. Das Erbrecht folgte überwiegend dem Senioratsprinzip: Die Vorsteherschaft wechselte auf den nächstjüngeren Bruder oder – falls keiner mehr vorhanden war – auf die Witwe des verstorbenen Ältesten, dann gegebenenfalls auf die Frauen der Brüder, erst danach auf die Kinder. Hier hielten sich somit – anders als im Westen – ältere Organisationsformen, auch gegen versuchte Eingriffe der Gutsherrschaft, die eigentlich lieber junge Männer in der Leitung des Hofes gesehen hätte.

Anscheinend bestand ein Zusammenhang zwischen Haushaltsgrösse und relativem Wohlstand: Die grösseren Haushalte hatten mehr Milchkühe, Zugtiere, Schweine und Bienenstöcke. Ob dabei die Haushaltsgrösse Ursache oder Folge war, kann bis heute nicht eindeutig geklärt werden. August Freiherr von Haxthausen schrieb jedenfalls: «Eine zahlreiche Familie ist nirgends ein grösserer Segen, als bei den russischen Bauern! Die Söhne erwerben dem Familienhaupte stets neue Landanteile, die Töchter sind eine so gesuchte Ware, dass man kaum eine Mitgift verlangt, ja vielleicht noch dafür zahlen möchte. In Westeuropa ist für die niedern Stände die grösste Last und Plage, viele Kinder zu haben, in Russland bilden sie für den Bauern den grössten Reichthum!»[53] Diese Schlussfolgerung drängt sich in der Tat auf.
Gewiss darf man diese Ergebnisse nicht verallgemeinern. In den Gegenden, in denen die Gutswirtschaft und die *obščina* vorherrschten – im zentralen landwirtschaftlichen Gebiet der Schwarzerdezone und in den südöstlichen Gouvernements – waren die Tendenzen vermutlich jedoch ähnlich. Den entscheidenden Faktor bildete dabei – neben den günstigen natürlichen Bedingungen – die Umteilungsgemeinde, die in periodischen Abständen das Land der Gemeinde an die Höfe nach der Zahl der Familienmitglieder oder nach einer Arbeitseinheit, dem «Tagewerk» einer bestimmten Zahl von Arbeitskräften – dem *tjaglo* – zuwies. Für die übrigen Gebiete, in denen andere Besitzformen galten – etwa die aus der polnischen Zeit überkommene Hufenverfassung in Westrussland oder die Stammesregelungen in Sibirien –, liegen noch weniger Untersuchungen vor. Insgesamt kann man feststellen, dass, ähnlich wie in Westeuropa, die Bauern hauptsächlich unter sich heirateten – dabei auch möglichst in der gleichen sozialen Schicht. Im Vordergrund stand das Besitzdenken, weniger im Sinne einer kapitalistischen Profitakkumulation, sondern zur Wahrung und Vermehrung von Grund und Boden, um den Lebensunterhalt der Familie zu sichern. Eine Liebesheirat, die dem zuwiderlief, galt als störend. Charakteristisch war weiterhin die Einheit des «ganzen Hauses» von Produktion, Konsum und sonstigen Lebensverrichtungen. Freizeit gab es kaum. Der Arbeitsaufwand richtete sich nach den Lebensbedürfnissen und den überlieferten Vorstellungen, was «richtig» sei, folgte also den Vorstellungen der «moralischen Ökonomie» (Edward P. Thompson). Häufiger als im Westen lebten mehr als zwei Generationen unter einem Dach, war das Heiratsalter niedriger und die Kinderzahl höher. Eine besondere Kindererziehung fand noch nicht statt, Haus- und Dorfgemeinschaft übten eine indirekte Erziehung aus.
Die Werte und Normen wurden stark durch überlieferte Rituale mit magischem Charakter weitergegeben, so durch Initiationsriten der männlichen Jugend in einem bestimmten Alter, durch Rügebräuche bei Verletzung der Normen – vor allem der Sexualität, man denke an die auch im Westen bekannten Charivaris und Katzenmusiken –, durch Fruchtbarkeitsbeschwörungen oder rituelle Festformen. Es bestand ein hohes Mass an sozialer Kontrolle, etwa bei der Anbahnung von Heiraten – auch in Russland sind Einrichtungen wie Spinnstuben überliefert, in denen sich Mädchen und Burschen treffen konnten – und zur Überwachung sexueller Beziehungen. So wurden

voreheliche Beziehungen teilweise organisiert, um die Ehetauglichkeit zu überprüfen, in manchen Gegenden aber auch streng bestraft. Die Ursachen dieser Unterschiede müssen im einzelnen noch erforscht werden. Die Frau hatte in ihrem Arbeitsbereich Autorität, war aber dem Ehemann oder Haushaltsvorstand eindeutig unterlegen, was sich beispielsweise an Sitz- und Tischsitten zeigte (es sei denn, die Witwe des Patriarchen hatte selbst die Vorstandsfunktion inne). Hier und dort gab es auch Gemeinden, in denen Frauen in den Dorfversammlungen mitzubestimmen hatten. Die weitere Forschung ist zu genaueren Klärungen herausgefordert.

Die Bauern in Turgenevs «Aufzeichnungen eines Jägers»

1852 erschienen, zusammengefasst unter dem Titel «Aufzeichnungen eines Jägers», Erzählungen des Dichters Ivan S. Turgenev (1818–1883), die seit 1846 in loser Folge in der von Puškin begründeten Zeitschrift *Sovremennik* («Der Zeitgenosse») veröffentlicht worden waren und von 1871 bis 1874 noch einmal ergänzt wurden. Für sich genommen scheinen viele Arbeiten idyllische Stücke, Naturschilderungen, Berichte vom Landleben zu enthalten. Liest man sie genau, zeigt sich, dass hier nicht nur einzelne Missbräuche von Gutsherren, sondern das gesamte System der Leibeigenschaft angeprangert wurde. Der Zensor, der das Buch 1852 hatte durchgehen lassen, verlor deshalb auch seinen Posten.
Anschaulich werden in den Erzählungen die soziale Lage und das Leben der verschiedenen «Kategorien» von Bauern vor Augen geführt: der Fron- wie der Zinsbauer, der Bauer in der *obščina* wie der «Einhöfer», der ausserhalb der Dorfgemeinde lebte und hin und wieder als eine Art früher «Aussiedler-Bauer» zu beträchtlichem Wohlstand gelangte. In der ersten Erzählung «Chor und Kalinytsch» macht Turgenev bewusst, dass der *obrok*-Bauer aufgrund seiner Selbständigkeit unter günstigeren Bedingungen wirtschaften kann als der Fronbauer. In der späteren und vielleicht schärfsten Erzählung «Der Bürgermeister» legt er jedoch offen, dass auch dieser Zustand nicht gegen Missbrauch gefeit ist. Bauern, die scheinbar aus humanitären Gründen auf Zinsabgaben gesetzt wurden, geraten in Schuldabhängigkeit vom Verwalter des Gutsherrn und werden durch ihn besonders stark ausgebeutet. Ein Bauer beklagt sich bei dem Gutsherrn:
««Väterchen, er hat mich völlig zugrunde gerichtet. Zwei Söhne hat er ausser der Reihe unter die Rekruten gesteckt, und jetzt nimmt er mir auch den dritten.[54] Gestern, Väterchen, hat er mir die letzte Kuh vom Dorf getrieben, und Seine Gnaden› – er zeigte auf den Dorfältesten – ‹hat meine Hausfrau verprügelt. […] Sofron Jakowlitsch [der Bürgermeister] hat für mich den rückständigen Zins bezahlt, Väterchen›, fuhr der Alte fort, ‹es ist jetzt fünf Jahre her, dass er ihn bezahlt hat, und seit er das getan hat, bin ich völlig in seine Knechtschaft geraten, Väterchen […]›.»
Der Gutsherr antwortete: ««Nun gut, nun gut›, fuhr er fort, ohne die Bauern anzusehen, ‹ich werde anordnen … es ist gut, geht jetzt›.» Später erfährt der

Erzähler von einem anderen Bauern, dass der Verwalter mit dem Gut wie mit seinem Eigentum umgehe. «Die Bauern stehen alle bei ihm in der Kreide; sie arbeiten für ihn, als ob sie seine Knechte wären; den einen lässt er Fuhren machen, den anderen schickt er sonstwohin, … er quält sie zu Tode.» Der Verwalter habe sehr viel Land hinzugepachtet und betreibe ausser der Landwirtschaft noch weitere Gewerbe. «[…] er handelt ausserdem mit Pferden, Vieh, Butter, Teer, Hanf und allem möglichen … Er ist klug, sehr klug, und reich ist die Bestie!» Sich beschweren nütze nichts. Der Gutsherr handle nicht gegen seinen Verwalter. Auch in diesem Fall werde die Klage böse Folgen haben: «[…] jetzt wird er ihm völlig den Garaus machen; er wird den Mann umbringen. Der Dorfälteste wird ihn jetzt schlagen. So ein armer hilfloser Teufel!»[55]

Eine andere Erzählung «Der Hofbesitzer Owsjanikow» handelt von einem angesehenen und gutgestellten «Einhöfer», der die Frage des Erzählers verneint, ob früher nicht bessere Zeiten gewesen seien. «Nun, um zum Beispiel wieder auf Ihren Grossvater zurückzukommen. Er war ein gewalttätiger Mensch! Er kränkte unsereinen. Sie kennen vielleicht – aber wie sollten Sie auf Ihrem Lande nicht Bescheid wissen – den Keil, der sich von Tscheplygin zu Malinin zieht? Er ist jetzt bei Ihnen mit Hafer bestellt … Er gehört aber uns, jeder Fussbreit davon gehört uns. Ihr Grossvater hat ihn uns weggenommen; er kam einfach herausgeritten, wies mit der Hand darauf und sagte: ‹Mein Besitztum›, und er ergriff auch tatsächlich Besitz davon. Mein seliger Vater – Gott schenke ihm die ewige Ruhe! – war ein rechtschaffener, aber hitziger Mann, er liess es sich nicht gefallen – wer möchte auch seinen Besitz mir nichts, dir nichts verlieren? – und reichte Klage beim Gericht ein. Er reichte sie allein ein, die anderen machten nicht mit, weil sie Angst hatten. Ihrem Grossvater wurde es bald hinterbracht: ‹Pjotr Owsjanikow hat Sie verklagt, Sie hätten geruht, ihm einen Acker wegzunehmen.› Ihr Grossvater sandte sofort seinen Jäger Bausch mit einem Kommando zu uns. Sie ergriffen meinen Vater und brachten ihn auf Ihr Gut. Ich war damals ein kleiner Junge und lief barfuss hinter ihnen her. Nun, sie führten ihn vor Ihr Haus und peitschten ihn unter den Fenstern aus. Ihr Grossvater stand auf dem Balkon und sah zu; Ihre Grossmutter sass am Fenster und schaute es sich auch an. Mein Vater schrie: ‹Mütterchen, Marja Wasiljewna, treten Sie wenigstens für mich ein, verschonen Sie mich!› Aber sie stand nur von ihrem Sitz auf und schaute zu. Darauf liessen sie meinen Vater schwören, dass er auf das Land Verzicht leisten werde, und befahlen ihm, sich noch dafür zu bedanken, dass man ihn am Leben gelassen habe. So blieb auch das Land in Ihrem Besitz. Fragen Sie einmal die Bauern, wie jener Acker genannt wird. Der Knüppelacker heisst er, weil er mit dem Knüppel weggenommen wurde. Aus diesem Grund können wir kleinen Leute den alten Zeiten nicht nachtrauern.»[56]

Wenn Turgenev all diese Willkürmassnahmen, Missbräuche und Ungerechtigkeiten schilderte – und dabei auch die Kirche nicht aussparte, die den Staat zum Erfüllungsgehilfen bei der Durchsetzung ihrer Normen machte –, so konnte er auch aus eigenen Erfahrungen schöpfen: Er entstammte selbst einer wohlhabenden adligen Gutsbesitzerfamilie und erbte mit seinem Bruder ein Gut mit 5000 Leibeigenen in Spasskoe-Lutovinovo bei Mcensk, 130 Kilometer von Tula entfernt. Nicht zuletzt durch seine sadistische, herrische Mutter hatte er manche Grausamkeit an den Bauern erlebt. 1858 stellte er «seine» Bauern auf *obrok* um.

In der 1874 hinzugefügten Erzählung «Es rattert!» kommt es zu einer Begegnung mit Räubern. Ihr Anführer spricht «in der Redeweise eines Fabrikarbeiters»:[57] Tula, in deren Nähe die Geschichte spielt, war damals ein Zentrum der Eisenindustrie. Eine neue Bedrohung taucht hier andeutungsweise für die Besitzenden auf. Die Zukunft griff auf die alten Lebenswelten über. Nicht mehr verwirklichen konnte Turgenev den Plan einer Erzählung, die die Bedrohung, die aus dem eigenen sozialen Umfeld kam, besonders krass schildern sollte: Er wollte noch genauer als zuvor die Methoden eines Gutsbesitzers ausbreiten, durch Tricks und Rechtsbeugung den Bauern immer mehr Land wegzunehmen und seiner Eigenwirtschaft hinzuzufügen – das Muster eines «Landfressers» *(zemleed)*. Irgendwann seien dann – so der Plan – die Geduld und die Leistungsfähigkeit der Bauern erschöpft. Sie würden den Gutsherren überfallen und ihn zwingen, solange von der ihnen gestohlenen Erde zu essen, bis er tot sei. Bedenkt man, dass nach der Bauernbefreiung von 1861 die Landarmut vieler Bauern noch grösser wurde, dann ist auch die anhaltende Brisanz der Sozialbeziehungen auf dem Land offenkundig. So klar wie in diesem Plan hatte Turgenev in den veröffentlichten Erzählungen die Möglichkeit eines gewaltsamen Aufbegehrens nicht ausgesprochen. Immerhin klang sie manchmal durch, so wenn in «Birjuk» ein beim Holzdiebstahl ertappter Bauer, der nun seinen völligen Ruin vor Augen sieht, dem Waldhüter hasserfüllt entgegenschreit: «Soll alles zugrunde gehen: die Frau, die Kinder – sollen sie alle verrecken … aber dich werden wir uns noch langen, warte nur! […] Du Seelenverkäufer, du Vieh … kein Unglück ist gross genug für dich … Aber warte, du wirst nicht mehr lange prahlen! Man wird dir die Gurgel schon zuziehen, warte nur!»[58]

Aussenpolitik und Krimkrieg

Die Spannungen, die sich unter der Oberfläche des scheinbar erstarrten Systems in der Ära Nikolaus I. aufbauten und sich nicht zuletzt in der Belletristik und in der Literaturkritik öffentlich ausdrückten, entluden sich schliesslich infolge aussenpolitischer Ereignisse. In das Zentrum der internationalen Beziehungen des Zarenreichs war die «Orientalische Frage» gerückt. Es ging um die Dardanellendurchfahrt, um den Einfluss auf die – unter türkischer Herrschaft stehenden – Donaufürstentümer und überhaupt auf den Balkan. Der Panslawismus als zugrunde liegende Ideologie war zunächst antitürkisch ausgerichtet und hatte 1829 im Frieden von Adrianopel das russische Protektorat über Rumänien bei türkischer Oberhoheit gebracht. Kurz darauf schloss Russland dann ein Bündnis mit der Türkei, das die Absicht verfolgte, auch das Osmanische Reich unter russischen Einfluss zu bringen. Obwohl Zar Nikolaus versuchte, die Heilige Allianz zu erneuern, und immer wieder das

Legitimitätsprinzip betonte, stieg das Misstrauen im Westen gegenüber dem russischen Expansionsdrang. Vor allem die Regierung Grossbritanniens empfand die russischen aussenpolitischen Aktionen zunehmend als bedrohlich. Das Vordringen in Richtung Persien und Afghanistan, aber auch in den Kaukasus, wo die Bergstämme unter Führung Šamil's (1797–1871) um ihre Freiheit kämpften, berührte unmittelbar die Interessen des britischen Machtbereichs.

Anfang der 1850er Jahre spitzten sich die Konflikte zu, wobei die Privilegien der verschiedenen Konfessionen bei der Betreuung der heiligen Stätten des Christentums in Palästina, das damals zum Osmanischen Reich gehörte, den Anlass bildeten. Das russische Auswärtige Amt unterschätzte offenbar die Interessen der europäischen Mächte in der Orientalischen Frage und liess sich zudem von Napoleon III. von Frankreich (1808–1873) provozieren, der einen aussenpolitischen Erfolg brauchte und ein drohendes antifranzösisches Bündnis verhindern wollte. Nach wie vor strebte Russland an, die Türkei vollständig unter Kontrolle zu bringen, die übrigen Mächte hingegen wollten ebendies verhindern. In der Öffentlichkeit wurde, wohl zum erstenmal in dieser Art, der Streit um machtpolitische Interessen als Kampf zwischen Ideologien geführt: Russland sah sich als der Beschützer des Christentums, als Befreier der Christen, die unter türkischer Herrschaft leben mussten, setzte auf Patriotismus und Panslawismus – die gegnerischen Mächte verstanden sich dagegen als Bewahrer der Welt vor den barbarisch-asiatischen Horden des rückständigen Russland. Alle Vermittlungsversuche scheiterten. 1853 brach der Krieg aus. England und Frankreich, später auch das Königreich Piemont-Sardinien, das sich davon Vorteile für die Unabhängigkeit Italiens versprach, unterstützten die Türkei. 1854 schloss die Habsburger Monarchie, die eigentlich wegen Russlands Hilfe bei der Niederschlagung des Aufstandes in Ungarn 1849 in guten Beziehungen zum Zarenreich stand, ein Defensivbündnis mit Preussen. Darin versprachen sich die beiden Mächte Schutz und Hilfe für den Fall, dass Russland auf dem Balkan vordringen oder sich die Donaufürstentümer einverleiben sollte. Die russischen Truppen zogen sich dann auch von dort zurück, österreichische rückten nach. Dies konnte jedoch nicht verhindern, dass sich Österreich immer stärker an der Seite der Westmächte engagierte, ohne formell in den Krieg einzutreten.

Zum Zentrum des Kriegsschauplatzes wurde die Festung Sevastopol' im Süden der Halbinsel Krim. Die Gegner Russlands belagerten sie vom Oktober 1854 bis September 1855. Trotz ausdauernder Verteidigung musste die Festung kapitulieren. Dies war ein Skandal für Russland: Innerhalb eines Jahres hatte die Stadt trotz eines zahlenmässig weit überlegenen Landheeres nicht entsetzt werden können. Im Frieden von Paris am 18./30. März 1856 wurde Russland, obwohl sich am früheren territorialen Zustand wenig änderte, deutlich in die Schranken gewiesen. Die Entmilitarisierung der Schwarzmeerhäfen und die Neutralisierung des Schwarzen Meeres bedeuteten ebenso eine Schwächung des russischen Einflusses wie die internationale Kontrolle der Donauschiffahrt, die zuvor von Russland ausgeübt worden war, und die Ausweitung der österreichischen Einflusssphäre auf dem Balkan bei formeller Beibehaltung türkischer Oberherrschaft. Die Heilige Allianz war zerbrochen. Österreich und Russland betrachteten sich nun als erbitterte Gegner. Preussen hatte es unter Bismarck hingegen verstanden, sich trotz des Defensivbündnisses mit Österreich neutral zu verhalten und sogar Russland anzunähern. Die Orientalische Frage war mit diesem Friedensschluss noch keineswegs gelöst, sondern sollte die internationale Politik bis weit in das 20. Jahrhundert hinein beschäftigen.

Die Niederlage heizte in Russland den religiösen und politischen Nationalismus an, aber auch die Suche nach den Ursachen für die beschämende Entwicklung. Auf militärischer Ebene, auf der sich die Autokratie doch so stark fühlte, war offensichtlich eine Rückständigkeit gegenüber dem Westen eingetreten. Erleichtert wurde die Diskussion dadurch, dass bereits Anfang 1855 Zar Nikolaus I. gestorben war. Sein Sohn Alexander II. (1818–1881) sah wesentlich deutlicher als sein Vater, dass Änderungen notwendig waren.

Die Bauernbefreiung

Die Faktoren, die die schmähliche Niederlage im Krimkrieg begründet hatten, waren schnell zusammengetragen: Führungsschwäche; Korruption im gesamten Versorgungswesen; Unfähigkeit der russischen Industrie, die Armee angemessen auszurüsten und die Schwarzmeerflotte mit Kohle zu versorgen; zu wenig Eisenbahnlinien, um Truppen und Nachschub über die riesigen Entfernungen zu transportieren; Unruhen unter den rekrutierten Bauern und – parallel dazu – Kriegsunlust bei den adligen Gutsbesitzern, die um ihre Bauern fürchteten sowie die Exportmöglichkeiten über die Schwarzmeerhäfen verlorengehen sahen. Es war klar, dass in der Bürokratie, in der Wirtschaft und in der Leibeigenschaftsverfassung, die eng mit der Rekrutierung der Soldaten zusammenhing, etwas geschehen musste. Zar Alexander und seine Berater entschlossen sich, bei der Agrarfrage, bei der «Bauernbefreiung» anzusetzen.

Am 30. März 1856 erklärte Alexander den versammelten Adelsvertretern des Moskauer Gouvernements: «Es ist besser, die Leibeigenschaft von oben her aufzuheben, als darauf zu warten, bis sie beginnt, sich selbst von unten her abzuschaffen.» Die Adligen sollten über Lösungswege nachdenken.[59] Von vielen Forschern, namentlich in der Sowjetunion, wurde dieser Ausspruch als Beweis dafür angesehen, dass Bauernaufstände die Reform erzwungen hätten, dass eine «revolutionäre Situation» bestanden habe. Dies dürfte jedoch eine Überinterpretation gewesen sein. Gewiss verschärften sich vor und nach dem Krimkrieg die bäuerlichen Widerstandsformen, und die Zahl der bedeutenderen Unruhen auf dem Land nahm deutlich zu. Dennoch ging davon noch keine Bedrohung für die staatliche Ordnung aus, die Konflikte blieben örtlich begrenzt. In Kenntnis des wachsenden Unmuts in den Dörfern nutzte der Zar wahrscheinlich eher die Furcht des Adels vor einer neuen *pugačevščina*, vor der er vielleicht selbst Angst hatte, aus, um die Bereitschaft für Reformen zu erhöhen und den zu erwartenden Widerstand des Adels zu schwächen. Für diese Interpretation spricht auch, dass er gegenüber späteren Vorschlägen, in die Reform auch eine Verfassung, die eine Beschränkung der Autokratie vorsehe, einzubeziehen, mit einem ähnlichen Argument antwortete: Reformen, die Bauern beträfen, könne man nur mit dem uneingeschränkten Zarenmythos durchführen. Die Autokratie sei die Klammer, die alles zusammenhalte, sonst werde es wieder einen Pugačev-Aufstand geben.

Mit dem Gesetz vom 19. Februar 1861 wurden die leibeigenen Bauern persönlich frei. Von einer umfassenden «Bauernbefreiung» kann man allerdings keineswegs sprechen. Fronarbeit, Geldzinsleistungen und Abgaben blieben bestehen, mussten allerdings innerhalb von zwei Jahren «reguliert», also zwischen Gutsbesitzer und Bauer vertraglich geregelt werden, womit die Willkür der Adligen unterbunden wurde. Der Staat erliess dafür Rahmenbestimmungen. Mit dem Fortwirken der Dienstleistungen sollte insbesondere der Kleinadel geschützt werden. Die Gutsbesitzer erhielten auch das Recht, das Land dergestalt neu zu verteilen, dass ihre eigenen Felder nicht mehr verstreut, sondern rund um den Gutshof lagen. Den Spielraum, der ihnen dabei zugestanden wurde, nutzten diese grosszügig aus, so dass sich das bäuerliche Nutzungsland vielerorts beträchtlich verringerte.

Nach der Regulierung mussten die Bauern ihren Hof kaufen und konnten mit dem Gutsherrn über den Erwerb ihres bisherigen Nutzungslandes verhandeln. Dabei verfügte dieser wiederum über erhebliche Vorteile, so dass im Ergebnis zahlreiche Bauern schlechter dastanden als vor 1861. Obwohl der Staat den Bauern 80 Prozent der Ablösungssumme als Darlehen gewährte, wählte ein grosser Teil den «Bettelanteil» – ein Viertel des bisherigen Landes –, für den sie nichts bezahlen mussten und der sie zugleich von allen Verpflichtungen gegenüber dem Gutsherrn befreite. Mit solchen Ländereien waren die Bauern kaum existenzfähig, doch manchen gelang es, zusätzliche Felder zu pachten oder gar zu kaufen: Damals war dies billiger, als die Ablösung zu zahlen. Für viele Kleinbauern sowie für die leibeigenen Diener und das Gesinde der Gutsherren wurde jedoch die Landarmut zum sozialen Problem. Auf der anderen Seite musste es sich erweisen, ob die Ablösungssummen wirklich ausreichten, um die Verluste der Gutsbesitzer an Land wie an Arbeitskraft auszugleichen und um es ihnen zu ermöglichen, zu einer kommerziellen Landwirtschaft überzugehen.

Auch in anderer Beziehung entliess die Agrarreform die Bauern keineswegs aus allen Bindungen: Die Institution der Dorfgemeinde mit steuerlicher Solidarhaftung und regelmässiger Landumteilung wurde auf das ganze Russische Reich ausgedehnt. Nach einer Übergangszeit, in der der Gutsherr noch die Polizei- und Fürsorgegewalt hatte, regelte die Dorfversammlung Landnutzung, Ablösung, Erbteilung, Abzugsrecht, Steuerumlage und vieles andere. Für die Bauern galten somit die Rechte der Freizügigkeit, der freien Verfügbarkeit über den Boden, der freien Berufswahl oder des Standeswechsels nicht. Die Bauern auf Staatsland und auf den kaiserlichen Gütern, die schon vor 1861 in verschiedenen Etappen persönlich frei geworden waren und für die Ende 1866 Regulierungsbestimmungen in Anlehnung an die Vorschriften für die Gutsbauern erlassen wurden, erhielten immerhin die

Erlaubnis, bei Zustimmung von zwei Dritteln der Mitglieder der Dorfgemeinde das Gemeindeland in Individualbesitz für Einzelhöfe aufzuteilen. Die Ursache dieser Beschränkungen ist darin zu sehen, dass die Dorfgemeinde den adligen Gutsbesitzer als Repräsentanten der staatlichen Bürokratie ersetzen musste. Nach wie vor erschien es unmöglich, einen wirksamen Beamtenapparat auf das gesamte Reichsgebiet flächendeckend auszudehnen. Darüber hinaus hoffte man an der Staatsspitze, dass die Bindung der Bauern an ihr Land und die Dorfgemeinde, die sie ohne deren Zustimmung und entsprechende Steuerzahlungen nicht verlassen durften, eine Proletarisierung der Bauern und eine Entstehung von Arbeiterslums in den Städten verhindern werde. Zustände wie in England oder auch in Preussen wollte man vermeiden.

Trotz aller Begrenztheit der Reform von 1861 ist es erstaunlich, in welchem Ausmass es der Zar und seine reformfreudige Regierung mit «aufgeklärten Bürokraten» – wie Nikolaj A. Miljutin (1818–1872) oder Sergej S. Lanskoj (1787–1862) – verstanden, jene Klammer zwischen Zar, Adel, Bürokratie und Leibeigenschaftsverfassung aufzubrechen, die bisher jede Reform verhindert hatte. Neben dem Schock der Niederlage im Krimkrieg und der unterschwelligen Drohung von Bauernaufständen waren es militärische Notwendigkeiten, die einsichtig gemacht werden konnten. Die angestrebte Militärreform mit dem Aufbau einer Kaderarmee, die sich unter den Wehrpflichtigen die geeignetsten heraussuchen wollte – 1874 wurde dann die allgemeine Wehrpflicht eingeführt –, bedingte die Abschaffung der Leibeigenschaft, die es dem Gutsherrn – gegebenenfalls auch der Dorfgemeinde – ermöglicht hatte, nach ihrem Gutdünken die Rekruten auszuwählen. Ausserdem konnten die Adligen dadurch beruhigt werden, dass ihnen der Zar die Wahrung ihrer Interessen zusicherte und sie – erstmals – in gewählten Komitees mehr oder weniger öffentlich zur Mitberatung heranzog. Die Vertreter des Adels mussten dabei einen staatlichen Rang und mehr als 100 «Seelen» besitzen. Im Zusammenhang mit dieser Diskussion entstand folgerichtig eine trotz Zensur verhältnismässig unabhängige Presse.

Bei den Vorschlägen aus den Adelskomitees liessen sich zwei Grundrichtungen unterscheiden. Die Mehrheit wollte, dass sich so wenig wie möglich für sie selbst änderte, ganz gleich, wie der rechtliche Rahmen aussah. Hier wirkte die feudale Mentalität nach, die von einem Leben ohne eigene Arbeit mit einem hohen konsumierbaren Einkommen geprägt war. Insofern richteten diese Adligen ihr Interesse nicht auf eine Umstellung hin zur kommerziellen Landwirtschaft, wohl aber auf eine Fortdauer patrimonialer Rechte – nicht zuletzt polizeilicher Art –, die ihnen Macht über die Bauern gewährte. Eine Minderheit hingegen, die sich in den weniger fruchtbaren Gebieten in Mittelrussland konzentrierte – an der Spitze stand das Adelskomitee von Tver' –, forderte eine völlige Ablösung des Bauernlandes und einen Verzicht auf patrimoniale Gewalt, dafür eine gute Entschädigung. Sie wollte konsequent mit dem traditionellen Landwirtschaftssystem brechen, zu kapitalistischen Formen übergehen und finanzielle Mittel für den Aufbau und die Ausweitung von Gewerben erhalten.

Zunächst gewannen die Reformkräfte im Adel wie in der Bürokratie die

Oberhand. Stand bisher im Zentrum staatlicher Überlegungen, wie die Interessen des Adels am besten geschützt werden könnten, zielten nun die Bemühungen darauf ab, den Bauern eine selbständige Existenz zu sichern. Die konservativen Adelskomitees wurden derart schroff abgefertigt und übergangen, dass sie teilweise schon selbst bereit waren, aufgrund ihrer offensichtlich scheinenden Machtlosigkeit möglichst weitgehende Änderungen der Agrarverfassung zu verlangen. Doch da zeigte sich, dass der Zar Selbstherrscher bleiben wollte und die Reformbürokratie in die Schranken verwies. Er beschloss einen Kompromiss, der dem konservativen Adel in wesentlichen Punkten entgegenkam. Dadurch verhinderte er zu grossen Unmut im Adel und stellte seine Macht unter Beweis. Zugleich wurde aber auch strukturell deutlich, dass die Verbindung zwischen Gutsadel und Zar immer noch stark genug war, um tiefgehende Reformen zu verhindern. Nach dem Willen des Zaren sollten sich die Zustände auch auf dem Land nur langsam wandeln.

Im Interesse des bestehenden Gesellschaftssystems war die Reform von 1861 durchaus funktional und muss – zumindest auf der Oberfläche – als gelungen bezeichnet werden. Der Gutsadel wurde nicht weiter ruiniert – nicht mehr, als er es in den ärmeren Kreisen ohnehin war. Die Bauern mussten zwar durchschnittlich eine Verschlechterung ihrer materiellen Existenz hinnehmen, wurden aber mehrheitlich nicht im Kern ihrer Existenzfähigkeit getroffen und in ihrer weiteren wirtschaftlichen Entwicklung nicht behindert. Die *obščina* etwa bewies genügend Flexibilität, um ausreichend Arbeitskräfte für die Industrie zur Verfügung zu stellen.

Die Nachteile lagen jedoch auch auf der Hand. Der Adel blieb die unangefochten stärkste soziale und politische Kraft, womit eine Gesellschaftsreform nach wie vor schwierig war. Beim Aufkommen der kapitalistischen Industrie führte dies folgerichtig zu systemsprengenden Gegensätzen, zumal die meisten Adligen sich nicht auf Kommerzialisierung umstellten. Des weiteren konnte sich ein wirklich ökonomisch kräftiges Bauerntum nur schwer herausbilden. Die Hoffnungen der Bauern waren tief enttäuscht worden. Sicher: Alexander II. galt nun als der «Zar-Befreier», aber in der Wirklichkeit merkten sie in der Regel nur geringfügige Veränderungen, materiell oft gar zum Schlechteren. Ihre Überzeugung, dass der Adel unrechtmässig Land besitze, während sie selbst zunehmend unter Landnot litten, blieb bestehen. Die unterschwellig vorhandene Drohung, man werde sich das Land selber nehmen, eine «schwarze Umteilung» durchführen, verstärkte sich nach der Reform eher, als dass sie verschwand. Gewiss nutzten die Bauern die Möglichkeiten, die die Selbstverwaltung bot, auch die jetzt zusätzlich eingerichteten dörflichen und regionalen Gerichte – obwohl diese oft von Dorfschreibern oder den Kulaken, den reicheren und ausbeuterischen Bauern, beherrscht wurden – ebenso wie die Appellationsmöglichkeiten an die neu ernannten Friedensrichter. So beschritten sie den Klageweg, wenn es ihren Interessen entsprach. Das galt namentlich für Besitzprobleme sowie Familien- und Erbstreitigkeiten. Frauen versuchten oft, sich auf diesem Wege gegen Prügel und *snochačestvo* – den sexuellen Missbrauch – zu wehren. Grössere Bedeutung behielt aber das Gewohnheitsrecht, wie es vom Familiengericht und vom

Ein wandernder Pilger, der von den Almosen der Bauern lebt.

Gericht der Dorfversammlung gesprochen wurde – einschliesslich der Selbst-
justiz *(samosud)*, die hin und wieder auch Lynchjustiz bedeuten konnte. Gerade bei Eigentumsdelikten sahen die Bauern hier ihre Vorstellungen besser
aufgehoben als bei den Richtern, die «fremde» Ideen dazu entwickelten.
Darüber hinaus merkten sie schnell, dass die Regierung wieder konservativer
wurde und solche Friedensrichter, die die bäuerlichen Interessen zu sehr den
gutsherrlichen vorzogen, bald absetzte. In den 1870er Jahren wurde diese
Institution schliesslich ganz aufgelöst.
Bereits 1861 registrierten die Behörden rund 1300 «Manifestationen» bäuerlichen Unmuts über die Reform, die ein Einschreiten der Polizei oder des
Militärs erforderlich machten. Vereinzelt kam es zu gewalttätigen Auseinandersetzungen. Der Grad der Enttäuschung drückte sich eindringlich darin
aus, dass bis 1863 42 Prozent der Gemeinden im europäischen Russland nicht
die Regulierungsverträge mit den Gutsherren unterschrieben, die zur Ablösung des Landes notwendig waren. Sie dachten, es handle sich um neue
«Unrechtsverträge». Die Regierung musste die Bestimmungen ändern und
liess die Regulierungen dennoch in Kraft treten: eine deutliche «moralische
Niederlage».[60]

Das Zeitalter der «Grossen Reformen»

Die Bauernbefreiung von 1861 war nur der Gipfel einer Vielzahl von «Grossen Reformen», die darauf verwies, welcher Stau sich angesammelt hatte, wie
stark der Staat nun eingreifen musste, nachdem er lange Zeit zu wenig getan
hatte, aber auch, welche Kraft das System noch einmal entwickelte, um mit
den anstehenden Problemen fertig zu werden. Aus der breiten Palette der
Massnahmen, die von der allgemeinen Wehrpflicht und anderen Militärreformen bis zur Lockerung der Pressezensur 1865 reichte, greife ich einige
wesentliche heraus. Überfällig war eine Verbesserung der Bürokratie. Vor
Ort trat sie nicht präsent genug, oft wenig wirksam oder in ihren Kompetenzen nicht genau definiert auf. In mehreren Schritten wurde nun die lokale und
regionale Bürokratie – Polizei, Justiz, Wirtschafts- und Steuerverwaltung –
entflechtet. Wie schon die Dorfgemeinden sollte eine überörtliche ländliche
Selbstverwaltung wichtige Funktionen übernehmen. Das 1864 erlassene Gesetz über die Landschaften, die *zemstva*, sah allständische Wahl- und Be-
schlussversammlungen vor. In drei Kurien wählten die Grundbesitzer ausserhalb
der Dorfgemeinde, die inzwischen auch einige Kaufleute und Bauern umfassten,
die Städter – mit einem gewissen Besitzzensus – und die Haushaltsvorstände
der Dorfgemeinden. Ein kompliziertes Wahlsystem sicherte das Übergewicht
des Adels. Die Versammlungen bestimmten dann die Exekutivbehörden.
Insbesondere sollten die *zemstva* die Steuern umlegen – teilweise besassen sie
auch das Recht, sie zu verwenden –, sich um die Armen- und Krankenfür-
sorge kümmern, Handel und Gewerbe fördern – namentlich die Infrastruktur
–, die Schulen ausbauen sowie das Gefängniswesen verbessern. Diese neuen
Möglichkeiten riefen eine unerwartet grosse Resonanz hervor. In den Regio-

nen warteten offenbar viele Menschen nur darauf, sich im Rahmen der Selbst-verwaltung zu betätigen. Erfolge der *zemstva* sind nicht zu übersehen, in einigen Bereichen sorgten sie durchaus für einen Aufschwung. Immer wieder stiessen sie jedoch auf Widerstand von Teilen des grundbesitzenden Adels und auf Versuche der Staatsverwaltung, ihren Wirkungskreis zu beschrän-ken. Nach der Ermordung Alexanders II. 1881 wurden dann ihre Kompeten-zen tatsächlich entscheidend ausgehöhlt. 1889/90 gliederte die zarische Regie-rung die *zemstva* stärker in die Staatsverwaltung ein und setzte ihnen Land-hauptleute vor. Ein neues Wahlrecht bevorzugte die adligen Grundbesitzer noch mehr als zuvor. Das Misstrauen der Selbstherrschaft mag nicht zuletzt auch deshalb gewachsen sein, weil in den Organen des *zemstvo* nicht nur praktische Aufgaben angegangen wurden, sondern junge Liberale oder gar Sozialisten – Wirtschaftsfachleute, Statistiker, Lehrer und Ärzte – politische Vorstellungen erörterten. So nimmt es nicht wunder, dass vor allem nach der Jahrhundertwende wichtige Politiker aus den *zemstva* kamen.

Ähnliche Probleme wie in den Landschaften stellten sich in den Städten. Die 1870 verkündete Stadtreform liess die Wahl eines städtischen Parlaments, einer Duma, zu. Der Zensus in den drei Kurien lag allerdings so hoch, dass lediglich 3 bis 5 Prozent der männlichen Bevölkerung das Wahlrecht besassen. Die Duma wiederum wählte dann die Verwaltung und das Stadtoberhaupt. Die Rechte der Selbstverwaltung waren ähnlich geregelt wie bei den *zemstva*. 1892 kam es dann auch in diesem Bereich zur Gegenreform, die das Wahl-recht weiter beschränkte. All diese zaghaften Öffnungen der Autokratie, durch vielfältige Beschränkungen überlagert, liessen ein bürgerschaftliches Engagement gar nicht erst aufkommen.

Von nicht zu unterschätzender Bedeutung für die Entwicklung des Zaren-reiches hin zur Rechtsstaatlichkeit und Rechtssicherheit war die 1864 vorge-nommene Ausgliederung der Justiz aus der Staatsverwaltung. Die Richter waren nun unabhängig, die Verfahren öffentlich, Verteidiger standen Staats-anwälten gegenüber. Auch wenn es immer wieder Eingriffsversuche von Be-hörden oder einflussreichen Persönlichkeiten gab und im Kampf mit der revo-lutionären Bewegung eine Reihe rechtsstaatlicher Bestimmungen wieder aus-ser Kraft gesetzt wurde – das im Zusammenhang mit der Ermordung des Zaren 1881 erlassene Ausnahmerecht, das etwa die Absetzung von Richtern ermöglichte, blieb bis 1917 gültig –, konnte sich das russische Justizwesen im internationalen Massstab durchaus sehen lassen. Die meisten Richter erwie-sen sich tatsächlich als unabhängig. Im Bereich der «administrativen Strafen», die sich der Staat vorbehalten hatte und durch die vor allem eine Verbannung ohne Gerichtsurteil ausgesprochen werden konnte, kam es allerdings zu zahl-reichen Willkürsprüchen. Insgesamt war jedoch das Justizwesen besser als sein Ruf in Europa. Als Zeichen mag dienen, dass es bei der Verhängung der Todesstrafe – sieht man einmal von der unmittelbaren staatlichen Reaktion in revolutionären Unruhen ab – keineswegs an der Spitze stand.

Der zwiespältige Eindruck, der bei der Betrachtung der Bauernbefreiung entstand, wiederholt sich bei den übrigen Reformen. Sie blieben halbherzig, wurden bald wieder eingeschränkt, versuchten in erster Linie, das bestehende

Die Gefangenen auf Sachalin werden vor der Arbeit angekettet. Aufnahme von I. I. Pavlovskij, aus der Privatsammlung Anton P. Čechovs (1860–1904).

System möglichst unbeschadet zu erhalten, und wagten letztlich nicht den Schritt zur Anpassung der Gesetze an die neuen gesellschaftlichen Verhältnisse. Trotz der beachtlichen Reformkraft konnte die Kluft zwischen sozialen und ökonomischen Entwicklungen auf der einen Seite und dem Zustand der politisch-administrativen Organisation auf der anderen nicht geschlossen werden. Zudem gestaltete sich der Zusammenhalt an der Staatsspitze zwischen reformfreudigen und beharrenden Kräften immer schwieriger. Das Zeitalter der «Grossen Reformen» führte Russland nicht aus seiner tiefen Krise heraus, sondern legte diese erst recht bloss.

Der Staat als Motor der Industrialisierung

Zum Zeitalter der «Grossen Reformen» gehört auch, dass sich die Regierung endlich entschloss, aktiver als zuvor in den wirtschaftlichen Prozess einzugreifen. Der von 1862 bis 1878 amtierende Finanzminister Michail Ch. v. Reutern (1820–1890) setzte das vorhandene wirtschaftspolitische Instrumentarium gezielt ein, um der Industrialisierung Impulse zu geben: Er betrieb eine aktive Zoll- und Handelspolitik, erweiterte die Finanzierungsmöglichkeiten durch Staatsbank und Schatzamt sowie durch eine Förderung des privaten Bankwesens, verbesserte die institutionellen Grundlagen bei der Budgetvorbereitung und -kontrolle, griff auf die Ergebnisse der Statistik zurück und räumte dem Ausbau des Eisenbahnwesens Vorrang ein. Dafür waren gewiss auch strategische Gründe massgebend, doch sollte darüber hinaus über die Entwicklung der Schwerindustrie die Nachfrage angeregt werden. Mit dem Leitsektor der Industrialisierung war die wirtschaftspolitische Strategie des Staates angesprochen. Im Grunde standen sich dabei zwei Linien gegenüber.

Nikolaj Ch. v. Bunge (1823–1895), der von 1881 bis 1886 Finanzminister war, repräsentiert vielleicht am deutlichsten die eine Richtung. Bei grundsätzlicher Fortführung der begonnenen Politik wollte er so früh wie möglich Finanzierungsquellen ausserhalb des Staates suchen. Zu seinen Zielen zählte deshalb eine Anhebung der Kaufkraft und der privaten Nachfrage über eine Verbesserung der materiellen Lage der Bevölkerung. So unternahm er erste Schritte zur gesetzlichen Regelung der Arbeitsverhältnisse in den Fabriken und strebte vor allem an, die Bauern von ihren Lasten zu erleichtern. Zu diesem Zweck schaffte er die Kopf- und Salzsteuer ab, setzte die Loskaufzahlungen herab und richtete eine Bauernbank ein, die den Bauern für zusätzlichen Landkauf Kredite gewähren sollte. Gerade diese Massnahme schlug jedoch fehl, ebenso wie sein Vorschlag, die Solidarhaftung der *obščina* aufzuheben, in der Regierung, namentlich auf Druck des Innenministers, abgelehnt wurde. Als Ersatz für die entfallenden staatlichen Einnahmen erhöhte Bunge die Verbrauchssteuern, vor allem auf Zucker, Tabak und Alkohol. Er hoffte, dass gerade die wirtschaftlich stärkeren Bauern ihren Konsum dieser Produkte einschränken und statt dessen investieren würden, damit diese Massnahmen nicht seinem Ziel zuwiderliefen. Seinen Gegnern, die sich auch in der aufstrebenden Industriebourgeoisie fanden, gelang es jedoch, ihn zu stürzen.

Sein Nachfolger, Ivan A. Vyšnegradskij (1830–1895), der von 1887 bis 1892 im Amt war, hob die meisten Arbeiterschutzgesetze wieder auf. Unter ihm und vor allem unter Sergej Ju. Vitte (Witte, 1849–1915), Finanzminister von 1892 bis 1903, gab es zwar keinen völligen Bruch, aber doch andere Akzente, so dass letztlich eine alternative Industrialisierungsstrategie hervortrat, die zur vorherrschenden wurde. Hierbei stand der Staatseinfluss über allem. Der Staat sollte seine Unterstützung auf die Produktionsmittelindustrie konzentrieren und einen gewissen, manchmal schon als «Plan» bezeichneten Rahmen vorgeben, indem er seine langfristigen Ziele offenlegte. Entsprechende Aufträge und Subventionen waren als Lenkungsinstrumente gedacht. Ein verstärkter Getreideexport verfolgte die Absicht, Devisen für die Industrialisierung zu erhalten. Da man dabei wenig Rücksicht auf die Lebensmittelversorgung des Landes nahm, hat man diese Massnahme vielfach «Hungerexport» genannt. Eine weitere Finanzierungsquelle sahen Witte und seine Kreise in der vermehrten Heranziehung von Auslandskapital. Dies erschien ihnen besser, als über eine zusätzliche Verschuldung des Staates die Wirtschaft anzukurbeln. Insofern bemühte sich das Finanzministerium um eine Budgetkonsolidierung und Stabilisierung der Währung. Der 1897 eingeführte Goldstandard schloss die Rubelstabilisierung ab und schuf die Voraussetzungen für ein internationales Ansehen der russischen Wirtschaft, damit auch für ein ausländisches Engagement im Zarenreich über die Zeichnung von Staatsanleihen oder Direktinvestitionen. Die private Kaufkraft galt im Rahmen des Witte-Systems zunächst als zweitrangig. Die Verbrauchssteuern wurden stark erhöht, selbst für solche lebenswichtigen Güter wie Petroleum und Streichhölzer. Dies sei volkswirtschaftlich nicht schädlich, argumentierten die Befürworter der Massnahme: Nur wer mehr verdiene, könne sich mehr leisten und werde entsprechend stärker belastet.

Vordergründig war das sicher richtig. Nach neueren Berechnungen bedrückten die Steuern in geringerem Masse, als dies von vielen Zeitgenossen und Kritikern des Witte-Systems gesehen wurde, die Bauern, die etwa 80 Prozent der Bevölkerung stellten: Sie leisteten ungefähr ein Viertel des staatlichen Steuereinkommens, während die städtische Bevölkerung weit über die Hälfte trug. Aber es liegt auch auf der Hand, dass die Unter- und Mittelschichten durch eine derartige Wirtschaftspolitik in ihren Lebensumständen und in ihrer Nachfrage nach Waren nicht eben gefördert wurden. Auf diese Weise blieb das Übergewicht des Staates erhalten. Witte schwebte langfristig eine liberalistische Wirtschaft vor Augen, doch der Weg dahin führte über einen Staatsinterventionismus unerhörten Ausmasses. Davon freizukommen sollte sich als ungemein schwierig erweisen.

Das Witte-System war selbst in den herrschenden Kreisen umstritten. Unter den adligen Grossgrundbesitzern und am Hofe wirkte die Tradition, die Industrialisierung als «unrussisch» zu verstehen. Dahinter stand die Befürchtung, an ökonomischer und dann auch an politischer Macht zu verlieren. Eine Industrie sollte nur begrenzt und in möglichst enger Verbindung zum Land zugelassen werden, vorrangig als Klein- und *kustar'*-Industrie, bei der die Bauern als Saisonarbeiter tätig werden konnten. Aus der Angst, der Staat werde sie vernachlässigen, kämpften die Agrarier gegen eine Bevorzugung der Produktionsmittelindustrie und der grossen Syndikate, die die Preise bei Roh- und Brennstoffen diktierten und damit agrarische Interessen schädigten. Auch Tendenzen, eine progressive Einkommenssteuer einzuführen, lehnten die bisher steuerfreien Adligen ab.

Der Antisemitismus erwies sich dabei als – von Mitgliedern der Staatsspitze geförderte – Integrationsideologie in der Auseinandersetzung der Konservativen mit der «Moderne», bei der Kapitalismus, Liberalismus und Sozialismus als gleichermassen bedrohlich empfunden wurden. Die Juden brächten das Verderben nach Russland, wie sich an ihrer starken Vertretung bei Unternehmern, in liberalen Strömungen und insbesondere innerhalb der revolutionären Bewegung zeige. Ideologie und Forderung nach Abwehr des «Unrussischen» hinderten eine Reihe von Agrariern allerdings nicht daran, sich an Industrieunternehmen zu beteiligen und dabei ausgezeichnet zu verdienen. So entfaltete sich ein merkwürdiger Zustand. Die Industrialisierung war nicht zu verhindern. Ebenso konnte der Einfluss der Agrarier in der Bürokratie und der Regierung allmählich zurückgedrängt werden. Aber er blieb doch stark genug, um zahlreiche Massnahmen abzuwehren oder mindestens zu verwässern, so dass die Industrialisierungspolitik nicht immer klare Konturen aufwies. Vorkapitalistische Strukturen erhielten sich und vermischten sich teilweise mit den neuen kapitalistischen. Als Ausdruck der

Erdölgewinnung in Baku am Kaspischen Meer. Aufnahme von D. I. Ermakov um 1890.

tiefen strukturellen Vielschichtigkeit überwand der Kapitalismus in Russland
seine «Verkrüppelung» nicht.
Trotz aller widerstreitenden Kräfte waren ökonomische Erfolge der staatlichen Politik nicht zu übersehen. Seit der zweiten Hälfte der 1880er Jahre
erfolgte ein rascher industrieller Aufschwung. Die durchschnittlichen jährlichen Wachstumsraten lagen bei 6 Prozent, in den 1890er Jahren gar bei 8 Prozent. Das Eisenbahnnetz entfaltete sich in schnellem Tempo, moderne Betriebe entstanden. Neben dem traditionellen Industriegebiet im Ural und den
gewerblichen Zentren in dem zum Zarenreich gehörenden Teil Polens konzentrierten sich die Unternehmen in Moskau und Umgebung, in Petersburg
und im Donec-Becken. Sogar in der Landwirtschaft stieg die Getreide- und
Kartoffelproduktion in den 1890er Jahren – nach einer durch extreme Dürre
erzeugten furchtbaren Hungersnot 1891/92 – jährlich um über 2 Prozent.
Insgesamt trug um 1900 die Landwirtschaft immer noch mit 53 Prozent zum
Nationaleinkommen bei, die Industrie lediglich mit 21 Prozent. Nach wie vor
waren die Textil- und Nahrungsmittelindustrie die wichtigsten Industriezweige, der Bergbau hatte allerdings fast gleichgezogen. Nach der Jahrhundertwende erhöhte sich die Bedeutung der Metallindustrie. Die Tendenz zu
einer industriellen Struktur, wie sie in den bereits industrialisierten Ländern
vorherrschte, war nun unübersehbar, wenngleich sie sich – rein ökonomisch
betrachtet – erst in den 1930er Jahren voll durchsetzen sollte.

Bauern, Arbeiter, Unternehmer

Die Bauern reagierten auf die Folgen der Reform von 1861 und auf die Industrialisierung erstaunlich anpassungsfähig. Lange Zeit galten sie als die Verlierer des Wirtschaftsprozesses, ihre Verarmung stand im Vordergrund der Betrachtungen. Gerade der wenig kapitalintensive Familienbetrieb erwies sich jedoch in den wirtschaftlichen Wechsellagen als sehr flexibel. Eine lange Zeit unzureichend beachtete Strömung der russischen Agrarökonomie hatte diese Vorteile bereits im Zarenreich erkannt. Ihr wichtigster Vertreter wurde Aleksandr V. Čajanov (1888–1937), der seit 1913 Professor am Agrarökonomischen Institut der Petrovschen Akademie bei Moskau war und seine Analysen in den 1920er Jahren – als Leiter dieses Instituts – zu einer Theorie der bäuerlichen Familienwirtschaft ausbaute. Nach seiner 1930 erfolgten Verhaftung wegen angeblicher Förderung einer unabhängigen Bauernpartei wurden auch seine Lehren unterdrückt. Selbst im Westen gerieten sie bis in die 1960er Jahre weitgehend in Vergessenheit.

Defizite in der Landwirtschaft konnten durch Einkommen aus Nebengewerben ausgeglichen, die Produktion überhaupt der Marktlage angepasst werden. So zeigte sich vielerorts, dass die Bauern je nach den Verhältnissen ihren Schwerpunkt von der Viehwirtschaft auf die Getreideproduktion, auf Obst oder Gemüse – und umgekehrt – umstellten oder ihren Schwerpunkt auf proto-industrielle Gewerbe verlagerten, ohne die Landwirtschaft ganz aufzugeben. Allerdings müssen hierbei erhebliche regionale Differenzierungen berücksichtigt werden, nicht immer war ein solcher Ausweg möglich. Entgegen landläufiger Auffassung behinderte die *obščina* eine derartige Flexibilität kaum. Im Durchschnitt scheint gegen Ende des 19. Jahrhunderts eine Stabilisierung, ja eine leichte Verbesserung der bäuerlichen Landwirtschaft eingetreten zu sein. Aber sie blieb anfällig für Krisen und Missernten, zumal sich nur die wenigsten Bauern nennenswerte Überschüsse und damit eine gewisse Unabhängigkeit von Marktschwankungen erwirtschaften konnten.

Politischen Zündstoff barg die Landarmut bei wachsendem Bevölkerungsdruck in sich. Dieses Problem wurde nur geringfügig dadurch gemindert, dass das Adelsland zwischen 1861 und 1905 um 41 Prozent zurückging. Nach zeitgenössischen Schätzungen konnten zu Beginn der 1890er Jahre schon rund 60 Prozent der Landadligen nicht mehr allein vom Einkommen ihrer Güter leben. Auf der anderen Seite verschärfte sich in dieser Zeit der Konzentrationsprozess. 1895 verfügte 1 Prozent der Grossgrundbesitzer über 40 Prozent des Gutslands. Dies bedeutete, dass ein solcher Agrarier im Durchschnitt 17'000 Desjatinen sein eigen nannte – dagegen musste ein Bauer sich glücklich schätzen, wenn er 5 Desjatinen bewirtschaften konnte. Als ein Teil des Adels nach 1900 versuchte, seinen Landanteil wieder auszudehnen, löste dies heftigen Widerstand in den Dörfern aus, der zur Vorgeschichte der Revolution von 1905 gehört. In diesem Jahr besass der Adel im gesamten Zarenreich 22 Prozent des nicht dem Staat gehörenden Landes, im europäischen Russland jedoch 51 Prozent, die Bauern, Kleinbürger und Kosaken 70 bzw. 25 Prozent. Die wachsende Bedeutung der Bauern für die Volkswirtschaft drückte sich auch darin aus, dass sie zwischen 1909 und 1913 drei Viertel des Marktgetreides zur Verfügung stellten. Allerdings entfielen auf sie fast 87 Prozent der Bruttoernte: Ein grösserer Anteil als bei den Gutsbesitzern, die damit mehr Spielraum am Markt hatten, musste für den Eigenverbrauch zurückgehalten werden. Dennoch war seit der Agrarreform von 1861 ein deutlicher Aufstieg der Lebensmittellieferungen wie des Getreideexports in die Städte zu verzeichnen.

Für die Industrie fiel der ländliche Raum als Absatzmarkt jedoch noch kaum ins Gewicht. Dazu blieb die Kaufkraft zu gering. Darüber hinaus orientierte sich das Warenangebot aufgrund der staatlichen Strategie nicht an bäuerlichen Bedürfnissen. Nach wie vor erfüllte das *kustar'*-Gewerbe hier die entscheidende Versorgungsfunktion. Dessen Rolle in der Volkswirtschaft wird häufig viel zu wenig berücksichtigt. Wegen der traditionellen Beziehungen zwischen Stadt und Land bestanden enge Verbindungen zur städtischen Industrie und zum Handel. Noch 1900 erreichte das *kustar'*-Gewerbe möglicherweise ein Drittel des industriellen Produktionswertes, 1913 waren 50 Prozent aller Beschäftigten dort tätig. Erst in den letzten Jahren vor dem Ersten Weltkrieg stieg die Nachfrage nach neuem Inventar und zusätzlichen Gerätschaften, auf die sich nun auch die Grossindustrie einstellte. Mit der Industrialisierung wuchs die Zahl der Arbeiter, und es formierte sich eine Schicht von Unternehmern, die Bourgeoisie. Erinnert sei an die Herkunft zahlreicher bedeutender Unternehmer seit dem 18. Jahrhundert aus der – oft leibeigenen – Bauernschaft. Abschätzig blickten manche auf sie als «verdorbene Bauern», wie es einmal bei Dostoevskij heisst, hinunter.[61] Selbst 1905 waren noch rund 10 Prozent der Besitzer von Handels- und Industrieunternehmen dem Stand nach Bauern. Die Nachkommen jener «Bauern-Unternehmer», die zu einem grossen Teil dem Altgläubigentum zuneigten, konzentrierten sich als Grossunternehmer in der Textil-, teilweise auch der Nahrungsmittelindustrie der Moskauer Region. Die Verbindung zum agrarischen Bereich wirkte hier nach. Zusammen mit panslawistisch denkenden Adligen und slawophilen Kaufleuten bildeten sie den Typ des «Moskauer» Unternehmers: Er betonte das «echt Russische», lehnte ausländische Elemente und auch Auslandskapital ab und strebte daher eine Eigenfinanzierung an. In enger Verbundenheit mit der Autokratie fühlte er sich durchaus als «Herr». Insofern scheute er nicht davor zurück, die staatliche Industrialisierungsstrategie zu kritisieren, die den Produktionsmittelbereich begünstigte. Nach der Jahrhundertwende führte dies manchen der «Moskauer» folgerichtig in gemässigte Opposition zur Regierung, nach 1905 dann in Parteien, die Änderungen des Wirtschaftskurses verlangten. Die Forderung nach einem grundsätzlich neuen System oder gar nach einer Änderung der Gesellschaftsordnung blieb allerdings die Ausnahme.

Den «Moskauern» standen die «Petersburger» Unternehmer gegenüber: ehemalige Staatsbeamte, Ingenieure, Techniker. Zunehmend sassen sie seit dem Ende des 19. Jahrhunderts als «Manager» und leitende Angestellte in Aktiengesellschaften und Banken. Sie leiteten Riesenbetriebe der Brenn- und Rohstoffsyndikate sowie der Metallindustrie, namentlich im Rüstungsbereich, der sich in Petersburg und Südrussland konzentrierte. Diese Firmen waren auf Fremdfinanzierung über Auslandskapital oder Staatsaufträge angewiesen. Häufig waren sie eng mit ausländischen Firmen verbunden, die in Russland investierten, und mit modernster Technologie ausgestattet. Eine politische Abhängigkeit vom Ausland entstand dadurch in der Regel nicht. Kapitalinteressen und die Höhe des Gewinns waren notwendigerweise wichtiger als aussenpolitische Rücksichtnahmen. Dass von den «Petersburgern» keine systemsprengenden Forderungen erhoben wurden, liegt auf der Hand.

Besonders rasch wuchs in diesen Jahrzehnten, in denen der Industrialisierungsprozess vorangetrieben wurde, die Zahl der Industriearbeiter an. Von 1861 bis 1900 verdoppelte sie sich von etwa 800'000 auf 1,6 Millionen. Das machte immer noch wenig mehr als 1 Prozent der Gesamtbevölkerung des Russischen Reichs aus, doch ergibt sich schon ein anderes Bild, wenn man die Familienangehörigen mitrechnet oder all diejenigen zählt, die für Lohn ausserhalb der Landwirtschaft beschäftigt waren. Insbesondere ist jedoch zu berücksichtigen, dass sich die Industriearbeiterschaft in den Grossbetrieben der industriellen Zentren des Reichs konzentrierte und dort einen erheblichen Teil der Bewohner stellte.

Hier prägten die Zuwandernden mehr und mehr auch das Bild der Städte. Wenngleich die Agrarreform von 1861 mit ihrer bleibenden Bindung der Bauern an die Dorfgemeinde den Proletarisierungsprozess bremste, waren die Städte auf die neuen Anforderungen nicht vorbereitet. Die Arbeiterinnen und Arbeiter mussten sich in überwiegend erbärmlichen Lebensverhältnissen zurechtfinden. Während ihr Reallohn im Durchschnitt während der zweiten Hälfte des 19. Jahrhunderts zunächst anstieg, blieb er nach 1900 auf einem sehr niedrigen Niveau – mit regionalen und branchenspezifischen Unterschieden – im wesentlichen konstant, wobei Frauen besonders benachteiligt waren. In den Grossstädten und vor allen Dingen in den Firmen der Metallverarbeitung erreichten die Nominallöhne durchaus einen mit Westeuropa vergleichbaren Stand, dafür lagen aber auch die Lebenshaltungskosten um ein Viertel bis ein Drittel höher. Zum Wohnen standen vielfach lediglich Baracken zur Verfügung. Oft wurden Männer und Frauen in riesige Schlafsäle gepfercht. Daneben gab es zahlreiche «Schlafgänger», «Pritschenbewohner» oder «Winkelmieter», die lediglich ein Anrecht auf eine Schlafstelle in einer Wohnung besassen und diese sich häufig auch noch mit einem zweiten Mieter teilen mussten, der ihren Platz einnahm, während sie arbeiteten. In den Slums herrschten katastrophale hygienische Zustände, gediehen Prostitution und Kriminalität. Alkoholismus war weit verbreitet. Allein in der Umgebung der Putilov-Werke in Petersburg – ein vor allem im Eisenbahnbau und in der Rüstung engagiertes Grossunternehmen – gab es zu Beginn des 20. Jahrhunderts über 50 Kneipen, in denen die Beschäftigten am Zahltag trotzdem kaum Platz fanden.

Die reine Arbeitszeit betrug in den 1880er Jahren 12 Stunden, bis 1913 sank sie dann auf 10 Stunden. Gegen diesen langen Arbeitstag und die meist drakonische Fabrikdisziplin griffen die Arbeiter zur Selbsthilfe. Unternehmer klagten immer wieder über erstaunlich häufige Bummelei und über

Ein handeltreibender Bauer (1885).

«Schwänzen», über viele Krankmeldungen und raschen Arbeitsplatzwechsel. Wie in anderen Ländern versuchten auch in Russland die Arbeiterinnen und Arbeiter, wenigstens etwas an «Eigen-Sinn» unter den drückenden Bedingungen zu retten.

Vom Dorf in die Stadt

1897 zog der 13jährige Bauernsohn Boris Ivanovič Frumkin aus seinem Hei-
matdorf im Gouvernement Vladimir in das Nachbargouvernement Moskau
und dann in die Metropole selbst, um Arbeit zu suchen. Mit der Hilfe bereits
ansässiger Landsleute gelang ihm eine Anstellung in einer Metallfabrik, in
der er sich nach und nach zu einem Facharbeiter weiterqualifizierte. Er heiratete eine Bauerntochter, die aus derselben Gegend wie er kam, eine Analpha-
betin. Wie Frumkin stammte die Bauerntochter Ol'ga Semenovna Nikulina,
die – 18jährig – im Jahre 1900 nach Moskau zog, aus einer Nachbarprovinz,
dem Gouvernement Kaluga. Vorher hatte sie auf dem elterlichen Hof gearbeitet und war inzwischen verheiratet. In Moskau fand sie eine Anstellung
in einem Textilbetrieb. Ihr Mann starb infolge seiner Trunksucht. Aus dem
Gouvernement Moskau selbst kam Nikolaj Sergeevič Badaev, der 1888 geboren wurde. Sein Vater war ein Dorfhandwerker mit etwas Feld, seine Mutter
arbeitete in einer nahegelegenen Fabrik. 1901 wanderte Nikolaj in die Hauptstadt, wo er in einer kleinen Metallgiesserei Arbeit fand. Im selben Jahr
verschlug es auch die ebenfalls 13jährige Sof'ja Petrovna Preobraženskaja mit
dem gleichen Ziel nach Moskau. Sie stammte von einem kleinen Bauernhof
aus der Gegend wie Nikolaj. Nun wurde sie in einer Textilfirma eingestellt.
Die beiden Zuzügler trafen sich und heirateten später. Obwohl sie mehrere
Kinder bekam, gab die Frau ihre Fabrikarbeit nicht auf. Für 30 bis 40 Tage im
Jahr kehrten Sof'ja und Nikolaj zu ihren jeweiligen Eltern zurück, um dort
bei der Ernte zu helfen.
Dies sind – mit erfundenen Namen – Beispiele aus einem reichhaltigen Bestand an Längsschnittuntersuchungen, die in den 1920er Jahren über Herkunft, Lebenslauf, materielle Umstände, Alltag und Verhalten von Arbeiterinnen und Arbeitern angestellt wurden. In ihnen werden die Bedeutung
der Beziehungen zwischen Stadt und Land, der Übergang vom Bauern zum
Arbeiter, die Nachwirkungen der bäuerlichen Lebenswelt sowie die Veränderungen von Denk- und Verhaltensweisen deutlich. Die Zuwanderung vom
Dorf in die Industriemetropolen war kein Einzelfall und stand zugleich in
einer langen Tradition. Bauern ersetzten aufgrund ihrer Erfahrungen im dörflichen Handwerk oder der ländlichen Hausindustrie, dem *kustar'*-Gewerbe,
das nur in geringem Umfang vorhandene Reservoir an städtischen Handwerkern und bildeten die wichtigste Rekrutierungsschicht für die Industriearbeiterschaft. Das Ausmass der bäuerlichen Zuwanderung in die Industrie
übertraf vergleichbare westliche Entwicklungen. Noch um die Jahrhundertwende stammte beinahe jeder Arbeiter aus einer bäuerlichen Familie.
Die Migration der russischen Bauern in die Industrie von den 1880er Jahren
bis in die 1930er Jahre lässt sich in einer wellenförmigen Linie nachzeichnen.
Konjunkturaufschwünge schwemmten immer wieder neue Massen heran,
Depressionen verstärkten die Rückflutung in die Dörfer. Ivan A. Bunin (1870
bis 1953) schilderte in seinem autobiographischen Roman «Das Leben Arsenjews» – ungefähr aus derselben Zeit, aus der unsere Beispiele herrühren –
eine solche Szene. «Ich brach in einem solchen Gedränge, in einer so ab-

scheulichen Umgebung auf, wie ich noch keine erlebt hatte, mit einem Nacht-
postzug, dessen Länge geradezu beängstigend wirkte. Er traf bereits überfüllt in Charkow ein, wo eine unübersehbare Menge auf dem Bahnsteig war-
tete und voll Hoffnung auf Verdienstmöglichkeiten nach dem Süden (in die
Kohlengruben des Donec-Beckens) strebte; sie stürzte auf ihn zu – mit Beu-
teln und Schultersäcken, mit den an ihnen festgebundenen Bastschuhen nebst
Fusslappen, Teekannen und stinkender Wegzehrung: groben Roggenbröt-
chen und gebratenen Eiern.»[62]

Der Verlauf von Migration und demographischem Wandel führte dazu, dass
sich die Industriearbeiterschaft unter erschwerten Bedingungen formieren
musste. Die Fluktuation war ausserordentlich hoch, die vielfach unzureichende Qualifikation der «Bauern-Arbeiter» beeinflusste die Arbeitsprodukti-
tät. Vor allem in Zeiten starken Zustroms vom Land kam der Produktionsablauf erheblich in Unordnung. Aus den Beispielen geht hervor – und darin
sind sie repräsentativ –, dass meist die Not die Bauernsöhne und -töchter
schon als Jugendliche vom Dorf in die Stadt mit ihrem grossen Angebot an
Arbeitsplätzen trieb. Das Land war, im Verhältnis zur verfügbaren agrarischen Nutzfläche, übervölkert. Die kleinen Landstücke reichten immer weniger aus, die grossen Familien zu ernähren. Ausserdem verminderten sich die
Einkünfte aus dem dörflichen Hausgewerbe durch die Konkurrenz der modernen Industrie allmählich, selbst wenn es seine Bedeutung noch keineswegs
verlor. Neben diesen ärmeren Bauern gab es eine Reihe wohlhabenderer
Landbewohner, die bereits über gute Kontakte zur Stadt verfügten und sich
von einem Wechsel den grossen Aufstieg erhofften.

Die hier geschilderten Personen kamen alle aus der näheren Umgebung Moskaus. Dies gilt für etwa zwei Drittel der Zuwanderer. Die entfernter liegenden Provinzen hatten entweder selbst ein breites Angebot an industriellen
Arbeitsplätzen aufzuweisen oder noch etwas günstigere landwirtschaftliche
Bedingungen. Ein falsches Bild vermitteln allerdings die von mir aufgeführ-
ten Fälle, wenn bei allen von gemeinsam in Moskau lebenden und arbeitenden Ehepaaren die Rede ist. In der Zarenzeit wanderten überwiegend verheiratete Männer in die Stadt. Ihre Frauen blieben jedoch in der Regel zu
Hause. Mädchen und Frauen, die vom Land nach Moskau kamen und im
allgemeinen in der Textilindustrie eine Beschäftigung fanden, waren zum
grössten Teil ledig. Dies brachte Probleme für die Lebensweise in der Stadt
mit sich, hatte aber auch für die Verhältnisse auf dem Land Konsequenzen.
Kinder und ältere Männer sowie – zurückgebliebene – Frauen bildeten nun
die Mehrheit der Dorfbewohner. Die Intensität der landwirtschaftlichen Arbeit litt unter dieser Familienstruktur auf dem Hof. Und das Zusammenleben
gestaltete sich, wie wir aus vielen Lebensgeschichten wissen, auch nicht gerade einfach. Hinzu trat, dass die männlichen «Bauern-Arbeiter» nicht nur
früher als die in der Stadt geborenen Arbeiter, sondern auch früher als die
«reinen» Bauern heirateten und damit mehr Kinder hatten. Dadurch verschärfte sich der Bevölkerungsdruck in den Dörfern. Normalerweise heirateten in den Gemeinden mit *obščina*-Verfassung die Töchter mit 16 bis 18
und die Söhne mit 18 bis 20 Jahren. Durchschnittlich brachten die Frauen

sieben Kinder zur Welt, in einem Haushalt lebten in der Regel acht bis neun Personen.

Ein erheblicher Teil der «Bauern-Arbeiter» behielt seine Landanteilsrechte. Diese Tatsache, die ursprünglich mit der solidarischen Steuerhaftung der Dorfgemeinde zusammenhing, aber auch als «Rückversicherung» diente, begegnet uns auch in den Fallbeispielen. Im allgemeinen wurde in der *obščina* der ganze Hof vererbt, Teilungen waren selten. Der älteste Mann galt als Haushaltsvorstand, alle Söhne besassen Landanteile. Während der Abwesenheit der Männer nahmen deren Frauen die Anteilsrechte praktisch wahr, indem sie bei der Bewirtschaftung mithalfen. Zur Ernte, manchmal auch zu anderen Feldarbeiten, kehrten viele Männer vorübergehend ins Dorf zurück. Saisonarbeit war weit verbreitet. In Notzeiten, wenn die Unternehmer sie nicht mehr beschäftigen wollten oder den Lohn verringerten, konnten die Anspruchsberechtigten ihren Platz im Familienhaushalt wieder einnehmen. Insofern gewährte die fortdauernde Landbindung zahlreichen Arbeitern einen erheblichen Schutz.

Üblicherweise unterstützten die Abgewanderten ihre im Dorf lebenden Angehörigen. Der umgekehrte Fall trat nur selten ein. Aufgrund dieses Transfers von der Stadt aufs Land erhöhte sich der Geldumlauf im Dorf kräftig. Hier deutet sich schon an, dass ein Dorfbewohner, der seine Heimat verliess, um in der Stadt Arbeit zu suchen, keineswegs lediglich seine Landanteilsrechte sozusagen für alle Fälle beibehielt. Was ihn geprägt hatte, schüttelte er nicht von heute auf morgen ab. Was erwartete er in der Industrie und in der Stadt? Vielfach war es ganz einfach das Bündnis nach Verdienst, weil es zu Hause hinten und vorne nicht reichte. Daneben spielte der Reiz der Grossstadt eine Rolle, von der es hiess, hier könne man leicht sein Glück machen oder doch wenigstens ein besseres Leben als im Dorf führen. Dass man in der Stadt schöner leben werde als auf dem Land, zieht sich als Leitmotiv durch die Lebensgeschichten. Dies ist uns auch aus anderen Kulturen und Industrialisierungsprozessen bekannt. In Russland hat es darüber hinaus eine lange Tradition, weil es einzelnen Dorfbewohnern selbst als Leibeigenen immer wieder gelungen war, durch die Verbindung mit der Stadt – als Händler oder gar Unternehmer – den sozialen Aufstieg zu schaffen.

Die Träume von einem besseren Leben erfüllten sich allerdings überwiegend nicht. Natürlich verdiente man, einmal in der Industrie untergekommen, mehr bares Geld als auf dem Bauernhof zu Hause. Man konnte sogar etwas zurücklegen und der Familie ins Dorf senden. Aber: letztlich blieben die Lebensverhältnisse mehr als dürftig. Lev Tolstoj kam 1882 als Volkszähler in Moskauer Arbeiterhäuser, Gemeinschaftswohnungen und Nachtasyle. Er schrieb: «Alle Wohnungen waren voll, alle Kojen waren belegt, und nicht von einer Person, sondern oft von zwei. Schrecklich war der Anblick der Enge, in der sich dieses Volk kauerte, und wie sich die Frauen mit den Männern vermischten. [...] Schrecklich war der Anblick der Armut, des Schmutzes, der Abgerissenheit [...] Und überall derselbe Gestank, dieselbe stickige Luft und Enge [...].»[63] Auch aufgrund dieser Verhältnisse wundert es nicht, wenn viele zugezogene Arbeiter die Bindung an ihre alte Heimat nicht ohne weiteres abbrachen. Sie

Wandernde Tagelöhner bei einer Rast. St. Petersburg, um 1900.

stellte eine gewisse soziale Sicherheit dar, gab aber auch Kraft, in den wenig anheimelnden Umständen der Industriearbeit und des städtischen Lebens auszuharren. Die ohnehin vorhandene Tendenz, nicht all das sofort über Bord zu werfen, in dem man gross geworden war, wurde dadurch noch verstärkt. Immer wieder finden wir Traditionen der bäuerlichen Welt bei den Verhaltensweisen von Arbeitern in der Stadt. So richteten sich die Heiratstermine vieler Arbeiter nach dem liturgischen Kalender und nach den überlieferten landwirtschaftlichen Erfordernissen: Während der Fasten-, der Aussaat- und der Erntezeit wurde auch in der Stadt höchst selten geheiratet. Die meisten Kinder kamen – ebenfalls als Reflex dieses Verhaltens – zwischen September und Januar zur Welt. Bäuerliche Gepflogenheiten schimmerten durch, wenn sich eine ganze Reihe von Arbeiterfamilien – selbst in Moskau – Vieh hielt: Hühner, Schweine, Schafe. Man denkt unwillkürlich an ähnliche Fälle im Westen – etwa an die berühmte «Bergmannsziege» im Ruhrgebiet –, doch Moskau dürfte einen Ausnahmerang eingenommen haben. So konnte man sich vor allem in Notzeiten besser mit Lebensmitteln versorgen, aber für viele Arbeiter scheint auch bedeutsam gewesen zu sein, etwas vom gewohnten Umfeld beizubehalten. Wie sich dies bei den beengten Wohnverhältnissen und den hygienischen Zuständen ausgewirkt haben muss, ist für uns heute kaum nachvollziehbar. Das Rollenverständnis von Mann und Frau hielt sich ebenfalls an überkommene Muster. Gerade bei den vom Land stammenden Industriearbeitern herrschte ein starker Patriarchalismus vor. Haushalt und Kindererziehung blieben die Domäne der Frau, selbst wenn diese in der Ehe die Hauptverdienerin war.

Ein Gutteil der Zuwanderer wurde in der Stadt auch bei längerer Verweil-
dauer nicht heimisch. Dazu trug die Enttäuschung bei, dass das Leben hier
nicht derart verlief, wie man es sich vorgestellt hatte. Man versuchte, nach der
Arbeit, soweit es eben ging, wie früher zu leben, kümmerte sich kaum um das,
was in der Stadt geschah, nahm selten an Aktivitäten ausser Haus teil. Die
überwiegend schlechte Vorbildung, ja das Analphabetentum vieler «Bauern-
Arbeiter» und «-Arbeiterinnen» mag diese Haltung verstärkt haben. Der
verbreitete Alkoholverbrauch könnte ein weiterer Beleg für diese Zusammenhänge sein. Die Trinksitten sind zunächst einmal als Reaktion auf die
unbefriedigenden Lebensumstände, aus den elenden Wohnverhältnissen und
der schweren Arbeitssituation zu erklären. Schnaps tranken namentlich die
körperlich besonders hart Arbeitenden. Aus Untersuchungen zu westlichen
Industrialisierungsprozessen wissen wir, dass sich das Trinkverhalten der Arbeiter von dem der Bauern unterschied: Diese sprachen dem Alkohol vorwiegend an Festen und ähnlichen herausgehobenen Anlässen in besonderem
Masse zu. In Russland dürfte es ähnlich gewesen sein. Fest steht, dass vor und
nach der Revolution von 1917 grosse Mengen des selbstgebrannten Wodkas
(*samogon*) vom Dorf in die Stadt überführt und dabei offenbar die Landsleute als erste beliefert wurden.
Ein Nachwirken bäuerlicher Tradition drückte sich auch in Esssitten, Einstellungen, Begriffen von Ehre und Gerechtigkeit, religiösen Gewohnheiten
und bestimmten Bräuchen aus. Wenn Vorarbeiter, die sich bei ihren Untergebenen unbeliebt gemacht hatten, von diesen in einem Schubkarren, einen
dreckigen Sack über den Kopf gestülpt, herumgefahren wurden, dann erinnert das stark an rituelle Rügebräuche im Dorf, wie wir sie auch aus anderen
Ländern kennen, etwa das Charivari. Dass in einigen Fällen Unzufriedenheit
von Arbeitern auf Juden abgeleitet werden konnte, dürfte ebenfalls auf überlieferte Mechanismen zurückzuführen sein. Über Verhaltensweisen am Arbeitsplatz wissen wir allerdings insgesamt noch viel zu wenig. Häufig gerieten die Neuankömmlinge vom Dorf in Konflikt mit den fest im städtischen
Milieu verhafteten Arbeitern. Dass sie als «Kuhbauern» verspottet wurden,
war das mindeste. Ernsthafte Streitigkeiten entstanden, wenn sie als Streikbrecher auftraten. Dabei wurden oft Einzelfälle verallgemeinert. Das abgeson-
derte Leben vieler Zuwanderer liess jedoch eine solche Agitation auf fruchtbaren Boden fallen.
Doch das ist nur eine Seite. Eine ganze Anzahl der ehemaligen Dorfbewohner konnte sich recht gut an das städtische Leben anpassen oder setzte sich
zumindest bewusst damit auseinander, versuchte, die Bedingungen zu verbessern. Eine grosse Hilfe stellte dabei eine Organisationsform dar, die wiederum aus der dörflichen Welt herrührte: die Landsmannschaft, das *zemljačestvo*,
oder die Genossenschaft, die *artel'*. Gewiss ist dies keine russische Besonderheit. Landsmannschaftliche Verbindungen finden wir auch in Mittel- und Westeuropa, nicht nur unter wandernden Handwerksgesellen: Es liegt nahe, sich
in der Fremde auf Landsleute zu stützen.
Schon unter den Bedingungen der Leibeigenschaft war es auch in Russland
üblich gewesen, dass sich als Händler, Handwerker oder Arbeitsuchende um-

Spielende Bauernkinder. Aufnahme von Schindler 1902.

herziehende Bauern in der genossenschaftlichen Tradition der *artel'* zusammenfanden. So blieb es, als die Industrialisierung einsetzte. Gemeinsam verliess man das Dorf, gemeinsam suchte man einen Arbeitsplatz, gemeinsam wurde man eingestellt. Der Unternehmer zahlte den Lohn an die Gruppe insgesamt, ein gewählter Ältester, der *starosta,* verteilte ihn dann unter den Mitgliedern. Häufig wohnte man auch zusammen. Wichtiger wurde mit fortschreitender Industrialisierung die informelle Form der Landsmannschaft. Boris Frumkin etwa fand in Moskau eine sehr gute Anstellung durch Vermittlung bereits ansässiger Landsleute. So war es vielfach: Wer sein Dorf verliess, wusste, dass er in der Stadt einen Landsmann, den *zemljak,* aus demselben Dorf oder wenigstens aus der näheren Umgebung antreffen werde, der ihm bei Arbeits- und Wohnungssuche sowie allen auftretenden Problemen zur Seite stehen konnte. Damit nicht genug: Man hielt untereinander auch nach Überwindung der Anfangsschwierigkeiten eng zusammen, tauschte Nachrichten aus der alten Heimat aus oder übermittelte dorthin Eindrücke aus der Stadt.
Aufgrund des Umfanges und der Bedeutung, welche die bäuerliche Zuwanderung für die Formierung der Industriearbeiterschaft hatte, entfaltete sich auf diesem Wege ein Informations- und Kommunikationsnetz, das seinesgleichen suchte. Nicht nur bäuerliche Traditionen wirkten in die Städte hinein, sondern es wurden auch Elemente der städtischen Kultur in die Dörfer vermittelt. Sie trugen dort zur Auflösung überkommener Werte bei und brachten Unruhe – bis hin zum gewalttätigen «Rowdytum», dem *chuliganstvo* – mit

sich. Aus Moskau wiederum sind wir informiert, dass Landsmannschaften oft den organisatorischen Kern bei Streiks und anderen sozialen Konflikten bildeten. Vermutlich gelang es gerade ihnen häufig, diejenigen, die sonst eher gleichgültig oder gar misstrauisch gegenüber der Stadt vor sich hin lebten, mitzureissen. Die ehemaligen Bauern waren ganz und gar nicht immer die Streikbrecher, sondern im Gegenteil wegen der Erfahrung des Ungewohnten besonders empfindlich gegen unzumutbare Arbeitsbedingungen. Die landsmannschaftlichen Bindungen verstärkten die Solidarität. Zugleich drangen durch solche Gruppen Berichte über Streiks, die Forderungen der Arbeiterbewegung, die Reaktion von Unternehmern und über die Politik der Regierung ins Dorf. Sie dürften dort zur Radikalisierung der Bauern seit der Jahrhundertwende und namentlich gerade zwischen Februar- und Oktoberrevolution beigetragen haben. Aus Petersburg ist sogar eine enge Verbindung mit der organisierten Arbeiterbewegung überliefert: Die (Untergrund-)Tätigkeit des Rayon-Komitees der Bolschewiki im Stadtteil Vyborg wurde zwischen 1907 und 1917 weitgehend von einer Landsmannschaft geleitet.

Die Aktivitäten zumindest eines Teils der vom Dorf stammenden Arbeiter waren demnach keineswegs nur spontanes Aufbegehren, schnell entflammt und ebenso schnell wieder erloschen, sondern durchaus zielgerichtet, bewusst und auf Dauer angelegt. Von diesen ehemaligen Bauern kam in vielen Fällen ein vorwärtstreibendes Element in den sich verschärfenden Konflikt mit Unternehmern und Regierung, das auch die Arbeiterparteien zur Aktion drängte, ohne dass sie sich allerdings einer von ihnen – auch nicht den Bolschewiki – völlig unterordneten. Auf jeden Fall macht es die spezifische Stärke der russischen Arbeiterbewegung in den beiden Hauptstädten wie in anderen Industriezentren aus, dass sich ländliche und städtische Verhaltens- und Kampfformen verbanden, statt in einen schwer überbrückbaren Gegensatz zu geraten. Darüber hinaus erleichterte es diese Verbindung, dass sich Arbeiter- und Bauernbewegung teilweise annäherten: Erst dadurch wurde die Revolution von 1917 möglich.

Die revolutionäre Bewegung

Nicht zufällig publizierte Turgenev 1862 seinen Roman «Väter und Söhne», in dem er den Typus des Nihilisten charakterisierte, der alle überkommenen Werte ablehnt. Die Opposition der *raznočincy* und der *intelligencija* trat in eine neue Phase. Der Materialismus löste, anknüpfend vor allem an Herzen und Ogarev, den philosophischen Idealismus ab. Die Verhältnisse sollten durch Handeln verändert, die Kritik praktisch werden.

Ebenfalls 1862 wurde einer der Wortführer der neuen Richtung, der Publizist Nikolaj G. Černyševskij (1828–1889), verhaftet: Die Liberalisierung der Reformzeit bedeutete keineswegs vollständige Meinungsfreiheit. Černyševskij hatte zusammen mit seinen Mitstreitern die Zeitschrift *«Sovremennik»* zu einem Sprachrohr der Kritik an der herrschenden Politik gemacht. Im Gefängnis schrieb Černyševskij 1863 seinen sozialutopischen Roman «Was tun?», der zum «Kultbuch» der jungen Generation wurde. Darin stellte er sich vor, dass die zukünftige Gesellschaft wirtschaftlich und organisatorisch auf sozialistischen Handwerkerkommunen fussen und einen «neuen Menschen» ausbilden werde. Dass Černyševskij wegen eines Aufrufes an die Fronbauern zu siebenjähriger Festungshaft und anschliessender Verbannung nach Sibirien verurteilt wurde, machte ihn darüber hinaus zum Märtyrer.

Studentenunruhen zwischen 1861 und 1863, die im Zusammenhang mit der Agrarreform standen, und die für kurze Zeit, von 1862 bis 1864, bestehende erste agrarsozialistische Untergrundbewegung *Zemlja i Volja* («Land und Freiheit») zeigten an, dass die Bereitschaft zur Tat in den oppositionellen Kreisen zunahm. Aber wie sollten eine Revolution und eine neue Gesellschaft erreicht werden? Darüber schieden sich schnell die Geister und entwickelten sich mehrere Strömungen. Angesichts der gewaltigen Staatsmaschinerie, die Massenbewegungen zu verhindern wisse, setzte eine Richtung ganz auf Verschwörung und Attentate, um die Befreiung zu erreichen. 1866 wurde ein erster, diesmal noch missglückter Anschlag auf den Zaren Alexander II. ausgeführt. Grossen Anklang fanden die anarchistischen Theorien Michail A. Bakunins, dass zunächst der Staat völlig zerstört werden müsse, bevor man etwas Neues aufbauen könne. 1873 erschien seine auch in Russland einflussreiche Schrift «Staatlichkeit und Anarchie». Zuvor schon hatte allerdings sein Programm durch zwei Revolutionäre eine eigentümliche Wendung genommen. Petr N. Tkačev (1844–1886) stellte die These auf, dass nur über eine Elite von Berufsrevolutionären, im geheimen streng zentralistisch organisiert, ein Umsturz herbeigeführt werden könne. Die Bauern selbst seien dazu nicht in der Lage. Im Unterschied zu Bakunin wollte er allerdings den Staatsapparat nicht zerschlagen, sondern zum Zweck des Neuaufbaus nutzen.

Noch weiter ging der mit ihm verbundene Sergej G. Nečaev (1847–1882), der geradezu fanatisch über der Technik des zerstörerischen Umsturzes das Ziel einer befreiten Gesellschaft zu vergessen schien. Gewalt wurde bei ihm zum zentralen Prinzip, wenn sie nur der Sache nütze. Der Berufsrevolutionär müsse sich der konspirativen Zentrale bedingungslos unterordnen und daran denken, wie er das Bestehende vernichten könne. In der Schweiz verfasste er 1869 gemeinsam mit Bakunin den «Revolutionären Katechismus», der die Revolutionäre auf Grundsätze des Verhaltens, der Technik und Organisation ihrer Verschwörung verpflichten wollte. Doch schon bald distanzierte sich Bakunin von Nečaev, dessen totaler Negation er misstraute. Besonderen Abscheu erregte es unter den meisten Oppositionellen im Zarenreich, als bekannt wurde, dass Nečaev nicht nur mit den Mitteln des Betrugs und der Täuschung arbeitete, um seine Ansichten durchzusetzen, sondern auch einen Mitverschworenen unter dem Vorwand des Verrats ermorden liess, als dieser sich ihm widersetzte. Diese Tat erschütterte die Öffentlichkeit aufs tiefste; Dostoevskij verarbeitete sie in seinem Roman «Die Dämonen» (oder – in der Übersetzung Swetlana Geiers – «Böse Geister»).

Wenn hier der Nährboden für den politischen Terrorismus bereitet wurde, entfaltete doch eine andere Bewegung eine grössere Wirksamkeit: das *narodničestvo,* der «Gang ins Volk», eine populistische Sozialbewegung, die ganz darauf setzte, dass die Befreiung von der Autokratie durch die Bauern vollbracht werden müsse. Verbreitet war dabei die Auffassung – wie sie vor allem von Petr L. Lavrov (1823–1900) und Nikolaj K. Michajlovskij (1842–1904) vertreten wurde –, dass im Mittelpunkt aller Überlegungen das «schöpferische Individuum» stehen müsse und das Ziel der Befreiung durch geduldige Aufklärung und Bildungsarbeit unter den Bauern erreicht werden könne. Auf diese Weise werde auch verhindert, dass die alte Gewaltherrschaft nur durch eine neue abgelöst würde. Die Anhänger dieser Ideen idealisierten darüber hinaus die Einrichtung der *obščina,* die solidarische und kollektive Kraft der Umteilungsgemeinde. Sie ermögliche Russland einen eigenen Weg zum Sozialismus, der den Kapitalismus und die Proletarisierung vermeiden könne.

Im «verrückten Sommer» 1874 kam es dann zu einem tatsächlichen «Gang ins Volk». Vorbereitet durch einige kleinere Untergrundzirkel, aber ohne zentralistische Leitung, strömten zahlreiche *narodniki* – Gymnasiasten und Studenten, ehemalige Friedensrichter aus der Zeit der «Bauernbefreiung», liberale Bürger, aufklärerische und anarchistisch gesonnene Adlige – in die Dörfer Zentral- und Südrusslands, namentlich des Wolgagebietes. Sie scheiterten kläglich. Ohne Vermittler blieben die *narodniki* den Bauern fremd. Die Agitation ging über die Köpfe der Angesprochenen hinweg, vor allem wenn sie von konkreten Nöten und Beschwerden zum Aufruf, den Zaren zu stürzen, überleitete. Der Zarenmythos war noch ungebrochen, die Revolutionäre fanden nicht den Weg, ihn zu entschleiern. Die Personen, die da zu den Bauern redeten, erschienen «von aussen», aus jenen Schichten, die sich in den Augen vieler Bauern zwischen sie und den Zaren geschoben hatten und dessen eigentlich gute Absichten vereitelten. Die mitgebrachten Broschüren und Flugblätter erregten meist nur Misstrauen. Versuche, sich durch Verkleidung als Angehörige des ländlichen Milieus auszugeben, nützten wenig. Das wurde im allgemeinen schnell durchschaut und verschlimmerte die Sache eher. Manche der Aufwiegler lieferten die Bauern sogar selbst der Polizei aus, die hart durchgriff und über 700 Personen verhaftete. Viele von ihnen wurden zu strengen Strafen in der sibirischen Verbannung verurteilt.

Aus diesem Misserfolg rührte eine Wende in der Entwicklung der revolutionären Bewegung. Seit Ende 1874 bildete sich allmählich eine neue Organisation heraus, die später wiederum unter dem Namen *«Zemlja i Volja»* («Land und Freiheit») auftrat. Hier trafen sich sehr heterogene Elemente – von Anhängern der Aufklärungsarbeit, die nach wie vor Züge aufs Land unternahmen, über Anarchisten bis hin zu Kreisen, die im Industrieproletariat die revolutionären Zellen der Zukunft erblickten. Aus Enttäuschung über die Unmöglichkeit, im Dorf Fuss zu fassen, gewannen diejenigen, die im Anschluss an die Theorien Bakunins den «politischen Terror» befürworteten, vorübergehend das Übergewicht. Einen Aufschwung erhielten sie, als Anfang 1878 Vera I. Zasulič (1849–1919), die aus Rache für die Auspeitschung eines Studenten auf den Petersburger Polizeichef Fedor F. Trepov (1812–1889) geschossen hatte, von einem Geschworenengericht freigesprochen wurde. Die Empörung auch der liberalen Öffentlichkeit über die Härte der Polizei war zu gross. Darüber hinaus überstand die Jusiz die Bewährungsprobe ihrer gerade erst errungenen Unabhängigkeit. Die Anhänger des politischen Terrors sahen dies hingegen als Beweis, dass Attentate das Signal zur Mobilisierung der Bevölkerung, ja gar zum Aufstand geben könnten. Deshalb organisierten sie nun energisch Kommandos, die auf zentrale Anweisung hin führende Repräsentanten des politischen Systems «hinrichten» sollten.

Ein Teil der *Zemlja i Volja* machte diese Entwicklung nicht mit. 1879 spaltete sich die Organisation. Diejenigen, die den Weg zum Dorfsozialismus ohne terroristische Mittel beschreiten wollten, gründeten die Gruppe *Černyj Peredel»*, die «Schwarze Umteilung», die die Landverteilung durch freie Selbstbestimmung der Bauern beinhaltete. Unter ihnen befanden sich Georgij V. Plcchanov (1856–1918), Pavel B. Aksel'rod (1850–1928), Lev G. Dejč (1856–1918) und auch Vera Zasulič. Dagegen schlossen sich die übrigen, die es zur Tat drängte, zur *Narodnaja Volja»* («Volkswille» oder «Volksfreiheit») zusammen. Vor allem Andrej I. Željabov (1851–1881) vertrat die Ansicht, dass ein Attentat auf das Zentrum der Macht, den Zaren selbst, nach der Beseitigung des Mythos die Revolution auslösen werde, die Land und Selbstverwaltung für die Bauern, eine Stärkung der *obščina* und eine durch freie Wahlen gebildete Volksvertretung bringen sollte. Nach seiner Verhaftung übernahm die Generalstochter Sofija I. Perovskaja (1853–1881) die Leitung bei der Vorbereitung eines solchen Attentats. Der Dichter Jurij V. Trifonov (1925–1981) hat in seinem 1973 erschienenen Roman «Ungeduld» die Umstände und die Atmosphäre, in der sich diese Gruppe bewegte, gestaltet. Nach mehreren vergeblichen Versuchen gelang es am 1. März 1881, den Zaren Alexander II. durch einen Bombenanschlag zu ermorden.

Die Verletzbarkeit des Selbstherrschers war erwiesen, doch die Bauern erhoben sich nicht zur Revolution. Unter dem neuen Zaren, Alexander III. (1845–1894), verliess die staatliche Politik endgültig den Weg der Liberalisierung. Ein Ausnahmegesetz erleichterte die rasche Zerschlagung der revolutionären Organisation. Die Beteiligten an dem Attentat wurden hingerichtet. Dass auch eine Jüdin, Jessie Helfmann (Gesja M. Gel'fman, 1852/55–1882) zu diesem Kreis gehört hatte – sie starb im Gefängnis bei der Geburt ihres Kindes –, lieferte den Vorwand für Pogrome unter den Juden, mit denen die Bauern abgelenkt werden sollten, und auch für die antisemitische Politik des Zaren. Trotz der massiven Reaktionen des Staates formierten sich in den folgenden Jahren immer wieder kleine revolutionär-terroristische Gruppen. Das Ende der Hochphase des politischen Terrorismus in Russland bildete das gescheiterte Attentat auf Alexander III. am Jahrestag des «Grossen Erfolges», am 1. März 1887. Daran beteiligt war Aleksandr I. Ul'janov (1864–1887), der ältere Bruder Lenins und dessen Vorbild. Er wurde hingerichtet.

Der offenkundige Irrweg der Terroristen liess den anderen Zweig der revolutionären Bewegung erstarken. 1883 gründeten die führenden Mitglieder der «Schwarzen Umteilung» in der Schweizer Emigration die Gruppe *Osvobož-denie truda»* («Befreiung der Arbeit»). Dies bedeutete eine entscheidende Zäsur in der Geschichte der revolutionären Bewegung. Der Schwerpunkt verlagerte sich von den Bauern zur Industriearbeiterschaft. Vorausgegangen war ein gründliches Studium der Werke von Marx und Engels, wozu gerade im

Exil ausreichend Gelegenheit bestand. Allerdings konnte man das Marxsche Hauptwerk «Das Kapital» auch in Russland lesen: 1872 war der erste Band, vorbereitet durch eine wichtige Schrift des bedeutenden Ökonomen Nikolaj I. Ziber (Niclaus Sieber, 1844–1888) und übertragen durch Nikolaj F. Daniel'son (1844–1918) und German A. Lopatin (1845–1918) – die erste Übersetzung dieses Buches in eine Fremdsprache überhaupt –, erschienen, der Zensor hatte ihn wegen seines Umfanges und seines offenbar als schwierig empfundenen Inhalts für ungefährlich gehalten. Vera Zasulič führte 1881 einen Briefwechsel mit Marx, um seine Ansicht darüber zu hören, ob Russland einen nichtkapitalistischen, unmittelbaren Weg zum Sozialismus gehen könne, gestützt insbesondere auf die *obščina*. Marx beschäftigte sich schon länger intensiv mit den Aussichten der Entwicklung in Russland, hatte auch dafür die russische Sprache gelernt. Wie mehrere ausführliche Briefentwürfe zeigen, schloss er einen eigenen Weg Russlands nicht aus und schwankte in der Beurteilung der Umteilungsgemeinde. In seinem dann sehr knapp gehaltenen Antwortschreiben legte er sich nicht fest. Die Gruppe «Befreiung der Arbeit», deren theoretische Grundlegung namentlich von Plechanov geleistet wurde, folgerte schliesslich, dass der Kapitalismus auch in Russland nicht mehr aufzuhalten sei. Von der *obščina* könne keine Kraft mehr ausgehen, sie sei bereits ausgehöhlt und in der Vergangenheit ohnehin idealisiert worden. Weder verhindere sie soziale Gegensätze, noch leiteten solidarische Steuerhaftung und regelmässige Landumteilung zu gemeinschaftlicher Produktion über. Die Revolution müsse von den Industriearbeitern kommen.

In der Folgezeit gab es heftige Debatten zwischen marxistisch orientierten Sozialdemokraten und «Volksverbundenen», den *narodniki,* die nach wie vor auf die *obščina* und die Weiterentwicklung genossenschaftlicher Formen auch in der Industrie setzten und die Möglichkeiten des Kapitalismus eher gering einschätzten. Auf beiden Seiten bildeten sich dabei verschiedene Richtungen heraus, auch gab es Gruppen, die einen Zwischenweg suchten. All dies fand seinen Niederschlag in zahlreichen, meist kleinen und kurzlebigen Organisationen, in Russland wie in der Emigration. Selbstverständlich konnten diese Gruppen in Russland nicht legal arbeiten, nur selten wurden Zeitschriften oder Publikationen offiziell geduldet. Sie mussten – ebenso wie Flugblätter zu konkreten Anlässen – im Untergrund gedruckt und verteilt und häufig auch aus dem Ausland eingeschmuggelt werden. In den 1890er Jahren erfolgten dann die ersten, wiederum illegalen Parteigründungen. Der wichtigste Versuch, eine breite organisatorische Basis oppositioneller Kräfte zu finden, an der sich allerdings Sozialdemokraten kaum beteiligten, war die «Sozialrevolutionäre Partei des Volksrechts», die ihren ersten Kongress 1893 durchführte, 1894 jedoch von der Polizei schon wieder weitgehend zerschlagen wurde.

In verschiedenen sozialdemokratischen Zirkeln und Kleinorganisationen kooperierten in wachsendem Masse die bisherigen Hauptträger der revolutionären Bewegung, die Angehörigen der *intelligencija,* mit Arbeitern. Im Mittelpunkt der Diskussionen standen die Fragen, ob man sich vorerst auf ökonomische Forderungen beschränken solle, um Anklang in den Industriebetrieben zu finden, oder ob man sie mit politischen Zielen – wie dem Sturz des

Zarismus – verbinden könne. Eine kaum zu unterschätzende Bedeutung für die Weiterentwicklung der Sozialdemokratie spielte der «Allgemeine Jüdische Arbeiterbund in Litauen, Polen und Russland», kurz «Bund» genannt, der 1897 aus verschiedenen Vorläufern als Partei gegründet wurde. Er trat für neue Formen der Aufklärung unter den Arbeitern ein. Am nachhaltigsten wirkte hier die 1893 herausgegebene Schrift Arkadij (Aron) Kremers (1865 bis 1935) «Über die Agitation». Darüber hinaus brachte er mit seiner Forderung nach kultureller, nichtterritorialer Autonomie der Juden das Problem der nationalen Frage und daraus folgend der autonomen Organisation in die Debatte ein.

In Petersburg schlossen sich seit Mitte der 1890er Jahre, begünstigt durch Streiks, kleinere Gruppen zu grösseren Zirkeln zusammen. Ende 1895 gipfelte dies im «Kampfbund zur Befreiung der Arbeiterklasse». Hier waren zwei Persönlichkeiten aktiv, die in der Geschichte der russischen Sozialdemokratie noch eine wichtige Rolle spielen sollten: Julij O. Cederbaum, der sich Martov nannte (1873–1923), und Vladimir I. Ul'janov, der den Namen Lenin annahm (1870–1924). Alle Aktivitäten wurden immer wieder durch Verhaftungen behindert. Auch Martov und Lenin mussten in die Verbannung nach Sibirien. Dennoch kam es 1898 in Minsk zur Gründung der «Russischen Sozialdemokratischen Arbeiterpartei» (RSDRP), die zwar wegen polizeilicher Verfolgung zunächst nur eine geringe praktische Wirksamkeit erzielen konnte, aber doch als Signal verstanden wurde.

Die Parteigründung war allerdings keineswegs ein Zeichen grösserer Geschlossenheit unter den Sozialdemokraten. Im Gegenteil: die Auseinandersetzungen gewannen an Schärfe. Vertieft wurden sie durch die Trennung in Inlandsorganisation und Auslandsgruppen. Die meisten führenden Sozialdemokraten, darunter auch Lenin und Martov, mussten nach Verhaftung und Verbannung emigrieren und kehrten vor der Februarrevolution von 1917 höchstens für kurze Zeit nach Russland zurück. Häufig abgeschnitten von sicheren Informationen und unzufrieden über ihre Lage, trugen sie im Ausland erbitterte, oft kleinliche und intrigenhafte Streitigkeiten aus. Inhaltliche Fragen verbanden sich dabei eng mit organisatorischen. Im wesentlichen einig war man sich darüber, dass sich der Kapitalismus in Russland mehr und mehr durchsetze und damit auch die Marxsche Theorie unmittelbar übertragbar sei. Lenin versuchte in seiner 1899 erschienenen «Entwicklung des Kapitalismus in Russland» nachzuweisen, dass auch das Dorf zunehmend von dieser Produktionsweise erfasst sei und sich die Klassengegensätze zwischen Kulaken und bäuerlichem Proletariat zuspitzten. Als Hauptkonfliktpunkt kristallisierte sich heraus, ob man eine dezentralisierte, demokratisch aufgebaute Massenorganisation anstrebe, in der es auch autonome Gruppen wie den jüdischen «Bund» geben könne und in der man an den ökonomischen Bedürfnissen der Arbeiter anknüpfen müsse, damit sie sich selbst emanzipierten, oder ob aufgrund der besonderen Bedingungen im Zarenreich mit seiner übermächtigen Staatsmacht und der Verfolgung aller politischen Gegner eine zentralistisch-hierarchische Organisation von Berufsrevolutionären, zumindest solange sie in der Illegalität wirken müsse, notwendig sei. Letztere habe auch die Umwandlung des ökonomischen in einen politischen Kampf anzuleiten, und erst wenn in Russland demokratische Verhältnisse herrschten, könne an eine demokratische Massenpartei gedacht werden. Zum Wortführer dieser Richtung entwickelte sich Lenin, der seine Überlegungen dazu 1902 in der sibirischen Verbannung in der Schrift «Was tun?» zusammenfasste und sie auf dem zweiten Parteitag der RSDRP 1903 in London offensiv vertrat. Als Hauptredner der Gegenrichtung trat sein Freund Martov auf, der sich auch durchsetzen konnte. Als jedoch die Delegierten des «Bundes» den Parteitag verliessen, weil ihre Autonomie nicht anerkannt wurde, konnten Lenin und seine Anhänger bei einigen Abstimmungen die Mehrheit hinter sich bringen. Lenin prägte daraufhin für seine Fraktion, in der er konsequent seine Prinzipien zu verwirklichen suchte, den Begriff «Bolschewiki» («Mehrheitler») und für die andere «Menschewiki» («Minderheitler»). Die Begriffe hielten sich in der weiteren Geschichte, obwohl sie keineswegs immer die Verhältnisse unter den Sozialdemokraten angemessen wiedergaben.

Die Tradition der *narodniki* schlug sich in der «Partei der Sozialrevolutionäre» (PSR) nieder, zu der sich 1901 verschiedene Gruppen unter der Führung Viktor M. Černovs (1873–1952) zusammenschlossen. Auch wenn sie sich zunehmend der Arbeiterschaft öffneten, lag ihr Schwerpunkt doch eindeutig in der Bauernschaft und in dem Ziel eines Agrarsozialismus. Eine Minderheit in der Partei sah nach wie vor terroristische Mittel als notwendig an. Die Sozialrevolutionäre fanden auf dem Land jetzt durchaus Resonanz, vor allem unter den dörflichen Oberschichten. Hier hatte die Tätigkeit in den *zemstva*, den landständischen Selbstverwaltungsorganen, das Bewusstsein verändert. Diese Bauern waren nun bereit, die Hilfe der *intelligencija* in Anspruch zu nehmen, und besonders nach der Jahrhundertwende, als der Gutsadel sich anschickte, sein Land wieder auszudehnen, entschlossen sie sich, Konflikte auszutragen.

In der Tat spitzten sich die gesellschaftlichen Auseinandersetzungen zu. Die Anhänger des Terrorismus verübten vermehrt wieder Attentate. Dabei konnten sie ziemliche «Erfolge» verbuchen. So fielen 1902 der Innenminister Dmitrij S. Sipjagin (1853–1902), 1904 sein besonders verhasster Nachfolger Vjačeslav K. Pleve (1846–1904) und 1905 der Onkel des Zaren, Grossfürst Sergej Aleksandrovič (1857–1905), Anschlägen zum Opfer. Dies machte die Sozialrevolutionäre in der Öffentlichkeit populär, da die allgemeine Stimmung auf Veränderungen drängte. In den Städten blieben die Sozialdemokraten aber stärker. Trotz des Widerhalls lehnte die Partei der Sozialrevolutionäre den Terror mehrheitlich ab. Man war sich auch bewusst, dass man die bäuerlichen Aktionen kaum steuern konnte, zumal die organisatorische Verankerung auf dem Land viel zu wünschen übrigliess.

Teilweise gingen all diese revolutionären Richtungen mit der wachsenden Opposition in den *zemstva* seit den 1890er Jahren Bündnisse ein, wenngleich diese überwiegend liberal war. Die gesellschaftlichen Veränderungen, die sich verschärfenden Konflikte und die harte Haltung der Autokratie brachten jedoch auch diese dazu, sich mehr und mehr illegal zu organisieren, um überhaupt Methoden erörtern zu können, wie das politische System zu den dringend benötigten Reformen zu veranlassen sei. Die bedeutendste Organisation war der aus Vorläufern Anfang 1904 gegründete *«Sojuz osvoboždenija»* («Bund der Befreiung»). Seine Sprecher, namentlich Petr B. Struve (1870–1944), Michail I. Tugan-Baranovskij (1865–1919), Sergej N. Bulgakov (1871–1944) oder Ivan I. Petrunkevič (1844–1928), griffen soziale Forderungen wie den Acht-Stunden-Tag und die Zulassung von Gewerkschaften auf, erörterten ein Agrarprogramm und verlangten ein allgemeines Wahlrecht, eine verfassungs-mässig gesicherte Demokratie und das Selbstbestimmungsrecht für die Natio-nalitäten.

Das «moralische Gewissen»: Die Frauenbewegung in Russland

Die Beteiligung auffallend vieler Frauen an terroristischen Organisationen hat immer wieder Aufmerksamkeit auf sich gezogen. Doch die häufig geäus-serte Annahme, in Russland hätten die Frauen eine besondere Vorliebe für den Terrorismus entwickelt, stimmt keineswegs. In den nichtterroristischen revolutionären Gruppierungen lag ihr Anteil zwischen den 1870er Jahren und dem Beginn des 20. Jahrhunderts mit 15 Prozent ähnlich hoch, damit aller-dings wesentlich höher als etwa bei den sozialistischen Parteien Westeuropas, wo er zwischen 5 und 10 Prozent pendelte.

In diesen Zahlen spiegelt sich die Aufbruchbewegung unter den Frauen. Sie empfanden den Gegensatz zwischen dem radikalen Umbruch in der Gesell-schaft, wie er sich im Zeitalter der Reformen, in der Entfaltung des Bildungs-wesens, in der Industrialisierung ausdrückte, und der Enge, in der sie in der Regel leben mussten, besonders scharf. Nicht zuletzt angeregt durch die Lek-türe sozialkritischer Bücher, wollten sie, wie aus vielen Autobiographien her-vorgeht, die dort aufgestellten Ideale verwirklichen und versuchen, aus den überkommenen Zwängen und Rollen auszubrechen. In revolutionärer Unge-duld strebten sie danach, die Gesellschaft schnell zu ändern. Meistens stamm-ten sie aus wohlhabenden, oft auch adligen Familien und konnten einen hohen Bildungsstand vorweisen. Da das Frauenstudium in Russland verboten war, hatten sie vielfach im Ausland – namentlich in Zürich – studiert.

Den Beginn einer liberal-reformistischen Frauenbewegung kann man mit der Herausgabe der ersten Frauenzeitschrift *«Rassvet»* – der «Morgenröte» – 1859 ansetzen. Sie kümmerte sich in traditioneller Weise zunächst um in Not geratene Frauen, erhob jedoch allmählich auch Forderungen nach Reformen vor allem im Bildungswesen. Hier konnte sie durchaus Erfolge vorweisen, und entgegen herrschenden Klischees wurde Russland in manchen Bereichen bald europaweit führend auf dem Gebiet der Frauenbildung. Nach und nach wurden die öffentlichen höheren Schulen für Mädchen geöffnet, und seit 1869 konnten «höhere Frauenkurse» auf Universitätsniveau durchgeführt werden. Daneben gab es «Kurse für gelehrte Hebammen», die in Wirklichkeit Ärz-tinnen ausbildeten. Dies befürworteten gerade Kriegs- und Marineministerium, weil man dort für die künftigen Kriege einen erhöhten Ärztebedarf vorher-sah. Ausserdem wollte man der hohen Zahl von Juden unter den Ärzten entgegentreten. Länger dauerte es allerdings, bis die Frauen auch akademische Grade und bessere berufliche Rechte erwerben konnten. Zwischen 1859 und 1863 war der Besuch von Universitäten möglich gewesen, danach duldete man entsprechende Privatinitiativen. Während der Reaktionszeit nach 1881 wurden jedoch fast alle Einrichtungen wieder geschlossen. Erst 1906 durften Frauen als Gasthörerinnen erneut Universitäten besuchen. 1911 wurden die «höheren Frauenkurse» den Universitäten gleichgestellt, und 1913 erfolgte erstmals die Immatrikulation einer Frau an der Universität von Tomsk. Sehr viel dynamischer verlief die Entwicklung seit den 1870er Jahren in der Elementar-, Mittelschul- und Gymnasialbildung. Dabei wurde aber darauf geachtet, dass über die vorgeschriebenen Lehrinhalte die traditionelle Rollenverteilung erhalten blieb.

Nur eine Minderheit der besser ausgebildeten Frauen – wenngleich eine starke – ging in die revolutionäre Bewegung. Sie war enttäuscht darüber, dass es mit den Reformen nicht schneller voranging und die Frauen nicht die gleichen Rechte erhielten. Die feministische Bewegung beschränkte sich weitgehend auf bürgerlich-reformistische Gruppen und kreiste stark um die juristische Frage der Gleichberechtigung. Ihren Höhepunkt erreichte sie während der Revolution von 1905, als sie sich aktiv einschaltete und die erste politische Frauenorganisation gründete: den Bund für Gleichberechtigung der Frauen. Er zersplitterte sich später in radikale und gemässigte Feministinnen. Das Wahlrecht wurde erst im Sommer 1917 nach der Februarrevolution erreicht. Darüber hinaus erhoben die Feministinnen die Forderung nach Koedukation in den Schulen – von der «männlichen Gesellschaft» aus Furcht vor «Unzucht» abgelehnt – und diskutierten über geschlechtsspezifische Identitäten. Diese Fragen bestimmten auch den ersten Allrussischen Frauenkongress von 1908 und den Kongress über Frauenbildung, der 1912 in St. Petersburg stattfand. Dabei zeigte sich, wie schwer es war, sich von den konventionellen Frauen- und Männerbildern zu lösen.

Dies galt im übrigen auch für die Revolutionärinnen. Sie wollten ihre Emanzipation dokumentieren, indem sie bewusst in die gemischt-geschlechtlichen Zirkel gingen. Dies stellte einen radikalen Bruch mit ihrem bisherigen Leben dar, von den Behörden wurden sie deshalb oft als «Prostituierte» denunziert. Viele fanden in diesen Zirkeln ihren Lebenspartner. In der Regel gaben sie eine Beschäftigung mit feministischen, frauenspezifischen Problemen auf. Häufig knüpften sie aber an herkömmliche weibliche Tätigkeiten an und sorgten für das Wohlergehen der Männer, die sich trotz ihrer Forderung nach der Befreiung der Frau ebenso schwer taten, ihr Rollenverhalten zu ändern. Ziele und Aktionen der revolutionären Gruppen waren überwiegend von Männern vorgegeben. Bei den Revolutionärinnen vermischten sich durch ihre Erziehung im Elternhaus und ihre weitere Sozialisation religiös geprägte Werte und moralische Überzeugungen zu einem «revolutionären Ethos, das Aufopferungswillen, Hingabefähigkeit und eine Neigung zum Märtyrertum vereinigte».[64] Sie glaubten an den Sozialismus und strebten nach moralischer Vervollkommnung, in ihrem persönlichen Leben wie im Handeln ihrer Organisation. So prägten sie eine Art «moralisches Gewissen» der Gruppen aus, stellten aber die Arbeitsteilung der Geschlechter letztlich nicht in Frage. Innerhalb der Sozialdemokratie waren Frauen besonders stark an der Spitze vertreten, oft als Ehefrauen der Parteiführer und als Leiterinnen lokaler Parteiorganisationen. Sozial kamen die meisten aus dem städtischen Klein-bürgertum, stärker als die männlichen Sozialdemokraten aus Adel und Kaufmannschaft, schwächer aus Bauern- und Arbeiterschaft. Der Bildungs-stand war sehr hoch, überwiegend hatten sie einen intellektuellen Beruf – etwa als Ärztin oder Lehrerin – ausgeübt. Von der ethnischen Zugehörigkeit her standen Russinnen und Jüdinnen an der Spitze. Dass Arbeiterinnen so selten dabei waren, lag nicht zuletzt an den grossen Schwierigkeiten für sie, eine illegale Tätigkeit auszuüben. Zudem war eine «Demokratie der Geschlech-ter» im Rollenbild des Arbeitermilieus nur sehr zögernd zu verwirklichen. Die Arbeiterinnen vermochten auch kaum eine eigene Subkultur auszubilden – wie die Männer in der Kneipe – und waren schlechter ausgebildet.

Die Anstrengungen der Sozialdemokratie, Frauen zu gewinnen, liessen nach anfänglichen Bemühungen in der Aufbruchzeit bald nach. Möglicherweise setzte sich auch hier wieder überliefertes Rollenverhalten durch. Selbst der hohe Anteil von Frauen an der Streikbewegung zwischen 1905 und 1907 brachte die Partei von dieser Haltung nicht ab. Sie wurde nun auch theore-tisch gerechtfertigt: Man dürfe Männer und Frauen nicht auseinanderdivi-dieren, da sie eine Klasse bildeten, die gegen die Bourgeoisie kämpfe. In der Realität sicherte dies die Vorherrschaft der Männer. Ausnahmen bildeten Aktivistinnen wie Aleksandra M. Kollontaj (1872–1952), die selbst – miss-trauisch von der Partei beobachtet – Arbeiterinnenklubs einrichtete. Zu-gleich wandte sie sich scharf gegen die Feministinnen, die auf eigenständi-gen, von den Männern getrennten Organisationen bestanden. Auf dem Kongress von 1908 kam es darüber zu harten Auseinandersetzungen. Noch vor Kongressende musste Kollontaj allerdings flüchten, da ihr die Verhaf-tung drohte: Die Regierung hielt sie offensichtlich für gefährlicher als die Feministinnen. Nachdem in der Februarrevolution wiederum Frauen zu den stärksten Kräften gehört hatten, änderten die Bolschewiki teilweise ihre Meinung und bildeten – mit Unterstützung Lenins – Frauenabteilungen. An der männlichen Basis wurde dies keineswegs gern gesehen. So war die wider-sprüchliche Politik gegenüber den Frauen nach der Oktoberrevolution be-reits vorprogrammiert.

Pylmau und der letzte Schamane

Pylmau, eine Tschuktschen-Frau, verliebt sich in den Kanadier John, der we-gen einer Verletzung in ihrem Dorf zurückbleibt, um dort zu genesen. Nach und nach lernt er die Welt der Tschuktschen kennen. Aus einer Mischung von Neugier, Widerwillen und Fremdheit wird Vertrautheit und Liebe – Liebe zu Pylmau, aber auch insgesamt zu dem kleinen Volk. John entscheidet sich, bei diesem zu bleiben, wird ein Jäger und lehnt sogar die Versuche seiner Mutter ab, ihn zurück in die «Zivilisation» zu holen. Pylmau und John werden ein

Paar. Der Schamane des Clans rechtfertigt die Beziehung gegenüber Kritikern nicht zuletzt damit, dass jener den Tschuktschen nicht nur in vielen Dingen nützlich sein, sondern gerade in der Begegnung mit einer neuen Welt als kultureller Vermittler dienen werde. Eine Heirat zwischen Einheimischen und «Fremden» galt traditionell als Möglichkeit, diese in die eigene Kultur zu integrieren und dabei Neues aufzunehmen.

Diese Geschichte spielt Anfang des 20. Jahrhunderts. Geschrieben hat sie Jurij Rytchëu (geboren 1930), der selbst ein Tschuktsche ist.[65] Das zentrale Thema seiner Werke ist der kulturelle Zusammenstoss zwischen der «Zivilisation» – des Westens ebenso wie Russlands und der Sowjetunion – und den Tschuktschen sowie anderen «kleinen Völkern» des Nordens. Seit ihrer «Entdeckung» im Zuge der Kolonisierung während des 18. Jahrhunderts mussten sich die Menschen am Polarkreis, im Nordosten Sibiriens, mit den Einflüssen von aussen auseinandersetzen. Die vordringenden Russen forderten Tribute, den *jasak,* und brachten Seuchen mit sich. Amerikanische Wal- und Fischfanggesellschaften nahmen keine Rücksicht auf die Existenzbedingungen der Tschuktschen, schickten ihnen dafür christliche Missionare und Alkohol. Schliesslich zerstörte die gewaltsame Kollektivierung im Stalinismus die überlieferten Lebensformen. Seit dem Ende des 20. Jahrhunderts drohen die Umweltpolitik und die ökonomischen Interessen am kommerziellen Walfang, die Lebensgrundlagen des Volkes endgültig zu vernichten. 2003 beschloss das Internationale Walfang-Komitee, den Tschuktschen den Walfang zu verbieten!

Und doch bleiben Reste der alten Lebensweise, die sich unter dem Eindruck der historischen Erfahrungen erneuern, die Kultur fortentwickeln. Dafür stehen Pylmau und John. Eine wichtige Rolle spielen dabei die Schamanen. Sie verstehen es durch ihre Kontakte zur Natur, zu den in ihr lebenden Geistern und zu den Verstorbenen, den Kranken und Leidenden Kraft zu geben, häufig auch zu heilen, Konflikte in der Gemeinschaft zu regeln, die Voraussetzungen für eine glückliche Jagd zu schaffen. Als Mittler zwischen der Welt der Menschen und der «anderen» Welt können sie sich in einen Bewusstseinszustand versetzen, der ihnen eine Traumreise in den jenseitigen Bereich ermöglicht. Auf dicse Weise erhalten sie ebenfalls die Fähigkeit, ihrer Gruppe unverständliche Vorgänge zu erklären. In der Regel wird dies aus dem Naturverständnis abgeleitet: So wie die Tschuktschen aus einer Vereinigung einer Menschenfrau mit einem Walmann hervorgegangen sind, kam das Böse in die Welt, als die Menschenkinder begannen, ihre Brüder, die Wale, zu töten. Bald brachten sich dann auch die Menschen gegenseitig um. Die Verletzung des Respektes vor der Natur ist für die Tschuktschen die Wurzel allen Übels.

Zum Schamanen oder zur Schamanin wird man berufen: Körperliche Zeichen oder ungewöhnliche Verhaltensweisen deuten an, wen die Geister erwählt haben. Oft bestimmt ein älterer Schamane jemanden aus seiner Verwandtschaft, der besonders geeignet zu sein scheint, sein Nachfolger zu werden. Manchmal wird es auch jemand aus eigenem Willen und eigener Kraft. Auf jeden Fall müssen diejenigen, die dazu vorgesehen sind, harte Prüfungen bestehen und eine strenge Ausbildung durchmachen. Sie haben nicht nur

Methoden und Verfahrensweisen zu lernen, sondern vor allem, sich ganz in sich zu versenken und sich auf die Verbindung mit den jenseitigen Mächten zu konzentrieren.

Als Mletkin, dem letzten Schamanen der Siedlung Uëlen, ein Enkel geboren wird, versucht er, diesem in jener herkömmlichen Weise einen Namen zu geben, wie er ihm selbst in der Bedeutung «An der Wende der Zeit» von einem Schamanen zugeteilt worden ist. Er hat inzwischen miterlebt, wie die Lehren und Versprechungen der Bolschewiki die Denkweisen der Tschuktschen zu verändern beginnen. Sie glauben an ein sorgenfreies Leben in der Zukunft und warten darauf, dass ihnen bald, ohne besondere Anstrengung, ausreichend Reichtümer gehören werden. Mletkin fürchtet, «dass alles, was [er] erlebt und gelernt hatte, im neuen Leben überflüssig» werden könne. «Wenn die Landsleute nach den neuen Gesetzen, nach der Lehre des Marxismus-Leninismus lebten, hörten sie auf, Luorawetlan[66] zu sein. Sie würden Sklaven fremder Weisheiten sein, andere Menschen, die nur äusserlich ihren Vorfahren glichen. Das war nichts anderes als Mord an einem ganzen Volk, nur ohne Blutvergiessen!» Deshalb will Mletkin «wenigstens ein Körnchen von dem vergehenden Leben» bewahren und besteht auf der überlieferten Form der Namensgebung. Vielleicht hofft er auch, dass der Enkel einmal sein Nachfolger werde. An dem traditionell dafür bestimmten Tag vollzieht er die entsprechenden Rituale. Er «öffnet[e] seine Seele dem Himmel» und beschwört die Götter, ein Zeichen zu geben, wenn er die Namen der Vorfahren des Enkels ruft. Doch nichts geschieht. So nennt er ihn «Rytchëu», den «Unbekannten».[67] Danach ist seine Kraft gebrochen. Bald darauf klagen die örtlichen Bolschewiki Mletkin an: Schamanen galten als Klassenfeinde, die das Volk gegen den Sozialismus aufhetzten. Einer ihrer führenden Mitglieder, ein Russe, ermordet ihn, weil er selbst in die Mühlen der Anschuldigungen zu geraten droht und ausserdem die angebliche Unverwundbarkeit eines Schamanen prüfen will. Offen bleibt, wie der Weg, den Pylmau und John begonnen haben, in die Zukunft weitergeführt und ob die Kulturen der «kleinen Völker» fortbestehen können.

Die Nationalitätenfrage

Das Russische Reich hatte sich inzwischen zu einem Vielvölkerstaat entwickelt. Über 100 Nationalitäten und ethnische Gruppen lebten hier. Betrachten wir den raschen Anstieg der Bevölkerungsziffern von rund 40 Millionen zu Beginn des 19. Jahrhunderts auf etwa 170 Millionen am Vorabend des Ersten Weltkriegs, so haben wir bereits einen Hinweis darauf, dass hier nicht nur der durch den Wandel der Agrarverhältnisse und durch die Industrialisierung bedingte natürliche Anstieg wirkte, sondern auch die Territorialgewinne Russlands dafür verantwortlich waren. Mit ihnen wuchsen allerdings auch die nationalen Probleme.

Wiederum stossen wir dabei auf das Problem der strukturellen Vielschichtigkeit des Landes. Eine Erscheinungsform des Nationalismus finden wir in den

westeuropäisch geprägten, hochentwickelten und bereits mit einem starken
Nationalbewusstsein ausgestatteten Regionen wie Polen oder den baltischen
Ländern. Eine andere Form zeigte sich bei den kriegerischen Bergvölkern
des Kaukasus, die immer wieder bewaffnet gegen die Russen Widerstand leisteten und sich dabei auf ihre alten Freiheiten und ihre Vergangenheit beriefen. Viele Völkerschaften begannen aufgrund innen- oder aussenpolitischer
Konflikte ihre nationale Identität zu suchen. Noch kaum berührt von einem
Nationalbewusstsein waren die zahlreichen asiatischen Nomadenstämme, die
nach ihren herkömmlichen Traditionen lebten.

Im 19. Jahrhundert ging das Experiment einer Nationalitätenpolitik zu Ende,
das der strukturellen Vielschichtigkeit gerecht zu werden strebte und in mehreren hinzugewonnenen Gebieten liberale Verfassungen oder traditionelle
Autonomierechte zuliess. Gegensätzliche Strukturen – autokratische, konstitutionelle und dezentral-autonome – bestanden im Reich nebeneinander und
beeinflussten sich wechselseitig. Jetzt verlangten die Freiheitsbewegungen in
den bereits national bewussteren Regionen eine grössere Unabhängigkeit
von der zarischen Vorherrschaft. Zugleich entfaltete sich ein grossrussischer
Nationalismus, der nicht zuletzt als Panslawismus Expansionsbestrebungen
Vorschub leistete. Dies musste zu Zusammenstössen führen.

Die Versuche der Polen, wieder eine staatliche Selbständigkeit zu erreichen,
scheiterten in den Aufständen von 1830 und 1863. Die zarische Regierung
reagierte mit der Aufhebung aller konstitutionellen und autonomen Rechte,
mit stärkerer Kontrolle und voller Eingliederung in das autokratische System. Die neue politische Richtung bekam auch Finnland zu spüren, dessen
Verfassung 1899 aufgehoben wurde. Die baltischen Provinzen verloren gegen
Ende des 19. Jahrhunderts ebenfalls ihre Autonomie und ihre Privilegien. All
diese Veränderungen waren mit verstärkten Bemühungen um eine Russifizierung der betreffenden Gebiete verbunden. Selbst verwandte Völker, wie
die «Kleinrussen», die Ukrainer, wurden von diesem grossrussischen Nationalismus nicht verschont. Dass dies allerdings vermehrt nationale und nationalistische Gegenkräfte auf den Plan rief, lässt sich leicht ausmalen. Träger
dieser entstehenden Nationalbewegung waren – etwa in der Ukraine – häufig
Angehörige der *intelligencija,* anfangs vorwiegend aus dem niederen Adel
und der Geistlichkeit. Eine wichtige Rolle spielten nationale Mythen. In der
Ukraine, um bei diesem Beispiel zu bleiben, beriefen sich die nationalen
Gruppen auf die Tradition der freien Kosaken-«Republiken», die *Hetmanate.*
Allerdings trafen sie nur auf schwache Resonanz in der mehrheitlich aus
Bauern bestehenden ukrainischen Bevölkerung. Für sie war die Lösung sozialer und wirtschaftlicher Probleme dringender. Die revolutionäre Bewegung fand deshalb mehr Anklang, obwohl es durchaus Querverbindungen
zwischen beiden Richtungen gab. Den Bauern blieben die städtischen Intellektuellen fremd. Im übrigen liessen sich aus den sozialen Gegensätzen zwischen ukrainischen Bauern, polnischen und russischen Gutsbesitzern, jüdischen Händlern, russischen Beamten und Unternehmern sowie russischen
Arbeitern unmittelbar weder ethnische noch konfessionelle Konflikte ableiten. Neben dem Judentum hatte der Katholizismus der Polen Platz, während

Russen wie Ukrainer der orthodoxen Kirche angehörten. Unter den Ukrainern fand zudem insgeheim immer noch die von der zaristischen Regierung verbotene Unierte Kirche Anhänger, die im Ritus den Orthodoxen, im Glaubensinhalt jedoch den Katholiken folgte. Erst allmählich – nicht zuletzt aufgrund der wachsenden Unterdrückung seitens der zaristischen Behörden – konnten die Träger der nationalen Idee Fuss fassen, wenngleich bis zum Ersten Weltkrieg keine Massenbewegung entstand. Die unterschiedlichen Rahmenbedingungen liessen es – trotz vielfältiger Verflechtungen – auch nicht zu, mit ihren Gesinnungsfreunden unter den Ukrainern Österreichisch-Galiziens eine einheitliche Kraft zu bilden.

Im Südosten und Osten wurde die Russifizierung ebenfalls vorangetrieben, war aber nicht derart spürbar. Die führenden Positionen in Politik, Wirtschaft oder Kultur kamen gewiss in die Hand von Russen oder ihren Verbündeten in den Oberschichten der jeweiligen Nationalitäten, die riesigen Räume machten eine vollständige Kontrolle oder Durchorganisierung hingegen unmöglich. Für die meisten Völkerschaften bedeutete die zarische Politik, dass eine fremde Zivilisation einzudringen begann, dass sie in ihrer Religionsausübung benachteiligt und ökonomisch ausgebeutet wurden, dass also letztlich eine Kolonialisierung aller Lebensbereiche erfolgte. Die Industrialisierung brachte hier gegenüber den früheren Versuchen der «Erschliessung» und Durchdringung eine Verschärfung. Als wichtigstes Instrument diente dabei der Bau von Eisenbahnen. Damit winkten der Grossindustrie bedeutende Aufträge. Schliesslich engagierten sich der Hof und der Zar persönlich für diese Idee, weil sie an strategische Vorteile bei künftigen Kriegen im Osten dachten. So begannen, nach dem Bau verschiedener kurzer Strecken, 1891 die Arbeiten an der Transsibirischen Eisenbahn. Über 8000 Kilometer Schienen wurden verlegt. Um die Jahrhundertwende war sie provisorisch fertig, endgültig dann 1916. Bis zu 65'000 Arbeiter – manche rechnen noch mehr –, darunter viele Sträflinge und Verbannte, befanden sich gleichzeitig im Einsatz. Bei den harten Bedingungen überlebten viele dieses gigantische, abenteuerliche, grausame Unternehmen nicht. Das Kapital zu seiner Finanzierung kam im übrigen zum grössten Teil nicht aus Russland selbst, sondern aus dem Ausland, namentlich von einer Vielzahl kleiner französischer Sparer. Ihre Hoffnung auf eine stabile Dividende trog: Die spätere Sowjetregierung zahlte die Schulden des Zarismus nicht ab. Um Zeit und Mittel zu sparen, begnügte man sich bei der Transsibirischen Eisenbahn mit der «Leichtbauweise», was man heute noch an der verhältnismässig geringen Geschwindigkeit der Züge merkt. Trotzdem war dies eine grosse Leistung, natürlich auch der jungen russischen Industrie. Von dieser Strecke aus drangen nun vermehrt die neuen «Kolonisatoren» in die entfernten Gebiete des Russischen Reiches vor. In Sibirien trafen sie dabei auf einen sich formierenden Regionalismus.

Insgesamt schufen die Russifizierungspolitik und der grossrussische Nationalismus kein einheitliches nationales Bewusstsein bei Anerkennung bestehender ethnischer und nationaler Strukturen, sondern deckten die Probleme mit Gewalt zu. In dieser Spannung lag ein revolutionäres Potential, das jederzeit aufbrechen konnte.

Das Zarenreich und die Juden

Einen Sonderfall des Nationalitätenproblems stellte die «Judenfrage» dar. Mit der Annexion grosser Gebiete im Westen, die in den Teilungen Polens zwischen 1772 und 1815 ihren Höhepunkt fanden, wurde erstmals eine beträchtliche Anzahl Juden zu Untertanen im Russischen Reich. Unter Katharina II. erfuhren sie zunächst keine rechtliche Diskriminierung und abwertenden Sonderbestimmungen. Ohne weiteres behielten sie auch die Autonomie ihrer Gemeinde, des Kahal, die ähnlich wie die *obščina* dem Staat nützte, indem sie die Steuern eintrieb und eine soziale Kontrolle ausübte. Allerdings waren die Juden einschneidenden Regulierungsversuchen des zarischen Staates ausgesetzt, wie sie auch andere Einwohner des Reichs trafen. Obwohl sie zu einem grossen Teil auf dem Land wohnten, wurden sie aufgrund ihrer vorherrschenden wirtschaftlichen Tätigkeiten als «Stadtleute» eingeteilt, die seit 1782 auch in Städten wohnen sollten. Damit war der Vorwand geschaffen, unter dem sie in Krisen- oder Konfliktsituationen vom Land vertrieben wurden. Im Laufe des 19. Jahrhunderts kam es zu mehreren solcher Versuche. Vergleichbar mit anderen religiösen Minderheiten mussten die Juden in bestimmten Provinzen seit 1794 die doppelte Steuer entrichten, um zur Konsolidierung der Staatsfinanzen nach den zahlreichen Kriegen beizutragen. Um die Moskauer Kaufmannschaft vor unerwünschter Konkurrenz zu schützen, ordnete Katharina Ende 1791 an, dass Juden nicht in Innerrussland siedeln dürften. Daraus entwickelte sich der «Ansiedlungsrayon», jener breite Streifen im Westen des Reiches von Litauen im Norden bis zum Schwarzen Meer im Süden, den die Juden, von einigen Ausnahmen abgesehen, bis in den Ersten Weltkrieg hinein nicht verlassen durften. Formell legte diesen Rayon das 1804 erlassene «Statut für die Juden» (*«položenie dlja evreev»*) in Russland fest. Mit ihm begann auch ihre rechtliche Sonderbehandlung. Sie sollten – nach einem gängigen Menschenbild in jener Zeit – «verbessert» werden und sich assimilieren, bevor ihnen die Emanzipation gewährt werden könne. So schrieb ihnen das Statut etwa vor, dass sie nach Ablauf einer sechsjährigen Frist ihre Geschäftsbücher nur noch in einer nichtjüdischen «Hochsprache» führen und Amtsträger sich nicht mehr nach jüdischer Art kleiden durften. Bestimmte Berufe wurden ihnen verboten, so das Schankgewerbe und ähnliche, für die Bauern angeblich verderbliche Mittlertätigkeiten auf dem Land. Hier hatte das schon in Kreisen der polnischen Gesellschaft verbreitete Klischee des raffgierigen, betrügerischen Schankwirtes und Dorfjuden seinen Niederschlag gefunden, das in der Folgezeit immer wieder auftauchte und sich für die Juden nachteilig auswirkte.

Unter Nikolaus I. nahm die zarische Judenpolitik mehr und mehr diskriminierende Züge an. Der Staat erlegte den Juden Pflichten auf, ohne ihnen mehr Rechte zuzugestehen. Seit 1835 mussten sie auch als Rekruten dienen und konnten sich nicht mehr davon freikaufen. Selbst 12–18jährige Knaben wurden als «Kantonisten» zu einer vormilitärischen Ausbildung herangezogen. Da dieser Dienst kaum mit ihren religiösen Sitten zu vereinbaren war, leisteten viele Juden passiven Widerstand, versteckten sich, flohen aus ihrer

Heimat oder verstümmelten sich selbst, nachdem Proteste und Bestechungsversuche nichts genützt hatten. Die Autonomie des Kahal hob Nikolaus 1844 auf und beliess ihm nur noch einige wenige Funktionen. Zugleich stieg die steuerliche Belastung der Juden an.

Das Zeitalter der «Grossen Reformen» ging auch an den Juden nicht folgenlos vorüber. Es schien sich eine Wende zum Besseren anzubahnen. Zwischen 1859 und 1879 gewährte der Staat immerhin den «gehobenen Kreisen» im Judentum Russlands die Genehmigung, den Ansiedlungsrayon zu verlassen: den Kaufleuten der Ersten Gilde, den Inhabern akademischer Grade, den Zunfthandwerkern und schliesslich all denjenigen, die eine Universität oder gleichartige Bildungseinrichtungen besucht hatten. 1867 wurde den entlassenen jüdischen Soldaten, die meistens 20 Jahre und mehr gedient hatten, die Freizügigkeit zugestanden. Auf dem Land gab es einige Erleichterungen: Hatte es seit Beginn des 19. Jahrhunderts immer wieder Bestrebungen gegeben, die Juden aus dem Alkoholverkauf zu verdrängen, so konnten sie dieses Gewerbe jetzt unter bestimmten Auflagen wieder ausüben. An der Selbstverwaltung der Landschaft *(zemstvo)* durften sie dort, wo sie seit 1864 eingerichtet wurde, uneingeschränkt teilnehmen. Keine Diskriminierungen fanden sich auch in den Reformen des Justizwesens 1864 und der allgemeinen Wehrpflicht von 1874. Bei der Stadtreform von 1870 mochte man hingegen nicht so weit gehen. Die Juden durften höchstens ein Drittel der Abgeordnetensitze einnehmen, selbst wenn sie die Mehrheit der Einwohner stellten, und nicht zum Stadtoberhaupt bestimmt werden.

Alle Hoffnungen der Juden, die auch Assimilationstendenzen verstärkt hatten, wurden nach der Ermordung Alexanders II. 1881 zunichte gemacht. Als vielerorts russische Bauern und Kleinbürger mit der Losung, die Juden stünden hinter dem Terroranschlag, leicht aufgehetzt werden konnten und eine Welle von Pogromen das Land überflutete, zweifelten mehr und mehr Juden an der Möglichkeit einer Assimilation oder Integration. Bei der Untersuchung der Ausschreitungen wies man dann in gewohnter Manier den Juden selbst die Schuld daran zu: Aufgrund ihres «religiösen Fanatismus» und ihrer wucherisch-verschlagenen Ausbeutung der nichtjüdischen Bevölkerung seien deren Reaktionen provoziert worden. Die Regierung ging ab 1882 dazu über, die Rechte der Juden wieder drastisch einzuschränken. Neue Niederlassungen und Pachtverträge auf dem Land wurden untersagt. In den staatlichen Bildungseinrichtungen durfte der Anteil der Juden einen geringen Prozentsatz nicht überschreiten. Der Beruf des Rechtsanwaltes blieb ihnen nun versperrt. Das aktive und passive Wahlrecht für die Selbstverwaltungsorgane der Landschaften und Städte ausserhalb des Ansiedlungsrayons wurde ihnen 1892 entzogen, innerhalb des Rayons durften sie höchstens 10 Prozent der Stadtduma-Mitglieder umfassen. In den 1890er Jahren mussten sogar die jüdischen Soldaten, Handwerker und Kaufleute, bis auf wenige Ausnahmen, Stadt und Gouvernement Moskau verlassen und in den Ansiedlungsrayon zurückkehren.

Diese erniedrigende Diskriminierung blieb letztlich bis zur Revolution von 1917 erhalten. Innerhalb des Herrschaftsapparates gab es durchaus Persön-

lichkeiten, die aus humanitären oder pragmatischen – insbesondere wirtschaftlichen – Gründen eine zumindest schrittweise Rücknahme der Aus-
nahmegesetze wünschten. Namentlich die Finanzminister – an ihrer Spitze
Sergej Witte, der selbst mit einer Jüdin verheiratet war – traten für eine
Lockerung der Bestimmungen ein. Sie wussten, dass die Juden einen wichtigen ökonomischen Faktor im Reich darstellen konnten, und fürchteten,
dass bei einer Fortsetzung der judenfeindlichen Politik im internationalen
Rahmen aufgrund des Einflusses jüdischer Bankiers im Ausland Nachteile
entstünden.

Wesentliche Verbesserungen konnten jedoch nicht durchgesetzt werden. Als
Folge der Revolution von 1905 erhielten die Juden für das 1906 erstmals
gewählte Parlament, die Reichsduma, immerhin das Wahlrecht. In der praktischen Politik kam es zu gewissen Erleichterungen. Auf der anderen Seite
verstärkte sich jedoch der Antisemitismus innerhalb konservativer Kreise,
die damit auf den als bedrohlich empfundenen Kapitalismus und auf die gesellschaftlichen Reformbestrebungen reagierten. Dies ging soweit, dass radikale Kräfte unter ihnen, die auch in staatlichen Behörden vertreten waren,
Judenpogrome förderten oder gar selbst organisierten. Bei der Aufhetzung
der öffentlichen Meinung spielten teilweise Vorwürfe eine wichtige Rolle,
wie sie dann die «Protokolle der Weisen von Zion» angeblich belegten. Diese
Aufzeichnungen über eine Versammlung von Vertretern der Juden aus aller
Welt, die einen genauen Plan zur Errichtung der jüdischen Weltherrschaft
berieten, stellten eine Fiktion dar. Zwar konnte nachgewiesen werden, aus
welchen Versatzstücken der Text verfertigt wurde, doch wie er im einzelnen
entstanden ist, bleibt nach wie vor ungeklärt. Die lange Zeit herrschende
Annahme, russische Reaktionäre hätten ihn um 1895 in Frankreich unter
Mithilfe der zarischen Geheimpolizei, der *ochrana,* hergestellt, hat sich nicht
lückenlos beweisen lassen. Möglicherweise ist er um die Jahrhundertwende in
Russland selbst geschaffen worden. Jedenfalls wurde er 1903 erstmals in
Petersburg veröffentlicht und entfaltete vor allem nach der Revolution von
1917 seine Wirksamkeit. Bis heute tauchen diese «Protokolle» immer wieder
auf, wenn es gilt, Juden zu denunzieren.[68]
Der Ansiedlungsrayon wurde schliesslich im Ersten Weltkrieg abgeschafft –
doch nicht aus Einsicht in die Nachteile der Behinderungen für Juden, sondern aus Furcht vor einer Zusammenarbeit der Juden mit den Deutschen. Es
handelte sich also um eine erneute Diskriminierung. Seit August 1915 durften
die Juden sich fast überall im Reich niederlassen. Bevor sich die deutschen
Truppen näherten, evakuierte man sie zwangsweise, nachdem es vielerorts zu
Ausschreitungen, Plünderungen, Ermordungen wegen angeblicher Spionage
und anderen Gewalttaten gekommen war. Erst die erfolgreiche Revolution
im Februar/März 1917 machte Schluss mit allen Beschränkungen: Die Juden
wurden gleichberechtigte Bürger Russlands.[69]

Die Selbstherrschaft im Wandel

1832 hatten die Staatsgrundgesetze des Russischen Reiches noch einmal festgeschrieben, dass der Zar der «unbeschränkte Selbstherrscher» *(neograničennyj
samoderžec)* war. Seine Macht teilte er mit niemandem und mit keiner Institution. Er erliess die Gesetze und konnte Ausnahmen davon anordnen, hatte
den Oberbefehl über die Streitkräfte inne und die Befugnis, Rechtsfälle unmittelbar an sich zu ziehen.
Hier gab es im Zeitalter der «Grossen Reformen» dann einige Einschränkungen: Der Zar verzichtete auf das zuletzt genannte Recht ebenso wie auf die
Möglichkeit, jeden Verwaltungsakt ändern zu können. Darüber hinaus gab
Alexander II. – und auch seine Nachfolger – zahlreiche Kompetenzen ab und
delegierte Entscheidungen. Allerdings konnte er immer nach Wunsch und
Bedarf eingreifen, um etwa einer Minderheit im Kabinett doch zur Durchsetzung ihrer Ziele zu verhelfen. Dies war dann problematisch, wenn der Herrscher unfähige Minister und Beamte unterstützte oder auf die «falschen»
Konzepte setzte – wie in der Endphase des Reiches unter Nikolaus II. (1868
bis 1918). Seit den 1880er Jahren verzichtete der Kaiser weitgehend auf seine
eigene Kanzlei, die seinerzeit Nikolaus I. eingerichtet hatte. In ihr waren vor
allem die zweite Abteilung, zuständig für die Gesetzeskodifikation, und die
dritte Abteilung, die politische Polizei, von grosser Bedeutung gewesen. Auf
der anderen Seite boten die erhalten gebliebenen Eingriffsrechte Möglichkeiten für Vertrauenspersonen des Zaren oder der Zarenfamilie, an Ämtern
und Kabinett vorbei politischen Einfluss zu gewinnen. So hatte sich die Art
der zarischen Machtausübung durchaus gewandelt. Zu den Bindungen, die
mit der Thronfolgeregelung von 1797 und den Grundgesetzen von 1832 –
danach sollte der Zar sich an geltende Gesetze halten, solange sie nicht auf
dem vorgeschriebenen Weg geändert seien – eingegangen worden waren,
hatten sich neue gesellt, wurden allerdings auch immer wieder durchbrochen.
Insgesamt blieb die Institution des Selbstherrschers unangetastet.
Dass die gesellschaftliche Verfassung der Autokratie hingegen eine tiefgreifende Entwicklung durchmachte, zeigt ein Blick auf die Beamtenschaft. Schon
unter Nikolaus I. war ihre Zahl erheblich ausgeweitet worden. Zwischen 1796
und 1856 wuchs sie um das Sechsfache an, während sich die Bevölkerung
lediglich verdoppelte. Bis 1900 vergrösserte sich der Beamtenapparat noch
einmal mindestens um das Vierfache. Trotzdem – und obwohl Russland gemeinhin als bürokratischer Staat gilt –: Andere Staaten Europas beschäftigten mehr Beamte. 1850 kamen in Frankreich 4,8 Beamte auf 1000 Einwohner,
in Russland 1,1–1,3, im Jahr 1912 in Frankreich 17,6, in Deutschland 12,6 und
in Russland nur 6,6. Dies belegt noch einmal, dass im Zarenreich keine
flächendeckende Bürokratie vorhanden war. Die durchschnittliche Qualifikation der zarischen Beamten liess auch um die Jahrhundertwende noch zu
wünschen übrig, obwohl sie in der zweiten Hälfte des 19. Jahrhunderts erheblich angestiegen war. Dies hing natürlich mit der Situation im Bildungswesen zusammen. 1847 erreichten rund 600 Personen in Russland einen Hoch-
schulabschluss, um 1900 waren es etwa 3000. Daraus wird ersichtlich, dass

beträchtliche Anstrengungen zur Verbesserung des Bildungswesens unternommen wurden, zugleich aber, dass die Zahl hochqualifizierter Kräfte angesichts der gewaltig gestiegenen Anforderungen verhältnismässig bescheiden ausfiel. Immerhin war in denjenigen Fachministerien und Behörden das Niveau am höchsten, die für die wirtschaftliche Entwicklung wichtig waren, vor allem im Finanz- und Verkehrsressort.

Negativ wirkte sich immer noch aus, dass Offiziere ohne weiteres in die höheren Ränge des Zivildienstes überwechseln konnten, ohne eine entsprechende Kompetenz zu haben. Nur allmählich ging dieser Trend zurück. Die niedere Qualifikation in den unteren Rängen war durch schlechte Gehälter mitbedingt. Der arme Subalternbeamte ist eines der zentralen Themen der russischen Literatur des 19. und 20. Jahrhunderts. Ein Beispiel ist Makar Dewuschkin in Dostoevskijs 1846 erschienenem Erstlingsroman «Arme Leute». Er schreibt: «[...] ich wohne eigentlich in eben diesem Raum hinter einer Trennwand, doch das ist gar nicht schlecht; ich lebe ganz zufrieden, zurückgezogen und für mich allein. Ich habe ein Bett, einen Tisch, eine Kommode und zwei Stühle aufgestellt, und an der Wand hängt ein Heiligenbild. Natürlich gibt es bessere Wohnungen, vielleicht sogar viel bessere – aber es geht ja um die Bequemlichkeit. [...]; und es ist auch billig. Das allerschlechteste Zimmer kostet hier bei uns mit Beköstigung fünfunddreissig Papierrubel. Das kann ich mir nicht leisten! Meine Unterkunft kostet mich sieben Papierrubel, das Essen fünf Silberrubel; das macht zusammen vierundzwanzigeinhalb Rubel; früher zahlte ich genau dreissig, musste aber dafür auf vieles verzichten; Tee konnte ich mir nicht immer leisten, jetzt reicht es für Tee und sogar für Zucker. [...] Sagen Sie selbst, als Taschengeld – ständig braucht man ja etwas, hier ein Paar Schuhe, da ein Kleidungsstück – bleibt doch da nicht viel? Mehr gibt mein Gehalt nicht her. Aber ich hadere nicht, sondern bin zufrieden.»[70] In der zweiten Hälfte des 19. Jahrhunderts begannen dann die Gehälter langsam zu steigen. Doch nach wie vor wurde hier am falschen Platz gespart.

Vor allem in den höheren Rängen war der Adel stark vertreten. Gezielt unterstützten die Adligen den Aufstieg ihrer Standesgenossen – durch Beförderungen in bestimmte Ränge wurden etwa Söhne von persönlichen Adligen selbst wieder geadelt – und unterliefen damit das Leistungsprinzip. Vielfach noch geprägt vom herkömmlichen Privilegienverständnis beobachteten sie misstrauisch das Eindringen der neuen hochqualifizierten Spezialisten. Die Aufsicht über die Beamtenschaft war nicht besonders wirksam geregelt. Die betroffenen Bürger verfügten nur über beschränkte Klagemöglichkeiten gegen Beamte. So mussten sie ihre Beschwerde bei einer Audienz vortragen, der Behördenchef entschied dann unüberprüfbar. Eben dies förderte die Arroganz der Beamten und bestimmte das Bild der russischen Bürokratie. Doch insgesamt ist nicht zu übersehen, dass es in der zweiten Hälfte des 19. Jahrhunderts aufgrund der sozialökonomischen Umschichtungen, der zahlenmässigen Ausweitung und der Zunahme von Spezialisten mit hohem Ausbildungsstandard in der Beamtenschaft zu brodeln begonnen hatte.

Dies spiegelte sich auch in den Ministerien wider, insbesondere im immer wieder zu beobachtenden Gegensatz zwischen Innen- und Finanzministerium. Das Innenministerium verstand sich als Behörde, die die Ordnung aufrechterhalten und zugleich – im Sinne der Stabilisierung des Systems – die Entwicklung vorantreiben musste. Es war das mächtigste Ministerium mit dem grössten Apparat bis in die Provinzen; die Gouverneure waren ihm ebenso unterstellt wie die Polizei. Allein die Zentrale beschäftigte im Jahr 1904 1084 Beamte. Im Interesse der Sicherheit des Reiches besass es vielfältige Eingriffsrechte. Unzählige Spezialbehörden kümmerten sich um die unterschiedlichsten Aufgaben: Statistik, Post und Telegraphie, Bauwesen, Seuchenbekämpfung, Einkauf von Korn für die Hungernden, um nur einige Beispiele zu nennen. Seit Beginn der 1880er Jahre war auch die politische Polizei hier angesiedelt und hatte die Möglichkeit, die Strafe der administrativen Verbannung auszusprechen. Im Innenministerium stemmte man sich entschieden gegen eine Ausdehnung der Selbstverwaltung und hatte damit nach 1881 auch Erfolg. Erst seit der Revolution von 1905 wurde die Macht dieses Ministeriums etwas beschnitten.

Im Finanzministerium beschäftigte man sich nicht nur mit der Sanierung der Finanzen, hier lief auch der Motor der Industrialisierung. Die Minister und ihre Mitarbeiter wollten die russische Wirtschaftsentwicklung beschleunigen, sie koordinieren und in gewissem Sinn auch planen, um sie auf den modernsten Stand zu bringen. 1902 waren 18 Abteilungen in der Zentrale für die einzelnen Bereiche des Wirtschaftslebens zuständig. Eine davon – und nicht die unwichtigste – sorgte dafür, dass zwischen 1894 und 1902 die Alkoholsteuer in ein staatliches Verkaufsmonopol umgewandelt wurde. 1913 erzielte der Staat damit rund 28 Prozent seiner ordentlichen Einkünfte – dies machte den grössten Einzelposten aus. Hier zeigte sich, dass die Wirtschaftskonzeption des Finanzministeriums nicht frei von Widersprüchen blieb. Aus gesundheitlichen Gründen sowie aus dem Interesse an hoher Arbeitsproduktivität und Erhaltung der Arbeitskraft konnte es eigentlich nicht an einer Ausweitung des Alkoholverbrauches interessiert sein. Andererseits verlockten die hohen Einnahmen angesichts der stark angegriffenen Staatsfinanzen doch dazu, indirekt die Trunksucht zu fördern.

Der Qualifikationsstand der Beamten lag über dem Durchschnitt. Auf lokaler und regionaler Ebene gab es allerdings noch erhebliche Mängel, die sich besonders bei der Steuereinziehung bemerkbar machten. Die Organe des Finanzministeriums verwalteten etwa die Berechnung und Kontrolle der indirekten Steuer, die dem Innenministerium unterstehende Polizei zog sie jedoch ein. Über die Reorganisation, die eine einheitliche Verwaltung anstrebte, kam es zu einem harten Konflikt mit dem Innenministerium. Er kann exemplarisch den Gegensatz zwischen beiden Behörden verdeutlichen.

Schon unter Bunge schlug das Finanzministerium vor, qualifizierte Steuerinspektoren flächendeckend einzustellen, die für alle Steuerarten zuständig sein sollten. Der Innenminister – vor allem Dmitrij A. Tolstoj (1823–1889) – versuchte hingegen, diese Inspektoren aus dem Dorf herauszuhalten, und setzte seinerseits auf eine andere Form des einheitlichen Amtes, das auch noch Exekutivbefugnisse besass, das des Landhauptmanns. Dessen Kompetenzen hätten sich allerdings auf «alles» erstreckt, so dass er nicht unbedingt besonders qualifiziert für das komplizierte Steuerressort gewesen und damit der eigentliche Sinn der Verwaltungsreform im Interesse eines modernen Finanz- und Wirtschaftssystems verfehlt worden wäre. 1885 setzte sich das Finanzministerium zunächst durch. Auf der Ebene der *uezdy*, der Distrikte, die etwa die Grösse von Schweizer Kantonen hatten, wurden Inspektionen – allerdings ohne Exekutivgewalt – eingerichtet. Auf diese Weise kamen nun Fachbeamte in die einzelnen Regionen, ja bis in die Dörfer hinein. Bis 1900 wurden die anfänglich 500 Stellen mehr als verdoppelt, dazu gab es vielfach «Gehilfen». Über eine höhere Bildung verfügten 1898 72 Prozent der Inspektoren, gegenüber 17 Prozent der Beamten im Innenministerium. Die dem Inspektor angeschlossene Behörde konnte jedoch nicht mit Staatsangestellten besetzt werden, sondern Stadtduma und *zemstvo* wählten ihre Vertreter, in der Regel Kaufleute und Händler, dort hinein. Dies ist ein typischer Vorgang für Russland. Der Unfähigkeit, eine flächendeckende Bürokratie auszubilden, entsprach traditionell die Einbeziehung der regionalen Selbstverwaltung. Dieses Miteinander von staatlicher Behörde und gesellschaftlicher Selbstverwaltung stellte durchaus einen interessanten Versuch dar, diese beiden Bereiche zu verbinden, obwohl es bei der Besteuerung einzelner Betriebe aufgrund der sozialen und beruflichen Herkunft der gewählten Repräsentanten leicht zu Konflikten kam.

Nachdem die Bedeutung der *zemstva* in den 1880er und 90er Jahren zurückgedrängt worden war – ein Prozess, den das Finanzministerium zunächst unterstützte, um mehr Kompetenzen zu erhalten –, konnte das Innenministerium aus gestärkter Position heraus und mit Unterstützung des Zaren 1889 doch die Institution des Landhauptmanns verwirklichen. Dabei kommt im übrigen erneut die Vielschichtigkeit der Entwicklung zum Vorschein: So reaktionär diese Massnahme war, sie sicherte doch bei aller Minderung der Rechte und eingeführter Kontrolle die Eigenständigkeit der *zemstva*, die vom liberalen Finanzministerium keineswegs gewährleistet worden wäre, und tastete die Selbstverwaltung der Dörfer nicht an. Im Landhauptmann konzentrierte sich die Wunschvorstellung eines Allmachtsorgans, das – wie es in der ministeriellen Verfügung hiess – «Ruhe, Ordnung und Anständigkeit» auf dem Land garantieren und zugleich alle Verwaltungsprobleme lösen könne.[71] Die Rolle der Steuerinspektoren wurde geschmälert, an die Stelle der Fachkompetenz trat Patriarchalismus. Wie sich schnell zeigte, konnten die Landhauptleute in Einzelfragen durchaus Verbesserungen erreichen, etwa in der Lage der Bauern. Mit den Finanzproblemen waren sie jedoch überfordert. Seit 1892 sollten sie deshalb mit den Steuerinspektoren zusammenarbeiten, ohne dass diese Anordnung von jenen besonders eifrig befolgt worden wäre. Erst nach 1905 konnten wirksamere Verfahren eingeführt werden.

Die Autokratie war aufgrund der komplizierter gewordenen gesellschaftlichen Entwicklung noch weniger als früher in der Lage, in traditioneller Weise der Gesellschaft den staatlichen Stempel aufzudrücken. Notgedrungen verstärkte sich deshalb die Zusammenarbeit mit den Selbstverwaltungsorganen und trieb die Dezentralisierung weiter voran. Allerdings tat sie dies nicht geradlinig und konsequent, sondern ging immer wieder «faule Kompromisse» ein, weil ihr die Dezentralisierung politisch nicht passte. Hierbei traf sie sich mit dem Finanzministerium, das aus anderen Gründen, nämlich im Interesse einer effektiven, mit hochqualifizierten Kräften besetzten zentralistischen Bürokratie, die Dezentralisierung ablehnte. Je komplizierter die Verhältnisse und Probleme in dem Riesenreich wurden, um so deutlicher stellte sich die Frage nach einer angemessenen Verbindung von Zentralismus und Dezentralismus, die Raum für Selbständigkeit und Eigenverantwortlichkeit liess, aber auch die Erfüllung gesamtstaatlicher Aufgaben gewährleistete. Aus den Erfahrungen mit der Selbstverwaltung – in der *obščina* wie im *zemstvo* – speisten sich jedenfalls Kräfte für die Umgestaltung der Gesellschaft, sei es in parlamentarischer Form oder in der Form der Räte. Dass die konservativen Anhänger eines starken Staates samt einer Bevorzugung des grundbesitzenden Adels als sozialer Stütze der Autokratie immer wieder einen Ausgleich zwischen den bestehenden Tendenzen zu verhindern suchten, vergrösserte die Spannungen in der strukturellen Vielschichtigkeit des Reichs und trug schliesslich zu dessen Zusammenbruch bei.

Auf dem Weg zur Revolution

Nach der Jahrhundertwende verschärfte sich die Kritik des grundbesitzenden Adels an der Industrialisierungspolitik, die ihn «verarmen» lasse. Als äusseres Zeichen wiesen sie auf die zunehmenden Landverkäufe in der letzten Zeit hin. Deren Ursachen lagen jedoch hauptsächlich in den niedrigen Weltmarktpreisen für Getreide und in den Schwierigkeiten der Gutsbesitzer, mit der sich ausbreitenden Geldwirtschaft und der Konkurrenz, also mit dem kapitalistischen System insgesamt, zurechtzukommen. Witte konnte diese Kritik, die ihren Eindruck auf den Zaren Nikolaus II. nicht verfehlte, zunächst auffangen, indem er sich denjenigen anschloss, welche die *zemstva* unter stärkere staatliche Kontrolle bringen wollten. Ja, es gelang ihm sogar, erste Schritte zur Aufhebung der Bindung an die *obščina* zu tun und dem Kapitalismus in der Landwirtschaft mehr Raum zu lassen. So wurde die Kreditvergabe durch die Bauernbank ausgeweitet, das Gemeindeland durfte jetzt frühestens nach zwölf Jahren wieder umverteilt werden, und seit 1903 war die *obščina* nicht mehr kollektiv für die Steueraufbringung haftbar. Die Dorfgemeinde blieb allerdings noch im Besitz von Grund und Boden. Diese Massnahmen griffen bereits stark in die Lebenswelt der Bauern ein. Sie reagierten verunsichert, ja abwehrend, zumal gleichzeitig Adlige mit staatlicher Unterstützung versuchten, wieder mehr Land zu erwerben. Wie sich an der registrierten Zahl der Brandstiftungen und gewaltsamen Übergriffe seitens der Bauern zeigt, wuchs in den ersten Jahren nach der Jahrhundertwende die Unruhe in den Dörfern. Während dieser Zeit verhärtete sich die Haltung des Regimes in der Arbeiterfrage. Der Arbeitsschutz und die Verbesserungen der materiellen Lage kamen über leichte Fortschritte nicht hinaus. Konservative Kräfte förderten einen Patriarchalismus und erklärten, es gebe keine Arbeiterfrage. Deshalb dürfe man auch keine einheitliche Gesetzgebung erlassen, damit kein neuer

«Arbeiterstand» entstehe. Offenbar fiel es ihnen schwer, anders als in den überkommenen ständischen Kategorien zu denken. Immerhin liess die Regierung 1903 die Wahl von Fabrikältesten zu. Diese Einrichtung war seit dem 18. Jahrhundert Tradition, man wollte damit Unternehmern frühzeitig die Möglichkeit geben, Konfliktpunkte zu erkennen und zu regeln. Vielen Konservativen ging dies schon zu weit, und sie setzten Bestimmungen durch, die es erlaubten, in bestimmten Fällen den Ältesten, den *starosta,* wieder abzusetzen. Hauptsächlich wurden ohnehin nur im Moskauer Raum solche Vertreter gewählt, aber sie bedeuteten doch eine wichtige Vorstufe zur Selbstorganisation der Arbeiterschaft.

Ähnlich misstrauisch beobachteten die Konservativen Versuche, durch von oben, meist durch die Polizei, kontrollierte Organisationen eigenständige Vertretungsorgane der Arbeiter auf patriarchalischem Weg zu verhindern. Das wichtigste Beispiel eines solchen Polizeisozialismus war die *zubatovščina,* ein auf Anregung des Chefs der Moskauer *ochrana* und späteren Direktors der Polizei im Innenministerium, Sergej V. Zubatov (1864–1917), gebildeter Verband. Er erwies sich als durchaus attraktiv für die Arbeiter und hatte mehr Zulauf als die illegalen sozialistischen Gruppen. Für Moskau wurde sogar ein «Arbeiterrat» gebildet. Möglicherweise wäre daraus eine legale Arbeiterbewegung entstanden, doch traf der Verband auf zunehmende Gegenwehr des Innenministers Pleve, dem dies alles zu weit ging. Dies führte zur Radikalisierung, die der Kontrolle Zubatovs entglitt. Nach Streiks 1903 wurde er abgelöst. In anderer Form setzte sich die Bewegung jedoch fort und mündete etwa in St. Petersburg in eine Gruppierung unter Leitung des Priesters Georgij A. Gapon (1870–1906).

Wittes Vorschlag – den er allerdings nicht besonders nachhaltig vertrat –, auch Streiks und die Einrichtung von Hilfskassen für Arbeiter zuzulassen, konnte sich gegen das Innenministerium nicht durchsetzen. Hilfsvereine wurden nur unter strengster Kontrolle des Staates eingerichtet und dienten häufig zur Disziplinierung der Arbeiter: Wer streikte oder sich sonst unbeliebt machte, verlor seine Ansprüche. Gewerkschaften blieben illegal. Das Innenministerium zielte darauf ab, negative Entwicklungen, die durchaus gesehen wurden, unmittelbar durch den Staat und nicht in freier Vereinbarung oder gar durch Arbeitskämpfe abzustellen. Auf durchgreifende praktische Massnahmen warteten die Arbeiter allerdings vergeblich. Die Unzufriedenheit unter ihnen wuchs. Zwar fand der Zarenmythos noch Anklang, gerade durch den hohen Anteil von dörflichen Zuwanderern, und sozialistische Ideen und Organisationen kamen nur langsam voran. Aber die Lage war derart schlimm und der Wille zur Änderung so stark geworden, dass die handfeste Erfahrung, der Zar stehe auf der Seite der Gegner, der Funke sein konnte, der das Feuer entzünden und die Arbeiter zum entschiedenen Handeln bringen würde.

Neben Maksim Gor'kijs (Aleksej M. Peškov, 1868–1936) Werken schildern vielleicht die Berichte des Reporters und Schriftstellers Vladimir A. Giljarovskij (1853–1935) am eindrücklichsten das Elend der Unterschichten. So beschreibt er die Gegend um den Moskauer Platz Chitrovka:

«Alle zwei- und dreistöckigen Häuser rund um den Platz waren voll von solchen Nachtasylen, in denen bis zu zehntausend Menschen übernachteten und auf engstem Raum eine Unterkunft fanden. Diese Häuser brachten ihren Besitzern riesigen Gewinn. [...] Auf den Platz strömten direkt von den Bahnhöfen Scharen zugereister Arbeiter und stellten sich unter den eigens für sie gebauten riesigen offenen Schuppen. Hierher kamen morgens die Unternehmer und führten die gedungenen Artels zur Arbeit. Nachmittags stand der Schuppen den Bewohnern von Chitrowka und den Händlern zur Verfügung; die letzteren kauften alles auf, was ihnen in die Hände geriet. Arme Teufel, die ihre Kleidung und ihr Schuhwerk verkauften, legten diese hier gleich an Ort und Stelle ab, zogen statt der Stiefel Bastschuhe unter die Überreste abgetragener und zerrissener Schuhe an und wechselten ihre Anzüge gegen schäbiges, löchriges Lumpenzeug, durch das der nackte Körper zu sehen war; schon viele andere hatten es vor ihnen getragen. [...]
Auf dem ganzen Chitrowschen Markt schalteten und walteten zwei Schutzleute: Rudnikow und Lochmatkin. Nur die kleinen Spitzbuben fürchteten ihre pudschweren Fäuste wirklich; die ‹schweren Jungs› dagegen kamen mit beiden Repräsentanten der Staatsgewalt gut aus. Wenn sie Sibirien oder dem Gefängnis entronnen waren, gingen sie zuallererst zu ihnen, um ihnen ihre Aufwartung zu machen. [...] Und als der Untersuchungsrichter für besonders wichtige Angelegenheiten, W. F. Kaiser, Rudnikow einmal fragte: ‹Stimmt es, dass du alle entlaufenen Verbrecher in Chitrowka vom Ansehen kennst und sie nicht einsperrst?›, antwortete dieser: ‹Nur darum bin ich schon zwanzig Jahre hier und halte Wache, sonst hätten sie mich längst um die Ecke gebracht. Freilich kenne ich sie alle.› Natürlich konnten die Chitrower unter einer solchen Obrigkeit ‹ihr Leben geniessen›. [...]
Bunins Haus, das man nicht vom Platz, sondern von der Gasse aus betrat, war sauberer als die anderen Häuser. Hier lebten viele ständige Bewohner von Chitrowka, die sich von Tagelöhnerarbeit ernährten. Sie hackten Holz, schippten Schnee, und die Frauen scheuerten als Tagelöhnerinnen Fussböden, machten sauber und wuschen Wäsche. Hier wohnten berufsmässige Bettler und allerlei heruntergekommene Handwerker. [...] Die grösste und beständigste Einnahme aber erzielten die Mieter mit dem Branntweinhandel. Jede Wohnung war eine Kneipe. In den Wänden, unter dem Fussboden, in den dicken Tischbeinen – überall wurde dieser abscheuliche, mit Wasser verdünnte Branntwein aufbewahrt, der eigens für die Nachtasylbewohner und die Gäste bestimmt war. [...]
Die Kinder standen in Chitrowka hoch im Kurs: sie wurden bereits als Brustkinder an Arme verpachtet, ja beinahe versteigert. Ein schmutziges Weib, nicht selten mit den Spuren einer schrecklichen Krankheit behaftet, nahm das unglückliche Kind, steckte ihm einen schmutzigen Lappen mit zerkautem Brot in den Mund und schleppte es auf die kalte Strasse. Das Kind lag den ganzen Tag nass und schmutzig in ihren Armen, vergiftete sich an dem Schnuller und wimmerte vor Kälte, Hunger und ständigen Leibschmerzen, wodurch es das Mitleid der Passanten für die ‹arme Mutter des unglücklichen Waisenkindes› erregte. Es kam vor, dass ein Kind morgens in den Armen

einer Bettlerin gestorben war, sie jedoch mit ihm bis spät in die Nacht um ein Almosen betteln ging, da sie den Tag nicht verlieren wollte. Zweijährige wurden an der Hand geführt, ein dreijähriges Kind hingegen musste schon allein betteln gehen. [...] Um mehr erbetteln zu können, mussten die Kinder im Winter ihre Schuhe ausziehen, sie einem Aufpasser an der Strassenecke geben und barfuss bei den Ausgängen der Wirtshäuser und Restaurants im Schnee hin und her laufen. Sie mussten mit allen Mitteln Geld ergattern, denn kehrten sie ohne ein Zwanzigkopekenstück nach Hause zurück, wurden sie verprügelt. Ausserdem standen die Jungen Schmiere, wenn die Erwachsenen klauten, und erlernten dabei gleich selbst dieses Handwerk. [...] Das Los der Mädchen war noch schrecklicher. Ihnen blieb nur das eine übrig: sich an betrunkene Wüstlinge zu verkaufen. Zehnjährige betrunkene Prostituierte waren keine Seltenheit.»[72]

Zu Beginn des 20. Jahrhunderts war das Ansehen des Zaren und des Regimes schwer angeschlagen. Dass sich die verschiedenen Strömungen in der Regierung wechselseitig blockierten, wurde immer offensichtlicher, ebenso wie die Unfähigkeit des Zaren, sie in den Griff zu bekommen. 1903 entliess er gar Finanzminister Witte. Unterdrückungsmassnahmen gegen zahlreiche Nationalitäten, gegen streikende Arbeiter und unruhige Bauern, gegen demonstrierende Studenten, aber auch gegen kritische Anhänger der Autokratie förderten den Autoritätsverfall. Dies zeigte sich deutlich, als der gemässigte Nachfolger des ermordeten Innenministers Pleve, Petr D. Svjatopolk-Mirskij (1857–1914), versuchte, Vertrauen in der Gesellschaft zurückzugewinnen: Seine Vorschläge, die Jahrzehnte zuvor vielleicht noch Aufbruchstimmung ausgelöst hätten, wurden jetzt höchst zurückhaltend aufgenommen, sie gingen nicht mehr weit genug. Im Gegenteil: gerade die Liberalen aus den *zemstva* organisierten sich nun zunehmend. Der Bund der Befreiung, der Bund der Zemstvo-Konstitutionalisten und ähnliche Gruppierungen wurden immer aktiver. Kreise der *intelligencija* organisierten eine «Bankettbewegung». Aus der Verbannung zurückgekehrte Mitglieder des zeitweise verbotenen Schriftsteller-Verbands gaben den Anstoss. Sie gründeten ein «kulinarisches Komitee», das Festessen veranstaltete, bei denen dann politische Resolutionen verabschiedet wurden. Diese Form einer politischen Bewegung war schwer zu verbieten und machte deshalb schnell Schule. Seit November 1904 dehnte sich die Bankettkampagne über ganz Russland aus und wurde auch von den revolutionären Parteien aufgegriffen. Eine inoffizielle Konferenz von *zemstvo*-Vertretern verlangte im November 1904 eine gewählte gesetzgebende Körperschaft. Andere Organisationen – wie der Bund der Befreiung – stellten die Forderungen nach einer Verfassunggebenden Versammlung in den Raum.

Den letzten Stoss gab der Krieg gegen Japan der zarischen Autorität. Der Bau der Transsibirischen Eisenbahn hatte die Aufmerksamkeit weiter Teile der Öffentlichkeit auf den Fernen Osten gelenkt. Witte brachte zum Ausdruck, dass hier – gerade im Riesenreich China – ein zukünftiger Markt liege und zugleich strategische Interessen, auch gegenüber einem Ausgreifen Grossbritanniens, wahrgenommen werden sollten. Das Zarenreich hatte sich bisher von der Aufteilung der Welt unter den imperialistischen Mächten zurückgehalten. Nun begann auch Russland eine imperialistische Expansion, die allerdings nur mit finanzieller Hilfe und politischer Duldung des Auslandes möglich war: Es handelte sich um einen «geborgten Imperialismus».[73] Dabei stiess Russland vor allem mit Japan zusammen, dessen imperialistische Interessen sich auf die Mandschurei richteten. Hier hatte China dem Russischen Reich nach dem japanisch-chinesischen Krieg von 1894/95 erlaubt, die Transsibirische Eisenbahn über dieses Gebiet zu bauen. Japan fühlte sich gedemütigt, insbesondere als Russland 1898 Port Arthur und die Halbinsel Liaotung in Besitz nahm, die Japan verweigert worden war. Witte wollte eigentlich eine «friedliche», indirekte Kontrolle des Raumes, doch inzwischen hatten die Machtpolitiker alter Schule Gefallen an der Expansion gefunden, um Russlands Grossmachtstellung zu demonstrieren. 1900 besetzten russische Truppen während des Aufstandes der «Boxer» – so genannt nach der unzutreffenden englischen Übersetzung der Bezeichnung für einen chinesischen Geheimbund – die Mandschurei, um China zu weiteren Konzessionen zu zwingen. Als die Verhandlungen über einen mehrstufigen Abzug der Russen in eine verwirrende Phase gerieten, entschied sich Japan mit Rückendeckung Grossbritanniens und der USA für Krieg. Am 8./9. (21./22.) Februar 1904 griffen japanische Einheiten ohne vorherige Kriegserklärung Port Arthur an. In Russland war der Krieg völlig unpopulär. Die Regierung, namentlich Innenminister Pleve, dachte jedoch, einen schnellen Prestigeerfolg erringen zu können. Wir brauchen «einen kleinen und siegreichen Krieg»,[74] hatte Pleve einmal gesagt, um von den inneren Problemen abzulenken und die Revolutionäre niederzuhalten.

Ebendies gelang jedoch nicht. Ende Dezember 1904 musste Port Arthur kapitulieren, die Mandschurei konnte nicht gehalten werden, und im Mai 1905 vernichteten die Japaner in der Seeschlacht von Tsushima schliesslich die russische Ostseeflotte, die in einer langen Fahrt herangeführt worden war. Der anderthalbjährige Krieg machte Russlands militärische Schwächen offenbar. Im Frieden von Portsmouth vom 23. August/5. September 1905 musste das Zarenreich Japans Interesse an Korea anerkennen sowie die Pachtrechte an Port Arthur und am Süden Sachalins abtreten.

Der schon während des Kriegs zutage tretende Prestigeverlust der zarischen Regierung führte zu vermehrter Artikulation der Unzufriedenheit unter Arbeitern, Bauern und *intelligencija*. Die von Gapon geleitete Vereinigung der russischen Fabrikarbeiter St. Petersburgs, die rund 8000 Mitglieder umfasste und eigentlich unter staatlicher Kontrolle stand, forderte Verbesserungen der materiellen Lage und mehr Mitsprachemöglichkeiten. Als die Putilov-Werke zu Beginn des Jahres 1905 vier Arbeiter wegen angeblicher Zugehörigkeit zur Vereinigung Gapons entliessen, entlud sich die aufgestaute Spannung in einem Streik, der nicht nur deren Wiedereinstellung forderte, sondern auch den Acht-Stunden-Tag, die Entfernung unbeliebter Vorarbeiter und die Wahl eines Betriebsrates. Wohl unter dem Einfluss der Bankettbewegung entschloss man sich zu einem friedlichen Demonstrationszug, aus dessen Mitte dann dem Zaren Bittschriften überreicht werden sollten. An der Abfassung dieser Petitionen beteiligten sich auch Liberale aus dem Bund der Befreiung und sogar Marxisten wie Sergej N. Prokopovič (1871–1957). So erstaunt es nicht, dass die Forderung nach einer Verfassunggebenden Versammlung auftauchte. Die Organisation war der polizeilichen Kontrolle entglitten.

Die meisten der über 100'000 Demonstranten, die am 9. Januar 1905 durch Petersburg zum Winterpalast zogen, glaubten aber noch an die Güte des Zaren. Überall waren Zarenbilder und Ikonen zu sehen. Das bäuerliche Element unter den Arbeitern fiel deutlich auf. Niemand dachte an Gewalt. Die Offiziere der Wachmannschaften hingegen, die mit diesem gewaltigen Demonstrationszug konfrontiert wurden, waren völlig überfordert. Als sich die Kolonnen nicht auflösten, verloren sie den Kopf und gaben den Schiessbefehl. Eine Panik entstand, weit über 100 Tote waren zu beklagen. Dieser «Blutsonntag», dem am 16. Januar in Warschau ein zweiter folgte, löste eine Streikwelle aus, die in eine politische, in eine revolutionäre Massenbewegung überging und eine neue Periode der Geschichte Russlands einleitete.

DRITTER TEIL

Das Jahrhundert der Revolutionen

- Arbeitsbünde als Vorform u. Gewerkschafte

Die Revolution von 1905

Die «Blutsonntage» in Petersburg und Warschau läuteten den Umschlag der
Ereignisse von Demonstrationen in revolutionäre Unruhen ein. Ministerwechsel, Einsetzung von Kommissionen und erste Zugeständnisse des Zaren, eine
beratende Duma zu gewähren, reichten zur Beschwichtigung nicht mehr aus.
Die Revolution eskalierte bis zum Herbst, als der Zar im Oktobermanifest
eine Duma mit legislativen Vollmachten zusagte. Obwohl die Arbeiter- und
Bauernschaft auch danach für weitere Veränderungen kämpfte, bröckelte die
Opposition gegen das Regime allmählich ab. Die Unruhen hielten noch länger an, die Gewaltsamkeit nahm sogar zu, aber Schritt für Schritt wurde die
Regierung – unter Einsatz aller Gewaltmittel – wieder Herr der Lage. Allerdings war die Machtordnung nicht mehr dieselbe wie vor der Revolution:
Man muss von einer «eingeschränkten Autokratie» sprechen.
Betrachten wir den Verlauf der versuchten Revolution etwas genauer. Die
erste Phase war gekennzeichnet von einem Bündnis zwischen der Arbeiterschaft und der kritischen Intelligenz: der Opposition in den *zemstva*, der Liberalen und natürlich auch der Sozialisten. Diese Kreise drängten auf die Gründung von Berufsverbänden als organisatorisch breite Basis für die Regimekri-
tiker aus der Arbeiterschaft, den freien Berufen, aus den hochqualifizierten
Fachleuten, die den Zarismus als Fessel für die Verwirklichung ihrer Vorstellungen empfanden. Bis Mitte 1905 stieg die Zahl der Mitglieder solcher Gruppierungen, die als Vorformen von Gewerkschaften verstanden werden können, auf 40'000 bis 50'000 an. Die Linksparteien arbeiteten darin mit, ausser
den Bolschewiki, die die politische Führungsrolle der Sozialdemokratie in Gefahr sahen. Die Forderungen der Verbände zielten auf ein demokratisches
Wahlrecht und eine Verfassunggebende Versammlung, daneben auf soziale
Verbesserungen wie den Acht-Stunden-Tag, Arbeiterschutz und Landzuteilung oder Verstaatlichung des Bodens. Die nationalen Minderheiten sollten
besondere Rechte erhalten. Am 8./9. Mai 1905 schlossen sich die Verbände in
Moskau zu einer Dachorganisation zusammen, dem *Sojuz sojuzov*, dem Bund
der Bünde. Er rief dazu auf, mit allen Mitteln die Autokratie zu beseitigen:
Der bewaffnete Aufstand war legitimiert.
Eine erste Schwächung der *intelligencija* als verhältnismässig geschlossener
Gruppe im Revolutionsprozess trat ein, als Meinungsverschiedenheiten über
die Frage aufkamen, ob man sich an den Wahlen zur beratenden Duma beteiligen oder diese boykottieren solle. Vollends zersplitterte sie sich nach der
Gründung der liberalen Partei der Konstitutionellen Demokraten – nach
ihren Anfangsbuchstaben KD auch Kadetten genannt – vom 12.–18. Oktober 1905 und nach dem Oktobermanifest des Zaren am 17. Oktober 1905, mit
dem er die gesetzgebende Duma ankündigte. Die Arbeiterschaft befürchtete
nun zu viele Kompromisse, gerade seitens der Bünde. Für einen Teil der *intelligencija* traf dies auch zu, er schloss sich den Kadetten an. Die Bünde verloren an Bedeutung, die Räte der Arbeiter wurden wichtiger. Sie drängten
sogar die von den Bünden organisierten Streikkomitees – die etwa in Moskau
im Oktober noch erhebliche Wirkung zeitigten – zurück. Andere kritische

Oppositionelle verteilten sich auf Sozialdemokratie und Sozialrevolutionäre oder neu entstehende kleinere sozialistische Parteien wie die Trudoviki und die Volkssozialisten.

Das organisatorische Schwergewicht verschob sich im Laufe des Jahres 1905 zu den spezifischen Arbeitergruppierungen. Anlässlich der ersten grossen Streiks nach den «Blutsonntagen» waren einzelne Gewerkschaften gegründet worden, die teilweise mit den Bünden zusammenarbeiteten, da sich ihre Aufgabenbereiche weitgehend überschnitten. Ihre Bedeutung blieb jedoch gering, es gelang ihnen nicht, die Aktionen der Arbeiter wesentlich zu beeinflussen. Spontane und betriebliche Organisationsformen, Landsmannschaften und Parteizellen erzielten einen wesentlich höheren Wirkungsgrad.

Die Unruhen waren anfangs in den Randgebieten des Russischen Reichs am heftigsten: in Polen, in Lettland, im Kaukasus, am Schwarzen Meer – berühmt wurde die Meuterei auf dem Panzerkreuzer «Potemkin» am 14./15. Juni 1905 –, im Textilgebiet um Ivanovo-Voznesensk. So wurde das Zentrum allmählich eingekreist. Seit September kam es in Moskau wieder zu grösseren Streiks, die dann im Oktober in einem Generalstreik gipfelten, der sich schnell über die Städte und Industriezentren Russlands ausbreitete. Zum letztenmal vereinigte sich hier die gesamte Opposition in der Unterstützung dieser Aktion. Die Basis war in Moskau im übrigen wesentlich radikaler als Menschewiki oder Bolschewiki, die an sich den Zeitpunkt des Streiks für nicht so günstig hielten. Die «strategisch» wichtigen Eisenbahnarbeiter und Drucker gaben den Ausschlag.

Als eines der wichtigsten Ergebnisse kann die Wahl eines Rates, eines Sowjets der Arbeiterdeputierten, angesehen werden. Sie bedeutete den Durchbruch für diese Organisationsform. Bereits im Mai und Juni hatte es in Ivanovo-Voznesensk eine Versammlung der Arbeiterbevollmächtigten gegeben, die häufig als erster Sowjet bezeichnet wird. Der Rat diente zunächst als zentrales Streikorgan und lässt sich auf Vorbilder in der Pariser Commune zurückführen. Aber auch Traditionen der dörflichen Selbstverwaltung und der Fabrikältesten dürften eine Rolle gespielt haben. Die Arbeiterparteien sprangen dabei auf den fahrenden Zug auf, sie hatten bislang das Ziel einer Räteorganisation keineswegs konsequent verfolgt. Der Erfolg des Generalstreiks und seiner Leitung durch den Sowjet war gewaltig, wie das Oktobermanifest zeigte: Die Autokratie geriet in die Defensive und wurde zum Nachgeben gezwungen. In der folgenden Zeit zerbröckelte die Opposition, die revolutionären Linien liefen – im Unterschied zu 1917 – auseinander.

In Petersburg bildete sich, nun unter tatkräftiger Förderung der Menschewiki, ebenfalls ein Arbeiterrat. Erster Präsident war der Rechtsanwalt Georgij St. Chrustalev-Nosar' (1877–1918). Grossen Einfluss gewann bald Lev D. Trockij (Lejb Bronštejn, 1879–1940), ein Alleingänger zwischen den Flügeln der Sozialdemokratie. Vorübergehend wurde er auch Vorsitzender des Rates. Die Bolschewiki blieben in ihrer Haltung schwankend. Der Petersburger Sowjet erreichte – meist mit Streiks – die Durchsetzung weiterer Forderungen wie die Pressefreiheit, die Aufhebung des Belagerungszustandes für Polen, die Amnestie für meuternde Soldaten in Kronstadt. Eine

Niederlage erlitt er jedoch, als er unter dem Druck der Arbeiterbasis den Acht-Stunden-Tag verlangte. Der Streik konnte nicht durchgehalten werden. Als der Rat dann Anfang Dezember 1905 dazu aufrief, alle Sparguthaben von den Banken abzuziehen, zeigte sich vollends, dass die gemeinsame Front mit der liberalen Opposition nicht mehr bestand und die Arbeiter allein zu schwach waren. Die Sowjetmitglieder wurden verhaftet, ein erneuter Streik der Arbeiter blieb praktisch folgenlos.

In Moskau hingegen ergriff der Rat nicht zuletzt als Reaktion auf die Verhaftungen in Petersburg die Initiative und ging, jetzt unter dem Einfluss der Bolschewiki, im Dezember sogar zum bewaffneten Aufstand über. Der Höhepunkt der Revolution, dies wurde hier ganz deutlich, war jedoch überschritten. Die Kräfte der streikenden Arbeiter reichten nicht aus, den Truppen standzuhalten. Da versäumt worden war, die Eisenbahnlinien stillzulegen, konnte ein Garderegiment aus Petersburg die Regierungsseite verstärken. Mit der blutigen Niederschlagung dieses Aufstandes war der Ausgang der Revolution entschieden.

Wie wenig die verschiedenen revolutionären Strömungen ineinanderflossen, erwies sich darin, dass erst jetzt die Bauernbewegung erstarkte, ohne noch zu einem Zusammengehen mit der Arbeiterbewegung zu finden. Vor dem Oktober waren die Bauern – ähnlich wie anfangs die Arbeiter – vor allem in den Randgebieten aktiv, etwa im Kaukasus, wo sie die Behörden mit Waffengewalt vertrieben und eine eigene Selbstverwaltung aufbauten. Die Menschewiki konnten hier eine gewisse Wirkung entfalten. Im Baltikum gab es Landarbeiterstreiks und ebenfalls, nach einer Art «Partisanenkrieg»,[1] eine eigenständige Selbstverwaltung. Der Kern des Reichs, in dem es vor dem Oktober 1905, von einzelnen Ausnahmen abgesehen, verhältnismässig ruhig blieb, wurde also wiederum eingekreist, bevor die Bauernbewegung auch dort in eine gewaltige revolutionäre Welle einmündete.

Kritik und Proteste hatten sich hier gegen Gutsherren oder Landhauptleute gerichtet und meistens im illegalen Fällen von Bäumen für Bau- und Brennholz niedergeschlagen. Unter den Landarbeitern im Südwesten schwelte es. Seit Oktober entlud sich dann die Unruhe in Brandstiftungen und Plünderungen der Gutshöfe. In den Gutsherren sahen die Bauern ihre Hauptgegner, deren Land verlangten sie. Unter dem Einfluss der revolutionären Ereignisse in den Städten sowie des Allrussischen Bauernbundes, der von den Sozialrevolutionären und Volkssozialisten dominiert wurde, erhoben die Bauern auch politische Forderungen. Zum erstenmal in dieser Schärfe zeigte sich der Einfluss der «Bauern-Arbeiter», die mit ihrem dichten Kommunikationsnetz das Land mobilisierten und politisierten. Auf diese Weise gelangten vermehrt sozialdemokratische Vorstellungen ins Dorf. Im Unterschied zu 1917 dauerte es allerdings zu lange, bis sich die Informationen durch die «Bauern-Arbeiter» in Aktionen umsetzten. Die Aktionen selbst gingen, dies muss betont werden, eindeutig vom Dorf aus. Die Parteien hinkten noch hinterher. Nicht verschwiegen werden darf, dass in Westrussland die Unruhen oft mit Judenpogromen begannen. Man dachte dabei vielfach – wie bei den Übergriffen gegen die Gutsbesitzer –, im Interesse des Zaren zu handeln.

Mehr oder weniger losgelöst von den städtischen Entwicklungen führten die Bauern ihre Erhebungen 1906 fort. Allerdings wurde nun auch die Ambivalenz der Sozialbeziehungen im Dorf sichtbar. Während etwa im zentralen Schwarzerdegebiet vor allem die ärmeren Bauern um höhere Löhne bei den Gutsbesitzern kämpften, zogen sich die wohlhabenderen – im Unterschied zu 1905 – mehr und mehr zurück. Die Behörden konnten, da die Städte inzwischen im wesentlichen «befriedet» waren, massiv mit Truppeneinsätzen gegen die Bauern vorgehen und die Unruhen mit brutaler Gewalt niederschlagen. «Feldgerichte» machten mit störrischen Elementen kurzen Prozess. Lohnerhöhungen wurden in der Regel wieder zurückgenommen, die Pachtpreise erhöht. Dennoch hatte die Revolution auf dem Land, ganz abgesehen von langfristigen Wirkungen, eine wichtige Folge: Der Trend, dass Gutsbesitzer versuchten, ihr Land wieder auszudehnen, wurde umgekehrt. Zahlreiche Adlige verkauften ihre Wirtschaft.

Das Regime hatte eine Mischung aus einigen Reformen und Gewalt gewählt, um der Revolution zu begegnen. Damit gelang es, das Bürgertum, die *intelligencija,* die Liberalen zu spalten. Die Kluft zwischen dem «Volk» *(narod)* und der «Gesellschaft» *(obščestvo)* – den Besitzenden und Gebildeten – wurde grösser. Die Hoffnung auf seiten der herrschenden Kreise, das Land sei so zur Ruhe gebracht, erwies sich jedoch als Illusion. Die Bauern waren enttäuscht, dass der Zar in seinen Reformverlautbarungen mit keinem Wort auf die Landfrage einging. Gewiss war mittelfristig der am 3. November 1905 verkündete Erlass der Loskaufzahlungen wichtig, weil er letztlich den Austritt aus der *obščina* ermöglichte, doch aktuell bedeutete er nichts, weil die Bauern die Zahlungen ohnehin eingestellt hatten.

Auch die «Grundgesetze» vom 23. April 1906 berührten die Bauernfrage mit keinem Wort. Diese Verfassung, mit der der Zar jeden konstitutionellen Absichten der Duma zuvorkommen wollte, stellte dem Parlament einen Reichsrat zur Seite. Dessen Mitglieder wurden zur Hälfte vom Zaren ernannt und zur Hälfte von gesellschaftlichen Institutionen – zu denen selbstverständlich Gewerkschaften und ähnliche Verbände nicht zählten – gewählt. Weiterhin legte die Verfassung die Kompetenzen der Duma fest. Im wesentlichen bestanden sie im Budgetrecht; der kaiserliche Haushalt, Armee und Flotte blieben allerdings ausgenommen. Das Gesetzgebungsrecht war an die Zustimmung von Reichsrat und Zaren gebunden. Ausserdem unterstand die Aussenpolitik ausschliesslich dem Zaren, der auch den ihm verantwortlichen Ministerrat ernannte, das Recht zum Eingriff in Strafverfahren behielt, Duma und Reichsrat einberufen wie auflösen konnte sowie ein Notverordnungsrecht besass. Garantiert wurden in den Grundgesetzen einige Persönlichkeitsrechte, die Ausführungsgesetze fielen allerdings recht restriktiv aus. Fast gleichzeitig mit der Verkündung der Verfassung entliess der Zar Sergej Witte, den er als «Nothelfer» wieder geholt hatte und der zum starken Mann geworden war: Er hatte diese Mischung von Gewalt und Reformen derart vertreten, dass er nicht nur Erfolge verbuchen konnte, sondern auch in Kreisen der Öffentlichkeit durchaus Ansehen und Glaubwürdigkeit genoss.

Die Bauern, die man für «befriedet» und für im Grunde konservativ hielt, stimmten bei den Wahlen zur ersten Duma wider Erwarten mehrheitlich nicht rechts. Das Wahlgesetz sah indirekte Wahlen vor, die Wahlmänner setzten sich dann nach sozialen Gruppen zusammen, deren prozentuale Verteilung vorher festgelegt war. In sehr komplizierten Bestimmungen wurde der Adel eindeutig bevorzugt. Die revolutionären Parteien konnten nicht gewählt werden oder hatten selbst die Wahl boykottiert. Dennoch erlitten die Rechten eine vernichtende Niederlage. Zur stärksten Fraktion wurden die eindeutig in der Opposition stehenden Konstitutionellen Demokraten, gefolgt von den Trudoviki, die politisch zwischen Sozialrevolutionären und Sozialdemokraten standen und in hohem Masse das Vertrauen der Bauern erhielten. Sehr stark waren auch die Parteilosen, die ihre Stimme in der Duma je nach Einzelfall abgaben, und die Autonomisten, die in den Randgebieten des Reichs ihre Anhänger hatten. Die erste Duma wurde deshalb sofort wieder aufgelöst, doch die Wahl zur zweiten ging ähnlich aus. Die Trudoviki, die jetzt offiziell mit dem Bauernbund zusammenarbeiteten, bildeten nun sogar die stärkste Fraktion, gefolgt von Kadetten, Sozialdemokraten und Sozialrevolutionären, die diesmal gewählt werden konnten; daneben blieben die Polen und Parteilosen stark. Deshalb löste der Zar auf Initiative des Ministerpräsidenten Petr A. Stolypin (1863–1911) am 3. Juni 1907 das Parlament wiederum auf und erliess zugleich ein neues Wahlrecht, das die Konservativen derart begünstigte, dass nichts mehr schiefgehen konnte. Dies war ein Staatsstreich, mit dem die Autokratie Stärke bekundete, doch gleichzeitig ein Grunddilemma offenbarte.

Das Zarenreich nach der ersten Revolution

Die Autokratie war offenbar bereit, sich bei Bedarf über ihre verfassungsmässigen Beschränkungen hinwegzusetzen. Eine totale Vereinheitlichung der strukturellen Vielschichtigkeit von oben erwies sich allerdings als unmöglich, die Kraft anderer gesellschaftlicher Gruppen, eine neue politische Ordnung zu schaffen, reichte noch nicht aus. Insofern war die Zeit zwischen 1905 und 1917 von widersprüchlichen Tendenzen gekennzeichnet: Fortschritten bei der Parlamentarisierung, bei der Stärkung liberaler Elemente – nicht zuletzt in der Bürokratie – und bei der Politisierung der Bevölkerung standen Versuche entgegen, diese Entwicklung zu blockieren und den früheren Zustand wiederherzustellen.

Innerhalb der Gesellschaft kann man, nachdem der Schock über den Verlauf der Revolution überwunden war, durchaus von einer Aufbruchstimmung sprechen. Vereine, Gesellschaften, Klubs schossen überall aus dem Boden, die vielfach untereinander vernetzt waren. Lokale Fallstudien haben gezeigt, dass sich hier quer zu den Ständen eine neue Schicht von Menschen zusammenfand, die aktiv sein wollte. Viele sahen die Möglichkeit, der zarischen Herrschaft weitere Zugeständnisse abzuringen, selbst wenn es durch repressive Massnahmen immer wieder zu Rückschlägen kommen werde. So verstärkte sich die Bereitschaft, sich zu engagieren, für Reformschritte zu kämpfen, Russland auf den Weg einer «Zivilgesellschaft» zu bringen. Dies drückte sich etwa in selbstbewussten und mutigen Aktivitäten von Universitätsprofessoren aus, in den Bestrebungen von Juristen oder Ingenieuren, Fachorganisationen zu bilden, die zahlreiche Pläne für die Zukunft erörterten, oder in den Diskussionen der *intelligencija* über die Perspektiven des Landes und das eigene Verhalten.

Ein Höhepunkt dieser Diskussion war 1909 die Veröffentlichung eines Sammelbandes angesehener Intellektueller – so Nikolaj A. Berdjaev (1874–1948), Sergej N. Bulgakov und Semen L. Frank (1877–1950) – unter dem aufrüttelnden Titel *«Vechi»*. Diese «Wegzeichen» sollten die Umkehr der *intelligencija* markieren. Der erbitterte Kampf der revolutionären Bewegung gegen die zarische Despotie sei gescheitert, habe nur zu gewaltsamen Gegenreaktionen des Staates und zur Ausformung einer Untergrundmentalität geführt. Diese Polarisierung müsse aufgebrochen werden. Notwendig sei eine Erneuerung von innen her, aus der individuellen Persönlichkeit heraus, die ihre schöpferische Kraft entfalten und ihre gesellschaftliche Verantwortlichkeit erkennen solle. Die scharfe Kritik am Verhalten weiter Teile der *intelligencija* und an ihren bisher nicht in Frage gestellten Denkkategorien rief gewiss heftigen Widerspruch bis hin zum Vorwurf des «Verrats» hervor, hinterliess aber doch nachhaltigen Eindruck. Zu spüren ist sie auch in der Dichtung jener Jahre, vor allem im Symbolismus, und beispielhaft in Andrej Belyjs (Boris N. Bugaev, 1880–1934) Roman «Petersburg» von 1913 wiederzufinden. In all dem spiegelten sich die Krise, in die das Bewusstsein und die Kultur der *intelligencija* geraten war, aber auch der Wille zur Neubesinnung und zu neuem Handeln nach der Läuterung wider.

Einer der Autoren der *«Vechi»*, der aus einer Juristenfamilie stammende Philosoph Bogdan A. Kistjakovskij (1868–1920), mahnte die Weiterentwicklung von Rechtsstaatlichkeit und Rechtsbewusstsein an. Hier kam es in der Zeit zwischen Revolution und Erstem Weltkrieg trotz andauerndem Ausnahmezustand zu deutlichen Verbesserungen. Das Rechtswesen prägte sich immer stärker als Instrument einer Gewaltenteilung aus, das Selbstbewusstsein der Juristen gegenüber dem Staat stieg weiter an. Ansätze einer Verwaltungsgerichtsbarkeit, die die Rechte des einzelnen gegen staatliche Übergriffe schützen sollte, wurden ausgedehnt, allerdings erst nach der Februarrevolution von 1917 – für kurze Zeit – systematisch eingeführt.

Von besonderer Bedeutung gestaltete sich die Stärkung der Selbstverwaltung, die in Russland ein Doppelgesicht zeigte: Sie war ein Organ, das die Interessen der Bevölkerung selbständig zur Geltung brachte, aber zugleich als Teil der staatlichen Verwaltung auftreten musste. Auch das höchste Justizorgan des Zarenreichs, der Dirigierende Senat, stand in seinen Entscheidungen der Selbstverwaltung wohlwollend gegenüber, schützte allerdings ebenso Privatpersonen vor Willkürhandlungen seitens der lokalen oder regionalen Körperschaften. So zeichnete sich ein Ausgleich zwischen gefestigter Autonomie auf unterer staatlicher Ebene – die in diesem Ausmass als Besonderheit Russlands gelten kann – und deren Kontrolle durch zentrale Gremien ab, der nicht zuletzt zu einer zunehmenden Rechtssicherheit beitrug. Aus der

Gesellschaft kam somit, unterstützt von Reformen in der Bürokratie, eine erstaunliche Kraft mit zukunftsweisenden Tendenzen, die allerdings von widerstrebenden Elementen immer wieder behindert wurden. Zahlreiche Projekte im Justizwesen, in der Bildungspolitik, in der Wirtschaft konnten nicht verwirklicht werden. Manch einer, der sich engagiert hatte, zog sich aufgrund dieser Widrigkeiten resigniert zurück. An der Spannung zwischen Reform und Beharrung zerbrach das Zarenreich.

Auf seiten der Regierung prägte zunächst Stolypin die Politik. In gewisser Weise setzte er die Linie Wittes fort, ein äusserst energisches Vorgehen gegen die Opposition mit Reformen zu verbinden. Je mehr die Revolution verebbte, desto stärker stiess er dabei auf Widerstand in den Reihen der gesellschaftlichen Elite. Viele Adlige wehrten sich gegen Stolypins Agrarreformen, die orthodoxe Kirche beargwöhnte seine Bestrebungen, den Altgläubigen entgegenzukommen, denen eine Reihe wichtiger Politiker und Industrieller zugehörte. Im Reichsrat konnten die Gegner des Regierungskurses häufig Reformen verhindern oder zumindest aufhalten, so dass selbst die gemässigten Parteien, die anfangs zur Zusammenarbeit mit der Regierung bereit waren, an der Handlungsfähigkeit Stolypins zu zweifeln begannen. Obwohl dennoch wichtige Vorhaben auf den Weg gebracht werden konnten, vermehrten sich die Anzeichen, dass sich das autokratische System politisch selbst blockierte und allmählich selbst paralysierte. Zwischen dem Druck der Rechtskreise und dem wachsenden Unmut in der Öffentlichkeit über die Art und Weise, wie Stolypin die Revolution niederschlagen liess, sowie über seine Repressionen gegen kritische politische und gesellschaftliche Organisationen geriet der Ministerpräsident in immer stärkere Isolierung. Das Problem, wie man ihn loswerden könne, wurde dadurch «gelöst», dass ihn am 1. September 1911 ein Doppelagent im Kiever Theater ermordete.

Seine Nachfolger hatten noch grössere Mühe, sich gegen die Adligen und ihre Verbindungen zur Hofkamarilla durchzusetzen. Diese Kräfte gewannen mehr und mehr Einfluss auf den Zaren. Nicht zuletzt durch die Ausstrahlung des als «Wundertäter» betrachteten Grigorij F. Rasputin (1871–1916), der die Bluterkrankheit des Thronfolgers zu heilen versprach und besonders bei der Zarin Ansehen genoss, wurden ab 1907 Tür und Tor für Intrigen geöffnet. Die Einschränkungen der Autokratie durch die Ergebnisse der Revolution von 1905 gingen offensichtlich nicht weit genug, um das persönliche Regiment des Zaren zu verhindern. Gerade bei einer gutwilligen, aber schwachen Person wie Nikolaus II. wirkte sich dies besonders nachteilig aus.

Die Widersprüchlichkeit des Systems gipfelte – einmal mehr – in der «Judenfrage». Im September 1913 begann in Kiev nach zweieinhalbjähriger Untersuchungshaft das Verfahren gegen den des Ritualmordes beschuldigten Mendel Bejlis. Inszeniert war dieser Prozess vom Innen- und Justizministerium in Zusammenarbeit mit Rechtskreisen, um neue Beschränkungen für die Juden zu erlassen und Druck zugunsten einer weniger industriefreundlichen Politik auszuüben. Der Kampf gegen eine Liberalisierung in der «Judenfrage» – so war eine Aufhebung des Ansiedlungsrayons im Gespräch – diente gleichermassen dem Kampf gegen die angeblich vom Weltjudentum beherrschte

Industrialisierung und gegen die angeblich von Juden gelenkten revolutionären Organisationen wie der Zurückdrängung der Duma und der Stärkung des Zaren, der sich immer wieder von antijüdischen Meinungen beeinflussen liess. Bejlis wurde freigesprochen, wenngleich die Geschworenen einen Ritualmord für bewiesen hielten und damit die Antisemiten – darunter Pavel A. Florenskij (1882–1943) – stärkten. Der offenkundige Skandal einer inszenierten Beschuldigung liess aber doch die Autorität der Autokratie weiter abbröckeln, so dass die Kluft zwischen «Volk» und «Gesellschaft» – trotz aller judenfeindlichen Vorurteile in weiten Kreisen des «Volkes» selbst – immer grösser wurde.

Diese Einschätzung wird durch die Behandlung wichtiger politischer Themen bestätigt. An der Spitze sind die Stolypinschen Agrarreformen zu nennen. Das Ziel bestand darin, eine ökonomisch kräftige Bauernschicht zu schaffen und die Produktion zu steigern. Dafür nahm die Regierung jetzt auch in Kauf, dass sich ein Landproletariat bildete und zunehmend verarmte Dorfbewohner in die Industriezentren und Städte strömten. Den ersten Schritt tat Stolypin bezeichnenderweise durch ein Notverordnungsgesetz nach Artikel 87 der Verfassung am 9. November 1906. Der bäuerliche Haushaltsvorstand verfügte danach über das Recht, sein Land in Privateigentum zu überführen – also aus der *obščina* zu lösen – und zu verlangen, dass ihm von der Dorfgemeinde eine möglichst geschlossene Flur überlassen wurde. Folgerichtig wurde dadurch ein Prozess der Flurbereinigung und Landvermessung in Gang gesetzt. Ein Einzelhof konnte sich als *otrub* im Dorf oder als *chutor* ausserhalb bilden. Durch das Gesetz wurde es ausserdem möglich, mit einfacher Mehrheit in der Gemeindeversammlung die *obščina* aufzulösen. Bis zum Ersten Weltkrieg verliessen in den 50 Gouvernements des europäischen Russlands rund 25 Prozent der Haushalte die *obščina*. Nur ein geringer Teil von ihnen, rund 3 Prozent aller Haushalte, schaffte allerdings den Aufstieg in eine verhältnismässig wohlhabende Bauernschicht. Ob das Ziel der Reform erreicht worden wäre, wenn es keinen Weltkrieg und keine Revolution gegeben hätte, lässt sich nur schwer sagen. Bei Kriegsausbruch hatte sich der Trend zur Selbständigkeit schon wieder erheblich verlangsamt. Viele Bauern zögerten mit dem Austritt, weil die *obščina* ihnen immerhin einen nicht zu unterschätzenden Rest materieller Sicherheit bot. Bis die dünne Oberschicht im Dorf in harten Auseinandersetzungen die ärmeren Bauern vom Land vertrieben, sich auch gegen das Misstrauen und den teilweise offenen Widerstand eines einflussreichen Teils des grundbesitzenden Adels durchgesetzt sowie neue rentable Strukturen eingerichtet hätte, wäre vermutlich eine lange Zeit verstrichen. Auch der industrielle Aufschwung vollzog sich, trotz gewaltiger Dynamik seit 1908, nicht schnell genug, um grössere Massen von Arbeitskräften aus den Dörfern anzuziehen und damit die Austrittsbewegung aus der *obščina* zu beschleunigen. Ähnliches gilt für die Begleitreformen: die Ausweitung der ländlichen Genossenschaften, nicht zuletzt im Kreditwesen, das Umsiedlungsprogramm nach Sibirien und Zentralasien. Erfolge waren keineswegs zu übersehen. So konnte vermehrt Adelsland angekauft werden, die Liquidität – auch für Pachten – erhöhte sich. Die Wanderungsbewegung nach Sibirien entlastete etwas den Druck durch die Überbevölkerung im europäischen Russland. Aber alles

Bauer auf einem Landgut, anlässlich einer Jagd. Aufnahme von Schindler 1902.

ging zu langsam voran. Weitergehende Massnahmen scheiterten am Widerstand der Rechtskreise.

In der Arbeitergesetzgebung gab es kaum Fortschritte. Der Staat blieb letztlich bei einer patriarchalischen Einstellung, obwohl selbst viele Unternehmer, vor allem der Grossbetriebe, durchaus an «freien» Arbeitsbeziehungen interessiert waren. Wie sich während der Revolution von 1905 gezeigt hatte, traten sie in gewissen Grenzen für Versammlungsfreiheit und Gewerkschaftsbetätigung ein. Wäre dies bewilligt worden, hätten sie sich selbst auch viel schlagkräftiger organisieren können. Dies wiederum liess der Staat nicht zu. Den Unternehmern gestand er lediglich lockere Vertretungsorgane zu, während Gewerkschaften seit 1906 mehr oder weniger wieder verboten waren. Streiks wurden ohnehin untersagt. Immerhin schlug die Regierung vor, als Zugeständnisse an die unruhigen Arbeiter eine Verringerung der Arbeitszeit um 1 Stunde auf 10,5 Stunden, ein besseres Versicherungswesen und ein Wohnungsbauprogramm zu gewähren. Dafür sollten die Rechte der 1882 verordneten Fabrikinspektion stark eingeschränkt werden. Dies war auch ganz im Sinne der Unternehmer: Die staatlichen Inspektoren, die sich oft zu Anwälten der Arbeiter machten, sollten nicht in die Fabriken hineinregieren.

Nach dem Abflauen der Revolution kam es sogar zu einer Gegenbewegung. Die Arbeitszeit wurde wieder heraufgesetzt, Reformen traten bestenfalls sehr verwässert in Kraft. Der Anstieg der Lebenshaltungskosten überholte die Lohnerhöhungen. So verwundert es nicht, dass während des zweiten industriellen Aufschwungs seit 1908 und insbesondere seit 1910 die sozialen Spannungen wieder wuchsen. Namentlich wirkte sich dabei die verstärkte Zuwanderung von «Bauern-Arbeitern» infolge des Aufschwungs und der Stolypinschen Agrarreform aus. In ihren Forderungen waren sie oft radikaler als die alteingesessenen Arbeiter. Nicht zuletzt deshalb gelang es den Bolschewiki, die gemässigten Sozialdemokraten, die Menschewiki, allmählich zurückzudrängen.

Eine umfangreiche Streikaktion setzte ein, nachdem bei Zusammenstössen in den Goldminen an der Lena Anfang April 1912 über 200 Arbeiter ums Leben gekommen waren. Allein in Petersburg gingen mehr als 100'000 Personen auf die Strasse. Die Wellen von Unruhen rissen bis zum Ersten Weltkrieg nicht mehr ab. Im Juli 1914 erreichten die Streiks ein Ausmass wie 1905. In Petersburg wurden Barrikaden errichtet. Anders als 1905 blieb jedoch der Rest der Bevölkerung ruhig. Deshalb schlugen die Streiks noch nicht in einen politischen Aufstand um. Der Kriegsausbruch liess dann ohnehin die Aktionen vorerst wieder abebben.

In der Wirtschaftspolitik behielt der Staat seine einflussreiche ökonomische Funktion auch während des zweiten industriellen Aufschwungs. Allerdings veränderte sich die Form. Statt der Aufnahme von Staatsanleihen im Ausland förderte die Regierung nun stärker ausländische Direktinvestitionen. 1914 machten sie rund die Hälfte aller Neuinvestitionen aus. Die Rüstungsindustrie stellte jetzt den Leitsektor und löste damit den Eisenbahnbau ab. In diesem Bereich galten die staatlichen Aufträge nach wie vor als entscheidendes Finanzierungsinstrument. Um einen Ausgleich zwischen industriellen

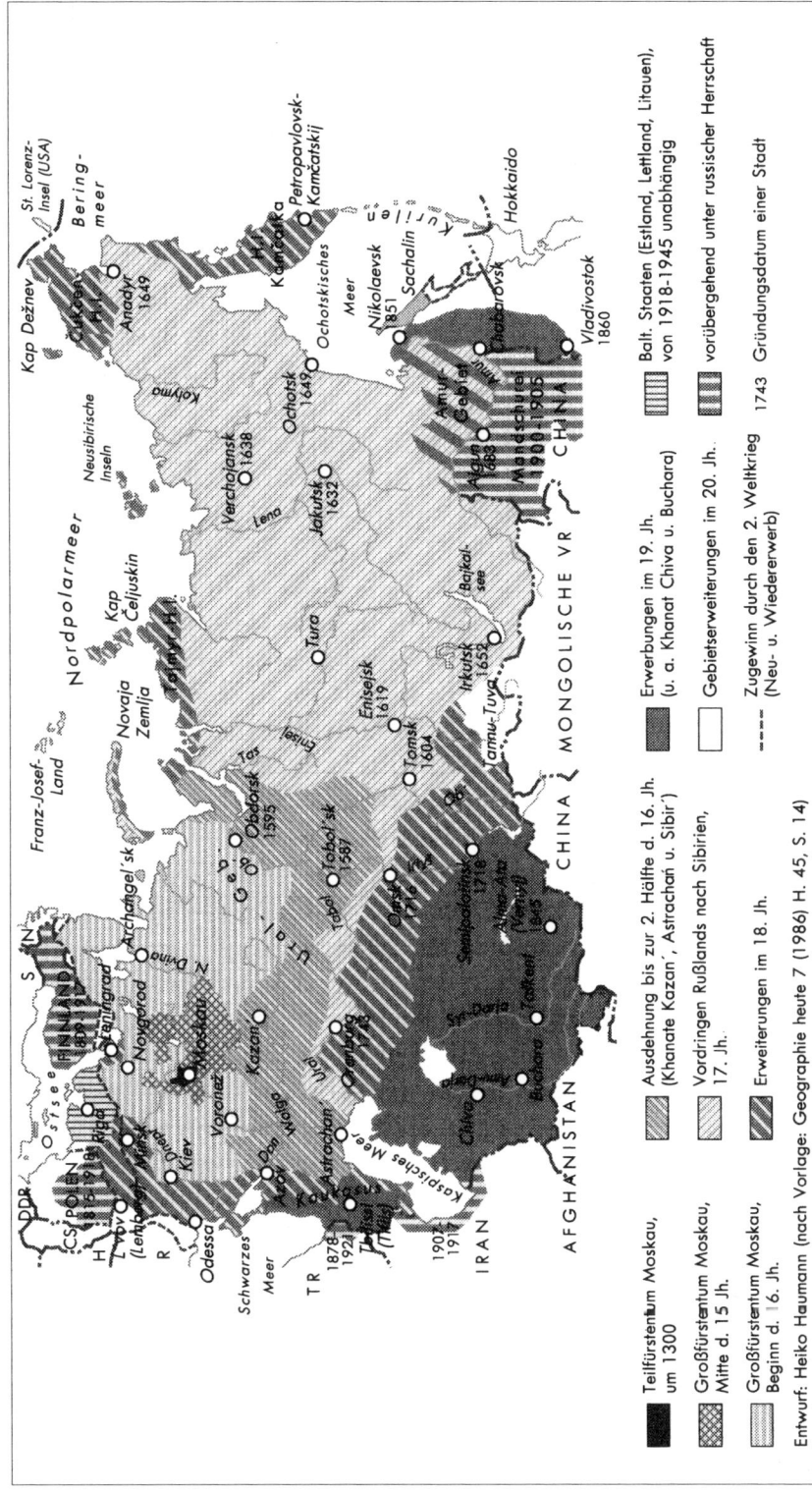

Russland im 19. und 20. Jahrhundert.

Entwurf: Heiko Haumann (nach Vorlage: Geographie heute 7 (1986) H. 45, S. 14)

und agrarischen Interessen herzustellen, war die Regierung gezwungen, einen Zickzackkurs einzuschlagen. So verzögerte sich die Einführung einer progressiven Einkommenssteuer, die zur Sanierung der Staatsfinanzen für dringend notwendig gehalten wurde, immer wieder. Die Agrarier übten Druck auf die Handels- und Zollpolitik aus, um den Protektionismus für die Industrie zu beenden, damit die Getreideausfuhr erleichtert werde. Nur der Ausbruch des Krieges verhinderte eine entsprechende Revision des Handelsvertrages mit Deutschland. Ein Hin und Her gab es bei der Frage des Grundbesitzes von Aktiengesellschaften von 1914, den viele Agrarier nicht gerne sahen. Diesen gelang es auch, dass eine Untersuchung der Politik überhöhter Preise seitens der monopolartigen Metall- und Brennstoffsyndikate bei künstlicher Produktionsverknappung eingeleitet wurde. Die Unternehmer konnten jedoch erreichen, dass sie im Sande verlief.

Staat, Unternehmer und Agrarier standen in einem widerspruchsvollen Bündnis. In vielem berührten sich durchaus ihre Interessen. Eine Reihe von Agrariern war auch in der Industrie engagiert, selbst wenn sie sich öffentlich gegen den Kapitalismus aussprachen. Vor allem verband sie der Wunsch nach Sicherung des Systems. Vielfach jedoch verhinderten sie eine – im Systeminteresse – vernünftige Politik durch gegenseitige Blockade. Die Unternehmer wurden darüber hinaus noch durch die Gegensätze zwischen «Petersburgern» und «Moskauern» geschwächt. Ebenso waren die Agrarier in verschiedene Richtungen gespalten, und auch Regierung wie Bürokratie stellten sich keineswegs als einheitliche Kraft dar. Die strukturelle Vielschichtigkeit Russlands verstärkte sich eher, als dass sie in dieser Zeit abnahm.

Ein wichtiger Diskussionspunkt in der Öffentlichkeit war die Aussenpolitik, da die Presse, die sich seit 1905 neu entfaltet hatte, ausführlich darüber berichtete. Die Autokratie wollte nach wie vor eine Weltmachtrolle spielen. Im Fernen Osten verfolgte sie – jetzt in Abstimmung mit Japan – ebenso expansive Ziele wie auf dem Balkan und gegenüber der Türkei. Hier, in Südosteuropa, geriet sie nach dem russisch-türkischen Krieg 1877/78 und dem Berliner Kongress von 1878 zunehmend in Konflikt mit Österreich-Ungarn und schliesslich auch mit dem Deutschen Reich. In der Dardanellen-Frage musste sie sogar mit dem Widerstand aller anderen westlichen Grossmächte rechnen. Die Entfremdung des Reiches von den konservativen Monarchien Österreich-Ungarns und Deutschlands sowie die versuchte Anlehnung an die Westmächte fanden durchaus Unterstützung bis weit in die Oppositionsparteien hinein. Gerade die Liberalen begrüssten die Annäherung an die parlamentarischen Staaten, da sie ihnen selbst als Vorbild für die Reform der politischen Ordnung Russlands dienten, waren aber auch vom imperialistischen Zeitgeist erfasst. Dabei trafen sie sich mit den Konservativen und Rechtskreisen. Die Ideologie des Panslawismus wurde in autoritären wie in liberalen Schattierungen neu belebt. Mit Unterstützung der Duma konnte die Regierung eine beispiellose Aufrüstung einleiten, die etwa in Deutschland den Gedanken an einen Präventivkrieg förderte, der zu führen sei, bevor er durch die gewachsene Stärke Russlands unmöglich gemacht werde.

Das Parteiensystem in der «eingeschränkten Autokratie»

Das neue Wahlrecht von 1907 brachte eine starke Verminderung der Zahl
der Wahlmänner bei Bauern, Arbeitern und – ärmeren – Kleinbürgern, die in
der Regel der *intelligencija* zuzurechnen waren, bei den Städtern insgesamt
sowie bei den nichtrussischen Nationalitäten und Völkern der Grenzregionen,
dafür ein Ansteigen bei den adligen Grundbesitzern und den reichen Bürgern. Im Durchschnitt kam ein Wahlmann auf je 230 Grundbesitzer, 1000 Industrielle und Geschäftsleute, 15'000 Angehörige der Mittelschicht, 60'000
Bauern und 125'000 Arbeiter. Da auch mit weiteren Bestimmungen die politische Opposition benachteiligt wurde, blieb sie in der dritten Duma, die von
1907 bis 1912 tagte, in der Minderheit. Sehen wir uns die einzelnen Partei-
gruppierungen von «rechts» nach «links» einmal an.

Die extreme Rechte, die stark von reaktionären Adelskreisen geprägt wurde,
strebte zurück zu einer reinen Selbstherrschaft, der bestenfalls eine beratende
Ständeversammlung in Form eines *zemskij sobor* an die Seite gestellt werden
könne. Die meisten Politiker dieser Richtung waren von einem grossrussischen
Nationalismus erfüllt und weitgehend antisemitisch eingestellt. Berüchtigt
wurde die im November 1905 gegründete Union des russischen Volkes, die
vor einer Ermordung oppositioneller Politiker und einer Organisierung von
Judenpogromen nicht zurückschreckte. Das Innenministerium unterstützte
diese Partei moralisch und finanziell, der Zar liess sich gar als Ehrenmitglied
aufnehmen. Die Partei spaltete sich über der Frage, ob man sich entgegen des
eigenen Anspruches an den Duma-Wahlen beteiligen könne. Ein wichtiger
Flügel entschied sich schliesslich dafür, sich auf dieses Experiment einzulassen, um eine Bühne für Propaganda zu erhalten. Antisemitismus bedeutete als
Code zugleich, dass man gegen Industrialisierung und Kapitalismus, selbstverständlich auch gegen Sozialismus, auftrat. Die unbedingt notwendigen gewerblichen Güter sollten durch die dörfliche Hausindustrie, die *kustari,* hergestellt werden, auf die man sich als Grundbesitzer genügend Einfluss-
möglichkeiten erhoffte. Aus demselben Grund sprach man sich dafür aus, die
Bauern in ihren alten Bindungen zu belassen, und wandte sich gegen die
Stolypinschen Agrarreformen.

Die gemässigte Rechte, deren bedeutendste Partei die 1909 gebildete Allrussische Nationale Union wurde, unterschied sich ideologisch nur wenig von
den Extremisten, zeigte sich aber doch flexibler. Die *zemstva* wurden ebenso
akzeptiert wie die Duma mit einem beschränkten Wahlrecht, und man bediente sich durchaus moderner Organisations- und Propagandaformen. Diese
Gruppierung entwickelte sich ausserordentlich dynamisch und stellte schliesslich
in der von 1912 bis 1917 zusammengetretenen vierten Duma die grösste
Fraktion.

In der dritten Duma war die Union des 17. Oktober am stärksten. Diese gemässigte liberal-konservative Partei hatte sich so nach dem Datum des Zaren-
manifests von 1905 benannt und wurde abgekürzt als Oktobristen bezeichnet.
Sie stand auf dem Boden der Verfassung und hinter der Duma. Historisch
kamen ihre wichtigsten Politiker aus dem rechten *zemstvo*-Flügel. Die Vor-

rechte des Zaren sollten durchaus gewahrt werden, deshalb lehnten die Oktobristen eine Verfassunggebende Versammlung sowie ein gleiches und direktes Wahlrecht ab. In dieser Partei verbanden sich Gutsbesitzer mit konservativen Unternehmern. Ihr wichtigster Sprecher war Aleksandr I. Gučkov (1862–1936), ein «Moskauer» Unternehmer, dessen Vorfahren Leibeigene gewesen waren. Ideologisch orientierten sich die Oktobristen am Nationalismus, in der praktischen Politik lehnten sie sich an Stolypin an. Innerparteilich kam es immer wieder zu Konflikten zwischen einzelnen Flügeln und den sie tragenden sozialen Gruppen.

Daher rührte, nach einigen Vorläufern, 1907 die Abspaltung der Progressisten, die sich 1912 eine feste Parteiorganisation gaben. Sie setzten sich hauptsächlich aus kritischeren Unternehmern der «Moskauer» Bourgeoisie zusammen, die die staatliche Industrialisierungskonzeption bekämpften und nicht zuletzt deshalb für politische Reformen eintraten, um ihre eigenen Interessen besser zur Geltung bringen zu können. Doch entsprangen daraus ausgesprochen weitreichende und interessante Konzeptionen. So versuchten die Progressisten, als deren Sprecher hier Aleksandr I. Konovalov (1875–1948) und Pavel P. Rjabušinskij (1871–1924) – beide übrigens ebenfalls aus leibeigenen Familien stammend – namentlich genannt seien, die gesamte Opposition zu einigen und dabei sogar ein Bündnis mit den Linksparteien einzugehen. 1914 kam es zu entsprechenden Sondierungsgesprächen, die durch den Beginn des Ersten Weltkriegs unterbrochen wurden.

In vielen Punkten näherten sich die Progressisten den Liberalen an, die von der Konstitutionell-Demokratischen Partei, den Kadetten, auch Partei der Volksfreiheit genannt, repräsentiert wurden. Unter ihrem Führer Pavel M. Miljukov (1859–1943) traten sie konsequent für Parlamentarismus, Grundrechte, Demokratie und kulturelle Autonomie der Nationalitäten ein; Polen sollte die volle Autonomie gewährt werden. Darüber hinaus befürworteten die Kadetten eine Agrarreform auf Kosten der Gutsbesitzer – sie sollten lediglich eine geringe Entschädigung erhalten –, den Acht-Stunden-Tag, freie Gewerkschaften und ein Streikrecht. Ursprünglich waren sie mehrheitlich radikal-linksliberal eingestellt gewesen und mit dieser Richtung auch die stärkste Fraktion in der ersten Duma geworden. In der Bevölkerung genossen sie starken Rückhalt, allerdings hauptsächlich in den Städten, während sie in den Dörfern oft über die Köpfe der Bauern hinwegredeten und von diesen bald als zu kompromisslerisch beargwöhnt wurden. Ihre zahlreichen wichtigen Gesetzesinitiativen stiessen bei der Regierung auf Ablehnung.

Nach den Auflösungen der beiden Dumen und dem Staatsstreich von 1907 erfolgte eine konservative Wende. Da die Aufrufe zum radikalen Handeln und zum Widerstand gegen die Regierungsmassnahmen – gipfelnd im Vyborger Aufruf vom Juli 1906 gegen die Duma-Auflösung, für Steuerstreik und Wehrdienstverweigerung – ohne grössere Resonanz geblieben seien, bleibe, so wurde argumentiert, nichts anderes übrig, als jetzt das Bestehende zu sichern, die Duma zu festigen und keine zu scharfe Konfrontation mit der Regierung zu wagen. Die Bevölkerung machte diese taktischen Schwenkungen nicht mit, die Kadetten verloren – unabhängig vom verschärften Wahlgesetz – an Vertrauen und wurden zusehends geschwächt. Dies wiederum gab dem konservativen Flügel Auftrieb. Patriotismus, ja Nationalismus gewannen mehr und mehr an Boden und führten zur Unterstützung des aussenpolitischen Kurses der Regierung.

Politisch nahe stand den Kadetten anfangs die Gruppe des arbeitenden Volkes, die Trudoviki, die sich 1906 in der ersten Duma formierten und dort die zweitstärkste Fraktion bildeten. In der zweiten Duma zählten sie sogar die meisten Abgeordneten. Sie verstanden sich in der Tradition des *narodničestvo*, der Bewegung der Volksverbundenen, setzten sich sozial vor allem aus Angehörigen der *intelligencija* und der Bauernschaft zusammen und beschäftigten sich in erster Linie mit der Agrarproblematik. Ab einer bestimmten Grösse des Hofes verlangten sie eine Nationalisierung des Bodens. Die Gutsbesitzer sollten abgefunden, der Kapitalismus vom Land verdrängt werden. Programmatisch vertraten die Trudoviki – teilweise vage – sozialistische Vorstellungen, und sie entwickelten sich auch immer mehr zu einer radikal-undogmatisch linken Gruppierung, ohne eine feste Parteiorganisation auszubilden.

Die Sozialrevolutionäre mit Viktor M. Černov an der Spitze befürworteten den bewaffneten Aufstand gegen das Zarenregime und wollten Kapitalismus wie bürgerliche Demokratie überspringen. Allmählich berücksichtigten sie neben den Agrarproblemen auch die Arbeiterfrage stärker. Ihre Industriepolitik blieb jedoch verschwommen. Für die Bauern hatten sie hingegen ein radikales Programm: entschädigungslose Enteignung der Gutsbesitzer, Übergang des Bodens in Gemeineigentum mit privater Nutzung durch die Bauern. Die *obščina* sollte mit ihren egalitären Tendenzen gestärkt werden und jeder nur soviel Land erhalten, wie er bearbeiten könne. Langfristig strebte man ein kollektives Wirtschaften an. Im geplanten Staatsaufbau standen Dezentralisierung, Demokratisierung und Selbstverwaltung im Mittelpunkt. Der Terror wurde nach 1907 als ungeeignetes politisches Mittel angesehen und zurückgedrängt. Den Sozialrevolutionären gelang es in bestimmten Situationen – wie 1905 –, riesige Massen zu mobilisieren, aber aufgrund schlechter oder gar fehlender Parteiorganisation konnten sie keine Stabilität und Kontinuität in ihre Arbeit bringen. Flügelkämpfe über die politische Orientierung schwächten die Partei weiter. Der vorübergehend grosse Anklang in der Bevölkerung konnte deshalb nicht ausreichend als politisches Gewicht eingesetzt werden. Ihre Anhänger in der Stadt wie auf dem Land liefen der Partei zunehmend wieder davon.

Aufgrund der Erfahrungen während der Revolution von 1905 verlangte die Basis der russischen Sozialdemokratie eine Vereinigung der beiden Flügel – der Menschewiki und der Bolschewiki –, die 1906 auf einem Parteitag auch vollzogen wurde. Allerdings vertieften sich zugleich die theoretischen und praktischen Unterschiede. Die Menschewiki gingen nach wie vor von einem Stadienmodell der Revolution aus und waren deshalb bereit, das liberale Bürgertum und sogar liberale Adlige, insgesamt die radikale *intelligencija*, als potentielle Bündnispartner zu unterstützen. Erst nach einer vollentwickelten bürgerlichen Demokratie mit kapitalistischer Gesellschaftsordnung könne an eine sozialistische Revolution gedacht werden. Die Bolschewiki hingegen sahen das russische Bürgertum zu sehr mit dem Zarismus verbunden, für sie kam als Bündnispartner des Proletariats nur die ärmere Bauernschaft in Frage. Die bürgerliche Phase könne und müsse in Russland übersprungen werden. Hier näherte sich der Flügel um Lenin der Position Trockijs an.

Trockij verstand in seiner Theorie der «permanenten Revolution» das Proletariat als treibenden Faktor. Dessen auf wissenschaftlicher Grundlage beruhende Kenntnis der Gesetzmässigkeit des Kapitalismus und der kapitalistischen Entwicklung in Westeuropa – hier erweise sich die Rückständigkeit Russlands als Vorteil – ermögliche es, dort aufgetretene Stadien zu überspringen und den historischen Prozess gleich in den Sozialismus weiterzuführen. Trockij vernachlässigte dabei allerdings nicht nur das Bürgertum, sondern auch die Bauernschaft. Im Unterschied zu Lenin und dessen Anhängern, die wegen der besonderen Verhältnisse in Russland auf straffe Organisation und Disziplin setzten, befürwortete er stärker spontane Massenaktionen. Dass man jedoch die Einstellung der Bolschewiki nicht einlinig beurteilen darf, zeigt das Verhalten Lenins während der Revolution von 1905: Gegen die Mehrheit seiner Fraktion trat er für eine breite Öffnung der Sowjets und deren Unabhängigkeit von der Partei ein.

In der Agrarfrage gingen – wie auch bei manchen anderen Problemen – die Standpunkte quer durch die Fraktionen. Lenin wollte den Boden nationalisieren und den Agrarkapitalismus durch eine starke Zentralgewalt verhindern. Der Einigungsparteitag von 1906 beschloss hingegen eine weniger zentralistische Alternative: Den Bauern sollte ihr Land als Privateigentum gegeben, der Gutsbesitz munizipalisiert – also in das Eigentum der Selbstverwaltungsorgane übernommen –, das Kron-, Staats- und Kirchenland nationalisiert werden. Alle Flügel waren sich im übrigen damals noch einig, dass der Sturz des Zarismus nur durch einen bewaffneten Aufstand geschehen könne. Doch in den Jahren nach der Revolution von 1905 verschärften sich die Gegensätze, vor allem in der Organisations- und Bündnisfrage. Die Menschewiki mussten dabei mitansehen, dass als Folge des zweiten industriellen Aufschwungs der Anhang der Bolschewiki, namentlich unter den Neuankömmlingen vom Land, immer mehr anwuchs. Sie schienen das bessere Konzept für die Zeit der Reaktion und Illegalität zu haben. Auf scharfe Ablehnung stiessen die «Expropriationen», die Raubüberfälle bolschewistischer Kommandos, bei denen sich gerade Stalin hervortat, um grössere Geldmittel für die Partei zu erhalten. Diese Aktionen waren selbst unter den Bolschewiki umstritten.

In dieser Phase hatten die Bolschewiki selbst mit internen Gegensätzen zu tun. Man kann sich die Flügelkämpfe in dieser Phase, in der es um die politische Strategie für die Zukunft ging, gar nicht verwirrend genug vorstellen. Radikale Gruppierungen wie die Otcovisten, die die Abberufung der Duma-Abgeordneten verlangten, oder die Ultimatisten, die ein imperatives Mandat für die Abgeordneten forderten, spalteten sich ab. Lenin und seine Anhänger mussten sich mit anderen Interpretationen des Marxismus auseinandersetzen, wie sie etwa der Soziologe, Philosoph und Arzt Aleksandr A. Bogdanov (eigentlich Malinovskij, 1873–1928) mit seinem «Empiriomonismus» und seiner «Organisationswissenschaft» vertrat. Zusammen mit anderen strebte er auch danach, die religiöse Sinnsuche in Teilen der Bevölkerung mit dem Sozialismus zu verbinden. Nach 1917 sollte er die Bewegung «Proletarische Kultur» *(«Proletkul't»)* massgeblich beeinflussen. Die «Versöhnler», die die Parteieinheit um jeden Preis erhalten wollten, konnten sich nicht durchsetzen. 1912 trennten sich Menschewiki und Bolschewiki endgültig.

Nur wenig ist über die Resonanz anarchistischer Gruppen zu sagen. Aufgrund ihrer kaum ausgebildeten Organisation verfügten sie nicht über eine fest umrissene Anhängerschaft. Ihr Gedankengut dürfte jedoch verhältnismässig populär gewesen sein. Das gilt insbesondere für die Ideen einer staatsfreien, auf gegenseitiger Hilfe und Gütergemeinschaft beruhenden Gesellschaftsordnung, wie sie Fürst Petr A. Kropotkin (1842–1921) beschrieb. Anarchistische Einflüsse reichten weit in die Sozialrevolutionäre und Sozialdemokraten hinein.

Religiöse Philosophie, Volksfrömmigkeit, orthodoxe Kirche

Seit der Jahrhundertwende war es in Russland zu einer intensiven Diskussion um die Wurzeln der Existenz und die Grundlagen der Zukunftsentwürfe gekommen. Darin spiegelte sich die Krise der Selbstherrschaft ebenso wie die Krise von Teilen der *intelligencija,* die sich nach den Ereignissen der vergangenen Jahrzehnte um ein neues Selbstverständnis bemühten. Einige von ihnen knüpften dabei an den messianistischen Traditionen und an ihrem Bild von der Frömmigkeit des Volkes an, wie sie sich vor allem bei den Altgläubigen und den unter den Bauern verbreiteten «Sekten» ausdrücke. Anfangs suchten sie auch das Gespräch mit der orthodoxen Kirche – etwa zwischen 1901 und 1903 in der ersten Sankt Petersburger Religiös-Philosophischen Vereinigung –, deren Vertreter jedoch ablehnend reagierten. Die Mitglieder der Sankt Petersburger Religiös-Philosophischen Gesellschaft, die sich nach der Revolution von 1905 bildete, und andere Zirkel der *intelligencija* führten deshalb ihre Überlegungen unabhängig von der Kirche weiter.

Diese «Gottsucher» – *bogoiskateli* –, wie sie damals genannt wurden, begründeten letztlich einen christlichen Sozialismus. Bedeutende Denker unter ihnen – wie Nikolaj A. Berdjaev, Sergej N. Bulgakov oder Semen L. Frank – kamen vom Marxismus her, andere standen anarchistischen Gedankengängen nahe, so die Dichter Zinaida N. Gippius (1869–1945) und Dmitrij S. Merežkovskij (1865–1941). Und selbst die Religionsphilosophen Vladimir S. Solov'ev (1853–1900) und Pavel A. Florenskij (1882–1943) waren von sozialistischen Theorien beeinflusst, setzten sich aber auch mit dem jüdischen Messianismus auseinander. Für sie gab es keinen Gegensatz zwischen Weltlichem und Geistlichem, und deshalb kritisierten sie die Kirche, die die Regelung des Irdischen dem Staat überlasse. Weil Gott auch in den sozialen Verhältnissen, in Wirtschaft, Politik und Kultur gegenwärtig sei, müsse man sein eigenes Verhalten in all diesen Bereichen nach christlichen Massstäben ausrichten. Teilweise organisierten sich diese «Gottsucher» in eigenständigen religiös-sozialistischen Gruppierungen, denen sogar Priester der orthodoxen

Kirche angehörten. Ihre sozial-politischen Programme ähnelten in vielem denen der sozialistischen Parteien, wandten sich gegen kapitalistische Ausbeutung, forderten die Enteignung des Privateigentums und einen Aufbau der Gesellschaft von unten nach oben gemäss dem Modell der sich selbst verwaltenden *obščina*. Die Ideen der *sobornost'*, der Gemeinschaft, wurden mit sozialistischem Kollektivismus verbunden. Bei denen, die von messianistischen Ideen erfüllt waren, kam eine geradezu mystische Hoffnung auf die Revolution hinzu, die das Alte zerschlagen und das Neue, das Wahre schaffen werde. So begrüssten Dichter, die diesen Kreisen nahestanden, zunächst selbst die Oktoberrevolution in diesem Sinne: Andrej Belyj sah 1917 in seinem Gedicht «Aufschluchze, du feuriges Beben» vor sich: «Russland, mein Russland, mein Leben, / Messias der Zeit, die anbricht.» Ein Jahr später veröffentlichte Aleksandr A. Blok (1880–1921) das Poem «Die Zwölf», in dem am Schluss Jesus Christus sich an die Spitze der Rotarmisten setzt und sie damit den zwölf Aposteln gleichstellt.[2]

Die religiöse Sinnsuche blieb keineswegs ohne Resonanz bei den Sozialisten. Das deutlichste Zeichen gab eine Gruppe von Intellektuellen, die zu den Bolschewiki gehörten oder zumindest mit ihnen sympathisierten: namentlich der Dichter Maksim Gor'kij, der spätere Volkskommissar für die Bildungs- und Kulturpolitik Anatolij V. Lunačarskij (1875–1933), dann Aleksandr A. Bogdanov sowie der Volkswirtschaftler und spätere Planungsfachmann Vladimir A. Bazarov (Rudnev, 1874–1939). In verschiedenen Schriften und in den Diskussionen ihrer Zirkel, insbesondere in der auf Capri eingerichteten Parteischule für die Emigranten, versuchten sie, die gescheiterte Revolution von 1905 zu verarbeiten und den zukünftigen Überlegungen eine neue Richtung zu verleihen. Sie griffen die Verbindungen von *sobornost'* und Kollektivismus auf und traten dafür ein, die religiösen Gefühle der Bevölkerung auf den Sozialismus zu lenken, weil sie dasselbe Ziel hätten. Hier ging es nicht um «Gottsuchertum», sondern um «Gotterbauertum» – *bogoistroitel'svto* –, wie Gor'kij den Unterschied kennzeichnete, wobei Gott durch den Sozialismus ersetzt wurde.

«Gottsucher» wie «Gotterbauer» bemühten sich, zwischen den Theorien einer neuen Gesellschaft und der von ihnen wahrgenommenen Volksfrömmigkeit zu vermitteln. Die Religion des «Volkes», insbesondere der Bauern war nicht identisch mit den Dogmen der orthodoxen Kirche. Natürlich orientierte sich der Rhythmus der bäuerlichen Lebensweise an den kirchlichen Feiertagen, und die christlichen Heiligen genossen höchste Verehrung. Ebenso waren die Popen, deren materielle Verhältnisse sich oft nicht wesentlich von denen der Bauern unterschieden, in das dörfliche Leben integriert. Der Respekt vor ihnen scheint nicht übertrieben gewesen zu sein, aber diejenigen, die sich für die Sache der Bauern gegenüber Grundbesitzer oder Staat engagierten, wurden durchaus hoch geachtet. Doch die Kirche als Organisation empfanden die meisten Menschen auf dem Land als etwas Aussenstehendes. Offensichtlich dachten sie ihre Religion viel unmittelbarer. Wichtig waren die Rituale, der Kult und vor allem die Sakramente. Daneben behielten magische Vorstellungen und der Glaube an geheime Kräfte ihren

Platz. Dazu gehörte im übrigen auch die Überzeugung, dass Christus auf Erden verborgen sei und sich jederzeit erneut zu erkennen geben könne. Insofern verwundert es nicht, dass messianistische Erwartungen immer wieder weiten Anklang fanden.

Über derart vage Gemeinsamkeiten hinaus differenzierten sich die Ausdrucksformen der Volksfrömmigkeit in einer Vielzahl von religiösen Gruppen, von den Altgläubigen mit ihrer langen Tradition über weitere Abspaltungen von der offiziellen Kirche bis hin zu religiösen Minderheiten, die durch den Protestantismus, die Lehre Lev Tolstojs oder vergleichbare Strömungen angeregt worden waren. Gerade bei diesen «Sekten» waren urchristlich-urkommunistische Überzeugungen sehr verbreitet: Die Nächstenliebe stand ebenso im Mittelpunkt des Denkens wie die Meinung, es müsse Gemeineigentum am Boden und an den Produktionsmitteln sowie gemeinschaftliche Organisation der Produktion geben, um nicht zuletzt soziale Unterschiede zu vermeiden. Offenbar gewannen solche Ideen auch unter den vom Land stammenden Fabrikarbeitern Anhänger, die sich dadurch als offen für sozialistische Argumente erwiesen. Selbst unter den Bolschewiki gab es Stimmen, die darauf hofften, dass die Träger und Trägerinnen derartiger Gedankengänge Mittler des Sozialismus und Kommunismus im Dorf sein könnten, damit diese nicht als «fremd» abgelehnt würden. Der bedeutendste Vertreter dieser Strategie war Vladimir D. Bonč-Bruevič (1873–1955), der das «Sektenwesen» intensiv erforschte und als Freund Lenins noch nach der Oktoberrevolution Einfluss auf die Politik gegenüber den religiösen Minderheiten ausüben konnte. Doch diese Ansätze, sich den Bauern über deren Lebenswelten zu nähern, wurden in den 1920er Jahren Schritt für Schritt zurückgedrängt, bis sich schliesslich die Linie in der Parteiführung durchsetzte, die das Dorf nur «von aussen» betrachtete und somit die «Fremdheit» nicht überwinden konnte.

Der orthodoxen Kirche waren die religiösen Minderheiten immer ein Dorn im Auge. Nachdrücklich trat sie dafür ein, dass ihr rechtlich minderer Status erhalten blieb. Das Toleranzmanifest des Zaren vom 17. April 1905 ging ihr bereits zu weit, obwohl das Missionsprivileg der Orthodoxie, der Zwang des orthodoxen Bekenntnisses für den Zaren und die staatlichen Subventionen für die Kirche nicht angetastet wurden. Vertreter der Kirche, an ihrer Spitze der starre Oberprokuror des Heiligen Synods, Konstantin P. Pobedonoscev (1827–1907), sahen durch eine Aufwertung der Altgläubigen und «Sekten» die nationale und religiöse Identität in Gefahr. Sie strebten eine Einheit von Thron und Altar an und dachten teilweise sogar daran, einem russischen Nationalismus – in Verbindung mit dem Antisemitismus – als Integrationskraft gegen alle modernen Auflösungserscheinungen die religiöse Weihe zu geben. Ihnen musste schon die eingeschränkte Toleranz, wie sie sich im Zarenmanifest ausdrückte, als Anfang vom Ende der kirchlich legitimierten Autokratie erscheinen.

Immerhin gab es auch andere Richtungen innerhalb der Kirche, die für eine zunehmende Liberalisierung, sogar bis hin zur vollständigen religiösen Toleranz warben. Letztlich blieben jedoch weitere Reformschritte stecken, auch wenn sich die Tendenz, die Religion im Zusammenhang einer Grundrechtsdebatte zu begreifen, durchaus verstärkte. Erst nach der Februarrevolution von 1917 wurde die Religionsfreiheit proklamiert, und nach der Oktoberrevolution kam es zur radikalen Trennung von Staat und Kirche, allerdings bald auch wieder zu Einschränkungen der Freiheit. Wiederum wollten einige Bolschewiki nicht von vornherein das Band zur Reformbewegung innerhalb der Orthodoxie zerschneiden. Diese hatte sich schon Ende des 19. Jahrhunderts gegen massiven Widerstand der Kirchenoberen gebildet, fand ihren Höhepunkt im Reformkonzil von 1917/18 und steigerte ihre Aktivitäten bis 1920. Ihr Ziel bestand in einer geistigen wie organisatorischen Erneuerung der Kirche. Die strenge Hierarchie sollte ebenso aufgegeben werden wie die Bindung an die zarische Selbstherrschaft, dagegen der Bezug zum Glauben des einzelnen im Mittelpunkt stehen.

Der Erste Weltkrieg

Der Erste Weltkrieg schuf neue Bedingungen, verstärkte aber auch Tendenzen, die die Revolutionen von 1917 begünstigten. Vorrangig wird immer der Kriegsverlauf genannt. Russland musste vernichtende Niederlagen durch deutsche Truppen einstecken. Hier habe sich, so wird argumentiert, militärisch gezeigt, dass Lenins Theorie, Russland sei das «schwächste Glied» in der Kette des Imperialismus, zutreffend gewesen sei. Lenin hatte daraus gefolgert, dass die Revolution in Russland am leichtesten möglich sei und von hier aus den gesamten Imperialismus zerstören werde – die Kette werde reissen und die Weltrevolution auslösen.

Die militärische Schwäche ist letztlich jedoch kein überzeugendes Argument. In weiten Teilen der Front hatte Russland eine durchaus gute Position. Gerade Ende 1916 stabilisierte sich die militärische Lage, und der Eintritt der USA in den Krieg auf seiten der Alliierten verhiess gute Aussichten. Natürlich war die zarische Autorität durch die schweren Niederlagen erheblich geschwächt worden. Die lange Kriegsdauer stellte darüber hinaus die Stimmung bei den Soldaten wie bei der Bevölkerung im Hinterland auf eine harte Probe. Das Versagen des Regimes war jedoch tiefer begründet und hing eng mit den langfristigen Strukturproblemen zusammen, nicht zuletzt mit der strukturellen Vielschichtigkeit.

An erster Stelle ist das Dilemma der Industrialisierungsstrategie zu nennen. Die Rüstungsproduktion, vorab die Waffen- und Munitionsherstellung, blieb anfangs weit hinter den Anforderungen zurück. Dies musste das staatliche Engagement für die Schwerindustrie in den Augen der Öffentlichkeit beträchtlich diskreditieren. Zwar gelang es dann bis 1916, die gröbsten Mängel zu beseitigen und die Belieferung der Truppen in weiten Bereichen zu gewährleisten. Dies führte aber zu neuen Defiziten: Auf Kosten der Rüstungsindustrie sank die Produktion der Branchen, die Güter für die Zivilbevölkerung herstellten. 1917 brach dann die Wirtschaft aufgrund der Überlastung zusammen, von wenigen Bereichen der Produktionsmittelindustrie abgesehen. Skandale erschütterten das Prestige weiter. Zahlreiche Privatunternehmen steckten hohe Vorschüsse für Staatsaufträge ein, lieferten dann aber völlig unzureichend. Dass es auch anders ging, stellte die «staatskapitalistische» «Organisation Vankov» unter Beweis, ein Zusammenschluss von 300 staatlichen und privaten Firmen für Artilleriegeschosse. Insgesamt funktionierte die staatliche Lenkung der Kriegswirtschaft schlecht. Auch die seit Mitte 1915 eingerichteten verschiedenen «Sonderberatungen», gemischte Gremien unter staatlicher Leitung, erzielten keine grundlegende Abhilfe. So wurden Firmen, die schlecht arbeiteten, meistens erst nach langen Diskussionen und viel zu spät sequestriert, also unter staatliche Verwaltung gestellt. Die Privatinteressen der Unternehmer hatten hohen Einfluss. Dies zeigte sich etwa in Konflikten mit Agrariern, als diese es 1916 erreichten, dass der Apparat des monopolartigen Metallsyndikats «Prodamet» durch einen staatlichen ersetzt werden sollte. Der Versuch scheiterte kläglich und musste rückgängig gemacht werden. Auf der anderen Seite konnte es der Adel verhindern, dass man ihn wesentlich stärker als früher zur Finanzierung heranzog. Erst 1916 wurde die lang umstrittene progressive Einkommensteuer verabschiedet, die jetzt aber auch nichts mehr einbrachte. Regierung, Bourgeoisie und Agrarier schafften es weder allein noch zusammen, eine planmässige, konsequente Organisation der Kriegswirtschaft aufzubauen.

Dazu trugen auch Entwicklungen innerhalb der Bourgeoisie selbst bei. Im Mai 1915 wurden auf Initiative der «Moskauer» als Mobilisierungs- und Lenkungsorgane Kriegsindustriekomitees gebildet. An die Spitze des zentralen Komitees trat Gučkov. Als die Grossindustrie um die «Petersburger» Unternehmer jedoch feststellte, dass sie nicht genügend Einfluss bekam, zog sie sich zurück, verhandelte unmittelbar mit den Staatsbehörden und baute schliesslich einen eigenen Apparat auf. Auf diese Weise stellte sie dann 80 Prozent der Kriegsproduktion, während die Staatsunternehmen 15 Prozent und die Kriegsindustriekomitees sowie der *zemstvo*- und Städtebund zusammen lediglich 5 Prozent übernehmen konnten. Diese Entwicklung zog einige für die Zukunft schwerwiegende Folgen nach sich: Ein beträchtlicher Teil der «Moskauer» Unternehmer, die bislang in politischer Opposition zum zarischen System gestanden hatten, liess sich jetzt in dessen ökonomisches System integrieren. Er stärkte nicht mehr die Kriegsindustriekomitees, sondern suchte eine engere Verflechtung mit den «Petersburgern» und ebenfalls den unmittelbaren Draht zu den Staatsbehörden. Um höhere Profite zu erzielen, zerbrach – strukturell gesehen – die Einheit der «Moskauer». Das gestiegene Gewicht der Schwerindustrie an der Staatsspitze symbolisierte Ende 1916 die Ernennung eines ihrer Interessenvertreter, des auch mit den Agrariern verbundenen Aleksandr D. Protopopov (1866–1918), zum Innenminister. Die systemimmanente Opposition war damit entscheidend geschwächt worden. Mit dem Übergang eines Teils der «Gesellschaft» auf die Seite des Zaren vertiefte sich die Kluft zum «Volk». Das Vertrauen in die Standfestigkeit und Glaubwürdigkeit dieser Unternehmer, die sich häufig auch politisch engagierten, war erschüttert.

Die Entwicklung im Ersten Weltkrieg legte offen, dass die ökonomischen Möglichkeiten und die politische Organisationskraft immer weniger zur Deckung kamen. Im marxistischen Vokabular: Produktivkräfte und Produktionsverhältnisse entsprachen sich nicht mehr. Insofern gewann nun die Kritik am politischen System eine neue Qualität. Zu Beginn des Kriegs war zunächst auch durch Russland eine Welle der Kriegsbegeisterung gegangen, die in einer Art «Burgfrieden» mündete. Vorbereitet durch die Annäherung in der Aussenpolitik, stellte sich die liberale Opposition, namentlich die Kadetten, 1914 an die Seite des Regimes. Lediglich die Sozialdemokraten und Trudoviki protestierten in der Duma gegen den Krieg. Ein Grossteil der Menschewiki und Trudoviki rief aber dann doch zur Landesverteidigung auf, nur die Bolschewiki stellten sich – nach einigem Zögern und unter Einfluss Lenins – kompromisslos dagegen. Anfang 1915 wurden die bolschewistischen Duma-Abgeordneten zu lebenslanger Verbannung verurteilt.

Als sich die militärischen Niederlagen häuften, versuchten die Oppositionsparteien in der Duma, erhöhten Druck auf die Regierung auszuüben. Die Staatsspitze bot mehrfache Ministerwechsel als Konzession an und liess – widerwillig – eine Mitarbeit der «Gesellschaft» in Sonderberatungen, Kriegsindustriekomitees und ähnlichen Organen zu. Im August 1915 schlossen sich die oppositionellen Kräfte ausserhalb der Sozialisten zum «Progressiven Block» zusammen. Sie forderten eine personelle Erneuerung der Regierung, die das Vertrauen des Volkes haben und deshalb dem Parlament verantwortlich sein müsse. Darüber hinaus sollten liberale Reformen eingeleitet werden. Beim Zaren und in der Regierung setzte sich jedoch die Auffassung durch, diese dargereichte Hand nicht zu ergreifen, sondern wieder autokratische Stärke zu demonstrieren. Nikolaus II. übernahm selbst den Oberbefehl über die russischen Truppen – und verknüpfte so die militärische Lage mit seiner Person –, vertagte im September die Duma und entliess, nicht zuletzt unter dem Einfluss Rasputins, reformfreudige Minister. Doch von wirklicher Entschlusskraft war die neue Offensive des Zarismus keineswegs geprägt. Dem Vorschlag eines Staatsstreichs verweigerte sich Nikolaus, und 1916 ernannte er auch wieder Reformer zu Ministern. Nach aussen wirkte die Regierung verwirrt und handlungsunfähig. Ihre moralische Glaubwürdigkeit ging immer mehr verloren. Als am 1. November 1916 die Duma wieder zusammentrat, hielt Miljukov eine Anklagerede gegen das Regime. Nach jedem Fehler, den er aufzählte, stellte er die rhetorische Frage: «Ist es Dummheit, oder ist es Verrat?» Mit dem Verratsvorwurf spielte er auf den in der Öffentlichkeit unterschwellig vorhandenen Verdacht an, die Zarin, die deutscher Herkunft war, strebe ein Arrangement mit dem Deutschen Reich an. Vermutlich hatte sich auch herumgesprochen, dass Rasputin gegen den Krieg eingestellt war. Am 17. Dezember 1916 wurde er im übrigen von Konservativen ermordet, die diesen «Schandfleck» der Monarchie beseitigen wollten. Die Rede Miljukovs führte in der Öffentlichkeit zu starker Erregung. Eine erneute Vertagung der Duma schien bevorzustehen.

So sehr sich auch zeigte, dass die demonstrierte Stärke der Autokratie auf tönernen Füssen stand, so wenig bot letztlich die oppositionelle «Gesellschaft» eine Alternative. Zwar hatte sich ihr erstarktes Selbstbewusstsein – neben den genannten Organen – 1914 in der Gründung des Allrussischen *zemstvo*-Bundes und Allrussischen Städtebunds niedergeschlagen. Die staatliche Gegenbewegung konnte man jedoch nur teilweise auffangen. Der Vorschlag linksliberaler Politiker um Konovalov im August und September 1915, alle oppositionellen Kräfte einschliesslich der Sozialisten sollten sich zum gemeinsamen Handeln – auch zu Streiks – zusammenfinden, um die Regierung zu zwingen, sie an der Herrschaft zu beteiligen, fand keine ausreichende Unterstützung. Die Trennlinien zwischen den einzelnen Kreisen konnten nicht überwunden werden. Das Misstrauen gegenüber Massenaktionen war zu gross. Bei vielen herrschte noch die Furcht vor, das System werde vollends zusammenbrechen und sie alle mit in den Abgrund ziehen, wenn man die Autorität des Zaren zu sehr beschädige, die man als das einzige zusammenhaltende Band betrachtete.

Der bedeutende «Petersburger» Unternehmer Aleksej I. Putilov (1866 bis nicht vor 1926) gab dieser Haltung in einem Gespräch mit dem französischen Botschafter am 2. Juni 1915 Ausdruck: «Die Tage des Zarismus sind gezählt; er ist verloren, unheilbar verloren; aber der Zarismus ist das Gebälk Russlands und das einzige Band seiner nationalen Einheit. [...] Eine Revolution kann eine grosse Wohltat für ein Volk sein, wenn sie, nachdem sie zerstört hat, wieder aufbauen kann. [...] Bei uns kann die Revolution nur destruktiv sein, weil die gebildete Klasse im Land lediglich eine winzige Minderheit darstellt, ohne Organisation und politische Erfahrung, ohne Kontakt mit den Massen. Das ist nach meiner Meinung das grösste Verbrechen des Zarismus: er wollte ausserhalb seiner Bürokratie keinen Raum für das politische Leben zulassen. Und er hat solchen Erfolg gehabt, dass sich an dem Tag, an dem die Bürokraten verschwinden werden, der gesamte russische Staat auflösen wird ... Zweifellos werden es die Bourgeois, die Intellektuellen, die ‹Kadetten› sein, die das Signal zur Revolution geben werden, in dem Glauben, Russland zu retten. Aber von der bürgerlichen Revolution werden wir sofort in die Arbeiterrevolution fallen und bald danach in die Bauernrevolution. Dann wird eine entsetzliche Anarchie beginnen, eine endlose Anarchie ... zehn Jahre Anarchie! ... Man wird die Epoche Pugačevs wieder sehen und vielleicht noch Schlimmeres!»[3]

Neben den vielen Faktoren, die uns schon begegnet sind, schwand die Autorität der «Gesellschaft» auch deshalb beim «Volk», weil ihren Organisationen keine Verbesserung der Lebensmittelversorgung gelang. Dies lag wesentlich an der Verfilzung zwischen Agrariern und Teilen der Bourgeoisie. Gewiss hatten die Versorgungsschwierigkeiten unmittelbar mit den Kriegsbedingungen zu tun. Etwa die Hälfte der arbeitsfähigen Bauern wurde zur Armee eingezogen, weitere wanderten in die besser bezahlende Rüstungsindustrie ab. Der Landarbeitermangel führte zum Ruin vieler Gutsbetriebe. Um Arbeitskräfte zu halten und neue zu gewinnen, wurden höhere Löhne gezahlt. Da zugleich die Preise für agrarische Produkte stiegen, verbesserte sich der Lebensstandard mancher Bauern, vor allem im Schwarzerdegebiet. Die staatliche Preispolitik war jedoch keineswegs einheitlich und konsequent, sondern brachte Spekulation, Engpässe und Desorganisation mit sich. Insbesondere die seitens des Staates nach wie vor durch billige Kredite geförderten Gutsbesitzer, die teilweise an der Preisfestsetzung selbst beteiligt waren, trugen einen Gross-

teil der Verantwortung dafür, dass die Lebensmittelversorgung der Stadtbevölkerung mehr und mehr zu wünschen übrigliess. Die Regierung schaffte
es nicht, energisch durchzugreifen. Im Dezember 1916 verkündete sie die
Zwangsablieferung von Getreide zu Festpreisen. Dies war angesichts der
herrschenden Bedingungen kaum zu verwirklichen und wurde durch wider-
sprüchliche Massnahmen der Regierung selbst paralysiert. Anfang 1917 brach
deshalb die Versorgung der Hauptstädte und Industriezentren vollständig
zusammen. Durch dieses Chaos wurden auch alle späteren Versuche, den Getreidemarkt staatlich zu organisieren, belastet und gerade von den Bauern
höchst misstrauisch aufgenommen.

Auf der Suche nach Land zog eine Reihe Bauern in die Steppen Mittelasiens.
In Kirgisien und Kasachstan stiessen sie mit nomadischen Viehzüchtern zusammen, die nicht bereit waren, ihr weites Land und ihre Lebensweise aufzugeben. 1916 kam es über diesen Konflikt zu einem regelrechten Aufstand
der dortigen Stämme, der mit Waffengewalt niedergeschlagen werden musste.
Hier zeigte sich die Brisanz der zaristischen Kolonisationspolitik, aber auch,
wie sich zunehmend die verschiedenen Konfliktpotentiale miteinander verbanden.

Das gilt ebenso für den Zusammenhang von Agrar- und Arbeiterfrage. Nach
einer vorübergehenden «Beruhigung» durch die patriotische Welle bei Kriegsausbruch und die brutale Unterdrückung kritischer Stimmen war in den Industriebetrieben bald wieder ein neuer Spannungszustand eingetreten. Er
wurde nicht zuletzt durch die Unruhe gefördert, die durch die hohe Zuwanderung von Bauern und durch den vermehrten Einsatz von Frauen anstelle
der ins Militär eingezogenen Arbeiter eintrat. Seit Mitte 1915 kam es wieder zu Streiks und Massenaktionen. 1916 wuchs dann die Erregung, als die
Erhöhung der Preise diejenige der Löhne bei weitem übertraf und zudem die
Lebensmittel immer knapper wurden.

Die organisierte Arbeiterbewegung konnte allerdings nur schwer Boden gewinnen. Der Krieg hatte ihre Zersplitterung noch vertieft. Quer durch die
einzelnen Gruppen ging die Spaltung zwischen «Patrioten» oder «Landes-
verteidigern» und «Internationalisten» oder «Defätisten». Die radikale Position Lenins und seiner Anhänger, eine Niederlage Russlands werde die Chance der Revolution eröffnen, fand selbst unter den Bolschewiki nur langsam
Zustimmung. Die kompromisslose Ablehnung des Krieges verschaffte den Bolschewiki zunehmenden Anklang in manchen Betrieben und auch in Landsmannschaften, ohne dass sie deshalb organisatorische Zentren von Streiks
geworden wären.

Symptomatisch war hier ein Konflikt um die Arbeitergruppe beim Zentralen
Kriegsindustriekomitee. Diese von den linksliberalen Unternehmern und Politikern um Konovalov geförderte Einrichtung sollte Sozialkonflikte schlich-
ten und die Arbeiter in die Kriegsanstrengungen einbinden. Auf diese Weise
seien vielleicht Partner für oppositionelle politische Aktionen zu finden. Die
«Landesverteidiger» sprachen sich aus Patriotismus für eine Mitarbeit aus.
Sie hofften, damit auch die Arbeiterbewegung stärken zu können. Die Bolschewiki, die Internationalisten bei den Menschewiki und den Sozialrevolu-

tionären sowie die *mežrajoncy* – unabhängige Sozialdemokraten, die eine Organisation zwischen den einzelnen Stadtbezirken Petrograds aufgebaut hatten, theoretisch in der Nähe Lenins standen, jedoch seine organisatorischen Vorstellungen ablehnten – sahen hingegen in der Arbeitergruppe einen Versuch der Bourgeoisie, das Proletariat zum Handlanger ihrer Interessen und des Imperialismus zu machen. Sie riefen zum Boykott der Wahlen zu dieser Gruppe im Herbst 1916 auf und hatten damit zunächst vollen Erfolg. Erst nach massiven Eingriffen der Behörden konnten in einem neuen Anlauf Vertreter gewählt werden. Sie verfügten kaum über Autorität in der Arbeiterschaft, die sich immer mehr radikalisierte.

Die Regierung und ein Grossteil der «Gesellschaft» nahmen dieses Alarmzeichen nicht ernst genug. Erneut stellten sie ihre Lernunfähigkeit unter Beweis. Die Massenaktionen der Arbeiterschaft gewannen seit Herbst 1916 an Umfang und Schärfe. Im Oktober brachen Streiks in Petrograd aus, die in heftige Strassenkämpfe und erstmals in eine Verbrüderung von Streikenden und neu eingezogenen Soldaten mündeten.

Insgesamt machte der Krieg deutlich, dass die verfallende Autorität an der Staatsspitze keine Kraft zu entschlossenem Vorgehen mehr hatte – in welche Richtung auch immer. Aber die in sich zerstrittene «Gesellschaft» besass weder genügend Kraft, mit dem Zarismus noch gegen ihn einen entscheidenden Wandel durchzusetzen. Der Unfähigkeit, eine einheitliche Organisation des Landes unter Kriegsbedingungen zu gewährleisten, standen wachsende soziale Unzufriedenheit und Konfliktherde gegenüber. Obwohl die Arbeiterparteien ebenfalls gespalten und organisatorisch kaum verankert waren und keinen öffentlichen politischen Diskussionsprozess führen durften, wurde die Arbeiterschaft mehr und mehr zu einem politischen Faktor.

Die Februarrevolution von 1917

Am 9. Januar 1917, am Jahrestag des «Blutsonntags» von 1905, fanden in vielen Teilen Russlands, vorab in Moskau und Petrograd, Massendemonstrationen statt. An der Staatsspitze hatte man damit gerechnet: Derartige Mahnaktionen waren schon zur Gewohnheit geworden. Man nahm es nicht einmal sonderlich ernst, als in den folgenden Tagen und Wochen die Unruhe keineswegs abebbte. Innenminister Protopopov hielt das zarische Regime für stark genug, um die Demonstranten mit harten Massnahmen einzuschüchtern. Ende Januar liess er die Mitglieder der Arbeitergruppe beim Zentralen Kriegsindustriekomitee verhaften. Doch er hatte – wie so viele andere – die Lage falsch eingeschätzt. Am 22. Februar traten die Arbeiter des bedeutendsten Rüstungsunternehmens im Russischen Reich, der Putilov-Werke in Petrograd, die schon im Oktober 1916 den grossen Streik getragen hatten, erneut in den Ausstand. Einen Tag später, am Internationalen Frauentag, schlossen sich ihm die Frauen aus den Schlangen vor den Petrograder Lebensmittelläden an. Dies bedeutete den Durchbruch vom Streik zur Revolution. Am 25. Februar herrschte in Petrograd Generalstreik, am 26. und 27. Februar gingen die Soldaten der Garnison, die überwiegend frisch rekrutiert waren und keine besondere Lust verspürten, an der Front verheizt zu werden, auf die Seite der Aufständischen über. Die Stadt war in den Händen der Revolutionäre. Zwei Tage später folgte Moskau.

Nun zeigte sich, dass die Stärke der zarischen Selbstherrschaft nur Schein gewesen war. Zar Nikolaus II., der sich im Hauptquartier nahe der Front befand, durchschaute die Situation nicht, zögerte, wusste keinen Rat, schwankte, ob er Elitetruppen nach Petrograd schicken sollte. In sein Tagebuch schrieb er am 27. Februar: «In Petrograd sind vor einigen Tagen Unruhen ausgebrochen, und zu meinem grossen Kummer haben auch die Truppen angefangen, daran teilzunehmen. Wie schrecklich ist es, so weit entfernt zu sein und schlechte Nachrichten nur bruchstückhaft zu erfahren! Ich bin nicht lange bei dem Bericht geblieben. Nachmittags ging ich auf der Strasse von Orša spazieren. Die Sonne schien sehr schön.»[4]

Wertvolle Zeit ging verloren, um Massnahmen zu treffen, die vielleicht die Öffentlichkeit noch einmal beschwichtigt hätten. Am 26. Februar hatte der Zar die Duma aufgelöst – in der falschen Annahme, von ihr gehe der Aufstand aus. Es war – und ist heute noch vielen – unvorstellbar, dass es sich um eine spontane Massenbewegung handelte. Der Duma-Präsident, Michail V. Rodzjanko (1859–1924), versuchte trotz dieses Affronts, mässigend auf den Zaren einzuwirken und ihn zur Bildung eines dem Parlament verantwortlichen Ministeriums zu veranlassen. Erst nach langem Zögern stimmte dieser zu, jetzt aber war es zu spät. Die Regierung konnte die Lage nicht mehr unter Kontrolle bringen. Selbst der Thronverzicht des Zaren, den dieser, wiederum nach langem Schwanken am 2. März 1917 erklärte, nützte nichts mehr. Einen Tag später lehnte auch sein Bruder die Krone ab. Die Romanov-Dynastie, die seit 1613 in Russland herrschte, hatte abgedankt.

Die Duma reagierte allerdings nicht entschlossener als der Zar und seine Regierung auf die Ereignisse. Obwohl sich durchaus Widerstand gegen das Auflösungsdekret des Zaren regte, weigerte sich die Mehrheit der Abgeordneten zunächst, sich für autonom zu erklären und damit das Heft der Dinge wieder in die Hand zu bekommen. Inoffiziell bildete man schliesslich am 28. Februar ein provisorisches Duma-Komitee, diskutierte aber weiterhin endlos über die Rechtmässigkeit des eigenen Tuns. Die Vorgänge in den Strassen Petrograds und Moskaus gingen weitgehend an diesen Parlamentariern vorbei. Immerhin ergriff das Duma-Komitee nach der Abdankung des Zaren die Initiative und stellte aus seinen Reihen der Öffentlichkeit eine Provisorische Regierung vor. Allgemein war allerdings klar, dass nicht sie die eigentliche Macht darstellte, sondern eher geduldet wurde. Die Macht lag beim Petrograder Sowjet, dem Rat der Arbeiter- und Soldatendeputierten, der ebenfalls am 28. Februar gegründet worden war.

Dieser Sowjet, eine Einrichtung, die aus der Revolution von 1905 bekannt war und als von unten gewähltes Organisationszentrum der Unruhen diente, hatte mit dem Duma-Komitee über eine Regierung verhandelt. Natürlich hätte er die Regierungsgewalt auch formell übernehmen können, dies wäre nicht zu verhindern gewesen. Aber die Sowjetvertreter, einfache Arbeiter und Soldaten wie Politiker der verschiedenen linken Parteien, waren in der überkommenen Vorstellung verhaftet, dass auf die halbfeudale Autokratie zunächst eine bürgerliche Demokratie folgen müsse, bevor man zum Sozialismus und zur vollständigen Volksherrschaft übergehen könne. Neben dieser eher theoretischen Überlegung spielte der Gedanke eine Rolle, dass eine Sowjetherrschaft vielleicht in der Armee oder auf dem Land noch nicht toleriert werde und dass man in der wirtschaftlichen Notlage möglicherweise Schwierigkeiten haben werde, mit den Verwaltungsapparaten zusammenzuarbeiten, und deshalb scheitern könne. So diktierte man der bürgerlichen Provisorischen Regierung die Bedingungen, unter denen diese anzutreten habe, und weigerte sich, selbst in sie einzutreten. Die «Doppelherrschaft» war geboren.

Zu den wichtigsten Bedingungen des Sowjets zählte die Verwirklichung der politischen Freiheit in jeglicher Form, von der Rede- bis zur Vereinigungs- und Streikfreiheit. Auch die Armee war davon nicht ausgenommen. Sie sollte sich auf der Grundlage der Selbstverwaltung organisieren und die Offiziere selbst wählen können. Ausserhalb des Dienstes genossen die Militärangehörigen nun dieselben Rechte wie die Normalbürger: Im «Befehl Nr. 1» vom 1. März unterstellte der Sowjet die Soldaten unmittelbar seinen Anordnungen – ein deutliches Zeichen für die Machtverteilung. Mit der Regierung wurde auch vereinbart, dass die militärische Stütze des Sowjets, die Petrograder Garnison, nicht entwaffnet und abkommandiert werden dürfe. Weiterhin forderte der Sowjet, alle Beschränkungen aufgrund der Klasse, der Nationalität oder des Glaubensbekenntnisses aufzuheben. Über die Staatsform sollte eine künftige Nationalversammlung entscheiden.

Zur Überwachung und Kontrolle der Regierung stand ein Exekutivkomitee des Sowjets zur Verfügung, das ständig präsent war, sich allerdings in die Detailarbeit des Staatsapparates nicht einmischte. Insofern herrschte durchaus Gewaltenteilung. Eine Drohung des Sowjets hatte jedoch erheblichen Einfluss auf die politische Linie der Regierung. Mit ziemlichem Erfolg wurde das Sowjetsystem nach und nach durchorganisiert und ausgedehnt. In den Fabriken, Institutionen und anderen Organen bildeten sich Betriebskomitees. Auf dieser Basis wurden Räte in den Rayons, den Stadtteilen, gewählt, die dann ihrerseits den Sowjet der Gesamtstadt bestimmten. Allmählich erweiterte sich das Netz der Sowjets auf einen Grossteil der Städte Russlands. Auch die Soldaten wählten Räte, die ihre Vertreter in die örtlichen Sowjets entsandten. Vom 3. bis 24. Juni 1917 fand der Erste Allrussische Sowjetkongress der Arbeiter- und Soldatendeputierten statt. Soweit diese überhaupt einer Partei nahestanden, gehörten sie mehrheitlich zu den Sozialrevolutionären und Menschewiki. Auch der Vorsitzende des Petrograder Sowjets, der nach wie vor die höchste Autorität genoss, war ein Menschewik: Nikolaj S. Čcheidze (1864–1926).

Vor allem die Basisorganisationen tagten fast ununterbrochen. Man hat einmal von der «Meeting-Demokratie» gesprochen. Hier konnten ohne administrative Gängelung alle interessierenden Themen angesprochen werden – von politischen Auseinandersetzungen oder betrieblichen Konflikten, Lohnkämpfen und Streiks bis hin zur Organisation von Lebensmitteln, Heizmate-

rial und Wohnungen oder von kulturellen Veranstaltungen; in den Exekutiv-
und Betriebskomitees kamen auch ganz private Schwierigkeiten zur Sprache.
Die behördlichen Verwaltungen waren vielen Problemen nicht gewachsen,
die Selbstverwaltungen mussten an ihre Stelle treten, ohne es in der Regel
angestrebt zu haben.

Auf dem Land blieben die Sowjets vorerst verstreut und weniger gut organisiert. Immerhin trat der erste Allrussische Kongress der Bauerndeputierten
schon früher als der Arbeiterkongress zusammen, nämlich vom 4. bis 28. Mai.
Seine wichtigste Forderung lautete, den Bauern das gesamte Land zu über-
eignen, ohne Entschädigung für die Gutsbesitzer. Parteipolitisch dominierten
hier – wie bei den Soldaten – die Sozialrevolutionäre. Nicht zu vergessen ist,
dass sich auch nationale Selbstverwaltungsvertretungen bildeten – vor allem
in der Ukraine sowie bei den muslimischen Nationalitäten –, die in vielen
Fragen mit den Sowjets kooperierten.

Die «Doppelherrschaft» spiegelte nicht nur eine Gewaltenteilung, sondern
auch ein unterschiedliches soziales und politisches Spektrum wider. An der
Spitze des ersten Kabinetts der Provisorischen Regierung stand Fürst Georgij E. L'vov (1861–1925), ein adliger, gemässigt-liberaler Gutsbesitzer. Die
Minister entstammten teilweise ähnlichen Kreisen, daneben waren es Unternehmer und Angehörige der *intelligencija*. Parteipolitisch gehörten sie fast
ausschliesslich zu den Kadetten oder den gemässigt-konservativen Oktobristen. Die einzige «linke» Ausnahme bildete der Justizminister Aleksandr
F. Kerenskij (1883–1970), ein Trudovik. Anfangs stellte sich diese Regierung
hinter die Forderungen des Petrograder Sowjets. Bald jedoch tauchten ernsthafte Probleme auf. Obwohl die Regierung durchaus eine funktionierende
Verwaltung aufbauen konnte, gelang es ihr nicht, die dringendsten Fragen des
Landes, die die Menschen in ihrer Existenzgrundlage berührten, zufriedenstellend zu beantworten.

Konfrontiert mit den Grundproblemen des Volkes: Die «Doppelherrschaft» im Wandel

An erster Stelle stand der Ruf nach Brot. Die Februarrevolution war nicht
zuletzt aus Hungerdemonstrationen entstanden, die sich politisiert hatten.
Trotz vermehrter Anstrengungen bekam die Regierung die Versorgungslage
nicht in den Griff. Die Städter vor allem mussten weiter hungern, ja sich mit
immer kleiner werdenden Rationen zufriedengeben. Vollends unbeliebt machte
sich die Regierung, als sie die Aktionen der Arbeiterschaft, ihre Streiks für
höhere Löhne und eine Verbesserung der materiellen Lage halbherzig oder
gar nicht unterstützte, ja sich häufig auf die Seite der Unternehmer stellte.
Gewiss war ihr Argument verständlich, die Unruhen führten zu Produktionsein-
schränkungen und damit zu einer weiteren Verschlechterung der wirtschaftlichen Situation des Landes. Die Arbeiterinnen und Arbeiter befürchteten
jedoch, dass die Regierung bei erstbester Gelegenheit ihre Rechte, die sie
sich eben erst erkämpft hatten, wieder beschneiden werde: etwa den Acht-

Stunden-Tag oder die Bildung von Betriebskomitees. Bestätigt sahen sie sich in ihrer Skepsis, als die Regierung wenig tat, um Unternehmen davon abzuhalten, ihre Fabriken wegen unzureichender Rentabilität stillzulegen und mit ihrem Kapital ins Ausland zu gehen, um ruhigere Zeiten abzuwarten. Hin und wieder übernahmen dann Arbeiterkomitees die Fabriken in eigener Regie, während daneben von den Linksparteien Konzepte einer staatlichen Kontrolle mit Ansätzen einer Planung entwickelt wurden. Die Frage der Lebensmittelversorgung war somit eng verknüpft mit Überlegungen zum Verhältnis von Staat und Wirtschaft sowie mit der Forderung nach Arbeiterkontrolle in den Betrieben.

Ebenso verband sich damit der immer lauter geäusserte Wunsch nach Land. Dass die Versorgung nicht funktionierte, lag wesentlich daran, dass die Regierung diesem grundlegenden Verlangen der Bauern nicht entgegenkam. Die Agrarstruktur mit einem hohen Anteil von adligem Gutsbesitzerland blieb vorerst erhalten. In den zuständigen Behörden konnte man sich nicht einigen, nach welchem Konzept die – an sich unbestrittene – Neuregelung des Landbesitzes vorgenommen werden sollte. Deshalb vertagte man die Frage immer wieder, wobei dahinter sicher auch die Furcht stand, bei der Brisanz des Themas könne die politische in eine soziale Revolution umschlagen. Man argumentierte, man müsse die Entscheidung der Nationalversammlung abwarten sowie das Kriegsende, weil sonst die Soldaten – überwiegend Bauern – von der Front nach Hause laufen würden, um sich an der Landverteilung zu beteiligen. Indem man das Problem hinausschob, trug man allerdings selbst dazu bei, dass eintrat, was man verhindern wollte. Die Bauern griffen immer mehr zur Selbsthilfe und verjagten – mit wachsender Gewalt – die Gutsbesitzer. Soldaten desertierten massenweise von der Front, um nicht zu spät zu kommen. Die Behörden konnten diesen Prozess nicht verhindern. Zusehends verfiel die Autorität der Regierung.

Die dritte Existenzfrage war die Sehnsucht nach Frieden. Obwohl sich dadurch die innenpolitische Krise verschärfte, schied Russland nicht aus dem Weltkrieg aus. Man wollte als neuer demokratischer Staat nicht die demokratischen Verbündeten – Frankreich, Grossbritannien, die USA – verlassen, um mit den Monarchien einen Sonderfrieden zu schliessen. Ausserdem schien der Sieg jetzt so nahe zu sein, dass einige Minister und Politiker, anknüpfend an die aussenpolitischen Übereinstimmungen vor dem Krieg, in der ersten Zeit sogar noch annexionistische Kriegsziele namentlich gegenüber der Türkei vertraten. Die Fronttruppen akzeptierten diese Überlegungen allerdings nicht. Sie wollten, dass die Kämpfe endlich beendet wurden. Die nach dem seit Mai als Kriegsminister amtierenden Kerenskij benannte Offensive in der zweiten Junihälfte scheiterte kläglich und minderte weiter das Ansehen der Regierung.

Auch wenn die Leistungen der Regierung nicht verkannt werden dürfen, musste doch der Eindruck entstehen, dass sie alle entscheidenden Probleme vor sich herschob. Da sie immer wieder darauf hinwies, sie wolle den Beschlüssen der Nationalversammlung in den Existenzfragen des Landes nicht vorgreifen, hätte man erwarten können, dass sie möglichst rasch die Konstituante wählen liesse. Doch der Wahltermin wurde ebenfalls immer wieder vertagt – nicht zuletzt mit dem Argument, zunächst müsse der Krieg beendet sein. Damit bewegte sich die Argumentation der Regierung in einem Kreis, der die Bevölkerung nicht überzeugen konnte. Die Einberufung einer – unverbindlichen – «Staatsberatung» im August und eines «Vorparlamentes» im September reichten als Ausgleich nicht. Ähnlich erging es den Nationalitäten, deren Wunsch nach Selbstbestimmungsrecht und kultureller Autonomie zwar verbal anerkannt, aber nicht in eine konkrete Regierungspolitik umgesetzt wurde. So griffen viele Ethnien zur Selbsthilfe und bauten an der zentralstaatlichen Autorität vorbei autonome Verwaltungen auf.

Verbunden mit den Forderungen nach nationaler Selbstbestimmung, Einberufung der Konstituante und Arbeiterkontrolle in den Betrieben wurden «Brot, Land und Frieden» zu den zentralen Losungen des Jahres 1917. Die Unfähigkeit der Provisorischen Regierung, darauf überzeugend einzugehen, hat auch mit tieferliegenden Strukturen zu tun, die den Charakter der «Doppelherrschaft» bestimmten. Die Gewaltenteilung zwischen Sowjet und Provisorischer Regierung, die zugleich ein unterschiedliches sozial-politisches Spektrum widerspiegelte, drückte auch die Trennung zwischen der «Gesellschaft», den Besitzenden und Gebildeten, und dem «Volk» aus. Teile der «Gesellschaft» hatten immer wieder versucht, Brücken zum «Volk» zu schlagen. Vor allem nach dem Staatsstreich von 1907 und dann im Ersten Weltkrieg waren jedoch viele, die zuvor auf der Seite des «Volkes» gestanden und deren Forderungen vertreten hatten, Kompromisse mit dem kritisierten zarischen Regime eingegangen. Statt sich angesichts der wachsenden Unzufriedenheit in der Bevölkerung stärker vom herrschenden System abzugrenzen, liessen sie sich darin einbinden, wie sich etwa am Verhalten einer Reihe von «Moskauer» Unternehmern im Krieg gezeigt hatte. Wenn wir bei dieser stark vereinfachenden Darstellung struktureller Hintergründe bleiben, verwundert es deshalb nicht, dass das «Volk» auch nach dem Sturz des Zaren misstrauisch war, ob die Vertreter der «Gesellschaft» sich seine Interessen wirklich zu eigen machen würden. Deshalb gewann der Petrograder Sowjet als Kontrollorgan ungeheure Autorität. Auch für die weitere Entwicklung vermag diese Trennung zwischen «Gesellschaft» und «Volk» einen Erklärungsansatz zu bieten.

Ende April 1917 erreichten die Proteste von Arbeitern und Soldaten gegen die Politik der Regierung, den Krieg weiterzuführen und an annexionistischen Kriegszielen festzuhalten, ein derartiges Ausmass, dass schliesslich Aussenminister Miljukov und Kriegsminister Gučkov ihre Ämter niederlegen mussten. Nach einigem Zögern traten, mit Billigung des Petrograder Sowjets, führende Vertreter der Sozialrevolutionäre und Menschewiki in das neue Kabinett ein. Damit war im Grunde das Prinzip der «Doppelherrschaft» durchbrochen, die Kontrollfunktion des «Volkes» gegenüber der «Gesellschaft» nicht mehr voll gewährleistet, da nun in beiden Gremien Angehörige derselben Parteien sassen. Eine Möglichkeit wäre gewesen, dass die neuen Kabinettsmitglieder sich zum Fürsprecher der Wünsche des Volkes gemacht und entsprechend Druck ausgeübt hätten. Vielleicht wäre dann die Kluft zwischen «Gesellschaft» und «Volk» allmählich überbrückt worden. Das trat jedoch nicht ein.

Obwohl die Regierung im Laufe des Jahres durch weitere Kabinettsumbildungen immer «linker» wurde – als äusseres Zeichen für diese Entwicklung mag stehen, dass am 8. Juli Kerenskij das Amt des Ministerpräsidenten übernahm –, änderte sich die Politik nicht grundsätzlich. Die grossen Forderungen des Volkes blieben unerfüllt. Damit aber gerieten Menschewiki und Sozialrevolutionäre selbst in den Sog des Vertrauensschwundes. In den Augen des «Volkes» hatte das erste Kabinett der Provisorischen Regierung bewiesen, dass es in den Verhaltensweisen der alten «Gesellschaft» verhaftet und nicht auf seine Seite übergegangen war. Wenn die führenden Politiker der Menschewiki und Sozialrevolutionäre nun keine Wende erzwangen, so zeigten sie damit – jedenfalls musste es nach aussen so scheinen –, dass sie ebenfalls ins andere Lager überschwenkten. Das «Volk» begann sich zunehmend von ihnen abzuwenden.

Die einzige von diesen Vorgängen unbelastete linke Partei – sieht man von den Anarchisten und einigen anderen kleineren Gruppierungen ab – waren die Bolschewiki. Dafür hatte Lenin gesorgt, als er im April aus dem Schweizer Exil in Petrograd eintraf. Diese Reise hatte ihm und seinen Anhängern die deutsche Reichsregierung ermöglicht, die die innere Situation Russlands destabilisieren wollte. Deshalb war der Vorwurf, Lenin sei ein deutscher Agent, schnell bei der Hand, wirkte allerdings wenig überzeugend, da dieser nachdrücklich die Weltrevolution befürwortete und dabei gerade auf Deutschland grosse Hoffnungen setzte. Bis zu Lenins Ankunft waren die Bolschewiki keineswegs einig, wie sie sich zur Provisorischen Regierung stellen sollten. Die Mehrheit in den Führungsgremien, darunter Stalin, nahm zunächst eine gemässigte Haltung ein, die von derjenigen der Menschewiki nicht weit entfernt war.

Unmittelbar nach seiner Rückkehr formulierte Lenin seine «Aprilthesen»: nein zum Krieg, nein zur Provisorischen Regierung, alle Macht den Sowjets, Übergabe des nationalisierten Landes an die Bauern, Kontrolle der Arbeiter in den Fabriken über die Betriebsleitung. Auch wenn es im weiteren Verlauf des Jahres bei den Bolschewiki Schwankungen hinsichtlich dieser Forderungen gab: Die Parolen «Alle Macht den Sowjets», «Frieden – Land – Brot» und «Arbeiterkontrolle» wurden tatsächlich zu den Losungen des «Volkes», weil sie seinen Wünschen entsprachen. Das Drängen auf Beendigung der «Doppelherrschaft» zugunsten der Sowjets bedeutete, dass eine sozialistische Entwicklung eingeleitet würde. Dabei ging Lenin – wie Trockij und die übrigen Mitstreiter, die sich ihm nach und nach anschlossen – davon aus, dass es keine isolierte Entwicklung in Russland geben, sondern die Kette des Imperialismus an ihrem schwächsten Glied brechen und die Revolution in Russland das Signal zur Revolution in den hochindustrialisierten Ländern Westeuropas geben werde.

Je grösser die Unzufriedenheit mit der Politik der Provisorischen Regierung wurde, desto mehr wuchs die Anhängerschaft der Bolschewiki in der Bevölkerung, vorab in der Arbeiterschaft der Hauptstädte und der Industriezentren. Am 3. und 4. Juli entluden sich die Kritik an der Regierung und die Hoffnungen auf die Sowjets und die Bolschewiki in Demonstrationen, Streiks und Schiessereien. Während der Petrograder Sowjet aus Loyalität zur Regierung seine Unterstützung verweigerte, stellten sich die Bolschewiki an die Spitze, obwohl ihre Führung den Zeitpunkt derartiger Massenaktionen für verfrüht hielt und sie auch nicht organisiert hatte. Nach der Niederschlagung wurden viele ihrer Aktivisten verhaftet oder mussten – wie Lenin – in den Untergrund gehen. Ihre Popularität jedoch wuchs ebenso wie das Misstrauen gegenüber den Führern des Petrograder Sowjets.

Ende August versuchte der Oberbefehlshaber der russischen Truppen, General Lavr G. Kornilov (1870–1918) einen Putsch, um wieder ein Regime mit «Autorität und Ordnung» zu errichten. Um Herr der Lage zu werden, war die Provisorische Regierung gezwungen, die Hilfe von Bolschewiki, Roten Garden und Fabrikkomitees in Anspruch zu nehmen. Das Ansehen der Bolschewiki erhöhte sich erneut. Im Grunde war eine andere Art von «Doppelherrschaft» entstanden: Als Vertreter des «Volkes» erschienen jetzt Betriebskomitees, lokale und regionale Sowjets sowie auch die Bolschewiki, die sich nicht nur gegen die Regierung, sondern darüber hinaus gegen die Spitzen des Petrograder Sowjets wandten. In raschem Tempo wandelten sich die Mehrheitsverhältnisse in den verschiedenen Sowjets zugunsten der Bolschewiki. Es war nur noch eine Frage der Zeit und der Wahltermine, bis diese Entwicklung auch die höchsten Sowjetorgane erreichte.

Zugleich spitzte sich auch auf dem Land die Lage zu. Die Regierung war machtlos gegenüber den Aktionen der Bauern und der nach Hause strömenden Soldaten, die die Gutsbesitzer verjagten und das Land unter sich verteilten. Sie trat auch nicht die Flucht nach vorn an und unterstützte die Neuverteilung, um das Vertrauen der Bauern zurückzugewinnen. So zerfiel ihre Autorität und mit ihr die der Sozialrevolutionäre, der traditionellen Bauernpartei, mehr und mehr.

Die Oktoberrevolution

Lenin drängte aus seinem finnischen Versteck zur Tat. Hier schrieb er sein berühmtes, Fragment gebliebenes Buch «Staat und Revolution», das als Programm für eine künftige bolschewistische Regierungspolitik gedacht war, aber auch als Testament, falls die Partei scheitere und zerschlagen werde. Aufbauend auf den Analysen von Marx und Engels vor allem zur Pariser Commune 1871 versuchte Lenin, die Diktatur des Proletariats als Herrschaft der Mehrheit über die Minderheit der ehemaligen Ausbeuter, die auch einschneidende Massnahmen erfordere, mit der sozialistischen Perspektive eines Absterbens des Staates und einer Selbstverwaltung von unten zu verbinden: «Alle Leute, die des Lesens und Schreibens kundig sind,» müssten den Staat regieren.[5] Daneben bemühte sich Lenin, in Aufrufen und konkreten Angeboten die Menschewiki und Sozialrevolutionäre zu einem breiten Bündnis aller Linkskräfte zu bewegen, die die Mehrheit im Lande stellen würden, die Regierungsgewalt übernehmen und damit auf friedlichem Wege die Ergebnisse der Februarrevolution sichern und weiterentwickeln könnten. Als die beiden Parteien seinen Vorschlag ablehnten, trat er enttäuscht und von nun an kompromisslos ihnen gegenüber auf.

Um so entschlossener schrieb er jetzt seinen Genossen: «Die Bolschewiki müssen die Macht ergreifen.»[6] Darüber gab es harte Auseinandersetzungen im Zentralkomitee der Bolschewiki. Grigorij E. Zinov'ev (eigentlich Hirsch Apfelbaum, 1883–1936) und Lev B. Kamenev (eigentlich Rosenfeld, 1893–1936), die schärfsten Kritiker Lenins in den Führungsgremien, brachten den Plan sogar an die Öffentlichkeit, um ihn auf diese Weise zu verhindern. Sie hielten die Idee eines politischen Umsturzes durch die Bolschewiki für abenteuerlich und befürchteten eine vollständige Niederlage. Als das Zentralkomitee am 10. Oktober schliesslich doch Lenin zustimmte, waren die Würfel im Grunde schon gefallen. Zu dieser Zeit drohte die Massenbewegung in Petrograd, teilweise auch anderswo, an den Bolschewiki vorbeizugehen. Die Arbeiter hatten sich mehr und mehr radikalisiert. Die meisten Fabrikkomitees waren für die Sowjetherrschaft und die Arbeiterkontrolle, wenn nicht gar für die Arbeiterverwaltung der Betriebe. Dass der menschewistische Arbeitsminister Matvej I. Skobelev (1885–1939) in der Frage des Acht-Stunden-Tags auf seiten der Unternehmer stand und diese in Person des liberalen «Moskauers» Pavel P. Rjabušinskij mit der «knöchernen Hand des Hungers und des Volkselends» drohten, damit die Mitglieder der Komitees und Sowjets «zur Vernunft» kämen,[7] hatte die Entschlossenheit vieler Arbeiter verstärkt. Dabei verband sich das informelle Kommunikationsnetz über Landsmannschaften und genossenschaftsartige Zusammenschlüsse der Arbeiter mit den Organisationen der Betriebskomitees und der Bolschewiki. Während der Sitzung des bolschewistischen Zentralkomitees warnte Nikolaj A. Skrypnik (1872 bis 1933), der in den Betriebskomitees arbeitete, die Parteiführung davor, dass die Massen ihr weglaufen und zu den Anarchisten überwechseln würden, wenn nicht endlich gehandelt werde.

Diese Stimmung wurde noch dadurch genährt, dass sich die Gerüchte mehrten, Kerenskij plane mit rechten Politikern und Militärs, möglicherweise sogar mit Hilfe der deutschen Armee, einen neuen Putsch und eine Unterdrückung der Revolution. Inzwischen war jedoch auch im Petrograder Sowjet die Mehrheit an die Bolschewiki übergegangen. Am 25. September hatte er Trockij zum neuen Vorsitzenden gewählt. Als nun die Provisorische Regierung befahl, die Petrograder Garnison an die Front zu schicken, sah der Sowjet seine schlimmsten Befürchtungen bestätigt. Am 9. Oktober entschloss er sich, ein «Militärisches Revolutionskomitee» zu bilden, das Vorsorge zur Verteidigung der Hauptstadt – und der Revolution überhaupt – treffen sollte. Ihm gehörten Vertreter aller Gruppierungen im Sowjet ausser des Menschewiki an. Vorsitzender wurde ein Linker Sozialrevolutionär, die treibenden Kräfte waren jedoch die Bolschewiki, namentlich Trockij selbst. Das bolschewistische Zentralkomitee konnte am 10. Oktober kaum hinter diesen Sowjetbeschluss zurückfallen, sondern musste geradezu in die Offensive gehen, um an der Spitze der Bewegung zu bleiben. Das Militärische Revolutionskomitee erwies sich als das geeignete Organ, um bei einem günstigen Zeitpunkt die Änderung der politischen Machtverhältnisse durchzuführen und um zugleich zu demonstrieren, dass es – bei allem Einfluss der Bolschewiki – nicht einfach um den Putsch einer Minderheitenpartei ging, sondern dass der Umsturz auf breiterer Grundlage stand.

Diese Pläne waren in der Öffentlichkeit bekannt, niemand konnte von einer kaltblütig im geheimen geplanten Aktion sprechen. Die Provisorische Regierung versuchte, die Aktivitäten des Komitees zu behindern – mit dem Ergebnis, dass sich immer mehr Truppenteile in Petrograd dessen Kommando unterstellten. Anstatt jetzt entschieden und mit aller staatlichen Kraft vorzugehen, verbot die Regierung lediglich die bolschewistische Parteizeitung «*Pravda*». Dies reichte jedoch als Signal für den Sowjet, dass Kerenskij zum Angriff antreten wolle. Das bolschewistische Zentralkomitee zögerte noch, das Zeichen zum Aufstand zu geben. Anders die niederen Parteigremien, anders das Militärische Revolutionskomitee, anders Lenin, der es nicht mehr erwarten konnte und aus seinem Versteck «mit der Strassenbahn zur Weltrevolution»[8] fuhr – zunächst einmal zum Smol'nyj-Institut, in dem der Sowjet residierte und wo die Fäden zusammenliefen –, anders die Arbeiter und Soldaten: In der Nacht vom 24. auf den 25. Oktober gingen die sowjettreuen Truppenteile und die Roten Garden – bewaffnete Arbeitereinheiten, die den Bolschewiki nahestanden – zur Offensive über, besetzten die wichtigsten Gebäude und verhafteten am 25. Oktober, nach westlichem Kalender am 7. November, die Provisorische Regierung. Kerenskij konnte fliehen.

Äusserlich spürte man in Petrograd kaum etwas von diesem welthistorischen Ereignis, das ohne grosse Gegenwehr über die Bühne gegangen war. Der amerikanische Journalist John Reed, der mit den Bolschewiki um Lenin sympathisierte und sich damals in Petrograd befand, berichtete: «Mittwoch, 7. November. [...] Vor den geschlossenen Türen der Staatsbank standen Soldaten mit aufgepflanztem Bajonett. ‹Wozu gehört ihr?› fragte ich. ‹Zur Regierung?› ‹Die Regierung ist futsch. Slawa Bogu› (Gott sei Dank). Das war alles, was ich herausbekam. Die Strassenbahnen fuhren wie gewöhnlich, nicht nur innen überfüllt, sondern auch aussen behangen mit Männern, Frauen und kleinen Jungen, die sich anklammerten, wo nur ein Plätzchen sich fand. Die Läden waren geöffnet, und die Strassen schienen sogar weniger unruhig als am Abend vorher. Die Mauern der Häuser waren in der Nacht mit unzähligen gegen den Aufstand gerichteten Appellen beklebt – an die Bauern, an die Frontsoldaten, an die Petrograder Arbeiter. [...] An der Ecke der Morskaja traf ich den Hauptmann Gomberg, Sekretär der Militärsektion der menschewistischen Sozialpatrioten. Auf meine Frage, ob der Aufstand wirklich stattgefunden habe, zuckte er müde die Achsel: ‹Tschort snajet.› (Weiss der Teufel). ‹Vielleicht gelingt es den Bolschewiki in der Tat, die Macht an sich zu reissen; aber sie werden sich keine drei Tage halten können. Es fehlen ihnen die Männer, die fähig wären, die Regierungsgeschäfte zu führen. Vielleicht ist es ganz gut, sie den Versuch machen zu lassen. Sie werden um so schneller abwirtschaften ...› [...] Donnerstag, 8. November. Der hereinbrechende Tag fand die Stadt in wildester Aufregung und Verwirrung, die ganze Nation gepeitscht von dem sich zu immer wilderen Stössen erhebenden Sturm. Äusserlich war alles ruhig. Hunderttausende waren zeitig zu Bett gegangen, standen früh auf und gingen ihrer Arbeit nach. In Petrograd fuhren die Strassenbahnen, die Warenhäuser und Restaurants waren geöffnet, die Theater in vollem Betrieb. Sogar eine Gemäldeausstellung war angezeigt. Der Alltag – langweilig selbst in Kriegszeiten – ging seinen gewohnten Trott.»[9]

Am Abend des 25. Oktober trat der Zweite Allrussische Sowjetkongress zusammen: Der Zeitplan der Aufständischen passte ausgezeichnet. Diese verfügten auf dem Kongress auch über eine deutliche Mehrheit. Mehr als die Hälfte der Delegierten zählte sich zu den Bolschewiki, den Linken Sozialrevolutionären, die sich wegen der Zusammenarbeit der Sozialrevolutionäre mit der Regierung von diesen abgespalten hatten, und sympathisierenden Gruppen. Weit über die Parteizugehörigkeit hinaus sprach sich in einer Vorwegbefragung der grösste Teil der Deputierten dafür aus, «alle Macht den Räten» zu übergeben. Nur wenige wollten die bisherige Regierungskoalition beibehalten. Offen war allerdings, wie die Rätemacht im einzelnen aussehen sollte. Als die gegen den Umsturz protestierenden Menschewiki und Sozialrevolutionäre den Kongress verliessen, blieb somit keineswegs eine Minderheit zurück, die den Aufstand bestätigte. Aber es war eine Chance vertan, die neue Staatsordnung auf eine breite Grundlage zu stellen. Statt dessen vergrösserte sich der Einfluss der Bolschewiki. Trockij, der betonte, dass hier keine geheime Verschwörung, sondern ein offen vorbereiteter «Aufstand der Massen» stattgefunden habe, rief denen, die die Bolschewiki zu einem Kompromiss zu bewegen suchten, und denen, die hinauszogen, nach: «[...] ihr seid Bankrotteure, eure Rolle ist ausgespielt; schert euch hin, wohin ihr von nun an gehört: auf den Kehrichthaufen der Geschichte.»[10]

Am 26. Oktober verabschiedete der Kongress zwei Dekrete, mit denen die Forderungen der Massenbewegungen und die Versprechungen der Aufstandsorgane aufgegriffen wurden. Das Dekret über Grund und Boden legalisierte die Enteignung des Landbesitzes der Gutsherren, Klöster und Kirchen, verstaatlichte den gesamten Grund und Boden, übergab diesen jedoch zur individuellen Nutzniessung an die Bauern. Das Dekret über den Frieden rief alle kriegführenden Staaten und Völker zum Friedensschluss auf und bot die Aufnahme sofortiger Verhandlungen an, erklärte die Abschaffung der Geheimdiplomatie und forderte das Selbstbestimmungsrecht der Völker. Darüber hinaus bildete der Sowjetkongress eine «provisorische Arbeiter- und Bauernregierung», den Rat der Volkskommissare mit Lenin an der Spitze, und leitete die Wahlen zur Konstituante ein. Am 14. November 1917 folgte das Dekret über die Arbeiterkontrolle, das die Rechte der Arbeitervertreter in den Unternehmen festlegte und ihre gesamtstaatliche Organisierung vorsah, damit sie an der «planmässigen Regulierung der Volkswirtschaft» teilnehmen konnten. Schon am 2. November war ein Dekret über die Rechte der Völker Russlands erlassen worden, das die Grundlage für die Lösung der Nationalitätenfrage schaffen sollte.

Die zentralen Forderungen der Massenbewegungen des Jahres 1917 wurden – zumindest auf dem Papier – erfüllt. Strukturell gesehen hatte das «Volk» nun die «Gesellschaft» von der Macht vertrieben, war kurzfristig und vorübergehend geschlossen aufgetreten. Die Linien von Bauern- und Arbeiterbewegung waren für kurze Zeit identisch geworden. Insofern kann die Oktoberrevolution keineswegs, wie der polnische Philosoph Leszek Kołakowski (geb. 1927) in einem Rückblick auf die untergegangene Sowjetunion meinte, als «ein verhängnisvoller Zufall» bezeichnet werden. Hingegen ist ihm zuzustimmen, wenn er davor warnt, heute so zu tun, «als ob nichts geschehen wäre», als könne man jetzt dort weitermachen, wo man vor der Oktoberrevolution aufgehört habe. Die 70 Jahre Sowjetherrschaft seien nicht einfach «verschwendet» gewesen. «Man kann die Vergangenheit zwar verfluchen, verleugnen aber kann man sie nicht.»[11] Ein wichtiger Faktor für die Auseinandersetzung mit der Geschichte bilden die Ziele und Ansprüche der Revolutionäre von 1917. So wie die Französische Revolution, die auch in eine Gewaltherrschaft und eine Umformung ihrer Ziele einmündete, bis heute Anknüpfungspunkt für das Streben nach einer besseren Gesellschaft ist, werden auch die Revolutionen des Jahres 1917 als Schritte zur Verwirklichung eines Menschheitstraumes lebendig bleiben.

Alternativen der politischen Ordnung 1917/18

Mit dem Umsturz im Oktober 1917 war noch keineswegs eine Entscheidung darüber gefallen, welchen Charakter die zukünftige politische Ordnung haben sollte. Die Bildung des Rates der Volkskommissare am 26. Oktober unter der Kontrolle des Sowjetkongresses und seines Zentralen Exekutivkomitees stellte ein Provisorium und einen Kompromiss dar, um eine sofortige kontinuierliche Regierungsarbeit zu gewährleisten. Das Militärische Revolutionskomitee und das Zentrale Exekutivkomitee, die sich als Alternative anboten, konnten diese Funktion ebensowenig wie das Zentralkomitee der Bolschewiki erfüllen, weil sie über keinen entsprechenden Apparat verfügten und es für unmöglich gehalten wurde, dass sie die alten Behörden übernahmen. Der Rat der Volkskommissare sollte die Aufgabe haben, die Lage zu stabilisieren, den Widerstand gegnerischer Kräfte niederzuringen und die zerrüttete Wirtschaft wieder in Gang zu bringen.
Darüber hinaus spielte eine Rolle, dass im Militärischen Revolutionskomitee und Zentralen Exekutivkomitee neben den Bolschewiki auch die anderen sozialistischen Parteien vertreten und die Diskussionen über mögliche Koalitionen noch nicht abgeschlossen waren. In der Tat kam es zu Koalitionsverhandlungen, die innerhalb der Bolschewiki auf grosse Sympathie stiessen, aber auch von zahlreichen Sowjetdeputierten und Gewerkschaftern gefordert wurden. Ebenso wie Trockij beurteilte Lenin diese Gespräche skeptisch, nicht zuletzt weil sich Menschewiki und Sozialrevolutionäre im September geweigert hatten, auf sein Angebot einer Zusammenarbeit einzugehen.
Dieser Unversöhnlichkeit stand eine nicht minder starre Einstellung der führenden Sozialrevolutionäre und Menschewiki gegenüber. Während der Koalitionsverhandlungen schlug Fedor I. Dan (Gurvič, 1871–1947) vom Zentralkomitee der Menschewiki vor: «das Militärische Revolutionskomitee aufzulösen, zu akzeptieren, dass der II. Sowjetkongress nicht zustande gekommen

Narvsker Bogen mit der Aufschrift: «Wir sind die Macht», Petrograd November 1918. Aufnahme von Kudlubovič.

sei, eine Beteiligung bolschewistischer Vertreter an der Regierung abzulehnen [...]».[12] Namentlich die Aufnahme Lenins und Trockijs in eine mögliche neue Regierung wurde schärfstens zurückgewiesen. Zugleich verlangten beide Parteien, dass die Arbeiter, die gerade zu dieser Zeit noch heftige Kämpfe mit militärischen Einheiten der gestürzten Provisorischen Regierung ausfochten, ihre Waffen niederlegen und den Truppen Kerenskijs keinen Widerstand mehr leisten sollten. All dies musste für die Bolschewiki unannehmbar sein, wollten sie nicht erklären, dass der Aufstand vom 25. Oktober umsonst gewesen war. Nachdem dann in der Nacht vom 30. zum 31. Oktober 1917 ein entscheidender militärischer Sieg über die Soldaten der alten Regierung gelang, war das Scheitern der Koalitionsverhandlungen nicht mehr aufzuhalten. Die Mehrheit des bolschewistischen Zentralkomitees entschloss sich am 2. November 1917, eine Einparteien-Regierung zu bilden. Aus Protest gegen diese Haltung legten führende Bolschewiki ihre Ämter als Volkskommissare nieder und traten aus dem Zentralkomitee aus. Am 18. November kam es dann doch zu einer Koalitionsregierung, nämlich mit den Linken Sozialrevolutionären. Einen Tag zuvor hatte auch der linke Flügel der Menschewiki seine Boykottpolitik aufgegeben und arbeitete wieder im Zentralen Exekutivkomitee des Sowjetkongresses mit.

Mit dem Beschluss vom 2. November war eine weitere grundlegende Entscheidung verbunden. Zum erstenmal taucht in diesem Dokument der Begriff «sozialistische Revolution» auf.[13] Bisher hatte man immer von «Volks-revolution», «Arbeiter- und Bauernrevolution» oder einfach nur von der «Re-volution» gesprochen. Dies war durchaus folgerichtig: Solange die Koali-tionsverhandlungen liefen, blieb der Charakter der zukünftigen Gesellschafts-ordnung offen. Es wäre Sache der Konstituante, der Verfassunggebenden Versammlung, gewesen, sich hierüber zu verständigen. Jetzt, unter dem Ein-druck der gescheiterten Gespräche, traten die Bolschewiki die «Flucht nach vorn» an: Der Sozialismus galt als unmittelbar zu verwirklichendes Ziel.[14] Allerdings bedeutete dies zugleich eine Vorentscheidung über das Schicksal der Konstituante. Es ihr zu überlassen, doch noch die Oktoberrevolution für ungültig zu erklären, war nach der eingetretenen Entwicklung nicht mehr denkbar. Am 12. November 1917 wurde gewählt, zu einer Zeit, als in Teilen des Landes die Einzelheiten des Umsturzes noch gar nicht bekannt waren. Insbesondere konnten die Bauern, die den Sozialrevolutionären ihre Stimme geben wollten, in der Regel nicht zwischen dem rechten und dem linken Flügel – der zu einer Zusammenarbeit mit den Bolschewiki bereit war – differenzieren. 410 Abgeordnete stellten die Sozialrevolutionäre, als die Kon-stituante am 5. Januar 1918 zu ihrer Eröffnungssitzung zusammentrat. Davon stimmten 40, die sich den Linken zurechneten, mit den Bolschewiki, die mit 175 Abgeordneten zur zweitstärksten Partei geworden waren und vor allen Dingen die Arbeiterschaft und die Soldaten hinter sich wussten. Alle übrigen Parteien landeten weit abgeschlagen. Insgesamt konnten jedoch die Gegner der Oktoberrevolution mit einem Block von 487 Stimmen die absolute Mehr-heit auf sich vereinen – gegen 215 Stimmen der Befürworter. Als die Bolsche-wiki eine «Deklaration der Rechte des arbeitenden und ausgebeuteten Vol-kes» einbrachten, die auch die ersten Dekrete der Sowjetmacht bestätigte, lehnte es die Mehrheit der Konstituante ab, diese überhaupt zu beraten. Das Zentrale Exekutivkomitee des Sowjetkongresses liess daraufhin am folgen-den Tag die Verfassunggebende Versammlung auflösen.

Der vom 10. bis 18. Januar 1918 tagende Dritte Sowjetkongress nahm dann die «Deklaration» an und konstituierte damit zugleich die Sowjetordnung als Staatsform. Die Regierung, der Rat der Volkskommissare, war nun nicht mehr provisorisch, und der neue Staat erhielt die Bezeichnung «Russische Sozialistische Förderative Sowjetrepublik» (RSFSR). Der Fünfte Sowjet-kongress verabschiedete schliesslich am 10. Juli 1918 die erste Verfassung, deren grundlegender Bestandteil die «Deklaration» war. Die RSFSR wurde zur «freien sozialistischen Gemeinschaft aller Werktätigen Russlands» er-klärt. Neben der Ausgestaltung der direkten Rätedemokratie und der föde-rativen Ordnung drückte die Verfassung die «Diktatur des Proletariats» aus: Die ehemals herrschenden Klassen wurden vom Wahlrecht ausgeschlossen und die Arbeiterschaft im Wahlschlüssel begünstigt.[15]

Lenin mit seiner Schwester Marija I. Ul'janova auf dem Weg zum 5. Sowjetkongress.

«Staatskapitalismus» oder «unmittelbarer Aufbau des Sozialismus»?

Die Bolschewiki fällten ihre Entscheidung, auch im Alleingang entschlossen den Weg zum Sozialismus zu beschreiten, nicht zuletzt in der Überzeugung, dass mit der Revolution in Russland das schwächste Glied in der Kette des Imperialismus – des «höchsten Stadiums des Kapitalismus», wie Lenin 1916 geschrieben hatte – zerrissen und damit das Signal zur Weltrevolution gegeben war. Es herrschte die Meinung vor, dass sich in dem lediglich punktuell hochindustrialisierten Agrarland der Sozialismus nur dann durchsetzen werde, wenn es auch in den ökonomisch fortgeschrittenen Ländern zu einer proletarischen Revolution komme. Trockij, der erste Volkskommissar für Auswärtige Angelegenheiten, drückte diese Stimmung aus, als er nach seiner Amtsübernahme sagte: «Ich werde einige revolutionäre Proklamationen an die Völker erlassen und dann die Bude schliessen.»[16]
Die Hoffnung auf Vorantreiben der Revolution bestimmte auch die Friedensverhandlungen mit dem Deutschen Reich und seinen Verbündeten in Brest-Litovsk. Die Westmächte hatten sich dem Aufruf nach allgemeinen Friedensverhandlungen verweigert, so dass die Sowjetmacht in separate Gespräche eingetreten war. Die Verhandlungen wurden auf Wunsch der sowjetischen

Delegation unter Trockijs Leitung öffentlich geführt – diese wollte ernst machen mit dem Anspruch, die Geheimdiplomatie abzuschaffen und sich nicht nur an die Regierungen, sondern auch an die Völker zu wenden.

Als die deutsche Seite ausserordentlich harte Friedensbedingungen stellte, kam es innerhalb der bolschewistischen Führung zu heftigen Auseinandersetzungen über das weitere Verhalten. Im Zentralkomitee standen sich im wesentlichen drei Konzeptionen gegenüber. Nikolaj I. Bucharin (1888–1938) und andere «Linke Kommunisten» verlangten den revolutionären Krieg: Den Imperialisten dürfe man sich nicht unterwerfen, ein unter dem Vorzeichen der Revolution geführter Krieg werde die deutsche Armee zersetzen, und die Weltrevolution sei wichtiger, als um jeden Preis in Russland an der Macht zu bleiben. Dagegen wandte sich eine Gruppe, deren wichtigster Sprecher Lenin war, mit der Forderung nach einem sofortigen Friedensschluss selbst bei härtesten Bedingungen: Die Armee sei gerade demobilisiert worden, eine neue Rote Armee könne nicht so schnell aufgebaut werden, um den Deutschen Widerstand entgegenzusetzen, die Aussichten für die Weltrevolution seien unsicher, deshalb müsse die Sowjetmacht erhalten bleiben, um eine Basis für den internationalen revolutionären Prozess zu bilden. Darüber hinaus werde der Vertrag nicht lange halten, weil die Mittelmächte ohnehin bald militärisch zusammenbrechen würden; eine Atempause sei jedoch für Sowjetrussland lebenswichtig. Eine Mittelposition, die aber ebenso extrem wie die der anderen war, nahm Trockij ein: Er proklamierte die Losung «Weder Krieg noch Frieden» als revolutionären Akt, der die neue Qualität der Aussenpolitik deutlich machen solle. Man müsse ausprobieren, ob die Deutschen wirklich vorrücken könnten oder ob ein Befehl zum Vormarsch die Revolution in Deutschland fördern werde. Sämtliche Konzeptionen konnten gute Gründe anführen und waren durchaus nicht völlig unrealistisch. Trockijs Vorschlag fand zunächst eine Mehrheit, und er brach daraufhin die Verhandlungen in Brest-Litovsk ab.

Als jedoch die deutschen Truppen tatsächlich rasch vorrückten, ohne dass die Revolution in Deutschland ausbrach oder grösserer Widerstand sowjetischer Einheiten möglich war, konnte sich die Leninsche Konzeption nach mehreren Abstimmungsniederlagen schliesslich durchsetzen. Am 3. März 1918 wurde in Brest-Litovsk der Friedensvertrag unterzeichnet. Dadurch verlor Russland weite Teile seines Staatsgebietes, darunter einen so wichtigen Wirtschaftsraum wie die Ukraine. Gewiss brachte der Vertrag eine Atempause für die Stabilisierung der Ordnung und währte auch nur bis zur deutschen Revolution im November 1918. Doch die Pause dauerte kürzer, als Lenin erhofft hatte: Die Kapitulation der Bolschewiki vor den Mittelmächten beschleunigte die Formierung gegenrevolutionärer Kräfte in Russland wie deren aktive Unterstützung durch die Westmächte. Darüber hinaus schieden aus Protest gegen den Vertrag die Linken Sozialrevolutionäre aus dem Rat der Volkskommissare aus. Konflikte und Attentate im Sommer 1918, an denen auch Mitglieder dieser Partei beteiligt waren – bei einem Anschlag wurde Lenin schwer verletzt –, interpretierte die bolschewistische Führung als Aufstandsversuch, mit dem sie eigene Gewaltmassnahmen legitimierte.

In diesen Auseinandersetzungen standen die Bolschewiki zum erstenmal vor dem Problem, wie sie mit der Kluft zwischen grossen Erwartungen und harter Realität fertig werden sollten. Wie weit konnte man Kompromisse mit dem «Klassenfeind» eingehen? Welchen Wert hatte die Existenz der Sowjetmacht, wenn sie nur unter Hintanstellung wesentlicher Ziele überleben konnte? Wenn die Weltrevolution zunächst ausblieb, musste man dann nicht doch auf traditionelle politische Mittel, die man zunächst abgelehnt hatte, zurückgreifen? So nutzte die Sowjetregierung allmählich auch wieder die Möglichkeiten der Geheimdiplomatie, und angesichts des drohenden Bürgerkrieges und möglicher internationaler Verwicklungen begann sie energisch, eine neue reguläre Armee aufzubauen. Namentlich Trockij, der nach dem Scheitern seiner Konzeption als Volkskommissar für Auswärtiges zurückgetreten war und nun das Verteidigungsressort übernahm, erwies sich hier als fähiger und vorwärtsdrängender Organisator. Hatte man ursprünglich an revolutionäre Milizeinheiten ohne Hierarchien gedacht, so führte Trockij in der neuen Roten Armee bald wieder Rangunterschiede und überlieferte militärische Ordnungsprinzipien ein, hatte auch nichts gegen die Verwendung ehemaliger zaristischer Offiziere als dringend erforderliche Spezialisten einzuwenden. Allerdings stellte er den militärischen Kommandeuren einen politischen Kommissar zur Seite und versuchte auch, jeder Einheit einen proletarischen Kern zu verschaffen, um auf diese Weise den Anspruch einer revolutionären Armee zu sichern.

Die Ernüchterung durch den Brester Vertrag und die Suche nach einer Neuorientierung verlief parallel zu ähnlichen innenpolitischen Entwicklungen. Unmittelbar nach der Oktoberrevolution hatte es eine «‹rotgardistische› Attacke gegen das Kapital» gegeben:[17] Weitgehend spontane Enteignungen vieler Unternehmen durch die Arbeiter und ihre Betriebskomitees selbst verbanden sich mit Versuchen, neue unternehmerische Strukturen von unten aufzubauen. Die Bolschewiki unterstützten diese Entwicklung, sie sahen sich bestätigt in ihrer Hoffnung, dass die Revolution die schöpferische Energie des Proletariats entfalten werde. Lenin rief Ende 1917 und Anfang 1918 den Arbeitern und Bauern zu: «Mögen auch Fehler vorkommen, das sind Fehler einer neuen Klasse beim Aufbau eines neuen Lebens. Einen konkreten Plan zur Organisierung des wirtschaftlichen Lebens gibt es nicht und kann es nicht geben. Niemand kann ihn geben. Nur die Masse kann das tun, von unten, aufgrund der Erfahrung. Es werden natürlich Direktiven erteilt und die Wege umrissen werden, aber man muss zugleich sowohl von oben wie von unten anfangen. [...] Ich sagte ihnen: ihr seid die Macht, tut alles, was euch wünschenswert erscheint, nehmt alles, was ihr braucht, wir werden euch unterstützen, sorgt aber für die Produktion, sorgt dafür, dass Nützliches produziert wird. Stellt euch auf nützliche Arbeit um, ihr werdet Fehler machen, aber ihr werdet lernen.»[18]

Mit dem Dekret über die Arbeiterkontrolle vom 14. November 1917 und der Bildung des Obersten Volkswirtschaftsrates am 2. Dezember 1917 versuchten die Bolschewiki, die organisatorischen Rahmenbedingungen für den Neuaufbau zu schaffen und die Initiativen von unten in gesamtstaatliche Zusammenhänge einzubinden. Dies ging jedoch nicht so rasch vonstatten, um den dramatischen Rückgang der Produktion aufzufangen. Um die Existenz ihrer Fabriken zu sichern und ihre Ernährung zu gewährleisten, tauschten viele Arbeiter betriebliche Produkte direkt gegen Rohstoffe oder Lebensmittel ein. Dadurch wurden zahlreiche ökonomische Verbindungen zerrissen, die Wirtschaftslage immer schwieriger. Im Frühjahr 1918 setzte deshalb eine intensive monatelange wirtschaftspolitische Diskussion ein, um über den weiteren Weg zu entscheiden.

Lenin nahm gegenüber seiner ursprünglichen Begeisterung für die Bewegung von unten eine radikale Kehrtwende vor und forderte ein Ende der «Offensive gegen das Kapital». Eine Festigung der Organisation und eine Steigerung der Produktion seien jetzt vorrangig. Man müsse vom Kapitalismus lernen und dessen fortgeschrittenste Organisationsformen einführen. Ebenso wie Trockij und die Gewerkschaftsführung trat Lenin für einen «Staatskapitalismus» ein. Private Unternehmer müssten ihre Firmen weiterführen können, im Bündnis mit dem proletarischen Staat, allerdings auch durch ihn wie durch Gewerkschaften und Betriebskomitees kontrolliert. Im Betrieb habe strengste Arbeitsdisziplin zu herrschen, anstelle einer «Meeting-Demokratie» sei den Anordnungen der Leitung unbedingt Folge zu leisten. Über die betriebliche Ebene hinaus waren Lenin und seine Anhänger der Meinung, es sei notwendig, «bürgerliche Spezialisten» heranzuziehen und auch bevorzugt zu behandeln, damit sie auf die Seite der Sowjetmacht träten – die eigenen Kräfte reichten nicht aus, um die Anforderungen zu erfüllen. In der Tat waren schon 1918 48 Prozent der Mitarbeiter des Obersten Volkswirtschaftsrates, 56 Prozent des Leitungsapparates im Volkskommissariat für Handel und Industrie und 97,5 Prozent im Finanzkommissariat Angestellte ehemaliger Betriebe und Behörden. Das Abweichen von den ursprünglichen Zielvorstellungen wurde durchaus reflektiert und für vorübergehend, allerdings auch für unabweisbar gehalten. Auf Initiative dieser Gruppe begannen in einigen grossen Konzernen – namentlich in den Unternehmen von Meščerskij und Stacheev – staatskapitalistische Experimente.

Diese Position rief heftigen Widerspruch der Fraktion der «linken Kommunisten» um Bucharin, Evgenij A. Preobraženskij (1886–1937), Lev N. Kricman (1890–1938), Karl Radek (Sobelsohn, 1885–1939?) und vielen anderen hervor. Ihr wichtigster Sprecher war N. Osinskij (Fürst Valerian V. Obolenskij, 1887–1938), der die Partei und Regierung beschwor, nicht hinter die Ergebnisse der Oktoberrevolution zurückzufallen. Es dürfe keinen Staatskapitalismus geben, sondern der Aufbau des Sozialismus müsse durch das Proletariat selbst und durch von Anfang an sozialistische Massnahmen geschehen. So solle sich die Betriebsleitung drittelparitätisch zusammensetzen aus gewählten Arbeitern des Betriebes, aus Vertretern des technisch-administrativen Personals sowie aus ernannten Vertretern des Volkswirtschaftsrates, der Gewerkschaften und der Sowjets, die überregionale und gesamtstaatliche Interessen einzubringen hätten. Die Betriebsleitung treffe Grundsatzentscheidungen, ernenne und kontrolliere die Direktoren, während übergeordnete Organe ein Bestätigungs- und Kontrollrecht hätten. Ebenso sei der Oberste Volkswirtschaftsrat zu wählen und das Planungssystem energisch auszubauen. Die

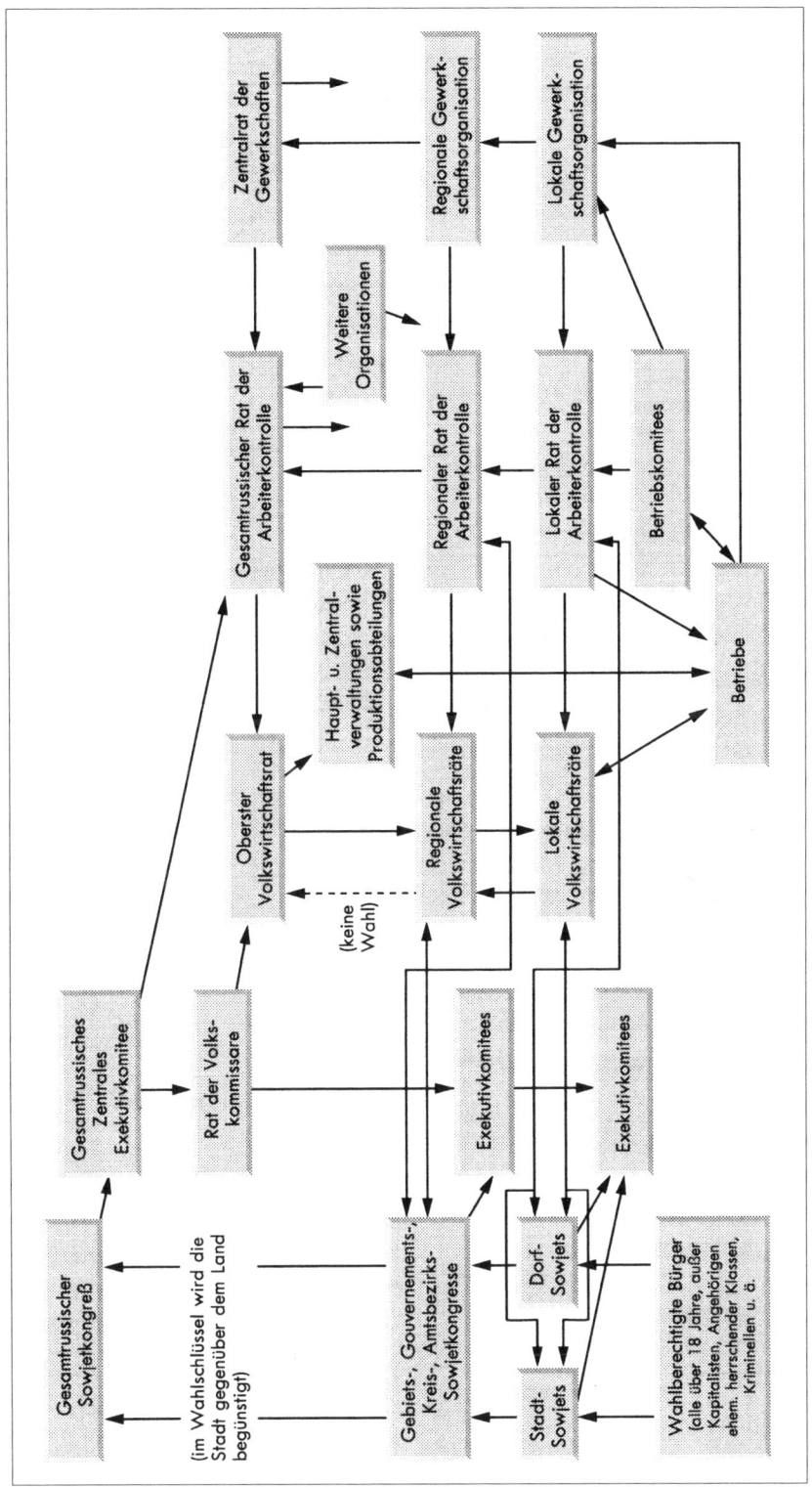

Vereinfachtes Schema des Staats- und Wirtschaftsaufbaus in Sowjetrussland 1918.

Geldwirtschaft müsse zurückgedrängt werden, ein Verteilungs- und Versorgungsapparat könne den privaten Handel ersetzen. Insgesamt sollte die Selbstinitiative von unten soweit wie möglich gestärkt werden, ohne eine starke zentrale Leitung – und auch eine Heranziehung «bürgerlicher Spezialisten» – auszuschliessen. Entsprechend argumentierten die «Linken» in den Verfassungsberatungen dieser Monate. Hier wollten sie, aufbauend auf Organen, die sich in der Übergangsphase nach der Oktoberrevolution gebildet hatten, föderative Mittelinstanzen bilden – Provinzen und Gebiete *(oblasti)* –, in denen die lokalen und regionalen Verbände der Werktätigen und Räte ausgeprägt zur Geltung kommen und dadurch die Macht der Zentrale eingeschränkt werden sollten.

Während sich die «Linken» bei den Verfassungsberatungen schliesslich nicht durchsetzen konnten, hatten sie in der Wirtschaftspolitik mehr Erfolg. Durch Demonstrationen und Streiks gerade in den staatskapitalistischen Experimentierbetrieben liess die Arbeiterschaft erkennen, dass sie nicht bereit war, ihre in der Revolution erkämpften Erfolge wieder rückgängig zu machen und widerstandslos einen neuen Kapitalismus zu akzeptieren. Die bolschewistische Führung geriet dadurch unter erheblichen Druck. Sie befand sich ohnehin durch die Schwierigkeiten bei der Behebung der Wirtschaftsprobleme und beim Aufbau der Räteordnung in einer Legitimationskrise. So fand dann das Programm der «Linken Kommunisten» auf dem Ersten Allrussischen Kongress der Volkswirtschaftsräte Ende Mai und Anfang Juni 1918 eine Mehrheit und musste sich nur wenige Abstriche gefallen lassen. In die drittelparitätische Betriebsleitung wählten die Arbeiter – wie vorgesehen – ihre Vertreter selbst, während die übrigen zwei Drittel durch den jeweiligen Volkswirtschaftsrat ernannt wurden und dabei die Gewerkschaften die Hälfte der Kandidaten aufstellen konnten. Beschlossen wurde die Einführung einer schärferen Arbeitsdisziplin und von Arbeitsnormen, doch sollten sie nicht – wie Lenin und seine Anhänger vorgeschlagen hatten – von oberen Instanzen, sondern durch Gewerkschaften und Betriebskomitees überwacht werden.

Insgesamt fiel damit die Entscheidung, den Sozialismus unmittelbar aufzubauen, ohne einen Umweg über den Staatskapitalismus zu nehmen. Lenin und seine Sympathisanten schlossen sich dieser Interpretation an. Auf dem Fünften Sowjetkongress im Juli 1918 betonte Lenin, jetzt gehe es um den unmittelbaren Aufbau des Sozialismus, der allein von den Arbeitern und armen Bauern zu vollbringen sei. Daraufhin erklärte Osinskij für die «Linken Kommunisten» das Ende der Meinungsverschiedenheiten zwischen Führung und Opposition. Und auf dem Sechsten Sowjetkongress im November 1918 machte Lenin noch einmal deutlich, dass der Übergang von der Arbeiterkontrolle zur Arbeiterverwaltung ein zentrales Ergebnis der vorangegangenen Entwicklung gewesen sei. Am 12. Oktober 1919, auf dem Höhepunkt des Bürgerkrieges, schrieb er in einer Randbemerkung zu einem Brief – also nicht in einer öffentlichen Meinungsäusserung, die einem Legitimationszwang unterlag –: «Wir haben den Kampf der ersten Stufe des Übergangs zum Kommunismus mit bäuerlichen und kapitalistischen Versuchen, die Warenproduktion zu erhalten (oder zu erneuern).»[19]

Symbol der Revolution: Die Kantine der Komitees der Dorfarmut im Winterpalast, Petrograd, Anfang November 1918. Aufnahme von M. M. Brejtkas.

In den folgenden Wochen begannen die Sowjetorgane mit der Umsetzung des beschlossenen Programms. Die gesetzlichen Voraussetzungen für die Neuorganisation der Wirtschaft schuf die Nationalisierung aller Grossbetriebe sowie einiger Industriezweige am 28. Juni 1918. Nach und nach konstituierten sich die neuen Betriebsleitungen, wobei die Arbeiter zunächst häufig mehr Einfluss erhielten, als ihnen formell zustand. Mit grosser Energie arbeiteten die entsprechenden Instanzen an der Aufstellung von Plänen für einzelne Wirtschaftsbereiche.

Fast gleichzeitig fiel die Entscheidung, auch in der Agrarpolitik entschiedener als bisher die sozialistische Richtung einzuschlagen. Von der antifeudalen, «bürgerlichen» Reform, wie sie das Dekret über Grund und Boden vom 26. Oktober 1917 ausgedrückt hatte, wollte man nun zur «proletarischen» Revolution übergehen. Anfang Mai 1918 wurde beschlossen, das Prinzip der *razverstka* – der «ausgleichenden Verteilung» des Getreides zwischen Überschuss- und Mangelgebieten – notfalls auch mit Gewalt durchsetzen. Wenn die wohlhabenderen Bauern, die Kulaken, die Herausgabe von Überschüssen verweigerten, sollte es ihnen zwangsweise weggenommen werden. Mit ähnlicher Stossrichtung folgte am 11. Juni 1918 die Organisation des Landproletariats in Komitees der Dorfarmut. Dadurch wurde der Klassenkampf ins Dorf getragen: Die armen Bauern sollten mit Unterstützung der Sowjetmacht die Kulaken unter Druck setzen, sie zur Zusammenarbeit mit den Organen der Lebensmittelverteilung zwingen und allmählich selbst zu sozialistischen Produktionsformen auf dem Land übergehen.

Allerdings konnten sich die Vorstellungen der Bolschewiki nicht ungestört entfalten. Noch während man über die zukünftige Richtung diskutierte und die ersten Massnahmen beschloss, entbrannte der Bürgerkrieg mit voller Schärfe. Dies blieb nicht ohne Einfluss auf die Praxis des Aufbaus. Im nachhinein hat sich der Begriff des «Kriegskommunismus» für die Periode von Mitte 1918 bis Anfang 1921 eingebürgert. Er drückt die Ambivalenz von kommunistischen Zielen und durch den Krieg bestimmten Methoden aus und erinnert zugleich an den von Marx und Engels geprägten Begriff des «Kasernenkommunismus».[20]

Bürgerkrieg und ausländische Intervention

Am 26. Mai 1918 kam es in Čeljabinsk zu einem Zwischenfall zwischen Angehörigen der Tschechoslowakischen Legion und örtlichen Vertretern der Sowjetmacht. Die Legion, in der sich ehemalige Kriegsgefangene, Deserteure und Emigranten gesammelt hatten, sollte über die Transsibirische Eisenbahn nach Vladivostok und dann per Schiff nach Frankreich gebracht werden, um dort an der Westfront gegen die Mittelmächte zu kämpfen. Aus dem Zwischenfall entwickelten sich jedoch rasch bewaffnete Auseinandersetzungen, die zur Folge hatten, dass die Tschechoslowakische Legion in wenigen Tagen das gesamte Gebiet entlang der Transsibirischen Eisenbahn unter Kontrolle hatte und sich gegen die Sowjetmacht stellte. Den gutbewaffneten und disziplinierten Einheiten waren die sowjetischen Streitkräfte noch nicht gewachsen. Mit einem Schlag gewann damit die Weisse Armee, die sich im Don-Gebiet seit einiger Zeit um Kosakeneinheiten und Freiwillige aus anderen Verbänden als Zentrum der Gegenrevolution gebildet hatte, einen unerwarteten militärischen Bündnispartner. Darüber hinaus beschleunigte und verstärkte die Erhebung der Tschechoslowakischen Legion die Hilfe der Westmächte für die Gegenrevolutionäre. Schon zuvor waren britische und japanische, dann auch französische Einheiten in Nordrussland, im Fernen Osten und im Kaukasusgebiet gelandet, um alliierte Waffenvorräte zu sichern und möglichen deutschen militärischen Aktionen zu begegnen. Nun entschieden sich auch die USA für eine Beteiligung an der Intervention. Obwohl offiziell der Schutz der Legion und der Aufbau einer neuen Ostfront gegen das Deutsche Reich als Hauptmotiv genannt wurden, wirkte sich die alliierte Intervention faktisch doch als wichtige Unterstützung für die gegenrevolutionären Einheiten im Bürgerkrieg aus. Teilweise griffen die Truppen der Westmächte in die Kämpfe mit der Roten Armee ein. Darüber hinaus wurden die Weissen mit Geld, Waffen und Hilfsgütern unterstützt.
Die Bolschewiki sahen sich in einer «belagerten Festung», lebensgefährlich bedroht durch eine «kapitalistische Einkreisung».[21] Diese traumatische Erfahrung sollte ihre Einstellung gegenüber dem Westen und die Konzeption ihrer Aussenpolitik noch lange Zeit bestimmen. Die durch die Tschechoslowakische Legion und die Westmächte geförderte Formierung der Weissen Armeen in Süd- und Nordrussland sowie in Sibirien brachte im Sommer 1918 die

Delegierte der Komitees der Dorfarmut, Petrograd, Anfang November 1918. Aufnahme von Viktor K. Bulla.

Sowjetmacht an den Rand des Zusammenbruchs. Aufgrund der schnellen Mobilisierung und Stabilisierung der Roten Armee gelang es ab September, von verzweifelten Abwehrkämpfen zum Gegenangriff überzugehen. Auch neuen Bewährungsproben, insbesondere der grossen Sommeroffensive der Weissen Armeen 1919 waren die Sowjettruppen gewachsen, obwohl mehrfach die vollständige Niederlage nur eine Frage der Zeit schien. Anfang 1920 galt der Sieg der Roten Armee als gesichert. Doch der russisch-polnische Krieg von April bis Oktober 1920, verbunden mit einem letzten Angriff der Gegenrevolutionäre, verzögerte den Frieden noch einmal. So endete dann der Bürgerkrieg erst im November 1920, ja in einigen Randgebieten zogen sich die Kämpfe noch länger hin. Der Ferne Osten kam erst 1922 – nach dem Abzug der Japaner – zu Sowjetrussland.

Die Gründe für die Behauptung der Bolschewiki liegen zunächst einmal in der unentschlossenen Haltung der Westmächte, die sich nicht auf eine gemeinsame Strategie einigen konnten, und in der Zerstrittenheit der innerrussischen Gegner der Oktoberrevolution. Deren politische Vorstellungen – von einem nichtbolschewistischen Sozialismus bis zu einer Wiederherstellung der Autokratie – waren viel zu unterschiedlich, um dauerhaft ein gemeinsames Handeln zu ermöglichen. Ein einheitliches Zentrum, das militärische

Aktionen wie Politik hätte koordinieren können, kam nicht zustande. Ansätze dazu wurden vor allem von Sozialrevolutionären im Ural und in Westsibirien sowie von der liberalen Kadettenpartei in Südrussland unternommen. Die militärischen Führer der Weissen drängten deren Einfluss jedoch zurück. Dies musste gerade die Bauern erschrecken, die nicht ganz zu Unrecht befürchteten, ein Sieg der Weissen werde ihnen das eben zugesprochene Land wieder nehmen und sie auf die Verhältnisse vor der Februarrevolution zurückwerfen. Das Agrargesetz der Weissen vom 7. Juni 1920, das eine Umverteilung des Landes zugunsten der Bauern vorsah, kam viel zu spät, um gutzumachen, was an Vertrauen verspielt worden war.

So entschlossen sich die Bauern überwiegend, die Sowjetmacht zu unterstützen oder zumindest zu tolerieren. Charakteristisch ist die verbreitete Parole «Für die Bolschewiki, aber gegen die Kommunisten!». Die Bolschewiki hatten ihnen Land gegeben und sie von Lasten befreit. Dafür war man bereit, auch in der Roten Armee zu kämpfen. Doch weitergehende Pläne der Kommunisten – die Organisation des Klassenkampfes im Dorf oder gar eine Kollektivierung – lehnte man ab.

Die Bolschewiki reagierten durchaus auf diese Signale. Als sich herausstellte, dass die Komitees der Dorfarmut durch die Art und Weise ihres Vorgehens nicht nur die Kulaken, sondern vielfach auch die Mittelbauern – potentielle Bündnispartner und vor allem die Hauptproduzenten – gegen sich aufbrachten, brach die Sowjetregierung dieses Experiment ab. Am 9. November 1918 wurden die Komitees in die Dorfsowjets integriert. Auch versuchte man, ernst zu machen mit der ursprünglichen Konzeption, die *razverstka* als Teil des Warenaustausches zu verstehen und den Bauern für ihre Ablieferungen entsprechende Gegenwerte anzubieten oder zumindest in Aussicht zu stellen. Aufgrund des durch den Bürgerkrieg weiter beschleunigten wirtschaftlichen Verfalls konnten jedoch immer weniger der von den Bauern dringend benötigten Industrieprodukte geliefert werden. Mehrfach tauchten deshalb Überlegungen auf, die Pflichtablieferungen aller Überschüsse abzuschaffen, etwa durch eine Naturalsteuer zu ersetzen, damit dann der Rest der Überschüsse in einen Warenaustausch zwischen Stadt und Land eingebracht werden könne. Allerdings schreckte man letztlich doch davor zurück, aus Furcht, wegen der Schwäche der staatlichen Industrie werde dies zu einer Stärkung des freien Handels und damit der kapitalistischen Kräfte führen. So nahm man in Kauf, dass die Requisitionen im Dorf, die häufig mit gewaltsamen Übergriffen gegenüber den Bauern verbunden waren, zu Unzufriedenheit gegen die Sowjetmacht führten. In den Dörfern bewertete man möglicherweise die bolschewistische Politik als einen Trend, anknüpfend an die zaristischen Massnahmen während des Weltkrieges, den agrarischen Bereich wieder stärker zu belasten. Insofern blieb das Verhältnis zu den Bauern labil, hier lag der Keim eines schwerwiegenden Konfliktes.

Nur mit den Arbeitern allein hätte die Rote Armee nicht bestehen können. So war die Unfähigkeit der Weissen, die Bauern für sich zu gewinnen – ebenso wie sie nationalistische Strömungen nicht für sich nutzen konnten –, eine entscheidende Voraussetzung für den Sieg der Bolschewiki. Darüber

«Bauer, wenn du den Gutsherrn nicht füttern willst, ernähre die Front, die dein Land und deine Freiheit verteidigt.» ROSTA-Fenster von Vladimir Lebedev 1920.

hinaus hatten sie noch den strategischen Vorteil der «inneren Linie»: Das oft nur sehr kleine Territorium, auf das sie zurückgedrängt wurden, erleichterte die Lösung der Nachschub- und Koordinierungsprobleme. Schliesslich gelang es, eine verhältnismässig gut funktionierende Kriegswirtschaftsorganisation aufzubauen, die eine Steigerung der Rüstungsproduktion bewirkte.

Trotz aller Erfolge bedeutete der Bürgerkrieg, dass die Verwirklichung des Programms, den Sozialismus unmittelbar anzustreben, erheblich beeinträchtigt wurde. Wichtige Wirtschaftsgebiete konnten lange Zeit nicht genutzt werden. Die ständig wechselnden Herrschaftsverhältnisse erschwerten eine kontinuierliche Entwicklung, die Verwüstungen und Zerstörungen trugen zum weiteren Produktionsrückgang bei. Die militärischen Bedürfnisse erzwangen schnelle, zentrale Entscheidungen und entsprechende Verwaltungsstrukturen. Die Sowjets verloren ebenso an Bedeutung wie die wirtschaftlichen Entscheidungsorgane, die im Mai und Juni 1918 beschlossen worden waren. In Staat und Wirtschaft herrschten «ausserordentliche Organe», die – mit Sondervollmachten ausgestattet – für die Erfüllung der dringend notwendigen Aufgaben sorgen sollten. Von den ursprünglichen Vorstellungen waren somit nur höchst verzerrte Umrisse übrig geblieben.

Als eine dieser neuen Behörden wirkte die Allrussische Ausserordentliche Kommission zum Kampf gegen Konterrevolution und Sabotage, abgekürzt Čeka. Diese Kommission war am 7. Dezember 1917 gegründet worden, um Widerstand gegen die Oktoberrevolution auszuschalten sowie Misswirtschaft und Spekulation zu bekämpfen. Aus dieser Behörde entwickelte sich rasch eine Geheimpolizei, die unter dem Einfluss des Bürgerkriegs mehr und mehr an Gewicht zunahm und eine Eigendynamik entfaltete. Ihre Vollmachten wurden beständig erweitert, bis hin zur sofortigen Vollstreckung von Todesurteilen ohne ordentliche Gerichtsverhandlung. Besonders begünstigend wirkte sich aus, als neben dem Verhalten der Weissen Armee in den von ihr besetzten Gebieten Attentate auf Lenin und andere führende Bolschewiki Ende August 1918 benutzt wurden, um den «Roten Massenterror» auszulösen. Von nun an standen sich «Weisser» und «Roter» Terror einander in keiner Weise nach. Auch die Einrichtung erster Straflager – Konzentrationslager in der damaligen Terminologie – fällt in diese Zeit.

Anfang 1920, als der Sieg im Bürgerkrieg greifbar nahe schien, wurden die Rechte der Čeka eingeschränkt, die Todesstrafe aufgehoben, die meisten ausserordentlichen Organe abgeschafft und eine Stärkung der lokalen Sowjets eingeleitet. Man wollte wieder anknüpfen an den ursprünglichen Vorstellungen und sah durchaus die Nachteile der Überzentralisierung sowie der weitgehend unkontrollierten Machtentfaltung einzelner Institutionen. Gerade die Čeka hatte sich aber unter ihrem ersten Vorsitzenden Feliks É. Dzeržinskij (1877–1926) zu einem derart mächtigen Apparat entwickelt, dass er nicht einfach wieder aufgelöst werden konnte. Bei Bedarf – und Gegner der Bolschewiki gab es noch genug – konnte er seine Berechtigung jederzeit wieder unter Beweis stellen. Und dies gilt allgemein: Der Erfolg, den die Bolschewiki mit ausserordentlichen Organen und mit der Bereitschaft zu gewaltsamen Massnahmen – neben den militärischen im engeren Sinne – erzielt hatten,

Тов. Ленин ОЧИЩАЕТ землю от нечисти.

«Genosse Lenin reinigt den Erdball vom Gesindel.» Viktor Deni (Denisov) 1920.

prägte das Bewusstsein. Gewiss überwog noch die Auffassung, dass dies kein Dauerzustand sein dürfe. Doch im Konfliktfall musste die Versuchung gross sein, auf die erprobten Methoden zurückzugreifen und durch Zentralismus, ausserordentliche Massnahmen und Gewaltanwendung Probleme lösen zu wollen.

Das Jahr 1920: Zwischen Krieg und Frieden

Die Hoffnung auf eine friedliche Entwicklung führte 1920 zu einer Renaissance der Sowjets. Sie waren durch den Bürgerkrieg weitgehend unbelastet und bedeuteten somit eine Abkehr von Willkürmassnahmen. Mit ihnen hoffte man auch am ehesten, den Übergang zum Sozialismus organisatorisch bewerkstelligen zu können und darüber hinaus ein Bündnis zwischen Proletariat und Bauernschaft zu sichern. Allerdings nahm nun die Kommunistische Partei – wie sich die Bolschewiki seit März 1918 nannten – mehr als 1917/18 Einfluss auf die Arbeit der Sowjets wie die der Regierung selbst. Das lag zunächst einmal daran, dass die anderen Parteien zurückgedrängt worden waren. Unter dem Eindruck des Bürgerkriegs hatte die Sowjetregierung nicht nur die bürgerlichen Parteien, die vorher schon – gegen den Widerstand führender Bolschewiki – erhebliche Einschränkungen ihrer Aktionsfreiheit hatten hinnehmen müssen, verboten, sondern auch die Menschewiki und Sozialrevolutionäre mit dem Argument aus den Sowjets ausgeschlossen, sie hätten sich mit den Weissen verbündet. Dies konnte am wenigsten für die Menschewiki bewiesen werden, von denen sich höchstens einzelne Mitglieder am bewaffneten Kampf gegen die Bolschewiki beteiligten. Am 30. November 1918 wurden sie deshalb wieder «legalisiert», nachdem sie sich offiziell hinter die Rote Armee gestellt hatten. Seit dem 25. Februar 1919 konnten auch diejenigen Sozialrevolutionäre, die sich gegen die Konterrevolution aussprachen, wieder an der Sowjetarbeit teilnehmen. Gerade 1920 verstärkten Menschewiki und Sozialrevolutionäre ihre Tätigkeit in den Sowjets, obgleich sie immer wieder behindert wurden. Die politischen Unruhen des Jahres 1921 führten dann dazu, dass die Sowjetregierung erneut ihren Kurs gegen sie verschärfte. 1922 wurden ihre Parteiorganisationen aufgelöst. Einige Mitglieder traten zu den Bolschewiki über, viele andere arbeiteten als Parteilose in Behörden und Institutionen mit, eine Anzahl emigrierte ins Ausland. Da zugleich auch alle anderen linken Organisationen zerschlagen worden waren oder sich den Bolschewiki angeschlossen hatten, gab es seitdem – mit Ausnahme der zionistischen Arbeitergruppierung, der Poalej Cion – nur noch die bolschewistische Partei.

Abgesehen von dieser Entwicklung hin zum Einparteiensystem hatte die Kommunistische Partei gerade im Bürgerkrieg gezeigt, dass sie oft besser als der schwerfällige Sowjetapparat imstande war, die Arbeit der zahlreichen Kommissionen zu koordinieren. Nachdem sie 1917 aus einer Partei von Berufsrevolutionären in eine Massenpartei verwandelt worden war, konnte sie sich seit 1919 organisatorisch mehr und mehr konsolidieren, eine gezielte Personalpolitik betreiben und zunehmend Direktivfunktionen wahrnehmen. Auch die «Linken Kommunisten» unterstützten diese Ausweitung der Parteitätigkeit, um ein Gegengewicht gegen den von ihnen mit Misstrauen beobachteten Staatsapparat mit den vielen aus zaristischen Behörden übernommenen Fachleuten zu bilden.

Allerdings bedeutete dies nicht, dass hier zu dieser Zeit bereits eine straff organisierte, beliebig von oben einsetzbare Kaderpartei zur Verfügung stand. Im Gegenteil: 1920 erreichte die innerparteiliche Demokratie in der Kommunistischen Partei ihren Höhepunkt. Besonders deutlich wurde das auf der Neunten Parteikonferenz im September, als man nicht nur leidenschaftlich über Organisationsprobleme und den weiteren Weg stritt, sondern einschneidende Beschlüsse zur institutionellen Absicherung der Kritik und der Diskussion, zur weiteren Demokratisierung und zur Abschaffung von Vorrechten für Parteimitglieder traf. Für Funktionäre sollte ein Rotationssystem eingeführt werden.

Die Hoffnungen auf eine friedliche Entwicklung, die es ermögliche, zu den Zielen der Oktoberrevolution und des Aufbauprogramms von 1918 zurückzukehren, gründeten sich nicht zuletzt darauf, dass es jetzt gelingen werde, den weiteren wirtschaftlichen Verfall aufzuhalten und den Aufbau einer sozialistischen Wirtschaftsverfassung einzuleiten. Dabei gestaltete sich die Lage durchaus düster. Die Agrarproduktion war 1920 um ungefähr ein Drittel gegenüber 1913 zurückgegangen. Die Lebensmittelversorgung der Städte konnte durch den staatlichen Verteilungsapparat immer weniger gewährleistet werden. Der Schwarzmarkt wurde zunehmend wichtiger, damit die Menschen etwas zu essen fanden. Auch leiteten mehr und mehr Bauern, die über die Requisitionspolitik der Bolschewiki erbittert waren, ihre Überschüsse – soweit möglich – dorthin.

Immerhin gelang es 1920, durch energische Massnahmen die Bedeutung des Schwarzmarktes zu schmälern. Dazu trug bei, dass die behördlichen Abteilungen grosse Anstrengungen unternahmen, mehr Lebensmittel in die Städte zu bringen – dadurch allerdings den Unmut der Bauern vergrösserten und zugleich die Saatgutreserven im Dorf angriffen. Durch Rationierung der Produkte, Naturalisierung des Lohnes, kostenlose Versorgung weiter Bevölkerungsteile in Speisehallen und ähnliche Massnahmen konnte für viele das Überleben gesichert werden. Diese aus der Not geborenen Aktionen wollten viele Kommunisten als Dauerzustand einführen: Dadurch sei es möglich, die Geldwirtschaft und den Privathandel zurückzudrängen, zu sozialistischen Formen des Verbrauchs überzugehen. Dass hier gewisse Erfolge erzielt werden konnten, lag allerdings nicht zuletzt auch daran, dass zahlreiche Städter aufs Land geflohen waren, um ihre Existenz zu sichern. Die beiden Metropolen Moskau und Petrograd verloren rund die Hälfte ihrer Einwohnerschaft. Durch diese Stadtflucht, noch mehr durch Kriegsverluste und Seuchen, wurde die Arbeiterklasse bis 1920 gegenüber dem Vorkriegsstand halbiert. Das Industrieproletariat im engeren Sinne bestand nur noch aus rund 1,5 Millionen Personen. Damit war die soziale Basis der Bolschewiki – wie des sozialistischen Aufbaus überhaupt – erheblich geschwächt.

Noch schlechter als in der Landwirtschaft sah es in Industrie und Transportwesen aus. Die Produktion ging weiter zurück, allerdings verlangsamte sich 1920 das Tempo des Verfalls. Gegenüber 1913 erreichte die Grossindustrie einen Stand von weniger als 20 Prozent, die Klein- und *kustar'*-Industrie von 40 Prozent. Es mehrten sich jedoch seit der Jahresmitte die Anzeichen, dass eine Aufwärtsbewegung einsetzte. Gerade darauf gründeten sich die Erwartungen, der Tiefpunkt sei endgültig überwunden.

Vor diesem Hintergrund fanden nun intensive Debatten über die künftige Politik statt. Für die Agrarpolitik schälten sich im wesentlichen zwei Konzeptionen heraus. Aus einer Kritik der Folgen, welche die *razverstka* mit sich gebracht hatte, formulierte eine Gruppe, namentlich vertreten durch Stanislav G. Strumilin (1877–1974), die Anregung, den Einzelbauern stärker mit ökonomischen Anreizen zur Produktionssteigerung anzuhalten und die Ablieferungspflicht der Überschüsse wenigstens teilweise durch die Naturalsteuer zu ersetzen. Die verbleibenden Überschüsse solle der Bauer dann gegen feste Warenäquivalente tauschen. Dagegen wurde, etwa durch Osinskij, eingewandt, dass für solche Tauschbeziehungen das staatliche Warenangebot noch viel zu gering sei, so dass lediglich der Schwarzmarkt von einer solchen Politik profitieren werde. Deshalb müsse die *razverstka* beibehalten und durch Aussaatpläne ergänzt werden, die durch Saatkomitees kontrolliert werden sollten. Prämien für Mehrproduktion seien dabei nicht ausgeschlossen. Dieses Programm fand auf dem Achten Sowjetkongress Ende Dezember 1920 die Mehrheit. Zugleich wurde beschlossen, Musterwirtschaften einzurichten, die gut mit Maschinen ausgestattet sowie eng mit Fabriken und deren Arbeiterschaft verbunden werden und dadurch einen Anreiz für Einzelbauern zu kollektiven Zusammenschlüssen bilden sollten.

Beim wirtschaftlichen Wiederaufbau ging es vorrangig darum, die Engpässe im Transportwesen sowie in der Lebensmittel-, Roh- und Brennstoff-Versorgung zu beseitigen. Anschliessend sollte die Förderung der Produktionsmittelindustrie an erster Stelle stehen. Erst danach könne die Entwicklung von Konsumgüterindustrie und Landwirtschaft in den Vordergrund rücken. Bei einer anderen Reihenfolge, die man durchaus diskutierte, befürchtete man, dass der Aufbau zu langsam vonstatten gehe, immer wieder durch krisenhafte Erscheinungen erschüttert und vor allem nicht langfristig gesichert werden könne.

Bereits bei diesem Teil der Debatte wird deutlich, dass man sich sehr eng an Überlegungen anlehnte, die Karl Marx vor allem in seinem Hauptwerk «Das Kapital» geäussert hatte. Vollends unübersehbar ist dieser Bezug bei den Vorstellungen, die sich zu den Phasen des unmittelbaren sozialistischen Aufbaus herauskristallisierten. Hier versuchte man, die Andeutungen bei Marx und Engels über die zukünftige kommunistische Gesellschaft teilweise buchstabengetreu umzusetzen. In einer ersten Periode wurde ein nichtäquivalenter Tausch zwischen Stadt und Land für charakteristisch gehalten. Hier spiegelten sich die tatsächlichen Verhältnisse wider: Die Bauern gaben der Stadt mehr, als sie an entsprechendem Gegenwert erhielten. Lenin drückte dies klar aus, wenn er darauf hinwies, dass Staat und Industrie noch für eine gewisse Zeitspanne «Schuldner des Bauern» sein müssten.[22] Auf diese Weise

sollten in einer Art «ursprünglicher sozialistischer Akkumulation»[23] die materiellen Voraussetzungen für den Aufbau des Sozialismus geschaffen werden. Wo es möglich war, wollte man schon in dieser Phase Elemente des
Sozialismus verwirklichen, und so schnell wie möglich war daran gedacht, in
die nächst höhere Phase überzugehen: die Periode des äquivalenten oder
Waren-Austausches zwischen staatlicher Industrie und individueller Bauernschaft. Hier sei dann ein gleichwertiger Austausch zwischen Stadt und Land
gewährleistet, die Äquivalente würden bewusst und planmässig vorweg festgesetzt: nicht auf der Grundlage einer Geldrechnung, sondern des jeweiligen
Arbeitsaufwandes für die Produkte. Deren Gebrauchswert werde so allmählich wichtiger als der Tauschwert. Aus dieser ersten Phase des Sozialismus
würden sich dann die Stufen des Produkten-Austausches zwischen Stadt und
Land entfalten. Damit sei der Kommunismus erreicht: Nur noch Gebrauchs-
werte würden frei durch in Assoziationen verbundene Individuen getauscht,
in der vollständig vergesellschafteten Wirtschaft seien keine Äquivalente
mehr nötig, jegliche Bedürfnisse könnten zufriedengestellt werden, alle Menschen ohne Zwänge leben.
Naturgemäss galt die Aufmerksamkeit hauptsächlich der ersten Phase dieser
Zielvorstellungen. Abgesehen von der Agrarpolitik drehten sich die Erörterungen vor allem um die Behebung der Engpässe sowie um die damit verbundene Arbeits- und Betriebsverfassung, die die 1918 beschlossenen Grundsätze fortführen sollte. Infolge des Bürgerkrieges und der verstärkten Zentralisierung waren inzwischen die Betriebskomitees in die Gewerkschaften eingegliedert worden, eine «Einmannleitung» hatte weitgehend die ursprünglich
vorgesehene kollektive Betriebsleitung ersetzt. Eine starke Gruppe innerhalb
der Kommunistischen Partei, angeführt von Trockij und Bucharin, wollte
diesen Weg konsequent weitergehen und in der Phase des nichtäquivalenten
Austausches die Erfahrungen des Bürgerkrieges nutzen, um die Wirtschaft
wiederherzustellen. Einheiten der Roten Armee sollten als «Arbeitsarmeen»
gezielt zur Beseitigung der wirtschaftlichen Engpässe eingesetzt werden. Auf
diese Weise könne man auch die Bauern – als Soldaten dieser «Arbeitsarmeen» – an die Industriearbeit gewöhnen. Überhaupt sei eine «Militarisierung der Arbeit» notwendig, um die Probleme des Aufbaus zu bewältigen.
Träger dieser «Militarisierung» sollten die Gewerkschaften sein. Allerdings,
so wurde betont, müsse diese straffe Zentralisierung begleitet werden von
Aufklärung und Bildungsarbeit ebenso wie von einer Förderung der Dezentralisierung durch lokale und regionale Initiativen und durch horizontale
Verbindungen der Betriebe neben den vertikalen. Die Rolle der Gewerkschaften sah man dabei im Zusammenhang mit der Diskussion über ihre «Verstaatung»: Sie sollten immer mehr Staatsaufgaben übernehmen, damit auf
diese Weise der Staat allmählich absterbe und die kommunistisch organisierte Gesellschaft entstehe. Die «Verstaatung» der Gewerkschaften war also
zugleich eine «Vergewerkschaftung» des Staates.
Gegen diese komplizierte Konzeption opponierten starke Fraktionen innerhalb der Kommunistischen Partei, insbesondere die «Demokratischen Zentralisten» um Osinskij und die «Arbeiteropposition» um Aleksandr G. Šljap-

nikov (1883–1937). Sie lehnten zwar in Notfällen eine «Militarisierung» und «Einmannleitung» nicht ab, forderten aber grundsätzlich eine Kollegialleitung, eine «Selbstorganisation der Arbeiterklasse» und eine Produzentendemokratie. Scharf seien die Funktionen von Sowjets – als Staatsapparat –, Partei und Gewerkschaften voneinander zu trennen. Im Bereich der Wirtschaft müssten die Arbeiterkomitees in den Betrieben und die Gewerkschaften als übergreifende Produzentenorganisationen vollständig autonom handeln können.

Beide Konzeptionen versuchten somit, Probleme der Übergangsperiode mit Zukunftsstrukturen zu verbinden. Zunächst erhielten auf dem Neunten Parteitag 1920 die Vorstellungen Trockijs und Bucharins eine Mehrheit. Die Diskussionen ebbten danach allerdings nicht ab, sondern nahmen eher an Schärfe zu. Als gar die Gefahr einer Parteispaltung drohte – zumal die Gewerkschaften selbst ihrer Rolle bei der «Militarisierung der Arbeit» ablehnend gegenüberstanden –, setzte sich auf dem Zehnten Parteitag 1921 ein Kompromiss durch. Die Gewerkschaften sollten die Funktion eines «Transmissionsriemens» zwischen Werktätigen und Staats- wie Parteiorganen übernehmen: die Massen schulen, die Arbeit organisieren, Beschlüsse der Zentrale erläutern, andererseits den Zentralorganen die Wünsche und Bedürfnisse der Massen darbringen. Damit rückten allerdings sowohl ein Absterben des Staates als auch eine Autonomie der Produzenten in weite Ferne.

Begleitet wurden diese harten Auseinandersetzungen von einer hochinteressanten Planungsdebatte. Wenn man Ernst machen wollte mit dem Anspruch, den Markt durch bewusste Vorentscheidungen zu ersetzen, musste der organisatorische Rahmen einer Planwirtschaft geschaffen werden. Dabei ging es vor allem um die schwierige Einbeziehung der Landwirtschaft, um das Verhältnis von Zentralisierung und Dezentralisierung sowie um ein Planungszentrum, das die Arbeit der verschiedenen Planorgane zusammenfassen könne. Darüber hinaus musste eine Planungsmethodologie entwickelt werden, für die es kaum Vorbilder gab. Bei den Überlegungen, wie ein Plan erstellt werden solle, wie die «Kettenglieder» der Wirtschaft in ein «wirtschaftliches Gleichgewicht» und in ein proportionales System gebracht werden könnten, wie das Verhältnis von lang- und kurzfristigen Plänen auszusehen habe, sind Gedanken und Modelle feststellbar, die zur Grundlage aller weiteren Planungsansätze werden sollten, in der Sowjetunion wie in kapitalistischen Ländern. Darüber hinaus erprobte man bereits auch Möglichkeiten, den Wert einer Ware nicht gemäss einer Geldrechnung auszudrücken, sondern durch Berechnung des Arbeitsaufwandes in «Arbeitseinheiten». Damit sollte der Warencharakter als Grundlage des Kapitalismus allmählich zurückgedrängt werden. Bewusst wurde in diesem Zusammenhang die Inflation, die ohnehin astronomische Höhen erreicht hatte, vorangetrieben, um das Geld überflüssig zu machen. Folgerichtig schaffte die Sowjetregierung am 15. Juli 1920 die Geldverrechnungen zwischen Institutionen und Firmen wie auch dann am 3. Februar 1921 alle Geldsteuern ab.

«Kommunismus – das ist Sowjetmacht plus Elektrifizierung des ganzen Landes»

Die bedeutsamste Umsetzung all dieser Diskussionen leistete die Staatliche Kommission zur Elektrifizierung Russlands (GOĖLRO), die vom 3. Februar 1920 bis 21. Februar 1921 unter Leitung des Ingenieurs Gleb M. Kržižanovskij (1872–1959) bestand. Er war ein alter Freund Lenins seit den 1890er Jahren, auch die gemeinsame Zeit der Verbannung in Sibirien hatte sie verbunden. Dem kommunistischen Elektrifizierungsspezialisten gelang es, die wichtigsten Fachleute, darunter viele Parteilose, zur Mitarbeit in der Kommission zu gewinnen. Dadurch wurde sie zum Zentrum der Planung in der Zeit ihres Bestehens, und es war deshalb nur folgerichtig, dass sie dann den Kern der am 21. Februar 1921 gegründeten Staatlichen Plankommission (Gosplan) stellte. Für die weitere Organisation der Planungstätigkeit waren Vorstellungen zur Verbindung von zentralen und dezentralen Elementen sowie zur Beteiligung von Arbeitern und Bauern am Planungsprozess wichtig. Als zukunftsweisend erwiesen sich ebenfalls die methodologischen Schritte der Kommission. Als Grundlage der Arbeit teilte sie Russland in Wirtschaftsregionen auf, holte Expertengutachten zu einzelnen Wirtschaftsbereichen oder Problemen ein, fertigte Analysen des Vorkriegsstandes an und verglich diesen mit der gegenwärtigen Lage, stellte Materialbilanzen auf und berechnete statische und dynamische Koeffizienten der wirtschaftlichen Entwicklung, ja sie versuchte, eine geldlose Wirtschaftsrechnung zu verwirklichen und Ansätze einer mathematischen Ökonomie anzuwenden.

Bereits aus diesen Hinweisen ist ersichtlich, dass sich die Kommission nicht auf eine Planung der Elektrifizierung beschränkte. Sie ordnete statt dessen die von ihr vorgesehene Errichtung von 30 Grosskraftwerken, die Schaffung eines Elektrizitätsverbundnetzes über das ganze Land und weitere Massnahmen in diesem Bereich in einen Zusammenhang mit der gesamtwirtschaftlichen Entwicklung ein. Deshalb legte sie Vorschläge vor, wie mit Hilfe der Elektrifizierung, aber auch durch andere Mittel die aktuellen Schwierigkeiten im Brenn- und Rohstoff- sowie im Transportbereich gemildert werden könnten. Vor allen Dingen aber fügte die GOĖLRO-Kommission die Entwicklung der Elektrifizierung in einen gesamtwirtschaftlichen Perspektivplan ein – den ersten in der Geschichte überhaupt. Mit diesem Plan, der dem Achten Sowjetkongress Ende Dezember 1920 vorgelegt wurde, dachte man, innerhalb von 10 bis 15 Jahren die materiellen und sozialen Voraussetzungen für den Sozialismus zu schaffen. Gemäss den damaligen allgemeinen Überlegungen sollte die Produktionsmittelindustrie schneller als die Konsumgüterindustrie wachsen. Doch zugleich erarbeitete die Kommission konkrete Richtlinien, wie der grundlegende Bedarf an wichtigen Gegenständen des täglichen Lebens sichergestellt werden könne. Für die Landwirtschaft wurde eine möglichst rasche Technisierung und Elektrifizierung in Aussicht genommen, um auch dort einen Aufschwung einzuleiten und Zusammenschlüsse in grösseren, kollektiv organisierten Wirtschaften zu erleichtern. Im übrigen war damals unumstritten, dass Kollektivwirtschaften nur dann Sinn hatten, wenn sie auf freiwilliger Basis entstanden, aus Überzeugung über die Vorteile solcher Einheiten. Deshalb sollten die individuellen Betriebe keineswegs benachteiligt werden, man wollte mehrheitlich auch «das kleine Bäuerlein elektrifizieren».[24] Zur Deckung der Kosten des Plans dachte man daran, den Export agrarischer Erzeugnisse auszuweiten, Konzessionen an ausländische Firmen zu vergeben und über Kreditoperationen Gewinne zu erzielen. Dabei orientierte man sich an Verhandlungen, die zu dieser Zeit mit dem westlichen Ausland, namentlich mit einer Reihe von Unternehmern, geführt wurden.

Die Funktion der Elektrifizierung wurde somit in diesem Gesamtwirtschaftsplan nicht einfach im eng technischen Sinn verstanden. Sie galt als zentraler Hebel zur Lenkung der Wirtschaft und zur schnellen Entwicklung der Produktivkräfte. Verbunden war sie mit weitreichenden Zielvorstellungen: Durch die Elektrifizierung könnten der Gegensatz zwischen Stadt und Land beseitigt sowie die ausführende Funktion des Arbeiters in eine organisierende verwandelt werden. Eine elektrifizierte und automatisierte Wirtschaft würde den Gegensatz zwischen Hand- und Kopfarbeit nicht mehr kennen. Dadurch werde es keine Hierarchien im Arbeitsprozess mehr geben, die Ausbeutung des Menschen durch den Menschen werde aufhören. Darüber hinaus stand die Elektrifizierung für eine «Aufklärung durch Licht» – im wörtlichen wie im übertragenen Sinne –, vor allem auf dem Land.

Lenins Formel «Kommunismus – das ist Sowjetmacht plus Elektrifizierung des ganzen Landes», die er auch in seiner Rede am Achten Sowjetkongress verwandte, war somit weder zufällig noch vordergründig. Sie drückte die konkrete Utopie aus, wie innerhalb eines überschaubaren Zeitrahmens aus einer total zerrütteten Wirtschaft ein blühender Sozialismus werden könne. Die Einführung der damals modernsten Technik bot die Möglichkeit, nicht einfach die alten Wirtschaftsstrukturen wieder herzustellen und auf ihnen aufzubauen, sondern von Anfang an eine neue Grundlage zu verwirklichen und auf diese Weise zahlreiche Stufen der kapitalistischen Entwicklung zu überspringen. Hier schimmert eine Theorie durch, die bereits im 19. Jahrhundert verschiedentlich vertreten und jetzt auch von Lenin sowie besonders von Trockij[25] mit seinem «Gesetz der kombinierten Entwicklung» herausgestellt wurde: Russland mit seiner strukturellen Vielschichtigkeit und ungleichmässigen Entwicklung – zwischen seinen Regionen wie im Verhältnis zu anderen Ländern – könne seine Zukunft eigenständig gestalten, indem es auf eigenen Traditionen aufbaue und zugleich aus den Erfahrungen anderswo lerne, Vorteile aus der «Rückständigkeit» in bestimmten Bereichen ziehe und die modernste Stufe dort einführe, wo man es für sinnvoll halte. Für Lenin brach jetzt «die glücklichste Epoche an, in der es immer weniger Politiker geben wird, in der man seltener und nicht so lange über Politik sprechen wird, sondern mehr die Ingenieure und Agronomen zu Wort kommen werden. [...] dieses Programm wird jeden Tag, in jeder Werkstatt, in jedem Amtsbezirk verbessert, weiter ausgearbeitet, vervollkommnet und abgeändert werden. [...] Wir müssen es dahin bringen, dass jede Fabrik, jedes Kraftwerk zu einer Stätte der Aufklärung wird, und wenn Russland sich mit einem dichten Netz von elektrischen Kraftwerken und mächtigen technischen Anlagen bedeckt

Die Elektrifizierung soll auch das Dorf modernisieren und «Aufklärung durch Licht» bringen: Il'ičevs Glühbirne im Dorf Boči. Aufnahme von Arkadij Šajchet 1925.

haben wird, dann wird unser kommunistischer Wirtschaftsaufbau zum Vorbild für das kommende sozialistische Europa und Asien werden.»[26]
Dieser Plan, ausgearbeitet in einer Zeit tiefster Not und grössten Elends, dieser ungeheure Optimismus, ein schneller, direkter Weg zum Sozialismus sei möglich und der Fortschritt planbar, übte eine starke Faszinationskraft aus. Die Möglichkeiten der Elektrifizierung waren in aller Munde, und wenn sie in erstaunlicher Weise ihren Niederschlag in literarischen Verarbeitungen fanden, so zeugt dies von der grossen Resonanz der Zukunftsvision. Exemplarisch seien Auszüge aus einem Gedicht «Elektrifizierung» zitiert, das Michail P. Gerasimov (1889–1939) 1920 schrieb, ein Dichter der Bewegung «Proletarische Kultur» («*Proletkul't*»).[27]

«Zu Zeiten des Heiligenkalenders
Flossen genug Tränen aus Auge und Kienspan.
Jetzt bohren sich ins Herz ärmlicher Hütten
Elektrische Kabel ein.
Die Sonne erkaltet im Winter nicht mehr,
Durchdringt der Jahrhunderte Dunkel,
Leuchtende Fackeln hängen gleich Zuckermelonen
In allen Winkeln der Hütten.

Auf gepflastertem Weg,
Mit granitenem Strom,
Hetzt der Traktor
Den Hakenpflug zu Tode.
Die Augen der Bewässerungstonnen
Erglänzen in den Wimpern des Roggens,
Und über ausgedürrtem Rain
Lachen Fontänen.
Ich weiss:
Die Elektrifizierung der Seelen
Wird die Landleute mit Flügeln versehen
Und die Krähwinkel mit Propellern aufscheuchen.

Niemals war
So flammend aufgebäumt
Zum vorwärtsgerichteten Sprung
Das petrinische Russland
Und das Lenins.
[...]
Der Kreml
Ist ein Dynamogigant,
Errichtet über bemoosten Grabplatten.
[...]
In der Maschine uns'res Gehirns
Entzündet der Dynamo das Feuer.
Da kommt er, sicher und fest,
Aus dem steinernen Bau des Kreml geschritten,
Sein Schwung ist unbändig und stolz.
Nie sah die Erde solches zuvor.
Noch beängstigen uns Friedhofskreuze und Tod,
Drohen uns Kirchenkuppeln mit Fäusten.
Aber schon zirkelt er mit dem Regenbogen
Seine Kreise in Himmel und Felder.
Millionen Volt stark sein Blick,
Erhellt er kometenhaft die Nacht,
Leuchtet als elektrische Sonne
Über jedem armseligen Landflecken auf.
Russland, einst arm und erniedrigt,
Bist du jetzt frei und stolz.
Wo einst Sumpf und Walddickicht waren,
Sollen Städte mit Elektrizitätswerken erblühen.
[...]
Verjagt ist das Dunkel.
Auf dem Glockenturm leuchtet
Kein Kreuz mehr,
Sondern elektrisches Leuchtfeuer.

Radioantennen verbreiten mit eisernen Flügeln
Ihre Botschaft über die Dörfer,
Ihr magnetenes Lied
Kündet vom Sieg über die dunkle Vergangenheit.
[...]
Das Herz in der Brust des Bauern –
Eine elektrische Birne.
Vorbei der Winterschlaf auf dem Flohpelz,
In den Bärenhöhlen der Bauernkaten.
Im Bauernklub
Erklingen jetzt bis morgens früh
Skrjabin, Bach, Mozart und Schubert
Wie das Rauschen des Wasserfalls.
Die Bauern, träge vom selbstgebrannten Wodka,
Wachen beim rhythmischen Lärm
Der Motorschlitten auf.
Jetzt reifen sogar winters im Dorfe die Birnen
Und leuchtende Trauben.
[...]
Jetzt endlich verbrennt das elektrische Kabel
Das Russland des Bastschuhs.

Mag der Traktor mit dem Elektropflug
Auch als stählerne Spinne erscheinen,
So ist er uns doch ein besserer Freund
Als Hundert der herrlichsten Stiere.
Lange genug diente die Mähre dem Dorf.
Jetzt übernimmt der Elektromotor
Mit Schwung ihre Arbeit.
Pferdewagen schluchzen nicht mehr durchs Land
Mit ihren ungeschmierten hölzernen Rädern.
Sogar die Alten bedauern es nicht,
Dass die Windmühlen
Ein letztes Mal ihre Flügel gedreht,
Schwankten, stürzten, auf dem Boden zerschmettert,
Mit dem Gesicht
Vor uns auf dem Eisenbeton liegen.

Die Säge erleuchtet im rasenden Lauf
Sogar das Schwungrad des Regenbogens.
Beschlossene Sache
Ist das elektrische Fällen von Bäumen.
Wieviel hat die Trockenheit aus dem Leben gesogen,
Wie oft die Lippen des Schwarzerdelandes aufgerissen.
Jetzt aber sprüht der artesische Brunnen
Maschinenen Regen.

Niemals mehr werden Melde und Spreu
Den Bauch des Viehs aufblähen.
Es lebe das Bündnis mit der mächt'gen Maschine
In den eisernen Händen der ARBEIT!

Die Sonne lächelt,
Entfaltet ihre goldenen Haare
Auf den blauen Schultern des Horizonts.
Zelte spannen sich auf mächtigen Schloten,
Höher als Regenbogen.
Unter ihnen liegt eine gigantische Elektrowerkstatt –
Räte-Russland.»

Der Zusammenbruch aller Hoffnungen

Wenige Wochen nach der Vorstellung des enthusiastisch gefeierten GOËLRO-
Plans brachen alle hochfliegenden Erwartungen zusammen. Die Bevölkerung
konnte nicht länger auf eine lichte Zukunft vertröstet werden, es musste
sofort etwas geschehen. Zu Beginn des Jahres 1921 wurde die Situation un-
erträglich. Der extrem harte Winter behinderte die Transporte von Lebensmitteln und Brennstoffen in die Städte. Die Lebensverhältnisse, von denen
man 1920 gedacht hatte, sie seien auf einem Tiefpunkt angelangt, verschlechterten sich noch einmal.
Die Ambivalenz der materiellen Lage wie der Empfindungen, zwischen Hoffnung und Elend, revolutionärem Elan und Kampf um die tägliche Existenz,
kommt deutlich in Notizen zum Ausdruck, welche die Schweizer Jüdin und
Kommunistin Alis Guggenheim (1896–1958) nach ihrem Aufenthalt in Moskau 1919/20 verfasste: «Im Januar 1919 bin ich mit einem Rotkreuzzuge nach
R.land gefahren und ein heiliger Glaube an bessere und schönere Daseins-
möglichkeiten [..., die ich in diesem] sozialistischen Staate zu finden hoffte,
zu hoffen war buchstäblich meine einzige Habe [...]. Ich möchte nun die Arbeitsverhältnisse in diesem Atelier beschreiben, in welchem ich [als Schneide-
rin] arbeitete. Wir waren etwa 300 Angestellte. Es war eines der früheren
feinsten Geschäfte nicht, die Mädchen, die hier arbeiteten, waren zum grossen Teil eine finstere unaufgeklärte Gesellschaft. Aber merkwürdigerweise
wurde doch gearbeitet, und wenn nicht produktiv, so war das mehr der damals herrschenden Kälte zuzuschreiben, als anderen Ursachen. Die Räume
waren noch in dem Zustande, wie sie eben von den früheren Arbeitgebern für
gut genug befunden worden waren, kahle, geweisste Wände, grosse Räume,
ohne jeden Schmuck, und dann kam noch die Kälte dazu, es war nämlich
nicht genug Ofen gestellt worden in den Räumen, früher war Zentralheizung.
Das war, wie man mir sagte, ein Sabotagestreich der damaligen ersten Verwaltung, Holz war nämlich damals genug da. Von Zeit zu Zeit wurden Vorträge gehalten, dann wurde die Arbeit am Nachmittag zwei Stunden früher
weggelegt. Man setzte sich in das grösste Zimmer, es wurden Agitation und

Aufklärungsfragen besprochen, Vorträge mit Lichtbildern gehalten und anderes mehr.

Wir erhielten monatlich 680 Rubel, arbeiteten acht Stunden, die Lehrmädchen nur sechs Stunden. Alle vierzehn Tage wurden wir bezahlt. Mit diesem Gehalt musste ich leben, und wie ihr seht, bin ich nicht gestorben. Zu Spekulationspreisen konnte ich mir nicht das Geringste kaufen, doch hie und da ein Pfund gelbe Rüben, damals kosteten dieselben fünf Rubel das Pfund, das ging an Stelle von Obst. [...] auch wurde uns jeweils vom Städtischen Bildungskommissariat eine Anzahl Theater-Billete von Zeit zu Zeit gratis zugestellt und der Reihe nach vom Leiter verteilt. [...] ich kenne Fälle, wo man, um ein Billet für die grosse Oper zu bekommen, sich morgens um drei bei dreissig Grad Kälte in die Reihe stellte, und da war man dann nicht einmal der Erste. [...] Geheizt wurde letzten Winter nur jeden zweiten Tag, niemals war im Zimmer mehr als acht bis neun Grad Wärme, aber das war schon gut. [...]

Viele Wohnungen sind auch nicht bewohnbar, da, durch die Kälte, alle Leitungen zerstört sind und mangels Arbeitskräften und Material nicht repariert werden können. [...] Geheizt wird in den Privatwohnungen grösstenteils mit kleinen Blechöfen, auf welchen man gleichzeitig kochen kann, das ist der beste Notbehelf. [...]

Nun zu den Lebensmittelverhältnissen. Auf Karten bekommt man gerade das Allernotwendigste, wie Brot, Zucker, Kaffee, Ölfische, hie und da Fleisch. Kinder und schwangere Frauen erhalten Milch, Butter, Käse, Griess, Bonbons [...] die meisten Leute haben auf dem Lande Verwandte oder Bekannte, von welchen sie mit allem möglichen versorgt werden, auch wird sehr viel getauscht, zum Beispiel für Kleider kann man auf dem Lande alles bekommen. Milch bringen die Bauern in die Stadt, ich selbst habe täglich auch Brot eingetauscht, da ich sehr wenig für mich gebrauchte. Dann bekommen auch alle Sowjetangestellte ihr Mittagessen gratis, anfänglich, als ich in Moskau war, musste man noch bezahlen dafür. Es gibt in Moskau auch noch eine Art Markt, alles was sich denken lässt, ist dort zu haben, aber zu horrenden Preisen, es ist ein Gedränge dort von allerlei Elementen, das dort sich seinen Lebensunterhalt schafft, durch Tauschen und Verkaufen. Gegen die Spekulation wird ein scharfer Kampf geführt. Ich war einmal Zeuge folgenden Auftrittes: zirka zwanzig Rotgardisten verhaften eine Anzahl Frauen, die Strümpfe verkauften, plötzlich lagen überall auf dem Trottoir Strümpfe herum, als man diese aufhob und zurückgeben wollte an die Betroffenen, so beteuerten sie hoch und heilig, dass sie ihnen nicht gehören, [...] Infolge des tiefen Schnees und Kohlenmangels fuhren im Winter keine Trams. An Samstagen nur für bestimmte Vereine, die Wagen sind dann mit Blumen und roten Flaggen geschmückt und fahren langsam an ihre Ziele, gewöhnlich mit Musik, dieses Bild gefiel mir immer ausnehmend gut, ich denke, ihr könnt euch das vorstellen, die Passagiere sangen revolutionäre Lieder dazu. Bei Festlichkeiten sind die Trams fast ausschliesslich für die Kinderwelt reserviert.»[28]

Als es nun Anfang 1921 zu erneuten Einschränkungen kam, machte sich der Unmut der Bevölkerung in Arbeiterdemonstrationen Luft. Sie signalisierten, dass die letzte soziale Stütze der Bolschewiki verloren zu gehen drohte. Die Proteste trafen sich mit einer Welle gefährlicher Bauernunruhen, die sich seit Herbst 1920 ausbreiteten und jetzt immer mehr anschwollen. 1920 hatte es in einigen Gebieten eine Missernte gegeben, und da auch dort die Regierung ihre Requisitionspolitik fortsctzte, waren die Bauern besonders hart belastet worden. Überhaupt schwand gegen Ende des Bürgerkrieges die Bereitschaft, sich länger die Eingriffe von aussen gefallen zu lassen. Das Vertrauen nahm ab, die Sowjetmacht werde nach Kriegsende ihre «Schulden» rasch zurückzahlen und den bäuerlichen Wünschen entgegenkommen.

Nachteilig wirkte sich auch aus, dass die Bolschewiki im Herbst 1920 ein Abkommen mit der Bauernarmee unter Leitung Nestor Machnos (1889–1934) gebrochen hatten. Um Machno waren, auf anarchistischen Ideen aufbauend, in der Ukraine selbstverwaltete Gemeinschaften entstanden, die dann bewaffnete Einheiten gebildet hatten, um ihre Unabhängigkeit zu wahren. Sie wechselten dabei mehrfach die Fronten, doch gerade 1920 verbanden sie sich mit der Sowjetmacht, um die Weisse Armee endgültig zu schlagen. Machno selbst war in Moskau mit Lenin und Trockij zusammengetroffen und soll dabei die Zusage erhalten haben, nach Kriegsende werde man ihm ein Gebiet zur Verfügung stellen, wo die Lebensweise eines libertären Kommunismus erprobt werden könne. Als der militärische Sieg der Verbündeten feststand, überfielen plötzlich Einheiten der Roten Armee die Machno-Truppen und vernichteten sie; nur wenige konnten fliehen. Auslöser für diesen Überfall waren vermutlich örtliche Spannungen zwischen beiden Verbänden, doch letztlich verantwortlich gemacht wurde die Führung der Bolschewiki: Wie konnte man jetzt noch ihren Zusagen glauben?

Ins Wanken gekommen waren darüber hinaus die Hoffnungen auf eine baldige Weltrevolution. Zunächst hatten die Bolschewiki sich bestätigt gesehen: Der Zusammenbruch der Habsburger Monarchie und des deutschen Kaiserreiches im Oktober und November 1918, die – allerdings kurzlebigen – Räterepubliken in München und Ungarn 1919 schienen darauf hinzudeuten. «In tollem Tempo saust das alte Europa der proletarischen Revolution entgegen», meinte Grigorij E. Zinov'ev im Sommer 1919.[29] Zinov'ev, der 1917 zu den Gegnern des Oktoberaufstandes gezählt hatte, war nach dem Umsturz dennoch in hohe Funktionen gewählt worden – ein damals noch typischer Umgang mit Oppositionellen in der Partei. Anfang März 1919 wurde er auf dem Gründungskongress der Dritten, der Kommunistischen Internationale in Moskau zum Vorsitzenden des Exekutivkomitees gewählt. Geradezu enthusiastisch erwartete man zu dieser Zeit die Weltrevolution. Den Kapp-Putsch von 1920 verstand man dann als deutschen «Kornilov-Aufstand», dessen Niederschlagung den Weg für eine Revolution nach dem Muster des russischen Oktober bahne. Um so enttäuschender wirkte dann die klägliche «Märzaktion» der deutschen Kommunisten 1921. Jetzt war offenkundig: Die internationale proletarische Offensive hatte einen entscheidenden Rückschlag erhalten.

Zinov'ev war es auch, der am 28. Dezember 1920 auf dem Achten Sowjetkongress noch einmal besonders deutlich den politischen Anspruch der Zukunftsstrategie formuliert hatte: «Wenn man uns fragt, was wir unter Arbeiter- und Bauerndemokratie verstehen, so antworte ich, nichts anderes als das, was wir 1917 darunter verstanden haben. Wir müssen die Wählbarkeit durch die Arbeiter- und Bauerndemokratie wieder herstellen. Wir müssen erkennen, dass eine neue Zeit neue Lieder braucht, dass, wenn wir bisher unsere Organisationen beschränkt, wenn wir auf die elementarsten demokratischen Rechte der Arbeiter und Bauern verzichtet haben, wir dem nunmehr ein Ende machen müssen. Erinnern wir uns der vergessenen Worte des Genossen Lenin, der uns aufgerufen hat, die Arbeiter als vollwertig zu nehmen und ihrer Entscheidung die kompliziertesten und schwierigsten Fragen zu überlassen. Wir müssen diese Worte zur Tat werden lassen.»[30]

Jetzt, wenige Wochen später, sah alles anders aus. Besonders Lenin warnte davor, angesichts der sich dramatisch verschlechternden Verhältnisse gegen den Willen der Bevölkerungsmehrheit regieren zu wollen. Um den Bauern entgegenzukommen und die Lebensmittelversorgung der Städte zu verbessern, ergriff er die Initiative für eine Änderung der Politik. Am 2. Februar 1921 beschloss das Politbüro der Kommunistischen Partei, die *razverstka* in 13 zentralrussischen Gouvernements aufzuheben. Am 8. Februar legte Lenin diesem Gremium seinen Entwurf zur Einführung der Naturalsteuer vor. Der zehnte Parteitag billigte am 15. März diese Massnahmen. Bereits am 21. März wurde das entsprechende Regierungsdekret erlassen und in der folgenden Zeit durch weitere Verordnungen ergänzt. Dabei setzte man die Naturalsteuer niedriger an als das Plansoll der Pflichtablieferung von 1920/21. Die Bauern erhielten das Recht, mit den verbleibenden Überschüssen auf lokalen Märkten frei zu handeln.

Noch während dieser Kurswechsel in der Agrarpolitik erörtert wurde, griffen Demonstrationen in Petrograd auf die Seefestung Kronstadt über und weiteten sich seit dem 2. März 1921 zu einer Revolte der dort stationierten Matrosen aus. 1917 waren sie der Rückhalt der Bolschewiki gewesen. Jetzt stellten sich die Seeleute, wenngleich in ihrer sozialen Zusammensetzung erheblich verändert, gegen die Bolschewiki. Als diese auf die ökonomische Forderung nach freiem Handel zwischen Stadt und Land, der die Ernährungssituation verbessern sollte, ablehnend reagierten, verschärften die Aufständischen ihre Forderungen und verlangten freie Wahlen zu den Räten. Eine Einigung kam jedoch nicht zustande, am 18. März war die Revolte blutig niedergeschlagen. Zahlreiche Bolschewiki traten wegen der harten Haltung ihrer Partei aus dieser aus. Führende Kommunisten wie Lenin, Trockij und Bucharin wussten – entgegen manchen öffentlichen Äusserungen – durchaus, dass hier nicht der Klassengegner am Werk war. Folgt man einigen internen Äusserungen, so bedauerten sie, dass dieser Konflikt im Blutvergiessen endete. Doch sie befürchteten, dass ein Nachgeben Tür und Tor für weitere Unruhen öffnen werde, die die durch Bürgerkrieg und Wirtschaftskrise angeschlagene Sowjetmacht hinwegschwemmen könnten. Einmal mehr wurde, im Vertrauen auf die Zukunft, der Sicherung der Macht Vorrang eingeräumt vor dem humanen Anspruch einer sozialistischen Politik.

An dem Sturm auf Kronstadt nahmen 140 Delegierte des zur gleichen Zeit tagenden zehnten Parteitags teil. Dieser stand völlig im Zeichen eines engen

Zusammenschlusses der Partei in einer äusserst angespannten Situation. Nicht zuletzt unter dem Eindruck des Kronstädter Aufstandes entschlossen sich die Delegierten mehrheitlich, die ökonomische Lockerung mit einer politischen Straffung zu begleiten. Um zu vermeiden, dass sich die Bolschewiki in Flügelkämpfen auftrieben oder gar eine Parteispaltung heraufbeschworen – wie sie in den Gewerkschafts- und Militarisierungsdiskussionen drohte –, wurde ein Verbot der Fraktionsbildung durchgesetzt. Allgemein sah man dies als vorübergehend an, und die Möglichkeit zur Kritik und Diskussion sollte durchaus in weitgestecktem Umfang erhalten bleiben. Wie sich allerdings bald zeigte, bot der Beschluss auch die Möglichkeit zur Einschränkung, ja Beseitigung der innerparteilichen Demokratie.

Mit der Einführung der Naturalsteuer war zunächst keineswegs an eine grundlegende wirtschaftspolitische Neuorientierung gedacht. Der unmittelbare sozialistische Aufbau sollte weitergehen. Man wollte die Bauern veranlassen, ihre Überschüsse mit den Waren der staatlichen Industrie zu tauschen. Organisieren sollten diesen Warenaustausch die Genossenschaften. Eine «Zentrale Äquivalenzkommission» erhielt am 24. Mai 1921 die Aufgabe, die Naturaläquivalente für den Austausch festzusetzen. Weiterhin war man bemüht, das Geldwesen zurückzudrängen und durch «Arbeitseinheiten» zu ersetzen. Doch die Befürchtungen, die Naturalsteuer werde den Damm einreissen und die Fluten über den Bolschewiki zusammenschlagen lassen, erwiesen sich als berechtigt. Die Dynamik des freien Handels war stärker als alle Auffangversuche der Bolschewiki. Verschärft wurde diese Entwicklung durch eine furchtbare Missernte vor allem in den südöstlichen Gouvernements des europäischen Russlands, die eine Hungersnot und verheerende Seuchen nach sich zog und mindestens vier Millionen Menschen das Leben kostete. Jetzt kam es zu scharfer Konkurrenz, zum erbitterten Kampf um das Getreide. Die Sowjetmacht musste immer mehr «Rückzüge» antreten. Ende Oktober 1921 stellte Lenin fest: «Der Warenaustausch war ein Fehlschlag, der Privatmarkt hat sich als stärker erwiesen als wir, und statt des Warenaustausches ist gewöhnlicher Kauf und Verkauf, ist Handel zustande gekommen.»[31]

Damit wurde aus einer begrenzten wirtschaftlichen Massnahme eine «Neue Ökonomische Politik» (NEP). Aus der Freiheit des Handels mit agrarischen Überschüssen entstand ein neuer «Staatskapitalismus», der zwar nicht mehr die Zusammenarbeit mit Unternehmern vorsah, wohl aber die «Entwicklung des Kapitalismus unter Kontrolle und bei Regulierung durch den proletarischen Staat».[32] Er griff jetzt rasch auf die Industrie und andere Wirtschaftsbereiche über.

Grundprinzip des Wirtschaftens sollte nun die «kommerzielle Rechnungsführung» *(chozrasčet)*, die Rentabilität sein. Betriebe, die mit Verlust arbeiteten, wurden geschlossen, selbst wenn sie eine wichtige Funktion für die Beschäftigung von Arbeitskräften oder für die Versorgung der Region erfüllten. Ebenso war von nun an die Versorgung von Bevölkerungsteilen mit Lebensmitteln oder Dienstleistungen nicht mehr kostenlos. Die neue Politik sah ausserdem die unbedingte persönliche Verantwortung des Betriebsleiters vor – von kol-

«Hilf!» Dmitrij Moor (Orlov) 1921 anlässlich der Hungersnot.

lektiver Betriebsleitung sprach niemand mehr –, weiterhin materielle Anreize für die Arbeiter durch Leistungsentlohnung statt des vorher geltenden Gleichheitsgrundsatzes, Entlassungen, wenn es die betriebliche Rentabilität erforderte – auch dies war zuvor kaum möglich gewesen –, und eine Einschränkung gewerkschaftlicher Rechte. Am 11. Juli 1921 wurde dieses Programm vom Präsidium des Obersten Volkswirtschaftsrates angenommen und Anfang August gesetzlich verankert.

Damit waren offiziell kapitalistische Elemente in der Wirtschaft wieder zugelassen. Kleine und mittlere Betriebe sowie ein Teil des Handels reprivatisierten sich schnell. Schon nach kurzer Zeit zeigten sich bemerkenswerte Produktionserfolge. Zugleich aber traten grosse Verluste an Betriebsvermögen ein: Um Mittel für die Organisation der Produktion und die Lohnzahlungen zu erhalten, verschleuderten die Betriebe in einem «Ausverkauf» (razbazarivanie) alles, was sich auf dem Markt absetzen liess. Dieser Wettlauf mit der Konkurrenz um flüssige Mittel verlief parallel zum Kampf um das Getreide. Das war die Blütezeit der Spekulation, die «ursprüngliche Akkumulation der NÈP-Bourgeoisie».[33] Der «NÈP-Mann» (nèpman), der die neuen Möglichkeiten geschickt zu nutzen wusste, um sich zu bereichern, wurde zu einer typischen Erscheinung. Erst allmählich gelang es den Behörden, wenigstens die ökonomischen «Kommandohöhen», auf welche die Bolschewiki nicht verzichten wollten, organisatorisch wieder in den Griff zu bekommen: die Grossindustrie, das Verkehrswesen, den Grosshandel und das Aussenhandelsmonopol.

Wie sehr sich die neue Politik von der früheren unterschied, brachte Lenin zum Ausdruck, als er im November 1921 schrieb, an die Stelle eines «revolutionären Herangehens an die Aufgabe» sei «eine ganz andere, reformistische Art» getreten.[34] Die Bolschewiki mussten den direkten Weg zum Kommunismus verlassen – ein unmittelbarer sozialistischer Aufbau war nun nicht mehr möglich – und einen Umweg einschlagen. Dies machte auch eine Änderung von Einstellungen und Verhaltensweisen erforderlich. Es war notwendig, den Umgang mit kapitalistischen Methoden zu lernen, sich auf eine mühsame Kleinarbeit einzulassen und auf eine längere Übergangszeit einzurichten, zu leben mit dem täglichen Kompromiss in einer ungeliebten Wirklichkeit, ohne das langfristige Ziel aus dem Auge zu verlieren. Alles war ganz anders geworden. Die Wende traf grosse Teile der Partei wie ein Schock. Es kam zu Austritten, ja zu Selbstmorden. Der revolutionäre Schwung war dahin. Nicht zuletzt unter Jugendlichen machte sich Desillusionierung breit. Widerwillig beugte man sich der Notwendigkeit, den «Rückzug» antreten und – zumindest vorübergehend – einen wieder aufgelebten Kapitalismus dulden zu müssen. Persönliche Machtkämpfe wurden nun wichtiger als bisher, denn jeder hatte ein anderes Konzept für die Kleinarbeit und die Sicherung der bolschewistischen Herrschaft unter erschwerten Bedingungen. Hatte man sich vorher bei allen grundsätzlichen Auseinandersetzungen und sicher auch persönlichen Reibereien wieder zusammengefunden zum gemeinsamen revolutionären Kampf um den unmittelbaren Aufbau, so trug man jetzt Rivalitäten um die richtige Linie in dem komplizierten System immer härter aus, während zugleich die Parteieinheit und –geschlossenheit offiziell zur unumgänglichen Bedingung gemacht wurde. Darüber hinaus liessen sich die Prägungen, die von den Erfolgen gewaltsamer Problemlösungsstrategien im «Kriegskommunismus» ausgegangen waren und jetzt durch die Enttäuschungen über das Scheitern des revolutionären Anlaufs bestimmt wurden, nicht einfach abstreifen.

Utopie und Gewalt

Die Utopie des unmittelbaren Aufbaus einer kommunistischen, herrschaftsfreien Gesellschaft war gescheitert. Enttäuschung, Resignation und Apathie machten sich breit. Dies begünstigte nicht nur die Akzeptanz von Gewalt, um mit Problemen fertig zu werden, sondern auch eine Machtzusammenballung in der Zentrale. Von den Zielen der Oktoberrevolution entfernte man sich mehr und mehr. Die hochgespannten Erwartungen waren zusammengebrochen. Sie hatten das Land und weite Teile der Bevölkerung über drei Jahre in eine ungeheure Aufbruchstimmung versetzt. Diese schlug sich in vielfältigen Aktivitäten nieder. Nach aussen am sichtbarsten waren die kulturellen Experimente – von neuen Festformen, die die Stadt zur Theaterbühne machten, die Utopien und die Spontaneität der Menschen zum Ausdruck brachten sowie Gegenentwürfe zur bisherigen Kultur darstellten, über die Werke der künstlerischen Avantgarde, die sich als die eigentlichen Revolutionäre verstand, bis hin zu den Ansätzen, eine eigenständige proletarische Kultur zu schaffen. In der 1918 eingeführten «Einheits-Arbeitsschule» für alle Kinder vom 8. bis 17. Lebensjahr waren Strafen, Prüfungen und Hausaufgaben abgeschafft; es sollte ein hohes Mass an Selbstverwaltung herrschen. Für die bislang benachteiligten Klassen wurden besondere Förderungsmassnahmen getroffen, gipfelnd in den ab September 1919 für Arbeiter und Bauern errichteten «Arbeiterfakultäten» an den Hochschulen.

«Produktionspropaganda» in den Betrieben diente der Aufklärung und dem Zweck, eine aktive Mitbestimmung zu ermöglichen. In der Öffentlichkeit meldeten sich jene zu Wort, die eine neue Rolle der Frauen einforderten. Wichtige gesetzliche Voraussetzungen konnten geschaffen werden: die Anerkennung der Zivilehe mit liberalisiertem Scheidungsrecht sowie der gleichberechtigten Existenz eheähnlicher Verbindungen – zusammengefasst im Ehe- und Familiengesetzbuch von 1918 – und die 1920 verordnete Zulässigkeit von Abtreibungen, sofern ein öffentliches Krankenhaus sie vornahm. Beseitigt wurden die differenzierten Leistungslöhne. Gedacht war an die schrittweise Verwirklichung eines Einheitslohnes in Naturalien für alle. Die kostenlose Speisung von Kindern, die unentgeltliche Essensausgabe in öffentlichen Speisehallen an einen grossen Teil der städtischen Bevölkerung sowie kostenlose oder stark verbilligte Dienstleistungen – etwa bei Post, öffentlichem Verkehr, Brennstoffen und Mieten – erfolgten zwar als Reaktion auf die unmittelbare Not und die Versorgungsengpässe, banden sich aber ein in die Absichten, das Geld zu entwerten und kommunistische Lebensformen vorzubereiten. Überall waren in diesen Jahren auch enthusiastische Initiativen zu beobachten, durch Experimente in der Lebensweise oder durch besondere Arbeitsanstrengungen dazu beizutragen, die neue Gesellschaft aufzubauen. Den Höhepunkt dieser Entwicklung bildete schliesslich die gesellschaftspolitische Utopie im Zusammenhang mit dem Elektrifizierungsplan von 1920.

Diese Perspektiven übten selbst auf diejenigen eine starke Faszination aus, die ihnen kritisch gegenüberstanden. So entstand nicht zufällig Evgenij I. Zamjatins (1884–1937) bedeutender Zukunftsroman «Wir» 1920, in dem er auf die Gefahren der Utopie aufmerksam machte: das Abgleiten in eine technizistische Fortschrittseuphorie, die auf eine vollständige Beherrschbarkeit aller Vorgänge abziele und in einer elektrifizierten Gesellschaft zur Manipulation der Menschen im Namen des «Wohltäters» führe. Obwohl sich die damals führenden Vertreter der kommunistischen Ideen die Zukunft keineswegs in dieser Weise vorstellten, wies Zamjatin doch auf Widersprüche im Denken mancher Bolschewiki hin. Die Konzeptionen scheiterten nicht einfach daran, dass ihre Kluft zur Wirklichkeit zu gross gewesen wäre. Trotz aller widrigen Umstände hatten sie Berührungspunkte zur Realität – von Ansätzen des unmittelbaren Austausches zwischen Industriebetrieben und Dörfern über die Erfolge einer Reihe von Massnahmen bis hin zur Bereitschaft vieler Menschen, sich für die Ziele mit aller Kraft einzusetzen. Letztlich gelang es aber nicht, die Verbindungslinien zwischen den Zukunftsvorstellungen und den Menschen zu stabilisieren und auszubauen. Offenbar empfand es die Mehrheit der bolschewistischen Politiker nicht als Widerspruch, für ein Bündnis mit den Bauern einzutreten und zugleich bewaffnete Requirierungskommandos in die Dörfer zu schicken. Dies musste die Beziehungen empfindlich stören. Nahm man das in Kauf, weil man davon ausging, es handele sich um eine vorübergehende, kriegsbedingte Erscheinung, in der kommenden Friedenszeit würden die Bauern schon erkennen, wo ihre wahren Interessen lägen? Oder drückte sich hierin eine Enttäuschung darüber aus, dass die Bauern die in sie gesetzten Erwartungen nicht erfüllten? Möglicherweise war es gerade der Einsatz von Gewalt auch am Ende des Bürgerkrieges, der zahlreiche Bauern zu der Auffassung brachte, mit den Bolschewiki werde es keine Verständigung geben.

Wenn die Mehrheit der Bolschewiki – aus welchen Gründen auch immer – so leicht den Weg der Überzeugung, der Kommunikation, des Dialogs, der ökonomischen und kulturellen Beziehungen verliess, so lässt sich daraus schliessen, dass es ihnen schwerfiel, die «Fremdheit» den Bauern gegenüber zu überwinden, sich in deren Lebenswelten hineinzuversetzen. Dies scheint ein Grundzug bolschewistischen Denkens zu sein: sich in der Regel den Menschen «von aussen» oder gar «von oben» zu nähern. Entsprach dann deren Verhalten nicht dem Bild oder der Erwartung, die man sich gemacht hatte, so trat der Aufbau eines Feindstereotyps ein. Man war davon überzeugt, die Wissenschaft und die Vernunft auf seiner Seite zu haben. Wer das nicht einsah, musste möglicherweise mit Zwang dazu gebracht werden. In Boris A. Pil'njaks (1894–1938) Roman «Der Salzspeicher» – in den 1930er Jahren geschrieben, aber erst 1990 veröffentlicht – schildert noch während der Za-

Auf dem Urickij-Platz (Schloss-Platz) während des Festes zum Jahrestag der Revolution, Petrograd, 8. November 1918. Aufnahme von Viktor K. Bulla.

renzeit ein verbannter Revolutionär die zukünftige Gesellschaft: «Es wird weder Grafen noch Barone geben, [...] alle werden gleichberechtigte Bürger und Genossen sein. Und als Genossen werden sich alle zueinander herzlich und ehrlich verhalten. [...] Alle werden Genossen sein, und alle, die das anfangs nicht wollten, die sperren wir ins Irrenhaus [...].»[35]
Ein solches Denken konnte schnell in Gewalt umschlagen. Es gelang nicht, die Ambivalenz der Lage zwischen hochgesteckten Ansprüchen und der Not zu vermitteln – und die Bolschewiki versuchten es auch nicht in ausreichendem Masse. Als sich die Situation erneut verschlechterte, verwandelten sich Begeisterung und Hoffnung in Empörung und Enttäuschung. Je mehr sich Parteispitze und Bevölkerung entfremdeten, je weiter die Zielsetzungen und die praktischen Möglichkeiten, diese einzulösen, auseinanderklafften, desto stärker wurden die Macht konzentriert und im Konfliktfall gewaltsame Mittel eingesetzt. Anfänglich als situationsbedingt angesehen, erschien Gewalt mehr und mehr als notwendig, bis in den 1920er Jahren Militanz und Gewalttätigkeit zunehmend zum «Ersatzritus für das nicht Erreichbare» und während des Stalinismus vollends zum Systemmerkmal gerieten.[36] Nicht weil die Utopie keinerlei Bezugspunkt zu den Wirklichkeiten gehabt hätte, scheiterte das Experiment eines unmittelbaren Weges zum Sozialismus, sondern weil sie

auch unter Einsatz von Gewalt erreicht werden sollte und damit einen Widerspruch zu ihrem eigenen Anspruch darstellte. Anders als zu späteren Zeiten
hatten die Menschen damals eine Perspektive, die nicht nur aus materiellen
Kennziffern bestand, aber sie erwies sich nicht als tragfähig.

Die Neue Ökonomische Politik: Erfolge und Strukturprobleme

Die Neue Ökonomische Politik war keine gründlich diskutierte Strategie, die
gut vorbereitet in die Praxis umgesetzt werden konnte. Sie wurde vom Druck
sozialer Bewegungen wie durch die Dynamik des freien Handels, des legalisierten Schwarzmarktes, erzwungen. Als Grundgedanke und Ausgangspunkt
kann das Bestreben festgestellt werden, durch wirtschaftspolitisches Entgegenkommen das «Bündnis» *(smyčka)* mit den Bauern – die soziale Grundlage
der Oktoberrevolution – zu erneuern und damit den Bestand der Sowjetmacht zu sichern. Das neue ökonomische System bildete sich erst heraus und
ist mit dem Begriff des «reaktiven Kaufkraft-Effekts» zu kennzeichnen.[37] Auf
dieser Basis vollzog sich die «Wiederherstellung» der Volkswirtschaft – denn
an eine vollständige Umstrukturierung und einen Neuaufbau mit modernster
Technik war vorerst nicht zu denken. Durch das Entgegenkommen gegenüber den Bauern sollte deren Kaufkraft gestärkt und damit ihre Nachfrage
nach Konsumgütern angeregt werden. Deren erweiterte Herstellung, so der
Gedanke, werde dann der Produktionsmittelindustrie Impulse geben. In der
Tat wurden auf diesem Wege bis 1923 die unmittelbaren wirtschaftlichen
Schwierigkeiten behoben und in den folgenden Jahren in der Landwirtschaft,
in der Konsumgüterindustrie und bis 1926/27 schliesslich auch in der Produktionsmittelindustrie der Produktionsstand von 1913 im grossen und ganzen
erreicht. Auch in den übrigen Globaldaten wie der Zahl der Arbeitskräfte,
dem Verhältnis von Produktionsmittel- und Konsumgütersektor oder dem
Ausmass der Saatfläche liessen sich nun keine tiefgreifenden Unterschiede
mehr zur zaristischen Zeit feststellen.
Damit wiederholten sich allerdings auch die Strukturprobleme des damaligen
Reiches, und es kamen aufgrund der veränderten Rahmenbedingungen neue
hinzu. Am vorhandenen Produktionsfonds wurde ein gewaltiger Raubbau
betrieben. Der Verschleiss überstieg im beträchtlichen Ausmass die Neuinvestitionen, die erst in der zweiten Hälfte der zwanziger Jahre allmählich gesteigert werden konnten. Wo sollten auch Mittel herkommen, nachdem sich im
Innern nur langsam eine wirtschaftliche Erholung abzeichnete und der Aussenhandel oder ausländische Direktinvestitionen als Finanzierungsmöglichkeiten weitgehend ausfielen? Dass es trotz der Produktionserfolge,
der Verbesserung der Lebensmittelversorgung in den Städten und der Beruhigung der Bauern in ihrem Verhalten gegenüber der Sowjetmacht immer
wieder zu wirtschaftlichen Krisenerscheinungen kam, weist auf die Labilität
des neuen Kurses hin.
Letztlich gelang es auch jetzt nicht zu erreichen, dass der Austausch zwischen
Stadt und Land zufriedenstellend für beide Seiten verlief. 1922 und 1923

Auf dem Weg zur Arbeit nach Moskau, 1926. Aufnahme von Arkadij Šajchet.

entwickelten sich die Preise für Industriewaren und Agrarprodukte – graphisch dargestellt – wie eine aufgeklappte Schere: Während die Industriepreise stiegen, fielen die agrarischen. Daraus folgte die «Scheren-Krise»: Die Bauern kauften die angebotenen Industrieerzeugnisse nicht und zogen sich immer mehr vom staatlich organisierten Markt zurück. Der Privathandel sowie der Wirtschaftskreislauf zwischen Bauern, *kustar'*-Handwerkern, Händlern und privater Klein- und Mittelindustrie wurden erneut gestärkt. Die russische Volkswirtschaft drohte – wie unter anderen Vorzeichen schon im «Kriegskommunismus» – in zwei selbständige, weitgehend voneinander geschiedene Welten zu zerfallen.

In der Industrie führten die Absatzschwierigkeiten und die ausbleibenden agrarischen Rohstoffe teilweise zu beträchtlichen Produktionsrückgängen. In vielen Betrieben konnten aufgrund der ausbleibenden Einnahmen die Löhne nicht rechtzeitig ausgezahlt werden. Die Arbeiter, deren Unmut ohnehin durch die wiederauflebenden kapitalistischen Verhältnisse angestiegen war, reagierten 1923/24 mit einer grossen Streikwelle, die nur mühsam eingedämmt werden konnte. Das zahlenmässige Wachstum der Arbeiterschaft war in der «Wiederherstellungsperiode» übrigens begleitet durch eine Zunahme von Arbeitslosen. Die Gründe dafür lagen nicht nur in der Stillegung unrentabler Betriebe oder in Entlassungen, sondern nicht zuletzt in der agrarischen Überbevölkerung, die wie in der Vorkriegszeit Wanderungsbewegungen von

Bauern in die Städte und Industriezentren veranlasste. Landsmannschaften spielten erneut eine wichtige Rolle.

Kaum waren die Auswirkungen der «Scheren-Krise» behoben, verweigerte sich die Mehrzahl der Bauern 1925 erneut dem staatlich organisierten Austausch. Es kam zur «Warenhunger-Krise». Die Kaufkraft der Bauern war durchaus erheblich gestiegen, und ebenso bestand ein grosses Interesse an industriellen Erzeugnissen. Doch das staatliche Warenangebot entsprach nicht den Vorstellungen der Bauern. Sie erhöhten deshalb ihren Eigenverbrauch an Getreide oder spekulierten damit und nutzten wiederum die Vorteile des Privatmarktes.

Im Dorf stieg dadurch die ökonomische Position der Kulaken und der wohlhabenden Mittelbauern, denen die Sowjetmacht zuvor noch durch die Wiederzulassung von Pacht und Lohnarbeit im Frühjahr 1925 weiter entgegengekommen war. Im April rief Bucharin den Bauern zu: «Bereichert euch, entwickelt eure Wirtschaft und habt keine Angst, dass man euch bedrängt!»[38] Obwohl er diesen Ausspruch später unter dem Druck heftiger Proteste aus der Partei zurücknehmen musste, traf er damit doch den Kern der offiziellen Politik, die zu dieser Zeit gegenüber den Bauern verfolgt wurde. Man glaubte, auf diese Weise das Dorf am besten in das System der Neuen Ökonomischen Politik integrieren zu können, selbst wenn dadurch zunächst privatkapitalistisches Verhalten zur Geltung kam. Aus dem Blickwinkel der Partei bedeutete dies allerdings, dass ihre Position im Dorf immer schwächer wurde. Statt der Dorfsowjets herrschte im Grunde die alte Dorfgemeinde, die *obščina* und der *mir*. Ebenso sahen sich die Bauern in ihren traditionellen Verhaltensweisen bestärkt und wehrten alle Eingriffe «von aussen» ab, ob es sich nun um hygienische und medizinische Massnahmen oder um Vorschläge zur Verbesserung der Produktionsmethoden handelte.

Die «Warenhunger-Krise» machte weit gesteckte Erwartungen der Wirtschaftsfachleute, aber auch der Kommunistischen Partei zunichte. Die Eckdaten der «Kontrollziffern» für 1925/26, des ersten gesamtwirtschaftlichen Jahresplans nach der Wende von 1921, konnten nicht erfüllt werden. Der Getreideexport fiel geringer aus als erhofft, das Investitionsprogramm brach in weiten Teilen zusammen. 1926 kam es deshalb zu erheblichen Produktionsstörungen und Massenentlassungen. Obwohl die Wirtschaftsanalytiker zu Recht die Ursache der Krise im fortbestehenden nichtäquivalenten Austausch zwischen Stadt und Land sahen, schossen sich die Partei- und Staatsorgane, die nach «Sündenböcken» suchten, auf die Kulaken und Privathändler ein. Es begann eine Umorientierung im Bewusstsein: Statt den Bauern weiter entgegenzukommen, wuchsen die Ungeduld und die Meinung, man müsse das Dauerproblem durch eine schärfere Gangart gegenüber den privatkapitalistischen Kräften, namentlich den Kulaken, lösen. Jedenfalls zeigte sich: Die Wirtschaft des Landes war zwar «wiederhergestellt». Doch unter der Oberfläche entstanden Schwierigkeiten, die man sich so nicht hatte träumen lassen. Sehr schnell sollten sie sich auf eine Weise entladen, die das Gefüge des neuen Staates bis in die Grundfesten erschütterte.

Konzeptionen und Praxis einer Nationalitätenpolitik

Die Bolschewiki erkannten das Recht der Völker auf Selbstbestimmung uneingeschränkt an. Kurz nach der Oktoberrevolution, am 2. November 1917, wandte sich der Rat der Volkskommissare an die Völker Russlands und erklärte, nach folgenden Grundsätzen handeln zu wollen:
«1. Freiheit und Souveränität für alle Völker Russlands;
  2. Selbstbestimmungsrecht für alle Völker Russlands bis zur vollständigen Trennung und Bildung selbständiger Staaten;
  3. Aufhebung aller Einschränkungen und aller Vorrechte einzelner Völker und Nationalkirchen;
  4. freie Entwicklung für alle nationalen Minderheiten und Volksstämme, die auf russischem Boden wohnen.»[39]
Die «Befreiung der Völker» war eine der grossen Losungen des Jahres 1917 gewesen, die die Sowjetregierung nun nach erfolgtem Machtwechsel in die Tat umsetzen wollte. Doch zugleich machten die Bolschewiki klar, dass das Recht auf nationale Selbstbestimmung eine Kategorie der bürgerlichen Gesellschaft sei. Sollte es in Konflikt kommen mit dem Klasseninteresse des Proletariats, werde die Sowjetmacht an der Seite des Proletariats stehen, auch wenn sie damit in Gegensatz zu den von der Bourgeoisie beherrschten nationalen Körperschaften gerate.
Trockij trug während der Friedensverhandlungen in Brest-Litovsk die Normen dieser Politik vor. Er entlarvte das Vorgehen des Deutschen Reiches als imperialistische Machtpolitik unter dem Deckmantel des Selbstbestimmungsrechtes. Zugleich begründete er, dass die Sowjetregierung das Recht der Ukraine – wie anderer Länder – vorbehaltlos anerkenne, sich aus dem russischen Staatsverband zu lösen, dass sie sich aber vorbehalte, zugunsten des ukrainischen Proletariats einzugreifen, wenn dessen Rechte und Interessen verletzt würden. Dies war zu diesem Zeitpunkt keineswegs eine Verschleierung ebenfalls imperialistischer Machtpolitik, keine frühe «Brežnev-Doktrin», die legitimieren wollte, dass man jederzeit unter einem Vorwand im sowjetischen Staatsinteresse ein anderes Land überfallen könne. Die zweigleisige Politik wurde völlig offen vertreten: Die «normale» Aussenpolitik erkannte die Rechte der Nationen an, zugleich aber wurden revolutionäre Bewegungen unterstützt.
Seit 1919 war diese Zweigleisigkeit in der Trennung zwischen dem Volkskommissariat für Auswärtige Angelegenheiten und der Kommunistischen Internationale institutionalisiert. Immer wieder gab es bis in die 1920er Jahre hinein Situationen, in denen die Sowjetregierung das Staatsinteresse hintanstellte und revolutionäre Bestrebungen in anderen Ländern förderte. Erst allmählich änderten sich die Akzente, bis schliesslich die revolutionären Bewegungen im Interesse des Sowjetstaates instrumentalisiert wurden. Trotzdem waren auch in der Frühzeit die neuen Machthaber nicht immer dagegen gefeit, eine günstige aussenpolitische und militärische Lage für staatliche Interessen zu nutzen und sich Territorien mit Gewalt einzuverleiben. Am deutlichsten zeigte sich dies im Kaukasus. Hier begann nach dem Sieg im

Bei der Baumwollernte in Tadschikistan, 1932. Aufnahme von Lotte Jacobi.

Bürgerkrieg 1920 die Rückeroberung verlorengegangener Gebiete, die mit der Eroberung Georgiens, dessen menschewistische Regierung durchaus wichtige Erfolge zu verzeichnen hatte, im März 1921 endete. Grundprobleme heutiger nationaler Konflikte waren im übrigen damals dort schon sichtbar. So zeigte sich: Die dialektische Nationalitätenpolitik der Bolschewiki erforderte ein hohes Mass an theoretischer Bewusstheit und praktischer Vernunft, das nicht immer gegeben war, um das man sich aber in der ersten Periode der Sowjetherrschaft insgesamt doch deutlich bemühte.

Im Innern bedeutete diese Politik, dass alle Nationalitäten gleichberechtigt waren und weitgehende Autonomie genossen. Diese bezog sich in erster Linie auf das kulturelle Leben, auf das Recht, die nationale Sprache uneingeschränkt praktizieren zu können, eigene Schulen und sonstige kulturelle Einrichtungen zu haben, die eigene Religion sowie nationale Sitten und Bräuche ohne Eingriffe von aussen ausüben zu können. Die ethnischen Einheiten und Nationalitäten sollten soweit wie möglich auch eine territoriale Autonomie mit abgestuften politischen Rechten – vom autonomen Gebiet bis hin zur Republik – erhalten. Die Verbindung zum Gesamtstaat wurde über die Sowjets hergestellt, es war an einen Aufbau von unten nach oben gedacht. Dahinter stand die Theorie einer *korenizacija,* einer «Einwurzelung». Die Achtung der kulturellen Eigenarten und die Ablehnung einer Kolonisierung sollten ein allmähliches Hineinwachsen in den Gesamtstaat, in die Verbin-

Verschleierte Usbekinnen verkaufen Tjubetejkas auf dem Basar in Samarkand, 1932. Aufnahme von Lotte Jacobi.

dung mit anderen Nationalitäten und nicht zuletzt in den Sozialismus ermöglichen. Die Vertreter dieser Konzeption erhofften sich, dass so die strukturelle Vielschichtigkeit Russlands den Sowjetstaat nicht auseinanderreissen werde, sondern über eine gegenseitige Anerkennung der Besonderheiten nach und nach auch die Anerkennung der neuen sozialistischen Ziele – bis hin zu Industrialisierung, Gleichberechtigung der Frau oder neuen Kunstformen – zu erreichen sei.

Die Konzeption der *korenizacija* erforderte somit eine sehr vorsichtige, «liberale» Nationalitätenpolitik. Was man wollte, kam prägnant in einem Aufruf des Rates der Volkskommissariate an die Muslime des Reiches vom 7. November 1917 zum Ausdruck: «Von heute an werden euer Glaube und Sitten, eure nationalen und kulturellen Institutionen für frei und unverletzlich erklärt. Gestaltet euer nationales Leben frei und ohne Hindernisse. Ihr habt das Recht dazu.»[40] Als Zeichen der Eigenständigkeit wurde dem Volkskommissariat für Nationalitäten ein Kommissariat für muslimische Angelegenheiten beigeordnet. Dennoch kam es in der Praxis immer wieder zu Abweichungen von den Zielen. Die Bolschewiki vor Ort traten häufig wie Kolonialherren auf, verletzten die Gefühle der Einheimischen, schlossen sie von den politischen Entscheidungen aus, griffen in die gewährte Autonomie ein. Dies musste zur Entfremdung der Völkerschaften von der Sowjetmacht, von den sozialistischen Zielen führen. Die Bolschewiki liessen sich in ihrem Vorgehen vielfach von «revolutionärer Ungeduld» leiten. Sie befürchteten einen weiteren Zerfall des Staatswesens, wollten die politische Ordnung rasch festigen und nicht zuletzt den Funken der Revolution weitertragen. Schon früh war neben der Hoffnung auf den revolutionären Prozess im industrialisierten Westeuropa – als Zentrum der Weltrevolution – die Auffassung vertreten worden, die Weltrevolution werde von der Peripherie her kommen. So wie die Kette des Imperialismus an ihrer schwächsten Stelle – nämlich Russland – gerissen sei, werde die revolutionäre Entwicklung im Osten weitergehen und das kapitalistische Weltsystem von seinen Rändern und Kolonien her bedrohen. «Der Osten wird rot», war eine Losung, die grossen Anklang fand und Anfang September 1920 auf dem ersten Kongress der Völker des Ostens in Baku zum Versuch ihrer praktischen Umsetzung führte. Allerdings blieb die Mehrheitsmeinung auf eine Vorrangstellung des westlichen Proletariats fixiert und stiess damit mögliche Bündnispartner im Osten vor den Kopf.

Dass die Politik der «Einwurzelung» möglich war und Erfolge zeitigen konnte, belegt das Beispiel Sowjet-Kareliens. Hier wurde den nationalen Kräften weitgehend freie Hand gelassen, und es kam in den 1920er Jahren zu einem erstaunlichen Aufschwung auf allen Gebieten. Ukrainische Kommunisten etwa nahmen sich dieses Modell als Vorbild, um mehr Autonomie von der Moskauer Zentrale für ihr Land zu erreichen. Doch inzwischen stiess die vorsichtige Nationalitätenpolitik auf immer grössere Ablehnung. Nicht nur «revolutionäre Ungeduld», sondern auch eine andere Konzeption wirkte der *korenizacija* entgegen: Die Vorstellung, die Sowjetmacht könne nur bestehen, wenn die Nationalitäten – bei Anerkennung einer gewissen Autonomie – durch feste politische Kontrolle von oben zusammengehalten würden. Man glaubte, dass man seine Ziele nur erreichen könne, wenn die politische Macht an einer Stelle konzentriert und Planung, Produktion wie Verteilung zentralisiert seien. Die Zentrale müsse die Zügel in der Hand behalten, also auch in den nationalen Gebieten über ihre Vertrauensleute regieren.

Diese Auffassung war unter den Bolschewiki weit verbreitet und insbesondere das politische Credo Iosif V. Džugašvilis, besser bekannt als Stalin (1879 bis 1953). Er hatte sich 1913 – auf Veranlassung und Vorgaben Lenins hin – mit der Schrift «Marxismus und nationale Frage» als Fachmann für Nationalitätenfragen profiliert und wurde folgerichtig von 1917 bis 1923 der zuständige Volkskommissar. Sehr schematisch band er die Nation an die Kennzeichen einer historisch stabilen Gemeinschaft, einer gemeinsamen Sprache, eines homogenen Wirtschaftslebens, einer auf gemeinsamer «psychischer Wesensart» beruhenden Kultur und nicht zuletzt eines geschlossenen Territoriums. Gerade diese Auffassung, die der Nation ein Territorium zuwies, um Nation sein zu können, und die in Abgrenzung von den Konzeptionen einer nichtterritorialen Autonomie des jüdischen «Bundes» und der Austromarxisten entstanden war, hatte einen grossen Einfluss auf die sowjetische Nationalitätenpolitik. Sie sollte die Eigenständigkeit der Völkerschaften gewährleisten und ihnen Sicherheit vermitteln. Da nur selten eine vollständige nationale Homogenität erreicht werden konnte, führte dieses Prinzip allerdings zu immer neuen Reibereien. Seine verhängnisvollen Auswirkungen

*Mathematikunterricht in Zentralasien, 1932. In Tadschikisch (seitlich in Usbekisch)
steht zu lesen: «Unter der Führung des Zentralkomitees der Partei Lenins und unter
dem Genossen Stalin bauen wir in unserem Land den Sozialismus auf. Es lebe der
15. Jahrestag des Oktober.» Aufnahme von Lotte Jacobi 1932.*

werden heute in den Konflikten nach der Auflösung der Sowjetunion besonders deutlich.

Zunächst konnten Stalin und seine Anhänger nur bedingt etwas erreichen, zumal Lenin, bei allem Machtbewusstsein, Anhänger einer vorsichtigen Politik war, die den Nationalitäten ihre Eigenarten und Autonomie belassen wollte. Doch vor allem seit Lenin aufgrund seiner Erkrankung geschwächt war, verstärkte sich der Druck auf die Nationalitäten, den diese nur als Fortsetzung des grossrussischen Chauvinismus verstehen konnten, auch wenn die Ausführenden häufig gar keine Russen waren. Besonders brutal gingen die Georgier in der Parteiführung mit Stalin an der Spitze gegen ihr Heimatland vor. Ende 1922 konnten sie unter dem Einfluss Lenins noch einmal gebremst werden. Wie sehr diese Vorgehensweise dennoch wirkte, bewies ein antibolschewistischer Aufstand in Georgien und Teilen Aserbaidschans im August und September 1924, der blutig niedergeschlagen wurde. Zu dieser Zeit war Lenin bereits gestorben und – am 30. Dezember 1922 – die Union der Sozialistischen Sowjetrepubliken (UdSSR) gegründet worden. Die Verfassung von 1923/24 basierte nach wie vor auf den Prinzipien der Föderation und Anerkennung der nationalen Autonomie.

Die Änderungen bekam gerade das Kommissariat für muslimische Angelegenheiten zu spüren. Sein Leiter war ein Tatare, Mirza Sultan Galiev (um 1880–1929), der 1917 als Repräsentant des linken Flügels der muslimischen

Reformbewegung zu den Bolschewiki gestossen war. Er trat für die Politik der *korenizacija* mit ihrer Achtung der islamischen Religion und der kulturellen Eigenarten ein, ohne den Zentralstaat in Frage zu stellen. Sein Ziel war es, durch eine Zusammenarbeit zwischen den muslimischen Völkern ein Gegengewicht gegen die grossrussischen Tendenzen zu schaffen. Die nationale Befreiung werde in die soziale münden, der Islam könne eine wichtige Rolle bei der Weltrevolution spielen. Stalin, der Sultan Galiev zunächst gefördert hatte, liess 1923 durch den Geheimdienst einen angeblichen Brief von ihm lancieren, den er so interpretierte, als habe dieser eine «Fraktion» gebildet und arbeite der bolschewistischen Politik entgegen. Sultan Galiev konnte sich nie öffentlich rechtfertigen, für kurze Zeit kam er sogar in Haft. Es wurde ihm vorgeworfen, er bereite eine konterrevolutionäre Verschwörung vor und sei im Grunde ein Menschewik. Eine typische Vorgehensweise Stalins gegen innerparteiliche Gegner wurde hier bereits deutlich. Die zuständigen Parteigremien glaubten Stalin und schlossen Sultan Galiev aus der Partei aus, eine Ablösung von seinem Posten war selbstverständlich. Mehr geschah zunächst nicht – oder war nicht möglich –, zumal Stalin das Nationalitäten-Volkskommissariat aufgab, nachdem er seit 1922 als Generalsekretär der Partei amtierte. 1929, als er mächtig genug war, gelang es ihm jedoch, nachträglich die Konstruktion hinzuzufügen, Sultan Galiev habe pantürkische Ziele verfolgt und einen grossen Tatarisch-Türkischen Staat gründen wollen. Auf dieser Grundlage wurde er zum Tode verurteilt.

Diese «Abrechnung» personifizierte das Umschwenken in der Nationalitätenpolitik. Durch die Industrialisierung und Kollektivierung verstärkte sich der Druck auf eine sozialökonomische Vereinheitlichung des Landes. Statt die nationalen Eigenarten in einer vielfältigen sozialistischen Gesellschaft zu betonen, rückte nun das einheitliche sowjetische Vaterland in den Vordergrund. Zentralisierung und politische Straffung waren die Folgen. Eine gewisse kulturelle Autonomie – etwa bei der Landessprache, bei Zeitungen in der Nationalsprache und ähnlichen Einrichtungen – blieb zwar erhalten, aber zugleich ging man dazu über, die Russifizierung zu intensivieren und die wichtigsten Positionen in Politik, Wirtschaft, Militär und Kultur durch Russen oder zumindest Vertrauensleute der Zentrale zu besetzen. Neue nationale Territorien wurden nicht mehr eingerichtet. Zuletzt war 1928 ein derartiges Experiment angelaufen. Der Vorschlag der Jüdischen Sektion in der KP, eine Jüdische Autonome Republik in der Ukraine oder auf der Krim einzurichten, hatte sich wegen des Widerstandes in den ukrainischen Staats- und Parteiorganen nicht verwirklichen lassen; später kam es dort immerhin noch zu landwirtschaftlichen Projekten. Einmal mehr zeigte sich die Schwäche des Nationalitätenkonzepts, das auf Bindung der Nation an ein Territorium beruhte. So wich man auf Birobidžan im fernen Asien, fast am Pazifik aus, das nun Juden kolonisieren sollten, um sich hier – auch als Gegengewicht zur zionistischen Bewegung – ihr eigenes «jüdisches Land» zu schaffen. Die Juden bildeten dort nur eine Minderheit der Einwohnerschaft, verfügten aber immerhin über eine jiddische Zeitung, sie konnten die jiddische Sprache in Schulen lernen und ihre Kultur pflegen. In den Hauptsiedlungsgebieten der

Usbekische Händler auf dem Basar, 1932. Aufnahme von Lotte Jacobi.

Juden im Westen der Sowjetunion war hingegen eine eigenständige kulturelle Entfaltung kaum noch möglich.

Im weiteren Verlauf der 1930er Jahre und vor allem im Zweiten Weltkrieg griff dann die Zentrale immer stärker in die Autonomierechte der einzelnen Territorien – in Birobidžan wie anderswo – ein. Die nationalen Eliten und insgesamt diejenigen, die man als sozialfeindlich betrachtete, fielen in hohem Masse den terroristischen «Säuberungen» zum Opfer. Während des Krieges kam es dann sogar zu Umsiedlungen «unzuverlässiger» Nationalitäten, zu denen Wolgadeutsche ebenso zählten wie Krimtataren, Tschetschenen,

Inguschen, Balkaren, Kalmücken, Karatschaier und weitere Völker. Die Folgen dieser Gewaltakte sind bis heute spürbar. Nach Stalins Tod wurde die Nationalitätenpolitik wieder liberalisiert und die umgesiedelten Nationalitäten nach und nach rehabilitiert. Diese konnten teilweise wieder in ihre alte Heimat zurückkehren. Für einige Völker ist jedoch die Frage der Rückkehr bis heute ungelöst. Wie sehr ohnehin der Konflikt zwischen den Nationalitäten und dem zentralistischen System weiter schwelte, erwies sich drastisch beim Zusammenbrechen der Sowjetunion.

Die Wellen der Emigration

Als «erste Welle der Emigration» wird gemeinhin die Massenflucht von mehr als einer Million Menschen nach der Oktoberrevolution und im Gefolge des Bürgerkriegs bezeichnet. Neben dieser Tragödie sollte jedoch nicht vergessen werden, dass es bereits im Zarenreich ein hohes Mass an Emigration gegeben hatte. Erinnert sei an die zahlreichen Frauen, die in Russland kein Betätigungsfeld fanden, das ihren Vorstellungen entsprach, und vor allem in die Schweiz, namentlich nach Zürich gingen, um zu studieren. Viele blieben im Ausland, besonders dann, wenn sie sich politisch zu einer revolutionären Richtung bekannten. Russische Revolutionäre aller Schattierungen waren über ganz Europa verstreut. Sie hatten sich gerade noch in Sicherheit bringen können vor dem Zugriff der zaristischen Polizei oder waren unter abenteuerlichen Umständen aus dem sibirischen Verbannungsort geflohen. Auch im Ausland mussten sie vor den Spionen der *ochrana* auf der Hut sein, trugen oft erbitterte Streitigkeiten mit ihren Gesinnungsgenossen um Nuancen der Strategie und Taktik aus und hofften, dass sie den Ausbruch der Revolution noch erleben würden.

Aber auch Angehörige der liberalen *intelligencija* konnten vielfach in Russland nicht legal arbeiten. So lassen sich zwischen dem Ende des 19. Jahrhunderts und 1914 in fast allen deutschen Universitätsstädten nicht nur «reguläre» Studierende aus dem Russischen Reich finden, sondern auch solche, die dort nicht geduldet wurden oder zumindest in Gefahr standen, jederzeit verhaftet zu werden. Sie alle verband das Interesse, im Westen den neuesten Stand der Wissenschaften kennenzulernen, vornehmlich der Naturwissenschaften, der Medizin und der Philosophie, aber auch der Wirtschafts- und Rechtswissenschaften. Gerade die Beschäftigung mit modernen philosophischen Strömungen, in Deutschland etwa des Neukantianismus und der Phänomenologie, diente dazu, sich eine Grundlage für die Auseinandersetzung mit Marxisten wie Slawophilen und zugleich für Überlegungen zu schaffen, wie Russlands künftiger Weg aussehen könne.

Die Richtung, die die Bolschewiki und ihre Sympathisanten nach 1917 einschlugen, wollte die Mehrheit dieser Liberalen jedoch nicht mitgehen. So verliessen sie Russland erneut – gleich nach der Oktoberrevolution, nach den Niederlagen der Gegenrevolutionäre im Bürgerkrieg oder zu Beginn der 1920er Jahre unter dem Druck der Sowjetregierung – und fanden sich häufig am Ort ihrer früheren Studien im Exil wieder. Zentren der Emigration bildeten sich in Warschau, Prag, Berlin, Paris und Charbin aus, darüber hinaus gab es in vielen weiteren Städten regelrechte russische «Milieus». Hier trafen Teile der liberalen *intelligencija* auf Monarchisten und Nationalisten, auf Kadetten und Progressisten, auf Sozialrevolutionäre und Menschewiki, auf Grossfürsten und ehemalige Grossgrundbesitzer, auf frühere Unternehmer und Bankiers, auf Journalisten und Künstler, auf Philosophen und Theologen. Auf kulturellem Gebiet spielten sich wichtige Begegnungen zwischen den unterschiedlichsten geistigen und künstlerischen Ausprägungen ab, und es kam zu nachwirkenden Anstössen im Umfeld des Exillandes.

Oft lebten die Emigranten unter erbärmlichen Existenzbedingungen, hielten sich mit Zeitungsartikeln, Gelegenheitsarbeiten oder geringen Unterstützungsleistungen von Bekannten über Wasser. Und wie schon in der vorrevolutionären Zeit stritten nicht nur die verschiedenen politischen Gruppierungen miteinander, sondern auch innerhalb der einzelnen Richtungen fanden heftige Kämpfe um die Einschätzung der Verhältnisse in Sowjetrussland und um den «richtigen» politischen Kurs statt. So kam es weder zu einem überzeugenden Gegenkonzept zur Politik der Bolschewiki, das nachhaltigen Anklang gefunden hätte, noch zu einer entschlossenen Gegenregierung, die ein breiteres Spektrum hätte hinter sich vereinen können. Überlegungen von 1926, militärische Einheiten aufzubauen, um bei einer Zuspitzung der internationalen Lage in der Sowjetunion einzumarschieren, blieben Episode; vorübergehend hatte es so ausgehen, als könnten von dem Shell-Magnaten Henri Deterding (1866–1939), der die Kontrolle über die kaukasischen Erdölfelder wiedererringen wollte, Unterstützung und finanzielle Förderung erwartet werden.

Am meisten Aufsehen erregten die «Eurasier», die versuchten, einen eigenständigen Kulturtyp Russlands zwischen Europa und Asien zu begründen und von daher die Ursachen der Revolution zu analysieren wie die zukünftige Gesellschaftsverfassung zu entwerfen. Damit stiessen sie nicht zuletzt bei der Emigrantenjugend auf Widerhall, die die politischen Probleme in der Endphase des Zarenreiches nicht bewusst erlebt hatte, wohl aber die Erfahrungen des Weltkrieges, der Revolutionen von 1917 und des Bürgerkrieges verarbeiten musste. Sie war der oft gespenstischen Diskussionen der Väter überdrüssig, wollte deren Fehler nicht wiederholen und lehnte deshalb vielfach die Konzepte ab, die am Vorabend der Revolution zur Debatte gestanden hatten. Hier kam der Rückgriff der Eurasier auf scheinbar uralte Traditionen gerade recht.

Die Radikalität eines Grossteils dieser Jugend, die sich gegen die konservativen und liberalen Väter richtete und gleichzeitig das eigene Vorgehen kennzeichnete, drückte sich etwa in der Bewegung der *mladorossy* aus. Diese «Jungrussen», die sich 1923 in München unter der Führung von Aleksandr L. Kazem-Bek (1902–1977) zusammenschlossen und später in Paris ihren Hauptsitz hatten, knüpften an Ideen der Eurasier an und verbanden sie mit rechtsextremen Tendenzen der Zeit. Sie wollten die Revolution nicht rückgängig machen, sondern im nationalen Sinn fortführen. Kollektivismus und Planwirtschaft fanden durchaus ihre Zustimmung. Sie sollten in der angestrebten sozialen Monarchie ihren Platz finden. So verwundert es nicht, wenn der anfangs von den Jungrussen favorisierte Thronanwärter, Grossfürst Kirill (1876–1938), 1927 eine Verbindung von Zar und Sowjets ankündigte. Die Bewegung versuchte, Kontakte zu den italienischen Faschisten und den Nationalsozialisten herzustellen, um internationale Unterstützung zu erhalten. Doch es erging ihr wie vielen anderen rechtsradikalen russischen – oder auch ukrainischen – Organisationen: Die ideologische Nähe bedeutete keineswegs automatische Zusammenarbeit. Die Nationalsozialisten nutzten zwar durchaus die Informationen, die ihnen jene Gruppierungen zur Verfügung stellen konnten, setzten diese aber ganz nach ihren Interessen ein und liessen sie wieder fallen, wenn sie den eigenen Zielsetzungen – namentlich der Eroberung des «Lebensraumes» im Osten – widersprachen.

Die nationale Idee, die bei manchen Jungrussen zu einer Annäherung an bolschewistische Gedankengänge führte und eine Reihe von Eurasiern zur Kooperation mit dem Stalinismus veranlasste, spielte ebenfalls bei einer weiteren Emigrantenvereinigung eine wichtige Rolle. 1921 erschien in Prag ein Sammelband mit dem Titel «*Smena vech*» – «Wechsel der Wegzeichen». Dass hier auf «*Vechi*», die «Wegzeichen» von 1909, Bezug genommen wurde, war natürlich unverkennbar. Die Autoren orientierten sich an der damaligen Stossrichtung der Kritik an der *intelligencija:* Sie müsse im Staat, nicht gegen ihn, an Reformen arbeiten. Jetzt hiess es, ein weiterer Kampf gegen die Bolschewiki schade Russland, es gehe darum, sich an die Seite der Revolution zu stellen, die spezifisch «russischen» Elemente weiterzuentwickeln, das Land wirtschaftlich und politisch wieder zu einer Grossmacht werden zu lassen. Hierzu solle die emigrierte *intelligencija* ihre Fähigkeiten zur Verfügung stellen.

Ein Grossteil dieser Gruppe kam aus dem Umfeld der liberalen Kadettenpartei. Dass sie die Wegzeichen wechseln wollte, wurde durch die Erkenntnis begünstigt, dass sich die Bolschewiki nach ihrem Sieg im Bürgerkrieg auf absehbare Zeit nicht mehr vertreiben liessen, andererseits aber zu einer gemässigteren Politik übergingen, die der Hoffnung auf eine Annäherung Nahrung gab. Unterschiedliche Meinungen bestanden allerdings über das Ausmass der Zusammenarbeit. Während Nikolaj V. Ustrjalov (1890–1938), der schon vor Erscheinen des Sammelbandes ähnliche Gedanken geäussert hatte, auch nach Beginn der Neuen Ökonomischen Politik die weitere Entwicklung abwarten wollte, sprachen sich die meisten anderen für eine baldige Rückkehr in die Heimat aus. Einen Mittelweg suchte etwa Sergej S. Čachotin (1883–1973), der früher bei den Menschewiki aktiv gewesen war. Er hatte in dem Sammelband mit seinem Aufsatz «Nach Canossa!» den «Wechsel der Wegzeichen» besonders eindringlich begründet, arbeitete dann auch in Berlin in Sowjetbehörden mit, verzichtete aber auf eine Heimkehr, sondern blieb, nicht zuletzt aus wissenschaftlichen Gründen, in Deutschland. In der Endphase der Weimarer Republik engagierte er sich stark im Kampf gegen den Nationalsozialismus – so entwarf er das wirksame, von der Eisernen Front verwendete politische Symbol der Drei Pfeile gegen das Hakenkreuz – und musste deshalb 1933 erneut emigrieren. Nach vielen Stadien des Exils konnte er erst 1963 eine Einreisebewilligung in die Sowjetunion erhalten.

Zu dieser Zeit hatte es bereits eine weitere Emigrationswelle gegeben: Bewohner der Sowjetunion, die während der deutschen Besatzung im Zweiten Weltkrieg geflüchtet waren oder denen es als Kriegsgefangene und «Ostarbeiter» gelang, nach Kriegsende im Westen zu bleiben. In den 1970er und 80er Jahren folgte eine neue Auswanderungsbewegung, die vor allem Angehörige oppositioneller Strömungen erfasste, darunter zahlreiche Künstler und Schriftsteller, die teilweise ausgebürgert wurden: etwa Lev Z. Kopelev (1912–1997), Aleksandr I. Solženicyn (geb. 1918), Iosif A. Brodskij (1940–1996), Vladimir N. Vojnovič (geb. 1932) und Viktor P. Nekrasov (1911–1987). Mit dem Ende der Sowjetunion ist keineswegs ein Abebben der Emigration zu beobachten: Neben der Rückwanderung einzelner ethnischer Gruppen in ihre Herkunftsländer reisst namentlich der Strom russischer Juden ins Ausland nicht ab.

Zwischen traditioneller Rollenorientierung, steigendem Selbstbewusstsein und Disziplinierungsversuchen: Frauen und Frauenbewegung

In formaler Hinsicht war in Sowjetrussland die Emanzipation der Frauen verwirklicht. In der Verfassung und durch entsprechende Gesetze hatten sie die vollständige Gleichberechtigung erlangt. Die Ehe-, Scheidungs- und Erbschaftsgesetzgebung entsprach langjährigen Frauenforderungen. Der Zugang zu allen Berufen stand den Frauen jetzt offen, und auch in der Bezahlung waren sie den Männern gleichgestellt.

Die Praxis hinkte allerdings hinter den rechtlichen Vorgaben her. In den Fabriken erhielten die Frauen im Durchschnitt eher die schlechter bezahlten Arbeitsstellen – zumal ihr Ausbildungsniveau in der Regel niedriger lag. Vor allem änderte sich die traditionelle Rollenorientierung – in der Stadt wie auf dem Land – nur langsam. Die Mehrzahl der Männer verlangte nach wie vor, dass die Frauen, auch wenn sie einen Beruf ausübten, sich vorrangig um Haushalt und Kindererziehung zu kümmern hatten. Zeitbudgetuntersuchungen aus den 1920er Jahren zeigen deutlich, dass die Frauen wesentlich stärker als die Männer mit Arbeit belastet waren, während diese erheblich mehr Zeit für Freizeitaktivitäten aufwenden konnten. Darüber hinaus war das patriarchalische Familien- und Geschlechtermodell auch unter den Frauen noch weit verbreitet. Dies sah nicht nur Trockij in seinen «Fragen des Alltagslebens» von 1923, sondern ging aus vielen Untersuchungen und Berichten hervor. Gegenüber der vorrevolutionären Zeit war kaum ein Wandel festzustellen, eine tatsächliche Emanzipation von Mann und Frau keineswegs erreicht.

Dieses Problem wurde innerhalb der Kommunistischen Partei durchaus gesehen. Die Repräsentation von Frauen in der Partei liess gerade nach 1917 immer stärker zu wünschen übrig. Nicht zuletzt Lenin erkannte, dass eine gesellschaftliche Weiterentwicklung nicht möglich sein werde, wenn die zukünftige Ausbildung von Einstellungen und Verhaltensweisen bei Männern und Frauen zu sehr auseinanderklafften. Aber auch die Frauen in der Partei – an der Spitze Aleksandra M. Kollontaj und Inessa Armand (1874–1920) –

forderten nachdrücklich, den Problemen der Frauen mehr Aufmerksamkeit zu widmen. So kam es im November 1918 zum Ersten Allrussischen Frauenkongress und – als Reaktion auf einen Beschluss dieser Versammlung – 1919 zur Einrichtung von Frauenabteilungen innerhalb der KP, den *ženskie otdely* oder abgekürzt *ženotdely*.

Von vielen Parteimitgliedern wurden die Frauenabteilungen allerdings misstrauisch oder gar abschätzig beobachtet. Frauenpolitik galt als minderwertig, und politisch gleichberechtigte Mitsprache traute man den Frauen nicht zu. Hier unterschied sich die Mehrzahl der Kommunisten in keiner Weise von den übrigen Männern in der sowjetischen Gesellschaft. Immer wieder wurde die Auflösung der neuen Organisation verlangt.

Trotz dieser Widerstände konnten die Frauenabteilungen zunächst eine erstaunliche Wirksamkeit entfalten. Eine wegweisende Idee war das von Inessa Armand, der bis zu ihrem Tod 1920 ersten Vorsitzenden der zentralen Frauenabteilung, entwickelte System der Delegierten. Hiermit sollten der unzureichende Ausbildungs- und Informationsstand und die geringe Erfahrung der Frauen in Politik und Verwaltung verhältnismässig rasch überwunden werden. Die Arbeiterinnen einer Fabrik, die Bäuerinnen eines Dorfes, Frauen in einer anderen gesellschaftlichen Einheit wählten für jeweils mehrere Monate eine *delegatka*. Diese machte dann eine Art Praktikum: in politischen Einrichtungen, in Gewerkschaften, in Schulen, in Krankenhäusern, in Verwaltungsstellen. Zum Abschluss trafen sich die Delegierten auf einer Konferenz, um ihre Erfahrungen auszutauschen und Probleme mit den Frauenabteilungen zu besprechen. Danach kehrten die Delegierten in ihre früheren Stellungen zurück, berichteten dort über ihre Tätigkeit und Erfahrungen und sorgten dafür, dass die nächste *delegatka* gewählt wurde. Offenbar zeitigte dieses System Erfolge. Viele Berichte deuten darauf hin, dass das Selbstbewusstsein bei immer mehr Frauen wuchs.

Dies ging nicht ohne Spannungen ab. Da die heimkehrenden Delegierten damit begannen, das traditionelle Rollenverständnis aufzubrechen, eckten sie oft bei anderen Frauen, vor allem aber bei Männern an, die ihre Gewohnheiten nicht aufgeben wollten. Die daraus entstehenden Konflikte waren keineswegs gering zu schätzen: Dass sie verhältnismässig häufig in der Belletristik der 1920er Jahre aufgegriffen wurden, weist darauf hin. Ein eindrucksvolles Beispiel ist der 1928 veröffentlichte Roman «Zement» von Fedor V. Gladkov (1883–1958).

Die Erfolge des Delegiertensystems konnten jedoch nicht gesichert und vertieft werden. Im Laufe der 1920er Jahre wurde die Stellung der Frauenabteilungen in der Partei immer schwächer. Ihre politische Eigenständigkeit war zusehends gebrochen worden, vor allem nach der Ablösung Aleksandra Kollontajs 1922. Sie war Nachfolgerin Inessa Armands gewesen, hatte jedoch durch ihre Zugehörigkeit zur Arbeiteropposition, die die Neue Ökonomische Politik ablehnte, Missfallen erregt. Schliesslich stiessen ihre Auffassungen von einer neuen Sexualmoral in der KP vielfach auf Ablehnung. Kollontaj ging davon aus, dass die zukünftige sozialistische, freie Gesellschaft auch von einem neuen Geschlechterverhältnis, einer «freien Liebe» getragen sein müsse. Damit meinte sie nicht, wie ihr unterstellt wurde, sexuelle Zügellosigkeit, sondern die vollständige Anerkennung der Rechte des jeweils anderen, die Gleichheit in den gegenseitigen Beziehungen und ein hohes Mass an Verantwortlichkeit in der Ausgestaltung der Beziehungen. Zugleich sei diese solidarisch in die Interessen des Kollektivs einzubinden. Das bedeutete: die Partner einer Liebesbeziehung sollten diese nicht losgelöst vom gesellschaftlichen Leben verstehen, sondern auch ihrer Verantwortung in der Gesellschaft gerecht werden. Zugleich aber müsse es das Kollektiv durch die Bereitstellung von Versorgungseinrichtungen und zentralen Fonds, aus denen in Not geratene Kinder und Mütter finanziert werden könnten, ermöglichen, dass sich die Liebe frei entfalten könne. Die Ehe als Versorgungsinstanz werde dann überflüssig.[41]

Gegen Ende der 1920er Jahre vertraten die Frauenabteilungen immer weniger frauenpolitische Ziele, sondern propagierten die allgemeine politische Linie der Partei unter den Frauen. Aber auch diese Funktion sah die Parteiführung schliesslich als unerheblich an und löste 1930 die Frauenabteilungen auf. Die Aktivistinnen setzte sie, wie zuvor schon mehr und mehr üblich, in traditionellen weiblichen Bereichen ein, in der Sozial- und Gesundheitsfürsorge, im Kampf gegen die Prostitution und gegen die Kinderverwahrlosung. Mit der beschleunigten Industrialisierung und Kollektivierung, mit dem Terror und der Disziplinierung erfolgte dann im Stalinismus ein derartiger Eingriff in die Lebenswelt der Frauen, wie ihn die Jahre zuvor nicht gesehen hatten. Während sie jetzt einerseits in bisher unbekannten Ausmassen in das Arbeitsleben integriert wurden – dies galt als Zeichen einer angeblich verwirklichten Emanzipation –, wurden ihre Rechte gleichzeitig wieder stärker beschnitten. Die traditionelle Rollenverteilung, das Ideal der Mutterschaft, der Ehe und der Familie kamen zu neuem Ansehen. 1936 wurden die Abtreibungen nach sozialer Indikation verboten und die Scheidung beträchtlich erschwert. 1944 hob man auch die «faktische Ehe» auf, die das Ehegesetz von 1926 eingeführt hatte: Eine eheähnliche Verbindung, die sich durch gemeinsame Haushaltsführung auszeichnete, war damals der offiziell registrierten Ehe gleichgestellt; damit wurden vermögensrechtliche und Versorgungsansprüche des jeweils finanziell schwächeren Partners – meistens der Frau – gesichert. Die teilweise aufsehenerregenden Forschungen zum Geschlechterverhältnis und zum Sexualleben der Menschen konnten längst nicht mehr fortgeführt werden. Die neue, die stalinistische Gesellschaft kehrte zur «alten Moral» zurück. Offenbar gehörte dies zu den Instrumenten, um die einschneidenden Wandlungen in der Gesellschaft unter Kontrolle halten zu können. Von den revolutionären Vorstellungen der frühsowjetischen Phase war nun keine Rede mehr.

«Hooligans», «Verwahrloste» und die «Jugendfrage»

«Freunde! Freunde! / Welch ein Riss durch's Land, / [...] / Ich bin kein neuer Mensch. / Wozu verschweigen? / Ich steh mit einem Bein im Alten drin. / Ich will die Stahlmannschaften gern erreichen / und rutsch und falle mit dem andern hin.» Sergej A. Esenin (1895–1925) hatte diese Zeilen verfasst, die Ende 1924 veröffentlicht wurden, und damit der Spannung zwischen Altem und Neuem Ausdruck gegeben, das Unvermögen benannt, dem Ideal des «neuen Menschen» zu entsprechen. Nach diesem Gedicht «Die vergehende Rus» publizierte er wenige Tage später «Die heimatlose Rus» und griff damit ein weiteres kritisches Problem der Zeit auf: die Situation der «verwahrlosten», obdachlosen Kinder und Jugendlichen, die zu Zehntausenden durch Russland streiften, und denen er sagen wollte, dass es doch Menschen gebe, die ihr Leid kränke. Esenin, der aus einem Dorf im Gouvernement Rjazan' stammte und jetzt ein umschwärmter und gefeierter, aber von manchen auch misstrauisch beobachteter Dichter war, verkörperte wie kein anderer die Widersprüche dieser Jahre. Er verzauberte seine Leserschaft, wenn er die weisse Birke, das Symbol des russischen Landes, besang, aber er sah auch, dass das alte Dorf unterging: «Kein Lied nach meinem mehr, vom Dorf zu singen, / die Bretterbrücke kann nicht mehr ins Lied. / Ich seh die Birke Weihrauchkessel schwingen, / ich wohn ihr bei – der Abschiedsliturgie.» Mit seinem Verhalten, seinem Alkoholismus, seinen Wutausbrüchen, die gar nicht mit der Sanftheit seines Wesens in Einklang zu stehen schienen, provozierte er immer wieder die Öffentlichkeit und nicht zuletzt die Parteifunktionäre. In seinen Gedichten wich er dieser Merkwürdigkeit nicht aus. Schon 1920 schrieb er die «Beichte eines Hooligans», der sich auffällig kleidet, der Anstoss erregt und beschimpft wird, der aber im Herzen der gleiche wie früher geblieben ist, die Heimat liebt, von der Erinnerung zehrt. Auch später wandte er sich immer wieder dem «Hooligan» zu und bezeichnete sich selbst als «russischen Skandalpoeten». Am 28. Dezember 1925 machte er, ausgezehrt und verzweifelt, seinem Leben ein Ende. Einen Tag zuvor hatte er einem Freund sein Abschiedsgedicht gegeben, mit seinem eigenen Blut geschrieben, da er keine Tinte fand: «[…] Gräm dich nicht und wird mir nicht so fahl. / Sterben –, nun, ich weiss, das hat es schon gegeben; / doch: auch Leben gabs ja schon einmal.»[42] Esenins Tod löste eine regelrechte Selbstmordwelle aus, die allerdings in der öffentlichen Diskussion aus politischen Gründen eine übertriebene Darstellung erfuhr. Der Dichter wurde zum Symbol vor allem der Jugend, die mit den Verhältnissen unzufrieden war, aber zugleich, im nachhinein, vermehrt zur Zielscheibe der Kritik all derjenigen, die ihn als Symbol des «Hooliganismus» betrachteten und ihm vorwarfen, der Jugend ein schlechtes Beispiel gegeben zu haben. Die «Jugendfrage» war zu einem beherrschenden Thema geworden. Der «Hooliganismus» (chuliganstvo) fand dabei nicht zum erstenmal Aufmerksamkeit. Schon vor dem Ersten Weltkrieg hatte man in den Dörfern wie mehr und mehr auch in den Städten eine wachsende Gewaltbereitschaft von Jugendlichen festgestellt: Sie randalierten in betrunkenem Zustand, widersetzten sich der Polizei, gingen aggressiv gegen die «Bessergestellten» vor. Beunruhigt hatten weite Teile der Öffentlichkeit auf diese Verrohung der Jugend reagiert. Nur wenige merkten an, dass Provokation und Ausprobieren der Gewaltschwelle immer schon zum Hineinwachsen der Jugendlichen in die Erwachsenenwelt gehört hätten und dass dieses Verhalten jetzt stärker als früher nach aussen bekannt werde. Allerdings sei nicht

zu übersehen, dass sich in ihm eine gewisse Orientierungslosigkeit gegenüber den Wertmassstäben der Gesellschaft und eine zunehmende Unzufriedenheit über die nicht zu übersehene, tiefer werdende Kluft zwischen Arm
und Reich widerspiegelten.

In den 1920er Jahren wiederholte sich diese Erscheinung unter neuen Bedingungen. Auch in den turbulenten Jahren nach den Revolutionen von 1917
und während des Bürgerkrieges hatte es «abweichendes Verhalten» von Jugendlichen gegeben. Es war jedoch weniger aufgefallen, obwohl sich sowjetische Instanzen immer wieder bemühten, eigenmächtiges Vorgehen einzelner einzudämmen, die willkürlich entschieden hatten, welches Handeln im
Interesse der Revolution angebracht sei. Letztlich ging die Gewalt durch
Jugendliche in der allgemeinen Gewalt, im Existenzkampf auf. Jetzt wurde
sie wieder offenkundig. Die materiellen Verhältnisse deckten sich bei weitem
nicht mit den Versprechungen der Kommunistischen Partei, die Städte wurden mit dem raschen Zustrom von Arbeitskräften aus den Dörfern nicht
fertig, Spekulation, Schwarzmarkt und Bereicherung einiger «NĖP-Männer»
blühten, alte und neue Wertmassstäbe prallten aufeinander. Die Partei versuchte, auch den privaten Bereich der Menschen zu besetzen, vermochte
jedoch nicht unbedingt, ein attraktives Angebot zu machen. So konnte der
offizielle Arbeiter-Klub mit seinen meist strengen, fast asketischen Benimm-
regeln und starren Programmen den Bedürfnissen nach Unterhaltung, Ab-
wechslung und Geselligkeit kaum entsprechen.

Gerade Jugendliche hatten oft Schwierigkeiten, mit den neuen Bedingungen
zurecht zu kommen. Diese erschienen ihnen undurchsichtig, ohne klare Konturen, und in der Politik vermissten sie eine eindeutige, nachvollziehbare
Linie, die ihnen eine Orientierung vermitteln konnte. Versuche, mit Diskussionen über den «neuen Menschen» oder über die neue Sexualmoral, mit
Experimenten im Bildungswesen, in der Literatur und in der Kunst nicht
zuletzt Jugendliche anzuziehen, sind nicht zu übersehen, doch wirkten sie auf
diese häufig eher verwirrend. Zugleich wurde ihnen der Bürgerkrieg als die
«heroische Periode», als Vorbild für eine revolutionäre Praxis vor Augen
geführt, aber ihren Alltag empfanden sie als banal, sie wussten nicht, wie sie
sich hier bewähren sollten. Joseph Roth beobachtete 1926 die Widersprüche,
die sich aus diesem «liquidierten Heroismus» ergaben, und Walter Benjamin
bemerkte im selben Jahr den Wunsch mancher Jugendlicher, den «militanten
Kommunismus» und die revolutionären Taten der Elterngeneration nachzu-
holen.[43] Der Gegensatz zwischen Verheissungen und Realität, wie er in den
1920er Jahren deutlich hervortrat, konnte aber auch zu Kritik an den Zuständen und der Politik oder zu Desinteresse und Apathie führen. Insgesamt lässt
sich ein Entfremdungsprozess zwischen einem grossen Teil der Jugend und
der Partei feststellen.

Anzeichen dafür waren neben den Selbsttötungen etwa Kindsmorde, für
Aufsehen sorgende Fälle von Vergewaltigungen, Schlägereien oder gewalt-
hafte Beziehungen am Arbeitsplatz, darüber hinaus weniger auffällige Formen eigenständiger kultureller Praxis, die sich den Erwartungen seitens der
Partei verweigerten. Zwar zeigten damalige wissenschaftliche Studien, dass

es sich hier vielfach um ein generationenspezifisches Verhalten handelte, dass man zwischen Stadt und Land unterscheiden musste, dass in zahlreichen Fällen Unsicherheit und gestörtes Selbstwertgefühl hinter dem Verhalten standen. Die verantwortlichen Politiker wussten jedoch immer weniger, angemessen zu reagieren, bei den Ursachen der Unzufriedenheit und Missstimmung anzusetzen, die Erfahrungen der Jugendlichen in ihren Lebenswelten in das Blickfeld zu nehmen, sondern suchten die Lösung in der Ausgrenzung. Der «Hooligan» wurde zum Feind der Gesellschaft stilisiert. Da eine präzise Begriffsdefinition unterblieb, konnte man jedes unerwünschte Verhalten darunter fassen. Der Grundzug bolschewistischen Denkens, sich den Menschen «von aussen» zu nähern, sie steuern zu wollen und mit Gewalt zu antworten, wenn diese nicht dem Wunschbild entsprachen, offenbarte sich erneut, je tiefer die Kluft zwischen Anspruch und Wirklichkeit wurde und sich zu einer Krise der Politik entwickelte.

Die Ursachen der Probleme reichten selbstverständlich weit über den Bereich der «Jugendfrage» hinaus. Nicht zufällig bildeten die 1920er Jahre einen Höhepunkt satirischer Erzählungen, Theaterstücke und Filme. Nikolaj R. Ėrdman (1902–1970) bezog sich in seiner 1928 veröffentlichten Komödie «Der Selbstmörder» auf die öffentliche Diskussion dieses Themas und kritisierte die bisherigen Ergebnisse der kommunistischen Politik, das Denunziantentum und die herrschende Gewaltbereitschaft. Il'ja A. Ilf (eigentlich Fajnsilberg, 1897–1937) und Evgenij P. Petrov (eigentlich E. P. Kataev, 1903 bis 1942), Michail M. Zoščenko (1895–1958) oder Valentin P. Kataev (1897 bis 1986) griffen die oft untragbaren Zustände in ihren Werken auf. Selbst volkstümliche Lieder handelten davon, wie die Inanspruchnahme der Küche durch mehrere Familien zu ständigen Reibereien führte, wie durch die Überbelegung der Wohnungen an ein ungestörtes Privatleben nicht zu denken war. In einem der populärsten Filme der 1920er Jahre – «Bett und Sofa» – entschliesst sich ein Moskauer Arbeiterehepaar, trotz der Enge in seinem einzigen Zimmer einen neu vom Dorf ankommenden Landsmann als Kost- und Schlafgänger zu beherbergen. Er soll auf dem Sofa übernachten. Unvermeidbar folgen Verwicklungen in diesem Dreiecksverhältnis, bis am Ende die beiden männlichen Personen Bett und Sofa getauscht haben.

Die Alltagsnöte zu verarbeiten, indem man sich darüber lustig machte, kann als ein Teil jener traditionellen «Lachkultur» verstanden werden, mit der sich Menschen eine Gegenkultur zur herrschenden schufen oder zumindest einen eigenen Raum, in dem sie autonom für sich sein konnten. Doch für viele waren die Umstände zu bedrückend, um diese Möglichkeit offenzulassen. Seitdem ab 1921 das Alkoholverbot schrittweise aufgehoben wurde, konnte auch offiziell eine drastische Zunahme des Wodka-Verbrauches registriert werden. Ohnehin floss der Selbstgebrannte, der samogon, nach wie vor in grossen Mengen von den Dörfern in die Städte, oft über die Landsmannschaften organisiert. Besorgt wiesen selbst höchste Sowjetvertreter auf den wachsenden Alkoholzuspruch gerade unter Jugendlichen hin, der oft in sinnloser Zerstörungswut oder in Depressionen und Selbstmorden münde. Bei den einschlägigen Untersuchungen stellte sich heraus, dass die – überwiegend männlichen – «Hooligans» gegenüber der Vorkriegszeit im Durchschnitt jünger waren, nämlich 20 bis 24 statt über 30. Neben rowdyhaftem Verhalten, Randaliererei und Provokation durch auffällige Kleidung wurden nicht zuletzt Symbole der Sowjetmacht demoliert, Demonstrationen gestört, Klubs und Arbeiterheime mit Steinen beworfen. Bei der Erörterung der Ursachen erkannte man durchaus, dass es die schwierigen Lebensbedingungen nicht eben erleichterten, die durch Weltkrieg, Revolutionen und Bürgerkrieg gesunkene Hemmschwelle für Gewalt wieder höher zu setzen. Obwohl die Strafen für *chuliganstvo* allmählich verschärft wurden, gab es zunächst viele Stimmen, die um Verständnis für das jugendliche Verhalten warben. Lunačarskij, der als Volkskommissar für das Bildungswesen nicht nur pädagogischen Reformen gegenüber aufgeschlossen war und eine verhältnismässig pluralistische Kulturpolitik betrieb, sondern sich auch immer wieder in die öffentlichen Debatten um grundlegende Fragen einschaltete, wies darauf hin, dass er begreifen könne, wenn ein junger Mensch von den Widersprüchen der NĖP frustriert sei und ungeduldig werde. Es komme deshalb darauf an, so schnell wie möglich die Arbeitslosigkeit zu beseitigen, die materiellen Verhältnisse zu verbessern, die kapitalistischen Überreste zu beseitigen, das Freizeitangebot attraktiver zu gestalten und insbesondere überzeugende Wertmassstäbe zu vertreten.

Solche Forderungen wurden jedoch seit der zweiten Hälfte der 1920er Jahre immer weniger beherzigt – oder nur in einer Form, die bei den angesprochenen Jugendlichen auf wenig Gegenliebe stiess. 1928 gab es noch einmal eine aufsehenerregende Debatte, als der Brief eines Moskauer Studenten – Andrej Jurov – bekannt geworden war. Darin hatte er sich über die nutzlose Arbeit im Studium und die unbefriedigenden Freizeitmöglichkeiten beklagt. Er könne sich nicht auf die Zukunft freuen, sondern fürchte sich davor. Ein solches Leben möchte er nicht weiterführen, obwohl er keineswegs sterben wolle. In Stellungnahmen zu dem Brief wurde vielfach eine Parallele zum «Esenismus» gezogen und die romantische, individualistische Haltung des Studenten hervorgehoben. Hierin zeige sich ein Versagen der Verantwortlichen in den Hochschulen wie in der Politik. Zwar seien Zweifel und Nachdenken über die gesellschaftliche Entwicklung berechtigt und angesichts der gegenwärtigen Lage auch verständlich, doch müsse alles darangesetzt werden, dies in ein verstärktes Engagement für den sozialistischen Aufbau zu wenden.

Konnte man derartige Äusserungen noch als Ansatz für eine politische Aufklärung unter Jugendlichen verstehen, die wenigstens in beschränktem Masse an deren Bedürfnissen anzuknüpfen suchte, so verschwand jener in den folgenden Jahren hinter zunehmender Kontrolle und Repression. «Hooligans» und «grübelnde Intellektuelle» galten nun entweder als bewusste Saboteure der sozialistischen Ordnung oder als geistig kranke Menschen. Entsprechend bestrafte man sie in wachsendem Masse mit Zwangsarbeit oder wies sie in psychiatrische Kliniken ein. 1940 stellten die «Hooligans» als «sozial schädliche Elemente» fast 20 Prozent aller Lagerhäftlinge.

Auch die *besprizornye,* die «Verwahrlosten», verschwanden in den 1930er Jahren. Solche Kinder und Jugendlichen, die durch Russland vagabundierten, hatte es schon vor der Revolution gegeben. Aber nach dem Ende des Bürgerkrieges und der Hungersnot von 1921 wurde offensichtlich, dass es sich jetzt um eine Massenerscheinung handelte. Für die Jahre 1922/23 schwanken die Schätzungen zwischen sieben und neun Millionen *besprizornye*. In der Regel elternlos und weit entfernt von ihrem Geburtsort, hausten sie in Erdlöchern, Trümmern, Müllgruben oder Kellern der Städte, namentlich in Moskau und Umgebung. Man kann von einer eigenen Subkultur sprechen. Die Behörden wurden ihrer nicht Herr. In Banden, die manchmal mehrere 100 Personen umfassten, streiften sie umher – oft als blinde Passagiere auf den Dächern und Trittbrettern oder in den Kohlekästen der Eisenbahnen – und scheuten nicht vor kriminellen Aktionen zurück, um ihre Existenz zu sichern. Diebstähle waren an der Tagesordnung, und selbst Morde kamen vor. In einer Statistik von 1924, die sich auf das Gebiet der Russischen Sozialistischen Föderativen Sowjetrepublik – ohne Moskau – bezog, konnte man lesen, dass von 118 jugendlichen Mördern 42 jünger als 12 Jahre waren. Dass der Alkohol unter den *besprizornye* grossen Anklang fand, verwundert nicht. Fast alle rauchten, viele nahmen Kokain. Zahlreiche minderjährige Prostituierte wurden aufgegriffen. Organisierte Verbrecher nutzten die «Verwahrlosten», die in den meisten Fällen wegen ihres Alters noch nicht vor Gericht gestellt werden konnten, häufig für ihre eigenen Zwecke aus.

Die Politik der Sowjetbehörden gegenüber diesem Problem war zunächst einhellig davon geprägt, dass die *besprizornye* als Opfer der Verhältnisse und deshalb möglichst nicht als kriminelle Täter anzusehen seien. Vorrangig sollten insofern Fürsorgemassnahmen, ärztliche Versorgung und Verbesserung der Lebensbedingungen sein. Nur in Fällen, die man als aussichtslos beurteilte, wurde an die Einweisung in Gefängnisse oder Arbeitslager gedacht. Obwohl vor allem seit 1921 die Čeka unter persönlicher Anteilnahme Dzeržinskijs die Federführung bei der Bekämpfung dieses Missstandes übernahm, überwog damit keineswegs die Repression. Die Čeka, dann die GPU organisierte finanzielle Hilfen für die Kinder und Jugendlichen, damit sie zu essen bekamen und anständige Kleidung erhielten, und richtete vor allem Kinderheime ein, um die «Verwahrlosten» wieder in die Gesellschaft einzugliedern. Diese Heime entwickelten sich oft zu vorbildlichen Anstalten, die als selbstverwaltete Kommunen mit eigenen Schulen, Werkstätten und kulturellen Einrichtungen reformpädagogische Experimente wagten. Eine andere Richtung versuchte eher, strenge erzieherische Massstäbe bis hin zum Drill mit begrenzter Selbstverwaltung durch das Kollektiv, dem sich das Individuum vollständig unterzuordnen habe, zu verbinden. Als ihr bedeutendster Vertreter gilt Anton S. Makarenko (1888–1939), der seit 1920 in verschiedenen «Verwahrlosten»-Kommunen arbeitete und seine Erfahrungen zu einer pädagogischen Theorie erweiterte, die dann in den 1930er Jahren zur vorherrschenden wurde.

Die erzieherischen Bemühungen reichten in den 1920er Jahren nicht aus, um die massenhafte «Verwahrlosung» zu beseitigen. Mit der allmählichen wirtschaftlichen Erholung und der einsetzenden beschleunigten Industrialisierung begann sich die Lage dann zu bessern. Neben ein breiteres Angebot an Arbeitsplätzen trat – wie überhaupt in der «Jugendfrage» – schliesslich, bedingt durch eine geänderte Einstellung gegenüber dem Problem, die Unterdrückung der *besprizornye* durch Strafen: Mit dem Dekret vom 31. Mai 1935 «Über die Liquidierung von Verwahrlosung und Vernachlässigung von Kindern» waren die Kinder vom 12. Lebensjahr an wie Erwachsene für Vergehen voll verantwortlich und wurden entsprechend behandelt: 1939 befanden sich vermutlich rund 10'000 Kinder in Straflagern. Die Suche nach den Ursachen und nach pädagogischen Lösungsmöglichkeiten verschwand aus der öffentlichen Diskussion. Obwohl es zumindest während der Hungerjahre im Gefolge der Kollektivierung und während des Zweiten Weltkriegs noch einmal zahlreiche *besprizornye* gab, galt die «Verwahrlosung» offiziell als beseitigt.

Die Industrialisierungsdebatte und die Verschärfung innerparteilicher Auseinandersetzungen

Die strukturellen Probleme, wie sie die Neue Ökonomische Politik offenbarte, fanden ihren Niederschlag in einer Industrialisierungsdebatte, die zwischen 1924 und 1928 die führenden Fachleute und Politiker, aber auch die Öffentlichkeit beschäftigte. Im Vordergrund standen das Verhältnis zwischen Stadt und Land, der nichtäquivalente Austausch zwischen diesen Bereichen, zwischen Industrie und Landwirtschaft, darüber hinaus der Warenhunger und der industrielle Kapitalmangel. Dieser wurde zu einem Dreh- und Angelpunkt der zukünftigen Strategie: Woher sollten die Mittel für den Neuaufbau kommen, nachdem ausländische Investoren weitgehend ausgefallen waren und die aussenwirtschaftlichen Beziehungen kaum Devisen einbrachten? Die Debatte war notwendig geworden, weil man sich, als man das Ende der «Wiederherstellungsperiode» der Volkswirtschaft absehen konnte, über das weitere Konzept klarwerden musste. Doch hinter den Vorstellungen zur Wirtschaftspolitik wurden auch unterschiedliche Einschätzungen der Neuen Ökonomischen Politik sichtbar. Während die einen sie als den für Russland angemessenen Weg zum Sozialismus ansahen, betrachteten die anderen sie widerwillig als zeitweiligen Rückzug von erreichten sozialistischen Positionen, die es zurückzugewinnen galte. Davon hing auch ab, wie man mit den Strukturfragen umzugehen gedachte. In der Analyse des gegenwärtigen Zustandes waren sich eigentlich alle Kontrahenten der Debatte einig. Gegensätzlich fielen hingegen die Lösungsmodelle aus. Die «Linke Opposition», namentlich vertreten von Preobraženskij, wollte die Probleme dadurch lösen, dass ein Höchstmass an vorhandenen Mitteln zur vorrangigen Förderung der Produktionsgüterindustrie verwendet werden solle. Auf diese Weise würden die Sowjetunion rasch industrialisiert, ein unabhängiges und stabiles Wirtschaftssystem garantiert sowie ein dauerhaftes Wachstum sichergestellt. Diese Strategie setzte eine radikale Kehrtwendung der Neuen Ökonomischen Politik voraus, erforderte eine verstärkte Planung und verlangte den Bauern erneut einen – zumindest zeitweiligen – nichtäquivalenten Austausch ab.

Dass hier das «Bündnis», die *smyčka,* zwischen Proletariat und Bauernschaft in Gefahr war, sahen die Verfechter dieses Weges durchaus. Sie wollten ihr dadurch begegnen, dass – mit ökonomischen Mitteln – die reicheren Bauern stärker belastet, die ärmeren hingegen unterstützt werden sollten.

Auf dem politisch eher «rechten» Spektrum nach den damaligen Klassifizierungsschemata war man andererseits bestrebt, die Neue Ökonomische Politik weiterzuentwickeln und auf jeden Fall einen Zusammenstoss mit den Bauern zu vermeiden. Am weitesten ging dabei der Finanz- und Agrarfachmann L. Šanin, der vorschlug, die vorhandenen Mittel auf die Förderung der Landwirtschaft und der Konsumgüterindustrie zu konzentrieren. Erst wenn diese Basis stabilisiert sei, könne man an eine beschleunigte Industrialisierung denken. Eine blühende Landwirtschaft ermögliche es darüber hinaus, Getreide und andere Agrarprodukte zu exportieren, damit Devisen zu erhalten, mit denen wiederum notwendige Industrieerzeugnisse – auch Produktionsmittel – im Westen gekauft werden könnten. Dieser Weg sei auch insofern ökonomisch angemessen, weil viel weniger Eigenmittel benötigt würden als bei der Industrialisierungsstrategie der «Linken». Der Haupteinwand der Gegner dieser Konzeption ging dahin, dass es sich die isolierte Sowjetunion nicht leisten könne, einen derart langsamen Industrialisierungsprozess einzuleiten, der sie zudem vom ausländischen Kapitalismus und vom Weltmarkt abhängig mache und gleichzeitig die Kapitalisten im Innern – in der Landwirtschaft wie in der Kleinindustrie – stärke.

Verschiedene Teilnehmer an der Debatte versuchten, einen Ausweg aus dem Dilemma zwischen «links» und «rechts» zu finden. So stellte Dzeržinskij – der neben der Geheimpolizei von 1921 bis 1924 die Leitung des Volkskommissariates für das Verkehrswesen und seitdem die des Obersten Volkswirtschaftsrates übernommen hatte – einen Massnahmenkatalog vor, der auf mehr Sparsamkeit in der Verwaltung wie bei der Produktion und auf eine Senkung der Herstellungskosten abzielte. Bazarov, ein führender Mitarbeiter der Staatlichen Plankommission, entwarf ein hochinteressantes Programm zur Rationalisierung und Elektrifizierung bei gleichzeitiger Dezentralisierung der Industrie, das auch das *kustar'*-Gewerbe einschloss.

Keines der Konzepte wurde konsequent verwirklicht. Statt dessen folgten die Delegierten des 15. Parteitages im Dezember 1927 Nikolaj Bucharins Formel vom «dynamischen wirtschaftlichen Gleichgewicht» als einer Strategie, die ohne überhöhte Belastung der Bauern und ohne einseitige Förderung einzelner Industriezweige eine proportionale Entfaltung der Volkswirtschaft bei durchaus beschleunigtem Industrialisierungstempo gewährleiste. Beschlossen war damit der Übergang zum industriellen Neuaufbau, der über einen Fünfjahresplan gezielt durchgeführt werden sollte. Die erforderlichen Mittel waren in erster Linie über eine Senkung der Selbstkosten zu beschaffen. Die «Linke Opposition» hielt diese Aussicht unter den gegebenen Produktionsverhältnissen für illusorisch, konnte sich jedoch damit nicht durchsetzen.

Unterdessen waren die innenpolitischen und innerparteilichen Auseinandersetzungen in ein entscheidendes Stadium getreten. Sie sind in enger Beziehung zu dem wirtschaftspolitischen Dilemma zu sehen. Die ökonomischen

Alternativen waren verbunden mit unterschiedlichen politischen Konzepten. Insofern sind die «Fraktionskämpfe» keineswegs allein Machtkämpfe um die Führung in Partei und Staat, sondern spiegeln auch verschiedenartige Auffassungen über die zukünftige Entwicklung, die nach dem «Rückzug» von 1921 zutiefst umstritten war. Im Zusammenhang mit den wirtschaftlichen Schwierigkeiten von 1923, der «Scheren-Krise», hatte sich die «Linke Opposition» gebildet, deren politischer Sprecher Trockij war. Sie forderte eine radikale Wende in der Wirtschaftspolitik und eine Abkehr vom bürokratischen Führungsstil, «eine Wende zur Demokratie in der Partei».[44] Allerdings gelang es ihr nicht, die Arbeiterschaft oder die «unteren» Parteimitglieder für ihren Kurs zu mobilisieren. Den meisten gingen offenbar die Vorschläge zu weit, das Risiko, nach den Erfahrungen des «Kriegskommunismus» erneut eine Schwenkung vorzunehmen und eine Konfrontation mit den Bauern zu wagen, empfanden sie als zu hoch. Darüber hinaus besserte sich die Wirtschaftslage zunächst rasch wieder, so dass für weitergehende Massnahmen kaum noch Resonanz vorhanden war. Und schliesslich griff die Mehrheit des Zentralkomitees um Bucharin, Stalin, Zinov'ev und Kamenev, die sich gegen die «Linken» verbündet hatten, deren Vorschläge gegen den Bürokratismus auf, die sich auch auf Anregungen Lenins stützen konnten. Allerdings erreichte sie es, dass die Angehörigen der «Basis» – aus dem Proletariat, der armen Bauernschaft, den Partei-Grundorganisationen – nicht über demokratische Wahlen in höhere Ämter oder Kontrollfunktionen gelangten, um auf diese Weise den Bürokratismus einzudämmen, sondern «von oben» ausgesucht wurden.

Damit kam dem seit 3. April 1922 amtierenden Generalsekretär Stalin ein wachsender Einfluss zu, denn er konnte über die Kaderakten Personalpolitik betreiben und sich die Loyalität der «Aufsteiger» sichern. Lenin beschäftigte sich in dieser Zeit intensiv mit dem Kampf gegen den Bürokratismus, den er als zentrale Problematik bei der «Entartung» von Partei und Staat auf dem Weg zum Sozialismus erkannte. Dabei sah er auch sehr klar die Gefahr, die von Stalin ausging. Im Dezember 1922 und Januar 1923 schlug er in seinem später so bezeichneten «Testament» deshalb vor, Stalin von seinem Amt als Generalsekretär abzulösen, und bezeichnete Trockij als den «persönlich [...] wohl [...] fähigsten Mann im gegenwärtigen CK», der allerdings auch eine Menge Fehler besitze.[45] Dessen Stellung war im übrigen von Lenin erheblich gestärkt worden, etwa in der Wirtschaftspolitik – namentlich bei der Planung –, aber auch in der «Georgischen Frage», bei der Lenin das Vorgehen Stalins für skandalös hielt. Lenin konnte seine Pläne jedoch nicht mehr durchsetzen: Am 9. März 1923 erlitt er erneut einen Schlaganfall, von dem er sich bis zu seinem Tod am 21. Januar 1924 nicht mehr erholte.

Aber auch Trockij versäumte es, seine gestärkte Position gegen Stalin und dessen Anhänger zu nutzen. Er liess es zu, dass Lenins «Testament» zunächst nicht öffentlich bekannt wurde, er schloss Kompromisse, er ging nicht in die Offensive. Abgesehen von den bereits genannten Gründen spielte offenbar eine Rolle, dass Trockij wegen seiner jüdischen Herkunft Zweifel hatte, ob er – wie Lenin – in Bevölkerung und Partei allseits akzeptiert werde. Darüber hinaus wollte er – und dies galt auch für die meisten anderen Oppositionellen – die Einheit der Partei keinesfalls aufs Spiel setzen. Sie galt allen als entscheidender Garant für den Aufbau des Sozialismus. Sie zu bewahren war wichtiger, als einzelne Missstände zu beheben. Deshalb wollte die Opposition nie die Spaltung riskieren – und wurde dennoch von ihren Gegnern wegen angeblich parteiwidriger Bildung einer «Fraktion» als «Spalter» erfolgreich denunziert.

Durch geschicktes Vorgehen der ZK-Mehrheit gelang es, Trockijs überragende theoretische Autorität zu erschüttern und ihn als Gegner des «Leninismus» hinzustellen. Dazu gehörte, dass ein Gegensatz zwischen Trockijs Theorie der «permanenten Revolution» und Stalins «Sozialismus in einem Land» konstruiert wurde, der so zunächst nicht bestand. Trockij war der Ansicht, dass sich die Revolution auf andere Länder ausbreiten müsse, um in der Sowjetunion Bestand zu haben. Diese Ausdehnung könne schon bald, aber auch erst in 30 Jahren geschehen, ohne dass der Sozialismus in der Sowjetunion gefährdet sei. Stalin hielt es dagegen für möglich, diesen unabhängig von der Entwicklung anderswo aufzubauen. Gleichzeitig glaubte er, dass das Beispiel des Sozialismus in der UdSSR in den anderen Ländern die Revolution und damit den Sozialismus herbeiführen werde. 30 Jahre wären dazu nicht einmal nötig. Diese Nuancen in der theoretischen Einschätzung wurden so hingestellt, als teile Stalin den Stolz auf die bisherigen Aufbauleistungen, während Trockij alles nur kritisiere, die eigene Bevölkerung für unfähig halte, den Sozialismus zu gestalten, und ganz auf die Hilfe des Westens setze.

1925 zerbrach das Bündnis der bisherigen ZK-Mehrheit. Zinov'ev und Kamenev bildeten einen eigenen Block, der sich aber erst 1926 mit den «Linken» zur «Vereinigten Opposition» zusammenschloss. In der Zwischenzeit hatten jedoch die Massnahmen der Gruppe um Stalin und Bucharin gegriffen, die organisatorische Basis der oppositionellen Strömungen entscheidend zu schwächen. Schritt für Schritt verloren die führenden Oppositionspolitiker ihre Funktionen und Ämter. Am 14. November 1927 wurden Trockij und Zinov'ev schliesslich aus der Partei ausgeschlossen. Der 15. Parteitag bereitete dem Programm der Opposition eine deutliche Niederlage und stiess zahlreiche Sympathisanten aus der Partei aus. Trockij, der als der «gefährlichste» Gegner galt, wurde zunächst in den fernen Osten der Sowjetunion verbannt und dann Anfang 1929 ausgewiesen. Zinov'ev, Kamenev und andere übten hingegen Selbstkritik und trennten sich von der Opposition. Sie konnten daraufhin in die Partei zurückkehren.

Bald nach dem 15. Parteitag zerbrach auch das Bündnis zwischen Stalin und Bucharin aufgrund von Meinungsverschiedenheiten über den weiteren Weg. Stalin denunzierte nun Bucharin, den Vorsitzenden des Rates der Volkskommissare, Aleksej I. Rykov (1881–1938), und den Gewerkschaftsvorsitzenden Michail P. Tomskij (1880–1936) als Führer einer «rechten Abweichung». In kurzer Zeit war 1929 das Schicksal dieser Gruppe – und damit eines gemässigten Kurses in der Wirtschafts- und Innenpolitik – besiegelt. Bucharin, Rykov und Tomskij verloren ihren politischen Einfluss und widerriefen Ende 1929 bedingungslos ihre bisherigen Ansichten. Ihr Scheitern ist, abgesehen von der taktischen Raffinesse Stalins und der vorangegangenen Zerschlagung organisatorischer Möglichkeiten für eine Opposition, auf einen tieferen Grund zurückzuführen. Lenin hatte in seinem «Testament» Bucharin noch als «Liebling der Partei» bezeichnet, und er galt weithin neben Trockij als der bedeutendste Politiker der Kommunisten. Doch anders als 1923 war unterdessen die Stimmung in weiten Kreisen der Bevölkerung wie der Partei nicht mehr für einen vorsichtigen, abgewogenen Kurs eingestellt. Jetzt, nach all den Schwierigkeiten, erhofften sich viele eine radikale Lösung, ein Ende des komplizierten Lavierens und der Kompromisse. Die Politik Bucharins erschien ihnen als zu «weich». Die radikale Alternative der «Linken» stand aber nun nicht mehr zur Verfügung – so blieb nur noch der Stalinsche Weg.

Das «Ausmanövrieren» der oppositionellen Gruppierungen verband sich mit einer weiteren strukturellen Wandlung. Der Zustrom meist junger Leute von der Basis sollte zweierlei bewirken: Einmal galt es, bürokratische Verhaltensweisen abzustellen, Schlamperei, mangelnde Effektivität, Arroganz und Machtbewusstsein. Hier konnten «frischer Wind» und Energie viel bewirken. Des weiteren sollte der Einfluss der «bürgerlichen» Fachleute zurückgedrängt und sie selbst allmählich ersetzt werden. Viele dieser Spezialisten hatten gerade unter den Bedingungen der Neuen Ökonomischen Politik ihren Frieden mit dem Sowjetregime gemacht, ja eine grosse Zahl von Intellektuellen war aus der Emigration zurückgekehrt und hatte sich in den Dienst des neuen Staates gestellt – «Weggefährten», *poputčiki*, wurden sie genannt. Ihre Arbeit, ihr Urteil, ihre Pläne waren durchaus geschätzt und trugen Wesentliches zum Aufbau bei. Dennoch beobachteten zahlreiche Kommunisten sie höchst misstrauisch. Nicht nur, dass jene vermuteten, die «bürgerlichen» Spezialisten würden Traditionen und Problemlösungsstrategien vermitteln, die letztlich dem Denken und Verhalten des gewünschten «neuen Menschen» entgegenstünden, sie befürchteten auch, dass diese im Konfliktfall wieder auf die Seite der Gegner der Sowjetmacht umschwenken könnten.

Deshalb war innerhalb der KP praktisch jeder staatlichen oder wirtschaftlichen Behörde eine Parteiinstanz zugeordnet worden. Sie sollte eigentlich nur darauf achten, dass die Leitlinien der Politik beachtet würden, doch in der Praxis weitete sich diese Rahmenkontrolle mehr und mehr zu Eingriffen auch in Detailmassnahmen aus. Diese «doppelte Hierarchisierung» wurde nun unter den Verhältnissen des Aufstiegs der Leute von der Basis, des *vydviženie*, der mit einer ständigen Rotation in den Apparaten verbunden war, zu einem besonderen Problem. Die Aufsteiger gelangten rasch in verhältnismässig hohe Positionen, waren vielfach nur in Schnellkursen ausgebildet und deshalb nicht in jedem Fall sachkundig und kompetent. Dennoch wurde von ihnen verlangt, wichtige Entscheidungen zu fällen und die «bürgerlichen» Fachleute zu kontrollieren oder gar zu ersetzen. Dies musste zu Reibereien führen. Gerade viele junge Leute wollten sich von «bürgerlichen» Vorgesetzten nichts sagen lassen und opponierten gegen sie. Aber selbst mit den «roten Direktoren» der grossen Industrieunternehmen sind solche Konflikte überliefert. Durchführung und Folgen des *vydviženie* und der «doppelten Hierarchisierung» wurden zum Kennzeichen eines neuen, spezifisch sowjetischen Bürokratismus. Zugleich stärkten diese Faktoren die Leiter des Parteiapparates, an ihrer Spitze Stalin, zumal sich die «Neuen» gerne an diejenigen mit Rat und Hilfe wandten, denen sie ihren Aufstieg verdankten. Von den Hintergründen der parteiinternen Streitigkeiten wollten sie nichts wissen oder waren auch überfordert. Dazu trug bei, dass ihnen die Erfahrung der politischen Auseinandersetzungen vor 1917, des revolutionären Kampfes und auch der theoretischen Schulung fehlte. Mangelnde politische Erfahrung, unzureichende Ausbildung, geringe Praxis in ihren jetzigen Funktionen und Loyalität zur Spitze des Parteiapparates mussten sich gerade dann besonders folgenschwer auswirken, als das gesamte System in eine tiefe Krise geriet.

Der Fall Rusakov

Leningrad, 26. Januar 1929. Die Beauftragte des Hauskomitees betritt die Wohnung Aleksandr Ivanovič Rusakovs, um eine Inspektion vorzunehmen. Rusakov verlangt ihren Ausweis zu sehen. Sie weigert sich, gegenüber «Spekulanten und Konterrevolutionären» brauche sie sich nicht zu legitimieren. Rusakovs Tochter Ljuba will vermittelnd eingreifen. Sie erhält einen Faustschlag ins Gesicht, dass sie blutet und ohnmächtig wird. Rusakov packt die Inspektorin und schleppt sie zur Miliz, zur Polizei.

Am 31. Januar 1929 berichtet die *«Leningradskaja Pravda»* über diesen Vorfall. Allerdings liest er sich anders: Die Inspektorin, eine verdiente Arbeiterin und Kavalleristin im Bürgerkrieg, sei bei der Ausübung ihrer Pflicht von Familienangehörigen und Bekannten Rusakovs bedroht, beleidigt und geschlagen worden. Rusakov selbst sei ein Spekulant, der vor kurzem aus Frankreich, wo er eine Hutfabrik besessen habe, zurückgekehrt sei und jetzt neun der elf Zimmer, die er besitze, für teures Geld vermiete. Als Konterrevolutionär und Feind der proletarischen Gesellschaftsordnung müsse ihm der Prozess gemacht werden. «Die öffentliche Meinung der Proletarier» fordere die sofortige Verhaftung Rusakovs. Einen Tag später ist Rusakov aus seiner Gewerkschaft ausgeschlossen und aus der Fabrik entlassen. Ein Haftbefehl wird ausgestellt. Antisemitische und sowjetfeindliche Pogromhetze wird ihm nun noch vorgeworfen. Arbeiterversammlungen stimmen Resolutionen zu, Rusakov müsse erschossen werden.

In Moskau erfährt Panaït Istrati (1884–1935) von dieser «Affäre». Er ist ein berühmter rumänischer Dichter, der mit seinen Werken auf der Seite der Unterdrückten steht und in der Sowjetunion hohes Ansehen geniesst. Soeben hat er eine lange Reise durch das Land beendet und will nach Paris zurückkehren, wo er lebt. Die Sowjetregierung erhofft sich von seinem Bericht im Ausland Unterstützung für ihre Politik. Informiert wird er über den Fall Rusakov von dessen Schwiegersohn Victor Serge (1890–1947), einem Anarchisten und Kommunisten, der 1928 als Anhänger Trockijs aus der Partei ausgeschlossen worden ist. Istrati verschiebt seine Abreise und setzt sich in Briefen, Telefonaten, Vorsprachen bei einflussreichen Persönlichkeiten für

Rusakov ein, den er persönlich kennt – sogar beim Präsidenten des Zentralen Exekutivkomitees, Michail I. Kalinin (1875–1946), dem populären Staatsoberhaupt. Selbst ein Zeitungsartikel von ihm darf – wenngleich gekürzt – erscheinen.

Istrati kann aufklären: Rusakov, ein Jude aus Rostov, war immer ein Proletarier. Schon in der Revolution von 1905 aktiv, musste er ins Ausland fliehen. In Marseille wurde er Sekretär der Genossenschaft der russischen Seeleute. 1918 oder 1919 schob ihn die französische Regierung nach Russland ab, weil er einen Streik auf Schiffen organisiert hatte, die Munition für die «Weissen» liefern sollten. Begeistert beteiligte er sich am sozialistischen Aufbau, eröffnete eine Wäscherei, gründete zwei Kinderhorte, wirkte in einer landwirtschaftlichen Kommune mit. Zuletzt war er Arbeiter in einer Mützenfabrik. Mit seiner Frau und seinen unverheirateten Kindern sowie seiner Tochter Ljuba, ihrem Mann Victor Serge und deren Sohn lebt er in vier Zimmern und einem kleinen Nebenraum. Die übrigen sechs Zimmer der Wohnung sind an Mitglieder der Genossenschaft verteilt. Schon lange will eine junge Kommunistin mehr Wohnraum haben. Ein paarmal hat sie Rusakov bereits mit falschen Angaben denunziert und zu Prozessen gezwungen. Die Inspektion sollte neues «Belastungsmaterial» zutage fördern.

Istrati hat Erfolg. Kalinin fordert eine Überprüfung des Falles. Der Haftbefehl wird aufgehoben. Istrati erhält die Möglichkeit, selbst Nachforschungen anzustellen. Im April 1929 findet der Prozess statt: Rusakov und seine Angehörigen werden freigesprochen, unter dem Beifall zahlreich anwesender Arbeiter. Zuvor hat die Anklage – die Öffentlichkeit war ausgeschlossen – zugegeben, dass die GPU, die Geheimpolizei, mit in die Sache verwickelt sei: Sie solle Victor Serge überwachen und sei an der Inszenierung des Zwischenfalls beteiligt gewesen.

Doch mit diesem Erfolg ist der Fall nicht erledigt. Eine Klage Ljuba Serges wegen Körperverletzung wird nicht verfolgt. Ende April hebt das übergeordnete Gericht den Freispruch auf. In einer neuen Verhandlung im Mai werden Rusakov, seine Frau und Ljuba zu einer Strafe zwischen einem und drei Monaten «Arbeitspflicht» verurteilt, also zu unbezahlter Arbeit, die sie sich nicht selbst wählen können. Die betroffenen Familienmitglieder gelten nun als «antisoziale Elemente», sie erhalten keine Lebensmittelkarten. Nach Verbüssung der Strafe darf Rusakov keineswegs wieder an seinen alten Arbeitsplatz zurückkehren. Immerhin: die Arbeiter- und Bauerninspektion – ein Kontrollorgan zur Bekämpfung von Bürokratismus und Missbrauch der Amtsgewalt in Partei und Staat – tritt für ihn ein, überprüft den Fall, erreicht, dass er wieder in die Gewerkschaft aufgenommen wird. Aber Arbeit verschaffen kann sie ihm auch nicht.[46]

Im Fall Rusakov brechen sich zahlreiche Probleme der damaligen Lage. Unzumutbare Wohnverhältnisse verleiteten zu Denunziationen und Intrigen. Die erregte Atmosphäre der Umbruchsituation von 1929, in der überall Feinde des Sowjetsystems, Konterrevolutionäre, Kulaken und Kapitalistenknechte gesehen wurden, führte dazu, dass der fälschlich Beschuldigte, ohne gehört worden zu sein, öffentlich vorverurteilt wurde und seine Existenzgrundlage verlor. Nur das Einschreiten eines bekannten ausländischen Dichters konnte ihm zunächst helfen. Aber der Freispruch wurde höherenorts nicht hingenommen, eine Verurteilung wider alles Recht erzwungen. Rusakov war eben nicht nur ein einfacher Arbeiter, sondern ein aktiver Revolutionär mit Vergangenheit, mit Sympathien für anarchistische Ideen, politisch bewusst, sein Schwiegersohn Serge sogar ein Anhänger Trockijs. Die Blamage, ihn unschuldig zu sehen, konnte sich die GPU nicht gefallen lassen. Wenigstens eine grundsätzliche Verurteilung, damit ein Makel hängenblieb, musste erreicht werden. Allerdings: noch blieben die stalinistischen Methoden nicht ohne Widerspruch. Kalinin hörte zu, prüfte den Fall, versuchte zu helfen – hakte aber wohl nicht nach, liess den Dingen dann doch ihren Lauf. Richter gab es noch, die sich über die Intrige und die Machenschaften der GPU empörten, den Mut hatten, Rusakov freizusprechen. Schliesslich war die Arbeiter- und Bauerninspektion noch unabhängig genug, Rusakov sogar nach seiner Verurteilung zu unterstützen. Noch herrschten Terror und Willkür nicht unbeschränkt, aber die Gewichte der Waagschale neigten sich unübersehbar nach deren Seite.

Das Ende der Neuen Ökonomischen Politik

Kaum waren die Delegierten des 15. Parteitages nach Hause gefahren, erfuhren sie, dass sich zwischen ihren hochgespannten wirtschaftlichen Erwartungen und der Wirklichkeit im Land eine tiefe Kluft auftat. Wie ein Schock traf sie die Nachricht, dass sich die Schwierigkeiten bei der Getreidebeschaffung im Herbst zu einer ernsten Krise ausweiteten. Die Versorgung der Städte war wieder einmal bedroht. Der Export musste eingeschränkt werden, so dass dringend benötigte Devisen zur Finanzierung von Industrialisierungsvorhaben ausblieben. Offen lag nun zutage, dass die strukturellen Probleme beim Austausch zwischen Stadt und Land nach wie vor nicht gelöst waren. Offiziell gab die Führung in Partei und Staat den wohlhabenderen Bauern die Schuld: Sie hielten ihr vorhandenes Getreide zurück, um damit zu spekulieren. Tatsächlich war nicht zuletzt die staatliche Preispolitik für die aktuellen Engpässe verantwortlich, weil die vorangegangene Preiserhöhung für tierische Produkte das anzustrebende Gleichgewicht zwischen Kaufkraft und Warenangebot ausser acht gelassen und statt dessen die Bauern angeregt hatte, ihr Produktionsschwergewicht von Getreide auf Viehzucht zu verlagern.
In der Parteiführung machte sich zum erstenmal die Stimmung breit, dass man mit der bisherigen Wirtschaftspolitik in einer Sackgasse gelandet sei. Intern wusste man auch, dass die Lage der Industrie sich keineswegs so rosig entwickelte, wie sie in der Öffentlichkeit dargestellt wurde. Der Vorsitzende des Obersten Volkswirtschaftsrates, Valerian V. Kujbyšev (1888–1935), erklärte Ende Januar 1928 im Politbüro der Kommunistischen Partei, er sehe «vorläufig persönlich keinen realen Ausweg». Er plädierte für einen «energischen operativen Eingriff», ohne jedoch genau sagen zu können, wie, wo und wann er geschehen solle.[47]
Stalin versuchte ihn, als er von Ende Januar bis Anfang Februar 1928 nach

Sibirien reiste und dort «ausserordentliche Massnahmen» anordnete, um die Getreidebeschaffung zu steigern. Sie sahen vor, dass den wohlhabenderen Bauern ihre Überschüsse weggenommen werden sollten, falls sie sie nicht freiwillig abgaben. Ein Viertel davon ging an die armen Bauern, die zugleich mit Industriewaren verstärkt zu beliefern waren. Der dörflichen Oberschicht wurde ausserdem eine höhere Steuer auferlegt, um auf diese Weise zusätzliche Mittel zu erhalten und zugleich die angeblich Verantwortlichen für die Krise zu treffen. Die Dorfgemeinde verlor durch drastische Eingriffe ihre bisherige relative Autonomie. Als die «ausserordentlichen Massnahmen» gewisse Verbesserungen bei der Getreidebeschaffung zeitigten, dehnte man sie zunächst auf weitere Gebiete aus. Im April 1928 verkündete das Zentralkomitee dann ihre Aufhebung. Der private Getreidemarkt wurde wieder zugelassen. Doch schon bald kehrte man zu der Ausnahmepolitik zurück, weil die Schwierigkeiten auf dem Land erneut zunahmen.

Das Jahr 1928 ist charakterisiert von einem ständigen Hin und Her zwischen Versuchen, die Neue Ökonomische Politik fortzusetzen, und «ausserordentlichen Massnahmen», die ihr zuwiderliefen. Mehr und mehr versagten jedoch die Eingriffe. Die reicheren Bauern waren weitgehend geschwächt. Dadurch gerieten auch die ärmeren in Mitleidenschaft, weil sie auf jene vielfältig angewiesen waren – nicht zuletzt, um bei ihnen Getreide zur Deckung des Eigenbedarfs zu kaufen. Die staatlichen Organe waren weder imstande, dafür Ersatz zu liefern, noch Saatgut oder Geräte und Maschinen zur Verfügung zu stellen. Als auch noch die Ernte schlecht ausfiel, mussten Ende 1928 Lebensmittelrationierungen in den Städten eingeführt werden, ja es waren erstmals sogar Getreideimporte notwendig. Jetzt wurden die Auseinandersetzungen zwischen Einheiten zur Getreidebeschaffung und Dorfbewohnern immer gewaltsamer. Viele erinnerten sich an die Verhältnisse gegen Ende des «Kriegskommunismus», zumal es auch in den Städten zu gären begann. Noch 1932 kam es etwa in der Textilregion von Ivanovo zu heftigen Streiks wegen der Rationen.

Fachleute beschworen die politisch Verantwortlichen, nicht das Ziel des «dynamischen wirtschaftlichen Gleichgewichtes» aus dem Auge zu verlieren und zu einer geradlinigen, durchdachten, abgewogenen wirtschaftspolitischen Strategie zurückzukehren. Doch sie fanden kein Gehör. Die Unsicherheit über den zu steuernden Kurs, der wie eine Zickzacklinie verlief und alles nur noch mehr verwirrte, führte immer stärker zu der Meinung, dass man aus der bedrohlichen Situation allein herauskommen könne, wenn man – um im Bild zu bleiben – das Steuer herumwerfe und alle Segel setze, auch unter der Gefahr des Mastbruchs. Stalin, früher in ökonomischen Fragen eher zurückhaltend, machte sich nun zum entschiedenen Wortführer radikaler Massnahmen und ging energisch gegen die «rechte Abweichung» vor, die eine gemässigte Politik befürwortete. Ein «Rückzug» wie 1921 kam für ihn und seine Anhänger nicht in Frage.

So wurden 1929 die «ausserordentlichen Massnahmen» noch einmal verschärft. Staatliche Anordnungen setzten den privaten Markt völlig ausser Kraft, erliessen feste Preise für den Warenaustausch, veranlassten Verträge

zwischen Bauern und staatlichen Institutionen über die wechselseitige Lieferung von Agrar- und Industrieprodukten – die *kontraktacija* –, schalteten den
Zwischenhandel aus und bestimmten, dass die Dorfsowjets in Zusammenarbeit mit den Parteiinstanzen detaillierte Beschaffungspläne aufzustellen
hätten. Widerstand sei rücksichtslos zu brechen. Auf diese Weise wurde jedoch die Lebensmittelversorgung der Bevölkerung keineswegs verbessert. Im
Gegenteil: die wohlhabenderen Bauern waren nun endgültig ökonomisch
ruiniert, die Bauernwirtschaften nivellierten sich auf dem Niveau von
Kleinstbetrieben. Da auch die ärmeren Bauern keinen Ausweg mehr wussten, setzte aus der sozialen Not eine Massenflucht in Kollektivwirtschaften
ein. Hier erhofften sie sich – den Propagandaversprechungen glaubend –,
ausreichend Saatgut und Inventar zu finden. Doch die Behörden waren auf
diesen Zustrom in keiner Weise vorbereitet. Weder standen genügend Maschinen zur Verfügung, noch waren organisatorische Vorkehrungen für diesen Fall getroffen. Im Grunde reagierte man ziemlich hilflos.

Die Ökonomen, die dabei waren, den ersten Fünfjahresplan zu erstellen, versuchten, auf die eingetretene Entwicklung zu reagieren und gewisse Eckwerte
zu setzen, auch um wieder eine klare Linie in die Wirtschaftspolitik hinein-
zubringen. Obwohl man sich den politischen Vorgaben nicht ganz verschliessen
konnte und sich auch die Konkurrenz verschiedener Planungsgremien nicht
eben förderlich auswirkte, verliess der Anfang 1929 für den Zeitraum von
1928/29 bis 1932/33 vorgelegte erste Fünfjahresplan noch nicht den Boden des
in den 1920er Jahren erreichten hohen methodologischen Standards. Dies
drückte sich etwa darin aus, dass man eine Ausgangs- und eine
Optimalvariante ausgearbeitet hatte. Die 16. Parteikonferenz im April 1929
und der 5. Allunions-Sowjetkongress im Mai 1929 entschieden sich für die
Optimalvariante, die von einem raschen Wachstumstempo der Industriepro-
duktion ausging. In der Agrarpolitik sah sie vor, den Weg in Richtung Kollektivierung einzuschlagen, sie aber auf ein verhältnismässig bescheidenes Mass
zu begrenzen: Sowjet- und Kollektivwirtschaften sollten zusammen bis 1933
17,5 Prozent der Ackerfläche und 15 Prozent der Bruttoproduktion umfassen.

Die Wende von 1929

Partei- und Sowjetgremien feierten den Plan als Meilenstein in der Geschichte
der UdSSR und des Sozialismus. Mit ihm sollte es möglich sein, aus der wirtschaftlichen Sackgasse auszubrechen und in einem gewaltigen Sprung nach
vorn das Land zu industrialisieren, um damit auch die sozialökonomischen
Grundlagen für den Sozialismus zu schaffen. In Wirklichkeit war das umfangreiche Planungswerk zum Zeitpunkt seiner Verabschiedung jedoch bereits
Makulatur. Während man sich offiziell immer wieder auf den Fünfjahresplan
berief, zeichnete sich intern ab, dass man sich nicht an ihn halten, sondern eine
Politik, die auf einigermassen gesicherten Daten beruhte, vollends aufgeben
werde. Dahinter standen keineswegs eine langfristige Strategie, die man nun
umzusetzen gedachte, oder ein geschlossenes Konzept für eine neue Wirt-

schaftspolitik, sondern – wie gerade die Quellen zu internen Diskussionen zeigen – Hilflosigkeit und Panikstimmung. Von einem «Zurückweichen» befürchtete man, dass dies das eigene politische Ende bedeuten werde. Deshalb versuchte man, über eine extreme Offensive die Entwicklung wieder unter Kontrolle zu bekommen.

Bereits im Juli und August 1929 beschloss die Parteiführung, die Produktionsvorgaben für einzelne Industriezweige beträchtlich anzuheben. Mit einem Mal wurde das Ziel propagiert, den Fünfjahresplan in vier Jahren zu erfüllen. Sogar seine Optimalvariante galt schliesslich als überholt. Noch stärker als zuvor wollte man sich auf Schwerpunkte im Produktionsmittelbereich konzentrieren. Begeistert wurde von immer neuen Erfolgen berichtet. Das Land steigerte sich in einen Industrialisierungstaumel hinein.

Das Abweichen vom Fünfjahresplan wurde mit der schöpferischen Energie des Proletariates begründet. In der Tat konnte man ungeheure Leistungen der Arbeiterschaft verzeichnen, um neue Betriebe zu errichten und die Produktion zu erhöhen. Nicht zu übersehen war teilweise die Begeisterung, dass jetzt die Zeit der ungeliebten Neuen Ökonomischen Politik, der komplizierten Kompromisse, der ständigen Krisen und des Lavierens vorbei sei und man endlich an den ursprünglichen revolutionären Zielen anknüpfe, um den Sozialismus aufzubauen. Dieser Enthusiasmus reichte auch in Intellektuellenkreise und in die Jugend hinein. Zahlreiche, durchaus nicht nur «von oben» gelenkte Initiativen bildeten sich, um den Aufschwung in irgendeiner Weise zu unterstützen. Radikale Programme zur Veränderung von Schule und Ausbildung oder künstlerische Experimente belegen die Aufbruchstimmung ebenso wie die Erprobung neuer Lebensformen unter Jugendlichen. Gerade hier war die Forderung nach einem raschen und entschlossenen Handeln, um die Gegner des Kurswechsels auszuschalten, weit verbreitet. Grosse Resonanz fanden Erörterungen über die Aufhebung des Gegensatzes zwischen Stadt und Land, dabei insbesondere zur Siedlungsform der Zukunft. Die Modelle reichten von einer vollständigen Urbanisierung des Landes – mit Kommunehäusern, ohne Privateigentum, unter Aufhebung traditioneller Familien- und Erziehungsstrukturen – bis zur äussersten Gegenposition: Alle Städte und Dörfer sollten aufgelöst und die Wohneinheiten dezentral in einem fortlaufenden Park angelegt werden; entsprechend wären auch Betriebe, Dienstleistungen und Verwaltungen zu dezentralisieren. Andere Entwürfe sahen in zentralen Städten eine Trennung von Wohn- und Industriezonen vor. Durch Grünanlagen sollte verhindert werden, dass bei normalen Windverhältnissen Abgase, Rauch und Schmutz die Wohngebiete belästigten. Die Arbeiter sollten dennoch nur einen kurzen Weg zu ihrem Betrieb haben. Kommunehäuser und «Agrostädte» wurden geplant, der Bau neuer Industriebetriebe sollte mit der Errichtung «sozialistischer Städte» verbunden werden.

Die Parteiführung um Stalin nutzte diese Initiativen und Utopien, um ihre Politik der Offensive zu legitimieren. Doch es standen andere Gründe dahinter.

Die Lebensverhältnisse der Arbeiterschaft liessen immer mehr zu wünschen übrig – mit allen negativen Folgen für die Arbeitsproduktivität. Eine Verände-

rung des Produktionsrhythmus, die eigentlich das Arbeitstempo erhöhen sollte, führte zu neuen Belastungen: Zu dem 1927 eingeführten Sieben-Stunden-
Tag mit Dreischichtensystem trat im August 1929 noch die «ununterbrochene
Arbeitswoche». Auf je fünf Arbeitstage folgte ein Ruhetag; dabei legte man
die Ruhetage der einzelnen Belegschaftsgruppen so unterschiedlich, dass der
Produktionsapparat ständig in Gang gehalten werden konnte. In Wirklichkeit
vergrösserten sich dadurch nur die Schwierigkeiten, zumal auch viele Arbeiter
mit diesen Regelungen nicht zufrieden waren. Vor allem in Familien, in denen
Schichten und Ruhetage der einzelnen Angehörigen derart verschieden lagen,
dass man sich kaum noch sah, kam es zu Missstimmungen.
So wie auf dem Land die Ruinierung vieler Höfe, die Massenflucht in die
Kollektivwirtschaften und die Unfähigkeit der Behörden, die notwendigen
organisatorischen und materiell-technischen Voraussetzungen zu schaffen, zu
einem Chaos führten, waren auch die Industriebetriebe von den Veränderun-
gen überfordert. Im Oktober 1929 wurden Ergebnisse einer Umfrage unter
Arbeitern bekannt, die die Reaktionen der staatlichen Politik miterklären
können. Ein Grossteil der Arbeiter verfügte über verhältnismässig geringe
Produktionserfahrung, viele hatten noch enge Bindungen an das heimatliche
Dorf, der Bildungsstand war höchst unterschiedlich. Weiter organisierten sich
gerade die älteren, erfahreneren Arbeiter prozentual am wenigsten in der
Kommunistischen Partei, und es war auch keineswegs so, dass ihr die quali-
fizierteren Kräfte angehörten. Im übrigen liess das Ausbildungsniveau des Fach-
personals ebenfalls zu wünschen übrig – eine Tendenz, die sich in den folgenden Jahren verstärkte –, wobei die Parteimitglieder noch schlechter abschnitten. Diese Erscheinungen führten zu Störungen des Produktionsablaufs, starker Fluktuation und Schwierigkeiten, mit den Aufgaben des wirtschaftlichen
Neuaufbaus, der Einführung moderner Technologie und den Folgen der raschen Umwälzungen fertigzuwerden. Hinter derartigen Formen – und ebenso
wie hinter immer wieder zu beobachtenden Verhaltensweisen wie Bummelei,
Verspätungen oder Pausenverlängerung – standen allerdings oft auch Enttäuschung über die Politik der Partei, Apathie, Versuche, sich den «Eigen-Sinn»
zu bewahren. Dies war jedoch kaum noch ein Thema öffentlicher Diskussion.
Im übrigen wurden die Landsmannschaften jetzt zerschlagen, damit sich kein
organisierter Kern für Kritik ausbilden konnte.
Aber noch mehr wird deutlich: Die Kompetenz der Parteimitglieder, diesen Prozess zu leiten – auch gegenüber den nichtkommunistischen Fachleuten –, war
verhältnismässig niedrig. Die lokalen Organe reagierten nicht zuletzt deshalb
hilflos oder unüberlegt-überstürzt auf die wirtschaftlichen Probleme, verwirrt
durch den Zickzackkurs der Zentrale, ja zeitweise von ihr alleingelassen in
der Hoffnung, vor Ort werde man schon wissen, was richtig sei. Das Land
drohte ausser Kontrolle zu geraten. Um das Heft nicht völlig aus der Hand zu
verlieren, musste die Zentrale immer stärker in die Details der Durchführung
von Massnahmen eingreifen, bis hinunter in den kleinsten Betrieb und den
entlegensten Ort. Da man dabei wegen Unkenntnis der jeweiligen Gegeben-
heiten notwendigerweise Fehler machte, entstand ein Kreislauf, der ständig
neue Anordnungen erforderte und die Bürokratie ausweitete.

So wie hier – neben dem Machtstreben Stalins und seiner Anhänger – ein rationaler Kern für die immer stärkere Zentralisierung erkennbar ist, lässt sich auch die zunehmende Konzentration der Mittel auf einige Schwerpunktbereiche und Grossprojekte in gewisser Weise verstehen. Das «amerikanische Modell» fand jetzt uneingeschränkt Anklang: Das Fliessband und die Aufspaltung der Arbeitsvorgänge in einzelne, schnell erlernbare Tätigkeiten sollten das Qualifikationsproblem lösen. In Grossbetrieben könnten die neuen Arbeiter leicht kontrolliert und integriert werden, und dort würden auch die Selbstkosten wie erwünscht sinken. Diese Politik schien weiterhin dadurch gerechtfertigt zu sein, dass die Finanzierungsmittel spärlicher als erwartet flossen: Dies legte eine Beschränkung auf besonders wichtige Objekte nahe.

Der erste Fünfjahresplan war von guten aussenwirtschaftlichen Beziehungen ausgegangen. Dies widerlegt im übrigen die immer wieder geäusserte Vermutung, es habe eine reale Kriegsgefahr bestanden, nachdem Grossbritannien 1927 die diplomatischen Beziehungen abgebrochen hatte und auch in anderen Bereichen – etwa in der China-Politik – die Sowjetunion in Bedrängnis geraten war. Obwohl die sowjetische Führung von dieser Gefahr sprach und durch entsprechende Kampagnen die Stimmung in der Bevölkerung anzuheizen versuchte, war die internationale Situation letztlich nicht bedrohlich. Selbst die Militärs forderten keineswegs eine verstärkte Aufrüstung. Im Gegenteil: ihre sicherheitspolitischen Vorstellungen gingen von einem internen wirtschaftlichen Gleichgewicht aus und passten sich erst nach der Wende von 1929 den neuen Bedingungen an, indem sie jetzt einen vorrangigen Ausbau der Rüstungsindustrie verlangten. Die Hoffnung, den industriellen Aufschwung nicht zuletzt über Ausfuhren finanzieren zu können, erfüllte sich wegen der Weltwirtschaftskrise, aber auch den mangelnden Exportmöglichkeiten nicht. Da zugleich die internen Quellen ausfielen, weil die Arbeitsproduktivität nicht wie erwartet stieg und die Herstellungskosten zu wenig sanken, blieb – wollte man dem einmal eingeschlagenen Weg folgen – nichts anderes übrig, als die vorhandenen Mittel immer mehr zu konzentrieren. Die Folgen bestanden in vertieften Disproportionen innerhalb der Gesamtwirtschaft.

Die Parteiführung radikalisierte ihr Vorgehen immer mehr. Aus dem vorgesehenen Sprung nach vorn wurde eine «Flucht nach vorn». Das Zentralkomitee der Kommunistischen Partei bestätigte diesen Kurs auf seiner Plenartagung im November 1929, indem es die Beschleunigung des Entwicklungstempos und die «durchgängige Kollektivierung» proklamierte sowie den Kampf gegen die Kulaken verschärfte. Anfang Januar 1930 erhöhte das Zentralkomitee noch einmal das Tempo und begründete die «Liquidierung des Kulakentums als Klasse». Erst jetzt entschied man sich auch für eine bestimmte organisatorische Form der Kollektivwirtschaft, nämlich für die *artel'*, in der die wichtigsten Produktionsmittel vergesellschaftet sind, eine private Nebenwirtschaft aber möglich ist. Am 1. März 1930 wurde ein entsprechendes Musterstatut veröffentlicht. Offenbar wollte man den Bedürfnissen vieler Bauern, wenigstens ein Stück Land und etwas Vieh behalten zu können, entgegenkommen. Der starke Widerstand – nicht zuletzt von Frauen –, der Züge eines Aufruhrs angenommen hatte, zwang die Partei zum Nachgeben. Die radikalere Form der Kolchose, die Kommune, wurde zurückgedrängt. Völlig gab man Versuche auf, an der traditionellen Gemeindeverfassung, der *obščina,* als Kern einer Kolchose oder an älteren Formen von Produktionsgenossenschaften anzuschliessen. Diese Ansätze waren nicht zuletzt durch die Konkurrenz verschiedener Behörden zunichte gemacht worden. Die Unsicherheit der zentralen Führung über die Form der Kollektivierung wurde auch hier sichtbar. Von einer strategischen Planung kann man keinesfalls sprechen. Kritiker, die nun den Schaden der überstürzten Massnahmen erkannten – wie 1930 der Vorsitzende des Rates der Volkskommissare der RSFSR, Sergej I. Syrcov (1893–1937) –, kamen zu spät und wurden rasch ausgeschaltet.

Kollektivierung, Industrialisierung und Beginn des Stalinismus

Anfang März 1930 veröffentlichte Stalin einen Artikel, in dem er feststellte, dass einige Genossen «vor Erfolgen von Schwindel befallen» worden seien. Gewalt sei «dumm und reaktionär».[48] Damit versuchte er, die Verantwortung für Gewaltanwendung und Übergriffe auf untergeordnete Personen abzulenken. Im Grunde sprach er sich aber selbst das Urteil. Gerade die Politik der Zentrale hatte mit ihrem Voranpeitschen der Kollektivierung das Gewaltsame an diesem Prozess verstärkt. Rücksichtslos griffen die von aussen ins Dorf entsandten Beauftragten durch. Die Kulaken durften den Kolchosen persönlich nicht beitreten, mussten ihre Felder und ihr Vermögen jedoch zur Verfügung stellen. Wer Widerstand leistete, so hiess es in einem Gesetz vom 1. Februar 1930, war zu erschiessen oder in ein Straflager zu bringen. Eine zweite Gruppe von Kulaken, die als Gegner der Sowjetmacht eingestuft wurde, deportierte man in weit entfernte Gebiete, wo sie zum Arbeitseinsatz kommen sollte. Eine dritte Gruppe, als neutral angesehen, konnte einen Hof ausserhalb der Kolchose bewirtschaften. Die Erfassung der Kulaken und die Einteilung in die drei Gruppen wurden bei der Durchführung dieser Kampagne häufig ausserordentlich willkürlich gehandhabt, zumal es keine klare Definition gab, welche präzisen Kriterien eigentlich einen Kulaken ausmachten. Wer irgendwie auffiel oder denunziert wurde, entging der Enteignung und Verfolgung nicht. Massendeportationszüge rollten durch das Land. Während der Fahrt oder bei den oft extrem harten Arbeiten fanden zahlreiche ehemalige Bauern – Schätzungen gehen von 600'000 Personen aus – den Tod. Auf diese Weise wurden in kurzer Zeit Struktur und Lebensverhältnisse im Dorf radikal umgewandelt. Der Anteil der kollektivierten bäuerlichen Haushalte stieg von 7,6 Prozent am 1. Oktober 1929 auf 55 Prozent am 1. März 1930. Aber sie waren organisatorisch nicht gefestigt, unzureichend ausgestattet, in ihren Produktionsgrundlagen zerrüttet. Die Bauernschaft stand der Neuordnung überwiegend negativ gegenüber. Auf Stalins Artikel, den sie als Kursänderung interpretierte, reagierte sie sofort: Es begann ein Massenaustritt aus den Kolchosen. Bis zum 1. Juni 1930 ging der Anteil der kollektivierten Haushalte auf 23,6 Prozent zurück. In manchen Dörfern kam es zu Meutereien gegen Kolchosleitung und Kommunisten, die teilweise gewaltsam niedergeschlagen werden mussten. Die Kommunistische Partei unternahm einen neuen Anlauf, die Kollektivierung wieder voranzutreiben, dabei jedoch Fehler zu vermeiden und stabilere Einheiten zu schaffen. Sie rückte von der «Gigantomanie» der Anfangsphase ab, als man das «amerikanische Modell» schematisch in der Landwirtschaft einführen wollte und geglaubt hatte, je grösser der Kolchos sei, um so günstiger werde das Produktionsergebnis ausfallen. Jetzt wurde die Brigade, später ergänzt durch die Arbeitsgruppe – *zveno* –, zur wichtigsten Organisationseinheit – ein Versuch, die industriebetriebliche Arbeitsverfassung auf die Kolchose zu übertragen. Die Brigade war auch zuständig für die Berechnung der bäuerlichen Entlohnung. Grundlage bildete das «Tagewerk» – *trudoden'* –, eine Arbeitseinheit, die sich nach der durchschnittlichen Arbeitsleistung eines Bauern in dem jeweiligen Produktionsbereich unter Berücksichtigung seiner Qualifikation sowie der Kompliziertheit, Schwierigkeit und Wichtigkeit der Arbeit bestimmte. Je nach der Zahl der erreichten Tagewerke sollte den Bauern dann in Geld oder Naturalien ihr Anteil am Erlös aus dem Produktionsertrag ausbezahlt werden. Was sich den Anschein einer dem bäuerlichen Arbeitsverhalten angenäherten sozialistischen Leistungsbewertung gab, erwies sich in Wirklichkeit für die Bauern als äusserst nachteilig. Vom Gesamteinkommen des Kolchos mussten nämlich vorweg nicht nur dessen eigene übergreifende Bedürfnisse gedeckt, sondern auch dem Staat immer wieder neu festgesetzte Abgaben gezahlt werden. Einen garantierten Mindestlohn gab es nicht, so dass oft für die Bauern recht wenig übrigblieb, zumal die Erzeugerpreise niedrig gehalten wurden. Die private Nebenwirtschaft erhielt für die Existenzsicherung immer grössere Bedeutung. Ein Leistungsanreiz ging von dem neuen System nicht aus.

Der Wunsch, über den Agrarsektor verfügen zu können und grössten Nutzen aus ihm zu ziehen, führte dazu, trotz der schlechten Erfahrungen von 1929/30 den Kollektivierungsprozess immer wieder unter Druck und Gewalt voranzutreiben. Am 1. Juli 1931 waren 52,7 Prozent der bäuerlichen Haushalte kollektiviert. Dieser Anteil wurde in den folgenden Jahren weiter gesteigert, bis 1940 nach offiziellen Angaben 97 Prozent in eine Kolchose eingetreten waren. Solche Zahlen verdeckten Schwierigkeiten bei dieser Entwicklung bis hin zu Verweigerung und Widerstandshandlungen auf bäuerlicher Seite. Der Staat musste wesentlich mehr als erwartet investieren, um den vollständigen Zusammenbruch der Landwirtschaft zu verhindern. Das Ziel, durch die Kollektivierung Mittel für die Industrialisierung zu erhalten, ja Störungen des Industrieaufbaus ein für allemal auszuschalten, wurde gänzlich verfehlt. Mehr noch: da die staatlichen Organe auch bei schlechten Ernten unter Einsatz aller Mittel das Getreidebeschaffungsergebnis zu erhöhen suchten, kam es 1932/33 zu einer Hungersnot auf dem Land, die – nach unterschiedlichen Schätzungen – vier bis sieben Millionen Opfer forderte. Während sich die Sowjetregierung 1921 noch um internationale Hilfe bemüht hatte, verschwieg sie jetzt die Katastrophe. Ebenso wie die gesunkenen Hektarerträge landwirtschaftlicher Kulturen war die Hungersnot die Antwort auf Stalins Versprechen im November 1929, «dass unser Land in, sagen wir, drei Jahren zu einem der getreidereichsten Länder, wenn nicht zum getreidereichsten Land der Welt werden wird». Ob er sich auch noch daran erinnerte, dass er im November 1928 gemeint hatte, man müsse die Sowjetmacht davonjagen, wenn sie die Landwirtschaft zerrütte?[49]

Sicherlich gab es auch Fälle, in denen günstige Bedingungen für Kollektivwirtschaften entstanden, Bauern und Arbeiter sinnvoll zusammenarbeiteten, Stadt und Land sich näherkamen, aber insgesamt wirkte sich die Durchführung der Kollektivierung verheerend aus. Zugleich gestaltete sich der Industrialisierungsprozess nach den turbulenten Anfängen keineswegs befriedigend. Nach wie vor wurden die «qualitativen Kennziffern» des Fünfjahresplanes – Steigerung der Arbeitsproduktivität, Senkung der Herstellungskosten, Qualität der Güter – am schlechtesten erfüllt. Viele Betriebe sahen die Planziele als erreicht an, wenn sie die vorgegebenen Mengen, ohne Rücksicht auf Qualität oder Kosten, erzeugt hatten. Später hat man dies als «Tonnenideologie» bezeichnet. Um nach dem weitgehenden Ausfall der vorgesehenen Finanzierungsquellen wenigstens die notwendigsten Mittel zu erhalten, erlegte die Regierung der Bevölkerung erneut zusätzliche Belastungen auf. Industrialisierungsanleihen, die vielfach nur unter Druck gezeichnet wurden, Mobilisierung von Sparkasseneinlagen, insbesondere aber eine gewaltige Inflation, die das Realeinkommen der Bevölkerung drastisch minderte, waren die entscheidenden Mittel, um die erforderlichen Gelder aufzutreiben.

Dies musste Unzufriedenheit erzeugen. Eine erprobte Methode, ihr zu begegnen, war es, sie auf «Schädlinge» und «Saboteure» zu richten. Bereits 1928, als in den Kohlengruben von Šachty im Donecbecken in- und ausländische Fachkräfte unter dem Vorwurf der Sabotage verhaftet und zum Teil auch, trotz der Unhaltbarkeit der Anklagen, verurteilt worden waren, hatten Stalin und seine Anhänger die Vorteile eines solchen Vorgehens erkannt. Immer wieder wurden nun Prozesse nach einem derartigen Muster durchgeführt, 1930 etwa gegen eine angebliche «Industriepartei», zu der sogar Mitglieder der ehemaligen GOÈLRO-Kommission gerechnet wurden. Sie habe in Verbindung mit einer angeblichen «Partei der werktätigen Bauern» auch mit ausländischen Mächten zusammengearbeitet und Spionagetätigkeit geleistet. Ebenso standen die «Reinigung» der Partei und anderer Organisationen oder die Ablösung von Führungskräften in Wirtschaft und Verwaltung durch neue Kader unter solchen Vorzeichen.

Dennoch reagierten viele Arbeiter auf die neuen Bedingungen mit Unlust, Fernbleiben von der Arbeit und häufigem Betriebswechsel, wie selbst offizielle Dokumente belegen. Der Staat antwortete mit wachsenden Repressionen, so mit einer Beschränkung der Freizügigkeit und mit harten Strafen. Auch der Einfluss der Geheimpolizei war zunehmend zu spüren. Ursprüngliche Verordnungen – etwa zur Beteiligung der Arbeiter an der Planung –, die einen anderen Weg zur Integration ermöglicht hätten, wurden zur Farce. Allerdings störten nicht nur Verweigerungshandlungen der Arbeiter den Produktionsablauf. Die ständigen Neueinstellungen von – vielfach wenig qualifizierten – Arbeitskräften sorgten ebenso für Unruhe wie das mit «Säuberungen» verbundene System der Beförderung, das dann schliesslich Ende

1930/Anfang 1931 auch abgeschafft wurde. Des weiteren zeigte sich, dass die Hoffnung, die Produktion im Rahmen des «amerikanischen Modells» mit einer solch grossen Anzahl wenig qualifizierter Arbeiter gewährleisten zu können, unrealistisch gewesen war. Überall fehlten Facharbeiter, zumal die Organisation zur Anlernung der neuen Kräfte häufig versagte. Widerstand gegen die Orientierung an «amerikanischen» Verfahrensweisen schimmerte im übrigen auch im Verhalten mancher alter Ingenieure und Techniker durch. Der erste Fünfjahresplan, Ende 1932 als in vier Jahren übererfüllt gefeiert, wurde letztlich durch die Art seiner Verwirklichung zu einem Misserfolg. Zwar konnten wichtige Projekte in Betrieb genommen werden, aber die sich vertiefenden Disproportionen zwischen einzelnen Wirtschaftszweigen brachten erhebliche Nachteile mit sich. Selbst bei den Grossvorhaben, von denen die Verantwortlichen alles erwarteten, war dies spürbar. Dabei sollen keineswegs die ungeheuren Leistungen geschmälert werden, die zahlreiche Arbeiter erbrachten. Sie waren stolz auf ihre Aufbauarbeit, auf «ihr» Werk. Dieser berechtigte Stolz ist wohl mit dafür verantwortlich, dass die härter werdende Arbeitsverfassung und die sich verschlechternden Lebensverhältnisse ertragen wurden. Zwar gelang es jetzt, nicht nur die offene Arbeitslosigkeit zu beseitigen, sondern auch das Problem der «Verwahrlosten» allmählich durch verstärkte Bildungsanstrengungen und Eingliederung in Betriebe zu mildern. Insgesamt mussten jedoch nicht allein die Bauern, sondern auch die Arbeiter und überhaupt die städtische Bevölkerung eine drastische Einbusse im Lebensniveau hinnehmen. Das Rationierungssystem über Karten funktionierte nicht zufriedenstellend, in den öffentlichen Speisehallen und Kantinen war meist keine gute Nahrung zu bekommen. Gesunkene Kaufkraft und unzureichendes Angebot führten darüber hinaus zu einer Verschlechterung bei der Ausstattung mit sonstigen Konsumgütern. Die Wohnbedingungen waren äusserst drückend, die Neubauten reichten nicht aus, um die Masse der in die Industriezentren strömenden Arbeitskräfte angemessen unterzubringen. Vom «Einholen und Überholen» der kapitalistischen Länder – der zentralen Losung[50] – konnte am Ende des ersten Planjahrfünfts keine Rede sein. Und trotz aller Leistungen und trotz allen Stolzes auf das Erreichte hatte sich die Welle des Enthusiasmus geglättet, die 1929 und Anfang 1930 noch durch das Land geflutet war. Die Erwartung auf einen Durchbruch und einen Sprung nach vorn zum Sozialismus wich vielfach Enttäuschung und Resignation. Dazu trug bei, dass die Partei 1930 endgültig die Experimente neuer sozialistischer Lebensformen ablehnte. Sie verhinderte damit die weitere Erprobung von Utopien, von denen sie befürchtete, dass sie das Durcheinander der gesellschaftlichen Umwälzung weiter vertieft und zugleich ein Forum der Kritik für die Art des Umbruchs abgegeben hätte. Auf diese Weise blockierte die Partei eine offenbar als störend empfundene Bewegung, die nachdrücklich für sozialistische Inhalte und nicht nur materiell-technische Kennziffern eintrat. Der Einsatz für die grosse Umwälzung hatte damit seinen letzten inneren Schwung verloren.

Das stalinistische Machtsystem I: Gesellschaftlicher Umbruch und versuchte Einflussnahme auf alle Lebensbereiche

Die «Flucht nach vorn» hatte in einem sozialen und ökonomischen Fiasko geendet. Dabei war jedoch die Macht der zentralen Führung und Stalins selbst beträchtlich angewachsen. Ein neues Machtsystem, der «Stalinismus», hatte sich durchgesetzt, die Gesellschaftsstruktur radikal gewandelt. Die Sowjetunion wurde zum Industriestaat, innerhalb der Industrie begann während der 1930er Jahre der Produktionsmittel- den Konsumgütersektor zu überragen. Die Zahl der Arbeiter und Angestellten wuchs ungeheuer an, die der Bauern ging zurück. Das Privateigentum an Produktionsmitteln verschwand weitgehend. Die ursprünglich grösste Bevölkerungsschicht, die Bauernschaft, wurde vollständig umgeformt.

Nach den zahlreichen Problemen, Disproportionen und teilweise chaotischen Zuständen musste nun alles darum gehen, das Erreichte zu stabilisieren, den Umwandlungsprozess abzusichern. In der Landwirtschaft war die Bewältigung der schweren Krise vordringlich. Um die Fluktuation im Lande einzudämmen, war am 27. Dezember 1932 für die nicht im Kolchossektor tätige Bevölkerung der Inlandpass eingeführt worden. Am 18. März 1933 dekretierte nun die Regierung, dass auch die Bauern ihren Kolchos nicht mehr ohne weiteres verlassen dürften, um sich in der Industrie eine erhoffte bessere Beschäftigungsmöglichkeit zu suchen. Für ein Ausscheiden aus dem Kolchos oder eine Ortsveränderung brauchten sie nun ebenfalls einen Pass.

Ein weiteres Mittel der Kontrolle waren die Politischen Abteilungen, die mit Beschluss vom 30. Januar 1933 bei den Maschinen-Traktoren-Stationen gebildet wurden. Diese Stationen sollten seit 1928, vor allem seit Sommer 1929 als zunächst staatlich-genossenschaftliche, seit September 1930 als rein staatliche Organisation durch zentralisierten Inventareinsatz den Kolchosen helfen. Doch neben die Hilfe traten immer mehr – gerade durch die Politischen Abteilungen – unmittelbare Eingriffe in die Organisation der Kolchosen und deren Kontrolle bis hin zu starkem Druck, vom Staat gewünschte Massnahmen durchzuführen. Im November 1934 wurden die Politischen Abteilungen wieder aufgelöst, möglicherweise aufgrund von Konflikten innerhalb des Herrschaftsapparates. Wenn die Bauern sich davon allerdings erhofft haben sollten, dass sich die Verhältnisse für sie wesentlich lockerten, so täuschten sie sich. Die Maschinen-Traktoren-Stationen selbst gingen erst 1958 in den Kolchosen auf.

Allmählich konsolidierte sich die kollektivierte Landwirtschaft im Laufe der 1930er Jahre, wie es sich auch im neuen Musterstatut für die landwirtschaftliche *artel'* von 1935 ausdrückte. Der Produktionsstand aus der Zeit der Neuen Ökonomischen Politik wurde im grossen und ganzen wieder erreicht, in einigen Bereichen auch übertroffen. Die Viehzucht erholte sich allerdings noch nicht von dem tiefen Einbruch durch die Kollektivierung. Hier rächte sich besonders, dass den verantwortlichen Politikern letztlich die Welt der Bäuerinnen und Bauern, die an ihrer Kuh oder ihrem Pferd hingen, fremd blieb. Von einer stürmischen Aufwärtsentwicklung, wie sie offiziell gefeiert wurde, konnte jedenfalls keine Rede sein.

Zahlreiche Probleme stachen nach wie vor ins Auge. Willkürlich schloss die Kolchosleitung oft Bauern aus und nahm ihnen damit die Existenzgrundlage. Die Berechnung der Tagewerke und die Verteilung der Geldeinkünfte funktionierten nicht. Eine Position in der Partei- und Staatsführung, die den Bauern einen prozentualen Mindestanteil an den Einkünften garantieren wollte, konnte sich nicht durchsetzen. Nicht zu übersehen war eine Tendenz, die Fläche der persönlichen Nebenwirtschaften auf Kosten des Kolchoslandes auszudehnen und auch arbeitsmässig die Kolchosen zu vernachlässigen. Dies zeigte die fortbestehende Benachteiligung der Bauern an, die nicht unbedingt so handelten, weil sie an einem privaten Stück Land hingen, sondern weil sie aus existentiellen Gründen auf die Eigenwirtschaft angewiesen waren: Deren Erträge bildeten die Grundlage ihrer Ernährung, erhöhten aber zugleich ihre ansonsten geringen Einkünfte, weil sie die Erzeugnisse – vor allem Gemüse, Obst, Kartoffeln und Eier – auf dem freien Markt verkaufen durften. Aufgrund der allgemeinen Nahrungsmittelknappheit konnten sie damit einen grossen Bedarf decken. Als die Regierung ab 1939 versuchte, die Hoflandwirtschaft zurückzudrängen, scheiterte sie kläglich.

Ähnlich widersprüchlich stellten sich die Bedingungen in der Industrie ab. Das Wachstumstempo konnte, wenngleich verlangsamt, auf einem hohen Niveau gehalten werden. Auch die Konsumgüterproduktion wurde gesteigert, so dass sich das Angebot merklich erweiterte. Die schwerwiegenden Disproportionen zwischen einzelnen Industriezweigen blieben jedoch bestehen. Die Erfüllung des zweiten und dritten Fünfjahresplanes liess immer noch zu wünschen übrig. Das zentralisierte Planungsverfahren war nicht in der Lage, Prognose und Direktive zu vereinen oder eine Vorwegkoordination aller ökonomischen Einheiten vorzunehmen. Dem Ziel einer sozialistischen Planung, den zukünftigen Prozess unter der Beteiligung aller Gesellschaftsmitglieder bewusst zu gestalten, kam man auf diese Weise nicht näher. Immerhin begannen die Industrieunternehmen – auch im Produktionsmittelsektor –, Gewinne zu erwirtschaften, so dass die innerbetrieblichen Investitionsquellen etwas stärker flossen.

Die Arbeitsbedingungen wurden allerdings nicht erleichtert. Nach wie vor hatten die Betriebsleitungen mit dem Zustrom neuer, überwiegend wenig qualifizierter Arbeitskräfte zu kämpfen, die an den Rhythmus des Produktionsablaufes wie an die Benutzung der modernen Maschinen gewöhnt werden mussten. Das Kaderproblem erwies sich als immer drängender. Erst allmählich wuchsen gut ausgebildete Ingenieure und Techniker in grösserem Umfang in Leitungsfunktionen hinein, in denen sie oft in ein kompliziertes Verhältnis zu den alten «bürgerlichen», als politisch unzuverlässig geltenden Fachleuten, dem Parteileiter und möglicherweise ausländischen Spezialisten gerieten.

Gegenüber der Arbeiterschaft versuchte man, den Problemen mit einer Fortsetzung der Repressionsmassnahmen und immer neuen Disziplinierungsmethoden beizukommen, verwendete aber auch mehr und mehr moralische und materielle Anreize. Schwarze Listen und Schautafeln über Erfolge und Misserfolge prangerten die Leistungen einzelner an oder hoben sie – wie

auch durch öffentliche Auszeichnungen – hervor. Ein differenziertes Prä-
miensystem sollte insbesondere die überplanmässige Produktion anregen. In
manchen Betrieben scheint durchaus ein gutes Arbeitsklima geherrscht zu
haben. Unbestreitbar gab es auch nicht nur gelenkte oder erzwungene Aktivitäten und hohen Arbeitseinsatz. Durch verhältnismässig geringfügige
Änderungen in der Arbeitsorganisation gelang es manchmal, erstaunliche
Steigerungen der Produktivität zu erreichen.

Zum berühmtesten Beispiel wurden die Leistungen des Bergmannes Aleksej
G. Stachanov (1906–1977), dessen Lebensweg im übrigen typisch ist: Aus
bäuerlichem Milieu stammend, hatte er ursprünglich Angst vor dem Schacht.
«Ich sage es offen: Ich fürchtete mich vor den Schächten. Die ganze Zeit
erinnerte ich mich an die Worte des Grossvaters: ‹Schacht – das ist Zwangsarbeit, zu zerstörst deine Kraft für nichts, du gehst zugrunde ...› Ich stieg
einmal, zweimal in den Schacht hinunter – es machte nichts, ich hielt es aus,
und dann wurde ich vertraut damit, gewöhnte mich daran. Bald wurde ich
Pferdetreiber. Diese Arbeit war mir bekannt. Seit der Kindheit war ich es
gewöhnt, Pferde zu pflegen.»[51] Nachdem er seine Rekordleistung als Kohlen-
hauer erzielt hatte, übereignete man ihm sinnvollerweise als Prämie auch ein
Pferd. Zwei Lebenswelten trafen hier aufeinander und veränderten sich.
Staat und Partei machten 1935 aus Stachanov eine «Bewegung», um seine
Erfahrungen zu verallgemeinern und möglichst viele Arbeiter – auch in anderen Produktionszweigen – zu Höchstleistungen zu motivieren. Doch deren
Begeisterung kühlte oft schnell ab, wenn sie merkten, dass durch die Spitzen-
ergebnisse zugleich die Norm angehoben wurde und sich dadurch die Auswirkungen auf den Lohn in Grenzen hielten. Vielfach wurden Maschinen über-
lastet oder Produktionsmöglichkeiten zu einseitig genutzt. Trotzdem wollte
man nicht auf die Möglichkeit verzichten, brachliegende Arbeitskraftreser-
ven zu mobilisieren. Das ganze Land wurde von Verpflichtungen zum «sozialistischen Wettbewerb» überzogen.

Nach und nach traten Verbesserungen im Realeinkommen sowie insgesamt
in den Lebensverhältnissen der städtischen Bevölkerung ein. Die Arbeiter
aus Grossbetrieben versuchte man, durch nahegelegene Staatsbetriebe, die
Sowchosen, zu ernähren. Zum 1. Januar 1935 konnte das Kartensystem für
wichtige Nahrungsmittel aufgehoben werden, Ende des Jahres folgten die
übrigen rationierten Güter. Die Versorgungsengpässe verschwanden dadurch
aber nicht völlig. In der Provinz spürte man sie mehr als in den Grossstädten.
Auch bei den Wohnverhältnissen waren Fortschritte zu verzeichnen, wenngleich die Eingliederung der vom Land neu Zugezogenen noch keineswegs
befriedigend gelang. Stalin setzte auf die Anzeichen eines Aufschwungs, als
er am 17. November 1935 vor Stachanov-Arbeitern sagte: «Es lebt sich jetzt
besser, Genossen. Es lebt sich jetzt froher. Und wenn es sich froh lebt, dann
geht die Arbeit gut vonstatten.»[52] Ob seine Zuhörerinnen und Zuhörer dies
auch so empfunden haben?

Das Alltagsleben wurde darüber hinaus stark von der zunehmenden Frauen-
arbeit beeinflusst, die sich auch in den traditionellen «Männerberufen» ausweitete. Die Regierung förderte diesen Prozess, etwa indem sie die Lohn-

parität der Frau mit dem Mann gewährleistete sowie die Frauen von Haushaltspflichten durch öffentliche Speisehallen oder Kinderkrippen zu entlasten suchte. Sie gewann auf diese Weise dringend benötigte Arbeitskräfte und konnte auf eine durchgreifende Erhöhung des Lohnes verzichten, der bei lediglich einer verdienenden Person kaum zum Unterhalt einer Familie ausreichte. Mit ihrer Politik kam sie allerdings selbst in Widerspruch, als sie um der zukünftigen Arbeitskräfte willen der sinkenden Geburtenrate entgegenwirken musste und deshalb die bisherige Familienpolitik grundlegend änderte, Mutterschaft und Kinderfreudigkeit förderte.

Auf ideologischem Gebiet war das Regime bestrebt, über die Einflussnahme auf Bildungswesen und Kultur, durch eine verstärkte Russifizierung in den verschiedenen Territorien des Landes sowie über den «Sowjetpatriotismus», der den früher in den Vordergrund gestellten Internationalismus ablöste, die Bevölkerung hinter sich zu bringen und die strukturelle Vielschichtigkeit des Staates zu vereinheitlichen. Doch zahlreiche Mängel blieben offenkundig. Immer wieder wiesen die Behörden darauf hin, dass viele Arbeiter sich nicht dem geforderten Arbeitstempo anpassten, dass die Qualität ihrer Tätigkeit zu wünschen übrig liess, dass sie Mittel und Wege fänden, die Pausen zu verlängern, zu bummeln und zu schwänzen, zu oft krank zu feiern, mit ihren Werkzeugen unzulässig umzugehen, ihr Produktionsergebnis zu «schönen». Schlamperei und auch Alkoholismus seien an der Tagesordnung. Doch der wachsende Bürokratismus verstärkte eher diese Mentalität, in der sich nicht zuletzt eine Reaktion auf die Art und Weise des Umbruchs ausdrückte und ein Versuch, sich wenigstens bescheidene Freiräume zu verschaffen und einen gewissen «Eigen-Sinn» zu bewahren. Auch die 1938 erneut verschärfte Arbeitsdisziplin mit drastischen Strafandrohungen konnte daran nichts ändern. Zwar wurde die «ununterbrochene Arbeitswoche» Schritt für Schritt abgeschafft, dafür jedoch 1940 die seinerzeit zum zehnjährigen Jubiläum der Oktoberrevolution verkürzte Arbeitszeit wieder auf 8 Stunden verlängert und die Freizügigkeit der Arbeitskräfte weiter begrenzt. Arbeitskräftereserven sollten nun systematisch erschlossen werden: Jugendliche ab 14 Jahren wurden systematisch Fachschulen zugeführt und waren gezwungen, anschliessend mindestens vier Jahre in staatlichen Unternehmen zu arbeiten. Fachpersonal konnte seit 1940 dienstverpflichtet und beliebig versetzt werden.

Institutionelle Möglichkeiten, sich zu wehren, standen der Arbeiterschaft – wie der gesamten Bevölkerung – in der Praxis nicht zur Verfügung, trotz der scheinbar demokratischen Verfassung von 1936 und sonstiger Regelungen. Immer wieder versuchte die Zentrale, Einrichtungen zu schaffen, über die man Kritik üben sowie seiner Unzufriedenheit Ausdruck verleihen konnte. Dadurch wurde es möglich, Missstände und unnötige Reibungen zu beseitigen, Leerlauf zu vermeiden. Auch gelangten auf diesen Wegen Informationen nach «oben», die wichtig, jedoch in den bürokratischen Kanälen versickert waren. Meist schliefen diese Ansätze allerdings nach kurzer Zeit wieder ein, weil die Widerstände im Apparat zu gross waren und die relative Wirkungslosigkeit der Kritik bald zu Desinteresse führte.

Ein Beispiel sind die Beschwerdebüros, die im Rahmen der staatlichen Kon-

trollorgane eingerichtet wurden. Über sie sollte in erster Linie der Bürokratismus bekämpft werden. Reden höchster Autoritäten auf einer Allunions-
konferenz 1933 gaben der Sache Gewicht. Das Staatsoberhaupt Kalinin kritisierte in der ihm eigenen deftigen Sprache die Arroganz der Bürokraten und
betonte die Notwendigkeit, sich um die kleinen Dinge des Lebens zu kümmern. Lenins Schwester Marija I. Ul'janova (1878–1937) interpretierte die Beschwerden als Signale für Fehler und Auswüchse. Vielleicht ging das schon
zu weit – jedenfalls wurde es bald danach stiller um die Beschwerdebüros. Ein
Grund dafür könnte auch der sich seit Dezember 1934 verbreitende Terror
gewesen sein.

Ein Mord und die Rettung eines Kindes

Simeon M. Dmitrevskij war 1929, im Jahr der Wende, acht Jahre alt. Er lebte
mit seinen Eltern und seiner Schwester Aleksandra in Leningrad auf der
Vasilij-Insel. Geboren worden war er 1921 in Freiburg i. Br. Sein Vater Michail Simeonovič entstammte einem alten russischen Adelsgeschlecht. Einer
seiner Vorfahren, Vasilij Dmitrevskij, war Gouverneur von Stavropol' während der blutigen Kaukasuskriege gewesen. Dessen Sohn, Michail V. Dmitrevskij, wurde als Freund des Dichters Michail Ju. Lermontov (1814–1841)
bekannt. Er lernte ihn 1837 in Tiflis kennen, wo er in der Zivilkanzlei des
Oberkommandierenden für den Kaukasus diente. 1841 traf er ihn in Pjatigorsk
wieder und gehörte dort zum engsten Kreis um den Dichter, trug ihm auch
eigene Gedichte vor, die dieser sehr geschätzt haben soll. Im selben Jahr
begleitete er ihn zu seinem für ihn tödlichen Duell. Darüber hinaus war er mit
einem Kreis verbannter Teilnehmer des Dekabristen-Aufstands von 1825 –
namentlich mit Aleksandr A. Bestužev (1797–1837) – eng befreundet. Simeon
Michajlovič, der Grossvater des gleichnamigen Kindes, hatte die diplomatische Laufbahn eingeschlagen und erhielt den Titel eines Kammerjunkers
und Hofrats. So schien Michail eine glänzende Karriere sicher, als er 1887 in
St. Petersburg geboren wurde. Doch alles kam anders. 1907 wurde er wegen
seiner Beteiligung an der revolutionären Studentenbewegung aus Russland
ausgewiesen. Er studierte in Deutschland Geschichte und Philosophie, pro-
movierte 1912 in Freiburg in Geschichte und heiratete 1919 Rosa Graf, eine
Bauerntochter aus dem Schwarzwald. Von 1920 bis 1922 wurde er als Lektor
für russische Sprache und Literatur an der Universität Freiburg beschäftigt
und begründete damit die dortige Slawistik.
Die Neue Ökonomische Politik in der Sowjetunion liess in ihm den Entschluss reifen, wieder nach Russland zurückzukehren. Eine Freiburger Holz-
firma entsandte ihn im Rahmen der «Mologa AG», die eine entsprechende
Konzession erhalten hatte, nach Leningrad, wohin Michail Dmitrevskij 1925
mit seiner Familie zog. Nachdem sich die Firma ökonomisch nicht mehr
halten konnte, wurde er erwerbslos, dann jedoch Bibliothekar in der Akademie der Wissenschaften in Leningrad. Simeon erlebte eine glückliche Kindheit. In ihrem Quartier gehörte er einer Jugendgruppe an, die sich Fehden mit

einer anderen lieferte. Zugleich war er Mitglied der Pioniere, der Kinder-organisation, die vom Komsomol, dem Kommunistischen Jugendverband, betreut wurde. Sie fuhren ins Lager, machten Exkursionen, besuchten Muse-en und Theater, bildeten Zirkel für besondere Interessengebiete – Simeon sammelte Briefmarken. Enthusiastisch nahm er – wie seine Mitschüler – die gerade jetzt intensiv in die Öffentlichkeit gebrachten Erinnerungen an die «heroische Periode» der Sowjetgeschichte – die Zeit des Bürgerkrieges – auf. Den kämpferischen Einsatz der damaligen Generation wollten viele Kinder und Jugendliche auch erleben. Simeon erinnerte sich noch 60 Jahre später an einen Kinobesuch seiner Klasse, als sie den 1933/34 gedrehten und sehr populären Film über Čapaev und die heldenhaften Taten der Roten Armee anschauten. Die Jugendlichen hatten Schleudern dabei, und als die «Weis-sen», die gegenrevolutionären Truppen, Čapaev und seine Leute angriffen, schossen sie damit auf die Leinwand, um beim Kampf gegen die Feinde zu helfen. Auf der anderen Seite besuchte Simeon aber auch mit seiner Mutter, die katholisch geblieben war, jeden Sonntag die Kirche und beging die katho-lischen Feiertage. Für ihn war das offenbar kein Widerspruch zu seiner An-teilnahme am Aufbau des Sozialismus, wie er ihn in der Schule erfuhr: Der erste Fünfjahresplan wurde ständig behandelt, jeder Fortschritt gefeiert. Ar-beiter und Ingenieure kamen, um den Schülerinnen und Schülern über ihre Tätigkeit und von ihren Erfolgen zu erzählen. Diese waren stolz auf die Sowjetunion, das erste sozialistische Land, das zu solchen, vom Proletariat der ganzen Welt bewunderten Leistungen fähig war.

Einer von Simeons Schulkameraden wohnte im selben Haus wie Sergej M. Kirov (1886–1934). Dieser leitete seit 1926 die Leningrader Parteiorganisa-tion und hatte dabei als Anhänger des Stalinschen Kurses Zinov'ev abgelöst. Eines Tages wollte Simeons Kamerad diesem die Wohnung Kirovs zeigen. «Wir guckten aus den Fenstern im Treppenhaus in seine Wohnung, es war so schräg gegenüber. Auf einmal nimmt uns da jemand beim Kragen und fragt: Ja, was wollt ihr denn eigentlich bei dem Genossen Kirov sehen? Wir drehten uns um: Es war der Genosse Kirov selbst! Ja, kommt mal rein, wenn ihr etwas sehen wollt, dann guckt euch das eben an wie anständige Leute. Wir kamen rein. Er sagte zu seiner Frau: Gib ihnen doch auch etwas zu essen (er kam nach Hause zum Mittagessen). Wir sassen und konnten vor Erregung kaum etwas herunterschlucken. Aber die Suppe hat uns geschmeckt. Und zuerst mussten wir uns die Hände waschen, unbedingt, und dann gingen wir. Die Hauptspeise hat er dann allein gegessen.» Die Wohnung war «sehr schlicht. Ich kann mich erinnern: Ich kam nach Hause und erzählte und sagte, also wisst ihr: Er wohnt ebenso wie wir. Und bei uns war alles sehr einfach in der Wohnung.» Eben dies machte Kirovs Beliebtheit aus: Dass er, soweit man das beobachten konnte, wie die «normalen» Menschen lebte, sich nicht von der Bevölkerung abschloss, spontan auf andere zuging und ungezwungen mit ihnen umging.

Am 1. Dezember 1934 wurde Kirov ermordet. Als die Kinder morgens in der Schule eintrafen, hingen Trauerfahnen heraus. Niemand wusste, was los war. Mitten in der ersten Stunde läutete dann die Glocke Alarm. Alle versammel-ten sich im grossen Schulsaal, und hier erfuhren sie, dass Kirov erschossen worden war. Simeon ging mit anderen in das Smol'nyj-Institut – nach dem Oktoberumsturz Sitz der ersten Sowjetregierung, anschliessend der Leningrader Parteiorganisation –, wo der Sarg aufgebahrt war. «Schrecklich kalt war es. Alle haben geweint.» Von Kirov blieb nur Gutes im Gedächtnis. Aufmerksam verfolgten Simeon und seine Mitschüler den nun folgenden Prozess gegen den Attentäter. Sie fassten auf, dass hinter dem Mörder eine grosse feindliche Organisation mit Trockij an der Spitze stehe, «die die Sowjetmacht zerrütten, vernichten, abschaffen» wolle. Als Kind hatte Simeon von den Auseinandersetzungen in den 1920er Jahren nicht viel verstanden. Nur eines wusste er: ‹Trotzkist› war ein übles Schimpfwort. «Wenn man etwas Unangenehmes sagen wollte, dann sagte man: Ah, du Trotzkist.» Nun also galt Trockij als Hauptfeind der Sowjetmacht, der sich zum Handlanger der kapitalistischen und imperialistischen Mächte gemacht habe und auch vor Mord nicht mehr zurückschrecke.

Nach und nach wurde die Atmosphäre immer bedrückender. 1937 war er als 16jähriger in der achten Klasse. «Jeden Tag hörten wir: Aha, der weint, also ist der Vater nicht mehr nach Hause gekommen. […] Wenn jemand auf einmal fehlte, dann dachten wir zuallererst nicht, dass er krank geworden ist, sondern dass er wegmusste. Das war schrecklich. Und in den Häusern – also unser grosses Haus […] –, wir waren Kinder, und plötzlich waren die weg. […] Alles das bedrückte, und das hing so über der ganzen Stadt, über uns, und drückte die Gemüter sehr.»

Und dann, am 17. Oktober 1937, mitten in der Nacht, klingelte es «so aufdringlich, ununterbrochen» an ihrer Wohnungstür. Vater öffnete, drei Männer standen da. Einer blieb an der Tür, die beiden anderen zeigten einen Durchsuchungsbefehl und fingen an, überall herumzustöbern. Selbst ein Buch Simeons aus der Schulbibliothek nahmen sie mit. Auch Wertgegenstände wurden vermutlich beschlagnahmt: Die Eltern besassen noch einiges aus Deutschland und konnten auf diese Weise hin und wieder im Valuta-Laden, im *Torgsin*,[53] einkaufen. Schliesslich verschwanden die Männer wieder – aber Vater musste mitgehen. «Und Vater sagte, seid ruhig, bleibt ruhig, ich habe nichts verbrochen, ich bin absolut unschuldig […]. Ich habe ehrlich gearbeitet, ich komme bald zurück. Und er kam nicht mehr zurück.»

Aufgrund einer Denunziation wurde Michail Dmitrevskij der Spionage für Deutschland angeklagt und am 27. November 1937 zum Tode verurteilt. Die Geheimpolizeibehörde war sich der Sache so sicher gewesen, dass sie nicht einmal das Urteil abgewartet und ihn bereits am 24. November erschossen hatte. Den Verhörprotokollen ist zu entnehmen, wie sich von Mal zu Mal die Unterschrift zur Unleserlichkeit veränderte. Entsprechend den zu vermutenden schweren Folterungen gab Michail Dmitrevskij schliesslich alles zu, was man ihm vorwarf. Simeon war sich selbstverständlich sicher, dass die Verhaftung seines Vaters auf einem Missverständnis oder Übereifer beruhe und ein Fehler sei. Wie viele andere Menschen glaubte er, Stalin wisse von all dem nichts. Wenn dieser aber etwas erfahre, versuche er durchaus, die Verantwortlichen für Fehler und Verbrechen zu bestrafen. Die Absetzung, Verhaftung und Hinrichtung Ežovs zwischen 1938 und 1940 galt ihm als Beleg.

Auch später hörte er immer wieder von Menschen, die unrechtmässig verhaftet und verurteilt worden waren. Doch lange Zeit hielt sich bei ihm die Überzeugung, dass es sich um Missverständnisse und Fehler der Geheimpolizei handele, die Stalin unbekannt seien.

Trotz der Absetzung Ežovs kam der Vater nicht frei. Die «Wahrheit» schien noch nicht zu Stalin gedrungen zu sein. 1941 wurde Simeon mitgeteilt, sein Vater sei an einer Halsoperation gestorben. Erst 1992 erfuhr er, was tatsächlich geschehen war – samt der Information über die Rehabilitierung des Vaters 1989. Er konnte auch die Unterlagen im Geheimdienst-Archiv einsehen. Im übrigen war 1937 seine Stiefmutter – die Mutter war 1931 gestorben – nach Baschkirien verbannt worden. Am 15. August 1937 hatte Ežov den Befehl Nr. 00486 «über die Repression der Frauen von Vaterlandsverrätern, Mitgliedern rechtstrotzkistischer Spionageorganisationen, durch Militärkollegien und Militärgerichte Verurteilten» herausgegeben. Danach sollten diese Frauen zu fünf bis acht Jahren Lagerhaft verurteilt werden, selbst wenn sie nichts mit der angeblichen Tätigkeit ihrer Männer zu tun gehabt hatten. Kinder wurden in Kinderheime oder Krippen, Jugendliche über 15 Jahre in Arbeitskolonien oder Sonderheime eingewiesen. Erstaunlicherweise hatte die Geheimpolizei Simeon und seine Schwester Aleksandra vergessen. Sie entgingen dem Heim- oder Lageraufenthalt. Eltern von Mitschülern nahmen sie auf: eine mutige Tat in der damaligen Zeit! Es war gefährlich, mit Angehörigen von «Volksfeinden» zu tun zu haben. Um so mehr muss an ein solches Verhalten erinnert werden. Auf diese Weise überlebten die Kinder. Simeon, der nach dem Zweiten Weltkrieg eine scheinbar normale Karriere machte, hat sein traumatisches Erlebnis von 1937 allerdings nie verwunden.[54]

Warum wurde Michail Dmitrevskij ermordet? Als Bibliothekar in der Akademie der Wissenschaften hatte er keine wichtige Funktion. Sollte über ihn weiteres Personal in der Akademie belastet werden? Spielte die damalige Terroraktion gegen die sowjetische Militärführung eine Rolle, bei der Spionage für Deutschland, mit gefälschten Dokumenten belegt, einen wichtigen Anklagepunkt bildete? Einen ersten, aber eher verwirrenden Hinweis gibt der Befehl des damaligen Geheimdienst-Chefs Nikolaj I. Ežov (1895–1940) Nr. 00485 vom 11. August 1937, der als Grundlage für das Verurteilungsverfahren Dmitrevskijs in den Dokumenten genannt wird. Dieser Befehl ordnete die «Liquidierung» der angeblichen polnischen Spione in der UdSSR an, die «erste Kategorie» der Verhafteten – zu denen dann auch Dmitrevskij gehörte – sei zu erschiessen. Einer Verbindung zu Polen wurde Dmitrevskij aber gar nicht beschuldigt. Offenbar diente jener Befehl als Muster für alle «nationalen Operationen» (der Befehl Nr. 00439 vom 25. Juli 1937 gegen «verdächtige» Deutsche erschien anscheinend nicht als ausreichend). Wegen seines langen Aufenthaltes in Deutschland und noch bestehender Verbindungen nach dort sowie als ehemaliger Angestellter eines deutschen Betriebes galt Dmitrevskij als unzuverlässig. Hinzu kam, dass die Geheimpolizei zu dieser Zeit ein «Kontingent» von zu überprüfenden Personen zugewiesen bekam, das sie erfüllen oder möglichst sogar übererfüllen musste. Michail Dmitrevskij geriet in diese Mühle des Terrors, der er nicht entkommen konnte.

Ende 1938 kam Stalin offenbar zu der Ansicht, dass die Aktivitäten der Geheimpolizei zu weit gingen, dass sie zu mächtig geworden war. Mit Ežov wurden zahlreiche Beamte im ganzen Land verhaftet, erschossen oder in Lager deportiert. So fielen viele der «Täter» ebenfalls dem Terror zum Opfer. Dies traf auch die Peiniger Dmitrevskijs. Chef der Leningrader Geheimpolizei war von Ende 1934 bis Anfang 1938 Leonid M. Zakovskij (1894–1938), der seine Karriereleiter 1920 in Odessa begonnen hatte. Jetzt gehörte er der Trojka an, die über die Erschiessung von Verhafteten, darunter Dmitrevskijs, entschied. Im Januar 1938 wurde er nach Moskau versetzt und stieg sogar zum stellvertretenden Volkskommissar für innere Angelegenheiten auf. Doch bereits Ende April 1938 wurde er verhaftet und am 29. August dieses Jahres erschossen. Dasselbe Schicksal ereilte seine Frau und seine Schwester. Dmitrevskijs Verhöroffizier, Major Natan E. Šapiro-Dajchovskij (1901–1938), war Stellvertreter Zakovskijs und wurde ebenfalls am 29. August 1938 erschossen. Oberleutnant Aleksej R. Polikarpov (1897–1939) leitete damals die Hinrichtungen und unterzeichnete das Protokoll der Erschiessung Dmitrevskijs. Er beging am 14. März 1939 Selbstmord.

Das stalinistische Machtsystem II: Terror und Aufstiegshoffnungen

Der Terror traf zunächst einmal die Partei, die von möglichen Oppositionellen «gereinigt» wurde, und vermutete oder tatsächliche innenpolitische Gegner. Im Herbst 1932 hatte eine «Plattform» Aufsehen erregt, mit der seitens des bereits aus der Partei ausgeschlossenen Martemjan N. Rjutin (1890–1937) eine politische Umkehr und ein gemässigter Kurs verlangt worden war. Eine weitergehende Bestrafung als Haft für Rjutin lehnte das Politbüro ebenso ab wie die Geheimpolizei dessen stillschweigende Beseitigung. Noch gab es gewisse Tabus in der Behandlung führender Bolschewiki. Anfang 1934 fand dann der 17. Parteitag statt, der eine Konsolidierungsphase mit weniger Gewaltsamkeit und Zentralismus in Aussicht stellte. Mehrere ehemalige Oppositionelle wurden wieder in das Zentralkomitee gewählt, und in der Person des Leningrader Parteisekretärs Kirov schien sich eine personelle Alternative zu Stalin anzudeuten, die auch für eine ausgewogenere Politik stand. Der Mordanschlag, dem er am 1. Dezember 1934 zum Opfer fiel, beendete jedoch alle Hoffnungen. Vermutlich geschah diese inszenierte Tat mit Wissen Stalins. Jedenfalls nutzte er sie, um massenhaft Oppositionelle verhaften zu lassen und die bisher geltenden Tabus zu überwinden.
Nun kam es zu einer Welle von «Säuberungen» in der Partei, die für die Betroffenen in der Regel die Einlieferung in Straflager oder gar sofortige Erschiessung zur Folge hatte. Das traf auch solche Kommunisten wie Rjutin, die bereits früher in Stalins Visier geraten waren. In mehreren grossen Schauprozessen wurden bis 1938 zahlreiche Altbolschewiki – darunter solch führende Politiker wie Bucharin, Rykov, Zino'ev oder Kamenev – der Verschwörung, in der Regel mit Trockij als angeblichem Drahtzieher im Hintergrund, angeklagt, verurteilt und hingerichtet. Andere wählten den Freitod.

Einige Anhänger der Stalinschen Linie des Umbruchs Ende der 1920er Jahre wurden zum Selbstmord gezwungen oder starben wegen Verweigerung ärztlicher Hilfeleistung; zu ihnen zählten Kujbyšev und Grigorij K. Ordžonikidze (1886–1937). Auch beim Tod Maksim Gor'kijs 1936, der an Tuberkulose litt und zusätzlich an einer Lungenentzündung erkrankte, hielten sich entsprechende Gerüchte, zumal einige Angeklagte 1938 seiner Ermordung bezichtigt wurden. Von der alten Garde der bolschewistischen Revolutionäre blieb fast nur Stalin übrig.

Doch die «Säuberungen» beschränkten sich nicht auf den engsten Kreis der Parteispitze. Sie griffen auf die Gewerkschaften und andere gesellschaftliche Organisationen, auf die Leitungspositionen in der Wirtschaft und schliesslich auch auf die Armee über. In einem Zusammenspiel mit Geheimdienststellen des «Dritten Reichs» wurden Mitte 1937 Marschall Michail N. Tuchačevskij (1893–1937) und mit ihm weitere hohe militärische Führer der Spionage für Deutschland beschuldigt, verhaftet und nach einem Geheimprozess «liquidiert». Nach bereits eingespieltem Muster weiteten sich die Beschuldigungen rasch aus, so dass bald beinahe das gesamte höhere Offizierskorps abgelöst, ermordet oder in Straflagern verschwunden war. Durch dieses Vorgehen geriet der Konsolidierungsprozess in der Wirtschaft ebenso in ernste Gefahr, wie die Führungsqualitäten und Kampffähigkeit der Streitkräfte auf Jahre hinaus geschädigt wurden.

Doch damit nicht genug. Ebenso betroffen waren ausländische Genossen, die auf der Flucht vor der heimischen Polizei in der Sowjetunion Schutz gesucht hatten oder die aus Begeisterung für den Aufbau des Sozialismus hier arbeiteten. Die Sowjetführung schreckte nicht einmal davor zurück, deutsche Kommunisten an die Nazis auszuliefern. Bolschewiki, die rechtzeitig emigriert waren oder es vorgezogen hatten, von ihrem ausländischen Posten trotz Aufforderung aus Moskau nicht dorthin zurückzukehren, wurden von der sowjetischen Geheimpolizei überall in der Welt verfolgt und oft auch ermordet. Als prominentester Gegner starb Trockij am 21. August 1940 in Mexiko-City bei einem derartigen Anschlag.

Darüber hinaus drang der Terror in alle Lebensbereiche ein. Millionen Menschen wurden verhaftet, gefoltert, unberechtigt verurteilt – oft sogar ohne den Anschein eines ordentlichen Gerichtsverfahrens –, erschossen oder in ein Straflager deportiert. 1929 hatten sich 40'000 «politische» Häftlinge in Lagern der Geheimpolizei befunden. Bis 1939 wurden rund sechs Millionen Menschen zu Lagerhaft verurteilt, vermutlich etwa zwei Millionen – die Berechnungen all dieser Zahlen schwanken erheblich – kamen während dieser zehn Jahre durch Deportation, Lageraufenthalt oder unmittelbare Ermordung durch Staatsorgane um. Das Leid, das nach harten, opferreichen Jahren erneut über die Bevölkerung hereinbrach, ist unvorstellbar und unermesslich. Stalin gab im März 1938 auf dem 18. Parteitag das Ende der «Säuberungen» bekannt. Gewiss milderte sich der Terror etwas, offenbar waren seine Folgen zu schädlich geworden. Doch die Methoden blieben, und oft genug noch waren Menschen von der Willkür des Systems betroffen. Ebenso konnte es gezielte Terrorwellen geben, wie gegen Nationalitäten oder gegen die Heimkehrer aus dem Spanischen Bürgerkrieg, in dem die sowjetische Geheimpolizei ohnehin durch Übertragung der «Säuberungen» verheerend gewirkt hatte.

Fragt man nach den Ursachen des Terrors, so ist zunächst einmal die Struktur des Machtapparates zu untersuchen. In den chaotisch-turbulenten Umbruchjahren hatte sich die Macht immer mehr bei der Zentrale mit Stalin an der Spitze konzentriert. Der Terror gehörte zu den Mitteln, diese diktatorische Macht zu stabilisieren und auszubauen. Formal liefen die Fäden der politischen Entscheidungen wie der Personalpolitik – der Verteilung der Kader – beim Politbüro der Partei, beim Parteisekretariat und zeitweise noch bei der Parteikontrollkommission zusammen. Das Zentralkomitee verlor unter Stalin weitgehend an Einfluss. Im Laufe der 1930er Jahre wurde es mit Hilfe der «Säuberungen» völlig neu durch enge Anhänger Stalins besetzt. Es trat zwar regelmässig, aber relativ selten zusammen – mehr aus Prestigegründen als zur wirklichen Entscheidung. Parteikongresse, die nach dem Statut eigentlich jährlich stattfinden sollten, wurden immer wieder verschoben. Nach 1927 tagte der erste wieder 1930, dann 1934, dann 1939 – und nach einer grossen Pause wieder 1952.

Im Politbüro sassen die engsten Mitarbeiter Stalins, die die wichtigsten Fragen berieten und auch – oft an den staatlichen Gremien vorbei – mit besonderen Aufträgen betraut wurden. Den endgültigen Beschluss fällte in der Regel Stalin allein, auch gegen die Mehrheit im Politbüro. Zur Entscheidungsfindung und späterer -ausführung bediente er sich weiterer, ganz auf ihn zugeschnittener Apparate: des Organisationsbüros der Partei – Org- und Politbüro waren die beiden Spitzengremien –, dann des Sekretariates des Zentralkomitees und der Parteikontrollkommission. Noch wichtiger dürfte Stalins persönliches Sekretariat gewesen sein, von dem man in der Öffentlichkeit gar nicht wusste. Es wurde von Aleksandr N. Poskrebyšev (1891–1965?) verwaltet, ein offenbar fähiger Organisator und Stalin völlig ergeben. Über seinen Verbleib nach Stalins Tod ist nichts bekannt; nach Gerüchten soll es schon in Stalins letzten Lebenswochen, als er wieder einmal zu «Säuberungen» ansetzte, zu einem Bruch gekommen sein. Hier scheinen jedenfalls die wesentlichen Beschlüsse zu Terrormassnahmen vorbereitet worden zu sein, die dann teilweise offenbar sogar am Politbüro vorbeiliefen.

Daneben muss auf die Geheimpolizei hingewiesen werden, die 1934 aus einem selbständigen Organ, der GPU, in das Volkskommissariat für Innere Angelegenheiten, das NKVD, integriert worden war. Ihr Apparat wuchs und erhöhte natürlich auch ihre Macht, allein schon durch die zahlreichen Informationen, die sie während der «Säuberungen» erlangen konnte. Eine Tendenz zur Verselbständigung ist durchaus zu erkennen. Dies dürfte auch ein Grund für die «Liquidierung» der Geheimdienstchefs Genrich G. Jagoda (1891–1938) und Nikolaj I. Ežov (1895–1940) gewesen sein; darüber hinaus diente sie aber dazu, in der Bevölkerung den Eindruck zu vermitteln, diese seien für «Irrtümer» und «Exzesse» verantwortlich, nicht die Partei oder gar Stalin. Auch der neue Leiter Lavrentij P. Berija (1899–1953) betrieb mit der Geheimpolizei eigene Politik. Doch gerade seit 1939 ist noch mehr als früher festzustellen, dass sie letztlich Stalins Instrument war, mit dem er oft an der Partei vorbei Massnahmen durchführte.

Die Partei als Ganzes war wichtig zur Gleichschaltung oder als Personalreservoir, aber sie herrschte nicht. Es gab keinen eindeutig festgelegten Entscheidungsprozess, sondern ständig neue Regelungen und Umgruppierungen, nicht zuletzt nach dem Willen Stalins. Zugleich dehnten sich die Machtapparate personell während dieser Zeit ungeheuer aus. Teilweise wurden hier unterschiedliche Strategien zur Bewältigung der Krisen entwickelt. Fast notwendigerweise kam es zu Kompetenzstreitigkeiten, Gerangel um Einfluss und Intrigen. Stalin spielte sie teilweise bewusst gegeneinander aus, um kein Organ zu mächtig werden zu lassen. Eine Gefährdung für seine Position bestand nach unserem derzeitigen Kenntnisstand nie. Vermutlich schuf die Konkurrenz der Apparate – wie die Polykratie im «Dritten Reich» – Freiräume und Nischen für die Bürger; in den 1930er Jahren gab es nicht nur Terror, Zwang, Parteiveranstaltungen und gelenkte Freizeitgestaltung. Auf jeden Fall aber führte diese Konkurrenz dazu, dass sich die Apparate gegenseitig an Loyalität und «Wachsamkeit» übertreffen wollten, und das bedeutete, dass sie anstrebten, die besten Erfolge bei der Suche nach «Schädlingen», «Saboteuren» und «trotzkistischen Verschwörern» vorzuweisen, die Pläne zu deren Aufspürung überzuerfüllen. Auf diese Weise wurde die Dynamik des Terrors erheblich angetrieben.

Rivalitäten einzelner Personen in den Machtapparaten kamen hinzu. Einen nicht zu unterschätzenden Faktor, der den Terror immer wieder anheizte, bildeten die Denunzianten, die die Gunst der Stunde nutzten, um Hindernisse auf der Karriereleiter aus dem Weg zu räumen oder sich anderer unbequemer Zeitgenossen zu entledigen.

Eine geschlossene Strategie, der der Terror folgte, ist nicht ersichtlich. Sicher diente er zur Machtstabilisierung und -ausweitung, als Präventivschlag gegen jede nur mögliche Opposition, zur Ausschaltung von Bevölkerungsgruppen, die im befürchteten Kriegsfall als unzuverlässig galten, und zur Vernichtung von potentiellen Kritikern, die aus dem Kreis der alten Revolutionäre ebenso kommen konnten wie aus den zunächst begeistert für den Durchbruch eintretenden Jugendlichen. Jedem Versuch, eine Rückkehr zu den sozialistischen Ansprüchen und Zielen einzufordern oder eine andere Änderung des Systems anzustreben, sollte der Boden unter den Füssen entzogen sowie über die Konstruktion von in- und ausländischen Verschwörungen der Ausnahmezustand gerechtfertigt und die Mobilisierung für die Vorgaben der Führung vorangetrieben werden. Indem «Sündenböcke» an den Pranger gestellt wurden, konnte von deren Fehlern abgelenkt werden. Mitgespielt haben dürfte weiterhin die Überlegung, die «Säuberungen» als Rotationsinstrument zu nutzen, um Stellen und Positionen immer wieder neu besetzen zu können. Insgesamt sollten Verunsicherung und Angst verbreitet werden, um ein Aufbegehren im Keim zu ersticken und es unmöglich zu machen, über die Politik zu sprechen und sich über ein gemeinsames Handeln zu verständigen. Letztlich muss der Terror im Zusammenhang mit der tiefgreifenden Umwälzung der Gesellschaft gesehen werden. Das Land geriet aus den Fugen. Der Terror verselbständigte sich und musste schliesslich mühsam wieder eingedämmt werden. Er verfestigte sich aber zu einem Wesensmerkmal des Stalinismus. Die Angst, vom Terror getroffen zu werden, reichte wohl in jede Familie hinein. Dennoch muss noch einmal betont werden: Durch den Terror allein konnte sich das Stalin-Regime nicht so lange halten. Für den einfachen, namentlich städtischen Bürger machte vermutlich viel aus, dass es nach der Umbruchzeit ab 1933/34 sichtbar aufwärts ging. Die Rationierung wurde aufgehoben, der Lebensstandard stieg, es gab mehr Konsumgüter. Es schien so, als hätten sich die Opfer gelohnt, als habe Stalin doch richtig gesteuert. Die verbesserten Aufstiegschancen und Verdienstmöglichkeiten überdeckten zumindest teilweise die Furcht vor dem Terror und sicherten der Stalinschen Diktatur auch Loyalität. Viele Menschen verdrängten die Gewalt und das furchtbare Leid, das die Betroffenen erdulden mussten, hielten die Verhaftungen für gerechtfertigt, solange sie nicht selbst getroffen waren. «Irgend etwas wird schon dran sein», hiess es häufig. In diesem Zusammenhang gehört auch die auf den ersten Blick erstaunliche Auffassung, Stalin wisse gar nicht, was an Fehlern und Auswüchsen geschehe, man müsse ihm das nur sagen, dann werde es aufhören. So wurde immer wieder versucht, an Stalin unmittelbar zu schreiben oder gar persönlich zu ihm vorzudringen, um ihn auf das Missverständnis, das zur Verhaftung geführt habe, oder auf Übergriffe der Geheimpolizei aufmerksam zu machen. Selbst aus den Straflagern schrieben manche noch an Stalin. Die Folgen waren meist fatal. Auch dieser Glaube an den «Führer» ist ein deutliches Zeichen für den Charakter der Umbruchperiode. Die Entwicklungen samt ihren Ursachen konnten nicht durchschaut werden, sie vollzogen sich hinter dem Rücken der Menschen. Deshalb suchte man nach einem Orientierungspunkt, an den man glauben konnte und der eine Perspektive für die Zukunft zu bieten schien.

Andere, die zu Trägern des Stalinismus oder zumindest zu «Mitläufern» wurden, neigten offenbar aus einem gestörten Selbstwertgefühl zu aggressivgewalttätigem Verhalten. Ihre geschwächte Identität sahen sie im «Panzer» der autoritären Ordnung gut aufgehoben, die ihnen selbständige Entscheidungen weitgehend abnahm und dennoch das Gefühl gab, etwas Wichtiges zu tun. Bei Parteimitgliedern ist eine weitere Denkweise zu berücksichtigen. Während der Untergrundarbeit gegen das zaristische System, im Bürgerkrieg – der Zeit der «belagerten Festung» – und in der labilen Situation der Neuen Ökonomischen Politik mit ihrer schwierigen Aufbautätigkeit hatte sich eine Mentalität herausgebildet, die davon ausging, dass die Einheit der Partei auf keinen Fall gefährdet werden dürfe. Deshalb müsse man sich letztlich bedingungslos der herrschenden Linie unterordnen: «Die Partei hat immer recht.» Diese Haltung wurde dadurch unterstützt, dass man als eine Art verschworener Gemeinschaft den Kommunismus, die herrschaftsfreie, klassenlose Gesellschaft erwartete. Würde man zugeben, dass die Partei als wichtigstes Instrument zur Erreichung dieses Zieles Verbrechen begehe, Unrecht habe, so bräche die Welt zusammen. Wer sich gegen die Partei stellte – oder wem das unterschoben wurde –, war schnell isoliert, galt als Verräter. «Und Verräter zu sein, ist also eine furchtbare Sache, wenn das einhergeht vor allem mit der

Einsamkeit [...].»[55] Durch Kritik an der Partei wollte man nicht dem Klassenfeind im Innern wie im Ausland in die Hände arbeiten, deshalb schwieg man oft, bis es zu spät und man selbst derart gebrochen war, dass man keinen Mut mehr zum Aufbegehren fand.

Ein Grossteil der Kommunisten war der Ansicht, der Sieg im Wettstreit der Systeme müsse aufgrund der historischen Gesetzmässigkeit dem Kommunismus zufallen. Auch deshalb habe man «kleinliche Bedenken» zurückzustellen, um nicht allein gegen die Geschichte zu stehen. Ein eindrucksvolles Beispiel für diese Haltung ist Bucharin, der in seiner Schlussrede am 12. März 1938 während des Prozesses gegen ihn erklärte: «Die Weltgeschichte ist das Weltgericht.» Scharfsinnig und überzeugend zerpflückte er alle Details der Anklage gegen ihn – die Ermordung Lenins geplant zu haben, ein Spion gewesen zu sein, eine Verschwörung vorbereitet zu haben. Dennoch übernahm er die politische Verantwortung für eine vorgesehene «Konterrevolution» mit Trockij an der Spitze, weil er nicht hinter dem historischen Sieger Stalin gestanden, sondern eine alternative Politik vertreten habe. Im Gefängnis hatte er seine «ganze Vergangenheit umgewertet». «Denn, wenn man sich fragt: Wenn du stirbst, wofür stirbst du? – dann ergibt sich plötzlich mit erschütternder Deutlichkeit eine absolut schwarze Leere. Es gibt nichts, wofür man sterben müsste, wenn man sterben wollte, ohne bereut zu haben. Und umgekehrt, nimmt all das Positive, das in der Sowjetunion leuchtet, nimmt all dies im Bewusstsein des Menschen andere Ausmasse an. Dies hat mich letzten Endes endgültig entwaffnet, dazu getrieben, meine Knie vor der Partei und dem Lande zu beugen. Und wenn man sich fragt: Nun gut, du stirbst nicht, wenn du durch irgendein Wunder leben bleibst, dann wieder wofür? Isoliert von allen, ein Feind des Volkes in einer nicht menschlichen Lage, in voller Isolierung von allem, was das Wesen des Lebens ausmacht. Und sofort bekommt man auf diese Frage diese Antwort.»[56]

Nicht alle Menschen nahmen jedoch den Terror widerstandslos hin. Aus vielen Selbstzeugnissen wissen wir, dass er in höherem Masse missbilligt wurde, als man ausserhalb der Sowjetunion lange Zeit annahm. Offener Protest blieb die Ausnahme, zumal so gut wie keine kollektiven Organisierungsmöglichkeiten bestanden. Viele wählten den Weg der gespaltenen, «doppelten Identität» zwischen Loyalität nach aussen und verborgener persönlicher Einstellung, die man höchstens den besten Freunden gegenüber äusserte. Manche wagten vorsichtigen Widerstand, indem sie sich dem absoluten Gehorsamsanspruch des Staates entzogen, aber nicht das System grundsätzlich in Frage stellten. Einige halfen sogar den Angehörigen von «Repressierten». Auch in der Partci gab es durchaus Bestrebungen, die Politik zu ändern, und Kritik am Terror, noch Anfang 1937 öffentlich geäussert durch Lenins Witwe, Nadežka K. Krupskaja (1869–1939). Die Frauen, die in langen Schlangen vor den Dienststellen der Geheimpolizei auf Nachrichten von ihren Angehörigen warteten oder versuchen wollten, ihnen etwas in die Gefängnisse oder Lager zu schicken, blieben nicht immer geduldig, sondern formierten sich mehrfach zu Protestdemonstrationen. «Es wird erzählt, dass eines Tages mehrere hundert Frauen zum NKWD-Haus in Swerdlowsk mit Kleider- und Esspaketen für ihre verhafteten Männer kamen. Nachdem sie draussen mehrere Stunden gewartet hatten, dass sich ein Funktionär zeigen solle, wurde ihnen kurzerhand gesagt, heute würden keine Pakete entgegengenommen. Viele dieser enttäuschten Frauen hatten kleine Kinder auf dem Arm; andere hatten das Risiko auf sich genommen, den Arbeitsplatz zu verlieren, weil sie weggegangen waren, um ihrem Mann etwas Zucker und Kleider zu bringen. Nun verloren sie die Ruhe. Eine Frau fing an zu schimpfen. Eine andere Frau wurde gegen ein Fenster gestossen. Innerhalb von fünf Minuten waren alle Fensterscheiben in der untersten Etage des Hauses eingeschlagen. Die Behörden konnten keine Anstifterin herausfinden, um diese zu verhaften. Sie konnten aber auch nicht fünfhundert Frauen ins Gefängnis stecken, zumal das Gefängnis schon überfüllt war.

Ereignisse dieser Art, mehr oder weniger gefährlichen Charakters, traten in allen Teilen der Sowjetunion ein, und Berichte darüber kamen vermutlich in der einen oder anderen Form auch Stalin und anderen Regierungsmitgliedern zu Ohren. Es waren Warnungssignale [...].»[57]

Wenn auch ein allgemeiner Widerstand nicht möglich war, weil man die staatlichen Machtorgane als unüberwindlich empfand und die Vereinzelung ein organisiertes Vorgehen verhinderte, bildete sich doch aus diesen Frauen wie aus Gruppen von Zwangsarbeitern in den Straflagern eine neue, untergründige Sozialbewegung. Die alten sozialen Bewegungen der Arbeiter, Bauern und Intellektuellen waren nach ihrer Fragmentierung in den 1920er Jahren während des Umbruches zerschlagen oder durch die Mischung von Gewalt und Aufstiegshoffnungen niedergehalten worden. Hier entstand jetzt etwas einzigartig Neues.

Weltrevolution, kollektive Sicherheit, Hitler-Stalin-Pakt: Sowjetische Aussenpolitik

Nach dem Scheitern der Hoffnung, der Oktoberumsturz in Russland werde das Signal zur Weltrevolution geben, und nach dem Sieg im Bürgerkrieg hatten sich die Auslandsbeziehungen des Sowjetstaates in einem Spannungsfeld zwischen der Förderung revolutionärer Bestrebungen in anderen Ländern und der Notwendigkeit einer Existenzsicherung des eigenen Landes bewegt. Dabei war es zu einer Art Arbeitsteilung zwischen der Kommunistischen Internationale, die der Weltrevolution den Weg bereiten sollte, und der sowjetischen Regierung, die eine traditionell nationalstaatliche Politik betrieb, gekommen. Während in der ersten Hälfte der 1920er Jahre hin und wieder noch die Unterstützung revolutionärer Bewegungen Priorität vor den geregelten diplomatischen Beziehungen erhielt, verschoben sich allmählich die Gewichte. Je länger sich die Sowjetunion in der kapitalistischen Umwelt einrichtete und je intensiver sich ihre Verbindungen zu anderen Regierungen gestalteten, desto mehr wurde argumentiert, ihre Stärke sei der beste Garant für die Interessen der Proletarier aller Länder und somit die Voraussetzung für den Sieg des Sozialismus im Weltmassstab. Folgerichtig erging an die revolutionären Bewegungen der Anspruch, sich im Konfliktfall in den Dienst sowjetischer Stärke zu begeben. Die Kommunistische Internationale wurde zusehends zu einem Instrument sowjetischer Aussenpolitik.

In einer ersten Phase versuchte die sowjetische Diplomatie während der 1920er Jahre, die Isolierung des Landes Schritt für Schritt aufzubrechen. Friedensverträge mit Estland, Litauen, Lettland und Finnland 1920/21, Handelsabkommen mit Grossbritannien und Deutschland 1921, dann der Vertrag von Rapallo am 16. April 1922, mit dem Deutschland und Sowjetrussland diplomatische Beziehungen aufnahmen und ihre Handelskontakte weiter ausbauten, waren wichtige Etappen auf diesem Weg. Einen Durchbruch bedeutete die Anerkennung der Sowjetunion durch Grossbritannien am 1. Februar 1924, der sich weitere Staaten anschlossen. So konnte sich die Sowjetunion allmählich aussenpolitisch konsolidieren, sie wurde zu einem festen Bestandteil des internationalen Systems. Erwartungen, die sich auf eine Ausweitung des Aussenhandels und vor allem auf ausländische Investitionen in Russland gerichtet hatten, um die spürbare Kapitalknappheit auszugleichen und Wachstumsimpulse für die Wirtschaft zu geben, erfüllten sich hingegen nur ansatzweise. Offenbar war das Misstrauen gegenüber der weiteren Entwicklung in der Sowjetunion zu gross; vielfach wurden die Möglichkeiten der westlichen Länder aber auch überschätzt. Darüber hinaus entwickelten sich die auswärtigen Beziehungen keineswegs konfliktfrei. Die Unterstützung eines kommunistischen Aufstandes in Deutschland 1923 oder die Förderung eines Arbeiterkampfes in England 1926, in der Hoffnung, hier entstehe ein neues revolutionäres Zentrum, führten zu schweren aussenpolitischen Krisen. Grossbritannien brach 1927 die diplomatischen Beziehungen ab. Im selben Jahr kam es zu einer Belastung des Verhältnisses mit Frankreich, der sowjetische Vertreter in Polen wurde ermordet, und – um das Fiasko vollzumachen – in China zerbrach die Bündnisstrategie mit dem Kuomintang Tschiang Kai-schecks (1887–1975), als dieser die chinesischen Kommunisten gewaltsam ausschaltete. Gewiss stand kein Krieg unmittelbar bevor, auch wenn diese Gefahr von der sowjetischen Führung an die Wand gemalt und zur Mobilisierung der Bevölkerung für innenpolitische Ziele genutzt wurde. Aber es war doch deutlich geworden, wie labil die Stellung der Sowjetunion im internationalen System ausfiel. Insofern verwundert es nicht, wenn nach neuen Wegen gesucht wurde.

Während die Kommunistische Internationale 1928 eine verstärkte Mobilisierung ihrer Anhänger in allen Ländern zugunsten der Verteidigung der Sowjetunion beschloss, bemühte sich die sowjetische Diplomatie, die staatliche Sicherheit durch die Einbindung in kollektive Vertragssysteme zu gewährleisten. Ein erstes Zeichen setzte das Litvinov-Protokoll vom 9. Februar 1929, so benannt nach Maksim M. Litvinov (1876–1951), einem bedeutenden Aussenpolitiker, der dann auch als Nachfolger Georgij V. Čičerins (1872–1936) von 1930 bis 1939 Volkskommissar für Auswärtiges werden sollte. Mit der Unterzeichnung des Protokolls verpflichtete sich die Sowjetunion zusammen mit Polen, Rumänien, Estland und Lettland – später kamen noch Litauen, Persien und die Türkei hinzu –, den 1928 verkündeten Briand-Kellog-Pakt zur Ächtung des Krieges als Mittel der Politik vorfristig in Kraft zu setzen. Durch die Mitarbeit in internationalen Abrüstungs- und Wirtschaftskommissionen näherte sich die Sowjetunion dem Völkerbund an, dem sie schliesslich 1934 auch beitrat. Immer stärker galt als aussenpolitische Leitlinie, dass das friedliche Zusammenleben von Staaten unterschiedlicher Gesellschaftsordnung bei Fortbestehen des ideologischen Kampfes möglich sei. Insofern spielte die Herrschaftsform des Vertragspartners keine Rolle: Parlamentarisch-demokratische, autoritäre und faschistische Systeme wurden gleichermassen als Formen bürgerlicher Herrschaft verstanden, mit denen man Verträge abschliessen musste, wenn man in Frieden leben wollte.

Diese Maxime der «friedlichen Koexistenz» erfuhr in den 1930er Jahren noch einmal eine Variante, als angesichts der Herausforderung durch den Nationalsozialismus die «kollektive Sicherheit» am besten durch antifaschistische Volksfrontbündnisse gewährleistet schien. Sie kamen vor allem zwischen 1936 und 1938/39 in Frankreich und im Spanischen Bürgerkrieg zum Tragen. Die Sowjetunion versuchte dabei, eine Radikalisierung der Volksfront zu verhindern, um Konflikte mit weiteren aussenpolitischen Bündnispartnern – wie Grossbritannien – zu vermeiden. Eine Revolutionierung der gesellschaftlichen Verhältnisse in anderen Ländern stand für sie nicht zur Debatte; die internationale Absicherung des Sowjetstaates hatte absoluten Vorrang. Dafür wurden auch schwere innere Belastungen der Volksfrontkoalitionen in Kauf genommen.

Allerdings zeichnete sich schon während des Spanischen Bürgerkrieges und ganz deutlich dann mit dem Münchener Abkommen von 1938 über das Schicksal der Tschechoslowakei ab, dass die UdSSR nicht ernsthaft mit der Unterstützung der Westmächte gegen das nationalsozialistische Deutschland rechnen konnte. Die Militärverhandlungen mit Grossbritannien und Frankreich im August 1939 bewiesen erneut die abwartende Haltung der beiden Staaten. Die sowjetische Führung nahm deshalb eine Kehrtwendung vor, die sie bereits durch verschiedene Kontakte vorbereitet hatte: Am 23. August 1939 schloss sie mit dem «Dritten Reich» einen Nichtangriffsvertrag, den sogenannten Hitler-Stalin-Pakt. Ein geheimes Zusatzprotokoll regelte die Aufteilung Polens und der baltischen Staaten in Interessensphären. Ende 1939 und 1940 gliederte sich die Sowjetunion Ostpolen und die baltischen Länder, Bessarabien und die Bukowina ein. Die antifaschistische Widerstandsbewegung wurde von dieser Politik tief getroffen. Stalin wollte damit die Sowjetunion – zumindest vorerst – aus dem drohenden Krieg heraushalten. Die kapitalistischen Länder sollten sich gegenseitig zerfleischen; wie daraus Vorteil zu schlagen war, konnte zunächst offenbleiben.

Der Zweite Weltkrieg

Der deutsche Überfall auf die Sowjetunion am 22. Juni 1941 durchkreuzte alle Hoffnungen, vom Krieg verschont zu bleiben, und brachte neues schweres Leid für die Bevölkerung. Bis zum Ende des Zweiten Weltkrieges verloren mindestens 20 Millionen Sowjetbürger ihr Leben, zahllose weitere waren verletzt oder invalide. In den vom Krieg betroffenen Gebieten mussten die Menschen ungeheure Belastungen aushalten. Als symbolisches Beispiel steht hier Leningrad. Im September 1941 war die Stadt von deutschen Truppen eingeschlossen worden. Erst im Januar 1943 konnte die Rote Armee wieder einen schmalen Zugang freikämpfen. Während dieser Zeit herrschte eine unvorstellbare Hungersnot. Hinzu kam im Winter die Kälte, denn auch die Brennmaterialien waren bald aufgebraucht. Hunderttausende verhungerten oder erfroren. Durch eine provisorische Verbindung über das Eis des Ladoga-Sees, die nach der Schmelzperiode durch einen Schiffsverkehr ersetzt wurde, gelang es 1942, die Lage etwas zu erleichtern, indem Lebensmittel geliefert und Teile der Einwohnerschaft evakuiert werden konnten. Trotzdem blieben die Verhältnisse schlimm genug. Die Hilfs- und Opferbereitschaft sowie der Wille, die Stadt keinesfalls in die Hände des Feindes fallen zu lassen, waren beispielhaft und wirkten als Vorbild.

Seit Juli 1941 war schrittweise ein Rationierungssystem für die städtische Bevölkerung der Sowjetunion eingeführt worden; die Bauern mussten sich selbst versorgen. Die Normen für Nahrungsmittel und Massenbedarfsartikel wurden allerdings kaum erreicht. Der Kolchosmarkt gewann deshalb eine grosse Bedeutung. Das materielle Niveau sank stark ab. Insgesamt sind jedoch die Leistungen der sowjetischen Kriegswirtschaft beachtlich. Trotz aller Mängel konnte eine allgemeine Katastrophe bei der Versorgung der Bevölkerung verhindert werden. Für den militärischen Sieg gab nicht zuletzt der hohe Produktionsstand der Rüstungs- und Schwerindustrie den Ausschlag. Hier kam dem Land der Aufbau einer zweiten industriellen Basis im Osten – unerreichbar für die deutschen Truppen – während der ersten drei Fünfjahrespläne zugute, die nun erweitert wurde. Darüber hinaus konnten zahlreiche Betriebe im Westen vor ihrer Besetzung oder Zerstörung evakuiert werden.

Die deutsche Armee war erstmals im Winter 1941 vor Moskau zum Stehen gebracht worden. Die Kapitulation der deutschen Soldaten in Stalingrad Ende Januar und Anfang Februar 1943 bedeutete die Wende und leitete den sowjetischen Gegenstoss ein, der bis Ende 1944 das Territorium der Sowjetunion wieder befreite. Bis heute wird diskutiert, wie es zu der ursprünglichen katastrophalen Niederlage der Roten Armee kommen konnte. Die Sowjetführung, namentlich Stalin, war mehrfach gewarnt worden, von deutschen Überläufern, von der Widerstandsorganisation der «Roten Kapelle», von dem Geheimagenten Richard Sorge (1895–1944), von Stellen in Grossbritannien und den USA. Diese Hinweise wurden nicht beachtet. Stalin fürchtete eine Provokation und war zudem in seiner dogmatischen Wahrnehmung der Welt verhaftet: Erst sollten sich die kapitalistischen Länder gegenseitig vernichten, die Sowjetunion durfte noch nicht in den Krieg hineingezogen werden. Darüber hinaus konnte sich Stalin nicht vorstellen, dass Hitler einen Zweifrontenkrieg führen werde.

Auf den Überfall reagierte die Partei- und Staatsspitze dann panikartig. Stalin trat erst am 3. Juli 1941 mit einer Rundfunkrede an die Öffentlichkeit. Militärisch unsinnige Befehle an die Fronttruppen machten alles noch schlimmer.

Viele Kommandeure wurden wegen der Niederlage, für die sie nichts konnten, erschossen. Die Truppen waren durch die «Säuberungen» ohnehin geschwächt. Eine stabilisierende Wirkung erzielten dann einige Militärs, die
durch Zufall und Glück die Terrormassnahmen überlebt hatten, wie der spätere Marschall Georgij K. Žukov (1896–1974), dessen Verhaftung nur durch
den Ausbruch von kurzzeitigen Feindseligkeiten mit Japan im Juni 1937 verhindert worden war. Als Generalstabschef wurde er Ende Juli 1941 abgesetzt,
weil er für rechtzeitige Rückzüge eingetreten war, später aber wieder gebraucht und stieg dann zum Stellvertreter Stalins als Oberbefehlshaber der
Roten Armee auf, ja wurde der eigentliche militärische Leiter.
Innenpolitisch verschärfte die Führung zunächst die Kontrolle und Überwachung. Verhaftungen, Deportationen und Erschiessungen nahmen wieder
zu. Politische Abteilungen und Kommissare, wie sie bei der Armee schon
1937 eingerichtet worden waren, erhielten nun erneut die Maschinen-Traktoren-Stationen und Kolchosen, darüber hinaus auch Industriebetriebe. Doch
mehr und mehr versuchte man, die Bevölkerung über den «Sowjetpatriotismus» ideologisch zusammenzuschweissen und im «Grossen Vaterländischen
Krieg», den man in Erinnerung an den Vaterländischen Krieg 1812 gegen
Napoleon so bezeichnete, zu aussergewöhnlichen Anstrengungen und Opfern
zu bringen. Die Heldengestalten der russischen Geschichte wurden hervorgehoben, Stalin in eine Reihe mit ihnen gestellt. All dies traf durchaus auf eine
weitverbreitete Stimmung in der Bevölkerung, denn die Mehrheit war durchaus entschlossen, das Land gegen die deutschen Eindringlinge zu verteidigen.
Das Regime wagte deshalb sogar nach einiger Zeit eine Liberalisierung und
schaffte die Kommissare und Politabteilungen wieder ab. Ein verhältnismässig
freies innenpolitisches Klima, auch in Wissenschaft und Kunst, entfaltete sich
und liess die Hoffnung wachsen, nach dem Krieg werde es so weitergehen.
Ein wichtiger Bestandteil dieser Politik war das Verhältnis zur Kirche. Mit der
Revolution und der Verfassung von 1918 waren Kirche und Staat getrennt
worden. Patriarch Vasilij Tichon (1865–1925) – der bis 1923 in Haft gehalten
wurde – und sein provisorischer Nachfolger, der Metropolit Sergij (1867 bis
1944), hatten eine Loyalitätserklärung gegenüber der Sowjetmacht abgegeben, die namentlich aussenpolitisch wichtig war. Im Innern bezog das Regime
eine klare Frontstellung gegen die Kirche, viele Kirchen und Klöster wurden
geschlossen, aktive Gläubige benachteiligt, eine intensive atheistische Propaganda betrieben. In den 1920er Jahren war dieser Kurs im grossen und ganzen
gemässigt geblieben, hatte zudem die «Sekten» mehr getroffen als die orthodoxe Kirche. Mit dem Umbruch 1929 kam es jedoch zu einer erheblichen
Radikalisierung. Das Vorgehen gegen Religion und Kirche wurde als Teil des
«verschärften Klassenkampfes» begriffen und vor allem von der «Liga kämpferischer Gottloser» getragen, die 1932 5,5 Millionen Mitglieder zählte. Im
Rahmen des Konsolidierungsprozesses liessen dann auch die Kampagnen
allmählich nach.
Jetzt, im Krieg schlossen Staat und Kirche ein Bündnis. 1941 segnete der
Metropolit Sergij die Waffen der Roten Armee, der Staat stellte dafür die
antireligiöse Propaganda ein. Nach einem Empfang bei Stalin und seinem

Stellvertreter Vjačeslav N. Molotov (eigentlich Skrjabin, 1890–1986) am 4. September 1943 konnte Sergij wenige Tage später zum Patriarchen gewählt werden. Die Erleichterungen für die orthodoxe Kirche brachten dem Staat deren Loyalität ein, die die Verteidigungsanstrengungen wirkungsvoll unterstützte wie die Stabilität des Systems förderte.

Gegner des Sowjetregimes, die den Kontakt zu den Deutschen suchten, ohne deshalb zugleich unbedingt Anhänger des Nationalsozialismus zu sein, fanden sich bei einigen Nationalitäten – etwa im Kaukasus –, die den grossrussischen Chauvinismus der Stalinschen Politik zu spüren bekommen hatten. Auch bei den Völkern im Baltikum, bei den Ukrainern und Weissrussen, unter denen teilweise ein traditioneller und aggressiver antirussischer Nationalismus herrschte, wurde der deutsche Vormarsch vielfach begrüsst. Nach der Wiedereroberung durch die Rote Armee kam es überall zu Massenverhaftungen und Deportationen.

Ein Teil der Gegner der Sowjetmacht ging offen auf die Seite der Deutschen über und liess sich in die «Osttruppen» und «Freiwilligenverbände» eingliedern. Am berühmtesten wurde die Armee des Generals Andrej A. Vlasov (1900–1946). Er war an der Verteidigung Moskaus beteiligt gewesen, hatte sich hier ausgezeichnet und soll einer der Lieblingsgenerale Stalins gewesen sein. 1942 wurde er von den Deutschen gefangengenommen und wandelte sich dann zum Führer des «Komitees für die Befreiung der Völker Russlands». Vermutlich entschloss er sich zu diesem Schritt aus Erkenntnis über die Verbrechen Stalins und dessen Verantwortung für die Niederlage von 1941. Als Nazi verstand sich Vlasov sicher nicht, ebensowenig wie die meisten, die sich zum Kampf gegen die Sowjetunion bereit erklärten. Ein Teil der russischen Soldaten wurde auch zum Dienst in dieser neuen Armee gezwungen oder stellte sich zur Verfügung, um die eigene Existenz zu retten: Die Behandlung in den deutschen Kriegsgefangenenlagern war mörderisch, die Todesrate lag wesentlich höher als in den russischen. Als Vlasov erkannte, dass er nur als Werkzeug der Nazis eingesetzt wurde – noch nicht einmal die Behandlung der Kriegsgefangenen besserte sich –, kämpfte er gegen Kriegsende auch gegen deutsche Truppen. Er geriet dann in Gefangenschaft und wurde von den Amerikanern wie die meisten antisowjetischen russischen Soldaten an die Sowjetunion ausgeliefert und dort hingerichtet.

Eine Kollaboration in der Bevölkerung mit den Deutschen gab es am stärksten in den Gebieten, die erst nach 1939 infolge des Hitler-Stalin-Paktes an die Sowjetunion gekommen waren. In der Westukraine und in Litauen kämpften Partisanen sogar noch über 1945 hinaus gegen sowjetische Einheiten. Vorübergehende Sympathien unter Kolchosbauern für die Deutschen klangen bald wieder ab. Als die Nazis an ihnen ihre Einstellung «Untermenschen» gegenüber praktizierten, waren sie jeglicher Illusionen beraubt.

Eine hohe Bedeutung ist den sowjetischen Partisanen zuzumessen. Dass sie sich in den von Deutschen besetzten Gebieten bewegen konnten, zeigt ihre Unterstützung seitens der Bevölkerung vor allem seit 1943, als anfängliches Misstrauen, mit den Partisanen werde die Geheimpolizei auf sie selbst angesetzt, überwunden worden war. 500'000 bis 800'000 Menschen sollen sich beteiligt haben. Die militärische Wirkung ist umstritten. Sicherlich konnten deutsche Nachschubverbindungen erheblich gestört werden, auch lieferten sich die Partisanen mit deutschen Soldaten erbitterte Kämpfe. Allerdings behinderte etwa die Zerstörung von Schienen dann auch den sowjetischen Vormarsch gegen die Deutschen. Wichtiger waren vermutlich die Funktionen nach innen – die Verhinderung von Kollaborationen – und die Symbolkraft, die von dem Mut der Partisanen ausging.

In der Kriegswirtschaft konnte sich das Zentralverwaltungssystem am ehesten bewähren und eine gewisse organisatorische Kraft entfalten. Die Desorganisation, wie sie im Ersten Weltkrieg eingetreten war, wurde weitgehend vermieden, das Eisenbahnwesen blieb intakt, die Evakuierung von Industrieanlagen und Arbeitskräften vollzog sich planmässig – soweit sie nicht wegen verspäteter Befehle unmöglich gemacht worden war –, der Aufbau einer schwerindustriellen Basis jenseits des Ural, der mit erheblichen Problemen behaftet war, kam jetzt der Rüstung zugute. In erster Linie dürfte die Motivation der Menschen, das Land zu retten, die Mängel des starren hierarchischen Systems ausgeglichen haben. Der Bürokratismus konnte kein derartiges Schwergewicht wie zuvor erlangen. Die Umstellung auf die Rüstungsproduktion gelang ausgesprochen rasch. Natürlich hatten darunter die Erzeugung von Konsumgütern und die Landwirtschaft zu leiden. Der Lebensstandard ging wieder drastisch zurück. Das Realeinkommen sank, die Wohnungsnot wuchs infolge der Kriegsfolgen, die Ernährung liess trotz Rationierung und Kolchosmarkt zu wünschen übrig, zumal die Landwirtschaft 1945 nur noch etwa 60 Prozent des Standes von 1940 produzierte. Dennoch stiess die Sowjetführung auf Zustimmung, wenn sie mit den Erfolgen in der Kriegswirtschaft ihren Kurs seit 1929 rechtfertigte. Dabei durfte allerdings nicht ausgesprochen werden, welche ökonomischen Nachteile mit ihm verbunden gewesen waren, welche Opfer er gefordert und welches Leid er über die Menschen gebracht hatte.

Der Sieg der Sowjetunion über Deutschland stärkte die Autorität Stalins, der als der grosse Führer erschien. Von seinen Fehleinschätzungen, die zur Niederlage von 1941 beigetragen hatten, ahnte kaum jemand etwas. Später scheint Stalin lernfähig gewesen zu sein und seine strategischen Fähigkeiten nicht überschätzt zu haben. Er hörte mehr auf den Rat der Fachleute und stattete qualifizierte Leute mit Sondervollmachten aus, denen es gelang, den Bürokratismus und die Schwerfälligkeit des Planungs- und Wirtschaftsverwaltungssystems zu unterlaufen. Obwohl vermutlich die meisten Sowjetbürger nicht wegen Stalin oder wegen der Sowjetordnung und des Sozialismus gekämpft haben dürften, stieg durch den Sieg auch das Prestige des Regimes insgesamt. Während der Liberalisierungsphase tauchten sogar wieder vermehrt sozialistische Gedankengänge auf. Die Entstehung der Volksdemokratien in Ost- und Südosteuropa als Folge des Weltkriegs sowie der Sieg der Kommunisten in China, der 1949 feststand, schienen langfristig das Risiko der kapitalistischen «Einkreisung» zu verringern und erhöhten die Hoffnung auf ein kommunistisches Weltsystem.

Liberalisierung und neuer Terror

Die ausserordentlich hohen Kriegsschäden sowie die Umstellung der Kriegs- auf die Friedenswirtschaft erforderten erneut grosse Anstrengungen. Nur kurzfristig erhielt dabei die Konsumgüterproduktion Vorrang. Bereits der im März 1946 angenommene neue Fünfjahresplan setzte die Prioritäten nach gewohntem Muster. Unerwartet schnell, nämlich 1948, erreichte die Industrie das Vorkriegsniveau. Trotz der gewaltigen Anspannung der Kräfte während des Krieges und trotz aller Schwierigkeiten wurden die brachliegenden, zerstörten Anlagen in Rekordtempo wieder in Betrieb genommen, darüber hinaus zahlreiche Neuprojekte verwirklicht.

Um die Arbeiter und Angestellten zu erhöhten Leistungen zu mobilisieren, gab es eine Reihe von Änderungen in der Arbeitsverfassung. Die Gewerkschaften wurden neu belebt – zum erstenmal seit 15 Jahren führten sie wieder einen Kongress durch. Sie sollten ihrer Doppelrolle – Interessenvertretung der Werktätigen und zugleich diesen gegenüber Vermittlungsorgan für die Beschlüsse von Partei und Regierung – stärker gerecht werden, die sich nach der Übernahme der Aufgaben des Volkskommissariates für Arbeit durch den Zentralrat der Gewerkschaften im Jahre 1933 einseitig zugunsten der staatlichen Funktion verschoben hatte. Damit die Betriebskomitees der Gewerkschaften ihre Stellung festigen konnten, wurde 1947 die seit 1935 unterbrochene und durch staatlich verordnete Tarifverträge ersetzte Praxis aufgegriffen, in den einzelnen Unternehmen Kollektivverträge abzuschliessen. Allerdings bedeutete das nicht, dass nun Gewerkschaften und Betriebsleitungen einen Tarifvertrag aushandeln durften. Die im zentralen Plan vorgegebenen Kennziffern stellten die Eckdaten dar, die im Kollektivvertrag bestätigt und konkretisiert wurden. In betrieblichen Versammlungen sollte die Belegschaft Gelegenheit erhalten, die Erfüllung des Vertrages zu kontrollieren und Kritik zu üben. Da sich aber die Rahmenbedingungen nicht wandelten, blieb diese Möglichkeit ebenso formal wie frühere Bestrebungen in dieser Richtung.

In der Landwirtschaft verlief die Entwicklung noch komplizierter als in der Industrie. Vor allem die Viehzucht war durch den Krieg erneut stark zurückgeworfen worden, aber auch der Ackerbau erwies sich immer noch als anfällig gegenüber Schwankungen. Dass hier die Durchführung der Kollektivierung nachwirkte, zeigte das Auftauchen der gleichen Probleme wie vor dem Krieg: Die Tagewerke wurden falsch berechnet, die Kolchosländereien für Privatwirtschaften genutzt, Parteifunktionäre missbrauchten ihre Stellung. Auch die innere Arbeitsorganisation entsprach nach wie vor nicht den Erwartungen. Die Sowjetregierung versuchte mehrmals, dem entgegenzusteuern. Die Tagewerke sollten neu bewertet und dadurch das persönliche Interesse an einem guten Produktionsergebnis angeregt werden. Ausserdem wollte man den Zusammenhalt der Brigaden festigen und den individuellen Einsatz ihrer Mitglieder erhöhen. Zugleich wurde die Brigade verstärkt durch die kleine Einheit der Arbeitsgruppe – *zveno* – ergänzt.

Auf die Empfindungen der Bauern schien man bereits dadurch eingegangen zu sein, dass man die Kolchosen verkleinert und über den am 8. Oktober 1946 gebildeten «Rat für Kolchosangelegenheiten» eine ansatzweise Mitwirkung an den zentralen Bestimmungen ermöglicht hatte. Als sich der Aufschwung in der Landwirtschaft jedoch langsamer als erhofft vollzog, wurde die Tendenz zu überschaubaren Organisationen auf dem Land nicht weiter verfolgt. Vor allem Nikita S. Chruščev (1894–1971), von 1938 bis 1949 – mit kurzer Unterbrechung – Parteisekretär der Ukraine, anschliessend von Moskau, machte sich 1949 zum Sprecher der Meinung, man müsse im Interesse der Rationalisierung – und wohl auch der Kontrolle – kleine Kolchosen zusammenlegen und von besser als bisher ausgebildeten Fachleuten betreuen lassen. In der Tat ging die Zahl der Kolchosen dann rasch zurück, während die Durchschnittsfläche pro Wirtschaft erheblich zunahm. Zugleich trat die Förderung von Arbeitsgruppen wieder in den Hintergrund. Die Ergebnisse entsprachen erneut bei weitem nicht den Wünschen. Letztlich vertiefte sich die Entfremdung der Landbevölkerung vom Regime weiter.

Nicht durchsetzen konnte sich Chruščev mit einem zweiten, heiss umstrittenen Vorschlag. Er griff Elemente der Diskussion um die sozialistische Stadt der Zukunft Ende der 1920er Jahre auf und sprach sich für die Verwirklichung von «Agrostädten» aus: Dörfer sollten zu grossen Siedlungen zusammengefasst und umgewandelt werden, von denen aus die Bewirtschaftung der Felder noch mehr «industrialisiert» werden könne. Da das persönliche Hofland am Rande der Stadt in einer geschlossenen Fläche angelegt werde, sei eine kollektive Bearbeitung ebenfalls möglich. Einen solchen Schritt hielt man offenbar unter den damaligen Bedingungen für zu risikoreich. Das Modell tauchte jedoch auch nach 1953 immer wieder auf und ging ansatzweise noch in das Parteiprogramm von 1961 ein.

Die Folgen des Krieges, die erneute Priorität für den Produktionsmittelsektor und die Probleme in der Landwirtschaft verhinderten zunächst eine durchgreifende Verbesserung bei der Versorgung der Bevölkerung mit Lebensmitteln und industriellen Konsumgütern und führten ausserdem zu einem starken Ansteigen der Marktpreise. Ende 1947 beschlossen Regierung und Parteiführung eine Währungsreform, mit der zugleich das Rationierungssystem abgeschafft und die Preise gesenkt wurden. In der folgenden Zeit verbesserte sich dann auch das Angebot, während sich die Reallöhne erhöhten. Die allmählichen Erleichterungen in den Lebensverhältnissen blieben jedoch weit hinter den Erwartungen der Arbeiterschaft und der Bevölkerung insgesamt zurück. Enttäuschung und Apathie waren die Folge. Hier liegt eine der Wurzeln, warum die späteren Reformversuche nicht griffen.

Zu Beginn der 1950er Jahre bot sich in der Wirtschaft ein widersprüchliches Bild. Den Leistungen und Erfolgen bei ihrer Wiederherstellung standen nach wie vor tiefe Disproportionen zwischen und innerhalb der Wirtschaftszweige gegenüber. Die Zuwachsraten konnten nicht mehr zufriedenstellen. Deutlich wurde, dass die extensive Phase der Industrialisierung erschöpft war. Damit musste vollends offenkundig werden, dass das bisherige Planungssystem mit seinen detaillierten, oft wirklichkeitsfremden Vorschriften und seinen Mengenangaben, die leicht auf Kosten der Qualität gehen konnten – der «Tonnenideologie» –, darüber hinaus der schwerfällige Apparat der Wirtschaftsverwaltung den Anforderungen nicht mehr gewachsen war. Erste Vorschläge für Änderungen tauchten auf, die dann nach Stalins Tod 1953 in eine lange Phase von Reformdiskussionen und Experimenten einmündeten.

Über die Richtung der Wirtschaftspolitik hatte man schon vorher gestritten. 1946 war eine Gruppe in der Führungsspitze, der auch der Vorsitzende der Staatlichen Plankommission (Gosplan) und Verantwortliche für die Wirtschaftslenkung im Zweiten Weltkrieg, Nikolaj A. Voznesenskij (1903–1950), angehörte, für eine stärkere Berücksichtigung der Konsumgüterindustrie eingetreten. Sie konnte sich allerdings nicht durchsetzen, wofür möglicherweise die sich anbahnende Verschärfung der internationalen Lage – der entstehende «Kalte Krieg» – den Ausschlag gab. Diese Auseinandersetzung deutet darauf hin, dass eine bekanntgewordene «Säuberung» nicht nur ein persönlicher Machtkampf war, sondern unterschiedliche wirtschaftspolitische Vorstellungen widerspiegelte. Nach dem überraschenden Tod des einflussreichen Politbüromitglieds, Sekretärs des Zentralkomitees und ehemaligen Leningrader Parteichefs Andrej A. Ždanov (1896–1948) am 31. August 1948 wurden hohe Funktionäre, die man mit ihm in Verbindung brachte, unter dem Vorwand einer «Verschwörung» verhaftet und 1950 erschossen, darunter auch Voznesenkij.

Diese «Leningrader Affäre» blieb nicht die einzige. Ende 1951 wurden zahlreiche Mingrelier, Angehörige einer nationalen Minderheit in Georgien, wegen einer «nationalistischen Verschwörung» verhaftet. Wie sich später herausstellte, sollte damit die georgische Parteiorganisation und vermutlich auch der mächtige, den Geheimdienstapparat beherrschende Berija getroffen werden. Anfang 1953 entdeckte man dann eine dritte «Verschwörung». Hochgestellten Ärzten, darunter auffallend vielen Juden, warf man vor, Ždanov vergiftet und in Verbindung mit ausländischen Organisationen geplant zu haben, weitere hohe Politiker und Militärs zu ermorden. Gleichzeitig wurde eine Kampagne gegen «Kosmopolitismus und Zionismus» entfacht. Schon seit 1948 war im übrigen ein verstärkter judenfeindlicher Kurs nicht zu übersehen gewesen. Er hatte die Auflösung des 1942 gegründeten «Antifaschistischen Jüdischen Komitees» zur Folge. Viele jüdischen Funktionäre wurden verhaftet und einer antisowjetischen Tätigkeit angeklagt. Es kam zu zahllosen Hinrichtungen und Deportationen in Straflager. Diese antijüdische Welle traf durchaus auf Resonanz in der Bevölkerung und breitete sich auch auf andere Länder des kommunistischen Machtbereichs aus, wo Schauprozesse gegen führende Kommunisten grosses Aufsehen erregten.

Hinter all den «Verschwörungs»-Vorwürfen dürften interne Auseinandersetzungen gesteckt haben. Darüber hinaus erinnern die Legitimierungsschemata stark an die Einleitung der «Säuberungen» in den 1930er Jahren. Das hat zu Vermutungen Anlass gegeben, dass Stalin und seine Umgebung daran dachten, wie damals durch das gewaltsame und schnelle Auswechseln der alten Elite – sozusagen in einer blutigen Rotation – jüngere Parteimitglieder zu befördern, ihnen den Aufstieg zu ermöglichen, dadurch neue Loyalitäten zu schaffen und bestehende, für gefährlich gehaltene Machtpositionen zu brechen. Zum Glück für die Beschuldigten starb Stalin am 5. März 1953, bevor die Untersuchungen abgeschlossen waren und den Auftakt zu umfassenderen Massnahmen geben konnten.

Der Terror blieb ein Kennzeichen des stalinistischen Machtsystems auch nach 1945. Die Zahl der Menschen, die in Straflagern, Gefängnissen oder in der Verbannung festgehalten wurden, erreichte Anfang der 1950er Jahre mit über fünf Millionen, rund drei Prozent der Bevölkerung, einen Höhepunkt. Alle Hoffnungen auf eine Liberalisierung erfüllten sich nicht. Diese hatten sich daran geknüpft, dass Stalin durch den militärischen Sieg über das Deutsche Reich auf dem Gipfel seiner Autorität stand. Viele Bürger glaubten, dass einige innenpolitische Massnahmen auf ein grösseres Selbstbewusstsein, eine neugewonnene Souveränität im Verhalten zu Andersdenkenden hinwiesen. Anzeichen im ideologischen Bereich deuteten jedoch schon bald nach Kriegsende darauf hin, dass dem nicht so war. Namentlich Ždanov, der dafür in der Parteiführung zuständig war, propagierte den «Sowjetpatriotismus» nun, um das Land scharf gegen alle Einflüsse aus dem Westen abzugrenzen. Wer des «Kosmopolitismus» verdächtigt wurde, musste sich mindestens herbe Kritik in der Öffentlichkeit gefallen lassen, wenn er nicht ganz von der Bildfläche verschwand. Bedeutende Künstler, Schriftsteller und Wissenschaftler wurden gemassregelt, «Abweichungen» nicht mehr zugelassen. Im kulturellen und wissenschaftlichen Leben kehrte wieder Enge ein. Die Betonung des Nationalen sollte nach aussen hin die Schwäche des Regimes überdecken und zugleich die Weiterexistenz eines starken Staates als treibende Kraft der gesellschaftlichen Entwicklung legitimieren.

Die ideologische Erstarrung zog neue Verfolgungen nach sich, auch wenn 1947 durch die Abschaffung der Todesstrafe – sie wurde 1950 wieder eingeführt – nach aussen hin eine Mässigung signalisiert zu werden schien. Waren bereits während des Krieges Völkerschaften, die der Zusammenarbeit mit den Deutschen verdächtigt wurden, zwangsumgesiedelt worden – mit zahlreichen Opfern –, so ging man nun gegen alle Personen vor, die eines antirussischen Nationalismus beschuldigt wurden. Vor allem Ukrainer und Balten waren hiervon betroffen. Hatte jemand – auf welche Weise auch immer – mit Ausländern in Verbindung gestanden, musste er damit rechnen, bestraft zu werden. Das traf Frauen, die Ausländer kennengelernt hatten – Heiraten mit Ausländern wurden am 15. Februar 1947 verboten –, ebenso wie Kinder von Teilnehmern am Spanischen Bürgerkrieg, die nach der Niederlage in die Sowjetunion gebracht worden waren. Russische Zivilpersonen, die während des Krieges von Deutschen zum Arbeitseinsatz deportiert worden waren, und geflohene oder heimkehrende Kriegsgefangene fanden sich, der «Spionage» verdächtigt, in Straflagern wieder. Dahinter stand die Unsicherheit, die Geschlossenheit des Systems könne durch Gedankengut oder Erfahrungen aus dem Westen gefährdet werden.

Als Stalin starb, mussten sich seine Nachfolger mit der Frage beschäftigen, ob sie den Terror, der weit über den genannten Kreis von Personen hinausging, fortsetzen oder sich vom Stalinismus lösen wollten. Dazu hätte es gehört, die Ursachen für die Durchsetzung dieses Machtsystems zu analysieren und Kontrollmechanismen einzuführen, die eine Wiederholung ausschlossen. Eine

Die Lomonosov-Universität, 1948–1953, Hauptgebäude. Moskau, Leninberg. Die Monumentalbauten sollten – wie entsprechende künstlerische Werke – versinnbildlichen, zu welchen Leistungen die Sowjetunion fähig sei, dass sie alle Schwierigkeiten überwinden werde und eine allgemeine Verbesserung der Verhältnisse erwartet werden könne – auch wenn die Wirklichkeit dagegen sprach.

deutliche Abwendung von den stalinistischen Methoden war auch in Planung, Wirtschaft und Verwaltung notwendig. Dabei musste sich zeigen, ob wieder an den Ansprüchen und Zielen, die in der Oktoberrevolution und den ersten Jahren danach erhoben worden waren, angeknüpft werden sollte.

Begrenzte Entstalinisierung

1961 schrieb Evgenij A. Evtušenko (geb. 1933), nachdem Stalins Leichnam auf Beschluss des 22. Parteitages der KPdSU aus dem Lenin-Mausoleum entfernt worden war, ein Gedicht mit dem Titel «Stalins Erben».

«Schweigend: der Marmor.
Schweigend: das glitzernde Glas.
Schweigend: zu Bronze geronnen
die Wache im Wind.
Aber vom Sarge stieg auf ein geringer Rauch,
Atem, der durch seine schmalen Ritzen gelangt war,
als man
ihn durch die Tür des Mausoleums hinaustrug. [...]
Drohend
dahinter
düster mit einbalsamierten Fäusten
der sich nur totgestellt hatte, der da
jetzt sein Gesicht an die Ritze presste,
sich einzuprägen alle,
die ihn hinausbeförderten, [...]
Ich aber wende mich an die Regierung mit Sorge,
weist meine Bitte nicht ab:
Verdoppelt die Wachen,
verdreifacht sie
vor diesem Grab! [...]
Ja, weitsichtig war er gewiss!
Und in den Listen des Kampfes mehr als gewitzigt,
hat er dem Erdball
noch Erben die Menge vererbt. [...]
Sicher, wir haben ihn
aus dem Mausoleum
glücklich herausgebracht.
Wer aber
expediert Stalin nun
aus den Herzen der Erben?
Da gibt es doch einige, die
im Ruhestand Rosen beschneiden und glauben im Stillen,
das sei Ruhestand auf Abruf.
Andere,

hoch von Tribünen aus,
Stalin verwünschend,
dieselben sind's,
die sich nachts gern des Alten erinnern. [...]
Und wenn da mal wieder wer kommt und mir sagt:
‹Gib schon Ruh da. Lass gut sein.›
Ich kann es nicht.
Weil ich weiss, dass Stalin noch immer ein Mausoleum besitzt,
solang seine Erben unter uns umgehn auf Erden.»[58]

Eindrucksvoll machte der Dichter hier darauf aufmerksam, dass mit der eingeleiteten «Entstalinisierung» der Stalinismus noch keineswegs überwunden war. In der Tat sollte sich rasch erweisen, dass die Phase der Aufarbeitung der Vergangenheit wieder steckenblieb. Dabei hatte alles dramatisch begonnen. Nach Stalins Tod war eine kollektive Führung gebildet worden, in welcher der Vorsitzende des Ministerrates, Georgij M. Malenkov (1902–1988), der Geheimdienstchef Berija und Chruščev als Sekretär des Zentralkomitees die beherrschenden Persönlichkeiten darstellten. Chruščev gelang es, Berija zu isolieren, den man verdächtigte, nach Alleinherrschaft zu streben. Am 9. Juli 1953 wurde er verhaftet und bereits am 23. Dezember dieses Jahres zusammen mit einigen Anhängern hingerichtet. Chruščev und Malenkov verkündeten am 8. August 1953 den «neuen Kurs» in der Wirtschaftspolitik, der einen Vorrang der Konsumgüterproduktion vor der Schwerindustrie vorsah. Daneben setzten sie tastende Entspannungsbemühungen gegenüber dem Westen fort, die Berija begonnen hatte, allerdings rasch an ihre Grenzen stiessen. Ebenso war nun ein «Tauwetter» im geistigen Leben zu verspüren. Der Begriff leitete sich von einer 1954 erschienenen gleichnamigen Erzählung Il'ja G. Ėrenburgs (1891–1967) ab; der Historiker Sergej M. Solov'ev (1820–1879) hatte seinerzeit die Reformperiode nach 1855 so benannt. Berija hatte den Massenterror eingestellt und eine Amnestie für bestimmte Häftlingsgruppen erlassen. Eine Reihe von Zwangsarbeitslagern wurde 1953/54 aufgelöst. Während diese Liberalisierung mit gewissen Schwankungen längere Zeit anhielt, war die wirtschaftspolitische Wende nur von kurzer Dauer, da sie zu Umstellungsschwierigkeiten führte und das Zurückbleiben der Schwerindustrie in weiten Kreisen – auch der Militärs – auf Kritik stiess.
Chruščcev, der mit Malenkov schon wegen seiner Agrarpolitik zusammengestossen war, schwächte diesen Schritt für Schritt, indem er nicht zuletzt offenkundig werden liess, dass Malenkov eng mit Stalin zusammengearbeitet und seine Hände bei dem blutigen Vorgehen gegen die Anhänger Ždanovs nach dessen Tod oder bei der «Ärzteverschwörung» im Spiel gehabt hatte. Am 8. Februar 1955 trat Malenkov als Ministerpräsident zurück, behielt jedoch noch einige Ämter. Dies war neu: Der Rücktritt vollzog sich ohne vollständigen Gesichtsverlust und hatte auch keine Erschiessung zur Folge, wie dies unter Stalin üblich gewesen war. Neuer Ministerpräsident wurde ein enger Freund Chruščevs, Nikolaj A. Bulganin (1895–1975), wodurch dessen Gewicht merklich anstieg. Beide reisten im Mai 1955 nach Belgrad, um den Bruch

zwischen der Sowjetunion und Jugoslawien, den Stalin 1948 herbeigeführt hatte, wieder zu kitten. Allgemein erhielten die von der Sowjetunion abhängigen Länder Osteuropas eine grössere Selbständigkeit. Aufgestaute Spannungen – verstärkt durch die Erschütterungen, die die Entstalinisierung mit sich brachte – entluden sich 1956 in Aufständen in Polen und Ungarn.

Den eigentlichen Beginn der Entstalinisierung markiert die Geheimrede Chruščevs am 20. Parteitag im Februar 1956, die durchaus bekannt wurde und wie ein Paukenschlag wirkte. In dieser Rede prangerte Chruščev Stalins Verbrechen an, gab erstmals Zahlen über die Opfer bekannt, berichtete anhand von vielen Beispielen, wie mit Parteimitgliedern umgegangen worden war, stellte den Machtmissbrauch Stalins und den Kult um seine Person heraus, forderte die Rückkehr zu den Prinzipien Lenins. Gewiss erfolgte dieses Vorgehen unter taktischen Gesichtspunkten, um seine innerparteilichen Gegner auszuschalten und die Reformen anzukurbeln, doch stellte es durchaus einen mutigen Schritt dar. Die Aufdeckung der stalinistischen Verbrechen war für Chruščev nicht ohne Risiken, da er selbst daran beteiligt gewesen war – in der Ukraine während der 1930er Jahre und nach 1945, in den neuen Westgebieten und im Baltikum 1939/40. «Dass Chruschtschow trotz dieser Gefahr für sein persönliches Schicksal die Verbrechen der Stalinzeit enthüllte, beweist, dass er als Mensch wie auch als Politiker die anderen sowjetischen Staatsmänner bei weitem überragte.»[59]

Trotz ihrer Beschränktheit – sie legte keineswegs das Ausmass des Terrors, dessen Ursachen und Mechanismen offen – bedeutete die Rede einen Durchbruch. Mehrere Millionen Menschen wurden aus den Lagern entlassen, eine besondere Kommission nahm sich der Rehabilitierung unschuldig Verdächtigter und Verurteilter an. Eine «Lager-Literatur», die häufig auf persönlichen Erfahrungen beruhte, setzte sich mit der Vergangenheit auseinander. Aleksandr Solženicyns 1962 erschienene Erzählung «Ein Tag im Leben des Ivan Denisovič» wurde das – auch im Westen – bekannteste Beispiel.

Noch einmal kam es zu einem harten Machtkampf. Die Gegner Chruščevs konnten am 19. Juni 1957 im Präsidium des Zentralkomitees eine Mehrheit hinter sich bringen, die ihm das Misstrauen aussprach. Doch mit Hilfe des Militärs, namentlich des Verteidigungsministers Marschall Žukov liess Chruščev die Mitglieder des Zentralkomitees nach Moskau zu einer Plenarsitzung vom 22. bis 29. Juni bringen, die seiner Linie zustimmte. Wenige Tage später verloren führende Politiker, darunter Malenkov und Molotov, ihre Ämter. Der Widerstand alter Stalinisten und einer bestimmten wirtschaftspolitischen Interessengruppe gegen den Reformkurs und gegen die Entstalinisierung war gebrochen. Im Oktober 1957 wurde auch Žukov wegen «bonapartistischer» Tendenzen abgesetzt. Er war Chruščev zu mächtig geworden und hatte versucht, das Militär von der Parteiführung selbständiger zu machen. Schliesslich, am 26. März 1958, musste Bulganin seinen Posten verlassen, nachdem er nun zur «parteifeindlichen» Gruppe um die zuvor gestürzten Politiker rechnete. Chruščev übernahm selbst den Vorsitz im Ministerrat und vereinigte damit das höchste Partei- und Regierungsamt in seiner Person. Er stand auf dem Höhepunkt seiner Macht. Vergleichbar mit der

Stalinschen Diktatur ist sie allerdings nicht. Immer musste Chruščev mit starker Opposition rechnen.

Mit der Ausschaltung der «parteifeindlichen» Gruppe war der Weg für einen Fortgang der Entstalinisierung frei. Dennoch verlief die Entwicklung nicht geradlinig. Nach den Aufständen in Polen und Ungarn, den Erschütterungen in anderen Ländern des sowjetischen Machtbereichs und in kommunistischen Parteien, nach der Verunsicherung vieler Funktionäre und einfacher Parteimitglieder, die den Schock der Enthüllungen nicht verwinden und verarbeiten konnten, war die Parteiführung bestrebt, die Aufdeckung des stalinistischen Terrors nicht «ausufern» zu lassen. So wurden Historiker, die die Kritik vertiefen und nach Ursachen fragen wollten, gemassregelt. Die Rehabilitationen verlangsamten sich und grenzten bestimmte Personenkreise aus: oppositionelle Parteipolitiker wie Trockij, Bucharin oder Zinov'ev ebenso wie Menschewiki, Sozialrevolutionäre oder Anarchisten. Die Verfolgungen, die über den Kreis der «Säuberungen» in der Partei und gegen ehemalige Angehörige anderer Parteien hinausgingen, kamen immer weniger zur Sprache. Diejenigen, die die Verbrechen ausgeführt hatten, wurden nicht konsequent zur Rechenschaft gezogen. Bei der Aufklärung vieler Verbrechen – etwa der Begleitumstände der Ermordung Kirovs 1934 – verschwanden wichtige Dokumente. Hingegen erschienen immer wieder Artikel in der Presse, in denen Stalin auch gelobt wurde. Am 22. Parteitag 1961 versuchte Chruščev, auch in der Entstalinisierung noch einmal in die Offensive zu gehen, nicht zuletzt, um wachsende Kritik an ihm und an seinen Reformen aufzufangen. Unterstützt wurde er bei seiner Entstalinisierungskampagne im übrigen immer wieder von der Leitung des Geheimdienstes – jetzt KGB –, der sich von seinem stalinistischen Odium befreien, aber natürlich auch Einfluss erwerben und Fäden in der Hand behalten wollte.

Die Aufdeckung weiterer Einzelheiten aus der Zeit des Terrors führte zu dem Beschluss, Stalins Leiche aus dem Lenin-Mausoleum zu entfernen und in der Mauer des Kreml beizusetzen – immerhin eine Ehre, die Chruščev bei seinem Tod am 11. September 1971 nicht gewährt wurde. Eine neue Welle von Anti-Stalin-Aktionen überschwemmte das Land. Orte, Strassen, Plätze oder Gebäude, die seinen Namen oder den eines seiner Anhänger trugen, wurden umbenannt, Denkmäler beseitigt. Einige vertiefende wissenschaftliche Untersuchungen, Erinnerungen, literarische Verarbeitungen erschienen. Bald jedoch ergriff die Parteiführung Massnahmen, diesen Prozess zu bremsen. Die Kritik sollte bestimmte Grenzen nicht überschreiten. Mehr und mehr mussten Schriftsteller oder Wissenschaftler erfahren, dass ihre Werke nicht zur Veröffentlichung zugelassen wurden. Chruščev reagierte damit nicht zuletzt auf wachsenden Druck gegen ihn, doch ist fraglich, ob er selbst, wäre er nicht 1964 gestürzt worden, die Entstalinisierung weiter vorangetrieben hätte.

Begrenztheit und Widersprüchlichkeit bei der Aufarbeitung der Stalin-Zeit liegen offen zutage. Stalin wurde praktisch die Alleinschuld an den Verbrechen gegeben. Das System sei nicht berührt worden, der eingeschlagene Weg grundsätzlich richtig gewesen. Eine Analyse, warum Kontrollmechanismen versagten, inwieweit die politische und ökonomische Strategie in den 1920er

Jahren das stalinistische Machtsystem erst ermöglichten, wurde nicht zugelassen. Dies hätte zu Fragen geführt, wie die Opfer, die die Industrialisierung und Kollektivierung gefordert hatten, gerechtfertigt werden könnten und ob die Struktur von Partei und Staat eine angemessene Antwort auf die Ziele der Revolution, auf die Anforderungen der historischen Entwicklung gewesen sei. Eine offene Diskussion über den Weg zum Sozialismus und über zukünftige Alternativen wäre die Folge gewesen – und so weit wollte man nicht gehen, um das System nicht zu sehr zu erschüttern.

So geriet die nachstalinistische Politik in ein schwer lösbares Dilemma. Trieb man die Erinnerung an die Vergangenheit zu energisch voran, grub man zu tief nach den Wurzeln des Geschehenen, drohte alles ausser Kontrolle zu geraten, drohten auch heftige innenpolitische Auseinandersetzungen. Anderseits zeigte sich, dass die Reformen in den verschiedensten gesellschaftlichen Bereichen nicht weitergeführt werden konnten, wenn es keine grundsätzliche Erneuerung gab. Chruščev konnte dieses Dilemma nicht lösen. Unter seinen Nachfolgern wurde immer weniger von Entstalinisierung gesprochen, man setzte sich kaum noch bewusst mit der Vergangenheit auseinander – sie wurde totgeschwiegen oder mit formelhaften Wendungen übergangen –, zugleich versandeten die Reformansätze.

Widersprüchliche Reformen in der Ära Chruščev

Aussen- wie innenpolitisch war die Ära Chruščev von vielfältigen Neuansätzen charakterisiert, die dieser Zeit den Anschein des Experimentierens, aber auch des Zickzackkurses geben. Exemplarisch sollen hier die Agrar-, Industrie- und Parteireform herausgegriffen werden. In der Agrarpolitik knüpfte Chruščev an seine schon vor Stalins Tod entwickelten Konzepte an. Als Antwort auf die grösser werdenden Getreideschwierigkeiten – so wurde 1953 pro Kopf der Bevölkerung weniger Getreide geerntet als 1940 und sogar weniger als 1913 – sollten erneut die Flächen, die von den Kolchosen bewirtschaftet wurden, vergrössert werden, damit sie von den modernsten Maschinen rationell bearbeitet werden konnten. Zusätzlich plädierte Chruščev dafür, in bisher als unfruchtbar geltenden Gebieten Neuland zu gewinnen. Das berühmteste Projekt betraf Kasachstan. Nach innerparteilichen Auseinandersetzungen entschieden sich die Führungsgremien Anfang 1954 dafür, es zu verwirklichen. Riesige Sowchosen wurden gebildet und Tausende von Arbeitskräften mobilisiert. Vor allem Jugendliche meldeten sich begeistert zum Einsatz. Die erste Ernte wurde ein grosser Erfolg. Doch schon bald durchkreuzten erhebliche Schwierigkeiten die allzu hochfliegenden Pläne. Die Gefahren durch Dürre und Winderosionen waren ausserordentlich stark. Probleme der Infrastruktur, namentlich des Transportwesens und des Baus einer genügenden Zahl von Getreidesilos, konnten nicht befriedigend gelöst werden. Darüber hinaus wirkte sich der Abzug von Arbeitskräften und Maschinen aus anderen Gebieten, wo sie ebenso notwendig gebraucht wurden, nachteilig aus. All dies wog den Getreidegewinn auf, ja vergrösserte sogar das Ernterisiko in der So-

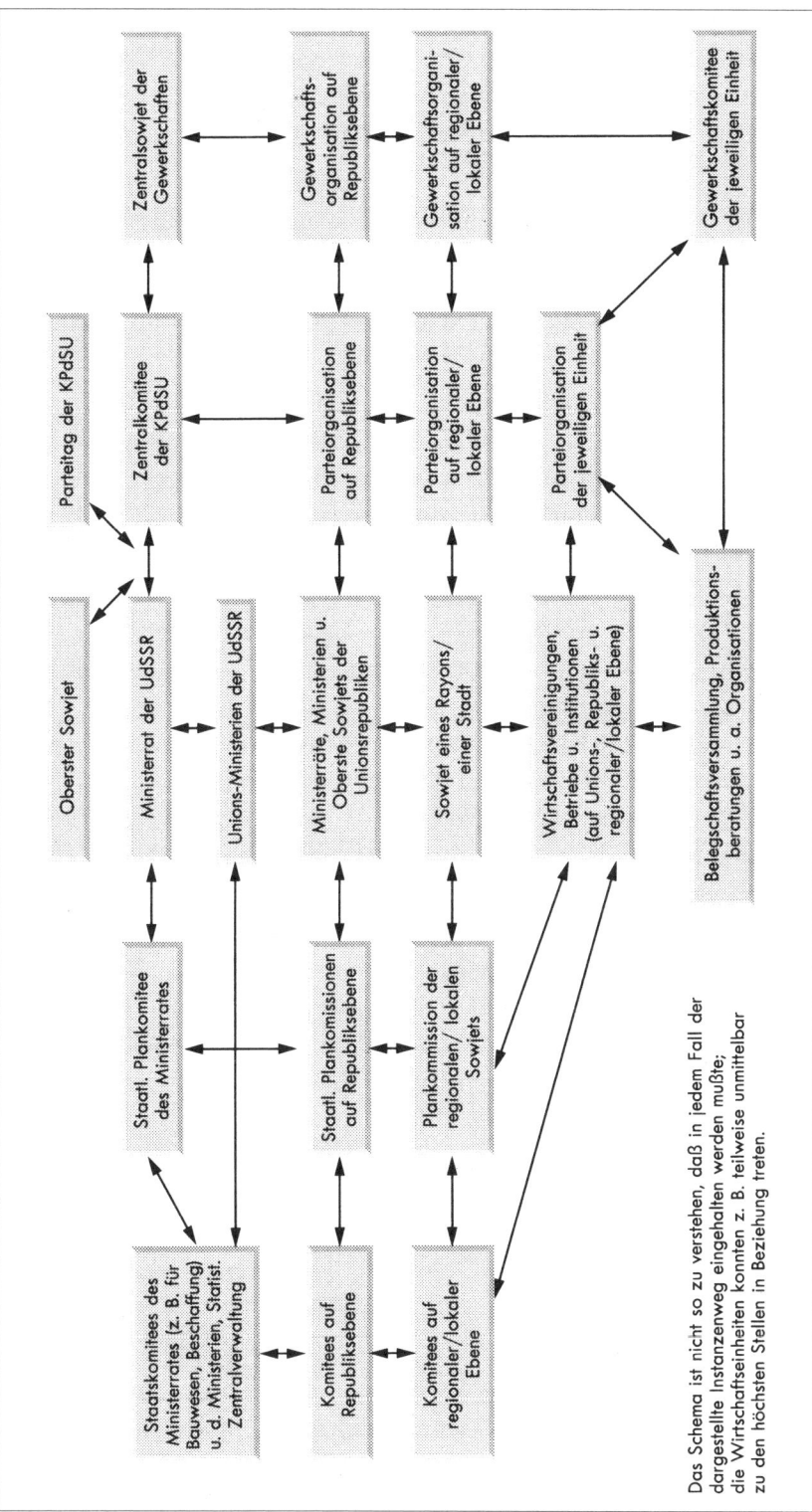

Vereinfachtes Schema der Planaufstellung in der UdSSR.

wjetunion, das jede Planung mit beträchtlichen Unsicherheitsfaktoren belastete. Trotzdem kam es im grossen und ganzen bis Ende der 1950er Jahre in der Landwirtschaft zu einer Aufwärtsentwicklung.

Neben den Grossprojekten, zu denen auch die Zusammenlegung von Kolchosen zu Vereinigungen gehörte, versuchten Chruščev und seine Mitarbeiter auf Wünsche der Bauern einzugehen. So begann vor allem seit 1956 die Integration der Maschinen-Traktoren-Stationen in die Kolchosen, bis jene schliesslich 1958 ganz aufgelöst wurden. Die Kolchosen konnten nun über den Maschineneinsatz selbst entscheiden, ständige reglementierende staatliche Kontrollen über ihre Tätigkeit fielen weg. Das hatte allerdings nicht nur Vorteile: Zur Instandhaltung fehlten Geld und Fachkräfte. Noch 1965 waren nur 60 Prozent der Maschinen einsatzbereit. Bestrebungen der innerparteilichen Gegner Chruščevs, die Umorganisation der Maschinen-Traktoren-Stationen in einer Art Weiterentwicklung der stalinistischen Linie dazu zu benutzen, die Kolchosen in Sowchosen umzuwandeln und die Bauern zu Staatsangestellten zu machen, konnten verhindert werden.

Auch sonst gab es einige Verbesserungen für die Kolchosbauern. Die Ablieferung an den Staat wurde gesenkt, so dass sich der Spielraum für die Kolchosen wie für die Bauern zum Eigenverbrauch, zur Anlage von Reserven oder Saatgut vergrösserte. Indem die Berechnungen der Tagewerke mehr zu ihren Gunsten ausfielen, stiegen die Einkommen der Bauern. Darüber hinaus führten die erhöhten Entscheidungsbefugnisse der Kolchosen in der Regel zu einer günstigeren Lage der Bauern. Ihr fachliches Niveau versuchte man anzuheben und unternahm grosse Anstrengungen, das Bildungsangebot in den Dörfern zu erhöhen. Doch die Massnahmen reichten nicht aus, um durchgreifende Verbesserungen in der Landwirtschaft zu erzielen, zumal es der innerparteilichen Opposition immer wieder gelang, Abstriche an vorgeschlagenen Konzepten durchzusetzen. Die Wachstumsraten in der Landwirtschaft gingen bald wieder deutlich zurück. Aufgrund von Einschränkungen der persönlichen Nebenwirtschaft der Kolchosbauern kam es zu Versorgungsengpässen bei Kartoffeln, Gemüse, Milch, Eiern und ähnlichen Produkten. Die Probleme im Agrarbereich blieben letztlich ungelöst. Die Reformen waren nicht weit genug gegangen, sie hatten den Bauern zu wenig Selbstverwaltung und Entscheidungsfreiheit gegeben und deshalb Enttäuschungen mit sich gebracht.

Widersprüchlich verlief ebenso der Reformansatz in der Industrie- und Planungspolitik. Völlig zu Recht hatten die Fachleute, deren Meinung Chruščev sich anschloss, erkannt, dass das sowjetische Wirtschaftssystem überzentralisiert war. Folgerichtig setzte man bei einer Dezentralisierung an und gab – nach verschiedenen Experimenten – 1957 zahlreiche Kompetenzen, die zuvor zentral bei einer Vielzahl von Industrieministerien gelegen hatten, an regionale Volkswirtschaftsräte ab. Man hoffte, dadurch das organisatorische Nebeneinander und oft Gegeneinander der einzelnen Industriezweige durchbrechen, die Selbständigkeit der mittleren und unteren Ebenen stärken und die Zentrale für die grundlegenden Planungsaufgaben freihalten zu können. Zugleich wurde das Planungsinstrumentarium verfeinert. Im Lohnsystem und in den sozialen Diensten gab es wesentliche Verbesserungen. Höhepunkt der neuen Linie war der Siebenjahresplan von 1959 bis 1965, der das bisherige Schema der Fünfjahrespläne durchbrach. Dass jetzt die Probleme leichter gelöst werden könnten, erwies sich allerdings als Trugschluss.

In einigen Bereichen kam es zu beachtlichen Fortschritten, in anderen konnten die Planziele bei weitem nicht erfüllt werden. Vor allem seit 1961 entsprach die Produktivitätssteigerung nicht mehr den Erwartungen. Chruščev hatte versprochen, dass 1960 in verschiedenen Konsumbereichen das Niveau der USA erreicht sein werde. Alle Anstrengungen, die Produktion des kapitalistischen Landes, das als Massstab galt und dessen Erzeugnisse vielen Menschen in der Sowjetunion erstrebenswert erschienen, gemäss der traditionellen Losung nicht nur einzuholen, sondern zu überholen, scheiterten. Klagen über Leerlauf, Fehlleitung von Zulieferungen, überflüssige Produktion, mangelhafte Kapazitätenauslastung und organisatorisches Durcheinander nahmen zu. Unruhen im Land stärkten die Front der Skeptiker. 1962 zeigte ein Streik in Novočerkassk, der blutig niedergeschlagen wurde, das Ausmass des Misserfolges.

Gewiss ist zu berücksichtigen, dass der Kalte Krieg eine ungeheure Belastung für die sowjetische Wirtschaft und Gesellschaft bedeutete. Durch äussere Einflüsse wurde mancher Ansatz durchkreuzt, der zunächst günstige Ergebnisse versprochen hatte. Doch die Wurzel der Schwäche lag in der inneren Verfassung des Systems. Als Hauptmangel kristallisierte sich heraus, dass es zwar gelungen war, die Überzentralisierung zu mildern, mit der man eine moderne Wirtschaft nicht mehr leiten konnte. Die Regionalisierung hatte jedoch keinen befriedigenden Ersatz schaffen können. Die einzelnen Volkswirtschaftsräte arbeiteten isoliert voneinander. Das Staatliche Plankomitee (Gosplan) war mit der Koordinierung überfordert, zumal es viel zu wenig Durchsetzungsmöglichkeiten besass. An die Stelle der administrativen Kontrollen «von oben» waren keine wirksamen neuen Kontrollformen getreten. Eingeübte Praktiken und Verhaltensweisen aus der Stalin-Zeit – etwa auf Instruktionen übergeordneter Stellen zu warten, die Pläne scheinbar genau zu erfüllen und sie gleichzeitig zu umgehen, um möglichst viel für den Betrieb, die Gruppe oder sich selbst herauszuholen – wirkten weiter, die sogenannte Tonnenideologie konnte nicht überwunden werden. Chruščev selbst gab einmal ein bezeichnendes Beispiel. Der Plan für Kronleuchter war in Tonnen festgelegt worden. Die entsprechenden Betriebe stellten deshalb besonders schwere Kronleuchter her, damit sie rascher die Planziele erfüllen konnten. Die Folge davon war, dass die Leuchter von den Decken herabfielen. Bei einer Vielzahl lebenswichtiger Produkte stellten sich solche Erscheinungen ein. Die Lebensmittelläden bekamen ihre Planziele in Form eines geforderten Bruttoumsatzes in Rubel. Um die Schwierigkeiten zu umgehen, die die oft stockende Lieferung von Agrarprodukten mit sich brachte, verkaufte man einfach mehr Alkohol und erfüllte auf diese Weise den Plan.

In einer intensiven Reformdiskussion – begünstigt durch die Rehabilitierung zahlreicher, in der Stalin-Zeit verfolgter Wissenschaftler – wurden die Verbesserung des Planungssystems, der Preispolitik und der Verwaltung sowie die zukünftige Strategie erörtert. In vielem knüpfte man dabei an die Debatten der 1920er Jahre an. Im Laufe der damit verbundenen mannigfachen Experimente schälte sich immer deutlicher heraus, dass der Kern der Reformen bei der Erfolgskontrolle der Planziele, bei der inneren Planstruktur liegen müsse. Ein Teil der Ökonomen schlug deshalb vor, als entscheidende Plankennziffern Gewinn – die Differenz zwischen Erlös und Aufwand – und Rentabilität – verstanden als Verhältnis des Gewinns zum Wert der Produktionsanlagen und Umlaufmittel – einzuführen. Im Westen wurde dies vielfach als eine Annäherung an kapitalistische Kriterien interpretiert, in der Sowjetunion gab es entsprechende Vorwürfe. Oberstes Ziel blieb jedoch – im Unterschied zu einer kapitalistischen Wirtschaft – die Erfüllung des Volkswirtschaftsplanes. Die neuen Kennziffern waren lediglich als Mittel gedacht, dieses Ziel besser als früher zu erreichen.

Einer der Sprecher der Reformer, der Char'kover Professor Evsej G. Liberman, schrieb 1964 zur Klarstellung: «Die Rentabilität ist unter unseren Bedingungen keineswegs das einzige Kriterium der Effektivität. Man muss die Tätigkeit eines Unternehmens vor allem danach beurteilen, wie es die Lieferungen – in bezug auf Quantität, Sortiment, Qualität der Produkte und Einhaltung der Fristen – erfüllt. Vertraglich vorgesehene Lieferungen auf der Basis unmittelbarer Beziehungen zwischen Lieferanten und Verbrauchern sind die Grundlage der Stabilität der Planung. Dieses Kriterium der genauen Erfüllung der Verpflichtungen durch den Lieferanten muss durch die Rentabilität unterstützt werden.»[60] Diese Vorschläge erforderten eine Dezentralisierung des Wirtschaftssystems und mehr Entscheidungsfreiheit für die Unternehmen. In einigen Betrieben wurden die Überlegungen der Reformer erfolgreich praktisch erprobt. Während der Amtszeit von Chruščev kam es allerdings nicht mehr zu einer grundlegenden Neuorientierung. Dazu trug nicht zuletzt der Zusammenhang zwischen Wirtschaftsreform und der von Chruščev angestrebten Parteireform bei.

Ziemlich rasch war klar geworden, dass der Umbau der Wirtschaftsverfassung – weg von Zentralisierung und Hierarchisierung – nicht nur einen neuen Typus des Fachmanns im ökonomischen Bereich benötigte, sondern zugleich einen neuen Typus des Parteifunktionärs. Sonst bestand die Gefahr, dass es immer wieder – wie bisher – heftige Opposition gegen derartige Reformen geben werde oder dass die Reformen über die Partei hinweggingen. Das fachliche Niveau der zuständigen Person musste gehoben werden, unfähige waren abzulösen. Wenn die Partei ihre «führende Rolle» in allen gesellschaftlichen Bereichen weiter spielen wollte, war aber auch ihre auf das hierarchische System zugeschnittene Struktur zu ändern. Anstelle der «Doppelung der Hierarchien», die zu einer Einmischung der Parteiorgane in alle Angelegenheiten bis ins letzte Detail geführt hatte, sollten die Parteigremien jetzt Anstösse geben, Konzeptionen entwickeln, fachlich kompetent die Ausführung überwachen, insgesamt führen und leiten, aber nicht mehr die Arbeit der Behörden noch einmal machen. Das Reformprojekt unter Chruščev sah deshalb vor, dass sich jedes Parteiorgan in Abteilungen für Industrie, Landwirtschaft und Koordination dreizuteilen habe. Der neue Typus des Funktionärs sollte Betriebsleiterqualitäten und politische Führungskraft in einem besitzen, sich der

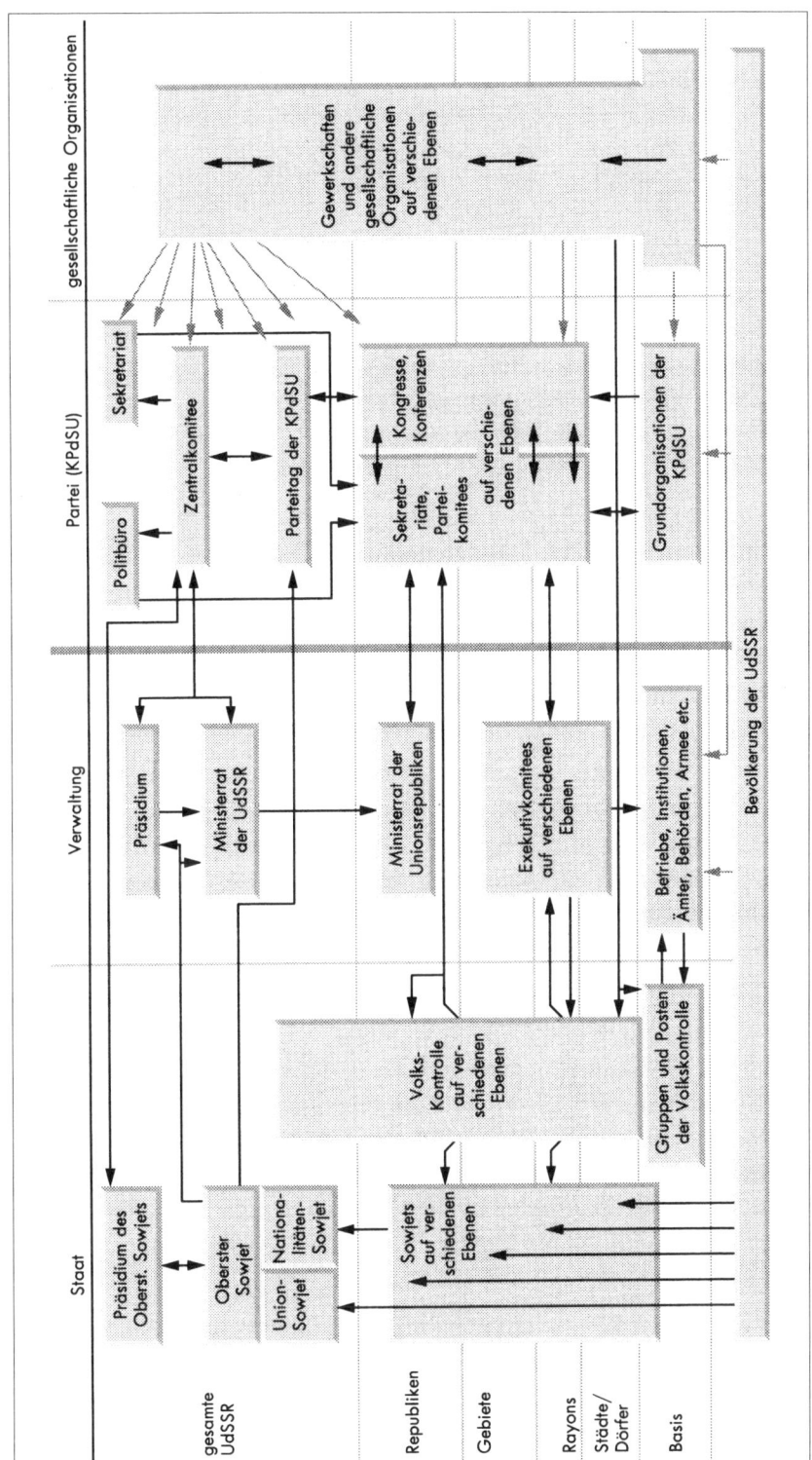

Die «doppelte Hierarchisierung» in der Sowjetunion.

Kritik und Selbstkritik stellen, offene Diskussionen führen können – auch durch Förderung einer Partizipation von unten. Möglicherweise hoffte Chruščev, auf diese Weise den Widerstand altgedienter Parteigenossen ebenso wie den der bisherigen Betriebsleiter, Verwaltungsbeamten und Planer brechen zu können.

Ausdruck des Veränderungswillens waren das neue Parteistatut, das auf dem 22. Parteitag im Oktober 1961 angenommen wurde, und die Strukturreform, die die Plenartagung des Zentralkomitees im November 1961 verabschiedete. Kritik und Selbstkritik wurden festgeschrieben, mehr innerparteiliche Demokratie als bisher im Statut verankert, die Funktionäre unterlagen einer – allerdings bald wieder abgeschafften – Rotationspflicht. Zugleich kam es zu einer Verallgemeinerung des Prinzips der Dreiteilung. Die Reform misslang jedoch vollständig. Statt die Konkurrenz zwischen Partei auf der einen Seite und Staatsorganen sowie Betriebsleitungen auf der anderen abzuschwächen, verschärfte sie sie weiter, zumal die Funktionäre mehr denn je unmittelbar in den Wirtschaftsprozess eingriffen. Die Dreiteilung führte darüber hinaus zu einer neuen Bürokratisierung. Zu dem Widerstand der Staatsbehörden und der Betriebsleiter trat die Gegnerschaft vieler Parteifunktionäre. Sie fürchteten um ihren Posten, fühlten sich von den Reformen überfordert und verunsichert, es ging ihnen alles zu schnell und zu weit. Letztlich gelang es nicht, das traditionell hierarchische System mit seiner entsprechenden Mentalität aufzubrechen. Das Verhalten der Betriebsleiter, Verwaltungsleute und Funktionäre änderte sich kaum. Als auch die ökonomischen Erfolge ausblieben, war die Reform vollends diskreditiert. Zu wenig fügte sie sich in ein überzeugendes Gesamtkonzept, erschien – wie alle Reformen dieser Zeit – sprunghaft. Im Grunde liess sie die entscheidende Radikalität vermissen. Ein Vorantreiben der Entstalinisierung hätte vielleicht den Widerstand der Konservativen brechen können, die immer wieder die Reformvorschläge verwässerten. Doch so fanden sich konservative Ökonomen und Parteifunktionäre mit enttäuschten Reformwilligen zusammen und bildeten einen Teil des Bündnisses gegen Chruščev.

Das Scheitern der Parteireform und die Rückschläge in der Wirtschaft gaben den Ausschlag für seinen Sturz. Sein persönliches Verhalten, Probleme in der Aussenpolitik und wachsender Unmut unter den Militärs trugen jedoch auch dazu bei. Im Januar 1960 hatte Chruščev eine einseitige Reduzierung der konventionellen Streitkräfte um 1,2 Millionen Soldaten bekanntgegeben. Damit sollte Geld für die Wirtschaftsreform gewonnen werden. Die Sicherheit des Landes galt durch die Interkontinentalraketen als gewährleistet. Die Soldaten sollten in der zivilen Wirtschaft, vor allem zur Erschliessung der Ostregion in klimatisch ungünstigen Gegenden verwendet werden. Namentlich unter den ehemaligen Offizieren, deren sozialer und ökonomischer Status gemindert wurde und die oft auch nicht für ihre neuen Aufgaben ausreichend qualifiziert waren, machte sich Unzufriedenheit breit.

Gerade in dieser Zeit geriet Chruščev international in die Defensive. Seine Politik erschien vielen als unberechenbar. Sein Auftreten in der UNO, als er vor Wut mit seinem Schuh auf sein Pult einschlug, oder seine wüsten Beschimpfungen bei Pressekonferenzen sorgten zwar immer für ein Spektakel, wurden aber letztlich als Ausdruck von Unsicherheit und Schwäche interpretiert. Der endgültige Bruch mit der Volksrepublik China 1960 fand im eigenen Land keineswegs nur Zustimmung. Die Niederlage in der Kuba-Krise im Oktober 1962 signalisierte schliesslich eine rüstungstechnische Unterlegenheit der Sowjetunion. Damit mussten die geltende Militärstrategie und das Sicherheitskonzept als gescheitert gelten. Führende Offiziere schlossen sich nun dem Bündnis gegen Chruščev an, das von dem Parteitheoretiker Michail A. Suslov (1902–1982) gelenkt wurde. Auf einer Sitzung des Zentralkomitees am 14. Oktober 1964 wurde Chruščev gestürzt. Dabei hatte man aus den Erfahrungen von 1957 gelernt: Die Drahtzieher liessen Chruščev erst dann aus dem Urlaub holen, als die Mehrheit gegen ihn feststand. Das Zentralkomitee trennte nun wieder die beiden höchsten Ämter und wählte Leonid I. Brežnev (1906–1982) zum Ersten Sekretär der Partei und Aleksej N. Kosygin (1904–1980) zum Ministerpräsidenten. Beide hatten bereits unter Stalin hohe Ämter eingenommen und waren dann unter Chruščev in der Hierarchie rasch aufgestiegen.

Allmähliche Erstarrung

Die neue Führung leitete aussenpolitisch einen Entspannungsprozess im Verhältnis zur USA, aber auch zur Bundesrepublik Deutschland ein. Im Innern nahm sie noch im November 1964 die begonnene Umorganisation der Parteistruktur zurück. Es sah so aus, als wolle sie alle Kräfte auf die Wirtschaftsreform konzentrieren. In der Tat wurde diese nach einer gründlichen Auswertung der verschiedenen Vorschläge und der praktischen Erprobungen im September und Oktober 1965 beschlossen. Sie stelle einen entscheidenden Schritt vorwärts in der Neugestaltung der Wirtschaftsverfassung dar, auch wenn sie in manchem hinter den Konzepten der Reformökonomen zurückblieb und Kompromisscharakter trug.
Zunächst einmal wurde die Regionalisierung der Wirtschaftsverwaltung über Volkswirtschaftsräte abgeschafft. Es hatte sich gezeigt, dass sich dadurch die Leitung eines Industriezweiges zersplitterte, dass die Qualifikation der Kader nicht ausreichte und erhebliche Kompetenzstreitigkeiten auftraten. Deshalb stärkte die Reform nun wieder die Stellung der zentralen Behörden, insbesondere des Staatlichen Plankomitees (Gosplan). Die Leitung der Industriezweige übernahmen erneut Ministerien. Doch bedeutete dies nicht einfach eine Rückkehr zum Zustand von 1957, da die Koordinierungsmöglichkeiten jetzt verbessert waren und vor allem die Befugnisse der Betriebe erheblich ausgeweitet wurden. Es war ein neuer Versuch, das Verhältnis von Zentralisierung und Dezentralisierung befriedigend zu klären.
Die erhöhte Selbständigkeit der einzelnen Betriebe äusserte sich vor allem darin, dass die zentralen Kennziffern, die im Volkswirtschaftsplan verbindlich vorgeschrieben waren, deutlich verringert wurden. Indem die Zentrale darauf verzichtete, fast jedes Detail selbst festzusetzen, sollten die Eigen-

initiative gefördert und flexibles Reagieren auf unvorhergesehene Situationen erleichtert werden. Darüber hinaus veränderte man jetzt die Kennziffern selbst und folgte dabei den Vorschlägen in der vorangegangenen Diskussion. Die allgemeine Einführung der Kennziffern Gewinn und Rentabilität ermöglichte, so der Gedanke, eine ökonomische statt bürokratische Kontrolle über den Erfolg der Produktion. Statt des Umfangs der Bruttoproduktion, der die «Tonnenideologie» begünstigt hatte, mussten die Betriebe jetzt den Absatzplan erfüllen. Damit traten Qualitätskriterien in den Vordergrund. Verzichtet wurde auf die früher üblichen Kennziffern Arbeitsproduktivität, Zahl der Arbeitskräfte und Durchschnittslohn: Der Betrieb sollte im Rahmen des ihm zugestandenen Lohnfonds darüber selbst entscheiden. Des weiteren erhielten die Betriebe einen höheren Gewinnanteil als vorher zur eigenen Verfügung, erweiterte Selbstfinanzierungsmöglichkeiten und grössere Freiheiten, mit den Abnehmern ihrer Güter unmittelbar zu verhandeln. Um Manipulationen und unerwünschten Ergebnissen vorzubeugen, gab es besondere Prämien nicht mehr für die Übererfüllung, sondern für die möglichst exakte Erfüllung des Planes.

Der Reformprozess brachte erhebliche Verbesserungen für die sowjetische Wirtschaft. Schwerwiegende Strukturmängel konnten beseitigt werden. Eine Reihe von Veränderungen und Neuerungen kamen im Laufe der Entwicklung hinzu. So fasste man seit Mitte der 1970er Jahre immer mehr Betriebe zu Produktionsvereinigungen zusammen, um die Wirtschaftsverwaltung zu straffen. Man hatte erkannt, dass der Abstand zwischen zentraler Instanz und Einzelbetrieb zu gross war. Allerdings bestanden nach wie vor ausserordentliche Probleme. Dass die Wachstumsraten verhältnismässig gering blieben, lag sicher auch an dem erreichten Niveau der Wirtschaft: Die Produktion nahm jetzt prozentual nicht mehr so schnell zu wie bei dem früheren niedrigen Ausgangsstand. Und dass die Fünfjahrespläne – vor allem seit Mitte der 1970er Jahre – in wesentlichen Teilen ausgesprochen schlecht erfüllt wurden, hatte gewiss mit nicht vorhersehbaren Missernten zu tun. Doch darüber konnte nicht verkannt werden, dass massgebliche Ursachen in der inneren Struktur selbst begründet waren.

Der inzwischen zum Generalsekretär des Zentralkomitees ernannte Brežnev sagte dazu am 26. Februar 1981 vor dem 26. Parteitag: «In der Volkswirtschaft gibt es noch Engpässe und Disproportionen. Die Gründe dafür sind verschieden. Zu ihnen gehören das Wirken objektiver, von unserem Willen nicht abhängiger Umstände, aber auch Unzulänglichkeiten in der Planung und Verwaltung, ungenügende Konsequenz einiger Parteiorgane und Wirtschaftsleiter, Disziplinverstösse und Erscheinungen der Misswirtschaft. Aber die Hauptursache besteht wohl darin, dass die Kräfte der Beharrung, der Tradition und der Gewohnheit aus jener Periode, als weniger Qualität, als vielmehr Quantität im Vordergrund stand, noch nicht vollständig überwunden sind.»[61]

Gerade der letzte Satz zeugt von bemerkenswert klarer Erkenntnis. Immer noch wirkten die Verhaltensweisen der Vergangenheit, vor allem der Stalin-Zeit, nach. Viele Funktionäre konnten sich nicht darauf einstellen, dass «untergeordnete» Instanzen Eigeninitiative und Selbständigkeit entwickelten. Zahlreiche Klagen legten Rechenschaft darüber ab, wie häufig die innerparteiliche Demokratie verletzt, Kritik und Selbstkritik unterdrückt wurden. Das Verhältnis zwischen Parteiinstitutionen und staatlichen Behörden war immer noch nicht eindeutig voneinander abgegrenzt. Andererseits versuchten weiterhin manche Betriebsleiter, die Pläne und die tatsächlichen Ergebnisse zu manipulieren, um möglichst viele Mittel für den eigenen Betrieb herauszuholen. Und trotz Brežnevs Rede auf dem Parteitag wurden keineswegs durchgreifend wirksame Massnahmen gegen derartige Verhaltensweisen ergriffen.

Brežnev zählte in seiner Rede eine Reihe konkreter Engpässe und Schwierigkeiten auf, die auch in den Analysen westlicher Beobachter regelmässig hervorgehoben wurden: die hohen Verluste beim Rohstoff- und Energieeinsatz sowie bei der Produktverarbeitung, die zu langsame Einführung neuer Techniken, die Lebensmittelknappheit, das unzureichende Konsumgüterniveau, der oft entwürdigende Zustand des Wohnungswesens, unzulängliche Verhältnisse bei den Dienstleistungen. Was das für das Alltagsleben bedeutete, sei an einem Beispiel erläutert: «Mangel an Verbrauchsgütern und Lebensmitteln, schäbige oder am Geschmack des Verbrauchers vorbeiproduzierte Waren, ruppiges Personal und die Schwerfälligkeit der staatlichen Handelsorganisation machen die Besorgung alles Notwendigen oder Angenehmen im Leben zu einer Nervenprobe, welcher der durchschnittliche Sowjetmensch nahezu soviel Energie widmet wie seiner Arbeit. Die Schlange vor der Ladentür, an der Kasse, an der Verkaufstheke hat als Symbol der Schwächen sowjetischer Verteilungstechnik Notzeiten und Rationierungen um Jahrzehnte überlebt. Mentalität und Kaufverhalten sind von ihr so nachhaltig geprägt, dass bei ihrem Anblick fast jeder seinen Weg unterbricht und die bezeichnende Frage stellt: ‹Schto dajut?› (‹Was wird ausgegeben?›) […] Für den einzelnen Erwachsenen läuft es nach den Feststellungen der Fachleute darauf hinaus, dass er jährlich 25 bis 30 Tage in Schlangen und Geschäften verbringt – mehr als bei der Erholung oder beim Sport. Wer ein Pfund Wurst erwerben will, muss dafür im typischen *Gastronom* folgendes tun: Zur Wursttheke gehen und nachschauen, ob es Wurst gibt; sich an der Kasse anstellen und für ein Pfund Wurst bezahlen; sich mit dem Kassenbon an der Wursttheke anstellen und sich sein Pfund auswiegen lassen. Will der gleiche Käufer auch noch Milch, Kaffee oder Orangen, vervierfacht sich die Prozedur, die sich nur durch simultane Anmeldung bei mehreren Schlangen etwas rationalisieren lässt.»[62]

Um den Schwierigkeiten in der Landwirtschaft zu begegnen, versuchte die Partei- und Staatsführung vor allem, die Viehwirtschaft zu verbessern und die persönlichen Nebenwirtschaften zu fördern. Dieser Kurs war jedoch nicht unumstritten, sondern stiess auf teilweise heftigen Widerstand bei den Wirtschaftsbehörden. Sie befürchteten eine Aufweichung des Planungssystems, einen sich verstärkenden Gegensatz zwischen privaten und allgemeinen Interessen.

Seit Mitte der 1970er Jahre wurde die Stagnation offenkundig. Die Wachstumsraten fielen, die Reformen blieben stecken, in der Bevölkerung machte

sich mehr und mehr Unmut breit. Innenpolitisch erstarrte das System zunehmend. Brežnev, nicht eben eine dynamische Persönlichkeit, wurde als
Führerfigur aufgebaut, Kosygin und die übrigen Mitglieder der «kollektiven
Führung» traten in den Hintergrund. Kritiker und Dissidenten mussten nun
wieder mit schärferem Durchgreifen rechnen.

Auch aussenpolitisch verhärtete sich die Haltung der Sowjetunion. Dass Entspannung und Liberalisierung ihre Grenzen hatten, war am 21. August 1968
bei der Besetzung der Tschechoslowakei durch Truppen der Staaten des
Warschauer Paktes deutlich geworden. Diese beendeten damit den «Prager
Frühling», den Versuch, den Sozialismus von innen her zu erneuern, ihn
wieder mit Demokratie und Menschlichkeit zu verbinden. In diesem Zusammenhang hatte die KPdSU Grundsätze einer «Brežnev-Doktrin» aufgestellt:
Zwar sei von einer Nichteinmischung in innere Angelegenheiten der sozialistischen Staaten auszugehen, doch wenn eine Gefahr für das sozialistische
Weltsystem bestehe, gelte eine begrenzte Souveränität, somit das Recht der
«befreundeten» Staaten, einzugreifen und die Gefahr abzuwenden. Alle Selb-
ständigkeits- und Reformbestrebungen standen nunmehr unter dem Druck,
dass die Sowjetunion auch vor dem Einsatz militärischer Mittel nicht zurückschreckte, um unliebsame Entwicklungen abzubrechen. Der Einmarsch sowjetischer Truppen in Afghanistan Ende 1979 signalisierte darüber hinaus,
dass die UdSSR selbst eine erneute internationale Konfrontation in Kauf
nahm, wenn sie ihre Einflusssphäre bedroht sah. Insofern konnte es nicht
verwundern, dass der Entspannungsprozess immer wieder ins Stocken geriet,
dass das Wettrüsten der «Supermächte» weiterging.

Obwohl es nach aussen schien, als bewege sich nichts mehr in der Sowjetunion, brodelte es im Land, und auch in den Führungsgremien formierte sich
Widerstand. Technokraten verbanden sich mit Reformkräften, weil sie ein
weiteres Zurückfallen der Sowjetunion befürchteten. An die Spitze dieser
Opposition trat der Leiter des Geheimdienstes KGB, Jurij V. Andropov (1914
bis 1984). Seit Ende 1981 wurde Brežnev gezielt demontiert, womit zugleich
seine Anhänger und möglichen Nachfolger getroffen werden sollten. In Zeitungen erschienen Satiren und Karikaturen, die kaum verhüllt auf den Generalsekretär der Partei zielten. Gegen Verwandte Brežnevs – darunter seine
Tochter und seinen Schwager – sowie gegen enge Mitarbeiter aus seiner
«Seilschaft» wurden Korruptionsverfahren eingeleitet. Das Fernsehen zeigte
schonungslos die körperliche Schwäche des Parteiführers. Herrschende ideologische Positionen, so ein russischer Nationalismus, erfuhren nur wenig ver-
deckt eine herbe Kritik.

Andropov konnte seine Position stärken, als er im Februar 1982 die Nachfolge Suslovs als Sekretär des Zentralkomitees für Ideologie, internationale
Parteibeziehungen und Aussenpolitik antrat. So wählte ihn dann das Zentralkomitee am 12. November 1982 anstelle des einen Tag zuvor gestorbenen
Brežnevs zum neuen Generalsekretär. Er versuchte eine Modernisierung von
oben. Keineswegs dachte er an eine weitgehende Liberalisierung – die Repressionen gegenüber Oppositionellen hielten an –, aber er wollte doch weg-
kommen von der Scheinharmonie der senilen Oligarchen an der Kreml-

Spitze und das Land aus Stagnation und Erstarrung herausführen. Dabei setzte er darauf, einige funktionierende Staatsapparate – wie den KGB, das Militär oder das Aussenministerium – gegen die Trägheit der Partei zu mobilisieren und nicht zuletzt auf diese Weise die steckengebliebenen Wirtschaftsreformen wieder in Gang zu bringen. Nicht unbedingt durch Selbständigkeit und Eigeninitiative, doch durch mehr Disziplin hoffte Andropov die Entwicklung voranzutreiben.

Allerdings war ihm bewusst, dass ihm wegen einer schweren Erkrankung nicht viel Zeit blieb. Deshalb sah er seine Hauptaufgabe darin, die Weichen für die Zukunft zu stellen. Nach und nach berief er deshalb viele Reformer in die engsten Führungsgremien und schaltete Anhänger eines traditionellen Kurses aus. Insbesondere stärkte er systematisch das Gewicht des ZK-Sekretärs Michail S. Gorbačev (geb. 1931). Als Andropov am 9. Februar 1984 starb, wurde noch einmal einer der Greise im Politbüro zum Nachfolger gewählt: Konstantin U. Černenko (1911–1985). Für kurze Zeit hofften die Gegner einer Reform, das Rad zurückdrehen zu können. Gorbačevs Stellung konnte jedoch schon nicht mehr erschüttert werden. Am 11. März 1985 trat er aufgrund eines Mehrheitsbeschlusses des Zentralkomitees das Amt des tags zuvor verstorbenen Černenko an.

Opposition

In der nachstalinistischen Zeit entfaltete sich eine ausgesprochen vielfältige und vielschichtige Opposition. Eine Strömung knüpfte an die neue Sozialbewegung an, die sich in den Straf- und Zwangsarbeiterlagern formiert hatte. Hier war es immer wieder vereinzelt zu Unruhen gekommen. 1953/54 entstand dann eine ausgedehnte Streikwelle. Eine allmähliche Verbesserung der Arbeits- und Lebensverhältnisse in den Jahren zuvor – nicht zuletzt notwendig, um die Arbeitskraft zu erhalten – hatte die Möglichkeit geschaffen, über systematischen Widerstand nachzudenken und ihn vorzubereiten. Die Unsicherheit über die politische Zukunft, verstärkt nach Stalins Tod, und die Zuspitzung der internationalen Lage vor allem durch den Koreakrieg von 1950 bis 1953 beschleunigten den Gärungsprozess. Deportierte Studenten, die am Aufstand in der DDR im Juni 1953 teilgenommen hatten, trugen mit ihren Nachrichten das Ihre dazu bei. Da die Deportierten immer wieder in andere Lager «versetzt» wurden, bildete sich ein regelrechtes Verbindungsnetz heraus. In den Lagern gab es vielfach schon Kerne von Widerstandsgruppen, die sich meist nach nationaler Zugehörigkeit zusammengeschlossen hatten. Dadurch konnte eine Mobilisierung schnell erfolgen. Im Mai 1953 brach im Bergarbeiterlager Noril'sk in der Arktis ein Streik aus, der sich rasch ausweitete und mehrere Wellen auslöste. Sie wurden gewaltsam niedergeschlagen, dabei gab es mindestens 500 Tote.

Die «Rädelsführer» wurden bestraft, doch zugleich die Lagerbedingungen gelockert. Darüber hinaus leerten sich diese nun im Zuge der Entstalinisierung. Da fast jede Familie Angehörige im stalinistischen Lagersystem des

Gulag hatte, wurde die Bevölkerung durch die Rückkehrenden intensiv über die Verbrechen der vergangenen Jahrzehnte informiert. Dass es nun wieder organisierte öffentliche Protestaktionen gab, darf sicher nicht allein auf diese Entwicklung zurückgeführt werden. Ein Zusammenhang ist aber nicht zu übersehen. Als es 1956 in Moskau zur ersten kollektiven Arbeitsniederlegung seit 20 Jahren kam, war ein ehemaliger Lagerhäftling wohl nicht zufällig unter den Organisatoren. Insgesamt dürften die Verunsicherung über die eingetretene Lage und über die Zickzackkurse an der Spitze sowie die Auflockerung des politischen Systems zu dem wachsenden Aufbegehren beigetragen haben. Zudem konnten die Schiedskommissionen, deren Rechte durchaus vergrössert worden waren, die zunehmenden Arbeitskonflikte über Lohn und Lohnkürzung, über Urlaub, Arbeitsplatzwechsel und Disziplinprobleme nicht mehr auffangen.

Ausdruck der Unzufriedenheit waren die kaum noch kontrollierbaren Fluktuationen von Arbeitsplatz zu Arbeitsplatz, Bummelei und «Schlamperei», falsche Angaben über die Arbeitsleistung, um – oft gedeckt von Vorgesetzten und Betriebsleitung – die Planerfüllung zu simulieren und damit die Prämie zu erschleichen. Vorbereitet durch ähnliche Erscheinungen im Stalinismus, mit denen sich die Arbeiter einen bescheidenen Freiraum und ihren «Eigen-Sinn» zu bewahren versucht hatten, entfaltete sich jetzt in breitem Masse die Bereitschaft, über die Formen des «italienischen Streiks» *(ital'janskaja zabastovka)* Druck auszuüben – eine «Kultur des Hintergehens» prägte sich aus.[63]

Ein immer mehr auch öffentlich wahrgenommenes Zeichen für «abweichendes Verhalten» und gesellschaftliche Missstände war der Alkoholismus. 1972 wurden nach kritischen zeitgenössischen Untersuchungen 26–27 Milliarden Rubel von der Bevölkerung für den Kauf von Spirituosen ausgegeben. Das waren 27–28 Prozent der Gesamtausgaben für Lebensmittel. Die Kosten für Fleisch und Wurst betrugen hingegen nur 14 Milliarden Rubel, die für Kleidung 16 Milliarden Rubel. Der Staat nahm im gleichen Jahr 19,2 Milliarden Rubel oder 11 Prozent des Gesamtbudgets aus dem Alkoholmonopol ein. Um eine Vorstellung von den Grössenordnungen zu vermitteln: 7,6 Milliarden Rubel erhielten die allgemeinbildenden Schulen, 10 Milliarden flossen in den Bereich Gesundheitswesen und Körperkultur.

Russland oder die Sowjetunion ist keineswegs, auch wenn es oft so hingestellt wird, das typische Land des Alkoholismus. In manchen westlichen Ländern liegt der Pro-Kopf-Verbrauch an Alkohol wesentlich höher. Dennoch wird zu Recht auf besondere Funktionen hingewiesen: Der Alkoholismus war eine wichtige Einnahmequelle des Staates und ein Beruhigungsmittel für die Bevölkerung, folgte aus den Arbeitsbedingungen und führte zu Resignation, zu gesundheitlichen Nachteilen, zu einer hohen Scheidungsrate, zu Kriminalität. Am Arbeitsplatz war er verantwortlich für zahlreiche Unfälle, für die niedrige Arbeitsproduktivität und die schlechte Qualität der Erzeugnisse. Schliesslich profitierten der Schwarzmarkt und die noch im Untergrund wirkende Mafia davon. Die herrschende politische Elite unterschätzte die Bedeutung dieser Zeichen.

Dabei machte sich die Unzufriedenheit in vielen Leserbriefen und Beschwerden oder Eingaben Luft, Ventilen, die man zur «Früherkennung» zuliess. Mancher Missstand wurde auch abgestellt, um den Unmut nicht zu stark anwachsen zu lassen. Doch man kurierte Oberflächensymptome und drang nicht zu den Wurzeln der Krise vor. Selbst Streiks, Demonstrationen, ja sogar einige Unruhen, die immer wieder auch Tote forderten, reichten nicht aus, um die Lernfähigkeit der Systemträger zu erhöhen.

Feste und dauerhafte Widerstandsorganisationen konnten sich zunächst nicht bilden. Dass trotzdem eine Art Bewegung entstand, zeigt die grosse Zahl «andersdenkender Arbeiter», die zu einem festen Begriff der Zeit wurden. Viele von ihnen liessen die Behörden verhaften und verbannen oder in die Psychiatrie einweisen. Ende der 1970er Jahre häuften sich die Versuche, freie Gewerkschaftsvereinigungen zu gründen. In der Regel wurden diese Gruppen rasch zerschlagen. Eine Verbindung von Arbeitern und Intellektuellen – eine *intelligencija* im alten Sinn gab es ohnehin nicht mehr – kam letztlich nicht zustande. Der bedeutendste Anlauf war die Bildung der «Freien Interprofessionellen Vereinigung der Werktätigen», SMOT, im Oktober 1978. Sie versuchte, eine «Föderation autonom agierender Gruppen» aufzubauen und handlungsfähig zu machen.[64] Hier gelang in Ansätzen eine Zusammenarbeit mit der Bürgerrechtsbewegung, und durch eine Gratwanderung zwischen illegal-konspirativer und öffentlicher Tätigkeit, die sich auch an das Ausland wandte, konnte eine vollständige Zerschlagung verhindert werden. Von besonderer Bedeutung war, dass dadurch die alltäglichen Probleme der Bevölkerung an Gewicht bei der Opposition insgesamt gewannen. Doch ein ähnlich mächtiges Bündnis zwischen Arbeiterschaft und kritischen Intellektuellen wie in der polnischen Gewerkschaft «Solidarność» konnte nicht aufgebaut werden – nicht zuletzt eine Nachwirkung der Fragmentierung der Arbeiterschaft seit den 1920er Jahren. Dies hatte Folgen bis in die Zeit nach dem Auseinanderbrechen der Sowjetunion: Weder gab es, von Ausnahmen abgesehen, eine unmittelbare Linie von der Opposition in die neuen Führungskräfte hinein, noch konnten sich die Gewerkschaften rasch reorganisieren und eine einheitliche, entschlossene Interessenvertretung bilden.

Die Begrenztheit der Entstalinisierung und die Verlangsamung des Reformprozesses begünstigten seit Mitte der 1960er Jahre einen Aufschwung der Opposition. In der Bevölkerung fand sie zunächst nur geringen Rückhalt, eben weil sie lange Zeit zu wenig auf die Probleme des täglichen Lebens einging. Ihr moralischer Rigorismus war oft abgehoben von den Fragen, die die Menschen in ihrer materiellen Existenz betrafen. Darüber hinaus konnte man kaum überzeugende zukunftsweisende Modelle erkennen, die an den besonderen russischen Verhältnissen anknüpften.

Zunächst formierten sich sozialistische, marxistische, kommunistische Untergrundorganisationen, die eine radikale Erneuerung der Sowjetunion forderten. Daneben entstanden schnell Gruppierungen anderer politischer Richtungen, Liberale, christlich-nationale Konservative, extreme Nationalisten, ja reaktionäre Faschisten und Stalinisten. Einen Einschnitt bedeutete Ende 1964 die Verhaftung von Julij M. Daniel' (1925–1988) und Andrej D. Sinjavskij

(1925–1997) sowie deren Verurteilung zu langen Lagerhaftstrafen 1966. Es kam zu einer Welle der Solidarität. Bei der ersten Demonstration für die beiden am 5. Dezember 1964 wurde die Forderung nach *glasnost'*, nach Transparenz und Öffentlichkeit, laut. Hier wie bei den folgenden Prozessen übernahmen die Ehefrauen und Partnerinnen der Verhafteten eine wichtige Aufgabe. Sie wurden nicht nur für eine «gerechte Sache» politisch aktiv – dies kann als Durchbruch bezeichnet werden –, sondern beriefen sich bei ihren Verhandlungen mit den Staatsorganen auf das Recht.[65] Diese Idee fasste allmählich unter den Dissidenten Fuss, vor allem seit 1968, seit der brutalen Beendigung des «Prager Frühlings», die auch für die Oppositionsbewegung einen Wendepunkt markierte. Sie erkannte, dass sie auf dem bisherigen Weg nicht weiterkam, sondern ebenfalls aufgelöst zu werden drohte. Vor der politischen Programmatik sowie konkreten politischen und ökonomischen Forderungen müsse die Wiederherstellung der elementaren Menschenrechte stehen. Hier konnten die Gruppierungen aller Richtungen zusammenarbeiten, hier war auch mit Resonanz im Westen zu rechnen, die die sowjetische Führung vielleicht nicht unbeeinflusst lassen werde. Und vor allem: Erst nach Wiederherstellung und Garantierung der Menschenrechte war überhaupt eine freie politische Arbeit möglich.

So gründeten sich nun vermehrt Organisationen, die sich die Aufdeckung von Verletzungen der Menschenrechte zum Ziel setzten und öffentlich statt im Untergrund arbeiteten, etwa 1974 Amnesty International, die Helsinki-Gruppen– so genannt nach der Schlussakte der Konferenz für Sicherheit und Zusammenarbeit von Helsinki 1975, mit der sich auch die Sowjetunion zur Einhaltung der Menschenrechte verpflichtete – oder 1977 die Arbeitskommission zur Untersuchung der Nutzung der Psychiatrie. In all diesen Vereinigungen der «Rechtsverteidigungsbewegung», wie sie bezeichnet wurde, arbeiteten Angehörige verschiedener politischer, nationaler und religiöser Überzeugung zusammen. Sie waren locker miteinander verbunden und dezentral organisiert, so dass sie trotz vielfältiger Unterdrückungsmassnahmen, die in den 1970er Jahren zunahmen, nicht völlig zerschlagen werden konnten. Selbst der nationalistische Widerstand, namentlich in der Ukraine und in Litauen, gliederte sich teilweise in diese Art der Opposition ein, obwohl manche Gruppen die Nation höher als Menschenrechte gewichteten. Aus religiöser Motivation stiessen weniger Angehörige der Russisch-Orthodoxen Kirche, die in verhältnismässig «normalen» Beziehungen zur Regierung lebte, sondern «Sekten» und Aussenseiter hinzu: Zeugen Jehovas, Baptisten, Pfingstler oder Adventisten. Nach verschiedenen Schätzungen wurden in diesen Jahren ungefähr 250'000 Dissidenten aktiv, die ohne weiteres vielfache Reserven mobilisieren konnten. Zur politischen Opposition im engeren Sinne, ohne religiöse und nationale Gruppen, zählten etwa 10'000 Personen. 8000 bis 9000 Menschen befanden sich aus politischen Gründen in Haft.

Doch mit all diesen Gruppen war das Spektrum der Opposition keineswegs erschöpft. Daneben gab es Kritik und Änderungsvorschläge, die legal geäussert werden konnten. Insbesondere nahmen Schriftsteller wieder ihre in Russland traditionelle Rolle als Gegenautorität zur Staatsmacht wahr. Bulat

Okudžava schrieb satirische Bücher – oft historisch-politischen Inhalts – und sang kritische Lieder. Vladimir Vysockij (1938–1980) machte sich bei den Behörden unbeliebt, weil er mit seinen Gedichten und Liedern gegen Folter, psychiatrische Gefängnisse, gegen Unterdrückung anging und für die Macht des Volkes eintrat. Trinken wir etwas «auf die Zeit, wo es in Russland keine Knäste mehr und keine Lager gibt», heisst es in einem Gedicht über die Butyrka, das berüchtigte Moskauer Gefängnis.[66] Der Kirgise Čingis Ajtmatov (geb. 1928) stellte die Kraft, die von den Kulturen der Völker Mittelasiens ausging, in den Mittelpunkt seiner Dichtungen. Valentin G. Rasputin (geb. 1937) und andere Vertreter der «Dorfprosa» riefen dazu auf, die Traditionen Russlands zu bewahren, kolonialistische Formen der Zivilisation und der modernen Technik abzuwehren und aus der Erinnerung eine eigene Identität zu gewinnen. Der bedeutendste Repräsentant der «Stadtliteratur», Jurij V. Trifonov (1925–1981), wollte von der Erinnerung in kritischer Absicht Veränderungen ausgehen lassen. In seinen Dichtungen schilderte er die Lebensverhältnisse vor allem in Moskau, die Wohnungsnot, berufliches Karrieredenken und Konkurrenz, aber auch den Stalinismus und seine Folgen. Überhaupt verbindet die meisten Schriftsteller, die sich in den hier geschilderten Rahmen einordnen lassen, dass sie oder ihre Angehörigen vom Terror der Stalin-Zeit betroffen waren und die Vergangenheit mit literarischen Mitteln aufzuarbeiten suchen.

All diese Werke, von denen hier exemplarisch nur einige Autoren aufgezählt wurden, vermittelten ein Bild der Wirklichkeit, wie es schärfer nicht sein konnte. Dabei handelte es sich nicht um Untergrundliteratur der Oppositionsbewegung, die im Selbstverlag, dem *samizdat,* herausgegeben und unter grossen Gefahren, oft von Hand abgeschrieben, weiterverbreitet wurde, sondern um frei zugängliche Schriften. Offenbar erkannten die dafür verantwortlichen Stellen trotz aller Zensurmassnahmen nicht, welche Gefahr für das System von diesen Arbeiten ausging, oder sie waren gar nicht so unglücklich darüber, dass Missstände öffentlich gemacht wurden. Die Zensoren verhandelten häufig mit den Autoren über einzelne Formulierungen, so dass man von einer vollständigen Publikationsfreiheit natürlich nicht sprechen kann. Dass sie die Bücher nicht verboten, wurde ihnen durch den Verzicht auf einen Frontalangriff gegen das Regime erleichtert. Doch es sollte wohl auch die Grenze zwischen Erlaubtem und Verbotenem bewusst unklar bleiben, um die Menschen zu verunsichern, um nach Bedarf zuschlagen zu können, aber auch um möglichst viele Probleme erfahren zu können. Darüber hinaus dürfte allerdings an der Spitze des Staates Unsicherheit darüber geherrscht haben, wie man sich verhalten solle, wo die Grenze genau zu ziehen sei.

Dies deutete auf ein breites Meinungsspektrum innerhalb der KPdSU hin. In der Tat darf man sich die Partei nicht als eine starre, geschlossene Einheit vorstellen, in der ausschliesslich von oben nach unten regiert wurde. Der Führung war durchaus klar, dass sie einer gewissen Mitwirkung von unten und auch bestimmter Informationskanäle bedurfte, damit die Wirtschaft, die Verwaltung und die anderen Bereiche gesellschaftlichen Lebens überhaupt funktionierten. Daneben gab es eine Reihe von Initiativen innerhalb der

Partei, die Pläne zur Reform der Wirtschaft, zur Erweiterung der Partizipation am politischen Prozess, Vorstellungen über humanere Lebensformen entwickelten und erörterten. In Teilbereichen schlugen sich diese Projekte durchaus nieder, wurden insgesamt jedoch halbherzig umgesetzt. In der Öffentlichkeit und auch im Ausland war von diesen Initiativen kaum etwas bekannt. Die späteren Reformanläufe unter Gorbačev wären jedoch ohne sie nicht denkbar gewesen.

Zu solchen Initiativen zählte auch der Vorschlag, nicht nur die Schriftsteller als Ersatz für eine breite öffentliche Diskussion zur Kenntnis zu nehmen, sondern gezielt und systematisch die öffentliche Meinung zu erforschen. Ihre Kenntnis sei wichtig, um richtige Politik zu machen, Fehler abzustellen, die beste Alternative bei Entscheidungen zu finden. In der Tat wurden dann auch, wenngleich nur punktuell, Meinungsbefragungen durchgeführt. Besonderes Aufsehen erregte die erste länderumfassende anonyme Umfrage, die in Georgien mit Zustimmung des damaligen dortigen Parteichefs Edvard A. Ševardnadze (geb. 1928) stattfand. Unter der Oberfläche kündigten sich somit, in der Regel kaum registriert, Veränderungen an.

Die überforderte Weltmacht

Die Konzeption, die der sowjetischen Aussenpolitik seit langem zugrunde lag, erfuhr zwischen den 1960er und 80er Jahren keine grundsätzliche Änderung. Das Sicherheitsinteresse hatte Vorrang. Die Furcht vor einer «Einkreisung» oder zumindest einer internationalen Abhängigkeit stand nach wie vor im Hintergrund, und aus den Erfahrungen der Vergangenheit war der Schluss gezogen worden, dass man sich allein auf die eigene Kraft verlassen müsse. Das bedeutete, dass man den Einfluss auf ein möglichst umfangreiches Territorium als Schutzgebiet sowie eine Position der militärischen Stärke anstrebte. Aus dieser Sicht war es folgerichtig, als Weltmacht gegenüber dem führenden Staat des «kapitalistischen Lagers», der USA, aufzutreten. Auf der anderen Seite setzte sich aber auch mehr und mehr die Einsicht durch, dass ein Krieg zwischen diesen beiden Weltmächten das Ende für sie selbst bedeuten werde, dass deshalb eine Entspannung in den wechselseitigen Beziehungen notwendig sei, die im übrigen auch der wirtschaftlichen Entwicklung zugute kommen werde. Nicht aufgegeben wurde zugleich, die internationalen Beziehungen in den traditionellen Kategorien der «marxistisch-leninistischen» Ideologie darzustellen. Dies mochte die Hoffnung von Befreiungsbewegungen in der «Dritten Welt» wie von «linken» Gruppierungen in den kapitalistischen Ländern stützen, die Sowjetunion lasse sich beim Wort nehmen, werde sie im Interesse der Revolution fördern und zu den internationalistischen Vorstellungen von 1917 zurückkehren. Allerdings nutzte dies auch den Gegnern der Sowjetunion, um das Feindbild eines Staates, der die Weltrevolution auf die Fahnen geschrieben habe, aufrechtzuerhalten und damit die Öffentlichkeit zu mobilisieren. In Wirklichkeit hatte die Ideologie kaum noch etwas mit der tatsächlichen Politik zu tun, verzerrte höchstens in den Führungs-

gremien den Blick auf die Verhältnisse. Versucht wurde die rationale Auseinandersetzung durchaus. Anders als oft dargestellt, bildete die Führung keinen
einheitlichen Block. Es gab oft unterschiedliche Meinungen und harte Kämpfe um den Kurs. Selbst der «militärisch-industrielle Komplex», die Verbindung von Militär und Rüstungsindustrie, vertrat gelegentlich verschiedenartige Ansichten und handelte nicht wie eine gut organisierte Interessengruppe.
Aus diesen vielschichtigen Zielsetzungen ergaben sich Widersprüche, die die
sowjetische Aussenpolitik kennzeichneten. Der Wunsch nach internationaler
Entspannung, der durch die westdeutsche Ostpolitik seit Mitte der 1960er
Jahre und durch die Niederlage der USA in Vietnam sowie durch intensivier-
te Wirtschaftsbeziehungen begünstigt wurde, führte zu Abkommen, die konkrete Abrüstungsschritte erwarten liessen. 1968 konnte der «Vertrag über die
Nichtverbreitung nuklearer Waffen», der «Atomwaffensperrvertrag», unterzeichnet werden, 1972 der SALT 1-Vertrag *(Strategic Arms Limitation Treaty)*,
der eine Begrenzung bestimmter Raketen festlegte. Höhepunkt dieses Prozesses war die Konferenz für Sicherheit und Zusammenarbeit in Europa, die
seit 1972 in Helsinki tagte und 1975 in einer «Schlussakte» gipfelte. Im «Korb 1»
wurde der territoriale und machtpolitische Status quo anerkannt, die beiden
übrigen «Körbe» bezogen sich auf eine Kooperation in Wirtschaft, Wissenschaft und Umwelt sowie auf die Achtung der Menschenrechte. Der sowjetischen Führung bedeutete «Korb 1» am meisten, sicherte er doch ihre seit
1945 geschaffenen Einflussphären. Da sie deshalb davon ausging, dass sich
kein anderer Staat in ihre inneren Angelegenheiten einmischen werde, verstärkte sie, unter Verletzung von «Korb 3», ihren Druck auf die Opposition
und die Dissidenten.
Ähnlich war es schon 1968 gewesen, als sie sich dafür entschieden hatte, den
«Prager Frühling» gewaltsam zu beenden. Wie existentiell bedrohlich die
Gruppe um Brežnev jene Entwicklung in der Tschechoslowakei empfand,
wurde deutlich, als sie sich auf die «Blutopfer» im Zweiten Weltkrieg berief,
die die Sowjetunion für die Befreiung des Landes vom Nationalsozialismus
erbracht hatte. Das historische Argument diente als «Waffe» in der Auseinandersetzung, aber auch als Signal, dass die Grenze des Hinnehmbaren erreicht sei. Für die Beziehungen zum Westen hatte die Besetzung der ČSSR
keine nachhaltigen Folgen. Auch in die Konflikte mit China schaltete sich
dieser nicht ein. Deshalb nahmen die für die Aussenbeziehungen verantwortlichen Politiker der Sowjetunion an, dass der Einmarsch in Afghanistan 1979
ebenfalls problemlos verlaufen werde, da sie diese Region zu ihrem Ein-
flussgebiet rechneten und deren Destabilisierung verhindern wollten. Dies erwies sich allerdings als eine Fehleinschätzung. Die weltpolitische Lage hatte
sich verändert. Das «westliche Lager», insbesondere die USA, war wieder auf
Konfrontationskurs gegangen, eine weitere Abrüstung wurde nicht angestrebt. Ein deutliches Warnsignal bildete der NATO-«Doppelbeschluss» von
1979, mit dem die militärische Position der UdSSR in Europa geschwächt und
Westdeutschland wieder stärker in das Bündnis eingebunden wurde. Anfang
1980 brachen die USA den Ratifizierungsprozess des SALT 2-Vertrages ab –
ein schwerer Schlag für die Abrüstungsbemühungen. International war die

Sowjetunion durch den Krieg in Afghanistan isoliert. Auch im Innern war er ausserordentlich umstritten und liess das Prestige der Führung weiter sinken. Dass sich dann der Krieg immer mehr in die Länge zog, zahlreiche Opfer forderte – geschätzt werden auf sowjetischer Seite 460'000 Tote zwischen 1979 und 1989 – und in einer Demütigung der Weltmacht endete, schwächte das Systems zusehends.

Die Labilität einer weltpolitischen Ordnung, die auf Abschreckung und Entspannung beruhte, wurde sichtbar. Die Sowjetunion, die auf einer unbedingten Parität mit den USA bestehen wollte, musste erleben, dass diese sich keineswegs mit einem derartigen Ausgleich zufrieden gab und militärtechnisch immer wieder eine Überlegenheit erzielte. Sie begründete dies mit der Furcht, die UdSSR beabsichtige letztlich doch, sie zu überholen. Dabei konnte sie sich auf entsprechende Bestrebungen und Aussagen sowjetischer Politiker berufen, die den Anschein erweckten, als wollten sie zur Weltherrschaft gelangen. Eine klare Strategie in diese Richtung ist allerdings ebensowenig zu erkennen wie ein Konzept, den Sozialismus in der Welt zu fördern oder eine Aussenpolitik im Interesse der Menschen zu führen.

Im Gegenteil wirkte die sowjetische Politik hilflos, aus dem Kreislauf von immer neuen Rüstungsanstrengungen herauszukommen. So unterstützte sie «blockfreie» Staaten oder solche, in denen sich national orientierte Eliten von kapitalistischen Mächten unabhängig machen wollten. Dabei kam es manchmal sogar zu «Stellvertreterkriegen». Allerdings stiessen diese Versuche schnell an ihre Grenzen, bedurften jedoch eines hohen finanziellen Aufwandes. Der Rüstungsindustrie brachte dies ebenso Vorteile wie die hohe militärische Präsenz, die aus der Organisation des 1955 gegründeten «Warschauer Paktes» folgte. Ihm gehörten neben der Sowjetunion Albanien (bis 1968), Bulgarien, die DDR, Polen, Rumänien, die Tschechoslowakei und Ungarn an, und in einigen dieser Staaten waren sowjetische Truppen stationiert. All dies erzeugte ungeheure Kosten. Nach verschiedenen Berechnungen der Militär- und Rüstungsausgaben – in der sowjetischen Statistik wurde ihre Höhe verschleiert – lag deren Anteil in den 1970er Jahren bei 11–18 Prozent des Bruttosozialproduktes, in den 1980er Jahren wahrscheinlich bei 20 Prozent; in den USA fiel er deutlich geringer aus. Diese Last konnte die Volkswirtschaft der UdSSR immer weniger tragen. Viele erkannten den Zusammenhang zwischen Abrüstung und Reform der Wirtschaftsverfassung. Doch niemand eröffnete einen Ausweg aus der Sackgasse. So überforderte die sowjetische Weltpolitik das System mehr und mehr. Sie trug wesentlich zu seinem Niedergang bei. Doch den Ausschlag gab die innere Schwäche.

Eine ernüchternde Bilanz

Die neue Parteiführung um Gorbačev musste eine ernüchternde Bilanz aus der Bestandsaufnahme über den Zustand der verschiedenen gesellschaftlichen Bereiche ziehen. In der Wirtschaft gab es durchaus einige positive Signale. 1986 schien es so, als sei die Stagnation überwunden. Die Wachstumsraten stiegen wieder an. Das durchschnittliche Geldeinkommen der Arbeiter und Angestellten hatte sich mit 195 Rubel im Monat gegenüber 1965 verdoppelt, das der Kolchosbauern mit 159 Rubel sogar noch mehr zugenommen. Die Differenzen zwischen Arbeiter- und Bauernlohn waren geringer geworden. Den Geldlohn ergänzten im übrigen noch die Leistungen aus dem «gesellschaftlichen Konsumtionsfonds»: Gesundheitsschutz und medizinische Betreuung, Erholung, soziale Sicherstellung, Dienstkleidung, Wohnraum und ähnliche Dinge wurden kostenlos oder stark verbilligt angeboten und sollten – als in der Theorie sozialistische Elemente – den Bedarf weitgehend unabhängig von der Leistung zufriedenstellen. In der Praxis waren diese Leistungen allerdings oft äusserst mangelhaft.

Die positiven Signale konnten die Schwächen nicht überdecken. Nach wie vor liess die Qualität zu wünschen übrig. Lediglich 15 Prozent aller Produkte erhielten 1986 das Prüfsiegel für hohe Qualität. Im technischen Niveau war die Sowjetunion aufgrund unzureichender Innovationen und Erneuerungsinvestitionen weiter zurückgefallen. Der Bürokratismus und die Überzentralisierung des Planungs- und Verwaltungsapparates hatten keineswegs abgebaut werden können. So blieb auch die Mentalität der «kollektiven Verantwortungslosigkeit»: Man fürchtete das Risiko, wollte sich vor Entscheidungen nach allen Seiten absichern, verliess sich auf andere – namentlich die nächsthöhere Instanz –, verschleierte die Produktionsergebnisse, um keine «unangenehmen» Planaufgaben zu bekommen oder um eigentlich unverdiente Prämien zu erhalten. Die zentrale Zuweisung von Rohstoffen, Materialien oder auch Geldmitteln führte oft zu Leerlauf, Verschwendung und aufgrund der fingierten Daten vor Ort darüber hinaus zu Engpässen, gerade wenn bestimmte Güter knapp waren oder die Produktionsumstellung langsam voranging.

Daraus entwickelte sich ein System der privaten Beschaffung notwendiger Güter durch die Betriebe selbst. Die Behörden legalisierten dies oder duldeten es zumindest, teilweise handelte es sich jedoch um illegale und mit Korruption verbundene Beziehungen. Zwischen den Betrieben fand eine Art Naturaltausch statt, der sich in den Beziehungen zwischen einzelnen fortsetzte: im täglichen Leben, bei der Versorgung mit Ersatzteilen, bei Reparaturen. Die Betriebe wie die Individuen mussten für diesen Tausch immer Reserven anlegen. Dass dabei häufig die Beschäftigten Gegenstände aus ihrem Betrieb mitnahmen, um sie als Gegenleistung für gewünschte Waren oder Dienste anzubieten, lag nahe. Auch das Verhalten, sich in die Schlange vor einem Laden einzureihen und dann die dort neu eingetroffenen Erzeugnisse zu kaufen, selbst wenn man sie gar nicht brauchte, hatte damit zu tun: Als Tauschmittel war alles verwendbar. So war in dem zentralisierten Planwirtschaftssystem ein informeller, halb geduldeter, halb illegaler Markt entstanden. Er sollte den Reformern noch grosse Probleme bereiten.

Alarmierend fielen die Nachrichten über die Umweltbelastung aus. Seit langem war auf Schäden und ihre Verursacher hingewiesen worden, doch das System hatte seinen theoretischen Vorteil, von der Zentrale her ohne Rücksicht auf widerstreitende Kapitalinteressen rasch reagieren zu können, keineswegs genutzt. Die radioaktive Verseuchung weiter Flächen der Sowjetunion war bereits mit ernsten Folgen für Gesundheit und Leben vieler Menschen verbunden. Die Katastrophe im Kernkraftwerk Černobyl' 1986 führte das Ausmass der Gefährdung drastisch vor Augen. Die Luft- und Gewässerverschmutzung vor allem in Industriegebieten war unvorstellbar hoch. Die öffentliche Diskussion über die Belastung des Bajkal-Sees erregte internationales Aufsehen. Neben der Verschmutzung bedeutete auch der hohe Wasserverbrauch durch Industrie und Landwirtschaft, besonders in Gebieten mit Monokultur oder Neulandgewinnung, ein erhebliches Problem. Nicht nur kleinere Flüsse waren dadurch vom Austrocknen bedroht, auch der Wasserspiegel des Kaspischen Meers und des Aral-Sees sank beträchtlich; das Azovsche Meer versalzte zusehends.

Ins Bewusstsein geriet darüber hinaus die Bodenerosion, durch die eben nicht im Überfluss vorhandene, wertvolle landwirtschaftliche Fläche verlorenging. Gerade in den Hauptagrargebieten hatte man zu lange versäumt, Schutzstreifen aus Wald oder Büschen gegen Wind und Wasserabfluss anzulegen, weil man nur daran dachte, die Bewirtschaftung riesiger Flächen durch moderne Maschinen zu erleichtern. So wurde der Boden schutzlos preisgegeben, zahlreiche Schluchten hatten sich geradezu eingegraben, und im Schwarzerdegürtel, dem wichtigsten Anbaugebiet für Getreide, war in weiten Teilen ein Drittel oder gar die Hälfte der Schwarzerde bereits durch Erosion verlorengegangen. Der Humusgehalt hatte sich drastisch verringert. Die Abholzung riesiger Wälder begann, weitere Ökosysteme zu zerstören.

Der Schaden, den hier die Struktur des Wirtschaftssystems angerichtet hatte, war unübersehbar. Zu den allgemeinen Schwächen dieses Systems kam erschwerend hinzu, dass viele Ökonomen meinten, in der Sowjetunion stünden die Ressourcen unbegrenzt zur Verfügung, man könne also verschwenderisch mit ihnen umgehen. Ausserdem herrschte spätestens seit der Stalin-Zeit ein schematisches Fortschrittsdenken in blossen Produktionszahlen vor, das die Folgen der Industrialisierung für Mensch und Umwelt – obwohl bereits Marx und Engels warnend darauf hingewiesen hatten – als prinzipiell beherrschbar ansah und ihre praktische Beherrschung auf eine ferne Zukunft verschob – erst einmal sollte genügend produziert werden. Stalin hatte eine vollständige Umgestaltung der Natur vorgesehen: Hier verbanden sich extreme Vorstellungen, über Rationalität lasse sich alles lenken und eine vollkommen durchstrukturierte Welt schaffen, mit der Konsequenz, wer sich dem entgegen stelle, handle gegen die Vernunft und sei deshalb zu liquidieren.

Von solchen Prägungen musste man sich lösen. Zwar gab es schon Anfang der 1970er Jahre bedeutsame Gesetze, die weit über das hinausgingen, was im kapitalistischen Westen zum Umweltschutz möglich war. Aber sie liessen genügend Schlupflöcher, so dass sich in der Realität doch nur allmähliche Änderungen vollzogen. Neben einigen Ökonomen und Naturwissenschaftlern waren es wiederum Schriftsteller, die die öffentliche Diskussion voranbrachten. Leonid M. Leonov (1899–1994) und Michail A. Šolochov (1905 bis 1984) machten in den 1960er Jahren auf die Belastung des Bajkal-Sees aufmerksam, Jurij V. Bondarev (geb. 1924) prangerte 1982 im Obersten Sowjet der Russischen Förderation die Umweltsünden an, Valentin Rasputin mobilisierte die Öffentlichkeit gegen die geplanten gigantischen Flussumleitungen in Sibirien. Doch insgesamt war noch viel zu wenig getan worden.

Die Lage der Bevölkerung selbst stellte sich der neuen Führung nicht unbedingt erfreulich dar. In der Sowjetunion lebten 1985 276,3 Millionen Menschen. Nur China und Indien verzeichneten eine grössere Bevölkerung. Aufgrund der geographischen und klimatischen Umstände waren allerdings lediglich im Durchschnitt 12 Einwohner je Quadratkilometer zu registrieren, die sich in unterschiedlicher Dichte über das Staatsgebiet verteilten.

Auf dem Land wohnten weniger als 40 Prozent, mit weiter sinkender Tendenz. Hier vollzog sich ein ähnlicher Prozess wie in allen industrialisierten Gesellschaften, aber der Anteil der Landbevölkerung und an Beschäftigten im Agrarbereich – etwa 18 Prozent gegenüber 5 Prozent in der Bundesrepublik Deutschland – war doch noch verhältnismässig hoch. Die Unterschiede zwischen Stadt und Land sprangen nach wie vor ins Auge. In der Versorgung mit Wohnungen, im Bildungs- und Gesundheitswesen, im kulturellen und Freizeitangebot wurde das Land stark benachteiligt, wenngleich gegenüber früher beträchtliche Fortschritte gemacht worden waren.

Gegenüber westlichen Staaten fiel auf, dass die Sowjetunion zwar inzwischen als industrialisiert gelten konnte, aber das Gewicht der Sektoren Handel, Kommunikation, Transport sowie Dienstleistungen und Verwaltung wesentlich schwächer ausgeprägt war. Paradoxerweise herrschte auch ein Arbeitskräfteüberschuss – im Grunde eine verdeckte Arbeitslosigkeit – bei gleichzeitigem Arbeitskräftemangel in bestimmten Qualifikationsstufen. Eine Automatisierung und die Ausdehnung der elektronischen Datenverarbeitung blieben weit hinter dem Wünschbaren zurück.

Der Lebensstandard der Bevölkerung konnte ebenfalls nicht als befriedigend bezeichnet werden. Die Nahrungsmittelversorgung reichte zwar mengenmässig im grossen und ganzen aus, konzentrierte sich jedoch auf Brot, Kartoffeln und Zucker, während es an Fleisch- und Milchprodukten sowie Obst und Gemüse immer wieder mangelte. Das Angebot an Bekleidung war wenig attraktiv, so dass man die Beliebtheit westlicher Importgüter nachvollziehen kann. Verbessert hatte sich hingegen die Versorgung mit langlebigen Konsumgütern. 1983 besassen 93 Prozent der Haushalte ein Rundfunkgerät, 95 Prozent ein Fernsehgerät, 90 Prozent einen Kühlschrank, 70 Prozent eine Waschmaschine und 36 Prozent einen Staubsauger. Zwar sind dies wohl «geschönte Zahlen», dennoch war gegenüber den 1960er und 70er Jahren ein erstaunlicher Anstieg eingetreten, wenngleich der Stand gewiss noch nicht als optimal angesehen werden konnte.

Beträchtliche Probleme bereitete immer noch die Wohnungsfrage. Eine separate Wohnung in den Städten umfasste 1983 im Durchschnitt 53 Quadratmeter – 11 mehr als 1960. Ein Grossteil dieser Wohnungen verfügte jedoch nicht über fliessend Wasser, Bad, Kanalisation oder Zentralheizung. Darüber hinaus waren in diesen kleinen Wohnungen oft junge Ehepaare samt Kindern mit ihren Eltern und Schwiegereltern unter unzumutbaren Bedingungen zusammengepfercht. Dass man eine Milderung dieses Problems in schnell zu errichtenden «Wohnsilos» sah, ist insofern sicher verständlich, doch entstanden dadurch nur neue Probleme.

Die Grundversorgung mit Lebensmitteln, Wohnungen und Gegenständen des täglichen Bedarfs war verhältnismässig billig, während hochwertige und langlebige Konsumgüter die Menschen recht teuer kamen. Vielfach blieben diese auch derart knapp, dass von einem Kaufkraftüberhang gesprochen werden konnte. Die soziale Absicherung hatte sich zwar gegenüber der Stalin-Zeit in hohem Masse verbessert, erreichte aber dennoch erst ein ziemlich mässiges Niveau. Vor allem die Rentner zählten zu den Armen der Gesellschaft. Ungefähr ein Viertel der Rentenberechtigten nutzten deshalb die vom Gesetz her eingeräumte Möglichkeit zur Weiterarbeit. Immerhin waren inzwischen auch die Kolchosbauern in die Rentenversicherung eingeschlossen. Da es offiziell keine Arbeitslosigkeit gab, wurde hierfür auch kaum Vorsorge getroffen.

Die Frauen machten 1983 53 Prozent der Bevölkerung aus – ein Überschuss, der immer noch auf den Zweiten Weltkrieg zurückging. Fast alle erwerbsfähigen Frauen gingen einem Beruf nach. Dies war in der Regel auch nötig, um ein ausreichendes Familieneinkommen zu sichern. Doch bedeutete es, da nur wenig Teilzeitarbeitsplätze zur Verfügung standen, eine hohe Doppelbelastung der Frauen, zumal Kindererziehung und Haushaltsführung nach wie vor überwiegend als Frauensache galten. Die Zahl der Kindergärten und -krippen oder auch der Ganztagsschulen und Internate reichte zur Entlastung keineswegs aus. Trotz Gleichberechtigung und gleichem Lohn für gleiche Arbeit sowie fast keinem Unterschied in der Bildungsstufe verdienten die Frauen durch Konzentration auf schlechter bezahlte «Frauenberufe» und durch Unterrepräsentation in leitenden Stellungen durchschnittlich lediglich 60–70 Prozent von dem, was die Männer bekamen.

Die Geburtenrate war gegenüber der Vorkriegszeit stark zurückgegangen, stieg allerdings inzwischen wieder leicht an. Vor allem in den Grossstädten wurde die Ein-Kind-Familie bevorzugt. Höhere Geburtenraten verzeichneten die nichtrussischen und nichtbaltischen Nationalitäten. Die durchschnittliche Familiengrösse lag bei 3,5 Personen, in Mittelasien etwa bei 5,5 Personen. Sie spiegelte nicht nur die Kinderzahl wider, sondern auch Heirats- und zugleich Scheidungsfreudigkeit. Man heiratete in der Regel mit 23–25 Jahren, doch kamen 1983 auf 100 Eheschliessungen 34 Scheidungen – 1950 waren es nur 3 gewesen. Sicher spielte hier eine Rolle, dass das Scheidungsverfahren seit 1965 erleichtert war, aber es drückte sich auch eine wachsende Selbständigkeit der Frauen aus, wohl bedingt durch Bildung, Beruf und Einkommen. 60 Prozent der Scheidungsbegehren gingen von Frauen aus. Als häufigste Gründe führten sie den Alkoholismus der Männer und mangelnde Hilfe im Haushalt an. Auch das Zusammenleben in den engen Wohnungen, Konflikte mit Eltern und Schwiegereltern gaben oft den Ausschlag. Die Ehen wurden vorwiegend zwischen Partnern aus derselben sozialen Schicht und mit ähnlichem Bildungsstand geschlossen, am deutlichsten bei Personen mit sehr niedriger oder sehr hoher Qualifikation. Bei Ehen, die dieser Norm nicht entsprachen, war die Scheidungsrate noch höher als ohnehin. Die Jugendlichen waren nach wie vor zu einem erheblichen Teil dem Sowjetsystem entfremdet.

Insofern verwundert es nicht, dass erneut der «Hooliganismus» den Politikern Anlass zur Sorge gab. Anfang der 1960er Jahre machte *chuliganstvo* die grösste Gruppe unter den registrierten Straftaten aus.

Brisanz barg das Nationalitätenproblem in sich. Viele der über 100 Nationalitäten und «ethnischen Einheiten» lebten ausserhalb der ihnen zugesprochenen Gebiete, fast nirgends war eine nationale Homogenität erreicht. Aufgrund des Territorialprinzips, das in der Sowjetunion von Anfang an galt, waren hier Konflikte – vor allem in Krisensituationen – vorprogrammiert. Der abgestufte föderative Charakter konnte dieses Problem nicht lösen: In einigen der 15 Unionsrepubliken gab es noch insgesamt 20 Autonome Republiken mit politischer Autonomie, also eigenen Staatsorganen, eigener Verfassung und eigener Staatsangehörigkeit, 8 Autonome Gebiete sowie 10 Autonome Kreise, die lediglich über eine Verwaltungsautonomie mit verhältnismässig geringen Befugnissen verfügten.

Die Russen machten in nationaler Hinsicht 55 Prozent der sowjetischen Bevölkerung aus, zusammen mit anderen slawischen Völkern – Ukrainern, Weissrussen, Polen, Bulgaren – rund 72 Prozent. Die zweitstärkste Gruppe stellten die Völker im turko-mongolischen Sprachraum – Südrussland, Mittel- und Zentralasien – mit etwa 15 Prozent. Ungefähr 13 Prozent waren dem kaukasischen und dem finno-ugrischen Sprachraum im Baltikum zuzurechnen. Mit grosser Sorge wurde beobachtet, dass der Anteil der slawischen Gruppe aufgrund der wesentlich niedrigeren Geburtenrate ständig zurückging. So diskutierte man über gezielte Anreize, die Geburtenfreudigkeit in den slawischen Gebieten zu fördern.

Die chauvinistische Russifizierungspolitik des Stalinismus gehörte der Vergangenheit an. Eine subtilere Einflussnahme gab es aber immer noch bei der Besetzung wichtiger Ämter durch Russen, beim obligatorischen Russischunterricht neuerdings schon in den Kindergärten und bei der wirtschaftlichen Durchdringung. Erfolge in der Entwicklungspolitik waren nicht zu bestreiten. Das wirtschaftliche Niveau und der Bildungsstand vieler «rückständiger» Gebiete hatten sich dem Zentralrusslands angeglichen, und sie verbesserten sich weiter. Doch gerade die Schnelligkeit des Wachstums mit ihren zivilisatorischen Eingriffen in traditionale Strukturen der einheimischen Bevölkerung führte auch zu Spannungen. Darüber hinaus wollte die neue nationale «Elite» – ein Ergebnis der Entwicklungspolitik – jetzt auch an der politischen Macht beteiligt werden. Hier war für die Zukunft Konfliktstoff angelegt. Er ergänzte den traditionellen antirussischen Nationalismus im Baltikum, in der Ukraine, in Georgien oder in Armenien.

Strukturprobleme des politischen Systems

In der Verfassung, die letzte stammte von 1977, war immer noch der Anspruch einer Räteordnung festgeschrieben, bei der im Unterschied zum repräsentativen Parlamentarismus die Einheit von gesetzgebender, ausführender und richterlicher Gewalt charakteristisch ist. Praktisch war dies aber keineswegs mehr der Fall. Die Funktion der Sowjets konzentrierte sich auf die Gesetzgebung. Zwar wählten sie Vollzugsausschüsse – von den Spitzen der Dorf- und Stadtverwaltung bis hin zum Ministerrat – und auch Gerichte, doch konnten sie auf deren Tätigkeit, vielleicht abgesehen vom lokalen Bereich, kaum Einfluss nehmen. Von einer intensiven Mitwirkung der Bevölkerung, wie es bei Räten als Formen der direkten Demokratie eigentlich zwingend sein sollte, konnte keine Rede sein.

An der Spitze stand der Oberste Sowjet der UdSSR mit den zwei Kammern des Unions- und Nationalitätensowjets. Beide mussten allen Gesetzen zustimmen, tagten jedoch nur für jeweils zwei bis drei Tage zweimal im Jahr. Zwischen den Sitzungen nahm ein Präsidium diese Funktionen wahr. Einen gewissen Einfluss konnten die Ausschüsse des Obersten Sowjets wahrnehmen. Die Obersten Sowjets wurden auf den verschiedenen Ebenen in Abständen von fünf Jahren neu gewählt, die regionalen und lokalen Sowjets jeweils nach zweieinhalb Jahren. Die Wahlen waren an sich geheim, allgemein, gleich und direkt, bei einem aktiven und passiven Wahlalter von 18 Jahren. Allerdings stand in der Regel nur ein Kandidat zur Verfügung, den die Partei nominiert hatte. Jeder Wähler sollte Gelegenheit haben, auf Wählerversammlungen die Nominierung mitzubestimmen. Vom Anspruch her galt dies als besonders demokratisches Verfahren, in der Praxis entschied jedoch meistens eine Vorauswahl «von oben». Eine Abwahl der Deputierten war laut Verfassung und gemäss den Räteprinzipien jederzeit möglich, geschah aber höchst selten und nur in besonders krassen Fällen.

Obwohl der Rechtsschutz für die Bürger in der nachstalinistischen Zeit sehr verbessert worden war, gab es immer noch kein unabhängiges Verfassungsgericht, das die Einhaltung der Grundrechte und der Verfassungsbestimmungen hätte gewährleisten können. Die Bürger konnten sich ebensowenig gerichtlich gegen Verwaltungsakte wehren. Ein entsprechender Verfassungsartikel war nie umgesetzt worden. So blieben nur der Beschwerdegang und Eingaben, wobei die Bürger manchmal gewiss Erfolg hatten, aber eben keine Rechtssicherheit.

Neben den Sowjets und der Staatsverwaltung standen als dritte Säule die «gesellschaftlichen Organisationen», etwa die Gewerkschaften. Sie waren an vielen Gesetzen oder auch an der Planung zu beteiligen. Dies eröffnete gewisse Einwirkungsmöglichkeiten «von unten», aber der Zwittercharakter dieser «Transmissionsriemen», die nie unabhängig von Partei und Staat handeln konnten, wirkte sich nicht gerade belebend aus. Die KPdSU selbst war die vierte Säule und laut Verfassung die «führende und leitende Kraft der Sowjetgesellschaft, der Kern ihres politischen Systems sowie aller staatlichen und gesellschaftlichen Organisationen» (Artikel 6 Absatz 1). Rund 6 Prozent der Bevölkerung gehörten ihr an, die Kandidaten machten noch einmal soviel aus; hinzu kam der Jugendverband. Von der untersten Einheit – dem Betrieb, der Behörde, der Institution, dem Dorf oder dem Stadtteil – bis zur Zentrale war die Partei straff durchorganisiert. Der Parteitag musste mindestens alle fünf Jahre zusammentreten, das Zentralkomitee mindestens zweimal im Jahr, dazwischen stellten das Sekretariat und das Politbüro des Zentralkomitees die höchsten Organe. Nach wie vor bestand das Problem der «Doppelung der Hierarchien» zwischen Partei und Staatsverwaltung. Hier waren noch keine Lösungen gefunden, wie die politische Leitung durch die Partei gewährleistet, Kompetenzwirrwarr aber vermieden werden könne. Eine Koordinierung an der Spitze wurde dadurch versucht, dass die Inhaber hoher Staatsämter zugleich im Politbüro sassen. Zentralisiert erfolgte nach wie vor die Kaderpolitik. In der *nomenklatura* waren alle Ämter verzeichnet, deren personalpolitische Entscheidungen nur mit Zustimmung entsprechender Parteidienststellen gefällt werden durften. In die Akten wurden auch Angaben über geeignete Nachwuchsfunktionäre aufgenommen.

Das Parteikontrollkomitee und die Zentrale Revisionskommission sollten samt ihren Untergliederungen über die Einhaltung des Statuts, des Programms und der Beschlüsse von Parteigremien wachen. Untergeordnete Organe waren den höheren ständig rechenschaftspflichtig. Als grundlegendes Organisationsprinzip, das zudem auf die anderen Massenorganisationen und mit Artikel 3 der Verfassung sogar auf den staatlichen Bereich übertragen worden war, galt der «demokratische Zentralismus»: Wählbarkeit aller Organe, Rechenschaftspflicht gegenüber den wählenden wie gegenüber den übergeordneten Organen, straffe Disziplin und Unterordnung der Minderheit unter die Mehrheit, unbedingte Verbindlichkeit der Beschlüsse übergeordneter Organe für die nachgeordneten. An die Stelle von Wählbarkeit hatte sich die Praxis eingebürgert, von übergeordneter Stelle eine Empfehlung zu geben, der sich die Wähler durch Akklamation anschlossen. Alle Versuche der Dezentralisierung und Demokratisierung mussten auf heftigen Widerstand stossen: Bequeme Privilegien und gesicherte Positionen standen auf dem Spiel, und wie sollte man auch die Kontrolle behalten?

Bei allen Änderungen musste mit dem Militär – verbunden mit Vertretern der Rüstungsindustrie – und dem KGB als Machtfaktoren gerechnet werden. Sie waren keine Interessengruppen im westlichen Sinn und unterlagen der Parteikontrolle, aber in bestimmten Situationen konnten sie durchaus politisches Gewicht erhalten. Interessanterweise traten beide Bereiche für Wirtschaftsreformen ein, um den technologischen Rückstand abzubauen und nicht weiter gegenüber dem Westen an Boden zu verlieren. Der KGB war darüber hinaus der Meinung, dass die Sowjetunion endlich vom Sumpf der Korruption gereinigt werden müsse, und hatte erkannt, dass Terror und Verfolgung von Andersdenkenden wenig hilft, komplizierte Probleme der Gesellschaft zu lösen. Deshalb war er bereit, neue Herrschaftstechniken zu unterstützen.

Perestrojka und *glasnost'*: Reformanläufe aus eigener Kraft

Gegen all diese Probleme setzte nun Gorbačev, der 1988 auch zum Staatsoberhaupt gewählt wurde, ein entschlossenes Reformprogramm. *Perestrojka* und *glasnost'*, Umbau und Durchsichtigkeit, wurden die zentralen Losungen. International am meisten Aufsehen erregte zunächst die Wende in der Aussen- und Sicherheitspolitik. In einem neuen, ungewohnten Tonfall, weit entfernt von der bisher üblichen Formelhaftigkeit, argumentierte Gorbačev, ein Krieg und insbesondere der Einsatz von Atomwaffen seien unmoralisch. Das Wettrüsten sei nicht zu gewinnen, zudem führe es zu immer neuen Unsicherheiten und berge das Risiko einer Katastrophe in sich. Man müsse «ein für allemal mit der Denk- und Handlungsweise (brechen), die jahrhundertelang auf der Vertretbarkeit, Zulässigkeit von Kriegen und bewaffneten Konflikten basierte».[67] Politische Ziele dürften nur noch mit friedlichen Mitteln verwirklicht werden. Im Unterschied zu früheren Formulierungen sowjetischer Politiker bot Gorbačev den USA die weltpolitische Parität an, ohne eine Hintertür offenzulassen, die doch noch eine Überlegenheit ermöglichte. Er erklärte, die Sowjetunion wolle in drei Stufen abrüsten und bis zum Jahre 2000 alle Kernwaffen abschaffen. Zum erstenmal signalisierte er auch Zustimmung zu einer konkreten Rüstungskontrolle vor Ort. Eine Benachteiligung oder Diskriminierung werde die Sowjetunion allerdings nicht hinnehmen.

Mit dem Vorantreiben der Abrüstung und des Entspannungsprozesses verband Gorbačev das Ziel, international den Rücken frei zu haben für den innenpolitischen Umbau und zugleich finanzielle Mittel für die Reformen zu gewinnen. Im Zentrum stand dabei die Wirtschaftsreform. *Perestrojka* war seinerzeit ein Leitwort bei der radikalen Umgestaltung der Gesellschaft in das stalinistische Machtsystem gewesen. Dass dieser Begriff nun erneut in den Vordergrund rückte, sollte vielleicht den endgültigen Bruch mit dem Stalinismus symbolisieren, ohne den Anspruch aufzugeben, die Ziele der Oktoberrevolution erfüllen zu wollen. Die Reformkräfte um Gorbačev stellten sich in die Traditionslinie der Neuen Ökonomischen Politik. Sie konnten dabei an Überlegungen, Diskussionen und Planungen anknüpfen, die in den Jahren zuvor unter der Oberfläche des scheinbar monolithischen Systems angestellt worden waren. Den Betrieben sollte eine grössere Eigenständigkeit gewährt werden, bis hin zu selbständigen Beziehungen mit dem Ausland, die eine Durchbrechung des staatlichen Aussenhandels- und Devisenmonopols bedeuteten. Dies erforderte eine Reorganisation des Bank- und Kreditsystems. Ebenso war es folgerichtig, dass die Ressourcen – in einer allmählichen Stufenfolge – nicht mehr über ein zentrales Organ, sondern im Rahmen eines regulierten Marktmechanismus erfasst und verteilt werden sollten. Wieder einmal wurde ein Anlauf genommen, zentrale Planung und Dezentralisierung zu vereinen. Doch diesmal klangen die Vorhaben radikaler als zuvor. Marktpreise, flexible Allokationen, Wettbewerb statt Subventionen wurden angekündigt. Dem bürokratischen System und der Korruption sagte man einen energischen Kampf an. Den Schwarzmarkt und die «Schattenwirtschaft» wollte man dadurch überwinden, dass man sie quasi legalisierte. Dazu gehörte auch eine Privatisierung der Dienstleistung und der kleineren Unternehmen. Weiterhin sollte die Qualität der Erzeugnisse durch ökonomische Anreize und Wettbewerb beim Absatz verbessert werden.

In der Landwirtschaft stand eine neue Arbeitsorganisation an erster Stelle. Kleingruppen, möglichst auf Familienbasis gegründet, sollten selbständig über ihre Arbeit entscheiden und nach Ertrag bezahlt werden. Den Kolchosen und Sowchosen wurde zugestanden, mit bis zu 30 Prozent der Planproduktion und allen Überplanerträgen auf dem Kolchosmarkt frei zu handeln oder auch an den Staat zu verkaufen. Auf diesem Gebiet entwickelte Gorbačev besonderen Ehrgeiz. Er stammte aus einer Bauernfamilie im Vorland des Kaukasus und war selbst zunächst Mähdrescherfahrer gewesen, bevor er zum Jurastudium nach Moskau geschickt wurde. Seine Frau Raissa M. Titorenko (geb. 1931) hatte ihre Doktorarbeit über den Lebensalltag der Kolchosbauern von Stavropol' geschrieben und darin scharfe Kritik an den Verhältnissen geübt. Als Erster Sekretär, zunächst in der Stadt Stavropol', dann der Region, war Gorbačev bestrebt gewesen, aus dieser Untersuchung und seinen Erfahrungen zu lernen und in den Kolchosen kleinere Arbeitsteams sowie eine leistungsbezogene Bezahlung einzuführen. Aufgrund von Eingriffen aus Moskau musste er in den 1970er Jahren einen Rückzug antreten. Jetzt aber konnte er endlich darangehen, in gesamtsowjetischem Massstab die Weichen neu zu stellen.

Die Reformen in Industrie und Landwirtschaft sollten begleitet werden von einer Demokratisierung der inneren Betriebsorganisation. Die Beschäftigten erhielten das Recht, auf allen Ebenen das Leitungspersonal zu wählen. Den Räten der Arbeitskollektive wurden mehr Kompetenzen und vor allen Dingen endlich auch Entscheidungsbefugnisse zugestanden. Diesen Aspekten kam insofern besondere Bedeutung zu, als damit gerechnet werden musste, dass im Zuge der Reform unrentable Betriebe zu schliessen waren, Arbeitslosigkeit in breiterem Masse entstehen konnte und eine soziale Sicherung notwendig wurde. Insgesamt sollten die Reformen drei Ziele erreichen: Selbständigkeit der Betriebe, Selbstfinanzierung und Selbstverwaltung.

Mit dem Stichwort «Selbstverwaltung» erhoben die Reformkräfte den Anspruch, zu den Hoffnungen der Oktoberrevolution zurückzukehren und den Sozialismus «von unten» aufzubauen. Theoretisch sah man dabei keineswegs mehr – und dies ging auch gegen die Kritiker der Reformen aus der Sicht eines schematisch-dogmatischen Marx-Verständnisses – den Markt als Wurzel der Warenproduktion und des Kapitalismus. Gerade durch die Erfahrungen der Sowjetgeschichte hatte man erkannt, dass nicht der Markt und der Tausch als solche zur Entfremdung führten, sondern die Fernhaltung der Menschen von den grundlegenden Entscheidungen. Die gesellschaftlichen Prozesse hatten sich nach wie vor hinter ihrem Rücken abgespielt. Insofern kam es darauf an, Markt und Plan in einer gemeinschaftlich organisierten Produktion zu integrieren. Die Planung und die gesamten Wirtschaftsvorgänge mussten durchsichtig werden, und das bedeutete die Partizipation der Produzenten an der Planung und an der Betriebsverwaltung. Diese theoretische Einsicht wurde gestützt durch die pragmatische Überlegung, dass eine hochkomplizierte Wirtschaft eines Mitdenkens und zumindest eines gewissen Masses an selbständiger Entscheidung am Arbeitsplatz bedarf.

Diese Prinzipien, die sich im übrigen seit 1986 in mehreren Gesetzen niederschlugen, wurden auch auf das politische System übertragen, um einen «inneren Pluralismus» zu erreichen. So sollte die Wählbarkeit aller Parteifunktionäre nun tatsächlich garantiert werden. Diskussionen begannen über die Abschaffung der Funktionärsprivilegien und über den Schutz von Minderheiten in der Partei, über die Einführung eines demokratischen Wahlsystems für die Sowjets, über die Beendigung der Verfolgung Andersdenkender, über die Schaffung einer Verwaltungs- und Verfassungsgerichtsbarkeit.

Die Reformdiskussion ergriff schnell alle Bereiche des öffentlichen Lebens. Auf dem kulturellen Sektor lockerte sich die Lenkung durch die Bürokratie. Bücher oder Filme, die bislang von der Zensur unterdrückt worden waren und die sich kritisch mit Vergangenheit und Gegenwart auseinandersetzten, wurden nun zugelassen. In einer Besprechung des Filmes «Die Reue», der die Zeit des Stalinismus behandelt – in Georgien unter dem Protektorat von Ševardnadze entstanden und von Gorbačev persönlich zur Veröffentlichung durchgesetzt –, hiess es: «Sind diese bitteren Erinnerungen an die Vergangenheit wirklich nötig? Der Film antwortet: ja. Sonst riskieren wir, nicht voranzukommen und abermals Opfer tragischer Irrtümer zu werden ...»[68] Schriftsteller, deren Werke zuvor unterdrückt worden waren, wurden ebenso rehabilitiert wie Kritiker des Systems. Der Prozess der «Entstalinisierung» ging endlich weiter. Berühmt wurde Gorbačevs Aussage, man dürfe keine «weissen Flecken» in der Geschichte mehr zulassen.[69] So setzte nun eine gründliche Aufarbeitung der Vergangenheit ein, die eine Neubewertung der russischen wie der sowjetischen Geschichte anstrebte und auch von den bisherigen Tabus – wie Oktoberrevolution, Lenin, Industrialisierung und Kollektivierung – nicht haltmachte. Endlich sollten die Wurzeln der Entwicklung, die in den Stalinismus geführt hatten, freigelegt, sollte aus den Fehlern der Vergangenheit, auch der Chruščev-Zeit, gelernt werden.

In atemberaubendem Tempo erging eine Reformmassnahme nach der anderen, kamen Themen zur Sprache, die bisher öffentlich nicht hatten behandelt werden können. Anders als in der Chruščev-Zeit stand diesmal hinter all den Massnahmen ein umfassendes, durch interne Erörterungen vorbereitetes Konzept. Besonders bemerkenswert war dabei, dass es nicht von aussen aufgezwungen worden war, sondern einen Erneuerungsversuch aus eigener Kraft, von innen her, darstellte. Noch einmal schien es so, als könne der Sozialismus in der Sowjetunion doch eine Zukunft haben.

Nicht zu übersehen waren allerdings starke Widerstände gegen die Reformen. Dabei ging es nicht nur darum, dass sich die Versorgung der Bevölkerung nicht schnell genug besserte oder dass Mängel bei der Umsetzung der Massnahmen auftraten. Funktionäre fürchteten um ihre Privilegien und Posten. Arbeiter konnte man mit der Furcht vor einer Stillegung von Betrieben und vor Arbeitslosigkeit aufhetzen. Die Schwerfälligkeit des Apparates und die «Doppelung der Hierarchien», der Bürokratismus und die Kompetenzstreitigkeiten, liessen sich nicht von einem Tag auf den anderen ändern. Noch tiefer lagen die durch Jahrzehnte eingeübten Prägungen von Verhaltensweisen, die in der Bevölkerung weit verbreitet waren. Die Trennung von privater und öffentlicher Sphäre hatte sich ebenso eingespielt wie das Misstrauen gegen Massnahmen des Staates oder der Partei. Nach all den schmerzlichen Erfahrungen war die Bereitschaft kaum vorhanden, sich für politische Ziele oder die Mitarbeit an Reformen zu engagieren. Zu oft schon hatte es Versprechungen von mehr Partizipation und Demokratie gegeben, die schöne Worte geblieben waren.

Die Reformkräfte um Gorbačev versuchten, diesen Widerständen durch eine Art Zangenbewegung zu begegnen. «Von oben» wurden die bürokratischen Apparate gestrafft, zahlreiche Personen ausgewechselt und durch Aufstiegsmöglichkeiten neue Loyalitäten geschaffen. Zugleich versuchte man, die Arbeiter, Angestellten und Bauern durch das Angebot grösserer Partizipation zu gewinnen und dadurch eine Mobilisierung «von unten» gegen die Beharrungskräfte zu erreichen. *Glasnost'*, die Durchsichtigkeit und Öffentlichkeit, sollte dabei nicht nur den Reformkurs verständlich machen, sondern auch der Bevölkerung die Möglichkeit geben, ihre Interessen selbst und ohne Gängelung zu artikulieren, eine neue Identität zu finden.

Dies war gewiss der entscheidende Faktor. Wenn Selbstverwaltung praktiziert würde, wenn über die Erinnerung als kritische Auseinandersetzung mit der Vergangenheit ein neues Selbstbewusstsein entwickelt werden könnte, dann bestand die Möglichkeit, den Reformkurs zur Sache des Volkes zu machen.

Eine Phalanx von Profiteuren und Kriminellen: Das Scheitern der Reformen

Bald zeigte sich, am deutlichsten auf wirtschaftlichem Gebiet, dass die Reformen erneut steckenblieben. Die Wirtschaftslage verschlechterte sich mehr und mehr, die Umgestaltung in Industrie und Landwirtschaft setzte keineswegs die erhoffte Dynamik frei, die die Stagnation überwinden und zugleich die Mentalität der «kollektiven Verantwortungslosigkeit» und Risikoscheu aufbrechen sollte.

Bei den Überlegungen der Reformer hatte die Legalisierung des Schwarzmarktes und der dafür produzierenden «Schattenwirtschaft» eine grosse Rolle gespielt. Hier waren seit langem – neben dem offiziellen, reglementierten Wirtschaftskreislauf – Marktkräfte am Werk gewesen. Als wichtige Träger des Übergangsprozesses erschienen dabei diejenigen, die bisher zwischen den beiden Wirtschaftsbereichen vermittelt hatten. Diese Schicht war im Stalinismus ausgebildet worden, als den Betrieben bis ins kleinste Detail ihre Tätigkeit vorgeschrieben wurde. Um sich einen Rest von Spielraum zu bewahren und Reserven für eine gewisse Flexibilität zu schaffen, setzten die Firmenleitungen «Agenten» ein, die bei den entsprechenden Behörden, aber auch bei anderen Betrieben, mit denen – illegale – Direktbeziehungen Vorteile versprachen, die jeweiligen Interessen vertreten sollten. Diese Agenten nutzten die Möglichkeiten des Instanzenwirrwarrs im Sowjetsystem, um die einzelnen Behörden gegeneinander auszuspielen und ein schwer zu durchschauendes Beziehungsnetz aufzubauen, in dem Bestechungen an der Tagesordnung waren. Ein erheblicher Teil der Volkswirtschaft arbeitete zunehmend für den Direktkontakt zwischen den Betrieben, für die Bestechungsmittel sowie für den Tausch auf dem Schwarzmarkt. Desgleichen entstanden «Seilschaften» zwischen Betriebsangehörigen und Funktionären im Partei- und Staatsapparat, unter Einschluss von Gewerkschaften und anderen Organisationen. Die Vermittler stellten dabei den Dreh- und Angelpunkt dar und verdienten prächtig an diesem

System. Während des Stalinismus konnten diese «Seilschaften» aufgrund der regelmässigen Terrorwellen vermutlich keine dauerhaften Verbindungen ausbilden. Die eigentliche Verfestigung vollzog sich wahrscheinlich – nach den ständigen Erschütterungen durch zahlreiche Reformexperimente in der Ära Chruščev – erst während der Amtszeit Brežnevs als Generalsekretär der KPdSU. Unter der Oberfläche der nach aussen gegenüber dem offiziellen System vorgespielten Verantwortungsscheu und Erstarrung entfalteten somit höchst risikofreudige Personen beträchtliche wirtschaftliche Aktivitäten.

An und für sich standen deshalb Menschen bereit, die Träger einer Marktwirtschaft hätten sein können. Problematisch war allerdings, dass sie eine nicht zu übersehene kriminelle Energie entwickelten. Kurz nach Gorbačevs Wahl zum Generalsekretär der KPdSU 1985 wurden soziologische Untersuchungen veröffentlicht, die eine klar umrissene soziale Schicht des «organisierten Verbrechertums» als Hauptgegnerin der Reformen ausmachte. Die sowjetische «Mafia» hatte sich zu einer regelrechten sozialen Schicht ausgebildet, wenngleich sie in vielen Untergruppen organisiert war, die sich teilweise heftig bekämpften, teilweise aber auch bestens zusammenarbeiteten. Sie bestand in enger Verfilzung aus Funktionären des Partei- und Staatsapparates sowie der Wirtschaft, der Justiz, des Geheimdienstes und der Polizei, des Militärwesens und nicht zuletzt den vermittelnden Agenten samt ihren «Hilfskräften», die auch vor Anwendung von Gewalt nicht zurückschreckten. Eine vieltausendköpfige Phalanx, von der Gorbačev schon 1986 sagte: «Sie machen, was sie wollen!»,[70] schob sich zwischen die Reformer an der Staatsspitze und die Masse der Bevölkerung.

Zunächst hatte man gehofft, durch die Dynamik des wirtschaftlichen Prozesses diese Phalanx aufzubrechen. Solche Erwartungen gründeten sich nicht zuletzt darauf, dass es in der Geschichte der Sowjetunion schon einmal eine ähnliche, ja viel schlimmere Situation gegeben hatte, die durch verhältnismässig einfache Massnahmen rasch verbessert worden war: durch die Neue Ökonomische Politik. In der Tat hatte die Analogie auf den ersten Blick etwas Bestechendes an sich. 1920/21 war ein Tiefstand der Produktion und der Lebensverhältnisse eingetreten, dem die Zustände der 1980er und 90er Jahre noch keineswegs glichen. Auch damals schied sich die Volkswirtschaft in zwei Kreisläufe: in die offizielle, behördlich geregelte «proletarische Naturalwirtschaft», wie es seinerzeit hiess, und in die «illegale kapitalistische Warenwirtschaft» – den für die Versorgung der Bevölkerung äusserst wichtigen Schwarzmarkt. Lenin und seine Mitstreiter entschieden sich im Frühjahr 1921 dafür, diesen Schwarzmarkt zu legalisieren, also den freien lokalen Handel wieder zuzulassen. Die freigesetzten Marktkräfte hatten dann in der Tat eine derartige Dynamik entwickelt, dass sich die Wirtschaft, trotz vielfältiger Probleme, rasch wieder erholen konnte.

Was den Kommunisten damals als Nachteil erschien – die Kraft des Marktes, die eine Abkehr von der wirtschaftspolitischen Strategie und damit einen «Umweg» zum Sozialismus erzwungen hatte –, wurde nach 1985 als positives Kennzeichen gewertet. Recht bescheidene Massnahmen hatten grosse Wirkungen gezeigt. War nicht zu erwarten, dass man jetzt noch mehr erreichen konnte? Man hatte ein umfassendes, weitergehendes Konzept vorbereitet, man wusste um die Gefahren der wirtschaftlichen Öffnung, man hoffte, durch die Demokratisierung des Systems den Rückfall in ein autoritäres Regime vermeiden zu können.

Die Analogie lag nahe – aber sie war kurzschlüssig. Der Vergleich der Bedingungen, unter denen die beiden Umgestaltungsversuche standen, kann allerdings deutlich machen, warum die Reformen nach 1985 scheiterten. 1921 konnte die Legalisierung der Privatwirtschaft nahtlos die Marktkräfte freisetzen, weil die traditionelle Dorfstruktur mit dem bäuerlichen Familienbetrieb als Zentrum und der Dorfgemeinde als organisatorischem Rahmen noch völlig intakt war. In der Industrie genügten geringe Mittel, um viele darniederliegende Fabriken wieder in Gang zu setzen. Zahlreiche Arbeiter – nicht zuletzt diejenigen, die aus der Roten Armee in den Produktionsprozess zurückkehrten –, Firmenleiter, Wirtschaftsfunktionäre und Planer waren noch erfüllt von den Zielen des Sozialismus und arbeiteten mit grossem Enthusiasmus für eine höhere Produktion, um bald wieder nach dem «Rückzug» der ungeliebten Neuen Ökonomischen Politik in die Offensive gehen zu können. Trotz durchaus vorhandener Korruption und einer erklecklichen Anzahl von Opportunisten, für die der Sozialismus ein Lippenbekenntnis war, um in Partei oder Wirtschaft Karriere machen zu können, bestanden deshalb auch in diesem Bereich günstige Voraussetzungen für einen wirtschaftlichen Aufschwung.

In den 1980er Jahren stellten sich die Verhältnisse grundlegend anders dar. Der bäuerliche Familienbetrieb war durch die Kollektivierung zerstört worden. Die Möglichkeit, eine kleine private Nebenwirtschaft zu führen, reichte zwar aus, um auf dem Kolchos- oder auch auf dem Schwarzmarkt mit deren Produkten zusätzlich zu verdienen, nicht aber, um rasch wieder einen «richtigen» Bauernhof aufzubauen. Die ehemaligen Kolchosarbeiter waren in der Regel viel zu spezialisiert – als Melkerin oder Traktorist etwa –, um ohne Übergangszeit wieder Bauern sein zu können. Auch von selbstverwalteten Genossenschaften ging keine Dynamik aus. Vielleicht noch schwerfälliger waren die Strukturen in der Industrie. Das seit über 50 Jahren vorherrschende bürokratische, überzentralisierte System samt den Mentalitäten, die sich in ihm ausgebildet hatten, liess nicht sozusagen von selbst, wenn der gesetzliche Rahmen geschaffen war, eine wirtschaftliche Belebung eintreten. Als besonders wichtig erwies sich, dass im Unterschied zu den Verhältnissen von 1920/21 die beiden Wirtschaftskreisläufe nicht weitgehend unabhängig voneinander, sondern eng miteinander verzahnt waren. Gewiss gab es auch seinerzeit Verbindungen: Fabriken tauschten ihre Waren unmittelbar im Dorf oder auf dem Schwarzmarkt, um Lebensmittel für ihre Arbeiter oder Rohstoffe zu erhalten; Arbeiter liessen oft Gegenstände aus der Firma «mitgehen» – vielfach stillschweigend geduldet –, um Tauschmittel für die Existenzsicherung zu besitzen; Schieber und Spekulanten nutzten die Zustände gewerbsmässig aus. Doch daraus hatten sich keine festen Strukturen entwickelt, wie dies jetzt der Fall war.

Der Versuch, die Funktionäre des alten Apparates abzulösen oder durch Schwächung und schliesslich Verbot der KPdSU die Beharrungsstrukturen aufzuweichen, reichte nicht aus. Da die jetzigen «Säuberungen» bewusst nicht mehr auf stalinistische Art vor sich gehen sollten, wurden die Funktionäre auf andere Posten abgeschoben – die Führung des Kommunistischen Jugendverbandes etwa in die Leitungen neuer grosser Banken, Mitglieder des Zentralkomitees der Partei in die Spitzen wichtiger Unternehmen. Die «Seilschaften» funktionierten bestens weiter, zumal noch genügend einflussreiche Leute der Phalanx im Staatsapparat der Sowjetunion – wie dann ihrer Nachfolgestaaten – sassen. An ihnen hing es, wie schnell privatisiert, wie stark marktwirtschaftlich produziert und gehandelt, wie gut die Bevölkerung versorgt wurde.

Und sie nutzten diese Stellung. Was einmal aus Systemzwang geboren wurde – damit überhaupt ein Grossteil der Betriebe arbeiten konnte –, war nach und nach ein eigenes System zur Bereicherung einzelner geworden, die es verstanden, schon unter der bürokratischen Befehlswirtschaft die Gesetze des Kapitalismus für ihren persönlichen Profit zu nutzen. Die Verbindung von Staats- und Privatwirtschaft, wie sie unter Gorbačev kennzeichnend wurde, kam dem Mechanismus der Phalanx am besten entgegen (und erinnert im übrigen an die Besonderheiten des Kapitalismus im Zarenreich). Diese blockierte die weitergehenden Reformen oder lenkte sie zumindest dergestalt, dass sie auch weiterhin die günstigsten Positionen im künftigen Wirtschaftssystem besetzen konnte. Kontakte zur Mafia, zum organisierten Verbrechen in den westlichen Ländern, die jetzt geknüpft wurden, sollten zur Absicherung auf dem Weltmarkt beitragen. Wer sich der Macht der Phalanx entgegenstellte, lebte gefährlich.

Sie beherrschte einen Grossteil der Märkte bis hinunter zu den scheinbar spontan entstehenden Tauschmärkten auf den Strassen; sie begann, ganze Branchen zu übernehmen; sie hielt Waren des grundlegenden Bedarfs gezielt zurück – auch durch kriminelle Beschlagnahme von Transporten –, damit es zu keinem Ausgleich von Warenangebot und Geldmenge kommen und sie mit den Waren spekulieren und die Preise bestimmen konnte. Die Phalanx kontrollierte «natürlich» auch die traditionellen Mafia-Bereiche: die Prostitution, den Alkohol-, Waffen-, Drogen- und illegalen Devisenhandel. Aufteilung der Märkte zwischen den einzelnen Untergruppen, Bestechung, Erpressung von «Schutzgeldern», brutale Gewalt waren an der Tagesordnung. Die Strukturen ähnelten denjenigen in den USA der 1920er und 30er Jahre. Die alte Losung vom «Einholen und Überholen» schien neue Aktualität zu gewinnen, um ein kapitalistisches Wirtschaftssystem aufzubauen.

Die Abkehr von der Kommandowirtschaft führte also nicht wie in der Neuen Ökonomischen Politik zu wirtschaftlichem Aufschwung, sondern verstärkte eher die Schwierigkeiten. Die Reformmassnahmen «von oben» blieben in der Phalanx der Profiteure und Kriminellen stecken, die die ineinander verzahnten legalen und illegalen Wirtschaftskreisläufe beherrschten. Die von den Befürwortern der *perestrojka* angestrebte Strategie, diesen Block durch eine Zangenbewegung – durch Verordnungen «von oben» und Initiativen «von unten» – aufzubrechen, war vermutlich das einzig wirksame Mittel, da die Macht von Polizei und Justiz aufgrund des vielfältigen Beziehungsnetzes der

Phalanx nur in wenigen Fällen verbrecherische Organisationen hatte zerschlagen können, die dieser zuzuordnen waren. Eben dieses Mittel griff jedoch nicht. Grosse Teile der Bevölkerung – gerade in der Arbeiterschaft – reagierten auf die Erweiterung der Selbstverwaltung zurückhaltend und beobachteten die Umgestaltungsversuche misstrauisch. Dass Gorbačev und die mit ihm verbundenen Reformkräfte dieses – aufgrund der historischen Erfahrungen gewiss verständliche – Misstrauen in der Bevölkerung nicht überwinden konnten, dürfte der Hauptgrund ihres Scheiterns gewesen sein.

Die Sowjetunion zerbricht

Spätestens zu Beginn der 1990er Jahre wurde offenkundig, dass der Reformprozess unter Gorbačev in eine tiefe Krise geraten war. Die Wirtschaftssituation hatte sich dramatisch verschlechtert, die Not der Menschen war grösser geworden. An allem schienen die Reformen schuld zu sein. 1990 musste offiziell ein Produktionsabfall in Industrie und Landwirtschaft um 4 Prozent gegenüber dem Vorjahr registriert werden. Das Haushaltsdefizit lag bei 200 Milliarden Rubel. Die Reformökonomen unternahmen noch einmal einen – hektisch anmutenden – Reformanlauf, der im 500–Tage-Programm vom August 1990 gipfelte. In mehreren Stufen sollten zunächst die politischen und juristischen Grundlagen der radikalen Reform gelegt, eine freie Unternehmerinitiative gewährleistet und der Verbrauchermarkt stabilisiert werden. Der nächste Schritt sah eine Liberalisierung der Preise, eine Entmonopolisierung der Wirtschaft und eine Stabilisierung des Rubels vor. Daran sollte sich eine Privatisierungskampagne und Umstrukturierung des «militärisch-industriellen Komplexes» anschliessen, bis der vollständige Übergang zu Marktverhältnissen möglich sei. Sozusagen «im Sturm» wollte man die wichtigsten Positionen erobern, die sich der Reform entgegenstellten – die Staatsbetriebe, die Rüstungsindustrie, die Planbürokratie –, damit sich die Wirtschaft endlich entfalten könne. Die Repräsentanten dieser Positionen opponierten jedoch mit Erfolg. Gorbačev machte in letzter Minute einen Rückzieher – diese Schocktherapie sei nicht zumutbar – und liess ein verwaschenes Kompromissprogramm Ende Oktober 1990 im Obersten Sowjet verabschieden.

Die Unzufriedenheit in der Bevölkerung über den schleppenden Gang der Reformen und die unbefriedigende materielle Lage wurde immer mehr spürbar. Ein Grossteil der Reformökonomen zog sich aus dem Kreis um Gorbačev zurück. Viele resignierten, andere warteten auf den Zeitpunkt, endlich mit entschiedenen Massnahmen eingreifen zu können. 1991 ging die Wirtschaftsleistung, gemessen als Bruttosozialprodukt, insgesamt noch einmal um 8 Prozent zurück, in der Landwirtschaft gar um 13 Prozent, die Investitionen um 16 Prozent, Importe um 45 Prozent, Exporte um 18 Prozent, der Gütertransport um 8 Prozent. Das Pro-Kopf-Einkommen betrug lediglich rund 10 Prozent desjenigen der USA. Alles schien aus dem Ruder zu laufen. Die Regierung wirkte hilflos, eine überzeugende, geschlossenen Konzeption, den Schwierigkeiten zu begegnen, war nicht mehr zu erkennen. Im Vergleich mit den ersten Jahren nach 1985 wirkten die Diskussionen vordergründig und oberflächlich, die ergriffenen Massnahmen wie eine Kopie westlich-kapitalistischer Vorbilder.

Hier zeigte sich die grosse Schwäche Gorbačevs und seines Kreises: Nachdem die ersten Reformen nicht so schnell wie erwartet gegriffen hatten und in der Phalanx der Profiteure und Kriminellen steckengeblieben waren, fehlte die Entschlossenheit, geradlinig auf dem einmal eingeschlagenen Weg fortzuschreiten. Immer wieder wich die Regierung vor Widerständen zurück, liess sich auf halbherzige Kompromisse ein, versuchte, es allen recht zu machen. Insbesondere verzichtete sie darauf, die Bevölkerung zu mobilisieren, um die Zangenbewegung gegen die Gegner der Reform Wirklichkeit werden zu lassen. Zu rasch liess man sich vom Misstrauen und von der Skepsis vieler Menschen gegenüber den Reformen enttäuschen. Gerade dieser «Rückzug» bestätigte jedoch die verbreitete Meinung, Gorbačev sei ein «Schwätzer», seine Reformen brächten ebensowenig etwas wie die früher versprochenen.

Die Massnahmen zum Umbau der Sowjetunion waren zunehmend in einen Streit zwischen den Republiken und Gebieten des Landes geraten, die unterschiedlich schnell vorgehen wollten. Hier lag dann auch der zweite grosse Fehler Gorbačevs: Er erkannte zu spät die Brisanz des Nationalitätenproblems und die Notwendigkeit, eine neue föderalistische Ordnung zu schaffen. Vom Ausbruch der Unruhen im Kaukasus oder in Mittelasien wurde die Zentrale in Moskau ebenso überrascht wie durch die Stärke der Nationalbewegungen im Baltikum oder in der Ukraine. Deshalb kam es vielfach zu überzogenen, unangemessenen Reaktionen, die im Widerspruch zu den eigenen Ansprüchen auf Demokratisierung und friedliche Konfliktlösung standen, die Gegensätze eher verschärften und die Bereitschaft von Nationalitäten erhöhten, die Union zu verlassen.

Dabei war zu erwarten gewesen, dass die nationalen Eliten gerade in der Umbruchphase eine stärkere Mitsprache und eine grössere Berücksichtigung der jeweiligen Interessen verlangen würden. Sie setzten sich in der Regel an die Spitze von nationalen «Volksfront»-Bewegungen. Meistens waren dies Bündnisse von zahlreichen kleinen Bürgerinitiativen oder Oppositionsgruppen, die im Demokratisierungsprozess unter Gorbačev durchaus die Möglichkeit sahen, ihre Ziele zu verwirklichen. Eine Vorreiterrolle spielten hier die Bewegungen im Baltikum. Gorbačev stand ihnen zunächst positiv gegenüber, weil er im Sinne seiner Zangenstrategie derartige Kräfte «von unten» fördern wollte. So hatten die baltischen Gruppen eine herausragende Bedeutung für den Weg zur Parlamentarisierung, den die Sowjetunion allmählich einschlug. Als Litauen, Lettland und Estland jedoch 1988/89 ihre Souveränität erklärten und mit der sowjetischen Regierung über die neue Form der Unionsverfassung verhandeln wollten – mit dem Recht, aus der Union ausscheiden zu können –, wollten dies viele Politiker in der Zentrale nicht hinnehmen. Gorbačev, der immer weniger entschlossen gegen konservative Kräfte antrat, musste es zulassen, dass die Geheimpolizei wieder intensiv gegen die baltischen Volksbewegungen vorging, dass 1990 eine Wirtschaftsblockade gegen Litauen verhängt wurde, dass versucht wurde, die russische Bevölkerung in den baltischen Ländern zu mobilisieren und zu organisieren, dass schliesslich das sowjetische Militär aktiv wurde, bis hin zu den putschartigen bewaffneten Überfällen auf das Parlament und andere Institutionen in Litauen und Lettland Anfang 1990, die Tote und Verletzte forderten. Doch der nationale Widerstand war jetzt nicht mehr zu unterdrücken. Im Gegenteil: die Selbständigkeitsbestrebungen verstärkten sich.

Ähnlich war es in Georgien. Hier standen sich innerhalb der nationalen Oppositionsbewegung ein gemässigter und ein radikaler Flügel gegenüber. Als am 9. April 1989 sowjetische Soldaten in eine friedliche Kundgebung schossen und dabei mindestens 20 Menschen töteten, bedeutete dies nur eine Beschleunigung des Ablösungsprozesses von der Sowjetunion. Die georgische Kommunistische Partei, die bislang mit einer verhältnismässig liberalen Politik als Stabilisierungsfaktor galt, musste den Austritt von etwa 100'000 Mitgliedern hinnehmen, löste den Jugendverband Komsomol sowie die Parteizellen in Betrieben und Gewerkschaften auf und verliess auch die KPdSU. Dennoch verlor sie bei den ersten demokratischen Wahlen im Oktober 1990 deutlich gegen einen nationalen Wahlblock. Bei einer Volksabstimmung am 9. April 1991 wurde mit eindeutiger Mehrheit der Austritt aus der UdSSR beschlossen.

Ein wichtiger Faktor für die Formierung nationaler Opposition war der Kampf gegen die politische und sprachliche Russifizierung, die sich während der Chruščev- und Brežnev-Zeit noch einmal verstärkt hatte. Im Unterschied zur Leninschen Ära beherrschten jetzt viele Funktionsträger nicht einmal die jeweilige Nationalsprache. Forderungen nach deren Ablösung und nach Vorrangigkeit der eigenen Sprache waren ausserordentlich populär. Den «Russen» wurde auch zugeschrieben, dass sie mit ihrer Industrialisierungs- und Rüstungspolitik ganz bewusst die Umwelt in den nichtrussischen Gebieten zerstörten, um die dortigen Völker zu schwächen. So knüpften viele nationale Bewegungen an der radioaktiven Verseuchung und am Kampf gegen Atomkraftwerke an, an der Luft- und Wasserverschmutzung, an den Flussumleitungsprojekten in Sibirien, an der Austrocknung des Aral-Sees, an der ungefilterten Verbrennung von Ölschiefer für Wärmekraftwerke in Estland. Um so erstaunlicher ist es dann allerdings, dass die neuen nationalen Regierungen keineswegs umweltbewusster als die früheren sowjetischen handelten. Offensichtlich wurde der Umweltschutz häufig nur benutzt, um die eigenen Machtinteressen zu fördern.

Eine Stärkung der Nationalbewegungen bedeutete die Diskussion in der Sowjetunion über die «weissen Flecken» der Vergangenheit. Hier kamen die Verbrechen insbesondere der Stalin-Zeit ans Tageslicht, der Terror, die grausamen Begleitumstände der Kollektivierung, die Deportationen ganzer Völkerschaften, die Einverleibung der baltischen Länder infolge des Hitler-Stalin-Paktes, aber auch schon die blutige Beendigung der georgischen Selbstandigkeit 1921. Erstmals konnte die Geschichte der verschiedenen Nationalitäten frei erörtert und erforscht werden, so dass vielen Menschen jetzt bewusst wurde, auf welchen historischen Traditionen sie fussten. Die nun mögliche

Erinnerung zerstörte wesentliche Legitimationsgrundlagen der Sowjetunion, und der Führung gelang es nicht rechtzeitig, gemeinsam mit den Nationalitäten eine neue Grundlage aufzubauen. Zugleich gab die Berufung auf die Nationalbewegung des 19. Jahrhunderts in der Ukraine, auf die Eigenstaatlichkeit der baltischen Länder zwischen 1918 und 1940, auf die grosse Vergangenheit Georgiens bis zur Eingliederung in das zaristische Russland zu Beginn des 19. Jahrhunderts und auf die Eigenstaatlichkeit zwischen 1918 und 1921 – um nur diese Beispiele zu nennen – den Volksbewegungen für Autonomie und Souveränität ungeheure Kraft.

Allerdings brachte die Aufarbeitung der Vergangenheit auch Probleme mit sich, sie rief nicht automatisch eine befreiende Wirkung hervor. Deutlich wurden etwa interethnische Konflikte, weil Nationalität und Territorium aufgrund der Vielfalt ethnischer Gruppen auch in der Vergangenheit keineswegs zusammengefallen waren. Notwendigerweise hatte es «Ungerechtigkeiten» gegenüber denjenigen «ethnischen Einheiten» gegeben, die kein eigenes Territorium erhielten oder aus den verschiedensten Gründen nicht in «ihrem» Gebiet leben konnten. Neben dem Konflikt mit der Zentrale in Moskau ging es um Probleme innerhalb eines Territoriums – etwa wenn die Titularnation mit den Minderheiten nicht zurechtkam oder wenn sie selbst die Minderheit im Land bildete –, darüber hinaus aber um territoriale Forderungen, wenn Angehörige der eigenen Nation verhältnismässig geschlossen in einem Gebiet ausserhalb des jeweiligen Landes lebten. Das bekannteste Beispiel wurde der Kampf um Berg-Karabach zwischen Armenien und Aserbaidschan.

In den baltischen Ländern hatte bereits nach 1918 das Minderheitenproblem auf der Tagesordnung gestanden. Das damalige nationale Erwachen richtete sich gegen die ehemalige deutsche und russische Oberschicht, aber auch gegen die Juden. In den Verfassungen wurden den Minderheiten weitgehende Rechte zugesprochen: namentlich kulturelle Autonomie und politische Vertretungsmöglichkeiten. In Litauen konnten die Juden sogar einen eigenen Nationalrat bilden, und es gab einen Minister für jüdische Angelegenheiten. In Estland entfaltete ein Kulturrat der Minderheiten rege Aktivitäten. Allerdings brach sich bald ein nationaler Chauvinismus Bahn, am stärksten in Litauen, wo 1926 die Minderheitenrechte weitgehend abgeschafft wurden. Die autoritären Regimes, die sich in den 1930er Jahren vollends herausbildeten, betrieben – am wenigsten in Estland – eine aggressiv-nationalistische Politik.

Jetzt stellten die Juden, vor allem infolge ihrer Vernichtung während des Zweiten Weltkrieges, keine «Bedrohung» mehr dar. Dafür waren nun die Russen zum Problem geworden: In Lettland machten sie einen Anteil von 34 Prozent an der Bevölkerung aus, in Estland von 30 Prozent und in Litauen von 10 Prozent. Konfliktpunkte waren vor allem die immer noch stationierten russischen Truppen sowie die Frage des Wahlrechts und der Staatsbürgerschaft für die Russen, die nach 1940 in den baltischen Ländern angesiedelt wurden und sich überwiegend inzwischen auch heimisch fühlten. Sie mussten nun mit teilweise einschneidenden Beschränkungen rechnen, die zwar historisch verständlich waren, neue Konflikte aber geradezu heraufbeschworen. Belastet durch die Vergangenheit waren darüber hinaus die Beziehungen zur polnischen Minderheit, vor allem in Litauen, wo sie 7 Prozent der Bevölkerung ausmachte und sich im Gebiet um Wilna konzentrierte, das zwischen 1919/20 und 1939 von Polen annektiert war, sowie in geringerem Masse zu Ukrainern und Weissrussen. Hier musste sich erst erweisen, ob die Auseinandersetzung mit der Geschichte Möglichkeiten schuf, zu einem Ausgleich und zu zukunftsweisenden Lösungen zu kommen.

Eine gewisse Ausnahme von den kaum noch zu überschauenden Konfliktlinien bildete Kasachstan. Hier war es möglich, die Souveränität des Landes zu erhalten, dennoch die Verbindung zur Union nicht völlig zu zerstören, sondern auf neue Grundlagen zu stellen und zugleich statt eines Ethnozentrismus, der sich gegen die vielen kleineren Nationalitäten in der Republik gerichtet hätte, eine gemeinsame Staatsbürgerschaft und Multikulturalität zum Mittelpunkt der Politik zu machen.

Einer der heftigsten Streitpunkte zwischen den nationalen Bewegungen – und dann auch den nationalen Regierungen – und der sowjetischen Führung war der Umbau der Wirtschaft. Die Reformen Gorbačevs gingen den nationalen Gruppen in der Regel nicht schnell genug. Sie versuchten, in ihren Republiken rascher vorzugehen, und beschleunigten damit den Zerfall des gesamten Wirtschaftssystems. Dabei traten einige besonders interessante Erscheinungen auf, die noch einmal auf grundsätzliche Probleme der Reform hinweisen. In verschiedenen Gebieten – am deutlichsten in Usbekistan, Moldawien und der neu gebildeten Dnestr-Republik – verbündeten sich nationale Eliten oder Clans, die bereits in die Macht eingebunden waren, mit der regionalen Mafia und Bürokratie gegen Reformkommunisten, die aus der Zentrale entsandt worden waren, um die Korruption zu bekämpfen, die Wirtschaft zu reformieren und alte Machtstrukturen aufzubrechen. Diesem Bündnis gelang es, unter nationaler Flagge die Bevölkerung zu mobilisieren: Man wolle verhindern, dass «die Russen» das Land erneut kolonisierten. In Wirklichkeit ging es um die Bewahrung der Macht. Der Nationalismus erwies sich hier als Ideologie, um die Herrschaft der Phalanx aus Profiteuren und Kriminellen abzusichern.

In Usbekistan war die Stimmung ausserordentlich angespannt. Die traditionelle russische und sowjetische Kolonisierungspolitik hatte die frühere wirtschaftliche Vielfalt vernichtet, die Baumwollproduktion war zur Monokultur geworden. Inzwischen zeigte sich, dass dieser Wirtschaftszweig nicht mehr rentabel arbeitete und sich in jeder Hinsicht schädlich ausgewirkt hatte. Die herkömmlichen Lebenswelten der Einheimischen waren nicht mehr intakt, die Jugend hatte noch keine neue Identität gefunden. Die extensive Nutzung beim Baumwollanbau und die damit verbundene Bewässerung hatten zur Austrocknung und Versalzung namentlich des Aral-Sees – dem im übrigen eine hohe kulturelle Bedeutung zukam – geführt. Der Einsatz von chemischen Dünge- und Schädlingsbekämpfungsmitteln blieb nicht ohne Auswirkungen auf den Gesundheitszustand der Menschen. Die Sterberate, vorab der Kinder, war in den vergangenen Jahrzehnten dramatisch angestiegen.

Die Baumwollmonokultur erleichterte es offenbar den führenden Parteifunktionären, die zugleich den traditionell herrschenden Clans angehörten, ins-

besondere während der Chruščev- und Brežnev-Zeit ihre Macht auch ökonomisch zu festigen, sich zu bereichern und ein dichtes Netz der «Schattenwirtschaft» zu spinnen. Sie fälschten die Ablieferungsziffern für Baumwolle,
so dass das Land auf dem Papier weit mehr Erträge erhielt, als es tatsächlich
der Fall war, oder es wurden Erntehelfer angerechnet, die es nie gegeben
hatte. Bestechung stellte Mitwisser und Kontrolleure still, enge Verbindungen zur Partei- und Staatsspitze in Moskau sicherten, wieder erleichtert durch
Bestechung, das Spiel ab. Welche Ausmasse dieses organisierte Verbrechen
annahm, zeigt der Fall eines der Nutzniesser, der eine dörfliche Siedlung in
ein eigenes Herrschaftsgebiet verwandelte, mit 30'000 Untergebenen, einem
unterirdischen Verlies und einer privaten Sicherheitsgruppe. 1983 flog der
Skandal auf. Die langjährigen Ermittlungen enthüllten die Machenschaften
und die «Seilschaften» bis hinauf zur Staatsspitze: Auch ein Schwiegersohn
Brežnevs war in die Affäre verwickelt. Immer wieder wurde versucht, die
Angelegenheit zu vertuschen. Eine wirkliche Zerschlagung der Strukturen
erfolgte nicht. Als Gorbačev dies schliesslich in Angriff nahm, konnte das
organisierte Verbrechertum sich als Verteidiger nationaler Interessen hin-
stellen. Schwere Krawalle, gegen Russen wie gegen Angehörige anderer Nationalitäten, waren die Folge. Der reformorientierte Eingriff «von oben»
scheiterte.
Gegen die Nationalbewegungen und deren Forderungen nach Souveränität
oder gar staatlicher Unabhängigkeit formierte sich zunehmend eine russisch-
nationalistische Bewegung in vielerlei Spielarten. Sie richtete sich gegen alles
«Fremde» und wollte das «alte, heilige Russland» wiederherstellen. Gemeinsam war den meisten dieser Nationalisten ein neuer Antisemitismus: Die
Juden galten als Speerspitze aller Nationalitäten, die Russland angeblich
zerstören wollten. Trotz zahlreicher judenfeindlicher Exzesse und Ausschreitungen wurde der Antisemitismus noch keineswegs zu einer Massenbewegung. Nach Meinungsumfragen war er weniger verbreitet als etwa in der Bundesrepublik Deutschland. Dennoch deutete sich die Gefahr an, dass hier
erneut eine Integrationsideologie für alle reaktionären Kräfte bereitstand,
um einen autoritären Staat zu legitimieren und alles Schlechte der Vergangenheit auf die Juden abzuwälzen. Die Krisensituation verunsicherte die
Menschen zutiefst, ja viele hatten auch Angst, genauer nach den Ursachen zu
forschen. So eröffnete sich hier eine Möglichkeit, die Last der Vergangenheit
abzuschütteln und den Verdrängungsprozess zu verschleiern. Die Schwäche,
die aus der Unfähigkeit herrührte, Erinnerungsarbeit zu leisten, drohte in
eine aggressive Schein-Stärke umzuschlagen.
Die Verhandlungen über einen neuen Unionsvertrag trafen immer wieder auf
Schwierigkeiten und schleppten sich hin. Einige Republiken – wie die baltischen Länder, die Ukraine oder Georgien – lehnten es schliesslich endgültig
ab, auch einer erneuerten Union beizutreten. Als Gorbačev dann doch mit
dem verbliebenen Rest einen Vertrag aushandelte und unterzeichnen wollte,
führte eine Gruppe von Politikern und Militärs am 19. August 1991 einen
Putsch durch, stellte Gorbačev, der sich im Urlaub befand, unter Hausarrest
und übernahm die Regierungsgewalt. Sie befürchtete bei einer Weiterfüh-

rung der bisherigen Politik einen vollständigen Zerfall der Sowjetunion. Auch die Wirtschafts- und Aussenpolitik sollte geändert werden.

Gerade dieser Putsch beschleunigte jedoch den Zerfallsprozess. Innerhalb weniger Tage konnte er niedergeschlagen werden. Die Bevölkerung unterstützte in überwältigendem Masse den Reformprozess. Gorbačev kehrte, allerdings geschwächt, nach Moskau zurück. Sein Gegenspieler Boris N. El'cin (geb. 1931), der sich zum Sprecher radikalerer Reformen gemacht und bei der Bekämpfung des Putsches an Popularität gewonnen hatte, demütigte ihn bei jeder Gelegenheit. Zudem waren durch den Putsch die herkömmlichen Institutionen derart in Misskredit geraten, dass ihre Auflösung nicht mehr verhindert werden konnte. Dies betraf die Kommunistische Partei, aber auch die Sowjetunion selbst. Die Staatsspitze erkannte nicht nur die Unabhängigkeit derjenigen Länder an, die sich in Volksabstimmungen dafür ausgesprochen hatten, sondern am 31. Dezember 1991 hörte auch die Sowjetunion auf zu bestehen. Aus den Ländern, die bereit waren, weiterhin in lockerer Form zusammenzuarbeiten, bildete sich die Gemeinschaft Unabhängiger Staaten (GUS) – mit ungewisser Zukunft.

Ein schwieriger Neuanfang

Nach dem Zusammenbruch der Sowjetunion, nach dem Scheitern des Versuchs, das Sowjetsystem aus eigener Kraft zu erneuern, stellte sich die Lage auf allen Gebieten trostlos dar. Die wirtschaftliche Situation wurde immer schlechter, auf dem Territorium der GUS ebenso wie in den Gebieten der ehemaligen UdSSR, die sich jetzt abgelöst hatten. Die gewachsenen wirtschaftlichen Verbindungen wurden teilweise zerrissen, ohne dass neue geknüpft werden konnten. Es fehlte an durchdachten Konzepten zur Behebung der Krise, häufig auch an Kompetenz. Nach einer langen Talfahrt konnte nur mit Mühe eine Umkehr erreicht werden, so dass seit der Jahrtausendwende die Volkswirtschaft der Russländischen Föderation – nur um sie soll es im folgenden gehen – wieder jährlich um einige Prozent wächst. Eine Konsolidierung und damit auch günstigere Lebensbedingungen für die Bevölkerung scheinen immer noch in weiter Ferne. Der Umbau der Landwirtschaft ist noch lange nicht gelungen, ebenso wenig haben sich die Industrie und die Infrastruktur durchgängig erneuern können.

Der Übergangsprozess zum Kapitalismus begann sich gegen Ende der 1990er Jahre zu «normalisieren». Die Phalanx von Profiteuren und Kriminellen wuchs allmählich in eine neue Struktur hinein. Drogenhandel und Prostitution sind nicht mehr die wichtigsten Geschäfte, an ihre Stelle traten – ganz legal – die Erdölmärkte, die Medien, der Auto-, Arznei- und Lebensmittelimport. Entsprechend steht die offene Gewalt nicht mehr im Vordergrund, wird meist nicht mehr für nötig gehalten. Allerdings ist sie noch nicht verschwunden. Im Juni 2003 wurde in St. Petersburg – das gerade seinen 300. Geburtstag feierte – Konstantin Karol'evič Jakovlev zu Grabe getragen, besser bekannt als «Kostja, das Grab»: der «Pate von Petersburg». Ursprünglich Sargträger und Toten-

gräber, hatte er mit dem Verkauf gut gelegener Grabplätze erste Geschäfte gemacht, war dann über Schutzgelderpressung und ähnliche Einkünfte immer weiter aufgestiegen, bis er die wichtigsten Fernsehstationen der Stadt kontrollierte. Wer sich ihm in den Weg stellte, wurde beseitigt. Auch für zahlreiche Auftragsmorde soll er verantwortlich gewesen sein. Beste Beziehungen zu hochrangigen Politikern sicherten ihn ab. Mit seinem Geld stiftete er Klöster und Sportvereine. Doch ganz konnte er trotz blutiger Bandenkriege seine Konkurrenz nicht ausschalten. 2000 schloss er mit seinem grössten Gegner Frieden und versuchte, neu in Moskau Fuss zu fassen. Offenbar hatte er nicht verstanden, dass sich die Zeiten änderten. Die mafia-ähnlichen Gruppen waren inzwischen in die staatlichen Strukturen integriert worden. Kostjas Methoden störten die «Normalisierung». Er musste verschwinden. Und dafür waren die alten Methoden dann doch noch gut: Zwei Männer auf dem Motorrad erschossen ihn mitten in Moskau, als er sich mit seiner Freundin auf dem Weg in ein Restaurant befand. An seiner Beisetzung nahmen die Spitzen aus Politik, Wirtschaft und organisierter Kriminalität teil.[71]
Eine Folge der Art und Weise, wie das Land vom sowjetischen System zum Kapitalismus überging, ist die ungeheure soziale Polarisierung, die sich eher verschärft als verringert. Einer kleinen Schicht von masslos reich gewordenen Menschen – nicht zuletzt Angehörige jener Phalanx von Profiteuren und Kriminellen sowie ihre Erben, aber auch Spitzenverdiener, die ganz legal in den neuen Konzernen, Banken und Institutionen aufgestiegen sind – steht die grosse Mehrheit der Armen gegenüber, von denen vielfach nicht vorstellbar ist, wie sie überleben können. Ein Gehalt – wenn sie denn überhaupt eines bekommen – reicht in zahlreichen Fällen nicht aus, um die Existenz zu sichern, mindestens eine zweite Anstellung ist notwendig. Darüber hinaus muss auf die eingespielten Netzwerke der gegenseitigen Hilfeleistungen, des Famlienzusammenhalts, der Verbindungen zum Land zurückgegriffen werden. Eine soziale Absicherung der Wirtschaftsordnung fehlt. Die Renten liegen weit unter dem Existenzminimum. Insofern ist die häufig zu beobachtende nostalgische Erinnerung an Sowjetzeiten verständlich. Grosse Probleme entstehen durch eine zunehmende Abwanderung aus peripher gelegenen Gebieten, in denen sich die Versorgungslage dramatisch verschlechtert hat, während die Verbraucherpreise angestiegen und die früheren finanziellen Vergünstigungen weggefallen sind.
In seiner politischen Ordnung hat sich Russland äusserlich demokratisiert. Aber die bereits in der Verfassung von 1993 vorgesehene starke Stellung des Präsidenten – bis Ende 1999 El'cin, seitdem Vladimir V. Putin (geb. 1952) – hat dieser inzwischen weiter ausbauen können, die Politik der Zentrale ist autoritärer geworden. Besondere Gremien, die in der Verfassung nicht vorgesehen sind, festigen den Einfluss des Präsidenten. Durch mehrfache Eingriffe wird in wachsendem Masse die Unabhängigkeit der Justiz und besonders der Medien bedroht. Die von Putin verkündete «Diktatur des Gesetzes» scheint eher obrigkeitsstaatlichen Gehorsamsanspruch als Rechtsstaatlichkeit zu bedeuten. Zwar setzte er dem Einfluss der «Oligarchen», der bedeutendsten Wirtschaftsführer während der Präsidentschaft El'cins, unter dem Beifall der Öffentlich-

keit ein Ende, doch nur, um «seine» Leute aus der Wirtschaft, dem Militär und dem Geheimdienst an den entscheidenden Stellen unterzubringen. Unternehmer und Unternehmen wurden steuerlich entlastet – mit der Begründung, auf diese Weise werde das Wirtschaftswachstum angekurbelt. Ein neues Parteiengesetz erschwert die Arbeit der Opposition, ein 2002 verabschiedetes «Extremismus»-Gesetz erleichtert Repressionen gegen unliebsame Bestrebungen. Nicht zuletzt geht es in diesem Zusammenhang darum, wie zentralistische und dezentrale Tendenzen ausgeglichen werden können. Dieses Problem hat sich durch die ganze Geschichte Russlands gezogen. Das riesige Gebiet kann gar nicht anders regiert werden als durch das Zulassen lokaler und regionaler Selbstverwaltung. Zudem müssen die unterschiedlichen strukturellen Voraussetzungen und die ungleiche Entwicklung der verschiedenen Regionen ausgeglichen werden. Um die staatliche Einheit zu bewahren, ein Auseinanderfallen des Reiches zu verhindern und grundlegende politische Massnahmen zu verwirklichen, setzte sich immer wieder ein Zentralismus an der Staatsspitze durch, der dirigistisch bis in den letzten Winkel hinein wirken wollte. Auf das Übergewicht der Zentrale in der Sowjetzeit mit seinen nachteiligen Auswirkungen folgte fast zwangsläufig das Erstarken regionaler Autonomie. Allerdings bedeutete dies nicht unbedingt, dass sich damit auch eine Ausweitung der Demokratie in den Regionen verband. Im Gegenteil traten und treten einige führende Regionalpolitiker für ausgesprochen autoritäre Strukturen ein. Hinzu kommt die wieder zunehmende Macht der Zentrale, die danach strebt, die gewonnene Selbständigkeit der Regionen einzuschränken. So bleibt der Ausbau demokratischer Selbstverwaltung vor Ort zusammen mit dem Ausbau überregionaler demokratischer Strukturen eine erstrangige Aufgabe. Aussenpolitisch suchte die russische Regierung lange nach einem neuen Standort. Unter Putin gelang es, wieder mehr politisches Gewicht zu erlangen und sich in die europäisch-amerikanischen Beziehungen einzubinden. Gerade das Auftreten im Umfeld des Irak-Krieges 2003 machte deutlich, dass sich die russische Führung nicht als Spielball der USA versteht, ohne allerdings einen konfrontativen Kurs zu verfolgen, und eine enge Abstimmung innerhalb Europas anstrebt. Sie versucht, ihre Interessen durch eine enge Partnerschaft mit beiden Kräften durchzusetzen.

Eine der schwersten Belastungen in der Innen- wie in der Aussenpolitik – obwohl oft «diplomatisch» übergangen – bildet der Krieg in Tschetschenien. Die dortige Bevölkerung war 1944 im Zuge des stalinistischen Terrors wegen angeblicher Zusammenarbeit mit deutschen Truppen deportiert worden. Sie galt ohnehin als unzuverlässig, weil sie der sowjetischen Politik immer wieder Widerstand geleistet hatte; möglicherweise wirkten auch die Schwierigkeiten nach, die die zaristische Kolonisierung im 19. Jahrhundert hier erfahren hatte. Zwischen 1994 und 1996 forderte ein erster Konflikt rund 100'000 Tote und zerstörte weitgehend die zivile Infrastruktur des Landes. Seit 1999 ist das Land erneut Kriegsschauplatz. Bis Anfang 2003 wurde die Zahl allein der zivilen Opfer auf 70'000 Menschen geschätzt. Das Ausmass der Verwüstungen ist kaum zu fassen. Die konservativ-nationalistische Elite will den Wunsch der dortigen Bevölkerung nach Unabhängigkeit und Selbstbestimmung nicht akzeptieren, hält dies einer Grossmacht für unwürdig, zumal dann weitere Abspaltungen im Süden und Osten absehbar seien. Erdöl-interessen dürften den handfesteren Grund darstellen. Die Staatsführung um Putin nutzte den von den USA nach dem 11. September 2001 proklamierten internationalen Kampf gegen den Terrorismus, um die Bekämpfung der tschetschenischen Terroristen – als Nachweis dienten Bombenanschläge in Moskau und anderen Städten, von denen einige allerdings nicht eindeutig aufgeklärt werden konnten, die Geiselnahme im Moskauer Musical-Theater vom Oktober 2002 sowie Attentate in Tschetschenien selbst – als ihren Bei-trag einzubringen. Die unzähligen Menschenrechtsverletzungen, willkürlichen Festnahmen, Folterungen und Exekutionen durch den russischen Geheim-dienst, die Armee und die Einheiten der von Russland eingesetzten tsche-tschenischen Verwaltung werden hingegen in der Regel weder strafrechtlich verfolgt noch unterbunden. Ein Referendum im März 2003 über eine neue Verfassung, die Tschetschenien zum Bestandteil der Russländischen Föde-ration erklärt, soll eine überwältigende Mehrheit erhalten haben, fand aber nicht unter demokratischen Umständen statt.

Geschichte und Gegenwart: Die Bedeutung der Erinnerung

Die Hilflosigkeit, das Fehlen durchschlagender Konzeptionen und das oft nicht mehr nachvollziehbare Gezänk zwischen den höchsten staatlichen Re-präsentanten in der Übergangsphase, aber auch die Popularität der autoritä-ren Politik Präsident Putins hängen mit einem Grundproblem des Landes zusammen: der Orientierungslosigkeit nach dem Wegfall der kommunisti-schen Doktrin, der Suche nach neuen Identitäten. Die überkommenen Werte sind verlorengegangen, die Gesellschaft zerfällt in scheinbar beziehungslose Einzelteile, Aggressivität und Gewalt scheinen für viele Menschen angemes-sene Konfliktlösungsstrategien zu sein. Sie haben Schwierigkeiten, sich in den ungewohnten Verhältnissen, in der drückenden wirtschaftlichen und gesell-schaftlichen Krise zurechtzufinden. War alles falsch, was sie bisher gedacht haben? Wofür haben sie gelebt, wenn sie nun vor einem vollständigen Scher-benhaufen stehen? Gorbačev hatte anfangs die Erforschung der «weissen Flecken» der Vergangenheit als einen kontrollierten Prozess verstanden, um den Menschen «keinen Schlag auf den Kopf zu versetzen», wie er einmal sagte. Der Schock, den die Freilegung der Geschichte mit sich bringen könne, berge die Gefahr eines Rückschlages in sich.
Doch unter den Bedingungen der *glasnost'* liess sich der Prozess nicht lenken und kontrollieren. Es gab kein Tabu mehr, und so war es kein Wunder, dass die oft existentiellen Fragen sich mit einem Aufbrechen von Gefühlen und Verletzungen verbanden. Extreme, oft sachlich nicht haltbare Aussagen wur-den als letzte Wahrheiten verkündet und dienten auch der politischen In-strumentalisierung der Menschen. Ähnlich wie in Deutschland nach der Zeit des «Dritten Reichs» wehrten sich viele gegen die Aufdeckungen der negati-ven Seiten, bauten einen Panzer um sich herum, traten gegen die «Nest-

beschmutzung» auf und meinten, es sei nun genug, man müsse jetzt endlich den Blick wieder nach vorne richten. Manche dieser Menschen wurden selbst nicht fertig mit ihrer früheren Rolle und ihrer Verantwortung. Der Schmerz überstieg ihre Kräfte, und sie erhielten keine Hilfe in ihrer Situation. Andere sahen den Sinn der Diskussion, das Erringen von Selbst-Bewusstsein, nicht ein und wollten das Augenmerk nur auf die materiellen Probleme legen. Schliesslich gab es auch Menschen, die in dieser Diskussion Gefahren für die Ordnung erblickten, einiges zu verbergen hatten oder die aufwühlenden Entdeckungen für ihre politischen Zwecke nutzen wollten.

Für all diese Verunsicherten bieten sich nun neue Integrationsideologien an, die versuchen, die Schwäche durch eine scheinbare Stärke zu überdecken. Der neue Antisemitismus, der den meisten «Angeboten» gemeinsam ist, bildet das herausragendste Beispiel. Doch über ihn hinaus sind die Spielarten ziemlich aufgefächert. Verbunden sind sie aber durch den Bezug zur Vergangenheit. Konservative Ablehnung der westlichen Zivilisation und Betonung der «echt russischen» Tradition – an die Slawophilen des 19. Jahrhunderts erinnernd – stehen neben aggressivem Nationalismus und einem «Eurasismus», der das russiche Volk nicht nur mit den slawischen, sondern auch mit den islamischen und westeuropäischen Völkern verbinden will, um den Einflüssen der USA zu begegnen und deren Vormachtstellung zu bekämpfen. Die Anhänger dieser Linie sehen sich in der Tradition der «Eurasier», die sich nach der Oktoberrevolution in der Emigration gebildet hatten. Ein Teil der Nationalisten, darunter zahlreiche ehemalige Kommunisten, ist ein Bündnis mit machtbewussten Kräften der Russisch-Orthodoxen Kirche eingegangen und begründet Russlands Sonderstellung mit verschwommenen religiös-mystischen Gedanken. Hier wirkt die Tradition des «Dritten Roms» nach.

Eine Variante der «russischen Idee» ist der Messianismus, der das russische Volk für auserwählt hält, die Welt zu erlösen – oder mit in den Untergang hineinzuziehen. Dieser Glaube, der sich aus vielen religiösen, geistigen, politischen und kulturellen Wurzeln nährt, führt aber nicht dazu – wie zu Beginn des 19. Jahrhunderts –, sich aktiv und kritisch mit den Verhältnissen auseinanderzusetzen. Statt dessen warten seine Anhänger auf ein Wunder und auf einen Retter – die beste Voraussetzung zur Bildung eines autoritären Staates. Das ist denn auch die grösste Gefahr dieser Ideologien: Je länger die Krise dauert, je schwieriger die materiellen Umstände werden, um so eher vermögen sie, weiten Kreisen der Bevölkerung die Legitimation für eine Abkehr von der demokratischen Entwicklung zu liefern.

Die Vertreter all dieser ideologischen Richtungen stehen teilweise in engen Beziehungen zu jenen Kräften in Politik, Wirtschaft und Gesellschaft, die durchgreifende demokratische Reformen zu blockieren suchen. Sie ziehen ihre Argumente auch aus aktuellen Vorgängen. Aussenpolitisch malen sie die Gefahr der Demütigung und Abhängigkeit vom Ausland an die Wand – wobei sie durchaus auf manche fragwürdigen Beispiele ausländischer Aktivitäten verweisen können – und beschwören die traditionelle russische Grossmachtrolle. Herausgefordert fühlen sie sich auch durch die unter den Demokraten vorherrschende liberale Ideologie.

Diese «Liberalen» wiederum sprechen – enttäuscht, dass das «Volk» sie bisher nicht stärker unterstützt hat – abwertend von einer passiven, schicksalsergebenen Masse, die immer noch im Kollektivismus verhaftet sei. In radikaler Gegenthese zu den Nationalisten lassen sie kaum ein gutes Haar an Russland und seiner Geschichte und setzen ganz auf das westliche Vorbild. Scheinbar wiederholen sich hier die Argumente der «Slawophilen» und «Westler» aus dem 19. Jahrhundert, doch sind die politisch-wirtschaftlichen Bedingungen und die geistigen Hintergründe völlig unterschiedlich.

Neben diesen, in der Öffentlichkeit Aufsehen erregenden ideologischen Kreisen suchen kleine Zirkel leidenschaftlich und auf hohem argumentativem Niveau ein pluralistisches geistiges Fundament für die sich ausbildende neue Gesellschaft und Konzeptionen für die Zukunft. Sie beschäftigen sich kritisch mit der Vergangenheit des Landes – nicht um sie pauschal zu verdammen, sondern um an seinen Traditionen anzuknüpfen und auf ihnen aufbauen zu können, um sie mit Erfahrungen anderer Länder sinnvoll zu verbinden, damit die Eigenständigkeit gewahrt bleibt und nicht einfach ein Modell von aussen den Verhältnissen aufgesetzt wird.

Verpasst wurde die Möglichkeit, sich mit der Geschichte auseinanderzusetzen, als 1992 vor dem neu gegründeten Verfassungsgericht der Russländischen Föderation der Prozess um das von Präsident El'cin ein Jahr zuvor ausgesprochene Verbot der KPdSU stattfand. Hier wäre es angebracht gewesen, in Fortsetzung der Forschungen und Diskussionen während der Zeit von *perestrojka* und *glasnost'* die Jahre der Sowjetherrschaft gründlich aufzuarbeiten, um den verunsicherten Menschen Orientierungshilfen zu geben und zugleich einen Ausgangspunkt für das politische Handeln zu gewinnen. Statt dessen nutzten die Prozessgegner geschichtspolitische Argumente, um ihre Ansichten zu legitimieren. Im Ergebnis durfte sich die KP neu formieren. Geschichte wurde zur «Waffe» im Kampf um symbolische Ordnungen in der neuen Gesellschaft, um die Meinungsführerschaft, letztlich um die politische Macht. Damit aber wurde sie den Menschen erneut nur «übergestülpt», verhalf ihnen nicht zur Selbstfindung, wurde nicht in diesem Sinne eine «kulturelle Gewalt». Seitdem hat zwar die Geschichtswissenschaft intensiv die Forschungen über die «weissen Flecken» der Vergangenheit vorangetrieben, versuchen die Gesellschaft «Memorial» und manche andere Organisationen, die kritische Erinnerung zu fördern, doch sie werden von der offiziellen Politik kaum unterstützt. In der Öffentlichkeit finden sie wenig Gehör, weil der Abwehr-Panzer noch zu stark ist und weil die Sorge um die tägliche Existenz nur selten Raum für anderes lässt.

Dauerhaft kann die Grundlage für ein demokratisches Russland nur geschaffen werden, wenn die Erinnerungsarbeit weitergeht und tatsächlich zu neuem Selbst-Bewusstsein führt und Kraft gibt, die Erfahrungen der Vergangenheit für den Aufbau der Zukunft zu nutzen. Erinnerung ist dabei nicht einfach Bewahrung des Früheren oder Suche nach der «guten, alten Zeit». Die Aufarbeitung der «eigenen» Geschichte beinhaltet eine ständige, kritische Auseinandersetzung, eben nicht nur die Erklärung der unmittelbaren Gegenwart aus der Vergangenheit, sondern eine Art Probe-Handeln in den verschiedensten Situationen der Geschichte. Dieser Prozess kann schmerzlich sein, kann eine Last bedeuten, kann die eigene Identität in Frage stellen, aber sie überwindet den Augenblick, befreit aus den Fesseln der Vergangenheit wie der Gegenwart, hilft, sich seiner selbst bewusst zu werden.

Dass hieran in Russland und den anderen Gebieten der ehemaligen Sowjetunion intensiv und öffentlich gearbeitet wird, gibt Hoffnung. Schon oft war es in der Geschichte Russlands so, dass «von unten» ein Durchbruch erzielt wurde, wenn die Staatsspitze versagte. Die Frauen, die sich gegen den neuen Patriarchalismus der Konservativen und Nationalisten wenden, die Arbeiterinnen und Arbeiter, die mehr Selbstverwaltung in den Betrieben verlangen und für neue Formen der direkten Demokratie eintreten, die Bäuerinnen und Bauern, die sich von den ungeheuren Aufgaben der Umstellung auf eine neue Landwirtschaft nicht entmutigen lassen, die Menschen, die im Sinne von Gleichberechtigung, Selbstverwaltung und personaler Autonomie neue politische Formen suchen, sind die Hoffnung der Zukunft. Aus der Erinnerung wächst die Kraft, sie zu gestalten.

Anmerkungen

Erster Teil

1 Zit. nach Juri N. Barminzew: Russlands Pferde. Rüschlikon etc. 1977, 15.
2 Heiko Haumann: Rückzug in die Idylle oder ein neuer Zugang zur Geschichte? Probleme und Möglichkeiten der Regionalgeschichte. In: Alemannisches Jahrbuch 1984/86 (1988) 7–21, hier 10.
3 Herodot: Historien. Hg. von Josef Feix. 1. Bd. München 1963, 519–521 (IV 23–25).
4 Aus dem alten Russland. Epen, Chroniken und Geschichten. Hg. von Serge A. Zenkovsky. Darmstadt 1968, 12–13.
5 Nach Carsten Goehrke: Die Anfänge des mittelalterlichen Städtewesens in eurasischer Perspektive. In: Saeculum 31 (1980) 194–239, hier 196.
6 Aus dem alten Russland, 26.
7 Hier zit. nach: Rauchspur der Tauben. Radziwiłł-Chronik. Hg. von Helmut Grasshoff et al. Leipzig etc. 1988, 92.
8 Zit. nach Erich Donnert: Das Kiewer Russland. Kultur und Geistesleben vom 9. bis zum beginnenden 13. Jahrhundert. Leipzig etc. 1983, 215.
9 So Hartmut Rüss (nach Franz Dölger) im Handbuch der Geschichte Russlands. Bd. 1. Hg. von Manfred Hellmann. 1 Halbbd. Stuttgart 1981, 311.
10 Rauchspur der Tauben, 170, vgl. ff. zum Folgenden.
11 Rauchspur der Tauben, 129–130.
12 Rauchspur der Tauben, 187.
13 Handbuch der Geschichte Russlands I/1, 462 (Carsten Goehrke).
14 Ebd., 462 (unter Anspielung auf Klaus Zernack, siehe Literaturhinweise).
15 Zit. nach Donnert: Kiewer Russland, 189. Zu Griwnen vgl. Anm. 18.
16 Zit. nach Klaus-Detlev Grothusen: Das altrussische Birkenrindeschrifttum. In: Frühe Schriftzeugnisse der Menschheit. Göttingen 1969, 212–240, hier 227. Carsten Goehrke übersetzt: «Von M. an U. Komm zu mir. Ich will dich und du [willst] mich. Und dafür zeugt Ignat» (Russischer Alltag. Eine Geschichte in neun Zeitbildern. Bd. 1. Zürich 2003, S. 159).
17 Zit. nach Donnert: Kiewer Russland, 187.
18 Rauchspur der Tauben, 129. Unter einem Mass versteht man hier, was in einem Arbeitsgang gebraut werden kann. Griwna *(grivna)* ist ein Massemass für Geld, in der Regel als Silberbarren im Umlauf; Kunen sind Geldeinheiten von geringem Wert.
19 Ebd., 92.
20 Zit. nach Donnert: Kiewer Russland, 195.
21 Danach die Sammlung: O Bojan, du Nachtigall der alten Zeit. Sieben Jahrhunderte altrussischer Literatur. Hg. von Helmut Grasshoff et al. 3. Aufl. Berlin 1975, das Igor'lied: 158–169, Zitat 159. Alexander Borodin (1834–1887) nutzte das Lied als Stoff für seine Oper «Fürst Igor».
22 Zit. nach Donnert: Kiewer Russland, 197. Die Quelle bezieht sich auf die Zeit Jaroslavs des Weisen.
23 Ebd., 234.
24 Ebd., 237–239.
25 Ebd., 240.
26 Heddy Pross-Weerth: Moskau. Von der Siedlung im Wald zur Kapitale einer Weltmacht. Frankfurt a. M. 1980, 11. Vgl. Der Aufstieg Moskaus. Auszüge aus einer russischen Chronik. I. Bis zum Beginn des 15. Jahrhunderts. Hg. von Peter Nitsche. Graz, Wien, Köln 1966, 41.

27 Pross-Weerth: Moskau, 11.
28 Chronikbericht, zit. in: Handbuch der Geschichte Russlands. Bd. I/1. Hg. von Manfred Hellmann. Stuttgart 1981, 578.
29 Karl Marx: Enthüllungen zur Geschichte der Diplomatie im 18. Jahrhundert, zit. nach: Die Anfänge des Moskauer Staates. Hg. von Peter Nitsche. Darmstadt 1977, 22–23.
30 Erste Novgoroder Chronik, zit. nach: Handbuch I/1, 596.
31 Der Aufstieg Moskaus I, 164–174, Zitate 165–166, 168, 171–172.
32 Ebd., 180.
33 Der Aufstieg Moskaus. Auszüge aus einer russischen Chronik. II. Vom Beginn des 15. bis zum Beginn des 16. Jahrhunderts. Hg. von Peter Nitsche. Graz, Wien, Köln 1967, 32, 64, 72, 74.
34 Zit. nach: Handbuch der Geschichte Russland I/1, 455 (Carsten Goehrke).
35 Sigmund von Herberstein: Rerum Moscoviticarum commentarii. Wien 1549 (deutsch: Das alte Russland. Hg. von Walter Leitsch unter Mitarbeit von Paul König. Zürich 1984).
36 Der Aufstieg Moskaus II, 58, 59.
37 Lust an der Erkenntnis: Russisches Christentum. Ein Lesebuch. Hg. von Ingeborg Fleischhauer. München, Zürich 1988, 185, 187, vgl. 181–193.
38 Die Orthodoxe Kirche in Russland. Dokumente ihrer Geschichte (860–1980). Hg. von Peter Hauptmann und Gerd Stricker. Göttingen 1988, 251–252.
39 Lust an der Erkenntnis: Russisches Christentum, 158–161, hier 160–161.
40 Aus einem Sendschreiben Gennadijs von 1487, in: Die Orthodoxe Kirche, 240, vgl. ff.
41 Lust an der Erkenntnis: Russisches Christentum, 141, 144, 145.
42 Historie vom Zartum Kasan. Hg. von Frank Kämpfer. Graz, Wien, Köln 1969, 250.
43 Altrussisches Hausbuch «Domostroi». Hg. von Klaus Müller. Leipzig, Weimar 1987, 17, 18, 33, 31, 32, 65–55, 22, 51, 96 (in der Reihenfolge der Zitate). Leicht andere Übersetzung: Domostroj (Der Hausvater). Christliche Lebensformen, Haushaltung und Ökonomie im alten Russland. Hg. von Gerhard Birkfellner. Bd. 1. Osnabrück 1998, 99, 225, 217, 466, 151, 373, 661–662 (z. B. Hirsebier statt Dünnbier).
44 Altrussisches Hausbuch «Domostroi», 37–38, 71–72. Vgl. Domostroj, 253, 500–501, dazu auch 188.

Zweiter Teil

1 Das Leben des Protopopen Avvakum, von ihm selbst aufgezeichnet (1672/3). In: Lust an der Erkenntnis: Russisches Christentum, 215–245, hier 219.
2 Zit. bei Nada Boškovska: Bäuerlicher Widerstand im Russland des 17. Jahrhunderts. Unveröffentlichte Lizentiatsarbeit. Zürich 1986, 21.
3 Zit. bei Nada Boškovska: «Dort werden wir selber Bojaren sein»: Bäuerlicher Widerstand im Russland des 17. Jahrhunderts. In: Jahrbücher für Geschichte Osteuropas 37 (1989) 345–386, hier 349.
4 Ebd., 361 Anm. 86.
5 Ebd., 380.
6 Andreas Kappeler: Russlands erste Nationalitäten. Das Zarenreich und die Völker der Mittleren Wolga vom 16. bis 19. Jahrhundert. Köln, Wien 1982, 66.
7 Ebd., 288.
8 Andreas Kappeler: Die Rolle der Nichtrussen der mittleren Wolga in den russischen Volksaufständen des 17. Jahrhunderts. In: Forschungen zur osteuropäischen Geschichte 27 (1980) 249–268, hier 268.
9 Wassili Schukschin: Rebell gegen den Zaren. Ein Kosakenroman. Stuttgart 1980, 188–189.
10 Zit. bei Carsten Goehrke: Die Witwe im alten Russland. In: Forschungen zur osteuropäischen Geschichte 38 (1986) 64–96, hier 91.
11 Ebd., 74.
12 Ebd., 89.
13 Alexander Puschkin: Gesammelte Werke. Hg. von Johannes v. Guenther. Bd. 1. München 1966, 364–378, hier 365.
14 Handbuch der Geschichte Russlands II/1, 325 (Julia Oswalt).

15 Zit. bei Heddy Pross-Weerth: Moskau. Von der Siedlung im Wald zur Kapitale einer Weltmacht. Frankfurt a. M. 1980, 263–274, hier 263.

16 Ebd., 201–205.

17 Zit. in: Dokumente zur Geschichte der europäischen Expansion. Hg. von Eberhard Schmitt. Bd. 4. Wirtschaft und Handel der Kolonialreiche. Hg. von P. C. Emmer et al. München 1988, 348–351 (bearbeitet von Gabriele Scheidegger).

18 W. O. Kljutschewskij: Russische Geschichte von Peter dem Grossen bis Nikolaus I. Zürich 1945, 207.

19 Dietrich Geyer: «Gesellschaft» als staatliche Veranstaltung. Sozialgeschichtliche Aspekte des russischen Behördenstaats im 18. Jahrhundert. In: Wirtschaft und Gesellschaft im vorrevolutionären Russland. Hg. von Dietrich Geyer. Köln 1975, 20–52.

20 Das Geistliche Reglement. In: Die Orthodoxe Kirche in Russland. Dokumente ihrer Geschichte (860–1980). Hg. von Peter Hauptmann und Gerd Stricker. Göttingen 1988, 393–418, Zitate 413, 412, 402, 401, 417–418.

21 Zit. in: Die Orthodoxe Kirche, 421.

22 Ebd., 420–421.

23 Dmitrij S. Lichačev, Aleksandr M. Pančenko: Die Lachwelt des alten Russland. Mit einem Nachtrag von Jurij M. Lotman und Boris A. Uspenskij. Hg. von Renate Lachmann. München 1991, 171–180, Zitate 173, 175, 178, vgl. 91–92. Die Texte dieses Gottesnarren wurden von N. V. Ponyrko entdeckt und zum Druck vorbereitet.

24 Diese Konzeption geht zurück auf Michail Bachtin: Rabelais und seine Welt. Volkskultur als Gegenkultur. Hg. von Renate Lachmann. Frankfurt a. M. 1987 (russisch 1965). Bachtin (1895–1975) hatte seine kulturtheoretischen Überlegungen bereits Ende der 1920er Jahre entwickelt, konnte sie aber nicht zusammenhängend veröffentlichen.

25 Vgl. Lotman und Uspenskij in: Lichačev, Pančenko: Lachwelt, 198.

26 Ebenso wären die Linien zu den Hofnarren, aber auch zu magischen Formen im Zusammenhang mit der Fastnacht in Westeuropa oder zu den Utopien der frühen Sowjetzeit genauer zu untersuchen. Vgl. auch die Figur des Gottesnarren Nikolka Eisenkappe in Puškins «Boris Godunov», der für das Volk spricht und den Zaren anklagt.

27 Aleksandr S. Lavrov: «Um seine Seele zu retten». Die Verhöre der Gottesnarren als religiöse Autobiographien, 1699–1740. In: Von Moskau nach St. Petersburg. Das russische Reich im 17. Jahrhundert. Hg. von Hans-Joachim Torke. Wiesbaden 2000 (= Forschungen zur osteuropäischen Geschichte 56), 187–201, Zitat 200.

28 Walther Mediger: Moskaus Weg nach Europa. Der Aufstieg zum europäischen Machtstaat im Zeitalter Friedrichs des Grossen. Braunschweig 1952, 150.

29 Andreas Kappeler: Russlands erste Nationalitäten. Das Zarenreich und die Völker der Mittleren Wolga vom 16. bis 19. Jahrhundert. Köln, Wien 1982, 288.

30 Ebd., 321.

31 Beide Zitate bei A. M. Pankratova: Fabrikräte in Russland. Der Kampf um die sozialistische Fabrik. Frankfurt a. M. 1976, 50–51, 53. Ein *altyn* ist ein altes, silbernes 3-Kopeken-Stück, eine *den'ga* eine Kupfermünze im Wert einer halben Kopeke.

32 Ebd., 55.

33 Manfred Hildermeier: Bürgertum und Stadt in Russland 1760–1870. Rechtliche Lage und soziale Struktur. Köln, Wien 1986, 73.

34 Zit. nach: Hildegard Schaeder: Autokratie und Heilige Allianz. Nach neuen Quellen. 2. Aufl. Darmstadt 1963, 61.

35 Zit. nach: Tatjana Högy: Jung-Stilling und Russland. Untersuchungen über Jung-Stillings Verhältnis zu Russland und zum «Osten» in der Regierungszeit Kaiser Alexanders I. Siegen 1984, 46.

36 Zit. nach: Karl Stählin: Ideal und Wirklichkeit im letzten Jahrzehnt Alexanders I. In: Historische Zeitschrift 145 (1932) 90–105, hier 91.

37 Zit. nach: Die Christentumsgesellschaft in der Zeit von der Erweckung bis zur Gegenwart. Texte aus Briefen, Protokollen und Publikationen. Hg. von Ernst Staehelin. Basel 1974, 280, 282.

38 In diesem Abschnitt habe ich auf Passagen meines Aufsatzes zurückgegriffen: «Das Land des Friedens und des Heils.» Russland zur Zeit Alexanders I. als Utopie der Erweckungsbewegung am Oberrhein. In: Pietismus und Neuzeit 18 (1992) 132–154.

39 Zit. nach: Die Dekabristen. Dichtungen und Dokumente. Hg. von Gerhard Dudek. Leipzig 1975, 234–268, hier 235–237.

40 Zit. in: A. N. Pypin: Die Geistigen Bewegungen in Russland in der ersten Hälfte des XIX. Jahrhunderts. 1. Bd. Die russische Gesellschaft unter Alexander I. Berlin 1894, 657 mit Anm. 1.

41 «An Čaadaev» (um 1818), zit. in: Juri Lotmann Alexander Puschkin – Leben als Kunstwerk. 2. Aufl. Leipzig 1993, 76. «Na oblomkach samovlast'ja» – «auf die Trümmer der Selbstherrschaft»: ob Ivan A. Gončarov (1812–1891) mit seinem Roman «Oblomov» (1859) auf diese Trümmer – und die Haltung des Adels dazu – anspielte?

42 Zit. nach: Die Dekabristen, 34–37 (Zitate 35, 37), 47.

43 Ebd., 92–93 (Zitat 93).

44 Zit. nach: Alexander Puschkin: Gesammelte Werke. Bd. 1. Hg. von Johannes v. Guenther. München 1966, 48–49, Zitat 49.

45 Zit. nach: Die Dekabristen, 97.

46 Gottfried Schramm: Ein Dichter und ein Kaiser: Puškin und Nikolaus I. In: Russland, Deutschland, Amerika. Festschrift für Fritz T. Epstein. Wiesbaden 1978, 42–55, hier 53.

47 Andreas Guski: «Geschichte» als Spur und Fragment in den «Südlichen Poemen» A. S. Puškins. In: Arion. Jahrbuch der Deutschen Puschkin-Gesellschaft 1 (1989) 155–170, hier 168.

48 Lev Tolstoj hat z. B. in seiner 1856 erstmals veröffentlichten Erzählung «Der Morgen eines Gutsbesitzers» einen solchen «reumütigen Adligen» in all seiner Widersprüchlichkeit dargestellt.

49 Vgl. das Adler-Motiv im Gedicht Brodskijs, das im Vorwort zitiert ist.

50 Zit. nach: Peter Tschaadajew: Apologie eines Wahnsinnigen. Geschichtsphilosophische Schriften. Leipzig 1992, 10–11, 17 (aus dem 1. Philosophischen Brief).

51 So in der Puškin-Gedenkrede von 1880, hier zit. nach: Emanuel Sarkisyanz: Russland und der Messianismus des Orients. Sendungsbewusstsein und politischer Chiliasmus des Ostens. Tübingen 1955, 191.

52 Peter Czap jun.: «Eine zahlreiche Familie – des Bauern grösster Reichthum.» Leibeigenenhaushalte in Mišino, Russland, 1814–1858. In: Historische Familienforschung. Hg. von Michael Mitterauer und Reinhard Sieder. Frankfurt a. M. 1982, 192–240.

53 August v. Haxthausen: Studien über die inneren Zustände, das Volksleben und insbesondere die ländlichen Einrichtungen Russlands. 1. Teil. Hannover 1847, 128.

54 Als Beispiel, wie die Rekrutierung zwischen Gutsbesitzer und Dorfversammlung abgewickelt wurde, vgl. auch Lev Tolstojs Erzählung «Polikuška», die 1863 erstmals veröffentlicht wurde.

55 Iwan S. Turgenew: Aufzeichnungen eines Jägers. Erzählungen 1844–1855. München 1966, 136–138.

56 Ebd., 60–61.

57 Ebd., 354.

58 Ebd., 163.

59 Zit. nach: A Source Book for Russian History from Early Times to 1917. Bd. 3: Alexander II to the February Revolution. Hg. von George Vernadsky et al. New Haven, London 1972, 589.

60 So Dietrich Beyrau in: Handbuch der Geschichte Russlands III/1, 53.

61 Fjodor M. Dostojewskij: Die Brüder Karamasow. München 1978, 424.

62 Iwan Bunin: Das Leben Arsenjews. Eine Jugend im alten Russland. Frankfurt a. M. 1982, 197.

63 Lev N. Tolstoj: Polnoe sobranie sočinenij. Bd. 13. Moskva 1913, 49.

64 Beate Fieseler: «Ein Huhn ist kein Vogel – ein Weib ist kein Mensch». Russische Frauen (1860–1930) im Spiegel historischer Forschung. In: Frauengeschichte: Gesucht – gefunden? Auskünfte zum Stand der historischen Frauenforschung. Hg. von Beate Fieseler und Birgit Schulze. Köln, Weimar, Wien 1991, 214–235, hier 223.

65 Juri Rytchëu: Traum im Polarnebel. Zürich 1991, hier bes. 96–97, 139, 175–177.

66 Luorawetlan, «Mensch in der wahren Bedeutung», nennen sich die Tschuktschen selbst.

67 Juri Rytchëu: Der letzte Schamane. Die Tschuktschen-Saga. Zürich 2002, hier bes. 327–347, Zitate 340–341, 344, 346.

68 Hier, wie auch an anderen Stellen, verdanke ich Michael Hagemeister wichtige Hinweise.
69 In diesem Abschnitt habe ich teilweise auf Formulierungen in meiner «Geschichte der Ostjuden» (5. Aufl. München 1999) zurückgegriffen.
70 Fjodor Dostojewskij: Arme Leute. Übersetzt von Christine Ganzer. Stuttgart 1985, 7–8.
71 Stefan Plaggenborg: Versuche zur Modernisierung der russischen Provinzialverwaltung im ausgehenden 19. Jahrhundert. In: Jahrbücher für Geschichte Osteuropas 36 (1988) 321–340, hier 336.
72 Wladimir Giljarowski: Kaschemmen, Klubs und Künstlerklausen. Sittenbilder aus dem alten Moskau. 3. Aufl. Berlin 1988, 25–27, 43–44, 46–47.
73 Dietrich Geyer: Der russische Imperialismus. Studien über den Zusammenhang von innerer und äusserer Politik 1860–1914. Göttingen 1977, 99.
74 Zit. nach: Günther Stökl: Russische Geschichte. Von den Anfängen bis zur Gegenwart. Stuttgart 1962, 534.

Dritter Teil

1 So Heinz-Dietrich Löwe in: Handbuch der Geschichte Russlands III/1, 366.
2 Russische Lyrik. Gedichte aus drei Jahrhunderten. Hg. von Efim Etkind. 2. Aufl. München, Zürich 1987, 238 (übersetzt von Helmut Preissler); Alexander Block: Die Zwölf. Ausgewählte Dichtungen. Übertragen von Johannes v. Guenther. Stuttgart 1966, 3–15.
3 Maurice Paléologue: La Russie des Tsars pendant la Grande Guerre. 3 Bände. Paris 1921–1922, hier Bd. 1, 371–372.
4 Zit. nach: Die Russische Revolution in Augenzeugenberichten. Hg. von Richard Kohn. München 1977, 188.
5 W. I. Lenin: Werke. Berlin 1955 ff., hier Bd. 25, 433.
6 Lenin: Werke. Bd. 26, 1–3.
7 Zit. nach: Martin Grohmann, Heiko Haumann, Gabriele Rappmann: Wirtschaft und Gesellschaft in der Sowjetunion. Oktoberrevolution, Stalinismus und Gegenwart. Hannover etc. 1979, 26.
8 Manfred Hildermeier: Die Russische Revolution 1905–1921. Frankfurt a. M. 1989, 237.
9 John Reed: Zehn Tage, die die Welt erschütterten. Reinbek 1967, 94, 95, 122.
10 Leo Trotzki: Geschichte der russischen Revolution. Bd. 2/2. Oktoberrevolution. Frankfurt a. M. 1973, 951; vgl. Nikolaj Nikolajewitsch Suchanow: 1917. Tagebuch der russischen Revolution. Hg. von Nikolaus Ehlert. München 1967, 670.
11 Leszek Kolakowski: Ein verhängnisvoller Zufall. Über die russische Revolution. In: Neue Zürcher Zeitung Nr. 19 vom 25. 1. 1993, 15.
12 Zit. nach: Grohmann, Haumann, Rappmann: Wirtschaft und Gesellschaft in der Sowjetunion, 39.
13 Ebd., 41.
14 Walter Pietsch: Revolution und Staat. Institutionen als Träger der Macht in Sowjetrussland 1917–1922. Köln 1969, 68–69.
15 Die russische Revolution 1917. Von der Abdankung des Zaren bis zum Staatsstreich der Bolschewiki. Hg. von Manfred Hellmann. 3. Aufl. München 1977, 357–370, Zitat 358.
16 Leo Trotzki: Mein Leben. Versuch einer Autobiographie. Frankfurt a. M. 1974, 296.
17 Lenin: Werke. Bd. 27, 237.
18 Lenin: Werke. Bd. 26, 362–363, 468.
19 Vladimir Il'ič Lenin: Polnoe sobranie sočinenij. Izd. 5. Moskva 1958 ff. Bd. 51, 357.
20 Karl Marx, Friedrich Engels: Werke. Bd. 18, 425.
21 Lenin: Werke. Bd. 28, 62; vgl. Bd. 33, 134.
22 Lenin: Werke. Bd. 31, 502–503.
23 Der Begriff taucht 1920 häufig auf. Lenin äusserte sich dazu ziemlich spöttisch. In der späteren «Industrialisierungsdebatte» spielte er erneut eine Rolle und wurde besonders von Preobraženskij verwendet. Vgl. Heiko Haumann: Die russische Revolution und ihre ersten Versuche sozialistischer Wirtschaftspolitik. Materialien 1917–1921. In: Das Argument 15 (1973) Nr. 82, 768–803, hier 793.
24 Grigorij A. Fel'dman (1884–1958); zit. in: Heiko Haumann: Beginn der Planwirtschaft.

Elektrifizierung, Wirtschaftsplanung und gesellschaftliche Entwicklung Sowjetrusslands 1917–1921. Düsseldorf 1974, 122.

25 Vgl. Leo Trotzki: Geschichte der russischen Revolution. Bd. 1. Februarrevolution, Frankfurt a. M. 1973, 15.

26 Lenin: Werke. Bd. 31, 510–515 (hier auch das Zitat der Überschrift).

27 In: Proletarische Kulturrevolution in Sowjetrussland (1917–1921). Dokumente des «Proletkult». Hg. von Richard Lorenz. München 1969, 98–103.

28 «Als ob ich selber nackt in Schnee und Regen stehe …» Alis Guggenheim 1896–1958. Jüdin, Kommunistin, Künstlerin. Hg. vom Aargauer Kunsthaus Aarau. Baden 1992, 186–190 (die Orthographie ist der heutigen Schreibweise angeglichen).

29 Zit. nach: Alexander Fischer: Sowjetische Aussenpolitik 1917–1945. Stuttgart 1973, 24.

30 Zit. nach: Haumann: Beginn der Planwirtschaft, 177.

31 Lenin: Werke. Bd. 33, 77.

32 Lenin: Werke. Bd. 32, 480.

33 Ju. Larin: Uroki krizisa i ėkonomičeskaja politika. Moskva 1924, 76.

34 Lenin: Werke. Bd. 33, 91.

35 Boris Pilnjak: Der Salzspeicher. Aus dem Russischen von Alfred Frank. Hg. von Dagmar Kassek. Leipzig 1993, 102.

36 Stefan Plaggenborg: Revolutionskultur. Menschenbilder und kulturelle Praxis in Sowjetrussland zwischen Oktoberrevolution und Stalinismus. Köln etc. 1996, 350.

37 Werner Hofmann: Die Arbeitsverfassung der Sowjetunion, Berlin 1956, 9.

38 Pravda, 24. 4. 1925.

39 Zit. nach: Die russische Revolution 1917, 338–339, hier 339.

40 Zit. nach: Uwe Halbach: Das sowjetische Vielvölkerimperium. Nationalitätenpolitik und nationale Frage. Mannheim etc. 1992, 24.

41 Eine literarische Auseinandersetzung mit dieser Problematik findet sich etwa in: Sergej Tretjakow: Ich will ein Kind haben. In: Stücke der zwanziger Jahre. Hg. von Wolfgang Storch. Frankfurt a. M. 1977, 179–217, vgl. 218–232 (eine erweiterte Fassung in der schwerer zugänglichen Ausgabe: Sergej Tretjakow: Brülle, China! Ich will ein Kind haben. Zwei Stücke. Berlin 1976).

42 Zitate nach Fritz Mierau: Sergej Jessenin. Leipzig 1991, 379, 11, 378, 418; die «Beichte eines Hooligans» 189–191.

43 Joseph Roth: Reise nach Russland. Feuilletons, Reportagen, Tagebuchnotizen 1919–1930. Hg. von Klaus Westermann. Köln 1995, 205; Walter Benjamin: Moskauer Tagebuch. Hg. von Gary Smith. Frankfurt a. M. 1980, 79–80.

44 Wladislaw Hedeler, Ruth Stoljarowa: Wider «Trotzkismus» und «Antitrotzkismus». Eine bisher unbekannte Rede Lew Trockijs vom Oktober 1923. In: Zeitschrift für Geschichtswissenschaft 40 (1992) 53–68, hier 67.

45 Zit. nach: Die Sowjetunion. Von der Oktoberrevolution bis zu Stalins Tod. Bd. 1: Staat und Partei. Hg. von Helmut Altrichter. München 1986, 79–81, hier 80.

46 Panaït Istrati: Auf falscher Bahn. Sechzehn Monate in der Sowjetunion. Bekenntnisse eines Besiegten. Frankfurt a. M. 1989, 177–237; Victor Serge: Beruf: Revolutionär. Erinnerungen 1901 – 1917 – 1941. Frankfurt a. M. 1967, 147, 169, 310–311.

47 Zit. nach: Die Sowjetunion. Von der Oktoberrevolution bis zu Stalins Tod. Bd. 2: Wirtschaft und Gesellschaft. Hg. von Helmut Altrichter und Heiko Haumann. München 1987, 217–219, hier 218–219.

48 Ebd., 296–299, Zitate 296, 297.

49 Ebd., 231 (1929), 228 (1928).

50 Vgl. ebd., 314.

51 Ebd., 411–416, Zitat 415.

52 J. Stalin: Fragen des Leninismus. Moskau 1947 (nach der 11. russischen Auflage 1939), 603–604.

53 *Torgsin = magazin dlja torgovli s inostrancami* (Geschäft für den Handel mit Ausländern).

54 Die Schilderung dieses Schicksals geht auf ein Gespräch zurück, das ich 1994 mit Simeon Dmitrevskij und seiner Gattin Nadja führen konnte, sowie auf zusätzliche Recherchen. Vgl. Heiko Haumann: Ein Besuch beim Genossen Kirow. Die Geschichte der Familie Dmitrewski – eine Fallstudie von den Anfängen der Slawistik in Freiburg i. Br. bis zum

stalinistischen Terror und zur Aufarbeitung der Erinnerung. In: Zeitschrift des Breisgau-Geschichtsvereins «Schau-ins-Land» 120 (2001) 121–144.

55 Manès Sperber, in: Friedrich Uttitz: Zeugen der Revolution. Mitkämpfer Lenins und Stalins berichten. Köln 1984, 161.

56 Zit. nach: Die Moskauer Schauprozesse 1936–1938. Hg. von Theo Pirker. München 1963, 226–241, hier 240, 239.

57 Aus den Erinnerungen John Scotts, eines amerikanischen Ingenieurs, der in den 1930er Jahren in Magnitogorsk arbeitete. Zit. nach: Die Sowjetunion. Bd. 2, hier 431. NKWD – korrekt: NKVD – ist die Abkürzung für das Volkskommissariat für Innere Angelegenheiten, dem die Geheimpolizei unterstand.

58 Zit. nach: Die Sowjetunion. Bd. 2, 486–489.

59 Michail Heller, Alexander Nekrich: Geschichte der Sowjetunion. Bd. 2: 1940–1980. Königstein 1982, 215.

60 Jewsej G. Liberman: Methoden der Wirtschaftslenkung im Sozialismus. Ein Versuch über die Stimulierung der gesellschaftlichen Produktion. Frankfurt a. M. 1974, 11–12.

61 Ėkonomičeskaja gazeta Nr. 9 (1981), 8.

62 Rudolph Chimelli: In der Sowjetunion ist der Kunde kein König. In: Süddeutsche Zeitung, 30./31. 7. 1977.

63 Karl Schlögel: Der renitente Held. Arbeiterprotest in der Sowjetunion 1953–1983. Hamburg 1984, 103 (nach V. Čalidze).

64 Ebd., 152.

65 Hier verdanke ich Anke Stephan wichtige Hinweise.

66 Wladimir Wyssotzkij: Wolfsjagd. Gedichte und Lieder. Hg. von Brigitte van Kann. Frankfurt a. M. 1986, 41 (nachgedichtet von Martin Remané).

67 Zit. nach: Sowjetunion zu neuen Ufern? 27. Parteitag der KPdSU März '86. Dokumente und Materialien. Mit einer Einleitung von Gert Meyer. Düsseldorf o. J. (1986), 117.

68 Zit. nach: Uwe Engelbrecht: Eine Leiche aus der Stalinzeit. In: Badische Zeitung, 29. 12. 1986 (Wladimir Lakschin).

69 Zit. nach: Bernhard Küppers: Gorbatschow erläutert seine neue Politik. In: Süddeutsche Zeitung, 17. 2. 1987.

70 Zit. nach: Harry Maier: Zuviel Macht macht machtlos. Die kommunistische Partei und die Regierung der Sowjetunion ersticken unter der Bürde ihrer Kompetenzen. In: Die Zeit Nr. 47 vom 14. 11. 1986, 33–34, hier 33.

71 Tomas Avenarius: Nur Gott weiss, ob er Busse tat. St. Petersburgs berühmtesten Mafioso nannten sie «Kostja, das Grab», er wurde erschossen – zu seiner Beerdigung traf sich eine illustre Gesellschaft. In: Süddeutsche Zeitung, 11. 6. 2003.

Literaturhinweise

Die Literatur zur Geschichte Russlands ist derart umfangreich, dass hier nur eine verschwindend geringe Auswahl mitgeteilt werden kann. Jede Auswahl ist im übrigen subjektiv und läuft Gefahr, auch wichtige Titel nicht zu zitieren. Das Schwergewicht wurde auf neuere Arbeiten gelegt, über die früher erschienene Werke und vor allem auch die einschlägigen Quellen leicht erschlossen werden können. Um den einführenden Charakter zu betonen, sind lediglich wenige Titel in slawischen Sprachen aufgenommen worden. Zeitschriftenaufsätze werden nur dann erwähnt, wenn sie nicht in den in Abschnitt 2 genannten Zeitschriften veröffentlicht wurden. Zusätzlich zu den Titeln, die sich auf einzelne Epochen im Sinne der drei Teile dieses Buches beziehen (Abschnitte 4–6), sind immer die Gesamtdarstellungen und übergreifenden Werke heranzuziehen (Abschnitt 3).

1. Lexika und Nachschlagewerke

Bol'šaja Sovetskaja Ėnciklopedija. 1. Ausg. 66 Bände. Moskva 1926–1947; 3. Ausg. 30 Bände. (und Sonderbd.). Moskva 1970–1978.

Dejateli Sojuza Sovetskich Socialističeskich Respublik i Oktjabr'skoj revoljucii (Avtobiografii i biografii). 3 Bände. Moskva 1927–1929 (= Bd. 41 des Ėnciklopedičeskij slovar' Granat), Reprint Moskva 1989.

Dictionary of Russian Historical Terms from the Eleventh Century to 1917. Zusammengestellt von Sergei G. Pushkarev. Hg. von George Vernadsky und Ralph T. Fisher jr. New Haven, London 1970.

Donnert, Erich: Altrussisches Kulturlexikon. 2. Aufl. Leipzig 1988.

Eeckaute, Denise: Thesaurus des institutions de l'ancienne Russie (XIe–XVIIIe siècle). Bd. 1. Le monde rurale. Paris 1986.

Ėnciklopedičeskij slovar'. Hg. von Friedrich Brockhaus (F. A. Brokgauz) und I. A. Efron. 41 Bände in 82 und 4 Ergänzungsbde. St. Peterburg 1890–1907.

Ėnciklopedičeskij slovar' Granat. 7. Aufl. 58 Bände. (Bd. 56 nicht erschienen). Moskva 1910–1948 (Bd. 41 siehe unter Dejateli).

Gilbert, Martin: Imperial Russian History Atlas. London, Henley 1978.

Gilbert, Martin: Soviet History Atlas. London, Henley 1979.

Glossar zur frühmittelalterlichen Geschichte im östlichen Europa. Hg. von Jadran Ferluga, Manfred Hellmann und Herbert Ludat. Wiesbaden 1973 ff. (leider aus finanziellen Gründen unvollständig abgebrochen).

Historisches Lexikon der Sowjetunion. 1917/22 bis 1991. Hg. von Hans-Joachim Torke. München 1993.

Hösch, Edgar / Grabmüller, Hans-Jürgen: Daten der russischen Geschichte. Von den Anfängen bis 1917. München 1981; Daten der sowjetischen Geschichte. Von 1917 bis zur Gegenwart. München 1981.

Kasack, Wolfgang: Lexikon der russischen Literatur des 20. Jahrhunderts. Vom Beginn des Jahrhunderts bis zum Ende der Sowjetära. München 1992.

Lexikon der Geschichte Russlands. Von den Anfängen bis zur Oktober-Revolution. Hg. von Hans-Joachim Torke. München 1985.
Lexikon der russischen Kultur. Hg. von Norbert Franz. Darmstadt 2002.
Mark, Rudolf A.: Die Völker der Sowjetunion. Ein Lexikon. Opladen 1989.
The Modern Encyclopedia of Russian and Soviet History. Hg. von J. L. Wieczynski. 54 Bände. Gulf Breeze, Fla. 1976–1990.
Otečestvennaja Istorija. Istorija Rossii s drevnejšich vremen do 1917 goda. Ėnciklopedija. Moskva 1994 ff.
Real- und Sachwörterbuch zum Altrussischen. Hg. von Karla Günther-Hielscher, Victor Glötzner und Helmut Wilhelm Schaller. Neuried 1985.
Russkij biografičeskij slovar'. 25 Bände. Moskva, St. Petersburg/Petrograd 1896–1918.
Schmidt, Christoph: Ausgewählte Bibliographien und Bibliothekskataloge zur russischen Sozialgeschichte (1861–1917). Wiesbaden 1989.
Sovetskaja istoričeskaja ėnciklopedija. 16 Bände. Moskva 1961–1976.
Who's Who in the Soviet Union. A Biographical Encyclopedia of 5000 Leading Personalities in the Soviet Union. Hg. von Borys Lewytzkyj. München etc. 1984.
Wixman, Ronald: The Peoples of the USSR. An Ethnographic Handbook. London 1984.

2. Zeitschriften, Jahrbücher, Periodika

Berichte des Bundesinstituts für ostwissenschaftliche und internationale Studien.
Berliner Jahrbuch für osteuropäische Geschichte.
Cahiers du Monde russe et soviétique (jetzt: Cahiers du Monde russe).
Canadian Slavonic Studies.
Europe-Asia Studies.
Forschungen zur osteuropäischen Geschichte.
Forum für osteuropäische Ideen- und Zeitgeschichte.
Istočnik.
Istoričeskie zapiski.
Istoričeskij archiv.
Istorija SSSR, neuerdings: Otečestvennaja istorija.
Jahrbuch für Historische Kommunismusforschung.
Jahrbücher für Geschichte Osteuropas.
Kritika. Explorations in Russian and Eurasian History.
Nationalities Papers.
Neizvestnaja Rossija. XX vek.
Nordost-Archiv. Zeitschrift für Regionalgeschichte.
Österreichische Osthefte.
Osteuropa.
Post-Soviet Affairs.
Revolutionary Russia. Journal of the Study Group on the Russian Revolution.
Russian History / Histoire Russe.
Russian Review.
Russkoe prošloe.
Slavic Review.
Slavic and East European Journal.
Slavonic and East European Review.
Soviet History.

Soviet Studies (jetzt: Europe-Asia Studies).
Voprosy istorii.
Zemstvo.

3. Gesamtdarstellungen und übergreifende Werke

Alexander, John T.: Bubonic Plague in Early Modern Russia. Public Health and
   Urban Disaster. Baltimore, London 1980.
Allworth, Edward: The Modern Uzbeks. From the Fourteenth Century to the
   Present. A Cultural History. Stanford (Cal.) 1990.
Amburger, Erik: Die Anwerbung ausländischer Fachkräfte für die Wirtschaft
   Russlands vom 15. bis ins 19. Jahrhundert. Wiesbaden 1968.
Amburger, Erik: Fremde und Einheimische im Wirtschafts- und Kulturleben
   des neuzeitlichen Russland. Ausgewählte Aufsätze. Hg. von Klaus Zernack.
   Wiesbaden 1982.
Amburger, Erik: Geschichte der Behördenorganisation Russlands von Peter
   dem Grossen bis 1917. Leiden 1966.
Amburger, Erik: Geschichte des Protestantismus in Russland. Stuttgart 1961.
Anziferow, Nikolai P.: Die Seele Petersburgs. München, Wien 2003.
Asyl und Aufenthalt. Die Schweiz als Zuflucht und Wirkungsstätte von Slaven
   im 19. und 20. Jahrhundert. Hg. von Monika Bankowski et al. Basel,
   Frankfurt a. M. 1994.
Aufbruch der Gesellschaft im verordneten Staat. Russland in der Spätphase
   des Zarenreiches. Hg. von Heiko Haumann und Stefan Plaggenborg.
   Frankfurt a. M. etc. 1994.
Baberowski, Jörg: Autokratie und Justiz. Zum Verhältnis von Rechtsstaat-
   lichkeit und Rückständigkeit im ausgehenden Zarenreich 1864–1914.
   Frankfurt a. M. 1996.
Baberowski, Jörg: Nationalismus aus dem Geist der Inferiorität. Autokratische
   Modernisierung und die Anfänge muslimischer Selbstvergewisserung im östlichen
   Tanskaukasien 1828–1914. In: Geschichte und Gesellschaft 26 (2000) 371–406.
Bailes, Kendall E.: Science and Russian Culture in an Age of Revolution: V. I.
   Vernadsky and his Scientific School, 1865–1945. Bloomington 1990.
Die baltischen Staaten im Schnittpunkt der Entwicklungen. Vergangenheit
   und Gegenwart. Hg. von Carsten Goehrke und Jürgen von Ungern-Sternberg.
   Basel 2002.
Barag, L. G. et al.: Tradicii i sovremennost' v fol'klore. Moskva 1988.
Baron, Salo W.: The Russian Jew under Tsars and Soviets. New York, London 1964.
Bater, James H.: St. Petersburg. Industrialization and Change. London 1976.
Bayer, Waltraud: Die Moskauer Medici. Der russische Bürger als Mäzen 1850–1917.
   Wien etc. 1996.
Bernstein, Laurie Annabel: Sonia's Daughters: Prostitutes and Their Regulation
   in Imperial Russia. Berkeley etc. 1995.
Die besten Jahre unseres Lebens. Russlandschweizerinnen und Russlandschweizer
   in Selbstzeugnissen, 1821–1999. Hg. von Peter Collmer. Zürich 2001.
Beyrau, Dietrich: Militär und Gesellschaft im vorrevolutionären Russland. Köln,
   Wien 1984.
Blum, Jerome: Lord and Peasant in Russia from the Ninth to the Nineteenth
   Century. Princeton 1971.
Bobrick, Benson: East of the Sun. The Conquest and Settlement of Siberia.
   London 1992.

Bochanov, A. N.: Krupnaja buržuazija Rossii konec XIX v.–1914 g. Moskva 1992.

Bonnell, Victoria E.: Roots of Rebellion: Workers' Politics and Organizations in St. Petersburg and Moscow, 1900–1914. Berkeley etc. 1983.

Bonwetsch, Bernd: Die russische Revolution 1917. Eine Sozialgeschichte von der Bauernbefreiung 1861 bis zum Oktoberumsturz. Darmstadt 1991.

Bradley, Joseph: Muzhik and Muscovite: Urbanization in Late Imperial Russia. Berkeley etc. 1985.

Brang, Peter: Ein unbekanntes Russland. Kulturgeschichte vegetarischer Lebensweisen von den Anfängen bis zur Gegenwart. Köln etc. 2002.

Brooks, Jeffrey: When Russia Learned to Read: Literacy and Popular Literature, 1861–1917. Princeton 1985.

Buchholz, Erwin und Gert: Russlands Tierwelt und Jagd im Wandel der Zeit. Giessen 1963.

Bühler, Roman et al.: Schweizer im Zarenreich. Zur Geschichte der Auswanderung nach Russland. Zürich 1985.

Bühler, Roman: Bündner im Russischen Reich. 18. Jahrhundert – Erster Weltkrieg. Ein Beitrag zur Wanderungsgeschichte Graubündens. Disentis 1991.

Buss, Andreas: Die Wirtschaftsethik des russisch-orthodoxen Christentums. Heidelberg 1989.

Carter, Stephen K.: Russian Nationalism: Yesterday, Today, Tomorrow. London 1990.

Central Asia. 120 Years of Russian Rule. Hg. von Edward Allworth. Durham, London 1989.

Chodarkovskij, Michail: Russia's Steppe Frontier. The Making of a Colonial Empire, 1500–1800. Bloomington (Ind.) 2002.

The City in Late Imperial Russia. Hg. von Michael F. Hamm. Bloomington 1986.

The City in Russian History. Hg. von Michael F. Hamm. Lexington 1976.

Civil Rights in Imperial Russia. Hg. von Olga Crisp and Linda Edmondson. Oxford 1989.

Constructing Russian Culture in the Age of Revolution: 1881–1940. Ed. by Catriona Kelly and David Shepherd. Oxford, New York 1998.

Coopersmith, Jonathan: The Electrification of Russia, 1880–1926. Ithaca, London 1992.

Crummey, Robert O.: Aristocrats and Servitors: The Boyar Elite in Russia, 1613–1689. Princeton 1983.

Culture, Nation, and Identity. The Ukrainian Encounter (1600–1945). Hg. von Andreas Kappeler et al. Edmonton, Toronto 2003.

Cultures in Flux. Lower-Class Values, Practices, and Resistance in Late Imperial Russia. Hg. von Stephen P. Frank und Mark D. Steinberg. Princeton etc. 1994.

Dahlmann, Dittmar: Bildung, Wissenschaft und Revolution. Die russische Intelligencija im Deutschen Reich um die Jahrhundertwende. In: Intellektuelle im Deutschen Kaiserreich. Hg. von Gangolf Hübinger und Wolfgang J. Mommsen. Frankfurt a. M. 1993, 141–157.

Demko, George J.: The Russian Colonization of Kazakhstan 1896–1916. Bloomington 1969.

Die Deutschen im Russischen Reich und im Sowjetstaat. Hg. von Andreas Kappeler et al. Köln 1987.

Deutschland – Russland. 175 Jahre Universität Hohenheim. Studium generale Wintersemester 1993/94. Hg. von Jochem Gieraths. Stuttgart-Hohenheim 1994.

The Development of Siberia. People and Resources. Hg. von Alan Wood und R. A. French. Basingstoke, London 1989.

Dönninghaus, Victor: Die Deutschen in der Moskauer Gesellschaft. Symbiose und Konflikte (1494–1941). München 2002.

Döpmann, Hans-Dieter: Die Russische Orthodoxe Kirche. Wien, Köln, Graz 1977.

Donnelly, Alton S.: The Russian Conquest of Bashkiria 1552–1740. A Case Study in Imperialism. New Haven 1968.

Duncan, Peter J. S.: Russian Messianism. Third Rome, Revolution, Communism, and After. London 2000.

Dunn, Patrick P.: : Kindheit im zaristischen Russland. In: Hört ihr die Kinder weinen. Eine psychogenetische Studie der Kindheit. Hg. von Lloyd de Mause. Frankfurt a. M. 1977, 535–564.

Economy and Society in Russia and the Soviet Union, 1860–1930. Essays for Olga Crisp. Hg. von Linda Edmondson und Peter Waldron. Basingstoke etc. 1992.

Edmondson, Linda H.: Feminism in Russia 1900–1917. Stanford (Cal.) 1984.

«… das einzige Land in Europa, das eine grosse Zukunft vor sich hat.» Deutsche Unternehmen und Unternehmer im Russischen Reich im 19. und frühen 20. Jahrhundert. Hg. von Dittmar Dahlmann und Carmen Scheide. Essen 1998.

Eklof, Ben: Russian Peasant Schools. Officialdom, Village Culture, and Popular Pedagogy, 1861–1914. Berkeley etc. 1986.

Elwood, R. C.: Inessa Armand: Revolutionary and Feminist. Cambridge 1992.

Encyclopedia of Russian Women's Movements. Hg. von Norma C. Noonan und Carol Nechemias. Westport (Conn.), London 2001.

Engel, Barbara Alpern: Between the Fields and the City. Women, Work, and Family in Russia, 1861–1914. Cambridge 1994.

Entrepreneurship in Imperial Russia and the Soviet Union. Hg. von Gregory Guroff und Fred V. Carstensen. Princeton 1983.

Ėtnografija vostočnych slavjan. Očerki tradicionnoj kul'tury. Otvetstv. red. K. V. Čistov. Moskva 1987.

Europa und Russland. Texte zum Problem des westeuropäischen und russischen Selbstverständnisses. Hg. vom Dmitrij Tschizewskij und Dieter Groh. Darmstadt 1959.

Fakten und Fabeln. Schweizerisch-slavische Reisebegegnung vom 18. bis zum 20. Jahrhundert. Hg. von Monika Bankowski et al. Zürich 1991.

The Fall of an Empire, the Birth of a Nation. Hg. von Chris J. Chulos und Timo Piirainen. Aldershot etc. 2000.

The Family in Imperial Russia. New Lines of Historical Research. Hg. von David L. Randel. Urbana etc. 1978.

Festschrift für Fairy von Lilienfeld zum 65. Geburtstag. Hg. von A. Rexheuser und K.-H. Ruffmann. Erlangen 1982.

Fieseler, Beate: Frauen auf dem Weg in die russische Sozialdemokratie, 1890–1917. Eine kollektive Biographie. Stuttgart 1995.

Fieseler, Beate: «Ein Huhn ist kein Vogel – ein Weib ist kein Mensch». Russische Frauen (1860–1930) im Spiegel historischer Forschung. In: Frauengeschichte: Gesucht – gefunden? Auskünfte zum Stand der historischen Frauenforschung. Hg. von Beate Fieseler und Birgit Schulze. Köln etc. 1991, 214–235.

Figes, Orlando: Die Tragödie eines Volkes. Die Epoche der russischen Revolution 1891 bis 1924. Berlin 1998.

Finland and Russia 1808–1920. From Autonomy to Independence. Hg. von D. G. Kirby. London, Basingstoke 1975.

Fisher, Alan W.: The Crimean Tatars. Stanford (Cal.) 1978.

Fleischhauer, Ingeborg: Die Deutschen im Zarenreich. Zwei Jahrhunderte deutschrussischer Kulturgemeinschaft. Stuttgart 1986.

Food in Russian History and Culture. Hg. von Musya Glants und Joyce Tommre. Bloomington etc. 1997.

Forsyth, James: A History of the Peoples of Siberia. Russia's North Asian Colony 1581–1990. Cambridge 1992.

Frank, Stephen P.: Crime, Cultural Conflict, and Justice in Rural Russia, 1856–1914. Berkeley etc. 1999.

Frank, Stephen P.: «Simple Folk, Savage Customs?» Youth, Sociability, and the Dynamics of Culture in Rural Russia, 1856–1914. In: Journal of Social History 25 (1992) 711–736.

Frank, Susi K.: Raum und Ökonomie. Zwei Kernelemente der russischen Geokulturosophie. In: Kultur, Sprache, Ökonomie. Hg. von Wolfgang Weitlaner (= Wiener Slawistischer Almanach, Sonderband 54). Wien 2001, 427–445.

Friedgut, Theodore H.: Life and Work in Russia's Donbass, 1869–1924. Iuzovka and Revolution, Bd. 1. Princeton 1989.

Gatrell, Peter: Government, Industry and Rearmament in Russia, 1900–1914. The Last Argument of Tsarism. Cambridge 1994.

Geierhos, Wolfgang: Vera Zasulič und die russische revolutionäre Bewegung. München 1977.

Gender in Russian History and Culture. Hg. von Linda Edmondson. New York 2001.

Gerschenkron, Alexander: Wirtschaftliche Rückständigkeit in historischer Perspektive (1952). In: Industrielle Revolution. Wirtschaftliche Aspekte. Hg. von Rudolf Braun et al. Köln, Berlin 1972, 59–78.

Geschichte der Ukraine. Hg. von Frank Golczewski. Göttingen 1993.

Gestwa, Klaus: Proto-Industrialisierung in Russland. Wirtschaft, Herrschaft und Kultur in Ivanovo und Pavlovo, 1741–1932. Göttingen 1999.

Geyer, Dietrich: Der russische Imperialismus. Studien über den Zusammenhang von innerer und auswärtiger Politik 1860–1914. Göttingen 1977.

Gitelman, Zvi: A Century of Ambivalence. The Jews of Russia and the Soviet Union, 1881 to the Present. New York etc. 1988.

Giterman, Valentin: Geschichte Russlands. 3 Bände. Zürich 1944–1949.

Glickman, Rose: Russian Factory Women: Workplace and Society, 1880–1914. Berkeley etc. 1984

God's Servants: Church, Nation, and State in Russia and Ukraine. Hg. von Geoffrey A. Hosking. London 1990.

Goehrke, Carsten: Russischer Alltag. Eine Geschichte in neun Zeitbildern vom Frühmittelalter bis zur Gegenwart. Bd. 1: Die Vormoderne. Zürich 2003 (Bd. 2 und 3 im Druck).

Goehrke, Carsten: Die russischen Kosaken im Wandel des Geschichtsbildes. In: Schweizerische Zeitschrift für Geschichte 30 (1980) 181–203.

Goehrke, Carsten: Siedlungsgeschichte des Ostbaltikums. Eine Forschungsbilanz. In: Zeitschrift für Ostforschung 37 (1988) 481–554.

Goehrke, Carsten: Die Theorien über Entstehung und Entwicklung des «Mir». Wiesbaden 1969.

Goerdt, Wilhelm: Russische Philosophie. Zugänge und Durchblicke. Freiburg, München 1984.

Goerdt, Wilhelm: Russische Philosophie. Texte. Freiburg, München 1989.

Grant, Jonathan A.: Big Business in Russia. The Putilov Company in Late Imperial Russia 1868–1917. Pittsburgh 1999.

Groh, Dieter: Russland im Blick Europas. 300 Jahre historische Perspektiven. Frankfurt a. M. 1988.

Grohmann, Martin et al.: Grundlagen des Marxismus. Marx, Engels, Lenin. Hannover 1982.

Gromyko, M. M.: Mir russkoj derevni. Moskva 1991.

Hagemeister, Michael: Wer war Sergej Nilus? Versuch einer bio-bibliographischen Skizze. In: Ostkirchliche Studien 40 (1991), 49–63.

Hamm, Michael F.: Kiev. A Portrait, 1800–1917. Princeton 1993.

Handbuch der Geschichte Russlands. Hg. von Manfred Hellmann, Gottfried Schramm und Klaus Zernack (für die Bände 1 bis 4). Bd. 1: Bis 1613. Von der Kiever Reichsbildung bis zum Moskauer Zartum. Hg. von Manfred Hellmann. 2 Halbbde. Stuttgart 1981, 1989; Bd. 2: 1613–1856. Vom Randstaat zur Hegemonialmacht. Hg. von Klaus Zernack. 2 Halbbde. Stuttgart 1986, 2001; Bd. 3: 1856–1945. Von den autokratischen Reformen zum Sowjetstaat. Hg. von Gottfried Schramm. 2 Halbbde. Stuttgart 1983, 1992; Bd. 4: Register zu Bd. 1 bis 3. Hg. von Klaus Zernack. Stuttgart 2002; Bd. 5: 1945–1991. Vom Ende des Zweiten Weltkriegs bis zum Zusammenbruch der Sowjetunion. Hg. von Stefan Plaggenborg. 1. Halbbd. Stuttgart 2002, der 2. Halbbd. ist noch nicht abgeschlossen und erscheint seit 2002 in Lieferungen.

Haumann, Heiko: «Ich habe gedacht, dass die Arbeiter in den Städten besser leben». Arbeiter bäuerlicher Herkunft in der Industrialisierung des Zarenreiches und der frühen Sowjetunion. In: Schweizerische Zeitschrift für Geschichte 43 (1993) 42–60.

Haumann, Heiko: Geschichte der Ostjuden. 5. Aufl. München 1999.

Haumann, Heiko: Nachholende Industrialisierung und Aufbau des Sozialismus. Langwirkende Faktoren der sozialökonomischen Entwicklung in der UdSSR. In: Beiträge zur Sozialismusanalyse. Bd. 3. Hg. von Peter Brokmeier und Rainer Rilling. Köln 1981, 7–32.

Haumann, Heiko: Von Pocahontas zu Pylmau. Familienpolitik als Friedensstrategie bei indianischen und sibirischen Völkern? Ein Diskussionsbeitrag. In: Historische Anthropologie 9 (2001) 290–297.

Haumann, Heiko: Staatsintervention und Monopole im Zarenreich – ein Beispiel für Organisierten Kapitalismus? In: Geschichte und Gesellschaft 5 (1979) 336–355.

Haumann, Heiko: Unternehmer in der Industrialisierung Russlands und Deutschlands. Zum Problem des Zusammenhanges von Herkunft und politischer Orientierung. In: Scripta Mercaturae 20 (1986) 143–161.

Heller, Klaus: Russische Wirtschafts- und Sozialgeschichte. Bd. 1. Die Kiever und die Moskauer Periode (9.–17. Jahrhundert). Darmstadt 1987.

Hellie, Richard: Slavery in Russia, 1450–1725. Chicago, London 1982.

Herlihy, Patricia: The Alcoholic Empire. Vodka and Politics in Late Imperial Russia. New York, Oxford 2002.

Herlihy, Patricia: Odessa. A History, 1794–1914. Cambridge (Mass.) 1986.

Hildermeier, Manfred: Das Privileg der Rückständigkeit. Anmerkungen zum Wandel einer Interpretationsfigur der neueren russischen Geschichte. In: Historische Zeitschrift 244 (1987) 557–603.

Hildermeier, Manfred: Der russische Adel von 1700 bis 1917. In: Europäischer Adel 1750–1950. Hg. von Hans-Ulrich Wehler. Göttingen 1990, 166–216.

Hildermeier, Manfred: Die Sozialrevolutionäre Partei Russlands. Agrarsozialismus und Modernisierung im Zarenreich (1900–1914). Köln, Wien 1978.

Hildermeier, Manfred: Traditionen «aufgeklärter» Politik in Russland. In: Historische Zeitschrift 276 (2003) 75–94.

Hillyar, Anna / McDermid, Jane: Revolutionary Women in Russia 1870–1917. A Study in Collective Biography. Manchester, New York 2000.

The History of Siberia. From Russian Conquest to Revolution. Hg. von Alan Wood. London, New York 1991.

Hösch, Edgar: Geschichte Russlands. Vom Kiever Reich bis zum Zerfall des Sowjetimperiums. Stuttgart 1996.

Hösch, Edgar: Orthodoxie und Häresie im alten Russland. Wiesbaden 1975.

Hoffmann, Peter: Zar und Verwaltung in Russland im 16., 17. und 18. Jahrhundert. In: Europäische Herrscher. Ihre Rolle bei der Gestaltung von Politik und Gesellschaft vom 16. bis zum 18. Jahrhundert. Hg. von Günter Vogler. Weimar 1988, 142–153.

Hosking, Geoffrey: Russland. Nation und Imperium 1552–1917. Berlin 2000.

Immonen, Hannu: The Agrarian Program of the Russian Socialist Revolutionary Party, 1900–1914. Helsinki 1988.

Imperial and National Identities in Pre-Revolutionary, Soviet, and Post-Soviet Russia. Hg. von Chris J. Chulos und Johannes Remy. Helsinki 2002.

Imperial Russia 1700–1917. State – Society – Opposition. Essays in Honor of Marc Raeff. Hg. von Ezra Mendelsohn and Marshall S. Shatz. DeKalb (Ill.) 1988.

Introduction to Soviet Ethnography. Hg. von Stephen P. Dunn und Ethel Dunn. 2 Bände. Berkeley 1974.

Isaev, I. A.: Istorija gosudarstva i prava Rossii. Pol'nyj kurs lekcij. Moskva 1994.

Istorija krest'janstva Severo-Zapada Rossii. Period feodalizma. S.-Peterburg 1994.

Istorija Urala v period kapitalizma. Otvetstv. red. D. V. Gavrilov. Moskva 1990.

Istorija železnodorožnogo transporta Rossii. Bd. 1. 1836–1917. S.-Peterburg, Moskva 1994.

Kabytov, P. S. et al.: Russkoe krest'janstvo: ėtapy duchovnogo osvoboždenija. Moskva 1988.

Kaczynska, Elzbieta: Das grösste Gefängnis der Welt. Sibirien als Strafkolonie zur Zarenzeit. Aus dem Polnischen von Jürgen Hensel et al. Frankfurt a. M., New York 1994.

Kafengauz, Lev Borisovič: Ėvoljucija promyšlennogo proizvodstva Rossii (poslednjaja tret' XIX v. – 30-e gody XX v.). Moskva 1994.

Kappeler, Andreas: Kleine Geschichte der Ukraine. München 1994.

Kappeler, Andreas: Russland als Vielvölkerreich. Entstehung, Geschichte, Zerfall. München 1992.

Kappeler, Andreas: Russlands erste Nationalitäten. Das Zarenreich und die Völker der Mittleren Wolga vom 16. bis 19. Jahrhundert. Köln, Wien 1982.

Kappeler, Andreas: Russische Geschichte. München 1997.

Kappeler, Andreas: Der schwierige Weg zur Nation. Beiträge zur neueren Geschichte der Ukraine. Wien etc. 2003.

Kappeler, Andreas: The Ukrainians of the Russian Empire, 1860–1914. In: Comparative Studies on Government and Non-Dominant Ethnic Groups in Europe, 1850–1940. Bd. 6: The Formation of National Elites. Hg. von Andreas Kappeler in Zusammenarbeit mit Fikret Adamir und Alan O'Day. Dartmouth 1992, 105–132.

Kassow, Samuel D.: Students, Professors, and the State in Tsarist Russia. Berkeley etc. 1989.

Keep, John L. H.: Power and the People: Essays on Russan History. New York 1995.

Keep, John L. H.: Soldiers of the Tsar. Army and Society in Russia 1462–1874. Oxford 1985.

Keller, Andreas: Die Handwerker in St. Petersburg. Von der Mitte des 19. Jahrhunderts bis zum Ausbruch des Ersten Weltkrieges 1914. Frankfurt a. M. etc. 2002.

Kelly, Catriona: A History of Russia's Women's Writing. 1820–1992. Oxford 1994.

Kiritschenko, Jewgenia: Zwischen Byzanz und Moskau. Der Nationalstil in der russischen Kunst. Übersetzt von Christian Hornig. München 1991.

Kiss, Gabor: Die gesellschaftliche Rolle der Studentenbewegung im vorrevolutionären Russland. München 1965.

Kleine Völker in der Geschichte Osteuropas. Festschrift für Günther Stökl
zum 75. Geburtstag. Hg. von Manfred Alexander et al. Stuttgart 1991.

Kluge, Rolf-Dieter: Zum Wandel des Menschenbildes in der russischen Literatur
des 19. und 20. Jahrhunderts. In: Festschrift für Wilhelm Lettenbauer
zum 75. Geburtstag. Hg. von Antonín Měšťan und Eckhard Weiher.
Freiburg i. Br. 1982, 81–94.

Kochan, Lionel / Keep, John: The Making of Modern Russia. From Kiev Rus'
to the Collapse of the Soviet Union. Harmondsworth 1990.

Kolakowski, Leszek: Die Hauptströmungen des Marxismus. Entstehung,
Entwicklung, Zerfall. 3 Bände. München, Zürich 1989.

Kotsonis, Yanni: Making Peasants Backward: Agricultural Cooperatives
and the Agrarian Question in Russia, 1861–1914. Basingstoke etc. 1999.

Koval'cenko, I. D.: Social'no-ėkonomičeskij stroj krest'janskogo chozjajstva
Evropejskoj Rossii v ėpochu kapitalizma. Moskva 1988.

Küntzel, Kristina: Von Nižnij Novgorod zu Gor'kij – Metamorphosen
einer russischen Provinzstadt. Die Entwicklung der Stadt von den 1890er
bis zu den 1930er Jahren. Stuttgart 2001.

Land Commune and Peasant Community in Russia. Communal Forms
in Imperial and Early Soviet Society. Hg. von Roger Bartlett. London,
New York 1990.

Lichačev, Dmitrij S. / Pančenko, Aleksandr M.: Die Lachwelt des alten Russland.
Mit einem Nachtrag von Jurij M. Lotman und Boris A. Uspenskij.
Hg. von Renate Lachmann. München 1991.

Lichatschow, Dmitrij S.: Die Kunst Russlands. Vom Mittelalter zur Moderne.
Gütersloh, München 1992.

Liessem, Peter: Verwaltungsgerichtsbarkeit im Zarenreich. Der Dirigierende Senat
und seine Entscheidungen zur russischen Selbstverwaltung (1864 bis 1917).
Frankfurt a. M. 1996.

Lieven, Dominic: Russia's Rulers under the Old Regime. New Haven,
London 1989.

Lincoln, Bruce W.: Die Eroberung Sibiriens. München 1996.

Lindner, Rainer: Historiker und Herrschaft. Nationsbild und Geschichtspolitik
in Weissrussland im 19. und 20. Jahrhundert. München 1999.

Löwe, Heinz-Dietrich: Antisemitismus und reaktionäre Utopie. Russischer
Konservatismus im Kampf gegen den Wandel von Staat und Gesellschaft,
1890–1917. Hamburg 1978 (überarbeitete und erweiterte Fassung: The Tsars
and the Jews. Reform, Reaction and Anti-Semitism in Imperial Russia,
1772–1917. Chur etc. 1993).

Löwe, Heinz-Dietrich: Die arbeitende Frau: Traditionelle Räume und neue Rollen,
Russland 1860–1917. In: Aufgaben, Rollen und Räume von Frau und Mann.
Hg. von Jochen Martin und Renate Zoepffel. Freiburg, München 1989,
937–972.

Lust an der Erkenntnis: Russisches Christentum. Ein Lesebuch. Hg. von Ingeborg
Fleischhauer. München, Zürich 1988.

March, George Patrick: Cossacks of the Brotherhood. The Zaporog Kosh
of the Dniepr River. New York etc. 1990.

Marks, Steven Gary: Road to Power: The Trans-Siberian Railroad and
the Colonization of Asian Russia 1850–1917. Ithaca 1991.

Marx, Christa / Karger, Adolf: Moskau – Russlands Haupt und Mitte.
Stuttgart etc. 1997.

Masaryk, Tomas G.: Russische Geistes- und Religionsgeschichte. 2 Bände. Frankfurt a. M. 1992 (zuerst 1913).

Martow, Julius: Geschichte der russischen Sozialdemokratie. Mit einem Nachtrag von Th. Dan: Die Sozialdemokratie Russlands nach dem Jahre 1908. Berlin 1926.

Martynov, Sergej D.: Manufaktura i fabrika. S.-Peterburg 1993.

Maurer, Trude: Hochschullehrer im Zarenreich. Ein Beitrag zur russischen Sozial- und Bildungsgeschichte. Köln etc. 1998.

McDaniel, Tim: Autocracy, Capitalism and Revolution in Russia. Berkeley etc. 1988.

McClelland, James C.: Autocrats and Academics: Education, Culture, and Society in Tsarist Russia. Chicago, London 1979.

McReynolds, Louise: The News under Russia's Old Regime. The Development of a Mass-Circulation Press. Princeton 1991.

Meier, Esther: Eine Theorie für «Entwicklungsländer». Sowjetische Agitation und Afghanistan 1978–1982. Münster etc. 2001.

Mel'nikov, A. P.: Očerki bytovoj istorii Nižegorodskoj jarmaki (1817–1917). 2. Ausg. Nižnij Novgorod 1993.

Merl, Stephan: Agrarreformen und nichtmarktwirtschaftliche Bedingungen – Agrarsektor und Industrialisierung in Russland und in der Sowjetunion. In: Landwirtschaft und industrielle Entwicklung. Zur ökonomischen Bedeutung von Bauernbefreiung, Agrarreform und Agrarrevolution. Hg. von Toni Pierenkemper. Stuttgart 1989, 175–209.

Meyer, Klaus: Kaiserliche Residenz und sozialistische Grossstadt. Typologische Überlegungen zur Geschichte der Stadt St. Petersburg – Petrograd – Leningrad. In: Ostmitteleuropa. Berichte und Forschungen. Hg. von Ulrich Haustein et al. Stuttgart 1981, 64–77.

The Military and Society in Russia 1450–1917. Hg. von Eric Lohr und Marshall Poe. Leiden etc. 2002.

Das mittlere Wolgagebiet in Geschichte und Gegenwart. Hg. von Klaus Heller und Herbert Jelitte. Frankfurt a. M. etc. 1994.

Models of Self. Russian Women's Autobiographical Texts. Hg. von Marianne Liljeström et al. Helsinki 2000.

Modernization and Revolution. Dilemmas of Progress in Late Imperial Russia. Essays in Honor of Arthur P. Mendel. Hg. von Edward H. Judge und James Y. Simms jr. New York 1992.

Moon, David: The Abolition of Serfdom in Russia, 1762–1907. Harlow 2001.

Moon, David: The Russian Peasantry 1600–1930. The World the Peasants Made. London, New York 1999.

Moskau: Menschen, Mythen, Orte. Hg. von Monica Rüthers und Carmen Scheide. Köln etc. 2003 (im Druck).

Müller, Derek: Der Traum vom neuen Menschen in der russischen und sowjetischen Geistesgeschichte. Bern 1998.

Müller, Eberhard: Agrarfrage und Industrialisierung in Russland, 1890–1930. In: Geschichte und Gesellschaft 5 (1979) 297–312.

Müller, Otto Wilh.: Intelligencija. Untersuchungen zur Geschichte eines politischen Schlagwortes. Frankfurt a. M. 1971.

Munting, R.: Outside Earnings in the Russian Peasant Farm: The Case of Tula Province 1900 to 1917. In: Journal of Peasant Studies 3 (1976) 428–446.

Nethercott, Frances: Russia's Plato. Plato and the Platonic tradition in Russian education, science and ideology (1840–1930). Aldershot etc. 2000.

Neubauer, Helmut: Car und Selbstherrscher. Beiträge zur Geschichte der Autokratie in Russland. Wiesbaden 1964.

Neuberger, Joan: Hooliganism. Crime, Culture, and Power in St. Petersburg,
1900–1914. Berkeley etc. 1993.

Neumann, Daniela: Studentinnen aus dem Russischen Reich in der Schweiz
(1867–1914). Zürich 1987.

Nolte, Hans-Heinrich: Kleine Geschichte Russlands. Stuttgart 1998.

Nolte, Hans-Heinrich: Patronage und Klientel im frühneuzeitlichen Russland:
ein Orientierungsversuch. In: Patronage und Klientel. Ergebnisse einer polnisch-
deutschen Konferenz. Hg. von Hans-Heinrich Nolte. Köln, Wien 1989, 68–82.

Nolte, Hans-Heinrich: Religiöse Toleranz in Russland 1600–1725. Göttingen etc.
1969.

Nolte, Hans-Heinrich: Technologietransfer in Russland vor 1914. Möglichkeiten
und Grenzen nachholender Industrialisierung. In: Technikgeschichte 51 (1984)
319–334.

Nolte, Hans-Heinrich: Überforderung und Pathos. Zur politischen Kultur halb-
peripherer Länder. In: comparativ 5 (1995) 106–123.

Normsetzung und –überschreitung. Geschlecht in der Geschichte Osteuropas
im 19. und 20. Jahrhundert. Hg. von Carmen Scheide und Natali Stegmann.
Bochum 1999.

The Occult in Russian and Soviet Culture. Hg. von Bernice G. Rosenthal. Ithaca,
London 1997.

Östliches Europa. Spiegel der Geschichte. Festschrift für Manfred Hellmann
zum 65. Geburtstag. Hg. von Carsten Goehrke et al. Wiesbaden 1977.

Olcott, Martha Brill: The Kazakhs. Stanford (Cal.) 1987.

Onasch, Konrad: Die alternative Orthodoxie. Utopie und Wirklichkeit im russischen
Laienchristentum des 19. und 20. Jahrhunderts. 14 Essays. Paderborn etc. 1993.

Onasch, Konrad: Grundzüge der russischen Kirchengeschichte. Göttingen 1967.

Die Orthodoxe Kirche in Russland. Dokumente ihrer Geschichte (860–1980).
Hg. von Peter Hauptmann und Gerd Stricker. Göttingen 1988.

Pankratova, A. M.: Fabrikräte in Russland. Der Kampf um die sozialistische Fabrik.
Hg. von Hartmut Mehringer. Frankfurt a. M. 1976.

Peasant Economy, Culture, and Politics of European Russia, 1800–1921.
Hg. von Esther Kingston-Mann und Timothy Mixter unter Mitarbeit
von Jeffrey Burds. Princeton 1991.

The Peoples of Siberia. Hg. von M. G. Levin und L. P. Potapov. Chicago, London 1964.

Phillips, Laura L.: Bolsheviks and the Bottle. Drink and Worker Culture
in St. Petersburg 1900–1929. DeKalb (Ill.) 2000.

Pierce, Richard A.: Russian Central Asia 1867–1917. A Study in Colonial Rule.
Berkeley, Los Angeles 1960.

Pietrow-Ennker, Bianka: Russlands «neue Menschen». Die Entwicklung
der Frauenbewegung von den Anfängen bis zur Oktoberrevolution. Frankfurt a.
M., New York 1999.

Pochlebkin, V. V.: Istorija Vodki (IX.–XX. vv.). Moskva 1991.

Pogroms: Anti-Jewish Violence in Modern Russian History. Hg. von John
D. Klier und Shlomo Lambroza. Cambridge 1992.

Pushkareva, Natalia: Women in Russian History from the Tenth to the Twentieth
Century. 3. Aufl. Armonk 1999.

Puškareva, Natal'ja L'vovna: Russkaja ženščina. Istorija i sovremennost'.
Moskva 2002.

Raun, Toivo U.: Estonia and the Estonians. Stanford (Cal.) 1987.

Rauber, Urs: Schweizer Industrie in Russland. Ein Beitrag zur Geschichte der industriellen Emigration, des Kapitalexports und des Handels der Schweiz mit dem Zarenreich (1760–1917). Zürich 1985.

Readings in Russian Civilization. 3 Bände. Hg. von Thomas Riha. 2. Aufl. Chicago 1969.

Reformen im Russland des 19. und 20. Jahrhunderts. Westliche Modelle und russische Erfahrungen. Hg. von Dietrich Beyrau et al. Frankfurt a. M. 1996.

Regionalismus und Nationalismus in Russland. Hg. von Andreas Kappeler. Baden-Baden 1996.

Reinterpreting Russian History. Readings, 860–1860s. Hg. von Daniel H. Kaiser und Gary Marker. New York, Oxford 1994.

Rexheuser, Rex: Ballotage: Zur Geschichte des Wählens in Russland. In: Essays in Honor of A. A. Zimin. Hg. von Daniel Clarke Waugh. Columbus, Ohio 1985, 305–344.

Rialand, Marie-Rose: L'alcool et les russes. Paris 1989.

Rieber, Alfred J.: Merchants and Entrepreneurs in Imperial Russia. Chapel Hill 1982.

Robinson, Geroid Tanquary: Rural Russia under the Old Régime. A History of the Landlord-Peasant World and a Proloque to the Peasant Revolution of 1917. Berkeley, Los Angeles 1969.

Rogger, Hans: Jewish Policies and Right-Wing Politics in Imperial Russia. Basingstoke, London 1986.

Rogger, Hans: Russia in the Age of Modernization and Revolution 1881–1917. London 1983.

Rorlich, Azade-Ayse: The Volga Tatars. A Profile in National Resilience. Stanford (Cal.) 1986.

Rossijskaja istoričeskaja mozaika. Russian Historical Mosaic. Sbornik naučnych statej. For John Keep from his colleagues and friends. Hg. von A. L. Litvin. Kazan' 2003.

Ruane, Christine: Gender, Class, and the Professionalization of Russian City Teachers, 1860–1914. Pittsburgh 1994.

Die Russen. Ihr Nationalbewusstsein in Geschichte und Gegenwart. Hg. von Andreas Kappeler. Köln 1990.

Russen und Russland aus deutscher Sicht. (Bd. 1) 9.–17. Jahrhundert. Hg. von Mechthild Keller unter Mitarbeit von Ursula Dettbarn und Karl-Heinz Korn. München 1985; (Bd. 2) 18. Jahrhundert: Aufklärung. Hg. von Mechthild Keller. München 1987; (Bd. 3) 19. Jahrhundert: Von der Jahrhundertwende bis zur Reichsgründung (1800–1871). Hg. von Mechthild Keller. München 1992; (Bd. 4) 19.–20. Jahrhundert: Von der Bismarckzeit bis zum Ersten Weltkrieg. Hg. von Mechthild Keller unter Mitarbeit von Karl-Heinz Korn. München 2000.

Russia through Women's Eyes: Autobiographies from Tsarist Russia. Hg. von Toby W. Clyman und Judith Vowles. New Haven 1996.

Russian Colonial Expansion to 1917. Hg. von Michael Rywkin. London, New York 1988.

Russian Officialdom: The Bureaucratization of Russian Society from the Seventeenth to the Twentieth Century. Hg. von Walter McKenzie Pintner und Don Karl Rowney. London, Basingstoke 1980.

Russian Orthodoxy under the Old Regime. Hg. von Robert L. Nichols and Theofanis George Stavrou. Minneapolis 1978.

Russian Peasant Women. Hg. von Beatrice Farnsworth und Lynne Viola. New York, Oxford 1992.

The Russian Worker. Life and Labor under the Tsarist Regime. Hg. von Victoria E. Bonnell. Berkeley 1983.

Russia's Women. Accomodation, Resistance, Transformation. Hg. von Barbara Evans Clements, Barbara Alpern Engel und Christine Worobec. Berkeley 1991.

Russification in the Baltic Provinces and Finland, 1855–1914. Hg. von Edward C. Thaden. Princeton 1981.

Die russische Intelligentsia. Hg. von Richard Pipes. Stuttgart 1962.

Russische Literaturgeschichte. Hg. von Klaus Städtke. Stuttgart, Weimar 2002.

Russische Mystik. Eine Anthologie. Übertragen von R. W. Walter. Begleitwort von J. Tyciak. Düsseldorf 1957.

Russische religiöse Philosophie. Das wiedergewonnene Erbe: Aneignung und Distanz. Hg. von Eberhard Müller und Franz Josef Klehr. Stuttgart 1992.

Russische und Ukrainische Geschichte vom 16.–18. Jahrhundert. Hg. von Robert O. Crummey et al. Wiesbaden 2001.

Russland und Deutschland im 19. und 20. Jahrhundert. Zwei «Sonderwege» im Vergleich. Hg. von Leonid Luks und Donald O'Sullivan. Köln etc. 2001.

Russkie: semejnyj i obščestvennyj byt. Otvetstv. red. M. M. Gromyko und T. A. Listova. Moskva 1989.

Rustemeyer, Angela: Dienstboten in Petersburg und Moskau 1861–1917. Hintergrund, Alltag, soziale Rolle. Stuttgart 1996.

Ryan, W. F.: The Bathhouse at Mitnight. An Historical Survey of Magic and Divination in Russia. University Park (Pa.) 1999.

St. Petersburg – Leningrad – St. Petersburg. Eine Stadt im Spiegel der Zeit. Hg. von Stefan Creuzberger et al. Stuttgart 2000.

Sarkisyanz, Emanuel: Geschichte der orientalischen Völker Russlands bis 1917. Eine Ergänzung zur ostslawischen Geschichte Russlands. München 1961.

Sarkisyanz, Emanuel: Russland und der Messianismus des Orients. Sendungsbewusstsein und politischer Chiliasmus des Ostens. Tübingen 1955.

Scheidegger, Gabriele: Das Neugeborene und der Teufel. Kindheitsgeschichte als Reinheitsgeschichte. In: Archiv für Kulturgeschichte 84 (2002) 259–291.

Scheidegger, Gabriele: Perverses Abendland – barbarisches Russland. Begegnungen des 16. und 17. Jahrhunderts im Schatten kultureller Missverständnisse. Zürich 1993.

Schlögel, Karl: Moskau lesen. Berlin 1984.

Schmid, Ulrich: Russische Religionsphilosophen des 20. Jahrhunderts. Freiburg i. Br. etc. 2003.

Schmidt, Christoph: Russische Geschichte, 1547–1917. München 2003.

Schorkowitz, Dittmar: Staat und Nationalitäten in Russland. Der Integrationsprozess der Burjaten und Kalmücken, 1822–1925. Stuttgart 2001.

Schramm, Gottfried: Bauernschaft und Staatsgewalt in der neueren russischen Geschichte. In: Gedenkschrift Martin Göhring. Studien zur europäischen Geschichte. Hg. von Ernst Schulin. Wiesbaden 1968, 27–45.

Schulkin, Marc Lee: The Politics of Temperance: Nicholas II's Campaign Against Alcohol Abuse. Ph. D. Harvard Univ. 1985. Ann Arbor 1992.

Seely, Robert: Russo-Chechen Conflict, 1800–2000: A Deadly Embrace. London etc. 2001.

Self and Story in Russian History. Hg. von Laura Engelstein und Stephanie Sandler. Ithaca, London 2000.

Seton-Watson, Hugh: The Russian Empire 1801–1917. Oxford 1967.

Sexuality and the Body in Russian Culture. Hg. von Jane T. Costlow et al. Stanford (Cal.) 1993.

Shamanism. Soviet Studies of Traditional Religion in Siberia and Central Asia. Hg. von Marjorie Mandelstam Balzer. Armonk 1990.

Shanin, Teodor: The Awkward Class. Political Sociology of Peasantry in a Developing Society: Russia 1910–1925. Oxford 1972.

Shanin, Teodor: The Roots of Otherness. Russia's Turn of Century. 2 Bände. London 1985–1986.

Siberia: Problems and Prospects for Regional Development. Hg. von Alan Wood. London etc. 1987.

To Siberia and Russian America: Three Centuries of Russian Eastward Expansion, 1558–1867. 3 Bände. Hg. von Basil Dmytryshyn et al. Portland 1985–1989.

Sibirien: Ein russisches und sowjetisches Entwicklungsproblem. Hg. von Gert Leptin. Berlin 1986.

Simon, Gerhard: Die Kirchen in Russland. Berichte – Dokumente. München 1970.

Sinjawski, Andrej: Iwan der Dumme. Vom russischen Volksglauben. Aus dem Russischen von Swetlana Geier. Frankfurt a. M. 1990.

Smith, R. E. F.: Peasant Farming in Muscovy. Cambridge etc. 1977.

Smith, R. E. F. / Christian, David: Bread and Salt: A Social and Economic History of Food and Drink in Russia. Cambridge etc. 1984.

Smolitsch, Igor: Geschichte der russischen Kirche 1700–1917. [Bd. 1:] Leiden 1964, [Bd. 2:] Berlin 1991 (= FzoG 45).

Smolitsch, Igor: Russisches Mönchtum. Entstehung, Entwicklung und Wesen 988–1917. Würzburg 1953.

A Source Book for Russian History from Early Times to 1917. 3 Bände. Zusammengestellt von Sergei Pushkarev. Hg. von George Vernadsky et al. New Haven, London 1972.

Späth, Manfred: Fach- und Standesvereinigungen russischer Ingenieure 1900–1914. Berlin (Wiesbaden) 1984 (= FzoG 35).

Spiess, Kurt: Periphere Sowjetwirtschaft. Das Beispiel Russisch-Fernost 1897–1970. Zürich 1980.

Stadelbauer, Jörg: Die Entwicklung von Moskau zur Weltmetropole. In: Mitteilungen der Österreichischen Geographischen Gesellschaft 131 (1989) 189–228.

Steinberg, Mark D.: Moral Communities: The Culture of Class Relations in the Russian Printing Industry, 1867–1907. Berkeley etc. 1992.

Stender-Petersen, Adolf: Geschichte der russischen Literatur. 2 Bände. München 1957.

Stephan, John J.: The Russian Far East. A History. Stanford (Cal.) 1995.

Stites, Richard: The Women's Liberation Movement in Russia. Feminism, Nihilism, and Bolshevism, 1860–1930. Princeton 1978.

Stökl, Günther: Russische Geschichte. Von den Anfängen bis zur Gegenwart. Stuttgart 1962 (u. ö.).

Stolberg, Eva-Maria: Die sibirische Frontier und Russlands Stellung in der Weltgeschichte: Replik auf Martin Aust und Hans-Heinrich Nolte. In: Zeitschrift für Weltgeschichte 4 (2003) H. 1, 91–113.

Studienhandbuch Östliches Europa. Bd. 2: Geschichte des Russischen Reiches und der Sowjetunion. Hg. von Thomas M. Bohn und Dietmar Neutatz. Köln etc. 2002.

Subtelny, Orest: Ukraine. A History. Toronto et al. 1988.

Suny, Ronald Grigor: The Making of the Georgian Nation. London 1989.

Szeftel, Marc: Russian Institutions and Culture up to Peter the Great. London 1975.

Tauber, Joachim: Römische Republik und russische Autokratie in der Krise. Einige Grundmerkmale im Vergleich. Frankfurt a. M. et al. 1990.

Tausend Jahre Russische Kirche. 988–1988. Geschichte, Wirkungen, Perspektiven. Hg. von Rolf-Dieter Kluge und Heinz Setzer. Tübingen 1989.

Tausend Jahre Christentum in Russland. Zum Millenium der Taufe der Kiever Rus'. Hg. von Karl Christian Felmy et al. Göttingen 1988.

Thomas, Ludmila: Geschichte Sibiriens. Von den Anfängen bis zur Gegenwart. Berlin 1982.

Torke, Hans-Joachim: Die staatsbedingte Gesellschaft im Moskauer Reich. Zar und Zemlja in der altrussischen Herrschaftsverfassung 1613–1689. Leiden 1974.

Transcaucasia. Nationalism and Social Change. Essays in the History of Armenia, Azerbaijan, and Georgia. Hg. von Ronald Grigor Suny. Ann Arbor 1983.

Between Tsar and People. Educated Society and the Quest for Public Identity in Late Imperial Russia. Hg. von Edith W. Clowes et al. Princeton 1991.

Tschajanow, Alexander: Die Lehre von der bäuerlichen Wirtschaft. Versuch einer Theorie der Familienwirtschaft im Landbau. Frankfurt a. M., New York 1987 (Nachdruck der Ausg. Berlin 1923).

Tschižewskij, Dmitrij: Das heilige Russland. Russische Geistesgeschichte I. 10.–17. Jahrhundert. Hamburg 1959; Russland zwischen Ost und West. Russische Geistesgeschichte II. 18.–20. Jahrhundert. Reinbek 1961.

Tschudin, Gisela: Schweizer Käser im Zarenreich. Zur Mentalität und Wirtschaft ausgewanderter Bauernsöhne und Bauerntöchter. Zürich 1990.

Tugan-Baranowsky, Michail: Geschichte der russischen Fabrik. Berlin 1900.

Ukraine: Gegenwart und Geschichte eines neuen Staates. Hg. von Guido Hausmann und Andreas Kappeler. Baden-Baden 1993.

Unser ganzes Leben Christus unserm Gott überantworten. Studien zur ostkirchlichen Spiritualität. Fairy von Lilienfeld zum 65. Geburtstag. Hg. von Peter Hauptmann. Göttingen 1972.

The Village of Viriatino. An Ethnografic Study of a Russian Village from before the Revolution to the Present. Hg. von P. I. Kushner, übersetzt von Sula Benet. New York 1970 (ursprüngliche russische Fassung: Selo Virjatino v prošlom i nastojaščem. Opyt ėtnografičeskogo izučenija russkoj kolchoznoj derevni. Moskva 1958).

Vucinich, Alexander: Social Thought in Tsarist Russia. A Quest for a General Science of Society, 1861–1917. Chicago 1976.

Walicki, Andrzej: Legal Philosophies of Russian Liberalism. Oxford 1987.

Walkin, Jakob: The Rise of Democracy in Pre-Revolutionary Russia: Political and Social Institutions under the Last Three Tsars. New York 1962.

Ways of Russian Theology. Hg. von Robert L. Nichols. Belmont, Vaduz 1979–1987.

Wcislo, Francis William: Reforming Rural Russia. State, Local Society, and National Politics, 1855–1914. Princeton 1990.

Westwood, J. N.: Geschichte der russischen Eisenbahnen. Zürich 1966.

Williams, Brian Glyn: The Crimean Tatars. The Diaspora Experience and the Forging of a Nation. Leiden, Boston 2001.

Wirtschaft und Gesellschaft im vorrevolutionären Russland. Hg. von Dietrich Geyer. Köln 1975.

Wirtschafter, Elise Kimerling: From Serf to Russian Soldier. Princeton 1990.

Women in Russia. Hg. von Dorothy Atkinson et al. Stanford (Cal.) 1977.

Women and Society in Russia and the Soviet Union. Hg. von Linda Edmondson. Cambridge 1992.

The World of the Russian Peasant: Post-Emancipation Culture and Society. Hg. von Ben Eklof und Stephen Frank. London etc. 1990.

Worobec, Christine D.: Peasant Russia. Family and Community in the Post-Emancipation Period. Princeton 1991.

Wortman, Richard: The Development of a Russian Legal Consciousness. Princeton 1976.

Yaney, George L.: The Urge to Mobilize. Agrarian Reform in Russia, 1861–1930. Urbana 1982.

Zasosov, D. A. / Pyzin, V. I.: Iz žizni Peterburga 1890–1910-ch godov. Zapiski očevidcev. Leningrad 1991.

Zelenin, Dmitrij: Russische (Ostslavische) Volkskunde. Berlin, Leipzig 1927.

The Zemstvo in Russia. An Experiment in Local Self-Government. Hg. von Terence Emmons und Wayne S. Vucinich. Cambridge 1982.

Zenkovsky, Serge A.: Pan-Turkism and Islam in Russia. Cambridge (Mass.) 1960.

Zernack, Klaus: Polen und Russland. Zwei Wege der europäischen Geschichte. (Frankfurt a. M.,) Berlin 1994 (= Propyläen Geschichte Europas. Ergänzungsbd.).

«Zuflucht Schweiz». Der Umgang mit Asylproblemen im 19. und 20. Jahrhundert. Hg. von Carsten Goehrke und Werner G. Zimmermann. Zürich 1994.

4. Spezialliteratur zum 1. Teil: Von den Anfängen bis zur Ausbreitung der Leibeigenschaft

Alef, Gustave: The Origins of Muscovite Autocracy. The Age of Ivan III. Wiesbaden 1986 (= FzoG 39).

Alef, Gustave: Rulers and Nobles in Fifteenth-Century Muscovy. London 1983.

Alekseev, Ju. G.: Gosudar' vseja Rusi. Novosibirsk 1991.

Altheim, Franz: Geschichte der Hunnen. 1. Bd. Von den Anfängen bis zum Einbruch in Europa. Berlin 1959; 4. Bd. Die europäischen Hunnen. Berlin 1962.

Altrussische Urkunden. Eine Auswahl mit Einleitung und Glossar. Hg. von Ernst Dickenmann unter Mitarbeit von Wilma Pohl. Wiesbaden 1963.

Altrussisches Hausbuch «Domostroi». Hg. von Klaus Müller. Leipzig, Weimar 1987.

Amburger, Erik: Die Familie Marselis. Giessen 1957.

Die Anfänge des Moskauer Staates. Hg. von Peter Nitsche. Darmstadt 1977.

Auerbach, Inge: Andrej Michajlovič Kurbskij. Leben in osteuropäischen Adelsgesellschaften des 16. Jahrhunderts. München 1985.

Der Aufstieg Moskaus. Auszüge aus einer russischen Chronik. Hg. von Peter Nitsche. 2 Bände. Graz, Wien, Köln 1966–1967.

Aus dem alten Russland. Epen, Chroniken und Geschichten. Hg. von Serge A. Zenkovsky. Darmstadt 1968.

Bächtold, Rudolf: Südwestrussland im Spätmittelalter. Territoriale, wirtschaftliche und soziale Verhältnisse. Basel 1951.

Blok, Josine H.: The Early Amazons. Modern and Ancient Perspectives on a Persistent Myth. Leiden 1994.

O Bojan, du Nachtigall der alten Zeit. 7 Jahrhunderte altrussischer Literatur. Hg. von Helmut Grasshoff et al. 3. Aufl. Berlin 1975.

Bushkovitch, Paul: The Merchants of Moscow 1580–1650. Cambridge etc. 1980.

Camphausen, Hans-Walter: Die Bojarenduma unter Ivan IV. Studien zur Altmoskauer Herrschaftsordnung. Frankfurt a. M. etc. 1985.

Degtjarev, A. Ja.: Russkaja derevnja v XV–XVII vekach. Očerki istorii sel'skogo rasselenija. Leningrad 1980.

Döpmann, Hans-Dieter: Der Einfluss der Kirche auf die moskowitische Staatsidee. Staats- und Gesellschaftsdenken bei Iosif Volockij, Nil Sorskij und Vassian Patrikeev. Berlin 1967.

Domostroj (Der Hausvater). Christliche Lebensformen, Haushaltung und Ökonomie im alten Russland. Bd. 1: Deutscher Text und Kommentar. Bd. 2: Wiederabdruck der Erstausgabe. Hg. von Gerhard Birkfellner. Osnabrück 1998.

Donnert, Erich: Das Alte Moskau. Kultur und Gesellschaft zwischen Grossfürstentum und Zarenkrone. Wien 1976.

Donnert, Erich: Das Kiewer Russland. Kultur und Geistesleben vom 9. bis zum beginnenden 13. Jahrhundert. Leipzig etc. 1983.

Dunning, Chester S. L.: Russia's First Civil War. The Time of Troubles and the Founding of the Romanov Dynasty. University Park (Pa.) 2001.

Die erste Novgoroder Chronik (Synodalhandschrift). Hg. von J. Dietze. Berlin 1972.

Fennell, J. L. I.: The Crisis of Medieval Russia 1200–1304. London, New York 1983.

Fennell, J. L. I.: The Emergence of Moscow 1304–1359. London 1968.

Forssmann, Julius: Die Beziehungen altrussischer Fürstengeschlechter zu Westeuropa. Berlin 1970.

Geschichte Altrusslands in der Begriffswelt ihrer Quellen. Festschrift zum 70. Geburtstag von Günther Stökl. Hg. von Uwe Halbach et al. Stuttgart 1986.

Goehrke, Carsten: Die Anfänge des mittelalterlichen Städtewesens in eurasischer Perspektive. In: Saeculum 31 (1980) 194–239.

Goehrke, Carsten: Bemerkungen zur altrussischen Stadt der frühen Teilfürstenzeit (Mitte des 11. bis Mitte des 12. Jahrhunderts). In: Beiträge zum hochmittelalterlichen Städtewesen. Hg. von Bernhard Diestelkamp. Köln, Wien 1982, 208–227.

Goehrke, Carsten: Frühzeit des Ostslaventums. Unter Mitwirkung von Ursel Kälin. Darmstadt 1992.

Goehrke, Carsten: Die Wüstungen in der Moskauer Rus'. Studien zur Siedlungs-, Bevölkerungs- und Sozialgeschichte. Wiesbaden 1968.

Golb, Norman / Pritsak, Omeljan: Khazarian Hebrew Documents of the Tenth Century. Ithaca, London 1982.

Gold der Steppe. Archäologie der Ukraine. Hg. von Renate Rolle et al. Schleswig 1991.

Golden, Peter B.: Khazar Studies. An Historico-Philological Inquiry into the Origins of the Khazars. 2 Bände. Budapest 1980.

Grothusen, Klaus-Detlev: Das altrussische Birkenrindeschrifttum. In: Frühe Schriftzeugnisse der Menschheit. Vorträge, gehalten auf der Tagung der Joachim Jungius-Gesellschaft der Wissenschaften, Hamburg am 9. und 10. Oktober 1969. Göttingen 1969, 212–240.

Halbach, Uwe: Der russische Fürstenhof vor dem 16. Jahrhundert. Eine vergleichende Untersuchung zur politischen Lexikologie und Verfassungsgeschichte der alten Rus'. Stuttgart 1985.

Halperin, Charles J.: Russia and the Golden Horde. The Mongol Impact on Medieval Russian History. Bloomington 1985.

Das Hausarchiv des Fürsten Požarskij. Dokumente zur Geschichte russischer Güter 1633–1652. Hg. von Maritta Schmücker-Breloer. Köln etc. 1996.

Heller, Klaus: Die Normannen in Osteuropa. Berlin 1993.

Hellmann, Manfred: Slawisches, insbesondere ostslawisches Herrschertum des Mittelalters. In: Das Königtum. Seine geistigen und rechtlichen Grundlagen. Mainauvorträge 1954. Darmstadt 1965, 242–277.

Herberstein, Sigmund v.: Das alte Russland. Hg. von Walter Leitsch. Zürich 1984.

Historie vom Zartum Kasan (Kasaner Chronist). Hg. von Frank Kämpfer. Graz etc. 1969.

Howlett, J. R.: The Heresy of the Judaizers and the Problem of the Russian Reformation. Diss. Oxford 1976.

Janin, Valentin: Nowgoroder Schriftstücke auf Birkenrinde. In: Gesellschaftswissenschaften (1977) Nr. 4, 144–158.

Kämpfer, Frank: Das russische Herrscherbild von den Anfängen bis zu Peter

dem Grossen. Studien zur Entwicklung politischer Ikonographie im byzantinischen Kulturkreis. Recklinghausen 1978.

Kappeler, Andreas: Die Anfänge eines russischen China-Bildes im 17. Jahrhundert.
In: Saeculum 31 (1980) 27–43.

Kaufmann-Rochard, Jacqueline: Origines d'une bourgeoisie russe
(XVIe et XVIIe siècles). Merchants de Moscovie. Paris 1969.

Klug, Ekkehard: Das Fürstentum Tver' (1247–1485). Aufstieg, Selbstbehauptung
und Niedergang. Berlin (Wiesbaden) 1985 (= FzoG 37).

Knackstedt, Wolfgang: Moskau. Studien zur Geschichte einer mittelalterlichen
Stadt. Wiesbaden 1975.

Kollmann, Nancy Shields: Kinship and Politics: The Making of the Muscovite
Political System, 1345–1547. Stanford (Cal.) 1987.

Kürsat-Ahlers, Elçin: Zur frühen Staatenbildung von Steppenvölkern.
Über die Sozio- und Psychogenese der eurasischen Nomadenreiche
am Beispiel der Hsiung-Nu und Göktürken mit einem Exkurs über die Skythen.
Berlin 1994.

Leuschner, Jörg: Novgorod. Untersuchungen zu einigen Fragen seiner Verfassungs-
und Bevölkerungsstruktur. Berlin 1980.

Levin, Eve: Sex and Society in the World of the Orthodox Slavs, 900–1700. Ithaca,
London 1989.

Löwe, Heinz: Die Apostasie des Pfalzdiakons Bodo (838) und das Judentum
der Chasaren. In: Person und Gemeinschaft im Mittelalter. Karl Schmid
zum 65. Geburtstag. Hg. von Gerd Althoff et al. Sigmaringen 1988, 157–169.

Ludat, Herbert: Farbenbezeichnungen in Völkernamen. Ein Beitrag zu asiatisch-
osteuropäischen Kulturbeziehungen. In: Saeculum 4 (1953) 138–155.

Ludwig, Dieter: Struktur und Gesellschaft des Chazaren-Reichs im Licht der schriftlichen Quellen. Diss. Münster 1982.

Meiske, Christian: Das Sobornoe Uloženie von 1649. 2 Teile. Halle 1985
(= Martin-Luther-Universität Halle-Wittenberg: Wissenschaftliche Beiträge 1985,
7 und 9 / 32–33, Beiträge zur Geschichte der UdSSR 9–10).

Die Mongolen. Hg. von Walther Heissig und Claudius C. Müller (Begleitband
zu den Ausstellungen in München und Hildesheim). 2 Bände. Innsbruck,
Frankfurt a. M. 1989.

Die Mongolen und ihr Weltreich. Hg. von Arne Eggebrecht unter Mitarbeit
von Eva Eggebrecht und Manfred Gutgesell. Mainz 1989.

Mühle, Eduard: Die städtischen Handelszentren der nordwestlichen Rus'. Anfänge
und frühe Entwicklung altrussischer Städte (bis gegen Ende des 12. Jahrhunderts). Stuttgart 1991.

Müller, Ludolf: Die Taufe Russlands. Die Frühgeschichte des russischen Christentums bis zum Jahr 988. München 1987.

Nagel, Tilman: Timur der Eroberer und die islamische Welt des späten Mittelalters.
München 1993.

Nitsche, Peter: Die Waräger und die Gründung des ältesten ostslavischen Staates.
Eine wissenschaftliche Kontroverse unter politischen Vorzeichen. In: Geschichte
in Wissenschaft und Unterricht 52 (2001) 507–520.

Nolte, Hans-Heinrich: Eigentumsrechte im Moskauer Russland. In: Staat und
Gesellschaft in Mittelalter und Früher Neuzeit. Gedenkschrift für Joachim
Leuschner. Hg. vom Historischen Seminar der Universität Hannover. Göttingen
1983, 226–244.

Nolte, Hans-Heinrich: Zur Stellung Russlands im europäischen Feudalismus.
In: Gesellschaftsformationen in der Geschichte. Redaktion: Lars Lambrecht.
Argument-Sonderbd. 32. Berlin 1978, 149–163.

Perrie, Maureen: The Image of Ivan the Terrible in Russian Folklore. Cambridge etc. 1987.

Pickhan, Gertrud: Gospodin Pskov. Entstehung und Entwicklung eines städtischen Herrschaftszentrums in Altrussland. Berlin (Wiesbaden) 1992 (= FzoG 47).

Plano Carpini, Johannes von: Kunde von den Mongolen. Hg. von Felicitas Schmieder. Sigmaringen 1997.

Pletnjowa, Swetlana Alexandrowna: Die Chasaren. Mittelalterliches Reich an Don und Wolga. Wien 1979.

Podskalsky, Gerhard: Christentum und theologische Literatur in der Kiever Rus' (988–1237). München 1982.

Pohl, Walter: Die Awaren. Ein Steppenvolk in Mitteleuropa 567–822 n. Chr. München 1988.

Poppe, Andrzej: The Rise of Christian Russia. London 1982.

Rauchspur der Tauben. Radziwiłł-Chronik. Hg. von Helmut Grasshoff et al. Leipzig, Weimar 1986.

Rolle, Renate: Oiorpata. In: Beiträge zur Archäologie Nordwestdeutschlands und Mitteleuropas. Hildesheim 1980, 275–294.

Rubruk, Wilhelm von: Reise zu den Mongolen 1253–1255. Hg. von Friedrich Risch. Leipzig 1934.

Rüss, Hartmut: Adel und Adelsopposition im Moskauer Staat. 14.–16. Jahrhundert. Wiesbaden 1975.

Rüss, Harmut: Herren und Diener. Die soziale und politische Mentalität des russischen Adels. 9.–17. Jahrhundert. Köln etc. 1994.

Schaeder, Hildegard: Moskau, das dritte Rom. Studien zur Geschichte der politischen Theorien in der slawischen Welt. 2. Aufl. Darmstadt 1957 (zuerst 1929).

Schramm, Gottfried: Altrusslands Anfang. Historische Schlüsse aus Namen, Wörtern und Texten zum 9. und 10. Jahrhundert. Freiburg 2002.

Schramm, Gottfried: Fernhandel und frühe Reichsbildungen am Ostrand Europas. Zur historischen Einordnung der Kiever Rus'. In: Staat und Gesellschaft in Mittelalter und Früher Neuzeit. Gedenkschrift für Joachim Leuschner. Hg. vom Historischen Seminar der Universität Hannover. Göttingen 1983, 15–39.

Schramm, Gottfried: Gentem suam Rhos vocari dicebant. Hintergründe der ältesten Erwähnung von Russen (a. 839). In: Ostmitteleuropa. Berichte und Forschungen. Hg. von Ulrich Haustein et al. Stuttgart 1981, 1–10.

Schramm, Gottfried: Nordpontische Ströme. Namenphilologische Zugänge zur Frühzeit des europäischen Ostens. Göttingen 1973.

Schramm, Gottfried: Normannische Stützpunkte in Nordwestrussland. Etappen einer Reichsbildung im Spiegel von Namen. In: Beiträge zur Namenforschung 17 (1982) 273–290.

Schramm, Gottfried: Die Waräger: Osteuropäische Schicksale einer nordgermanischen Gruppenbezeichnung. In: Welt der Slaven 28 (1983) 38–67.

Skrynnikov, Ruslan G.: Iwan der Schreckliche und seine Zeit. München 1992.

Smith, R. E. F.: The Origins of Farming in Russia. Paris, The Hague 1959.

Smith, R. E. F.: The Enserfment of the Russian Peasantry. Cambridge 1968.

Wagner-Hasel, Beate: Männerfeindliche Jungfrauen? Ein kritischer Blick auf Amazonen in Mythos und Geschichte. In: Feministische Studien 5 (1986) 86–105.

Welt der Slawen. Geschichte, Gesellschaft, Kultur. Hg. von Joachim Herrmann. München 1986.

Wikinger – Waräger – Normannen. Die Skandinavier und Europa 800–1200. Ausstellungskatalog. Berlin 1992.

Wolle, Stefan: Wladimir der Heilige. Russlands erster christlicher Fürst. Berlin 1991.

Zernack, Klaus: Die burgstädtischen Volksversammlungen bei den Ost- und

514

Westslaven. Studien zur verfassungsgeschichtlichen Bedeutung des Veče. Wiesbaden 1967.

5. Spezialliteratur zum 2. Teil: Die Autokratie zwischen Erstarrung und Reform

Aksenov, A. I.: Genealogija Moskovskogo kupečestva XVIII v. Iz istorii formirovanija russkoj buržuazii. Moskva 1988.
Aksenov, A. I.: Očerki genealogii uezdnogo kupečestva XVIII v. Moskva 1993.
Altrichter, Helmut: Eine Reise ins elisabethanische Moskau. Staat und Gesellschaft Russlands im 18. Jahrhundert. In: Aufbruch aus dem Ancien régime. Beiträge zur Geschichte des 18. Jahrhunderts. Hg. von Helmut Neuhaus. Köln et al. 1993, 101–124.
Anisimov, Evg.: Rossija bez Petra. 1725–1740. S.-Peterburg 1994.
Anisimov, Evg.: Vremja petrovskich reform. XVIII vek. 1-e četvert'. Leningrad 1989.
Avrich, Paul: Russian Rebels 1600–1800. London 1973.
Bartlett, Roger W.: Human Capital. The Settlement of Foreigners in Russia, 1762–1804. Cambridge etc. 1979.
Bassin, Mark: Imperialer Raum / Nationaler Raum. Sibirien auf der kognitiven Landkarte Russlands im 19. Jahrhundert. In: Geschichte und Gesellschaft 28 (2002) 378–403.
Bassin, Mark: Nationalist Imagination and Geographical Expansion in the Russian Far East, 1840–1865. Cambridge 1999.
Beliajeff, Anton Serge: The Rise of the Old Orthodox Merchants of Moscow, 1771–1894. Ph. D. Syracuse Univ. 1975. Ann Arbor 1977.
Berlin, Isaiah: Russische Denker. Hg. von Henry Hardy und Aileen Kelley. Frankfurt a. M. 1981.
Bernštam, T. A.: Molodež' v obrjadovoj žizni russkoj obščiny XIX – načala XX v. Polovozrastnoj aspekt tradicionnoj kul'tury. Leningrad 1988.
Beyrau: Dietrich: Depression und Kriegsentscheidung: Russlands Weg in den Balkankrieg 1876/77. In: Stadtverfassung – Verfassungsstaat – Pressepolitik. Festschrift für Eberhard Naujoks zum 65. Geburtstag. Hg. von Franz Quarthal und Wilfried Setzler. Sigmaringen 1980, 217–229.
Beyrau, Dietrich: Der deutsche Komplex: Russland zur Zeit der Reichsgründung. In: Europa und die Reichsgründung. Preussen-Deutschland in der Sicht der grossen europäischen Mächte 1860–1880. Hg. von Eberhard Kolb. München 1980 (= Historische Zeitschrift Beiheft 6), 63–107.
Beyrau, Dietrich: Russische Orientpolitik und die Entstehung des deutschen Kaiserreiches 1866–1870/71. Wiesbaden 1974.
Blackwell, William L.: The Beginnings of Russian Industrialization 1800–1860. Princeton 1968.
Blanchard, Ian: Russia's «Age of Silver». Precious-Metal Production and Economic Growth in the Eighteenth Century. London, New York 1989.
Boškovska, Nada: Bäuerlicher Widerstand im Russland des 17. Jahrhunderts. Unveröffentl. Lizentiatsarbeit. Zürich 1986.
Boškovska, Nada: Die russische Frau im 17. Jahrhundert. Köln etc. 1998.
Bradley, Joseph: Subjects into Citizens: Societies, Civil Society, and Autocracy in Tsarist Russia. In: American Historical Review 107 (2002) 1094–1123.
Brim, Sadek: Universitäten und Studentenbewegung in Russland im Zeitalter der Grossen Reformen 1855–1881. Frankfurt a. M. etc. 1985.

Brower, Daniel R.: The Russian City between Tradition and Modernity, 1850–1900. Berkeley 1990.

Brugger, Marianne: Kindheit im zaristischen Russland des 19. Jahrhunderts. Diss. Zürich 1991.

Bryner, Erich: Der geistliche Stand in Russland. Sozialgeschichtliche Untersuchungen zu Episkopat und Gemeindegeistlichkeit der russischen orthodoxen Kirche im 18. Jahrhundert. Göttingen 1982.

Burds, Jeffrey: Peasant Dreams and Market Politics. Labor Migration and the Russian Village, 1861–1905. Pittsburgh 1998.

Čechov, Anton: Die Insel Sachalin. Aus dem Russischen von Gerhard Dick. Hg. von Peter Urban. Zürich 1976.

Christian, David: «Living Water». Vodka and Russian Society on the Eve of Emancipation. Oxford 1990.

Christoff, Peter K.: The Third Heart. Some Intellectual-Ideological Currents and Cross Currents in Russia 1800–1830. The Hague, Paris 1970.

Cibirjaev, Stanislav A.: Velikij russkij reformator: Žizn', dejatel'nost', političeskie vzgljady M. M. Speranskogo. Moskva 1993.

Confino, Michael: Société et mentalités collectives en Russie sous l'Ancien Régime. Paris 1991.

Confino, Michael: Systèmes agraires et progrès agricole. L'assolement triennal en Russie aux XVIIIe–XIXe siècles. Paris 1969.

Crummey, Robert O.: The Old Believers and the World of Antichrist. The Vyg Community and the Russian State 1694–1855. Madison etc. 1970.

Czap jr., Peter: The Perennial Multiple Family Household, Mishino, Russia 1782–1858. In: Journal of Family History 7 (1982) 5–26.

Czap jun., Peter: «Eine zahlreiche Familie – des Bauern größter Reichthum». Leibeigenenhaushalte in Mišino, Russland, 1814–1858. In: Historische Familienforschung. Hg. von Michael Mitterauer und Reinhard Sieder. Frankfurt a. M. 1982, 192–240.

Days of a Russian Noblewoman. The Memoirs of Anna Labzina, 1758–1821. Hg. von Gary Marker und Rachel May. DeKalb (Ill.) 2001.

The Decembrist Movement. Hg. von Marc Raeff. Englewood Cliffs 1966.

Die Dekabristen. Dichtungen und Dokumente. Hg. von Gerhard Dudek. Leipzig 1975.

Deppermann, Maria: Russland um 1900: Reichtum und Krise einer Epoche im Umbruch. In: Musik-Konzepte 37/38. Aleksandr Skrjabin und die Skrjabinisten. Hg. von Heinz-Klaus Metzger und Rainer Riehn. München 1984, 61–106.

Diestelmeier, Friedrich: Soziale Angst. Konservative Reaktionen auf liberale Reformpolitik in Russland unter Alexander II. (1855–1866). Frankfurt a. M. etc. 1985.

Dixon, Simon M.: The Modernisation of Russia 1676–1825. Cambridge 1999.

Donnorummo, Robert Pepe: The Peasants of Central Russia. Reactions to Emancipation and the Market, 1850–1900. New York, London 1987.

Dukes, Paul: The Making of Russian Absolutism 1613–1801. London 1982.

The Eighteenth Century in Russia. Hg. von J. J. Garrard. Oxford 1973.

Engel, Barbara Alpern: Mothers and Daughters. Women of the Intelligentsia in 19th Century Russia. Cambridge 1986.

Aleksandr Nikolaevich Engelgardt's Letters from the Country, 1872–1887. Hg. von Cathy A. Frierson. New York, Oxford 1993.

Engelstein, Laura: The Keys to Happiness: Sex and the Search for Modernity in Fin-de-Siècle Russia. Ithaca, London 1992.

Faust, Wolfgang: Russlands goldener Boden. Der sibirische Regionalismus in der zweiten Hälfte des 19. Jahrhunderts. Köln, Wien 1980.

Fenster, Aristide: Adel und Ökonomie im vorindustriellen Russland. Die unter-nehmerische Betätigung der Gutsbesitzer in der grossgewerblichen Wirtschaft im 17. und 18. Jahrhundert. Wiesbaden 1983.

Field, Daniel: The End of Serfdom. Nobility and Bureaucracy in Russia, 1855–1861. Cambridge (Mass.) 1976.

Fieseler, Beate: «Dienst am Volk» oder revolutionäre Massenbewegung? Intelligencija-Frauen und Arbeiterinnen in städtischen Zirkeln Russlands, 1870–1900. In: Archiv für die Geschichte des Widerstandes und der Arbeit 7 (1985) 89–100.

Frank, Stephen P.: Cultural Conflict and Criminality in Rural Russia, 1861–1900. Ph. D. Brown Univ. 1987. Ann Arbor 1992.

Freeze, Gregory L.: Bringing Order to the Russian Family: Marriage and Divorce in Imperial Russia, 1760–1860. In: Journal of Modern History 62 (1990) 709–746.

Freeze, Gregory L.: The Parish Clergy in Nineteenth-Century Russia. Crisis, Reform, Counter-Reform. Princeton 1983.

Freeze, Gregory L.: The Rechristianization of Russia: The Church and Popular Religion, 1750–1850. In: Studia Slavica Finlandensia 7 (1990) 101–136.

Freeze, Gregory L.: The Russian Levites. Parish Clergy in the Eighteenth Century. Cambridge (Mass.), London 1977.

Frierson, Cathy A.: Peasant Icons: Representations of Rural People in Late Nineteenth-Century Russia. New York etc. 1993.

Fröhlich, Klaus: The Emergence of Russian Constitutionalism 1900–1904. The Relationship between Social Mobilization and Political Group Formation in Pre-Revolutionary Russia. The Hague 1981.

Gammer, Moshe: Muslim Resistance to the Tsar: Shamil and the Conquest of Chechnia and Daghestan. London 1994.

Geraci, Robert P.: Window on the East. National and Imperial Identities in Late Tsarist Russia. Ithaca, London 2001.

Geyer, Dietrich: Lenin in der russischen Sozialdemokratie. Die Arbeiterbewegung im Zarenreich als Organisationsproblem der revolutionären Intelligenz, 1890–1903. Köln, Graz 1962.

Gmelin, Johann Georg: Expedition ins unbekannte Sibirien. Hg. von Dittmar Dahlmann. Sigmaringen 1999.

Goehrke, Carsten: «Mein Herr und Herzensfreund!» Die hochgestellte Mosko-witerin nach privaten Korrespondenzen des späten 17. Jahrhunderts. In: «Primi sobranie pestrych glav». Slavistische und slavenkundliche Beiträge für Peter Brang zum 65. Geburtstag. Bern etc. 1989, 655–670.

Grenzer, Andreas: Adel und Landbesitz im ausgehenden Zarenreich. Der russische Landadel zwischen Selbstbehauptung und Anpassung nach Aufhebung der Leib-eigenschaft. Stuttgart 1995.

Grimsted, Patricia Kennedy: The Foreign Ministers of Alexander I. Political Attitudes and the Conduct of Russian Diplomacy, 1801–1825. Berkeley, Los Angeles 1969.

Haberer, Erich E.: Jews and Revolution in Nineteenth-Century Russia. Cambridge 1995.

Hagemeister, Michael: Nikolaj Fedorov. Studien zu Leben, Werk und Wirkung. München 1989.

Haltzel, Michael: Der Abbau der deutschen ständischen Selbstverwaltung in den Ostseeprovinzen Russlands. Ein Beitrag zur Geschichte der russischen Unifizierungspolitik 1855–1905. Marburg 1977.

Hartley, Janet M.: Alexander I. London etc. 1994.

Haumann, Heiko: «Das Land des Friedens und des Heils.» Russland zur Zeit
Alexanders I. als Utopie der Erweckungsbewegung am Oberrhein.
In: Pietismus und Neuzeit 18 (1992) 132–154.

Hauptmann, Peter: Altrussischer Glaube. Der Kampf des Protopopen Avvakum
gegen die Kirchenreformen des 17. Jahrhunderts. Göttingen 1963.

Haxthausen, August v.: Studien über die inneren Zustände, das Volksleben
und insbesondere die ländlichen Einrichtungen Russlands. 3 Bände. Hannover
1847–1852.

Heller, Klaus: Die Anfänge fabrikgesetzlicher Regelungen im kaiserlichen
Russland. In: Vierteljahresschrift für Sozial- und Wirtschaftsgeschichte 67 (1980)
177–199.

Heller, Klaus: Die Geld- und Kreditpolitik des Russischen Reiches in der Zeit
der Assignaten (1768–1839/43). Wiesbaden 1983.

Heller, Klaus: Der Russisch-Chinesische Handel von seinen Anfängen bis
zum Ausgang des 19. Jahrhunderts. Erlangen 1980.

Hemer, Christiane: Herrschaft und Legitimation im Russland des 17. Jahrhunderts.
Staat und Kirche zur Zeit des Patriarchen Nikon. Frankfurt a. M. 1979.

Hildermeier, Manfred: Bürgertum und Stadt in Russland 1760–1870. Rechtliche
Lage und soziale Struktur. Köln, Wien 1986.

Hildermeier, Manfred: Ständeordnung und sozialer Wandel: Russland in der Früh-
phase der Industrialisierung. In: Geschichte und Gesellschaft 5 (1979) 313–335.

Hittle, J. Michael: The Service City. State and Townsmen in Russia, 1600–1800.
Cambridge (Mass.), London 1979.

Hoch, Steven L.: Serfdom and Social Control in Russia. Petrovskoe, a Village
in Tambov. Chicago, London 1986.

Hughes, Lindsey: Russia in the Age of Peter the Great. New Haven, London 1998.

Hughes, Lindsey: Sophia: Regent of Russia, 1657–1704. New Haven 1990.

Jenkins, Michael: Arakcheev. Grand Vizier of the Russian Empire. London 1969.

Jewsbury, George F.: The Russian Annexation of Bessarabia: 1774–1828. A Study
of Imperial Expansion. Boulder, New York 1976.

Johanson, Christine: Women's Struggle for Higher Education in Russia, 1855–1900.
Kingston, Montreal 1987.

Johnson, Robert E.: Peasant and Proletarian: The Working Class of Moscow
in the Late Nineteenth Century. New Brunswick (N. J.) 1979.

Jones, Robert E.: The Emancipation of the Russian Nobility 1762–1785.
Princeton 1973.

Jones, Robert E.: Provincial Development in Russia. Catherine the Great and
Jakob Sievers. Princeton 1984.

Juchneva, N. V.: Ètničeskij sostav i ètnosocial'naja struktura naselenija Peterburga.
Vtoraja polovina XIX – načalo XX veka. Statističeskij analiz. Leningrad 1984.

Kahan, Arcadius: The Plow, the Hammer, and the Knout. An Economic History
of Eighteenth-Century Russia. Chicago, London 1985.

Kahan, Arcadius: Russian Economic History. The Nineteenth Century.
Hg. von Roger Weiss. Chicago, London 1989.

Kappeler, Andreas: Nationsbildung und Nationalbewegungen im Russländischen
Reich. In: Archiv für Sozialgeschichte 40 (2000) 67–90.

Kappeler, Andreas: N. I. Ziber – Mikola Ziber – Niclaus Sieber. Ein Schweizer
als Wegbereiter des Marxismus in Russland. In: «Primi sobranie pestrych glav».
Slavistische und slavenkundliche Beiträge für Peter Brang zum 65. Geburtstag.
Bern etc. 1989, 671–684.

Katharina II.: Memoiren. Hg. von Annelies Grasshoff. 2 Bände. 3. Aufl.
München 1990.

Katharina II., Russland und Europa. Beiträge zur internationalen Forschung.
Hg. von Claus Scharf. Mainz 2001.

Keep, John L. H.: The Rise of Social Democracy in Russia. Oxford 1963.

Kerans, David: Mind and Labor on the Farm in Black-Earth Russia, 1861–1914.
Budapest etc. 2001.

Khodarkovsky, Michael: «Not by Word Alone»: Missionary Policies and Religious
Conversion in Early Modern Russia. In: Comparative Studies in Society and
History 38 (1996) 267–293.

Kissel, Wolfgang: Russischer Dandysmus der Puškin-Zeit (1801–1837): Studien
zum historischen, kulturellen und sozialpsychologischen Kontext. Bonn 1991.

Klier, John Doyle: Imperial Russia's Jewish Question, 1855–1881. Cambridge 1995.

Klier, John Doyle: Russia Gathers Her Jews. The Origins of the «Jewish Question»
in Russia, 1772–1825. DeKalb (Ill.) 1986.

Knabe, Bernd: Die Struktur der russischen Posadgemeinden und der Katalog
der Beschwerden und Forderungen der Kaufmannschaft (1762–1767).
Berlin 1975 (= FzoG 22).

Kohut, Zenon E.: Russian Centralism and Ukrainian Autonomy. Imperial
Absorption of the Hetmanate. 1760's–1830's. Cambridge (Mass.) 1988.

Kolchin, Peter: Unfree Labor. American Slavery and Russian Serfdom.
Cambridge (Mass.), London 1987.

Konec krepostničestva v Rossii. Dokumenty, pis'ma, memuary, stat'i.
Hg. von V. A. Fedorov. Moskva 1994.

Krause, Helmut: Marx und Engels und das zeitgenössische Russland.
Giessen 1958.

Kulischer, Josef: Die kapitalistischen Unternehmer in Russland (insbesondere
die Bauern als Unternehmer) in den Anfangsstadien des Kapitalismus.
In: Archiv für Sozialwissenschaft und Sozialpolitik 65 (1931) 309–355.

Kulischer, Josef: Die Leibeigenschaft in Russland und die Agrarverfassung
Preussens im 18. Jahrhundert. Eine vergleichende Studie. In: Jahrbücher
für Nationalökonomie und Statistik 137 (1932) 2, 1–62.

Laue, Theodore H. Von: Sergei Witte and the Industrialization of Russia.
New York 1974.

Lavrov, Aleksandr S.: Koldovstvo i religija v Rossii. 1700–1744 gg. Moskva 2000.

Lavrov, A. S.: Regentstvo carevny Sof'i Alekseevny. Služiloe obščestvo i bor'ba
za vlast' v verchach Russkogo gosudarstva v 1682–1689 gg. Moskva 1999.

Leben in zwei Kulturen. Akkulturation und Selbstbehauptung von Nichtrussen
im Zarenreich. Hg. von Trude Maurer und Eva-Maria Auch. Wiesbaden 2000.

LeDonne, John P.: Absolutism and Ruling Class. The Formation of the Russian
Political Order, 1700–1825. New York 1991.

LeDonne, John P.: Ruling Russia. Politics and Administration in the Age
of Absolutism 1762–1796. Princeton 1984.

Lee, Kyoo-Sik: Das Volk von Moskau und seine bedrohte Gesundheit. Öffentliche
Gesundheitspflege in Moskau, 1850–1914. Frankfurt a. M. etc. 1996.

Lemberg, Hans: Die nationale Gedankenwelt der Dekabristen. Köln 1963.

Leonard, Carol Scott: Reform and Regicide. The Reign of Peter III of Russia.
Bloomington etc. 1993.

Lincoln, W. Bruce: The Great Reforms. Autocracy, Bureaucracy, and the Politics
of Change in Imperial Russia. DeKalb (Ill.) 1990.

Lincoln, W. Bruce: In the Vanguard of Reform: Russia's Enlightened Bureaucrates
1825–1861. DeKalb (Ill.) 1986.

Löwe, Heinz-Dietrich: Bürgertum, liberale Bewegung und gouvernementaler
Liberalismus im Zarenreich um die Wende vom 19. zum 20. Jahrhundert.

In: Liberalismus im 19. Jahrhundert. Deutschland im europäischen Vergleich. Hg. von Dieter Langewiesche. Göttingen 1988, 515–533.

Löwe, Heinz-Dietrich: Die Lage der Bauern in Russland 1880–1905. Wirtschaftliche und soziale Veränderungen in der ländlichen Gesellschaft des Zarenreiches. St. Katharinen 1987.

Lotman, Jurij Michajlovič: Besedy o russkoj kul'ture. Byt i tradicii russkogo dvorjanstva (XVIII–načalo XIX veka). S.-Peterburg 1994 (deutsch: Russlands Adel. Eine Kulturgeschichte von Peter I. bis Nikolaus I. Köln etc. 1997).

Lupinin, Nickolas: Religious Revolt in the XVIIth Century. The Schism of the Russian Church. Princeton 1984.

Macey, David A. J.: Government and Peasant in Russia, 1861–1906. The Prehistory of the Stolypin Reforms. DeKalb (Ill.) 1987.

Madariaga, Isabel de: Catherine the Great. A Short History. New Haven, London 1990 (deutsch: Katharina die Grosse. Das Leben der russischen Kaiserin. München 1996).

Madariaga, Isabel de: Russia in the Age of Catherine the Great. New Haven, London 1981.

Marx, Karl / Engels, Friedrich: Die russische Kommune. Kritik eines Mythos. Hg. von Maximilien Rubel. München 1972.

McGrew, Roderick E.: Paul I of Russia, 1754–1801. Oxford, New York 1992.

McGrew, Roderick E.: Russia and the Cholera 1823–1832. Madison, Milwaukee 1965.

Melton, Edgar: Proto-Industrialization, Serf Agriculture and Agrarian Social Structure: Two Estates in Nineteenth-Century Russia. In: Past and Present Nr. 115 (1987) 69–106.

Michels, Georg B.: At War Within the Church. Religious Dissent in Seventeenth-Century Russia. Stanford (Cal.) 1999.

Miller, Martin A.: The Russian Revolutionary Emigres, 1825–1870. Baltimore, London 1986.

Mitterauer, Michael / Kagan, Alexander: Russian and Central European Family Structures: A Comparative View. In: Journal of Family History 7 (1982) 103–131.

Moon, David: Russian Peasants and Tsarist Legislation on the Eve of Reform. Interaction between Peasants and Officialdom, 1825–1855. Basingstoke etc. 1992.

Mumenthaler, Rudolf: «Keiner lebt in Armut». Schweizer Ärzte im Zarenreich. Zürich 1991.

National Movements in the Baltic Countries during the Nineteenth Century. Hg. von Alexander Loit. Stockholm 1985.

Die Nationalitäten des Russischen Reiches in der Volkszählung von 1897. 2 Bände. Hg. von H. Bauer, A. Kappeler und B. Roth. Stuttgart 1991.

Nichols jr., Irby C.: Tsar Alexander I: Pacifist, Aggressor, or Vacillator? In: East European Quarterly 16 (1982) 33–44.

Nikitenko, Aleksandr V.: Up from Serfdom. My Childhood and Youth in Russia 1804–1824. New Haven 2001.

Orlovsky, Daniel T.: The Limits of Reform: The Ministry of Internal Affairs in Imperial Russia, 1802–1881. Cambridge (Mass.) etc. 1981.

Ortmann, Frank: Revolutionäre im Exil. Der «Auslandsbund russischer Sozial-demokraten» zwischen autoritärem Führungsanspruch und politischer Ohnmacht (1888–1903). Stuttgart 1994.

Oswalt, Julia: Kirchliche Gemeinde und Bauernbefreiung. Soziales Reformdenken in der orthodoxen Gemeindegeistlichkeit Russlands in der Ära Alexanders II. Göttingen 1975.

Owen, Thomas: Capitalism and Politics in Russia. A Social History of the Moscow Merchants, 1855–1905. Cambridge etc. 1981.

Pavlenko, N. I.: Petr Velikij. Moskva 1994.

Pearson, Thomas S.: Russian Officialdom in Crisis. Autocracy and Local Self-Government, 1861–1900. Cambridge etc. 1989.

The Peasant in Nineteenth-Century Russia. Hg. von Wayne S. Vucinich. Stanford (Cal.) 1968.

Peterburg i gubernija. Istoriko-ėtnografičeskie issledovanija. Sost. N. V. Juchneva. Leningrad 1989.

Plakans, Andrejs: Familial Structure in the Russian Baltic Provinces: The Nineteenth Century. In: Sozialgeschichte der Familie in der Neuzeit Europas. Hg. von Werner Conze. Stuttgart 1976, 346–362.

Plakans, Andrejs: Peasant Farmsteads and Households in the Baltic Littoral, 1797. In: Comparative Studies in Society and History 17 (1975) 2–35.

Plakans, Andrejs: Seigneurial Authority and Peasant Family Life: The Baltic Area in the Eighteenth Century. In: Journal of Interdisciplinary History 5 (1974) 629–654.

Prokof'eva, L. S.: Krest'janskaja obščina v Rossii vo vtoroj polovine XVIII – pervoj polovine XIX v. (po materialach votčin Šeremetevych). Leningrad 1981.

Puttkamer, Joachim von: Fabrikgesetzgebung in Russland vor 1905. Regierung und Unternehmerschaft beim Ausgleich ihrer Interessen in einer vorkonstitutionellen Ordnung. Köln etc. 1996.

A Radical Worker in Tsarist Russia: The Autobiography of Semen Ivanovich Kanatchikov. Hg. von Reginald E. Zelnik. Stanford (Cal.) 1986.

Raeff, Marc: Origins of the Russian Intelligentsia. The Eighteenth-Century Nobility. New York 1966.

Raeff, Marc: The Well-Ordered Police State. Social and Institutional Change through Law in the Germanies and Russia 1600–1800. New Haven 1983.

Renner, Andreas: Russischer Nationalismus und Öffentlichkeit im Zarenreich, 1855–1875. Köln etc. 2000.

Rest, Matthias: Die russische Judengesetzgebung von der ersten polnischen Teilung bis zum «Položenie dlja evreev» (1804). Wiesbaden 1975.

Rexheuser, Adelheid: Geistliche Freunde und geistliche Kinder. Studien zum Problem Bildung und Frömmigkeit in Russland Ende des 18., Anfang des 19. Jahrhunderts anhand geistlicher Briefe. Erlangen 1992.

Rexheuser, Rex: Besitzverhältnisse des russischen Adels im 18. Jahrhundert. Diss. masch.schrftl. Erlangen 1971.

Riasanovsky, Nicholas V.: Nicholas I and Official Nationality in Russia, 1825–1855. Berkeley, Los Angeles 1959.

Riasanovsky, Nicholas V.: A Parting of Ways. Government and the Educated Public in Russia 1801–1855. Oxford 1976.

Robel, Gert: Zur Versorgung der russischen Bevölkerung Sibiriens im 17. Jahrhundert. In: Probleme des Industrialismus in Ost und West. Festschrift für Hans Raupach. Hg. von W. Gumpel und D. Keese. München, Wien 1973, 493–506.

Rodkiewicz, Witold: Russian Nationality Policy in the Western Provinces of the Empire (1893–1905). Lublin 1998.

Rogger, Hans: National Consciousness in Eighteenth-Century Russia. Cambridge (Mass.) 1960.

Rostislavov, Dmitrii Ivanovich: Provincial Russia in the Age of Enlightenment. The Memoir of a Priest's Son. Hg. von Alexander M. Martin. DeKalb (Ill.) 2002.

Ruckmann, Jo Ann: The Moscow Business Elite: A Social and Cultural Portrait of Two Generations, 1840–1905. DeKalb (Ill.) 1984.

Russia in the Age of Enlightenment. Essays for Isabel de Madariaga. Hg. von Roger Bartlett und Janet M. Hartley. Basingstoke, London 1990.

Russia and the World of the Eighteenth Century. Hg. von R. P. Bartlett et al. Columbus, Ohio 1986.

Russia's Great Reforms, 1855–1881. Hg. von Ben Eklof et al. Bloomington, Indianapolis 1994.

Russischer Nationalismus. Die russische Idee im 19. und 20. Jahrhundert. Darstellung und Texte. Hg. von Frank Golczewski und Gertrud Pickhan. Göttingen 1998.

Russland zur Zeit Katharinas II. Absolutismus — Aufklärung — Pragmatismus. Hg. von Eckhard Hübner et al. Köln etc. 1998.

Ryndzjunskij, P. G.: Krest'jane i gorod v kapitalističeskoj Rossii vtoroj poloviny XIX veka. Moskva 1983.

Safonov, M. M.: Problema reform v pravitel'stvennoj politike Rossii na rubeže XVIII i XIX vv. Leningrad 1988.

Saunders, David: The Ukrainian Impact on Russian Culture 1750–1850. Edmonton 1985.

Schaeder, Hildegard: Autokratie und Heilige Allianz: Nach neuen Quellen. 2. Aufl. Darmstadt 1963 (zuerst Königsberg 1934).

Schäfer, Marie: Historienmalerei und Nationalbewusstsein in Russland 1860–1890. Diss. masch.schrftl. Köln 1985.

Scheibert, Peter: Von Bakunin zu Lenin. Geschichte der russischen revolutionären Ideologien 1840–1895. Bd. 1. Leiden 1956.

Scheibert, Peter: Die russische Agrarreform von 1861. Ihre Probleme und der Stand ihrer Erforschung. Köln, Wien 1973.

Scheidegger, Gabriele: Endzeit. Russland am Ende des 17. Jahrhunderts. Bern etc. 1999.

Schelting, Alexander von: Russland und Europa im russischen Geschichtsdenken. Auf der Suche nach der historischen Identität. Hg. von Christiane Uhlig. Ostfildern 1997.

Schippan, Michael: Der Anteil des Zaren Peter I. von Russland an der Ausarbeitung von Gesetzesdokumenten für die Staatsverwaltung. In: Europäische Herrscher. Ihre Rolle bei der Gestaltung von Politik und Gesellschaft vom 16. bis zum 18. Jahrhundert. Hg. von Günter Vogler. Weimar 1988, 170–185.

Schmid, Ulrich: Ichentwürfe. Die russische Autobiographie zwischen Avvakum und Gercen. Zürich 2000.

Schmidt, Christoph: Ständerecht und Standeswechsel in Russland 1851–1897. Wiesbaden 1994.

Schmidt, Christoph: Strasse und Wald im Zarenreich. In: Archiv für Kulturgeschichte 78 (1996) 303–323

Schramm, Gottfried: Bauer und Gutsherr in Turgenevs «Aufzeichnungen eines Jägers». In: Welt der Slawen 9/10 (1974/75) 299–336.

Schramm, Gottfried: Ein Dichter und ein Kaiser: Puškin und Nikolaus I. In: Russland, Deutschland, Amerika. Festschrift für Fritz T. Epstein. Wiesbaden 1978, 42–55.

Schramm, Gottfried: Lenins Elternhaus. In: Felder und Vorfelder russischer Geschichte. Festschrift für Peter Scheibert. Hg. von Inge Auerbach et al. Freiburg 1985, 148–159.

Schramm, Gottfried: Puškins politisches Dilemma. In: Das Vergangene und die Geschichte. Festschrift für Reinhard Wittram zum 70. Geburtstag. Hg. von Rudolf v. Thadden et al. Göttingen 1973, 312–336.

Schulze Wessel, Martin: Städtische und ländliche Öffentlichkeiten in Russland 1848. In: Zeitschrift für Geschichtswissenschaft 48 (2000), 293–308.

Schweitzer, Robert: Autonomie und Autokratie. Die Stellung des Grossfürsten-
   tums Finnland im russischen Reich in der zweiten Hälfte des 19. Jahrhunderts
   (1863–1899). Giessen 1978.
Semyonova Tian-Shanskaia, Olga: Village Life in Late Tsarist Russia.
   Hg. von David L. Ransel. Bloomington, Indianapolis 1993.
Simon, Gerhard: Konstantin Petrovič Pobedonoscev und die Kirchenpolitik
   des Heiligen Sinod 1880–1905. Göttingen 1969.
Smith, Douglas: Working the Rough Stone. Freemasonry and Society in Eighteenth-
   Century Russia. DeKalb (Ill.) 1999.
Georg Spies. Erinnerungen eines Ausland-Deutschen. Hg. von Wolfgang Sartor.
   St. Petersburg 2002.
Starr, S. F.: Decentralization and Self-Government in Russia, 1830–1870.
   Princeton 1972.
Staryj Peterburg. Istoriko-ėtnografičeskie issledovanija. Otvetstv. red. N. V.
   Juchneva. Leningrad 1982.
Stepanov, S. A.: Černaja sotnja v Rossii (1905–1914 gg.). Moskva 1992.
Stürickow, Regina: Reisen nach St. Petersburg. Die Darstellung St. Petersburgs
   in Reisebeschreibungen (1815–1861). Frankfurt a. M. etc. 1990.
Thackeray, Frank W.: Antecedents of Revolution: Alexander I and the Polish
   Kingdom, 1815–1825. Boulder 1980.
Thaden, Edward C.: Russia's Western Borderlands, 1710–1870.
   With the Collaboration of Marianna Forster Thaden. Princeton 1984.
Tovrov, Jessica: The Russian Noble Family. Structure and Change. New York,
   London 1987.
Venturi, Franco: Roots of Revolution. A History of the Populist and Socialist
   Movements in Nineteenth-Century Russia. London 1960.
Vodarskij, V. E.: Dvorjanskoe zemlevladenie v Rossii v XVII – pervoj polovine XIX
   v. Moskva 1988.
Volkov, M. Ja.: Goroda Verchnogo Povolž'ja i Severo-Zapada Rossi. Pervaja
   četvert' XVIII v. Moskva 1994.
Walicki, Andrzej: A History of Russian Thought from the Enlightenment
   to Marxism. Stanford (Cal.) 1979.
Weiss, Gebhardt: Die russische Stadt zwischen Auftragsverwaltung und Selbst-
   verwaltung. Zur Geschichte der russischen Stadtreform von 1870. Diss.
   Bochum 1977.
Werth, Paul W.: At the Margins of Orthodoxy. Mission, Governance, and
   Confessional Politics in Russia's Volga-Kama Region, 1827–1905.
   Ithaca 2002.
Wittram, Reinhard: Peter I., Czar und Kaiser. Zur Geschichte Peters des Grossen
   in seiner Zeit. 2 Bände. Göttingen 1964.
Wolff, Larry: Inventing Eastern Europe. The Map of Civilization on the Mind
   of Enlightenment. Stanford (Cal.) 1994.
Worobec, Christine D.: Possessed. Women, Witches, and Demons in Imperial
   Russia. DeKalb (Ill.) 2001.
Wortman, Richard S.: The Development of a Russian Legal Consciousness.
   Chicago, London 1976.
Wortman, Richard: Moscow and Petersburg: The Problem of Political Center
   in Tsarist Russia, 1881–1914. In: Rites of Power. Symbolism, Ritual, and
   Politics Since the Middle Ages. Hg. von Sean Wilentz. Philadelphia 1985,
   244–271.
Wynn, Charters: Workers, Strikes, and Pogroms. The Donbass-Dnepr Bend
   in Late Imperial Russia, 1870–1905. Princeton 1992.

Yaney, George L.: The Systematization of Russian Government. Social Evolution
  in the Domestic Administration of Imperial Russia, 1711–1905. Urbana etc. 1973.
Zelnik, Reginald E.: Labor and Society in Tsarist Russia: The Factory Workers
  of St. Petersburg, 1855–1870. Stanford (Cal.) 1971.
Zelnik, Reginald E.: Law and Disorder on the Narova River. Berkeley,
  Los Angeles 1994.
Ziemke, Thies: Marxismus und Narodničestvo. Entstehung und Wirken der Gruppe
  «Befreiung der Arbeit». Frankfurt a. M. etc. 1980.
Ziolkowski, Margaret: Tale of Boiarynia Morozova. A Seventeenth-Century
  Religious Life. Lanham etc. 2000.
Züge, Christian Gottlob: Der russische Colonist oder Christian Gottlob Züge's
  Leben in Russland. Nebst einer Schilderung der Sitten und Gebräuche
  der Russen, vornehmlich in den asiatischen Provinzen. Hg. von Gert Robel.
  Bremen 1988.
Zwischen Christianisierung und Europäisierung. Beiträge zur Geschichte Ost-
  europas in Mittelalter und Früher Neuzeit. Festschrift für Peter Nitsche
  zum 65. Geburtstag. Hg. von Eckhard Hübner et al. Stuttgart 1998.

6. Spezialliteratur zum 3. Teil: Das Jahrhundert der Revolutionen

Abraham, Richard: Alexander Kerensky. The First Love of the Revolution.
  New York, London 1987.
Adler, Nanci: The Gulag Survivor. Beyond the Soviet System.
  New Brunswick etc. 2001.
Agitation zum Glück. Sowjetische Kunst der Stalinzeit. (Ausstellungspublikation.)
  Hg. von Hubertus Gassner et al. Bremen 1994.
Ahlberg, René: Sowjetgesellschaft im Epochenwandel. Studien zur Selbst-
  aufklärung der sowjetischen Gesellschaft in der Zeit der Perestroika 1985–1990.
  Frankfurt a. M. etc. 1992.
Altrichter, Helmut: Agrarstruktur und Agrarpolitik in Sowjetrussland
  am Vorabend der Kollektivierung. In: Geschichte und Gesellschaft 5 (1979)
  378–397.
Altrichter, Helmut: Die Bauern von Tver. Vom Leben auf dem russischen Dorfe
  zwischen Revolution und Kollektivierung. München 1984.
Altrichter, Helmut: «Ich bin ein Fremder». Zum Zerfall Russlands in Revolution
  und Bürgerkrieg. In: Historische Zeitschrift 256 (1993) 661–688.
Altrichter, Helmut: Kleine Geschichte der Sowjetunion 1917–1991. 2. Aufl.
  München 2001.
Altrichter, Helmut: Kunst als «verlässlichster Indikator für den menschlichen Zu-
  stand in der Zeit»? Kliment Nikolajewitsch Redko: «Das Werk» (1922).
  In: Bilder erzählen Geschichte. Hg. von Helmut Altrichter. Freiburg i. Br. 1994,
  249–271.
Altrichter, Helmut: Russland 1917. Ein Land auf der Suche nach sich selbst.
  Paderborn etc. 1997.
Altrichter, Helmut: Staat und Revolution in Sowjetrussland 1917–1922/23.
  Darmstadt 1981.
The Anarchists in the Russian Revolution. Hg. von Paul Avrich. London 1973.
Andrle, Vladimir: A Social History of Twentieth-Century Russia. London etc. 1994.
Andrle, Vladimir: Workers in Stalin's Russia: Industrialization and Social Change
  in a Planned Economy, 1929–1939. Hemel Hempstead etc. 1988.
Antonov-Ovseenko, Anton: Berija. Moskva 1999.

Anweiler, Oskar: Die Rätebewegung in Russland 1905–1921. Leiden 1958.

Arbeiterdemokratie oder Parteidiktatur. Hg. von Frits Kool und Erwin Oberländer. Olten, Freiburg i. Br. 1967.

Arnold, Sabine Rosemarie: Stalingrad im sowjetischen Gedächtnis: Kriegserinnerungen und Geschichtsbild im totalitären Staat. Bochum 1998.

Ascher, Abraham: P. A. Stolypin. The Search for Stability in Late Imperial Russia. Stanford (Cal.) 2001.

Ascher, Abraham: The Revolution of 1905. (Bd. 1.:) Russia in Disarray. Stanford (Cal.) 1988; (Bd. 2:) Authority Restored. Stanford (Cal.) 1992.

Ashin, Paul: The Politics of Wages in Leningrad, 1921–1929. Ph. D. Stanford Univ. 1986. Ann Arbor 1992.

Atkinson, Dorothy: The End of the Russian Land Commune, 1905–1930. Stanford (Cal.) 1983.

Attwood, Lynne: The New Soviet Man and Woman. Sex-Role Socialization in the USSR. Basingstoke, London 1990.

Auch, Eva-Maria: Zum Verhältnis von Religiosität, Nationalität und Gesellschaft in Aserbaidschan. In: Bamberger Mittelasienstudien. Konferenzakten Bamberg 15.–16. 6. 1990. Hg. von Bert G. Fragner und Birgitt Hoffmann. Berlin 1994, 11–24.

Aufbruch mit Gorbatschow? Entwicklungsprobleme der Sowjetgesellschaft. Hg. von Caspar Ferenczi und Brigitte Löhr. Frankfurt a. M. 1987.

Avrich, Paul: Kronstadt 1921. Princeton 1970.

Badaljan, T. M. et al.: Očerki istorii krest'janskogo dvora i sem'i v Zapadnoj Sibiri. Konec 1920-ch — 1980-e gody. Novosibirsk 2001.

Bailes, Kendall E.: Technology and Society under Lenin and Stalin. Origins of the Soviet Technical Intelligentsia, 1917–1941. Princeton 1978.

Ball, Alan M.: And Now My Soul Is Hardened. Abandoned Children in Soviet Russia, 1918–1930. Berkeley etc. 1994.

Ball, Alan M.: Russia's Last Capitalists: The Nepmen, 1921–1929. Berkeley etc. 1987.

Barber, John / Harrison, Mark: The Soviet Home Front, 1941–1945: A Social and Economic History of the USSR in World War II. London, New York 1991.

Baron, Samuel H.: Bloody Saturday in the Soviet Union: Novocherkassk, 1962. Stanford 2001.

Bennigsen, Alexandre / Lemercier-Quelquejay, Chantal: Les mouvements nationaux chez les musulmans de Russie. Le «Sultangalievisme» au Tatarstan. Paris, La Haye 1960.

Bennigsen, Alexandre / Broxup, Marie: The Islamic Threat to the Soviet State. London 1983.

Berliner, Joseph S.: Soviet Industry from Stalin to Gorbachev. Essays on Management and Innovation. Aldershot 1988.

Beyrau, Dietrich: Intelligenz und Dissens. Die russischen Bildungsschichten in der Sowjetunion 1917–1985. Göttingen 1993.

Beyrau, Dietrich: Petrograd, 25. Oktober 1917. Die russische Revolution und der Aufstieg des Kommunismus. München 2001.

Beyrau, Dietrich: Schlachtfeld der Diktatoren. Osteuropa im Schatten von Hitler und Stalin. Göttingen 2000.

Boetticher, Manfred v.: Industrialisierungspolitik und Verteidigungskonzeption der UdSSR 1926–1930. Herausbildung des Stalinismus und «äußere Bedrohung». Düsseldorf 1979.

Bolshevik Culture. Experiment and Order in the Russian Revolution. Hg. von Abbott Gleason et al. Bloomington (Ind.) 1985.

The Bolsheviks in Russian Society. The Revolution and the Civil Wars. Hg. von Vladimir N. Brovkin. New Haven, London 1997.

Bolshevik Visions: First Phase of the Cultural Revolution in Soviet Russia.
Hg. von William G. Rosenberg. Ann Arbor 1984.

Bonnell, Victoria E.: Iconography of Power. Soviet Political Posters under Lenin
and Stalin. Berkeley 1997.

Bonwetsch, Bernd: Aussenpolitik als Innenpolitik. Zur Rolle auswärtiger Beziehungen für die innere Machtrivalität in der Sowjetunion 1953–1963. In: Deutsche
Studien 20 (1982) 3–25.

Bonwetsch, Bernd: Deutschlandpolitische Alternativen der Sowjetunion, 1949–1955.
In: Deutsche Studien 24 (1986) 320–340.

Bonwetsch, Bernd: Kalter Krieg als Innenpolitik: Überlegungen zu innenpolitischen Bedingungen des Ost-West-Konflikts nach 1945. In: Stadtverfassung – Verfassungsstaat – Pressepolitik. Festschrift für Eberhard Naujoks
zum 65. Geburtstag. Hg. von Franz Quarthal und Wilfried Setzler.
Sigmaringen 1980, 230–249.

Bonwetsch, Bernd: Kriegsallianz und Wirtschaftsinteressen. Russland
in den Wirtschaftsplänen Englands und Frankreichs 1914–1917. Düsseldorf 1973.

Bonwetsch, Bernd: Die «Leningrad-Affäre» 1949–1951: Politik und Verbrechen im
Spätstalinismus. In: Deutsche Studien 28 (1990) 306–322.

Bonwetsch, Bernd: Russland und der Separatfrieden im Ersten Weltkrieg.
Zum Stand einer Kontroverse. In: Geschichte und Gesellschaft 3 (1977) 125–149.

Bonwetsch, Bernd: Sowjetische Partisanen 1941–1944. Legende und Wirklichkeit
des «allgemeinen Volkskrieges». In: Partisanen und Volkskrieg. Zur Revolutionierung des Krieges im 20. Jahrhundert. Hg. von Gerhard Schulz. Göttingen 1985,
92–124.

Bonwetsch, Bernd / Kuhfus, Peter M.: Die Sowjetunion, China und der Koreakrieg.
In: Vierteljahreshefte für Zeitgeschichte (1985) 28–87.

Bosewitz, René: Waifdom in the Soviet Union. Feature of the Sub-culture and
Re-education. Frankfurt a. M. etc. 1988.

Brest-Litovsk. Hg. von Winfried Baumgart und Konrad Repgen. Göttingen 1969.

Brovkin, Vladimir N.: Behind the Front Lines of the Civil War. Political Parties
and Social Movements in Russia, 1918–1922. Princeton 1994.

Brovkin, Vladimir N: The Mensheviks after October: Socialist Opposition and
the Rise of the Bolshevik Dictatorship. Ithaca, London 1987.

Brower, Daniel R.: Urban Russia on the Eve of World War One: A Social Profile.
In: Journal of Social History 13 (1980) 424–436.

Brügmann, Uwe: Die russischen Gewerkschaften in Revolution und Bürgerkrieg
1917–1919. Frankfurt a. M. 1972.

Bucharin, Nikolai: 1929 – Das Jahr des grossen Umschwungs. Hg. von Wladislaw
Hedeler und Ruth Stoljarowa. Berlin 1991.

Bucharin, Nikolaj: Ökonomik der Transformationsperiode. Hg. von Günter
Hillmann. Reinbek 1970.

Bugaj, N. F.: Črezvyčajnye organy Sovetskoj vlasti: revkomy 1918–1921. Moskva
1990.

Burbank, Jane: Intelligentsia and Revolution. Russian Views on Bolshevism,
1917–1922. New York, Oxford 1989.

Carr, Edward Hallett: A History of Soviet Russia. London 1950 ff., als Taschen-
buchausgabe Harmondsworth 1966 ff. (z. T. zusammen mit Robert W. Davies).

Chamberlin, William H.: Die Russische Revolution 1917–1921. 2 Bände.
Frankfurt a. M. 1958.

Charčev, A. G.: Brak i sem'ja v SSSR. 2. Aufl. Moskva 1979.

Chase, William J.: Workers, Society, and the Soviet State: Labor and Life
in Moscow, 1918–1929. Urbana, Chicago 1987.

Chatterjee, Choi: Celebrating Women. Gender, Festival Culture, and Bolshevik Ideology, 1910–1939. Pittsburgh (Pa.) 2002.

Chlevnjuk, O. V.: 1937-j: Stalin, NKVD i sovetskoe obščestvo. Moskva 1992.

Chlewnjuk, Oleg W.: Das Politbüro. Mechanismen der politischen Macht in der Sowjetunion der dreissiger Jahre. Hamburg 1998.

Choi, Daehee: Politik und Philosophie bei Vladimir A. Bazarov. Sein Begriff des Kollektivismus als Konzept der Sozial- und Kulturrevolution. Regensburg 2000.

Christensen, Paul T.: Russia's Workers in Transition. Labor, Management, and the State Under Gorbachev and Yeltsin. DeKalb (Ill.) 1999.

Clarke, Roger A.: Soviet Economic Facts 1917–1970. London 1972.

Clements, Barbara Evans: Bolshevik Feminist. The Life of Aleksandra Kollontai. Bloomington, London 1979.

Clements, Barbara Evans: Bolshevik Women. Cambridge 1997.

Clements, Barbara Evans: Daughters of Revolution. A History of Women in the USSR. Arlington Heights 1994.

Cohen, Stephen F.: Bukharin and the Bolshevik Revolution: A Political Biography, 1888–1938. New York 1973.

Cohen, Stephen F.: Rethinking the Soviet Experience. Politics and History since 1917. New York etc. 1985.

Colton, Timothy J.: Moscow. Governing the Socialist Metropolis. Cambridge (Mass.), London 1995.

Conert, Hansgeorg: Die Ökonomie des unmöglichen Sozialismus. Krise und Reform der sowjetischen Wirtschaft unter Gorbatschow. Münster 1990.

Contending with Stalinism. Soviet Power and Popular Resistance in the 1930s. Ed. by Lynne Viola. Ithaca, London 2002.

Conze, Susanne: Sowjetische Industriearbeiterinnen in den vierziger Jahren. Die Auswirkungen des Zweiten Weltkrieges auf die Erwerbstätigkeit von Frauen in der UdSSR 1941–1950. Stuttgart 2001.

Conquest, Robert: The Great Terror. A Reassessment. New York, Oxford 1990.

Conyngham, William J.: Industrial Management in the Soviet Union. The Role of the CPSU in Industrial Decision-making, 1917–1970. Stanford (Cal.) 1973.

Cultural Revolution in Russia, 1928–1931. Hg. von Sheila Fitzpatrick. Bloomington, London 1978.

The Culture of the Stalin Period. Hg. von Hans Günther. Houndmills, London 1990.

Cummins, Alex G.: The Road to NEP, the State Commission for the Electrification of Russia (GOELRO): A Study in Technology, Mobilization, and Economic Planning. Ph. D. Univ. of Maryland College Park 1988. Ann Arbor 1992.

Dahlmann, Dittmar: Land und Freiheit. Machnovscina und Zapatismo als Beispiele agrarrevolutionärer Bewegungen. Stuttgart 1986.

Dahlmann, Dittmar: Die Provinz wählt. Russlands Konstitutionell-Demokratische Partei und die Dumawahlen 1906–1912. Köln etc. 1996.

Daniels, Robert Vincent: Das Gewissen der Revolution. Kommunistische Opposition in Sowjetrussland. Köln, Berlin 1962.

Davies, Robert W.: The Industrialization of Soviet Russia. 3 Bände. London 1979–1989.

Davies, Robert W.: Perestroika und Geschichte. Die Wende in der sowjetischen Historiographie. München 1991.

Davies, Sarah: Popular Opinion in Stalin's Russia. Terror, Propaganda and Dissent, 1934–1941. Cambridge 1997.

Dear Comrades. Menshevik Reports on the Bolshevik Revolution and the Civil

War. Hg. von Vladimir N. Brovkin. Stanford (Cal.) 1991.

The Debate on Soviet Power. Minutes of the All-Russian Central Executive Committee of Soviets, Second Convocation. October 1917–January 1918. Hg. von John L. H. Keep. Oxford 1979.

Dekel-Chen, Jonathan: Soviet-Jewish Agricultural Colonists, 1937–1945. In: Jews in Eastern Europe. Hg. von Mordechai Altshuler et al. Jerusalem 2001, 34–57.

Der deutsche Angriff auf die Sowjetunion. Die Kontroverse um die Präventivkriegsthese. Hg. von Gerd R. Ueberschär und Lev A. Bezymenski. Darmstadt 1998.

Der deutsche Überfall auf die Sowjetunion. «Unternehmen Barbarossa» 1941. Hg. von Gerd R. Ueberschär und Wolfram Wette. Frankfurt a. M. 1991 (überarbeitete Neuausgabe von Paderborn 1984).

Deutscher, Isaac: Die sowjetischen Gewerkschaften. Ihr Platz in der sowjetischen Arbeitspolitik. Frankfurt a. M. 1969.

Deutscher, Isaac: Trotzki. 3 Bände. Stuttgart 1962–1963.

Deutscher, Isaac: Die unvollendete Revolution. Frankfurt a. M. 1970.

Dodenhoeft, Bettina: «Lasst mich nach Rußland heim». Russische Emigranten in Deutschland von 1918 bis 1945. Frankfurt a. M. etc. 1993.

Dokumenty svidetel'stvujut. Iz istorii derevni nakanune i v chode kollektivizacii 1927–1932 gg. Hg. von V. P. Danilov und N. A. Ivnickij. Moskva 1989.

Dreyer, Dietrich: Schweizer Kreuz und Sowjetstern. Die Beziehungen zweier ungleicher Partner seit 1917. Zürich 1989.

Druzhnikov, Yuri: Informer 001. The Myth of Pavlik Morozov. New Brunswick etc. 1997.

Drzymalla, Jürgen: Planung im sowjetischen Wirtschaftssystem. Begriff, historische Entwicklung, Funktionsprinzipien, Wandlungstendenzen, Alternativkonzepte. Frankfurt a. M. etc. 1991.

Ebbinghaus, Angelika: Arbeit und Arbeitswissenschaft. Zur Entstehung der «Wissenschaftlichen Betriebsführung». Opladen 1984.

The Economic Transformation of the Soviet Union 1913–1945. Hg. von Robert W. Davies et al. Cambridge etc. 1994.

Edelman, Robert: Proletarian Peasants. The Revolution of 1905 in Russia's Southwest. Ithaca, London 1987.

Eggeling, Tatjana: «Wie leben?» Jugend in der Perestrojka. Eine Zeit gesellschaftlicher Neuorientierung in Leserbriefen. Hamburg, Berlin 1999.

Eichwede, Wolfgang: Abweichendes Denken in der Sowjetunion. In: Geschichte und Gesellschaft 13 (1987) 39–62.

Eichwede, Wolfgang: Strukturprobleme der sowjetischen Industriearbeiterschaft in den Zwanziger Jahren. In: Geschichte und Gesellschaft 5 (1979) 356–377.

Ennker, Benno: Die Anfänge des Leninkults in der Sowjetunion. Köln etc. 1997.

Entstalinisierung. Der XX. Parteitag der KPdSU und seine Folgen. Hg. von Reinhard Crusius und Manfred Wilke. Frankfurt a. M. 1977.

Erlich, Alexander: Die Industrialisierungsdebatte in der Sowjetunion 1924–1928. Frankfurt, Wien 1971.

Ewing, E. Thomas: The Teachers of Stalinism. Policy, Practice, and Power in Soviet Schools of the 1930s. New York etc. 2002.

Farnsworth, Beatrice: Aleksandra Kollontai. Socialism, Feminism and the Bolshevik Revolution. Stanford (Cal.) 1980.

Fein, Elke: Geschichtspolitik in Russland. Chancen und Schwierigkeiten einer demokratischen Aufarbeitung der sowjetischen Vergangenheit am Beispiel der Tätigkeit der Gesellschaft MEMORIAL. Münster etc. 2000.

Ferenczi, Caspar: Aussenpolitik und Öffentlichkeit in Russland 1906–1912. Husum 1982.

Figes, Orlando: Peasant Russia, Civil War. The Volga Countryside in Revolution (1917–1921). Oxford 1989.

Filtzer, Donald: Soviet Workers and Stalinist Industrialization. The Formation of Modern Soviet Production Relations, 1928–1941. London etc. 1986.

Filtzer, Donald: Soviet Workers and Late Stalinism. Labour and the Restoration of the Stalinist System after World War II. Cambridge 2002.

Finckenauer, James O.: Russian Youth. Law, Deviance, and the Pursuit of Freedom. New Brunswick etc. 1995.

Fitzpatrick, Sheila: The Cultural Front. Power and Culture in Revolutionary Russia. Ithaca, London 1992.

Fitzpatrick, Sheila: Education and Social Mobility in the Soviet Union, 1921–1934. Cambridge 1979.

Fitzpatrick, Sheila: Everyday Stalinism. Ordinary Life in Extraordinary Times: Soviet Russia in the 1930s. New York, Oxford 1999.

Fitzpatrick, Sheila: The Russian Revolution. 2. Aufl. Oxford, New York 1994.

Fitzpatrick, Sheila: Stalin's Peasants. Resistance and Survival in the Russian Village after Collectivization. New York, Oxford 1994.

Formirovanie administrativno-komandnoj sistemy 20–30-e gody. Sbornik statej. Otvetstv. red. V. P. Dmitrenko. Moskva 1992.

Foundations of Soviet Strategy for Economic Growth. Selected Soviet Essays, 1924–1930. Hg. von Nicholas Spulber. Bloomington 1965.

Frieden mit der Sowjetunion – eine unerledigte Aufgabe. Hg. von Dietrich Goldschmidt. Gütersloh 1989.

Friedgut, Theodore H.: Political Participation in the USSR. Princeton 1979.

50 Jahre Sowjetunion im Spiegel ihrer Karikatur. Hg. von Elisabeth Helmrich und Ursula Neumann. München 1967.

Furler, Bernhard: Augen-Schein. Deutschsprachige Reportagen über Sowjetrussland 1917–1939. Frankfurt a. M. 1987.

Galili, Ziva: The Menshevik Leaders in the Russian Revolution: Social Realities and Political Strategies. Princeton 1989.

Gelb, Michael Joseph: Mass Politics under Stalin: Party Purges and Labor Productivity Campaigns in Leningrad, 1928–1941. Ph. D. Univ. of California, Los Angeles 1987. Ann Arbor 1992.

Geldern, James von: Bolshevik Festivals, 1917–1920. Berkeley etc. 1993.

Gerber, Jürgen: Georgien: Nationale Opposition und kommunistische Herrschaft seit 1956. Baden-Baden 1997.

Geschichte des sowjetischen und russischen Films. Hg. von Christine Engel. Stuttgart, Weimar 1999.

Gestwa, Klaus: Sowjetische Landschaften als Panorama von Macht und Ohnmacht. Historische Spurensuche auf den «Grossbauten des Kommunismus» und in dörflicher Idylle. In: Historische Anthropologie 11 (2003) 72–100.

Getty, John Archibald: Origins of the Great Purges. The Soviet Party Reconsidered, 1933–1938. Cambridge (Mass.) 1985.

Getty, John Archibald / Naumov, Oleg V.: The Road to Terror. Stalin and the Self-Destruction of the Bolsheviks, 1932–1939. New Haven, London 1999.

Getzler, Israel: Nikolai Sukhanov: Chronicler of the Russian Revolution. New York, Oxford 2002.

Geyer, Dietrich: Kautskys Russisches Dossier. Deutsche Sozialdemokraten als Treuhänder des russischen Parteivermögens 1910–1915. Frankfurt a. M., New York 1981.

Geyer, Dietrich: Perestrojka und die sowjetische Geschichte. In: Geschichte und
   Gesellschaft 15 (1989) 303–319.
Geyer, Dietrich: Die Russische Revolution. Historische Probleme und Perspektiven.
   2. Aufl. Göttingen 1977 (u. ö.).
Gill, Graeme J.: Peasants and Government in the Russian Revolution. London,
   Basingstoke 1979.
Gill, Graeme J.: Stalinism. Basingstoke, London 1990.
Gilly, Seraina: Der Nationalstaat im Wandel. Estland im 20. Jahrhundert.
   Bern etc. 2002.
Gitelman, Zvi Y.: Jewish Nationality and Soviet Politics. The Jewish Sections
   of the CPSU, 1917–1930. Princeton (N. J.) 1972.
Gleichschaltung unter Stalin? Die Entwicklung der Parteien im östlichen
   Europa 1944–1949. Hg. von Stefan Creuzberger und Manfred Görtemaker.
   Paderborn 2002.
Goldman, Wendy Zeva: Women at the Gates. Gender and Industry in Stalin's
   Russia. Cambridge 2002.
Goldman, Wendy Zeva: Women, the State and Revolution: Soviet Family Policy
   and Social Life, 1917–1936. Cambridge etc. 1993.
Goldstein, Melvyn C. / Beall, Cynthia M.: Die Nomaden der Mongolei.
   Eine Hirtenkultur zwischen Tradition und Moderne. Aus dem Amerikanischen
   von Amelie Schenk. Nürnberg 1994.
Gorbatschow, Michail S.: «Zurück dürfen wir nicht!» Programmatische Äusse-
   rungen zur Umgestaltung der sowjetischen Gesellschaft. Eine kommentierte
   Auswahl der wichtigsten Reden M. S. Gorbatschows aus den Jahren 1984–1987.
   Hg. von Horst Temmen. Bremen 1987.
Gorbatschows Revolution von oben. Dynamik und Widerstände im Reform-
   prozess der UdSSR. Hg. von Margareta Mommsen und Hans-Henning Schröder.
   Frankfurt a. M., Berlin 1987.
Gorsen, Peter / Knödler-Bunte, Eberhard: Proletkult. Bd. 1: System einer prole-
   tarischen Kultur. Dokumentation. Stuttgart-Bad Canstatt 1974; Bd. 2: Zur Praxis
   und Theorie einer proletarischen Kulturrevolution in Sowjetrussland 1917–1925.
   Dokumentation. Stuttgart-Bad Canstatt 1975.
Gorsuch, Anne E.: Youth in Revolutionary Russia. Enthusiasts, Bohemians,
   Delinquents. Bloomington (Ind.) 2000.
Gorzka, Gabriele: Arbeiterkultur in der Sowjetunion. Industriearbeiter-Klubs
   1917–1929. Ein Beitrag zur sowjetischen Kulturgeschichte. Berlin 1990.
Gorzka, Gabriele: A. Bogdanov und der russische Proletkult. Theorie und Praxis
   einer sozialistischen Kulturrevolution. Frankfurt a. M., New York 1980.
Graham, Loren R.: The Ghost of the Executed Engineer. Technology and the Fall
   of the Soviet Union. Cambridge (Mass.) etc. 1993.
Grohmann, Martin et al.: Wirtschaft und Gesellschaft in der Sowjetunion. Oktober-
   revolution, Stalinismus und Gegenwart. Hannover etc. 1979.
Der grosse Exodus. Die russische Emigration und ihre Zentren 1917 bis 1941.
   Hg. von Karl Schlögel. München 1994.
Grotzky, Johannes: Herausforderung Sowjetunion. Eine Weltmacht sucht ihren
   Weg. München, Zürich 1991.
Groys, Boris: Gesamtkunstwerk Stalin. Die gespaltene Kultur in der Sowjetunion.
   München, Wien 1988.
Grundlagen und Praxis der Wirtschaftsreform in der UdSSR. Red. von N. J.
   Drogitschinski und W. G. Starodubrowski. Berlin 1972.
Günther, Hans: Der sozialistische Übermensch. M. Gor'kij und der sowjetische
   Heldenmythos. Stuttgart, Weimar 1993.

Günther, Hans: Utopie nach der Revolution (Utopie und Utopiekritik in Russland nach 1917). In: Utopieforschung. Interdisziplinäre Studien zur neuzeitlichen Utopie. Hg. von Wilhelm Vosskamp. Bd. 3. Stuttgart 1982, 378–393.

Günther, Hans: Die Verstaatlichung der Literatur. Entstehung und Funktionsweise des sozialistisch-realistischen Kanons in der sowjetischen Literatur der 30er Jahre. Stuttgart 1984.

GULAG (Glavnoe upravlenie lagerej), 1918–1960. Dokumenty. Hg. von A. I. Kokyrin und N. V. Petrov. Moskva 2000.

Guski, Andreas: Literatur und Arbeit. Produktionsskizze und Produktionsroman im Russland des 1. Fünfjahrplans (1928–1932). Wiesbaden 1995.

Guski, Andreas: Sozialistischer Realismus und russische Avantgarde im historischen Kontext. In: Die literarische Moderne in Europa. Hg. von Hans Joachim Piechotta et al. Bd. 2. Formationen der literarischen Avantgarde. Opladen, Wiesbaden 1994, 40–52.

Guski, Andreas / Haumann, Heiko: Revolution und Fotografie. Zwei Fotoalben aus dem Volkskommissariat für Aufklärung und die Utopie der zukünftigen Gesellschaft. In: 0,10 — Iwan Puni und Fotografien der Russischen Revolution. Hg. vom Museum Jean Tinguely Basel (Katalog zur Ausstellung 12. 4.–28. 9. 2003). Bern 2003, 101–130.

Häfner, Lutz: Die Partei der Linken Sozialrevolutionäre in der russischen Revolution von 1917/18. Köln etc. 1994

Hagemeister, Michael: Die Eroberung des Raums und die Beherrschung der Zeit. Utopische, apokalyptische und magisch-okkulte Elemente in den Zukunftsentwürfen der Sowjetzeit. In: Musen der Macht. Medien in der sowjetischen Kultur der 20er und 30er Jahre. Hg. von Jurij Murašov und Georg Witte. München 2003, 259–286

Hagen, Manfred: Die Entfaltung politischer Öffentlichkeit in Russland 1906–1914. Wiesbaden 1982.

Hagen, Mark Von: Soldiers in the Proletarian Dictatorship. The Red Army and the Soviet Socialist State, 1917–1930. Ithaca, London 1990.

Hahn, Gordon M.: Russia's Revolution from Above, 1985–2000. Reform, Transition, and Revolution in the Fall of the Soviet Communist Regime. New Brunswick etc. 2002.

Hahn, Werner G.: The Politics of Soviet Agriculture 1960–1970. Baltimore, London 1972.

Hahn, Werner G.: Postwar Soviet Politics. The Fall of Zdanov and the Defeat of Moderation, 1946–53. Ithaca, London 1982.

Halbach, Uwe: Das sowjetische Vielvölkerimperium. Nationalitätenpolitik und nationale Frage. Mannheim etc. 1992.

Halfin, Igal: From Darkness to Light. Class, Consciousness, and Salvation in Revolutionary Russia. Pittsburgh 2000.

Hasegawa, Tsuyoski: The February Revolution: Petrograd, 1917. Seattle, London 1981.

Haslam, Jonathan: Soviet Foreign Policy, 1930–33. The Impact of the Depression. London, Basingstoke 1983.

Haslam, Jonathan: The Soviet Union and the Struggle for Collective Security in Europe 1933–39. London, Basingstoke 1984.

Hatch, John Brinley: Labour and Politics in NEP Russia: Workers, Trade Unions, and the Communist Party in Moscow, 1921–1926. Ph. D. Univ. of California Irwine 1985. Ann Arbor 1992.

Haug, Wolfgang Fritz: Gorbatschow. Versuch über den Zusammenhang seiner Gedanken. Hamburg 1989.

531

Haumann, Heiko: Beginn der Planwirtschaft. Elektrifizierung, Wirtschafts-
planung und gesellschaftliche Entwicklung Sowjetrusslands 1917–1921.
Düsseldorf 1974.
Haumann, Heiko: Ein Besuch beim Genossen Kirow. Die Geschichte der Familie
Dmitrewski – eine Fallstudie von den Anfängen der Slawistik in Freiburg i. Br.
bis zum stalinistischen Terror und zur Aufarbeitung der Erinnerung. In: Zeit-
schrift des Breisgau-Geschichtsvereins «Schau-ins-Land» 120 (2001) 121- 144.
Haumann, Heiko: Geschichte und Gesellschaftssystem der Sowjetunion.
Eine Einführung. Köln 1977.
Haumann, Heiko: Grundlagen der sowjetischen Wirtschaftsverfassung. Materialien.
Meisenheim 1977.
Haumann, Heiko: Kapitalismus im zaristischen Staat 1906–1917. Organisations-
formen, Machtverhältnisse und Leistungsbilanz im Industrialisierungsprozess.
Königstein 1980.
Haumann, Heiko: Die russische Revolution und ihre ersten Versuche sozialistischer
Wirtschaftspolitik. Materialien 1917–1921. In: Das Argument 15 (1973) Nr. 82,
768–803.
Haumann, Heiko: Utopie einer herrschaftsfreien Gesellschaft und Praxis
gewalthafter Verhältnisse. Offene Fragen zur Erforschung der Frühgeschichte
Sowjetrusslands (1917–1921). In: Archiv für Sozialgeschichte 34 (1994) 19–34.
Haumann, Heiko: Die Wende von 1929. Sozialökonomische Veränderungen
in der Sowjetunion und das System des Stalinismus. In: Das Argument 21 (1979)
Nr. 115, 395–402.
Healey, Dan: Homosexual Desire in Revolutionary Russia. The Regulation
of Sexual and Gender Dissent. Chicago 2001.
Health and Society in Revolutionary Russia. Hg. von Susan Gross Solomon
und John F. Hutchinson. Bloomington, Indianapolis 1990.
Hedeler, Wladislaw / Stoljarowa, Ruth: Wider «Trotzkismus» und «Antitrotzkismus».
Eine bisher unbekannte Rede Leo Trockijs vom Oktober 1923.
In: Zeitschrift für Geschichtswissenschaft 40 (1992) 53–68.
Held, Thomas: «Im proletarischen Kessel zerkochen.» Kultur und Alltag
der Leningrader Industriearbeiterschaft zwischen proletarischer Tradition
und «neuer Lebensweise» 1921–1932. Unveröffentl. Diss. Univ. Basel 2002 (Publi-
kation in Vorbereitung).
Hellbeck, Jochen: «Wo finde ich mein Spiegelbild?» Soziale Identität im sowjetischen
Stalinismus der dreissiger Jahre. In: Bios 7 (1994) 149–164.
Helmert, Gundula: Schule unter Stalin 1928 bis 1940. Über den Zusammenhang
von Massenbildung und Herrschaftsinteresse. Berlin 1994.
Heywood, Anthony: Modernising Lenin's Russia. Economic Reconstruction, Foreign
Trade and the Railways. Cambridge 1999.
Hildermeier, Manfred: Geschichte der Sowjetunion 1917–1991. Entstehung und
Niedergang des ersten sozialistischen Staates. München 1998.
Hildermeier, Manfred: Revolution und Kultur. Der «neue Mensch» in der frühen
Sowjetunion. In: Jahrbuch des Historischen Kollegs 1996. München 1997, 52–67.
Hildermeier, Manfred: Die Russische Revolution 1905–1921. Frankfurt a. M. 1989.
Hillig, Götz: Makarenko im Jahr des «Grossen Terrors». Marburg 1998.
Hoensch, Jörg K.: Sowjetische Osteuropa-Politik 1945–1975. Kronberg 1977.
Hoffmann, David L.: Peasant Metropolis. Social Identities in Moscow, 1929–1941.
Ithaca, London 1994.
Hofmann, Werner: Die Arbeitsverfassung der Sowjetunion. Berlin 1956.
Hofmann, Werner: Stalinismus und Antikommunismus. Zur Soziologie
des Ost-West-Konflikts. Frankfurt a. M. 1967.

Holmes, Larry E.: The Kremlin and the Schoolhouse. Reforming Education in Soviet Russia, 1917–1931. Bloomington etc. 1991.

Holmes, Larry E.: Stalin's School. Moscow's Model School No. 25 1931–1937. Ithaca, London 1999.

Holzer, Jerzy: Der Kommunismus in Europa. Politische Bewegung und Herrschaftssystem. Frankfurt a. M. 1998.

Hosking, Geoffrey: The First Socialist Society. A History of the Soviet Union from Within. Enlarged Edition. Cambridge (Mass.) 1990.

Hosking, Geoffrey: The Russian Constitutional Experiment: Government and Duma, 1907–1914. Cambridge 1973.

Hosking, Geoffrey: Sowjetunion. Eine Weltmacht am Scheideweg. Bonn, Berlin 1991.

Hough, Jerzy F.: The Soviet Prefects: The Local Party Organs in Industrial Decision-making. Cambridge (Mass.) 1969.

Huber, Mária: Moskau, 11. März 1985. Die Auflösung des sowjetischen Imperiums. München 2002.

Huber, Peter: Stalins Schatten in die Schweiz. Schweizer Kommunisten in Moskau: Verteidiger und Gefangene der Komintern. Zürich 1994.

Husband, William B.: Revolution in the Factory. The Birth of the Soviet Textile Industry, 1917–1920. New York, Oxford 1990.

Ingold, Felix Philipp: Der grosse Bruch. Russland im Epochenjahr 1913. Kultur, Gesellschaft, Politik. München 2000.

Isaev, V. I.: Byt rabočich Sibiri 1926–1937 gg. Novosibirsk 1988.

Isaev, V. I.: Kommuna ili kommunalka? Izmenenija byta rabočich Sibiri v gody industrializacii. (Vtoraja polovina 1920-ch — 1930-e gg.) Novosibirsk 1996.

Isaev, Viktor Ivanovič: Molodež' Sibiri v transformiryjuščemcja obščestve. Uslovija i mechanizmy socializacii (1920–1930-e gg.). Novosibirsk 2003.

Ivanova, Galina Mikhailovna: Labor Camp Socialism. The Gulag in the Soviet Totalitarian System. Hg. von Donald J. Raleigh. Armonk, London 2000.

Jähnig, Wolfgang: Die Siedlungsplanung im ländlichen Raum der Sowjetunion mit besonderer Berücksichtigung des Konzepts der «Agrostadt». Berlin 1983.

Jahn, Egbert: Bürokratischer Sozialismus: Chancen der Demokratisierung? Frankfurt a. M. 1982.

Jahn, Egbert: Der Wandel sowjetischer Perspektiven der gesellschaftlichen Entwicklung der Welt. In: Politik und Gesellschaft in sozialistischen Ländern. Ergebnisse und Probleme der Sozialistische Länder-Forschung. Hg. von Ralf Rytlewski. Opladen 1990, 379–403.

Jahn, Hubertus F.: Patriotic Culture in Russia During World War I. Ithaca, London 1995.

Jahrbuch Sowjetunion 1990/91. Krise – Zerfall – Neuorientierung. Hg. vom Bundesinstitut für ostwissenschaftliche und internationale Studien. München 1991.

Jansen, Marc / Petrov, Nikita: Stalin's Loyal Executioner. People's Commissar Nikolai Ezhov, 1895–1940. Stanford (Cal.) 2002.

Jasny, Naum: Soviet Industrialization 1928–1952. 2. Aufl. Chicago, London 1968.

John, Eckhard: Vom Traum zum Trauma. Musiker-Exil in der Sowjetunion. In: Musik im Exil. Folgen des Nazismus für die internationale Musikkultur. Hg. von Hanns-Werner Heister et al. Frankfurt a. M. 1993, 255–278.

Katzer, Nikolaus: Die weisse Bewegung in Russland. Herrschaftsbildung, praktische Politik und politische Programmatik im Bürgerkrieg. Köln etc. 1999.

Kauppala, Pekka: Die qualvolle Geburt und das kurze Aufblühen des autonomen Sowjet-Karelien. Ost-Karelien 1917–1930. In: Finnland-Studien. Hg. von Edgar Hösch. Wiesbaden 1990, 191–227.

Kautsky, Karl / Lenin, W. I. / Trotzki, Leo: Demokratie oder Diktatur? 2 Bände. Hg. von Hans-Jürgen Mende. Berlin 1990.

Keep, John L. H.: Last of the Empires: A History of the Soviet Union, 1945–1991. Oxford, New York 1995.

Keep, John L. H.: The Russian Revolution: A Study in Mass Mobilization. London 1976.

Keller, Shoshana: Trapped between State and Society: Women's Liberation and Islam in Soviet Uzbekistan, 1926–1941. In: Journal of Women's History 10 (1998) 20–44.

Keller, Shoshana: To Moscow, not Mecca. The Soviet Campaign Against Islam in Central Asia, 1917–1941. Westport (Conn.) 2001.

Kenez, Peter: The Birth of the Propaganda State. Soviet Methods of Mass Mobilization 1917–1929. Cambridge 1985.

Kenez, Peter: Cinema and Soviet Society 1917–1953. Cambridge 1992.

King, David: Stalins Retuschen. Foto- und Kunstmanipulation in der Sowjetunion. Hamburg 1997.

Kirschenbaum, Lisa A.: Small Comrades. Revolutionizing Childhood in Soviet Russia, 1917–1932. New York, London 2001.

Kirstein, Tatjana: Die Bedeutung von Durchführungsentscheidungen in dem zentralistisch verfassten Entscheidungssystem der Sowjetunion. Eine Analyse des stalinistischen Entscheidungssystems am Beispiel des Aufbaus von Magnitogorsk (1928–1932). Berlin (Wiesbaden)1984.

Kirstein, Tatjana: Die Rolle der KPdSU in der Wirtschaftsplanung: 1933–1953/55. Wiesbaden 1985.

Kirstein, Tatjana: Sowjetische Industrialisierung – geplanter oder spontaner Prozess? Eine Strukturanalyse des wirtschaftlichen Entscheidungsprozesses beim Aufbau des Ural-Kuzneck-Kombinats 1918–1930. Baden-Baden 1979.

Knight, Amy: Berija. Stalin's First Lieutenant. Princeton 1993.

Kobelt, Karl: Anton Makarenko — Ein stalinistischer Pädagoge. Interpretationen auf dem Hintergrund der russisch-sowjetischen Bildungspolitik. Frankfurt a. M. etc. 1996.

Kochanek, Hildegard: Die russisch-nationale Rechte von 1968 bis zum Ende der Sowjetunion. Eine Diskursanalyse. Stuttgart 1999.

Köbberling, Anna: Zwischen Liquidation und Wiedergeburt. Frauenbewegung in Russland von 1917 bis heute. Frankfurt a. M. etc. 1993.

Koenker, Diane P.: Men against Women on the Shop Floor in Early Soviet Russia: Gender and Class in the Socialist Workplace. In: The American Historical Review 100 (1995) 1438–1464.

Koenker, Diane: Moscow Workers and the 1917 Revolution. Princeton 1981.

Koenker, Diane / Rosenberg, William G.: Strikes and Revolution in Russia, 1917. Princeton 1989.

Kollontai, Alexandra: Ich habe viele Leben gelebt ... Autobiographische Aufzeichnungen. 3. Aufl. Köln 1986.

Konecny, Peter: Builders and Deserters. Students, State and Community in Leningrad, 1917–1941. London, Ithaca 1999.

Na korme vremeni. Interv'ju s leningradcami 1930-ch godov. Pod obščej red. M. Vituchnovskoj. Sankt-Peterburg 2000.

Korolenko, Wladimir: Ohne Freiheit keine Gerechtigkeit. Die Briefe an den Volkskommissar Lunatscharski (1920). Hg. von Michael Harms. Berlin 1993.

Kotkin, Stephen: Magnetic Mountain. Stalinism as a Civilization. Berkeley etc. 1995.

Kowalski, Ronald I.: The Bolshevik Party in Conflict: The Left Communist Opposition of 1918. Basingstoke etc. 1991.

Kozlov, Vladimir A.: Mass Uprisings in the USSR. Protest and Rebellion in the Post-Stalin Years. Armonk, London 2002.

Kritzman, Leo N.: Die heroische Periode der grossen russischen Revolution. Frankfurt a. M. 1971 (Nachdruck der Ausgabe Wien, Berlin 1929).

Krivitsky, Walter G.: Ich war Stalins Agent. Hg. von Hellmut G. Haasis. Grafenau-Döffingen 1990.

Krüger-Potratz, Marianne: Absterben der Schule oder Verschulung der Gesellschaft? Die sowjetische Pädagogik in der Zweiten Kulturrevolution 1928–31. München 1987.

Kuhr-Korolev, Corinna: «Gezähmte Helden». Die Formierung der Sowjet-jugend 1917–1932. Unveröffentl. Diss. Univ. Marburg 2002 (Publikation in Vorbereitung).

Kultur und Krise. Russland 1987–1997. Hg. von Elisabeth Cheauré. Berlin 1997.

Kultur und Kulturrevolution in der Sowjetunion. Hg. von Eberhard Knödler-Bunte und Gernot Erler. Berlin, Kronberg 1978.

Kultur im Stalinismus. Sowjetische Kultur und Kunst der 1930er bis 50er Jahre. Hg. von Gabriele Gorzka. Bremen 1994.

Kulturpolitik der Sowjetunion. Hg. von Oskar Anweiler und Karl-Heinz Ruffmann. Stuttgart 1973.

Kuromiya, Hiroaki: Stalin's Industrial Revolution. Politics and Workers, 1928–1932. Cambridge 1988.

Länderbericht Sowjetunion. Hg. von Hellmuth G. Bütow. München 1986 (zugleich Bonn 1986, 2. Aufl. 1988).

Lager, Zwangsarbeit, Vertreibung und Deportation. Dimension der Massenverbre-chen in der Sowjetunion und in Deutschland 1933 bis 1945. Hg. von Dittmar Dahlmann und G. Hirschfeld. Essen 1999.

Lampert, Nick: The Technical Intelligentsia and the Soviet State. A Study of Soviet Managers and Technicians 1928–1935. London 1979.

Langenohl, Andreas: Erinnerung und Modernisierung. Die öffentliche Rekonstruk-tion politischer Kollektivität am Beispiel des Neuen Russland. Göttingen 2000.

Larina Bucharina, Anna: Nun bin ich schon weit über zwanzig. Erinnerungen. Göttingen 1989.

Laveryčev, V. Ja.: Voennyj gosudarstvenno-monopolističeskij kapitalizm v Rossii. Moskva 1988.

Lebina, Natalja B.: Povsednevnaja žizn' sovetskogo goroda. Normy i anomalii. 1920—1930 gody. S.-Peterburg 1999.

Lebina, Natal'ja Borisovna: Rabočaja molodež' Leningrada. Trud i social'nyj oblik, 1921–1925 gg. Leningrad 1982.

Leder, Mary M.: My Life in Stalinist Russia. An American Woman Looks Back. Hg. von Laurie Bernstein. Bloomington, Indianapolis 2001.

Leggett, George: The Cheka: Lenin's Political Police. The All-Russian Extraordinary Commission for Combating Counter-Revolution and Sabotage (December 1917 to February 1922). 2. Aufl. Oxford 1986.

Lejberov, I. P. / Rudačenko, S. D.: Revoljucija i chleb. Moskva 1990.

Lenin, Vladimir I.: Neizvestnye dokumenty 1891–1922. Moskva 1999.

Lenin, W. I.: Werke. 40 Bände. (nach der 4. russ. Ausg.) und 2 Ergänzungsbde. (nach der 5. russ. Ausg.). Berlin 1955–1971.

Lenoe, Matt: Did Stalin Kill Kirov and Does It Matter? In: The Journal of Modern History 74 (2002) 352–380.

Levermann, Wolfgang: Kommunismus und Kapital. Das russische Bank- und Industriekapital in der Wirtschaftspolitik der Bolschewiki 1917/18. Melsungen 1988.

Lewada, Juri: Die Sowjetmenschen 1989–1991. Soziogramm eines Zerfalls. München 1993.

Lewin, Moshe: The Making of the Soviet System. Essays in the Social History of Interwar Russia. London 1985.

Lewin, Moshe: Political Undercurrents in Soviet Economic Debates. From Bukharin to the Modern Reformers. Princeton 1974.

Lewin, Moshe: Russian Peasants and Soviet Power. A Study of Collectivization. London 1968.

Lewytzkyj, Borys: Politische Opposition in der Sowjetunion 1960–1972. Analyse und Dokumentation. München 1972.

Liberman, Evsej G.: Methoden der Wirtschaftslenkung im Sozialismus. Ein Versuch über die Stimulierung der gesellschaftlichen Produktion. Frankfurt a. M. 1974.

Lichatschow, Dmitri S.: Hunger und Terror. Mein Leben zwischen Oktober- revolution und Perestroika. Hg. von Igor P. Smirnov. Ostfildern 1997.

Lih, Lars T.: Bread and Authority in Russia, 1914–1921. Berkeley etc. 1990.

Linden, Carl A.: Krushchev and the Soviet Leadership 1957–1964. Baltimore 1966.

Die linke Opposition in der Sowjetunion. Texte von 1923 bis 1928. 5 Bände. Hg. von Ulf Wolter. Berlin 1975 ff.

Löhmann, Reinhard: Der Stalinmythos. Studien zur Sozialgeschichte des Personenkultes in der Sowjetunion (1929–1935). Münster 1990.

Löwe, Heinz-Dietrich: Stalin. Der entfesselte Revolutionär. 2 Bände. Göttingen 2002.

Lorenz, Richard: Anfänge der bolschewistischen Industriepolitik. Köln 1965.

Lorenz, Richard: Sozialgeschichte der Sowjetunion. Bd. 1. 1917–1945. Frankfurt a. M. 1976.

Lovell, Stephen: The Russian Reading Revolution. Print Culture in the Soviet and Post-Soviet Eras. Houndmills, London 2000.

Luks, Leonid: Entstehung der kommunistischen Faschismustheorie. Die Ausein- andersetzung der Komintern mit Faschismus und Nationalsozialismus 1921–1935. Stuttgart 1985.

Lust und Last. Sowjetische Frauen von Alexandra Kollontai bis heute. Hg. von Kristine v. Soden. Berlin 1990.

Maier, Robert: Die Stachanov-Bewegung 1935–1938. Der Stachanovismus als tragendes und verschärfendes Moment der Stalinisierung der sowjetischen Gesellschaft. Stuttgart 1990.

Making Workers Soviet. Power, Class, and Identity. Hg. von Lewis H. Siegelbaum und Ronald Grigor Suny. Ithaca, London 1994.

Male, Donald J.: Russian Peasant Organisation before Collectivisation. A Study of Commune and Gathering 1925–1930. London 1971.

Malle, Silvana: The Economic Organization of War Communism, 1918–1921. Cambridge etc. 1985.

Mally, Lynn: Culture of the Future. The Proletkult Movement in Revolutionary Russia. Berkeley 1990.

Mandel, David: The Petrograd Workers and the Fall of the Old Regime: From the February Revolution to the July Days, 1917. New York 1983.

Mandel, David: The Petrograd Workers and the Soviet Seizure of Power: From the July Days 1917 to July 1918. New York 1984.

Martin, Terry: The Affirmative Action Empire. Nations and Nationalism in the Soviet Union, 1923–1939. Ithaca 2001.

Martin, Terry: The Origins of Soviet Ethnic Cleansing. In: The Journal of Modern History 70 (1998) 813–861.

Mass Culture in Soviet Russia. Tales, Poems, Songs, Movies, Plays, and

Folklore, 1917–1953. Hg. von James van Geldern und Richard Stites. Bloomington etc. 1995.

Massell, Gregory J.: The Surrogate Proletariat: Moslem Women and Revolutionary Strategies in Soviet Central Asia 1919–1929. Princeton 1974.

Mautner, Wilhelm: Der Kampf um und gegen das russische Erdöl. Wien, Leipzig 1929.

Mawdsley, Evan: The Russian Civil War. London etc. 1987.

McAuley, Mary: Bread and Justice. State and Society in Petrograd 1917–1922. Oxford 1991.

McAuley, Mary: Labour Disputes in Soviet Russia 1957–1965. Oxford 1969.

McClelland, James G.: Bolsheviks, Professors, and the Reform of Higher Education in Soviet Russia 1917–21. Princeton 1970.

McDermid, Jane / Hillyar, Anna: Midwives of the Revolution. Female Bolsheviks and Women Workers in 1917. London 1999.

McKean, Robert B.: St. Petersburg between the Revolutions. Workers and Revolutionaries, June 1907–February 1917. New Haven 1990.

Medwedew, Roy: Das Urteil der Geschichte. Stalin und Stalinismus. 3 Bände. Berlin 1992.

Medwedew, Roy A.: Die Wahrheit ist unsere Stärke. Geschichte und Folgen des Stalinismus. Hg. von D. Joravsky und G. Haupt. Frankfurt a. M. 1973.

Der Mensch gegen den Menschen. Überlegungen und Forschungen zum deutschen Überfall auf die Sowjetunion 1941. Hg. von Hans-Heinrich Nolte. Hannover 1992.

Merl, Stephan: Der Agrarmarkt und die Neue Ökonomische Politik. Die Anfänge staatlicher Lenkung der Landwirtschaft in der Sowjetunion 1925–1928. München, Wien 1981.

Merl, Stephan: Die Anfänge der Kollektivierung in der Sowjetunion. Der Übergang zur staatlichen Reglementierung der Produktions- und Marktbeziehungen im sowjetischen Dorf (1928–1930). Wiesbaden 1985.

Merl, Stephan: Bauern unter Stalin. Die Formierung des sowjetischen Kolchos-systems 1930–1941. Berlin 1990.

Merl, Stephan: Berija und Chruščev: Entstalinisierung oder Systemerhalt? Zum Grunddilemma sowjetischer Politik nach Stalins Tod. In: Geschichte in Wissen-schaft und Unterricht 52 (2001) 484–506.

Merl, Stephan: Russland und die Sowjetunion 1914–1980. In: Handbuch der euro-päischen Wirtschafts- und Sozialgeschichte. Hg. von Wolfram Fischer et al. Bd. 6. Stuttgart 1987, 640–728.

Merl, Stephan: Sozialer Aufstieg im sowjetischen Kolchossystem der 30er Jahre? Über das Schicksal der bäuerlichen Parteimitglieder, Dorfsowjetvorsitzenden, Posteninhaber in Kolchosen, Mechanisatoren und Stachanowleute. Berlin 1990.

Merridale, Catherine: Moscow Politics and the Rise of Stalin. The Communist Party in the Capital, 1925–32. Houndmills, London 1990.

Merridale, Catherine: Steinerne Nächte. Leiden und Sterben in Russland. München 2001.

Meyer, Gert: Alltagsleben sowjetischer Industriearbeiter Mitte der zwanziger Jahre. In: Beiträge zur Sozialismusanalyse. Bd. 2. Hg. von Peter Brokmeier und Rainer Rilling. Köln 1979, 244–292.

Meyer, Gert: Petrograder Betriebskomitees im Revolutionsjahr 1917. Neue Doku-mente ihrer Entwicklung im revolutionären Prozess. In: Beiträge zur Sozialismus-analyse. Bd. 3. Hg. von Peter Brokmeier und Rainer Rilling. Köln 1981, 33–56.

Meyer, Gert: Sozialstruktur sowjetischer Industriearbeiter Ende der zwanziger

Jahre. Ergebnisse einer Gewerkschaftsumfrage unter Metall-. Textil- und Berg-
arbeitern 1929. Marburg 1981.

Meyer, Gert: Studien zur sozialökonomischen Entwicklung Sowjetrusslands
1921–1923. Die Beziehungen zwischen Stadt und Land zu Beginn der Neuen
Ökonomischen Politik. Köln 1974.

Mick, Christoph: Sowjetische Propaganda, Fünfjahrplan und deutsche
Russlandpolitik 1928–1932. Stuttgart 1995.

Mildenberger, Florian Georg: Die Polarmagistrale. Ein Beitrag zur Erforschung
unbekannter Eisenbahnprojekte in Russlands Norden und Sibirien 1943 bis 1954.
München 2000.

Mommsen, Margareta: Wohin treibt Russland? Eine Grossmacht zwischen Anarchie
und Demokratie. München 1996.

Moritsch, Andreas: Landwirtschaft und Agrarpolitik in Russland vor der Revolution. Köln, Wien 1986.

Die Moskauer Schauprozesse 1936–1938. Hg. von Theo Pirker. München 1963.

Müller, Eberhard: Autonome Bewegungen des Volkskrieges in Sowjetrussland nach
der Revolution von 1917. In: Partisanen und Volkskrieg. Zur Revolutionierung
des Krieges im 20. Jahrhundert. Hg. von Gerhard Schulz. Göttingen 1985, 36–56.

Müller, Elfriede: Die Bolschewiki und die Gewalt. In: Archiv für die Geschichte
des Widerstandes und der Arbeit 15 (1998) 155–204.

Müller, Reinhard: Menschenfalle Moskau. Exil und stalinistische Verfolgung.
Hamburg 2001.

Die Muslime in der Sowjetunion und in Jugoslawien. Identität, Politik, Widerstand.
Hg. von Andreas Kappeler et al. Köln 1989.

Naiman, Eric: Sex in Public: The Incarnation of Early Soviet Ideology. Princeton
(N. J.) 1997.

Narskij, Igor': Volksfrömmigkeit und Kriegserfahrung im Ural (1917–1922).
In: Der Krieg in religiösen und nationalen Deutungen in der Neuzeit.
Hg. von Dietrich Beyrau. Tübingen 2001, 165–188.

Narskij, Igor': Žizn' v katastrofe. Budni naselenija Urala v 1917–1922 gg.
Moskva 2001.

Nationalitätenkonflikte in der Sowjetunion. Hg. von Gert Meyer. Köln 1990.

Neutatz, Dietmar: Die Moskauer Metro. Von den ersten Plänen bis zur
Grossbaustelle des Stalinismus (1897–1935). Köln etc. 2001.

Nikiforov, L. V.: Social'no-ėkonomičeskaja integracija goroda i sela. Soderžanie,
celi, puti, uslovija. Moskva 1988.

Nolte, Hans-Heinrich: Budgetakkumulation, Kollektivierungskampagne und
Religionsbedrückung im ersten sowjetischen Fünfjahrplan. In: Kirche im Osten
24 (1981) 83–105.

Nolte, Hans-Heinrich: Gruppeninteressen und Aussenpolitik. Die Sowjetunion
in der Geschichte Internationaler Beziehungen. Frankfurt a. M., Zürich 1979.

Nolte, Hans-Heinrich / Poljan, Pavel: Massenverbrechen in der Sowjetunion und
im nationalsozialistischen Deutschland. Zum Vergleich der Diktaturen.
In: Zeitschrift für Weltgeschichte 2 (2001) H. 1, 125–147.

Normy i cennosti povsednevnoj žizni. Stanovlenie socialističeskogo obraza žizni
v Rossii, 1920—1930-e gody. Hg. von Timo Vichavajnen. S.-Peterburg 2000.

Nove, Alec: An Economic History of the U. S. S. R. Harmondsworth 1972.

Nove, Alec: Stalinism and After. The Road to Gorbachev. 3. Aufl. London 1988.

Oberländer, Erwin: Sowjetpatriotismus und Geschichte. Eine Dokumentation.
Köln 1967.

Obraz žizni naselenija krupnogo goroda. Opyt kompleksnogo social'nogo
issledovanija. Pod red. A. S. Paškova. Leningrad 1988.

Obščee i osobennoe v obraze žizni social'nych grupp Sovetskogo obščestva. Otvetstv. red. I. T. Levykin. Moskva 1987.

Oktjabr' 1917: Veličejsee sobytie veka ili social'naja katastrofa? Hg. von P. V. Volobuev. Moskva 1991.

Osokina, Elena: Our Daily Bread. Socialist Distribution and the Art of Survival in Stalin's Russia, 1927–1941. Armonk 2001.

Osteuropa-Handbuch. Sowjetunion. Aussenpolitik. 3 Bände. Hg. von Dietrich Geyer. Köln, Wien 1972–1976.

Osteuropa-Handbuch. Sowjetunion. Das Wirtschaftssystem. Hg. von Werner Markert. Köln, Graz 1965.

Partei, Staat und Sovetgesellschaft. Sozialgeschichtliche Aspekte politischer Macht. Dokumente 1917–1941. Hg. von Eberhard Müller und Hans-Henning Schröder. Tübingen 1993.

Party, State and Society in the Russian Civil War: Explorations in Social History. Hg. von Diane P. Koenker et al. Bloomington 1989.

Paschukanis, E.: Allgemeine Rechtslehre und Marxismus. Versuch einer Kritik der juristischen Grundbegriffe. 3. Aufl. Frankfurt a. M. 1970.

Payne, Matthew: Stalin's Railroad. Turksib and the Building of Socialism. Pittsburgh 2001.

Penkaitis, Norbert: Entwicklungstendenzen der Agrarstrukturen in Russland. Hg. von Eberhard Schinke. Berlin 1995.

Perestroika and Soviet Women. Hg. von Mary Buckley. Cambridge 1992.

Perestrojka: Zwischenbilanz. Hg. von Klaus Segbers. Frankfurt a. M. 1990.

Perovič, Jeronim: Die Regionen Russlands als neue politische Kraft. Chancen und Gefahren des Regionalismus für Russland. Bern etc. 2001.

Peters, Jochen-Ulrich: Russische Satire im 20. Jahrhundert. München 1984.

Pethybridge, Roger: The Social Prelude to Stalinism. New York 1974.

Pethybridge, Roger: One Step Backwards, Two Steps Forward. Soviet Society and Politics under the New Economic Policy. Oxford 1990.

Petrone, Karen: Life Has Become More Joyous, Comrades. Celebrations in the Time of Stalin. Bloomington (Ind.) 2000.

Pichoja, R. G.: Sovetskij Sojuz: Istorija vlasti 1945–1991. Moskva 1998.

Pietrow, Bianka: Stalinismus – Sicherheit – Offensive. Das Dritte Reich in der Konzeption der sowjetischen Aussenpolitik 1933 bis 1941. Melsungen 1983.

Pietsch, Walter: Revolution und Staat. Institutionen als Träger der Macht in Sowjetrussland 1917–1922. Köln 1969.

Pinkus, Benjamin / Fleischhauer, Ingeborg: Die Deutschen in der Sowjetunion. Geschichte einer nationalen Minderheit im 20. Jahrhundert. Hg. von Karl-Heinz Ruffmann. Baden-Baden 1988.

Pipes, Richard: The Formation of the Soviet Union. Communism and Nationalism 1917–1923. 2. Aufl. Cambridge (Mass.) 1964.

Plaggenborg, Stefan: Revolutionskultur. Menschenbilder und kulturelle Praxis in Sowjetrussland zwischen Oktoberrevolution und Stalinismus. Köln etc. 1996.

Plaggenborg, Stefan: Volksreligiosität und antireligiöse Propaganda in der frühen Sowjetunion. In: Archiv für Sozialgeschichte 32 (1992) 95–130.

Plaggenborg, Stefan: Weltkrieg, Bürgerkrieg, Klassenkrieg. Mentalitätsgeschichtliche Versuche über die Gewalt in Sowjetrussland. In: Historische Anthropologie 3 (1995) 493–505.

Ploss, Sidney I.: Conflict and Decision-making in Soviet Russia. A Case Study of Agricultural Policy 1953–1963. Princeton 1965.

Political Culture and Communist Studies. Hg. von Archie Brown. Basingstoke etc. 1984.

The Politics of Rural Russia, 1905–1914. Hg. von Leopold Haimson. Bloomington 1979.

Politik und Religion in der Sowjetunion 1917–1941. Hg. von Christoph Gassenschmidt und Ralph Tuchtenhagen. Wiesbaden 2001.

Das politische und gesellschaftliche System der UdSSR. Ein Quellenband. Hg. von Gert Meyer. Köln 1976.

Poljan, Pavel: Zertvy dvuch diktatur. Ostarbajtery i voennoplennye v Tret'em Rejche i ich repatriacija. Moskva 1996.

Pollock, Friedrich: Die planwirtschaftlichen Versuche in der Sowjetunion 1917–1927. Frankfurt a. M. 1971 (Nachdruck der Ausgabe Leipzig 1929).

Pomper, Philip: Lenin, Trotsky, and Stalin: The Intelligentsia and Power. New York 1990.

Pouvoirs et société en Union soviétique. Hg. von Jean-Paul Depretto. Paris 2002.

Präventivkrieg? Der deutsche Angriff auf die Sowjetunion. Hg. von Bianka Pietrow-Ennker. Frankfurt a. M. 2000.

Preobraženskij, E.: Die Neue Ökonomik. Berlin 1971.

Probleme des Sozialismus und der Übergangsgesellschaften. Hg. von Peter Hennicke. Frankfurt a. M. 1973.

Proletarische Kulturrevolution in Sowjetrussland (1917–1921). Dokumente des «Proletkult». Hg. von Richard Lorenz. Übersetzt von Uwe Brügmann und Gert Meyer. München 1969.

Proletkult. Eine Dokumentation zur Proletarischen Kulturrevolution in Russland. Texte – Materialien – Beiträge. Hg. von Peter Gorsen et al. In: Ästhetik und Kommunikation 2 (1972) H. 5/6, 63–203.

Provincial Landscapes. Local Dimensions of Soviet Power, 1917–1953. Hg. von Donald J. Raleigh. Pittsburgh 2001.

Rabočij klass Rossii, ego sojuzniki i političeskie protivniki v 1917 godu. Sbornik naučnych trudov. Otvetstv. red. O. N. Znamenskij. Leningrad 1989.

Radkey, Oliver H.: The Agrarian Foes of Bolshevism. Promise and Default of the Russian Socialist Revolutionaries February to October 1917. New York, London 1962.

Radkey, Oliver H.: Russia Goes to the Polls: The Election to the All-Russian Constituent Assembly, 1917. Ithaca, London 1989.

Radkey, Oliver H.: The Unknown Civil War in Soviet Russia. A Study of the Green Movement in the Tambov Region 1920–1921. Stanford 1976.

Raleigh, Donald J.: Revolution on the Volga: 1917 in Saratov. Ithaca, London 1986.

Ransel, David L. : Village Mothers. Three Generations of Change in Russia and Tataria. Bloomington (Ind.) 2000.

Rapports secrets soviétiques. La société russe dans les documents confidentiels 1921–1991. Recuel de pièces d'archives provenant du Centre de conservation de la documentation contemporaine, du Centre russe de conservation et d'étude des documents d'histoire contemporaine, des Archives d'Etat de la Fédération de Russie. Hg. von Nicolas Werth und Gael Moullec. Paris 1994.

Raupach, Hans: Geschichte der Sowjetwirtschaft. Reinbek 1964.

Raupach, Hans: System der Sowjetwirtschaft. Theorie und Praxis. Reinbek 1968.

Rawson, Don C.: Russian Rightists and the Revolution of 1905. Cambridge 1995.

Read, Christopher J.: Culture and Power in Revolutionary Russia. The Intelligentsia and the Transition from Tsarism to Communism. Basingstoke, London 1990.

Redlich, Shimon: War, Holocaust and Stalinism. A Documented Study of the Jewish Anti-Fascist Committee in the USSR. Luxembourg etc. 1995.

Reed, John: Zehn Tage, die die Welt erschütterten. Reinbek 1967.

Rees, E. A.: State Control in Soviet Russia. The Rise and Fall of the Workers' and Peasants' Inspectorate, 1920–1934. London, New York 1987.

Reese, Roger R.: The Soviet Military Experience. A History of the Soviet Army, 1917–1991. London, New York 1999.

Regional Russia in Transition: Studies from Yaroslavl'. Hg. von Jeffrey W. Hahn. Washington D. C. 2001.

Reiman, Michal: Die Geburt des Stalinismus. Die UdSSR am Vorabend der «zweiten Revolution». Frankfurt a. M. 1979.

Reisser, Claus Thomas: Menschewismus und Revolution 1917. Probleme einer sozialdemokratischen Standortbestimmung. Diss. Tübingen 1981.

A Revolution of Their Own. Voices of Women in Soviet History. Hg. von Barbara Alpern Engel und Anastasia Posadskaya-Vanderbeck. Boulder (Col.) 1998.

Revolution in Russia: Reassessments of 1917. Hg. von Edith Rogovin Frankel et al. Cambridge etc. 1992.

Rexheuser, Rex: Dumawahlen und lokale Gesellschaft. Studien zur Sozialgeschichte der russischen Rechten vor 1917. Köln, Wien 1980.

Režim ličnoj vlasti Stalina. K istorii formirovanija. Hg. von Ju. S. Kukuškin. Moskva 1989.

Rittersporn, Gábor Tamás: Simplifications staliniennes et complications soviétiques. Tensions sociales et conflits politiques en URSS (1933–1953). Paris 1988 (engl. Chur etc. 1991).

Rosenberg, William G.: Liberals in the Russian Revolution. The Constitutional Democratic Party, 1917–1921. Princeton 1974.

Rosenfeldt, Niels Erik: Knowledge and Power. The Role of Stalin's Secret Chancellery in the Soviet System of Government. Copenhagen 1978.

Rosenfeldt, Niels Erik: Stalin's Secret Chancellery and the Comintern. Evidence about the Organizational Patterns. Copenhagen 1991.

Rossi, Jacques: The Gulag Handbook. An Encyclopedia Dictionary of Soviet Penitentiary Institutions and Terms Related to the Forced Labor Camps. New York 1989.

Rowney, Don K.: Transition to Technocracy. The Structural Origins of the Soviet Administration State. Ithaca, London 1989.

Rüstungswirtschaft in der Sowjetunion. Hg. von Randolph Nikutta. In: Militärpolitik Dokumentation 10 (1986) H. 47–49, 3–178.

Rüting, Torsten: Pavlov und der Neue Mensch. Diskurse über Disziplinierung in Sowjetrussland. München 2002.

Russia in the Era of NEP. Explorations in Soviet Society and Culture. Hg. von Sheila Fitzpatrick et al. Bloomington, Indianapolis 1991.

Die russische Arbeiteropposition. Die Gewerkschaften in der Revolution. Hg. von Gottfried Mergner. Reinbek 1972.

Die russische Revolution 1917. Von der Abdankung des Zaren bis zum Staatsstreich der Bolschewiki. Hg. von Manfred Hellmann. 3. Aufl. München 1977.

Die russische Revolution 1917. Der Aufstand der Arbeiter, Bauern und Soldaten. Eine Dokumentation. Hg. von Richard Lorenz zusammen mit Manfred v. Boetticher und Bianka Pietrow. München 1981.

Die russischen politischen Parteien von 1905 bis 1917. Ein Dokumentationsband. Hg. von Peter Scheibert. Darmstadt 1972.

Russland unter neuer Führung. Politik, Wirtschaft und Gesellschaft am Beginn des 21. Jahrhunderts. Hg. von Hans-Hermann Höhmann und Hans-Henning Schröder. Münster 2001.

Russlands Perspektive: Ein starker Staat als Garant von Stabilität und offener Gesellschaft? Hg. von Gabriele Gorzka und Peter W. Schulze. Bremen 2002.

Russlands Zukunft. Vorträge eines gemeinsamen Seminars mit der Hessischen
    Landeszentrale für politische Bildung. Hg. von Bernd Heidenreich, Klaus Heller
    und Eberhard Schinke. Berlin 1994.
Rybakow, Anatoli: Roman der Erinnerung. Memoiren. Berlin 2001.
Sakwa, Richard: Soviet Communists in Power. A Study of Moscow during the Civil
    War, 1918–21. Basingstoke etc. 1988.
Sartorti, Rosalinde: Pressefotografie und Industrialisierung in der Sowjetunion.
    Die Pravda 1925–1933. Berlin (Wiesbaden), 1981.
Schattenberg, Susanne: Stalins Ingenieure. Lebenswelten zwischen Technik und
    Terror in den 1930er Jahren. München 2002.
Schauprozesse unter Stalin 1932–1952. Zustandekommen, Hintergründe, Opfer.
    Berlin 1990.
Scheibert, Peter: Lenin an der Macht. Das russische Volk in der Revolution
    1918–1922. Weinheim 1984.
Scheide, Carmen: Kinder, Küche, Kommunismus. Das Wechselverhältnis zwischen
    sowjetischem Frauenalltag und Politik von 1921 bis 1930 am Beispiel Moskauer
    Arbeiterinnen. Zürich 2002.
Scherbakowa, Irina: Nur ein Wunder konnte uns retten. Leben und Überleben
    unter Stalins Terror. Frankfurt a. M., New York 2000.
Scherrer, Jutta: Kulturologie. Russland auf der Suche nach einer zivilisatorischen
    Identität. Göttingen 2003.
Schewardnadse, Eduard et al.: Revolution in Moskau. Der Putsch und das Ende
    der Sowjetunion. Reinbek 1991.
Schewardnadse, Eduard: Die Zukunft gehört der Freiheit. Reinbek 1991.
Schlögel, Karl: Jenseits des Grossen Oktober. Das Laboratorium der Moderne.
    Petersburg 1909–1921. Berlin 1988 (Neuauflage: Petersburg. Das Laboratorium
    der Moderne 1909–1921. München, Wien 2002).
Schlögel, Karl: Der renitente Held. Arbeiterprotest in der Sowjetunion 1953–1983.
    Hamburg 1984.
Schmidt-Häuer, Christian: Michail Gorbatschow. Mit einem Essay «Vom Soll
    und Haben des neuen Mannes: Etappen und Chancen einer Wirtschaftsreform»
    von Maria Huber. 4. Aufl. München, Zürich 1986.
Schmidt-Häuer, Christian: Russland in Aufruhr. Innenansichten aus einem recht-
    losen Reich. München, Zürich 1993.
Schneider, Eberhard: Das politische System der Russischen Föderation.
    Eine Einführung. Opladen 1999.
Schneider, Barbara: Schweizer Auswanderer in der Sowjetunion. Die Erlebnisse
    der Schweizer Kommunarden im revolutionären Russland (1924–1930).
    Schaffhausen 1985.
Schrader, Fred E.: Der Moskauer Prozess 1936. Zur Sozialgeschichte eines politi-
    schen Feindbildes. Frankfurt a. M., New York 1995.
Schramm, Gottfried: Militarisierung und Demokratisierung: Typen der Massen-
    integration im Ersten Weltkrieg. In: Francia 3 (1975) 476–497.
Schramm, Gottfried: Die russische Armee als politischer Faktor vor der Februar-
    revolution. In: Militärgeschichtliche Mitteilungen 18 (1975) 33–62.
Schröder, Hans-Henning: Arbeiterschaft, Wirtschaftsführung und Parteibürokratie
    während der Neuen Ökonomischen Politik. Eine Sozialgeschichte der bolsche-
    wistischen Partei 1920–1928. Berlin (Wiesbaden) 1982 (= FzoG 31).
Schröder, Hans-Henning: Industrialisierung und Parteibürokratie in der Sowjet-
    union. Ein sozialgeschichtlicher Versuch über die Anfangsphase des Stalinismus.
    Berlin (Wiesbaden) 1988 (= FzoG 41).
Schröder, Hans-Henning: «Lebendige Verbindung mit den Massen». Sowjetische

Gesellschaftspolitik in der Ära Chruščev. In: Vierteljahreshefte für Zeitgeschichte 34 (1986) 523–560.

Schröder, Hans-Henning: Sowjetische Rüstungs- und Sicherheitspolitik zwischen «Stagnation» und «Perestrojka». Eine Untersuchung der Wechselbeziehung von auswärtiger Politik und innerem Wandel in der UdSSR (1979–1991). Baden-Baden 1995.

Schuler-Jung, Helga: Ökonomie und Politik in Sowjetrussland 1920–1924. Zum Prozess der Willensbildung in der KPR (B) in den ersten Jahren der Neuen Ökonomischen Politik. Marburg 1978.

Schwendemann, Heinrich: Die wirtschaftliche Zusammenarbeit zwischen dem Deutschen Reich und der Sowjetunion von 1939 bis 1941 – Alternative zu Hitlers Ostprogramm. Berlin 1993.

Segbers, Klaus: Der sowjetische Systemwandel. Frankfurt a. M. 1989.

Segbers, Klaus: Die Sowjetunion im Zweiten Weltkrieg: Die Mobilisierung von Verwaltung, Wirtschaft und Gesellschaft im «Grossen Vaterländischen Krieg» 1941–1943. München 1987.

Serge, Victor: Beruf: Revolutionär. Erinnerungen 1901 – 1917 – 1941. Frankfurt a. M. 1967.

Service, Robert: The Bolshevik Party in Revolution. A Study in Organizational Change, 1917–1923. London 1979.

Service, Robert: Lenin. Eine Biographie. München 2000.

Service, Robert: Lenin. A Political Life. 2 Bände. Basingstoke etc. 1985–1991.

Service, Robert: The Russian Revolution 1900–1927. 2. Aufl. Atlantic Highlands 1991.

Sesterhenn, Raimund: Das bogostroitel'stvo bei Gor'kij und Lunačarskij bis 1909. Zur ideologischen und literarischen Vorgeschichte der Parteischule von Capri. München 1982.

Sexualforschung und -politik in der Sowjetunion seit 1917. Eine Bestandsaufnahme in Kommentaren und historischen Texten. Hg. von Joachim S. Hohmann. Frankfurt a. M. etc. 1990.

Shimotomai, Nobuo: Moscow under Stalinist Rule, 1931–34. Basingstoke etc. 1991.

Shlapentokch, Vladimir: A Normal Totalitarian Society. How the Soviet Union Functioned and How It Collapsed. Armonk (N. Y.) 2001.

Shurawljow, Sergej: «Ich bitte um Arbeit in der Sowjetunion.» Das Schicksal deutscher Facharbeiter im Moskau der 30er Jahre. Berlin 2003.

Siebert, Diana: Bäuerliche Alltagsstrategien in der Belorussischen SSR (1921–1941). Stuttgart 1998.

Siegel, Achim: Die Dynamik des Terrors im Stalinismus. Ein strukturtheoretischer Erklärungsversuch. Pfaffenweiler 1992.

Siegelbaum, Lewis H.: The Politics of Industrial Mobilization in Russia 1914–17. A Study of the War-Industries Committees. Oxford 1983.

Siegelbaum, Lewis H.: Soviet State and Society between the Revolutions, 1918–1929. Cambridge etc. 1992.

Siegelbaum, Lewis H.: Stakhanovism and the Politics of Productivity in the USSR, 1935–1941. Cambridge etc. 1988.

Simon, Gerhard: Nationalismus und Nationalitätenpolitik in der Sowjetunion. Von der totalitären Diktatur zur nachstalinschen Gesellschaft. Baden-Baden 1986.

Slepzow, Nikolai / Rewenko, Lidija: Die Perestroika-Generation. Jugendliche in Russland, München 1993.

Smith, S. A.: Red Petrograd: Revolution in the Factories, 1917–18. Cambridge 1983.

Sochor, Zenovia A.: Revolution and Culture: The Bogdanov-Lenin-Controversy. Ithaca, London 1988.

Social Dimensions of Soviet Industrialization. Hg. von William G. Rosenberg
und Lewis H. Siegelbaum. Bloomington etc. 1993.
Society and Politics in the Russian Revolution. Hg. von Robert Service.
Basingstoke, London 1992.
Solomon, Peter H.: Soviet Criminal Justice under Stalin. Cambridge etc. 1996.
Soviet Nationality Policies. Ruling Ehtnic Groups in the USSR. Hg. von Henry
R. Huttenbach. Rutherford 1990.
Soviet Nationality Policies and Practices. Hg. von Jeremy R. Azrael.
New York etc. 1978.
The Soviet Union since Stalin. Hg. von Stephan F. Cohen et al. Bloomington 1980.
Die sowjetische Bildungspolitik seit 1917. Texte und Dokumente. Hg. von Oskar
Anweiler und Klaus Meyer. Heidelberg 1961.
Sowjetische Fotografie der 1920er-/1930er-Jahre. Von Piktorialismus und Moder-
nismus zum Sozialistischen Realismus. Hg. von Susanne Winkler, Historisches
Museum der Stadt Wien. Wien 2000.
Sowjetjugend 1917–1941. Generation zwischen Revolution und Resignation.
Hg. von Corinna Kuhr-Korolev, Stefan Plaggenborg und Monica Wellmann.
Essen 2001.
Sowjetmacht und Bauern. Dokumente zur Agrarpolitik und zur Entwicklung
der Landwirtschaft während des «Kriegskommunismus» und der Neuen
Ökonomischen Politik. Hg. von Stephan Merl. Berlin 1993.
Sowjetunion. Hg. von Adolf Karger unter Mitarbeit von Jörg Stadelbauer.
Frankfurt a. M. 1978 (aktualisierte Aufl. 1987).
Die Sowjetunion. Von der Oktoberrevolution bis zu Stalins Tod. Bd. 1: Staat und
Partei. Hg. von Helmut Altrichter. München 1986; Bd. 2: Wirtschaft und
Gesellschaft. Hg. von Helmut Altrichter und Heiko Haumann. München 1987.
Sowjetunion 1988/89. Perestrojka in der Krise? Hg. vom Bundesinstitut für ost-
wissenschaftliche und internationale Studien. München 1989.
Die Sowjetunion im Zeichen des Stalinismus. Hg. von Antonio Peter und Robert
Maier. Köln 1991.
Soziologie in der Sowjetunion. Ausgewählte sowjetische Abhandlungen zu Proble-
men der sozialistischen Gesellschaft. Hg. von René Ahlberg. Freiburg i. Br. 1969.
Sozioökonomische Bedingungen der sowjetischen Aussenpolitik. Hg. von Egbert
Jahn. Frankfurt a. M., New York 1975.
Sphären von Öffentlichkeit in Gesellschaften sowjetischen Typs. Zwischen partei-
staatlicher Selbstinszenierung und kirchlichen Gegenwelten. Hg. von Gábor
Rittersporn, Malte Rolf und Jan C. Behrends. Frankfurt a. M. etc. 2003.
Spieler, Silke: Autonomie oder Reglementierung. Die russische Universität
am Vorabend des Ersten Weltkriegs. Köln, Wien 1981.
Sprünge, Brüche, Brücken. Debatten zur politischen Kultur in Russland
aus der Perspektive der Geschichtswissenschaft, Kultursoziologie und Politik-
wissenschaft. Beiträge einer internationalen und interdisziplinären Tagung.
Hg. von Martina Ritter und Barbara Wattendorf. Berlin 2002.
Die Staatsordnung der Sowjetunion. Hg. von Herwig Roggemann. 2. Aufl.
Berlin 1973.
Stadelbauer, Jörg: Kolchozmärkte in der Sowjetunion. Geographische Studien zu
Struktur, Tradition und Entwicklung des privaten Einzelhandels. Mainz 1991.
Stadelbauer, Jörg: Landwirtschaftliche Integration in den Subtropen der Sowjet-
union. Überbetriebliche Zusammenarbeit im transkaukasischen Agrarraum.
Berlin 1983.
Stadelbauer, Jörg: Die Nachfolgestaaten der Sowjetunion. Grossraum zwischen
Dauer und Wandel. Darmstadt 1996.

Stadelbauer, Jörg: Studien zur Agrargeographie Transkaukasiens. Subtropische Landwirtschaft im gesamtsowjetischen Rahmen. Berlin 1983.

Stadelmann, Matthias: Das revolutionäre Russland in der Neuen Kulturgeschichte. Diskursive Formationen und soziale Identitäten. Erlangen, Jena 1997.

Stalin – Briefe an Molotow 1925–1936. Hg. von Lars T. Lih et al. Berlin 1996.

Stalin, J. W.: Werke (1901–1934). 13 Bände. Berlin 1951–1955.

Stalinism. Essays in Historical Interpretation. Hg. von Robert C. Tucker. New York 1977.

Stalinism. Its Nature and Aftermath. Essays in Honour of Moshe Lewin. Hg. von Nick Lampert und Gabor T. Rittersporn. London 1992.

Stalinismus. New Directions. Hg. von Sheila Fitzpatrick. London, New York 2000.

Stalinism as a Way of Life. A Narrative in Documents. Hg. von Lewis Siegelbaum und Andrei Sokolov. New Haven, London 2000.

Stalinismus. Neue Forschungen und Konzepte. Hg. von Stefan Plaggenborg. Berlin 1998.

Stalinismus. Probleme der Sowjetgesellschaft zwischen Kollektivierung und Weltkrieg. Hg. von Gernot Erler und Walter Süss. Frankfurt a. M. etc. 1982.

Stalinismus vor dem Zweiten Weltkrieg. Hg. von Manfred Hildermeier. München 1998.

Stalinist Terror. New Perspectives. Hg. von J. Arch Getty und Roberta T. Manning. Cambridge etc. 1993.

Stalinscher Terror 1934–41. Eine Forschungsbilanz. Hg. von Wladislaw Hedeler. Berlin 2002.

Stark, Meinhard: Frauen im Gulag. Alltag und Überleben 1936 bis 1956. München, Wien 2003.

Starr, S. Frederick: Red and Hot. Jazz in Russland von 1917 bis 1990. Wien 1990.

Steffens, Thomas: Die Arbeiter von Petersburg 1907 bis 1917. Soziale Lage, Organisation und spontaner Protest zwischen zwei Revolutionen. Freiburg i. Br. 1985.

Steinberg, Mark D.: Proletarian Imagination. Self, Modernity, and the Sacred in Russia, 1910–1925. Ithaca, London 2002.

Steinberg, Mark D.: Voices of Revolution, 1917. New Haven 2001.

Stettner, Ralf: «Archipel Gulag»: Stalins Zwangslager – Terrorinstrument und Wirtschaftsgigant. Entstehung, Organisation und Funktion des sowjetischen Lagersystems 1928–1956. Paderborn etc. 1996.

Stites, Richard: Revolutionary Dreams. Utopian Vision and Experimental Life in the Russian Revolution. New York, Oxford 1989.

Stites, Richard: Russian Popular Culture. Entertainment and Society since 1900. Cambridge 1900.

Stone, David R.: Hammer and Rifle. The Militarization of the Soviet Union, 1926–1933. Lawrence (Kan.) 2000.

Street Art of the Revolution. Festivals and Celebrations in Russia 1918–33. Hg. von Vladimir Tolstoy et al. London 1990.

Strumilin, S. G.: Der Arbeitslohn in der russischen Industrie 1913–1922. Hg. von Gert Meyer. Marburg 1985.

Stucka, Peter: Die revolutionäre Rolle von Staat und Recht. Frankfurt a. M. 1969.

Studer, Brigitte: Un parti sous influence. Le Parti communiste suisse, une section du Komintern 1931 à 1939. Lausanne 1994.

Studer, Brigitte / Unfried, Berthold: Der stalinistische Parteikader. Identitätsstiftende Praktiken und Diskurse in der Sowjetunion der dreissiger Jahre. Köln etc. 2001.

Suchanow, Nikolaj Nikolajewitsch: 1917. Tagebuch der russischen Revolution. Hg. von Nikolaus Ehlert. München 1967.

Šuchov, N. S.: Političeskaja ėkonomija socializma v 20-e gody. Moskva 1991.

Süss, Walter: Die Arbeiterklasse als Maschine. Ein industrie-soziologischer Beitrag zur Sozialgeschichte des aufkommenden Stalinismus. Berlin (Wiesbaden) 1985.

Suny, Ronald Grigor: The Baku Commune, 1917–1918. Class and Nationality in the Russian Revolution. Princeton 1972.

Surh, Gerald D.: 1905 in Petersburg: Labor, Society, and Revolution. Stanford 1989.

Swain, Geoffrey: Russian Social Democracy and the Legal Labour Movement, 1906–1914. London, Basingstoke 1983.

Swietochowski, Tadeusz: Russian Azerbaijan 1905–1920. The Shaping of National Identity in a Muslim Community. Cambridge 1985.

Symbols of Power. The Esthetics of Political Legitimation in the Soviet Union and Eastern Europe. Hg. von Claes Arvidsson und Lars Erik Blomquist. Stockholm 1987.

Tagebuch aus Moskau 1931–1939. Hg. von Jochen Hellbeck. München 1996.

Tarchanow, Alexej / Kawtaradse, Sergej: Stalinistische Architektur. München 1992.

Tatur, Melanie: «Wissenschaftliche Arbeitsorganisation». Arbeitswissenschaften und Arbeitsorganisation in der Sowjetunion 1921–1935. Wiesbaden 1979.

Teckenberg, Wolfgang: Beteiligung der Arbeiter am Entscheidungsprozess auf den unteren Verwaltungsebenen und Arbeitskonflikte in der UdSSR. In: Kölner Zeitschrift für Soziologie und Sozialpsychologie 26 (1974) 400–438.

Teckenberg, Wolfgang: Urbanisierung und soziale Folgen der Stadt-Land-Migration in der Sowjetunion. In: Kölner Zeitschrift für Soziologie und Sozialpsychologie 24 (1972) 790–820.

Terror. Stalinistische Parteisäuberungen 1936–1953. Hg. von Hermann Weber und Ulrich Mählert. Erweiterte Sonderausgabe, Paderborn etc. 2001.

Thorniley, Daniel: The Rise and Fall of the Soviet Rural Communist Party, 1927–39. Basingstoke etc. 1988.

Thurston, Robert W.: Liberal City, Conservative State. Moscow and Russia's Urban Crisis, 1906–1914. New York, London 1987.

Tiedtke, Stephan: Die Sowjetunion, Osteuropa und die Friedensbewegung. Hg. von Jo Rodejohann. In: Militärpolitik Dokumentation 10 (1986) H. 53–55, 1–154.

Till My Tale is Told. Women's Memoirs of the Gulag. Ed. by Simeon Vilensky. Bloomington, Indianapolis 1999.

Tirado, Isabel: Young Gard! The Communist Youth League, Petrograd 1917–1920. New York etc. 1988.

Tragedija sovetskoj derevni. Kollektivizacija i raskulačivanie. 1927–1939. Dokumenty i materialy v 5 tomach. Hg. von V. Danilov et al. Moskva 1999 ff.

Transformation und historisches Erbe in den Staaten des europäischen Ostens. Hg. von Carsten Goehrke und Seraina Gilly. Bern etc. 2000.

Trotzki, Leo: Denkzettel. Politische Erfahrungen im Zeitalter der permanenten Revolution. Hg. von Isaac Deutscher et al. Frankfurt a. M. 1981.

Trotzki, Leo. Ergebnisse und Perspektiven. Die treibenden Kräfte der Revolution. Frankfurt a. M. 1967.

Trotzki, Leo: Fragen des Alltagslebens. Dortmund 1977 (Reprint).

Trotzki, Leo: Geschichte der russischen Revolution. 3 Bände. Frankfurt a. M. 1973.

Trotzki, Leo: Mein Leben. Versuch einer Autobiographie. Frankfurt a. M. 1974.

Trotzki, Leo: Die permanente Revolution. Frankfurt a. M. 1969.

Trotzki, Leo: Schriften zur revolutionären Organisation. Hg. von Hartmut Mehringer. Reinbek 1970.

Trotzki, Leo. Verratene Revolution. Frankfurt a. M 1968.

From Tsarism to New Economic Policy. Continuity and Change in the Economy of the USSR. Hg. von R. W. Davies. Basingstoke, London 1990.

Tschudi, Daniela: Gewalt im Leben junger Menschen. Sieben Fallstudien aus dem Gouvernement Smolensk 1917–1926. Unveröffentl. Diss. Univ. Basel 2002 (Publikation in Vorbereitung).

Tuchtenhagen, Ralph: Religion als minderer Status. Die Reform der Gesetzgebung gegenüber religiösen Minderheiten in der verfassten Gesellschaft des Russischen Reiches 1905–1917. Frankfurt a. M. etc. 1995.

Tucker, Robert C.: Political Culture and Leadership in Soviet Russia. From Lenin to Gorbachev. Brighton 1987.

Tucker, Robert C.: Stalin in Power. The Revolution from Above 1928–1941. New York, London 1990.

Tucker, Robert C.: Stalin as Revolutionary 1879–1929. A Study in History and Personality. New York 1973.

UdSSR. Staat, Demokratie, Leitung. Dokumente. Hg. von Wolfgang Lungwitz. Berlin 1975.

Übergangsgesellschaften: Herrschaftsform und Praxis am Beispiel der Sowjetunion. Hg. von Peter W. Schulze. Frankfurt a. M. 1974.

Uhlig, Christiane: Utopie oder Alptraum? Schweizer Reiseberichte über die Sowjetunion 1917–1941. Zürich 1992.

Die Umwertung der sowjetischen Geschichte. Hg. von Dietrich Geyer. Göttingen 1991 (= Geschichte und Gesellschaft, Sonderbd. 14).

The Unknown Lenin. From the Secret Archive. Hg. von Richard Pipes. New Haven etc. 1996.

Utopie und Terror. Josef Stalin und seine Zeit. Hg. von Eva Maeder und Christina Lohm. Zürich 2003 (im Druck).

Vechi. Wegzeichen. Zur Krise der russischen Intelligenz. Hg. von Karl Schlögel. Frankfurt a. M. 1990.

Velikanova, Olga: Making of an Idol: On Uses of Lenin. Göttingen etc. 1996.

Verbickaja, O. M.: Rossijskoe krest'janstvo: Ot Stalina k Chruščevu. Seredina 40-ch – načalo 60-ch godov. Moskva 1992.

Vetter, Matthias: Antisemiten und Bolschewiki. Zum Verhältnis von Sowjetsystem und Judenfeindschaft 1917–1939. Berlin 1995.

Viola, Lynne: The Best Sons of the Fatherland. Workers in the Vanguard of Soviet Collectivization. New York, Oxford 1987.

Viola, Lynne: Peasant Rebels under Stalin. Collectivization and the Culture of Peasant Resistance. New York, Oxford 1996.

Vogel, Heinrich et al.: Betrieb und zentrale Planung in der UdSSR nach den Wirtschaftsreformen vom Herbst 1965. München, Wien 1966.

Wädekin, Karl-Eugen: Die Bezahlung der Arbeit in der sowjetischen Landwirtschaft. Berlin 1972.

Wädekin, Karl-Eugen: Führungskräfte im sowjetischen Dorf. Ihre politisch-soziale Situation und Funktion in der Ära Chruscev. Berlin 1969.

Wädekin, Karl-Eugen: Privatproduzenten in der sowjetischen Landwirtschaft. Köln 1967.

Wädekin, Karl-Eugen: Die sowjetischen Staatsgüter. Expansion und Wandlungen des Sovchozsektors im Verhältnis zum Kolchozsektor von Stalins Tod bis heute. Wiesbaden 1969.

Das wahre Leben. Tagebücher aus der Stalin-Zeit. Hg. von Véronique Garros et al. Berlin 1998.

Waksberg, Arkadi: Die sowjetische Mafia. Organisiertes Verbrechen in der Sowjetunion. München, Zürich 1992.

Waksberg, Arkadi: Die Verfolgten Stalins. Aus den Verliesen des KGB. Reinbek 1993.

Ward, Chris: Stalin's Russia. London etc. 1993.

Wartenweiler, David: Civil Society and Academic Debate in Russia 1905–1914. Oxford 1999.

Wehner, Markus: Bauernpolitik im proletarischen Staat. Die Bauernfrage als zentrales Problem der sowjetischen Innenpolitik 1921–1928. Köln etc. 1998.

Weiner, Douglas R.: A Little Corner of Freedom. Russian Nature Protection from Stalin to Gorbachev. Berkeley 1999.

Weiser, Adelheid: Die Völker Nordsibiriens unter sowjetischer Herrschaft von 1917 bis 1936. Hohenschäftlarn 1989.

Weiss, Daniel: Prolegomena zur Geschichte der verbalen Propaganda in der Sowjetunion. In: Slavistische Beiträge 332 (1995) 343–391.

Weitz, Siegfried: Materialien zur Geschichte der Jugendverwahrlosung in der Sowjetunion. Bd. 1: Darstellung, Bd. 2: Dokumentation. 2. Aufl. Marburg 1990.

Weitz, Siegfried: Verwahrlosung, Delinquenz und Resozialisierung Minderjähriger in der Sowjetunion. Zur Geschichte eines sozialpädagogischen Problems, dargestellt am Beispiel der Russischen Sowjetrepublik, 1917–1935. Marburg 1978.

Wellmann, Monica: Jugendliche Lebenswelten im Moskau der 1920er Jahre – Jugend zwischen Militanz, Verzweiflung und Disziplinierung. Unveröffentl. Diss. Universität Basel 2003 (Publikation in Vorbereitung).

Weltmacht Sowjetunion. Umbrüche, Kontinuitäten, Perspektiven. Hg. von Gerhard Simon. Köln 1987.

White, William C.: So lebt der Russe. Bonn 1934.

Wilber, Charles K.: The Soviet Model and Underdeveloped Countries. Chapel Hill 1969.

Williams, Brian Glyn: The Hidden Ethnic Cleansing of Muslims in the Soviet Union: The Exile and Repatriation of the Crimean Tatars. In: Journal of Contemporary History 37 (2002) 323–347.

Williams, Robert C.: The Other Bolsheviks: Lenin and his Critics 1904–1914. Bloomington, Indianapolis 1986.

Wir brauchen die Wahrheit. Geschichtsdiskussion in der Sowjetunion. Hg. von Gert Meyer. 2. Aufl. Köln 1989.

Wolkogonow, Dimitri: Lenin. Utopie und Terror. Düsseldorf etc. 1994.

Wolkogonow, Dimitri: Stalin. Triumph und Tragödie. Ein politisches Porträt. Düsseldorf 1989.

Wolkogonow, Dimitri: Trotzki. Das Janusgesicht der Revolution. Düsseldorf etc. 1992.

Women in the Stalin Era. Hg. von Melanie Ilic. London 2001.

Wood, Elizabeth A.: The Baba and the Comrade. Gender and Politics in Revolutionary Russia. Bloomington (Ind.) 1997.

The Workers' Revolution in Russia, 1917: The View from Below. Hg. von Daniel H. Kaiser. Cambridge etc. 1987.

Youngblood, Denise J.: Movies for the Masses. Popular Cinema and Society in the 1920s. Cambridge 1992.

Zänker, Uwe: Industrialisierung und Qualifizierung. Ein Beitrag zum Problem des Zusammenhangs von Produktivkraftentwicklung und schulischer Qualifizierung am Beispiel der UdSSR (1927–1930). Marburg 1976.

Zaleski, Eugene: Planning for Economic Growth in the Soviet Union, 1918–1932. Chapel Hill 1971.

Zaleski, E.: Planning Reforms in the Soviet Union 1962–1966. An Analysis of Recent Trends in Economic Organization and Management. Chapel Hill 1967.

10 Jahre seit dem Untergang der Sowjetunion. Der postsowjetische Raum im Wandel. Hg. von der Schweizerischen Osteuropabibliothek und dem Polit-Forum des Bundes, bearb. von Christoph v. Werdt. Bern 2002.

Žiromskaja, V. B.: Sovetskij gorod v 1921–1925 gg.: Problemy social'nogo struktury. Moskva 1988.

Zubkova, E. M.: Byt i bytovye otnošenija pri socializme. Moskva 1986.

Zubkova, Elena: Russia after the War. Hope, Illusions, and Disappointments, 1945–1957. Armonk, London 1998.

Žuravlev, Sergej V.: «Malen'kie ljudi» i "bol'šaja istorija». Inostrancy moskovskogo Ėlektrozavoda v sovetskom obščestve 1920–1930-ch gg. Moskva 2000.

Zwei Wege nach Moskau. Vom Hitler-Stalin-Pakt zum «Unternehmen Barbarossa». Hg. von Bernd Wegner. München 1991.

Zwischen Tradition und Revolution: Determinanten und Strukturen sowjetischer Aussenpolitik 1917–1941. Hg. von Ludmilla Thomas und Viktor Knoll. Stuttgart 2000.

Abbildungen

S. 55: Rekonstruierter Stadtplan von Novgorod. Klaus-Detlev Grothusen: Das altrussische Birkenrindeschrifttum. In: Frühe Schriftzeugnisse der Menschheit. Göttingen 1969, 212–240, hier 216 (nach einer Vorlage von V. L. Janin)

S. 59: Schreibübung und Zeichnung des Knaben Onfim. Grothusen, ebd. 237 (Birkenrinden-Urkunde Nr. 206)

S. 85: Abtransport der veče-Glocke aus Novgorod (Bildchronik aus dem 16. Jahrhundert) Leo Sievers: Deutsche und Russen. Tausend Jahre gemeinsame Geschichte. Hamburg 1980, 57

S. 93: Die Krönung Ivans IV. zum Zaren (aus einer Miniaturen-Serie). Frank Kämpfer: Das russische Herrscherbild. Von den Anfängen bis zu Peter dem Grossen. Studien zur Entwicklung politischer Ikonographie im byzantinischen Kulturkreis. Recklinghausen 1978, 196 Abb. 113

S. 101: Der falsche Dmitrij. Polnisches Flugblatt zu seiner Thronbesteigung 1605 Erich Donnert: Altrussisches Kulturlexikon. 2. Auflage. Leipzig 1988, 287

S. 105: Sitzung des zemskij sobor. Miniatur in der 1673 entstandenen Handschrift «Die Zarenwahl Michail Romanovs». Klaus Zernack: Polen und Russland. Zwei Wege in der europäischen Geschichte. Berlin 1994, Abb. 17

S. 107: Michail Fedorovič, der erste Zar der Romanov-Dynastie (aus einer Reisebeschreibung des Adam Olearius von 1656). Donnert: Kulturlexikon 231

S. 121: Verschiedene Formen der socha: a) ohne Regulierung der Pflugtiefe, b) mit Tiefenregulierung; c) regionale Variante. Chozjajstvo i byt zapadnosibirskogo krest'janstva XVII – načala XX v. Otvetstv. Red. V. A. Aleksandrov. Moskva 1979, 126

S. 127: Handelsbude und Geldwesen im 17. Jahrhundert (aus einer Reisebeschreibung des Adam Olearius von 1656). Donnert: Kulturlexikon 245

S. 137: Leinwandporträt des Zaren, Grossfürsten und Selbstherrschers von Gross-, Klein- und Weissrussland, Aleksej Michajlovič Kämpfer: Das russische Herrscherbild 216 Abb. 129

S. 149: Vasilij I. Surikov: Die Bojarin Morozova (1887). Tret'jakov-Galerie Moskau

S. 157: Gestochener Plan der Stadt Petersburg aus dem Jahre 1737 St. Petersburg um 1800. Ein goldenes Zeitalter des russischen Zarenreiches. Ausstellungskatalog. Recklinghausen 1990, 11

S. 158: Moskau um die Mitte des 17. Jahrhunderts (Skizze Augustin v. Mayerbergs 1661–1663). Al'bom Mejerberga. Vidy i bytovyja kartiny Rossii XVII veka. Risunki drezdenskago al'boma, vosproizvedennye s podlinnika v natural'nuju veličinu. S.-Peterburg 1903, Abb. 87

S. 161: Bebauung Moskaus im 17. Jahrhundert (aus einer Reisebeschreibung des Adam Olearius 1656). Donnert: Kulturlexikon 243

S. 195: Die Zarin Katharina II. als Gesetzgeberin im Tempel der Göttin der Gerechtigkeit. Porträt von D. G. Levickij ... v okrestnostjach Moskvy. Iz istorii russkoj usadebnoj kul'tury XVII–XIX vekov. Moskva 1979, 253 Abb. 56

S. 207: Ziegelwerk im adligen Landsitz. Gemälde von K. F. Knappe (1798) ... v okrestnostjach Moskvy 256 Abb. 66

S. 209: Der Bojarenlandsitz Nikol'skoe bei Moskau. Federzeichnung von Storn ... v okrestnostjach Moskvy 39 Abb. 5

S. 209: Aussicht vom Landsitz Kuskovo des Grafen P. B. Šeremetev nach Norden zum Labyrinth. Gravüre von P. Lorraine nach der Zeichnung von M. I. Machaev (um 1760). Ebd. 116 Abb. 45

S. 215: Eine «Hornkapelle», wie sie noch Ende des 19. Jahrhunderts bestand. Das Russland des Zaren. Photographien von 1839 bis zur Oktoberrevolution. Berlin 1989, 81

S. 238 Il'ja E. Repin: Wolgatreidler (1870/73). Gerhard Hallmann: Russische Realisten in der zweiten Hälfte des 19. Jahrhunderts. Rosenheim 1989, 116–117

S. 245: Dorfälteste sitzen für ein Porträt Modell. Die Frauen schauen zu. Harrison E. Salisbury: Bilder der russischen Revolution 1900–1930. Berlin, Frankfurt a. M. 1978, 27

S. 255: Ein wandernder Pilger, der von den Almosen der Bauern lebt. Salisbury 26

S. 258: Die Gefangenen auf Sachalin werden vor der Arbeit angekettet. Aufnahme I. I. Pavlovskijs, aus der Privatsammlung Anton P. Čechovs. Russland der Zaren 154

S. 261: Erdölgewinnung in Baku am Kaspischen Meer. Aufnahme von D. I. Ermakov um 1890. Russland der Zaren 21

S. 265: Ein handeltreibender Bauer (1885). Das Alte Russland. Ein Porträt in frühen Photographien 1850–1914. Hg. von Chloe Obolensky. München 1980, Abb. 306

S. 269: Wandernde Tagelöhner bei einer Rast. St. Petersburg, um 1900. Russland der Zaren 171

S. 271: Spielende Bauernkinder. Aufnahme von Schindler 1902. Fondation Herzog / Sammlung Ruth und Peter Herzog, Basel

S. 309: Bauer auf einem Landgut, anlässlich einer Jagd. Aufnahme von Schindler 1902. Fondation Herzog / Sammlung Ruth und Peter Herzog, Basel.

S. 337: Narvsker Bogen mit der Aufschrift: «Wir sind die Macht», Petrograd November 1918. Aufnahme von Kudlubovič. Fondation Herzog / Sammlung Ruth und Peter Herzog, Basel

S. 339: Lenin mit seiner Schwester Marija I. Ul'janova auf dem Weg zum 5. Sowjetkongress. Die Sowjetunion zwischen den Kriegen. 175 Photographien aus den Jahren 1917–1941. Hg. von Daniela Mrázkowa und Wladimir Remeš. Oldenburg u. a. 1981, 31 Abb. 11

S. 345: Symbol der Revolution: Die Kantine der Komitees der Dorfarmut im Winterpalast, Petrograd, Anfang November 1918. Aufnahme von M. M. Brejtkas. Fondation Herzog / Sammlung Ruth und Peter Herzog, Basel

S. 347: Delegierte der Komitees der Dorfarmut, Petrograd, Anfang November 1918. Aufnahme von Viktor K. Bulla. Fondation Herzog / Sammlung Ruth und Peter Herzog, Basel

S. 349: «Bauer, wenn du den Gutsherrn nicht füttern willst, ernähre die Front, die dein Land und deine Freiheit verteidigt.» ROSTA-Fenster von Vladimir Lebedev 1920. Die Kunst der Oktoberrevolution (1917–1921). Hg. von Michail German. Düsseldorf u. a. 1979, Abb. 44

S. 351: «Genosse Lenin reinigt den Erdball vom Gesindel.» Viktor Deni (Denisov) 1920. Links! Links! Links! Eine Chronik in Vers und Plakat 1917–1921. Hg. von Fritz Mierau. Berlin 1970, 93

S. 359: Die Elektrifizierung soll auch das Dorf modernisieren und «Aufklärung durch Licht» bringen: Il'ičevs Glühbirne im Dorf Boči. Aufnahme von Arkadij Šajchet 1925. Die Sowjetunion zwischen den Kriegen 41 Abb. 18

S. 367: «Hilf» Dmitrij Moor (Orlov) 1921 anlässlich der Hungersnot. Links 408

S. 371:   Auf dem Urickij-Platz (Schloss-Platz) während des Festes zum Jahrestag der Revolution, Petrograd, 8. November 1918. Aufnahme von Viktor K. Bulla. Fondation Herzog / Sammlung Ruth und Peter Herzog, Basel

S. 373:   Auf dem Weg zur Arbeit nach Moskau. Aufnahme von Arkadij Šajchet 1926. Die Sowjetunion zwischen den Kriegen 39 Abb. 16

S. 376:   Bei Baumwollernte in Tadschikistan, 1932. Aufnahmen S. 376–381 von Lotte Jacobi: Lotte Jacobi: Russland 1932/33: Moskau, Tadschikistan, Usbekistan. Hg. von Marion Beckers und Elisabeth Moortgat. Berlin 1988, 55, 77, 67, 113

S. 377:   Verschleierte Usbekinnen verkaufen Tjubetejkas auf dem Basar in Samarkand, 1932

S. 379:   Mathematikunterricht in Zentralasien, 1932.

S. 381:   Usbekische Händler auf dem Basar, 1932.

S. 435:   Die Lomonosov-Universität, 1948–1953, Hauptgebäude. Moskau, Leninberg. Staatskunstwerk. Kultur im Stalinismus. Hg. von Péter György und Hedvig Turai. Budapest 1992, 29

Karten

S. 19:   Naturräumliche Gliederung der ehemaligen Sowjetunion

S. 23:   Das Chazarenreich (um 650 – um 970)

S. 27:   Stämme im Osteuropa des 9./10. Jahrhunderts

S. 67:   Die Entstehung der altrussischen Fürstentümer seit dem 11. Jahrhundert

S. 87:   Das Grossfürstentum Moskau

S. 108:   Das Moskauer Reich im 16. und zu Beginn des 17. Jahrhunderts

S. 188:   Die Teilungen Polens

S. 187:   Die russische Expansion unter Katharina der Grossen (1762–1796)

S. 311:   Russland im 19. und 20. Jahrhundert

Graphiken

S. 191:   Staatsaufbau in Russland

S. 229:   Reformpläne zum Staatsaufbau Russlands

S. 343:   Vereinfachtes Schema des Staats- und Wirtschaftsaufbaus in Sowjetrussland 1918

S. 441:   Vereinfachtes Schema der Planaufstellung in der UdSSR

S. 445:   Die «doppelte Hierarchisierung» in der Sowjetunion

Personenregister

Adalbert 34
Adam 80
Adrian 172
Ajtmatov, Čingis 455
Akilina 177
Aksakov, Ivan S. 242
Aksakov, Konstantin S. 236, 242
Aksel'rod, Pavel B. 275
Aleksandr Nevskij 71–72, 76–77
Aleksandr von Tver' 77–78
Aleksej Alekseevič 146
Aleksej Michailovič 110, 112, 137–138, 148, 163
Aleksej Petrovič 175–176, 180
Alena 148–149, 151
Alexander I. 192, 218–228, 230, 233–234, 241, 489
Alexander II. 149, 251, 254, 257, 273, 275, 287, 289
Alexander III. 275
Alexander von Litauen 86
Anastasija 97
Andrej Bogoljubskij 66, 82
Andropov, Jurij V. 450–451
Anna 180–182, 185, 192, 216
Arakčeev, Aleksej A. 225, 227
Armand, Inessa 385–386
Askol'd 29–31
Attila 22
August II., der Starke 152, 154–155, 185
August III. 185
Augustus 90
Avvakum 136, 138–139, 148–149, 151, 165

Bachtin, Michail M. 489
Bakunin, Michail A. 236, 237, 273–274
Batu 69–71
Bazarov, Vladimir A. 318, 394
Bejlis, Mendel 307–308
Belinskij, Visarion G. 236–237
Belyj, Andrej 306, 318
Benjamin, Walter 389, 492
Berdjaev, Nikolaj A. 306, 317
Berija, Lavrentij P. 420, 433, 437
Bering, Vitus J. 165
Bestužev, Aleksandr A. 414
Bestužev-Rjumin, Aleksej P. 183, 185–186
Bestužev-Rjumin, Michail P. 230–231

Biron, Ernst Johann 181–182, 185
Blok, Aleksandr 318, 491
Bodo 25
Bogdanov, Aleksandr A. 316, 318
Bojan 63, 487
Bolesław II. 38
Bolotnikov, Ivan 102–103
Bonč-Bruevič, Vladimir D. 319
Bondarev, Jurij V. 460
Boriska 143
Borodin, Alexander P. 487
Bortnianskij, Dmitrij St. 213
Brejtkas, M. M. 345
Brežnev, Leonid I. 375, 447–450, 457, 470, 475, 478
Brodskij, Iosif A. 11, 385, 490
Bucharin, Nikolaj I. 340, 342, 355–356, 365, 374, 394–397, 418, 423, 439
Bulavin, Kondratij 176–177
Bulgakov, Michail A. 160
Bulgakov, Sergej N. 279, 306, 317
Bulganin, Nikolaj A. 437–438
Bulla, Viktor K. 347, 371
Bunge, Nikolaj Ch. von 259, 291
Bunin, Ivan A. 266, 295, 490
Butaševič-Petraševskj, Michail V. 238

Čaadaev, Petr J. 241, 490
Čachotin, Sergej S. 384
Čajanov, Aleksandr V. 262
Čajkovskij, Petr I. 233
Čapaev, Vasilij I. 415
Capo d'Istria, Johannes 226
Čcheidze, Nikolaj S. 327
Čechov, Anton P. 258
Cederbaum, Julij O. s. Martov
Černenko, Konstantin U. 451
Černov, Viktor M. 278, 315
Černyševskij, Nikolaj G. 272–273
Chabarov, Erofej P. 165
Chmel'nickij, Bogdan 110
Chomjakov, Aleksej S. 242
Choriv 29
Chovanskij, Ivan A., 139
Chruščev, Nikita S. 432, 437–440, 442–444, 446–447, 468, 470, 475, 478
Chrustalev-Nosar', Georgij St. 302
Čičerin, Georgij V. 425
Cimarosa, Domenico 213

Dan, Fedor I. 336
Daniel', Julij M. 453

Daniel'son, Nikolaj F. 276
Daniil Aleksandrovič 76
Daniil von Černigov 63
Daniil Romanovič 69
Danila Černyj 127
Danilo 58
Dejč, Lev G. 275
Demidov 210
Deni, Viktor (Denisov) 351
Deterding, Henri 383
Dežnev, Semen J. 165
Diderot, Denis 192, 193
Dir 29–31
Dmitrevskij, Aleksandra M. 414, 417
Dmitrevskij, Michail S. 414–418
Dmitrevskij, Michail V. 414
Dmitrevskij, Simeon M. 414–417, 492
Dmitrevskij, Vasilij 414
Dmitrij (Pseudo-Dmitrij I.) 100–103, 105
Dmitrij (Pseudo-Dmitrij II.) 103–105
Dmitrij Donskoj 79–82, 95
Dmitrij Ivanovič 99, 100
Dmitrij Šemjaka 82–84, 89
Dostoevskij, Fedor M. 238, 242, 263, 273, 290, 491
Dzeržinskij, Feliks È 350, 392, 394
Džugašvili, Iosif V. s. Stalin

El'cin, Boris N. 479–480, 484
Elena (Tochter Ivans III.) 86
Elisabeth 182–183, 185–186
Engels, Friedrich 275, 332, 346, 354, 460
Èrdman, Nikolaj R. 390
Èrenburg, Il'ja G. 437
Ermak 162
Ermakov, D. I. 261
Ermanarich 22
Esenin, Sergej A. 388, 391, 492
Evdokija 177
Evtušenko, Evgenij A. 436
Ežov, Nikolaj I. 416–418, 420

Fedor I. 99–100, 103
Fedor II. 100
Fedor III. 138–139
Fedorov, Nikolaj F. 242–243
Fel'dman, Grigorij A. 491
Feodosij 53
Feofan Grek 127
Fichte, Johann Gottlieb 236
Fick, Heinrich 169

Filaret (Patriarch) 105–106
Filaret (Abt) 200
Filip 99
Filofej 90
Florenskij, Pavel A. 308, 317
Fotij 225
Fourier, Charles 237
Frank, Semen L. 306, 317
Friedrich I. Barbarossa 69
Friedrich II. 166, 185

Galiev, Mirza Sultan 379–380
Gapon, Georgij A. 294, 297
Gel'fman, Gesja M. 275
Gennadij 91–92
Gerasimov, Michail P. 359
Gercen, Aleksandr I. 237, 240, 272
Giljarovskij, Vladimir A. 294, 491
Gippius, Zinaida N. 317
Gladkov, Fedor V. 386
Glinka, Michail I. 213
Glinskaja, Elena 89, 92, 126
Glinskij, Michail 92
Glück, Ernst 179
Godunov, Boris 99–100, 102, 106, 489
Gogol', Nikolaj V. 167, 238
Golicyn, Aleksandr N. 223–226
Golicyn, Dmitrij A. 212
Golicyn, Dmitrij M. 180–181, 192
Golicyn, Vasilij V. 140, 151
Golicyna, Fürstin 226
Gomberg 334
Gončarov, Ivan A. 490
Gorbačev, Michail S. 451, 456, 458, 465–470, 472–474, 477–479, 482
Gor'kij, Maksim 294, 318, 419
Graf, Rosa 414
Granovskij, Timofej N. 236
Gregor VII. 39
Griboedov, Aleksandr S. 237
Grotius, Hugo 175
Gučkov, Aleksandr I. 314, 321, 330
Guggenheim, Alis 362, 492

Halevi, Jehuda 24
Hasdaj ibn Schaprut 24
Haxthausen, August von 241, 246
Hegel, Georg Wilhelm Friedrich 236
Heinrich IV. 39
Helfmann, Jessie 275
Herberstein, Sigmund von 88, 488
Herodot 21, 487

Herzen s. Gercen
Hitler, Adolf 424, 426–427, 429, 475

Ignato 60
Igor' (Fürst von Kiev) 31, 34
Igor' Svjatoslavič 46, 63, 487
Ilarion 36–37, 53
Ilf, Il'ja A. 390
Innozenz III. 69
Innozenz IV. 72
Iona von Rjazan' 89
Iosif Volockij 91–92, 94, 97
Iov 100
Isidor 89
Istrati, Panaït 398–399, 492
Ivan I. Kalita 77–79, 116
Ivan III. 84, 86, 88, 90, 92
Ivan IV. 89–90, 92–100, 114, 116–117,
    119, 126, 129, 132, 162, 178
Ivan V. 139, 151–152, 180
Ivan VI. 182–183
Ivan Andreevič 83
Ivan Ivanovič 99
Ivan Kozarin 36
Ivan Velikoj 163
Izjaslav 38–39, 40

Jacobi, Lotte 376–377, 379, 381
Jagoda, Genrich G. 420
Jakovlev, Konstantin Karol´evič 479
Jaroslav der Weise 38–39, 53, 58, 487
Javorskij, Stefan 172
Johann II. 62
Joseph (Khagan der Chazaren) 24
Joseph II. 190
Jung, Johann Heinrich, genannt Stilling
    222, 224, 226
Jurij Danilovič 77
Jurij Dmitrievič 82–83
Jurij Dolgorukij 66, 75–76
Jurov, Andrej 391
Justi, Johann Heinrich 194

Kachovskij, Petr G. 231
Kalinin, Michail I. 399–400, 414
Kamenev, Lev B. 333, 395–396, 418
Kankrin, Egor F. 235
Kapp, Wolfgang 364
Karamzin, Nikolaj M. 214
Karl XII. 154–155, 183
Kataev, Valentin P. 390
Katharina I. 179–180, 192

Katharina II. 184, 186–187, 190, 192–
    199, 202–203, 205–206, 211, 213–
    214, 216, 218–219, 222, 234, 286
Katkov, Michail N. 236
Kazem-Bek, Aleksandr L. 383
Kerenskij, Aleksandr F. 328–329, 331,
    333–334, 337
Kij 29
Kireevskij, Ivan V. 242
Kireevskij, Petr V. 242
Kirill 384
Kirov, Sergej M. 415–416, 418, 439
Kiselev, Pavel D. 235–236
Kistjakovskij, Bogdan A. 306
Ključevskij, Vasilij O. 168
Knappe, K. F. 207
Kočubej, Viktor P. 233
Kołakowski, Leszek 336
Kollontaj, Aleksandra M. 281, 385–386
Konovalov, Aleksandr I. 314, 323–324
Konstantin Monomach 90
Konstantin Pavlovič 230
Konstantin von Tver' 78
Kopelev, Lev Z. 385
Kornilov, Lavr G. 332, 364
Kościuszko, Tadeusz 186
Košelev, Rodion A. 223–224
Kosygin, Aleksej N. 447, 450
Kremer, Arkadij (Aron) 277
Kricman, Lev N. 342
Kropotkin, Petr A. 317
Krüdener, Juliane von 221, 224–226
Krupskaja, Nadežda K. 423
Krylov, Ivan A. 237
Kržižanovskij, Gleb M. 357
Küchelbecker, Wilhelm K. 232
Kudlubovič 337
Kujbyšev, Valerian V. 400, 419
Kurbskij, Andrej 97
Kuz'mič, Fedor 226
Kyrill 37, 58, 240

LaHarpe, Frédéric César de 219
Lanskoj, Sergej S. 253
Larin, Ju. 492
Lavrov, Petr L. 274
Lebedev, Vladimir 349
Leibniz, Gottfried Wilhelm 165, 169,
    171
Lenin, Vladimir I. 201, 232, 275, 277–
    278, 281, 283, 316, 319–320, 322,
    324–325, 331–337, 339–342, 344,

350–351, 354, 357–358, 360, 364–
  366, 368, 378–379, 385, 395–397,
  414, 423, 436, 438–439, 456, 468,
  470, 475, 491–493
Leonov, Leonid M. 460
Leont'ev, Antrop 199
Lermontov, Michail Ju. 414
Leszczyński, Stanisław 185
Levickij, D. G. 195
Liberman, Evsej G. 444, 493
Lichačev, Dmitrij S. 489
Litvinov, Maksim M. 425
Lomonosov, Michail V. 214, 435
Lopation, German A. 276
Lotman, Jurij M. 489–490
Lorraine, P. 211
Ludwig der Fromme 25, 30
Ludwig XIV. 154, 176
Luka Židjata 63
Lunačarskij, Anatolij V. 318, 391
L'vov, Georgij E. 328

Machaev, M. I. 211
Machno, Nestor 364
Magnickij, Michail L. 228
Makarenko, Anton S. 392
Makarij 94, 97, 129
Malenkov, Georgij M. 437–438
Mamaj 79
Marselis 123
Martov, Julij O. 277–278
Marx, Karl 75, 78, 243, 275–277, 283, 298,
  316–317, 321, 332, 346, 354, 378,
  382, 453, 456, 460, 467, 488, 491
Matveev, Artamon S. 135
Mayerberg, Augustin von 158
Mazepa, Ivan St. 155
Menšikov, Aleksandr D. 179–180
Merežkovskij, Dmitrij S. 317
Meščerskij 342
Method 37, 58, 240
Metternich, Klemens von 224, 226
Michail Fedorovič 105–107, 112, 150
Michail von Tver' 77
Michajlovskij, Nikolaj K. 274
Mikita 60, 487
Miljukov, Pavel M. 314, 322, 330
Miljutin, Nikolaj A. 253
Minin, Kuz'ma 105
Mithridates VI. 22
Mniszech, Maryna 100, 103, 105
Molotov, Vjačeslav N. 429, 438

Montesquieu, Charles de 192, 194
Moor, Dmitrij 367
Morozov, Boris I. 112, 122, 140, 148, 199
Morozova, Feodosija Prokof'evna 148–
  149, 151, 178
Münnich, Burkhard von 181–183, 185
Murav'ev, Nikita M. 228, 230
Murav'ev-Apostol, Sergej I. 230–231
Musorgskij, Modest P. 99, 139

Napoleon I. 220–223, 227, 428
Napoleon III. 250
Naryškin, L. K. 123
Nečaev, Sergej G. 273
Nečaev, Stefan Trofimovič 177
Nekrasov, Viktor P. 385
Nikolaus I. 231–236, 249, 251, 286–287, 289
Nikolaus II. 289, 293, 307, 322, 326
Nikon 136, 138, 143, 147–148, 216
Nil Sorskij 91–92
Novikov, Nikolaj I. 214, 227
Novosil'cev, Nikolaj N. 221

Obadja 24
Odoevskij, Aleksandr I. 232
Ogarev, Nikolaj P. 237, 272
Ögödei 70–71
Okudžava, Bulat Š. 231, 454–455
Olearius, Adam 107, 127, 161
Oleg 31
Ol'ga 34, 37
Onfim 57–59
Ordin-Naščokin, Afanasij L. 135
Ordžonikidze, Grigorij K. 419
Osinskij, N. 342, 344, 354–355
Ostej 80
Ostermann, Heinrich 180–183
Otto I. 34
Otto IV. 69
Owen, Richard 237

Paisiello, Giovanni 213
Pančenko, Aleksandr M. 489
Panin, Nikita I. 186, 190, 192, 194, 212, 214
Patrikeev, Vassian 92
Paul I. 213–214, 218
Pavlovskij, I. I. 258
Perovskaja, Sofija I. 275
Pestel', Pavel I. 227–228, 230–231
Peter I. 139, 151–157, 160, 162, 165–169,
  171–172, 175–176, 178–184, 186,
  200, 202, 216–218, 241, 360

Peter II. 180
Peter III. 183–186, 192, 198–199, 216, 222
Petrov, Evgenij P. 390
Petrunkevič, Ivan I. 279
Philipp von Schwaben 69
Pil'njak, Boris A. 370, 492
Plechanov, Georgij V. 275–276
Pleve, Vjačeslav K. 278, 294, 296–297
Pobedonoscev, Konstantin P. 319
Polikarpov, Aleksej R. 418
Polo, Marco 73
Poskrebyšev, Aleksandr N. 420
Potemkin, Grigorij A. 190, 213, 302
Požarskij, Dmitrij M. 105
Preobraženskij, Evgenij A. 342, 393, 491
Prokopovič, Feofan 172–176, 180–181
Prokopovič, Sergej N. 298
Protopopov, Aleksandr D. 321, 325
Proudhon, Pierre Joseph 237
Puškin, Aleksandr S. 157, 160, 228, 232–233, 247, 488–490
Pugačev, Emel'jan I. 199–201, 204, 251–252, 323
Putilov, Aleksej I. 264, 297, 323, 325
Putin, Vladimir V. 480–482

Radek, Karl 342
Radiščev, Aleksandr N. 214, 219, 227
Rasputin, Grigorij E. 307, 322
Rasputin, Valentin G. 455, 461
Razin, Stepan 146–149, 201
Reed, John 334, 491
Repin, Il'ja E. 238–240
Reutern, Michail Ch. von 258
Rimskij-Korsakov, Nikolaj A. 63
Rjabušinskij, Pavel P. 314, 333
Rjurik 28–31, 43, 66, 90
Rjurikiden 37, 44, 68, 100
Rjutin, Martemjan N. 418
Rodzjanko, Michail V. 326
Roman Mstislavič 68–69
Romanov-Dynastie 100, 103, 106–107, 176, 218, 326
Roth, Joseph 389, 492
Rtiščeva, Anna 148
Rublev, Andrej 127
Rusakov, Aleksandr Ivanovič 398–400
Rykov, Aleksej I. 396, 418
Ryleev, Kondratij F. 228, 230–232
Rytchëu, Jurij 282–283, 490

Saint-Martin, Louis Claude de 223
Šajchet, Arkadij 359, 373
Samarin, Jurij F. 236, 242
Šamil' 250
Samo 22
Šanin, L. 394
Šapiro-Dajchovskij Natan E. 418
Šček 29
Ščerbatov, Michail M. 211–212
Schelling, Friedrich Wilhelm 236
Schiller, Friedrich 104
Schindler 271, 309
Schwarz, Johann Georg 214
Scott, John 493
Selivanov, Kondratij 222
Semen 79
Šeremetev, Petr B. 210–211
Serge, Ljuba 398–399
Serge, Victor 398–400
Sergeev, Petr 179
Sergej Aleksandrovič 278
Sergij 428–429
Ševardnadze, Edvard A. 456, 468
Ševčenko, Taras 240
Sigismund III. 103–104, 107, 110
Sil'vestr 129
Sineus 28, 31
Sinjavskij, Andrej D. 453
Sipjagin, Dmitrij S. 278
Skobelev, Matvej I. 333
Skrypnik, Nikolaj A. 333
Skuratov, Maljuta 99
Šljapnikov, Aleksandr G. 355–356
Sobieski, Jan 135
Sofija (Tochter Witowts) 81
Sofija (Zoë) 88, 90
Sof'ja 139–140, 151, 166
Šolochov, Michail A. 460
Solov'ev, Sergej M. 437
Solov'ev, Vladimir S. 317
Solženicyn, Aleksandr I. 385, 438
Sorge, Richard 427
Speranskij, Michail M. 197, 219–220, 225, 233–235
Sperber, Manès 493
Stachanov, Aleksej G. 412
Stacheev 342
Stalin, Iosif V. 282, 316, 331, 371, 378–380, 382, 384, 387, 395–398, 400–401, 403, 405–408, 410, 412, 415–424, 426–430, 433–434, 436–440, 443, 447–448, 451–453, 455, 460,

462–463, 466, 468–470, 475, 492–493
Stankevič, Nikolaj V. 236
Stolypin, Petr A. 305, 307–308, 310, 313–314
Stourdza, Roxandra Scarlatovna von 224
Stroganov 95, 122, 162
Strumilin, Stanislav G. 354
Struve, Petr B. 279
Šujskij, Vasilij (Vasilij IV.) 100–101, 103
Šukšin, Vasilij 147
Sultan Galiev s. Galiev
Surikov, Vasilij I. 149, 240
Suslov, Michail A. 447, 450
Sutter, Johann August 165
Šuvalov, Petr I. 183
Svjatopolk II. 41
Svjatopolk-Mirskij, Petr D. 296
Svjatoslav Igor'evič 25, 34–35
Svjatoslav Jaroslavič 64
Svjatoslav Ol'govič von Černigov 52, 54, 75

Tatarinova, Ekaterina 222
Tatiščev, Vasilij N. 180
Temüdschin s. Tschinggis Khan
Thompson, Edward P. 246
Thunmann, Johann 29
Tichon, Vasilij 428
Titorenko, Raissa M. 467
Tkačev, Petr N. 273
Tochtamyš 80
Tolstoj, Dmitrij A. 291
Tolstoj, Lev N. 227, 242, 268, 319, 490
Tomskij, Michail P. 396
Trepov, Fedor F. 274
Tret'jakov, Sergej M. 492
Trifonov, Jurij V. 275, 455
Trockij, Lev D. 302, 316, 331, 333, 335–337, 339–342, 355–356, 358, 364–365, 375, 385, 395–398, 400, 416–419, 421, 423, 439, 491–492
Trubeckoj, Nikolaj S. 243
Truvor 28, 31
Tschiang Kai-schek 425
Tschinggis Khan 70–71, 73–74
Tuchačevskij, Michail N. 419
Tugan-Baranovskij, Michail I. 279
Turgenev, Ivan S. 247–249, 272, 490
Tynjanov, Jurij N. 232

Ulfila 22
Ulianica 60, 487

Ul'janov, Aleksandr I. 275
Ul'janov, Vladimir I. s. Lenin
Ul'janova, Marija I. 339, 414
Uspenskij, Boris A. 489
Ustrjalov, Nikolaj V. 384
Uvarov, Sergej S. 235

Vasilij I. 81–82
Vasilij II. 82–84, 89, 114
Vasilij III. 88–89, 92
Vasilij IV. s. Šujskij
Vasilij Kosoj 82
Vasnecov, Viktor M. 240
Vitte, Sergej Ju. s. Witte
Vladimir der Heilige 35–37, 44–45, 58, 61–62
Vladimir II., Monomach 41, 64, 90
Vladimir von Galič 69
Vlasov, Andrej A. 429
Vojnovič, Vladimir N. 385
Voltaire (François Marie Arouet) 192
Volynskij, Artemij P. 181
Voroncov 190
Voznesenskij, Nikolaj A. 433
Vseslav 38, 40
Vsevolod III. 45, 66, 68
Vsevolod von Novgorod 54
Vyšnegradskij, Ivan A. 259
Vysockij, Vladimir 455, 493

Weber, Max 33
Witowt 81–82
Witte, Sergej Ju. 259–260, 288, 293–294, 296–297, 304, 307
Władysław II. Jagiełło 81
Władysław IV. 103–104, 106, 110
Wolff, Christian 171

Zakovskij, Leonid M. 418
Zamjatin, Evgenij I. 370
Zasulič, Vera I. 274–276
Ždanov, Andrej A. 433–434, 437
Željabov, Andrej 275
Ziber, Nikolaj I. 276
Zinov'ev, Grigorij E. 333, 364, 395–396, 415, 439
Zoë (Sofija) 88, 90
Żółkiewski, Stanisław 103–104
Zoščenko, Michail M. 390
Zubatov, Sergej V. 294
Žukov, Georgij K. 428, 438

Sachwortregister

A

Ablieferungspflicht s. *razverstka*
Adelsgesellschaft 196
Adelskomitee 253–254
Adelsmarschall 196
Administrative Strafe 257, 291
Agent der Betriebe 469
Agro-Städte 403, 432
ajl 73–74
Akademie der Wissenschaften 171, 182, 194, 414, 417
Alkohol, Alkoholismus (vgl. Wodka) 36, 62, 64, 128, 208, 259, 264, 266, 270, 282, 287, 291, 388, 390, 392, 413, 443, 452, 462, 472
Allgemeiner Jüdischer Arbeiterbund in Litauen, Polen und Russland 277–278, 378
Allrussische Ausserordentliche Kommission zum Kampf gegen Konterrevolution und Sabotage s. Čeka
Allrussische Nationale Union 313
Allrussischer Bauernbund 303, 305
Allrussischer Frauenkongress, Erster (1908) 280
Allrussischer Frauenkongress, Erster (1918) 386
Allrussischer Kongress der Bauerndeputierten 328
Allrussischer Kongress der Volkswirtschaftsräte, Erster 344
Allrussischer Sowjetkongress der Arbeiter- und Soldatendeputierten, Erster 327
Allrussischer Sowjetkongress, Zweiter 335–338
Allrussischer Sowjetkongress, Dritter 338
Allrussischer Sowjetkongress, Fünfter 338–339, 344
Allrussischer Sowjetkongress, Sechster 344
Allrussischer Sowjetkongress, Achter 354, 357–358, 364
Allrussischer Städte-Bund 321–322
Allrussischer Zemstvo-Bund 321–322
Allunions-Sowjetkongress, Fünfter 402

Altgläubige 136, 138–139, 147–148, 153, 165, 172, 174, 176, 178–179, 199–200, 222, 263, 307, 317, 319
altyn 204, 489
«amerikanisches Modell» 405, 407, 409
Amnesty International 454
Anarchisten 242, 274, 331, 333, 398, 439
«andersdenkende Arbeiter» 453
Ansiedlungsrayon 286–288, 307
Antifaschistisches Jüdisches Komitee 433
Aprilthesen 331
Arbeiter- und Bauerninspektion 399–400
Arbeiterkontrolle 329–331, 333, 335, 341, 344
Arbeiteropposition 355, 386
Arbeiterrat 294, 302
Arbeiterregeln 203–204
Arbeitsarmeen 355
Arbeitsgruppe s. *zveno*
Arbeitskommission zur Untersuchung der Nutzung der Psychiatrie 454
artel' 270–271, 295, 405, 410
«Ärzteverschwörung» 437
Ataman 102, 143, 146
Atamanin 148–149, 151
Atomwaffensperrvertrag 457
«Aufklärung durch Licht» 358–359
Aul s. *ajl*
«ausserordentliche Massnahmen» 352, 401
ausserordentliche Organe 350
Austromarxisten 378
Autokratie 90, 94–95, 99, 100, 105, 113, 116, 128, 133, 139, 160, 183–184, 190, 200, 208, 212, 214, 216–218, 227, 237, 242, 251–252, 257, 263, 274, 278, 289, 292–293, 296, 301–302, 305, 307–308, 312–313, 319, 322, 327, 347, 489
Autonome Gebiete 463
Autonome Kreise 463
Autonome Republik 380, 463

B

balagury 178
banja 60
Bankettbewegung 296–297
barščina 111, 118, 120, 124, 141, 204, 211, 218, 243, 247, 252
baskaki 72

Bauern-Arbeiter 143, 176, 198, 203, 266–268, 270, 303, 310
Bauern-Unternehmer 111, 123, 169, 199, 263
Bauernbank 259, 293
Bauernbund s. Allrussischer Bauernbund
Beförderung s. *vydviženie*
Befreiung der Arbeit s. *Osvoboždenie truda*
Beg 24, 30
Bergschule 193
Berliner Kongress 312
Beschwerdebüro 413–414
besprizornye 387–388, 391–393, 409
Betriebskomitee 327–329, 332–333, 341–342, 344, 355, 431
Betriebsleiter 331, 342, 344–345, 355, 366, 368, 411, 431, 444, 446, 449, 452
Betriebsrat 297
Bettelanteil 252
Bibelgesellschaft 225–226, 228
bironovščina 181
«Blutsonntag» 298, 301–302, 325
bobyli 119
bogoiskateli 317–318
bogostroitel'svto 318
Bojar 28, 30–31, 42–43, 45–47, 50, 52, 54–57, 61, 65–66, 68–69, 78, 80, 83–84, 86, 89, 93–94, 96–98, 100–106, 112–118, 122–123, 132, 138, 140–142, 146–149, 151, 153, 160–161, 163, 178–179, 199, 209
Bojarenduma 45, 94, 104–105, 113
Bojarenkinder 42, 83, 89, 116, 163
Bolschewiki 14, 201, 272, 278, 281, 283, 301–303, 310, 315–320, 322, 324, 331–341, 344, 346–348, 350, 352–353, 364–366, 368, 370–371, 375–378, 380, 382–384, 390, 418–419, 491
Brežnev-Doktrin 375, 450
Briand-Kellog-Pakt 425
Brigade 407, 431
Bruderschaftsmahl 128
«bürgerliche» Spezialisten 341–342, 344, 357, 397, 404, 408, 411
Bund s. Allgemeiner Jüdischer Arbeiterbund
Bund der Befreiung s. *Sojuz osvoboždenija*
Bund der Bünde s. *Sojuz sojuzov*

Bund der Zemstvo-Konstitutionalisten 296
Bund für Gleichberechtigung der Frauen 280
burmistr 170
Bylinen 61

C

Čeka (vgl. Geheimdienst/ Geheimpolizei) 350, 392
čeljad' 51
Černyj Peredel 275
Charivari 246, 270
chlysty 222
cholop 51, 64, 119
chovanščina 139
chozrasčet 366
Christusnarren s. *jurodivye*
chuliganstvo 271, 387–388, 390–391, 463
chutor 308

D

«Defätisten» 324
delegatka 386
Demokratische Zentralisten 355
demokratischer Zentralismus 465
den'ga 204, 489
derevnja 50
deti, detskie bojarskie s. Bojarenkinder
Dienstadel 94, 96, 98, 100, 102–105, 111–113, 116, 123, 170, 200
Dienstpflicht 112, 116, 118, 124, 182–183, 196, 211, 233
Diktatur des Proletariats 332, 338
Dirigierender Senat s. Senat
Dissidenten 450, 454, 457
d'jaki 113
Domostroj 129, 131–132
Doppelherrschaft 24, 30, 327–328, 330–332
«doppelte Hierarchisierung» 397, 444–445, 465, 468
Dorfgemeinde s. *mir* und *obščina*
dörfliches Gewerbe s. *kustar'*-Gewerbe
Dritte Abteilung (vgl. Geheimdienst/ Geheimpolizei) 232, 289
«Drittes Rom» 89–92, 94, 223, 483
družina 32, 34–35, 39–40, 42–48, 57, 61, 84
Duma 45, 97, 106, 114, 220, 257, 288, 301, 304–305, 308, 312–316, 322, 326

Duma-Komitee 326
«Durchfüttern» s. *kormlenie*
dvor' 98
dvorjane 42, 98

E
Ehegesetz 385, 387
Ehe- und Familiengesetzbuch 369, 385
Einheits-Arbeitsschule, 369
Einhöfer s. *odnodvorec*
«Einholen und Überholen» 409, 443,
        472
Einkommenssteuer s. Steuerwesen
Einmannleitung 355–356
«Einwurzelung» s. *korenizacija*
Esenismus 391
Eurasier 243, 383–384, 483

F
Fabrikälteste s. *starosta*
Fabrikinspektion 310
Fastnacht 489
Fiskalamt 167
Frauenabteilung s. *ženskie otdely*
Freie Interprofessionelle Vereinigung
        der Werktätigen 453
Freie Ökonomische Gesellschaft 194
Freimaurer 214, 223–225
Friedensrichter 254, 256, 274
«friedliche Koexistenz» 426
Fronarbeit s. *barščina*
Fünfjahresplan 394, 402–403, 405, 408–
        409, 411, 415, 427, 431, 443, 448

G
«Gang ins Volk» s. *narodničestvo*
Gastronom 449
Gefängnisgesellschaft 225
Geheimdienst/Geheimpolizei (vgl.
        Čeka, Dritte Abteilung,
        Geheime Kanzlei, GPU, KGB,
        NKVD, *ochrana*) 182, 184, 232,
        234, 243, 288–289, 291, 294, 350,
        380, 382, 392, 394, 399, 400, 408,
        416–420, 422–423, 429, 433, 437,
        439, 450–451, 465, 470, 474, 482
Geheime Kanzlei (vgl. Geheimdienst/
        Geheimpolizei) 184
Geheimes Komitee 219, 221, 232, 235
Geheimgesellschaften 228, 231, 232
Geldzins s. *obrok*
Generalgouverneur 192, 220, 231

Generalprokuror 192
Genossenschaft 124, 237, 270–271, 276,
        333, 366, 399, 406, 410, 471
Gerichtswesen (vgl. Justiz) 196, 212,
        254, 306, 464, 468, 484
«Gesellschaft» s. *obščestvo*
Gesellschaft der vereinten Slawen 230
gesellschaftliche Organisationen 307,
        419
gesellschaftlicher Konsumtionsfonds 459
Gesetzbuch 86, 94, 113, 118–119, 132,
        141, 146, 194, 220, 369, 385
Gesetzbuch von 1649 s. *uloženie*
«Getreidekrise» 400–402
Gewerkschaften 279, 294, 301–302, 304,
        310, 314, 336, 342, 344, 355–356,
        366, 368, 386, 396, 398–399, 419,
        431, 453, 464, 469, 475
Gilde 48, 55, 124, 170, 196, 206–207, 287
glasnost' 454, 465, 469, 482, 484
Gnadenurkunde 196
GOĖLRO 357, 362, 408
gorod 29, 47, 123
gorodišča 20
Gosplan 357, 394, 433, 443, 447
gospodar' 84
gosti 34, 40, 47–48, 113, 122, 124–125,
        150, 156–157, 165, 170, 206
gosti-surožane 124, 126
gostinaja sotnja 124
gosudar' 84, 106
Gotterbauer s. *bogostroitel'svto*
Gottesnarren s. *jurodivye*
Gottsucher s. *bogoiskateli*
Gouvernement 169, 192, 220
Gouverneur 169, 190, 204, 230, 291, 414
GPU (vgl. Geheimdienst/
        Geheimpolizei) 392, 399–400, 420
grad 29, 47
grivna 61, 487
Grosse Instruktion 194
Grosser Vaterländischer Krieg, 428
Grossfürst 28, 41–42, 44–45, 53–54, 56–
        57, 64, 68, 70–73, 75–77, 79–84,
        86–90, 92, 95, 113–114, 117, 124,
        137, 163–164
Grossindustrie 168, 202–203, 210, 263–
        264, 285, 310, 321, 325, 345, 354,
        368, 397, 405, 412
Grundgesetz 212, 289, 304
gudok 62
Gulag s. Lager

gusli 62, 130
Gutsbauer 141, 197–198, 204, 220, 252

H
Hauptmagistrat 170
Hausindustrie s. *kustar'*-Gewerbe
Hauskomitee 398
Heilige Allianz 221, 224, 226, 228, 249,
  251, 489
Heiliger Synod 172, 216, 223, 319
Helsinki-Gruppen 454
Hetman 102–103, 110, 155
Hetmanate 284
Hitler-Stalin-Pakt 424, 426, 429, 475
Hochschule (vgl. Universität) 289, 369,
  391
Hoflandwirtschaft s. private
  Nebenwirtschaft
Höhere Frauenkurse 279–280
Hooligan, Hooliganismus s. *chuliganstvo*
Hornkapellen 213, 215
«Hungerexport» 259

I
Industriepartei 408
Insignien 44, 89–90
intelligencija 240, 272, 276, 278, 284,
  296–297, 301, 304, 306, 313, 315,
  317, 328, 382–384, 453
Internationalisten 324, 456
Iskra 232
«ital'janskaja zabastovka» 452
izba 60, 140, 243, 245
Izbornik 64
izgoi 52
izlišnij čelovek 240

J
jasak 145, 163, 282
Jüdische Sektion 380
jurodivye 177–179
Jugendverband s. Kommunistischer
  Jugendverband
Justiz (vgl. Gerichtswesen) 220, 256–
  257, 287, 306–307, 470, 472, 480

K
Kadetten 301, 305, 314–315, 322–323,
  328, 348, 383–384
Kahal 286–287
Kaiserlicher Rat 192, 212
Kampfbund zur Befreiung der

Arbeiterklasse 277
Kantonisten 286
«Kasernenkommunismus» 346
KGB (vgl. Geheimdienst/
  Geheimpolizei), 439, 450–451,
  465
Khagan 22, 24, 30–31, 36, 44, 70–71
Khan, Khanat 44, 69, 70–75, 77–80, 82,
  84, 95, 126, 144–145, 162, 184
Kirche 20, 34, 37, 44, 47, 49, 52–53, 55,
  58–63, 65, 72, 75, 77–78, 81, 89–
  92, 94, 97, 99–100, 102–103, 106,
  111, 113, 115–117, 127, 129, 136,
  138, 141, 144–145, 148, 151, 153,
  156, 160, 172–175, 177–179, 183,
  193, 198–200, 213–214, 216, 222–
  223, 225, 230, 241–242, 248, 285,
  307, 316–320, 335, 360, 375, 415,
  428–429, 454, 483, 488–489
Kleinbojar s. Bojarenkinder
Kleinbürger s. *meščane*
Kolchos, Kolchose 357, 402, 404–408,
  410–411, 428–429, 431–432, 440,
  442, 459, 462, 466, 467, 471, 536
Kolchosmarkt 427, 430, 467
Kollegium 169–170, 173, 180, 192, 216,
  219
Kollektive Führung 437, 450
«kollektive Sicherheit» 424, 426
Kollektivierung 201, 282, 348, 380, 387,
  393, 402, 405–408, 410, 431, 440,
  468, 471, 475
Kollektivvertrag 431
Kollektivwirtschaft s. Kolchos
Kolokol 237
«kombinierte Entwicklung» 358
Komitee der Dorfarmut 345, 347–348
Komitee für die Befreiung der Völker
  Russlands 429
Kommandohöhen 368
Kommandowirtschaft 472
Kommissare 341, 428
Kommissariat für muslimische
  Angelegenheiten 377, 379
Kommune 392, 399, 403, 406
Kommunistische Internationale 364,
  375, 424–425
Kommunistische Partei (vgl.
  Bolschewiki) 352–353, 355, 365,
  374, 380, 385–389, 393–400, 402–
  405, 407–409, 411–412, 415–416,
  418–423, 427, 431–434, 436, 438–

440, 442, 444, 446–451, 455–456, 458, 464–465, 467–472, 475, 477–479, 481, 484
Kommunistischer Jugendverband, Komsomol 415, 464, 472, 475
Konferenz für Sicherheit und Zusammenarbeit 454, 457
Kongress der Völker des Ostens, Erster 378
Kongress über Frauenbildung 280
Konstituante 296, 298, 301, 314, 327, 329–330, 335, 338
Konstitutionell-Demokratische Partei s. Kadetten
kontraktacija 402
Kontrollziffern 374
Kopfsteuer s. Steuerwesen
korenizacija 376–378, 380
kormlenie 43, 46, 94, 114, 117, 169
Korporation 49, 124, 183, 194, 218
Kosmismus 242–243
Kosmopolitismus 433–434
kreml' 47, 90, 96, 105, 123, 139, 151, 160, 179, 360, 439, 450
krest'janin 52
Kriegsindustriekomitee 321–322, 324–325
«Kriegskommunismus» 346, 369, 373, 395, 401
Kulaken 254, 277, 345, 348, 374, 399, 405–406
«kulturelle Missverständnisse» 88
Kulturrat der Minderheiten 476
Kunen 61, 487
kupec 48
Kurse für gelehrte Hebammen 279
kustar'-Gewerbe 120, 122, 202, 205, 208, 260, 263, 266–267, 313, 354, 373, 394
kvas 61–62, 128, 131
Kyrill-Method-Gesellschaft 240

L
Lachkultur 178, 390
Lager 11, 350, 391–393, 406, 417–419, 422–424, 433–434, 437–438, 451–452, 454–455
Landesversammlung s. *zemskij sobor*
«Landesverteidiger» 324
Landhauptmann 257, 291–292, 303
landratskie doli 169
Landsmannschaften s. *zemljačestvo*

Landtag 220
Läuflinge 98, 102, 111, 113, 118, 142–143, 146, 182, 203
Leibeigenschaft 15, 47, 50, 52, 110–111, 113, 118, 120, 123, 141–143, 146–147, 150, 169–170, 174, 176, 183, 192–194, 197–199, 201, 203–206, 208, 210, 212–214, 218–220, 224, 228, 230, 233, 235, 237–238, 240, 242–244, 247, 249, 251–253, 263, 268, 270, 314
«Leningrader Affäre» 433
Leningradskaja Pravda 398
Leninismus 396
Liga kämpferischer Gottloser 428
Linke Kommunisten 340, 342, 344, 353
Linke Opposition 393–397
Linke Sozialrevolutionäre 333, 335, 337, 340
Litvinov-Protokoll 425
ljud'e 40
«Loskäufer» 206
lubki 178
Luorawetlan 282, 490

M
Mafia 452, 470, 472, 477, 480
Magistrat 115, 170, 196
Manufakturen 122–123, 143, 168, 176, 198, 202–203, 206, 210
Markt 49, 124, 126, 156, 168, 203, 206, 210–211, 235, 262, 263, 293, 296, 324, 356, 363, 366, 368, 373–374, 394, 401, 411, 432, 459, 466–467, 469–473
Marxismus-Leninismus 283, 456
Maschinen-Traktoren-Stationen 410, 428, 442
Memorial 484
Menschewiki 278, 302–303, 310, 315–317, 322, 324, 327, 330–337, 352, 376, 380, 383–384, 439
meščane 205–207, 262, 281, 287, 313
mestničestvo 114, 117, 139, 170
Metropolit 36, 37, 44, 52–53, 62, 66, 68, 78, 80, 89, 92, 94, 97, 99, 105, 129, 132, 172, 216, 428
mežrajoncy 325
Militär (vgl. Rote Armee, *strel'cy*) 19, 22, 37, 42–43, 54, 68–71, 73, 75–76, 80, 82, 86, 94, 98–100, 102–106, 110–112, 114, 116–117, 119,

135, 138–139, 141, 146–149, 152–
155, 162–163, 166–167, 170–171,
177, 181–183, 185–186, 192–193,
200–202, 206, 208, 216–218, 220,
225, 227, 231, 239, 243, 245, 250–
251, 253, 256, 286, 297, 304, 320,
322–324, 327, 333–334, 337, 340–
341, 346–348, 350, 364, 375, 380,
383, 405, 417, 419, 426–428, 430,
433–434, 437–438, 446–447, 450–
451, 456–458, 465, 470, 475, 478,
482
Militärisches Revolutionskomitee 333–
334, 336
«militärisch-industrieller Komplex» 457,
473
Militärkolonie 225, 227
Militarisierung der Arbeit 355–356, 366
«Mingrelier-Verschwörung» 433
Ministerien 169, 219–220, 290, 447
Ministerium für Arbeit 333
Ministerium für Auswärtige
Angelegenheiten 330, 451
Ministerium für Finanzen 235, 258–259,
288, 290–293, 296
Ministerium für Industrie 442
Ministerium des Inneren 259, 278, 290–
292, 294, 296–297, 307, 313, 321,
325
Ministerium für jüdische
Angelegenheiten 476
Ministerium für Justizwesen 307, 328
Ministerium für militärische
Angelegenheiten (Kriegs-,
Verteidigungsministerium) 225,
329–330, 438
Ministerium für staatliche Domänen 235
Ministerium für Verkehrswesen 290
Ministerium für Volksaufklärung und
geistliche Angelegenheiten 225,
235
Ministerkabinett 181, 183
Ministerpräsident 305, 307, 331, 437, 447
Ministerrat 304, 437–438, 464
mir (vgl. obščina) 51, 150–151, 167, 198,
244, 374
Mittelbauer 348, 374
mladorossy 383
mladšaja družina 42–43, 66
Mologa AG 414
Münchener Abkommen 426
mužik 147

N
nadel 198
namestnik 94, 113
narod 201, 234, 304, 308, 318, 321, 323,
330–332, 335
Narodnaja Volja 275
narodničestvo, narodniki 273–274, 276,
278, 315
narodnost' 235
Narren in Christo s. jurodivye
Nationalrat der Juden 476
Nationalversammlung s. Konstituante
NATO-Doppelbeschluss 457
Naturalsteuer (vgl. Steuerwesen) 348,
354, 365–366
nemeckaja sloboda 152
neograničennyj samoderžec 289
NĖP s. Neue Ökonomische Politik
nėpman 368
Neue Ökonomische Politik (NĖP) 366,
368, 372, 374, 384, 386, 389, 391,
393–394, 397, 400–401, 403, 410,
414, 422, 466, 470–472
nichtäquivalenter Austausch 354–355,
374, 393
NKVD (vgl. Geheimdienst/
Geheimpolizei) 420, 423, 493
nomenklatura 465
Nordbund 230

O
Oberpolizeimeister 196
Oberprokuror 172, 180, 216, 223, 319
Oberster Geheimer Rat 180–181
Oberster Sowjet 460, 464, 473
Oberster Volkswirtschaftsrat 341–342,
368, 394, 400
Oberverwaltung der geistlichen
Angelegenheiten fremder
Konfessionen 223
oblast' 344
obrok 111, 118, 141, 197–198, 210–211,
243, 247, 249, 252
obščestvo 201, 234, 304, 308, 321–323,
325, 330–331, 335, 489
obščina (vgl. mir) 50–51, 112, 115–117,
119–120, 123, 140, 142, 151,
198, 205, 241, 244, 246–247,
252–254, 256, 259, 262, 264, 267–
268, 274–276, 286, 293, 304,
308, 315, 318, 374, 401, 406, 471,
490

ochrana (vgl. Geheimdienst/
  Geheimpolizei) 288, 294, 382
odnodvorec 197, 247–248
Ökonomiebauern 183
Ökonomiekollegium 216
Oktobristen 313–314, 328
opolčenie 43, 105
opričnik, opričnina 97–99, 118, 178
Ordnungsamt 196
Organisation Vankov 321
organisiertes Verbrechen 392, 470, 478,
  480
Osvoboždenie truda 275–276
otčina (vgl. votčina) 35
Otcovisten 316
otec 35
otrub 308
ovragi 18

P
Panslawismus 190, 242, 249–250, 263,
  284, 312
Partei der Sozialrevolutionäre s.
  Sozialrevolutionäre
Partei der Volksfreiheit s. Kadetten
Partei der werktätigen Bauern 408
«parteifeindliche Gruppe» 438–439
Parteikonferenz, Neunte 353
Parteikonferenz, Sechzehnte 402
Parteikongress, Parteitag 420, 464
Parteitag, Neunter 356
Parteitag, Zehnter 356, 365
Parteitag, Fünfzehnter 394, 396, 400
Parteitag, Siebzehnter 418
Parteitag, Achtzehnter 419
Parteitag, Zwanzigster 438
Parteitag, Zweiundzwanzigster 436, 439,
  446
Parteitag, Sechsundzwanzigster 448–449
Patriarch von Byzanz 34, 37, 42, 53, 89
Patriarch von Moskau 100, 104, 106,
  136, 138, 143, 147–148, 172, 245,
  428–429
perestrojka 465–466, 472, 484
persönliches Hofland s. private
  Nebenwirtschaft
petraševcy 238
Pflichtablieferung s. *razverstka*
Pioniere 415
pjatnica 173
Platzordnung s. *mestničestvo*
Poalej Cion 352

podol 48
pogosti 34, 50
Policey 216
Politische Abteilungen 410, 428
politische Polizei s. Geheimdienst/
  Geheimpolizei
Polizei 252, 256, 274, 276, 291, 294, 382,
  388, 398, 419, 470, 472
poljud'e 34
Polnoe sobranie zakonov 234
položenie dlja evreev 286
Polykratie 421
pomeščiki 112–113
pomest'e 116
Pope 144, 173–174, 219, 230, 294, 317–
  318
poputčiki 397
posad 33, 48–49, 112–115, 123, 169–170,
  205–206
posadnik 43, 54, 57, 84
Possessionsbauer 203
Prager Frühling 450, 454, 457
Pravda 334, 492
pravoslavie 235
prikaz 113
private Nebenwirtschaft 405, 407, 411,
  431–432, 442, 449, 471
Produktenaustausch 20, 355
Produktionspropaganda 369
Produktionsvereinigungen 448
Progressisten 314, 383
Progressiver Block 322
Proletarische Kultur (*Proletkul't*) 317,
  359, 369, 492
promyšlenniki 163
Proto-Industrialisierung 262
«Protokolle der Weisen von Zion» 288
Protopope 129, 136, 148, 151
Provinzen 169, 344
Provisorische Arbeiter- und
  Bauernregierung 335
Provisorische Regierung 326–334, 337
pugačevščina 201, 251
Putilov-Werke 264, 297, 325

R
Rangtabelle 170–171, 192, 207
raskol, raskol'niki s. Altgläubige
rasputica 18
Rassvet 279
Rat s. Sowjet
Rat der Volkskommissare 335–336, 338,

340, 375, 377, 396, 406
Rat für Kolchosangelegenheiten 432
razbazarivanie 368
raznočincy 240, 272
razverstka 324, 345, 348, 354, 365
«rechte Abweichung» 396, 401
Rechtgläubige Gefolgschaft 225
Rechtsverteidigungsbewegung 454
Rechtswesen s. Gerichtswesen, Justiz
Region, Regionalismus 19–20, 40, 56, 68,
    145, 213, 284–285, 481
Reichsduma s. Duma
Reichsrat 192, 220, 304, 307
Rettungsbund 228
rjadoviči 51
roba 51
Rosenkreuz-Orden 214
Rossija 135
Rote Armee (vgl. Militär) 318, 340–341,
    346–348, 352, 355, 364, 415, 419,
    427–429, 471
«rote Direktoren» 397
Rote Garden 332, 334
Rote Kapelle 427
«Roter Massenterror» 350
Rotgardisten 341, 363
RSDRP s. Sozialdemokraten
«Rückständigkeit» 11, 32–33, 72, 75, 88,
    120, 141, 153, 175, 207, 210, 241,
    250–251, 261, 279, 316, 339, 358,
    409, 463, 472
«russische Idee» 242–243, 483
Russische Sozialdemokratische
    Arbeiterpartei s.
    Sozialdemokraten
«Russische Wahrheit» s. *Russkaja
    pravda*
Russkaja pravda 42, 50, 59, 230, 231

S
Šachty-Prozess 408
SALT 1 + 2-Vertrag 457
samizdat 455
samoderžavie (vgl. Autokratie) 235
samoderžec (vgl. Autokratie) 66
samogon 270, 390
samosud 256
samovlastec (vgl. Autokratie) 66
samovlastie (vgl. Autokratie) 490
Sankt Petersburger Religiös-
    Philosophische Gesellschaft 317
Sankt Petersburger Religiös-

Philosophische Vereinigung 317
«Schädlinge» 391, 408, 421
Schamane, Schamanismus 63, 73–74,
    282–283
Schattenwirtschaft 466, 469, 478
«Scheren-Krise» 373–374, 395
Schiedsgericht 192
Schriftsteller-Verband 296
Schuldknechtschaft 41, 51, 119
«schwarze» Bauern 94, 111, 114, 117–
    118, 121–123, 197
«schwarze» Leute 55–56, 77, 123
«schwarze» Städter 123–124
«schwarze» Umteilung 254, 275
Schwarzmarkt 353–354, 372, 389, 452,
    466, 469, 470–471
«Seele» 122, 167, 198–199, 210, 253
Sejm 104, 220
Selbstherrschaft, Selbstherrscher s.
    Autokratie
Selbstverwaltung (vgl. Arbeiter-
    kontrolle, Betriebskomitee, *mir,
    obščina, posad*, Sowjet, *zemskij
    sobor, zemstvo*) 12, 19, 56, 66, 94,
    102, 114–117, 123, 170, 196, 198,
    199, 201, 204, 254, 256–257, 275,
    278, 287, 291–293, 302, 303, 306,
    315, 316, 327, 328, 332, 369, 392,
    442, 467, 469, 473, 481, 485
selo 50
Senat 104, 169, 180–181, 183, 192, 212,
    219–220, 306
Seniorat 31–32, 38, 40–46, 68, 77, 81–82,
    88, 245
Siebenjahresplan 443
skiti 216
skomoroch 63, 128, 136, 178
skopcy 222
Slawophile 236, 242–243, 263, 382, 483–
    484
slobody 112–113, 123–124, 152
slověne 25
Smena vech 384
smerdy 50, 55
Smol'nyj–Institut 193, 334, 416
smuta 99, 105–106, 115–116, 135, 167,
    181
smyčka 372, 394
snemy 46
snochačestvo 245, 254
sobor (vgl. *zemskij sobor*) 45, 242
sobornost' 242–243, 318

socha 26, 120–121
Sojuz osvoboždenija 279, 296–297
Sojuz sojuzov 301
Solidarność 453
Sonderberatungen 321–322
sovet s. Sowjet
Sovremennik 247, 272
Sowchos, Sowchose 402, 412, 440, 442, 466
Sowjet 14, 45, 293, 301–303, 316, 326– 328, 330–336, 338, 342, 344–345, 350, 352, 356, 363, 365, 374, 376, 384, 390, 392, 402, 464, 467–468
Sowjetkongress s. Allrussischer bzw. Allunions-Sowjetkongress
Sowjetpatriotismus 413, 428, 434
Sowjetwirtschaft s. Sowchos
Sozialdemokraten (vgl. Bolschewiki, Menschewiki) 232, 276–278, 281, 301–303, 305, 310, 315, 317, 322, 325
sozialistischer Wettbewerb 412
Sozialrevolutionäre 80, 278, 302–303, 305, 315, 317, 324–325, 327–328, 330–332, 335–336, 338, 348, 352, 383, 439
Sozialrevolutionäre Partei des Volksrechts 276
Spezialisten s. «bürgerliche» Spezialisten
Staatliche Kommission zur Elektrifizierung Russlands s. GOĖLRO
Staatliche Plankommission s. Gosplan
Staatsbauer 167–168, 183, 197–198, 207, 236
Staatsberatung 330
Staatskapitalismus 339, 342, 344, 366
Staatsrat s. Reichsrat
Stadtbürgergemeinde s. *posad*
Stadtduma 196, 287, 292
Stadtgemeinde s. *posad*
Stadthauptmann 196
Stadtrecht 33, 115, 205
Städtebund s. Allrussischer Städte-Bund
starec 53–54, 91–92
starosta 61, 105, 114–115, 123, 131, 198, 204, 245, 247, 271, 294, 302
staroverstvo s. Altgläubige
staršaja družina 42–43
Steuerwesen 34, 37, 43, 50, 58, 72, 76–79, 81, 83, 106, 110, 112–115, 117–

120, 123–124, 130, 138–139, 142, 144, 162–163, 167, 169–170, 172, 174, 179, 181, 183, 193, 197–198, 205, 207, 211, 216–218, 244, 252– 253, 256, 259–260, 268, 276, 278, 286–287, 291–293, 312, 314, 321, 356, 401, 481
Straflager s. Lager
strel'cy, Strelitzen 112, 138–139, 143, 147, 153, 166
sudebnik 86, 94
Südbund 230–231
sukonnik 124
Svod zakonov 234
Synod s. Heiliger Synod

T
Tagewerk s. *trudoden'*
«Tauwetter» 437
Terror 274–275, 278–279, 287, 315, 350, 381, 387, 400, 414, 417–423, 428, 431, 434, 437–439, 455, 465, 470, 475, 481–482
Terrorismus 273, 275, 278–279, 482
Thronfolge (vgl. Seniorat) 68, 82, 88, 175, 180, 289
tjaglo 117, 198, 246
«Tonnenideologie» 408, 432, 443, 448
Torgsin 416, 492
«Tote Seele» 167
«Transmissionsriemen» 356, 464
trudoden' 246, 407, 411, 431, 442
Trudoviki 302, 305, 315, 322, 328
Tschechoslowakische Legion 346
tysjackij 43, 54

U
uezd 113, 292
ukaz 143
uloženie 112–113, 118–119, 124, 132, 136, 141, 146, 194
Ultimatisten 316
Umteilungsgemeinde s. *obščina*
Union des russischen Volkes 313
Union des 17. Oktobers s. Oktobristen
Unions- und Nationalitätensowjet 464
Unionsrepublik 463
Universität (vgl. Hochschule) 193, 214, 219, 228, 235, 279–280, 287, 306, 382, 414, 435
Unternehmer 122–123, 148, 150, 168– 169, 198–199, 202–206, 208, 210,

236, 260–264, 268, 271–272, 284,
  294–295, 310, 312, 314, 320–321,
  323–324, 328–330, 333, 335, 341–
  342, 358, 366, 383, 473, 481
«ununterbrochene Arbeitswoche» 404,
  413
«ursprüngliche Akkumulation der NĖP-
  Bourgeoisie» 368
«ursprüngliche sozialistische
  Akkumulation» 355

V
Vatererbe s. *votčina*
Vaterländischer Krieg 428
veče 38, 40, 54–57, 66, 80, 84–85, 114–
  115, 227, 230
Vechi 306, 384
Verbannung (vgl. Administrative Strafe)
  83, 92, 97, 99, 103, 112, 129, 136,
  138, 141, 147, 165, 180, 182–183,
  204, 206, 214, 216, 219–220, 228,
  231–233, 237, 257, 273–274, 277–
  278, 285, 291, 296, 322, 357, 371,
  382, 396, 414, 417, 434, 453
Verbrauchssteuern s. Steuerwesen
Vereinigte Opposition 396
Vereinigung der russischen
  Fabrikarbeiter St. Petersburgs
  297
Verfassung 180–181, 186, 218, 220–221,
  230, 234, 252, 279, 284, 296, 298,
  301, 304–305, 308, 313–314, 338,
  344, 379, 413, 428, 463–465, 474,
  476, 480, 482
Verfassunggebende Versammlung s.
  Konstituante
Verfassungsgericht s. Gerichtswesen
«Verköstigung» s. *kormlenie*
«Versöhnler» 317
verv' 50–51
Verwahrloste s. *besprizornye*
Verwaltungsgericht s. Gerichtswesen
voevoda 43, 64, 114
volchv 39
Völkerbund 426
«Volk» s. *narod*
Volksdemokratie 430
Volksfront 426, 474
Volkskommissariat für Arbeit 431
Volkskommissariat für Auswärtige
  Angelegenheiten 339, 341, 375,
  425

Volkskommissariat für das
  Bildungswesen 318, 391
Volkskommissariat für Finanzen 342
Volkskommissariat für Handel und
  Industrie 342
Volkskommissariat für Innere
  Angelegenheiten 420
Volkskommissariat für Nationalitäten
  377–378, 380
Volkskommissariat für das
  Verkehrswesen 394
Volkskommissariat für Verteidigung
  341
Volkssozialisten 302–303
«Volksverbundene» s. *narodničestvo*
Volksversammlung s. *veče*
Volkswirtschaftsräte 342, 344, 442–443,
  447
volost' 50, 113, 220
volosteli 113
Vorparlament 330
votčina 35, 40, 42, 50, 79, 81, 84, 90, 110,
  113, 116, 125, 164
vydviženie 397, 408

W
Warenaustausch 348, 355, 366, 401
Warenhunger 393
«Warenhunger-Krise» 374
Warenproduktion 344, 467
Warschauer Pakt 450, 458
Weisse Armee 346–348, 350, 352, 364,
  399, 415
«weisse» Bauern 117–118, 139
«weisse» Freiheiten s. *slobody*
«Weisser Terror» 350
Westler 241–242, 484
Wodka (vgl. Alkohol, Alkoholismus)
  128, 270, 361, 390
Wohlfahrtsbund 228, 230
Wojewode s. *voevoda*

Z
zakupy 51
zales'e 66, 76
Zaporož'e 110
Zar 14, 88–90, 93–107, 110–117, 119,
  122–126, 129, 132, 135, 137–140,
  142, 145–148, 150, 153, 156–157,
  162–164, 166–170, 172–177, 179–
  181, 183–186, 190, 192–201, 214,
  217–228, 230–234, 237, 241, 249,

251–254, 257, 273–275, 278, 285,
289, 292–294, 296–298, 301, 303–
305, 307–308, 313–314, 319, 321–
323, 326, 330, 384
Zarismus 277, 285, 301, 316, 322–323,
325
Zartum 95, 97, 151–152, 162, 233
«Zeit der Wirren» s. *smuta*
Zelge 120
zemleed 249
Zemlja i Volja 273–275
zemljačestvo, zemljak 270–272, 302, 324,
333, 373, 390, 404
zemščina 97
zemskij sobor 45, 66, 68, 100, 102, 104–
106, 110, 112–113, 115, 194, 313
zemstvo 256–257, 278, 287, 292–293, 296,
301, 313, 321–322
ženskie otdely (ženotdely) 281, 386–387
Zentrale Äquivalenzkommission 366
Zentrales Exekutivkomitee 336–338,
399
Zins-Bauer s. *obrok*
Zionismus, zionistisch 352, 380, 433
žit'i ljudi 55
«Zivilgesellschaft» 306
Zivilrecht s. Justiz
zubatovščina 294
«zugeschriebene Fabrikbauern» 123,
143, 168, 176, 198, 200
Zunft 49, 55, 115, 196, 205, 287
zveno 407, 431
Zwangsablieferung s. *razverstka*
Zwangsarbeitslager s. Lager